제2판

데이터 마이닝

introduction to Data Mining

Pang-Ning Tan · Michael Steinbach · Anuj Karpatne · Vipin Kumar

용환승 · 박종수 · 승현우 · 나연묵 · 이민수 공역

Pearson

Human Science 휴먼싸이언스

INTRODUCTION TO DATA MINING

2nd Edition
PANG-NING TAN, MICHAEL STEINBACH, ANUJ KARPATNE, VIPIN KUMAR

2nd Edition 정가 45,000원

데이터 마이닝

2020년 6월 1일 초판 인쇄
2020년 5월 25일 초판 발행

저　　자 : PANG-NING TAN · MICHAEL STEINBACH
ANUJ KARPATNE · VIPIN KUMAR
역　　자 : 용환승 · 박종수 · 승현우 · 나연묵 · 이민수
표지디자인 : 성 지 은
발 행 자 : 박 주 옥
발 행 처 : 휴먼싸이언스
주　　소 : 서울시 도봉구 시루봉로 291 B1
(도봉동 613-14 숙진빌딩)
등 록 번 호 : 제2008-20호
등 록 일 : 2008. 10. 13
전　　화 : (02) 955-0244
팩　　스 : (02) 955-0245

e-mail : humansci@naver.com
I S B N : 979-11-89057-20-6 93560

역자와의 협의하에 인지생략

이 도서의 국립중앙도서관 출판시도서목록(CIP)은 서지정보유통지원시스템 홈페이지(http://seoji.nl.go.kr)와 국가자료공동목록시스템(http://www.nl.go.kr/kolisnet)에서 이용하실 수 있습니다. (CIP제어번호 : CIP2020020239)

제2판 서문

대략 12년 전 첫 판 이후, 데이터 분석 분야에서 많은 변화가 있었다. 수집되고 결정을 내리는 데 사용되는 속도와 마찬가지로 수집되는 데이터의 양과 다양성은 계속 증가한다. 실제로 빅 데이터라는 용어는 현재 사용 가능한 방대하고 다양한 데이터 세트를 나타내는 데 사용되었다. 또한 데이터 과학이라는 용어는 데이터 마이닝, 머신 러닝, 통계 등 다양한 분야의 도구와 기술을 적용하여 데이터, 종종 빅 데이터에서 실행 가능한 통찰력을 추출하는 새로운 영역을 설명하기 위해 만들어졌다.

데이터의 증가는 모든 데이터 분석 영역에 수많은 기회를 제공했다. 가장 극적인 발전은 광범위한 응용 분야에 걸쳐 예측 모델링 영역에서 이루어졌다. 예를 들어, 딥러닝으로 알려진 신경망의 최근 발전은 이미지 분류, 음성 인식, 텍스트 분류 및 이해와 같은 여러 도전적인 영역에서 인상적인 결과를 보여주었다. 극적이지는 않지만 클러스터링, 연관 분석 및 이상 감지와 같은 다른 영역도 계속 발전했다. 이 새로운 판은 이러한 발전에 대한 반응이다.

개요

첫 번째 판과 마찬가지로 이 책의 두 번째 판은 데이터 마이닝에 대한 포괄적인 소개로 쉽게 접근 가능하도록 설계되었다. 학생, 강사, 연구원 및 전문가에게 유용하다. 다루는 영역으로는 데이터 전처리, 예측 모델링, 연관 분석, 군집 분석, 이상 감지 및 허위 발견 방지가 포함된다. 목표는 각 주제에 대한 기본 개념과 알고리즘을 제시하여 독자에게 데이터 마이닝을 실제 문제에 적용하는 데 필요한 배경을 제공하는 것이다. 이전과 마찬가지로 분류, 연관 분석 및 클러스터 분석은 각각 한 쌍으로 구성되어 있다. 소개장에서는 기본 개념, 대표 알고리즘 및 평가 기법에 대해 설명하고 다음 장에서는 고급 개념 및 알고리즘에 대해 설명한다. 이전과 마찬가지로 우리의 목표는 독자에게 데이터 마이닝의 기초에 대한 올바른 이해를 제공하는 동시에 많은 중요한 고급 주제를 다루는 것이다. 이 방법으로 이 책은 학습 도구 및 참고 자료로 유용할 것이다.

독자가 제시된 개념을 더 잘 이해하도록 돕기 위해 광범위한 예제, 그림 및 연습을 제공한다. 웹에서 이미 제공되고 있는 초판의 연습문제에 대한 솔루션이 공개된다. 오탐을 방지하는 내용의 새로운 장의 새 연습문제를 제외하고는 대부분 지난 버전과 동일하다. 추가된 장과 새로운 연습문제에 대한 솔루션에 대한 웹을 통해 강사에게 제공된다. 보다 고급 주제, 역사적으로 중요한 논문 및 최근 동향에 관심이 있는 독자를 위해 각 장 끝에 서지 정보가 포함되어 있으며 이것도 크게 보완되었다. 이 책에는 포괄적인 주제 및 저자 색인도 포함되어 있다.

제2판의 새로운 기능은 무엇입니까?

본문에서 가장 중요한 부분 중 일부는 분류에 관한 두 장에서 이루어졌다. 소개장에서는 의사 결정 트리 분류기를 사용하여 설명하지만 모든 분류 접근법에 적용되는 많은 주제에 대한 토론은 과적합(overfitting)과 같은 주제를 포함하여 크게 확장되고 명확해졌다. 언더피팅, 훈련 규모, 모델 복잡성, 모델 선택 및 모델 평가의 일반적인 함정의 영향 등 고급 분류 장의 거의 모든 섹션이 크게 업데이트되었다. 베이지안 네트워크, 서포트 벡터 머신 및 인공 신경 네트워크의 자료가 크게 확장되었다. 딥 네트워크에 별도의 섹션을 추가해서 이 분야의 최신 발전에 대해서 다루었다. 불균형 클래스 절에서 필요한 평가에 대한 논의도 수정되고 보완되었다.

연관 분석에서의 변화에 대한 사항이 보다 구체화되었다. 우리는 연관 패턴 평가에 대한 섹션(개론 장)과 시퀀스 및 그래프 마이닝에 대한 섹션(고급 장)을 완전히 재작업했다. 군집 분석에 대한 추가 내용도 구체화되었다. 소개장에서는 K-평균 초기화 기술을 추가하고 클러스터 평가에 대한 설명을 업데이트했다. 고급 클러스터링 장에는 스펙트럼 그래프 클러스터링에 대한 새로운 섹션이 추가되었다. 이상치 탐색 부분이 크게 수정되고 확장되었다. 기존 접근 방식-통계, 가장 가까운 인접/밀도 기반 및 클러스터링 기반—유지 및 업데이트되었으며 재구성 기반, 일류 분류 및 정보 이론과 같은 새로운 접근 방식이 추가되었다. 재구성 기반 접근법은 딥러닝 패러다임의 일부인 오토인코더 네트워크를 사용하여 설명된다. 데이터 장은 상호 정보 및 커널 기반 기술에 대한 토론을 포함하도록 업데이트되었다.

오탐 발견을 피하고 올바른 결과를 생성하는 방법을 설명하는 마지막 장은 완전히 새로운 것이며 데이터 마이닝에 대한 다른 현대 교과서 중에서도 새로운 부분이다. 오탐 결과를 피하는 것과 관련된 통계적 개념(통계적 유의성, p-값, 오탐 발견 비율, 순열 테스트 등)에 대한 토론으로 다른 장의 토론을 보완한 다음 데이터 마이닝 기법의 맥락에서 이러한 개념을 설명한다. 이 장에서는 데이터 분석에서 얻은 결과의 유효성과 재현성에 대한 우려에 대해 논의하였다. 이 마지막 장의 추가는 이 주제의 중요성을 인정하고 인정하는 것이며 데이터를 분석하는 사람들에게는 이 영역에 대한 깊은 이해가 필요하다.

책의 인쇄판에서 부록과 마찬가지로 데이터 탐색 장이 삭제되었지만 웹에서는 계속 사용할 수 있다. 새로운 부록은 빅 데이터의 맥락에서 확장성에 대한 간단한 설명을 제공한다.

강사에게

교과서로서, 이 책은 고급 학부 또는 대학원 수준의 다양한 학생들에게 적합하다. 학생들이 통계나 데이터베이스에 대한 광범위한 지식을 포함하지 않을 수 있는 다양한 배경을 가지고 이 주제에 접하기 때문에 이 책은 최소한의 전제 조건이 필요하다. 데이터베이스에 대한 지식이 필요하지 않으나 통계나 수학에 대한 배경 지식은 이 책을 보다 쉽게 이해할 수 있게 한다. 이전과 같이 주요 데이터 마이닝 주제를 다루는 장은 가능한 한 독립적으로 이해할 수 있게 설계되었다. 따라서 주제를 다루는 순서는 매우 유연하다. 핵심 자료는 2장 (데이터), 3장 (분류), 5장 (연관 분석), 7장 (군집) 및 9장 (이상치 탐지) 장에서 다룬다. 데이터 분석 결과를 해석할 때 약간의 주의를 기울이려면 최소한 10장 (오탐 발견 피하기)을 다루는 것이 좋다. 소개 데이터장(2)을 먼저 다루어야 하지만 기본 분류(3), 연관 분석(5) 및 군집 장(7)은 어떤 순서로든 다루어 질 수 있다. 이상치 탐지 (9)와 분류 (3) 및 군집 (7)의 관계로 인해 이 장은 9장보다 먼저 나와야 한다. 고급 분류, 연관 분석 및 군집 장(각각 4, 6 및 8)에서 다양한 주제를 선택하여 강사와 학생의 일정과 관심사에 맞출 수 있다. 또한 데이터 마이닝에 대한 프로젝트나 실습으로 강의를 보강하는 것이 좋다. 시간이 많이 걸리지만 이러한 실습 과제는 코스의 가치를 크게 향상시킨다.

지원 자료

이 책의 모든 독자가 이용할 수 있는 지원 자료는 `http://www-sers.cs.umn.edu/`

~kumar/dmbook/에서 볼 수 있다.

- PowerPoint 강의 슬라이드
- 학생 프로젝트 제안
- 알고리즘 및 데이터 세트와 같은 데이터 마이닝 리소스
- 실제 데이터 세트 및 데이터 분석 소프트웨어를 사용하여 책에 설명된 선택된 데이터 마이닝 기술에 대한 단계별 예제를 제공하는 온라인 자습서

연습문제 솔루션을 포함한 추가 지원 자료는 강의 목적으로 이 교재를 채택한 강사에게만 제공된다. 이 책의 자료는 www.pearsonhighered.com/cs-resources에 있다. 코멘트 및 오류 등 여러 가지 제안은 dmbook@cs.umn.edu를 통해 저자에게 보낼 수 있다.

감사의 말

많은 사람들이 이 책의 제1판과 제2판에 공헌했다. 우리는 이 책이 헌납된 가족에게 감사하는 것으로 시작한다. 이들의 인내와 지원이 없었다면 이 프로젝트는 불가능했다.

우리는 미네소타 대학교와 미시간 주에 있는 데이터 마이닝 그룹의 현재 및 이전 학생들에게 감사하고 싶다. Eui-Hong(Sam) Han과 Mahesh Joshi는 초기 데이터 마이닝 클래스를 지원했다. 그들이 만든 일부 연습 및 프레젠테이션 슬라이드는 책과 함께 제공되는 슬라이드에서 찾을 수 있다. 이 책 초안에 대한 의견을 제시하거나 다른 방식으로 기여한 데이터 마이닝 그룹의 학생들은 Shyam Boriah, Haibin Cheng, Varun Chandola, Eric Eilertson, Levent Ertöz, Jing Gao, Rohit Gupta, Sridhar Iyer, Jung-Eun Lee, Benjamin Mayer, Aysel Ozgur, Uygar Oztekin, Gaurav Pandey, Kashif Riaz, Jerry Scripps, Gyorgy Simon, Hui Xiong, Jieping Ye 및 Pusheng Zhang이 있다. 또한 미네소타 대학교와 미시간 주립 대학교의 데이터 마이닝 클래스 학생들에게 이 책의 초안을 작성하고 귀중한 피드백을 제공한 학생들에게 감사의 말씀을 전한다. 특히 Bernardo Craemer, Arifin Ruslim, Jamshid Vayghan 및 Yu Wei의 유용한 제안에 주목하고자 한다.

다음 UT 학생들이 많은 제안을 해주었다: Pankaj Adhikari, Rajiv Bhatia, Frederic Bosche, Arindam Chakraborty, Meghana Deodhar, Chris Everson, David Gardner,

Saad Godil, Todd Hay, Clint Jones, Ajay Joshi, Joonsoo Lee, Yue Luo, Anuj Nanavati, Tyler Olsen, Sunyoung Park, Aashish Phansalkar, Geoff Prewett, Michael Ryoo, Daryl Shannon, and Mei Yang.

Ronald Kostoff(ONR)는 초기 버전의 클러스터링 장을 읽었다. George Karypis는 저자 색인 작성에 귀중한 LATEX 지원을 제공했다. Irene Moulitsas는 LATEX에 대한 지원을 제공하고 일부 부록을 검토했다. Musetta Steinbach는 그림에서 오류를 찾는 데 매우 도움이 되었다.

우리는 데이터 마이닝 연구를 위한 긍정적인 환경을 조성하는 데 도움을 준 미네소타 대학교와 미시간주 동료들에게도 감사하고 싶습니다. 그들은 Arindam Banerjee, Dan Boley, Joyce Chai, Anil Jain, Ravi Janardan, Rong Jin, George Karypis, Claudia Neuhauser, Haesun Park, William F. Punch, György Simon, Shashi Shekhar 및 Jaideep Srivastava를 포함한다.

감사의 대상이 되는 많은 데이터 마이닝 프로젝트의 공동 작업자로는 Ramesh Agrawal, Maneesh Bhargava, Steve Cannon, Alok Choudhary, Imme Ebert-Uphoff, Auroop Ganguly, Piet C. de Groen, Fran Hill, Yongdae Kim, Steve Klooster가 있습니다. Kerry Long, Nihar Mahapatra, Rama Nemani, Nikunj Oza, Chris Potter, Lisiane Pruinelli, Nagiza Samatova, Jonathan Shapiro, Kevin Silverstein, Brian Van Ness, Bonnie Westra, Nevin Young 및 Zhi-Li Zhang이 있다.

미네소타 대학교와 미시간 주립 대학교의 컴퓨터공학과는 이 프로젝트를 위한 컴퓨팅 리소스와 지원 환경을 제공했다. ARDA, ARL, ARO, DOE, NASA, NOAA 및 NSF는 Pang-Ning Tan, Michael Steinbach, Anuj Karpatne 및 Vipin Kumar에 대한 연구 지원을 제공했다. 특히 Kamal Abdali, Mitra Basu, Dick Brackney, Jagdish Chandra, Joe Coughlan, Michael Coyle, Stephen Davis, Frederica Darema, Richard Hirsch, Chandrika Kamath, Tsengdar Lee, Raju Namburu, N. Radhakrishnan, James Sidoran, Sylvia Spengler, Bhavani Thuraisingham, Walt Tiernin, Maria Zemankova, Aidong Zhang 및 Xiaodong Zhang은 데이터 마이닝 및 고성능 컴퓨팅에 대한 연구를 지원해 왔다.

Pearson Education의 직원들과 함께 일하게 되어 기뻤다. 특히 Matt Goldstein, Kathy Smith, Carole Snyder 및 Joyce Wells에게 감사드린다. 또한 아트 작업을 도와준 George Nichols와 LATEX 지원을 제공한 Paul Anagnostopoulos에게도 감사의 말씀

을 전한다.

다음의 Pearson 평가자에게도 감사드린다: Leman Akoglu(Carnegie Mellon University), Chien-Chung Chan(Akron 대학교), Zhengxin Chen(Omaha의 Nebraska 대학교), Chris Clifton(Purdue University), Joydeep Ghosh(Texas University of Texas, Austin), Nazli Goharian(일리노이 공과 대학), J. Michael Hardin(앨라배마 대학교), Jingrui He(애리조나 주립 대학교), James Hearne(웨스턴 워싱턴 대학교), Hillol Kargupta(메릴랜드 대학교, 볼티모어 카운티 및 Agnik, LLC), Eamonn Keogh(캘리포니아-리버사이드 대학교), Bing Liu(시카고 일리노이 대학교), 마리오 파나 밀라노(Little Rock에 있는 아칸소 대학교), Srinivasan Parthasarathy(오하이오 주립대학), Zbigniew W. Ras(샬럿의 노스캐롤라이나 대학교), Xintao Wu(샬럿의 노스캐롤라이나 대학교) 및 Mohammed J. 자키(Rensselaer Polytechnic Institute).

초판 이후 몇 년 동안, 우리는 오타 및 기타 다양한 문제를 지적한 독자와 학생들로부터 많은 의견을 받았다. 우리는 이 개인들을 이름으로 언급할 수 없지만, 그들의 의견은 많은 평가를 받았으며 두 번째 판에서 고려되었다.

역자 서문

오늘날 인류는 대량의 정보를 저장하고 검색하는 데이터베이스 기술의 확보를 통하여 유비쿼터스 정보 시스템의 구축을 완료하고 있는 중에 있다. 그리고 지식을 기반으로 하는 고도의 정보사회로 한 단계 업그레이드되는 추세에 따라서 이제 우리의 관심은 대량의 정보관리와 검색과 같은 단순작업에서 벗어나 지식을 자동으로 찾아내는 방법에 초점을 모으게 되었다. 그래서 지금까지 인공지능, 통계, 데이터베이스 등 다양한 학문 분야에서 연구되어 오던 지식을 추출하던 기법들을 모아 오늘날 "데이터 마이닝(Data Mining)"이라고 부르는 학문 분야의 정립에 이르게 되었다고 볼 수 있다. 그리고 앞으로 십년은 데이터 마이닝 기술이 보다 심도있게 연구되고 활용되는 시기라고 전망된다.

새로운 기술의 등장에 따라서 필요한 것은 이러한 기술을 요약 정리하여 관심을 가진 전문인들이 쉽게 습득할 수 있으며 대학에서 교수용 교재로 활용하도록 하는 것이다. 하드웨어의 기술 발전에 소프트웨어가 따라가지 못하는 현상과 함께, 소프트웨어의 기술발전에 교재가 따라가지 못하는 현상도 심각하다. 그래서 새로운 기술의 전파와 발전을 가속화하지 못하는 면이 있는데, 2006년에 Addison-Wesley에서 발간된 본서를 접하고, 역자들은 반가움을 금치 못했다. 그동안 데이터 마이닝에 관한 몇 권의 책이 출간되었지만, 대체로 내용이 너무 간단하거나 또는 너무 복잡하여 교재로서 적절하지 않은 면들이 많았었다. 그래서 당장 대학에서 데이터마이닝을 강의하는 입장에서는 늘 더 좋은 교재가 없음을 아쉬워하던 차에 바라던 이 책을 접하고, 바로 번역에 착수하게 되었다.

국제화를 주장하고, 또 여러 대학에서도 영어 강의를 장려하는 국내의 시대적 조류에 비추어볼 때 번역은 바람직하지 않다고 여길 수도 있다. 그러면 모든 학문을 영어로 하여 일상 언어만 빼고 국어는 사라져야 할 것인가와 같은 답을 생각해보기에는 시간이 없다. 분명한 것은 국어만을 가지고도 충분한 학술활동이 가능하고, 기술이 외국어에만 의존한다는 것은 아직 잘못되었다는 생각이 먼저 앞선다. 또한 원서에 비해서 번역본은 가격이 저렴하여 학생들에게 경제적으로 도움도 된다. 번역에서 예제에 나오는 영어들은 그대로 사용하였고 주요 전문 용어들은 모두 영어를 병기하므로써 이 책을 가지고 학습을 해도 영어로 의사소통하는 데에는 별 문제가 없도록 하였다.

번역은 책을 저술하는 것만큼이나 시간이 많이 소요되는 일이다. 컴퓨터 분야의 책들은 워낙 기술의 발전이 빨라서 책들의 수명이 짧다. 시간에 쫓기는 시대에 사는 컴퓨터 분야의 교수들로써 번역을 가급적 신속히 마칠 목적으로 국내의 여러 데이터마이닝 분야의 전문가들과 함께 나누어서 작업을 하였다. 대신 여러 번의 교정과 용어 통일을 통해서 번역서의 질을 높이도록 했다. 1판이 출간되고 번역된 후 13년이 지난 2019년에 2판이 발표되었는데, 최신의 내용이 많이 추가되기도 하였고, 기존의 장들도 상당히 수정되어 일부 추가 번역이 아니고 전면 재번역을 하는 작업이 필요했다.

본서의 번역이 가능하게끔 출판과 교정을 도와준 휴먼싸이언스의 신선 사장님께 깊은 감사를 드리며, 모쪼록 본서가 국내 데이터 마이닝에 관심을 가지는 업계 종사자와 학생들에게 도움이 되어 우리나라가 데이터를 잘 활용하는 국가가 되기를 바랄 따름이다.

2020년 5월

역자대표 용환승

차례

CHAPTER 1 서론

CHAPTER 2 데이터

CHAPTER 4 분류: 기타 기법

CHAPTER 5 연관 분석: 기본 개념과 알고리즘

CHAPTER 6 연관 분석: 고급 개념

CHAPTER 7 군집 분석: 기본 개념과 알고리즘

CHAPTER 8 군집 분석: 기타 주제와 알고리즘

CHAPTER 9 이상치 탐지(Anomaly Detection)

CHAPTER 10 오탐 회피(Avoiding False Discoveries)

CHAPTER 1

서론

데이터 수집 및 저장 기술의 급속한 발전과 데이터 생성 및 전파가 용이해짐에 따라 데이터가 폭발적으로 증가하여 현재의 **빅데이터** 시대가 열렸다. 비즈니스 및 산업; 과학 및 공학; 의학과 생명 공학; 정부와 개인을 포함한 사회의 거의 모든 영역에서 의사 결정에 이러한 대규모 데이터 집합으로부터 실행 가능한 통찰력을 얻는 것이 점점 중요해지고 있다. 그러나 데이터의 양(volume), 복잡성(variety), 데이터 수집과 처리 속도(velocity)의 비율은 사람의 독력으로 분석하기에는 너무 크게 증가했다. 따라서 방대한 양과 다양성에 따른 도전에도 불구하고 빅데이터에서 유용한 정보를 추출하기 위한 자동화된 도구가 절실히 필요하다.

데이터 마이닝은 이러한 풍부한 데이터를 처리하기 위해 기존의 데이터 분석 방법과 정교한 알고리즘을 혼합한 것이다. 이번 서론 장에서는 데이터 마이닝에 대한 개요를 제공하고 이 책에서 다룰 주요 주제를 간략하게 설명한다. 데이터 분석을 위한 고급 기술이 필요한 일부 응용 프로그램에 대한 설명부터 시작한다.

비즈니스와 산업 POS 데이터 수집(바코드 스캐너, 무선 주파수 식별(RFID)과 스마트 카드 기술)을 통해 유통 업체는 매장의 계산대에서 고객 구매에 대한 최신 데이터를 수집할 수 있다. 유통 업체들은 그들의 고객의 요구를 보다 잘 이해하고 더 현명한 비즈니스

결정을 내리기 위해, 전자 상거래 웹사이트의 웹 서버 로그와 콜센터의 고객 서비스 기록과 같은 다른 비즈니스의 중요한 데이터와 함께 이러한 정보들을 활용할 수 있다.

데이터 마이닝 기술을 사용하여 고객 프로파일링, 표적 마케팅, 작업 흐름 관리, 매장 배치, 이상금융거래 탐지와 자동 구매 및 판매와 같은 광범위한 비즈니스 인텔리전스 응용 프로그램을 지원할 수 있다. 마지막 응용의 예로는 금융 거래에 관한 데이터를 사용하여 1초 이내에 구매 및 판매에 대한 결정을 내려야 하는 고속 주식 거래가 있다. 데이터 마이닝은 또한 유통 업체가 "가장 수익성이 있는 고객은 누구입니까?"와 "교차 판매 또는 상향 판매할 수 있는 제품은 무엇입니까?"; 그리고 "내년에 회사의 매출 전망은 어떠합니까?"와 같은 중요한 비즈니스 질문에 답변할 수 있도록 도와준다. 이러한 질문은 연관 분석(5장과 6장)과 같은 데이터 마이닝 기술의 개발에 영감을 주었다.

인터넷이 우리의 일상생활에서 상호 작용하고 의사 결정 방법을 계속 혁신함에 따라, 우리는 웹 브라우징, 메시징, 그리고 소셜 네트워킹 웹 사이트와 같은 온라인 경험에 대한 방대한 양의 데이터를 생성하고 있다. 이로 인해 웹 데이터를 사용하는 비즈니스 애플리케이션에 여러 기회가 열렸다. 예를 들어, 전자 상거래 부분에서 온라인 시청 또는 쇼핑 환경 설정에 대한 데이터를 사용하여 개인화된 제품 추천을 제공할 수 있다. 또한 데이터 마이닝은 스팸 메시지 필터링, 검색어 응답, 소셜 업데이트 및 연결 제안과 같은 여러 가지 다른 인터넷 기반 서비스를 지원하는 데 중요한 역할을 한다. 인터넷에서 사용할 수 있는 많은 텍스트, 이미지 및 비디오 모음은 딥러닝을 포함하여 데이터 마이닝 방법에서 여러 가지 발전을 가능하게 했다. 이는 4장에서 설명한다. 이러한 발전들로 인해 객체 인식, 자연어 번역과 자율 주행과 같은 여러 응용프로그램에서 크게 발달했다.

급격한 빅 데이터 변환을 겪은 다른 도메인은 스마트폰과 웨어러블 컴퓨팅 디바이스와 같은 모바일 센서와 디바이스의 사용이다. 더 나은 센서 기술로, 서로 연결된 일상 물체에 내장된 저가형 센서를 사용하여 우리의 물리적 세계에 대한 다양한 정보를 수집하는 것이 가능해졌으며, 이를 사물 인터넷(IOT)라고 한다. 디지털 시스템에 물리적 센서를 심층적으로 통합함으로써 스마트 시티의 도시 계획뿐만 아니라 편리하고 안전하며 에너지 효율적인 가정용 시스템을 설계하는 데 사용될 수 있는 우리 환경에 대한 다량의 다양하고 분산된 데이터를 생성하기 시작하고 있다.

의학, 과학 및 공학 의학, 과학 및 공학 연구원들은 새로운 발견에 중요한 데이터를 빠르게 축적하고 있다. 예를 들어, 지구 기후 시스템에 대한 이해를 향상시키기 위한 중요한 단계로서 NASA는 지표면, 해양과 대기에 대한 전 세계 관측을 지속적으로 생성하는 일련의 지구 궤도 위성을 배치했다. 그러나 데이터의 크기와 시공간적 특성 때문에 전통적인 방법은 이러한 데이터 집합을 분석하는 데 적합하지 않은 경우가 많다. 데이터 마이닝에서 개발된 기술은 지구 과학자들이 다음과 같은 질문에 대답하는 데 도움이 될 수 있다. "가뭄과 허리케인과 같은 생태계 파괴의 빈도와 강도는 지구 온난화와 어떤 관계가 있습니까?"; "해수면 온도는 지표면 강수량과 온도에 어떤 영향을 미칩니까?";

또 다른 예로서, 분자 생물학 연구자들은 유전자의 구조와 기능을 더 잘 이해하기 위해 많은 양의 게놈 데이터를 사용하기를 희망한다. 과거에는 분자 생물학의 전통적인 방법을 통해 과학자들은 주어진 실험에서 한 번에 몇 개의 유전자만 연구할 수 있었다. 최근 마이크로 어레이 기술의 획기적인 발전으로 과학자들은 다양한 상황에서 수천 개의 유전자의 행동을 비교할 수 있다. 이러한 비교는 각 유전자의 기능을 결정하고 특정 질병을 담당하는 유전자를 분리하는 데 도움이 될 수 있다. 그러나 잡음이 있는 고차원의 데이터 특성에는 새로운 데이터 분석 방법이 필요하다. 유전자 발현 데이터를 분석하는 것 외에도, 데이터 마이닝을 사용하여 단백질 구조 예측, 다중 서열 정렬, 생화학적 경로 모델링 및 계통 발생과 같은 다른 중요한 생물학적 문제를 해결할 수 있다.

또 다른 예는 점점 더 이용 가능한 전자 건강 기록(EHR) 데이터를 분석하기 위해 데이터 마이닝 기술을 사용하는 것이다. 얼마 전까지 만해도 환자에 대한 연구는 개별 환자의 신체 기록을 수동으로 조사하고 조사 중인 특정 질문과 관련된 매우 구체적인 정보를 추출해야 했다. EHR을 사용하면 이러한 데이터를 더 빠르고 광범위하게 탐색할 수 있다. 그러나 한 환자에 대한 관찰은 일반적으로 의사나 병원을 방문하는 동안 발생하며 환자의 건강에 대한 소수의 세부 사항만 특정 방문 중에 측정되므로 중요한 문제가 있다.

현재 EHR 분석은 간단한 유형의 데이터(예: 환자의 혈압 또는 질병의 진단 코드)에 중점을 둔다. 그러나 심전도(ECG) 및 자기 공명 영상(MRI) 또는 기능적 자기 공명 영상(fMRI)의 신경 영상과 같은 대량의 더 복잡한 유형의 의료 데이터도 수집되고 있다. 분석하기는 어렵지만 이 데이터는 환자에 대한 중요한 정보도 제공한다. 이러한 데이터를 전통적인 EHR 및 게놈 데이터와 통합 및 분석하는 것은 보다 개인화 된 환자 치료를 제공하는 것을 목표로 하는 정밀 의학을 가능하게 하는 데 필요한 기능 중 하나이다.

1.1 데이터 마이닝이란 무엇인가?

데이터 마이닝은 대규모 데이터 저장소(repository)에서 유용한 정보를 자동으로 검색하는 프로세스다. 다른 방법으로는 알려지지 않은 참신하고 유용한 패턴을 찾기 위해 데이터 마이닝 기술을 사용하여 대규모 데이터 집합을 세척한다. 또한 고객이 온라인 또는 오프라인 매장에서 지출할 금액과 같은 향후 관측 결과를 예측하는 기능도 제공한다.

모든 정보 검색 작업이 데이터 마이닝으로 간주되는 것은 아니다. 예를 들어 데이터베이스에서 개별 레코드를 찾거나 특정 키워드 집합이 포함된 웹 페이지를 찾는 쿼리 등이 있다. 데이터베이스 관리 시스템 또는 정보 검색 시스템과의 간단한 상호 작용을 통해 이러한 작업을 수행할 수 있기 때문이다. 이 시스템은 대규모 컴퓨터 저장소(repository)에서 정보를 효율적으로 구성하고 검색하기 위해 정교한 인덱싱 구조 및 쿼리 처리 알고리즘을 포함하는 기존의 컴퓨터 과학 기술에 의존한다. 그럼에도 불구하고, 데이터 마이닝 기술은 입력 쿼리와의 관련성에 기초하여 검색 결과의 품질을 개선함으로써 그러한 시스템의 성능을 향상시키기 위해 사용되어 왔다.

데이터베이스의 데이터 마이닝 및 지식 발견

데이터 마이닝은 KDD(Knowledge Discovery in Databases)의 필수 부분으로, 그림 1.1에 표시된 것처럼 원시 데이터를 유용한 정보로 변환하는 전체 프로세스다. 이 프로세스는 데이터 전처리에서 데이터 마이닝 결과의 후 처리에 이르기까지 일련의 단계로 구성된다.

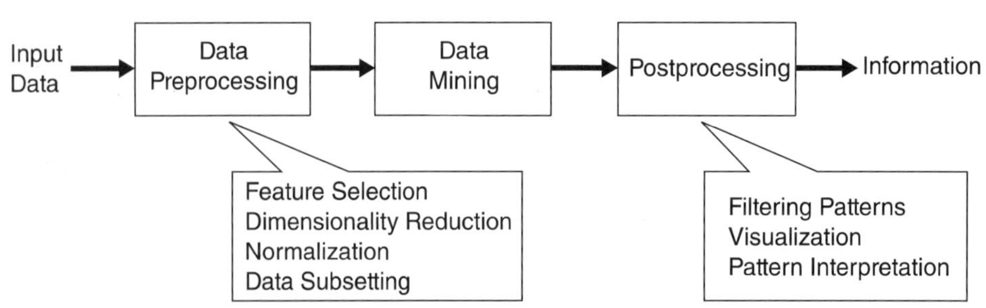

그림 1.1 데이터베이스의 지식 탐사 프로세스(KDD)

입력 데이터는 다양한 형식(플랫 파일, 스프레드시트 또는 관계형 테이블)으로 저장될 수 있으며 중앙 데이터 저장소에 상주하거나 여러 사이트에 분산될 수 있다. **전처리**의 목적은 원시 입력 데이터를 후속 분석에 적합한 형식으로 변환하는 것이다. 데이터 전처리와 관련된 단계에는 여러 소스의 데이터를 융합하고 노이즈를 제거하고 관측을 복제하기 위해 데이터를 정리하며 현재 데이터 마이닝 작업과 관련된 레코드 및 기능을 선택하는 작업이 포함된다. 데이터를 수집하고 저장할 수 있는 여러 가지 방법 때문에 데이터 전처리는 전체 지식 탐사 프로세스에서 가장 힘들고 시간이 많이 걸리는 단계 일 것이다.

"반복 끝내기"는 데이터 마이닝 결과를 의사 결정 지원 시스템에 통합하는 프로세스를 나타내는 데 자주 사용되는 문구다. 예를 들어, 비즈니스 애플리케이션에서 데이터 마이닝 결과가 제공하는 통찰력을 캠페인 관리 도구와 통합하여 효과적인 마케팅 프로모션을 수행하고 테스트할 수 있다. 이러한 통합에는 유효하고 유용한 결과만 의사 결정 지원 시스템에 통합되도록 보장하는 **후처리** 단계가 필요하다. 후처리의 예는 시각화로, 분석가가 다양한 관점에서 데이터와 데이터 마이닝 결과를 탐색할 수 있다. 가상 데이터 마이닝 결과를 제거하기 위해 사후 처리 중에 가설 테스트 방법을 적용할 수도 있다(제10장 참조).

1.2 도전에 동기부여하기

앞서 언급 한 바와 같이, 기존의 데이터 분석 기술은 빅 데이터 애플리케이션이 직면한 문제를 해결하는 데 실질적인 어려움을 겪었다. 다음은 데이터 마이닝 개발 동기를 부여한 구체적인 과제들 중 일부다.

확장성(scalability) 데이터 생성과 수집의 발전으로 인해 테라 바이트, 페타 바이트 또는 엑사 바이트 크기의 데이터 집합이 일반화되고 있다. 데이터 마이닝 알고리즘이 이러한 대규모 데이터 집합을 처리하려면 확장성이 있어야 한다. 많은 데이터 마이닝 알고리즘은 특수 검색 전략을 사용하여 지수 검색 문제를 처리한다. 확장성 또한 효율적인 방식으로 개별 레코드에 액세스하기 위해 새로운 데이터 구조를 구현해야 할 수도 있다. 예를 들어, 주 메모리에 들어갈 수없는 데이터 집합을 처리할 때 코어 외부 알고리즘이 필요할 수 있다. 샘플링을 사용하거나 병렬 및 분산 알고리즘을 개발하여 확장성을 향상시킬 수도 있다. 데이터 마이닝 알고리즘을 확장하는 기술에 대한 일반적인 개요는 부록 F에 나와 있다.

고차원성(high dimensionality) 이제 수십 년 전에 소수의 공통 요소 대신 수백 또는 수천 개의 속성을 가진 데이터 집합이 발생하는 것은 일반적이다. 생물 정보학에서, 마이크로어레이 기술의 진보는 수천 가지 특징을 포함하는 유전자 발현 데이터를 생성했다. 시간적 또는 공간적 컴포넌트를 갖는 데이터 세트는 또한 고차원성을 갖는 경향이 있다. 예를 들어 다양한 위치에서 온도 측정값이 포함 된 데이터 세트를 고려하자. 온도 측정을 장시간 반복적으로 수행하면 측정 횟수에 비례하여 차원(특성: feature) 수가 증가한다. 저차원 데이터를 위해 개발된 기존의 데이터 분석 기술은 종종 차원 저주(2장에서 설명)와 같은 문제로 인해 이러한 고차원 데이터에 대해 잘 작동하지 않는다. 또한 일부 데이터 분석 알고리즘의 경우 차원(특징 수)이 증가함에 따라 계산 복잡도가 빠르게 증가한다.

이질 복잡 데이터(heterogeneous and complex data) 기존의 데이터 분석 방법은 종종 연속형 또는 범주형의 동일한 유형의 속성을 포함하는 데이터 세트를 처리한다. 비즈니스, 과학, 의학 및 기타 분야에서 데이터 마이닝의 역할이 커짐에 따라 이질 속성을 처리할 수 있는 기술이 필요하다. 최근 몇 년 동안 더 복잡한 데이터 객체가 등장했다. 이러한 비전통적인 유형의 데이터의 예는 텍스트, 하이퍼링크, 이미지, 오디오 및 비디오를 포함하는 웹과 소셜 미디어 데이터; 순차적 및 3차원 구조를 갖는 DNA 데이터; 지구 표면의 다양한 시간과 위치에서의 측정(온도, 압력 등)으로 구성된 기후 데이터가 있다. 이러한 복잡한 객체를 채굴하기 위해 개발 된 기술은 시간 및 공간 자기 상관, 그래프 연결 및 반구조화 된 텍스트와 XML 문서의 요소 간의 부모-자식 관계와 같은 데이터의 관계를 고려해야 한다.

데이터 소유권 및 배포(data ownership and distribution) 때로는 분석에 필요한 데이터가 한 위치에 저장되거나 한 조직이 소유하지 않는 경우가 있다. 대신, 데이터는 여러 엔티티에 속하는 리소스 간에 지리적으로 분산된다. 이를 위해서는 분산 데이터 마이닝 기술의 개발이 필요하다. 분산 데이터 마이닝 알고리즘이 직면한 주요 과제는 다음과 같다.

(1) 분산 계산을 수행하는 데 필요한 통신량을 줄이는 방법, (2) 여러 소스에서 얻은 데이터 마이닝 결과를 효과적으로 통합하는 방법 및 (3) 데이터 보안 및 개인 정보 문제를 해결하는 방법.

비전통적 분석(non-traditional analysis) 기존의 통계적 접근 방식은 가설 검증 패러다임을 기반으로 한다. 다시 말해, 가설이 제안되고, 실험이 데이터를 수집하도록 고안된 후, 가설과 관련하여 데이터가 분석된다. 불행히도 이 프로세스는 매우 노동 집약적이다. 현재의 데이터 분석 작업에는 종종 수천 가지 가설의 생성과 평가가 필요하며, 결과적으로 가설 생성 및 평가 프로세스를 자동화하려는 일부 데이터 마이닝 기술의 개발이 동기부여되었다. 더욱이, 데이터 마이닝에서 분석된 데이터 집합은 일반적으로 신중하게 설계된 실험의 결과가 아니며 종종 무작위 샘플이 아닌 데이터의 기회주의적 샘플을 나타낸다.

1.3 데이터 마이닝의 기원

그림 1.1에서 볼 수 있듯이 데이터 마이닝은 전통적으로 KDD 프레임워크 내에서 중간 프로세스로 여겨져 왔지만, 데이터 전처리, 마이닝 및 후처리를 포함한 KDD의 모든 측면에 중점을 둔 컴퓨터 과학 분야의 학문 분야로 수년에 걸쳐 등장했다. 그 기원은 데이터베이스의 지식 탐사 주제에 대해 구성된 일련의 워크샵에 따라 1980년대 후반으로 거슬러 올라간다. 이 워크샵에서는 여러 분야의 연구원들이 모여 대규모 데이터베이스에서 실행 가능한 지식을 추출하기 위해 계산 기술을 적용할 때의 과제와 기회에 대해 논의했다. 워크숍은 학계와 산업계의 연구원과 실무자가 참석 한 매우 인기 있는 컨퍼런스로 빠르게 성장했다. 이 학회들의 성공은 기업 및 업계에서 데이터 마이닝 배경을 가진 신입 사원 모집에 대한 관심과 함께 이 분야의 엄청난 성장을 촉진했다.

이 분야는 처음에 연구원들이 이전에 사용했던 방법론과 알고리즘을 기반으로 구축되었다. 특히, 데이터 마이닝 연구자들은 (1) 통계로부터의 샘플링, 추정 및 가설 검증과 (2) 검색 알고리즘, 모델링 기술 그리고 인공 지능, 패턴 인식 및 기계 학습으로부터 가져온 학습 이론과 같은 아이디어를 활용한다. 또한 데이터 마이닝은 최적화, 진화 컴퓨팅, 정보 이론, 신호 처리, 시각화 및 정보 검색을 포함한 다른 영역의 아이디어를 빠르

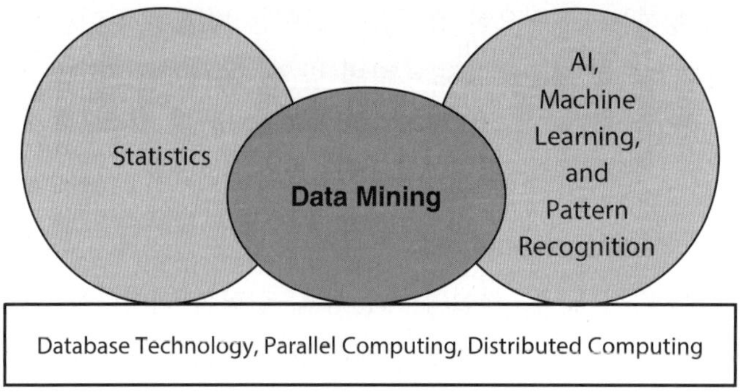

그림 1.2 많은 학문이 융합된 데이터 마이닝

게 채택하여 빅 데이터 마이닝의 과제를 해결하기 위해 확장해 왔다.

다른 많은 영역들도 중요한 지원 역할을 한다. 특히 효율적인 스토리지, 인덱싱과 쿼리 처리를 지원하려면 데이터베이스 시스템이 필요하다. 고성능(병렬) 컴퓨팅 기술은 일부 데이터 집합의 대규모 크기를 처리하는 데 종종 중요하다. 분산 기술은 또한 크기 문제를 해결하는 데 도움이 될 수 있으며 한 위치에서 데이터를 수집할 수 없을 때 필수적이다. 그림 1.2는 데이터 마이닝과 다른 영역의 관계를 보여준다.

데이터 과학 및 데이터 중심 발견

데이터 과학(Data Science)은 데이터로부터 유용한 통찰력을 도출하기 위한 도구와 기술을 연구하고 적용하는 학제 간 분야다. 데이터 과학은 그 자체의 고유 한 정체성을 가진 새로운 분야로 여겨지지만, 도구와 기술은 종종 데이터 마이닝, 통계, AI, 기계 학습, 패턴 인식, 데이터베이스 기술 및 분산 및 병렬 컴퓨팅(그림 1.2 참조)들로부터 유래되었다.

새로운 분야로써 데이터 과학의 출현은 종종 기존 데이터 분석 영역 중 어느 것도 최근 응용분야에서 종종 발생하는 데이터 분석 작업을 위한 완전한 도구 집합을 제공하지 않는다고 여겨지고 있다. 대신, 광범위한 계산, 수학 및 통계 기술이 종종 요구된다. 이러한 데이터를 분석할 때 발생하는 문제를 설명하려면 다음 예를 고려하자. 소셜 미디어와 웹은 사회 과학자들이 인간 행동을 대규모로 관찰하고 정량적으로 측정할 수 있는 새로운 기회를 제시한다. 이러한 연구를 수행하기 위해 사회 과학자들은 웹 마이닝, 자연어 처리(NLP), 네트워크 분석, 데이터 마이닝 및 통계와 같은 분야의 기술을 보유한 분석가와 협력한다. 종종 설문 조사를 기반으로 하는 기존의 사회 과학 연구와 비교할 때

이 분석에는 더 넓은 범위의 기술과 도구가 필요하며 훨씬 더 많은 양의 데이터가 필요하다. 따라서 데이터 과학은 필연적으로 많은 분야의 지속적인 연구를 기반으로 하는 학제 간 분야다.

데이터 과학의 데이터 중심 접근 방식은 특히 광범위한 도메인 지식이 없어도 특히 대량의 데이터에서 데이터의 패턴과 관계를 직접 발견하는 것을 강조한다. 이 접근법의 성공에 대한 주목할 만한 예는 신경망, 즉 딥러닝의 발전으로 사진이나 비디오의 객체 인식과 음성에서의 단어 인식뿐 아니라 다른 응용 분야에서와 같은 오랫동안 도전해온 분야에서의 특히 성공적이었다. 그러나 이는 데이터 중심 접근 방식의 성공에 대한 한 가지 예일 뿐이며 다른 많은 데이터 분석 영역에서도 대폭 개선되었다. 이러한 개발 중 다수는 이 책의 뒷부분에서 설명하는 주제다. 순전히 데이터 중심 접근 방식의 잠재적 한계에 대한 몇 가지 주의사항은 참고문헌에 나와 있다.

1.4 데이터 마이닝 작업

데이터 마이닝 작업은 일반적으로 두 가지 주요 범주로 나누어진다.

- **예측 작업**(Predictive tasks) 이 작업의 목표는 다른 속성의 값을 기반으로 특정 속성의 값을 예측하는 것이다. 예측될 속성은 일반적으로 **목표** 또는 **종속 변수**로 알려져 있으며, 예측에 사용되는 속성은 **설명** 또는 **독립 변수**로 알려져 있다.
- **서술 작업**(Descriptive tasks) 이 작업의 목표는 데이터의 기본 관계를 요약하는 패턴(상관관계, 추세, 클러스터, 궤적 및 이상)을 도출하는 것이다. 서술 데이터 마이닝 작업은 종종 탐색적이며 결과를 검증하고 설명하기 위해 사후 처리 기술이 필요한 경우가 많다.

그림 1.3은 이 책의 나머지 부분에서 설명하는 4가지 핵심 데이터 마이닝 작업을 보여준다.

예측 모델링(Predict Modeling)은 설명 변수의 함수로 대상 변수에 대한 모델을 작성하는 작업을 말한다. 예측 모델링 작업에는 이산 목표 변수에 사용되는 **분류**와 연속 목표 변수에 사용되는 **회귀**, 두 가지 유형의 예측 모델링 작업이 있다. 예를 들어, 웹 사용자

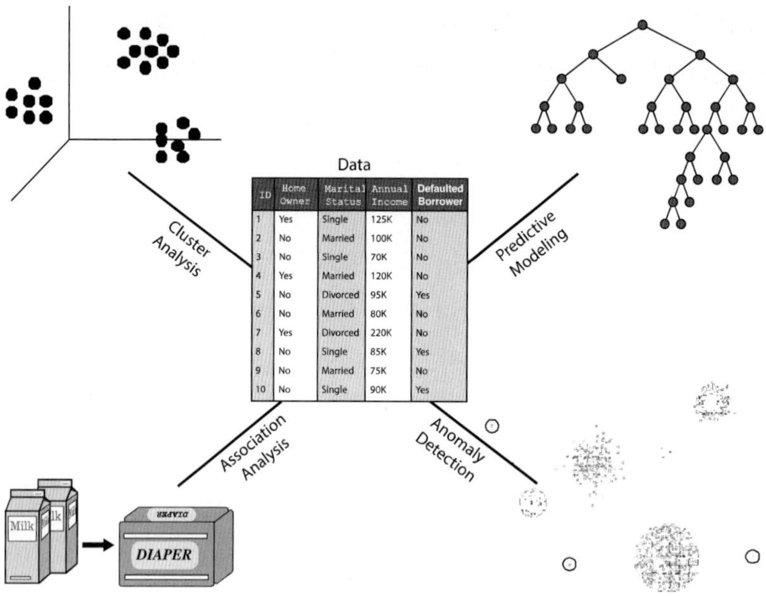

ID	Home Owner	Marital Status	Annual Income	Defaulted Borrower
1	Yes	Single	125K	No
2	No	Married	100K	No
3	No	Single	70K	No
4	Yes	Married	120K	No
5	No	Divorced	95K	Yes
6	No	Married	80K	No
7	Yes	Divorced	220K	No
8	No	Single	85K	Yes
9	No	Married	75K	No
10	No	Single	90K	Yes

그림 1.3 4가지 핵심 데이터 마이닝 작업

가 온라인 서점에서 구매할 것인지를 예측하는 것은 대상 변수가 이진 값이기 때문에 분류 작업이다.

반면, 주식의 미래 가격을 예측하는 것은 가격이 지속적인 가치를 갖는 속성이기 때문에 회귀 작업이다. 두 작업의 목표는 목표 변수의 예측값과 실제값 사이의 오류를 최소화하는 모델을 배우는 것이다. 예측 모델링은 마케팅 캠페인에 응답하거나 지구 생태계의 장애를 예측하거나 의료 테스트 결과에 따라 환자에게 특정 질병이 있는지 판단 할 고객을 식별하는 데 사용할 수 있다.

예제 1.1 꽃의 종류 예측

꽃의 특성에 따라 한 종류의 꽃을 예측하는 작업을 고려하자. 특히, 붓꽃(iris)을 Setosa, Versicolour 또는 Virginica의 세 가지 종중 하나로 분류하는 것을 고려하자. 이 작업을 수행하려면 이 세 종의 다양한 꽃의 특성을 포함하는 데이터 집합이 필요하다. 이 유형의 정보가 있는 데이터 세트는 UCI Machine Learning Repository(`http://www.ics.uci.edu/~mlearn`)의 잘 알려진 Iris 데이터 세트다. 품종 외에도 이 데이터 세트에는 꽃받침 너비, 꽃받침 길이, 꽃잎길이와 꽃잎너비의 네 가지 속성이 있다. 그림 1.4는 붓꽃 데이터 세트의 150개 품종에 대한 꽃잎너비와 꽃잎 길이의 도표를 보여준다. 꽃잎너비는 각각 [0, 0.75), [0.75, 1.75), [1.75, ∞) 간격에 해당하는 낮음, 중간, 높음의 범주로 구분된다. 또한 꽃잎길이는 각각 [0, 2.5), [2.5, 5), [5, ∞) 간격에 해당하는 낮음, 중간, 높음의 범주로 구분된다. 꽃잎너비와 길이의 이러한 범주를 기반으로 다음 규칙을 도출할 수 있다.

> 꽃잎폭이 낮고 꽃잎 길이가 낮으면 Setosa를 의미한다.
> 꽃잎폭이 중간이고 꽃잎 길이가 중간인 것은 Versicolour를 의미한다.
> 꽃잎폭가 높고 꽃잎 길이가 높으면 Virginica를 의미한다.

이 규칙은 모든 꽃을 분류하지는 않지만, 대부분의 꽃을 잘 곧 잘(완벽하지는 않은) 분류한다. Setosa 종의 꽃은 꽃잎의 폭과 길이와 관련하여 Versicolour 및 Virginica 종과 잘 분리되어 있지만 후자의 두 종은 이러한 특성과 관련하여 다소 겹친다. ■

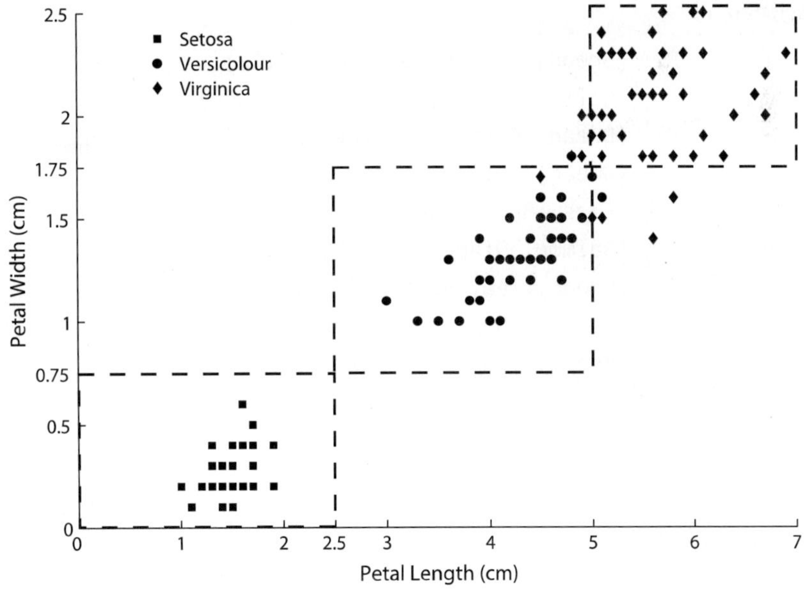

그림 1.4 150개의 홍채 꽃에 대한 꽃잎 너비 대 꽃잎 길이

연관 분석은 데이터에서 강하게 연관된 기능을 설명하는 패턴을 발견하는 데 사용된다. 발견된 패턴은 일반적으로 함축 규칙(implication rules) 또는 특징(feature)의 부분집합 형태로 표시된다. 검색 공간의 지수 크기로 인해 연관 분석의 목표는 가장 흥미로운 패턴을 효율적으로 추출하는 것이다. 유용한 연관성 분석 응용 프로그램에는 관련 기능이 있는 유전자 그룹 찾기, 함께 액세스하는 웹 페이지 식별 또는 지구 기후 시스템의 여러 요소 간의 관계 이해 등이 있다.

예제 1.2 장바구니 분석

표 1.1에 표시된 트랜잭션은 식료품점의 계산대에서 수집 된 POS 데이터를 보여준다. 고객이 자주 구매하는 품목을 찾기 위해 연관 분석을 적용할 수 있다. 예를 들어 `{Diapers}` → `{Milk}` 규칙을 발견할 수 있는데, 이는 기저귀를 사는 고객들도 우유를 사는 경향이 있음을 시사한다. 이 유형의 규칙을 사용하여 관련 항목 중에서 잠재적인 교차 판매 기회를 발견하는데 사용할 수 있다. ■

표 1.1 장바구니 데이터

Transaction ID	Items
1	{Bread, Butter, Diapers, Milk}
2	{Coffee, Sugar, Cookies, Salmon}
3	{Bread, Butter, Coffee, Diapers, Milk, Eggs}
4	{Bread, Butter, Salmon, Chicken}
5	{Eggs, Bread, Butter}
6	{Salmon, Diapers, Milk}
7	{Bread, Tea, Sugar, Eggs}
8	{Coffee, Sugar, Chicken, Eggs}
9	{Bread, Diapers, Milk, Salt}
10	{Tea, Eggs, Cookies, Diapers, Milk}

군집 분석은 동일한 군집에 속하는 관측치가 다른 군집에 속하는 관측치보다 서로 더 유사하도록 밀접하게 관련된 관측치 그룹을 찾는다. 클러스터링은 관련 기후 변화에 영향을 줄 수 있는 해양 관련 지역과 관련 고객을 분류하고 데이터를 압축하는 데 사용되었다.

예제 1.3 문서 클러스터링

표 1.2에 표시된 뉴스 기사 모음은 해당 주제를 기준으로 그룹화 할 수 있다. 각 기사는 단어 빈도 쌍$(w : c)$으로 표시되며, 여기서 w는 단어이고 c는 단어가 기사에 나타나는 횟수이다. 데이터 집합에는 두 개의 자연 클러스터가 있다. 첫 번째 클러스터는 경제에 대한 뉴스에 해당하는 첫 번째 네 개의 기사로 구성되며 두 번째 클러스터에는 건강관리에 대한 뉴스에 해당하는 마지막 네 개의 기사가 포함된다. 좋은 클러스터링 알고리즘은 기사에 나타나는 단어 사이의 유사성을 기반으로 이 두 클러스터를 식별할 수 있어야 한다.

표 1.2 뉴스 기사 집합

Article	Word-frequency pairs
1	dollar: 1, industry: 4, country: 2, loan: 3, deal: 2, government: 2
2	machinery: 2, labor: 3, market: 4, industry: 2, work: 3, country: 1
3	job: 5, inflation: 3, rise: 2, jobless: 2, market: 3, country: 2, index: 3
4	domestic: 3, forecast: 2, gain: 1, market: 2, sale: 3, price: 2
5	patient: 4, symptom: 2, drug: 3, health: 2, clinic: 2, doctor: 2
6	pharmaceutical: 2, company: 3, drug: 2, vaccine: 1, flu: 3
7	death: 2, cancer: 4, drug: 3, public: 4, health: 3, director: 2
8	medical: 2, cost: 3, increase: 2, patient: 2, health: 3, care: 1

■

이상 탐지는 나머지 데이터와 특성이 크게 다른 관측치를 식별하는 작업이다. 이러한 관찰을 이상치 또는 국외자(outlier)라고 한다. 이상 감지 알고리즘의 목표는 실제 이상을 발견하고 일반 객체를 비정상으로 잘못 표시하지 않도록 하는 것이다. 다시 말해서, 좋은 이상 탐지기는 탐지율이 높고 오경보율이 낮아야 한다. 이상 탐지의 응용에는 사기, 네트워크 침입, 비정상적인 질병 패턴 및 가뭄, 홍수, 화염, 허리케인 등과 같은 생태계 장애 감지가 포함된다.

예제 1.4 신용 카드 사기 탐지

신용 카드 회사는 신용 한도, 연령, 연간 소득 및 주소와 같은 개인 정보와 함께 모든 신용 카드 소지자가 한 거래를 기록한다. 사기 사건의 수는 합법적인 거래의 수에 비해 상대적으로 적기 때문에, 사용자를 위한 합법적인 거래를 구축하기 위해 이상 탐지 기술이 적용될 수 있다. 새 거래가 도착하면 사용자의 프로파일과 비교된다. 거래의 특성이 이전에 작성된 프로파일과 크게 다른 경우, 거래는 사기 가능성이 있는 것으로 표시된다. ■

1.5 책의 범위와 구성

이 책은 알고리즘 관점에서 데이터 마이닝에 사용되는 주요 원칙과 기술을 소개한다. 데이터 마이닝 기술을 다양한 종류의 데이터에 적용할 수 있는 방법을 보다 잘 이해하려면 이러한 원칙과 기술에 대한 연구가 필수적이다. 이 책은 또한 이 장에 대한 연구에 관심이 있는 독자를 위한 출발점 역할을 한다.

기본 데이터 유형, 데이터 품질, 전처리 기술, 유사성 및 비 유사성 측정에 대해 설명하는 데이터(2장)장으로 이 책의 기술 토론을 시작한다. 이 자료는 빠르게 다룰 수 있지만 데이터 분석을 위한 필수 토대를 제공한다. 3장과 4장은 분류를 다룬다. 3장에서는 의사 결정 트리 분류와 모든 분류에 중요한 몇 가지 문제(과적합, 과소적합, 모델 선택 및 성능 평가)를 논의하여 기초를 제공한다. 이 기초를 토대로, 4장에서는 규칙 기반 시스템, 최근접 이웃 분류, 베이지안 분류기, 딥러닝, 서포트 벡터 머신 및 분류기 모음인 앙상블 분류기를 포함한 인공 신경망과 같은 여러 가지 중요한 분류 기술을 설명한다. 멀티 클래스 및 불균형 클래스 문제도 설명한다. 이러한 주제는 독립적으로 다룰 수 있다.

연관 분석은 5장과 6장에서 설명한다. 5장에서는 연관 분석의 기본 사항인 빈발 항목 집합, 연관 규칙 및 이를 생성하는 데 사용되는 일부 알고리즘에 대해 설명한다. 데이터 마이닝에 중요한 특정 유형의 빈번한 항목 집합(최대(maximal), 폐쇄(closed), 하이퍼클리크(hyperclique)와 같은)에 대해서도 설명하고 이 장에서는 연관 분석을 위한 평가 방법에 대해 설명한다. 6장에서는 연관 분석이 범주형과 연속형 데이터 또는 개념 계층이 있는 데이터에 적용되는 방법과 같은 여러 가지 고급 주제에 대해서 설명한다(개념 계층은 상점 항목 → 의류 → 신발 → 운동화와 같이 오브젝트를 계층적으로 분류한 것이다). 이 장에서는 연관 분석을 확장하여 시퀀스 패턴(순서가 포함된 패턴), 그래프의 패턴 및 부정적인 관계를 찾는 방법에 대해서도 설명한다(한 항목이 있으면 다른 항목은 없다).

군집 분석은 7장과 8장에서 설명한다. 7장에서는 먼저 여러 유형의 군집을 설명하고

K-means, 집계적 계층 군집과 DBSCAN의 세 가지 주요 군집화 기법을 제시한다. 다음으로 군집 알고리즘의 결과를 검증하는 기술에 대해 설명한다. 퍼지와 확률적 군집, 자가구성지도(Self-Organizing Maps: SOM), 그래프 기반 군집, 스펙트럼 군집, 밀도 기반 군집을 포함한 추가적인 군집 개념과 기법들을 8장에서 논의한다. 또한 군집 알고리즘을 선택할 때 고려해야 할 확장성 문제와 요소에 대해 설명한다.

9장은 이상 탐지에 관한 것이다. 몇 가지 기본 정의 후에 통계, 거리 기반, 밀도 기반, 군집 기반, 재구성 기반, 한 클래스 분류와 정보 이론과 같은 몇 가지 상이한 이상 탐지 유형에 대해서 논의한다. 마지막 장인 10장에서는 다른 장에서 논의된 거짓 결과를 피하기 위해 중요한 통계 개념에 대한 설명을 보완 한 다음, 이전 장에서 연구한 데이터 마이닝 기술의 맥락에서 이러한 개념에 대해 논한다. 이러한 기술에는 통계적 가설 검정, p-values, 오탐 비율과 순열 검정이 포함된다. 부록 A에서 F까지는 책의 일부에서 사용되는 중요한 대수, 즉 선형 대수, 차원 축소, 통계, 회귀, 최적화와 빅 데이터에 대한 데이터 마이닝 기술의 간단한 검토를 제공한다.

데이터 마이닝의 주제는 통계나 기계 학습에 비해서 상대적으로 최근에 등장했지만 한 권의 책으로 다루기에는 이미 너무 방대하다. 데이터 품질과 같이 간략하게 다루는 주제에 대한 선별된 참고문헌은 각 장의 참고문헌에서 설명한다. 마이닝 스트리밍 데이터와 프라이버시 보호 데이터 마이닝과 같이 이 책에서 다루지 않은 주제에 대한 참조는 이 장의 참고문헌 부분에서 제공하겠다.

1.6 참고문헌 설명

데이터 마이닝 주제는 많은 교재들을 참고했다. 입문 교재로는 Dunham[16], Han 등[29], Hand 등[31], Roiger and Geatz[50], Zaki and Meira[61] 및 Aggarwal[2]이 있다. 비즈니스 응용 프로그램에 중점을 둔 데이터 마이닝 책에는 Berry and Linoff[5], Pyle[47], Parr Rud[45]이 있다. 통계 학습에 중점을 둔 책으로는 Cherkassky and Mulier[11]와 Hastie 등[32], 기계 학습 또는 패턴 인식에 중점을 둔 유사한 책은 Duda et al.[15], Kantardzic[34], Mitchell[43], Webb[57], Witten and Frank[58]. 더 전문화 된 책들도 있다: Chakrabarti[9](웹 마이닝), Fayyad 등[20](초기 데이터 마이닝 논문집), Fayyad 등[18](시각화), Grossman 등[25](과학 및 공학), Kargupta and Chan[35](분산 데이터 마

이닝), Wang 등[56](바이오 정보학) 및 Zaki and Ho[60](병렬 데이터 마이닝)이 있다.

데이터 마이닝과 관련된 여러 학술대회는 다음과 같다. 주요 컨퍼런스로는 ACM SIGKDD International Conference on Knowledge Discovery and Data Mining (KDD), IEEE International Conference on Data Mining(ICDM), SIAM International Conference on Data Mining(SDM), the European Conference on Principles and Practice of Knowledge Discovery in Databases(PKDD) 그리고 Pacific-Asia Conference on Knowledge Discovery and Data Mining(PAKDD)가 있다. 데이터 마이닝 논문은 Conference and Workshop on Neural Information Processing Systems(NIPS), International Conference on Machine Learning(ICML), ACM SIGMOD/PODS conference, International Conference on Very Large Data Bases(VLDB), Conference on Information and Knowledge Management(CIKM), International Conference on Data Engineering(ICDE), National Conference on Artificial Intelligence(AAAI), IEEE International Conference on Big Data, IEEE International Conference on Data Science and Advanced Analytics(DSAA) 등과 같은 다른 주요 학술대회에서도 발표된다.

데이터 마이닝에 대한 저널 간행물에는 IEEE Transactions on Knowledge and Data Engineering, Data Mining and Knowledge Discovery, Knowledge and Information Systems, ACM Transactions on Knowledge Discovery from Data, Statistical Analysis and Data Mining, and Information Systems이 있다. Weka[27] 및 Scikit-learn[46]을 포함한 다양한 오픈 소스 데이터 마이닝 소프트웨어가 있다. 최근에는 Apache Mahout 및 Apache Spark와 같은 데이터 마이닝 소프트웨어가 분산 컴퓨팅 플랫폼의 대규모 문제를 위해 개발되었다.

데이터 마이닝 분야 또는 특히 통계 같은 다른 분야와의 관련성을 정의한 일반적인 논문들이 많이 존재한다. Fayyad 등[19]는 데이터 마이닝하고 전체 지식 탐사 과정에 어떻게 연관되는가를 설명한다. Chen 등[10]은 데이터 마이닝에 대한 데이터베이스 관점을 제공한다. Ramakrishnan and Grama[48]는 데이터 마이닝에 대한 일반적인 토론을 제공하고 몇 가지 관점을 제시한다. Hand[30]은 Friedman[21]과 같이 데이터 마이닝이 통계와 어떻게 다른지 설명한다. Lambert[40]는 대규모 데이터 집합에 대한 통계 사용을 탐색하고 데이터 마이닝 및 통계의 각 역할에 대한 설명을 제공한다. Glymour 등[23]은 데이터 마이닝에 대하여 통계 분야에서 배울 점에 대해서 고려한다. Smyth 등[53]은 스트림, 그래프, 텍스트와 같은 새로운 유형의 데이터 및 응용 프로그램에 의해 데이터 마이닝의 진화가 어떻게 진행되고 있는지 설명한다. Han 등[28]은 데이터 마이닝의 새로운 응용 프로그램을 고려하고 Smyth은 데이터 마이닝의 일부 연구 과제를 설명한다. Wu 등[59]은 데이터 마이닝 연구의 개발이 어떻게 실용적인 도구로 전환 될 수 있는지 논의한다. 데이터 마이닝 표준은 Grossman 등[24]의 논문 주제이다. Bradley[7]은 데이터 마이닝 알고리즘을 대규모 데이터 집합으로 확장하는 방법에 대해 설명한다.

새로운 데이터 마이닝 응용 프로그램의 등장으로 해결해야 할 새로운 과제가 발생했다. 예를 들어, 최근 몇 년 동안, 특히 웹 상거래, 건강 관리와 같은 응용 분야에서 데이터 마이닝의 결과로 인한 개인 정보 침해에 대한 우려가 높아졌다. 결과적으로 사용자 개인 정보를 유지하는 데이터 마이닝 알고리즘 개발에 대한 관심이 높아지고 있다. 암호화되거나 난수화 된 데이터 마이닝 기술을 **개인 정보 보호 데이터 마이닝**이라고 한다. 이 분야에서 일반적으로 언급되는 문헌으로는 Agrawal and Srikant[3], Clifton 등[12], Kargupta 등[36]이 있다. Vassilios 등[55]은 설문 조사를 제공한다. 또 다른 관심 분야는 입사 지원자 선별 또는 가석방 결정과 같은 일부 응용 분야에 사용될 수 있는 예측 모델의 편향이다[39]. 이러한 응용 프로그램이 편향된 결과를 생성하는지 여부를 평가하는 것은 종종 그러한 응용 프로그램에 사용되는 예측 모델이 블랙박스 모델, 즉 간단한 방법으로 해석할 수 없는 모델이라는 사실에 의해 더욱 어려워진다.

데이터 과학, 그 구성 요소, 보다 일반적으로 이들이 나타내는 새로운 지식 발견 패러다임[33]은 큰 잠재력을 가지고 있으며, 그 중 일부는 실현되었다. 그러나 데이터 과학은 주로 관측 데이터, 즉 다양한 조직에서 정상 운영의 일부로 수집 한 데이터와 함께 작동한다는 점을 강조하는 것이 중요하다. 그 결과 샘플링 바이어스가 일반적이며 인과적 요인의 결정이 더 문제가 된다. 이것과 다른 여러 가지 이유로, 종종 데이터로부터 만들어진 예측 모델을 해석하기가 어렵다[42, 49]. 따라서 이론, 실험 및 계산 시뮬레이션은 많은 분야, 특히 과학과 관련된 방법에서 계속해서 선택되는 방법이 될 것이다.

더 중요한 것은 순전히 데이터 중심의 접근 방식은 종종 특정 분야의 기존 지식을 무시하는 것이다. 예를 들어, 이러한 모델은 불가능한 결과를 예측하거나 새로운 상황으로 일반화하지 못하는 등 성능이 저하될 수 있다. 그러나 모델이 제대로 작동하는 경우, 예를 들어 예측 정확도가 높을 경우, 이 접근 방법은 일부 필드에서 실용적 목적으로 충분할 수 있다. 그러나 의학 및 과학과 같은 많은 분야에서 기본 영역에 대한 통찰력을 얻는 것이 종종 목표다. 최근의 일부 연구는 기존의 도메인 지식을 고려한 이론 기반 데이터 과학을 만들기 위해 이러한 문제를 해결하려고 시도하고 있다[17, 37].

최근 몇 년간 지속적인 데이터 스트림을 빠르게 생성하는 응용 프로그램의 수가 증가하고 있다. 스트림 데이터의 예로는 네트워크 트래픽, 멀티미디어 스트림, 주가가 있다. 사용 가능한 제한된 메모리 용량, 온라인 분석의 필요성과 시간 경과에 따른 데이터 변경과 같은 몇 가지 문제를 고려해야 한다. 스트림 데이터의 데이터 마이닝은 데이터 마이닝에서 중요한 영역이 되고 있다. 주요한 논문 몇 개를 보면 Domingos and Hulten [14](분류), Giannella 등[22](연관 분석), Guha 등[26](클러스터링), Kifer 등[38](변화 감지), Papadimitriou 등[44](시계열) 및 Law 등[41](차원 축소)가 있다.

또 다른 관심 분야는 추천 및 협업 필터링 시스템[1, 6, 8, 13, 54]으로, 사람이 좋아할 만한 영화, TV쇼, 서적, 제품 등을 제안한다. 많은 경우, 이 문제 또는 적어도 그 구성 요소는 예측 문제로 취급되므로 데이터 마이닝 기술이 적용될 수 있다[4, 51].

참고문헌

[1] G. Adomavicius and A. Tuzhilin. Toward the next generation of recommender systems: A survey of the state-of-the-art and possible extensions. *IEEE transactions on knowledge and data engineering*, 17(6):734-749, 2005.

[2] C. Aggarwal. *Data mining: The Textbook*. Springer, 2009.

[3] R. Agrawal and R. Srikant. Privacy-preserving data mining. In *Proc. of 2000 ACMSIGMOD Intl. Conf. on Management of Data*, pages 439-450, Dallas, Texas, 2000. ACM Press.

[4] X. Amatriain and J. M. Pujol. Data mining methods for recommender systems. In *Recommender Systems Handbook*, pages 227-262. Springer, 2015.

[5] M. J. A. Berry and G. Linoff. *Data Mining Techniques: For Marketing, Sales, and Customer Relationship Management*. Wiley Computer Publishing, 2nd edition, 2004.

[6] J. Bobadilla, F. Ortega, A. Hernando, and A. Gutiérrez. Recommender systems survey. *Knowledge-based systems*, 46:109-132, 2013.

[7] P. S. Bradley, J. Gehrke, R. Ramakrishnan, and R. Srikant. Scaling mining algorithms to large databases. *Communications of the ACM*, 45(8):38-43, 2002.

[8] R. Burke. Hybrid recommender systems: Survey and experiments. *User modeling and user- adapted interaction*, 12(4):331-370, 2002.

[9] S. Chakrabarti. *Mining the Web: Discovering Knowledge from Hypertext Data*. Morgan Kaufmann, San Francisco, CA, 2003.

[10] M.-S. Chen, J. Han, and P. S. Yu. Data Mining: An Overview from a Database Perspective. *IEEE Transactions on Knowledge and Data Engineering*, 8(6):866-883, 1996.

[11] V. Cherkassky and F. Mulier. *Learning from Data: Concepts, Theory, and Methods*. Wiley- IEEE Press, 2nd edition, 1998.

[12] C. Clifton, M. Kantarcioglu, and J. Vaidya. Defining privacy for data mining. In *National Science Foundation Workshop on Next Generation Data Mining*, pages 126-133, Baltimore, MD, November 2002.

[13] C. Desrosiers and G. Karypis. A comprehensive survey of neighborhood-based recommendation methods. *Recommender systems handbook*, pages 107-144, 2011.

[14] P. Domingos and G. Hulten. Mining high-speed data streams. In *Proc. of the 6th Intl. Conf. on Knowledge Discovery and Data Mining*, pages 71-80, Boston, Massachusetts, 2000. ACM Press.

[15] R. O. Duda, P. E. Hart, and D. G. Stork. *Pattern Classification*. John Wiley & Sons, Inc., New York, 2nd edition, 2001.

[16] M. H. Dunham. *Data Mining: Introductory and Advanced Topics*. Prentice Hall, 2006.

[17] J. H. Faghmous, A. Banerjee, S. Shekhar, M. Steinbach, V. Kumar, A. R. Ganguly, and N. Samatova. Theory-guided data science for climate change. *Computer*, 47(11):74-78, 2014.

[18] U. M. Fayyad, G. G. Grinstein, and A. Wierse, editors. *Information Visualization in Data Mining and Knowledge Discovery*. Morgan Kaufmann Publishers, San Francisco, CA, September 2001.

[19] U. M. Fayyad, G. Piatetsky-Shapiro, and P. Smyth. From Data Mining to Knowledge Discovery: An Overview. In *Advances in Knowledge Discovery and Data Mining*, pages 1-34. AAAI Press, 1996.

[20] U. M. Fayyad, G. Piatetsky-Shapiro, P. Smyth, and R. Uthurusamy, editors. *Advances in Knowledge Discovery and Data Mining*. AAAI/MIT Press, 1996.

[21] J. H. Friedman. Data Mining and Statistics: What's the Connection? Unpublished. www-stat.stanford.edu/~jhf/ftp/dm-stat.ps, 1997.

[22] C. Giannella, J. Han, J. Pei, X. Yan, and P. S. Yu. Mining Frequent Patterns in Data Streams at Multiple Time Granularities. In H. Kargupta, A. Joshi, K. Sivakumar, and Y. Yesha, editors, *Next Generation Data Mining*, pages 191-212. AAAI/MIT, 2003.

[23] C. Glymour, D. Madigan, D. Pregibon, and P. Smyth. Statistical Themes and Lessons for Data Mining. *Data Mining and Knowledge Discovery*, 1(1):11-28, 1997.

[24] R. L. Grossman, M. F. Hornick, and G. Meyer. Data mining standards initiatives. *Communications of the ACM*, 45(8):59-61, 2002.

[25] R. L. Grossman, C. Kamath, P. Kegelmeyer, V. Kumar, and R. Namburu, editors. *Data Mining for Scientific and Engineering Applications*. Kluwer Academic Publishers, 2001.

[26] S. Guha, A. Meyerson, N. Mishra, R. Motwani, and L. O'Callaghan. Clustering Data Streams: Theory and Practice. *IEEE Transactions on Knowledge and Data Engineering*, 15(3):515-528, May/June 2003.

[27] M. Hall, E. Frank, G. Holmes, B. Pfahringer, P. Reutemann, and I. H. Witten. The WEKA Data Mining Software: An Update. *SIGKDD Explorations*, 11(1), 2009.

[28] J. Han, R. B. Altman, V. Kumar, H. Mannila, and D. Pregibon. Emerging scientific applications in data mining. *Communications of the ACM*, 45(8):54-58, 2002.

[29] J. Han, M. Kamber, and J. Pei. *Data Mining: Concepts and Techniques*. Morgan Kaufmann Publishers, San Francisco, 3rd edition, 2011.

[30] D. J. Hand. Data Mining: Statistics and More? *The American Statistician*, 52(2): 112-118, 1998.

[31] D. J. Hand, H. Mannila, and P. Smyth. *Principles of Data Mining*. MIT Press, 2001.

[32] T. Hastie, R. Tibshirani, and J. H. Friedman. *The Elements of Statistical Learning: Data Mining, Inference, Prediction*. Springer, 2nd edition, 2009.

[33] T. Hey, S. Tansley, K. M. Tolle, et al. *The fourth paradigm: data-intensive scientific discovery*, volume 1. Microsoft research Redmond, WA, 2009.

[34] M. Kantardzic. *Data Mining: Concepts, Models, Methods, and Algorithms*. Wiley-IEEE Press, Piscataway, NJ, 2003.

[35] H. Kargupta and P. K. Chan, editors. *Advances in Distributed and Parallel Knowledge Discovery*. AAAI Press, September 2002.

[36] H. Kargupta, S. Datta, Q. Wang, and K. Sivakumar. On the Privacy Preserving Properties of Random Data Perturbation Techniques. In *Proc. of the 2003 IEEE Intl. Conf. on Data Mining*, pages 99-106, Melbourne, Florida, December 2003. IEEE Computer Society.

[37] A. Karpatne, G. Atluri, J. Faghmous, M. Steinbach, A. Banerjee, A. Ganguly, S. Shekhar, N. Samatova, and V. Kumar. Theory-guided Data Science: A New Paradigm for Scientific Discovery from Data. *IEEE Transactions on Knowledge and Data Engineering*, 2017.

[38] D. Kifer, S. Ben-David, and J. Gehrke. Detecting Change in Data Streams. In *Proc. of the 30th VLDB Conf.*, pages 180-191, Toronto, Canada, 2004. Morgan Kaufmann.

[39] J. Kleinberg, J. Ludwig, and S. Mullainathan. A Guide to Solving Social Problems with Machine Learning. *Harvard Business Review*, December 2016.

[40] D. Lambert. What Use is Statistics for Massive Data? In *ACM SIGMOD Workshop on Research Issues in Data Mining and Knowledge Discovery*, pages 54-62, 2000.

[41] M. H. C. Law, N. Zhang, and A. K. Jain. Nonlinear Manifold Learning for Data Streams. In *Proc. of the SIAM Intl. Conf. on Data Mining*, Lake Buena Vista, Florida, April 2004. SIAM.

[42] Z. C. Lipton. The mythos of model interpretability. *arXiv preprint arXiv:1606.03490*, 2016.

[43] T. Mitchell. *Machine Learning*. McGraw-Hill, Boston, MA, 1997.

[44] S. Papadimitriou, A. Brockwell, and C. Faloutsos. Adaptive, unsupervised stream mining. *VLDB Journal*, 13(3):222-239, 2004.

[45] O. Parr Rud. *Data Mining Cookbook: Modeling Data for Marketing, Risk and Customer Relationship Management*. John Wiley & Sons, New York, NY, 2001.

[46] F. Pedregosa, G. Varoquaux, A. Gramfort, V. Michel, B. Thirion, O. Grisel, M. Blondel, P. Prettenhofer, R. Weiss, V. Dubourg, J. Vanderplas, A. Passos, D. Cournapeau, M. Brucher, M. Perrot, and E. Duchesnay. Scikit-learn: Machine Learning in Python. *Journal of Machine Learning Research*, 12:2825-2830, 2011.

[47] D. Pyle. *Business Modeling and Data Mining*. Morgan Kaufmann, San Francisco, CA, 2003.

[48] N. Ramakrishnan and A. Grama. Data Mining: From Serendipity to Science — Guest Editors' Introduction. *IEEE Computer*, 32(8):34-37, 1999.

[49] M. T. Ribeiro, S. Singh, and C. Guestrin. Why should i trust you?: Explaining the predictions of any classifier. In *Proceedings of the 22nd ACM SIGKDD International Conference on Knowledge Discovery and Data Mining*, pages 1135-1144. ACM, 2016.

[50] R. Roiger and M. Geatz. *Data Mining: A Tutorial Based Primer*. Addison-Wesley, 2002.

[51] J. Schafer. The Application of Data-Mining to Recommender Systems. *Encyclopedia of data warehousing and mining*, 1:44-48, 2009.

[52] P. Smyth. Breaking out of the Black-Box: Research Challenges in Data Mining. In *Proc. of the 2001 ACM SIGMOD Workshop on Research Issues in Data Mining and Knowledge Discovery*, 2001.

[53] P. Smyth, D. Pregibon, and C. Faloutsos. Data-driven evolution of data mining algorithms. *Communications of the ACM*, 45(8):33-37, 2002.

[54] X. Su and T. M. Khoshgoftaar. A survey of collaborative filtering techniques. *Advances in artificial intelligence*, 2009:4, 2009.

[55] V. S. Verykios, E. Bertino, I. N. Fovino, L. P. Provenza, Y. Saygin, and Y. Theodoridis. State-of-the-art in privacy preserving data mining. *SIGMOD Record*, 33(1):50-57, 2004.

[56] J. T. L. Wang, M. J. Zaki, H. Toivonen, and D. E. Shasha, editors. *Data Mining in Bioinformatics*. Springer, September 2004.

[57] A. R. Webb. *Statistical Pattern Recognition*. John Wiley & Sons, 2nd edition, 2002.

[58] I. H. Witten and E. Frank. *Data Mining: Practical Machine Learning Tools and Techniques*. Morgan Kaufmann, 3rd edition, 2011.

[59] X.Wu, P. S. Yu, and G. Piatetsky-Shapiro. Data Mining: How Research Meets Practical Development? *Knowledge and Information Systems*, 5(2):248-261, 2003.

[60] M. J. Zaki and C.-T. Ho, editors. *Large-Scale Parallel Data Mining*. Springer, September 2002.

[61] M. J. Zaki and W. Meira Jr. *Data Mining and Analysis: Fundamental Concepts and Algorithms*. Cambridge University Press, New York, 2014.

1.7 연습문제

1. 다음 각 활동이 데이터 마이닝 작업인지 여부를 논의하시오.

   (a) 회사 고객을 성별에 따라 나누기

   (b) 회사의 고객을 수익성에 따라 나누기

   (c) 회사의 총 매출 계산

   (d) 학생 식별 번호를 기준으로 학생 데이터베이스를 정렬

   (e) (공정한) 주사위 한 쌍의 던지기 결과 예측

   (f) 과거 기록을 사용하여 회사의 미래 주가 예측

   (g) 이상이 있는지 환자의 심박수 모니터링

   (h) 지진 활동에 대한 지진파 모니터링

   (i) 음파의 주파수를 추출

2. 인터넷 검색 엔진 회사의 데이터 마이닝 컨설턴트로 고용되었다고 가정하시오. 클러스터링, 분류, 연관 규칙 마이닝 및 이상 탐지와 같은 기술을 적용할 수 있는 방법에 대한 구체적인 예를 제공하여 데이터 마이닝이 회사에 어떻게 도움이 되는지 설명하시오.

3. 다음 각 데이터 세트에 대해 데이터 프라이버시가 중요한 문제인지 여부를 설명하시오.

   (a) 1900-1950년에 수집된 인구 조사 데이터

   (b) 귀하의 웹 사이트를 방문하는 웹 사용자의 IP 주소 및 방문 시간

   (c) 지구 궤도 위성의 이미지

   (d) 전화번호부 사람들의 이름과 주소

   (e) 웹에서 수집한 이름 및 이메일 주소

CHAPTER 2

데이터

이 장에서는 성공적인 데이터 마이닝을 위해서 중요한 여러 가지 데이터 관련 문제를 논의한다.

데이터의 타입 데이터 집합은 여러 가지 형태로 상이하다. 예를 들어, 데이터 객체를 기술하기 위해 사용된 속성들이, 정량적이든 정성적이든, 상이한 타입을 가질 수 있다. 또한 데이터 집합은 특별한 특성을 가질 수 있다. 예를 들어, 어떤 데이터 집합은 시계열 또는 서로간의 명시적 관계를 가지는 객체들을 포함할 수 있다. 당연하게도, 데이터의 타입은 데이터의 분석에 사용하게 될 도구와 기법을 결정한다. 더구나, 데이터 마이닝의 새로운 연구는 종종 새로운 응용 영역과 새로운 데이터 타입을 수용하기 위해 시도된다.

데이터의 품질 데이터는 종종 완벽하지 못하다. 대부분의 데이터 마이닝 기법이 어느 정도 수준의 데이터의 불완전성을 감내할 수 있지만, 데이터 품질을 이해하고 개선하는데 치중하면 대개 분석 결과의 품질이 개선된다. 종종 논의될 필요가 있는 데이터 품질 문제는 잡음과 이상치의 존재, 누락되거나 비-일관적이거나 중복된 데이터, 편중되거나 데이터가 기술해야 할 현상이나 모집단을 대표하기 어려운 데이터를 포함한다.

데이터 마이닝에 더 적합하도록 데이터를 전처리하는 단계 종종 원시 데이터는 분석에 적합한 형태로 처리되어야 한다. 이러한 처리의 한 가지 목표는 데이터 품질을 개선하는 것이고 또 다른 목표는 특정 데이터 마이닝 기법이나 도구에 더 잘 맞게끔 데이터를 수정하는 것이다. 예를 들어, 연속적 속성인 길이의 경우 특정 기법을 적용하기 위해 **단기, 중간, 장기**와 같은 이산적 범주로 변환시킬 필요가 있을 수 있다. 또한 대부분의 기법이 데이터가 상대적으로 적은 속성들을 가질 때 보다 효율적으로 작동하므로 종종 데이터 집합의 속성의 수를 감소시키게 된다.

관계 측면에서의 데이터 분석 데이터 분석에 대한 한 가지 방법은 데이터 객체들간의 관계를 발견하고 난후, 데이터 객체 자체보다는 이러한 관계에 대해 남아있는 분석을 수행하는 것이다. 예를 들어, 객체의 쌍들에 대한 유사도나 거리를 계산하고 난 후, 이러한 유사도나 거리를 기반으로 군집화, 분류, 이상 감지 등의 분석을 수행할 수 있다. 이러한 유사도나 거리의 척도는 매우 다양하며 적절한 선택은 데이터의 타입과 응용 분야에 의해 좌우된다.

예제 2.1 데이터 관련 문제의 설명

이러한 문제의 중요성을 좀 더 설명하기 위해 다음의 가상적 상황을 고려해보기로 하자. 여러분이 참여를 원하는 프로젝트와 관련된 e-메일을 의학 연구자로부터 수신하였다고 하자.

> 안녕하세요.
> 이전의 e-메일에서 언급한 데이터 파일을 첨부하였습니다. 각 라인은 한명의 환자에 대한 정보를 포함하고 있고 5개의 필드로 구성되어 있습니다. 우리가 하고자 하는 일은 마지막 필드를 나머지 필드들을 이용해 추정하는 것입니다. 며칠간 출장을 가야해서 이 데이터에 대해 추가적 정보를 제공할 시간은 없지만, 이로 인해 당신의 연구의 속도가 저하되기를 바라지는 않습니다. 가능하다면 제가 돌아온 후 당신의 예비 결과를 논의하기 위해 회의를 할 수 있을까요? 이 회의에 우리 팀의 다른 연구자 몇 명을 같이 참가시킬 수 있습니다.
>
> 감사합니다. 몇 일 후에 뵙도록 하지요.

다소 의심을 하면서도 데이터에 대한 분석을 하게 될 것이다. 파일의 처음 몇 행은 다음과 같다고 하자.

```
012    232    33.5    0     10.7
020    121    16.9    2    210.1
027    165    24.0    0    427.6
...
```

데이터를 얼핏 훑어보았을 때 특별히 이상한 부분이 드러나지는 않았다. 의심을 버리고 분석을 시작했다. 원했던 것보다는 적은 데이터 파일이라 1000라인의 데이터 밖에 없었지만, 이틀 후에는 어느 정도 진도가 나갔다고 느꼈다. 회의 장소에 도착해 다른 사람들이 도착하기를 기다리면서 이 프로젝트에 참여중인 한 통계학자와 대화를 시작하게 되었다. 당신이 프로젝트의 데이터를 분석하였다는 것을 알고는 통계학자가 당신의 결과에 대한 간단한 설명을 요청하였다.

통계학자: 그래서 모든 환자에 대한 데이터를 얻었나요?

데이터 마이너: 네. 분석할 시간은 많지 않았지만, 몇 가지 흥미로운 결과를 얻었습니다.

통계학자: 놀랍네요. 이 환자의 집합에는 제가 다루기 어려운 수많은 데이터 문제가 존재하던데요.

데이터 마이너: 그래요? 저는 발생 가능한 문제들에 대해 듣지 못했는데요.

통계학자: 첫 번째는 우리가 추정하고자 하는 변수인 5번 필드입니다. 이러한 유형의 데이터를 분석할 경우 상식은 이 값들의 로그에 대해 작업을 하면 결과가 더 좋을 것이라는 것인데, 저는 이 사실을 나중에까지 발견하지 못했습니다. 이러한 사실이 언급이 되었었나요?

데이터 마이너: 아니요.

통계학자: 4번 필드에 대해 발생한 일은 분명히 들으셨겠지요? 이 필드는 1에서 10까지의 값을 표현하는 필드이고 0은 누락된 값을 표현하는 것인데, 데이터 입력 오류로 모든 10이 0으로 변경된 사실요. 불행히도, 일부 환자는 이 필드의 값이 누락되어 이 필드의 0이 실제 0인지 10인지 구분할 수가 없습니다. 상당히 많은 레코드가 이 문제를 가지고 있습니다.

데이터 마이너: 흥미롭네요. 다른 문제는 없었나요?

통계학자: 네, 2번과 3번 필드는 기본적으로 동일합니다만, 당신도 인지하고 있겠지요.

데이터 마이너: 네, 그러나 이 필드들은 5번 필드에 대한 약한 예측자들이었습니다.

통계학자: 어쨌든, 이러한 문제들이 있는 상태에서 무언가를 알아냈다니 놀랍습니다.

데이터 마이너: 그렇지요. 그러나 제 결과는 실제로 상당히 좋습니다. 1번 필드는 5번 필드에 대한 매우 강력한 예측자입니다. 이 사실을 모르고 있었다는 것이 놀랍습니다.

통계학자: 뭐라고요? 1번 필드는 단순한 식별자일 뿐인데요.

데이터 마이너: 그럼에도 불구하고 제 결과는 명확합니다.

통계학자: 맙소사! 금방 생각났습니다. 5번 필드를 기준으로 레코드를 정렬한 후 ID 번호를 할당했었지요. 분명히 강한 연결이 있겠지만, 아무런 의미도 없습니다. 죄송해요. ■

비록 이 시나리오가 극단적 상황을 묘사하고는 있지만, 이는 "데이터를 아는 것"의 중요성을 강조하고 있다. 이를 목표로 이 장에서는 기본적 도전 과제와 표준 방법의 개요와 더불어 위에서 언급된 네 가지 문제 각각을 논의하기로 한다.

2.1 데이터의 타입

데이터 집합(data set)은 **데이터 객체**(data object)의 모임이라고 할 수 있다. 데이터 객체에 대한 다른 명칭으로는 **레코드**, **점**, **벡터**, **패턴**, **사건**, **사례**, **표본**, **관찰**, **개체** 등을 들 수 있다. 데이터 객체는 물리적 객체의 질량이나 사건이 일어난 시간과 같이 주어진 객체의 기본적 특성을 표현하는 다수의 **속성**(attribute)에 의해서 기술된다. 속성의 다른 명칭으로는 **변수**, **특성**, **필드**, **특징**, **차원** 등을 들 수 있다.

예제 2.2 학생 정보

종종 데이터 집합은 파일 형태로 되어 있고, 파일 안에서 객체는 레코드(또는 행)에 해당하고 각 필드(또는 열)는 속성에 해당한다. 예를 들어, 표 2.1은 학생 정보를 구성하는 데이터 집합을 보이고 있다. 각 행은 하나의 학생에 해당하고 각 열은 학생의 평점(GPA)이나 식별번호(ID)와 같은, 학생의 한 측면을 기술한다.

표 2.1 학생 정보를 포함하는 표본 데이터 집합

Student ID	Year	Grade Point Average (GPA)	…
	⋮		
1034262	Senior	3.24	…
1052663	Sophomore	3.51	…
1082246	Freshman	3.62	…
	⋮		

■

평면 파일이나 관계 데이터베이스 시스템에서는 레코드-기반의 데이터 집합이 일반적이지만 데이터 저장을 위한 또다른 중요한 타입의 데이터 집합과 시스템도 존재한다. 2.1.2절에서는 데이터 마이닝에서 자주 접하게 되는 주요 데이터 집합의 타입을 논의한다. 그러나 여기서는 우선 속성을 고려해보기로 하자.

2.1.1 속성과 측정

이 절에서는 데이터 객체를 기술하기 위해 사용되는 속성의 타입을 고려해 데이터를 기술하는 문제를 논의한다. 먼저 속성을 정의하고, 속성의 타입이 의미하는 바를 살펴본 후, 흔히 볼 수 있는 속성의 타입들을 기술한다.

속성이란 무엇인가?

속성의 세부적인 정의에서 시작하기로 한다.

정의 2.1 **속성(attribute)**이란 객체에 따라 또는 시간에 따라 변하는 객체의 특성이다.

예를 들어, 눈동자의 색깔은 사람에 따라 다르고 객체의 온도는 시간에 따라 다르다. 눈동자의 색깔은 소수의 가능한 값들, 즉 {갈색, 흑색, 청색, 녹색, 헤이즐색 등}을 가지는

기호 속성인 반면, 온도는 가능한 값의 수가 무한개인 수치 속성이다.

가장 기초적 수준에서 볼 때, 속성은 숫자나 기호에 대한 것이 아니다. 그러나 객체의 특성을 논의하고 좀 더 정확하게 분석하기 위해 객체에 숫자나 기호를 할당하게 된다. 이를 잘 정의된 방법으로 수행하기 위해 척도가 필요하다.

정의 2.2 **척도(measurement scale)**란 수치나 기호 값을 객체의 속성에 부여하는 규칙(함수)이다.

공식적으로 **측정**(measurement) 과정은 특정 객체의 특정 속성에 하나의 값을 연관시키기 위해 척도를 적용하는 것이다. 이것은 다소 추상적으로 보이지만, 사람은 측정 과정에 항상 관여하고 있다. 예를 들어, 몸무게를 재기 위해 욕실의 체중계에 오른다든지, 누군가를 남녀로 구분한다든지, 회의에 오는 모든 사람이 앉기에 충분한 수의 의자가 방안에 있는지를 세어본다든지 할 수 있다. 이러한 모든 경우에 주어진 객체의 한 속성의 "물리적 값"이 수치나 기호 값으로 사상된다.

이러한 지식을 바탕으로 이제 속성의 타입을 논의할 수 있다. 이 개념은 특정 데이터 분석 기법이 속성의 특정 타입과 일관성이 있는지를 결정하는데 있어서 중요하다.

속성의 타입

일반적으로 속성의 타입을 **척도의 타입**(type of a measurement scale)으로 간주한다. 앞의 논의로부터 속성은 다양한 척도를 이용해 기술이 될 수 있고 속성의 특성이 그것을 측정하기 위해 사용된 값의 특성과 동일할 필요가 없다는 것은 자명하다. 즉, 속성을 표현하기 위해 사용된 값은 속성 자신의 특성이 아닌 특성을 가질 수 있고, 그 역도 성립한다. 이를 다음의 두 예제에서 설명한다.

예제 2.3 직원 나이와 ID 번호

직원과 연관될 수 있는 2개의 속성은 ID와 나이(년수)이다. 이 속성 모두는 정수로 표현할 수 있다. 그러나 주어진 직원의 평균 나이는 논의할 수 있지만 직원 ID의 평균은 말이 되지 않는다. ID 속성을 통해 표현하고자 하는 직원의 유일한 측면은 직원들이 서로 상이하다는 것이다. 결과적으로 직원 ID에 대한 유일한 유효 연산은 등치 여부를 검사하는 것이다. 그러나 직원 ID 속성을 표현하기 위해 정수를 사용할 경우 이러한 제약에 대한 암시는 존재하지 않는다. 나이 속성의 경우, 나이 표현에 사용된 정수의 특성이 바로 이 속성의 특성이 된다. 그럼에도 불구하고 이러한 일치가 완벽하지는 않다. 예를 들어, 나이는 최대 값을 가지지만 정수는 그렇지 않다. ■

예제 2.4 선분의 길이

선분과 같은 일부 객체들과 이 객체들의 길이 속성이 어떻게 두 가지 상이한 방법으로 사상될 수 있는 지를 보여주는 그림 2.1을 고려해 보자. 상단에서 하단까지의 개개의 선분은 상단에 있는 선분을 자신에게 합쳐서 생성된 것이다. 그러므로 위에서 두 번째 선분은 맨 위의 선분을 자기 자신에 두 번 추가해서, 세 번째 선분은 맨 위의 선분을 자기 자신에 세 번 추가해서 생성된 것이다. 매우 현실적인(물리적인) 관점에서 보면, 모든 선분은 첫 번째 선분의 배수이다. 이러한 사실이 그림의 오른쪽의 측정에는 반영이 되어 있지만, 왼쪽에는 반영이 되어 있지 않다. 좀 더 구체적으로 얘기하자면, 왼쪽의 척도는 길이 속성의 순서만을 반영하고 있고, 오른쪽의 척도는 순서와 덧셈 특성을 모두 반영하고 있다. 따라서 주어진 속성은 그 속성의 모든 특성들을 반영하지 못하는 방식으로 측정될 수 있다. ■

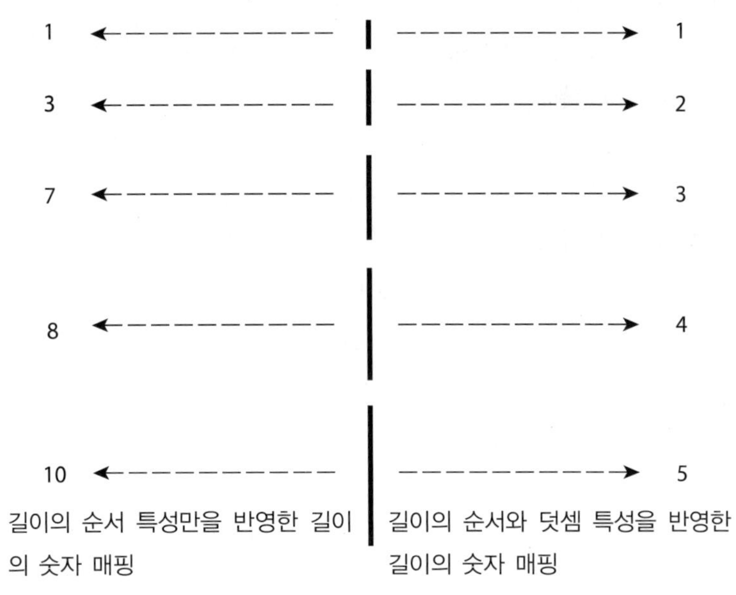

그림 2.1 2개의 상이한 척도를 이용한 선분의 길이의 측정

속성의 타입을 아는 일은 중요하다. 왜냐하면 그 것이 측정된 값의 어느 특성이 속성의 기반이 되는 특성과 일관성이 있는지를 말해주고 직원 ID의 평균을 구하는 것과 같은 어리석은 행위를 피하도록 해주기 때문이다.

속성의 상이한 타입들

속성의 타입을 명세하는 유용한(단순한) 방법은 속성의 기반이 되는 성질에 해당하는 숫자의 성질을 식별하는 것이다. 예를 들어, 길이와 같은 속성은 숫자의 여러 성질을 가지고 있다. 객체를 길이로 비교하고 순서를 매길 수도 있고, 길이의 차이나 비율에 대해 언급할 수도 있다. 다음과 같은 숫자의 성질들(연산들)이 속성을 기술하기 위해 전형적으로 사용된다.

1. **유일성** = 및 ≠
2. **순서** <, ≤ , >, ≥
3. **덧셈** + 및 −
4. **곱셈** × 및 /

이러한 성질을 기반으로 4개의 속성 타입, 즉 **명목형**(nominal), **서열형**(ordinal), **구간**(interval), **비율**(ratio)을 정의할 수 있다. 표 2.2는 이러한 타입의 정의와 더불어 각 타입에 유효한 통계 연산 정보를 보이고 있다. 각 속성 타입은 그 상단에 있는 속성 타입의 모든 성질과 연산을 가지게 된다. 결과적으로, 명목형, 서열형, 구간 속성에 대해 유효한 성질과 연산은 비율 속성에 대해서도 유효하다. 즉, 속성 타입의 정의는 누적적이다. 그러나 이것이 한 속성 타입에 대해 적합한 연산들이 그 상단에 있는 속성 타입에 대해서도 적합함을 의미하지는 않는다.

명목형과 서열형 속성을 통칭해 **범주적**(categorical) 또는 **정성적**(qualitative) 속성이라고 한다. 이 이름이 암시하듯이 직원 ID와 같은 정성적 속성은 대부분의 숫자의 성질을 만족시키지 않는다. 정수와 같은 숫자를 이용해 표현되기는 하지만 기호로 취급하는 것이 좋다. 나머지 속성의 타입인 구간과 비율은 통칭해서 **정량적**(quantitative) 또는 **수치적**(numeric) 속성이라고 한다. 정량적 속성은 숫자에 의해 표현되고 숫자의 대부분의 성질을 만족한다. 정량적 속성이 정수 값 또는 연속적인 값을 가질 수 있음에 유의하라.

속성의 타입은 속성의 의미를 변경시키지 않는 변환이라는 측면에서 기술될 수도 있다. 표 2.2의 속성의 타입을 원래 제안한 심리학자 스미스 스티븐스(Smith Stevens)는

표 2.2 상이한 속성 타입들

속성 타입		설명	예제	연산
범주적 (정성적)	명목형	명목형 속성의 값은 단지 상이한 이름들일 뿐이다. 즉, 명목형 값들은 한 객체를 다른 객체와 구분하는데 충분한 정보만을 제공한다. (=, ≠)	우편 번호, 직원 ID 번호, 눈동자 색깔, 성별	모드, 엔트로피, 컨팅전시 상관관계, x^2 테스트
	서열형	서열형 속성의 값은 객체의 순서를 정하는데 충분한 정보를 제공한다. (<, >)	광석의 경도, {좋음, 더좋음, 최상}, 등급, 도로 번호	중간값, 퍼센타일, 랭크 상관관계, 런 테스트, 부호 테스트
수치적 (정량적)	구간	구간 속성의 경우, 값들 간의 차이가 의미가 있다. 즉, 측정의 단위가 존재한다. (+, −)	달력 날짜, 섭씨 및 화씨 온도	평균, 표준 편차, 피어슨 상관관계, t와 F 테스트
	비율	비율 속성의 경우, 차이와 비율이 모두 의미가 있다. (×, /)	절대 온도, 화폐 수량, 개수, 나이, 질량, 길이, 전류	기하 평균, 하모닉 평균, 퍼센트 편차

이들을 **허용가능 변환**(permissible transformation)이라는 측면에서 정의했다. 예를 들어, 길이 속성의 의미는 피트 대신 미터를 이용해 측정해도 변하지 않는다.

속성의 특정 타입에 대해 적용 가능한 통계 연산들은 속성의 의미를 보존하는 변환을 이용해 속성을 변환시켰을 때 동일한 결과를 가져오는 연산들이다. 예를 들면, 주어진 객체 집합의 평균 길이는 피트가 아닌 미터로 측정하면 달라지지만, 양쪽 평균은 모두 동일한 길이를 표현한다. 표 2.3은 표 2.2의 네 가지 속성 타입에 대한 의미-보존 변환을 보이고 있다.

예제 2.5 온도 척도

온도는 지금까지 설명한 일부 개념에 대한 좋은 예로 볼 수 있다. 우선, 온도는 그 척도에 따라 구간이나 비율 속성이 될 수 있다. 절대 온도로 측정하면, 온도 2°는 물리적으

표 2.3 속성 수준을 정의하는 변환들

속성 타입		변환	설명
범주적 (정성적)	명목형	임의의 1:1 매핑. 예를 들면, 값의 순열	모든 직원 ID 번호를 재할당해도, 아무런 차이가 없음
	서열형	값의 순서-보존 변경. 즉, 새값 $= f$(옛값), 여기서 f는 단조 함수.	좋음, 더좋음, 최상을 표시하는 속성을 {1, 2, 3} 또는 {0.5, 1, 10}과 같은 값으로 동일하게 표현
수치적 (정량적)	구간	새값 $= a \times$ 옛값 $+ b$, a와 b는 상수	화씨와 섭씨 온도는 0의 값의 위치와 도의 크기(단위)가 다름
	비율	새값 $= a \times$ 옛값	길이는 미터나 피트로 측정 가능

로 의미 있는 방식으로 온도 1°의 2배가 된다. 그러나 온도를 섭씨나 화씨 척도로 표현할 경우에는 그렇지 않다. 물리적으로 온도 1° 화씨(섭씨)는 온도 2° 화씨(섭씨)와 크게 다르지 않다. 문제는 화씨와 섭씨 척도의 0점의 위치가 물리적 관점에서 보면 임의적이라서 2개의 섭씨 또는 화씨 온도의 비율이 물리적으로는 의미가 없다는 것이다. ■

값의 개수에 의한 속성 기술

속성들을 구분하는 독립적인 방법은 속성이 가질 수 있는 값의 개수를 이용하는 것이다.

- **이산(discrete)** 이산형 속성은 유한개의 값 또는 셀 수 있는 무한 집합의 값을 갖는다. 이러한 속성은 우편 번호나 ID 번호와 같이 범주적일 수도 있고, 개수와 같이 수치적일 수도 있다. **이진 속성**(binary attribute)은 이산형 속성의 특수한 경우로 참/거짓, 예/아니오, 남/여, 0/1과 같이 2개의 값만을 갖는다. 이진 속성은 불리언 변수로 표현하거나 0과 1의 값만을 갖는 정수 변수로 표현한다.
- **연속(continuous)** 연속형 속성은 실수 값을 가지며 온도, 높이, 무게와 같은 속성을 예로 들 수 있다. 연속형 속성은 보통 부동 소수점 변수로 표현된다. 실제적으로 실수 값은 자리수가 제한된 채로 측정되고 표현된다.

이론적으로, 명목형, 서열형, 구간, 비율과 같은 척도 타입은 이진, 이산형, 연속형과 같은 속성 값의 수를 기반으로 임의의 다른 타입과 결합될 수 있다. 그러나 일부 결합은 드물게 일어나며 별로 의미가 없을 수도 있다. 예를 들어, 연속 이진 속성을 포함하는 현실적 데이터 집합을 생각하기는 힘들다. 전형적으로 명목형과 서열형 속성은 이진이나 이산형이고, 구간과 비율 속성은 연속형이다. 그러나 이산형 속성에 해당하는 **개수 속성**(count attribute)은 비율 속성에도 해당한다.

비대칭 속성

비대칭 속성의 경우, 존재(0이 아닌 속성 값)만이 중요하게 간주된다. 각 객체가 학생이고 각 속성이 대학에서 특정 과목의 수강 여부를 기록하는 데이터 집합을 고려해 보자. 특정 학생의 경우, 주어진 속성은 그 학생이 그 속성과 연관된 과목을 수강했을 경우 1의 값을 가지고 아니면 0의 값을 가진다. 학생은 모든 가능한 과목 중에서 일부만 수강하므로 이러한 데이터 집합에서 대부분의 값들은 0이 될 것이다. 그러므로 이러한 경우 0이 아닌 값에만 치중하는 것이 더 의미가 있고 더 효율적이다. 예를 들어, 수강하지 않은 과목들을 기반으로 학생들을 비교하는 경우, 과목수가 많다면 대부분의 학생들은 유사하게 보일 것이다. 0이 아닌 값들만이 중요한 이진 속성을 **비대칭 이진 속성**(asymmetric binary attribute)이라고 한다. 이러한 타입의 속성은 5장에서 논의할 연관 분석의 경우 특히 중요하다. 물론 이산형 또는 연속형 비대칭 특성을 갖는 것도 가능하다. 예를 들어, 각 과목에 연관된 학점수를 기록하는 경우, 결과 데이터 집합은 **비대칭 이산형**(asymmetric discrete) 또는 **연속형 속성**(continuous attribute)으로 구성될 것이다.

측정 수준에 대한 일반적 의견

이 장의 나머지 부분에서 기술하는 것처럼, 데이터 타입은 매우 다양하다. 척도에 대한 이전의 논의는 유용하겠지만 완벽하지 않고 제한적이다. 다음의 설명이나 지침을 참고하기 바란다.

- **유일성, 순서, 의미있는 구간과 비율은 데이터의 네 가지 속성에 불과하며 더 많은 것들이 가능하다.** 예를 들어, 어떤 데이터는 지구 표면상의 위치나 시간처럼 주기적이다. 또다른 예로, 각 속성 값이 작년에 본 영화의 집합처럼 원소의 집합인 집합 값 속성들을 고려해보자. 한 원소의 집합(영화들)이, 두 번째 집합이 첫 번째 집합의 부분집합일 경우, 두 번째 집합보다 크다(넓다)고 정의하자. 그러나, 이러한 관계는 금방 정의한 속성 타입의 어디에도 해당하지 않는 부분적인 순서를 정의할 뿐이다.

- **속성 값 표현에 사용된 숫자나 기호는 속성의 모든 특성들을 표현하지 않으며 존재하지 않는 특성을 암시할 수도 있다.** 예제 2.3에서 정수의 경우 ID의 평균이나 범위를 벗어난 나이 등을 예로 들 수 있다.
- **데이터는 분석 목적으로 종종 변환이 된다**−2.3.7절을 참조하라. 이로 인해 종종 관측 변수의 분포가 좀 더 분석에 용이한 분포, 예를 들어 가우스 (정규) 분포로 변경된다. 종종, 이러한 변환은 원래 값의 순서만을 보존하게 되며 다른 특성들은 손실된다. 그럼에도 불구하고, 원하는 최종 결과가 차이에 대한 하나의 통계 테스트 또는 하나의 예측 모델인 경우, 그러한 변환은 정당화가 된다.
- **속성에 대한 연산을 포함하여, 임의의 데이터 분석의 최종 평가는 그 결과가 도메인의 관점에서 말이 되는가 하는 것이다.**

요약하면, 하나의 특정 속성 또는 하나의 속성의 모임에 대해 분석의 무결성과 타협하지 않으면서 어떤 연산을 수행해야 할지를 결정하는 것은 도전적인 일이다. 다행히도 이미 수립된 실무 방법들이 종종 안정적인 지침 역할을 한다. 그렇지만 빈번하게 표준 실무들에도 에러가 존재하고 한계 사항들이 있다.

2.1.2 데이터 집합의 타입

데이터 집합의 타입은 다양하며 데이터 마이닝 분야가 성숙해짐에 따라 분석을 위한 데이터 집합이 더욱 다양해지고 있다. 이 절에서는 가장 흔한 타입들을 일부 기술한다. 편의상 데이터 집합의 타입을 레코드 데이터, 그래프-기반 데이터, 서열형 데이터의 세 그룹으로 분류하였다. 이 범주들이 모든 가능성을 수용하는 것은 아니며 다른 형태의 그룹도 물론 가능하다.

데이터 집합의 일반적 특징

특별한 종류의 데이터 집합을 제공하기 전에 다수의 데이터 집합에 대해 적용되고 데이터 마이닝 기법에 지대한 영향을 미치는 세 가지 특성, 즉 차원, 희소성, 해상도에 대해 먼저 논의하기로 한다.

차원(dimensionality) 데이터 집합의 차원은 데이터 집합의 객체들이 소유하는 속성의 수이다. 작은 수의 차원을 가진 데이터는 중간 정도 또는 고차원 데이터에 비해 정성적으로 다른 경향이 있다. 실제로 고차원 데이터를 분석하는 작업에 연관된 어려움은 때때로 **차원의 저주**(curse of dimensionality)라고 불린다. 이로 인해 **차원 감소**(dimensionality reduction)가 데이터의 전처리에 대한 중요한 동기의 하나가 된다. 이 문제는 이 장과 부록 B에서 더 깊게 논의된다.

분포(distribution) 하나의 데이터 집합의 분포는 데이터 객체들을 구성하는 속성들에 대한 다양한 값들의 발생 빈도 또는 값들의 집합들이다. 동등하게, 하나의 데이터 집합의 분포는 데이터 공간의 다양한 영역들에 존재하는 객체들의 집중에 대한 기술이라고 간주할 수도 있다. 통계학자들은 분포의 다양한 유형들을, 예를 들어 가우스 (정규) 분포처럼, 열거하고 있고 그들의 특성을 기술하고 있다(부록 C 참조.) 비록 분포를 기술하는 통계적 접근법들이 강력한 분석 기법을 만들어낼 수는 있지만 다수의 데이터 집합들은 표준 통계 분포로는 잘 표현되기 어려운 분포들을 가지고 있다.

결과적으로, 다수의 데이터 마이닝 알고리즘들은 그들이 분석하는 데이터에 대해 하나의 특정한 통계 분포를 가정하지는 않는다. 그러나, 분포의 일부 일반적 측면들이 종종 큰 영향을 미친다. 예를 들어, 한 범주 속성이 클래스 변수로 사용 중이고, 한 범주가 95% 정도 발생하고 다른 범주가 5% 정도 발생한다고 하자. 분포에서 이러한 **편향성**(skewness)은 4.11절에서 논의하는 것처럼 분류를 어렵게 만들 수 있다(편향성은 여기에서는 논의되지 않지만 데이터 분석 상에 또다른 영향을 미친다).

편향 데이터의 특수한 경우가 **희소성**(sparsity)이다. 희소한 이진, 개수 또는 연속 데이터의 경우, 객체의 대부분의 속성들이 0의 값을 가진다. 다수의 경우에 항목의 1% 이내만이 0이 아닌 값이 된다. 실제적 측면에서 보면 0이 아닌 값들만을 저장하고 조작하면 되므로 희소성은 장점이 된다. 이는 계산 시간과 저장 공간을 크게 절약하게 해준다. 더구나, 5장에 기술한 연관 규칙 마이닝 알고리즘과 같은 일부 데이터 마이닝 알고리즘은 희소 데이터일 경우에만 제대로 작동하기도 한다. 마지막으로, 종종 희소한 데이터 집합들의 속성들은 비대칭 속성들임에 유의하라.

해상도(resolution) 데이터를 상이한 수준의 해상도로 얻는 일은 자주 발생하며 상이한 해상도에서는 데이터의 특성도 종종 달라진다. 예를 들어, 지구의 표면은 미터 단위의 해상도에서는 평평하지 않지만 수십 km 단위의 해상도에서는 상대적으로 매끈하게 보인다. 데이터의 패턴 또한 해상도 수준에 좌우된다. 해상도가 너무 상세하면 패턴은 보이지 않거나 잡음 안에 숨겨질 수 있다. 해상도가 너무 크면 패턴은 사라질 수 있다. 예를 들어, 대기압의 변이를 시간 단위로 표현하면 폭풍이나 기타 일기 시스템의 이동을 반영할 수 있다. 개월 단위로 표현하면 이러한 현상은 감지될 수 없게 된다.

레코드 데이터

다수의 데이터 마이닝 작업은 데이터 집합을 레코드들(데이터 객체들)의 모임으로 간주하고 레코드 각각은 데이터 필드들(속성들)의 고정 집합으로 구성된 것으로 간주한다. 그림 2.2(a)를 참고하라. 가장 기본적인 형태의 레코드 데이터는 레코드나 데이터 필드간에 명시적인 관계가 전혀 존재하지 않고 모든 레코드(객체)는 동일한 속성의 집합을 가진다. 레코드 데이터는 대개 **평면**(flat) 파일이나 관계 데이터베이스에 저장된다. 관계 데이터베이스는 분명히 레코드의 모임 이상이지만 데이터 마이닝에서는 대개 관계 데이터베이스가 제공할 수 있는 추가적인 정보를 활용하지 않는다. 데이터베이스는 레코드를 검색하기 위한 편리한 장소의 역할만을 수행한다. 상이한 유형의 레코드 데이터에 대해서는 아래 부분과 그림 2.2에 설명되어 있다.

트랜잭션(transaction) 또는 장바구니 데이터(market basket data) 트랜잭션 데이터는 레코드 데이터의 특수한 타입으로 각 레코드(트랜잭션)가 항목의 집합을 포함한다. 식료품점을 고려해 보자. 한번 장보러 와서 고객이 구입하는 상품의 집합이 하나의 트랜잭션이 되고, 구입한 개개의 상품은 항목이 된다. 이러한 타입의 데이터를 **장바구니 데이터**라고 하는데, 그 이유는 각 레코드의 항목들이 고객의 "장바구니"에 있는 상품들이기 때문이다. 트랜잭션 데이터는 항목의 집합의 모임이지만, 필드가 비대칭 속성인 레코드의 집합으로 생각할 수도 있다. 대부분의 경우의 속성은 항목의 구입 여부를 표현하는 이진 속성이지만, 좀 더 일반적으로는 구입된 항목의 수나 항목에 지불한 금액과 같은 이산형 또는 연속형 속성이 될 수도 있다. 그림 2.2(b)는 예제 트랜잭션 데이터 집합을 보이고 있다. 각 행은 특정 시간에 특정 고객이 구입한 내용을 표현한다.

데이터 행렬(data matrix) 데이터 모임에 있는 데이터 객체들이 모두 동일한 수치 속성의 고정 집합을 가지고 있다면, 이러한 데이터 객체들은 각 차원이 객체를 기술하는 하나의 속성을 표현하는 다차원 공간상의 점(벡터)으로 간주될 수 있다. 이러한 데이터 객

Tid	Refund	Marital Status	Taxable Income	Defaulted Borrower
1	Yes	Single	125K	**No**
2	No	Married	100K	**No**
3	No	Single	70K	**No**
4	Yes	Married	120K	**No**
5	No	Divorced	95K	**Yes**
6	No	Married	60K	**No**
7	Yes	Divorced	220K	**No**
8	No	Single	85K	**Yes**
9	No	Married	75K	**No**
10	No	Single	90K	**Yes**

(a) 레코드 데이터

TID	*ITEMS*
1	Bread, Soda, Milk
2	Beer, Bread
3	Beer, Soda, Diapers, Milk
4	Beer, Bread, Diapers, Milk
5	Soda, Diapers, Milk

(b) 트랜잭션 데이터

Projection of x Load	Projection of y Load	Distance	Load	Thickness
10.23	5.27	15.22	27	1.2
12.65	6.25	16.22	22	1.1
13.54	7.23	17.34	23	1.2
14.27	8.43	18.45	25	0.9

(c) 데이터 행렬

	team	coach	play	ball	score	game	win	lost	timeout	season
Document 1	3	0	5	0	2	6	0	2	0	2
Document 2	0	7	0	2	1	0	0	3	0	0
Document 3	0	1	0	0	1	2	2	0	3	0

(d) 문서-용어 행렬

그림 2.2 레코드 데이터의 상이한 변형들

체들의 집합은, 각 객체에 대해 하나씩 m개의 행을 갖고 각 속성에 대해 하나씩 n개의 열을 갖는 m×n 행렬로 해석할 수 있다(데이터 객체를 열로, 속성을 행으로 갖는 표현도 가능하다). 이러한 행렬을 **데이터 행렬** 또는 **패턴 행렬**(pattern matrix)이라고 한다. 데이터 행렬은 레코드 데이터의 변형으로 볼 수 있지만, 수치 속성으로 구성되므로 데이터의 변환과 조작에 표준 행렬 연산을 적용할 수 있다. 그러므로 데이터 행렬은 대부분의 통계 데이터에 대한 표준 데이터 형식이 된다. 그림 2.2(c)는 예제 데이터 행렬을 보이고 있다.

희소 데이터 행렬(sparse data matrix) 희소 데이터 행렬은 데이터 행렬의 특수한 경우로 속성들이 동일한 타입을 갖고 비대칭이다. 즉, 0이 아닌 값들만이 중요하다. 트랜잭션 데이터는 0-1 엔트리만을 가지는 희소 데이터 행렬의 예이다. 또다른 흔한 예는 문서 데이터이다. 특히 문서에서 용어(단어)의 순서를 무시할 수 있다면, 즉 "단어의 백"으로 본다면, 문서를 용어 벡터로 표현할 수 있다. 각 용어는 벡터의 성분(속성)이 되고 각 성분의 값은 해당 용어가 문서에 나타나는 횟수가 된다. 문서의 모임을 이렇게 표현한 것을 **문서-용어 행렬**(document-term matrix)이라고 한다. 그림 2.2(d)는 예제 문서-용어 행렬을 보이고 있다. 문서는 이 행렬의 행이고, 용어는 열이다. 실제로 희소 데이터 행렬의 0이 아닌 엔트리들만이 저장된다.

그래프-기반의 데이터

그래프는 데이터에 대한 편리하고 강력한 표현이 될 수 있다. 여기서는 (1) 데이터 객체간의 관계를 표현하는 그래프와 (2) 데이터 객체 자체가 그래프로 표현되는 두 가지 경우를 고려한다.

객체간의 관계를 가진 데이터 객체들간의 관계도 자주 중요한 정보를 전달한다. 이러한 경우 데이터는 종종 그래프 형태로 표현된다. 특히 데이터 객체는 그래프의 노드로 매핑되고 객체들간의 관계는 객체들간의 링크와, 방향이나 가중치와 같은 링크 특성으로 표현된다. 웹상의 웹 페이지는 텍스트와 다른 페이지에 대한 링크를 포함한다. 검색 질의를 처리하기 위해 웹 검색 엔진은 웹 페이지를 수집해서 그 내용을 추출한다. 그러나 각 웹 페이지간의 링크들이 해당 웹 페이지와 질의의 관련성에 대해 상당한 정보를 제공하고 있다는 사실이 잘 알려져 있고, 따라서 이러한 사실을 고려해주어야 한다. 그림 2.3(a)는 링크로 연결된 웹 페이지 집합을 보이고 있다. 이러한 그래프 데이터의 또다른 중요한 예제는 소셜 네트워크로 데이터 객체는 사람들이 되고 그들간의 관계는 소셜 미디어를 통한 그들의 상호작용이 된다.

그래프인 객체를 가진 데이터 객체가 구조를 가진다면, 즉 객체가 관계를 가진 서브객체들을 포함한다면, 이러한 객체들은 자주 그래프로 표현된다. 예를 들어, 화학 성분의 구조는 그래프로 표현될 수 있고, 이때 노드가 원자, 노드간의 링크가 화학 결합이 된다. 그림 2.3(b)는 탄소(흑색)와 수소(회색)로 구성된 복합 화합물 벤젠의 성분 다이어그램을 보이고 있다. 그래프 표현은 화합물의 집합에서 자주 발생하는 서브구조를 결정하거나, 이러한 서브구조의 존재가 융해점이나 응고점과 같은 특정 화학적 특성의 존재나 부재

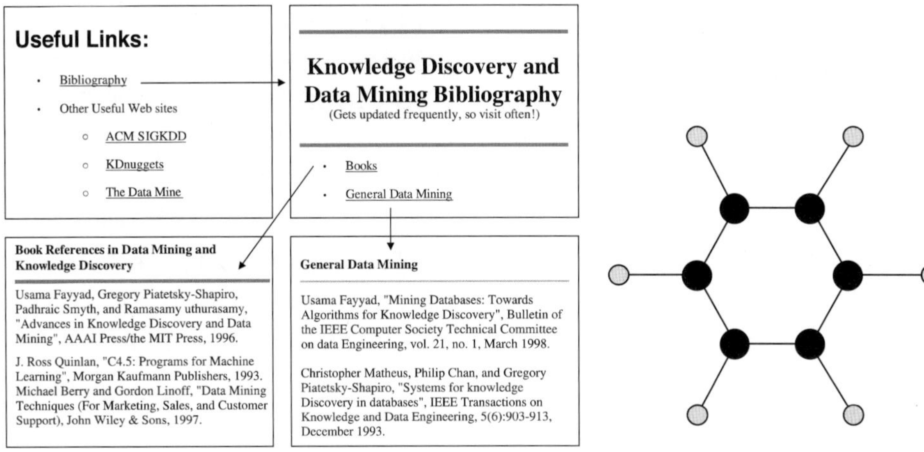

(a) 연결된 웹 페이지　　　　(b) 벤젠 분자

그림 2.3　그래프 데이터의 상이한 변형들

와 연관되어 있는지를 확인하는 과정에 도움이 된다. 빈발 그래프 마이닝은 이러한 데이터를 분석하는 데이터 마이닝의 한 지류로 6.5절에서 논의된다.

서열형 데이터

일부 타입의 데이터는 속성들이 시간이나 공간상의 순서와 관련된 관계를 가진다. 서열형 데이터의 여러 타입들은 다음에 설명되며 그림 2.4에 보여지고 있다.

순차 트랜잭션 데이터(sequential transaction data) 순차 트랜잭션 데이터는 각 트랜잭션이 그에 관련된 시간을 가지는 형태로 트랜잭션 데이터를 확장한 것이라고 생각할 수 있다. 트랜잭션이 발생한 시간도 저장하는 소매 트랜잭션 데이터 집합을 고려해 보자. 이 시간 정보는 "할로윈 이전의 사탕 판매 최고점"과 같은 패턴을 발견할 수 있도록 한다. 시간은 또한 각 속성에 대해 연관될 수도 있다. 예를 들어, 각 레코드가 한 고객에 대한 구입 이력, 즉 상이한 시간에 구입된 물건들의 리스트를 나타낼 수 있다. 이 정보를 이용해 "DVD 플레이어를 구입한 고객은 구입 후 바로 DVD를 구입하는 경향이 있음"과 같은 패턴을 발견할 수 있다.

그림 2.4(a)는 순차 트랜잭션 데이터를 보이고 있다. $t1$, $t2$, $t3$, $t4$, $t5$는 5개의 상이한 시간들이고, C1, C2, C3은 3개의 상이한 고객들이며, A, B, C, D, E는 5개의 상이한

Time	Customer	Items Purchased
t1	C1	A, B
t2	C3	A, C
t2	C1	C, D
t3	C2	A, D
t4	C2	E
t5	C1	A, E

Customer	Time and Items Purchased
C1	(t1: A,B) (t2:C,D) (t5:A,E)
C2	(t3: A, D) (t4: E)
C3	(t2: A, C)

(a) 순차 트랜잭션 데이터

GGTTCCGCCTTCAGCCCCGCGCC
CGCAGGGCCCGCCCCGCGCCGTC
GAGAAGGGCCCGCCTGGCGGGCG
GGGGGAGGCGGGGCCGCCCGAGC
CCAACCGAGTCCGACCAGGTGCC
CCCTCTGCTCGGCCTAGACCTGA
GCTCATTAGGCGGCAGCGGACAG
GCCAAGTAGAACACGCGAAGCGC
TGGGCTGCCTGCTGCGACCAGGG

(b) 유전자 서열 데이터

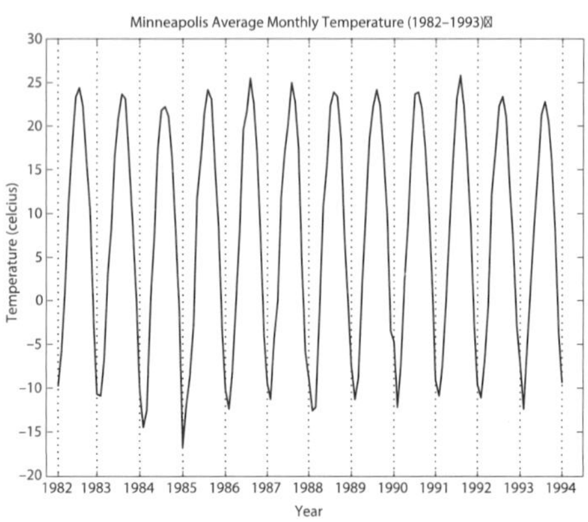

(c) 온도 시계열

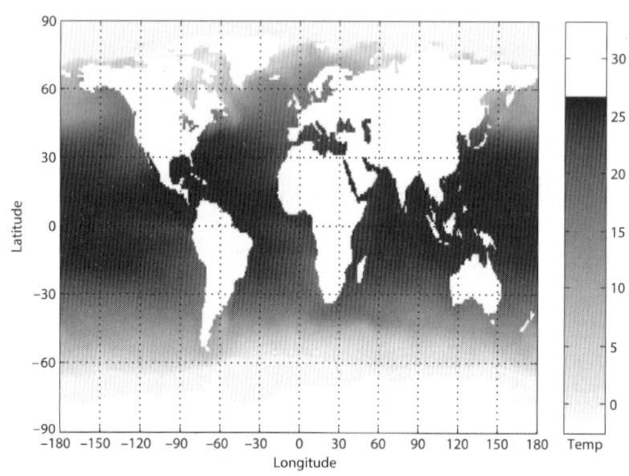

(d) 공간 온도 데이터

그림 2.4 서열형 데이터의 상이한 변형들

항목들이다. 상단의 표에서 각 행은 각 고객에 의해 특정 시간에 구입된 항목들에 해당한다. 예를 들어, 시간 $t3$에 고객 C2는 항목 A와 D를 구입하였다. 하단의 표도 동일한 정보를 보이고 있으나 각 행이 특정한 고객을 표현하고 있다. 각 행은 해당 고객에 대한 트랜잭션 정보를 포함하고 있고, 한 트랜잭션은 항목들의 집합과 이 항목들이 구입된 시간으로 간주되고 있다. 예를 들어, 고객 C3은 시간 $t2$에 항목 A와 C를 구입하였다.

시계열 데이터(time series data) 시계열 데이터는 서열 데이터의 특수한 타입으로 각 레코드가 **시계열**(time series), 즉 시간이 경과하면서 측정한 값들로 구성된다. 예를 들어, 금융 데이터 집합은 다양한 주식의 일일 가격들의 시계열 형태로 된 객체를 포함할 수 있다. 또 다른 예로, 1982년에서 1994년 사이의 미니아폴리스의 월별 평균 기온을 시계열 형태로 보여주는 그림 2.4(c)를 들 수 있다. 시간 데이터에 대한 작업시, 2개의 측정이 시간적으로 가까우면 그러한 측정의 값들도 종종 매우 유사해지는 **시간 자동상관**(temporal autocorrelation)을 고려하는 일이 중요하다.

서열 데이터(sequence data) 서열 데이터는 단어나 글자의 서열과 같이 개별 개체의 서열로 된 데이터 집합으로 구성된다. 이것은 순차 데이터와 매우 유사하지만 시간 표시가 없고 대신 순서를 가진 서열 안에서 위치가 주어진다. 예를 들어, 식물이나 동물의 유전 정보는 유전자라고 알려진 염기의 서열 형태로 표현될 수 있다. 유전 서열 데이터와 관련된 다수의 문제들은 염기 서열의 유사도로부터 유전자의 구조와 기능의 유사도를 예측하는 것이다. 그림 2.4(b)는 인간의 유전 코드의 일부를 DNA를 구성하고 있는 4개의 염기 A, T, G, C를 이용해 표현한 것이다.

공간과 시공간 데이터(spatial and spatio-temporal data) 일부 객체들은 다른 타입의 속성들 외에 위치나 면적과 같은 공간 속성을 가진다. 공간 데이터의 예로 다양한 지리적 위치로부터 수집되는 날씨 데이터(강수량, 온도, 압력)를 들 수 있다. 종종 이러한 측정들은 시간에 따라 수집이 되며, 따라서 데이터는 다양한 위치에서의 시계열로 구성이 된다. 비록 분석은 각각의 특정 시간이나 위치에서 분리되어 수행될 수는 있지만 보다 완벽한 시공간 데이터의 분석은 데이터의 공간적 측면과 시간적 측면을 동시에 고려하여 진행될 것을 요구한다.

공간 데이터의 중요한 한 측면은, 물리적으로 가까운 객체들이 다른 방식에서도 유사해지는 경향이 있는 **공간 자동상관**(spatial autocorrelation)이다. 그러므로 지구상에서 가까운 두 점은 온도나 강수량에서 유사한 값을 가진다. 공간 자동상관은 시간 자동상관에 대비될 수 있음에 유의하라.

공간 데이터와 시공간 데이터의 중요한 예들은 측정의 결과로 구했거나 2차원 또는 3차원 그리드(grid)나 메시(mesh)상에 정규적으로 또는 비정규적으로 분포된 점들로부터의 모델 출력에서 나온 과학 및 공학 데이터 집합이다. 예를 들어, 지구 과학 데이터 집합은 위도-경도로 구분된 구형 격자 상에서 1°×1° 등의 다양한 크기의 해상도로 점(격자 셀)에서 측정된 온도나 압력을 기록하고 있다. 그림 2.4(d)를 참조하라. 또 다른 예로,

가스의 흐름에 대한 시뮬레이션에서 각 격자 점에 대한 속도와 방향을 기록할 수 있다. 시공간 데이터의 상이한 유형의 하나는 시간과 공간상에서 자동차와 같은 객체의 궤적(trajectory)을 추적하는 경우에 발생한다.

비-레코드 데이터 처리

대부분의 데이터 마이닝 알고리즘은 트랜잭션이나 데이터 행렬과 같은 레코드 데이터 및 그 변형을 위해 설계되었다. 데이터 객체들로부터 특징을 추출해 이 특징들을 이용해 각 객체에 해당하는 레코드를 생성한 후 적용하는 방식으로 레코드-지향 기법들을 비-레코드(non-record) 데이터에 적용할 수 있다. 앞에서 기술한 화학 구조를 고려해 보자. 공통 서브구조의 집합이 주어졌을 때, 각 화합물은 특정 서브구조의 포함 여부를 표시하는 이진 속성의 집합으로 표현될 수 있다. 이러한 표현은 트랜잭션 데이터 집합으로 볼 수 있다. 여기서 트랜잭션에는 화합물이, 항목에는 서브구조가 해당이 된다.

일부의 경우에 데이터를 레코드 형태로 표현하는 것이 쉬울 수는 있지만 이러한 타입의 표현이 데이터에 포함된 모든 정보를 표현하지는 않는다. 공간 격자 상의 각 지점으로부터 얻은 시계열 값으로 구성된 시공간 데이터를 고려해 보자. 이 데이터는 보통 행이 위치를 표현하고 열이 시간상의 특정 지점을 표현하는 데이터 행렬에 저장된다. 그러나 이러한 표현은 속성간에 존재하는 시간 관계나 객체간에 존재하는 공간 관계를 정확하게 표현하지는 못한다. 이러한 표현이 부적절하다는 의미는 아니고 단지 분석을 진행할 때 이러한 관계를 염두에 두어야 한다는 것이다. 예를 들어, 속성들의 시간 자동상관이나 데이터 객체들의 공간 자동상관, 즉 공간 그리드 상의 위치들을 무시하는 데이터 마이닝 기법을 사용하는 것은 좋은 아이디어가 아니다.

2.2 데이터 품질

데이터 마이닝 응용은 종종 다른 용도로, 또는 미래를 위해, 그러나 응용이 명시되지 않은 채로 수집된 데이터 집합에 대해 적용되기도 한다. 이러한 이유로 데이터 마이닝은 대개 "데이터 생성시 품질을 고려함으로써 얻을 수 있는" 이득을 취할 수 없다. 이에 반해, 통계학의 여러 분야에서는 미리 지정된 수준의 데이터 품질을 달성하는 실험이나 조사의 설계를 다룬다. 데이터 품질 문제를 방지하는 것이 선택 사항은 아니므로 데이터 마이닝은 (1) 데이터 품질 문제의 검출과 수정, (2) 저급 데이터 품질을 감내할 수 있는 알고리즘의 사용에 치중한다. 첫 번째 단계인 검출과 수정을 종종 **데이터 정제**(data cleaning)라고 한다.

다음의 절들은 데이터 품질의 특정 측면들을 논의한다. 일부 응용-관련 문제들이 논의되기는 하지만, 초점은 측정과 데이터 수집 문제에 있다.

2.2.1 측정과 데이터 수집 문제

데이터가 완전하길 바라는 것은 비현실적이다. 사람의 실수, 측정 장치의 한계, 데이터 수집 과정의 결함 등으로 인해 문제가 발생할 수 있다. 일부 값 또는 전체 데이터 객체가 누락될 수 있다. 위조되거나 중복된 값, 즉 하나의 단일 "실제" 객체에 해당하는 다중 데이터 객체가 존재할 수도 있다. 예를 들어, 최근에 2개의 상이한 주소에 거주한 사람에 대해 2개의 상이한 레코드가 존재할 수 있다. 모든 데이터가 존재하고 "좋아 보인다"고 하더라도 일관성이 없을 수 있다. 예를 들어, 키가 2미터이고 몸무게가 2 kg인 사람이 나타날 수 있다.

다음의 몇 개 절에서는 데이터 측정과 수집에 관련된 데이터 품질 측면에 대해 치중한다. 측정과 데이터 수집 오류의 정의로 시작해서 잡음(noise), 아티팩트(artifacts), 편차(bias), 정밀도(precision), 정확도(accuracy)와 같은 측정 오류를 포함하는 다양한 문제들을 고려한다. 이상치, 누락과 비일관성 값, 중복값 등 측정과 데이터 수집 문제에 수반되는 데이터 품질 문제를 설명하므로써 끝을 맺도록 한다.

측정과 데이터 수집 오류

측정 오류(measurement error)라는 용어는 측정 과정에서 비롯된 문제를 지칭한다. 흔한 문제의 하나는 기록된 값이 참값과 어느 정도 차이가 나는 것이다. 연속형 속성의 경우, 측정값과 참값의 수치적 차이를 **오류**(error)라고 한다. **데이터 수집 오류**(data collection error)는 데이터 객체나 속성 값을 빼먹거나 데이터 객체를 부적절하게 포함시키는 오류를 지칭한다. 예를 들어, 특정 종의 동물에 대한 연구에서 해당 종과 외양이 유사한 관련 종에 속한 동물을 포함할 수 있다. 측정 오류와 데이터 수집 오류는 모두 체계적일 수도 있고 임의적일 수도 있다.

여기서는 오류의 일반적 타입만을 고려하기로 한다. 특정 도메인으로 들어가보면 특정한 타입의 데이터 오류가 흔히 발생하지만 이러한 오류를 검출하고 수정하는 잘 개발된 기법도 더불어 존재한다. 예를 들어, 데이터를 수작업으로 입력할 때 키보드 오류가 흔히 발생하지만 다수의 데이터 입력 프로그램들은 이러한 오류를 검출하고 사람의 중재에 따라 수정해주는 기법을 제공하고 있다.

잡음과 아티팩트

잡음(noise)은 측정 오류의 임의적 성분이다. 값의 왜곡이나 가짜 객체의 추가와 관련될 수 있다. 그림 2.5는 임의적 잡음에 의해 훼손되기 전과 후의 시계열을 보이고 있다. 잡음이 시계열에 조금 더 추가되면 그 모양 자체가 사라질 수 있다. 그림 2.6은 일부 잡음 점들('+'로 표시)이 추가되기 전과 후의 데이터 점의 집합을 보이고 있다. 일부의 잡음

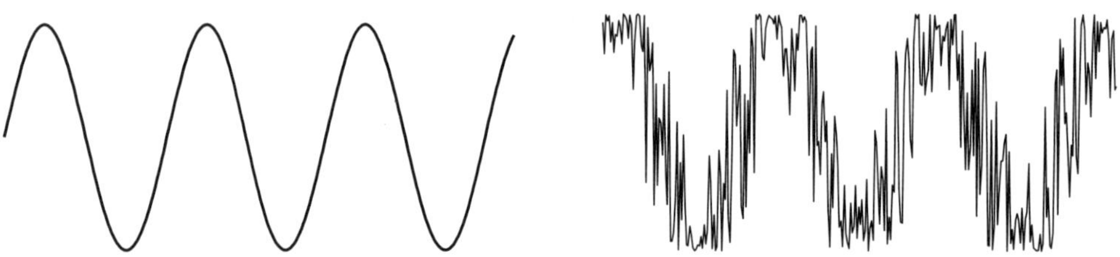

(a) 시계열　　(b) 잡음이 있는 시계열

그림 2.5 시계열 문맥에서의 잡음

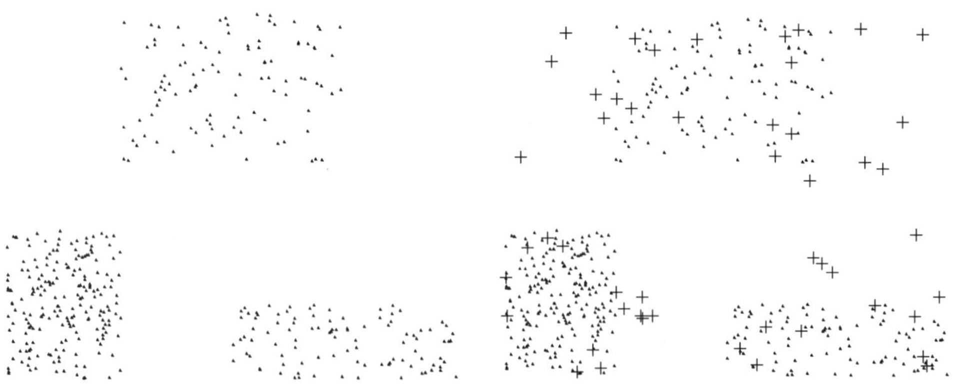

(a) 점의 3개 그룹　　(b) 잡음 점(+) 추가

그림 2.6 공간 문맥에서의 잡음

점들은 비-잡음 점들과 서로 혼합되어 있음에 유의하라.

잡음이란 용어는 종종 공간이나 시간 성분을 가진 데이터와 연결되어 사용된다. 이러한 경우, 신호 처리나 영상 처리 기법들이 잡음을 감소시키기 위해 사용되어 "잡음으로 인해 손실되었을" 패턴(신호)을 발견하는 일을 도와준다. 그럼에도 불구하고, 잡음의 제거는 매우 어려우며, 데이터 마이닝에서 상당량의 작업이 잡음 존재시에도 수용 가능한 결과를 생성하는 **견고한 알고리즘**(robust algorithm)을 고안하는데 치중하고 있다.

데이터 오류는 사진의 집합에서 동일한 위치에 생기는 줄무늬와 같이 좀 더 반복적인 현상의 결과일 수도 있다. 이러한 데이터의 반복적인 왜곡을 종종 **아티팩트**(artifact)라고 부른다.

정밀도, 편차, 정확도

통계와 실험 과학에서는 측정 과정의 품질과 결과적인 데이터를 정밀도와 편차를 이용해 측정한다. 표준적인 정의를 먼저 한 뒤에 간략한 논의를 하기로 한다. 다음의 정의들에서는, 동일한 기반 수량에 대해 반복적인 측정을 수행하고 이 값의 집합을 이용해 평균값을 계산해 참값에 대한 추정치로 삼는 것으로 가정한다.

정의 2.3 **정밀도** 반복된 측정값들(동일 수량에 대한)의 밀접성

정의 2.4 **편차** 측정되는 수량으로부터의 측정값의 체계적 변형

정밀도는 종종 집합 값의 표준 편차에 의해 측정되는 반면, 편차는 집합 값의 평균과 측정되는 수량의 알려진 값과의 차이를 취해서 측정된다. 편차는 측정값이 현재 상황에서 외부 수단에 의해 파악된 객체들에 대해서만 결정된다. 표준 실험 무게로 1g인 물질을 가지고 실험실의 새로운 저울의 정밀도와 편차를 평가하려 한다고 하자. 이 물질을 5번 측정해서 다음의 5개 값 $\{1.015, 0.990, 1.013, 1.001, 0.986\}$을 얻었다고 하자. 이 값들의 평균은 1.001이므로 편차는 0.001이다. 표준 편차에 의해서 측정된 정밀도는 0.013이 된다.

데이터에서 측정 오류의 정도를 언급하기 위해 좀 더 일반적인 용어인 **정확도**(accuracy)를 사용하는 것이 일상적이다.

정의 2.5 **정확도** 측정되는 수량의 참값에 대한 측정값들의 밀접성

정확도는 정밀도와 편차에 의해 좌우되나, 이는 일반적인 개념이기 때문에 정확도를 이 두 수량을 이용해 표현하는 별도의 공식은 존재하지 않는다.

정확도의 중요한 측면의 하나는 **유효 자리**(significant digit)의 사용이다. 주어진 목표는 측정이나 계산의 결과를 표현하기 위해서 데이터의 정밀도에 의해 정당화되는 만큼의 자리 수를 사용하는 것이다. 예를 들어, 주어진 객체의 길이를 최소의 표시 단위가 mm인 미터자를 이용해 측정한다면 데이터의 길이를 가장 가까운 mm값으로 기록해야만 한다. 이러한 측정의 정밀도는 ±0.5 mm가 될 것이다. 유효 자리에 대한 세부 사항은 이전의 과목들에서 배웠을 것이고 과학, 공학, 통계학 교재에서 상당히 깊이 있게 다루어지고 있으므로 여기서는 언급하지 않기로 한다.

유효 자리, 정밀도, 편차, 정확도와 같은 문제는 간과되는 경우도 있지만 통계학은 물론 데이터 마이닝에서도 중요하다. 많은 경우에 특정 데이터 집합에서 데이터의 정밀도에 대한 정보는 제공되지 않으며 분석에 사용되는 프로그램도 그러한 정보가 없는 결과를 리턴한다. 그럼에도 불구하고 데이터와 그 결과의 정확도에 대한 이해가 없으면 데이터 분석에서 심각한 실수를 저지르는 위험을 감수해야 할 것이다.

이상치

이상치(outlier)는 (1) 데이터 집합에서 대부분의 다른 데이터 객체와 상이한 특성을 가지는 데이터 객체이거나 (2) 특정 속성에 대한 전형적인 값에 비추어 볼 때 비정상적인 값이다. 대안적으로, **이상**(anomalous) 객체 또는 값을 이야기할 수 있다. 이상치의 정의에는 상당한 간격이 있지만 다수의 상이한 정의들이 통계학과 데이터 마이닝 학계에서 제안되고 있다. 더구나, 잡음과 이상치의 표기의 차이를 구분하는 것도 중요하다. 잡음과 달리 이상치는 적법한 데이터 객체 또는 값일 수 있다. 예를 들어, 사기와 네트워크 침입 탐지의 목표는 대량의 정상적 경우로부터 비정상적인 객체와 사건을 발견하는 것이다. 이상 감지에 대한 세부 사항은 9장에서 논의한다.

누락 값(missing value)

객체에서 하나 이상의 속성 값이 누락되는 일은 드물지 않다. 어떤 경우는 정보가 수집되지 않아서 발생한다. 예를 들어, 사람에 따라 자신의 나이나 몸무게를 밝히기를 꺼릴 수 있다. 또 다른 경우는 일부 속성들이 모든 객체에 적용되기 어려워서 발생한다. 예를 들어, 일부 양식들은 이전의 질문에 특정 방식으로 답을 한 경우에만 채워지는 조건적 부분을 가질 수 있으나, 단순성을 위해 모든 필드를 저장할 수 있다. 그럼에도 불구하고, 누락 값들은 데이터 분석 과정에서 신경을 써주어야 한다.

누락 데이터를 다루는 전략(과 이 전략에 대한 변형들)은 다양하며 각각은 특정 상황에 대해 적합할 수 있다. 다음은 이러한 전략들을 각각의 장점과 단점에 대한 설명과 더불어 열거한 것이다.

데이터 객체 또는 속성을 제거 단순하고 효과적인 전략은 누락 값을 가진 객체를 제거하는 것이다. 그러나 부분적으로 명세된 데이터 객체도 일부 정보를 포함하며, 다수의 객체들이 누락 값을 가지면 신뢰적인 분석은 어렵거나 불가능해진다. 그럼에도 불구하고, 데이터 집합이 누락 값을 가지는 객체를 조금만 가지고 있으면 이를 제거하는 것이 편리하다. 하나의 관련된 전략은 누락 값을 가지는 속성을 제거하는 것이다. 그러나 이 경우 제거된 속성이 분석에 중요한 것일 수도 있으므로 신중을 기해서 제거해야 한다.

누락 값을 추정 어떤 경우에는 실종 데이터를 신뢰적으로 추정할 수 있다. 예를 들어, 상당히 부드럽게 변화하는 형태이나 몇 개의 누락 값이 넓게 펼쳐져 있는 시계열을 고려해 보자. 그러한 경우 누락 값은 나머지 값들을 이용해 추정(보간)될 수 있다. 또 다른 예로, 다수의 유사한 데이터 점을 가진 데이터 집합을 고려해 보자. 이러한 경우, 누락 값을 가진 점에 가장 가까운 점의 속성 값들이 종종 누락 값의 추청치로 사용된다. 속성이 연속형인 경우라면 가장 가까운 이웃의 평균 속성 값이 사용될 수 있다. 속성이 범주적이라면 가장 공통적으로 발생하는 속성 값이 사용될 수 있다. 구체적인 설명을 위해 지상국에서 기록되는 강우량 측정을 고려해 보자. 지상국이 없는 영역의 경우의 강우량은 가까운 지상국에서 관찰된 값을 이용해 추정될 수 있다.

분석 과정에서 누락 값을 무시 다수의 데이터 마이닝 접근법은 누락 값을 무시하도록 수정될 수 있다. 예를 들어, 객체들이 군집화되어 있고 데이터 객체들의 쌍들간의 유사도가 계산될 필요가 있다고 하자. 주어진 쌍의 한 객체 또는 양쪽 객체가 일부 속성에 대해 누락 값을 가지면 누락 값을 가지지 않는 속성들만을 이용해 유사도를 계산할 수 있다. 물론 유사도는 근사적인 값이 되겠지만 속성의 총 수가 작지 않거나 누락 값들의 수가 많지 않다면 부정확성의 정도는 큰 문제가 되지 않을 것이다. 마찬가지로 다수의 분류 기법도 누락 값에 대해서도 작동할 수 있도록 수정할 수 있다.

일관성이 없는 값 데이터는 일관성이 없는 값들을 포함할 수 있다. 우편번호와 시가 모두 나열된 주소 필드에서 지정된 해당 우편번호 지역이 시에 포함되지 않는 경우를 고려해 보자. 이 정보를 입력하는 사람이 2개의 자리를 바꿔서 입력했거나 수기 문서에서 이 정보를 스캔하면서 한 자리가 잘못 판독되었을 수 있다. 일관성이 없는 값의 원인과 상관없이 이러한 문제를 감지하고 가능하다면 수정하는 일이 중요하다.

일부 타입의 비일관성은 감지하기 쉽다. 예를 들어, 사람의 키는 음수가 될 수 없다. 일부의 경우에는 외부 정보 출처를 참조할 필요가 있다. 예를 들어, 보험 회사가 청구 내역을 처리할 때 청구서상의 이름과 주소를 고객의 데이터베이스에서 점검할 수 있다.

비일관성이 검출되면 경우에 따라 데이터의 수정이 가능할 수 있다. 생산 코드의 경우 "검사(check)" 자리를 가지고 있기도 하고, 알려진 생산 코드의 리스트에 대해 생산 코드를 이중으로 검사해서 부정확하지만 알려진 코드에 가까운 코드를 수정할 수 있다. 비일관성의 수정은 추가적인 또는 중복된 정보를 필요로 한다.

예제 2.6 일관성이 없는 해수면 온도

이 예는 바다의 여러 지점의 해수면 온도(SST: sea surface temperature)를 측정하는 실제 시계열 데이터의 비일관성을 설명하는 예이다. SST 데이터는 원래 선박이나 부표 등 바다-기반의 측정을 통해 수집이 되었지만 최근에 와서는 위성을 이용해 데이터를 수집하고 있다. 장기간의 데이터 집합을 생성하기 위해서는 양쪽 출처의 데이터를 모두 이용해야 한다. 그러나 상이한 출처로부터 데이터가 발생하므로 데이터의 양쪽 부분은 미소한 차이가 있다. 년도의 쌍간의 SST 값의 상관관계를 보여주는 그림 2.7은 이러한 차이를 시각적으로 보이고 있다. 년도의 쌍이 양의 상관관계를 가지면 해당 위치가 흰색으로 표시되고 그렇지 않으면 흑색으로 표시된다(계절적 변화는 데이터로부터 제거되었고, 그 이유는, 그렇지 않을 경우 모든 년도가 높은 상관관계를 가지게 되기 때문이다). 데이터를 함께 모은 1983년에는 행동에 현저한 변화가 발생하고 있다. 1958-1982와 1983-1999의 두 그룹의 각 내부에서는 서로 양의 상관관계를 가지는 경향이 있으나, 다른 그룹에 대해서는 음의 상관관계를 가지고 있다. 이것이 이러한 데이터를 사용하면 안된다는 것을 의미하는 것은 아니며, 단지 분석가가 이러한 차이가 데이터 마이닝 분석에 잠

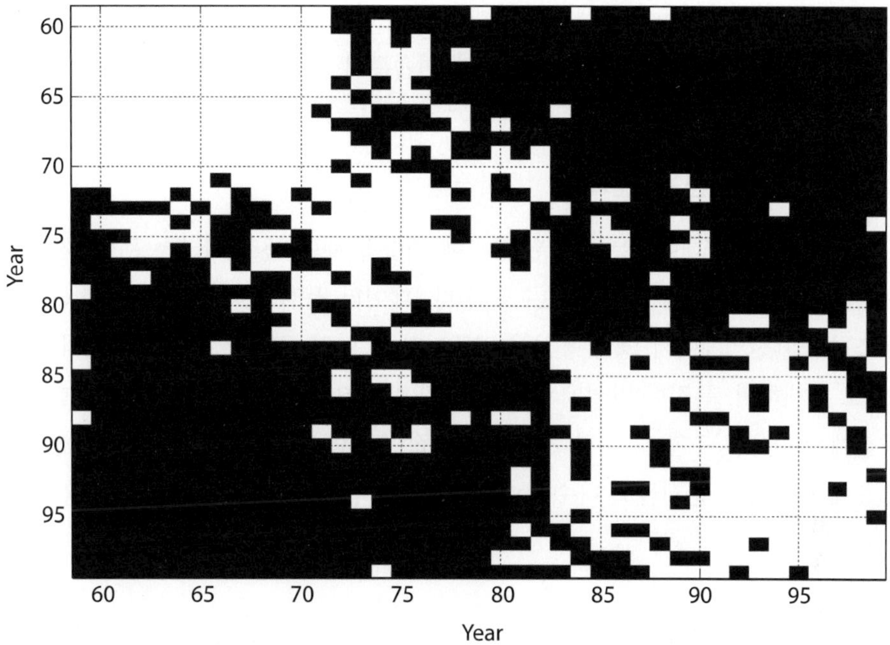

그림 2.7 년도의 쌍간의 SST 데이터의 상관관계. 흰색 영역은 양의 상관관계를 표현. 흑색 영역은 음의 상관관계를 표현

재적 영향을 줄 수 있다는 것을 고려하고 있어야 한다는 것이다. ■

중복 데이터

데이터 집합은 서로에 대한 중복 값, 또는 거의 중복된 값을 포함할 수 있다. 많은 사람들이 약간의 상이한 이름으로 데이터베이스에 여러 번 포함되어 있어 중복된 메일을 받곤 한다. 이러한 중복을 검출하고 제거하려면 2개의 주요 문제가 언급되어야 한다. 첫째로, 하나의 단일 객체를 실제로 표현하는 2개의 객체들이 존재하면 해당 속성의 값들은 상이할 것이며, 이렇게 일관성이 없는 값들은 해결되어야 한다. 두 번째로, 유사하지만 중복은 아닌 2개의 객체, 예를 들면 이름이 동일한 두 사람을 잘못해서 합치는 일이 없도록 주의를 기울여야 한다. **역중복**(deduplication)이란 용어가 이러한 문제를 다루는 과정을 언급하기 위해 종종 사용된다.

어떤 경우에는 2개 이상의 객체들이 데이터베이스에 의해 측정된 속성들의 측면에서는 일치하지만, 실제로는 다른 객체들을 표현할 수 있다. 이러한 중복은 적법하지만 동일한 객체들의 존재 가능성을 설계 단계에서 특별히 고려하지 않은 일부 알고리즘에서는 문제가 될 수 있다. 이러한 경우의 예가 연습문제 13에 주어져 있다.

2.2.2 응용과 관련된 문제

데이터 품질 문제는 "데이터는 의도된 용도에 적합할 때 고품질"이라는 문장에서 표현된 바와 같이 응용의 관점에서 고려될 수도 있다. 데이터 품질에 대한 이러한 접근법은 특히 비즈니스와 산업체에서 그 유용성이 입증되었다. 이와 유사한 관점이 통계와 실험 과학에서도 존재하며, 특정한 가설에 대해 관련된 데이터를 수집할 수 있도록 실험을 신중하게 설계할 것을 강조한다. 측정과 데이터 수집 수준에서의 품질 문제처럼 특정한 응용과 필드에 해당하는 문제들도 다수 존재한다. 여기서는 다시 일반적인 문제만을 고려하기로 한다.

적시성(timeliness) 일부 데이터는 수집 즉시 나이가 들기 시작한다. 특히 데이터가 고객의 구입 행위나 웹 탐색 패턴과 같이, 일부의 진행 중인 현상이나 프로세스에 대한 스냅샷을 제공하는 것이라면, 이러한 스냅샷은 한정된 시간 동안만의 현실을 표현하게 된다. 데이터의 유효 날짜가 지나면 그를 기반으로 한 모델이나 패턴도 유효하지 않게 된다.

관련성(relevance) 가용한 데이터는 응용에 필요한 정보를 포함해야 한다. 운전자에 대한 사고율을 예측하는 모델을 구축하는 작업을 고려해 보자. 운전자의 나이와 성별에 대한 정보를 누락하게 되면, 이러한 정보를 다른 속성을 통해 얻을 수 있지 않는 한 이 모델의 정확도는 제한될 가능성이 많다.

데이터 집합의 객체들이 관련된 것인지를 확인하는 일도 도전 과제이다. 흔한 문제의 하나가 **표본추출 편차**(sampling bias)인데, 이는 주어진 표본이 실제 모집단에 비례한 다양한 타입의 객체들을 포함하지 않을 때 발생한다. 예를 들어, 설문 조사 데이터는 그 설문에 응한 사람들에 대해서만 기술한다(표본추출의 다른 측면들은 2.3.2절에서 더 논의된다). 데이터 분석의 결과는 존재하는 데이터만을 반영하므로 표본추출 편차는 대개 오류가 있는 분석을 야기하게 된다.

데이터에 대한 지식 이상적으로 데이터 집합은 데이터의 여러 측면을 기술하는 문서와 함께 제공된다. 이 문서의 품질이 후속적인 분석에 도움이 될 수도 있고 방해가 될 수도 있다. 예를 들어, 이 문서가 여러 속성들이 강하게 관련되어 있다고 언급하고 있다면, 이러한 속성들은 중복된 정보를 제공할 가능성이 높으므로, 그중 하나만을 유지하기로 결정할 수 있다(판매 세금과 구입 가격을 고려하라). 그러나 문서가 열악하여, 예를 들어 특정 필드의 누락 값들이 −9999로 표시되어 있다는 것을 알려주지 않으면 그 데이터에 대한 분석은 오류가 있게 된다. 다른 중요한 특성들은 데이터의 정밀도, 특징의 타입(명목형, 서열형, 구간, 비율), 측정의 척도(예로, 길이의 경우 미터나 피트), 데이터의 출처이다.

2.3 데이터 전처리

이 절에서는 데이터를 데이터 마이닝에 보다 적합하게 만들기 위해 어떠한 전처리 단계가 필요한지를 기술한다. 데이터 전처리는 광범위한 분야이며 서로 복잡하게 관련된 여러 전략과 기법으로 구성된다. 여기서는 가장 중요한 아이디어와 접근법의 일부를 설명하고 그들간의 상호 관계를 강조할 것이다. 특히 다음의 주제들을 논의한다.

- 총계(aggregation)
- 표본추출(sampling)
- 차원 축소(dimensionality reduction)
- 특징 부분집합 선택(feature subset selection)
- 특징 생성(feature creation)
- 이산화와 이진화(discretization and binarization)
- 변수 변환(variable transformation)

개략적으로 말하자면 이 항목들은 분석을 위한 데이터 객체와 속성을 선택하는 작업과 속성을 생성/변경하는 작업의 두 범주로 나누어진다. 양쪽 경우 모두의 목표는 데이터 마이닝 분석을 시간, 비용, 품질의 측면에서 개선하는 것이다. 자세한 내용은 이후의 절들에서 다룬다.

용어에 대한 간략한 주석: 일상적 용법을 따르기 위해 경우에 따라 속성에 대한 동의어로 특징이나 변수라는 용어를 사용하기로 한다.

2.3.1 총계

경우에 따라 "적은 것이 더 많을" 수도 있으며 이러한 경우가 2개 이상의 객체를 하나의 단일 객체로 결합하는 **총계**(aggregation)에 해당한다. 다양한 매장 위치(미니아폴리스, 시카고, 파리, ...)에서 일년 기간의 여러 날에 대해 제품의 일별 판매를 기록하는 트랜잭션(데이터 객체)으로 구성된 데이터 집합을 고려해 보자. 표 2.4를 참조하라. 이 데이터 집합에 대해 트랜잭션을 총계하는 한 가지 방법은 단일 상점의 모든 트랜잭션들을 하나의 단일 상점 트랜잭션으로 대체하는 것이다. 이로 인해 특정 상점에서 매일 발생된 수십 만 개의 트랜잭션이 하나의 일별 트랜잭션으로 감소가 되며 데이터 객체의 수가 상점의 수만큼으로 줄어든다.

명확한 문제의 하나는 총계된 트랜잭션을 생성하는 방법이다. 즉, 각 속성의 값들이 어떻게 특정 위치에 해당하는 모든 레코드를 통해 결합되어 단일 상점이나 날짜의 판매를 표현하는 집계 트랜잭션을 생성하느냐 하는 것이다. 가격(price)과 같은 정량적 속성은 합이나 평균을 구해 집계할 수 있다. 항목(item)과 같은 정성적 속성은 빼버리거나 해당 위치에서 판매된 모든 항목의 집합으로 요약될 수 있다.

표 2.4의 데이터는 각 속성이 한 차원인 다차원 배열로 간주될 수 있다. 이러한 관점에서 보면 총계는 항목의 타입과 같은 속성들을 제거하거나 특정 속성에 대한 값의 수를 축소하는 과정으로 볼 수 있다. 예를 들어, 날짜에 대한 가능한 값을 365일에서 12개월로 줄일 수 있다. 이러한 타입의 총계는 **온라인 분석 처리**(OLAP: Online Analytical Processing)에서 흔히 사용된다. OLAP에 대한 참고사항은 참고문헌 설명에 주어져 있다.

총계에 대한 동기는 여러 가지이다. 첫째, 데이터 축소에 따른 소형 데이터 집합은 적은 기억공간과 처리 시간을 요구하며 따라서 보다 고가의 데이터 마이닝 알고리즘을 사

표 2.4 고객 구입 정보를 포함하는 데이터 집합

Transaction ID	Item	Store Location	Date	Price	···
⋮	⋮	⋮	⋮	⋮	
101123	Watch	Chicago	09/06/04	$25.99	···
101123	Battery	Chicago	09/06/04	$5.99	···
101124	Shoes	Minneapolis	09/06/04	$75.00	···
⋮	⋮	⋮	⋮	⋮	

용할 수 있게 된다. 둘째, 총계는 저수준 관점 대신에 고수준 관점을 제공해 범위나 규모에 변화를 가져올 수 있다. 앞의 예에서, 상점 위치나 월별 집계를 통해 일별, 항목별 관점 대신에 월별, 상점별 관점을 보여줄 수 있게 된다. 마지막으로, 객체나 속성의 그룹의 행위는 개별 객체나 속성의 행위보다 더 안정적이다. 이 문장은 평균이나 합계와 같이 집계된 수량이 집계되는 개별 객체들보다 가변성이 적다는 통계적 사실을 반영하고 있다. 합계의 경우, 실제 변화량은 개별 객체의 변화량보다 (평균적으로) 크지만, 변화의 비율은 더 작다. 평균의 경우, 실제 변화량은 개별 객체의 변화량보다 (평균적으로) 더 작아진다. 총계의 단점은 관심있는 세부사항의 잠재적 손실에 있다. 달별로 집계하는 상점의 예에서는 한 주에서 판매액이 제일 많은 날에 대한 정보가 손실이 된다.

예제 2.7 호주 강수량

이 예는 1982년에서 1993년 사이의 호주의 강수량을 기반으로 하고 있다. 그림 2.8(a)는 호주의 3,030개의 0.5°×0.5° 격자 셀에 대한 평균 월별 강수량의 표준 편차에 대한 히스토그램을 보이고 있고, 그림 2.8(b)는 동일한 위치에 대한 평균 년별 강수량의 표준 편차에 대한 히스토그램을 보이고 있다. 평균 년별 강수량은 평균 월별 강수량보다 적은 가변성을 가지고 있다. 모든 강수량 측정(과 그 표준 편차)은 센티미터(cm) 단위이다. ■

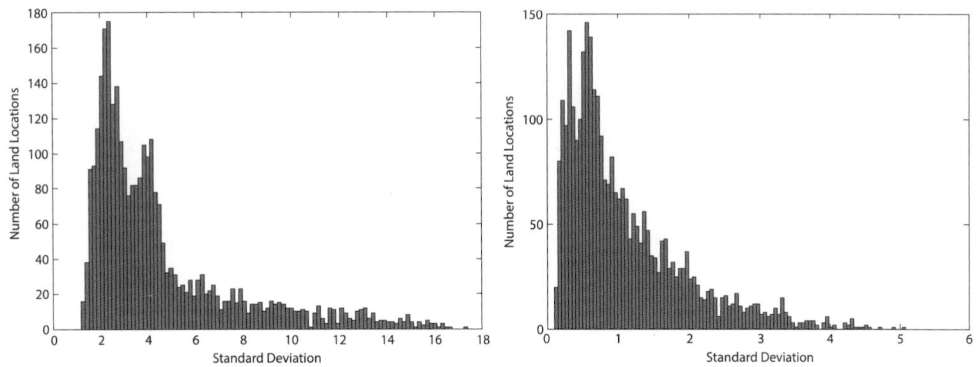

(a) Histogram of standard deviation of average monthly precipitation

(b) Histogram of standard deviation of average yearly precipitation

그림 2.8 1982에서 1993까지 기간의 호주의 월별 및 년별 강수량에 대한 표준 편차의 히스토그램

2.3.2 표본추출

표본추출(sampling)은 분석될 데이터 객체의 부분집합을 선택하는 접근법으로 흔히 사용된다. 통계에서는 데이터에 대한 예비 조사와 최종 데이터 분석을 위해 오랫동안 사용되어 왔다. 표본추출은 데이터 마이닝에서도 매우 유용할 수 있다. 그러나 통계와 데이터 마이닝의 표본추출의 동기는 종종 상이하다. 통계학자들은 관심 대상인 전체 데이터 집합을 구하는 일이 너무 비용이 들고 시간이 오래 걸려 표본추출을 하지만, 데이터 마이너들은 모든 데이터를 처리하는 비용이 비싸고 시간이 걸려 표본추출을 한다. 일부 경우에 표본추출 알고리즘을 이용해 더 좋고 더 비용이 높은 알고리즘을 사용할 수 있을 정도로 데이터 크기를 감소시킬 수 있다.

효과적인 표본추출의 핵심 원리는 다음과 같다. 표본이 대표적이라면 표본을 이용한 작업이 전체 데이터 집합을 이용한 것과 거의 동일하게 작동할 것이다. 표본은 근사적으로 원래 데이터 집합과 동일한 (관심의) 성질을 가질 때 **대표적**(representative)이다. 데이터 객체의 평균이 관심 대상 성질이라면, 표본은 원래의 데이터의 값에 가까운 평균을 가지고 있을 때 대표적이다. 표본추출은 통계적 과정이므로 특정 표본의 대표성은 변하게 되며, 최선의 방법은 대표적 표본의 취득을 높은 확률로 보장하는 표본추출 기법을 선택하는 것이다. 다음에 논의된 대로, 이 과정은 적절한 표본 크기와 표본추출 기법의 선택을 포함한다.

표본추출 접근 방법

표본추출 기법은 다양하지만 여기서는 몇 개의 기초적인 방법과 그 변형만을 설명하기로 한다. 가장 단순한 타입의 표본추출은 **단순 임의 표본추출**(simple random sampling)이다. 이러한 타입의 표본추출의 경우, 임의의 특정 항목을 선택할 확률은 동일하다. 임의 표본추출(과 기타 표본추출 기법)에는 두 가지 변형이 있다: (1) **무대체 표본추출**(sampling without replacement)은 각 항목 선택시 그것을 모집단(population)을 구성하는 모든 객체의 집합으로부터 제거하며, (2) **대체 표본추출**(sampling with replacement)은 객체가 표본으로 선택될 때 그것을 모집단으로부터 제거하지 않는다. 대체 표본추출에서 동일 객체는 2번 이상 선택될 수 있다. 표본이 데이터 집합 크기에 비교했을 때 상대적으로 작은 경우라면 두 방법에 의해 생성된 표본은 크게 다르지 않지만, 대체 표본추출에서는 표본추출 과정에서 특정 객체를 선택할 확률이 상수로 고정되므로 분석이 더 간단해진다.

모집단이 크게 상이한 다양한 타입의 객체들로 구성되어 있다면 단순 임의 표본추출은 빈도가 낮은 타입의 객체들을 적절히 표현하는데 실패할 수 있다. 모든 타입의 객체에 대한 적절한 표현을 요구하는 분석의 경우 이는 문제의 소지가 있다. 예를 들어, 희귀 클래스에 대한 분류 모델을 구축하는 경우라면, 희귀 클래스가 표본에 적절하게 표현되는 일이 중요하다. 그러므로 관심 항목에 대해 상이한 빈도를 수용할 수 있는 표본추출 기법이 필요하다. 미리 지정된 객체 그룹에서 시작하는 **층화 표본추출**(stratified sampling)이 이러한 방법이다. 가장 단순한 버전에서는 그룹의 크기가 상이하더라도 동일한 수의 객체들이 각 그룹에서 선발된다. 다른 변형에서는 각 그룹에서 선발된 객체의 수가 그룹의 크기에 비례한다.

예제 2.8 표본추출과 정보 손실

표본추출 기법이 선정되면 표본 크기를 선택해야 한다. 표본 크기가 커지면 표본이 대표성을 가질 확률이 높아지지만 표본추출의 많은 장점을 잃게 된다. 역으로, 표본 크기가 작아지면 패턴이 누락되거나 잘못된 패턴이 감지될 수 있다. 그림 2.9(a)는 8000개의 2차원 점을 가지는 데이터 집합을 보이고 있고, 그림 2.9(b)와 2.9(c)는 이 데이터 집합으로부터의 각각의 크기가 2000개와 500개인 표본을 보이고 있다. 이 데이터 집합의 대부분의 구조가 2000 점의 표본에서는 드러나고 있지만 500 점의 표본에서는 대부분의 구조가 사라지고 있다. ■

(a) 8000점 (b) 2000점 (c) 500점

그림 2.9 표본추출에서 구조의 손실 예

예제 2.9 적절한 표본 크기 결정

적절한 표본 크기의 결정이 방법론적 접근법을 필요로 한다는 것을 설명하기 위해 다음의 작업을 고려해 보자.

> 거의 크기가 동일한 적은 수의 그룹으로 구성된 데이터의 집합이 주어졌을 때, 각 그룹에 대해 최소한 하나의 대표적 점을 발견하라. 각 그룹의 객체들은 서로 거의 유사하지만, 다른 그룹의 객체들은 매우 유사하지 않다고 가정하라. 그룹의 수는 예를 들어 10개 정도로 상대적으로 적다고 가정하라. 그림 2.10(a)는 이러한 점이 선발될 수 있는 이상적인 클러스터(그룹)의 집합을 보이고 있다.

이 문제는 표본추출을 이용해 효율적으로 해결할 수 있다. 한 가지 방법은 데이터 점의 작은 표본을 취해 점들간의 쌍간 유사도를 계산하고 유사성이 높은 점들의 그룹을 형성하는 것이다. 대표적 점들의 바람직한 집합은 이 그룹 각각에서 하나씩의 점을 취해 얻을 수 있다. 그러나 이 방법을 따르려면 높은 확률로 요구되는 결과를 보장할 수 있는 표본 크기를 결정할 필요가 있다. 즉, 각 클러스터에서 최소한 한 점이 구해져야 한다. 그림 2.10(b)는 표본 크기가 10에서 60으로 변해갈 때 10개 그룹 각각에서 하나의 객체를 선택할 확률을 보이고 있다. 흥미롭게도 표본 크기가 20일 경우에는 모든 10개 클러

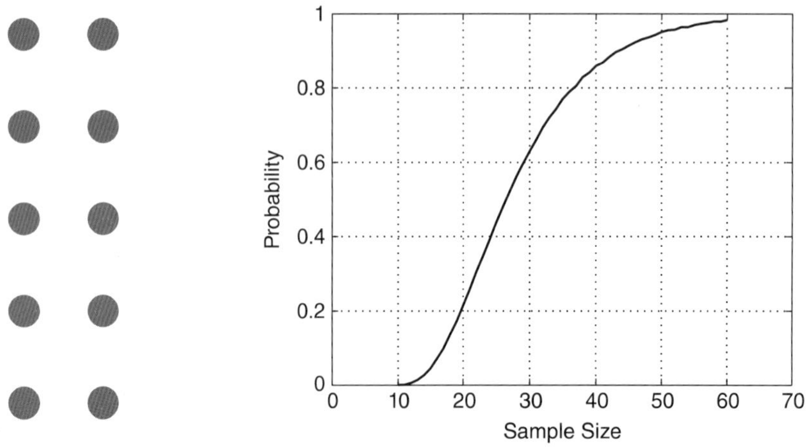

(a) 점들의 10개 그룹 (b) 한 표본이 10개의 그룹 각각에서 나온 점들을 포함할 확률

그림 2.10 10개 그룹에서 대표적 점의 발견

스터를 포함하는 표본을 얻을 가능성이 적다(20%). 표본 크기가 30일 경우에도 10개 클러스터의 모든 객체를 포함하지 않는 표본을 얻을 가능성이 중간 정도로 존재한다(거의 40%). 이 문제는 연습문제 4에서 군집화와 관련하여 더 살펴보게 될 것이다. ■

점진적 표본추출

적절한 표본 크기를 결정하기는 어려우므로 종종 **적응적**(adaptive) 또는 **점진적**(progressive) 표본추출 기법이 사용된다. 이 방법은 작은 표본에서 시작하여 충분한 크기의 표본이 구해질 때까지 표본 크기를 증가시킨다. 이 기법은 초기에 정확한 표본 크기를 결정할 필요성을 제거해 주지만, 표본 크기가 충분히 큰지를 평가할 방법을 필요로 한다.

예를 들어, 예측 모델을 학습하기 위해 점진적 표본추출을 사용한다고 가정하자. 표본 크기의 증가에 따라 예측 모델의 정확도도 증가하지만, 어떤 지점이 되면 정확도 수준의 증가가 종료된다. 점진적으로 더 큰 표본을 사용하면서 모델의 정확도의 변화를 추적함으로써, 그리고 현재 표본의 크기에 가까운 다른 표본을 취함으로써, 중단 지점에 얼마나 가까워졌는지에 대한 추정을 할 수 있고 그에 따라 표본추출을 중단한다.

2.3.3 차원 축소

데이터 집합은 대량의 특징을 가질 수 있다. 각 문서를 벡터로 표현하고 벡터의 각 성분이 해당 문서에서 각 단어의 발생 빈도를 표현하는 문서의 집합을 고려해보기로 하자. 이러한 경우 통상적으로 어휘에 포함된 각 단어당 하나씩 수천 개 또는 수만 개의 속성(성분)이 존재하게 된다. 또 다른 예로, 30년 동안의 다양한 주식의 일별 종가로 구성된 시계열의 집합을 고려해 보자. 이 경우, 특정 일자의 가격이 속성이 되며 그 수는 수천 개가 된다.

차원 축소의 이득은 다양하다. 핵심적인 이득은 다수의 데이터 마이닝 알고리즘이, 데이터의 속성의 수인 차원이 낮으면 더 잘 작동한다는 것이다. 그 이유의 일부는 차원 축소가 관련이 없는 특징을 제거해주고 잡음도 줄여주기 때문이고, 일부는 아래에서 설명할 차원의 저주 때문이다. 또 다른 이득은 차원의 축소가 속성의 수가 적은 모델을 만들어, 결과적으로 좀 더 이해 가능한 모델이 되도록 한다는 것이다. 또한, 차원 축소는 데이터의 가시화도 좀 더 용이하도록 해준다. 차원 축소가 데이터를 2차원이나 3차원으로 줄여주는 것은 아니지만, 데이터의 시각화는 종종 속성들을 2개의 쌍이나 3개의 쌍으로 바라보는 방식으로 진행되며, 이러한 조합의 수는 크게 감소된다. 마지막으로, 차원의 축소에 따라 데이터 마이닝 알고리즘에 의해 요구되는 소요 시간이나 메모리 소요량도 줄어든다.

차원의 축소라는 용어는 이전 속성의 조합인 새로운 속성을 생성함으로써 데이터 집합의 차원을 축소시키는 기법에 대해서도 종종 적용된다. 이전 속성의 부분집합인 새로운 속성을 선택하는 차원 축소를 특징 부분집합 선택 또는 특징 선택이라고 한다. 이러한 방법은 2.3.4절에서 논의된다.

이 절의 나머지 부분에서는 두 가지 중요한 주제, 즉 차원의 저주, 그리고 주성분 분석(PCA)과 같은 선형 대수 방법을 기반으로 차원을 축소하는 기법들에 대해 간략해 소개한다. 차원 축소에 대한 세부 사항은 부록 B에 설명되어 있다.

차원의 저주

차원의 저주란 여러 타입의 데이터 분석이 데이터의 차원이 증가함에 따라서 매우 어려워지는 현상을 의미한다. 특히, 차원이 증가하면 데이터는 그것이 차지하는 공간상에서 점차적으로 희소해진다. 그러므로 우리가 관찰한 객체들이 모든 가능한 객체들의 대표적 표본이 아닐 가능성이 많아진다. 분류의 경우, 충분한 데이터 객체가 존재하지 않게 되어 모든 가능한 객체에 대해 신뢰적으로 해당 클래스를 할당해주는 모델의 생성이 어려워진다. 군집화의 경우, 군집화에서 핵심적인 역할을 하는 밀도와 점간의 거리의 의미가 무색해진다(이는 8.1.2, 8.4.6, 8.4.8절에서 더 논의된다). 결과적으로 다수의 군집화와 분류 알고리즘(과 기타 데이터 분석 알고리즘)은 고차원 데이터의 경우 분류 정확도가 떨어지고 저질의 클러스터를 만들게 되는 등의 문제를 겪게 된다.

차원 축소를 위한 선형 대수 기법

차원 축소를 위한 가장 일상적인 방법의 일부는, 특히 연속형 데이터에 대한 방법의 경우, 데이터를 고차원 공간에서 저차원 공간으로 투영하기 위해 선형 대수 기법을 이용한다. **주성분 분석**(PCA: Principal Component Analysis)은 연속형 속성을 위한 선형 대수 기법으로 (1) 원래 속성의 선형 조합이며 (2) 서로 직교이고(수직이고) (3) 데이터의 변형의 최대량을 반영하는 새로운 속성(주성분)을 발견하는 방법이다. 예를 들어, 처음의 두 주성분은 원래 속성의 선형 조합인 2개의 직교 속성을 이용해 가능한 한 최대한의 데이터의 변형을 반영한다. **특이값 분해**(SVD: Singular Value Decomposition)도 PCA와 관련이 있고 차원 축소를 위해 흔히 사용되는 선형 대수 기법이다. 추가적인 세부 사항은 부록 A와 B를 참고하기 바란다.

2.3.4 특징 부분집합 선택

차원을 축소하는 또다른 방법은 특징의 부분집합만을 사용하는 것이다. 이러한 접근법이 정보를 손실할 것처럼 보이지만 중복되거나 관련이 없는 특징들이 존재할 경우에는 그렇지 않다. **중복 특징**(redundant feature)은 1개 이상의 다른 속성에 포함된 정보의 상당 부분 또는 전체가 중복된 것이다. 예를 들어, 어떤 제품의 구입 가격과 판매 세금의 크기는 상당히 동일한 정보를 포함한다. **비관련 특징**(irrelevant feature)은 진행하려는 데이터 마이닝 작업에 거의 불필요한 정보를 포함한 것이다. 예를 들어, 학생의 평점을 예측하려는 작업에서 학생의 ID 번호는 비관련 특징이다. 중복 또는 비관련 특징은 분류의 정확도와 발견 클러스터의 품질을 감소시킬 수 있다.

일부의 비관련 또는 중복 속성은 상식이나 도메인 지식을 이용해 시스템적 접근법에서 자주 필요로 하는 최상의 특징 부분집합을 선택함으로써 즉시 제거될 수 있다. 특징 선택의 이상적 방법은 관심 대상 데이터 마이닝 알고리즘에 대한 입력으로 특징의 모든 가능한 부분집합을 시도한 후 최상의 결과를 생성하는 부분집합을 택하는 것이다. 이 방법은 궁극적으로 사용하게 될 데이터 마이닝 알고리즘의 목표와 편차를 반영하는 장점이 있다. 불행하게도 n 속성을 포함하는 부분집합의 개수는 2^n개이므로, 이러한 방법은 대부분의 경우에 불가능하며 대안적 전략이 필요하다. 특징 선택을 위한 표준 전략은 삽입, 필터, 래퍼의 세 가지이다.

- **삽입 방법** 특징 선택은 데이터 마이닝 알고리즘의 일부로 자연스럽게 진행된다. 특히 데이터 마이닝 알고리즘의 동작 중에 알고리즘 자체에서 사용할 속성과 무시할 속성을 결정한다. 3장에서 논의하는 의사결정 트리 분류기를 구축하는 알고리즘의 경우 자주 이러한 방식으로 동작한다.
- **필터(filter) 방법** 특징은 데이터 마이닝 알고리즘을 실행하기 전에 데이터 마이닝 작업과 독립적인 어떤 방법을 이용하여 선택된다. 예를 들어, 쌍간의 상관관계가 가능한 한 낮은 속성의 집합을 선택하여 그 속성들이 비중복이 되도록 할 수 있다.

- **래퍼(wrapper) 방법** 이 방법들은 속성의 최상의 부분집합을 발견하기 위해 목표 데이터 마이닝 알고리즘을 블랙박스로 사용한다. 위에서 기술한 이상적인 알고리즘과 유사한 방식으로 진행되나 보통 모든 가능한 부분집합을 열거하지는 않는다.

삽입 방법은 알고리즘에 종속적이므로 여기서는 필터와 래퍼 방법만을 더 설명하기로 한다.

특징 부분집합 선택을 위한 아키텍처

공통 아키텍처 안에 필터와 래퍼 방법을 모두 수용하는 것도 가능하다. 특징 선택 프로세스는 부분집합을 평가하기 위한 척도, 특징의 새로운 부분집합의 생성을 제어하는 탐색 전략, 중단 기준, 검증 절차의 네 부분으로 구성되는 것으로 생각할 수 있다. 필터 방법과 래퍼 방법은 특징의 부분집합을 평가하는 방식에서만 차이가 난다. 래퍼 방법의 경우 부분집합 평가에 목표 데이터 마이닝 알고리즘을 사용하는 반면, 필터 방법의 경우 목표 데이터 마이닝 알고리즘과는 상이한 평가 기법을 사용한다. 다음의 논의는 이러한 방법의 일부 세부 사항을 기술하며, 그림 2.11에 요약되어 있다.

개념적으로 특징 부분집합 선택이란 특징의 모든 가능한 부분집합에 대한 탐색이다. 다수의 상이한 타입의 탐색 전략들이 사용될 수 있지만, 탐색 전략은 계산적으로 저비용

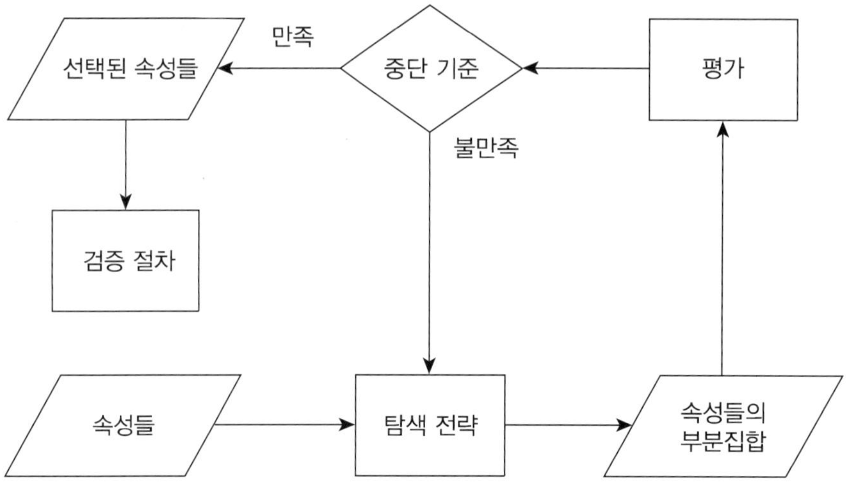

그림 2.11 특징 부분집합 선택 과정의 흐름도

이어야 하고 특징의 최적 또는 최적에 가까운 집합을 발견해야 한다. 두 요구사항을 모두 만족시키는 것은 대개 불가능하므로 절충안이 필요하다.

탐색의 핵심 부분은 현재의 특징 부분집합을 그동안 살펴본 것과 비교해 판단하는 평가 단계이다. 이를 위해서는, 분류나 군집화와 같은 특정 데이터 마이닝 작업의 관점에서 속성 부분집합의 양호성을 결정하는 평가 척도가 필요하다. 필터 방법의 경우, 이러한 척도들은 실제 데이터 마이닝 알고리즘이 주어진 속성의 집합에 대해 얼마나 잘 수행될지를 예측하려 시도한다. 평가를 위해 목표 데이터 마이닝 응용을 실제로 수행시키는 래퍼 방법의 경우, 데이터 마이닝 결과를 측정하기 위해 통상적으로 사용되는 기준을 단순히 적용하여 부분집합을 평가한다.

부분집합의 수는 매우 클 수 있고 그 모두를 검사하는 것은 불가능하므로 어떤 형태든 중단 조건이 필요하다. 이러한 전략은 대개 반복 회수, 부분집합 평가 측정값이 최적의 값이거나 특정 임계값을 초과했는지의 여부, 특정 크기의 부분집합이 구해졌는지의 여부, 크기와 평가 기준 모두가 달성되었는지의 여부, 탐색 전략에 가용한 옵션에 의해 더 이상의 개선이 성취될 수 있는지의 여부 등을 포함하는 1개 이상의 조건을 기반으로 한다.

마지막으로, 특징 부분집합이 선택이 되면, 선택된 부분집합에 대한 목표 데이터 마이닝 알고리즘의 결과가 검증되어야 한다. 단순한 평가 방법은 특징 전체 집합에 대해 알고리즘을 적용한 후 그 결과를 특징 부분집합에 대해 적용한 결과와 비교하는 것이다. 특징 부분집합이 전체 특징에 대해 생성한 것보다 더 좋거나 비슷한 정도의 결과를 생성하는 것이 바람직하다. 또 다른 검증 방법은 다수의 상이한 특징 선택 알고리즘들을 사용해 특징 부분집합들을 구한 후, 각 부분집합에 대해 데이터 마이닝 알고리즘을 수행한 결과들을 비교하는 것이다.

특징 가중치

특징 가중치(feature weighting)는 특징을 유지하거나 제거하는 데 대한 대안적인 방법이다. 좀 더 중요한 특징은 높은 가중치를 부여하고, 덜 중요한 특징은 낮은 가중치를 부여한다. 특징의 상대적 중요도에 대한 도메인 지식을 기반으로 이러한 가중치를 부여할 수 있다. 대안적으로, 자동적으로 결정될 수도 있다. 예를 들어, 지지도 벡터 기계(4장)와 같은 일부 분류 기법들은 각 특징에 대해 가중치가 부여된 분류 모델을 생성한다. 가중치가 높은 특징들이 모델에서 더 중요한 역할을 수행한다. 코사인 유사도를 계산할 때 발생하는 객체의 정규화(2.4.5절)도 일종의 특징 가중치로 간주될 수 있다.

2.3.5 특징 생성

원래의 속성들로부터 데이터 집합의 중요 정보를 더 효과적으로 표현하는 새로운 속성 집합을 생성하는 것은 종종 가능하다. 더구나, 새 속성들의 수는 원래 속성들의 수보다 적을 수 있어, 앞서 설명한 차원 축소의 모든 장점을 뛰어넘을 수 있다. 새로운 속성들을 생성하는 두 가지 관련 방법으로 특징 추출과 데이터의 새로운 공간으로의 매핑이 다음에 설명되어 있다.

특징 추출

원본 데이터로부터 특징의 새로운 집합을 생성하는 것을 **특징 추출**(feature extraction)이라고 한다. 사람의 얼굴을 포함하고 있는지 여부에 따라 분류하려고 하는 사진의 집합을 고려해 보자. 원래 데이터는 픽셀의 집합이고, 이러한 형태는 다양한 타입의 분류 알고리즘을 적용하기에는 적합하지 않다. 그러나 사람 얼굴의 존재와 높은 상관이 있는 특정 타입의 간선이나 영역의 존재 여부와 같은 고차원 특징을 제공하도록 데이터를 처리하면, 이 문제에 대해 다양한 종류의 분류 기법들을 적용할 수 있게 된다.

불행히도, 자주 사용되는 방법들을 보면, 특징 추출은 상당히 도메인-특정적이다. 이미지 처리와 같은 특정 분야의 경우 오랜 기간에 걸쳐 다양한 특징들과 그 특징들을 추출하는 기법들이 개발되어 왔으나, 이러한 기법들을 다른 분야에 적용하기에는 한계가 있다. 결과적으로, 데이터 마이닝을 새로운 분야에 적용할 경우, 핵심 작업 중의 하나는 새로운 특징과 특징 추출 방법을 개발하는 것이다.

특징 추출은 종종 복잡하지만 예제 2.10은 상대적으로 단순할 수도 있음을 보이고 있다.

예제 2.10 밀도

역사적 유물에 대한 정보로 구성된 데이터 집합이, 다른 정보와 더불어 각 유물의 부피와 무게 등을 포함하고 있다고 하자. 단순성을 위해 이러한 유물들이 소수의 물질(나무, 진흙, 청동, 금)로 제작되었고, 구성 물질을 기준으로 유물을 분류하려 한다고 하자.

이 경우, 질량과 부피 특징으로부터 다음 식, 밀도 = 질량/부피를 이용해 구축된 밀도 특징이 보다 정확한 분류를 직접적으로 만들어낼 수 있다. 기존 속성들의 단순한 수학적 조합을 탐구해 특징 구축을 자동적으로 수행하려는 일부 시도가 있었지만, 가장 흔한 방법은 도메인 전문지식을 이용해 특징을 구축하는 것이다. ■

데이터의 새로운 공간으로의 매핑

데이터에 대한 완전히 새로운 관점은 중요하고 흥미로운 특징을 표출할 수 있다. 예를 들어, 종종 주기적 패턴을 포함하는 시계열 패턴 데이터를 고려해 보자. 단일 주기 패턴만 존재하고 잡음이 적다면, 그 패턴은 쉽게 검출될 수 있다. 반면에, 여러 개의 주기 패턴이 존재하고 상당한 크기의 잡음이 존재한다면, 이러한 패턴은 검출하기 어렵다. 그러나 **푸리에 변환**(Fourier transaformation)을 적용하면 시계열을 주기 정보가 명시적으로 드러나는 표현으로 변경시켜 패턴을 검출할 수 있다. 예제 2.11의 경우, 이 예를 위해 푸리에 변환의 세부 사항을 알 필요는 없다. 단지 푸리에 변환이 각 시계열에 대해 주파수에 관련된 속성을 가지는 새로운 데이터 객체를 생성한다는 것을 아는 것으로 충분하다.

예제 2.11 푸리에 분석

그림 2.12(b)에 보여진 시계열은 3개의 시계열의 합이다. 그중의 2개는 그림 2.12(a)와 같고 각각 초당 7 사이클과 17사이클의 주기를 가지고 있다. 세 번째 시계열은 임의 잡음이다. 그림 2.12(c)는 원래 시계열에 푸리에 변환을 적용한 후의 파워 스펙트럼이다

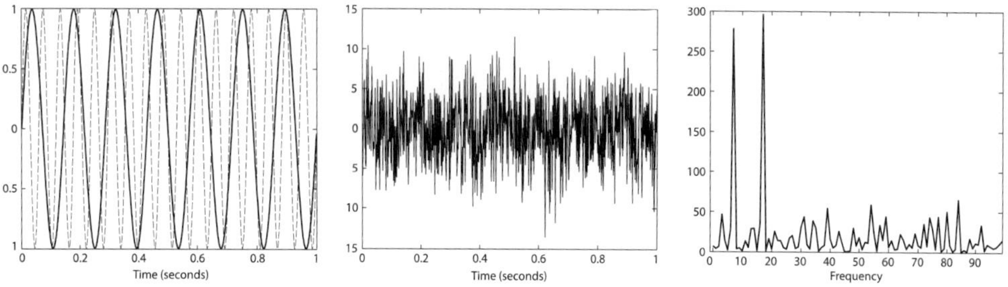

(a) 2개의 시계열 (b) 잡음이 섞인 시계열 (c) 파워 스펙트럼

그림 2.12 시계열 데이터에서 기반 주파수를 식별하기 위한 푸리에 변환의 적용

(비공식적으로 파워 스펙트럼은 각 주기 속성의 제곱에 비례한다). 잡음에도 불구하고 원래의 2개의 비-잡음 시계열에 해당하는 2개의 정점을 보이고 있다. 요점은 더 좋은 특징들이 데이터의 중요한 측면들을 드러낸다는 것이다. ■

다른 종류의 변환들도 다수 존재한다. 푸리에 변환 외에 **웨이블릿 변환**(wavelet transform)도 시계열과 기타 유형의 데이터에 대해 매우 유용한 것으로 입증되고 있다.

2.3.6 이산화와 이진화

특정한 분류 알고리즘을 포함한 일부 데이터 마이닝 알고리즘은 범주 속성의 형태로 된 데이터를 요구한다. 연관 패턴을 발견하는 알고리즘들은 이진 속성 형태의 데이터를 요구한다. 그러므로, 종종 연속형 속성을 범주 속성으로 변환(**이산화**)하거나, 연속형과 이산형 속성을 1개 이상의 이진 속성으로 변환(**이진화**)하는 일이 필요하다. 추가적으로, 범주 속성이 다수의 값들(범주)을 가지고 있다면, 또는 일부 값들이 드물게 발생한다면, 일부의 값들을 결합해서 범주의 수를 줄이는 것이 일부 데이터 마이닝 작업에 이득이 될 것이다.

특징 선택과 마찬가지로 최상의 이산화와 이진화 방법은 "데이터를 분석하는데 사용되는 데이터 마이닝 알고리즘에 대해 최상의 결과를 생성"하는 것이다. 이러한 기준을 직접적으로 적용하는 것은 보통 실용적이지 못하다. 결과적으로, 이산화 또는 이진화는 고려중인 데이터 마이닝 작업이 좋은 성능을 보이는 것과 관련된 기준을 만족하는 방법으로 수행된다. 일반적으로 최상의 이산화는 고려중인 속성들에 대해서는 물론이고 사용되는 알고리즘에 대해서도 종속적이다. 그러나 보통 속성의 이산화는 별도로 고려된다.

이진화

범주 속성을 이진화하는 단순한 기법은 다음과 같다. m개의 범주 값이 존재할 경우, 각 원래 값에 대해 구간 $[0, m-1]$ 사이의 정수를 유일하게 할당한다. 속성이 서열형이면, 그 순서를 할당 순서로 유지한다(속성을 정수를 이용해 순서적으로 표현하더라도, 정수가 구간 $[0, m-1]$ 사이에 존재하지 않을 경우 이러한 과정이 필요하다). 다음으로, 이 m개의 정수 각각을 이진수로 변환한다. 이러한 정수를 표현하기 위해서는 $n = \lceil \log_2(m) \rceil$ 이진 자리가 필요하므로, 이 이진수들을 n개의 이진 속성으로 표현한다. 예를 들어, 5개

표 2.5 범주 속성의 3개 이진 속성으로의 변환

범주 값	정수 값	x_1	x_2	x_3
awful	0	0	0	0
poor	1	0	0	1
OK	2	0	1	0
good	3	0	1	1
great	4	1	0	0

표 2.6 범주 속성의 5개 비대칭 이진 속성으로의 변환

범주 값	정수 값	x_1	x_2	x_3	x_4	x_5
awful	0	1	0	0	0	0
poor	1	0	1	0	0	0
OK	2	0	0	1	0	0
good	3	0	0	0	1	0
great	4	0	0	0	0	1

의 값 $\{awful,\ poor,\ OK,\ good,\ great\}$를 가진 범주 속성은 3개의 이진 변수 x_1, x_2, x_3으로 표현할 수 있다. 표 2.5는 이러한 변환을 보이고 있다.

이러한 변환은, 변환된 속성간에 의도하지 못한 관계를 생성하는 등의 부작용을 야기할 수 있다. 예를 들어, 표 2.5에서 속성 '*good*'은 두 개의 속성 x_2와 x_3을 이용해 인코딩되어 두 속성들이 서로 상관되어 있다. 더구나, 연관 분석은 속성의 존재 여부(값$=1$)만을 중시하는 비대칭 이진 속성을 필요로 한다. 연관 문제의 경우, 각 범주 값에 대해 표 2.6에서처럼 하나의 이진 속성을 사용할 필요가 있다. 결과적인 속성의 수가 너무 많다면 아래에 기술한 기법을 이용해 이진화 이전에 범주 값의 수를 줄일 수 있다.

마찬가지로, 연관 문제의 경우, 단일 이진 속성을 2개의 비대칭 이진 속성으로 대체할 필요가 있다. 사람의 성별인 남자와 여자를 기록하는 이진 속성을 고려해 보자. 전통적 연관 규칙 알고리즘에서 이러한 정보는, 한 속성은 사람이 남자일 때 1이 되고, 다른 속성은 사람이 여자일 때 1이 되는, 2개의 비대칭 이진 속성으로 변환할 필요가 있다(비대칭 이진 속성의 경우, 정보의 각 비트를 표현하기 위해 2개의 비트를 사용하게 되므로

정보 표현은 비효율적이다).

연속형 속성의 이산화

이산화는 보통 분류나 연관 분석에서 사용되는 속성에도 적용이 된다. 연속형 속성의 범주 속성으로의 변환은 몇 개의 범주 n을 사용할 것인지에 대한 결정과 연속형 속성의 값을 이러한 범주로 매핑하는 방법을 결정하는 두 가지 작업을 필요로 한다. 첫 번째 단계에서, 연속형 속성의 값들을 정렬한 후 $n-1$개의 **분리점**(split point)을 명세해 n개의 구간으로 나눈다. 비교적 단순한 단계인 두 번째 단계에서는, 한 구간에 속한 모든 값들을 동일한 범주 값으로 매핑한다. 그러므로 이산화의 문제는 몇 개의 분리점을 사용할지와 그 지점을 어디로 할지를 결정하는 것이 된다. 결과는, x_0과 x_n을 $+\infty$ 또는 $-\infty$ 라고 할 때, 구간의 집합인 $\{(x_0, x_1], (x_1, x_2], \ldots, (x_{n-1}, x_n)\}$로 표현할 수도 있고, 동등하게 $x_0 < x \leq x_1, \ldots, x_{n-1} < x < x_n$ 형태로 일련의 부등호를 이용해 표현할 수도 있다.

비지도 이산화(unsupervised discretization) 분류를 위한 이산화 방법들간의 기본적 차이는 클래스 정보가 사용되느냐(지도) 마느냐(비지도)하는 것이다. 클래스 정보가 사용되지 않을 경우, 상대적으로 단순한 방법이 일반적이다. 예를 들어, **동등 폭**(equal width) 방법은 속성의 범위를 동등한 폭을 가지는 사용자-명세 구간 수로 나눈다. 이러한 방법은 이상치에 의해 매우 나쁜 영향을 받을 수 있으므로, 각 구간에 동일한 수의 객체들을 배치하는 **동등 주파수**(equal frequency) 또는 **동등 깊이**(equal depth) 방법이 더 선호된다. 비지도 이산화의 또다른 예로 K-평균(7장 참조)과 같은 군집화 방법이 사용될 수 있다. 마지막으로, 데이터를 눈으로 살펴보는 방법도 가끔은 효율적인 방법이 될 수 있다.

예제 2.12 이산화 기법

이 예는 이러한 방법들이 실제 데이터 집합에 대해 어떻게 작동하는 지를 보여준다. 그림 2.13(a)는 4개의 상이한 그룹에 속한 데이터 점들을, 양쪽 끝에 큰 점으로 보인 2개의 이상치와 더불어 보이고 있다. 앞의 문장의 기법들이 이 데이터 점들의 x 값들을 4개의 범주 값으로 이산화시키기 위해 적용되었다(데이터 집합의 점들은 각 그룹에 속한 점

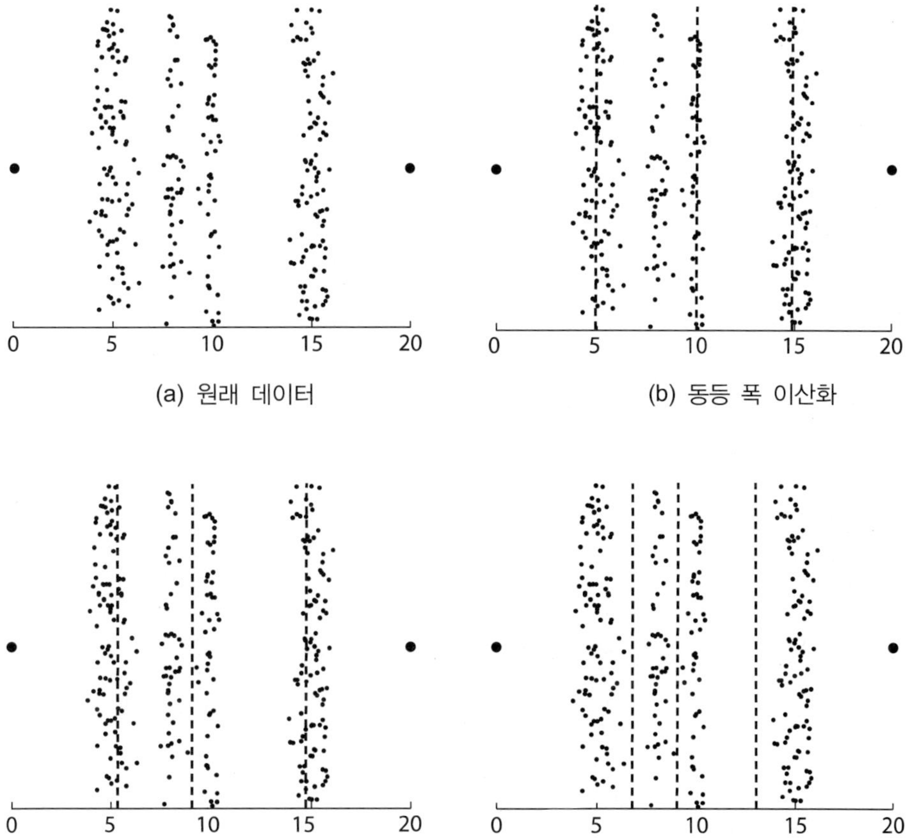

(a) 원래 데이터 (b) 동등 폭 이산화

(c) 동등 주파수 이산화 (d) K–평균 이산화

그림 2.13 상이한 이산화 기법들

들의 수를 쉽게 알 수 있도록 임의의 y 성분을 부여한 것이다). 데이터를 눈으로 살펴보는 것도 효과적일 것이나 자동적이지 못하므로 나머지 세 가지 방법에 치중하기로 한다. 그림 2.13(b), 2.13(c), 2.13(d)는 동등 폭, 동등 주파수, K-평균에 의해 생성된 분리점들을 보이고 있다. 분리점은 점선으로 표시되어 있다.

이 특정 예제에서 이산화 기법의 성능을 상이한 그룹에 속한 상이한 객체들이 동일한 범주 값을 할당받는 정도로 측정한다면 K-평균 방법의 성능이 최상이고, 그 다음이 동등 주파수, 마지막이 동등 폭 방법이 된다. 좀 더 일반적으로, 최상의 이산화는 응용에 의해 좌우되며 종종 도메인-한정적 이산화를 포함한다. 예를 들어, 사람을 낮은 수입, 중간 수입, 높은 수입으로 이산화하는 것은 경제적 요소를 기반으로 한다. ■

지도 이산화(supervised discretization) 위에서 기술한 이산화 방법은 대개 이산화를 하지 않는 것보다는 유리하지만 최종 목적을 염두에 두고 추가적 정보(클래스 레이블)를 사용하는 것이 종종 더 좋은 결과를 가져온다. 클래스 레이블에 대한 지식 없이 구축한 구간은 종종 클래스 레이블의 혼합체를 포함하므로, 이는 놀라운 일이 아니다. 개념적으로 간단한 한 가지 방법은 구간의 순도를 최대화하는 방식으로 분리점을 배치하는 것이다. 그러나 실제로 이러한 방법은 구간의 순도와 구간의 최소 크기에 대해 잠재적으로 임의적인 결정을 필요로 한다.

이러한 우려를 극복하기 위해, 통계 기반의 일부 방법들은 각 속성 값을 하나의 분리 구간으로 시작해서 통계적 시험 결과가 유사한 인접 구간들을 합병해서 더 큰 구간을 생성하는 방법을 사용한다. 이러한 상향식 방법에 대한 대안은 초기 값들을 이분할하여 두 결과 구간이 최소 엔트로피를 갖도록 하는 하향식 방법이다. 이러한 분할 과정은 다른 구간에 대해 반복이 되어, 사용자가 지정한 구간의 수에 도달하거나 중단 기준이 만족될 때까지 최악의 (최고의) 엔트로피를 가진 구간을 선택하는 과정을 계속한다.

엔트로피-기반의 방법들은 상향식이든 하향식이든 간에 이산화에 대한 가장 좋은 방법의 하나이다. 우선, **엔트로피(entropy)**를 정의할 필요가 있다. k를 상이한 클래스 레이블의 수, m_i를 분할의 i번째 구간에 속하는 값들의 수, m_{ij}를 구간 i의 클래스 j의 값의 수라고 하자. 그러면 i번째 구간의 엔트로피 e_i는 다음 식에 의해 주어진다.

$$e_i = -\sum_{j=1}^{k} p_{ij} \log_2 p_{ij}$$

여기서, $p_{ij} = m_{ij}/m_i$는 i번째 구간에서 클래스 j의 확률(값의 비율)이다. 분할의 전체 엔트로피 e는 개별 구간의 엔트로피의 가중 평균이 된다. 즉,

$$e = \sum_{i=1}^{n} w_i e_i$$

여기서, m은 값의 수이고, $w_i = m_i/m$은 i번째 구간의 값들의 비율이며, n은 구간의 수이다. 직관적으로, 한 구간의 엔트로피는 구간의 순도에 대한 척도이다. 주어진 구간이 한 클래스에 속한 값들만을 포함하면(완전히 순수하면), 엔트로피는 0이 되고 전체 엔트로피에 기여하지 못하게 된다. 한 구간에 여러 클래스의 값들이 동등하게 자주 발생하면(구간이 가능한 한 불순하면), 엔트로피는 최대가 된다.

예제 2.13 **두 속성의 이산화**

이 하향식 방법은 그림 2.14에 보여진 2-차원 데이터의 x와 y 속성 양쪽 모두를 독립적으로 이산화하기 위해 사용되었다. 그림 2.14(a)에 보인 첫 번째 이산화에서는 x와 y 속성이 모두 3개의 구간으로 분리되었다(점선은 분리점을 표시한다). 그림 2.14(b)에 보인 두 번째 이산화에서는 x와 y 속성이 모두 5개의 구간으로 분리되었다. ■

이 단순한 예제는 이산화의 2개의 측면을 설명하고 있다. 첫째, 2차원에서 점들의 클래스들은 잘 분리가 되었으나, 1차원에서는 그렇지 않다. 일반적으로, 각 속성을 분리해서 이산화하면 종종 준최적의 결과를 보장한다. 둘째, 5개의 구간은 3개보다 잘 작동하나, 6개의 구간은 최소한 엔트로피 측면에서 보면 이산화를 개선시키지 못한다(6개 구간에 대한 엔트로피 값과 결과는 보이지 않았다). 결과적으로, 올바른 분할의 수를 자동적으로 발견하는 중단 조건을 가지는 것이 바람직하다.

너무 값이 많은 범주 속성

때때로 범주 속성은 너무 많은 값을 가질 수 있다. 범주 속성이 순서를 가지면 범주 수를 줄이기 위해 연속형 속성에 대해 적용한 비슷한 기법을 사용할 수 있다. 그러나, 범주 속성이 순서가 없으면 다른 방법이 필요하다. 학과의 수가 많은 대학을 고려해 보자. 결

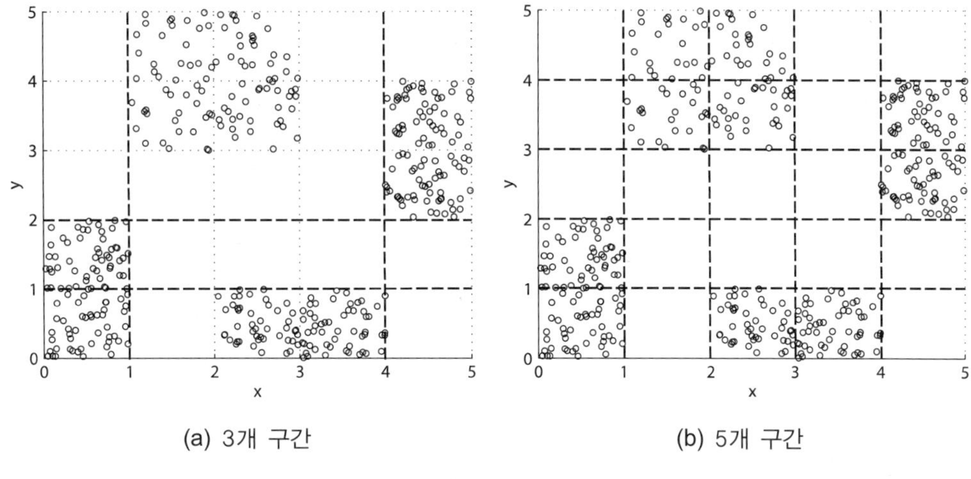

그림 2.14 4개 그룹(클래스)의 점에 대한 x와 y 속성의 이산화

과적으로, **학과 이름** 속성은 수십 개의 상이한 값을 가질 수 있다. 이 경우, 여러 학과간의 관계에 대한 일반 지식을 이용해 학과를 **공학**, **사회 과학**, **생물 과학**과 같은 커다란 그룹으로 결합할 수 있다. 도메인 지식이 유용한 지침을 제공하지 않거나 이러한 방법이 나쁜 분류 성능을 보일 경우, 그룹핑이 개선된 분류 정확도를 야기하거나 기타 다른 데이터 마이닝 목표를 달성하는 경우에만 값을 함께 묶는 등 좀 더 실험적인 방법을 이용할 필요가 있다.

2.3.7 변수 변환

변수 변환(variable transformation)은 하나의 변수의 모든 값에 대해 적용되는 변환을 지칭한다(일반적인 용법을 따르기 위해 속성 대신에 변수라는 용어를 사용하고 있지만 경우에 따라 속성 변환이라는 용어를 사용하게 될 것이다). 다른 말로 표현하면, 각 객체에 대해, 그 객체에 대한 변수의 값에 대해 변환이 적용된다. 예를 들어, 한 변수의 크기만이 중요하다면, 그 변수의 값들은 절대 값을 취해 변환될 수 있다. 다음 절에서는 단순 함수 변환과 정규화라고 하는 두 가지 중요한 유형의 변수 변환에 대해 논의한다.

단순 함수

이러한 유형의 변수 변환의 경우, 하나의 단순 수학 함수가 각 값에 대해 개별적으로 적용된다. x가 변수이면, 이러한 변환의 예는 x^k, $\log x$, e^x, $\sqrt{x}$, $1/x$, $\sin x$, $|x|$를 포함한다. 통계에서는 sqrt, log, $1/x$와 같은 변수 변환이 가우스(정규) 분포를 가지지 않는 데이터를 가우스 분포를 가지도록 변환하기 위해 종종 사용된다. 이 점도 중요하지만, 데이터 마이닝에서는 다른 이유가 더 우선순위가 높을 수 있다. 관심 대상인 변수가 세션에서 데이터 바이트의 수이고 바이트의 수는 1에서 10억개의 범위라고 하자. 이는 거대한 범위이며 이를 $\log_{10}$ 변환을 이용해 압축하면 장점이 있을 것이다. 이 경우, 108과 109바이트를 전송한 세션들은 10과 1000바이트를 전송한 세션들보다 더 서로 유사할 것이다($9-8=1$ 대 $3-1=2$). 네트워크 침해 탐지와 같은 일부 응용의 경우, 처음의 두 세션은 대형 파일의 전송을 표현할 가능성이 높고, 후자의 두 세션은 2개의 매우 상이한 세션 타입들일 것이므로, 이러한 결과가 바람직할 것이다.

변수 변환은 데이터의 본질을 변경시키게 되므로 주의해서 적용해야 한다. 이것이 바람직할 때도 있지만, 변환의 본질이 제대로 받아들여지지 않으면 문제가 될 수 있다.

예를 들어, 변환 $1/x$은 1 또는 그 보다 큰 값의 크기를 감소시키지만, 0과 1 사이의 값들의 크기를 증가시킨다. 예를 들면, 값 $\{1, 2, 3\}$은 $\{1, \frac{1}{2}, \frac{1}{3}\}$로 가게 되지만, 값 $\{1, \frac{1}{2}, \frac{1}{3}\}$은 $\{1, 2, 3\}$이 된다. 그러므로 모든 값의 집합에 대해 변환 $1/x$은 순서를 역으로 만든다. 변환의 효과를 명확히 하기 위해 다음과 같은 질문을 해보는 것이 중요하다. 순서를 유지할 필요가 있는가? 변환이 음의 값과 0을 포함한 모든 값에 대해 적용되는가? 0과 1 사이의 값에 대한 변환의 효과는 무엇인가? 연습문제 17에서는 변수 변환의 다른 측면들을 살펴보게 된다.

정규화 또는 표준화

변수 변환의 또다른 공통 유형은 변수의 **표준화**(standardization) 또는 **정규화**(normalization)이다(데이터 마이닝 분야에서 이 용어들은 서로 교환적으로 사용된다. 그러나 통계학에서 정규화란 용어는 변수를 정규로, 즉 가우스로 만들어주는 변환과 혼동될 수 있다). 표준화 또는 정규화의 목표는 전체 값의 집합이 특정 성질을 가지도록 하는 것이다. 전형적인 예가 통계학에서 "변수의 표준화"의 예이다. $\overline{x}$가 속성 값들의 평균이고 s_x가 표준 편차라면, 변환 $x' = (x - \overline{x})/s_x$는 평균이 0이고 표준 편차가 1인 새로운 변수를 생성한다. 상이한 변수들을 일정한 방식으로 결합시키는 경우, 계산의 결과를 좌지우지하는 커다란 값들을 가지는 변수를 가지는 것을 피하는 변환이 종종 필요하다. 예를 들어, 사람을 두 변수, 나이와 수입을 기반으로 비교하는 것을 고려해 보자. 임의의 두 사람에 대해, 수입의 차이(수백이나 수천달러)는 절대적으로 나이의 차이(150보다 적음)보다 훨씬 크게 될 것이다. 나이와 수입의 값들의 범위의 차이가 고려되지 않으면, 두 사람의 비교는 수입의 차이에 의해서 좌우될 것이다. 특히, 두 사람의 유사도나 비유사도가 이장의 후반에 정의된 유사도나 비유사도 척도에 의해 계산될 경우, 유클리드 거리와 같은 다수의 경우에 수입 값은 계산의 결과를 좌지우지하게 된다.

평균과 표준 편차는 이상치에 의해 강하게 영향을 받으므로 위의 변환은 종종 수정이 된다. 첫째, 평균은 **중간값**(median)으로 대체된다. 둘째, 표준 편차는 **절대 표준 편차**(absolute standard deviation)로 대체된다. 특히, x가 변수라면, x의 절대 표준 편차는 $\sigma_A = \sum_{i=1}^{m} |x_i - \mu|$가 된다. 여기서 x_i는 변수의 i번째 값, m은 객체의 수, μ는 평균이나 중간값이 된다. 이상치가 존재할 때 값의 집합의 위치(중심)와 폭의 추정 값을 계산하는

다른 방법들은 통계 교재들에 기술되어 있다. 이러한 보다 건전한 척도들도 표준 변환을 정의하는데 사용될 수 있다.

2.4 유사도와 비유사도의 척도

유사도(similarity)와 비유사도(dissimilarity)는 군집화, 최근접 이웃 분류, 이상 탐지 등의 다양한 데이터 마이닝 분야에서 사용되기 때문에 중요하다. 일단 이러한 유사도나 비유사도가 계산이 되면 많은 경우에 초기 데이터 집합은 필요하지 않게 된다. 이러한 방법들은 데이터를 유사도(비유사도) 공간으로 변환한 후 분석을 수행하는 것으로 간주될 수 있다. 진정으로, **커널 방법**(kernel methods)은 이러한 아이디어에 대한 강력한 실현이다. 이 방법들은 2.4.7절에 소개되어 있고, 4.9.4절에서 분류를 다루면서 좀 더 자세하게 논의한다.

우선 유사도와 비유사도의 고수준의 정의, 이들간의 관계 등 기초적인 논의부터 시작하기로 한다. 편의상 **근접도**(proximity)란 용어를 유사도나 비유사도 모두를 지칭하기 위해 사용하기로 한다. 두 객체간의 근접도는 두 객체의 해당 속성들간의 근접도의 함수이므로, 우선 하나의 단순 속성만을 가지는 객체간의 근접도를 측정하는 방법부터 기술한다.

그리고 나서 다중 속성을 가지는 객체들에 대한 근접도 척도를 고려하기로 한다. 이러한 척도에는, 문서와 같은 희소 데이터에 유용한 자카드(Jaccard) 및 코사인 유사도 척도와 시계열이나 2차원 점과 같은 밀집 데이터에 유용한 상관관계와 유클리드(Euclid) 거리 같은 척도 등이 포함된다. 또한 다양한 유형의 데이터에 대해 적용이 가능하고 비선형 관계의 검출에 좋은 상호 정보를 고려하기로 한다. 이러한 논의는 상대적으로 동질적인 속성 타입을 가지고, 전형적으로 이진 또는 연속인 객체들에 대해 한정적으로 진행한다.

다음으로, 근접도 측정과 관련된 여러 가지 중요한 문제들을 고려한다. 이질적인 타입의 속성들을 가지는 객체들간의 근접도를 계산하는 방법, 수치 객체들간의 거리를 계산할 때 변수 간의 단위 및 상관관계의 차이를 고려하는 방법들을 다룬다. 이 절은 올바른 근접도 척도를 선택하는 방법에 대한 간략한 논의로 결론을 맺는다.

이 절은 데이터 객체 간의 근접도 계산에 초점을 두지만, 근접도는 속성들 간에도 계산이 가능하다. 예를 들어, 그림 2.2(d)의 문서-용어 행렬의 경우 코사인 유사도를 이용해 문서 쌍의 유사도 및 용어(단어) 쌍의 유사도를 계산할 수 있다. 두 변수 간의 강한 관련성의 인식은 예를 들어 중복의 제거에 유용할 수 있다. 특히 나중에 논의할 상관관계 및 상호 정보 측정이 종종 이러한 목적으로 사용된다.

2.4.1 기초

정의

비공식적으로 두 객체간의 **유사도(similarity)**란 두 객체의 닮은 정도에 대한 수치적인 척도이다. 결과적으로 유사도는 객체의 쌍이 좀 더 닮을수록 높아지게 된다. 유사도는 대개 음이 아닌 수로 보통 0(유사도 없음)과 1(완전히 유사) 사이의 값을 갖는다.

두 객체간의 **비유사도(dissimilarity)**란 두 객체의 다른 정도에 대한 수치적인 척도이다. 비유사도는 객체의 쌍이 좀 더 닮을수록 낮아지게 된다. **거리(distance)**라는 용어가 자주 비유사도에 대한 동의어로 사용된다. 나중에 설명하겠지만, 거리는 종종 비유사도의 특별한 경우를 지칭한다. 비유사도도 종종 구간 $[0, 1]$에 속하지만, 0에서 ∞의 범위를 가지는 경우도 많다.

변환

변환(transformation)은 종종 유사도를 비유사도로, 또는 그 역으로 변환하거나 근접도 척도를 $[0, 1]$과 같은 특정 범위로 변환하기 위해 적용된다. 예를 들어, 1에서 10사이의 유사도 값을 가진 경우, 사용하려는 특정 알고리즘이나 소프트웨어 패키지가 비유사도에 대해서만 작동하도록 설계되었거나 구간 $[0, 1]$의 유사도에 대해서만 작동할 수 있다. 나중에 근접도를 논의할 때 이러한 변환을 사용하게 되므로, 여기서 이러한 문제에 대해 논의하기로 한다. 또한, 이 문제들은 특정한 근접도 척도의 세부적인 내용과는 상대적으로 독립적이다.

유사도와 같은 근접도 척도는 자주 구간 $[0, 1]$의 값을 갖도록 정의되거나 변환된다. 비공식적인 동기는 근접도 값이 두 객체간의 유사도(또는 비유사도)의 비율을 표시하는 척도를 사용하려는 것이다. 이러한 변환은 보통 상대적으로 단순하다. 예를 들어, 객체간의 유사도의 범위가 1(유사하지 않음)에서 10(완전히 유사함) 사이의 값을 가지는 경우, s와 s'이 원래 유사도 값과 새 유사도 값이라고 할 때, $s' = (s-1)/9$의 변환을 이용해 원래 값을 구간 [0, 1]로 바꿀 수 있다. 좀 더 일반적인 경우, 구간 [0, 1]로의 유사도 변환은 max_s와 min_s를 최대값과 최소값이라고 할 때, 식 $s' = (s - min_s)/(max_s - min_s)$로 수행할 수 있다. 마찬가지로 유한 범위의 비유사도 값도 식 $d' = (d - min_d)/(max_d - min_d)$를 이용해 구간 [0, 1]로 사상할 수 있다. 이는 점들간의 상대 거리를 보존하는 선형 변환의 예이다. 즉, 점 x_1과 x_2 사이가 점 x_3과 x_4 사이보다 두 배 멀리 떨어져 있다면, 선형 변환 후에도 동일한 상황이 성립한다.

그러나 근접도 척도를 구간 [0, 1]로 사상하는 경우 여러 가지 문제가 발생할 수 있다. 예를 들어, 원래의 근접도 값이 $[0, \infty]$의 값을 가진 경우에는 비선형 변환이 필요하게 되며, 새로운 척도에서는 원래 값들이 가졌던 서로간의 관계가 달라지게 된다. 0에서 ∞ 사이의 비유사도 척도에 대한 변환 $d' = d/(1+d)$를 고려해 보자. 비유사도 0, 0.5, 2, 10, 100, 1000은 각각 새로운 값 0, 0.33, 0.67, 0.90, 0.99, 0.999로 변환된다. 원래 비유사도 척도에서의 큰 값들은 1에 가까운 값들로 압축되고 있으나, 이러한 상황이 바람직한지의 여부는 응용에 의해 좌우된다.

근접도 척도의 구간 [0, 1]로의 매핑은 근접도 척도의 의미를 변경시킬 수 있음에 유의하라. 예를 들어, 나중에 설명할 상관관계는 구간 [−1, 1] 사이의 값을 가지는 유사도의 척도이다. 이 값을 절대값을 이용해 구간 [0, 1]로 사상하면 일부 응용에서는 중요할 수도 있는 부호 정보를 잃어버리게 된다. 연습문제 22를 참고하기 바란다.

유사도를 비유사도로, 또는 그 역으로 변환하는 일도 비교적 단순한 일이나, 역시 의미를 보존하는 문제와 선형 척도를 비선형 척도로 변경하는 문제를 접하게 된다. 유사도(또는 비유사도)가 구간 [0, 1]에 속하는 경우, 비유사도는 $d = 1 - s(s = 1 - d)$로 정의할 수 있다. 또다른 단순한 방법은 유사도를 비유사도의 음수로, 또는 그 역으로, 정의하는 것이다. 예를 들어, 비유사도 0, 1, 10, 100을 유사도 0, −1, −10, −100으로 변환할 수 있다.

음의 변환에 따른 유사도는 범위 [0, 1]로 한정되지는 않지만, 필요하다면 $s = \frac{1}{d+1}$, $s = e^{-d}$, $s = 1 - \frac{d - \min_d}{\max_d - \min_d}$와 같은 변환식을 사용할 수 있다. 변환 $s = \frac{1}{d+1}$의 경우 비유사도 0, 1, 10, 100은 각각 1, 0.5, 0.09, 0.01로 변환된다. 변환 $s = e^{-d}$의 경우 각각 1.00, 0.37, 0.00. 0.00으로 변환되고, 변환 $s = 1 - \frac{d - \min_d}{\max_d - \min_d}$의 경우에는 1.00, 0.99, 0.90, 0.00으로 변환된다. 여기서는 비유사도를 유사도로 변환하는 방

법에 치중하였고, 반대 방향으로의 변환은 연습문제 23을 참고하기 바란다.

일반적으로 비유사도를 유사도로, 또는 그 역으로 변환하기 위해 임의의 단조 감소 함수를 사용할 수 있다. 물론 유사도를 비유사도로, 또는 그 역으로 변환하거나 근접도 값을 새로운 척도로 변환할 때, 다른 요소들도 고려되어야 한다. 의미 보존, 척도의 왜곡, 데이터 분석 도구의 요구 사항과 관련된 문제는 이미 언급하였으나 이 사항들만이 전부는 아니다.

2.4.2 단순 속성간의 유사도와 비유사도

여러 개의 속성을 가진 객체들의 근접도는 보통 개별 속성들의 근접도를 결합해서 정의되므로 단일 속성을 가지는 객체들간의 근접도를 먼저 설명하기로 한다. 하나의 명목형 속성에 의해 기술되는 객체들을 고려해 보자. 이러한 두 객체가 유사하다는 것의 의미는 무엇일까? 명목형 속성은 객체의 유일성에 대한 정보만을 반영하고 있으므로 두 객체가 동일한 값을 가지고 있는지의 여부만을 판별할 수 있다. 그러므로, 이러한 경우의 유사도는 속성 값들이 일치하면 1, 아니면 0으로 정의된다. 비유사도도 반대로 속성 값들이 일치하면 0, 아니면 1로 정의된다.

단일 서열형 속성을 가지는 객체들의 경우 순서에 대한 정보를 고려해야 하므로 상황은 더욱 복잡해진다. 상품의 품질을 측정하는 속성을 고려해보자. 예를 들어, 막대 사탕의 품질을 $\{poor,\ fair,\ OK,\ good,\ wonderful\}$로 평가한다고 하자. '*wonderful*'로 평가된 상품 P1은 '*OK*'로 평가된 상품 P3보다는 '*good*'으로 평가된 상품 P2에 가깝다고 보는 것이 합리적일 것이다. 이러한 상황을 정량화에 반영하여 서열형 속성의 값들을 종종 0이나 1에서 시작하는 연속적인 정수로 사상한다. 예를 들어, $\{\mathrm{poor}=0,\ \mathrm{fair}=1,\ \mathrm{OK}=2,\ good=3,\ wonderful=4\}$로 표시할 수 있다. 그러면, $d(P1,\ P2)=3-2=1$이 되고, 비유사도를 0과 1 사이의 값으로 만들고 싶다면 $d(P1,\ P2)=\frac{2-3}{4}=0.25$가 된다. 서열형 속성의 유사도는 $s=1-d$로 정의할 수 있다.

서열형 속성에 대한 유사도(비유사도)의 정의는 동일 간격을 가정하고 있고 실제로는 그렇지 않으므로 다소 이상할 수 있다. 그 대안으로 구간이나 비율 속성을 사용할 수도 있을 것이다. '*fair*'와 '*good*' 값의 차이가 실제로 '*OK*'와 '*wonderful*'의 차이와 동일할 것인가? 아마도 그렇지 않을 것이나, 현실적으로 선택의 여지가 제한되고 있으므로 더 이상의 정보를 얻을 수 없는 경우에는 이러한 방법이 서열형 속성간의 근접도를 정의

표 2.7 단순 속성들간의 유사도와 비유사도

속성 타입	비유사도	유사도
명목형	$d=\begin{cases}0 \text{ if } x=y \\ 1 \text{ if } x\neq y\end{cases}$	$s=\begin{cases}1 \text{ if } x=y \\ 0 \text{ if } x\neq y\end{cases}$
서열형	$d=\lvert x-y\rvert/(n-1)$ (값의 수를 n이라고 할 때, 값들을 0에서 $n-1$까지의 정수로 사상)	$s=1-d$
구간 또는 비율	$d=\lvert x-y\rvert$	$s=-d,\ s=\frac{1}{1+d},\ s=d^{-d},$ $s=1-\frac{d-min\_d}{max\_d-min\_d}$

하는 표준 방법이 된다.

구간이나 비율 속성의 경우, 두 객체간의 비유사도의 자연스러운 척도는 값들의 차이의 절대값이다. 예를 들어, "10파운드 더 무거워졌다"라는 식으로 현재의 체중을 1년 전의 체중과 비교할 수 있다. 이러한 경우, 비유사도는 보통 0에서 1까지보다는 0에서 ∞까지가 된다. 구간이나 비율 속성의 유사도는 앞에서 기술한 대로 비유사도를 유사도로 변환해서 표현할 수 있다.

표 2.7은 이러한 논의를 요약하고 있다. 이 표에서 x와 y는 표시된 유형의 속성을 1개 지닌 두 객체들이다. 또한 $d(x, y)$와 $s(x, y)$는 각각 x와 y간의 비유사도와 유사도이다. 다른 방법도 가능하나, 이것이 가장 일반적인 방법이다.

다음의 두 절은 다중 속성을 포함하는 객체들간의 근접도에 대한 보다 복잡한 척도, 즉 (1) 데이터 객체들간의 비유사도, (2) 데이터 객체들간의 유사도를 다룬다. 이러한 구분은 여러 개의 근접도 척도를 사용하게 된 기초적 동기를 보다 자연스럽게 보여줄 것이다. 그러나 앞서 기술한 방법을 이용해 유사도를 비유사도로, 그리고 그 역으로 변환할 수 있다는 점을 다시 한번 강조한다.

2.4.3 데이터 객체간의 비유사도

이절에서는 다양한 종류의 비유사도에 대해 논의한다. 특정 성질간의 비유사도인 거리에 대한 논의로 시작하고 나서 보다 일반적인 종류의 비유사도에 대한 예들을 제공한다.

거리

먼저 몇 개 예를 보이고 나서 모든 거리에서 공통적인 성질들의 측면에서 거리에 대해 좀 더 공식적으로 기술한다. 1차원, 2차원, 3차원, 또는 그 이상의 고차원의 공간에서 두 점 **x**와 **y**간의 **유클리드 거리**(Euclidean distance)는 다음의 유명한 식으로 표현된다.

$$d(\mathbf{x},\ \mathbf{y}) = \sqrt{\sum_{k=1}^{n}(x_k - y_k)^2} \tag{2.1}$$

여기서, n은 차원의 수이고, x_k와 y_k는 각각 **x**와 **y**의 k번째 속성(성분)이다. 이 식을 설명하는 그림 2.15와 표 2.8, 2.9는 점들의 집합, 이 점들의 x와 y 좌표, 이 점들의 쌍간 거리를 포함하는 **거리 행렬**(distance matrix)을 보이고 있다.

식 (2.1)에 보인 유클리드 거리 척도는 식 (2.2)에 보인 **민코우스키**(Minkowski) 거리 척도로 일반화된다.

$$d(\mathbf{x},\ \mathbf{y}) = \left(\sum_{k=1}^{n}|x_k - y_k|^r\right)^{1/r} \tag{2.2}$$

여기서, r은 매개변수이다. 민코우스키 거리의 세 가지 대표적인 예는 다음과 같다.

- $r=1$. 도시 블록(맨하탄, 택시운전사, L_1 노름) 거리. 흔한 예의 하나는, 이진 속성만을 가지는 두 객체, 즉 두 이진 벡터간의 상이한 비트의 수인 **해밍 거리**(Hamming distance)이다.
- $r=2$. 유클리드 거리(L_2 노름).

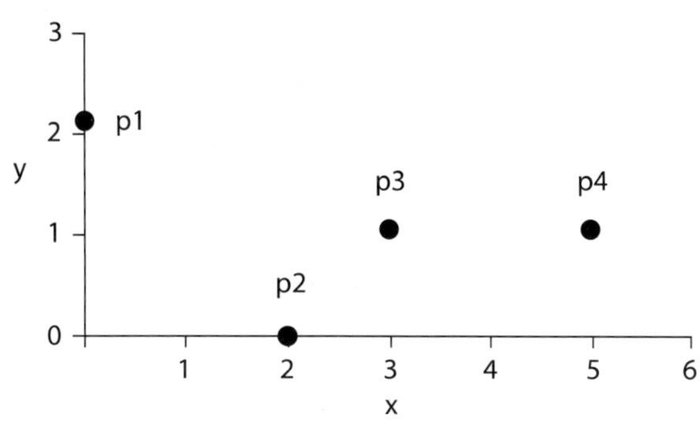

그림 2.15 4개의 2-차원 점

표 2.8 4개 점의 x와 y 좌표

점	x 좌표	y 좌표
p1	0	2
p2	2	0
p3	3	1
p4	5	1

표 2.9 표 2.8에 대한 유클리드 거리 행렬

	p1	p2	p3	p4
p1	0.0	2.8	3.2	5.1
p2	2.8	0.0	1.4	3.2
p3	3.2	1.4	0.0	2.0
p4	5.1	3.2	2.0	0.0

표 2.10 표 2.8에 대한 L_1 거리 행렬

L_1	p1	p2	p3	p4
p1	0.0	4.0	4.0	6.0
p2	4.0	0.0	2.0	4.0
p3	4.0	2.0	0.0	2.0
p4	6.0	4.0	2.0	0.0

표 2.11 표 2.8에 대한 L_∞ 거리 행렬

L_∞	p1	p2	p3	p4
p1	0.0	2.0	3.0	5.0
p2	2.0	0.0	1.0	3.0
p3	3.0	1.0	0.0	2.0
p4	5.0	3.0	2.0	0.0

- $r = \infty$. 최고(L_{max} 또는 L_∞ 노름) 거리. 이는 객체들의 임의의 속성간의 최대 거리이다. L_∞ 거리의 공식적인 정의는 식 (2.3)과 같다.

$$d(\mathbf{x}, \mathbf{y}) = \lim_{r \to \infty} \left(\sum_{k=1}^{n} |x_k - y_k|^r \right)^{1/r} \tag{2.3}$$

매개변수 r을 차원(속성)의 수 n과 혼동하지 말아야 한다. 유클리드, 맨하탄, 최고 거리는 n의 모든 값 1, 2, 3, ...에 대해 정의되며 각 차원(속성)의 차이를 전체 거리로 결합하는 상이한 방법들을 명세하고 있다.

표 2.10과 2.11은 각각 표 2.8의 데이터를 이용한 L_1과 L_∞ 거리에 대한 근접도 값을 보이고 있다. 모든 거리 값이 대칭임에, 즉 ij번째 엔트리가 ji번째 엔트리와 일치함에 유의하라. 예를 들어, 표 2.9에서 1번 열의 4번 행과 1번 행의 4번 열의 값은 모두 5.1이다.

유클리드 거리 등은 잘 알려진 성질들을 가지고 있다. $d(\mathbf{x}, \mathbf{y})$가 두 점 $\mathbf{x}$와 $\mathbf{y}$간의 거리라면, 다음의 성질을 만족한다.

1. 양의 성질

   (a) $d(\mathbf{x}, \mathbf{y}) \geq 0$, 모든 $\mathbf{x}$와 $\mathbf{y}$에 대해

   (b) $d(\mathbf{x}, \mathbf{y}) = 0$, $\mathbf{x} = \mathbf{y}$일 경우

2. 대칭성

   $d(\mathbf{x}, \mathbf{y}) = d(\mathbf{y}, \mathbf{x})$, 모든 $\mathbf{x}$와 $\mathbf{y}$에 대해

3. 삼각 부등성

   $d(\mathbf{x}, \mathbf{z}) \leq d(\mathbf{x}, \mathbf{y}) + d(\mathbf{y}, \mathbf{z})$

이러한 성질 모두를 만족시키는 척도를 **메트릭(metrics)**이라고 한다. 일부 사람들은 이러한 성질을 만족하는 비유사도 척도에 대해서만 거리라는 용어를 사용하지만, 그러한 관습은 종종 위반되고 있다. 여기서 기술한 세 가지 성질은 수학적으로 즐거움을 줄 뿐만 아니라 유용하다. 또한, 삼각 부등성이 성립하면, 이 성질을 가진 거리에 종속된 기법들(군집화 포함)의 효율성을 증가시키는데 이 성질을 활용할 수 있다(연습문제 25 참조). 그럼에도 불구하고, 다수의 비유사도는 1개 이상의 메트릭 성질을 만족시키지 못하고 있다. 예제 2.14는 이러한 척도를 보이고 있다.

예제 2.14 비-메트릭 비유사도: 차집합

이 예는 집합 이론에 정의된 두 집합의 차이의 표시를 기반으로 한다. 두 집합 A와 B가 주어졌을 때, $A - B$는 A에 속하고 B에 속하지 않는 원소의 집합이다. 예를 들어, $A = \{1, 2, 3, 4\}$, $B = \{2, 3, 4\}$이면, $A - B = \{1\}$이 되고, $B - A = \phi$, 즉 공집합이 된다. 두 집합 A와 B 사이의 거리 d는 $d(A,B) = size(A - B)$로 정의할 수 있다. 여기서, $size$는 주어진 집합의 원소의 수를 리턴하는 함수이다. 0과 같거나 0보다 큰 정수인 이 거리 척도는 양의 성질의 두 번째 부분, 대칭 성질, 또는 삼각 부등성을 만족시키지 못한다. 그러나 비유사도 척도를 $d(A,B) = size(A - B) + size(B - A)$로 수정하면 이러한 성질을 만족시킬 수 있다. 연습문제 21을 참고하라. ■

2.4.4 데이터 객체간의 유사도

유사도의 경우, 삼각 부등성(또는 유사 성질)은 보통 성립하지 않지만, 대칭성과 양의 성

질은 보통 성립한다. 이를 명확하게 표현하자면, $s(\mathbf{x}, \mathbf{y})$를 $\mathbf{x}$와 $\mathbf{y}$간의 유사도라고 할 때, 유사도의 전형적 성질은 다음과 같다.

1. $s(\mathbf{x}, \mathbf{y}) = 1$, $\mathbf{x} = \mathbf{y}$일 경우. $(0 \leq s \leq 1)$
2. $s(\mathbf{x}, \mathbf{y}) = s(\mathbf{y}, \mathbf{x})$, 모든 $\mathbf{x}$와 $\mathbf{y}$에 대해. (대칭성)

유사도 척도에 대한 삼각 부등성의 일반적 유사 성질은 존재하지 않는다. 그러나 때때로 유사도 척도가 메트릭 거리로 쉽게 변환이 된다는 것을 보이는 일은 가능하다. 간략하게 논의된 코사인과 자카드 유사도 척도가 두 예이다. 또한 특정 유사도 척도의 경우, 삼각 부등성의 측면에서 유사한 두 객체간의 유사도에 대한 수학적 한계값을 유도하는 일이 가능하다.

예제 2.15 비-대칭 유사도 척도

화면상에 깜박거리는 작은 글자들의 집합을 분류하도록 하는 실험을 고려해 보자. 이 실험의 **혼동 행렬**(confusion matrix)은 각 글자가 제 글자로 분류되는 회수와 다른 글자로 분류되는 회수를 기록한다. 혼동 행렬을 사용하여 특정 글자 x와 특정 글자 y의 유사도 척도를 x과 y로 잘못 분류되는 횟수로 정의할 수 있으나 이 척도는 대칭이 아니다. 예를 들어, “0”이 200번 등장하여 160번은 “0”으로 40번은 “o”로 분류되었다고 하자. 마찬가지로, “o”가 200번 등장하여 170번은 “o”로 분류되었고 30번만 “0”으로 분류되었다고 하자. 그러면 $s(0, o) = 40$이 되나 $s(o, 0) = 30$이 된다. 이러한 상황에서 이 유사도 척도는 s'을 새로운 유사도 척도라고 할 때, $s'(x, y) = s'(y, x) = (s(x, y) + s(y, x))/2$로 설정하면 대칭이 된다. ■

2.4.5 근접도 척도의 예

이 절은 유사도와 비유사도 척도의 특정한 예들을 제공한다.

이진 데이터에 대한 유사도 척도

이진 속성만을 포함하는 객체들간의 유사도 척도를 **유사도 계수**(similarity coefficient)라고 하며, 보통 0과 1의 값을 가진다. 값 1은 두 객체가 완전히 유사함을, 값 0은 객체들이 전혀 유사하지 않음을 나타낸다. 하나의 계수가 특정한 경우에 다른 것들보다 좋은 이유에 대한 근거는 다양하다.

x와 **y**를 n개의 이진 속성을 가지는 두 객체라고 하자. 이러한 두 객체, 즉 두 이진 벡터의 비교는 다음의 4개 수(빈도)를 만들어낸다.

f_{00} = **x**가 0이고 **y**가 0인 속성의 수

f_{01} = **x**가 0이고 **y**가 1인 속성의 수

f_{10} = **x**가 1이고 **y**가 0인 속성의 수

f_{11} = **x**가 1이고 **y**가 1인 속성의 수

단순 매칭 계수 흔히 사용되는 유사도 계수의 하나는 **단순 매칭 계수**(SMC: simple matching coefficient)로 다음과 같이 정의된다.

$$SMC = \frac{\text{매칭 속성값의 수}}{\text{속성의 수}} = \frac{f_{11} + f_{00}}{f_{01} + f_{10} + f_{11} + f_{00}} \tag{2.4}$$

이 척도는 존재와 부재를 모두 동등하게 센다. 결과적으로 SMC는 참/거짓 문제만으로 구성된 시험에서 유사한 방식으로 답을 한 학생들을 발견할 때 사용될 수 있다.

자카드 계수 **x**와 **y**를 트랜잭션 행렬(2.1.2절 참조)의 두 행(두 트랜잭션)을 표현하는 데이터 객체라고 하자. 각 비대칭 이진 속성이 상점의 한 항목에 해당한다면, 1은 항목을 구입했음을, 0은 항목을 구입하지 않았음을 표시한다. 고객에 의해 구입되지 않은 상품의 수가 구입된 상품의 수보다 훨씬 많으므로 SMC와 같은 유사도 척도는 모든 트랜잭션이 매우 유사하다고 판정할 수 있다. 결과적으로 비대칭 이진 속성으로 구성된 객체들을 처리하기 위해 자카드 계수가 자주 사용된다. 종종 기호 J에 의해서 표시되는 **자카드 계수**(Jaccard coefficient)는 다음 식으로 표현된다.

$$J = \frac{\text{매칭 존재 수}}{\text{00 매치에 관련되지 않은 속성의 수}} = \frac{f_{11}}{f_{01} + f_{10} + f_{11}} \tag{2.5}$$

예제 2.16 SMC와 자카드 유사도 계수

이 두 유사도 척도의 차이를 설명하기 위해 다음의 두 이진 벡터에 대한 SMC와 J

를 계산해보기로 하자.

$$\mathbf{x} = (1, 0, 0, 0, 0, 0, 0, 0, 0, 0)$$
$$\mathbf{y} = (0, 0, 0, 0, 0, 0, 1, 0, 0, 1)$$

$f_{01} = 2$ **x**가 0이었고 **y**가 1이었던 속성의 수

$f_{10} = 1$ **x**가 1이었고 **y**가 0이었던 속성의 수

$f_{00} = 7$ **x**가 0이었고 **y**가 0이었던 속성의 수

$f_{11} = 0$ **x**가 1이었고 **y**가 1이었던 속성의 수

$$SMC = \frac{f_{11} + f_{00}}{f_{01} + f_{10} + f_{11} + f_{00}} = \frac{0+7}{2+1+0+7} = 0.7$$

$$J = \frac{f_{11}}{f_{01} + f_{10} + f_{11}} = \frac{0}{2+1+0} = 0$$

■

코사인 유사도

문서는 종종 각 성분(속성)이 문서에서 특정 용어(단어)의 발생 빈도를 표현하는 벡터로 표현된다. 문서들이 수천 또는 수만의 속성(용어)을 가지기는 하지만, 각 문서는 0이 아닌 속성을 상대적으로 적게 가지고 있으므로 희소해진다. 그러므로, 트랜잭션 데이터와 마찬가지로, 유사도는 공유된 0 값의 수에 종속되지 말아야 한다. 왜냐하면 임의의 두 문서는 다수의 동일 단어를 "포함하지 않을"것이고, 그러므로 0-0 매치를 세면 대부분의 문서들이 대부분의 다른 문서들과 높은 유사도를 가지게 되기 때문이다. 그러므로, 문서에 대한 유사도 척도는 자카드 척도처럼 0-0 매치를 무시할 필요가 있으나, 비-이진 벡터도 처리할 수 있어야 한다. 다음에 정의하는 **코사인 유사도(cosine similarity)**는 문서 유사도에 대한 가장 흔한 척도의 하나이다. **x**와 **y**를 두 문서 벡터라고 하자.

$$\cos(\mathbf{x}, \mathbf{y}) = \frac{\langle \mathbf{x}, \mathbf{y} \rangle}{\|\mathbf{x}\| \|\mathbf{y}\|} = \frac{\mathbf{x}'\mathbf{y}}{\|\mathbf{x}\| \|\mathbf{y}\|} \tag{2.6}$$

여기서, ′은 벡터 또는 행렬의 전치를 나타내고, $\langle \mathbf{x}, \mathbf{y} \rangle$는 두 벡터의 내적을 나타낸다.

$$\langle \mathbf{x}, \mathbf{y} \rangle = \sum_{k=1}^{n} x_k y_k = \mathbf{x}'\mathbf{y} \tag{2.7}$$

$\| \mathbf{x} \|$ 는 벡터 $\mathbf{x}$의 길이로, $\| \mathbf{x} \| = \sqrt{\sum_{k=1}^{n} x_k^2} = \sqrt{<\mathbf{x},\ \mathbf{x}>} = \sqrt{\mathbf{x}'\mathbf{x}}$ 를 나타낸다.

두 벡터의 내적은 0이 아닌 성분에 의해서만 좌우되므로 비대칭 속성에 대해 잘 작동한다. 그러므로 두 문서간의 유사도는 양 문서 모두에 등장하는 단어에 의해서만 좌우된다.

예제 2.17 두 문서 벡터의 코사인 유사도

이 예는 문서 벡터를 표현할 수도 있는 다음의 두 데이터 객체에 대한 코사인 유사도의 계산 예이다.

$\mathbf{x} = (3, 2, 0, 5, 0, 0, 0, 2, 0, 0)$
$\mathbf{y} = (1, 0, 0, 0, 0, 0, 0, 1, 0, 2)$

$<\mathbf{x}, \mathbf{y}> = 3\times1+2\times0+0\times0+5\times0+0\times0+0\times0+0\times0+2\times1+0\times0+0\times2 = 5$
$\| \mathbf{x} \| = \sqrt{3\times3+2\times2+0\times0+5\times5+0\times0+0\times0+0\times0+2\times2+0\times0+0\times0} = 6.48$
$\| \mathbf{y} \| = \sqrt{1\times1+0\times0+0\times0+0\times0+0\times0+0\times0+0\times0+1\times1+0\times0+2\times2} = 2.45$
$\cos(\mathbf{x},\ \mathbf{y}) = 0.31$

■

그림 2.16에 표시된 것처럼, 코사인 유사도는 $\mathbf{x}$와 $\mathbf{y}$ 사이의 각도(의 코사인)의 측정값이다. 그러므로 코사인 유사도가 1이면 $\mathbf{x}$와 $\mathbf{y}$ 사이의 각도는 0°가 되고, $\mathbf{x}$와 $\mathbf{y}$는 크기(길이)를 제외하고는 일치하게 된다. 코사인 유사도가 0이면 $\mathbf{x}$와 $\mathbf{y}$ 사이의 각도는 90°가 되고, 두 문서는 아무런 용어(단어)도 공유하지 않게 된다.

식 (2.6)은 식 (2.8)과 같이 정리할 수 있다.

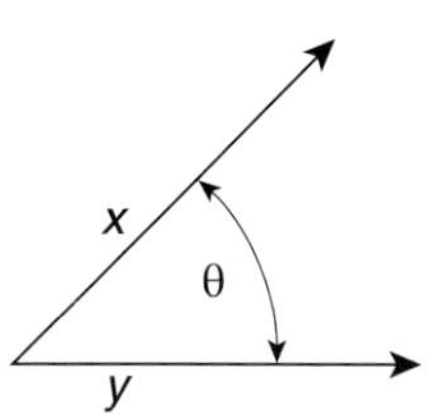

그림 2.16 코사인 척도의 기하학적 설명

$$\cos(\mathbf{x}, \mathbf{y}) = \left\langle \frac{\mathbf{x}}{\| \mathbf{x} \|}, \frac{\mathbf{y}}{\| \mathbf{y} \|} \right\rangle = < \mathbf{x}', \mathbf{y}' > \tag{2.8}$$

여기서, $\mathbf{x}' = \mathbf{x} / \| \mathbf{x} \|$, $\mathbf{y}' = \mathbf{y} / \| \mathbf{y} \|$ 이다. $\mathbf{x}$와 $\mathbf{y}$를 자신의 길이로 나누면 벡터의 길이가 1이 되도록 정규화가 된다. 이는 코사인 유사도가 유사도를 계산할 때 두 데이터 객체의 크기를 반영하지 않음을 나타낸다(크기가 중요하면 유클리드 거리가 더 좋은 선택이 될 수 있다). 길이가 1인 벡터의 경우, 코사인 척도는 간단한 내적을 통해 계산될 수 있다. 결과적으로, 객체들간의 다수의 코사인 유사도를 계산할 경우에는 객체들을 단위 길이로 정규화하면 계산 시간이 감소된다.

확장 자카드 계수(타니모토 계수)

확장 자카드 계수는 문서 데이터에 대해 사용이 가능하며 이진 속성의 경우 자카드 계수로 축소된다. 이 계수는 EJ라고 표기하며 다음 식으로 정의된다.

$$EJ(\mathbf{x}, \mathbf{y}) = \frac{\langle \mathbf{x}, \mathbf{y} \rangle}{\| \mathbf{x} \|^2 + \| \mathbf{y} \|^2 - \langle \mathbf{x}, \mathbf{y} \rangle} = \frac{\mathbf{x}'\mathbf{y}}{\| \mathbf{x} \|^2 + \| \mathbf{y} \|^2 - \mathbf{x}'\mathbf{y}} \tag{2.9}$$

상관관계

상관관계(correlation)는 함께 관찰되는 두 값들의 집합 간의 선형 관계를 측정하기 위해 사용된다. 그러므로 상관관계는 두 변수(높이와 무게) 또는 두 객체들(온도 시계열의 쌍) 간의 관계를 측정할 수 있다. 상관관계는 속성들간의 유사도를 측정하기 위해 더 빈번하게 사용된다. 왜냐하면 두 데이터 객체의 값들은 매우 다른 속성 타입과 척도를 가질 수 있는 상이한 속성들로부터 오기 때문이다. 상관관계의 유형은 다양하며 정말로 상관관계는 함께 관찰되는 두 값들의 집합 간의 관계를 의미하기 위해 일반적으로 사용된다. 이 논의에서는 수치 값들에 적합한 측정에 집중한다.

특별히 두 수치 값들의 집합, 즉 두 벡터 $\mathbf{x}$와 $\mathbf{y}$ 간의 **피어슨의 상관관계**(Pearson's correlation)는 다음 식으로 정의된다.

$$corr(\mathbf{x}, \mathbf{y}) = \frac{\text{공분산}(\mathbf{x}, \mathbf{y})}{\text{표준편차}(\mathbf{x}) \times \text{표준편차}(\mathbf{y})} = \frac{s_{xy}}{s_x s_y} \tag{2.10}$$

여기서는 다음과 같은 표준 통계 표기법과 정의를 사용한다.

$$공분산(\mathbf{x},\ \mathbf{y}) = s_{xy} = \frac{1}{n-1}\sum_{k=1}^{n}(x_k - \overline{x})(y_k - \overline{y}) \tag{2.11}$$

$$표준편차(\mathbf{x}) = s_x = \sqrt{\frac{1}{n-1}\sum_{k=1}^{n}\left(x_k - \overline{x}\right)^2}$$

$$표준편차(\mathbf{y}) = s_y = \sqrt{\frac{1}{n-1}\sum_{k=1}^{n}\left(y_k - \overline{y}\right)^2}$$

$\overline{x} = \frac{1}{n}\sum_{k=1}^{n} x_k$는 $\mathbf{x}$의 평균

$\overline{y} = \frac{1}{n}\sum_{k=1}^{n} y_k$는 $\mathbf{y}$의 평균

예제 2.18 완전 상관관계

상관관계는 항상 -1과 1 사이의 범위에 존재한다. 상관관계 $1(-1)$은 $\mathbf{x}$와 $\mathbf{y}$가 완전한 양의 (음의) 선형 관계를 가짐을 의미한다. 즉, a와 b를 상수라고 할 때, $x_k = ay_k + b$가 된다. 다음의 값의 집합 $\mathbf{x}$와 $\mathbf{y}$는 상관관계가 각각 -1과 $+1$인 경우를 표시한다. 첫 번째의 경우, $\mathbf{x}$와 $\mathbf{y}$의 평균은 단순성을 위해 0으로 선택하였다.

$\mathbf{x} = (-3,\ 6,\ 0,\ 3,\ -6)$
$\mathbf{y} = (1,\ -2,\ 0,\ -1,\ 2)$
$corr(\mathbf{x},\ \mathbf{y}) = -1 \quad x_k = -3y_k$

$\mathbf{x} = (3,\ 6,\ 0,\ 3,\ 6)$
$\mathbf{y} = (1,\ 2,\ 0,\ 1,\ 2)$
$corr(\mathbf{x},\ \mathbf{y}) = 1 \quad x_k = 3y_k$ ■

예제 2.19 비-선형 관계

상관관계가 0이라면, 두 데이터 객체의 속성들간에는 선형 관계가 존재하지 않는다.

그러나 비선형 관계는 아직 존재할 수 있다. 다음의 예에서는 $y_k = x_k^2$이지만 상관관계는 0이다.

$$\mathbf{x} = (-3, -2, -1, 0, 1, 2, 3)$$

$$\mathbf{y} = (9, 4, 1, 0, 1, 4, 9)$$ ■

예제 2.20 상관관계의 시각화

두 데이터 객체 **x**와 **y** 사이의 상관관계는 해당 속성 값의 쌍들을 그려서 판단하면 더 용이하다. 그림 2.17은 **x**와 **y**가 30개의 속성을 갖고, 이 속성의 값들이 **x**와 **y**의 상관관계가 −1에서 1 사이의 범위가 되도록 (정규 분포로) 임의적으로 생성된 그림들이다.

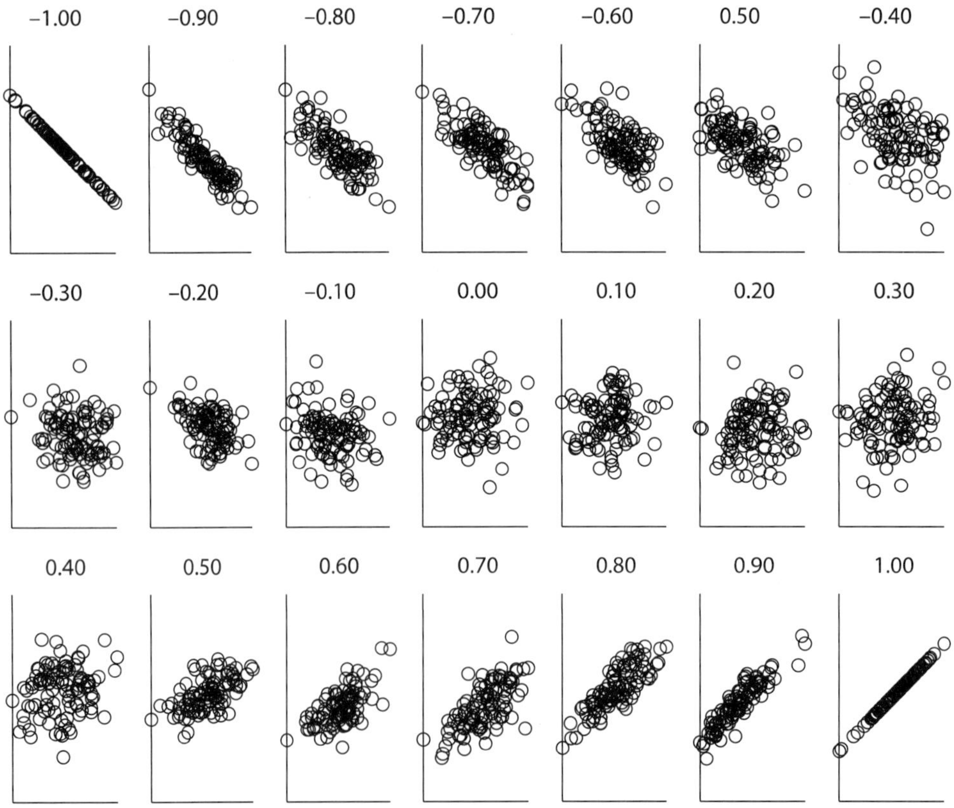

그림 2.17 −1에서 1까지의 상관관계를 보여주는 산포도

그림의 각 원은 30개 속성의 하나를 표시한다. **x** 좌표는 **x**에 대한 하나의 속성의 값이고, **y** 좌표는 **y**에 대한 동일 속성의 값이다. ■

x와 **y**를 그들의 평균값을 빼서 변환하여 그 길이가 1이 되도록 정규화하면, 그들의 상관관계는 도트 프로덕트를 취해서 계산될 수 있다. **x**와 **y**의 이렇게 변환된 벡터를 각각 x'과 y'이라고 하자(이 변환이 2.3.7절에서처럼 평균을 빼고 표준 편차로 나눈 표준화와는 동일하지 않음에 유의하라). 이 변환은 상관관계 측정과 코사인 측정 사이의 흥미로운 관계를 강조해준다. 특별히, **x**와 **y** 사이의 상관관계는 x'과 y' 사이의 코사인과 일치한다. 그러나 **x**와 **y** 사이의 코사인과 x'과 y' 사이의 코사인은 그들 모두 동일한 상관관계 측정을 가짐에도 불구하고 일치하지 않는다. 일반적으로, 두 벡터간의 상관관계는 두 벡터의 평균이 0이 되는 특수한 경우에만 코사인 측정과 일치한다.

연속 속성들에 대한 측정 사이의 차이점

이 절에서는 금방 정의한 코사인, 상관관계, 민코우스키 거리, 즉 연속 속성들에 대한 세 가지 근접도 측정 사이의 차이점을 설명한다. 특히, 자주 사용되는 두 가지 유형의 데이터 변환, 즉 상수 요소에 의한 크기 조정(곱셈)과 변환(덧셈)을 고려한다. 근접도 측정은 변환 수행 후에도 그 값이 변하지 않으면 데이터 변환에 대해 불변으로 간주된다. 표 2.12는 크기 조정과 변환 연산에 대한 불변 여부와 관련하여 코사인, 상관관계, 민코우스키 거리 측정의 행위를 비교한다. 상관관계는 크기 조정과 변환에 대해 불변인 반면 코사인은 크기 조정에만 불변이고 변환에는 불변이 아니다. 반면에 민코우스키 거리 측정은 크기 조정과 변환에 대해 민감하며 모두 불변이 아니다.

상이한 근접도 측정 사이의 이러한 차이의 중요성을 보여주는 예를 고려해보기로 하자.

표 2.12 코사인, 상관관계, 민코우스키 거리 측정의 특성

특성	코사인	상관관계	민코우스키
크기 조정(곱셈)에 대한 불변	Yes	Yes	No
변환(덧셈)에 대한 불변	No	Yes	No

예제 2.21 근접도 측정의 비교

7개의 수치 속성을 가지는 다음의 두 벡터 **x**와 **y**를 고려해보자.

$\mathbf{x} = (1, 2, 4, 3, 0, 0, 0)$
$\mathbf{y} = (1, 2, 3, 4, 0, 0, 0)$

x와 **y**는 모두 4개의 0이 아닌 값을 갖고 두 벡터의 모든 값들은 세 번째와 네 번째 성분을 제외하고는 거의 동일하다. 두 벡터간의 코사인, 상관관계, 민코우스키 거리는 다음과 같이 계산된다.

$$\cos(\mathbf{x}, \mathbf{y}) = \frac{\sqrt{29}}{\sqrt{30} \times \sqrt{30}} = 0.9667$$

$$\text{correlation}(\mathbf{x}, \mathbf{y}) = \frac{2.3571}{1.5811 \times 1.5811} = 0.9429$$

$$\text{Euclidean distance}(\mathbf{x}, \mathbf{y}) = \|\mathbf{x} - \mathbf{y}\| = 1.4142$$

놀라울 것도 없이 **x**와 **y**는 1에 가까운 코사인과 상관관계를 가지는 반면 그들간의 유클리드 거리는 작아서 두 벡터가 상당히 유사함을 표현한다. 이제 **y**의 크기를 조정한 벡터 $\mathbf{y}_s$(상수 요소 2를 곱함)와 **y**에 5 단위를 더해 변환해서 구한 벡터 $\mathbf{y}_t$를 고려해보자.

$\mathbf{y}_s = 2 \times \mathbf{y} = (2, 4, 6, 8, 0, 0, 0)$
$\mathbf{y}_t = \mathbf{y} + 5 = (6, 7, 8, 9, 5, 5, 5)$

$\mathbf{y}_s$와 $\mathbf{y}_t$가 원래 벡터 **y**처럼 **x**에 대해 동일한 근접성을 보이고 있는지를 발견하는 일이 흥미로울 것이다. 표 2.13은 $(\mathbf{x}, \mathbf{y})$, $(\mathbf{x}, \mathbf{y}_s)$, $(\mathbf{x}, \mathbf{y}_t)$ 쌍에 대해 계산된 상이한 근접도 측정을 보이고 있다. **x**와 **y**간의 상관관계는 **y**를 $\mathbf{y}_s$와 $\mathbf{y}_t$로 대체한 후에도 변경되지 않음을 알 수 있다. 그러나 코사인은 $(\mathbf{x}, \mathbf{y})$와 $(\mathbf{x}, \mathbf{y}_s)$에 대해서는 동일하게 0.9667이지만 $(\mathbf{x}, \mathbf{y}_t)$에 대해서는 0.7940으로 상당히 감소된다. 이는 코사인이 크기 조정에 대해서는 불변이지만 상관관계 측정과 대비하여 변환 연산에 대해서는 불변이 아님을 강조해준다. 반면 유클리드 거리는 크기 조정과 변환에 대해 모두 민감하기 때문에 모든 세 쌍의 벡터에 대해 다른 값을 보이고 있다.

표 2.13 $(\mathbf{x}, \mathbf{y})$, $(\mathbf{x}, \mathbf{y}_s)$, $(\mathbf{x}, \mathbf{y}_t)$ 사이의 유사도

측정	$(\mathbf{x}, \mathbf{y})$	$(\mathbf{x}, \mathbf{y}_s)$	$(\mathbf{x}, \mathbf{y}_t)$
코사인	0.9667	0.9667	0.7940
상관관계	0.9429	0.9429	0.9429
유클리드 거리	1.4142	5.8310	14.2127

이 예로부터 상이한 근접도 측정들이 데이터에 대해 크기 조정 및 변환 연산이 적용될 경우 상이하게 작동함을 알 수 있다. 올바른 근접도 측정의 선택은 주어진 응용에 대해 의미 있는 데이터 객체들 간의 유사도에 대해 바라는 표기법에 의해 좌우된다. 예를 들어, $\mathbf{x}$와 $\mathbf{y}$가 문서-용어 행렬에서 상이한 단어들의 빈도를 표현한다면 $\mathbf{y}$가 $\mathbf{y}_s$로 교체되더라도 변하지 않는 근접도 측정을 사용하는 것이 의미가 있을 것이다. 왜냐하면 $\mathbf{y}_s$는 $\mathbf{y}$의 크기 조정된 버전으로 문서에서 발생하는 단어들의 분포가 동일하기 때문이다. 그러나 $\mathbf{y}_t$는 $\mathbf{y}$와 상이한데 그 이유는 $\mathbf{y}$에 발생하지 않는 0이 아닌 빈도의 단어들을 다수 포함하기 때문이다. 코사인은 크기 조정에 불변이고 변환에 불변이 아니므로 이러한 응용에 대해 근접도 측정의 이상적인 선택이 될 것이다.

$\mathbf{x}$가 한 위치에 대해 7일간 섭씨로 측정된 온도를 표현하는 다른 시나리오를 고려해 보자. $\mathbf{y}$, $\mathbf{y}_s$, $\mathbf{y}_t$는 다른 위치에서 그 기간들 동안 측정된 온도이나 다른 측정 단위를 사용하고 있다고 하자. 다른 온도 단위들은 상이한 오프셋(예, 섭씨와 절대온도)과 상이한 크기 조정 요소(예, 섭씨와 화씨)를 가지고 있음에 유의하라. 그러므로 측정 단위에 대해 영향을 받지 않고 온도 값들 간의 근접도를 표현하는 근접도 측정을 사용하는 것이 바람직하다. 상관관계가 크기 조정과 변환 모두에 대해 불변이므로 이 응용에 대한 근접도 측정의 이상적 선택이 될 것이다.

또다른 예로, $\mathbf{x}$가 7개 위치에서 측정된 강수량(cm 단위)을 나타내는 시나리오를 고려해 보자. $\mathbf{y}$, $\mathbf{y}_s$, $\mathbf{y}_t$는 세 가지 상이한 모델을 이용해 예측된, 이 위치들에 대한 강수량의 추정치라고 하자. 이상적으로는 아무런 오류 없이 $\mathbf{x}$의 측정값을 정확하게 재현하는 모델을 선택하고 싶을 것이다. $\mathbf{y}$는 $\mathbf{x}$의 값들에 대한 좋은 근사 값을 제공할 것이 분명하다. 반면에 $\mathbf{y}_s$와 $\mathbf{y}_t$는 강수량에 대한 나쁜 추정 값을 제공할 것이나 위치에 따른 강수량의 추세는 반영할 것이다. 그러므로 모델 추정 값과 실제 관찰 값의 차이에 대해 벌점을 주고 크기 조정과 변환 연산에 대해 모두 민감한 근접도 측정을 선택해야 할 것이다.

유클리드 거리는 이러한 성질을 만족하며 이 응용에 대한 올바른 선택이 될 것이다. 정말로 유클리드 거리는 모델의 정확도 계산에 흔하게 사용되며, 나중에 3장에서 논의하게 될 것이다. ■

2.4.6 상호 정보

상관관계처럼, 상호 정보(mutual information)는 쌍값들의 두 집합의 유사도 측정으로 사용된다. 때로는 상관관계에 대한 대안으로 사용되고, 특히 값들의 쌍들 간에 비선형 관계가 의심이 될 때 그러하다. 이 측정은 정보를 공식적으로 정의하고 정량화하는 방법에 대한 학문인 정보 이론으로부터 비롯되었다. 정말로 상호 정보는 높이와 무게처럼 쌍으로 등장하는 값들에 대해, 한 값들의 집합이 다른 것에 대해 얼마나 많은 정보를 제공하는 지에 대한 측정이다. 두 값들의 집합들이 독립적이라면, 즉 하나의 값이 다른 값에 대해 아무 것도 말해주지 않는다면 그들의 상호정보는 0이 된다. 이와 반면에, 두 값들의 집합들이 완벽하게 종속적이라면, 즉 하나의 값을 알면 다른 값을 알 수 있고, 그 역도 성립한다면, 그들은 최대 상호 정보를 가진다. 상호 정보는 최대 값을 가지지 않지만 여기서는 0과 1 사이의 범위에 있는 정규화된 버전을 정의할 것이다.

상호 정보를 정의하기 위해 (X, Y)의 쌍으로 발생하는 값들의 두 집합, X와 Y를 고려한다. 단일 값들의 집합, 즉 X와 Y 각각에 대해서, 그리고 그 값들의 쌍들에 대해서 평균 정보를 측정할 필요가 있다. 이러한 값들은 보통 엔트로피에 의해 측정된다. 좀 더 구체적으로, X와 Y가 이산적이라고 가정하자. 즉 X는 m개의 상이한 값 $u_1, u_2, \ldots, u_m$을 가지고, Y는 n개의 상이한 값 $v_1, v_2, \ldots, v_n$을 가진다고 하자. 그러면 그들 각각과 결합 엔트로피는 각 값과 값들의 쌍의 확률을 이용해 다음과 같이 정의할 수 있다.

$$H(X) = -\sum_{j=1}^{m} P(X=u_j)\log_2 P(X=u_j) \tag{2.12}$$

$$H(Y) = -\sum_{k=1}^{n} P(Y=v_k)\log_2 P(Y=v_k) \tag{2.13}$$

$$H(X, Y) = -\sum_{j=1}^{m}\sum_{k=1}^{n} P(X=u_j, Y=v_k)\log_2 P(X=u_j, Y=v_k) \tag{2.14}$$

여기서, 한 값의 확률 또는 값들의 조합의 확률이 0이라면 $0\log_2(0)$은 보통 0을 취하게 된다.

X와 Y의 상호 정보는 이제 다음과 같이 표현할 수 있다.

$$I(X,\ Y) = H(X) + H(Y) - H(X,\ Y) \tag{2.15}$$

$H(X,\ Y)$는 대칭이고, 즉 $H(X,\ Y) = H(Y,\ X)$이고, 따라서 상호 정보도 또한 대칭, 즉 $I(X,\ Y) = I(Y,\ X)$가 됨에 유의하라.

실제적으로, X와 Y는 두 속성들의 값들이거나 동일 데이터 집합의 두 행들이 된다. 예제 2.22에서 그 값들을 두 벡터 $\mathbf{x}$와 $\mathbf{y}$로 표현하고 각 값 또는 값들의 쌍의 확률을 값들 또는 값들의 쌍이 $\mathbf{x}$, $\mathbf{y}$, $(x_i,\ y_i)$에 발생하는 빈도로부터 계산한다. 여기서, x_i는 $\mathbf{x}$의 i번째 성분이고 y_i는 $\mathbf{y}$의 i번째 성분이다. 앞의 예를 이용해 설명하기로 하자.

예제 2.22 상호 정보를 이용한 비선형 관계의 평가

예제 2.19에서 $y_k = x_k^2$이지만 상관관계는 0이었음을 상기하라.

$$\mathbf{x} = (-3,\ -2,\ -1,\ 0,\ 1,\ 2,\ 3)$$
$$\mathbf{y} = (\ \ 9,\ \ \ 4,\ \ \ 1,\ 0,\ 1,\ 4,\ 9)$$

그림 2.18로부터 $I(\mathbf{x},\ \mathbf{y}) = H(\mathbf{x}) + H(\mathbf{y}) - H(\mathbf{x},\ \mathbf{y}) = 1.9502$이다. 상호 정보를 정규화하는 방법은 다양하지만 — 참고문헌 설명 참조 — 이 예의 경우, 상호 정보를 $\log_2(\min(m,\ n))$으로 나누어 0과 1사이의 값을 취하는 방법을 사용하기로 한다. 이렇게 하면 $1.9502/\log_2(4) = 0.9751$이 된다. 그러므로 $\mathbf{x}$와 $\mathbf{y}$가 강하게 관련되어 있음을 알 수 있다. 이들은 완벽하게 관련되지는 않는데, 그 이유는 주어진 $\mathbf{y}$의 값에 대해 $\mathbf{y} = 0$을 제외하고는 $\mathbf{x}$의 값에 대해 일부 모호성이 존재하기 때문이다. $\mathbf{y} = -\mathbf{x}$에 대해 정규화된 상호 정보는 1이 될 것임에 유의하라. ■

2.4.7 커널 함수*

유사한 객체들을 함께 묶는 클러스터링과 같은 응용에서 유사도와 거리가 얼마나 유용한지를 이해하는 것은 쉽다. 예측 모델링과 차원 축소를 포함하는 다른 많은 데이터 분

그림 2.18 상호 정보의 계산

표 2.14 x에 대한 엔트로피

x_j	$P(\mathbf{x}=x_j)$	$-P(\mathbf{x}=x_j)\log_2 P(\mathbf{x}=x_j)$
−3	1/7	0.4011
−2	1/7	0.4011
−1	1/7	0.4011
0	1/7	0.4011
1	1/7	0.4011
2	1/7	0.4011
3	1/7	0.4011
$H(\mathbf{x})$		2.8074

표 2.15 y에 대한 엔트로피

y_k	$P(\mathbf{y}=y_k)$	$-P(\mathbf{y}=y_k)\log_2 P(\mathbf{y}=y_k)$
9	2/7	0.5164
4	2/7	0.5164
1	2/7	0.5164
0	1/7	0.4011
$H(\mathbf{y})$		1.9502

표 2.16 x와 y에 대한 결합 엔트로피

x_j	y_k	$P(\mathbf{x}=x_j, \mathbf{y}=x_k)$	$-P(\mathbf{x}=x_j, \mathbf{y}=x_k)\log_2 P(\mathbf{x}=x_j, \mathbf{y}=x_k)$
−3	9	1/7	0.4011
−2	4	1/7	0.4011
−1	1	1/7	0.4011
0	0	1/7	0.4011
1	1	1/7	0.4011
2	4	1/7	0.4011
3	9	1/7	0.4011
$H(\mathbf{x}, \mathbf{y})$			2.8074

석 작업들이 데이터 객체의 쌍간의 "근접도"의 측면에서 표현될 수 있는지는 훨씬 덜 명확하다. 좀 더 구체적으로, 다수의 데이터 분석 문제들은 근접 행렬의 한 유형으로 볼 수 있는 **커널 행렬**(kernel matrix), K를 입력으로 취하도록 수학적으로 표현할 수 있다. 따라서 입력 데이터를 초기 전처리 단계에서 커널 행렬로 변환하고 이것이 데이터 분석 알고리즘에 대한 입력이 된다.

좀 더 공식적으로, 한 데이터 집합이 m개의 데이터 객체를 가지고 있으면, $\mathbf{K}$는 $m \times m$ 행렬이 된다. x_i와 x_j가 각각 i번째와 j번째 데이터 객체라면 $\mathbf{K}$의 ij번째 값인 k_{ij}는 **커널 함수(kernel function)**에 의해 계산된다.

$$k_{ij} = \kappa(\mathbf{x}_i, \mathbf{x}_j) \tag{2.16}$$

다음의 자료에서 볼 수 있는 것처럼 커널 행렬의 사용은 주어진 알고리즘을 다양한 종류의 데이터에 대해 더 넓게 적용할 수 있도록 해주며, 또한 선형 관계만을 검출하도록 설계된 알고리즘으로 비선형 관계를 모델링할 수 있는 능력을 제공한다.

커널은 알고리즘 데이터를 독립적으로 만든다. 하나의 알고리즘이 커널 행렬을 사용하면 하나의 커널 함수가 설계될 수 있는 어떤 유형의 데이터에 대해서도 사용될 수 있다. 알고리즘 2.1은 이를 보이고 있다. 주어진 데이터 분석 알고리즘이 커널 행렬을 입력으로 사용하도록 수정할 수 있다면 적절한 커널 함수가 설계될 수 있는 거의 모든 유형의 데이터에 대해서도 그러한 알고리즘이 사용될 수 있도록 해주므로 이러한 접근 방법은 매우 강력하다. 그러므로 예를 들어, 하나의 분류 알고리즘을 레코드 데이터, 문자열 데이터, 그래프 데이터에 대해 사용할 수 있다. 주어진 알고리즘을 커널 행렬을 사용하도록 재구성할 수 있다면 상이한 유형의 데이터 타입에 대한 적용 가능성은 극적으로 증가한다. 이후의 장들에서 볼 수 있는 것처럼 다수의 클러스터링, 분류, 이상 검출 알고리즘이 유사도 또는 거리에 대해서만 작동하므로, 커널에 대해 작동하도록 쉽게 수정할 수 있다.

알고리즘 2.1 기초 커널 알고리즘

1: 데이터 객체에서 m개의 데이터 객체들을 판독
2: 각 데이터 객체들의 쌍에 대해 커널 함수 κ를 적용해 커널 행렬 $\mathbf{K}$를 계산
3: $\mathbf{K}$를 입력으로 해서 데이터 분석 알고리즘을 수행
4: 분석 결과, 즉 예측된 클래스 또는 클러스터 레이블을 리턴

데이터의 고차원 데이터 공간으로의 매핑은 비선형 관계의 모델링을 허용할 수 있다. 커널 기반 데이터 알고리즘의 동등하게 중요한 또다른 사항은 선형 관계만을 모델링하도록 알고리즘으로 비선형 관계를 모델링할 수 있는 능력이다. 전형적으로, 이러한 방법은

먼저 저차원 데이터 공간의 데이터를 고차원 공간으로 변환(매핑)한다.

예제 2.23 데이터를 고차원 공간으로 매핑

2차원에서 타원을 정의하는 다음 식으로 주어진 두 변수 x와 y 사이의 관계를 고려해보자(그림 2.19(a)).

$$4x^2 + 9xy + 7y^2 = 10 \tag{2.17}$$

이 2차원 데이터를 다음과 같이 세 개의 새 변수 u, v, w를 정의하여 3차원으로 매핑할 수 있다.

$$w = x^2$$

$$u = xy$$

$$v = y^2$$

결과적으로, 이제 식 (2.17)을 선형 식으로 표현할 수 있다. 이 식은 3차원의 한 평면을 기술한다. 타원상의 점들은 그 평면 상에 놓이게 되며, 타원 내부와 외부의 점들은 그

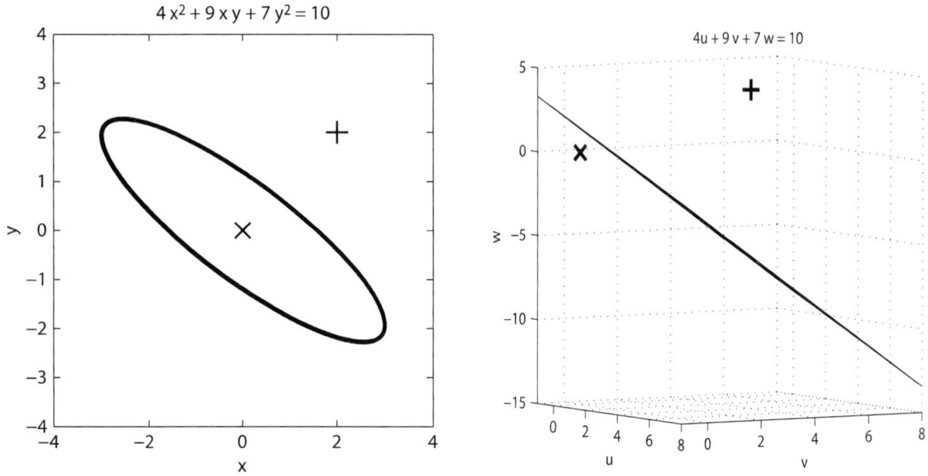

(a) Ellipse and two points in 2 dimensions (b) Data mapped to 3 dimensions

그림 2.19 데이터의 고차원 공간으로의 매핑: 2차원에서 3차원으로의 매핑

평면의 반대쪽에 놓이게 된다. 그림 2.19(b)를 참고하라. 이 3D 도표의 관점은 분리 평면의 표면을 따라가고 있어서 해당 평면은 선으로 보여지고 있다.

$$4u + 9v + 7w = 10 \tag{2.18}$$

■

커널 트릭 위에서 설명한 접근 방법은 커널 기반 방법들의 완전한 연산인, 데이터의 고차원 공간으로의 매핑의 가치를 보여주고 있다. 개념적으로 우선 $\langle \mathbf{x}, \mathbf{y} \rangle$의 내적이 $\mathbf{x}$와 $\mathbf{y}$ 사이의 근접도에 대해 기대되는 측정을 제공하는 방식으로 데이터 점들 $\mathbf{x}$와 $\mathbf{y}$를 고차원 공간의 데이터 점들 $\varphi(\mathbf{x})$와 $\varphi(\mathbf{y})$로 매핑하는 하나의 함수 φ를 정의한다. 이러한 접근 방법에 의해 많은 것을 희생한 것처럼 보일 수도 있다. 데이터의 크기가 많이 확장되며, 고차원 공간에서의 유사도 계산에 의해 차원의 저주가 증가한다. 그러나 이러한 문제는 원래 공간에서의 데이터 점들을 이용해 동일한 유사도 값을 계산할 수 있는 커널 함수 κ를 정의해서, 즉 $\kappa(\mathbf{x}, \mathbf{y}) = \langle \varphi(\mathbf{x}), \varphi(\mathbf{y}) \rangle$를 이용해 피해갈 수 있으므로 사실이 아니다. 이러한 사실을 **커널 트릭**(kernel trick)이라고 한다. 그 이름에도 불구하고, 커널 트릭은 매우 강건한 수학적 기초를 가지고 있고 데이터 분석에 있어 현저하게 강력한 접근 방법이다.

주어진 데이터 객체들의 쌍의 모든 함수가 커널 함수에 대해 필요한 성질을 만족하지는 못하지만 다양한 범주의 데이터 유형에 대해 다수의 유용한 커널들을 설계할 수 있다. 예를 들어, 3개의 공통 커널 함수들은 다항식, 가우시안(방사형 기저 함수(RBF)), 시그모이드 커널이다. $\mathbf{x}$와 $\mathbf{y}$가 2개의 데이터 객체라면, 특히 2개의 데이터 벡터라면, 이 두 커널 함수들은 각각 다음과 같이 표현할 수 있다.

$$\kappa(\mathbf{x}, \mathbf{y}) = (\mathbf{x}'\mathbf{y} + c)^d \tag{2.19}$$

$$\kappa(\mathbf{x}, \mathbf{y}) = \exp(-\parallel \mathbf{x} - \mathbf{y} \parallel / 2\sigma^2) \tag{2.20}$$

$$\kappa(\mathbf{x}, \mathbf{y}) = \tanh(\alpha \mathbf{x}'\mathbf{y} + c) \tag{2.21}$$

여기서, α와 $c \geq 0$는 상수이고, d는 다항식 차수를 제공하는 정수 매개변수이고, $\parallel \mathbf{x} - \mathbf{y} \parallel$는 벡터 $\mathbf{x} - \mathbf{y}$의 길이이고, $\sigma \geq 0$는 가우시안의 "확산(spread)"을 지배하는 매개변수이다.

예제 2.24 **다항식 커널**

앞의 절에서 제시된 커널 함수는 데이터를 실제로 고차원 공간으로 매핑하고 거기서 내적을 계산해서 구할 수 있는 동일 유사도 값을 계산함에 유의하라. 예를 들어, 차수 2의 다항식 커널의 경우, φ를 2차원 데이터 벡터 $\mathbf{x}=(x_1, x_2)$를 고차원 공간으로 매핑하는 함수라고 하자. 특별히 다음과 같다고 하자.

$$\varphi(\mathbf{x})=(x_1^2,\ x_2^2,\ \sqrt{2}\,x_1x_2,\ \sqrt{2}\,cx_1,\ \sqrt{2}\,cx_2,\ c) \tag{2.22}$$

고차원 공간에 대해 근접도는 $\varphi(\mathbf{x})$와 $\varphi(\mathbf{y})$의 내적, 즉 $<\varphi(\mathbf{x}),\ \varphi(\mathbf{y})>$로 정의된다고 하자. 그러면, 앞서 언급한 것처럼, 다음이 성립한다.

$$\kappa(\mathbf{x},\ \mathbf{y})=<\varphi(\mathbf{x}),\ \varphi(\mathbf{y})> \tag{2.23}$$

여기서, κ는 위의 식 (2.19)에 의해 정의된다. 특히 $\mathbf{x}=(x_1, x_2)$이고 $\mathbf{y}=(y_1, y_2)$이면 다음과 같다.

$$\kappa(\mathbf{x},\ \mathbf{y})=<\mathbf{x},\ \mathbf{y}>=\mathbf{x}'\mathbf{y}=\left(x_1^2y_1^2,\ x_2^2y_2^2,\ 2x_1x_2y_1y_2,\ 2cx_1y_1,\ 2cx_2y_2,\ c_2\right) \tag{2.24}$$

좀 더 일반적으로, 커널 트릭은 식 (2.23)이 성립하도록 κ와 φ를 정의하는 것에 의해 좌우된다. 다양한 형태의 커널들에 대해 이러한 작업이 수행되었다. ■

커널 기반 접근 방법에 대한 이러한 논의는 이 주제에 대한 간략한 소개를 제공하려는 의도이며 많은 세부사항들이 생략되었다. 커널 기반 접근 방법의 세부적인 논의는 분류를 위한 비선형 SVM의 문맥에서 이러한 문제를 다루는 4.9.4절에서 제공된다. 커널 기반 분석에 대한 좀 더 일반적인 참고문헌은 이 장의 참고문헌 설명에서 찾을 수 있다.

2.4.8 브레그만 발산*

이절은 일부의 공통 성질을 공유하는 근접도 함수 계열의 하나인 브레그만 발산에 대해 간략히 소개한다. 결과적으로, 군집화 알고리즘과 같이, 임의의 브레그만 발산과 함께 작동되는 일반적인 데이터 마이닝 알고리즘의 구축이 가능하다. 구체적인 예로 K-평균 군집화 알고리즘(7.2절)을 들 수 있다. 이 절은 벡터 해석의 지식을 필요로 함에 유의하라.

브레그만 발산은 손실 또는 왜곡 함수이다. 손실 함수의 아이디어를 이해하기 위해 다음을 고려해 보자. $\mathbf{x}$와 $\mathbf{y}$를 두 점이라고 할 때, $\mathbf{y}$가 원래 점이고 $\mathbf{x}$가 원래 점에 대한 왜곡된 값 또는 근사 값이라고 하자. 예를 들어, $\mathbf{y}$에 임의 잡음을 추가해 $\mathbf{x}$를 생성할 수 있다. 목표는 $\mathbf{y}$가 $\mathbf{x}$에 의해서 근사되었을 때 결과적인 왜곡 또는 손실을 측정하는 것이다. 물론 $\mathbf{x}$와 $\mathbf{y}$가 유사할수록 손실이나 왜곡은 적어진다. 그러므로 브레그만 발산은 비유사도 함수로 사용될 수 있다.

좀 더 공식적인 정의는 다음과 같다.

정의 2.6 **브레그만 발산** 엄격한 볼록 함수 ϕ(일반적으로 만족되는 몇 개의 온건한 제약을 가진)가 주어졌을 때, 그 함수에 의한 브레그만 발산(손실 함수) $D(\mathbf{x}, \mathbf{y})$는 다음 식으로 주어진다.

$$D(\mathbf{x}, \mathbf{y}) = \phi(\mathbf{x}) - \phi(\mathbf{y}) - \langle \nabla\phi(\mathbf{y}), (\mathbf{x} - \mathbf{y}) \rangle \tag{2.25}$$

여기서, $\nabla\phi(\mathbf{y})$는 $\mathbf{y}$에서 평가되는 ϕ의 그래디언트이고, $\mathbf{x} - \mathbf{y}$는 $\mathbf{x}$와 $\mathbf{y}$ 사이의 벡터 차이이고, $\langle \nabla\phi(\mathbf{y}), (\mathbf{x} - \mathbf{y}) \rangle$는 $\nabla\phi(\mathbf{y})$와 $(\mathbf{x} - \mathbf{y})$ 사이의 내적이다. 유클리드 공간에 속한 점들의 경우, 내적은 단순히 도트 프로덕트이다.

$D(\mathbf{x}, \mathbf{y})$는 $L(\mathbf{x}) = \phi(\mathbf{y}) + \langle \nabla\phi(\mathbf{y}), (\mathbf{x} - \mathbf{y}) \rangle$라고 할 때, $D(\mathbf{x}, \mathbf{y}) = \phi(\mathbf{x}) - L(\mathbf{x})$로 표현할 수 있고 $\mathbf{y}$에서 함수 ϕ에 대한 탄젠트인 평면의 공식을 표현한다. 해석학 용어를 사용하면, $L(\mathbf{x})$는 점 $\mathbf{y}$ 부근에서 ϕ의 선형화이고, 브레그만 발산은 주어진 함수와 그 함수에 대한 선형적 근사 사이의 차이가 된다. 상이한 브레그만 발산은 ϕ에 대한 상이한 선택을 이용해 구할 수 있다.

예제 2.25

제곱 유클리드 거리를 이용한 구체적 예를 보인다. 계산의 단순화를 위해 1차원으로 국한한다. x와 y가 실수이고, $\phi(t)$는 실수 값 함수 $\phi(t) = t^2$이다. 이 경우, 그래디언트는 도함수로 감소하고, 도트 프로덕트는 곱셈으로 감소한다. 특히, 식 (2.25)는 식 (2.26)이 된다.

$$D(x, y) = x^2 - y^2 - 2y(x - y) = (x - y)^2 \tag{2.26}$$

그림 2.20은 $y = 1$일 경우의 그래프를 보이고 있다. 브레그만 발산은 2개의 x 값 $x = 2$와 $x = 3$에 대해 보여지고 있다. ■

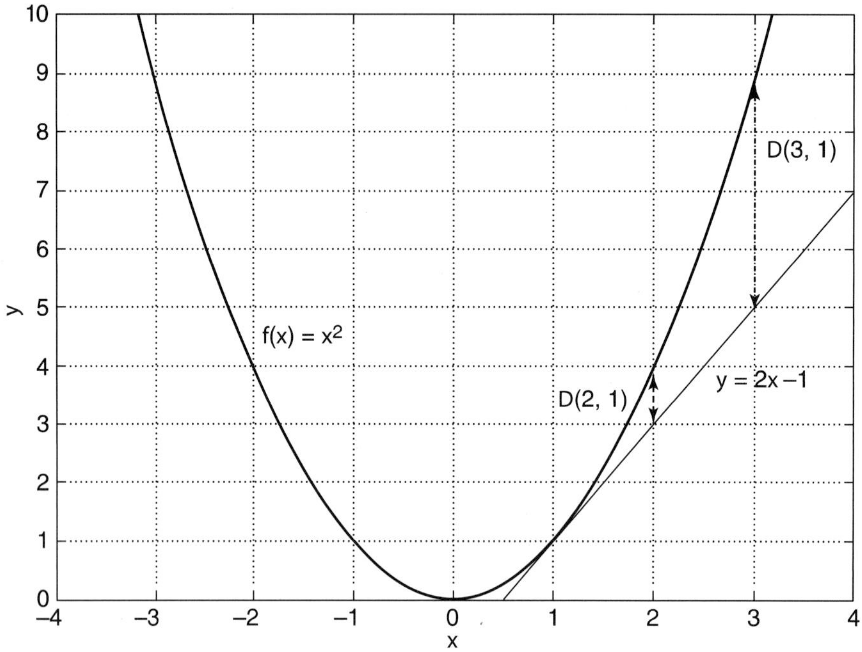

그림 2.20 브레그만 발산의 설명

2.4.9 근접도 계산의 문제들

이절은 근접도 측정과 관련된 여러 중요한 문제들, 즉 (1) 속성들이 상이한 척도를 가지거나 상관관계를 가지는 경우를 처리하는 방법, (2) 상이한 타입의 속성들, 예를 들어 정량적 속성과 정성적 속성으로 구성된 객체들간의 근접도를 계산하는 방법, (3) 속성들이 상이한 가중치를 가질 때, 즉 모든 속성이 객체들의 근접도에 동등하게 기여하지 않을 때 근접도 계산을 수행하는 방법에 대해 논의한다.

거리 측정을 위한 표준화와 상관관계

거리 측정의 중요한 문제의 하나는 속성들의 값의 범위가 동일하지 않은 상황을 처리하는 방법이다(이러한 상황을 종종 "변수들이 상이한 척도를 가지고 있다"라고 묘사한다). 앞서서, 유클리드 거리는 나이와 수입이라는 두 속성을 기반으로 한 사람간의 거리를 측정하기 위해 사용되었다. 이 두 속성이 표준화되지 않는 한 두 사람간의 거리는 수입에 의해 좌우될 것이다.

이와 관련된 문제 하나는, 값의 범위의 차이 외에 일부 속성들간에 상관관계가 존재할 때 거리를 계산하는 방법이다. 유클리드 거리의 일반화의 하나인 **마할라노비스 거리**(Mahalanobis distance)는 속성들이 상관관계를 가지고 상이한 값의 범위(상이한 분산)를 가질 때 유용하고 데이터의 분포는 근사적 가우스(정규) 분포가 된다. 상관관계를 가지는 변수들은 표준 거리 측정에 큰 영향을 미친다. 왜냐하면 상관관계를 가지는 변수의 하나의 변경이 모든 상관관계를 가지는 변수들의 변경에 반영되기 때문이다. 특히, 두 객체(벡터) $\mathbf{x}$와 $\mathbf{y}$간의 마할라노비스 거리는 다음과 같이 정의된다.

$$\text{Mahalanobis}(\mathbf{x},\ \mathbf{y}) = \sqrt{(\mathbf{x}-\mathbf{y})'\Sigma^{-1}(\mathbf{x}-\mathbf{y})} \tag{2.27}$$

여기서, Σ^{-1}은 데이터의 공분산 행렬의 역이다. 공분산 행렬 Σ은 식 (2.11)에 정의된 것처럼 ij번째 엔트리가 i번째와 j번째 속성의 공분산인 행렬임에 유의하라.

예제 2.26

그림 2.21에서, 점은 1000개이고, 이들의 x와 y 속성의 공분산은 0.6이다. 타원의 긴 축을 따라 양쪽 끝에 있는 2개의 큰 점들의 거리는 유클리드 거리로 14.7이나 마할라노비스 거리로는 6에 불과하다. 이는 마할라노비스 거리가 가장 큰 분산의 방향을 덜 강조하기 때문이다. 실제로 마할라노비스 거리를 계산하는 비용은 비싸지만 그 속성들이 상관관계를 가지고 있을 때는 사용할 만한 가치가 있다. 속성들의 상관관계가 상대적으로 적지만 상이한 범위를 가지면, 변수의 표준화로 충분하다. ■

이질적 속성에 대한 유사도의 결합

유사도에 대한 이전의 정의는 모든 속성들이 동일한 타입이라는 것을 전제로 한 방법들이다. 속성들이 상이한 타입들을 가지면 일반적 접근법이 필요하다. 하나의 단순한 방법은 각 속성의 유사도를 표 2.7을 이용해 별도로 계산하고 나서 0과 1 사이의 유사도를 구해주는 방법을 이용해 이 유사도들을 결합하는 것이다. 전형적으로 전체적인 유사도는 모든 개별 속성 유사도들의 평균으로 정의된다. 불행히도, 이 방법은 일부 속성이 비대칭 속성이면 제대로 작동하지 않는다. 예를 들어, 모든 속성이 비대칭 이진 속성이면, 앞서 제안한 유사도 척도는 비대칭 이진 속성에는 적합하지 않은 단순 매칭 계수로 축소된

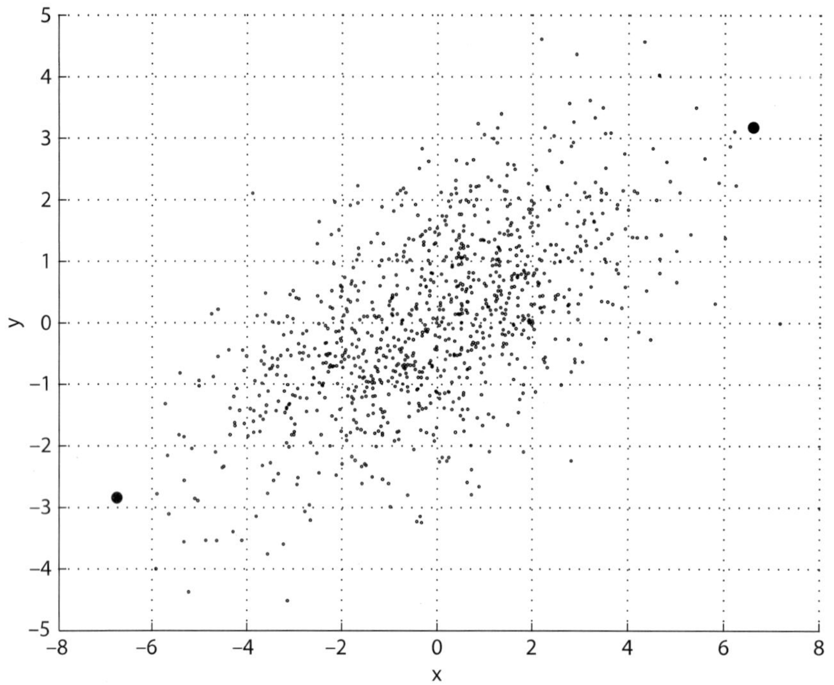

그림 2.21 2차원 점의 집합. 큰 점에 의해 표현된 두 점들간의 마할라노비스 거리는 6; 유클리드 거리는 14.7

다. 이 문제를 해결하는 가장 손쉬운 방법은 유사도 계산에서, 유사도 계산의 대상인 두 객체 모두에서 0인 값을 가지는 비대칭 속성을 제외시키는 것이다. 누락 값을 처리할 때도 이와 유사한 방법을 적용할 수 있다.

요약하자면, 알고리즘 2.2는 상이한 타입의 속성을 가지는 두 객체 $\mathbf{x}$와 $\mathbf{y}$간의 전체적인 유사도를 계산하는 데 효과적이다. 이 절차를 비유사도의 경우에 대해서 작동하도록 수정하는 일은 쉬울 것이다.

알고리즘 2.2 이질적 객체들의 유사도

1: k번째 속성에 대해 유사도 $s_k(\mathbf{x}, \mathbf{y})$를 [0, 1]의 범위로 계산.

2: k번째 속성에 대해 지시자 변수 δ_k를 다음과 같이 정의:

$$\delta_k = \begin{cases} 0 & k\text{번째 속성이 비대칭 속성이고 양쪽 객체가 0의 값을 가지거나,} \\ & \text{객체들 중 하나가 } k\text{번째 속성에 대해 누락 값을 가질 때} \\ 1 & \text{그렇지 않을 때} \end{cases}$$

3: 두 객체간의 전체 유사도를 다음 식으로 계산:

$$\text{similarity}(\mathbf{x},\ \mathbf{y}) = \frac{\sum_{k=1}^{n} \delta_k s_k(\mathbf{x},\ \mathbf{y})}{\sum_{k=1}^{n} \delta_k} \tag{2.28}$$

가중치의 사용

이전에 언급한 다수의 방법에서는 근접도를 계산할 때 모든 속성을 동등하게 취급하였다. 근접도의 정의에서 일부의 속성들이 다른 속성들보다 중요할 경우 이러한 방식은 바람직하지 않다. 이러한 상황을 다루기 위해서는 각 속성의 기여도에 가중치를 주기 위해 근접도 공식을 수정하여야 한다.

속성 가중치 w_k를 사용할 경우, 식 (2.28)은 다음과 같이 수정된다.

$$\text{similarity}(\mathbf{x},\ \mathbf{y}) = \frac{\sum_{k=1}^{n} w_k \delta_k s_k(\mathbf{x},\ \mathbf{y})}{\sum_{k=1}^{n} w_k \delta_k} \tag{2.29}$$

민코우스키 거리의 정의도 다음과 같이 수정된다.

$$d(\mathbf{x},\ \mathbf{y}) = \left(\sum_{k=1}^{n} w_k |x_k - y_k|^r \right)^{1/r} \tag{2.30}$$

2.4.10 올바른 근접도 척도의 선택

다음은 도움이 될 만한 몇 가지 일반적 사항들이다. 첫째, 근접도 척도의 타입은 데이터의 타입에 적합해야 한다. 다수의 밀집한 연속형 데이터 타입의 경우, 유클리드 거리와 같은 메트릭 거리 척도가 자주 사용된다. 연속형 속성간의 근접도는 자주 거리의 측면에서 표현되며, 거리 척도는 이러한 차이들을 전체적인 근접도 척도로 결합하는 잘 정의된 방법을 제공한다. 각 속성들은 상이한 척도와 상이한 중요도를 가질 수 있으나, 이러한 문제들은 앞서 논의한 정규화와 속성의 가중치 부여와 같은 방법을 이용해 처리할 수 있다.

종종 비대칭 속성들로 구성되는 희소 데이터의 경우, 보통 0-0 매치를 무시하는 유사도 척도를 사용하게 된다. 이는 개념적으로 복합 객체의 쌍의 경우 그 유사도가 그들이 모두 가지지 못한 특성의 수보다는 그들이 모두 공유하는 특성의 수에 대해 종속된다는 사실을 반영한다. 이러한 데이터의 경우 코사인, 자카드, 확장 자카드 척도가 적합하다.

데이터 벡터의 다른 특성들도 고려할 필요가 있다. 크기 조정(곱셈)과 변환(덧셈)에 대한 불변성은 유클리드 거리와 코사인과 상관관계 측정에 대해 앞서 논의하였다. 이러한 고려사항에 대한 실제적 암시는, 예를 들어, 코사인이 크기 조정만이 중요한 희소 문서 데이터에 대해 좀 더 적합하며, 상관관계는 크기 조정과 변환이 모두 중요한 시계열에 대해 더 잘 작동한다는 것이다. 유클리드 거리와 기타 유형의 민코우스키 거리는 두 데이터 벡터가 모든 성분들(특징들)에 대해 가능한 한 가깝게 매치가 되어야 할 경우에 가장 적합하다.

일부 경우에는, 데이터의 변환과 정규화가 적절한 유사도 척도를 구하는데 중요한데, 그 이유는 근접도 측정에 이러한 변환이 항상 존재하지는 않기 때문이다. 예를 들어, 시계열들은 유사도에 지대한 영향을 주는 경향이나 주기적 패턴을 가질 수 있다. 또한, 적절한 유사도의 계산을 위해서는 시간 지연을 고려할 필요가 있다. 마지막으로, 2개의 시계열은 특정 시간 주기에서만 유사할 수도 있다. 예를 들어, 온도와 천연 가스의 사용 간에는 강한 관계가 존재하나 난방이 필요한 계절에만 성립한다.

현실적인 고려도 중요하다. 때로는 특정 분야에서 이미 1개 이상의 근접도 척도가 사용되고 있을 것이고, 따라서 다른 사람들이 이미 어떤 근접도 척도를 사용해야 하는지에 대한 물음에 답을 했을 것이다. 때로는 사용할 소프트웨어 패키지나 군집화 알고리즘이 선택의 폭을 크게 제한할 수 있다. 효율성이 고려 사항이라면 근접도 계산의 수를 줄일 수 있는, 삼각 부등성과 같은 성질을 가진 근접도 척도를 선택하려 할 것이다(연습문제 25 참조).

그러나, 일반적 관습이나 실제적 제약 사항들이 하나의 선택을 강요하지 않는 경우, 근접도 척도의 적절한 선택은 도메인 지식과 사용할 척도의 목적 모두에 대한 신중한 고려를 필요로 해서 많은 시간이 소모될 수 있다. 가장 적절한 결과를 가져오는 방법을 확인하기 위해 여러 가지의 상이한 유사도 척도를 평가할 필요가 있을 수도 있다.

2.5 참고문헌 설명

분석할 데이터의 본질을 이해하는 것은 필수적이며, 기본적 수준에서 볼 때 이것이 측정 이론의 주제이다. 특히 속성의 타입을 정의하는 초기적 동기의 하나는 어떤 통계 연산이 어떤 종류의 데이터에 대해 유효한지를 명확히 하기 위한 것이다. S. S. Stevens[112]의 고전적 논문에 처음 기술된 측정 이론의 관점을 여기서 설명하였다(표 2.2와 2.3은 Stevens가 사용한 것[113]에서 유도되었다). 이것이 가장 공통적인 관점이고 이해와 적용도 비교적 용이하지만, 측정 이론에는 더 많은 사항들이 존재한다. 권위있는 논의의 하나는 3권으로 구성된 측정 이론의 기초에서 찾을 수 있다[88, 94, 114]. 흥미로운 Hand의 논문[77]에서는 측정 이론과 통계에 대해 논의를 하고 있으며 그 분야의 타 연구자들의 비평도 포함되어 있다. 마지막으로, 특정 분야의 과학과 공학 분야에 대한 측정 문제를 기술하는 책과 논문들이 다수 존재한다.

데이터 품질은 데이터를 사용하는 모든 분야에 대해 적용되는 광범위한 주제이다. 다수의 입문적 과학, 공학, 통계학 교재에 정밀도, 편차, 정확도, 기타 중요한 사항에 대한 논의가 수록되어 있다. 데이터 품질을 "용도에 적합"한 것으로 보는 관점은 Redman의 책[103]에 자세히 설명되어 있다. 데이터 품질에 관심이 있다면 MIT의 정보 품질(MITIQ) 프로그램이 도움이 될 수 있다[95, 118]. 그러나 특정 도메인의 특정 데이터 품질 문제를 다루기 위해 필요한 지식은 종종 그 분야에서 데이터 품질의 경험을 가진 연구자들에게 문의해서 얻는 것이 최선이 된다.

총계는 다수의 다른 전처리 작업보다는 제대로 정의되지 못한 주제이다. 그러나 총계는 데이터베이스의 OLAP(Online Analytical Processing) 분야에서 사용되는 주요 기법의 하나이다[68, 76, 102]. 기호 데이터 분석 분야에서 관련 작업이 진행되어 왔다 (Bock and Diday[64]). 이 분야의 목표의 하나는 전통적 레코드 데이터를, 전통적 속성들보다 좀 더 복잡한 속성들을 가지는 기호 데이터 객체의 측면에서 요약하는 것이다. 특히 이러한 속성들은 값(범주)의 집합, 구간, 가중치를 가진 값의 집합(히스토그램)인 값을 가질 수 있다. 기호 데이터 분석의 또다른 목표는 기호 데이터 객체로 구성된 데이터에 대해 군집화, 분류, 기타 다른 종류의 데이터 분석을 수행할 수 있도록 하는 것이다.

표본추출은 통계와 관련 분야에서 연구가 잘 진행된 주제이다. Lindgren[90]과 같은 다수의 통계학 입문서에서는 표본추출을 논의하고 있고, Cochran[67]과 같은 고전적 교재에서는 책 전체에서 이 주제를 다루고 있다. 데이터 마이닝을 위한 표본추출 방법 조사 결과는 Gu and Liu[74]에서 제공하고 있고, 데이터베이스를 위한 표본추출 기법 조사 결과는 Olken and Rotem[98]에서 제공하고 있다. 그 외에도 데이터 마이닝과 데이터베이스 관련 표본추출에 대한 주제를 Palmer and Faloutsos[100], Provost 등[101], Toivonen[115], Zaki 등[119]의 논문에서 다루고 있다.

통계학에서는 다차원 스케일링(MDS)(Borg and Groenen[65], Kruskal and Uslaner [89])과 특이값 분해(SVD) (Demmel[70])와 유사한 주성분 분석(PCA)(Jolliffe[80])과 같은 전통적 기법들이 차원 축소를 위해 사용되고 있다. 차원 축소에 대한 자세한 논의는 부록 B에 수록되어 있다.

이산화는 데이터 마이닝에서 깊이 연구된 주제의 하나이다. 일부 분류 알고리즘은 범주 데이터에 대해서만 작동되며, 연관 분석은 이진 데이터를 필요로 하므로, 연속형 속성을 이진화 또는 이산화하는 최상의 방법에 대한 연구는 지대한 동기를 가지고 있는 셈이다. 연관 분석의 경우 Srikant and Agrawal[111]을 참고하고, 분류 분야에서의 이산화에 대해서는 Dougherty 등[71], Elomaa and Rousu[72], Fayyad and Irani[73], Hussain 등[78]을 참고하기 바란다.

특징 선택은 데이터 마이닝에서 연구되는 또다른 주제이다. Molina 등의 서베이 논문[96]과 Liu and Motada의 두 책[91, 92]은 이 주제를 폭넓게 소개하고 있다. Blum and Langley[46], Kohavi and John[63], Liu 등[93]도 이와 관련된 유용한 논문들이다.

특징 변환은 원리에 따라 실제 방법이 달라지므로 이 주제에 대한 참고문헌은 찾기 어렵다. 다수의 통계학 교재들이 변환에 대한 논의를 포함하고 있지만, 이러한 논의들은 변수의 정규성 확인, 변수의 동일 분산 소유 여부 확인 등의 특정한 목적으로 제한되어 있다. Osborne[99]과 Tukey[116]를 참고하기 바란다.

대표적으로 사용되는 거리와 유사도 척도를 일부 소개하였지만, 이러한 척도들은 수백개가 존재하며 새로운 방법들이 계속 제안되고 있다. 이장의 다른 많은 주제들과 마찬가지로 이러한 척도들은 특정 분야에 한정되어 있다. 예로 시계열 분야의 경우 Kalpakis 등[81], Keogh and Pazzani[83]의 논문을 참고하기 바란다. 군집화 교재들은 최고의 일반적 논의를 제공하고 있다. 특히 Anderberg[62], Jain and Dubes[79], Kaufman and Rousseeuw[82], Sneath and Sokal[109]의 책들을 참고하기 바란다.

유사도의 정보 기반 측정은 계산적 어려움과 계산 비용에도 불구하도 최근에 인기를 끌고 있다. 정보 이론에 대한 좋은 소개는 Cover and Thomas[69]가 제공하고 있다. 연속 변수에 대한 상호 정보의 계산은 그들이 가우시안과 같은 잘 알려진 분포를 따르는 경우 단순하다. 그러나 이러한 경우는 많지 않으므로 다양한 기법들이 개발되었다. 한 예로 Khan 등[85]은 짧은 시계열을 비교하는 문맥에서 다양한 방법들을 비교한다. 또한 R과 Matlab에 대한 정보 및 상호 정보 패키지를 참조하라. 상호 정보는 Reshef 등[104, 105]의 대안적 측정을 소개한 논문에 의해 최근에 상당히 주목을 받는 주제가 되었다. 이 중 하나는 상호 정보를 기반으로 하고 있고 우월적 특성을 갖는 것으로 주장이 되었다. 이러한 접근 방법은 예를 들어 [110]에서 이른 지지를 받기도 하였지만, 다른 논문에서는 다양한 한계점을 지적하고 있다[75, 86, 108].

커널 방법에 대한 두 권의 인기 서적은 [106]과 [107]이다. 후자는 커널 관련 문헌에 대한 링크를 가진 웹사이트를 가지고 있다[84]. 또한, 다수의 현재 데이터 마이닝, 기계 학습, 통계적 학습 교재들이 커널 방법에 대한 일부 내용을 포함하고 있다. SVM 분류기 문맥에서의 커널 방법에 대한 추가적 참고문헌은 4.9.4절의 참고문헌 설명에서 제공된다.

참고문헌

[62] M. R. Anderberg. *Cluster Analysis for Applications*. Academic Press, New York, December 1973.

[63] A. Blum and P. Langley. Selection of Relevant Features and Examples in Machine Learning. *Artificial Intelligence*, 97(1-2):245-271, 1997.

[64] H. H. Bock and E. Diday. *Analysis of Symbolic Data: Exploratory Methods for Extracting Statistical Information from Complex Data (Studies in Classification, Data Analysis, and Knowledge Organization)*. Springer-Verlag Telos, January 2000.

[65] I. Borg and P. Groenen. *Modern Multidimensional Scaling — Theory and Applications*. Springer-Verlag, February 1997.

[66] N. R. Chrisman. Rethinking levels of measurement for cartography. *Cartography and Geographic Information Systems*, 25(4):231-242, 1998.

[67] W. G. Cochran. *Sampling Techniques*. John Wiley & Sons, 3rd edition, July 1977.

[68] E. F. Codd, S. B. Codd, and C. T. Smalley. Providing OLAP (On-line Analytical Processing) to User-Analysts: An IT Mandate. White Paper, E.F. Codd and Associates, 1993.

[69] T. M. Cover and J. A. Thomas. *Elements of information theory*. John Wiley & Sons, 2012.

[70] J. W. Demmel. *Applied Numerical Linear Algebra*. Society for Industrial & Applied

Mathematics, September 1997.

[71] J. Dougherty, R. Kohavi, and M. Sahami. Supervised and Unsupervised Discretization of Continuous Features. In *Proc. of the 12th Intl. Conf. on Machine Learning*, pages 194-202, 1995.

[72] T. Elomaa and J. Rousu. General and Efficient Multisplitting of Numerical Attributes. *Machine Learning*, 36(3):201-244, 1999.

[73] U. M. Fayyad and K. B. Irani. Multi-interval discretization of continuousvalued attributes for classification learning. In *Proc. 13th Int. Joint Conf. on Artificial Intelligence*, pages 1022 -1027. Morgan Kaufman, 1993.

[74] F. H. Gaohua Gu and H. Liu. Sampling and Its Application in Data Mining: A Survey. Technical Report TRA6/00, National University of Singapore, Singapore, 2000.

[75] M. Gorfine, R. Heller, and Y. Heller. Comment on Detecting novel associations in large data sets. *Unpublished (available at http://emotion. technion.ac.il/gorfinm/files/science6.pdf on 11 Nov. 2012)*, 2012.

[76] J. Gray, S. Chaudhuri, A. Bosworth, A. Layman, D. Reichart, M. Venkatrao, F. Pellow, and H. Pirahesh. Data Cube: A Relational Aggregation Operator Generalizing Group-By, Cross-Tab, and Sub-Totals. *Journal Data Mining and Knowledge Discovery*, 1(1): 29-53, 1997.

[77] D. J. Hand. Statistics and the Theory of Measurement. *Journal of the Royal Statistical Society: Series A (Statistics in Society)*, 159(3):445-492, 1996.

[78] F. Hussain, H. Liu, C. L. Tan, and M. Dash. TRC6/99: Discretization: an enabling technique. Technical report, National University of Singapore, Singapore, 1999.

[79] A. K. Jain and R. C. Dubes. *Algorithms for Clustering Data*. Prentice Hall Advanced Reference Series. Prentice Hall, March 1988.

[80] I. T. Jolliffe. *Principal Component Analysis*. Springer Verlag, 2nd edition, October 2002.

[81] K. Kalpakis, D. Gada, and V. Puttagunta. Distance Measures for Effective Clustering of ARIMA Time-Series. In *Proc. of the 2001 IEEE Intl. Conf. on Data Mining*, pages 273-280. IEEE Computer Society, 2001.

[82] L. Kaufman and P. J. Rousseeuw. *Finding Groups in Data: An Introduction to Cluster Analysis*. Wiley Series in Probability and Statistics. John Wiley and Sons, New York, November 1990.

[83] E. J. Keogh and M. J. Pazzani. Scaling up dynamic time warping for datamining applications. In *KDD*, pages 285-289, 2000.

[84] Kernel Methods for Pattern Analysis Website. http://www.kernel-methods.net/, 2014.

[85] S. Khan, S. Bandyopadhyay, A. R. Ganguly, S. Saigal, D. J. Erickson III, V. Protopopescu, and G. Ostrouchov. Relative performance of mutual information estimation methods for quantifying the dependence among short and noisy data. *Physical Review E*, 76(2):026209, 2007.

[86] J. B. Kinney and G. S. Atwal. Equitability, mutual information, and the maximal information coefficient. *Proceedings of the National Academy of Sciences*, 2014.

[87] R. Kohavi and G. H. John. Wrappers for Feature Subset Selection. *Artificial Intelligence*, 97(1-2):273-324, 1997.

[88] D. Krantz, R. D. Luce, P. Suppes, and A. Tversky. *Foundations of Measurements: Volume 1: Additive and polynomial representations*. Academic Press, New York, 1971.

[89] J. B. Kruskal and E. M. Uslaner. *Multidimensional Scaling*. Sage Publications, August 1978.

[90] B. W. Lindgren. *Statistical Theory*. CRC Press, January 1993.

[91] H. Liu and H. Motoda, editors. *Feature Extraction, Construction and Selection: A Data Mining Perspective*. Kluwer International Series in Engineering and Computer Science, 453. Kluwer Academic Publishers, July 1998.

[92] H. Liu and H. Motoda. *Feature Selection for Knowledge Discovery and Data Mining*. Kluwer International Series in Engineering and Computer Science, 454. Kluwer Academic Publishers, July 1998.

[93] H. Liu, H. Motoda, and L. Yu. Feature Extraction, Selection, and Construction. In N. Ye, editor, *The Handbook of Data Mining*, pages 22-41. Lawrence Erlbaum Associates, Inc., Mahwah, NJ, 2003.

[94] R. D. Luce, D. Krantz, P. Suppes, and A. Tversky. *Foundations of Measurements: Volume 3: Representation, Axiomatization, and Invariance*. Academic Press, New York, 1990.

[95] MIT Information Quality (MITIQ) Program. http://mitiq.mit.edu/, 2014.

[96] L. C. Molina, L. Belanche, and A. Nebot. Feature Selection Algorithms: A Survey and Experimental Evaluation. In *Proc. of the 2002 IEEE Intl. Conf. on Data Mining*, 2002.

[97] F. Mosteller and J. W. Tukey. *Data analysis and regression: a second course in statistics*. Addison-Wesley, 1977.

[98] F. Olken and D. Rotem. Random Sampling from Databases — A Survey. *Statistics & Computing*, 5(1):25-42, March 1995.

[99] J. Osborne. Notes on the Use of Data Transformations. *Practical Assessment, Research & Evaluation*, 28(6), 2002.

[100] C. R. Palmer and C. Faloutsos. Density biased sampling: An improved method for data mining and clustering. *ACM SIGMOD Record*, 29(2):82-92, 2000.

[101] F. J. Provost, D. Jensen, and T. Oates. Efficient Progressive Sampling. In *Proc. of the 5th Intl. Conf. on Knowledge Discovery and Data Mining*, pages 23-32, 1999.

[102] R. Ramakrishnan and J. Gehrke. *Database Management Systems*. McGraw-Hill, 3rd edition, August 2002.

[103] T. C. Redman. *Data Quality: The Field Guide*. Digital Press, January 2001.

[104] D. Reshef, Y. Reshef, M. Mitzenmacher, and P. Sabeti. Equitability analysis of the max-

imal information coefficient, with comparisons. *arXiv preprint arXiv:1301.6314*, 2013.

[105] D. N. Reshef, Y. A. Reshef, H. K. Finucane, S. R. Grossman, G. McVean, P. J. Turnbaugh, E. S. Lander, M. Mitzenmacher, and P. C. Sabeti. Detecting novel associations in large data sets. *science*, 334(6062):1518-1524, 2011.

[106] B. Schölkopf and A. J. Smola. *Learning with kernels: support vector machines, regularization, optimization, and beyond.* MIT press, 2002.

[107] J. Shawe-Taylor and N. Cristianini. *Kernel methods for pattern analysis*. Cambridge university press, 2004.

[108] N. Simon and R. Tibshirani. Comment on "Detecting Novel Associations In Large Data Sets" by Reshef Et Al, Science Dec 16, 2011. *arXiv preprint arXiv:1401.7645*, 2014.

[109] P. H. A. Sneath and R. R. Sokal. *Numerical Taxonomy*. Freeman, San Francisco, 1971.

[110] T. Speed. A correlation for the 21st century. *Science*, 334(6062):1502-1503, 2011.

[111] R. Srikant and R. Agrawal. Mining Quantitative Association Rules in Large Relational Tables. In *Proc. of 1996 ACM-SIGMOD Intl. Conf. on Management of Data*, pages 1-12, Montreal, Quebec, Canada, August 1996.

[112] S. S. Stevens. On the Theory of Scales of Measurement. *Science*, 103(2684):677-680, June 1946.

[113] S. S. Stevens. Measurement. In G. M. Maranell, editor, *Scaling: A Sourcebook for Behavioral Scientists*, pages 22-41. Aldine Publishing Co., Chicago, 1974.

[114] P. Suppes, D. Krantz, R. D. Luce, and A. Tversky. *Foundations of Measurements: Volume 2: Geometrical, Threshold, and Probabilistic Representations*. Academic Press, New York, 1989.

[115] H. Toivonen. Sampling Large Databases for Association Rules. In *VLDB96*, pages 134-145. Morgan Kaufman, September 1996.

[116] J. W. Tukey. On the Comparative Anatomy of Transformations. *Annals of Mathematical Statistics*, 28(3):602-632, September 1957.

[117] P. F. Velleman and L. Wilkinson. Nominal, ordinal, interval, and ratio typologies are misleading. *The American Statistician*, 47(1):65-72, 1993.

[118] R. Y. Wang, M. Ziad, Y. W. Lee, and Y. R. Wang. *Data Quality*. The Kluwer International Series on Advances in Database Systems, Volume 23. Kluwer Academic Publishers, January 2001.

[119] M. J. Zaki, S. Parthasarathy, W. Li, and M. Ogihara. Evaluation of Sampling for Data Mining of Association Rules. Technical Report TR617, Rensselaer Polytechnic Institute, 1996.

2.6 연습문제

1. 2장의 초기 예에서 통계학자는 "네, 2번과 3번 필드는 기본적으로 동일합니다"라고 말하고 있다. 3줄의 표본 데이터로부터 이렇게 말한 이유를 설명할 수 있는가?

2. 다음의 속성들을 이진, 이산형, 연속형 속성으로 분류하라. 또한 이들을 정성적(명목형, 서열형) 속성과 정량적(구간, 비율) 속성으로 분류하라. 일부 경우는 하나 이상의 해석을 가질 수 있으므로, 애매하다고 생각되는 경우 그 이유를 간략히 설명하라.
   예: 년도로 표시한 나이. **답**: 이산형, 정량적, 비율

   (a) AM과 PM으로 표시한 시간
   (b) 광 미터로 측정된 밝기
   (c) 사람의 판단으로 측정된 밝기
   (d) 0에서 360 사이의 각도로 측정된 각
   (e) 올림픽에서 부여되는 동, 은, 금메달
   (f) 해수면 위의 고도
   (g) 병원에서 환자의 번호
   (h) 책의 ISBN 번호(웹에서 포맷을 살펴보기 바람)
   (i) 빛을 통과시킬수 있는 능력: 불투명, 반투명, 투명
   (j) 군대의 계급
   (k) 캠퍼스 중심으로부터의 거리
   (l) g/cm^3으로 표시한 물질의 밀도
   (m) 코트 보관 번호(행사 참여시 코트를 맡길 때 나중에 찾기 위해 발급받는 번호)

3. 고객의 만족도를 측정하는 아주 간단한 방법을 고안해냈다고 믿고 있는 지역 회사의 마케팅 관리자가 찾아왔다. 그가 그의 방법을 다음과 같이 설명하였다. "내 방법은 너무나 간단해서 다른 사람들이 예전에 이러한 방법을 생각하지 못했다는 사실을 믿을 수 없다. 나는 각 제품에 대해 고객의 불만의 수를 기록한다. 내가 본 데이터 마이닝 책에서는 이러한 개수를 비율 속성이라고 설명하고 있으므로, 내 상품 만족도 척도는 비율 속성임이 분명하다. 그러나 내 새로운 고객 만족도 척도를 기반으로 상품의 등급을 매겨 상관에게 보여주니, 상관은 내가 명확한 것들을 간과하고 있고 내 척도가 가치가 없다고 하였다. 가장 잘 팔리는 제품의 경우 가장 불만이 많아서 최악의 만족도를 가지게 되므로 내 상관이 흥분한 것으로 생각된다. 내 상관이 진정하도록 도와줄 수 있는가?"

   (a) 마케팅 관리자와 그의 상관 중에서 누가 옳은가? 그의 상관이라고 답한 경우, 만족도

척도를 수정하기 위해 할 수 있는 일은?

(b) 원래의 상품 만족도 속성의 속성 타입을 무엇이라고 할 수 있는가?

4. 몇 달 후에 문제 3의 동일한 마케팅 관리자가 다시 찾아왔다. 이번에는 고객의 다른 유사한 상품에 대비한 특정 상품의 선호도를 측정하는 개선된 방법을 고안하였다. 그는 다음과 같이 설명하였다. “새로운 상품을 개발할 때, 우리는 보통 여러 개의 변형을 제작해서 고객들의 선호 여부를 평가한다. 우리의 표준 절차는 테스트 주체들에게 상품의 변형들을 한꺼번에 주고 선호도의 순으로 상품의 변형들에 순위를 매기도록 하는 것이다. 그러나 우리의 테스트 주체들은 우유부단하고, 특히 3개 이상의 제품이 있을 때 더욱 그러하다. 결과적으로, 테스팅은 영원히 계속된다. 나는 비교를 쌍으로 수행하고 이 비교 결과를 이용해 순위를 매기자고 제안하였다. 따라서 3개의 상품 변형이 있을 경우, 고객은 변형 1과 2를 비교하고, 다음으로 2와 3을 비교하고, 마지막으로 3과 1을 비교하게 된다. 내 새로운 절차에 따른 테스팅 시간은 기존 절차의 1/3로 줄었지만, 테스트를 수행하는 직원들이 결과로부터 일관성 있는 순위를 구할 수 없다고 불평을 하고 있다. 그리고 어제 나의 상관은 가장 최근의 상품 평가를 요구하고 있다. 내 상관도 기존의 평가 방법을 따르던 사람이다. 나를 도와줄 수 있는가?

   (a) 마케팅 관리자가 곤란에 처했는가? 그의 방법이 고객 선호도 측면에서 상품 변형들에 대한 순서적 랭킹을 생성할 수 있는가? 이를 설명하라.

   (b) 마케팅 관리자의 방법을 수정할 수 있는 방법이 있는가? 좀 더 일반적으로 말하자면, 쌍간의 비교를 이용해 순서 측정 척도를 생성하는 것에 대해 무엇이라고 말할 수 있는가?

   (c) 원래의 상품 평가 기법의 경우, 각 상품 변형의 전체 랭킹은 모든 테스트 주체들에 대한 평균을 계산해 구해진다. 이 방법이 합리적인 방법이라고 생각하는지를 설명하라. 여러분이 취할 수 있는 다른 방법은 무엇인가?

5. 식별 번호가 예측에 유용한 상황을 생각할 수 있는가?

6. 교육 심리학자가 테스트 결과를 분석하기 위해 연관 분석을 사용하려 한다. 테스트는 각각 4개의 가능한 답을 가지는 100개의 질문으로 구성된다.

   (a) 이 데이터를 연관 분석에 적합한 형태로 변환하는 방법은?

   (b) 특히 어떤 타입의 속성들을 가지게 되며 얼마나 많이 존재하는가?

7. 일일 강우량과 일일 온도 중에서 시간적 자동상관을 좀 더 보여주는 수량은 무엇인가? 그 이유는?

8. 문서–용어 행렬이 비대칭 이산형 또는 비대칭 연속형 특징을 가진 데이터 집합의 예가 되는 이유를 논의하라.

9. 다수의 과학은 설계된 실험 대신에 (이외에) 관찰에 의존한다. 관찰적 과학과 관련된 데이터 품질 문제를 실험적 과학과 데이터 마이닝에 관련된 데이터 품질 문제와 비교해 보아라.

10. 측정의 정밀도와, 컴퓨터 과학에서 부동소수점 숫자를 32비트와 64비트로 표현할 때 사용하는 단정도와 배정도라는 용어의 차이를 논의하라.

11. 이진 포맷 대신에 텍스트 파일에 저장된 데이터를 가지고 작업할 때의 장점을 최소한 2개 이상 제시하라.

12. 잡음과 이상치를 구분하라. 다음의 질문을 고려하도록 하라.

    (a) 잡음은 흥미롭거나 바람직한가? 이상치는?
    (b) 잡음 객체가 이상치가 될 수 있는가?
    (c) 잡음 객체가 항상 이상치인가?
    (d) 이상치가 항상 잡음 객체인가?
    (e) 잡음이 전형적인 값을 비정상적인 값으로, 또는 그 역으로 만들 수 있는가?

알고리즘 2.3 K 최근접 객체를 발견하는 알고리즘

```
for i = 1 to 데이터 객체의 수 do
    i번째 객체와 다른 모든 객체와의 거리를 발견
    이 거리들을 감소 차순으로 정렬
    (각 객체와 관련된 거리를 기록)
    return 정렬된 리스트에서 처음의 K 거리와 연관된 객체들
end for
```

13. 주어진 데이터 객체에 대한 K 최근접 객체를 발견하는 문제를 고려해 보자. 한 프로그래머가 이 작업을 위해 알고리즘 2.3을 설계하였다.

    (a) 데이터 집합에 중복 객체들이 존재할 때 이 알고리즘의 잠재적 문제를 기술하라. 동일한 객체들의 경우 거리 함수가 거리 0을 리턴한다고 가정하라.
    (b) 이 문제를 해결하는 방법은?

14. 아시아 코끼리의 무리에 속한 구성원에 대해 무게, 키, 어금니 길이, 몸통 길이, 귀 면적과 같은 속성들이 측정된다. 이러한 측정값을 기반으로 할 때, 2.4절에서 언급한 유사도 척도들 중에서 이 코끼리들을 비교하거나 그룹핑하기 위해 사용할 수 있는 것은? 여러분의 답을 정당화하고 특수한 상황이 존재한다면 설명하라.

15. K개의 그룹으로 구분되는 m개 객체의 집합이 주어졌다고 하자. i번째 그룹의 크기는 m_i이다. 크기가 $n < m$의 표본을 구하는 것이 목표라고 할 때, 다음의 두 표본추출 기법의 차이는 무엇인가? (대체 표본추출을 가정)
    (a) 각 그룹에서 $n \times m_i/m$ 원소를 임의로 선택
    (b) 객체가 속하는 그룹에 대해서는 고려하지 않고 데이터 집합에서 n개의 원소를 임의로 선택

16. 문서–용어 행렬을 고려해 보자. tf_{ij}가 j번째 문서에서 i번째 단어(용어)의 빈도라고 하고, m이 문서의 수라고 하자. 다음과 같이 정의되는 변수 변환을 고려해 보자.

$$tf'_{ij} = tf_{ij} \times \log \frac{m}{df_i} \tag{2.31}$$

    여기서, df_i는 i번째 용어가 등장하는 문서의 수로, 그 용어의 **문서 빈도**(document frequency)라고 한다. 이러한 변환을 **역 문서 빈도**(inverse document frequency) 변환이라고 한다.
    (a) 하나의 용어가 하나의 문서에 등장할 때 이 변환의 효과는 무엇인가?
    (b) 이 변환의 목적은 무엇인가?

17. 비율 속성 x에서 새로운 속성 x^*를 얻기 위해 제곱근 변환을 적용한다고 하자. 여러분의 분석 과정의 일부로 x^*가 다른 속성 y와 선형 관계를 가지는 구간 (a, b)를 식별하였다고 하자.
    (a) x의 측면에서 해당 구간 (a, b)는 무엇인가?
    (b) y를 x에 관련시켜주는 식을 제시하라.

18. 이 문제는 일부의 유사도와 거리 척도를 비교하고 대조한다.
    (a) 이진 데이터의 경우, L1 거리는 해밍 거리, 즉, 두 이진 벡터간의 다른 비트의 수에 해당한다. 자카드 유사도는 두 이진 벡터간의 유사도 척도의 하나이다. 다음의 두 이진 벡터에 대해 해밍 거리와 자카드 유사도를 계산하라.

$\mathbf{x} = 0101010001$

$\mathbf{y} = 0100011000$

(b) 자카드와 해밍 거리 중 단순 매칭 계수에 더 유사한 방법은 무엇이고, 코사인 척도에 더 유사한 방법은 무엇인가? 이를 설명하라. (주: 해밍 척도는 거리인 반면, 나머지 세 척도는 유사도이다. 이러한 사실로 인해 혼동하지 말도록 하라.)

(c) 상이한 종의 두 기관의 유사도를 그들이 공유하고 있는 유전자의 수로 비교한다고 하자. 두 기관의 유전적 형성을 비교할 때 해밍과 자카드 중 어느 척도가 더 적합하다고 생각하는지 설명하라(각 동물을 이진 벡터로 표현한다고 가정하라. 기관내에 특정 유전자가 존재하면 해당 속성이 1이 되고, 아니면 0이 된다).

(d) 동일한 종, 예를 들어 두 사람간의 두 기관의 유전적 형성을 비교하려 할 때, 해밍 거리, 자카드 계수, 기타 다른 유사도나 거리 척도 중 어느 것을 사용할 것인가? 이를 설명하라(두 인간은 동일 유전자를 >99.9% 공유함에 유의하라).

19. 다음의 벡터 x와 y에 대해 표시된 유사도와 거리 척도를 계산하라.

(a) $\mathbf{x} = (1, 1, 1, 1)$, $\mathbf{y} = (2, 2, 2, 2)$ 코사인, 상관관계, 유클리드

(b) $\mathbf{x} = (0, 1, 0, 1)$, $\mathbf{y} = (1, 0, 1, 0)$ 코사인, 상관관계, 유클리드, 자카드

(c) $\mathbf{x} = (0, -1, 0, 1)$, $\mathbf{y} = (1, 0, -1, 0)$ 코사인, 상관관계, 유클리드

(d) $\mathbf{x} = (1, 1, 0, 1, 0, 1)$, $\mathbf{y} = (1, 1, 1, 0, 0, 1)$ 코사인, 상관관계, 자카드

(e) $\mathbf{x} = (2, -1, 0, 2, 0, -3)$, $\mathbf{y} = (-1, 1, -1, 0, 0, -1)$ 코사인, 상관관계

20. 여기서는 코사인과 상관관계 척도를 더 살펴보기로 한다.

(a) 코사인 척도에 대해 가능한 값의 범위는 무엇인가?

(b) 두 객체가 코사인 척도 1을 가지면, 둘은 동일한가? 이를 설명하라.

(c) 코사인 척도와 상관관계에 관계가 존재한다면, 그 관계는 무엇인가? (힌트: 코사인과 상관관계가 동일하거나 상이한 경우의 평균이나 표준 편차와 같은 통계적 척도들을 살펴보아라.)

(d) 그림 2.22(a)는 1의 L2 길이를 갖도록 정규화된 임의로 생성된 100,000개의 점에 대한 코사인 척도와 유클리드 거리의 관계를 보이고 있다. 벡터들이 1의 L2 노름을 가질 때 유클리드 거리와 코사인 유사도 간의 관계에 대해 언급할 수 있는 일반적 관찰 사항은?

(e) 그림 2.22(b)는 평균 0, 표준 편차 1을 갖도록 표준화된 임의로 생성된 100,000개의 점에 대한 상관관계와 유클리드 거리의 관계를 보이고 있다. 벡터들이 평균 0, 표준 편차 1을 갖도록 표준화되었을 때 유클리드 거리와 상관관계 간의 관계에 대해 언급

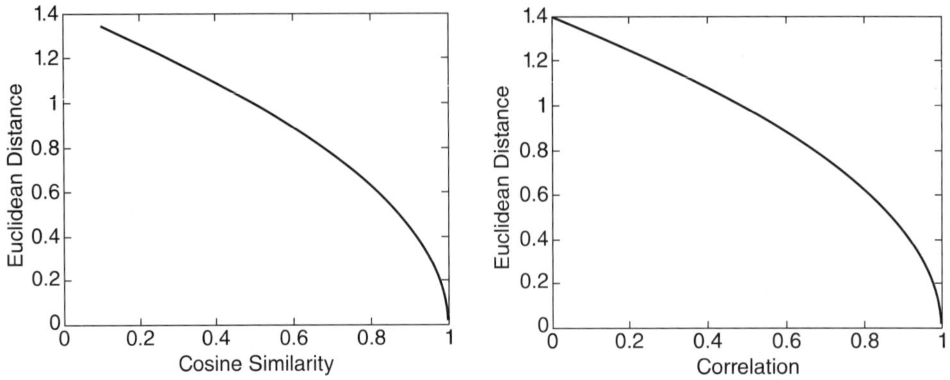

(a) 유클리드 거리와 코사인 척도 간의 관계　　(b) 유클리드 거리와 상관관계 간의 관계

그림 2.22　연습문제 20에 대한 그래프

할 수 있는 일반적 관찰 사항은?

(f) 각 데이터 객체가 1의 L_2 길이를 가질 때, 코사인 유사도와 유클리드 거리 간의 수학적 관계를 유도하라.

(g) 각 데이터 객체가 자신의 평균을 빼고 자신의 표준 편차로 나누어져서 표준화되었을 때, 상관관계와 유클리드 거리간의 수학적 관계를 유도하라.

21. 다음의 차집합 메트릭

$$d(A, B) = size(A - B) + size(B - A) \tag{2.32}$$

가 2.4.3절에서 보인 공리를 만족함을 증명하라. A와 B는 집합이고, $A-B$는 차집합이다.

22. 상관관계 값을 구간 $[-1, 1]$에서 구간 $[0, 1]$로 사상하는 방법을 논의하라. 사용할 변환의 타입은 염두에 둔 응용에 의해 좌우됨에 유의하라. 그러므로, 다음의 두 응용, 즉 시계열을 군집화하는 응용과 다른 시계열이 주어졌을 때 한 시계열의 행위를 예측하는 응용을 고려해 보아라.

23. 구간 $[0, 1]$의 값을 가지는 유사도 척도가 주어졌을 때, 이 유사도 값을 구간 $[0, \infty]$의 비유사도 값으로 변환하는 두 가지 방법을 기술하라.

24. 근접도는 보통 객체의 쌍간에 정의된다.

(a) 객체들의 그룹간의 근접도를 정의할 수 있는 두 가지 방법을 정의하라.
(b) 두 점들의 집합간의 거리를 유클리드 공간에서 정의할 수 있는 방법은?
(c) 데이터 객체의 두 집합간의 근접도를 정의할 수 있는 방법은? (근접도 척도가 임의의 객체 쌍간에 정의된다는 사실을 제외하고는 데이터 객체에 대해 아무런 가정도 하지 말라.)

25. 유클리드 공간에서 점의 집합 S와 S의 각 점에서 점 x까지의 거리가 주어졌다고 하자 ($\mathbf{x} \in S$ 여부는 문제가 되지 않는다).

(a) $\mathbf{y} \neq \mathbf{x}$인 점 $\mathbf{y}$에서 거리 ϵ 이내에 속하는 모든 점을 발견하는 것을 목표라고 할 때, 삼각 부등성과 $\mathbf{x}$에 대해 이미 계산된 거리를 이용하여 필요한 거리 계산 회수를 감소시키는 방법을 설명하라. (힌트: 삼각 부등성 $d(\mathbf{x}, \mathbf{z}) \leq d(\mathbf{x}, \mathbf{y}) + d(\mathbf{y}, \mathbf{x})$는 $d(\mathbf{x}, \mathbf{z}) \geq d(\mathbf{x}, \mathbf{z}) - d(\mathbf{y}, \mathbf{z})$로 고쳐 쓸 수 있다.)
(b) 일반적으로 $\mathbf{x}$와 $\mathbf{y}$간의 거리가 거리 계산의 회수에 영향을 미치는 방법은?
(c) 원래 데이터 집합에서, 데이터 집합의 모든 점들이 S'에 속한 점들 중 최소한 하나와 지정된 거리 ϵ 이내에 존재하는, 점의 작은 부분집합 S'를 구할 수 있다고 하자. 이 정보를 이용하여 최소한의 거리 계산으로 데이터 집합으로부터 지정된 점의 β의 거리 안에 있는 모든 점의 집합을 계산하는 기법을 기술하라.

26. 1에서 자카드 유사도를 뺀 값이 두 데이터 객체 $\mathbf{x}$와 $\mathbf{y}$간의 2.4.3절의 메트릭 공리를 만족하는 거리 척도임을 보여라. 즉 $d(\mathbf{x}, \mathbf{y}) = 1 - J(\mathbf{x}, \mathbf{y})$이다.

27. $\mathbf{x}$와 $\mathbf{y}$의 두 데이터 벡터 간의 각도로 정의된 거리 척도가 2.4.3절의 메트릭 공리를 만족하는 거리 척도임을 보여라. 즉, $d(\mathbf{x}, \mathbf{y}) = \arccos(\cos(\mathbf{x}, \mathbf{y}))$이다.

28. 두 속성간의 근접도 계산이 두 객체간의 유사도 계산 보다 종종 더 단순한 이유를 설명하라.

CHAPTER 3

분류: 기본개념과 기법

인간은 사물을 범주화해서 분류하는 타고난 능력을 갖고 있다. 예를 들어, 스팸 메일을 걸러내는 평범한 일들이나, 좀 더 전문적인 일들로 망원경 영상들에서 천체를 식별해내는 일(그림 3.1) 등이 있다. 이렇게 수동으로 하는 분류 방법은 적은 수의 속성(attribute)을 갖는 작고 단순한 데이터 집합(data set)에 대해서는 충분할 수 있으나, 광범위하고 복잡한 데이터 집합은 자동화된 해법이 필요하다.

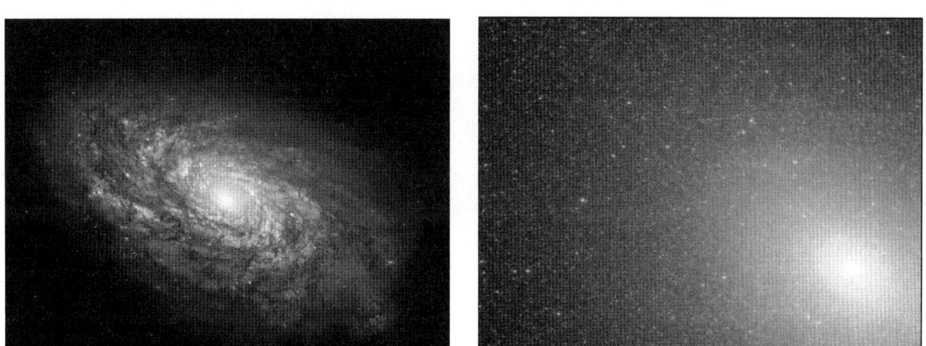

(a) 나선 은하계　　　　(b) 타원 은하계

그림 3.1 은하계의 분류. NASA 웹 사이트에 있는 망원경 영상자료

이 장에서는 분류의 기본 개념들을 소개하고 모델 과잉적합(model overfitting), 모델 선택, 모델 평가와 같은 몇 가지 주요 문제들에 대하여 설명한다. 이러한 주제들은 주로 의사결정 트리 귀납법으로 알려진 분류 기법에 초점을 맞추고 있지만, 대부분의 주제들은 4장에서 주로 다룰 다른 분류 기법들에도 적용될 수 있다.

3.1 기본 개념

그림 3.2는 분류의 기본 아이디어를 나타내고 있다. 분류 작업을 위한 데이터는 인스턴스(레코드)들의 집합으로 구성된다. 각 인스턴스는 투플 $(\mathbf{x}, y)$로 볼 수 있는데, $\mathbf{x}$는 인스턴스를 설명하는 속성 값의 집합(attribute set)이고 y는 그 인스턴스의 클래스 레이블(class label)이다. 속성 집합 $\mathbf{x}$는 어떠한 유형(type)의 속성을 포함해도 가능하지만, 클래스 레이블 y는 범주(category)여야 한다.

분류 모델(Classification Model)은 속성 집합과 클래스 레이블간의 관계에 대한 추상적 표현이다. 다음 두 개의 장에서 보듯이, 이러한 모델은 트리(tree)나 확률 표, 또는 단순히 실수값 매개변수들의 벡터 등 여러 가지 형식으로 표현될 수 있다. 보다 형식적(수학적)으로는 속성 집합 $\mathbf{x}$를 입력으로 하고 대응되는 클래스 레이블 예상치를 출력으로 하는 목표 함수(target function) f로 표현할 수 있다. 이 모델은 "$f(\mathbf{x}) = y$면, 인스턴스 $(\mathbf{x}, y)$를 정확하게 분류한다"고 말한다.

표 3.1은 다양한 분류 작업을 위한 속성 집합과 클래스 레이블의 예를 보여주고 있다. 스팸 필터링과 종양 식별은 각 데이터 인스턴스가 두 가지 클래스 중 하나로 분류될 수 있는 이진 분류(binary classification)의 예이다. 은하수 분류 문제처럼, 클래스 개수가 2보다 클 경우를 다중 클래스 문제라고 한다.

이 장에서는 다음 두 가지 예를 가지고 기본적인 분류 개념을 설명하는데 사용한다.

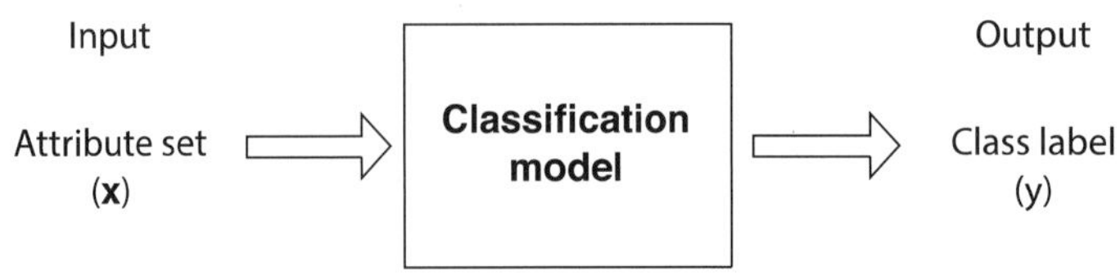

그림 3.2 입력 속성 집합 x를 클래스 레이블 y로 사상하는 분류작업

표 3.1 분류 작업의 예

Task	Attribute set	Class label
Spam filtering	Features extracted from email message header and content	spam or non-spam
Tumor identification	Features extracted from magnetic resonance imaging (MRI) scans	malignant or benign
Galaxy classification	Features extracted from telescope images	elliptical, spiral, or irregular-shaped

예제 3.1 **척추동물 분류**

표 3.2는 척추동물들을 포유류, 파충류, 조류, 어류 또는 양서류로 분류하는 데 이용

표 3.2 척추동물 분류 문제를 위한 표본 데이터

Vertebrate Name	Body Temperature	Skin Cover	Gives Birth	Aquatic Creature	Aerial Creature	Has Legs	Hiber-nates	Class Label
human	warm-blooded	hair	yes	no	no	yes	no	mammal
python	cold-blooded	scales	no	no	no	no	yes	reptile
salmon	cold-blooded	scales	no	yes	no	no	no	fish
whale	warm-blooded	hair	yes	yes	no	no	no	mammal
frog	cold-blooded	none	no	semi	no	yes	yes	amphibian
komodo dragon	cold-blooded	scales	no	no	no	yes	no	reptile
bat	warm-blooded	hair	yes	no	yes	yes	yes	mammal
pigeon	warm-blooded	feathers	no	no	yes	yes	no	bird
cat	warm-blooded	fur	yes	no	no	yes	no	mammal
leopard shark	cold-blooded	scales	yes	yes	no	no	no	fish
turtle	cold-blooded	scales	no	semi	no	yes	no	reptile
penguin	warm-blooded	feathers	no	semi	no	yes	no	bird
porcupine	warm-blooded	quills	yes	no	no	yes	yes	mammal
eel	cold-blooded	scales	no	yes	no	no	no	fish
salamander	cold-blooded	none	no	semi	no	yes	yes	amphibian

되는 표본 데이터 집합이다. 속성 집합에는 체온, 피부, 비행능력 등과 같은 척추동물의 특성들이 포함된다. 이 데이터 집합은 파충류, 조류, 양서류를 비포유류로 불리는 단일 범주로 묶는 포유류 분류(mammal classification)와 같은 이진 분류 작업에 사용될 수도 있다. ■

예제 3.2 **대출자 분류**

어떤 대출자가 빚을 갚을지 또는 채무를 불이행할지를 예측하는 문제에 대하여 생각해보자. 표 3.3은 분류 모델을 만들기 위한 데이터 집합이다. 속성 집합에는 결혼여부와 연봉수준과 같은 채무자의 개인신상 정보를 포함하고 있고, 채무자의 채무 불이행 여부가 클래스 레이블이 된다. ■

분류 모델은 데이터 마이닝에서 두 가지 중요한 역할을 한다. 첫째, 레이블이 없는 인스턴스를 분류하기 위한 **예측 모델**(predictive model)로서 이용된다. 좋은 분류 모델은 빠른 반응 시간에 정확한 예측을 해야 한다. 둘째, 인스턴스들을 서로 다른 클래스로 구별시켜주는 특성들을 찾기 위한 **서술 모델**(descriptive model)로서의 역할이다. 이 역할

표 3.3 대출자 분류 문제를 위한 표본 데이터

ID	Home Owner	Marital Status	Annual Income	Defaulted?
1	Yes	Single	125000	No
2	No	Married	100000	No
3	No	Single	70000	No
4	Yes	Married	120000	No
5	No	Divorced	95000	Yes
6	No	Single	60000	No
7	Yes	Divorced	220000	No
8	No	Single	85000	Yes
9	No	Married	75000	No
10	No	Single	90000	Yes

은 어떻게 그런 결정에 이르렀는지를 정당화하지 않는 예측모델로는 불충분할 경우, 예를 들어 의료 진단과 같은 중요하고 긴급한 응용에 있어서 특히 유용하다.

예를 들면, 표 3.2에 제시된 척추동물 데이터 집합으로부터 유도된 분류 모델은 다음과 같이 척추동물의 클래스 레이블을 예측하는데 사용될 수 있다.

척추동물명칭	체온	피부껍질	분만여부	수생능력	비행능력	다리유무	동면여부	클래스 레이블
길라 몬스터	냉혈	비늘	아니요	아니요	아니요	예	예	?

추가적으로, 이 분류 모델은 어떤 척추동물을 포유류, 파충류, 조류, 어류 또는 양서류로 정의하기 위한 특성 결정을 돕는 서술 모델로 사용될 수 있다. 예를 들어, 이 모델을 이용하여 포유동물을 자식을 분만하는 온혈 척추동물로 구별할 수 있다.

이러한 예제들과 관련해서 몇 가지 짚어 볼만한 것들이 있는데, 첫째는 표 3.2에 주어진 모든 속성들이 정성적(qualitative)임에도 불구하고 예측변수(predictor variable)로 사용되는 속성의 유형에는 어떤 제약도 없다는 것이다. 한편, 클래스 레이블은 명목형(nominal type)이어야 한다. 이것이 예측치가 종종 정량적(quantitative)인 회귀(regression)와 같은 예측 모델링과 분류기법을 구분하는 주요 특징이다. 회귀 기법에 대해서는 부록 D에서 다룬다.

짚어 볼만한 또 다른 점은 모든 속성들이 분류 작업에 연관되는 것은 아니라는 것이다. 예를 들어, 어떤 척추동물의 평균 길이나 무게가 포유류를 분류하기 위해 유용하지 않을 수도 있는데, 왜냐하면 이런 속성들은 포유류와 비포유류 모두에 있는 동일한 값을 나타낼 수 있기 때문이다. 이러한 속성은 일반적으로 전처리(preprocessing)과정에서 제거된다. 나머지 속성들의 경우, 스스로는 클래스를 구별해주지 못할 수 있으며, 다른 속성들과 함께 구분에 사용될 수 있다. 예를 들어, **체온**(Body Temperature) 속성은 포유류를 다른 척추동물과 구별하기에는 불충분하다. 체온이 **분만여부**(Gives Birth)와 함께 사용될 때, 포유류의 분류는 훨씬 향상된다. 하지만 **피부껍질**(Skin Cover)과 같은 속성이 추가되었을 경우에는 지나치게 세세해서 더 이상 모든 포유류들을 커버하지 못한다. 인스턴스들을 다른 클래스들과 가장 잘 구별하기 위한 최적의 속성 조합을 찾는 일이 분류 모델을 구축하는 데 있어서 주요 도전과제이다.

3.2 분류를 위한 일반적인 구조

분류는 레이블이 없는 데이터 인스턴스에 레이블을 붙이는 작업이며, 그러한 작업을 수행하기 위하여 **분류기**(classifier)가 사용된다. 분류기는 전 장에서 예시된 것처럼 어떤 모델과 관련되어 주로 설명된다. 이 모델은 각 인스턴스에 클래스 레이블과 함께 속성값을 포함하는 **훈련 집합**(training set)이라 부르는 주어진 인스턴스들의 집합을 이용하여 생성된다. 주어진 훈련 집합에 대하여 분류 모델을 학습하는 체계적 접근방법을 **학습 알고리즘**(learning algorithm)이라고 한다. 훈련 집합으로부터 분류 모델을 만들기 위하여 학습 알고리즘을 이용하는 과정을 **귀납**(induction)이라고 한다. 이 과정은 종종 "모델을 학습" 또는 "모델을 구축"하는 과정으로 묘사되기도 한다. 드러나지 않은 시험 인스턴스들에 대하여 클래스 레이블을 예측하기 위하여 분류 모델을 적용하는 과정을 **연역**(deduction)이라고 한다. 따라서 분류 과정은 모델을 학습하기 위해 훈련 데이터에 학습 알고리즘을 적용하는 과정, 그리고 그 모델을 적용하여 레이블이 없는 인스턴스들에 레이블을 붙이

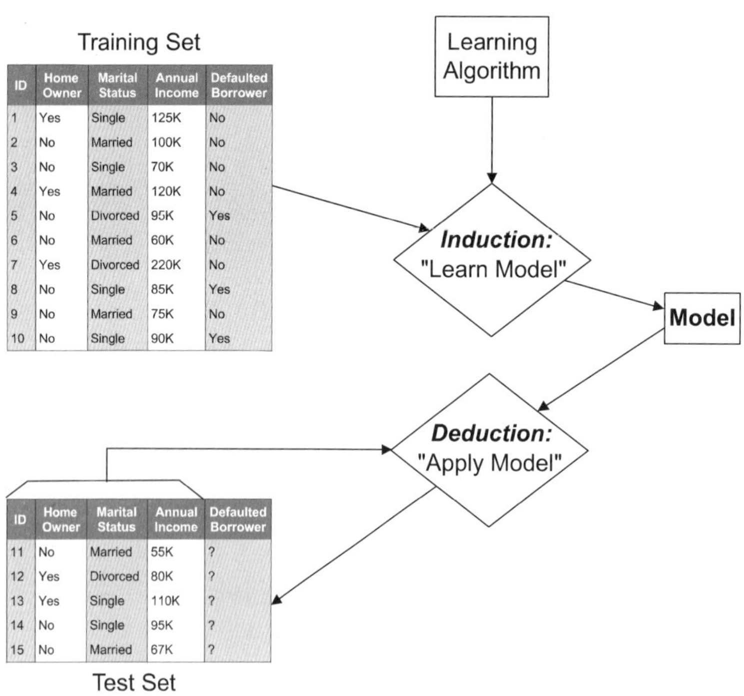

그림 3.3 분류 모델 구축을 위한 일반적 구조

는 과정, 두 단계로 구성된다. 그림 3.3은 분류를 위한 일반적 구조를 보여준다.

분류 기법(classification technique)은 이 장에서 다룰 의사결정 트리(decision tree) 기법과 같은 일반적인 분류 접근방법을 말한다. 이 분류 기법은 다른 기법들과 마찬가지로 연관된 모델들의 집합과 이 모델들을 학습하기 위한 다수의 알고리즘들로 구성된다. 4장에서는 신경망(neural network)과 지지도 벡터 기계(support vector machine)를 포함한 추가적인 분류 기법에 대하여 다루게 된다.

용어들에 대하여 정리해 보면, 먼저, "분류기"와 "모델"은 종종 동의어로 간주된다. 만일 분류 기법이 단일하고 보편적인 모델을 구축한다면 문제가 없으나, 모든 모델마다 하나의 분류기를 정의하더라도 모든 분류기가 단일한 모델의 의해 정의되는 것은 아니다. k-인접 이웃(k-nearest neighbor) 분류기 같은 분류기들은 명시적 모델(explicit model)을 만들지 않는다(4.3절). 반면에 앙상블 분류기(ensemble classifier) 같은 분류기들은 여러 모델들의 출력을 조합한다(4.10절). 두 번째로, "분류기"라는 용어는 일반적으로 분류기법이란 의미로 더 자주 사용된다. 예를 들어 "의사결정 트리 분류기"가 하나의 의사결정 트리 분류기법이나, 혹은 이 기법을 이용하여 구축된 특정한 분류기를 말하기도 한다. 어쩔 수 없이 "분류기"의 의미는 문맥에 따라 판단할 수밖에 없다.

그림 3.3의 일반적 구조에서 귀납과 연역의 단계들은 분리해서 수행되어야 한다. 나중에 3.6절에서 논의하겠지만, 사실상 훈련 집합과 시험 집합은 귀납적으로 유도된 모델이 전에 다루보지 않은 인스턴스들의 클래스 레이블을 정확하게 예측하는 것을 보장하기 위해서 서로 독립적이어야 한다. 이러한 예측력을 전달하는 모델을 좋은 **일반화 성능**(generalization performance)을 갖고 있다고 말한다. 모델(분류기)의 성능은 인스턴스들의 실제 레이블에 대하여 예측된 레이블을 비교하여 평가할 수 있다.이 정보는 **혼동 행렬**(confusion matrix)이라 부르는 테이블로 요약된다. 표 3.4는 이진 분류 문제를 위한 혼동 행렬을 보여주고 있다. 표에서 f_{ij}는 클래스 j로 예측된 클래스 i인 인스턴스들의

표 3.4 2진 분류 문제를 위한 혼동 행렬

		Predicted Class	
		Class = 1	Class = 0
Actual Class	Class = 1	f_{11}	f_{10}
	Class = 0	f_{01}	f_{00}

수를 나타낸다.

예를 들어 f_{01}은 클래스 1로 잘못 예측된 클래스 0인 인스턴스들의 수이다. 이 모델에 의하여 정확하게 예측된 레코드들의 총수는 $(f_{11}+f_{00})$이고, 부정확한 예측은 $(f_{10}+f_{01})$개이다.

비록 혼동 행렬이 분류 모델이 얼마나 잘 수행되는지를 결정하는 데 필요한 정보를 제공해 주지만, 이 정보를 하나의 숫자로 요약한다면 서로 다른 모델들의 성능을 비교하기가 더 편리할 것이다. 이것은 **정확도**(accuracy)와 같은 **성능 메트릭**(performance metric)을 이용함으로써 가능하다. 정확도는 다음과 같이 계산된다.

$$\text{정확도} = \frac{\text{정확한 예측 개수}}{\text{총 예측 개수}} \tag{3.1}$$

이진 분류 문제를 위한 모델의 정확도는 다음과 같다.

$$\text{정확도} = \frac{f_{11}+f_{00}}{f_{11}+f_{10}+f_{01}+f_{00}} \tag{3.2}$$

마찬가지로 한 모델의 성능은 그것의 **오류율**(error rate)로 표현될 수 있다. 이진 분류 문제에 대한 오류율은 다음과 같이 정의된다.

$$\text{오류율} = \frac{\text{부정확한 예측 개수}}{\text{총 예측 개수}} = \frac{f_{10}+f_{01}}{f_{11}+f_{10}+f_{01}+f_{00}} \tag{3.3}$$

대부분의 분류 기법 학습 알고리즘은 시험 집합에 적용될 때 최고의 정확도, 즉 최저의 오류율에 도달하는 모델들을 학습하도록 설계되어 있다. 모델 평가에 관한 주제는 3.6장에서 다시 다루게 된다.

3.3 의사결정 트리 분류기(Decision Tree Classifier)

이 절에서는 **의사결정 트리** 분류기로 알려진 단순한 분류 기법에 대하여 소개한다. 의사결정 트리가 어떻게 작동하는지 보기위해서, 표 3.2에 있는 척추동물 데이터를 이용하여 포유류와 비포유류를 구별하는 분류 문제를 생각해 보자. 과학자들이 새로운 종을 발견하였다고 가정해 보자. 우리는 어떻게 그것이 포유류인지 비포유류인지 구별할 수 있는가? 한 가지 접근방법은 그 종의 특성들에 관하여 일련의 질문을 던져보는 것이다. 우리가 할 수 있는 첫 번째 질문은 그것이 냉혈인지 온혈인지 묻는 것이다. 냉혈동물이면 분명히 포유류가 아니다. 그렇지 않다면, 그것은 조류이거나 포유류이다. 후자의 경우, 다음과 같은 후속질문이 필요하다: 그 종의 암컷들은 새끼를 분만하는가? 분만하지 않는 것은 비포유류일 가능성이 크고(오리너구리나 바늘두더지처럼 알을 낳는 포유류는 예외), 분만한다면 분명히 포유류이다.

이 예는 시험 인스턴스의 속성들에 관한 신중히 준비된 일련의 질문들을 통하여 우리가 어떻게 분류 문제를 해결할 수 있는지 보여준다. 대답을 받을 때마다, 그 레코드의 클래스 레이블에 대한 결론에 도달할 때까지 후속 질문이 이어진다. 이러한 일련의 질문들과 가능한 대답들은 의사결정 트리라고 부르는 계층적 구조로 구성될 수 있다. 그림 3.4는 포유류 분류 문제를 위한 의사결정 트리를 보여주고 있다. 트리는 3종류의 노드를 갖는다:

- 입력 간선은 없고, 0개 이상의 출력 간선을 갖는 **루트 노드**(root node)
- 정확히 하나의 입력 간선과 두 개 이상의 출력 간선을 갖는 **내부 노드**(internal node)
- 정확히 하나의 입력 간선을 갖고, 출력 간선은 없는 **리프** 또는 **단말 노드**(leaf or terminal node)

의사결정 트리에서 각 리프 노드에는 하나의 클래스 레이블이 붙는다. 루트와 다른 내부 노드들을 포함하는 **비단말 노드**(non-terminal node)들에는 주로 단일 속성으로 정의되는 **속성 시험조건**(attribute test condition)들이 들어간다. 속성 시험조건의 가능한 결과는 이 노드의 정확히 하나의 자식 노드와 연관된다. 예를 들어, 그림 3.4의 루트 노드는 온혈과 냉혈 척추동물 두 가지 결과를 갖는 속성 시험조건을 정의하기 위하여 속성 **체온**(Body Temperature)을 사용하며, 결과적으로 두 개의 자식 노드를 갖는다.

일단 의사결정 트리가 구축되면, 하나의 시험 인스턴스를 분류하는 것은 간단하다. 루트 노드에서 시작해서 시험조건을 적용하여 시험결과에 따라 적절한 가지를 따라간다. 그러면 또 다른 내부 노드에 이르러 새로운 시험조건이 적용되거나, 아니면 리프 노드에 도달하게 된다. 일단 리프 노드에 도달하게 되면, 그 노드에 연관된 클래스 레이블이 시

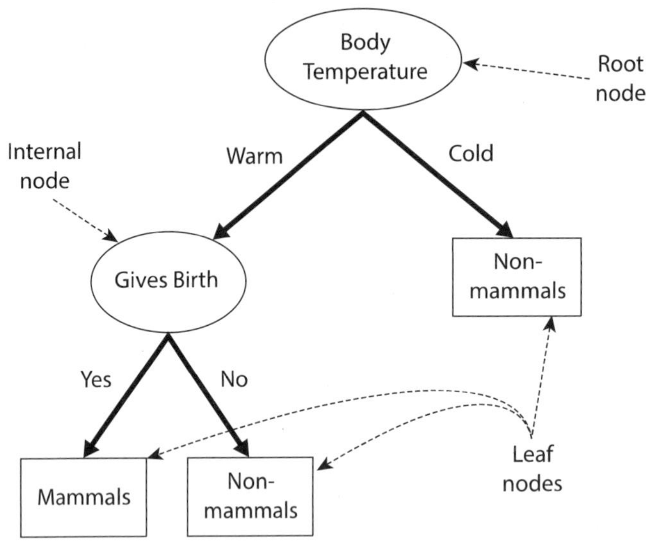

그림 3.4 포유류 분류 문제를 위한 의사결정 트리

험 인스턴스에 지정된다. 하나의 예로서 그림 3.5는 의사결정 트리에서 플라밍고의 클래스 레이블을 예측하는 경로를 보여주고 있다. 이 경로는 **비포유류**(Non-mammals) 레이블이 붙은 리프 노드에서 끝난다.

3.3.1 기본적인 의사결정 트리 구축 알고리즘

특정한 데이터 집합으로부터 많은 의사결정트리가 구축가능하다. 어떤 트리들은 다른 것들에 비하여 더 우수하지만, 최적의 트리를 찾는 것은 탐색 공간의 기하급수적인 크기 때문에 계산적으로 많은 비용이 소요된다. 비록 차선이지만 상당히 정확한 의사결정 트리를 적당한 시간 내에 유도하는 효율적인 알고리즘들이 개발되었다. 이러한 알고리즘들은 훈련 데이터를 분할하기 위하여 어떤 속성을 사용할 것인가에 대하여 톱다운 방식을 사용하여 국지적으로 최적인 일련의 의사결정을 내림으로써 의사결정 트리를 키워나가는 **탐욕적 전략**(greedy strategy)을 주로 이용한다. 초창기 기법 중의 하나로 **헌트 알고리즘**(Hunt's algorithm)이 있는데, ID3, C4.5와 CART 등을 포함하여 현존하는 수많은 의사결정 트리 분류기 구현방법의 기초가 되고 있다. 이 절은 헌트 알고리즘에 대하여 소개하고, 의사결정 트리 구축 시 고려해야 하는 몇 가지 설계에 관한 이슈들을 다룬다.

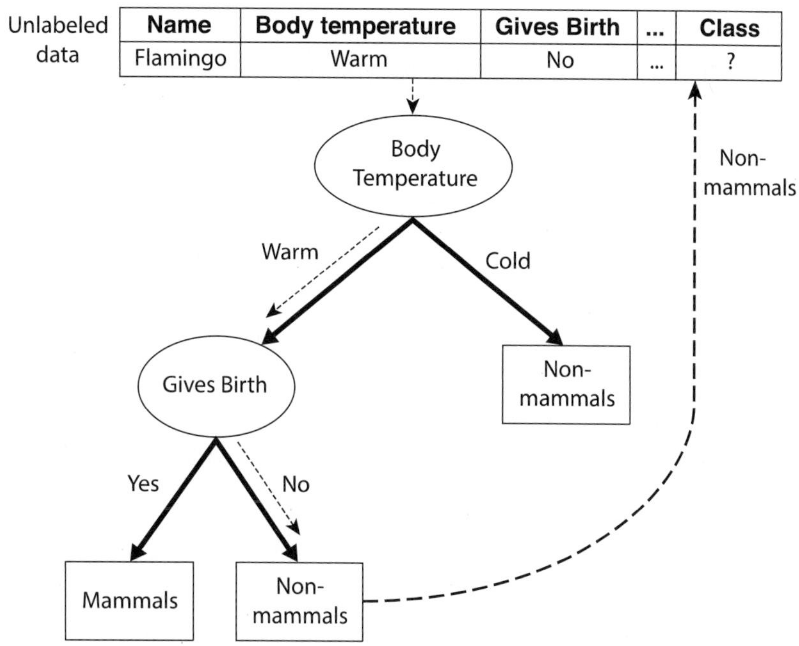

그림 3.5 레이블이 없는 척추동물 분류하기. 파선들은 레이블이 없는 척추동물에 대하여 여러 가지 속성 시험조건들을 적용한 결과들을 나타낸다. 이 척추동물은 마지막에 '비포유류' 클래스로 지정된다.

헌트 알고리즘

헌트 알고리즘에서 의사결정 트리는 재귀적 방식으로 성장한다. 처음에 트리는 훈련 인스턴스들 모두가 연관된 단일한 루트 노드만을 포함한다. 만일 노드가 하나 이상의 클래스에 속하는 인스턴스들과 연관된다면, **분할 기준**(splitting criterion)에 따라 결정되는 속성 시험조건을 사용하여 확장된다. 이 속성 시험조건의 각각의 결과에 대해 하나의 자식 리프 노드가 생성되고 부모 노드와 연관되는 인스턴스들은 시험 결과에 따라서 자식 노드들에게 분산된다. 이 노드 확장 단계는 각 자식 노드가 하나 이상의 클래스에 속하는 레이블들을 갖는 한 계속 재귀적으로 적용된다. 만일 리프 노드와 연관된 모든 인스턴스들이 동일한 클래스 레이블 갖게 될 경우, 그 노드는 더 이상 확장되지 않는다. 각 리프 노드는 그 노드와 연관된 훈련 인스턴스들에서 가장 빈번히 발생하는 하나의 클래스 레이블에 배정된다.

헌트 알고리즘이 어떻게 작동하는지 예를 들어 알아보기 위하여, 표 3.3에 있는 대출자 분류 문제를 위한 훈련 집합을 생각해 보자. 이 트리는 그림 3.6(a)에서 보듯이 처음에 하나의 리프 노드만을 갖는다. 이 노드는 대부분이 성공적으로 대출금을 갚은 것을 의미하는 클래스 레이블 `Defaulted = No`를 갖는다. 10개의 훈련 인스턴스 중에 3개가 클래스 레이블 `Defaulted = Yes`이므로, 이 트리의 훈련 오류는 30%이다. 즉, 하나 이상의 클래스에 속하는 훈련 인스턴스들을 포함하므로, 이 리프 노드는 더 확장될 수 있다.

`Home Owner`를 이 훈련 인스턴스들을 분할하기 위해 선택된 속성이라고 하자. 왜 이 속성을 속성 시험조건으로 선택했는지는 나중에 논의하기로 한다. `Home Owner` 속성에 대한 이진 분할의 결과가 그림 3.6(b)에 있다. `Home Owner = Yes`인 모든 훈련 인스턴스들은 루트 노드의 왼쪽 자식으로 파급되고, 나머지는 오른쪽 자식으로 가게 된다. 이후 각 자식 노드에 헌트 알고리즘이 재귀적으로 적용된다. 왼쪽 자식은 이 노드와 관련된 모든 인스턴스들이 동일한 클래스 레이블 `Defaulted = No`를 가지므로, 레이블이 `Defaulted = No`인 리프 노드가 된다. 오른쪽 자식은 각 클래스 레이블에 속하는 인스턴스들을 가지므로 더 분할된다. 그림 3.6(c)와 (d)는 오른쪽 자식이 재귀적으로 확장된

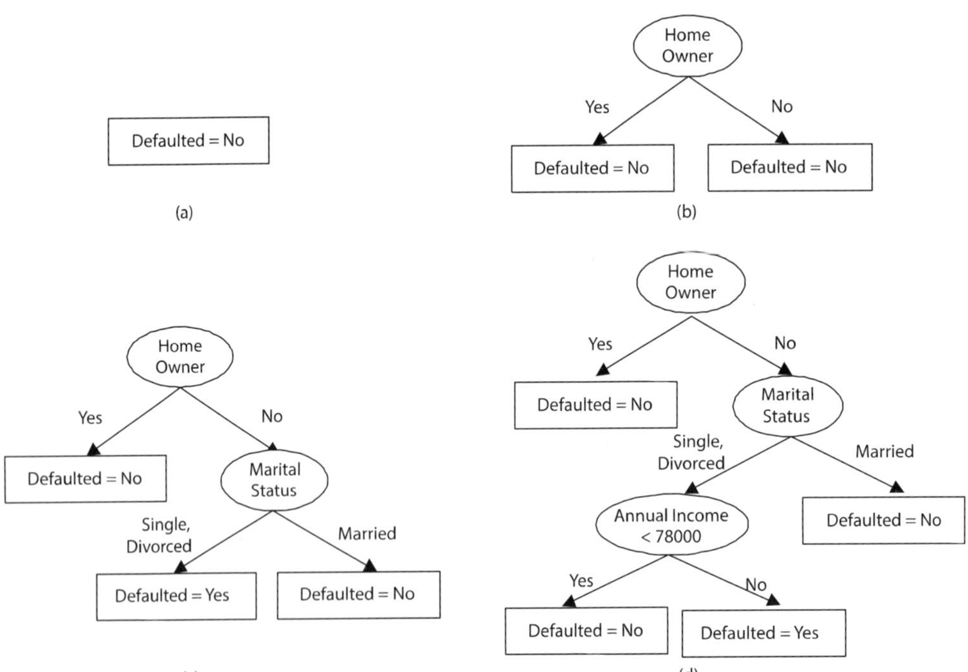

그림 3.6 의사결정 트리 구축을 위한 헌트 알고리즘

결과 서브트리를 보여주고 있다.

헌트 알고리즘은 위에서도 언급했듯이, 실제 상황에서 사용되기에는 비현실적인 단순화 가정들을 포함하고 있다. 이러한 가정들에 대하여 설명하고, 이 경우들을 다루기 위한 몇 가지 방안에 대하여 논의한다.

1. 헌트 알고리즘에 의해 생성된 일부 자식 노드들은 어떤 훈련 인스턴스도 그 노드와 연관된 속성 값을 갖지 않을 경우, 빈(empty) 노드일 수 있다. 이 경우, 부모 노드와 연관된 훈련 인스턴스들 중에 가장 빈번한 클래스 레이블을 갖는 리프 노드로 선언해서 해결할 수 있다.

2. 어떤 노드와 연관된 모든 훈련 인스턴스들이 클래스 레이블은 다르나 동일한 속성 값을 갖는 경우에는 이 레코드들을 더 이상 분할 할 수 없다. 한 가지 해결 방안은 이 노드를 리프 노드로 선언하고, 이 노드와 연관된 훈련 인스턴스들 중에 가장 빈번한 클래스 레이블을 배정하는 것이다.

의사결정 트리 귀납의 설계관련 문제들

헌트 알고리즘은 의사결정 트리를 탐욕적(greedy) 방법으로 만들어 나가는 일반적인 절차이다. 이 알고리즘의 구현을 위해서는 다음의 두 가지 중요한 문제에 대하여 다루어야 한다.

1. **분할기준이 무엇인가?** 각각의 재귀 단계마다, 하나의 노드와 연관된 훈련 인스턴스들을 그 자식 노드들과 연관된 더 작은 부분집합들로 분할하기 위해 하나의 속성을 선택해야 한다. 분할기준은 어떤 속성을 시험조건으로 선택할지와 훈련 인스턴스들을 자식 노드에 어떻게 분배할지를 결정한다. 이 문제는 3.3.2와 3.3.3절에서 다룬다.

2. **정지기준(stopping criterion)은 무엇인가?** 알고리즘은 기본적으로 그 노드와 연관된 모든 훈련 인스턴스들이 같은 클래스 레이블을 갖거나, 동일한 속성 값들을 가질 때만 노드 성장을 정지한다. 물론 이 두 가지 조건들이 알고리즘을 정지시키기 위하여 충분한 조건들이지만, 트리 성장 절차를 좀 더 일찍 끝내기 위하여 다른 기준을 부여할 수 있다. 이 과정을 조기 종료(early termination)라고 하며, 한 노드가

확장을 멈추어야 할 때를 결정하기 위해 사용되는 조건을 정지기준이라 부른다. 조기종료의 이점에 대해서는 3.4절에서 논의한다.

3.3.2 속성 시험조건 표현 방법

의사결정 트리 귀납 알고리즘은 속성 시험조건 및 그에 대응하는 여러 다른 속성 유형에 대한 결과들을 표현하는 방법을 제공해야 한다.

이진 속성(Binary Attributes) 이진 속성을 위한 시험조건은 그림 3.7에서 보듯이 두 개의 잠재적 결과를 생성한다.

명목형 속성(Nominal Attributes) 명목형 속성은 많은 값들을 가질 수 있으므로, 시험조건은 그림 3.8에서처럼 두 가지 방식으로 표현될 수 있다. 다중 분할(그림 3.8(a))의 경우, 결과의 개수는 해당 속성이 갖는 별개 값들의 수에 의존한다. 예를 들어, 혼인상태와 같은 어떤 속성이 3개의 다른 값들-독신, 기혼 또는 이혼-을 갖는다면 그 시험조건은 3중 분할을 생성한다. 한편 CART와 같은 몇몇 의사결정 트리 알고리즘들은 k개의 속성 값들에 대한 이진 분할을 만드는 $2^{k-1}-1$가지의 모든 경우를 고려한 이진 분할들만을 생성한다. 그림 3.8(b)는 결혼 상황에 대한 속성 값들을 두 개의 부분집합으로 묶는 세 가지 다른 방법들을 보여주고 있다.

서열형 속성(Ordinal Attributes) 서열형 속성도 이진 또는 다중 분할을 생성할 수 있다. 서열형 속성 값들은 속성 값들의 서열적 특성에 위배되지 않는 범위에서 그룹으로 묶일 수 있다. 그림 3.9는 `Shirt Size` 속성에 따라서 훈련 인스턴스들을 분할하는 여러 가지

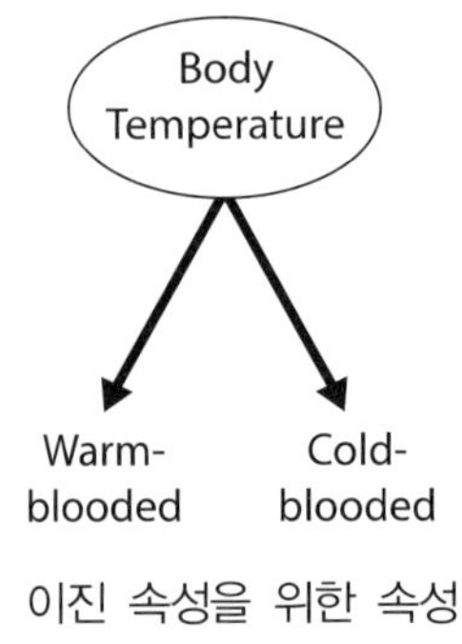

그림 3.7 이진 속성을 위한 속성 시험조건

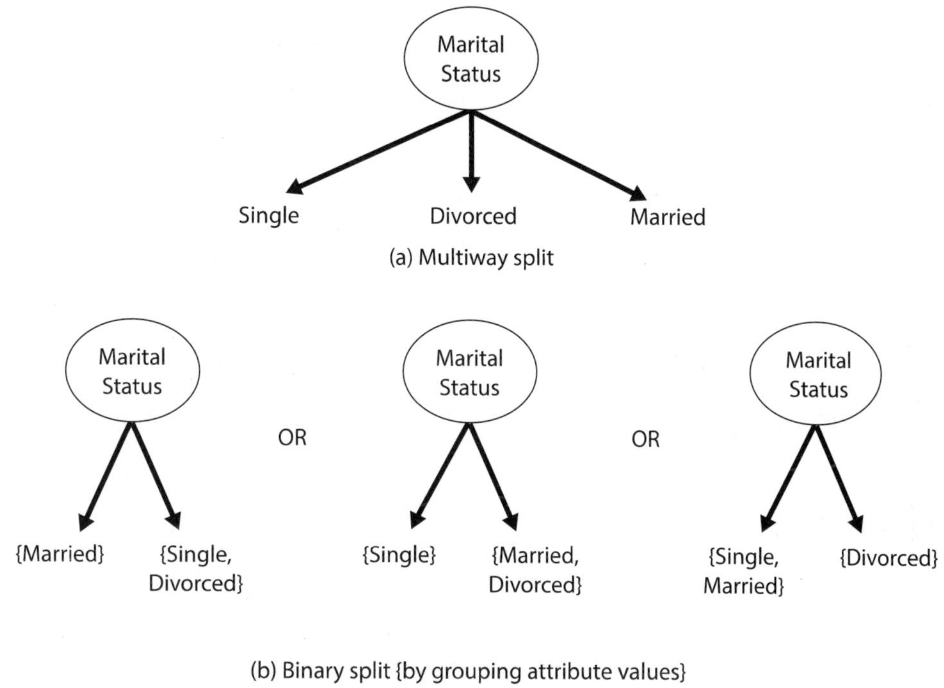

그림 3.8 명목형 속성을 위한 속성 시험조건

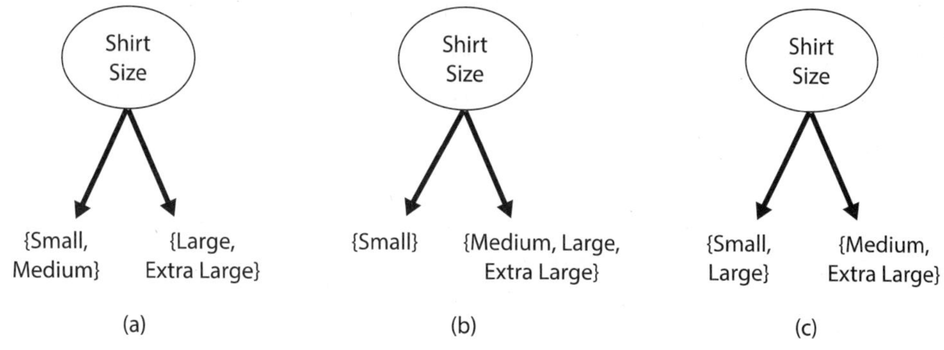

그림 3.9 서열형 속성 값들을 묶는 여러 방법들

방법을 보여주고 있다. 그림 3.9(a)와 (b)에 있는 그룹 묶기는 속성 값들 사이의 순서를 유지하고 있지만, 그림 3.9(c)에 있는 그룹 묶기는 `Small`과 `Large`를 같은 그룹으로 묶고 `Medium`과 `Extra Large`를 또 다른 그룹으로 묶고 있기 때문에 서열적 특성을 위반하고 있다.

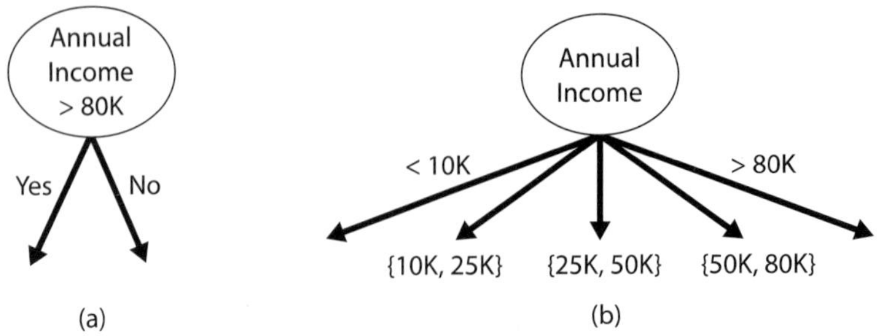

그림 3.10 연속형 속성을 위한 시험조건

연속형 속성(Continuous Attributes) 연속형 속성의 경우 시험조건은 이진 분할을 생성하는 비교 시험(예를 들어, $A < v$), 또는 $i=1, ..., k$에 대하여 $v_i \le A < v_{i+1}$ 형태의 결과를 갖는 범위 질의(range query)로서 표현될 수 있다. 그림 3.10은 이러한 방법들 간의 차이를 보여주고 있다. 이진 분할의 경우, 훈련 데이터에 있는 최소와 최대 속성값 사이의 어떤 값 v라도 비교시험 $A < v$를 구성하기 위해 사용될 수 있다. 하지만 훈련 집합에 있는 뚜렷이 구별되는 속성값을 분할기준 후보로 고려하는 것으로도 충분하다. 다중 분할의 경우, 속성값들이 상호 배타적이고, 훈련 집합 안에서 관찰된 최솟값과 최댓값 사이에 있는 속성값들의 전체 범위를 커버하기만 하면, 어떤 속성값 범위들의 모임이라도 가능하다. 다중 분할을 구성하기 위한 한 가지 접근 방법은 2.3.6절에 있는 이산화(discretization) 전략을 적용하는 것이다. 이산화된 후에는 새로운 서수 값이 각각의 이산화된 구간에 할당되고, 이후 이 새롭게 구성된 서열형 속성을 사용하여 속성 시험기준이 정의된다.

3.3.3 속성 시험조건 선택 척도

속성 시험조건의 우수성을 결정하기 위해 사용가능한 여러 가지 척도들이 있다. 이러한 척도들은 훈련 인스턴스들을 자식 노드들 중에서 대부분 동일한 클래스 레이블을 갖는 더 **깨끗한**(purer) 부분 집합으로 분할해주는 속성 시험조건을 선호한다. 더 깨끗한 노드를 갖는 것이 좋은 이유는 모든 훈련 인스턴스들이 동일한 클래스인 노드는 더 이상 확장될 필요가 없기 때문이다. 반면에 여러 클래스들에 속하는 훈련 인스턴스들을 포함하는 깨끗하지 않은(impure) 노드는 여러 단계의 노드확장이 필요할 가능성이 높아서 트리의 깊이가 매우 커지기 쉽다. 트리 크기가 너무 크면, 드러나지 않은 인스턴스들에 대한 분류 성능을 저하시킬 수 있는 조건인 모델 과잉적합(model overfitting)에 대하여 더 민감해지게 된다. 과잉적합에 대해서는 3.4절에서 논의한다. 또한, 큰 트리는 작은 트리에 비하여 해석이 쉽지 않고 더 많은 훈련 및 시험 시간을 발생시킨다.

이제 한 노드에 대하여 최선의 속성 시험조건을 찾는데 사용될 노드 불순도(impurity)와 그 자식 노드들의 불순도 총합을 측정하는 여러 방법들에 대해서 알아본다.

단일 노드에 대한 불순도 척도

노드의 불순도는 클래스 레이블이 일반적인 보통 노드에 속하는 데이터 인스턴스에 대하여 얼마나 다른지를 측정한다. 다음은 노드 t의 불순도를 평가하기 위해 사용될 수 있는 척도들의 예이다.

$$\text{Entropy} = -\sum_{i=0}^{c-1} p_i(t)\log_2 p_i(t) \tag{3.4}$$

$$\text{Gini index} = 1 - \sum_{i=0}^{c-1} p_i(t)^2 \tag{3.5}$$

$$\text{Classification error} = 1 - \max_i [p_i(t)] \tag{3.6}$$

여기서 $p_i(t)$는 노드 t에서 클래스 i에 속하는 훈련 인스턴스들의 상대 빈도이고, c는 클래스 개수이다. 엔트로피 계산에서 $0\log_2 0 = 0$이다. 이 세 가지 척도 모두 노드가 단일 클래스 인스턴스만 포함한다면 불순도는 0이고, 여러 클래스에 속하는 인스턴스들이 같은 비율이면 불순도는 최대치가 된다.

그림 3.11은 이진 분류 문제가 적용되었을 경우 불순도 척도의 상대적 크기를 비교하고 있다. 두 가지 클래스만 있으므로 $p_0(t) + p_1(t) = 1$이다. 수평 축 p는 두 클래스 중 하나에 속하는 인스턴스들의 분수를 나타낸다. 세 가지 척도 모두 클래스 분포가 균일할 때(즉, $p_0(t) = p_1(t) = 0.5$일 때) 최댓값에 도달하는 것을 알 수 있다. 척도들의 최솟값은 모든 레코드들이 같은 클래스에 속할 경우에(즉, $p_0(t)$ 또는 $p_1(t)$가 1일 때) 이르게 된다. 이제 클래스 분포를 변경했을 때, 어떻게 불순 척도 값들이 변하는지 다음 예를 통해 확인해 보자.

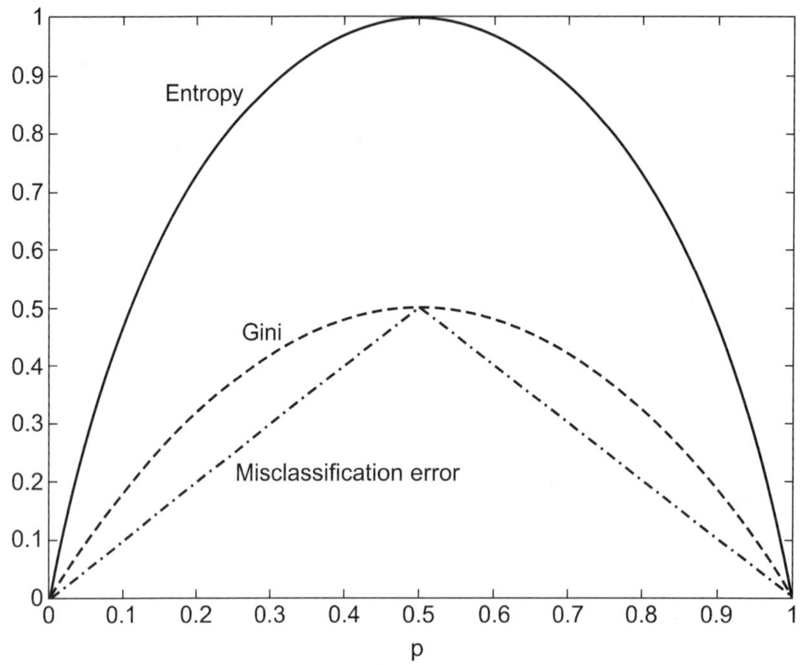

그림 3.11 이진 분류 문제를 위한 불순 척도들 간의 비교

Node N_1	Count
Class=0	0
Class=1	6

Gini $= 1 - (0/6)^2 - (6/6)^2 = 0$

Entropy $= -(0/6)\log_2(0/6) - (6/6)\log_2(6/6) = 0$

Error $= 1 - \max[0/6, 6/6] = 0$

Node N_2	Count
Class=0	1
Class=1	5

Gini $= 1 - (1/6)^2 - (5/6)^2 = 0.278$

Entropy $= -(1/6)\log_2(1/6) - (5/6)\log_2(5/6) = 0.650$

Error $= 1 - \max[1/6, 5/6] = 0.167$

Node N_3	Count
Class=0	3
Class=1	3

Gini $= 1 - (3/6)^2 - (3/6)^2 = 0.5$

Entropy $= -(3/6)\log_2(3/6) - (3/6)\log_2(3/6) = 1$

Error $= 1 - \max[3/6, 3/6] = 0.5$

이 계산들에 의하면 노드 N_1이 가장 낮은 불순도 값을 가지며, 그 다음이 N_2와 N_3이다. 이 예는 그림 3.11과 함께 불순 척도들 사이의 일관성을 보여주고 있다. 즉, 노드

N_1이 노드 N_2보다 낮은 엔트로피를 갖는다면 N_1의 Gini 지수와 오류율도 역시 N_2보다 낮을 것이다. 이러한 일관성에도 불구하고, 분할기준으로 선택된 속성은 불순 척도의 선택에 따라서 다를 수 있다(연습문제 6번).

자식 노드들의 불순도 합

N개의 훈련 인스턴스를 포함하는 노드를 k개의 자식들, $\{v_1, v_2, \ldots, v_k\}$로 분할하는 속성 시험조건을 생각해 보자. 여기서 모든 자식 노드들은 속성 시험조건의 k개 결과값 중 하나에서 나온 데이터의 한 부분을 나타낸다. $N(v_j)$를 불순도 값이 $I(v_j)$인 자식 노드 v_j와 연관된 훈련 인스턴스의 개수라고 하자. 부모 노드에 있는 한 훈련 인스턴스는 $N(v_j)/N$의 분수 회수만큼 노드 v_j에 도달하므로, 자식 노드들의 불순도 합은 다음과 같이 자식 노드들의 불순도 가중합(weighted sum)으로 계산할 수 있다.

$$I(\text{children}) = \sum_{j=1}^{k} \frac{N(v_j)}{N} I(v_j) \tag{3.7}$$

예제 3.3 **가중 엔트로피**

그림 3.12(a)와 (b)에 있는 대출 신청자 분류 문제에 대한 후보 속성 시험조건들을 살펴보자. `Home Owner` 속성이 분할되어 두 개의 자식노드가 생성되고, 가중 엔트로피는 다음과 같이 계산된다.

$$I(\texttt{Home Owner = yes}) = -\frac{0}{3}\log_2\frac{0}{3} - \frac{3}{3}\log_2\frac{3}{3} = 0$$

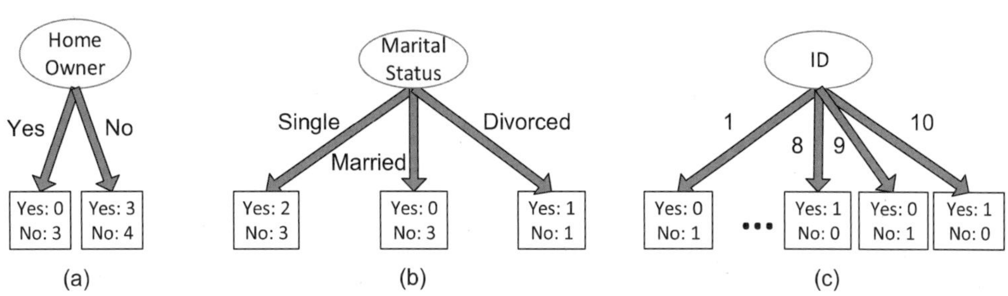

그림 3.12 후보 속성 시험조건의 예

$$I(\texttt{Home Owner = no}) = -\frac{3}{7}\log_2\frac{3}{7} - \frac{4}{7}\log_2\frac{4}{7} = 0.985$$

$$I(\texttt{Home Owner}) = \frac{3}{10}\times 0 + \frac{7}{10}\times 0.985 = 0.690$$

한편 Marital Status에 대하여 분할하면 세 개의 자식 노드가 되며 가중 엔트로피는 다음과 같다.

$$I(\texttt{Marital Status = Single}) = -\frac{2}{5}\log_2\frac{2}{5} - \frac{3}{5}\log_2\frac{3}{5} = 0.971$$

$$I(\texttt{Marital Status = Married}) = -\frac{0}{3}\log_2\frac{0}{3} - \frac{3}{3}\log_2\frac{3}{3} = 0$$

$$I(\texttt{Marital Status = Divorced}) = -\frac{1}{2}\log_2\frac{1}{2} - \frac{1}{2}\log_2\frac{1}{2} = 1.000$$

$$I(\texttt{Marital Status}) = \frac{5}{10}\times 0.971 + \frac{3}{10}\times 0 + \frac{2}{10}\times 1 = 0.686$$

따라서 Marital Status가 Home Owner보다 낮은 가중 엔트로피를 갖는다. ■

최선의 속성 시험조건 식별하기

속성 시험조건의 우수성을 알기 위해서는 부모 노드(분할 전)의 불순도와 자식 노드들(분할 후)의 가중 불순도를 비교할 필요가 있다. 그 차이가 크면 클수록 시험조건은 더 양호하다. 속성 시험조건의 순도 **이득(gain)**이라고도 부르는 이 차이, Δ는 다음과 같이 정의된다.

$$\Delta = I(\text{parent}) - I(\text{children}) \tag{3.8}$$

여기서 $I(\text{parent})$는 분할 전 노드의 불순도이고, $I(\text{children})$은 분할 후의 가중 불순 척도다. 이 이득은 위에서 제시된 것과 같은 어떤 적절한 척도에 대해서도 $I(\text{parent}) \geq I(\text{children})$이므로 음수가 아니다. 이득이 크면 클수록 부모 노드에 상대적인 자식 노드들의 클래스는 더 깨끗하다. 의사결정 트리 학습 알고리즘에서의 분할 기준은 최대 이득을 나타내는 속성 시험조건을 선택한다. 주어진 노드에서의 이득의 극대화는 $I(\text{parent})$가 모든 후보 속성 시험조건에 대하여 동일하므로 가중 불순 척도를 최소화하는 것과 같다는 것에 주목하자. 마지막으로, 엔트로피가 불순 척도로 사용될 경우, 엔트로피의 차이를 보통 **정보 이득**(information gain) Δ_{info}라고 한다.

다음은 정성적 또는 정량적 속성에 대한 최선의 속성 시험조건 찾는 방법들이다.

정성적 속성의 분할

정성적 속성인 `Home Owner`와 `Marital Status`와 관련된 그림 3.12의 처음 두 개의 후보 분할을 고려하자. 부모 노드에서의 최초 클래스 분배는 훈련 데이터에 클래스 `Yes` 인스턴스는 3개, 클래스 `No` 인스턴스는 7개가 있으므로 (0.3, 0.7)이다. 따라서 다음과 같다.

$$I(\text{Parent}) = -\frac{3}{10}\log_2\frac{3}{10} - \frac{7}{10}\log_2\frac{7}{10} = 0.881$$

`Home Owner`와 `Marital Status`에 대한 정보 이득은 다음과 같다.

$$\Delta_{info}(\texttt{Home Owner}) = 0.881 - 0.690 = 0.191$$

$$\Delta_{info}(\texttt{Marital Status}) = 0.881 - 0.686 = 0.195$$

낮은 가중 엔트로피 때문에, `Marital Status`에 대한 정보 이득이 더 높으므로 분할 시 고려된다.

정성적 속성의 이진 분할

이진 분할만을 사용하고 불순 척도로 Gini 지수를 사용하는 의사결정 트리를 만든다고 생각해 보자. 그림 3.13은 `Home Owner`와 `Marital Status` 속성에 대한 4가지 후보 분할 기준의 예를 보여준다. 훈련 집합에 채무불이행한 대출자가 3명이고, 7명은 대출금을 갚았으므로(그림 3.13 표 참조), 분할 전 부모 노드의 Gini 지수는 다음과 같다.

$$1 - \left(\frac{3}{10}\right)^2 - \left(\frac{7}{10}\right)^2 = 0.420$$

만일 분할 속성으로 `Home Owner`를 골랐다면, 자식 노드 $\mathbf{N}_1$과 $\mathbf{N}_2$의 Gini 지수는 각각 0과 0.490이다. 자식 노드들의 평균 가중 Gini 지수는 다음과 같다. 여기서 가중치는 각 자식 노드에 정해진 훈련 인스턴스들의 비율을 나타낸다.

$$(3/10) \times 0 + (7/10) \times 0.490 = 0.343$$

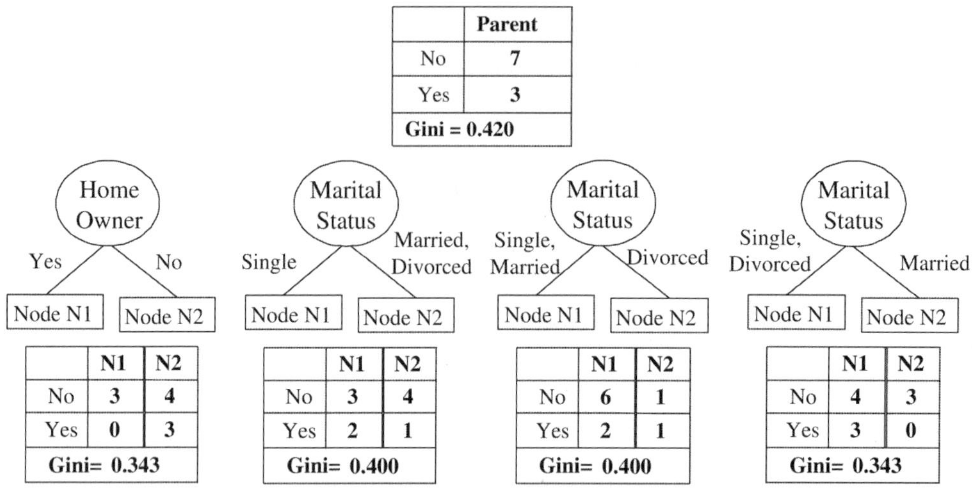

그림 3.13 Gini 지수를 사용한 대출자 분류 문제 분할 기준

Home Owner를 분할 속성으로 사용한 이득은 0.420 − 0.343 = 0.077이다. 마찬가지로, Marital Status 속성에 대해서도 이진 분할을 적용할 수 있다. 하지만 Marital Status는 3개의 결과값을 갖는 명목형 속성이므로, 속성값들을 이진 분할로 묶는 방법은 3 가지가 된다. 각각의 후보 이진 분할에 대한 자식 노드들의 Gini 지수는 그림 3.13에서 볼 수 있다. 이 결과를 토대로 보면, Home Owner, 그리고 Marital Status를 이용한 마지막 이진 분할이 가장 낮은 가중 평균 Gini 지수를 만들어내므로 최선의 후보임이 명백하다. 이진 분할은 속성값들의 이진 분할이 값들의 순서 특성을 위배하지만 않는다면 서열형(ordinal) 속성에도 사용할 수 있다.

정량적 속성의 이진 분할

앞의 대출승인 분류 문제에서 최선의 이진 분할 Annual Income $\leq \tau$를 찾는 문제를 생각해 보자. 앞에서 논의했듯이, τ는 훈련 집합에 있는 연봉의 최솟값과 최댓값 사이에서 어떠한 값이라도 취할 수 있지만, 훈련 집합에 보이는 연봉 값들만을 후보 분할 위치로 고려하는 것으로 충분하다. 각 후보 τ에 대하여, 훈련 집합을 한번 스캔하여 연봉이 τ보다 작거나 큰 대출자들의 수를 그들의 클래스 비율과 함께 계산한다. 다음, 각 후보 분할 위치에서의 Gini 지수를 계산해서 가장 낮은 값을 생성하는 τ를 선택할 수 있다. 각 후보 분할 위치에서의 Gini 지수 계산은 N이 훈련 인스턴스 개수인 복잡도 $O(N)$ 연산이

Class	No	No	No	Yes	Yes	Yes	No	No	No	No
	Annual Income (in '000s)									
Sorted Values →	60	70	75	85	90	95	100	120	125	220

Split Positions →	55		65		72.5		80		87.5		92.5		97.5		110		122.5		172.5		230	
	<=	>	<=	>	<=	>	<=	>	<=	>	<=	>	<=	>	<=	>	<=	>	<=	>	<=	>
Yes	0	3	0	3	0	3	0	3	1	2	2	1	3	0	3	0	3	0	3	0	3	0
No	0	7	1	6	2	5	3	4	3	4	3	4	3	4	4	3	5	2	6	1	7	0
Gini	0.420		0.400		0.375		0.343		0.417		0.400		*0.300*		0.343		0.375		0.400		0.420	

그림 3.14 연속형 속성의 분할

다. 최대로 N개의 후보가 가능하므로, 이 억지 기법(brute-force method)의 전체 복잡도는 $O(N^2)$이다. 다음에 언급되는 방식(그림 3.14 참조)을 이용하면 이 문제의 복잡도를 $O(N \log N)$로 줄일 수 있다.

이 방법은 먼저 연봉 순으로 훈련 인스턴스들을 정렬시키며, 이 때 한번의 연산비용은 $O(N \log N)$이 필요하다. 후보 분할 위치는 정렬된 모든 인접한 두 개 값 사이의 중간점, ($55,000, $65,000, $72,500 등)이 된다. 첫째 후보에 대해서는, 어떤 인스턴스도 연봉이 $55,000보다 작거나 같지 않으므로, `Annual Income`<$55,000인 자식 노드의 Gini 지수는 0이다. 반면에 연봉이 $55,000 이상이고 클래스 `Yes`인 훈련 인스턴스는 3개, 클래스 `No`인 인스턴스는 7개가 존재한다. 이 노드에 대한 Gini 지수는 0.420이다. 첫 번째 후보 분할 위치, τ=$55,000에 대한 가중 평균 Gini 지수는 $0 \times 0 + 1 \times 0.420 = 0.420$이다.

그 다음 후보, τ=$65,000 경우는 그 전 후보의 분포를 간단히 갱신함으로써 그 자식 노드의 클래스 분포를 얻을 수 있는데, 왜냐하면 τ가 $55,000에서 $65,000으로 증가하면서 이 변화에 영향을 받는 훈련 인스턴스가 하나밖에 없기 때문이다. 이 영향 받은 훈련 인스턴스의 클래스 레이블을 검사하여 새로운 클래스 분포가 얻어진다. 예를 들어, τ가 $65,000으로 증가하면서 훈련 집합에서 이 변화에 영향을 받은 대출자는 연봉 $60,000인 한 사람밖에 없다. 이 대출자의 클래스 레이블이 `No`이므로, 그림 3.14에서 보듯이, `Annual Income`≤$65,000에 대한 클래스 `No` 개수는 0에서 1로 증가하고, `Annual Income`>$65,000에 대해서는 7에서 6으로 감소한다. `Yes` 클래스에 대한 분포에는 영향이 없다. 이 후보 분할 위치에 대한 갱신된 Gini 지수는 0.400이다.

이 절차는 모든 후보들에 대한 Gini 지수를 찾을 때까지 반복된다. 최선의 분할 위치는 가장 낮은 Gini 지수를 생성하는 $\tau = \$97,500$에서 발생한다. 각 후보 분할 위치에서의 Gini 지수는 $O(1)$시간에 계산할 수 있으므로, 모든 값들이 정렬되어 있다면, 최선의 분할 위치를 찾기 위한 복잡도는 $O(N)$이고, 한번 연산에 $O(N\log N)$이 소요된다. 따라서 이 방법의 전체 복잡도는 $O(N\log N)$이다. 복잡도가 $O(N^2)$인 억지 기법보다 훨씬 작다. 서로 다른 클래스 레이블을 갖는 두 개의 정렬된 인접한 인스턴스 사이에 있는 후보 분할 위치만을 고려하면 계산 양을 더 줄일 수 있다. 예를 들어, \$60,000과 \$75,000 사이에 있는 후보 분할 위치는 고려할 필요가 없다. 왜냐하면 이 범위에 있는 연봉(\$60,000, \$70,000, \$75,000)을 갖는 세 개의 인스턴스 모두 동일한 클래스 레이블을 갖기 때문이다. 이 범위 내에서 분할 위치를 고르는 것은 범위밖에 있는 분할 위치와 비교해서 불순도만 증가시킬 뿐이다. 그러므로 후보 분할 위치 $\tau = \$65,000$과 $\tau = \$72,500$은 무시할 수 있다. 마찬가지로 같은 레이블을 갖는 두 개의 인접한 인스턴스 사이에 위치하므로, \$87,500, \$92,500, \$110,000, \$122,500, \$172,500에 있는 후보 분할 위치는 고려할 필요가 없다. 이러한 전략을 사용하면 고려할 후보 분할 위치 수를 9에서 2로 줄일 수 있다(경계에 있는 $\tau = \$55,000$과 $\tau = \$230,000$는 제외).

이득 비율(Gain Ratio)

엔트로피나 Gini 지수 같은 불순 척도의 한 가지 잠재적인 한계는 서로 다른 값들을 많이 갖는 정성적 속성을 선호한다는 것이다. 그림 3.12는 표 3.3에 주어진 데이터 집합을 분할하기 위한 세 개의 후보 속성을 보여주고 있다. 앞서 언급했듯이, 정보 이득이 더 크므로 속성 `Marital Status`가 속성 `Home Owner`보다 나은 선택이다. 하지만 이 속성들을 `Customer ID`와 비교하면, 가중 엔트로피와 Gini 지수가 그 자식들에 대해 0이므로, 후자가 최대 정보 이득을 갖는 가장 순도 높은 분할을 생성한다. 그러나 `Customer ID`는 각 인스턴스에 대하여 유일한 값을 가지므로 분할을 위해 좋은 속성이 아니다. 비록 `Customer ID`와 연관된 시험조건이 훈련 데이터 내의 모든 인스턴스를 정확하게 분류함에도 불구하고, 훈련 중에 처음 나온 `Customer ID` 값들을 갖는 새로운 시험 인스턴스들에 대하여 그러한 시험조건을 사용할 수는 없다. 이 예를 통해서 단지 낮은 불순도 값을 갖는 것만으로는 한 노드에 대한 좋은 속성 시험조건을 찾기에는 불충분하다는 것을 알 수 있다. 3.4절에서 보겠지만, 더 많은 자식 노드들을 사용하게 되면 의사결정 트리는 더 복잡해지고 결과적으로 과잉적합(overfitting)되기 쉽다. 따라서 분할 속성에 의해 생성되는 자식들의 수 역시 최선의 속성 시험조건을 결정할 때 고려되어야 한다.

이러한 문제를 극복하는 두 가지 방법이 있다. 한 가지 방법은 시험조건을 이진 분할만으로 제한하여 분할의 여러 경우의 수를 갖는 속성들을 다루는 어려움을 피하는 것인데, CART와 같은 의사결정 트리 분류기에 이용된다. 또 다른 방법은 속성에 의하여 생성된 분할의 수를 고려하여 분할 기준을 수정하는 것이다. 예를 들어 C4.5 의사결정 트리 알고리즘의 경우, **이득 비율(gain ratio)**이라고 알려진 척도를 사용하여 많은 자식 노드들을 생성하는 속성들을 보상해 준다. 이 척도는 다음과 같이 계산된다.

$$\text{Gain ratio} = \frac{\Delta_{info}}{\text{Split info}} = \frac{\text{Entropy}(\text{Parent}) - \sum_{i=1}^{k} \frac{N(v_i)}{N} \text{Entropy}(v_i)}{-\sum_{i=1}^{k} \frac{N(v_i)}{N} \log_2 \frac{N(v_i)}{N}} \tag{3.9}$$

이 식에서 $N(v_i)$는 노드 v_i에 할당된 인스턴스 수이고 k는 총 분할 수이다. 분할 정보는 한 노드를 자식 노드들로 분할하는 엔트로피를 측정하여 그 분할이 동일한 크기의 자식 노드들을 더 많이 생성하는지 여부를 평가한다. 예를 들어, 모든 분할이 같은 수의 인스턴스를 갖는다면, $\forall i : N(v_i)/N = 1/k$이고 분할 정보는 $\log_2 k$가 된다. 따라서 한 속성이 많은 수의 분할을 생성하면 그 분할 정보도 크게 되므로, 결과적으로 이득 비율은 감소한다.

예제 3.4 이득 비율

뒤에 나오는 연습문제 2번에 있는 데이터를 보자. 우리는 `Gender`, `Car Type`, `Customer ID` 세 개의 속성 사이에서 최선의 속성 시험조건을 찾기를 원한다. 분할 전의 엔트로피는 다음과 같다.

$$\text{Entrophy(parent)} = -\frac{10}{20}\log_2\frac{10}{20} - \frac{10}{20}\log_2\frac{10}{20} = 1$$

`Gender`가 속성 시험조건으로 사용될 경우,

$$\text{Entrophy(children)} = \frac{10}{20}\left[-\frac{6}{10}\log_2\frac{6}{10} - \frac{4}{10}\log_2\frac{4}{10}\right] \times 2 = 0.971$$

$$\text{Gain Ratio} = \frac{1-0.971}{-\frac{10}{20}\log_2\frac{10}{20}-\frac{10}{20}\log_2\frac{10}{20}} = \frac{0.029}{1} = 0.029$$

Car Type이 속성 시험조건으로 사용될 경우,

$$\text{Entrophy(children)} = \frac{4}{20}\left[-\frac{1}{4}\log_2\frac{1}{4}-\frac{3}{4}\log_2\frac{3}{4}\right] + \frac{8}{20}\times 0$$
$$+\frac{8}{20}\left[-\frac{1}{8}\log_2\frac{1}{8}-\frac{7}{8}\log_2\frac{7}{8}\right] = 0.380$$

$$\text{Gain Ratio} = \frac{1-0.380}{-\frac{4}{20}\log_2\frac{4}{20}-\frac{8}{20}\log_2\frac{8}{20}-\frac{8}{20}\log_2\frac{8}{20}}$$
$$= \frac{0.620}{1.52} = 0.41$$

마지막으로 Customer ID가 속성 시험조건으로 사용될 경우,

$$\text{Entrophy(children)} = \frac{1}{20}\left[-\frac{1}{1}\log_2\frac{1}{1}-\frac{0}{1}\log_2\frac{0}{1}\right]\times 20 = 0$$

$$\text{Gain Ratio} = \frac{1-0}{-\frac{1}{20}\log_2\frac{1}{20}\times 20} = \frac{1}{4.32} = 0.23$$

따라서 비록 Customer ID가 가장 높은 정보 이득을 갖지만 더 많은 분할을 생성하므로, 그 이득 비율은 Car Type보다 작다. ■

3.3.4 의사결정 트리 귀납 알고리즘

알고리즘 3.1은 의사결정 트리 귀납 알고리즘에 대한 의사코드를 보여주고 있다. 이 알고리즘에 대한 입력은 훈련 인스턴스 E와 속성 집합 F로 구성되어 있다. 이 알고리즘은 정지 기준이 충족될 때까지(단계 1) 데이터 분할을 위한 최선의 속성을 재귀적으로 선택하고(단계 7) 트리의 리프 노드들을 확장한다(단계 11과 12). 자세한 알고리즘은 아래와 같다:

알고리즘 3.1 개략적인 의사결정 트리 귀납 알고리즘

```
TreeGrowth (E, F)
if stopping cond(E, F) = true then
    leaf = createNode().
    leaf.label = Classify(E).
    return leaf.
else
    root = createNode().
    root.test cond = find best split(E, F).
    let V = {v|v is a possible outcome of root.test cond }.
    for each v ∈ V do
        E_v = {e | root.test cond(e) = v and e ∈ E}.
        child = TreeGrowth(E_v, F).
        add child as descendent of root and label the edge (root → child) s v.
    end for
end if
return root.
```

1. `createNode()` 함수는 새로운 노드를 생성하여 의사결정 트리를 확장한다. 의사결정 트리의 노드는 $node.test_cond$로 표시된 시험조건이거나, $node.label$로 표시된 클래스 레이블이다.

2. `find_best_split()` 함수는 노드와 연관된 훈련 인스턴스들을 분할하기 위한 속성 시험조건을 결정한다. 선택되는 분할 속성은 어떤 불순 척도가 사용되는 지에 달려 있다. 널리 사용되는 척도로는 엔트로피와 Gini 지수가 있다.

3. `Classify()` 함수는 리프 노드에 클래스 레이블이 지정되도록 한다. 각 리프 노드 t에 대하여, $p(i|t)$를 노드 t와 연관된 클래스 i인 훈련 인스턴스들의 분수라 하자. 리프 노드에 지정되는 레이블은 주로 이 노드와 연관된 훈련 인스턴스들에서 가장 빈번하게 나오는 레이블이 된다.

$$leaf.label = \arg\max_i p(i|t) \tag{3.10}$$

여기에서 argmax 연산자는 $p(i|t)$를 극대화하는 클래스 i를 돌려준다. 리프 노드

의 클래스 레이블을 정하는 데 필요한 정보를 제공하는 것 외에도 $p(i|t)$는 리프 노드 t에 지정된 레코드가 클래스 i에 속할 확률을 추정하기 위하여 사용될 수도 있다. 4.11.2와 4.11.4절은 그러한 확률 추정이 어떻게 상이한 비용 함수 하에서 의사결정 트리의 성능을 결정하는 데 사용될 수 있는지를 설명한다.

4. `stopping_cond()` 함수는 모든 인스턴스들이 같은 클래스 레이블 또는 같은 속성값을 갖는지를 테스트함으로써 트리의 성장을 종료시키기 위하여 사용된다. 의사결정 트리 분류기는 모델 구축을 위해서 하향식(top-down) 재귀 분할 접근방식을 사용하므로, 한 노드와 연관된 훈련 인스턴스들의 수는 트리의 깊이가 증가하면서 감소한다. 결과적으로, 통계적으로 유의미한 의사결정을 내리기에는 리프 노드가 너무 적은 훈련 인스턴스를 갖게 될 수 있다. 이것을 **데이터 파편화**(data fragmentation) 문제라고하며, 이 문제를 회피하는 한 가지 방법은 노드와 연관된 인스턴스들의 수가 어떤 임계값 아래로 떨어지면 그 노드의 분할을 허락하지 않는 것이다. 의사결정 트리의 크기(리프 노드의 수)를 보다 체계적으로 통제하는 방법에 대해서는 3.5.4에서 다룬다.

3.3.5 응용 예: 웹 로봇 탐지

웹 로봇의 접근 패턴과 사람에 의한 접근을 구별하는 문제를 생각해 보자. 웹 크롤러(web crawler)로도 알려진 웹 로봇은 초기 시드(seed) URL 집합으로부터 파일을 자동으로 검색하는 소프트웨어 프로그램이다. 이러한 프로그램들은 검색 엔진을 대신하여 웹페이지를 모으는 일에서부터 온라인 광고에서 대량메일 발송이나 클릭수 조작 등의 악의적 활동 등의 여러 목적으로 설치된다.

웹 로봇 탐지 문제는 이진 분류 작업으로 볼 수 있다. 분류 작업의 입력 데이터는 웹서버 로그(web server log)이다. 그림 3.15(a)는 샘플 데이터를 보여주고 있다. 로그 파일의 각 라인은 웹 서버에 대한 클라이언트(인간 사용자 또는 웹 로봇)의 요청에 해당한다. 웹 로그에 기록된 필드에는 클라이언트의 IP 주소, 요청 시간(timestamp), 요청한 파일의 URL, 파일 크기 그리고 클라이언트에 관한 신원정보 필드를 담고 있는 **사용자 에이전트**(user agent) 등이 포함된다. 인간 사용자의 경우, 사용자 에이전트 필드는 파일을 가져오기 위해 사용되는 웹 브라우저의 유형이나 모바일 기기를 명시하고 있는 반면, 웹로봇의 경우는 기술적으로는 크롤러 프로그램의 이름을 포함하고 있어야 한다. 하지만,

Session	IP Address	Timestamp	Request Method	Requested Web Page	Protocol	Status	Number of Bytes	Referrer	User Agent
1	160.11.11.11	08/Aug/2004 10:15:21	GET	http://www.cs.umn.edu/~kumar	HTTP/1.1	200	6424		Mozilla/4.0 (compatible; MSIE 6.0; Windows NT 5.0)
1	160.11.11.11	08/Aug/2004 10:15:34	GET	http://www.cs.umn.edu/~kumar/MINDS	HTTP/1.1	200	41378	http://www.cs.umn.edu/~kumar	Mozilla/4.0 (compatible; MSIE 6.0; Windows NT 5.0)
1	160.11.11.11	08/Aug/2004 10:15:41	GET	http://www.cs.umn.edu/~kumar/MINDS/MINDS_papers.htm	HTTP/1.1	200	1018516	http://www.cs.umn.edu/~kumar/MINDS	Mozilla/4.0 (compatible; MSIE 6.0; Windows NT 5.0)
1	160.11.11.11	08/Aug/2004 10:16:11	GET	http://www.cs.umn.edu/~kumar/papers/papers.html	HTTP/1.1	200	7463	http://www.cs.umn.edu/~kumar	Mozilla/4.0 (compatible; MSIE 6.0; Windows NT 5.0)
2	35.9.2.2	08/Aug/2004 10:16:15	GET	http://www.cs.umn.edu/~steinbac	HTTP/1.0	200	3149		Mozilla/5.0 (Windows; U; Windows NT 5.1; en-US; rv:1.7) Gecko/20040616

(a) Example of a Web server log.

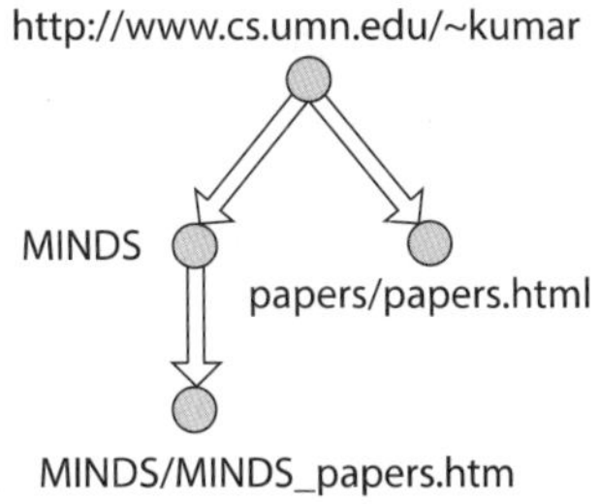

(b) Graph of a Web session.

Attribute Name	Description
totalPages	Total number of pages retrieved in a Web session
ImagePages	Total number of image pages retrieved in a Web session
TotalTime	Total amount of time spent by Web site visitor
RepeatedAccess	The same page requested more than once in a Web session
ErrorRequest	Errors in requesting for Web pages
GET	Percentage of requests made using GET method
POST	Percentage of requests made using POST method
HEAD	Percentage of requests made using HEAD method
Breadth	Breadth of Web traversal
Depth	Depth of Web traversal
MultiIP	Session with multiple IP addresses
MultiAgent	Session with multiple user agents

(c) Derived attributes for Web robot detection.

그림 3.15 웹 로봇 탐지를 위한 입력 데이터

웹 로봇은 사용자 에이전트 필드를 알려진 브라우저들과 동일하게 선언하여 진짜 신원을 은폐할 수도 있다.

분류 모델 구축의 첫 단계는 데이터 인스턴스 그리고 관련된 속성들을 세밀하게 정의하는 것이다. 한 가지 간단한 접근 방법은 각각의 로그 엔트리(log entry)를 데이터 인스턴스로 간주하고 로그 파일에 있는 적절한 필드들을 속성 집합으로 이용하는 것이다. 하지만 이 방법은 여러 이유로 부적합하다. 첫째, 많은 속성들이 명목상의 값이며 넓은 범위의 도메인 값을 갖는다. 예를 들어, 로그 파일에 있는 유일한 클라이언트 IP 주소, URL과 참조자들의 수는 매우 방대할 수 있다. 이러한 속성들은 그 분할 정보가 지나치게 많아서 의사결정 트리를 구축하기에는 바람직하지 않다(식 (3.9) 참조). 더욱이, 훈련 데이터에 없는 IP 주소, URL과 참조자들을 포함하는 시험 인스턴스들을 분류하는 것이 가능하지 않을 수도 있다. 마지막으로, 각 로그 엔트리를 별개의 데이터 인스턴스로 간주함으로써, 웹 로봇의 접근과 인간 사용자의 접근을 구별하는데 도움이 되는 중요한 정

보인 클라이언트에 의해 검색된 일련의 웹 페이지들을 무시하게 된다.

더 나은 대안은 각각의 웹 세션(web session)을 데이터 인스턴스로 보는 것이다. 웹 세션은 웹 사이트 방문 중에 클라이언트에 의한 일련의 요청들을 말한다. 각 웹 세션은 방향 그래프(directed graph)로 모델링될 수 있는데, 여기서 노드는 웹 페이지에 해당하고 간선(edge)은 하나의 웹 페이지를 다른 페이지에 연결하는 하이퍼링크에 해당한다. 그림 3.15(b)는 로그 파일에 있는 첫 번째 웹 세션을 그래프로 표현한 것이다. 모든 웹 세션은 그래프에 관한 구별되는 정보를 포함하는 몇 가지 의미 있는 속성들을 이용해서 특징 지워질 수 있다. 그림 3.15(c)는 웹 사이트의 진입점을 루트로 하는 해당되는 트리의 깊이(depth)와 너비(width)를 포함하여, 그래프로부터 추출된 몇 가지 속성들을 보여주고 있다. 예를 들어, 그림 3.15(b)에 있는 트리의 깊이와 너비는 모두 2이다.

그림 3.15(c)에서 보는 유도 속성(derived attribute)들은 웹 사이트에서 클라이언트 행동의 특징들을 보여주므로 로그 파일에 주어진 원래 속성들보다 더 많은 정보를 제공한다. 이 접근방법으로 2,916개의 인스턴스가 만들어졌으며, 웹 로봇(클래스 1)과 인간(클래스 0)에 의한 세션의 수는 동일하다. 데이터의 10%는 훈련을 위한 예비 데이터이고, 나머지 90%는 시험에 사용되었다. 그림 3.16은 유도된 의사결정 트리를 보여주고 있는데, 훈련 집합에 대해서는 3.8%, 그리고 시험 집합에 대해서는 5.3%의 오류율을 갖는다. 이 트리는 낮은 오류율뿐만 아니라 웹 로봇을 인간과 구별해 줄 수 있는 몇 가지 흥미로운 특성을 보여준다.

1. 웹 로봇에 의한 접근은 넓지만 얕은 반면, 인간에 의한 접근은 보다 집중되는(좁지만 깊은) 경향이 있다.
2. 웹 로봇은 웹 페이지와 관련된 영상 페이지들을 좀처럼 찾지 않는다.
3. 웹 로봇에 의한 세션은 길며, 요청된 페이지 수가 많은 경향이 있다.
4. 인간에 의해 검색된 웹 페이지는 브라우저에 의해 종종 캐시(cache)되므로 웹 로봇은 인간보다 같은 웹 페이지에 대하여 반복된 요청을 하는 경향이 있다.

3.3.6 의사결정 트리 분류기의 특성

다음은 의사결정 트리 귀납 알고리즘의 주요 특성들에 대한 요약이다.

```
Decision Tree:
depth = 1:
| breadth> 7 :  class 1
| breadth<= 7:
| | breadth <= 3:
| | | ImagePages> 0.375:  class 0
| | | ImagePages<= 0.375:
| | | | totalPages<= 6:  class 1
| | | | totalPages> 6:
| | | | | breadth <= 1:  class 1
| | | | | breadth > 1:  class 0
| | width > 3:
| | | MultiIP = 0:
| | | | ImagePages<= 0.1333:  class 1
| | | | ImagePages> 0.1333:
| | | | breadth <= 6:  class 0
| | | | breadth > 6:  class 1
| | | MultiIP = 1:
| | | | TotalTime <= 361:  class 0
| | | | TotalTime > 361:  class 1
depth> 1:
| MultiAgent = 0:
| | depth > 2:  class 0
| | depth < 2:
| | | MultiIP = 1:  class 0
| | | MultiIP = 0:
| | | | breadth <= 6:  class 0
| | | | breadth > 6:
| | | | | RepeatedAccess <= 0.322:  class 0
| | | | | RepeatedAccess > 0.322:  class 1
| MultiAgent = 1:
| | totalPages <= 81:  class 0
| | totalPages > 81:  class 1
```

그림 3.16 웹 로봇 탐지를 위한 의사결정 트리 모델

1. **적용성**: 의사결정 트리는 분류 모델을 구축하기 위한 무매개변수 접근방식(non-parametric approach)이다. 이 방식은 데이터의 클래스와 속성들을 결정하는 확률분포에 관한 어떠한 전제도 필요로 하지 않으므로, 광범위하고 다양한 데이터 집합에 적용가능하다. 또한 속성들을 이진화나 정규화 또는 표준화 등을 통한 공동 표현법으로 변환하지 않고도 범주형(categorical) 그리고 연속형(continuous) 데이터에 모두 적용가능하다. 4장에서 설명하고 있는 몇몇 이진 분류기와는 달리, 다중클래스(multiclass) 문제들을 여러 개의 이진 분류 작업으로 분해할 필요 없이 다룰 수 있다. 의사결정 트리의 괜찮은 또 다른 특징은 유도된 트리가 특히 작은 트리의 경우 상대적으로 해석이 쉽다는 것이다. 트리의 정확도 역시 다양한 단순 데이터 집합들에 대한 그 밖의 분류 기법들과 대등하다.

2. **표현력**: 의사결정 트리는 이산값(discrete-valued) 함수를 위한 보편적 표현방법을 제공한다. 즉 이산값 속성들의 어떤 함수도 코드화할 수 있다는 의미이며, 이유는 모든 이산값 함수는 이산 속성의 모든 유일한 조합에 클래스 레이블을 배정할 수 있는 할당 테이블(assignment table)로 표현할 수 있기 때문이다. 속성들의 모든 조합은 의사결정 트리에서 리프(leaf)로 표현할 수 있으므로, 리프 노드에서의 레이블 할당이 원 함수의 할당 테이블과 짝이 맞는 의사결정 트리를 언제든지 찾을 수 있다. 의사결정 트리는 유일한 몇 개의 속성 조합들이 동일한 리프 노드로 표현 가능할 경우, 함수를 압축해서 표현하는데도 도움을 줄 수 있다. 예를 들어, 그림 3.17은 네 개의 이진 속성을 갖는 부울 함수 $(A \wedge B) \vee (C \wedge D)$의 할당 테이블을 보여주고 있다. 총 $2^4 = 16$가지의 할당이 가능하다.

그림 3.17에 있는 트리는 이 할당 테이블의 압축 코딩을 보여주고 있다. 16개의 리프 노드를 갖는 다 성장한 트리 대신에, 7개의 리프 노드만을 갖는 더 단순한 트리를 이용해서 이 함수를 코드화할 수 있다. 그렇지만 이산값 속성에 대한 모든 의사결정 트리가 단순화될 수 있는 것은 아니다. 한 가지 대표적인 예는 패리티 함수(parity function)인데, 이 함수는 부울 속성들 중에 참인 값의 개수가 짝수이면 1, 홀수면 0인 함수이다. 이러한 함수에 대한 정확한 모델링은 d가 부울 속성의 개수인 2^d개의 노드를 갖는 포화 의사결정 트리(full decision tree)를 필요로 한다(연습문제 1 참조).

A	B	C	D	class
0	0	0	0	0
0	0	0	1	0
0	0	1	0	0
0	0	1	1	1
0	1	0	0	0
0	1	0	1	0
0	1	1	0	0
0	1	1	1	1
1	0	0	0	0
1	0	0	1	0
1	0	1	0	0
1	0	1	1	1
1	1	0	0	1
1	1	0	1	1
1	1	1	0	1
1	1	1	1	1

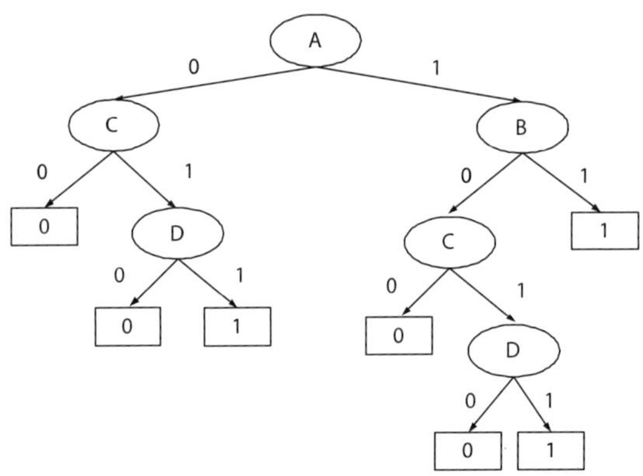

그림 3.17 부울 함수 $(A \wedge B) \vee (C \wedge D)$에 대한 의사결정 트리

3. **계산의 효율성**: 가능한 의사결정 트리의 수는 매우 클 수 있으므로, 많은 의사결정 트리 알고리즘들은 방대한 가설 공간(hypothesis space)에서의 탐색에 휴리스틱(heuristic) 기반의 접근 방법을 이용한다. 예를 들어, 3.3.4절에 제시된 알고리즘은 의사결정 트리를 성장시키기 위하여 탐욕적이고(greedy) 하향식(top-down)이며 재귀적인(recursive) 분할 전략을 이용한다. 이러한 기법은 훈련 집합의 크기가 매우 방대한 경우에도 빨리 모델을 구축할 수 있다. 게다가 일단 의사결정 트리가 구축되면, 하나의 시험 레코드를 분류하는 것은 극히 빨라서 w가 트리의 최대 깊이일 때 최악의 경우 복잡도가 $O(w)$이다.

4. **결측값(missing value) 다루기**: 의사결정 트리 분류기는 훈련 집합과 시험 집합 모두에서 여러 가지 방법으로 결측 속성값을 다룰 수 있다. 시험 집합에 결측값이 있을 때, 분류기는 분할 노드 속성의 값이 주어진 시험 인스턴스에 대하여 결측인 경우 어느 가지(branch)를 따라야할지를 결정해야 한다. **확률 분할법**(probabilistic split method)으로 알려져 있고, C4.5 의사결정 분류기에 사용되는 한 가지 접근방법은 결측 속성이 특정한 값을 가질 확률에 따라서 분할 노드의 모든 자식에게로 데이터 인스턴스를 분배시키는 것이다. 반면에 CART 알고리즘은 **대리 분할법**(surrogate split method)을 사용한다. 이 방법에서는 결측 속성에 의한 분할과 가장 유사한 비결측(non-missing) 대리 속성의 값을 기준으로 하여, 분할 속성 값이 결측인 인스턴스를 자식 노드들 중의 하나에 할당한다. 또 다른 방법으로는 CHAID 알고리즘에서 사용되는 **분리 클래스 방법**(separate class method)으로 알려진 것이 있다. 이 방법에서는 분할 속성의 다른 값들과 구별되는 분리된 범주값으로 결측값을 취급한다. 그림 3.18은 의사결정 트리 분류기에서 결측값을 다루는 세 가지 다른 방법의 예를 보여주고 있다. 결측값을 다루는 그 밖의 다른 전략들은 데이터 전처리(data preprocessing)를 기반으로 하는데, 결측값에 최빈값(범주형 속성의 경우) 또는 평균값(연속형 속성의 경우)을 입력하거나, 분류기 훈련 전에 폐기시키는 방법을 사용한다.

   훈련 중에, 속성 v가 어떤 노드와 연관된 일부 훈련 인스턴스들에서 결측값을 갖는다면, v가 분할에 이용될 경우, 순도 이득(gain in purity)을 측정할 방법이 필요하다. 한 가지 간단한 방법은 v의 가능한 모든 결과값에 대하여 생성되는 모든 자식 노드와 연관된 인스턴스들을 카운트할 때 v의 결측값을 갖는 인스턴스들은 배

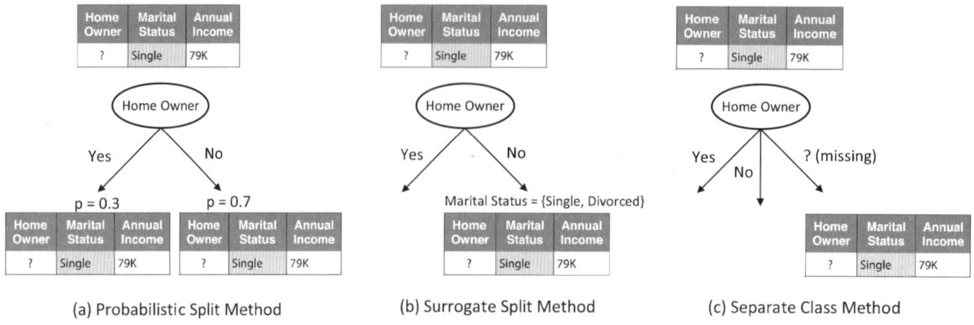

그림 3.18 의사결정 트리 분류기에서 결측값을 다루는 방법들

제하는 것이다. 만일 v가 한 노드에서 속성 시험조건으로 선택될 경우에는, 위에서 언급한 시험 인스턴스의 결측값을 다루는 어떤 방법이라도 사용해서 v의 결측값을 갖는 훈련 인스턴스들을 자식 노드들로 전파시킬 수 있다.

5. **속성들 간의 상호작용 다루기**: 속성들이 개별적으로는 거의 또는 전혀 제공하는 정보가 없지만, 함께 사용될 때는 클래스들 사이에서 구별될 수 있을 경우 서로 상호작용(interaction)하는 것으로 간주한다. 의사결정 트리에서의 분할 기준은 원래 탐욕적이므로, 그와 같은 속성들은 유용하지 않은 다른 속성들에 밀려서 무시될 수 있다. 결과적으로 의사결정 트리가 필요 이상으로 복잡해 질 수 있으며, 따라서 속성들 사이에 상호작용이 있을 때는 의사결정 트리의 성능이 떨어질 수 있다.

   이 문제를 보여주는 예로서, 두 개의 클래스(+와 o)로 구성된 2,000개의 데이터 포인트를 포함하는 그림 3.19(a)의 3차원 데이터를 생각해 보자. 그림 3.19(b)는 속성 X와 Y를 포함하는 2차원 공간상에서의 두 클래스 분포를 보여주고 있으며, XOR 부울 함수의 잡음(noise)이 있는 버전이다. 비록 두 클래스가 2차원 공간상에서 충분히 분리되어 있긴 하지만, 두 속성 중 어느 것도 단독으로 사용될 때는 두 클래스 사이에서 구별될 수 있는 충분한 정보를 포함하고 있지 않다는 것을 볼 수 있다. 예를 들어, 속성 시험조건, $X \leq 10$ and $Y \leq 10$의 엔트로피는 1에 가깝다. 즉, X와 Y 모두 단독으로 사용될 때는 불순척도에 어떤 감소도 없다. 따라서 X와 Y는 속성들 간의 상호작용의 케이스를 보여준다. 이 데이터 집합에는 3번째 속성 Z도 포함하는데, 이 경우는 그림 3.19(c)와 3.19(d)에서 보듯이 두 클래스가 균일하게 분포되어 있으며, 따라서 Z를 포함하는 어떠한 분할도 엔트로피가 1에

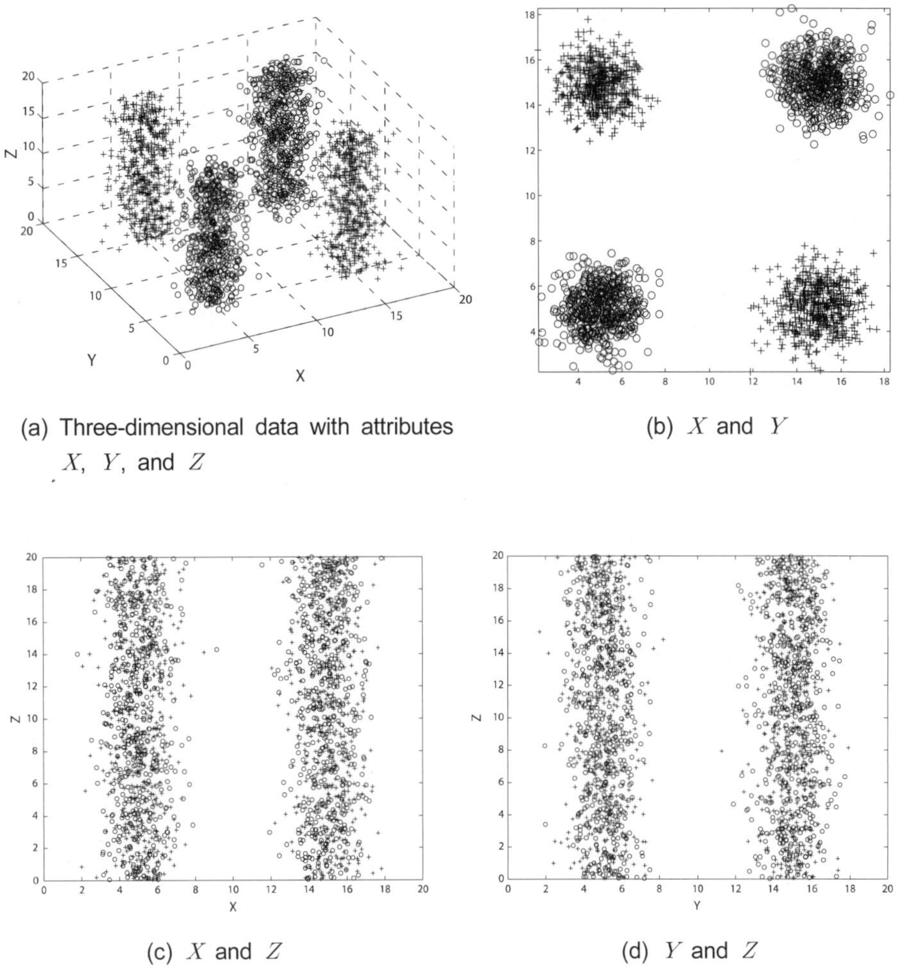

(a) Three-dimensional data with attributes X, Y, and Z

(b) X and Y

(c) X and Z

(d) Y and Z

그림 3.19 무의미한 속성인 Z와 함께, X와 Y를 포함하는 XOR데이터의 예

가깝다. 결과적으로, Z는 상호작용을 하면서 유용한 속성들인 X와 Y만큼 분할을 위하여 선택될 수 있다. 이 이슈에 대해서는 3.4.1절 예제 3.7과 이 장 마지막에 있는 연습문제 7을 참조하라.

6. **무의미한 속성 다루기**: 만일 분류 작업을 위해 유용하지 않다면 그 속성은 무의미(irrelevant)하다. 무의미한 속성들은 목표 클래스 레이블과 관련성이 낮으므로, 순도 이득이 적거나 전무하며, 따라서 다른 더 의미 있는 특징들에 의해 무시될 것이다. 그러므로 적은 수의 무의미한 속성들이 존재가 의사결정 트리 구성 과정에 영

향을 주지는 않을 것이다. 하지만 이득이 적거나 없는 속성이 모두 무의미한 것은 아니다(그림 3.19 참조). 따라서 만일 분류 문제가 복잡하고(예를 들어, 속성들 간의 서로 연관된 상호작용으로), 무의미한 속성들이 많다면, 이런 속성들 중 일부는 우연히 의미 있는 속성보다 더 나은 이득을 줄 수도 있으므로, 트리가 만들어지는 과정에서 뜻하지 않게 선택될 수도 있다. 특징 선택 기법들을 이용하여 전처리 과정 중에 무의미한 속성들을 제거함으로써 의사결정 트리의 정확성 향상에 도움을 줄 수 있다. 과다한 무의미한 속성 문제는 3.4.1절에서 자세히 다룬다.

7. **중복 속성 다루기**: 어떤 속성의 데이터가 어떤 다른 속성과 강하게 상호관련 될 경우 중복(redundant)이라고 한다. 중복 속성들은 분할을 위해서 선택될 경우 유사한 순도 이득을 보이게 될 것이므로, 의사결정 트리 알고리즘에서 속성 시험조건으로 오직 하나만 선택될 것이다. 의사결정 트리는 그런 식으로 중복 속성의 존재를 다룰 수 있다.

8. **직선 분할 사용**: 지금까지 이 장에서 언급된 시험조건들은 한 번에 하나의 속성만을 사용하였다. 그 결과로, 트리 성장 과정은 각 구역이 동일 클래스의 레코드들을 포함할 때까지 속성 공간을 공통원소를 갖지 않는 구역들로 분할하는 과정으로 볼 수 있다. 서로 다른 클래스인 두 개의 인접 구역 사이의 접경을 **의사결정 경계**(decision boundary)라고 한다. 그림 3.20은 이진 분류 문제를 위한 의사결정 트리

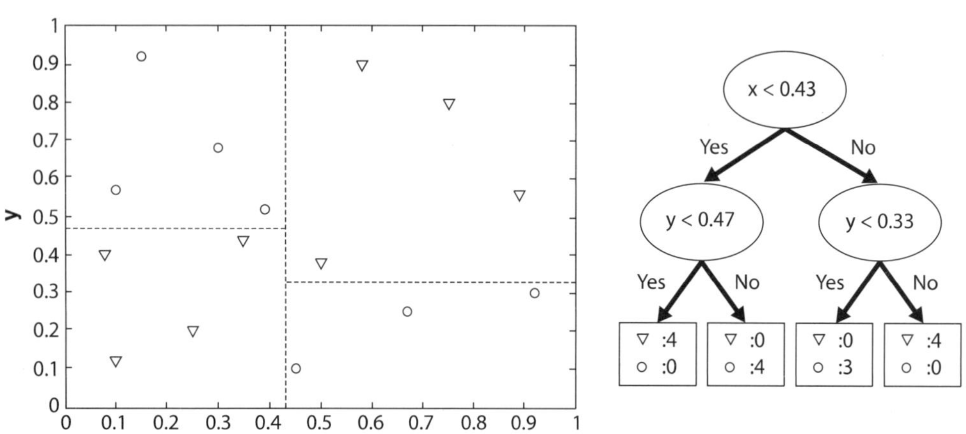

그림 3.20 2차원 데이터 집합에 대한 의사결정 트리와 그 의사결정 경계의 예

와 의사결정 경계를 보여주고 있다. 시험조건이 단일 속성만을 포함하므로, 의사결정 경계는 좌표축과 평행인 직선(rectilinear)이다. 이로 인하여 연속적인 속성들을 갖는 데이터 집합의 의사결정 경계를 표현하는데 있어서 의사결정 트리의 표현력이 제한을 받게 된다. 그림 3.21은 속성 시험조건이 단일 속성들을 토대로 정의된 의사결정 트리에 의해서 완벽하게 분류될 수 없는 이진 클래스를 포함하고 있는 2차원 데이터 집합을 예시하고 있다. 이 데이터 집합의 이진 클래스들은 각각 (8,8)과 (12,12)인 두 개의 비대칭 가우스 분포(skewed Gaussian distribution)로부터 생성된다. 진짜 의사결정 경계는 대각선 대시선이고, 의사결정 분류기에 의해 생성된 직선 의사결정 경계는 굵은 실선으로 표시되어 있다. 이러한 한계를 극복하기 위하여, 하나 이상의 속성을 포함하는 시험조건을 허용하는 **경사 의사결정 트리**(oblique decision tree)를 이용할 수 있다. 그림 3.21의 이진 분류 데이터는 시험조건 $x+y<20$을 갖는 단일 루트 노드를 갖는 경사 의사결정 트리로 쉽게 표현될 수 있다. 비록 이러한 기법이 표현 능력에서 더 낫고, 보다 간결한 트리를 생성할

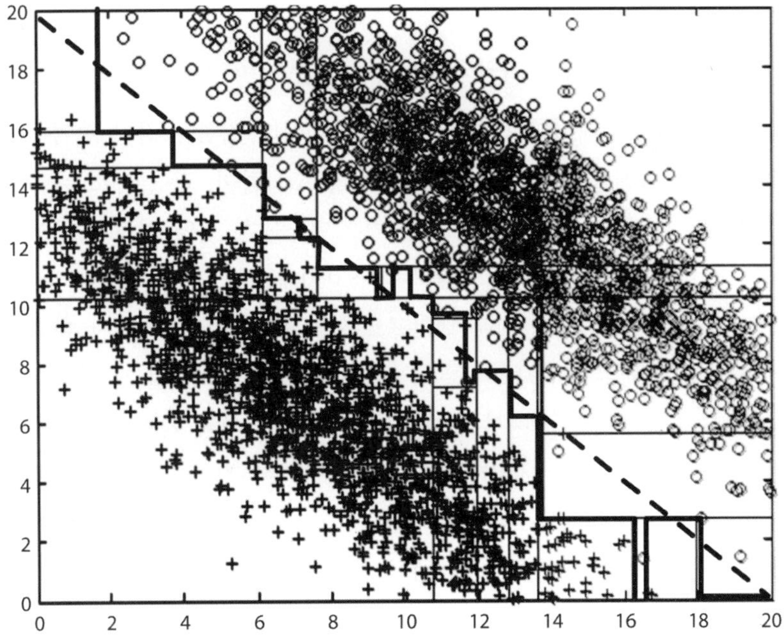

그림 3.21 단일 속성 시험조건을 갖는 의사결정 트리를 사용하여 최적으로 분할될 수 없는 데이터 집합의 예. 진짜 의사결정 경계는 대시선으로 표시되어 있음

수 있지만, 주어진 노드에 대한 최적의 시험조건을 찾는 것은 많은 계산 비용이 소요될 수 있다.

9. **불순 척도의 선택**: 불순 척도의 선택이 의사결정 트리 귀납 알고리즘의 성능에 별다른 영향을 주지 않는다는 것에 주목할 필요가 있다. 그 이유는 많은 불순 척도들이 그림 3.11에서 보듯이 서로 매우 일치하기 때문이다. 대신에 트리 가지치기에 사용되는 전략이 불순 척도의 선택보다 최종 트리에 더 큰 영향을 준다.

3.4 모델 과잉적합

이제까지 제시된 방법들은 훈련 집합에 대한 최저 오류를 보이는 분류 모델을 학습한다. 하지만, 다음 예에서 볼 수 있듯이, 비록 모델이 훈련 데이터에 대하여 적합하더라도 일반화에서는 여전히 낮은 성능을 보일 수 있는데, 이 현상을 **모델 과잉적합**(model overfitting)이라 부른다.

예제 3.5 의사결정 트리의 과잉적합과 부족적합

그림 3.22(a)의 2차원 데이터 집합을 보자. 이 데이터 집합은 각각 +와 o으로 표현된 두 개의 분리된 클래스에 속하는 인스턴스들을 포함하며, 각 클래스는 5,400개의 인스턴스를 갖는다. 클래스 o에 속하는 모든 인스턴스들은 균일 분포(uniform distribution)로부터 생성되었다. 클래스 +의 경우는 5,000개 인스턴스는 단위 분산(unit variance)을 갖는 중앙이 (10,10)인 가우스 분포로부터 생성되었고, 나머지 400개 인스턴스는 클래스 o와 같이 균일 분산으로 표본을 구했다. 그림 3.22(a)를 보면, (10,10)을 중심으로 한 적당한 크기의 원을 그려서 클래스 +를 클래스 o와 확연히 구별시킬 수 있다는 것을 알 수 있다. 이 2차원 데이터 집합을 이용해 분류기를 학습시키기 위해, 데이터의 10%를 훈련을 위해 무작위 표본 추출하였고, 나머지 90%는 시험을 위해 사용하였다. 그림 3.22(b)에 있는 훈련 집합은 전체 데이터를 상당히 대표하고 있는 것으로 보인다. 불순 척도로 Gini 지수를 이용하여 크기(리프 노드의 수)가 증가하는 의사결정 트리들을 만들었으며, 3.3.4절에서 설명한대로 모든 리프 노드가 깨끗해질(pure) 때까지 한 노드를 자식 노드들로 재귀적으로 확장하는 방식을 사용하였다.

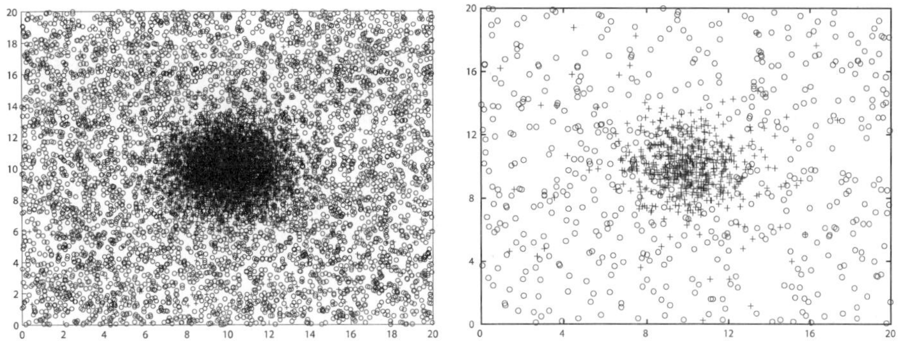

(a) Example of a 2-D data　　(b) Training set using 10% data

그림 3.22　2차원 분류 문제의 훈련 및 시험 집합의 예

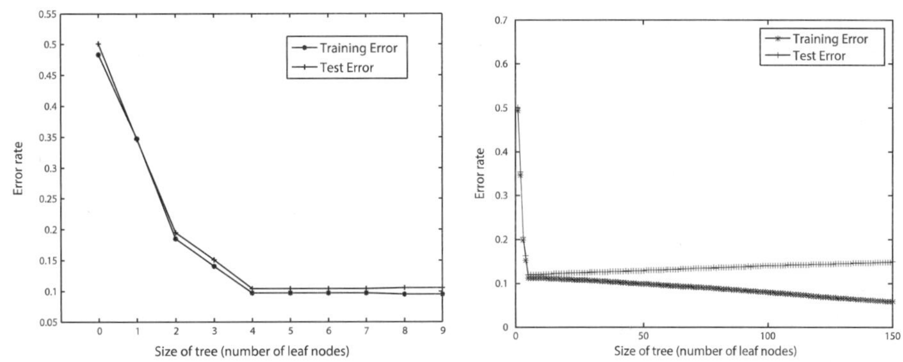

(a) Varying tree size from 1 to 8　　(b) Varying tree size from 1 to 150

그림 3.23　다양한 트리 사이즈(리프 노드 수)가 훈련 및 시험 오류에 주는 영향

그림 3.23(a)는 트리 크기가 1에서 8까지 변할 때 훈련 및 시험 오류율의 변화를 보여주고 있다. 두 오류율 모두 처음 트리가 한두 개의 리프 노드만 갖고 있을 경우에는 높다. 이 상황을 **모델 부족적합**(underfitting)이라고 부른다. 부족적합은 학습된 트리가 지나치게 단순해서 속성들과 클래스 레이블 사이의 진짜 관계를 온전히 표현할 수 없을 때 발생한다. 트리 크기를 1에서 8까지 증가시키면 두 가지 효과를 관찰할 수 있다. 첫째는 사이즈가 큰 트리는 보다 복잡한 의사결정 경계를 표현할 수 있기 때문에, 두 경우 모두 오류율이 감소한다. 둘째, 훈련 및 시험 오류율은 서로 매우 비슷하며, 이것은 훈련 집합에 대한 성능이 일반화 성능을 매우 잘 표현한다는 것을 나타낸다. 트리 크기를 8에서

150까지 더 증가시키면, 그림 3.23(b)에서 보듯이, 훈련 오류는 결국 0이 될 때까지 지속적으로 감소한다. 그러나 뚜렷하게 대조적으로, 시험 오류율은 어느 트리 사이즈가 넘으면 더 이상 감소하지 않고 증가하기 시작한다. 따라서 훈련 오류율은 일단 트리가 너무 커지면 시험 오류율을 심하게 낮게 평가하게 만든다. 더욱이 트리 사이즈가 커짐에 따라서 훈련 오류율과 시험 오류율 간의 간격은 계속 넓어진다. 이런 행태는 처음에는 그렇게 보이지 않을지 모르지만 **모델 과잉적합** 때문일 수 있다. ■

3.4.1 모델 과잉적합의 원인

모델 과잉적합은 훈련 오류율을 최소화하려는 과정에서 지나치게 복잡한 모델이 선택되어 훈련 데이터에서 특정 패턴을 포착했으나, 데이터 전체에서 볼 때 속성들과 클래스 레이블 사이의 진정한 관계를 학습하는 데는 실패하는 현상이다. 예시를 위하여, 그림 3.24는 사이즈 5와 50인 두 개의 트리에 대한 의사결정 트리와 그에 대응하는 의사결정 경계(음영 직사각형이 + 클래스에 배정된 영역을 나타낸다)를 보여준다. 사이즈 5인 의사결정 트리는 매우 단순하며, 그 의사결정 경계들은, 이 경우 좌표 (10, 10)을 중심으로 가우스 분포된 원이 형성되어, 이상적인 의사결정 경계에 상당히 근접한 것으로 보인다. 비록 훈련 및 시험 오류율이 0은 아니지만, 둘이 서로 매우 근접하므로 훈련 집합에서 학습된 패턴은 시험 집합에서도 잘 일반화되어야 한다. 한편, 크기 50인 의사결정 트리는 크기 5인 트리보다 훨씬 더 복잡하고 의사결정 경계도 복잡하다. 예를 들어, 몇몇 음영 직사각형(+ 클래스)들은 입력 공간에서 한두 개의 + 훈련 인스턴스만을 포함하는 좁은 구역을 덮으려고 시도한다. 그러한 구역에서 + 인스턴스가 우세한 것은 훈련 집합에만 특별한 경우인데, 왜냐하면 이 구역들은 전체 데이터에서 보면 주로 − 인스턴스가 지배적이기 때문이다. 따라서 크기 50인 의사결정 트리는 훈련 데이터에 완벽하게 맞추려고 시도하면서 훈련 데이터에만 특수한 패턴에 미세하게 자신을 조절하기 시작한다. 결과적으로 독립적으로 선택된 시험 데이터에 대해서는 좋지 않은 성능을 보이게 된다.

모델 과잉적합에 영향을 미치는 여러 요인들이 존재한다. 이 중 중요한 두 개의 요인인 훈련 크기의 한계와 높은 모델 복잡도에 대하여 간단히 설명한다. 이 두 가지 요인 간의 상호작용이 현실세계의 응용문제에서 발생하는 대부분의 일반적 모델 과잉적합 현상에 대한 설명에 도움이 될 것이다.

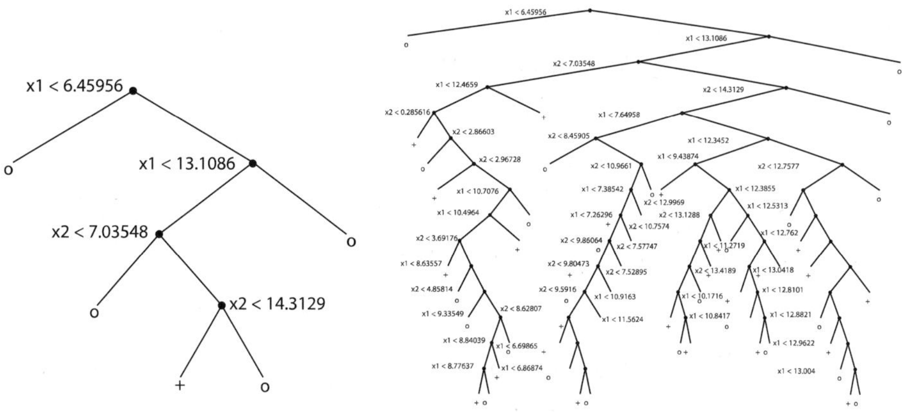

(a) Decision tree with 5 leaf nodes

(b) Decision tree with 50 leaf nodes

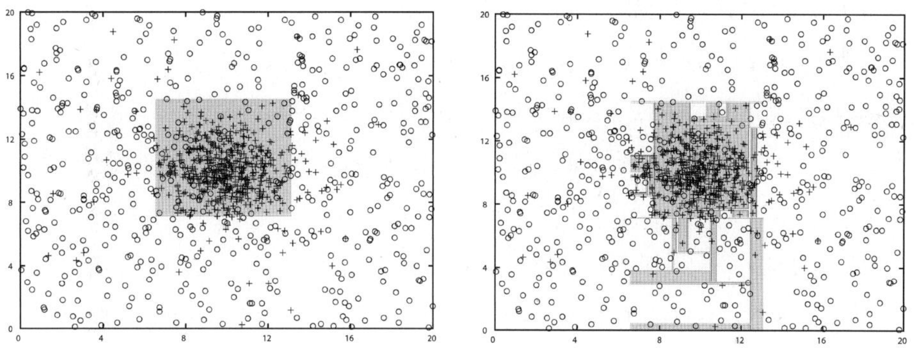

(c) Decision boundary for tree with 5 leaf nodes

(d) Decision boundary for tree with 50 leaf nodes

그림 3.24 상이한 모델 복잡도를 갖는 의사결정 트리

훈련 크기의 한계

유한한 수의 인스턴스로 구성되는 훈련 집합은 전체 데이터를 표현하는 데 제한이 있을 수밖에 없다. 따라서 하나의 훈련 집합으로부터 학습된 패턴은 전체 데이터에서의 진짜 패턴을 완전히 보여주지 않는다. 결과적으로 모델 과잉적합이 생기게 된다. 일반적으로, 훈련 집합의 크기(훈련 인스턴스 수)가 증가하면, 훈련 집합으로부터 학습된 패턴은 전체 데이터의 진짜 패턴을 닮기 시작한다. 따라서 다음 예제에서 보듯이, 훈련 크기를 증가시킴으로써 과잉적합의 영향을 줄일 수 있다.

예제 3.6 훈련 크기의 영향

예제 3.5에 했던 실험에서 사용한 것보다 두 배 많은 훈련 인스턴스를 사용한다고 가정해 보자. 구체적으로 데이터의 20%는 훈련을 위해, 나머지는 시험을 위해 사용한다. 그림 3.25(b)는 트리 크기가 1에서 150까지 변할 때, 훈련 및 시험 오류율을 보여준다. 데이터의 10%만 훈련에 사용한 그림 3.23(b)과 이 그림에서 보이는 흐름에는 두 가지 중요한 차이가 있다. 첫째, 비록 두 그림 모두에서 트리 크기의 증가에 따라 훈련 오류율이 감소하지만, 훈련 크기를 두 배로 했을 때 그 감소율이 훨씬 작다. 이러한 차이는 데이터의 20%를 훈련용으로 사용했을 때의 학습 패턴이 10% 경우보다 더 일반화 가능하다는 것을 시사하고 있다.

그림 3.25(a)는 데이터의 20%를 훈련용으로 사용했을 때 학습된, 크기 50인 트리에 대한 의사결정 경계를 보여준다. 10%의 데이터만 훈련용으로 사용해서 학습된 같은 크기의 트리(그림 3.24(d))와 대조해서, 이 의사결정 트리는 훈련 집합에 있는 잡음섞인 + 인스턴스들의 특정한 패턴을 포착하고 있지 않다는 것을 볼 수 있다. 대신에, 50개 리프 노드의 높은 모델 복잡도가 중심 (10, 10)인 + 인스턴스들의 경계학습에 효과적으로 이용되고 있다. ■

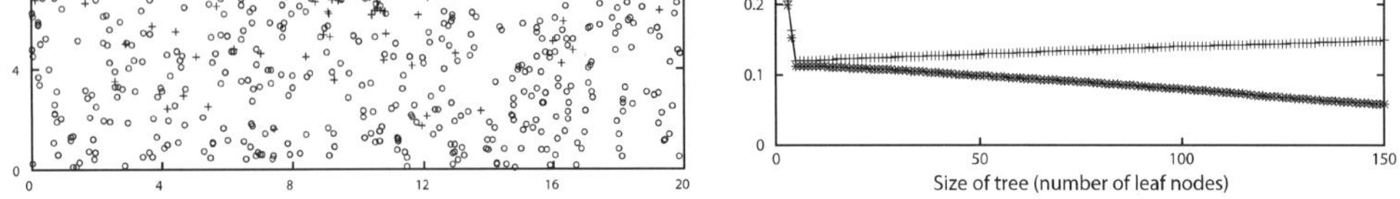

(a) Decision boundary for tree with 50 leaf nodes using 20% data for training.

(b) Training and test error rates using 20% data for training.

그림 3.25 훈련용으로 20%(원래 훈련 크기의 2배)의 데이터를 사용한 의사결정 트리의 성능

높은 모델 복잡도

일반적으로 복잡한 모델이 데이터의 복잡한 패턴을 표현하는 능력이 더 뛰어나다. 예를 들어, 리프 노드 수가 많은 의사결정 트리는 적은 수의 리프 노드를 갖는 의사결정 트리보다 더 복잡한 의사결정 경계를 표현할 수 있다. 하지만 지나치게 복잡한 모델은 드러나지 않은 인스턴스들에 대하여는 잘 일반화되지 않는 훈련 집합의 특수한 패턴들을 학습하는 경향이 있다. 따라서 높은 복잡도를 갖는 모델은 과잉적합을 피하기 위해 신중하게 사용되어야 한다.

모델 복잡도의 한 가지 척도는 훈련 집합으로부터 유도될 필요가 있는 "매개변수(parameter)"의 수이다. 예를 들어, 의사결정 트리 귀납의 경우, 내부 노드에서의 속성 시험조건은 훈련 집합으로부터 유도될 필요가 있는 매개변수들에 해당한다. 따라서 속성 시험조건 수가 많은(결과적으로 많은 리프 노드를 갖는) 의사결정 트리는 더 많은 "매개변수"들과 연관되며 더 복잡하다.

일정한 개수의 매개변수를 갖는 모델들이 주어지면, 학습 알고리즘은 훈련 집합에 대한 평가 기준(정확도 등)을 극대화하는 매개변수 값들의 최선의 조합을 선택하려고 시도한다. 매개변수 값들의 조합 수(즉, 복잡도)가 크면, 학습 알고리즘은 제한된 훈련 집합을 이용해서 수많은 가능성으로부터 최선의 조합을 선택해야 한다. 이러한 경우, 학습 알고리즘이 우연히 평가 기준을 극대화시키는 가짜(spurious) 매개변수들의 조합을 고를 가능성이 높다. 이것은 통계에서의 **다중비교 문제**(multiple comparisons problem, 또는 다중시험 문제)와 유사하다.

다중 비교 문제를 이해하기 위하여, 주식 시장이 향후 10일 간 오를지 떨어질지를 예측하는 작업을 생각해 보자. 만일 주식 분석가가 단순히 어림짐작을 한다면, 임의의 매 매일에 대한 예측이 옳은지에 대한 확률은 0.5이다. 그러나 분석가가 최소한 10번에 9번 옳은 예측을 할 확률은 다음과 같이 아주 낮다.

$$\frac{\binom{10}{9}+\binom{10}{10}}{2^{10}}=0.0107$$

우리가 200명의 주식 분석가들 중에서 투자자문을 뽑는다고 하자. 우리의 전략은 향후 10일 동안에 가장 많이 옳은 예측을 하는 분석가를 선택하는 것이다. 이 전략의 단점은 만일 모든 분석가들이 어림짐작으로 예측을 했다고 하더라도 적어도 그들 중 한명이 최소한 9번 옳은 예측을 할 확률은 다음과 같이 매우 높다.

$$1-(1-0.0107)^{200}=0.8847$$

비록 각각의 분석가들이 최소한 9번 옳은 예측을 할 확률은 낮지만, 그들을 모아 놓으면 그렇게 할 수 있는 분석가를 찾을 확률은 높다. 게다가 그런 분석가가 앞으로도 계속 어림짐작으로 정확한 예측을 한다는 보장은 없다.

다중비교 문제가 어떻게 모델 과잉적합과 관련되는가? 분류 모델 학습의 맥락에서 보면, 매개변수 값들의 각 조합은 위의 분석가에 해당하고, 훈련 인스턴스들의 개수는 날짜수에 해당한다. 매일 가장 정확한 예측을 하는 분석가를 고르는 일과 유사하게, 학습 알고리즘의 작업은 훈련 집합에 대하여 가정 높은 정확도를 갖는 최선의 매개변수 조합을 고르는 것이다. 만일 매개변수 조합의 경우의 수는 너무 많은데 훈련 크기가 작다면, 학습 알고리즘은 우연히 높은 훈련 정확도를 갖는 가짜 매개변수 조합을 선택할 가능성이 매우 크다. 다음 예를 통하여, 의사결정 트리 귀납의 맥락에서 다중 비교로 인한 과잉적합 현상을 살펴본다.

예제 3.7 다중비교와 과잉적합

그림 3.19의 데이터와 비슷하게 500개의 +, 500개의 o 인스턴스를 포함하는 그림 3.26의 2차원 데이터 집합을 보자. 이 데이터 집합에는 두 가지 클래스의 분포가 $X-Y$ 2차원 속성 공간에 잘 분리되어 있지만, 어느 속성(X 또는 Y)도 단독으로는 두 클래스를 분리하는데 사용되기에는 충분하게 유용하지 않다. 그러므로 X나 Y 속성 중 어느 한 값을 토대로 하여 데이터 집합을 분할하는 것은 불순척도에서 0에 가까운 감소를 가져올 것이다. 하지만 분할 기준으로 X와 Y 속성이 함께 사용된다면(예를 들어 X가 10, Y가 10에서 분할), 두 클래스가 효과적으로 분리될 수 있다.

그림 3.27(a)는 데이터의 30%가 훈련용으로 사용되고 나머지는 시험용으로 사용될 때, 여러 크기의 의사결정 트리의 학습을 위한 훈련 및 시험 오류율을 보여주고 있다. 적은 수의 리프 노드를 사용하여 두 클래스를 분리할 수 있다는 것을 알 수 있다. 그림 3.28은 6개의 리프 노드를 갖는 트리에 대한 의사결정 경계를 보여주고 있는데, 트리에서 나타나는 순서에 따라서 번호가 매겨져 있다. 분할 1과 3이 약간의 이득을 주기는 하지만, 이어지는 분할 (2, 4, 5)가 더 큰 이득을 제공하며 결과적으로 두 클래스를 효과적

으로 구분해 준다.

100개의 관련이 없는 속성들을 2차원 $X-Y$ 데이터에 추가한다고 가정해 보자. 결과로 생기는 데이터로부터 의사결정 트리를 학습하는 일은 모든 내부 노드에서 분할을 위해 선택할 후보 속성의 수가 2에서 102로 증가하게 되기 때문에 매우 힘든 일이 될 것이

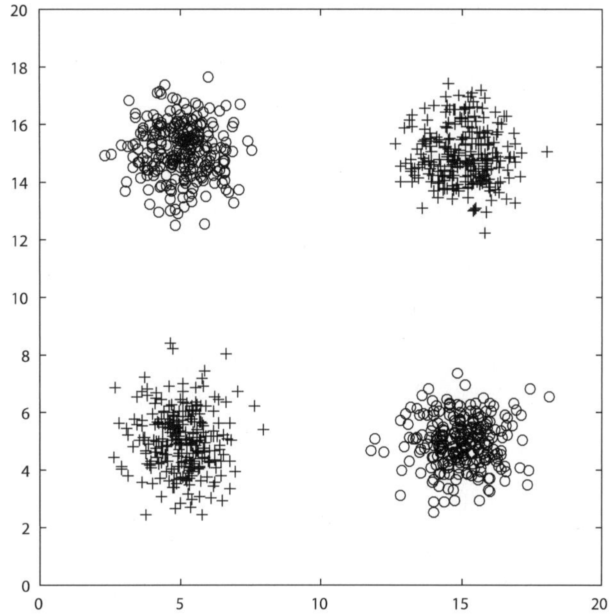

그림 3.26 2차원(X–Y)데이터 집합의 예

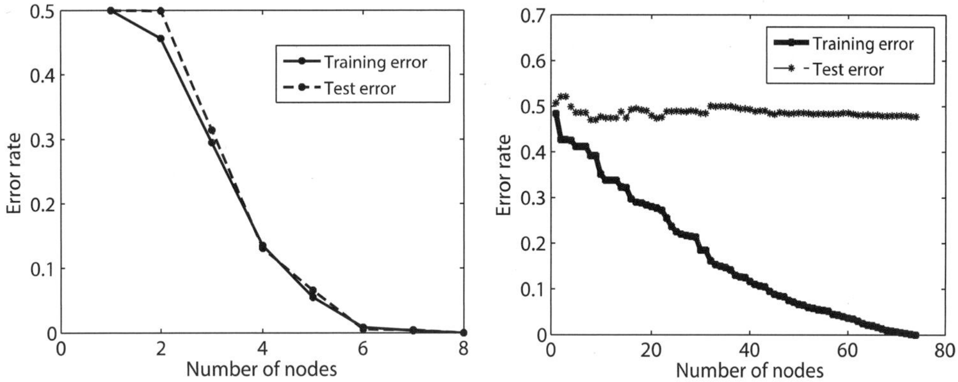

그림 3.27 다중비교 문제가 모델 과잉적합에 미치는 영향을 보여주는 훈련 및 시험 오류율

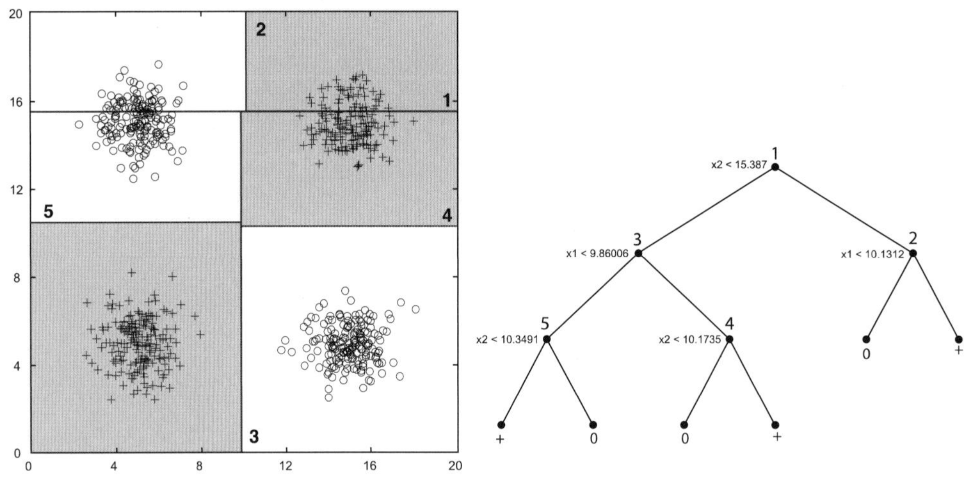

그림 3.28 X와 Y를 속성으로 사용한 6개 리프노드 의사결정 트리. 트리에서 나타나는 순서에 따라 1에서 5까지 번호가 매겨짐

다. 이처럼 선택할 후보 속성 시험조건들이 많을 경우는, 다중 비교 문제로 인하여 가짜 속성 시험조건들이 내부 노드에서 선택될 가능성이 매우 높다. 그림 3.27(b)는 훈련 집합에 100개의 관련이 없는 속성들을 추가한 뒤의 훈련 및 시험 오류율을 보여준다. 훈련 오류율은 계속 감소하면서 결국 0이 되는 반면, 시험 오류율은 50개의 리프 노드를 사용한 후조차도 0.5에 가깝게 유지되는 것을 알 수 있다. ■

3.5 모델 선택

다양한 모델 복잡도를 갖는 많은 분류 모델들이 훈련 데이터에서 패턴을 찾기 위해 사용 가능하다. 이 가능성 중에서 가장 낮은 일반화 오류율을 보이는 모델을 선택해야 한다. 드러나지 않은 시험 인스턴스에 대한 적절한 일반화와 함께 양호한 복잡도를 갖는 모델을 고르는 과정을 **모델 선택**(model selection)이라고 한다. 앞 절에서 언급한대로, 훈련 오류율 단독으로는 모델 선택을 위한 믿을만한 기준이 될 수 없다. 이제 모델 선택을 위해서 사용할 수 있는 세 가지 일반적인 모델 일반화 성능 평가방법에 대하여 알아본다. 의사결정 트리 귀납의 맥락에서 이 접근방법들을 사용하기 위한 구체적인 전략을 제시하는 것으로 이 절을 마친다.

3.5.1 검증 집합의 사용

모델 훈련에 사용되지 않는 별도의 검증 집합(validation set)으로 모델을 평가하는 "표본 밖(out-of-sample)" 추정 방법을 사용하여 언제든지 모델의 일반화 오류율을 평가할 수 있다는 것에 주목하자. 검증 집합은 모델훈련에 사용되지 않았으므로, 검증 오류율(validation error rate)로 불리는 검증집합에 대한 오류율이 훈련 오류율보다 일반화 성능에 대한 보다 나은 지표다. 검증 오류율은 모델 선택을 위해 다음과 같이 사용될 수 있다.

주어진 훈련 집합 $D.train$에 대하여, $D.tr$은 훈련용이고 $D.val$은 검증집합용인 두 개의 부분집합으로 $D.train$을 분할할 수 있다. 예를 들어, $D.train$의 $\frac{2}{3}$는 훈련을 위한 $D.tr$로, 나머지 $\frac{1}{3}$은 검증오류율 계산을 위한 $D.val$로 사용될 수 있다. $D.tr$에 대해 훈련된 어떤 분류 모델 m에 대하여, $D.val$에 대한 검증 오류율, $err_{val}(m)$을 추정할 수 있다. 가장 낮은 $err_{val}(m)$값을 보이는 모델을 선호 모델로 정할 수 있다.

검증 집합을 이용하는 것은 모델 선택에서 일반적인 접근방식이다. 하지만 이 방법의 한계는 $D.train$을 분할해서 얻어진 $D.tr$과 $D.val$의 크기에 민감하다는 것이다. 훈련 집합이 작을수록 전체 데이터를 표현하기 더 어렵기 때문에, 만약 $D.tr$의 크기가 너무 작으면, 표준이하의 성능을 갖는 불량 분류 모델 학습이 될 것이다. 한편, $D.val$의 크기가 너무 작으면 적은 수의 인스턴스에 대하여 계산하게 되므로, 모델 선택을 위한 검증 오류율의 신뢰성이 낮을 수 있다.

예제 3.8 **검증 오류**

다음 예는 의사결정 트리 귀납에서 검증 집합을 사용하는 한 가지 접근방법을 보여준다. 그림 3.29는 그림 3.30의 의사결정 트리 리프 노드들의 예측 레이블들을 보여주고 있다. 리프 노드들 아래 있는 수들은 검증 집합에서 각 노드에 도달한 데이터 인스턴스들의 비율을 나타낸다. 노드들의 예측 레이블들을 토대로, 왼쪽 트리의 검증 오류율은 $err_{val}(T_L) = 6/16 = 0.375$이고, 오른쪽 트리의 검증 오류율은 $err_{val}(T_R) = 4/16 = 0.25$이다. 이 검증 오류율을 바탕으로 하면 오른쪽 트리가 왼쪽 보다 낫다고 할 수 있다.

■

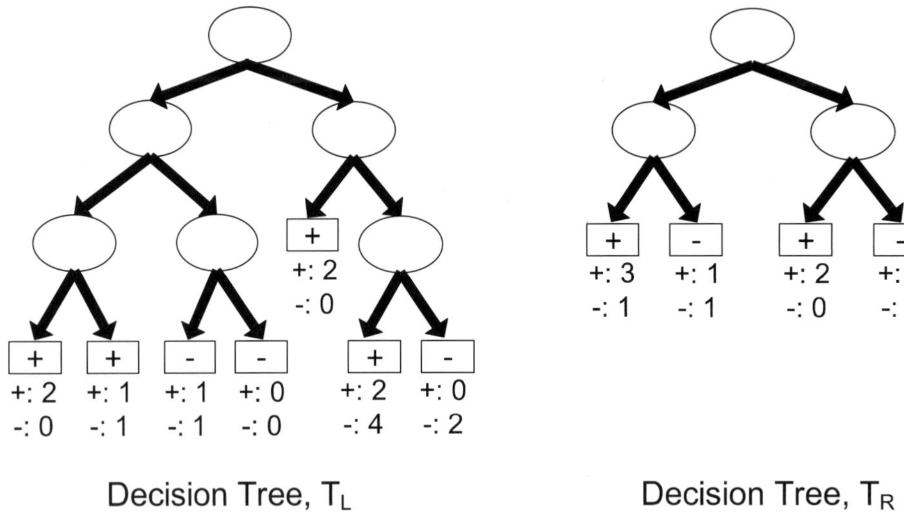

그림 3.29 두 개의 의사결정 트리(그림 3.30)에 대한 검증 데이터 클래스 분포

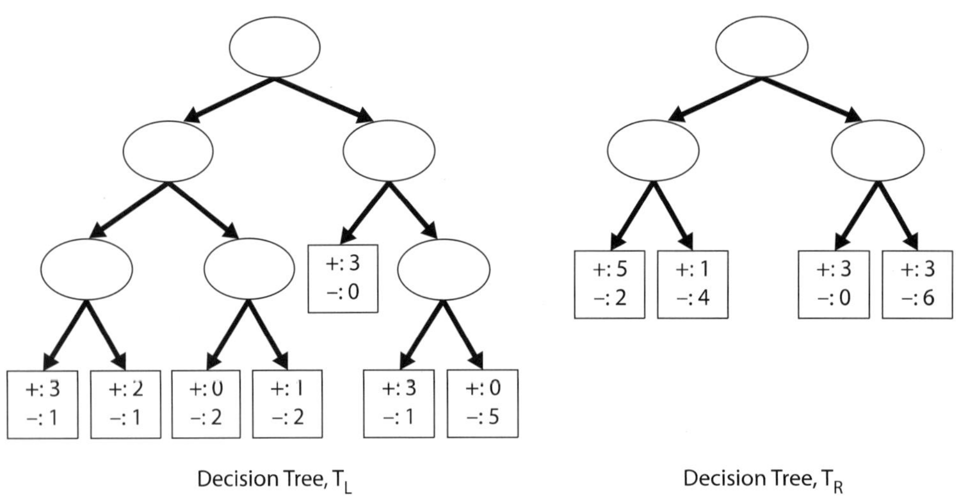

그림 3.30 같은 훈련 데이터로부터 생성된 두 개의 의사결정 트리

3.5.2 모델 복잡도 추가하기

모델이 점점 더 복잡해지면 모델 과잉적합 가능성도 증가하므로, 모델 선택 접근방식은 훈련 오류율뿐만 아니라 모델 복잡도 역시 고려하여야 한다. 이 전략은 **오컴의 면도날**

(Occam's razor) 또는 **절약의 원리**(principle of parsimony)로 잘 알려진 원리에 영감을 받고 있다. 이 원리는, 동일한 오류율을 갖는 두 모델이 있을 경우, 단순한 모델이 더 복잡한 모델보다 낫다는 것을 말하고 있다. 다음은 일반화 성능을 평가할 때 모델 복잡도를 고려하는 일반적 접근방식에 대한 형식적 설명이다.

훈련 집합 $D.train$이 주어졌을 때, 모델들의 집합, M에 속하는 어떤 분류 모델 m을 학습한다고 가정하자. 예를 들어, 만일 M이 가능한 모든 의사결정 트리들의 집합을 나타낸다면, m은 이 훈련 집합으로부터 학습된 특정 의사결정 트리에 해당할 수 있다. 이제 m의 일반화 오류율, $gen.error(m)$을 추정한다고 생각해 보자. 앞서 논의했듯이, m의 훈련 오류율, $train.error(m, D.train)$은 모델 복잡도가 클 때는 $gen.error(m)$를 낮게 평가할 수 있다. 따라서 $gen.error(m)$를 훈련 오류율뿐만 아니라 M의 모델 복잡도, $complexity(M)$의 함수로 다음과 같이 나타낸다:

$$gen.error(m) = train.error(m, D.train) + \alpha \times complexity(M) \tag{3.11}$$

위 식에서 α는 훈련 오류를 최소화하는 것과 모델 복잡도를 줄이는 것 사이에서 균형을 맞추는 하이퍼 파라미터(hyper-parameter)이다. α값이 크면 일반화 성능 평가에서 모델 복잡도가 더 강조된다. 적당한 α값을 고르기 위해서는 3.5.1절에서 언급된 것과 유사한 방식으로 검증 집합을 활용할 수 있다. 예를 들어, α값의 어느 범위에서 계속 반복하면서 모든 가능한 값에 대하여 훈련 집합의 한 부분집합 $D.tr$에 대한 모델을 학습하여 별도의 부분집합 $D.val$에 대한 검증 오류율을 계산할 수 있다. 그 다음 가장 낮은 검증 오류율을 보이는 α값을 선택할 수 있다.

식 (3.11)은 일반화 성능 추정에 모델 복잡도를 추가하는 한 가지 가능한 접근방식을 제공한다. 이 접근방식은 구조적 위험 최소화 원리(structural risk minimization principle), Akaike's Information Criterion(AIC), Bayesian Information Criterion(BIC) 등과 같은 많은 일반화 성능 추정기법들의 핵심이다. 구조적 위험 최소화 원리는 4장에서 다룰 지지도 벡터 기계(support vector machine) 학습을 위한 주요 소재 역할을 한다. AIC와 BIC에 대한 자세한 내용은 3.10절의 문헌주석을 참조하라.

다음으로 모델 복잡도, $complexity(M)$을 추정하기 위한 다른 두 가지 접근방식에 대하여 설명한다. 첫째 방식은 의사결정 트리에 특화된 것이고, 두 번째는 더 일반적인 방식으로 어떤 종류의 모델에도 사용할 수 있다.

의사결정 트리 복잡도의 추정

의사결정 트리의 맥락에서 보면, 트리의 복잡도는 리프 노드 개수에 대한 훈련 인스턴스 개수의 비율로 추정할 수 있다. k를 리프 노드 개수, N_{train}을 훈련 인스턴스의 개수라고 하면, 의사결정 트리의 복잡도는 k/N_{train}로 표현할 수 있다. 이것은 훈련의 크기가 큰 경우, 지나치게 복잡해지지 않고도 리프 노드 개수가 많은 의사결정 트리를 학습할 수 있다는 직관을 반영한다. 의사결정 트리 T의 일반화 오류율은 식 (3.11)을 이용하여 다음과 같이 계산된다:

$$err_{gen}(T) = err(T) + \Omega \times \frac{k}{N_{train}}$$

여기서 $err(T)$는 의사결정 트리의 훈련 오류이고, Ω는 식 (3.11)에서 사용된 α와 유사하게 훈련 오류를 줄이는 것과 모델 복잡도를 최소화하는 것 사이의 균형을 맞춰주는 하이퍼 파라미터이다. Ω는 훈련 오류 발생에 비례한 상대적인 리프 노드 추가비용으로 볼 수 있다. 의사결정 트리에 대한 문헌에서 보면, 일반화 오류율 추정을 위한 위 접근방식은 **비관적 오류 추정**(pessimistic error estimate)으로 불린다. 비관적이라고 불리는 이유는 이 방식은 (모델 복잡도에 대한 벌칙항목이 추가되어) 일반화 오류율이 훈련 오류율보다 나쁠 것이라는 가정 때문이다. 한편, 단순히 훈련 오류율을 일반화 오류율 추정치로 사용하는 것을 **낙관적 오류 추정**(optimistic error estimate) 또는 **재치환 추정**(resubstitution estimate)이라고 부른다.

예제 3.9 일반화 오류 추정

그림 3.30에 있는 두 개의 이진 의사결정 트리, T_L과 T_R을 보자. 두 트리 모두 동일한 훈련 데이터로부터 생성되었고, T_L은 T_R의 세 리프 노드를 확장해서 생성되었다. 이 트리들의 리프 노드에 보이는 숫자는 훈련 인스턴스들의 클래스 분포를 나타낸다. 노드에 도달하는 훈련 인스턴스들의 다수 클래스에 따라서 각 노드에 레이블이 붙여진다면, 왼쪽 트리의 훈련 오류율은 $err(T_L) = 4/24 = 0.167$이고, 오른쪽 트리의 훈련 오류율은 $err(T_R) = 6/24 = 0.25$가 된다. 비록 T_L이 리프 노드를 더 많이 포함하므로 T_R보다 더 복잡함에도 불구하고, 훈련 오류율만 놓고 보면 T_L이 T_R보다 좋아 보인다.

이제, 각 리프 노드와 연관된 비용 Ω이 0.5라고 가정하자. 그러면 T_L에 대한 일반화 오류 추정치는 $err_{gen}(T_L) = \frac{4}{24} + 0.5 \times \frac{7}{24} = \frac{7.5}{24} = 0.3125$이고, T_R에 대한 오류 추정치는 $err_{gen}(T_R) = \frac{6}{24} + 0.5 \times \frac{4}{24} = \frac{8}{24} = 0.3333$가 된다.

T_L의 일반화 오류율이 더 낮으므로, 여전히 T_R보다 좋다. 한 노드를 확장하는 것이 훈련 인스턴스를 잘못 분류하는 것보다 비용이 적게 들므로, $\Omega = 0.5$라는 말은 어떤 노드가 최소한 하나의 훈련 인스턴스의 예측에서 개선이 보이면 언제나 두 개의 자식 노드들로 확장되어야 한다는 의미이다. 한편, $\Omega = 1$이면, T_L의 일반화 오류율은 $err_{gen}(T_L) = 11/24 = 0.458$이고 T_R의 오류율은 $err_{gen}(T_R) = 10/24 = 0.417$이다. 이 경우는 일반화 오류율이 더 낮으므로 T_R이 T_L보다 좋다. 이 예는 Ω값을 다르게 선택해서 일반화 오류 추정치를 기초로 한 의사결정 트리의 선호를 바꿀 수 있다는 것을 보여준다. 그러나 한 가지 주어진 Ω값에 대해서는, 비관적 오류 추정이 드러나지 않은(unseen) 시험 인스턴스들에 대한 일반화 성능을 모델링하는 접근방식을 제공해 준다. Ω값은 검증 집합을 이용해서 고를 수 있다. ■

최소 서술 길이 원리

모델 복잡도를 추가하는 또 다른 방법은 **최소 서술 길이 원리(Minimum Description Length Principle)**, 또는 **MDL 원리**로 알려진 정보이론적(information-theoretic) 접근 방식을 바탕으로 한다. 이 원리를 이해하기 위하여 그림 3.31에 있는 예를 보자. 이 예에서, 사람 A와 B에는 알려진 속성 값 x를 갖는 인스턴스들의 집합이 주어져 있다. A는 모든 인스턴스에 대한 클래스 레이블 y을 알고 있는 반면, B는 이러한 정보가 전혀 없다. A는 레이블을 포함하는 메시지를 보내서 클래스 정보를 B와 공유하고 싶다. 이러한 메시지는 N이 인스턴스 개수일 때, $\Theta(N)$ 비트의 정보를 필요로 한다.

클래스 레이블을 직접 보내는 대신, A는 인스턴스들로부터 분류 모델을 구축한 다음 그것을 B에게 전달하는 방법을 택할 수도 있다. B는 이 모델을 적용해서 인스턴스들의 클래스 레이블을 결정할 수 있다. 만약 이 모델이 100% 정확하다면, 전송비용은 이 모델을 암호화하는 데 필요한 비트 수와 동일하다. 그렇지 않다면, B가 같은 클래스 레이블들을 재생성할 수 있도록, A는 어떠한 인스턴스들이 이 모델에 의하여 부정확하게 분류되었는지에 관한 정보도 전송해야 한다. 따라서 전체 전송비용은 총 메시지 서술 길이와

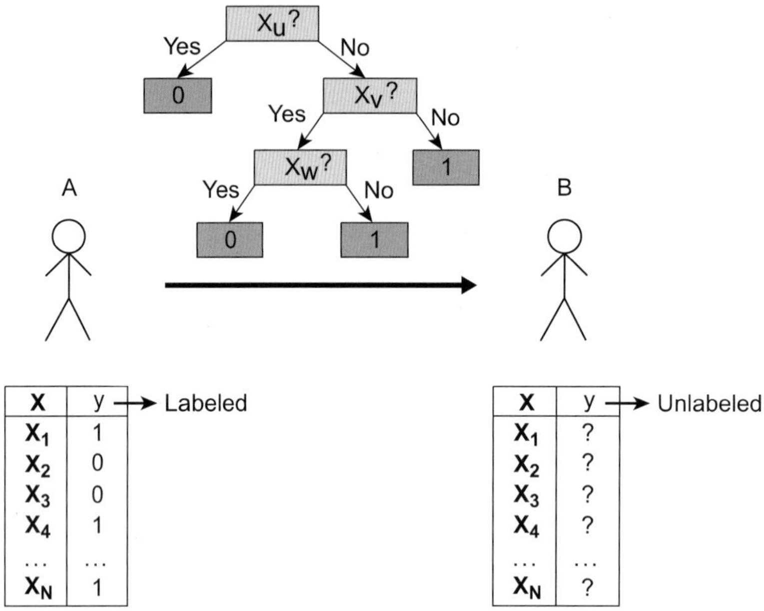

그림 3.31 최소 서술 길이 원리의 예시

동일하며 다음과 같다.

$$Cost(model, data) = Cost(data|model) + \alpha \times Cost(model) \tag{3.12}$$

여기서 등호 오른쪽의 첫째 항은 잘못 분류된 인스턴스들을 암호화하는 데 필요한 비트 수이고, 두 번째 항은 모델을 암호화하는 데 필요한 비트 수이다. α는 잘못 분류된 인스턴스들과 모델의 상대 비용을 상쇄시켜주는 하이퍼 파라미터이다. 이 식과 식 (3.11)에 제시된 일반화 오류율에 대한 일반 식 사이의 유사점에 주목하자. 좋은 모델은 클래스 레이블 전체를 암호화하는 데 필요한 비트 수보다 짧은 총 서술 길이를 가져야 한다. 또한 두 개의 서로 경쟁하는 모델이 있을 때는 총 서술 길이가 짧은 모델이 좋다. 의사결정 트리의 총 서술 길이를 계산하는 방법을 보여주는 예가 연습문제 10에 있다.

3.5.3 통계적 한계의 추정

모델의 일반화 오류율을 추정하기 위해 식 (3.11)을 이용하는 대신에 또 다른 방법으로 모델 복잡도를 나타내는 모델 훈련 오류율에 통계적 보정(statistical correction)을 적용하는 방식이 있다. 이 방법은 훈련 오류의 확률 분포를 알거나 추정 가능할 때 수행할 수 있다. 예를 들어, 의사결정 트리에서 리프 노드의 오류 개수는 이항분포를 따라 추정할 수 있다. 따라서 다음 예제에서 보듯이, 모델 선택을 위해 사용될 수 있는 관찰된 훈련 오류율에 대한 상한값을 계산할 수 있다.

예제 3.10 훈련 오류에 대한 통계적 한계

그림 3.30에 있는 이진 의사결정 트리의 가장 왼쪽 가지를 보자. T_R의 가장 왼쪽 리프 노드는 T_L에서는 두 개의 자식노드로 확장되었다. 이 노드의 분할 전 오류율은 $2/7 = 0.286$이다. 정규분포로 이항분포의 근사치를 구함으로써, 오류율 e의 상한을 다음과 같이 유도해 낼 수 있다:

$$e_{upper}(N, e, \alpha) = \frac{e + \frac{z_{\alpha/2}^2}{2N} + z_{\alpha/2}\sqrt{\frac{e(1-e)}{N} + \frac{z_{\alpha/2}^2}{4N^2}}}{1 + \frac{z_{\alpha/2}^2}{N}} \tag{3.13}$$

여기서 α는 신뢰 수준(confidence level), $z_{\alpha/2}$는 표준 정규분포로부터의 표준화된 값, 그리고 N은 e를 구하기 위해 사용되는 훈련 레코드들의 총 개수이다. $\alpha = 25$, $N = 7$ 그리고 $e = 2/7$로 놓으면, 오류율의 상한은 $e_{upper}(7, 2/7, 0.25) = 0.503$이 되어, $7 \times 0.503 = 3.521$개의 오류에 해당된다. 노드를 T_L에서처럼 자식 노드들로 확장하면, 자식 노드들에 대한 훈련 오류율은 각각 $1/4 = 0.250$과 $1/3 = 0.333$이다. 식 (3.13)을 이용하면 이 오류율들의 상한은 각각, $e_{upper}(4, 1/4, 0.25) = 0.537$과 $e_{upper}(3, 1/3, 0.25) = 0.650$이 된다. 자식 노드들의 전체 훈련 오류는 $4 \times 0.537 + 3 \times 0.650 = 4.098$이 되며, 이것은 T_R에 있는 해당 노드에 대한 추정 오류보다 크다. 따라서 분할되어서는 안 된다는 것을 시사하고 있다. ■

3.5.4 의사결정 트리를 위한 모델 선택

위에 제시된 일반적 접근방식을 토대로 하여, 의사결정 트리 귀납에 통상적으로 사용되는 두 가지 모델 선택 전략에 대하여 알아본다.

사전 가지치기(Prepruning: 조기 정지 규칙) 이 접근방식에서는 전체 훈련 데이터에 완벽하게 맞는 완전히 성장한 트리가 만들어지기 전에 트리 성장 알고리즘이 정지된다. 이를 위하여, 일반화 오류 추정에서 관찰된 이득이 일정한 임계값 아래로 떨어질 경우 리프 노드의 확장을 멈추는 것과 같은 보다 엄격한 정지 조건이 사용되어야 한다. 이 일반화 오류율의 추정치는 비관적 오류 추정, 검증 오류 추정, 통계적 한계 사용 등 앞의 세 절에서 제시된 어떤 접근방식이든 사용하여 계산할 수 있다. 사전 가지치기의 이점은 훈련 데이터에 과잉적합하는 지나치게 복잡한 서브트리가 생성되는 것을 피할 수 있다는 것이다. 그리나 이 방식의 한 가지 중요한 단점은, 현행의 분할 조건들 중 하나를 사용하여 뚜렷한 이득을 얻을 수 없다하더라도, 후속되는 분할로 더 나은 서브트리가 생성될 수도 있다는 것이다. 의사결정 트리 귀납의 탐욕적 속성 때문에, 사전 가지치기를 사용한다면 이러한 서브트리에는 도달하지 못할 것이다.

사후 가지치기(Post-pruning) 이 접근방식에서는 의사결정 트리가 처음에 최대 크기로 성장된다. 그 다음 이렇게 완전히 자란 트리를 상향식으로 다듬어 나가는 가지치기 절차가 이어진다. **트리 다듬기**(trimming)는 서브트리가 (1) 그 서브트리와 관련된 인스턴스들의 다수 클래스로부터 그 클래스 레이블이 결정되는 새로운 리프 노드로 교체되거나(서브트리 교체로 알려진 방식), (2) 그 서브트리의 가장 자주 사용되는 가지(branch)로 교체됨으로써(서브트리 올리기로 알려진 방식) 이루어진다. 이 트리 가지치기 절차는 일반화 오류 추정에서 일정한 임계값을 넘어 더 이상의 개선이 관찰되지 않을 때 종료된다. 다시 언급되지만 일반화 오류율 추정치는 앞선 세 절에서 제시된 어떤 접근방식이든 사용하여 계산할 수 있다. 사후 가지치기는 트리 성장 과정이 너무 이르게 종료될 수 있는 사전 가지치기와 달리, 완전히 성장한 트리를 기반으로 가지치기 결정을 하므로, 사전 가지치기보다 나은 결과를 가져오는 경향이 있다. 하지만, 사후 가지치기는 서브트리가 가지치기될 때 트리를 완전히 성장시키기 위하여 요구되는 계산들이 낭비적일 수 있다.

그림 3.32는 3.3.5절에 주어진 웹 로봇 탐지의 예를 위한 단순화된 의사결정 트리 모델을 보여주고 있다. 루트가 `depth`=1인 서브트리들은 `breadth`<=7, `width`>3, `MultiP`=1에 해당하는 가지들 중의 하나로 교체된 것에 주목하자. 이러한 방식을 **서브트리 올리기**(subtree raising)이라고도 한다. 한편, `depth`>1, `MultiAgent`=0인 서브트리는 클래스 0에 배정된 리프 노드로 교체되었다. 이러한 방식은 **서브트리 교체**(subtree replacement)라고 한다. `depth`>1, `MultiAgent`=1인 서브트리는 그대로 남아있다.

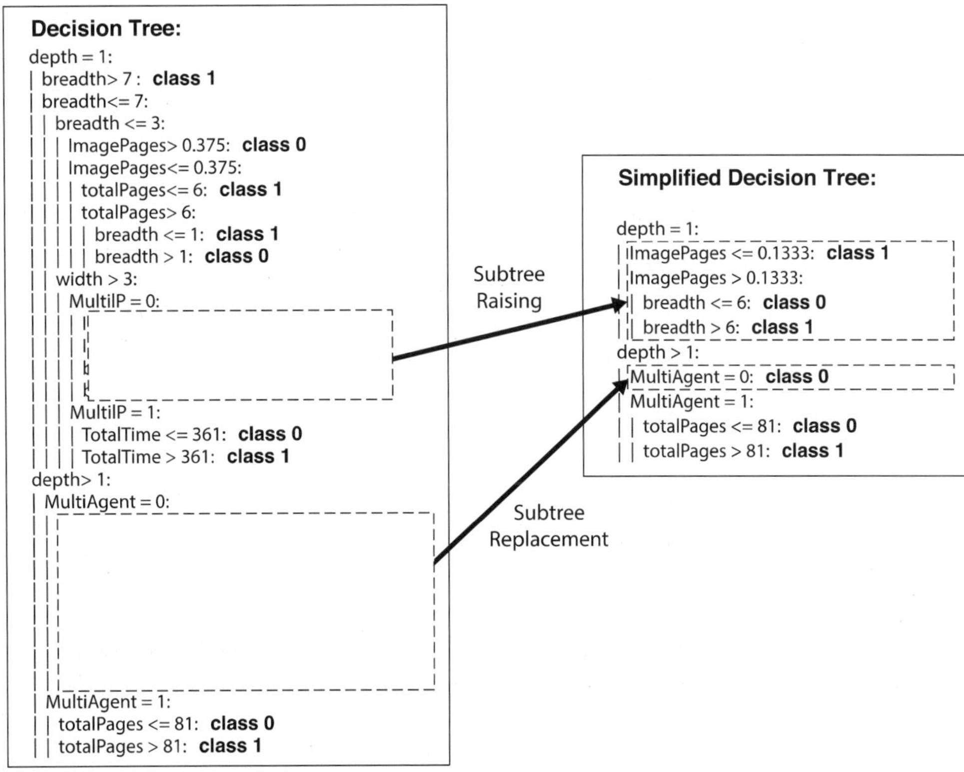

그림 3.32 웹 로봇 탐지를 위한 의사결정 트리의 사후 가지치기

3.6 모델 평가

앞 장에서는 훈련 집합 $D.train$으로부터 분류 모델을 학습하는 데 사용될 수 있는 모델 선택(model selection)을 위한 몇 가지 접근방식에 대하여 논의하였다. 여기서는 일반화 성능, 즉, $D.train$ 외의 드러나지 않은 인스턴스들에 대한 성능을 평가하는 방법에 대하여 논의한다. 이 과정을 **모델 평가**(model evaluation)라고 한다.

3.5절에서 논의한 모델 선택 방법들도 훈련 집합 $D.train$을 이용해서 일반화 성능의 추정치를 계산한다는 사실에 주목하자. 하지만 이러한 추정치들은 분류 모델의 선택을 가이드하기 위해 사용되었기 때문에, 드러나지 않은 인스턴스들에 대한 성능을 나타내는 데는 **왜곡된**(biased) 지표라고 할 수 있다. 예를 들어, 3.5.1절에서 설명한대로 모델 선택

을 위해서 검증 오류율을 사용한다면, 결과 모델은 검증 집합에 대한 오류를 최소화하기 위해 의도적으로 선택될 수 있다. 따라서 검증 오류율은 진정한 일반화 오류율을 낮게 평가할 수도 있으므로 모델 평가를 위해서는 신뢰할 수 없다.

모델 평가를 위한 정확한 접근방식은 모델 선택의 어느 단계에서도 사용되지 않은 레이블 있는 시험 집합에 대한 학습된 모델의 성능을 평가하는 것이다. 이것은 레이블 있는 인스턴스들의 전체 집합 D를, 모델 선택을 위한 집합 $D.train$, 그리고 시험 오류율 err_{test}의 계산을 위한 $D.test$, 두 개의 상호배타적 부분집합으로 분할하여 해결할 수 있다. 다음으로 D를 $D.train$과 $D.test$로 분할하고, 시험 오류율 err_{test}를 계산하는 두 가지 접근방식에 대하여 설명한다.

3.6.1 홀드아웃 방법

레이블이 있는 데이터 집합을 분할하기 위한 가장 기본적인 기법이 **홀드아웃 방법**(hold-out method)이다. 이 방법에서는 레이블이 있는 집합 D를 각각 훈련 집합 $D.train$과 시험 집합 $D.test$으로 불리는 두 개의 서로 겹치지 않는 집합들로 무작위로 나눈다. 그 다음 3.5절에서 제시된 모델 선택 기법을 이용해서 $D.train$으로부터 분류 모델이 유도되고, $D.test$에 대한 오류율 err_{test}가 일반화 오류율 추정치로 사용된다. 훈련과 시험을 위하여 예비되는 데이터의 비율은 훈련을 위해 2/3, 시험을 위해 1/3 등 일반적으로 분석하는 사람의 재량이다.

3.5.1에서 $D.train$을 $D.tr$과 $D.val$로 분할할 때 서로 상충하는 문제와 유사하게, 레이블이 있는 데이터를 훈련용과 시험용으로 나누는 올바른 비율을 선택하는 일은 쉽지 않다. $D.train$의 크기가 작으면 불충분한 훈련 인스턴스 수로 인하여 분류 모델의 학습이 제대로 이루어지지 않으므로, 일반화 성능 추정이 왜곡될 수 있다. 한편, $D.test$의 크기가 작으면 적은 수의 시험 인스턴스들에 대하여 계산이 이루어져 err_{test}의 신뢰도가 떨어질 수 있다. 게다가 D를 $D.train$과 $D.test$로 임의 분할하게 되면 err_{test}는 높은 가변성을 가질 수 있다.

이 홀드아웃 방법을 여러 번 반복해서 시험 오류율 분포를 구할 수 있는데, 이 접근방식을 **무작위 서브샘플링**(random subsampling) 또는 반복 홀드아웃 방법이라고 부른다. 이 방법을 통하여 err_{test}의 가변성을 이해할 수 있는 오류율 분포를 얻을 수 있다.

3.6.2 교차 검증

교차 검증(cross-validation)은 D에 있는 레이블 있는 모든 인스턴스들을 훈련과 시험을 위해 효과적으로 활용할 목적으로 널리 이용되는 모델 평가 방법이다. 이 방법을 설명하기 위하여 그림 3.33에서 보듯이 동일 크기의 세 부분집합 S_1, S_2, S_3로 무작위 분할한 레이블 있는 집합이 주어졌다고 가정하자. 첫 번째 실행에서는 그림에서 비어있는 블록인 부분집합 S_2와 S_3를 이용해서 모델을 훈련시키고 S_1에 대해서는 시험을 한다. S_1에 대한 시험 오류율 $err(S_1)$이 첫 번째 실행에서 계산된다. 마찬가지로 두 번째 실행에서는 S_1과 S_3를 훈련 집합으로, S_2를 시험 집합으로 이용해서 S_2에 대한 시험 오류율 $err(S_2)$를 계산한다. 마지막으로, 세 번째 실행에서는 S_1과 S_2를 훈련 집합으로, S_3를 시험 집합으로 이용해서 S_3에 대한 시험 오류율 $err(S_3)$을 구한다. 모든 실행을 거친 후 각 시험 부분집합에서의 오류 개수를 합하고, 이것을 총 인스턴스 수로 나눠서 전체 시험 오류율을 구한다. 이 방식을 3구역 교차검증(three-fold cross-validation)이라 부른다.

k-구역 교차검증(k-fold cross-validation) 기법은 위 방식의 일반화로 레이블 있는 데이터 D(크기 N)를 같은 크기인 k개의 구역으로 분할한다. i번째 실행 시, D의 구역 중 하나가 훈련용인 $D.test(i)$로 선택되고 나머지 구역들은 훈련용 $D.train(i)$로 이용된다. 모델 $m(i)$는 $D.train(i)$를 이용하여 학습되고, $D.test(i)$에 적용되어 시험 오류의 합, $err_{sum}(i)$가 구해진다. 이 절차가 k번 반복된다. 그 다음 총 시험 오류율 err_{test}가 다음과 같이 계산된다.

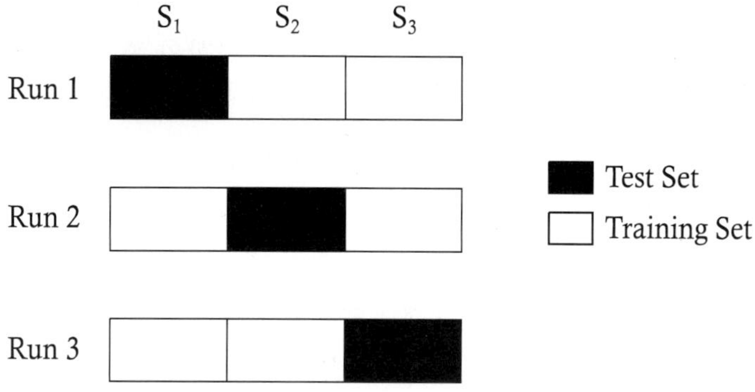

그림 3.33 3구역 교차검증 기법을 보여주는 예

$$err_{test} = \frac{\sum_{i=1}^{k} err_{sum}(i)}{N} \tag{3.14}$$

따라서 데이터에 있는 모든 인스턴스는 시험용으로 정확히 한 번 사용되고, 훈련용으로는 $(k-1)$번 사용된다. 또한 매 실행마다, 훈련에는 데이터의 $(k-1)/k$ 만큼 사용되고, 시험에는 $1/k$ 만큼 사용된다.

k-구역 교차검증에서 올바른 k값을 선택하는 일은 문제의 특성 수에 달려있다. k값이 작으면 매 실행마다 훈련 집합의 크기가 작아져서, 모델이 전체 레이블 있는 집합에 대하여 훈련될 때 기대되는 것보다 일반화 오류율 추정치가 더 커지게 된다. 한편, k값이 크면 매 실행마다 훈련 집합의 크기가 커져서, 일반화 오류율 추정치의 왜곡이 감소하게 된다. 극단적인 케이스로 $k=N$일 경우, 매 실행마다 시험용으로 정확하게 한 개의 데이터 인스턴스가 사용되고 나머지 데이터는 훈련용으로 사용된다. 이러한 k-구역 교차검증의 특별한 케이스를 **리브원아웃**(leave-one-out) 접근방식이라고 부른다. 이 접근방식은 훈련용으로 가능한 많은 데이터를 활용하는 이점이 있지만, 연습문제 11에 예시되어 있듯이 어떤 특별한 시나리오에서는 매우 잘못된 결과를 초래할 수 있다. 더욱이 리브원아웃은 교차검증 절차를 N번 반복할 필요가 있기 때문에, 방대한 데이터 집합에 대해서는 계산 비용이 클 수 있다. 가장 실제적인 응용의 경우, k를 5에서 10사이에서 선택하면, 각 구역이 80%에서 90%의 레이블 있는 데이터를 훈련용으로 활용할 수 있기 때문에 일반화 오류율 추정으로 적당하다.

위에서 설명한 k-구역 교차검증 방법은 추정치의 가변성에 대하여 어떠한 정보도 제공하지 않으면서, 단일한 일반화 오류율 추정치만을 만들어낸다. 이 정보를 얻기 위해서는 모든 가능한 k개 분할에 대하여 k-구역 교차검증을 수행하여 모든 분할에 대하여 계산된 시험 오류율의 분포를 구할 수 있다. 가능한 모든 분할의 평균 시험 오류율은 일반화 오류율의 추정치를 더 믿을만하게 만들어 준다. 일반화 오류율과 그 가변성을 추정하는 이 접근방식을 **완전 교차검증**(complete cross-validation)이라고 한다. 비록 이러한 추정 방식이 매우 믿을만하지만, 일반적으로 비용이 지나치게 많이 소요되어 방대한 데이터 집합을 k개로 분할할 수 있는 모든 경우들을 고려할 수는 없다. 보다 실용적인 해법은 매번 데이터에 대한 상이한 무작위 k개 분할을 이용해서 교차검증 방식을 여러 번 반복하고, 평균 시험 오류율을 일반화 오류율의 추정치로 사용하는 것이다. 리브원아웃 방식에서는 오직 한 가지 가능한 분할만 존재하므로 일반화 오류율의 가변성 추정이 불가능하며, 이것이 이 방식의 또 다른 한계이기도 하다.

k-구역 교차검증은 데이터의 각 분할에서의 긍정적, 부정적 인스턴스들의 비율이 전체 데이터에서 관찰된 비율과 같다는 것을 보장하지 않는다. 이 문제에 대한 간단한 해결책은 긍정적, 부정적 인스턴스들을 k 분할하여 층화 샘플링을 수행하는 것이다. 이 접근방식을 **층화 교차검증**(stratified cross-validation)이라고 한다.

k-구역 교차검증에서는 매 실행마다 다른 모델이 학습되며, 각각의 시험 구역에 대한 모든 k개의 모델 성능이 합해져 전체 시험 오류율 err_{test}가 계산된다. 따라서 err_{test}는 k 모델 중 어떤 것에 대한 일반화 오류율도 반영하지 않는다. 대신, 훈련 구역들 $(N(k-1)/k)$ 중의 하나와 같은 크기인 훈련 집합에 대하여 적용했을 때의 **모델 선택 방식**(model selection approach)의 **기대**(expected) 일반화 오류율을 반영한다. 이것은 $D.train$에 대하여 학습된 특정 모델과 정확하게 대응되는 홀드아웃 방법에서 계산된 err_{test}와 다르다. 따라서 비록 D에 있는 모든 인스턴스를 훈련과 시험용으로 효과적으로 활용하기는 하지만, 교차검증 방법에서 계산된 err_{test}는 특정 $D.train$에 대해서 학습된 단일 모델의 성능을 대표하지 않는다.

그럼에도 불구하고, 실제로는 err_{test}가 D에 대해 구축된 모델의 일반화 오류 추정치로 보통 사용된다. 그 이유는 훈련 구역들의 크기가 전체 데이터의 크기에 더 가까워지면(k가 클 때), err_{test}가 D와 같은 크기의 데이터 집합에 대하여 학습된 모델의 기대 성능과 비슷하기 때문이다. 예를 들어, k가 10일 때 모든 훈련 구역은 전체 데이터의 90%이다. 그러면 err_{test}가 전체 데이터의 90%에 대하여 학습된 모델의 기대 성능에 근접하게 되어 D에 대하여 학습된 모델의 기대 성능에 가까워지게 된다.

3.7 하이퍼 파라미터의 존재

하이퍼 파라미터(hyper-parameter)는 분류 모델 학습 전에 결정될 필요가 있는 학습 알고리즘의 파라미터이다. 예를 들어, 식 (3.11)에 있는 하이퍼 파라미터 α를 다시 보자. 이 식은 모델 복잡도를 직접적으로 표현하는 모델 선택 접근방식을 위한 일반화 오류 추정에 이용되었다(3.5.2절 참조). 하이퍼 파라미터에 대한 다른 예들은 4장을 참조하자.

$$gen.error(m) = train.error(m, D.train) + \alpha \times complexity(M)$$

의사결정 트리의 내부 노드에서의 시험조건 같은 정규 모델 파라미터와는 달리, α와 같은 하이퍼 파라미터는 레이블 없는 인스턴스들을 분류하기 위해 사용되는 최종 분류 모델에는 나타나지 않는다. 그러나 하이퍼 파라미터 값들은 모델 선택 중에 결정될 필요가 있는데, 이 프로세스를 **하이퍼 파라미터 선택**(hyper-parameter selection)이라고 하고, 모델 평가 과정에서 고려되어야 한다. 다행스럽게도 두 작업 모두 앞 절에서 설명한 교차검증 방식을 조금 수정해서 효과적으로 완수할 수 있다.

3.7.1 하이퍼 파라미터 선택

3.5.2절에서, α를 선택하기 위하여 검증 집합이 사용되었고, 이 접근방식이 일반적으로 하이퍼 파라미터 선택에 적용가능하다. p를 값들의 유한 범위, $P=\{p_1, p_2, \cdots p_n\}$로부터 선택할 하이퍼 파라미터라고 하자. D를 $D.tr$과 $D.val$로 분할한다. 하이퍼 파라미터 값 p_i의 모든 선택에 대하여, $D.tr$에 대한 모델 m_i를 학습하고, 이 모델을 $D.val$에 적용하여 검증 오류율 $err_{val}(p_i)$를 얻을 수 있다. p^*를 최저 검증 오류율을 제공하는 하이퍼 파라미터 값이라고 하자. 그러면 p^*에 해당하는 모델 m^*를 최종 분류 모델로 사용할 수 있다.

상기 방식은 유용하기는 하지만 데이터의 부분집합 $D.train$만을 훈련용으로, 그리고 부분집합 $D.val$만을 검증용으로 사용한다. 3.6.2절에서 제시된 교차검증의 틀은, 비록 모델 평가의 문맥에서이긴 하지만, 이 두 가지 이슈에 대하여 언급하고 있다. 여기서는 하이퍼 파라미터 선택을 위하여 교차검증 접근방식을 어떻게 사용할지에 대하여 보여주고자 한다. 이를 위하여, $D.train$을 그림 3.34처럼 세 구역으로 분할하자. 매 실행마다, 모든 하이퍼 파라미터 값 p_i에 다하여, 이 중 하나의 구역이 검증용 $D.val$로 나머지 두

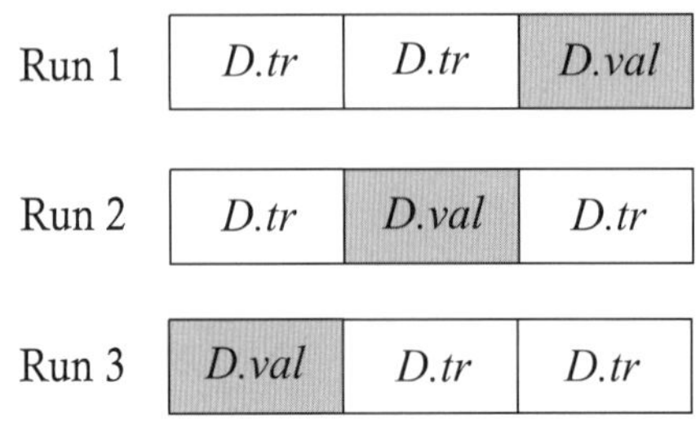

그림 3.34 $D.train$을 이용하여 하이퍼 파라미터를 선택하는 3구역 교차검증의 틀을 보여주는 예

구역은 모델 학습용 $D.tr$로 사용된다. 각 p_i에 대응하는 전체 검증 오류율은 세 구역 모두에 걸친 오류들을 합해서 계산된다. 그 다음, 가장 낮은 검증 오류율을 제공하는 하이퍼 파라미터 값 p^*를 선택해서 전체 훈련 집합 $D.train$에 대한 모델 m^*를 학습하는 데 이용한다.

알고리즘 3.2는 하이퍼 파라미터 선택을 위해 k-구역 교차검증의 틀을 이용하는 위의 접근방식을 일반화하고 있다. 교차검증의 i번째 실행에서, i번째 구역 데이터가 검증을 위한 $D.val(i)$로 사용되고(단계 4), $D.train$에 있는 나머지 데이터가 훈련을 위한 $D.tr(i)$로 사용된다(단계 5). 그다음, 하이퍼 파라미터 값 p_i의 모든 선택에 대해 하나의 모델이 $D.tr(i)$에 대하여 학습되고(단계 7), 이 모델을 $D.val(i)$에 적용해서 그 검증오류를 계산한다(단계 8). 이 방법이, 모든 구역에 대해 p_i를 이용하여 학습하는 모델들에 해당하는 검증오류율을 계산하는 데 사용된다(단계 11). 가장 낮은 검증오류율을 제공하는 하이퍼 파라미터 값 p^*이(단계 12) 전체 훈련 집합 $D.train$에 대한 최종 모델 m^*을 학습하는 데 이용된다(단계 13). 따라서 이 알고리즘의 마지막에서, 최종 분류 모델뿐 아니라 최선의 하이퍼 파라미터 값을 얻게 된다(단계 14). 두 가지 모두 $D.train$에 있는 모든 데이터를 효과적으로 활용하여 얻어진다.

알고리즘 3.2 Procedure model-select(k, P, D.train)

1: $N_{train} = |D.train|$ {Size of $D.train$.}
2: Divide $D.train$ into k partitions, $D.train_1$ to $D.traink$.
3: **for** each run i = 1 to k **do**
4:     $D.val(i) = D.traini$. {Partition used for validation.}
5:     $D.tr(i) = D.train \setminus D.train_i$. {Partitions used for training.}
6:     **for** each parameter $p \in P$ **do**
7:         m = `model-train`(p, $D.tr(i)$). {Train model}
8:         $err_{sum}(p, i)$ = `model-test`(m, $D.val(i)$). {Sum of validation errors.}
9:     **end for**
10: **end for**
11: $err_{val}(p) = \sum_i^k err_{sum}(p, i)/Ntrain$. {Compute validation error rate.}
12: $p^* = argmin_p \, err_{val}(p)$. {Select best hyper-parameter value.}
13: m^* =`model-train`(p^*, $D.train$). {Learn final model on $D.train$}
14: return (p^*, m^*).

3.7.2 중첩 교차검증

앞 장의 접근방식은, 하이퍼 파라미터 선택이 필요할 경우, $D.train$의 모든 인스턴스들을 효과적으로 사용하여 분류 모델을 학습하는 방법을 제공한다. 이 방식을 전체 데이터 집합 D에 대해 적용하여 최종 분류 모델을 학습할 수 있다. 하지만 D에 알고리즘 3.2를 적용하면 그 일반화 성능 추정치 err_{test}는 없이 최종 분류 모델 m^*만을 돌려준다. 알고리즘 3.2에 사용된 검증 오류율은 최종 모델 m^*의 선택을 가이드하기 위해 사용되므로 일반화 성능 추정치로는 사용할 수 없다는 것을 기억하자. 하지만, 3.6.2절에서 원래 설명한대로, 전체 데이터 집합 D에 대한 성능을 평가하기 위하여 교차검증 틀을 사용하여 err_{test}를 계산할 수 있다. 이 방식에서는 D가 매 교차검증 실행마다 $D.train$(훈련용)과 $D.test$(시험용)으로 분할된다. 하이퍼 파라미터가 관련될 경우에는, 알고리즘 3.2를 써서 매 실행 때 마다 $D.train$을 사용해 모델을 훈련시킬 수 있다. 결국, 이 방식은 "내부적으로(internally)" 모델 선택을 위한 교차검증을 활용하는 것이다. 이러한 접근방식을 **중첩 교차검증(nested cross-validation)** 또는 이중 교차검증(double cross-validation)이라고 부른다. 알고리즘 3.3은 하이퍼 파라미터가 존재할 경우, 중첩 교차검증을 이용해서 err_{test}를 추정하는 완전한 접근방식을 기술하고 있다.

이 방식에 대한 예시로서, 3-구역 교차검증 방법을 사용해서 레이블 있는 집합 D가 $D.train$과 $D.test$로 분할되어 있는 그림 3.35를 보자. 이 방법의 i번째 실행을 보면, 구역들 중 하나가 시험 집합 $D.test(i)$로 사용되고 나머지 두 구역은 훈련 집합 $D.train(i)$

알고리즘 3.3 The nested cross-validation approach for computing err_{test}

Divide D into k partitions, D_1 to D_k.
for each outer run $i = 1$ to k **do**
  $D.test(i) = D_i$. {Partition used for testing.}
  $D.train(i) = D \setminus D_i$. {Partitions used for model selection.}
  $(p^*(i), m^*(i))$ = `model-select`$(k, P, D.train(i))$. {Inner cross-validation.}
  $err_{sum}(i)$ = `model-test`$(m^*(i), D.test(i))$. {Sum of test errors.}
end for
$err_{test} = \sum_{i}^{k} err_{sum}(i)/N$. {Compute test error rate.}

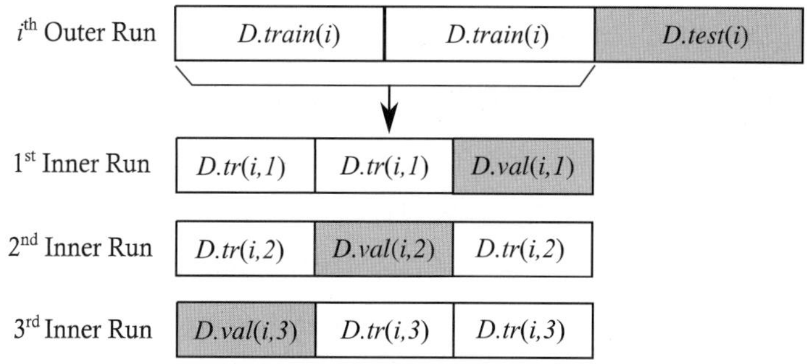

그림 3.35 err_{test} 계산을 위한 3-구역 중첩 교차검증을 보여주는 예

로 사용된다. 그림 3.35에서는 이것을 i번째 "외부(outer)" 실행으로 표현되어 있다. $D.train(i)$를 이용해서 모델을 선택하기 위해서, 세 개의 내부 실행(반복) 중 하나마다 $D.train(i)$를 $D.tr$과 $D.val$로 분할하는 "내부(inner)" 3-구역 교차검증 틀을 다시 이용한다. 3.7절에서 기술했듯이, 내부 교차검증 틀을 이용해서 $D.train(i)$에 대하여 학습된 결과 분류모델 $m^*(i)$뿐 아니라 최선의 하이퍼 파라미터 값 $p^*(i)$도 선택할 수 있다. 그 다음 $D.test(i)$에 $m^*(i)$를 적용해서 i번째 외부 실행에서의 시험 오류를 얻을 수 있다. 이 절차를 모든 외부 실행에 반복하여, 레이블 있는 집합 D 전체에 대한 평균 시험 오류율 err_{test}를 계산할 수 있다. 이 방식에서는 모델 평가에 외부 교차검증 틀이 이용되고, 내부 교차검증 틀은 모델 선택에 이용되고 있는 점에 주목하자.

3.8 모델 선택과 평가의 문제들

모델 선택과 평가는, 효과적으로 사용될 경우, 분류 모델을 학습하고 그 일반화 성능을 평가하기 위한 훌륭한 도구가 된다. 하지만 실제적인 상황에서 효과적으로 사용하려고 할 경우, 부적절하고 때로는 잘못된 결과로 이르게 할 수 있는 몇 가지 문제점이 존재한다. 몇몇 문제점들은 이해하거나 회피하기 쉬운 반면, 어떤 것들은 특성상 매우 미묘하거나 따라잡기 어렵다. 여기서는 이러한 문제점 중 두 가지를 제시하고 그 것들을 피하는 좋은 실례들에 대해 논의한다.

3.8.1 훈련 집합과 시험 집합의 중복

깨끗한(clean) 모델 선택과 평가 준비를 위한 기본 요구사항 중 하나는 모델 선택에 이용되는 데이터($D.train$)가 모델 평가를 위한 데이터($D.test$)와 분리되어야 한다는 것이다. 이 둘 사이에 어떠한 중복이라도 존재한다면, $D.test$에 대하여 계산된 시험오류율 err_{test}는 드러나지 않은(unseen) 인스턴스들에 대한 성능을 나타내는 것으로 볼 수 없다. 과도하게 복잡한 모델이 모델 과잉적합으로 인해서 부정확하게 낮은 err_{test}값을 보일 수 있는 것처럼, err_{test}를 이용하여 분류 모델의 효과성을 비교한다는 것은 잘못된 결과로 이끌기 매우 쉽다(이 장 끝에 있는 연습문제 12 참조).

$D.train$과 $D.test$ 사이에 중복이 없도록 보장해주는 것의 중요성에 대한 예시로, 모든 애트리뷰트들이 서로 관련이 없는(즉, 클래스 레이블들과 관계가 없는) 레이블 있는 데이터 집합을 고려해 보자. 이와 같은 애트리뷰트들을 이용한다면 무작위 추측보다 나은 성능을 보이는 분류 모델을 기대할 수 없다. 하지만 만일 훈련용으로 이용된 소수의 데이터 인스턴스들이라도 시험 집합에 연관되었다면, 비록 애트리뷰트들이 완전하게 서로 관련이 없다하더라도, 과도하게 복잡한 모델이 무작위보다 나은 성능을 보일 가능성이 존재한다. 10장에서 보게 되겠지만, 이러한 시나리오가 부적절한 시험 준비로 인한 과잉적합을 탐지하는 한 가지 기준으로 실제로 이용될 수 있다. 어떤 모델이 애트리뷰트들이 서로 관련이 없는 경우조차도 무작위 분류기보다 나은 성능을 보인다면, 훈련 집합과 시험 집합 간의 잠재적 피드백의 표시이다.

3.8.2 일반화오류로 검증오류의 사용

검증 오류율 err_{val}은 모델 훈련에 사용되지 않은 $D.val$에 대하여 "표본 밖(out-of-sample)" 오류 추정치를 제공해 주므로 모델 선택에 있어서 중요한 역할을 한다. 따라서 3.5.1절과 3.7절에서 각각 설명되어 있듯이, err_{val}은 모델 선택과 하이퍼 파라미터의 선택을 위해서는 훈련 오류율보다 나은 메트릭(metric)의 역할을 한다. 하지만 일단 검증 집합이 분류 모델 m^*의 선택을 위해 사용되었다면, err_{val}은 더 이상 드러나지 않은 인스턴스들에 대한 m^*의 성능을 반영하지 않는다.

일반화 성능의 추정치로 검증오류율을 사용하는 것의 문제점을 보기 위하여, 검증 집합 $D.val$을 이용해서 어떤 범위의 값들 P로부터 하이퍼 파라미터 p를 선택하는 문제를 생각해 보자. 만일 P에 있는 값들이 매우 많고 $D.val$의 크기가 작다면, 단지 우연히 $D.val$에 대해 좋은 성능을 보이는 하이퍼 파라미터 값 p^*를 선택할 가능성이 있다. 이 문제가 3.4.1절에서 논의한 다중 비교 문제와 유사하다는 점에 주목하자. 비록 p^*를 이용해서 학습된 분류 모델 m^*가 낮은 검증오류율을 보인다고 하더라도, 드러나지 않은 시험 인스턴스들에 대한 일반화 정도는 부족하다.

모델 m^*의 일반화 오류율을 추정하기 위한 올바른 접근방법은 m^*의 선택에 어떤 식으로든지 영향을 미치지 않고 독립적으로 선택된 시험 집합 $D.test$를 사용하는 것이다. 경험적으로, 시험 집합은 모델 선택 과정에서 절대 검토되어서는 안 되며, 어떤 형태의 과잉적합도 없도록 보장되어야 한다. 만약 레이블 있는 데이터 집합의 일부분에서 얻어진 지식들이 간접적인 방법으로라도 분류 모델 개선에 도움을 준다면, 데이터의 그 부분은 시험 중에는 폐기되어야 한다.

3.9 모델 비교

서로 다른 분류 모델들의 성능을 비교할 때 한 가지 어려운 점은 성능에서 관찰된 차이가 통계적으로 의미가 있는지 여부이다. 예시를 위한 한 쌍의 분류 모델 M_A와 M_B가 있다. M_A는 30개의 인스턴스를 포함하는 시험 집합에 대하여 평가했을 때 85%의 정확도를 보인 반면, M_B는 5,000개의 인스턴스를 포함하는 다른 시험 집합에 대하여 75%의 정확도를 보였다고 가정하자. 이 정보를 토대로, M_A가 M_B보다 좋은 모델이라고 말할 수 있는가?

이 예는 성능 메트릭의 통계적 중요성에 관한 두 가지 주요한 의문을 제시한다:

1. M_A가 M_B보다 더 높은 정확도를 갖고 있지만, 더 작은 시험 집합에 대하여 시험되었다. M_A에 대한 정확도가 실제 85%라는 것에 대해 얼마나 많이 신뢰할 수 있는가?
2. 시험 집합들의 구성 상 변화의 결과로 발생하는 M_A와 M_B 사이의 정확도의 차이를 설명할 수 있는가?

첫 번째 질문은 모델 정확도의 신뢰 구간을 추정하는 문제와 연관된다. 두 번째 질문은 관찰된 편차의 통계적 중요성을 시험하는 문제와 연관된다. 이 절의 나머지 부분에서는 이러한 문제들에 대하여 검토해 본다.

3.9.1 정확도의 신뢰 구간 추정하기

신뢰 구간을 결정하기 위해서는, 표본 정확도를 위한 확률 분포를 설정할 필요가 있다. 이 장에서는 분류 작업을 이항 무작위 실험(binomial random experiment)으로 모델링하여 신뢰 구간을 유도하는 방법에 대하여 설명한다. 다음은 이 실험의 특징에 대한 설명이다:

1. 실험은 N개의 독립 시행으로 구성되는데, 각 시행은 두 개의 가능한 결과, 성공 또는 실패를 갖는다.
2. 각 시행에서의 성공 확률, p는 일정하다.

이항 실험의 한 예는 동전을 N번 던졌을 때 앞면이 나오는 횟수를 세는 일이다. 만일 X가 N번의 시행에서 관찰된 성공의 개수라면, X가 특정값을 가질 확률은 평균 Np와 분산 $Np(1-p)$를 갖는 이항 본포에 의하여 산출된다:

$$P(X=v)=\binom{N}{v}p^{v}(1-p)^{N-v}$$

예를 들어, 공평한 동전던지기(즉, $p=0.5$)로 50회 던졌다면, 앞면이 20회 나올 확률은

$$P(X=20)=\binom{50}{20}0.5^{20}(1-0.5)^{30}=0.0419$$

이다.

만약 실험이 여러 번 반복된다면 앞면이 나올 평균 기대 회수는 $50\times0.5=25$이고, 분산은 $50\times0.5\times0.5=12.5$이다.

시험 인스턴스들의 클래스 레이블을 예측하는 작업도 이항 실험으로 볼 수 있다. N개의 인스턴스를 포함하는 시험 집합이 주어져 있을 때, X를 어떤 모델에 의하여 정확하게 예측된 인스턴스들의 개수, p는 그 모델의 실제 정확도라고 하자. 예측 작업을 하나의 이항 실험으로 모델링하면, X는 평균 Np와 분산 $Np(1-p)$인 이항 본포를 갖는다. 실증적 정확도 $acc=X/N$, 역시 평균이 p이고 분산이 $p(1-p)/N$인 이항 분포를

갖는다는 것을 증명할 수 있다(연습문제 14). 이항 분포는 N이 충분히 클 경우에는 정규분포로 근사치를 구한다. 정규분포를 토대로, acc에 대한 신뢰 구간을 다음과 같이 유도할 수 있다:

$$P\left(-Z_{\alpha/2} \leq \frac{acc-p}{\sqrt{p(1-p)/N}} \leq Z_{1-\alpha/2}\right) = 1-\alpha \tag{3.15}$$

여기서 $Z_{\alpha/2}$와 $Z_{1-\alpha/2}$는 신뢰 수준 $(1-\alpha)$에서 표준 정규분포로부터 구해진 상한과 하한이다. 표준 정규분포는 $Z=0$에서 대칭이므로 $Z_{\alpha/2}=Z_{1-\alpha/2}$가 된다. 이러한 불균등을 재정리하면 p에 대한 신뢰 구간은 다음과 같이 된다:

$$\frac{2\times N\times acc + Z^2_{\alpha/2} \pm Z_{\alpha/2}\sqrt{Z^2_{\alpha/2}+4Nacc-4Nacc^2}}{2(N+Z^2_{\alpha/2})} \tag{3.16}$$

다음 표는 여러 신뢰 수준에서의 $Z_{\alpha/2}$의 값을 보여주고 있다:

$1-\alpha$	0.99	0.98	0.95	0.9	0.8	0.7	0.5
$Z_{\alpha/2}$	2.58	2.33	1.96	1.65	1.28	1.04	0.67

예제 3.11 정확도를 위한 신뢰구간

100개의 시험 인스턴스에 대하여 평가했을 때 80%의 정확도를 갖는 모델이 있다고 하자. 95% 신뢰 수준에서 이 모델의 실제 정확도에 대한 신뢰 구간은 어떻게 되는가? 위에 있는 표에 의하면, 95%의 신뢰 수준은 $Z_{\alpha/2}=1.96$에 해당한다. 식 (3.16)에 이 항목을 대입하면, 71.1%와 86.7% 사이의 신뢰 구간을 얻는다. 다음 표는 인스턴스 수, N이 증가할 때의 신뢰 구간을 보여주고 있다:

N	20	50	100	500	1000	5000
신뢰 구간	0.584 -0.919	0.670 -0.888	0.711 -0.867	0.763 -0.833	0.774 -0.824	0.789 -0.811

N이 증가함에 따라 신뢰 구간은 점점 더 촘촘해진다는 사실에 주목하자. ■

3.9.2 두 모델의 성능 비교

두 개의 모델 M_1과 M_2가 두 개의 독립된 시험 집합 D_1과 D_2에 대하여 평가된다고 하자. n_1을 D_1에 있는 인스턴스 수, n_2를 D_2에 있는 인스턴스 수라고 하고, D_1에 대한 M_1의 오류율을 e_1, D_2에 대한 M_2의 오류율을 e_2라고 가정하자. 우리의 목표는 e_1과 e_2사이의 관찰된 차이가 통계적으로 의미를 갖는지를 시험하는 것이다.

n_1과 n_2가 충분히 크다는 가정 하에, 오류율 e_1과 e_2는 정규분포를 이용하여 근사치를 구할 수 있다. 오류율에서의 관찰된 차이를 $d = e_1 - e_2$라고 하면, d 또한 그 실제 차이인 평균 d_t와 분산 σ_d^2를 갖는 정규분포이다. d의 분산은 다음과 같이 계산될 수 있다:

$$\sigma_d^2 \simeq \hat{\sigma}_d^2 = \frac{e_1(1-e_1)}{n_1} + \frac{e_2(1-e_2)}{n_2} \tag{3.17}$$

여기서 $e_1(1-e_1)/n_1$과 $e_2(1-e_2)/n_2$는 오류율들의 분산이다. 마지막으로, $(1-\alpha)$% 신뢰수준에서는 실제 차이 d_t에 대한 신뢰구간은 다음 식으로 구할 수 있다:

$$d_t = d \pm z_{\alpha/2}\hat{\sigma}_d \tag{3.18}$$

예제 3.12 중요도 시험

이 절의 처음에 제시된 문제를 보자. 모델 M_A는 $N_1 = 30$개의 시험 인스턴스에 적용할 경우 $e_1 = 0.15$의 오류율을 갖는 반면, 모델 M_B는 $N_2 = 5000$개의 시험 인스턴스에 적용할 경우 $e_2 = 0.25$의 오류율을 갖는다. 이 오류율에서의 관찰된 차이는 $d = |0.15 - 0.25| = 0.1$이다. 이 예에서 우리는 $d_t = 0$인지 아니면 $d_t \neq 0$인지를 점검하는 양면시험을 하고 있다. 오류율에서의 관찰된 차이에 대한 추정 분산은 다음과 같이 구할 수 있다:

$$\hat{\sigma}_d^2 = \frac{0.15(1-0.15)}{30} + \frac{0.25(1-0.25)}{5000} = 0.0043$$

즉, $\hat{\sigma}_d = 0.0655$이다. 이 값을 식 (3.18)에 대입하면, 95% 신뢰수준에서의 d_t에 대한 신뢰구간은 다음과 같다:

$$d_t = 0.1 \pm 1.96 \times 0.0655 = 0.1 \pm 0.128$$

구간이 0 값에 걸치므로, 관찰된 차이가 95% 신뢰수준에서는 통계적으로 중요하지 않다는 결론을 내릴 수 있다. ■

어떤 신뢰수준에서 우리는 $d_t = 0$이라는 가정을 버릴 수 있는가? 이를 위해서 우리는 d_t에 대한 신뢰구간이 0 값에 걸치지 않도록 $Z_{\alpha/2}$ 값을 정할 필요가 있다. 앞의 계산을 역산하여 $d > Z_{\alpha/2}\,\hat{\sigma}_d$인 $Z_{\alpha/2}$ 값을 찾을 수 있다. d와 $\hat{\sigma}_d$ 값을 치환하면 $Z_{\alpha/2} < 1.527$을 얻는다. 이 값은 $(1-\alpha) \lesssim 0.936$(양면시험에 대하여)일 때 처음 발생한다. 이 결과를 통해 위의 무의미한 가정은 신뢰 수준 93.6% 이하에서는 버릴 수 있다는 것을 알 수 있다.

3.10 참고문헌 설명

초기 분류 시스템은 살아있는 유기체부터 무생물까지 다양한 수집품들을 정리하기 위하여 개발되었다. 이러한 시스템의 예는 아리스토텔레스의 종(種) 분류목록부터 Dewey Decimal and Library of Congress 도서 분류 시스템까지 무수히 많이 들 수 있다. 이와 같은 작업은 분류할 대상들의 특성을 파악하고, 그것들을 잘 구분되는 범주들로 구성하기 위해서 상당한 인간의 노력을 필요로 한다.

통계와 컴퓨터의 발전과 함께, 자동 분류는 심층 연구되어 온 주제였다. 고전적 통계에 있어서의 분류 연구는 종종 **판별 해석(discriminant analysis)**으로 알려져 있는데, 그 목표는 어떤 객체의 특성들을 토대로 그것의 그룹 회원자격을 예측하는 것이다. 잘 알려진 고전적 방법으로 Fisher의 선형 판별 해석(linear discriminant analysis)[142]이 있는데, 서로 다른 클래스에 속하는 객체들 사이에 가장 큰 구별을 만들어내는 데이터의 선형 투영(linear projection)을 찾는다.

많은 패턴 인식 문제들 역시 서로 다른 클래스의 객체들 간의 구별을 필요로 한다. 예로는 언어 인식, 육필 문자 인식 그리고 영상 분류 등이 있다. 패턴 인식을 위한 분류 기법의 응용에 관심이 있는 독자들은 Jain 등[150]과 Kulkarni 등[157]이 쓴 조사 논문, 또는 Bishop[125], Duda 등[137] 그리고 Fukunaga[143]의 패턴 인식에 관한 책들을 참고할 수 있다. 분류는 신경망, 통계 학습 및 기계 학습 분야에서도 주요 연구 주제이다. Cherkassky와 Mulier[132], Hastie 등[148], Michie 등[162], Murphy[167], 그리고

Michell[165]이 쓴 책들은 통계와 기계학습 관점에서의 분류 주제에 대하여 심도있게 다루고 있다. 최근 몇 년 사이에는 Java(Weka[147])와 Python(scikit-learn[174]) 같은 프로그래밍 언어에 내장할 수 있는 많은 분류용 공개 소프트웨어 패키지들이 출시되었다.

의사결정 트리 귀납 알고리즘에 대한 개관은 Buntine[129], Moret[166], Murthy[168] 그리고 Safavian 등[179]의 조사 논문에서 찾을 수 있다. 잘 알려진 의사결정 트리 알고리즘의 예로는 CART[127], ID3[175], C4.5[177]과 CHAID[153] 등이 있다. ID3와 C4.5 모두 분할 함수로 엔트로피 척도를 이용한다. C4.5 의사결정 트리 알고리즘에 대한 심층적 논의는 Quinlan[177]에서 찾을 수 있다. CART 알고리즘은 Breiman 등[127]에 의하여 개발되었으며, 분할 함수로 Gini 지수를 사용한다. CHAID[153]는 통계적 χ^2 시험을 이용하여 트리 성장 과정에서 최선의 분할을 결정한다.

이 장에서 제시된 의사결정 트리 알고리즘은 각 내부 노드에서의 분할 조건이 하나의 속성만 포함한다고 가정한다. 경사 의사결정 트리(oblique decision tree)는 다중 속성들을 이용하여 단일 노드에서의 속성 시험조건을 형성한다[149, 187]. Breiman 등[127]은 그들의 CART 구현에서, 속성들의 일차 결합(linear combination) 활용 옵션을 제공한다. 경사 의사결정 트리의 귀납을 위한 다른 접근방법들은 Heath 등[149], Murthy 등[169], Cantú-Paz와 Kamath[130] 그리고 Utgoff와 Brodley[187]에 의하여 제안되었다. 비록 경사 의사결정 트리가 의사결정 트리를 더 잘 표현할 수 있도록 해주기는 하지만, 각 노드에서 적절한 시험조건을 학습한다는 것은 계산적으로 쉽지 않은 작업이다. 경사 의사결정 트리를 이용하지 않고 의사결정 트리의 표현력을 향상시킬 수 있는 또 다른 방법은 **구성적 귀납(constructive induction)**[161]으로 알려진 방법을 적용하는 것이다. 이 방법은 원래의 데이터로부터 합성된 특징들을 만들어 냄으로써 복잡한 분할 함수들을 학습하는 작업을 단순화 한다.

하향식 접근방법들 외에, 의사결정 트리 성장을 위한 다른 전략들로는 Kim과 Landgrebe[154]에 의한 양방향 접근방식(bidirectional approach), 그리고 Landeweerd 등[159]과 Pattipati와 Alexandridis[173]에 의한 상향식 접근방법이 있다. Schuermann과 Doster[181] 그리고 Wang과 Suen[193]은 데이터 단편화(data fragmentation) 문제를 다루기 위한 **유연한 분할 기준(soft splitting criterion)**의 사용을 제안하였다. 이 방법에서는 다른 확률을 갖는 의사결정 트리의 여러 다른 가지들에 각 인스턴스들이 할당된다.

모델 과잉적합은 의사결정 트리 분류기가 전에 레이블이 붙은 적이 없는 인스턴스들에 대해서도 똑같이 잘 수행하도록 보장해 주기 위해 다루어야 하는 중요한 문제이다.

모델 과잉적합 문제는 Breiman 등[127], Schaffer[180], Mingers[164] 그리고 Jensen과 Cohen[151]을 포함하여 많은 사람들에 의하여 연구되어왔다. 잡음의 존재가 종종 과잉적합의 주원인 중 하나로 간주되고 있는 반면[164, 170], Jensen과 Cohen[151]은 과잉적합은 다중 비교 문제를 보상하기 위한 실패의 부산물로 보았다.

Bishop[126]과 Hastie 등[148]은 모델 과잉적합을 편향-분산 분해(bias-variance decomposition)[146]로 알려진 유명한 이론분석 틀과 연관시킴으로써 훌륭한 논의 주제를 제공하고 있다. 이 틀에서는, 학습 알고리즘의 예측은 훈련 집합이 바뀜에 따라서 변하는 훈련 집합의 함수로 간주된다. 그리고 모델의 일반화 오류는 **편향**(다른 훈련 집합을 이용하여 얻어진 평균예측의 오류), **분산**(다른 훈련 집합을 이용하여 얻어진 예측들이 얼마나 다른가), 그리고 **잡음**(문제에 고유한 환원불가 오류)의 관점에서 설명된다. 부족적합(underfit) 모델은 높은 편향과 낮은 분산, 그리고 과잉적합 모델은 낮은 편향과 높은 분산을 갖는 것으로 간주된다. 편향-분산 분해는 원래 회귀 문제(목표 속성이 연속 변수인)를 위해서 제안되었긴 하지만, 분류 문제에도 적용가능한 통일된 분석 방법이 Domingos[136]에 의해 제시되었다. 편향-분산 분해는 4장에서 앙상블 학습 방법을 소개하면서 자세히 논의한다.

Probably Approximately Correct(PAC) 학습 프레임워크[188]와 같은 다양한 학습 원리들이 학습 알고리즘의 일반화 성능을 설명하기 위한 이론적 틀을 제공하기 위해 개발되었다. 통계 분야에서는, 모델의 적합도 우수성과 복잡성 사이의 균형점을 찾는 수많은 성능추정 방법들이 제안되었다. 그 중 가장 주목할 만한 것들에는 Akaike's Information Criterion[120]과 Bayesian Information Criterion[182]가 있다. 둘 다 모두 모델의 훈련 오류율에 교정 조항을 적용하여 너무 복잡한 모델에는 페널티를 준다. 널리 사용되고 있는 일반 모델의 복잡도를 측정하는 또 한 가지 접근방식으로 Vapnik-Chervonenkis(VC) Dimension[190]이 있다. 함수들의 집합 C의 VC 차원은, 점들의 어떤 가능한 구성에 대해서도, C에 소속된 함수들에 의하여 **흩어질**(shattered) 수 있는 점들의 최대 개수로 정의된다(모든 점은 나머지 점들과 구별된다). VC 차원은 4장에서 논의할 지지도 벡터 기계(support vector machine)와 같은 많은 학습 알고리즘에서 광범위하게 사용되는 구조적 위험 최소화 원리[189]의 기초를 놓고 있다.

오컴의 면도날 원리는 철학자 William of Occam이 주창한 것으로 알려져 있다. Domingos[135]는 일반화 오류 대신 유사한 훈련 오류를 갖는 모델들을 비교함으로써 오컴의 면도날을 잘못 해석할 수 있는 함정에 대하여 경고하였다. 과잉적합을 피하기 위한 의사결정 트리 가지치기 방법에 대한 조사는 Breslow와 Aha[128] 그리고 Esposito 등[141]에서 찾을 수 있다. 몇 가지 대표적인 가지치기 방법으로는 축소된 오류 가지치기[176], 비관적 오류 가지치기[176], 최소 오류 가지치기[171], 임계값 가지치기[163], 비용-복잡도 가지치기[127]와 오류기반 가지치기[177] 등이 있다. Quinlan과 Rivest는 [178]에서 의사결정 트리 가지치기를 위한 최소 서술 길이 원리의 활용을 제안하였다.

이 장에서 논의된 교차검증 오류 추정의 중요성은 Hastie 등[148]의 7장으로부터 영감을 받고 있다. 이 교재는 "교차검증 수행의 옳고 그른 방법들"을 이해하기 위한 훌륭한 자료로서, 이 장 3.8절의 문제점(함정)에 대한 논의 내용과 유사하다. 모델 선택과 평가를 위해 교차검증을 활용하는 것의 통상적인 문제들 몇 가지에 대한 포괄적인 논의는 Krstajic 등[156]에서 찾을 수 있다.

원래의 교차검증 방법은 모델평가를 목적으로 Allen[121], Stone[184], 그리고 Geisser[145]에 의하여 각각 독립적으로 제안되었다. 비록 교차검증이 모델 선택을 위해서도 사용될 수 있지만[194], Stone[184]이 강조하고 있듯이, 모델평가를 위해 사용될 때와 많이 다르다. 수년에 걸쳐 이 두 가지 용도사이의 구별이 무시되어 왔고 그 결과 정확하지 않은 결과물들이 생산되었다. 교차검증 사용 시 범하는 일반적인 실수중의 하나는 교차검증 실행의 훈련 구역 "안(within)"이 아니라 전체 데이터 집합을 이용해서 전처리 작업(하이퍼 파라미터 튜닝 또는 특징선택 등)을 수행하는 것이다.

Ambroise 등은 수많은 유전자 표현 연구들을 사례로 들어[124] 특징선택(feature selection)이 교차검증 밖에서 수행될 때 발생하는 **선택 편향**(selection bias)에 대하여 폭넓은 해설을 제공하고 있다. 마이크로어레이(microarray) 데이터의 모델평가를 위한 유용한 가이드라인은 Allison 등[122]에서도 찾을 수 있다.

하이퍼 파라미터 튜닝을 위한 교차검증 프로토콜 사용에 대해서는 Dudoit와 van der Laan[138]에서 자세히 다루고 있다. 이 접근방식을 "그리드-탐색(grid-search) 교차검증"이라고 부른다. 이 장의 3.7절에서 논의한 하이퍼 파라미터 선택과 모델평가 모두를 위한 교차검증 사용에 대한 올바른 접근방식은 Varma와 Simon[191]에 의해 폭넓게 다뤄지고 있다. 이러한 통합 접근방식을 현재 문헌들에서는 "중첩 교차검증" 또는 "이중 교차검증"이라고 부른다. 최근에는 Tibshirani와 Tibshirani[185]가 하이퍼 파라미터 선택과 모델평가를 위한 새로운 방식을 제안하였다. Tsamardinos 등[186]은 이 방식을 중첩 교차검증과 비교하였다. 그들이 수행한 실험을 통해서 평균적으로 두 접근방식 모두 모델 성능에 대한 보수적 추정치를 제공하지만, Tibshirani와 Tibshirani 접근방식이 계산적으로 더 효율적이라는 것을 알 수 있다.

Kohavi[155]는 무작위 샘플링과 k-구역 교차검증과 같은 여러 가지 다른 추정 방법들을 사용해서 얻어진 성능 척도들을 비교하는 광범위한 실증적 연구를 수행하였다. 이 연구결과는 최선의 추정방법이 10-구역 층화 교차검증(10-fold, stratified cross-validation)이라는 것을 시사하고 있다.

모델 평가를 위한 다른 접근방식으로 Efron in 1979[139]가 제안한 부트스트랩 방법이 있다. 이 방법에서는 훈련 인스턴스들이 레이블 있는 집합으로부터 제자리로 반환될 수 있도록 샘플링된다. 즉, 이미 훈련 집합의 일부로 선택되었던 인스턴스가 같은 확률로 다시 뽑힐 수 있게 된다. 만일 원래 데이터가 N개의 인스턴스를 갖고 있다면, 크기 N인 부트스트랩 표본은 원래 데이터에 있는 인스턴스들의 약 63.2%를 평균적으로 포함한다는 것을 증명할 수 있다. 부트스트랩 표본에 포함되지 않는 인스턴스들은 시험 집합의 일부가 된다. 훈련 및 시험 집합을 얻기 위한 부트스트랩 절차는 b회 반복되어, i번째 실행에서의 시험 집합에 대한 상이한 오류율 $err(i)$을 가져오게 된다. 전체 오류율 err_{boot}을 얻기 위한 **.632 부트스트랩** 접근방식은 레이블 있는 모든 견본들을 포함하는 훈련 집합으로부터 구한 오류율 err_s와 $err(i)$를 다음과 같이 결합시킨다:

$$err_{boot} = \frac{1}{b}\sum_{i=1}^{b}(0.632 \times err(i) + 0.368 \times err_s) \tag{3.19}$$

Efron과 Tibshirani[140]는 교차검증과 부트스트랩 방법 간의 이론적, 실증적인 비교인 632+ 법칙을 제시하였다. 위에서 제시된 .632 부트스트랩 방법이 낮은 가변성을 보이며 일반화 성능에서 믿을만한 추정치를 제공하지만, Kohavi[155]가 보여준 대로, 매우 복잡한 모델의 경우 특정 조건들에서는 잘못된 결과를 가져올 수도 있다. 그 이유는 전체 오류율은 과잉적합이 있을 경우 매우 낮을 수 있는 훈련 오류율 err_s에 의존하므로, 진정한 표본 밖(out-of-sample) 오류율은 아니기 때문이다.

C4.5와 같은 현행의 기법들은 훈련 데이터 집합 전체가 주기억장치에 맞도록 요구하고 있다. 의사결정 트리 귀납 알고리즘의 병렬(parallel) 및 확장가능(scalable) 버전들을 개발하기 위한 노력들이 진행되고 있으며, 몇 가지 제안된 알고리즘으로는 Mehta 등의 SLIQ[160], Shafer 등의 SPRINT[183], Wang과 Zaniolo의 CMP[192], Alsabti 등의 CLOUDS[123], Gehrke 등의 RainForest[144], Joshi 등의 ScalParC[152] 등이 있다. 분류와 그 밖의 데이터 마이닝 작업을 위한 병렬 알고리즘에 대한 일반적 조사는 [158]에서

찾을 수 있다. 더 최근에는 CUDA(compute unified device architecture)[131, 134]와 MapReduce[133, 172] 플랫폼에서 대규모 분류기를 구현하기 위한 광범위한 연구가 진행되고 있다.

참고문헌

[120] H. Akaike. Information theory and an extension of the maximum likelihood principle. In *Selected Papers of Hirotugu Akaike*, pages 199-213. Springer, 1998.

[121] D. M. Allen. The relationship between variable selection and data agumentation and a method for prediction. *Technometrics*, 16(1):125-127, 1974.

[122] D. B. Allison, X. Cui, G. P. Page, and M. Sabripour. Microarray data analysis: from disarray to consolidation and consensus. *Nature reviews genetics*, 7(1):55-65, 2006.

[123] K. Alsabti, S. Ranka, and V. Singh. CLOUDS: A Decision Tree Classifier for Large Datasets. In *Proc. of the 4th Intl. Conf. on Knowledge Discovery and Data Mining*, pages 2-8, New York, NY, August 1998.

[124] C. Ambroise and G. J. McLachlan. Selection bias in gene extraction on the basis of microarray gene-expression data. *Proceedings of the national academy of sciences*, 99 (10):6562-6566, 2002.

[125] C. M. Bishop. *Neural Networks for Pattern Recognition*. Oxford University Press, Oxford, U.K., 1995.

[126] C. M. Bishop. *Pattern Recognition and Machine Learning*. Springer, 2006.

[127] L. Breiman, J. H. Friedman, R. Olshen, and C. J. Stone. *Classification and Regression Trees*. Chapman & Hall, New York, 1984.

[128] L. A. Breslow and D. W. Aha. Simplifying Decision Trees: A Survey. *Knowledge Engineering Review*, 12(1):1-40, 1997.

[129] W. Buntine. Learning classification trees. In *Artificial Intelligence Frontiers in Statistics*, pages 182-201. Chapman & Hall, London, 1993.

[130] E. Cantú-Paz and C. Kamath. Using evolutionary algorithms to induce oblique decision trees. In *Proc. of the Genetic and Evolutionary Computation Conf.*, pages 1053–.1060, San Francisco, CA, 2000.

[131] B. Catanzaro, N. Sundaram, and K. Keutzer. Fast support vector machine training and classification on graphics processors. In *Proceedings of the 25th International Conference on Machine Learning*, pages 104-111, 2008.

[132] V. Cherkassky and F. M. Mulier. *Learning from Data: Concepts, Theory, and Methods*. Wiley, 2nd edition, 2007.

[133] C. Chu, S. K. Kim, Y.-A. Lin, Y. Yu, G. Bradski, A. Y. Ng, and K. Olukotun. Mapreduce for machine learning on multicore. *Advances in neural information processing*

systems, 19:281, 2007.

[134] A. Cotter, N. Srebro, and J. Keshet. A GPU-tailored Approach for Training Kernelized SVMs. In *Proceedings of the 17th ACM SIGKDD International Conference on Knowledge Discovery and Data Mining*, pages 805–.813, San Diego, California, USA, 2011.

[135] P. Domingos. The Role of Occam's Razor in Knowledge Discovery. *Data Mining and Knowledge Discovery*, 3(4):409-425, 1999.

[136] P. Domingos. A unified bias-variance decomposition. In *Proceedings of 17th International Conference on Machine Learning*, pages 231–38, 2000.

[137] R. O. Duda, P. E. Hart, and D. G. Stork. *Pattern Classification*. John Wiley & Sons, Inc., New York, 2nd edition, 2001.

[138] S. Dudoit and M. J. van der Laan. Asymptotics of cross-validated risk estimation in estimator selection and performance assessment. *Statistical Methodology*, 2(2):131-154, 2005.

[139] B. Efron. Bootstrap methods: another look at the jackknife. In *Breakthroughs in Statistics*, pages 569-593. Springer, 1992.

[140] B. Efron and R. Tibshirani. Cross-validation and the Bootstrap: Estimating the Error Rate of a Prediction Rule. Technical report, Stanford University, 1995.

[141] F. Esposito, D. Malerba, and G. Semeraro. A Comparative Analysis of Methods for Pruning Decision Trees. *IEEE Trans. Pattern Analysis and Machine Intelligence*, 19(5):476-491, May 1997.

[142] R. A. Fisher. The use of multiple measurements in taxonomic problems. *Annals of Eugenics*, 7:179-188, 1936.

[143] K. Fukunaga. *Introduction to Statistical Pattern Recognition*. Academic Press, New York, 1990.

[144] J. Gehrke, R. Ramakrishnan, and V. Ganti. RainForest — A Framework for Fast Decision Tree Construction of Large Datasets. *Data Mining and Knowledge Discovery*, 4(2/3):127-162, 2000.

[145] S. Geisser. The predictive sample reuse method with applications. *Journal of the American Statistical Association*, 70(350):320-328, 1975.

[146] S. Geman, E. Bienenstock, and R. Doursat. Neural networks and the bias/variance dilemma. *Neural computation*, 4(1):1-58, 1992.

[147] M. Hall, E. Frank, G. Holmes, B. Pfahringer, P. Reutemann, and I. H. Witten. The WEKA Data Mining Software: An Update. *SIGKDD Explorations*, 11(1), 2009.

[148] T. Hastie, R. Tibshirani, and J. Friedman. *The Elements of Statistical Learning: Data Mining, Inference, and Prediction*. Springer, 2nd edition, 2009.

[149] D. Heath, S. Kasif, and S. Salzberg. Induction of Oblique Decision Trees. In *Proc. of the 13th Intl. Joint Conf. on Artificial Intelligence*, pages 1002-1007, Chambery, France, August 1993.

[150] A. K. Jain, R. P. W. Duin, and J. Mao. Statistical Pattern Recognition: A Review. *IEEE*

Tran. Patt. Anal. and Mach. Intellig., 22(1):4-37, 2000.

[151] D. Jensen and P. R. Cohen. Multiple Comparisons in Induction Algorithms. *Machine Learning*, 38(3):309-338, March 2000.

[152] M. V. Joshi, G. Karypis, and V. Kumar. ScalParC: A New Scalable and Efficient Parallel Classification Algorithm for Mining Large Datasets. In *Proc. of 12th Intl. Parallel Processing Symp. (IPPS/SPDP)*, pages 573-579, Orlando, FL, April 1998.

[153] G. V. Kass. An Exploratory Technique for Investigating Large Quantities of Categorical Data. *Applied Statistics*, 29:119-127, 1980.

[154] B. Kim and D. Landgrebe. Hierarchical decision classifiers in high-dimensional and large class data. *IEEE Trans. on Geoscience and Remote Sensing*, 29(4):518-528, 1991.

[155] R. Kohavi. A Study on Cross-Validation and Bootstrap for Accuracy Estimation and Model Selection. In *Proc. of the 15th Intl. Joint Conf. on Artificial Intelligence*, pages 1137-1145, Montreal, Canada, August 1995.

[156] D. Krstajic, L. J. Buturovic, D. E. Leahy, and S. Thomas. Cross-validation pitfalls when selecting and assessing regression and classification models. *Journal of cheminformatics*, 6(1):1, 2014.

[157] S. R. Kulkarni, G. Lugosi, and S. S. Venkatesh. Learning Pattern Classification — A Survey. *IEEE Tran. Inf. Theory*, 44(6):2178-2206, 1998.

[158] V. Kumar, M. V. Joshi, E.-H. Han, P. N. Tan, and M. Steinbach. High Performance Data Mining. In *High Performance Computing for Computational Science (VECPAR 2002)*, pages 111-125. Springer, 2002.

[159] G. Landeweerd, T. Timmers, E. Gersema, M. Bins, and M. Halic. Binary tree versus single level tree classification of white blood cells. *Pattern Recognition*, 16:571-577, 1983.

[160] M. Mehta, R. Agrawal, and J. Rissanen. SLIQ: A Fast Scalable Classifier for Data Mining. In *Proc. of the 5th Intl. Conf. on Extending Database Technology*, pages 18-32, Avignon, France, March 1996.

[161] R. S. Michalski. A theory and methodology of inductive learning. *Artificial Intelligence*, 20:111-116, 1983.

[162] D. Michie, D. J. Spiegelhalter, and C. C. Taylor. *Machine Learning, Neural and Statistical Classification*. Ellis Horwood, Upper Saddle River, NJ, 1994.

[163] J. Mingers. Expert Systems — Rule Induction with Statistical Data. *J Operational Research Society*, 38:39–7, 1987.

[164] J. Mingers. An empirical comparison of pruning methods for decision tree induction. *Machine Learning*, 4:227–43, 1989.

[165] T. Mitchell. *Machine Learning*. McGraw-Hill, Boston, MA, 1997.

[166] B. M. E. Moret. Decision Trees and Diagrams. *Computing Surveys*, 14(4):593-623, 1982.

[167] K. P. Murphy. *Machine Learning: A Probabilistic Perspective*. MIT Press, 2012.

[168] S. K. Murthy. Automatic Construction of Decision Trees from Data: A Multi-Disciplinary

Survey. *Data Mining and Knowledge Discovery*, 2(4):345-389, 1998.

[169] S. K. Murthy, S. Kasif, and S. Salzberg. A system for induction of oblique decision trees. *J of Artificial Intelligence Research*, 2:1-33, 1994.

[170] T. Niblett. Constructing decision trees in noisy domains. In *Proc. of the 2nd European Working Session on Learning*, pages 67-78, Bled, Yugoslavia, May 1987.

[171] T. Niblett and I. Bratko. Learning Decision Rules in Noisy Domains. In *Research and Development in Expert Systems III*, Cambridge, 1986. Cambridge University Press.

[172] I. Palit and C. K. Reddy. Scalable and parallel boosting with mapreduce. *IEEE Transactions on Knowledge and Data Engineering*, 24(10):1904-1916, 2012.

[173] K. R. Pattipati and M. G. Alexandridis. Application of heuristic search and information theory to sequential fault diagnosis. *IEEE Trans. on Systems, Man, and Cybernetics*, 20(4):872–87, 1990.

[174] F. Pedregosa, G. Varoquaux, A. Gramfort, V. Michel, B. Thirion, O. Grisel, M. Blondel, P. Prettenhofer, R. Weiss, V. Dubourg, J. Vanderplas, A. Passos, D. Cournapeau, M. Brucher, M. Perrot, and E. Duchesnay. Scikit-learn: Machine Learning in Python. *Journal of Machine Learning Research*, 12:2825-2830, 2011.

[175] J. R. Quinlan. Discovering rules by induction from large collection of examples. In D. Michie, editor, *Expert Systems in the Micro Electronic Age*. Edinburgh University Press, Edinburgh, UK, 1979.

[176] J. R. Quinlan. Simplifying Decision Trees. *Intl. J. Man-Machine Studies*, 27:221-234, 1987.

[177] J. R. Quinlan. *C4.5: Programs for Machine Learning*. Morgan-Kaufmann Publishers, San Mateo, CA, 1993.

[178] J. R. Quinlan and R. L. Rivest. Inferring Decision Trees Using the Minimum Description Length Principle. *Information and Computation*, 80(3):227-248, 1989.

[179] S. R. Safavian and D. Landgrebe. A Survey of Decision Tree Classifier Methodology. *IEEE Trans. Systems, Man and Cybernetics*, 22:660-674, May/June 1998.

[180] C. Schaffer. Overfitting avoidence as bias. *Machine Learning*, 10:153-178, 1993.

[181] J. Schuermann and W. Doster. A decision-theoretic approach in hierarchical classifier design. *Pattern Recognition*, 17:359-369, 1984.

[182] G. Schwarz et al. Estimating the dimension of a model. *The annals of statistics*, 6(2): 461-464, 1978.

[183] J. C. Shafer, R. Agrawal, and M. Mehta. SPRINT: A Scalable Parallel Classifier for Data Mining. In *Proc. of the 22nd VLDB Conf.*, pages 544–55, Bombay, India, September 1996.

[184] M. Stone. Cross-validatory choice and assessment of statistical predictions. *Journal of the Royal Statistical Society. Series B (Methodological)*, pages 111-147, 1974.

[185] R. J. Tibshirani and R. Tibshirani. A bias correction for the minimum error rate in

cross-validation. *The Annals of Applied Statistics*, pages 822-829, 2009.

[186] I. Tsamardinos, A. Rakhshani, and V. Lagani. Performance-estimation properties of cross-validation-based protocols with simultaneous hyper-parameter optimization. In *Hellenic Conference on Artificial Intelligence*, pages 1-14. Springer, 2014.

[187] P. E. Utgoff and C. E. Brodley. An incremental method for finding multivariate splits for decision trees. In *Proc. of the 7th Intl. Conf. on Machine Learning*, pages 58-65, Austin, TX, June 1990.

[188] L. Valiant. A theory of the learnable. *Communications of the ACM*, 27(11):1134-1142, 1984.

[189] V. N. Vapnik. *Statistical Learning Theory*. Wiley-Interscience, 1998.

[190] V. N. Vapnik and A. Y. Chervonenkis. On the uniform convergence of relative frequencies of events to their probabilities. In *Measures of Complexity*, pages 11-30. Springer, 2015.

[191] S. Varma and R. Simon. Bias in error estimation when using cross-validation for model selection. *BMC bioinformatics*, 7(1):1, 2006.

[192] H. Wang and C. Zaniolo. CMP: A Fast Decision Tree Classifier Using Multivariate Predictions. In *Proc. of the 16th Intl. Conf. on Data Engineering*, pages 449-460, San Diego, CA, March 2000.

[193] Q. R. Wang and C. Y. Suen. Large tree classifier with heuristic search and global training. *IEEE Trans. on Pattern Analysis and Machine Intelligence*, 9(1):91-102, 1987.

[194] Y. Zhang and Y. Yang. Cross-validation for selecting a model selection procedure. *Journal of Econometrics*, 187(1):95-112, 2015.

3.11 연습문제

1. 4개의 불리언 속성, A, B, C, D의 패리티 함수에 대한 포화 의사결정 트리를 그려라. 이 트리를 단순화하는 것이 가능한가?

2. 표 3.5에 있는 이진 분류 문제를 위한 훈련 견본을 고려해 보자.
   (a) 훈련 견본들의 총 집합에 대한 Gini 지수를 계산하라.
   (b) 속성 `Customer ID`에 대한 Gini 지수를 계산하라.
   (c) 속성 `Gender`에 대한 Gini 지수를 계산하라.
   (d) 다중 분할을 이용하여 속성 `Car Type`에 대한 Gini 지수를 계산하라.
   (e) 다중 분할을 이용하여 속성 `Shirt Size`에 대한 Gini 지수를 계산하라.

표 3.5 연습문제 2번을 위한 데이터 집합

Customer ID	Gender	Car Type	Shirt Size	Class
1	M	Family	Small	C0
2	M	Sports	Medium	C0
3	M	Sports	Medium	C0
4	M	Sports	Large	C0
5	M	Sports	Extra Large	C0
6	M	Sports	Extra Large	C0
7	F	Sports	Small	C0
8	F	Sports	Small	C0
9	F	Sports	Medium	C0
10	F	Luxury	Large	C0
11	M	Family	Large	C1
12	M	Family	Extra Large	C1
13	M	Family	Medium	C1
14	M	Luxury	Extra Large	C1
15	F	Luxury	Small	C1
16	F	Luxury	Small	C1
17	F	Luxury	Medium	C1
18	F	Luxury	Medium	C1
19	F	Luxury	Medium	C1
20	F	Luxury	Large	C1

(f) 속성 `Gender`, `Car Type` 또는 `Shirt Size` 중 어느 것이 더 나은가?

(g) `Customer ID`는 가장 낮은 Gini를 갖고 있는데도 속성 시험조건으로 사용되어서는 안 되는 이유를 설명하라.

3. 표 3.6에 있는 이진 분류 문제를 위한 훈련 견본을 고려해 보자.

(a) 클래스 속성에 대한 이 훈련 견본 집합의 엔트로피는 얼마인가?

(b) 이 훈련 견본들에 관한 a_1과 a_2의 정보 이득은 얼마인가?

(c) 연속형 속성인 a_3에 대하여 모든 가능한 분할에 대한 정보 이득을 구하라.

(d) 정보 이득에 따른 최선의 분할은 무엇인가(a_1, a_2, a_3 중)?

(e) 분류 오류율에 따른 최선의 분할은 무엇인가(a_1과 a_2 중)?

(f) Gini 지수에 따른 최선의 분할은 무엇인가(a_1과 a_2 중)?

표 3.6 연습문제 3번을 위한 데이터 집합

Instance	a_1	a_2	a_3	Target Class
1	T	T	1.0	+
2	T	T	6.0	+
3	T	F	5.0	−
4	F	F	4.0	+
5	F	T	7.0	−
6	F	T	3.0	−
7	F	F	8.0	−
8	T	F	7.0	+
9	F	T	5.0	−

4. 한 노드의 엔트로피는 그 노드가 더 작은 후속 노드들로 분할된 후에는 결코 증가하지 않는다는 것을 보여라.

5. 이진 클래스 문제를 위한 다음 데이터 집합을 고려하자.

A	B	Class Label
T	F	+
T	T	+
T	T	+
T	F	−
T	T	+
F	F	−
F	F	−
F	F	−
T	T	−
T	F	−

(a) A와 B에 대하여 분할할 경우 정보 이득을 계산하라. 의사결정 트리 귀납 알고리즘은 어느 속성을 선택할 것 같은가?

(b) A와 B에 대하여 분할할 경우 Gini 지수에서의 이득을 계산하라. 의사결정 트리 귀납 알고리즘은 어느 속성을 선택할 것 같은가?

(c) 그림 3.11은 엔트로피와 Gini 지수 모두 [0, 0.5] 범위에서 단조롭게 증가하며, [0.5, 1] 범위에서는 모두 단조롭게 감소하고 있는 것을 보여주고 있다. 정보 이득과 Gini

지수에서의 이득이 다른 속성을 선호하는 것이 가능한가? 설명하라.

6. 어떤 속성 시험조건을 이용해서 부모 노드 P를 두 개의 자식 노드, C_1과 C_2로 분할하는 것을 고려하자. 모든 노드에서의 레이블 있는 훈련 인스턴스들의 구성이 아래 표에 있다.

	P	C_1	C_2
Class 0	7	3	4
Class 1	3	0	3

(a) 부모 노드 P의 Gini 지수와 분류오류율을 계산하라.

(b) 자식 노드들의 가중 Gini 지수를 계산하라. 만일 Gini가 불순척도로 사용된다면, 이 속성 시험조건을 고려하겠는가?

(c) 자식 노드들의 가중 분류오류율을 계산하라. 만일 분류오류율이 불순척도로 사용된다면, 이 속성 시험조건을 고려하겠는가?

7. 다음 훈련 견본들의 집합을 고려하자.

X	Y	Z	No. of Class C1 Examples	No. of Class C2 Examples
0	0	0	5	40
0	0	1	0	15
0	1	0	10	5
0	1	1	45	0
1	0	0	10	5
1	0	1	25	0
1	1	0	5	20
1	1	1	0	15

(a) 이 장에서 언급된 탐욕적 방식을 사용하여 2단계 의사결정 트리를 구하라. 분할의 기준으로 분류 오류율을 사용하라. 유도된 트리의 총 오류율은 얼마인가?

(b) 첫 번째 분할 속성으로 X를 사용하여 (a)를 반복한 다음, 두 후속 노드 각각에서 분할할 때 최선의 잔여 속성을 선택하라. 유도된 트리의 오류율은 얼마인가?

(c) (a)와 (b) 결과를 비교하라. 속성 선택 분할을 위하여 사용된 탐욕적 휴리스틱의 적합성에 대하여 설명하라.

8. 다음 표는 3개의 속성 A, B, C와 2개의 클래스 레이블 +, −를 갖는 데이터 집합을 요약한 것이다. 2단계 의사결정 트리를 만들어라.

A	B	C	Number of Instances	
			+	−
T	T	T	5	0
F	T	T	0	20
T	F	T	20	0
F	F	T	0	5
T	T	F	0	0
F	T	F	25	0
T	F	F	0	0
F	F	F	0	25

(a) 분류 오류율에 따르면 어떤 속성이 첫 번째 분할 속성으로 선택되는가? 각 속성에 대하여 분할표(contingency table)를 보이고, 분류 오류율에서의 이득을 구하라.

(b) 루트 노드의 두 자식에 대하여 반복하라.

(c) 몇 개의 인스턴스들이 결과로 나온 의사결정 트리에 의하여 잘못 분류되었는가?

(d) 분할 속성으로 C를 사용하여 (a), (b), (c)를 반복하라.

(e) 위 (c)와 (d)의 결과를 이용하여 의사결정 트리 귀납 알고리즘의 탐욕적 특성에 대하여 결론을 내려라.

9. 그림 3.36의 의사결정 트리를 고려하자.

(a) 낙관적 접근방식을 이용하여 트리의 일반화 오류율을 계산하라.

(b) 비관적 접근방식을 이용하여 트리의 일반화 오류율을 계산하라(계산을 간단히 하기 위하여 각 리프 노드에 0.5의 인수를 더하는 전략을 사용하라).

(c) 그림의 검증 집합(validation set)을 이용하여 트리의 일반화 오류율을 계산하라. 이러한 접근방법을 **축소된 오류 가지치기**(reduced error pruning)라고 한다.

10. 그림 3.37의 의사결정 트리를 고려하자. 이 트리들이 16개의 이진 속성과 3개의 클래스 C_1, C_2, C_3를 포함하는 데이터 집합으로부터 생성되었다고 가정하자.

다음 최소 서술 길이 원리의 공식에 따라서 각 의사결정 트리의 총 서술 길이(total description length)를 계산하라.

• 트리의 총 서술 길이는 다음과 같다:

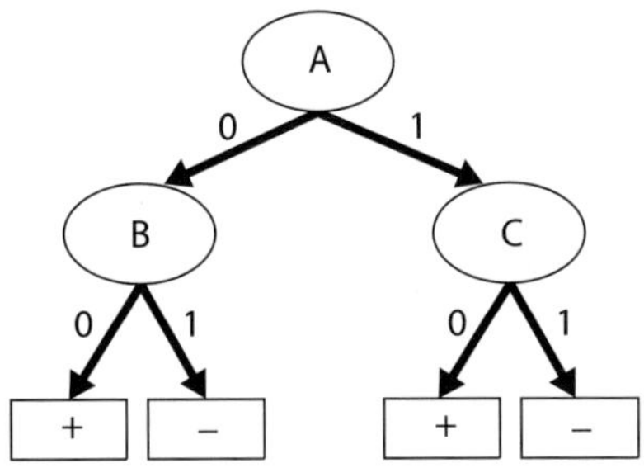

Training:

Instance	A	B	C	Class
1	0	0	0	+
2	0	0	1	+
3	0	1	0	+
4	0	1	1	−
5	1	0	0	+
6	1	0	0	+
7	1	1	0	−
8	1	0	1	+
9	1	1	0	−
10	1	1	0	−

Validation:

Instance	A	B	C	Class
11	0	0	0	+
12	0	1	1	+
13	1	1	0	+
14	1	0	1	−
15	1	0	0	+

그림 3.36 연습문제 9번을 위한 의사결정 트리와 데이터 집합

$$Cost(tree,data) = Cost(tree) + Cost(data|tree)$$

- 트리의 각 내부 노드는 분할 속성의 ID에 의해 암호화된다. 만일 m개의 속성이 있다면, 각 속성을 암호화하는 비용은 $\log_2 m$ 비트다.
- 각 단말은 그것이 연관되는 클래스의 ID를 이용하여 암호화된다. 만일 k개의 클래스가 있다면, 한 클래스를 암호화하는 비용은 $\log_2 k$ 비트다.

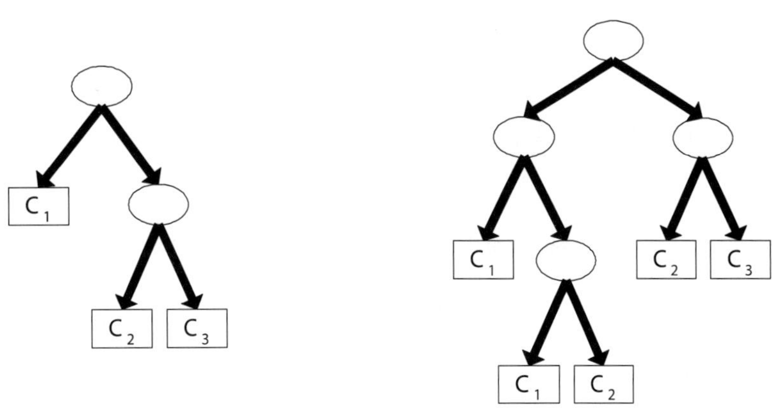

(a) Decision tree with 7 errors (b) Decision tree with 4 errors

그림 3.37 연습문제 10번을 위한 의사결정 트리

- $Cost(tree)$는 트리에 있는 모든 노드들을 암호화하는 비용이다. 계산을 간단히 하기 위하여, 트리의 총 비용은 각 내부 노드와 각 리프 노드들을 암호화하는 비용을 합하여 구해진다고 가정할 수 있다.
- $Cost(data|tree)$는 트리가 훈련 집합에 대하여 범한 분류 오류들을 이용하여 암호화된다. 각 오류는 $\log_2 n$ 비트씩 암호화되며, 여기서 n은 훈련 인스턴스들의 총 개수이다.

MDL 원리에 따르면 어느 의사결정 트리가 더 나은가?

11. [155]의 논의에서 영감을 받은 이 문제를 통하여 리브원아웃 모델평가 절차의 알려진 한계 중의 하나를 강조하려고 한다. 속성들이 순수하게 무작위이고 클래스 레이블에 대한 어떠한 정보도 포함하고 있지 않은, 50개의 양수와 50개의 음수 인스턴스를 포함하는 데이터 집합을 고려해 보자. 따라서 이 데이터에 대하여 학습된 어떤 분류 모델의 일반화 오류율이라도 0.5로 예상된다. 훈련 인스턴스들의 다수 클래스 레이블(동수의 경우는 양수를 디폴트 클래스로 하여 해결함)을 그 속성 값과 무관하게 아무 시험 인스턴스에게 할당하는 분류기를 고려해 보자. 이 접근방식을 **다수 유도기(majority inducer)**라고 부를 수 있다. 다음 방법들을 이용하여 이 분류기의 오류율을 결정하라.
    (a) 리브원아웃(Leave-one-out).
    (b) 모든 구역에서의 클래스 레이블 비율이 전체 데이터의 비율과 같게 유지되는 2-구역 층화 교차검증(2-fold stratified cross-validation).
    (c) 위의 결과로부터, 어느 방법이 이 분류기의 일반화 오류율에 보다 신뢰할만한 평가를 제공하는가?

12. 각각 50개의 인스턴스를 포함하는 두 집합 A와 B로 무작위 분할된, 100개의 데이터 인스턴스를 갖는, 레이블 있는 데이터 집합을 고려하자. 10개의 리프 노드를 갖는 T_{10}과 100개의 리프 노드를 갖는 T_{100}, 두 개의 의사결정 트리의 학습을 위한 훈련 집합으로 A를 이용한다. 데이터 집합 A와 B에 대한 이 두 의사결정 트리의 정확도가 표 3.7에 있다.

표 3.7 의사결정 트리 T_{10}과 T_{100}의 시험 정확도 비교

Data Set	Accuracy	
	T_{10}	T_{100}
A	0.86	0.97
B	0.84	0.77

(a) 표 3.7에 나와 있는 정확도를 근거로, 어느 분류 모델이 드러나지 않은 인스턴스들에 대하여 더 나은 성능을 갖는다고 예상하는가?

(b) 이제 전체 데이터 집합 $(A+B)$에 대하여 T_{10}과 T_{100}을 시험한 후, 데이터 집합 $(A+B)$에 대한 T_{10}의 분류 정확도는 0.85, 데이터 집합 $(A+B)$에 대한 T_{100}의 분류 정확도는 0.87이라는 것을 알았다. 이 새로운 정보와 표 3.7로부터 얻은 관찰을 토대로, 어느 분류 모델을 최종적으로 선택할 것인가?

13. 분류기 A가 다른 분류기 B보다 뛰어난지를 시험하기 위한 다음 접근방식을 고려하자. N은 주어진 데이터 집합의 크기, p_A는 분류기 A의 정확도, p_B는 분류기 B의 정확도, 그리고 $p=(p_A+p_B)/2$는 두 분류기에 대한 평균 정확도라고 하자. 분류기 A가 B보다 월등히 나은지를 시험하기 위하여 다음의 Z-statistics가 사용된다:

$$Z=\frac{p_A-p_B}{\sqrt{\frac{2p(1-p)}{N}}}$$

만약 $Z>1.96$이면, 분류기 A가 분류기 B보다 낫다고 가정한다.

표 3.8은 여러 가지 데이터 집합에 대하여 3가지 다른 분류기, 의사결정 트리 분류기, 나이브 베이지안 분류기(naive Bayes classifier) 그리고 지지도 벡터 기계(support vector machine)의 정확도를 비교한 것이다(뒤의 두 분류기는 4장에서 설명한다).

다음 3×3 표를 이용하여 표 3.8에 주어진 분류기들의 성능을 요약하라:

win-loss-draw	Decision tree	NaÏve Bayes	Support vector machine
Decision tree	0 - 0 - 23		
NaÏve Bayes		0 - 0 - 23	
Support vector machine			0 - 0 - 23

표의 각 셀은 주어진 행의 분류기를 주어진 열의 분류기와 비교했을 때의 승, 패 그리고 무승부의 회수를 넣는다.

표 3.8 여러 가지 분류 방법들의 정확도 비교

Data Set	Size(N)	Decision Tree(%)	naÏve Bayes(%)	Support vector machine (%)
Anneal	898	92.09	79.62	87.19
Australia	690	85.51	76.81	84.78
Auto	205	81.95	58.05	70.73
Breast	699	95.14	95.99	96.42
Cleve	303	76.24	83.50	84.49
Credit	690	85.80	77.54	85.07
Diabetes	768	72.40	75.91	76.82
German	1000	70.90	74.70	74.40
Glass	214	67.29	48.59	59.81
Heart	270	80.00	84.07	83.70
Hepatitis	155	81.94	83.23	87.10
Horse	368	85.33	78.80	82.61
Ionosphere	351	89.17	82.34	88.89
Iris	150	94.67	95.33	96.00
Labor	57	78.95	94.74	92.98
Led7	3200	73.34	73.16	73.56
Lymphography	148	77.03	83.11	86.49
Pima	768	74.35	76.04	76.95
Sonar	208	78.85	69.71	76.92
Tic-tac-toe	958	83.72	70.04	98.33
Vehicle	846	71.04	45.04	74.94
Wine	178	94.38	96.63	98.88
Zoo	101	93.07	93.07	96.04

14. X를 평균 N_p와 분산 $Np(1-p)$를 갖는 이항 확률 변수(binomial random variable)라고 하자. 비 X/N도 평균 p와 분산 $p(1-p)/N$인 이항 분포를 갖는 것을 보여라.

CHAPTER 4

분류: 기타 기법

이전 장에서는 분류 문제를 소개하고 의사 결정 트리 분류기라고하는 기술을 제시했다. 모델 과적합 및 모델 평가와 같은 문제도 논의되었다. 이 장에서는 규칙 기반 및 최근접 이웃 분류기와 같은 간단한 기술부터 인공 신경망, 딥러닝, 서포트 벡터 머신, 앙상블 방법과 같은 보다 정교한 기술에 이르기까지 분류 모델을 구축하기 위한 기타 기법을 소개한다. 분류 불균형 및 멀티클래스 문제와 같은 다른 실제 문제도 이 장의 끝에 논의할 것이다.

4.1 분류기의 종류

특정 기법을 제시하기 전에, 먼저 다른 종류의 분류기를 분류해보자. 분류기를 구별하는 한 가지 방법은 출력의 특성을 고려하는 것이다.

이진(binary) 대 멀티클래스(multiclass) 이진 분류기는 각 데이터 인스턴스를 일반적으로 +1과 −1로 표시되는 두 가지 가능한 레이블 중 하나에 할당한다. 긍정 클래스는 일반적으로 부정 클래스와 비교하여 정확하게 예측하는 것에 더 관심이 있는 카테고리를 말한다(예: 이메일 분류 문제의 스팸 카테고리). 사용할 수 있는 레이블이 두 개 이상인 경우, 이 기술을 멀티클래스 분류기라고 한다. 일부 분류기는 이진 클래스 전용으로 설계되었으므로 멀티클래스 문제를 처리하도록 조정되어야 한다. 이진분류기를 멀티클래스 분류기로 변환하는 기술들은 4.12절에 설명되어 있다.

결정론적(deterministic) 대 확률론적(probabilistic) 결정론적 분류기는 분류하는 각 데이터 인스턴스에 이산값의 레이블을 생성하는 반면, 확률론적 분류기는 0과 1 사이의 연속 점수를 할당하여 인스턴스가 특정 클래스에 속할 확률을 나타내며 확률론적 분류기의 일부 예는 나이브 베이즈 분류기, 베이지안 네트워크 및 로지스틱 회귀 분석 등이 있다. 확률적 분류기는 결정론적 분류기보다 클래스에 인스턴스를 할당할 때의 신뢰도에 대한 추가 정보를 제공한다. 확률이 낮은 클래스를 잘못 분류하는 비용이 상당히 높은 경우를 제외하고 데이터 인스턴스는 일반적으로 확률 점수가 가장 높은 클래스에 할당된다. 4.11.2절에서 확률적 산출물로 비용에 민감한 분류에 관한 주제를 논의할 것이다.

다른 유형의 분류기를 구별하는 또 다른 방법은 인스턴스를 다른 클래스와 구별하기 위한 기술을 기반으로 한다.

선형(linear) 대 비선형(nonlinear) 선형 분류기는 선형 분리 초평면을 사용하여 여러 클래스와 인스턴스를 구별하는 반면 비선형 분류기는 보다 복잡한 비선형 결정 표면을 구성할 수 있다. 4.7절에서 선형분류기(perceptron)와 비선형 분류기(다층 신경망)의 예를 보여준다. 선형성 가정을 통해 복잡한 데이터 적합시키는 측면에서 모델의 유연성이 떨어지지만 선형 분류기는 비선형 분류기와 비교하여 모델 과적합에 둔감하다. 또한, 원래 속성 세트 $\mathbf{x}=(x_1, x_2, \cdots, x_d)$를 선형 분류기를 적용하기 전에 더 복잡한 특징집합으로 변환할 수 있다(예: $\phi(\mathbf{x})=(x_1, x_2, x_1x_2, x_1^2, x_2^2, \cdots)$). 이러한 특징 변환을 통해 선형 분류기는 비선형 결정 표면을 가진 데이터 세트를 수정할 수 있다(4.9.4절 참조).

글로벌(global) 대 로컬(local) 글로벌 분류는 단일 모델을 전체 데이터 집합에 맞춘다. 모델이 비선형적이지 않으면 속성과 클래스 레이블 간의 관계가 입력 공간에 따라 다를 때 이 단일 크기 전략이 효과적이지 않을 수 있다. 반대로 로컬 분류기는 입력 공간을 더 작은 영역으로 분할하고 각 영역의 훈련(training) 인스턴스를 위해 고유한 모델을 구성한다. k-최근접 이웃 분류기(4.3절 참조)는 지역 분류기의 전형적인 예이다. 복잡한 의사 결정 경계를 잡는데 있어 지역분류기가 융통성이 있지만, 특히 지역에 학습 사례가 거의 없는 경우 모델 과적합 문제에 더 취약하다.

생성(generative)**대 판별**(discriminative) 데이터 인스턴스 **x**가 주어지면, 모든 분류기의 주요 목표는 데이터 인스턴스의 클래스 레이블 y를 예측하는 것이다. 그러나 클래스 레이블을 예측하는 것 외에도 모든 클래스 레이블에 속하는 인스턴스를 생성하는 기본 메커니즘을 설명하는 데 관심이 있을 수 있다. 예를 들어 스팸 전자 메일 메시지를 분류하는 과정에서 스팸으로 분류된 전자 메일 메시지의 일반적인 특성(예: 전자 메일 제목 또는 본문에서 키워드의 특정 사용법)을 이해하는 것이 유용할 수 있다. 클래스 레이블을 예측하는 과정에서 모든 분류의 생성 모델을 배우는 분류기들을 생성 분류기라고 한다. 생성 분류기의 일부 예에는 나이브 베이즈(Naive Bayes) 분류기와 베이지안(Bayesian) 네트워크가 포함된다. 대조적으로, 판별 분류기는 모든 분류표의 분포를 명시적으로 설명하지 않고 분류표를 직접 예측한다. 데이터 인스턴스의 생성 메커니즘에 대한 통찰력을 얻지 못하기 때문에 생성 모델보다 간단한 문제를 해결한다. 그러므로 때로는 모든 분류의 속성들에 대한 정보를 얻는 것이 중요하지 않은 때, 생성 모델들보다 선호된다. 판별 분류기의 예로는 의사결정트리, 규칙기반 분류기, 최근접 이웃 분류기, 인공 신경망 및 서포트 벡터 머신이 있다.

4.2 규칙 기반 분류기

규칙 기반 분류기는 "if ... then ..." 규칙 모음(규칙 집합(rule set)라고도 함)을 사용하여 데이터 인스턴스를 분류한다. 표 4.1은 이전 장에서 설명한 척추동물 분류 문제에 대해 생성된 규칙 집합의 예를 보여준다. 규칙 집합에서 각 분류 규칙은 다음과 같은 방식으로 표현될 수 있다.

$$r_i : (Conditioni) \rightarrow y_i \tag{4.1}$$

규칙의 왼쪽을 **규칙 선행부**(rule antecedent) 또는 **전제 조건**(precondition)이라고 한다. 속성 테스트 조건들이 결합한 것이다.

$$Condition_i = (A_1\ op\ v_1) \wedge (A_2\ op\ v_2) \wedge \ldots (A_k\ op\ v_k) \tag{4.2}$$

여기서 $(A_j,\ v_j)$는 속성-값 쌍이고 op는 집합 $\{=,\ \neq,\ <,\ >,\ \leq,\ \geq\}$에서 선택한 비

표 4.1 척추류 분류 문제에 대한 규칙 세트의 예

r_1: (Gives Birth = no) ∧ (Aerial Creature = yes) → Birds
r_2: (Gives Birth = no) ∧ (Aquatic Creature = yes) → Fishes
r_3: (Gives Birth = yes) ∧ (Body Temperature = warm-blooded) → Mammals
r_4: (Gives Birth = no) ∧ (Aerial Creature = no) → Reptiles
r_5: (Aquatic Creature = semi) → Amphibians

교 연산자이다. 각 속성 테스트 $(A_j \ op \ v_j)$는 결합점(conjunct)라고도 한다. 규칙의 오른쪽을 **규칙 후항**(rule consequent)라고 하며 예측된 분류 y_i를 포함한다.

규칙 r의 선결 조건이 x의 속성과 일치하면, 이 규칙 r은 데이터 인스턴스 x를 커버(cover)한다. r은 주어진 인스턴스를 커버할 때마다 실행되거나 트리거(trigger) 된다. 예를 들어, 표 4.1에 주어진 규칙 r_1과 두 척추동물에 대한 다음 속성인 매(hawk)와 회색곰(grizzly bear)을 고려하자.

Name	Body Temperature	Skin Cover	Gives Birth	Aquatic Creature	Aerial Creature	Has Legs	Hiber-nates
hawk	warm-blooded	feather	no	no	yes	yes	no
grizzly bear	warm-blooded	fur	yes	no	no	yes	yes

r_1은 선결조건이 매의 속성에 의해 충족되기 때문에 첫 척추동물을 커버한다. 회색곰이 새끼를 낳고 날아갈 수 없으므로 r_1의 조건부을 위반하기 때문에 이 규칙은 두 번째 척추동물에 적용되지 않는다.

분류 규칙의 품질은 적용 범위와 정확성과 같은 수단을 사용하여 평가할 수 있다. 데이터 세트 D와 분류 규칙 $r : A \rightarrow y$가 주어지면 규칙의 적용 범위는 규칙 r을 적용되는 D의 인스턴스 비율이다. 반면, 정확도 또는 신뢰 인자는 클래스 레이블이 y와 같은 r이 적용되는 인스턴스의 비율이다. 이러한 조치의 공식적인 정의는 다음과 같다.

$$\text{Coverage}(r) = \frac{|A|}{|D|}$$

$$\text{Accuracy}(r) = \frac{|A \cap y|}{|A|} \tag{4.3}$$

여기서 $|A|$ 규칙 선행(antecedent)을 만족하는 인스턴스 수다. $|A \cap y|$는 선행 및 후항(consequent)를 모두 만족하는 인스턴스 수이며 $|D|$ 전체 인스턴스 수다.

예제 4.1

표 4.2에 나와 있는 데이터 세트를 고려하자. 다음 규칙은

(Gives Birth = yes) ∧ (Body Temperature = warm-blooded) → Mammals

15개의 인스턴스 중 5개가 규칙 선행을 만족하므로 33%의 적용범위를 갖는다. 규칙에 포함된 5마리의 척추동물이 모두 포유류이기 때문에 규칙 정확도는 100%다. ■

표 4.2 무척추 동물 데이터 세트

Name	Body Temperature	Skin Cover	Gives Birth	Aquatic Creature	Aerial Creature	Has Legs	Hiber-nates	Class Label
human	warm-blooded	hair	yes	no	no	yes	no	Mammals
python	cold-blooded	scales	no	no	no	no	yes	Reptiles
salmon	cold-blooded	scales	no	yes	no	no	no	Fishes
whale	warm-blooded	hair	yes	yes	no	no	no	Mammals
frog	cold-blooded	none	no	semi	no	yes	yes	Amphibians
komodo dragon	cold-blooded	scales	no	no	no	yes	no	Reptiles
bat	warm-blooded	hair	yes	no	yes	yes	yes	Mammals
pigeon	warm-blooded	feathers	no	no	yes	yes	no	Birds
cat	warm-blooded	fur	yes	no	no	yes	no	Mammals
guppy	cold-blooded	scales	yes	yes	no	no	no	Fishes
alligator	cold-blooded	scales	no	semi	no	yes	no	Reptiles
penguin	warm-blooded	feathers	no	semi	no	yes	no	Birds
porcupine	warm-blooded	quills	yes	no	no	yes	yes	Mammals
eel	cold-blooded	scales	no	yes	no	no	no	Fishes
salamander	cold-blooded	none	no	semi	no	yes	yes	Amphibians

4.2.1 규칙 기반 분류기가 작동하는 방식

규칙 기반 분류기는 인스턴스에 의해 적용된 규칙에 따라 테스트 인스턴스를 분류한다. 규칙 기반 분류기가 작동하는 방식을 설명하려면 표 4.1의 규칙 집합과 다음 척추동물들을 살펴보자.

Name	Body Temperature	Skin Cover	Gives Birth	Aquatic Creature	Aerial Creature	Has Legs	Hiber-nates
lemur	warm-blooded	fur	yes	no	no	yes	yes
turtle	cold-blooded	scales	no	semi	no	yes	no
dogfish shark	cold-blooded	scales	yes	yes	no	no	no

- 첫 번째 척추동물인 여우원숭이(lemur)는 온혈(warm-blooded)이며 새끼를 낳는다(Gives Birth가 yes). 그래서 규칙 r_3을 유발(trigger)하므로 포유동물로 분류된다.
- 두 번째 척추동물인 거북이(turtle)는 규칙 r_4와 r_5를 유발한다. 규칙에 의해 예측된 클래스는 모순적(파충류와 양서류)이므로 충돌하는 클래스를 해결해야 한다.
- 곱상어(dogfish shark)에는 적용되는 규칙이 없다. 이 경우 테스트 인스턴스에 할당할 클래스를 결정해주어야 한다.

4.2.2 규칙 집합의 속성

규칙 기반 분류기가 생성한 규칙 세트는 다음 두 가지 특성으로 특징지을 수 있다.

정의 4.1 **상호 배타적 규칙 집합** 규칙 집합 R에서 같은 인스턴스에 의해 두 개 이상의 규칙이 유발되지 않을 때 규칙 집합 R의 규칙들은 상호 배타적이다. 이 속성을 모든 인스턴스가 R에서 최대 하나의 규칙에 의해 적용되는 것을 보장해 준다.

정의 4.2 **포괄적 규칙 집합** 속성 값의 각 조합에 대한 규칙이 있는 경우 규칙 집합 R은 포괄적인 적용 범위를 갖는다. 이 속성을 모든 인스턴스가 R에서 적어도 하나 이상의 규칙에 적용되는 것을 보장해 준다.

표 4.3 일반적으로 배타적이고 철저한 규칙 집합의 예

r_1: (Body Temperature = cold-blooded) → Non-mammals
r_2: (Body Temperature = warm-blooded) ∧ (Gives Birth = yes) → Mammals
r_3: (Body Temperature = warm-blooded) ∧ (Gives Birth = no) → Non-mammals

이 두 속성을 함께 사용하면 모든 인스턴스가 정확히 하나의 규칙으로 보호된다. 상호 배타적이고 철저한 규칙 집합의 예가 표 4.3에 나와 있다. 불행히도, 표 4.1에 표시된 것을 포함하는 많은 규칙 기반 분류기들은 이러한 속성을 갖지 못한다. 규칙 집합이 완전하지 않은 경우 나머지 규칙을 다루기 위해 디폴트 규칙인 $r_d: () \rightarrow y_d$를 추가해야 한다. 디폴트 규칙에는 선행 항목이 비어 있으며 다른 모든 규칙이 실패하면 적용된다. y_d는 디폴트 클래스로 알려져 있으며, 일반적으로 기존 규칙에서 다루지 않는 대부분 클래스의 훈련 인스턴스에 할당된다. 규칙 집합이 상호 배타적이지 않은 경우, 인스턴스는 하나 이상의 규칙으로 처리될 수 있으며 그 중 일부는 충돌하는 클래스를 예측할 수 있다.

정의 4.3 **정렬 규칙 집합** 정렬 규칙 집합 R에서 규칙들은 우선순위의 내림차순으로 순위가 매겨진다. 정렬 규칙 집합은 **의사결정 목록**(decision list)라고도 한다.

규칙의 순위는 정확성 또는 전체 설명 길이를 기반과 같이 여러 가지 방법으로 정의할 수 있다. 테스트 인스턴스가 표시되면, 인스턴스를 다루는 가장 높은 순위의 규칙으로 분류된다. 규칙 집합이 상호 배타적이지 않은 경우 여러 분류 규칙들로 충돌 클래스를 예측하는 문제를 피할 수 있다.

규칙들을 순서 없이 배타적이지 않은 독점 규칙 집합을 처리하는 다른 방법은 테스트 인스턴스에 의해 적용된 각 규칙의 결과를 특정 클래스에 대한 투표로 간주하는 것이다. 그런 다음 투표는 테스트 인스턴스의 클래스 레이블을 결정하기 위해 계산된다. 인스턴스는 일반적으로 가장 많은 표를 받은 클래스에 할당된다. 규칙의 정확성으로 투표에 가중치를 부여할 수도 있다. 정렬되지 않은 규칙을 사용하여 규칙 기반 분류기를 작성하는 것은 장단점을 모두 갖는다. 정렬되지 않은 규칙은 규칙-정렬 기준 선택에 민감한 정렬 규칙을 기반으로 하는 분류기와 달리 테스트 인스턴스를 분류하기 위해 잘못된 규칙을 선택하여 발생하는 오류에 덜 취약하다. 규칙들을 정렬된 순서로 유지할 필요가 없기 때

문에 모델 구축 비용도 저렴하다. 그럼에도 불구하고 테스트 인스턴스의 속성을 규칙 집합에 있는 모든 규칙의 전제 조건과 비교해야 하므로 테스트 인스턴스를 분류하는 데 비용이 많이들 수 있다.

다음 두 절에서는 데이터에서 정렬된 규칙 집합을 추출하는 기술을 제시한다. 규칙 기반 분류기는 (1) 데이터에서 직접 분류 규칙을 추출하는 직접 방법과 (2) 의사 결정 트리 및 신경망과 같은 보다 복잡한 분류 모델에서 분류 규칙을 추출하는 간접 방법을 사용하여 구성할 수 있다. 이러한 방법에 대한 자세한 설명은 각각 4.2.3 및 4.2.4절에 나와 있다.

4.2.3 규칙 추출을 위한 직접적인 방법

직접 방법을 설명하기 위해 RIPPER라는 널리 사용되는 규칙 유도 알고리즘을 고려하자. 이 알고리즘은 훈련 인스턴스 수에 따라 거의 선형적으로 확장되며 특히 불균형 클래스 분포를 가진 데이터 집합에서 모델을 작성하는 데 적합하다. RIPPER는 모델 과적합을 방지하기 위해 검증 집합을 사용하기 때문에 잡음이 많은 데이터에도 잘 작동한다.

RIPPER는 **순차적 커버링**(sequential covering) 알고리즘을 사용하여 데이터에서 직접 규칙을 추출한다. 규칙들은 한 번에 한 클래스씩 탐욕스러운 방식으로 자란다. 이진 클래스 문제의 경우 RIPPER는 대다수 클래스를 기본 클래스로 선택하고 소수 클래스에서 인스턴스를 감지하는 규칙을 학습한다. 멀티 클래스 문제의 경우, 훈련 집합에서 유병률(prevalence)에 따라 클래스가 정렬된다. $(y_1, y_2, \cdots, y_c)$를 순서가 지정된 클래스 목록으로 지정하면, 여기서 y_1은 가장 적은 클래스이고 y_c는 가장 일반적인 클래스다. y_1에 속하는 모든 훈련 인스턴스는 처음에 긍정적인 예라고 표시되고, 다른 클래스에 속하는 훈련 인스턴스는 부정적인 예로 표시된다. 순차적 커버링 알고리즘은 긍정과 부정적 예를 구별하기 위한 일련의 규칙을 학습한다. 다음으로, y_2부터 모든 훈련 인스턴스는 긍정으로 표시되고 클래스 $y_3, y_4, \cdots, y_c$의 경우는 부정으로 표시된다. 순차적 커버링 알고리즘은 y_2를 다른 나머지 클래스와 구별하기 위해 다음 규칙 집합을 학습한다. 이 과정은 디폴트 클래스로 지정된 클래스 y_c가 하나만 남을 때까지 반복된다.

순차적 커버링 알고리즘의 요약은 알고리즘 4.1에 나와 있다. 이 알고리즘은 비어 있는 의사 결정 목록 R로 시작하고 클래스 유병률로 지정된 순서에 따라 각 클래스에 대

알고리즘 4.1 Sequential covering algorithm

Let E be the training instances and A be the set of attribute-value pairs, $\{(A_j, v_j)\}$.
Let Yo be an ordered set of classes $\{y_1, y_2, \cdots, y_k\}$.
Let $R = \{ \}$ be the initial rule list.
for each class $y \in Y_o - \{y_k\}$ **do**
  while stopping condition is not met **do**
    $r \leftarrow$ Learn-One-Rule (E, A, y).
    Remove training instances from E that are covered by r.
    Add r to the bottom of the rule list: $R \leftarrow R \vee r$.
  end while
end for
Insert the default rule, $\{\} \rightarrow y_k$, to the bottom of the rule list R.

한 규칙을 추출한다. Learn-One-Rule 함수를 사용하여 주어진 클래스 y에 대한 규칙들을 반복적으로 추출한다. 이러한 규칙을 찾으면, 규칙에 포함된 모든 훈련 인스턴스가 제거된다. 새로운 규칙이 결정 목록 R의 맨 아래에 추가 된다. 이 절차는 중지 기준이 충족될 때까지 반복된다. 그런 다음 알고리즘은 다음 클래스에 대한 규칙을 생성한다.

그림 4.1은 순차적 커버링 알고리즘이 부정과 긍정 예제 모음을 포함하는 데이터 집합에서 작동하는 방식을 보여준다. 적용 범위가 그림 4.1(b)에 나와 있는 규칙 $R1$은 가장 큰 긍정 예제들의 분수를 다루기 때문에 먼저 추출된다. $R1$에서 다루는 모든 훈련 인스턴스가 이후에 제거되고 알고리즘은 다음으로 가장 적합한 규칙인 $R2$를 찾는다.

Learn-One-Rule 함수

최적 규칙을 찾는 것은 탐색할 지수 검색 공간으로 인해 계산 비용이 많이 든다. Learn-One-Rule 함수는 규칙들을 탐욕스러운 방식으로 확장하여 이 문제를 해결한다. 초기 규칙 $r: \{ \} \rightarrow +$를 생성한다. 여기서 왼쪽은 빈 집합이고 오른쪽은 긍정의 클래스에 해당한다. 그런 다음 특정 기준을 충족할 때까지 규칙을 수정한다. 규칙이 적용되는 일부 훈련 인스턴스가 부정 클래스에 속하기 때문에 초기 규칙의 정확도가 떨어질 수 있다. 정확성을 향상 시키려면 새로운 연결을 규칙 선행에 추가해야 한다.

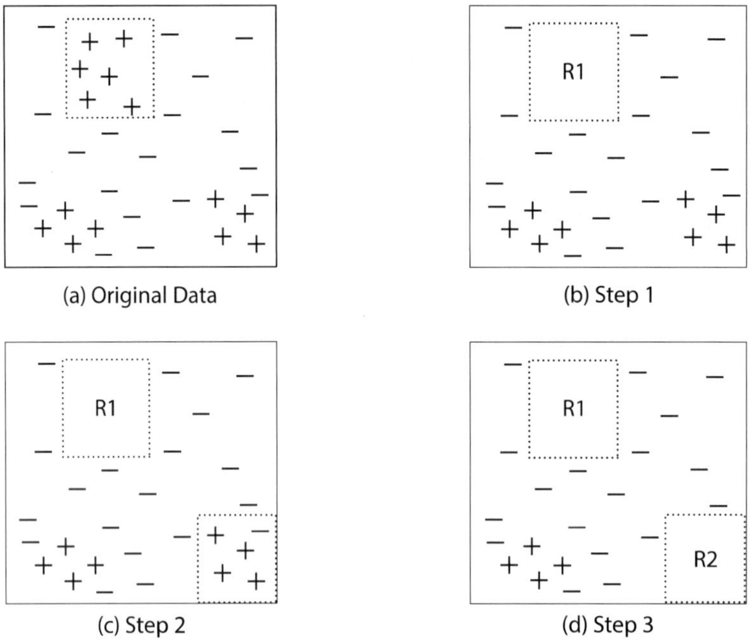

그림 4.1 순차적 커버링 알고리즘의 예

RIPPER는 FOIL의 정보이득 척도를 사용하여 규칙 선행에 추가할 최상의 결합을 선택한다. 이 척도는 정확성의 향상과 후보 규칙의 지지를 모두 고려하며, 이 규칙에서 다루는 양수 예제들의 수로 지원이 정의된다. 예를 들어, 규칙 $r:\ A \rightarrow +$가 처음에 긍정 예제들과 p_0와 부정 예제 n_0를 포함한다고 가정하자. 새로운 조건 B를 추가한 확장 규칙 $r':\ A \wedge B \rightarrow +$은 긍정 예제 p_1과 부정 예제 n_1을 커버한다. 확장 규칙의 FOIL 정보이득은 다음과 같이 계산된다.

$$\text{FOIL's information gain} = p_1 \times \left(\log_2 \frac{p_1}{p_1+n_1} - \log_2 \frac{p_0}{p_0+n_0}\right) \tag{4.4}$$

RIPPER는 다음 예와 같이 규칙을 확장하기 위해 FOIL의 정보이득이 가장 높은 조건을 선택한다.

예제 4.2 포일(Foil)의 정보이득(Information Gain)

표 4.2에 제시된 척추동물 분류 문제에 대한 훈련 집합을 살펴보자. Learn-One-Rule

함수의 대상 클래스가 포유류라고 가정해보자. 처음에, 규칙 { } → `Mammals`의 조건부는 5개의 긍정 예와 10개의 부정 예를 다룬다. 따라서 규칙의 정확도는 0.333에 불과하다. 다음으로, 왼쪽의 규칙인 `Skin cover = hair`, `Body Temperature = warm`, `Has Legs = No`을 다음 3가지 후보 규칙점들을 추가할 것을 고려하자. 각각 정확도와 함께 각 규칙점을 더한 후 규칙에 포함되는 긍정과 부정 예제들의 수와 FOIL의 정보 이득이 다음 표에 나와 있다.

Candidate rule	p_1	n_1	Accuracy	Info Gain
{Skin cover = hair} → Mammals	3	0	1.000	4.755
{Body temperature = warm} → Mammals	5	2	0.714	5.498
{Has legs = No} → Mammals	1	4	0.200	-0.737

`Skin cover = hair`는 세 후보 중에서 가장 높은 정확도이지만 조건 `Body temperature = warm`은 FOIL의 정보이득이 가장 높다. 그러므로 규칙을 확장하도록 선택된다(그림 4.2 참조). 이 과정은 새로운 결합점들을 추가해도 정보이득 척도가 더 이상 개선되지 않을 때까지 계속된다.

규칙 간결화(Rule Pruning) Learn-One-Rule 기능으로 생성된 규칙을 간결화하여 일반화 오류를 개선할 수 있다. RIPPER는 유효성 검사 집합의 성능을 기반으로 규칙을 정리한다. 간결화가 필요한지 여부를 결정하기 위해 다음 척도(metric)가 계산된다: $(p-n)/(p+n)$, 여기에서 p는 규칙이 포함된 검증 데이터 집합의 긍정(부정)예제의 수이다. 이 척도는 검증 집합에서 규칙의 정확도와 단조롭게 연관된다. 간결화 후 측정법이 향상되면, 결합점이 제거된다. 간결화는 규칙에 추가된 마지막 연결부터 시작된다. 예를 들어, 규칙 $ABCD \rightarrow y$가 주어지면, RIPPER는 D가 먼저 간결화되어야 하는지 여부를 확인한 다음 CD, BCD 등을 점검한다. 원래의 규칙은 긍정 예제만 다루지만, 간결화된 규칙은 훈련 집합의 일부 부정 예제를 포함할 수 있다.

규칙 집합 작성 규칙을 생성한 후 규칙에 포함된 모든 긍정과 부정 예제가 제거된다. 그런 다음 규칙은 최소 설명 길이 원칙을 기반으로 중지 조건을 위반하지 않는 한 규칙 세트에 추가된다. 새 규칙이 규칙 집합의 전체 설명 길이를 d 비트 이상 늘리면, RIPPER는 규칙 집합에 규칙 추가를 중지한다(디폴트로, d는 64비트로 선택됨). RIPPER에서 사

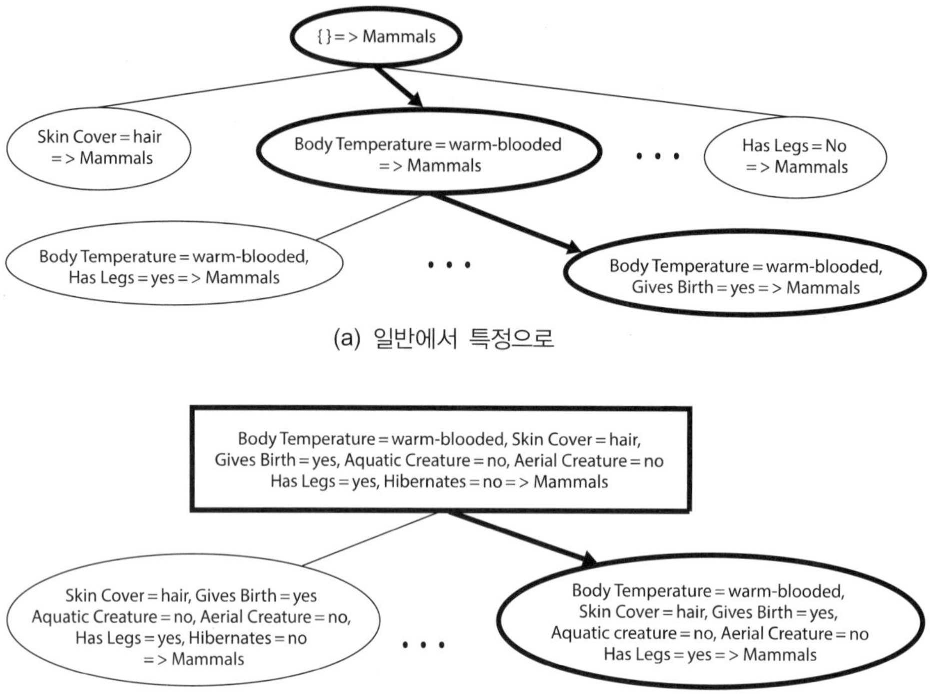

(a) 일반에서 특정으로

(b) 특정에서 일반으로

그림 4.2 일반–특정과 특정–일반 규칙–증가 전략

용되는 다른 중지 조건은 유효성 검증 집합에서 규칙의 오류율이 50%를 초과하지 않아야 한다는 것이다.

RIPPER는 규칙 집합에서 기존 규칙 중 일부를 더 나은 대체 규칙으로 대체할 수 있는지 여부를 판별하기 위해 추가 최적화 단계를 수행한다. 최적화 방법의 세부 사항에 관심이 있는 독자는 이 장의 끝에 인용된 참고문헌을 참조할 수 있다.

인스턴스 제거

규칙이 추출된 후, RIPPER는 규칙에 포함된 긍정 및 부정 예제들을 제거한다. 이를 수행하는 근거는 다음 예제에 설명되어 있다.

그림 4.3은 29개의 긍정 예제들과 21개의 부정 예제들을 포함하는 훈련 집합에서 추출된 3가지 가능한 규칙 $R1$, $R2$, $R3$을 보여준다. $R1$, $R2$, $R3$의 정확도는 각각 12/15 (80%), 7/10 (70%) 및 8/12 (66.7%)다. $R1$은 정확도가 가장 높기 때문에 먼저 생성된

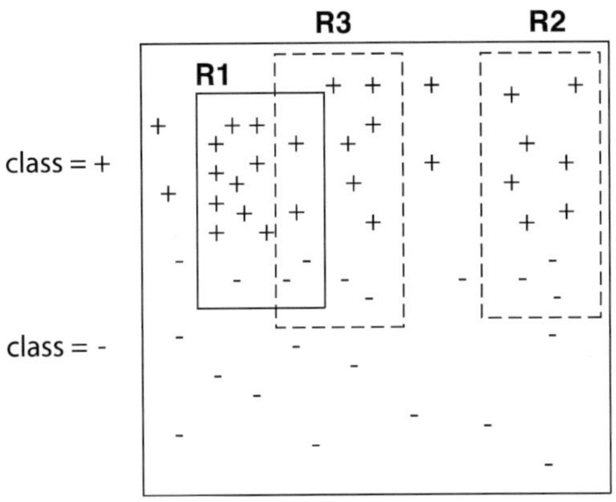

그림 4.3 순차적 커버링 알고리즘에 의한 트레이닝 인스턴스 제거. $R1$, $R2$ 및 $R3$은 세 가지 다른 규칙으로 보호되는 영역을 나타낸다.

다. $R1$을 생성한 후 알고리즘은 규칙에 포함된 예제를 제거하여 알고리즘에 의해 생성된 다음 규칙이 $R1$과 다르다.

문제는 긍정 예제들만, 부정 예제들만, 혹은 둘 다를 제거해야 하는가이다. 이에 답하기 위해 알고리즘이 $R1$ 이후에 $R2$ 또는 $R3$ 생성 중에 선택해야 한다고 가정하자. $R2$가 $R3$보다 정확도가 높지만(70% 대 66.7%), $R2$가 포함하는 영역은 $R1$과 분리되어 있고, $R3$가 포함된 영역은 $R1$과 겹친다. 결과적으로, $R1$과 $R3$는 함께 18개의 긍정과 5개의 부정 예제들을 (전체 정확도는 78.3%로 나타남) 포함하는 반면, $R1$과 $R2$는 함께 19개의 긍정과 6개의 부정 예제들을 (전체적으로 낮은 정확도는 76%로 나타남) 포함한다. $R1$에 포함된 긍정 예제들이 제거되지 않으면 $R3$의 효과적인 정확도를 과대평가할 수 있다. $R1$에 포함된 부정 예제를 제거하지 않으면 $R3$의 정확도를 과소평가할 수 있다. 후자의 경우, $R3$에 의해 커밋된 긍정 오류의 반 이상이 이전 규칙인 $R1$에 의해 이미 설명되었음에도 불구하고 $R3$보다 $R2$를 선호하게 된다. 이 예제는 규칙 집합에 $R2$ 또는 $R3$을 추가한 후 효과적인 정확도가 $R1$에 포함된 긍정과 부정예가 모두 제거된 경우에만 분명해 짐을 보여준다.

4.2.4 규칙 추출을 위한 간접적 방법

이 절에서는 의사 결정 트리에서 규칙 집합을 생성하는 방법을 제시한다. 원칙적으로,

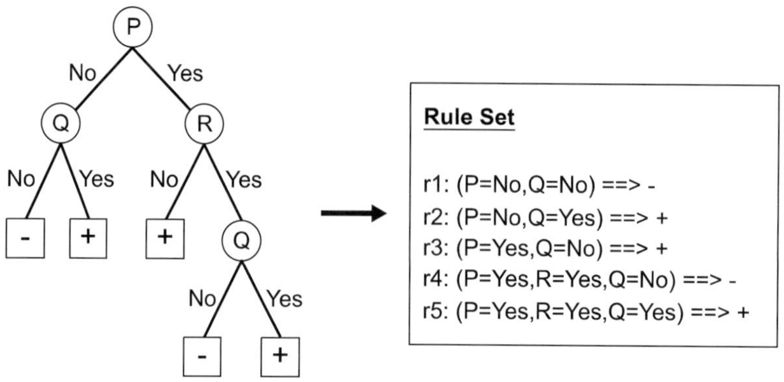

그림 4.4 의사결정 트리를 분류 규칙으로 변환

의사 결정 트리의 루트 노드에서 리프 노드까지의 모든 경로는 분류 규칙으로 표현될 수 있다. 경로를 따라 발생하는 테스트 조건은 규칙 선행의 결합점을 형성하는 반면, 리프 노드의 클래스 레이블은 규칙 후항에 할당된다. 그림 4.4는 의사 결정 트리에서 생성된 규칙 집합의 예를 보여준다. 규칙 집합은 포괄적이며 상호 배타적인 규칙을 포함한다. 그러나 다음 예와 같이 일부 규칙을 단순화 할 수 있다.

예제 4.3

그림 4.4의 다음 세 가지 규칙을 고려하자.

$$r2 : (P = \text{No}) \wedge (Q = \text{Yes}) \rightarrow +$$
$$r3 : (P = \text{Yes}) \wedge (R = \text{No}) \rightarrow +$$
$$r5 : (P = \text{Yes}) \wedge (R = \text{Yes}) \wedge (Q = \text{Yes}) \rightarrow +$$

Q값이 Yes인 경우 규칙 집합은 항상 양의 클래스를 예측한다. 따라서 다음과 같이 규칙을 단순화할 수 있다.

$$r2' : (Q = \text{Yes}) \rightarrow +$$
$$r3 : (P = \text{Yes}) \wedge (R = \text{No}) \rightarrow +$$

r_3은 긍정 클래스의 나머지 인스턴스를 포함하도록 유지된다. 비록 단순화 후에 얻은 규칙은 더 이상 상호 배타적이지 않지만 덜 복잡하고 해석하기가 더 쉽다. ■

다음에서는 C4.5 규칙 알고리즘이 의사 결정 트리에서 규칙 집합을 생성하기 위해 사용하는 방법에 대해 설명한다. 그림 4.5는 표 4.2에 주어진 데이터 집합에 대해 얻은 의사 결정 트리 및 결과 분류 규칙을 보여준다.

규칙 생성 분류 규칙은 루트에서 의사 결정 트리의 리프 노드 중 하나로의 모든 경로에 대해 추출된다. 분류 규칙 $r: A \rightarrow y$가 주어지면 단순화 된 규칙 $r': A' \rightarrow y$를 고려한다. 여기서 A'는 A의 결합점 중 하나를 제거하여 얻는다. 비관적 오류율이 가장 낮은 단순화된 규칙은 오류율이 본래 규칙보다 낮게 유지 된다. 규칙 간결화 과정은 더 이상 규칙의 비관적 오류율을 향상도지 않을 때까지 반복된다. 간결화 후 일부 규칙이 동일해 질 수 있으므로 중복 규칙은 삭제된다.

규칙 정렬 규칙 집합을 생성 한 후, C4.5 규칙은 클래스 기반 순서 체계를 사용하여 추출된 규칙을 정렬한다. 동일한 클래스를 예측하는 규칙은 동일한 부분 집합으로 그룹화 된다. 각 부분 집합에 대한 총 서술 길이가 계산되고 클래스는 전체 서술 길이의 오름차순으로 배열된다. 서술 길이가 가장 작은 클래스는 최상의 규칙 집합을 포함해야 하므로 우선순위가 가장 높다. 클래스에 대한 전체 서술 길이는 $L_{exception} + g \times L_{\mathrm{model}}$에 의해

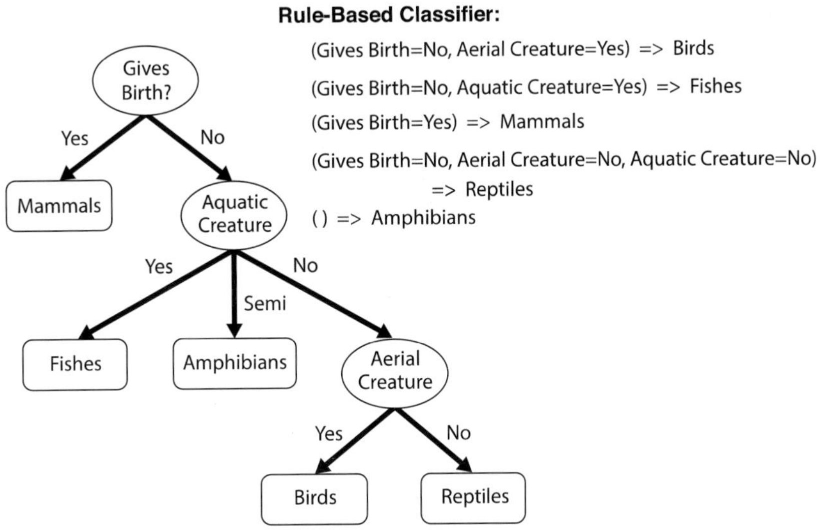

그림 4.5 척추동물 분류 문제에 대한 결정 트리에서 추출한 분류 규칙

주어진다. 여기서 $L_{exception}$은 잘못 분류된 예제들을 인코딩하는 데 필요한 비트 수이고, L_{model}은 모델을 인코딩하는 데 필요한 비트 수이며, g는 디폴트 값인 0.5를 갖는 튜닝 매개 변수다. 튜닝 매개 변수는 모델에 존재하는 중복 속성의 수에 따라 다르다. 모델에 중복 속성이 많은 경우 튜닝 매개 변수의 값은 작다.

4.2.5 규칙 기반 분류기의 특성

1. 규칙 기반 분류기는 의사 결정 트리와 매우 유사한 특성을 갖는다. 의사 결정 트리는 상호 배타적이고 포괄적인 규칙 집합으로 표시될 수 있으므로 규칙 집합의 표현력은 의사 결정 트리의 표현력과 거의 동일하다. 규칙 기반 및 의사 결정 트리 분류기는 모두 속성 공간의 직선 분할을 작성하고 각 분할에 클래스를 할당한다. 그러나 규칙 기반 분류기는 주어진 인스턴스에 대해 여러 규칙을 유발될 수 있는 다수 규칙들을 허용할 수 있으므로, 의사 결정 트리보다 더 복잡한 모델을 학습할 수 있다.

2. 의사 결정 트리와 마찬가지로, 규칙 기반 분류기는 다양한 유형의 범주형과 연속적인 속성을 처리할 수 있으며 멀티 클래스 분류 시나리오에서 쉽게 작동할 수 있다. 규칙 기반 분류기는 일반적으로 해석하기 쉽지만 의사 결정 트리 분류기에 필적하는 성능을 제공하는 서술 모델을 생성하는 데 사용된다.

3. 규칙 기반 분류기는 서로 밀접한 상관관계가 있는 중복 속성의 존재를 쉽게 처리할 수 있다. 이는 속성이 규칙 선행에서 결합점으로 사용되기 때문에, 나머지 중복 속성은 FOIL의 정보 이득을 거의 또는 전혀 나타내지 않으므로 무시될 수 있다.

4. 관련이 없는 속성은 정보 이득이 좋지 않기 때문에, 규칙 기반 분류기는 더 나은 정보 이득을 보이는 다른 연관 속성이 있다면 관련이 없는 속성 선택을 피할 수 있다. 그러나 문제가 복합하고 클래스 간에 집합적으로 구별할 수 있지만 개별적으로 정보 이득이 좋지 않은 상호 작용 속성이 있는 경우, 뜻하지 않게 그냥 우연히 관련된 속성보다 연관되지 않은 속성이 선호될 가능성이 높다. 따라서 규칙 기반 분류기는 관련 없는 속성 수가 많을 때, 상호 작용 속성이 있을 경우 성능이 저하될 수 있다.

5. RIPPER에서 채택한 클래스 기반 정렬 전략은 희귀 클래스에 우선순위를 두는 것이 불균형한 클래스 분포로 훈련 데이터 집합을 처리하는 데 적합하다.

6. 규칙 기반 분류기는 테스트 집합에서 결측값을 처리하는 데 적합하지 않다. 이는 규칙 집합에서 규칙 위치가 특정 정렬 전략을 따르기 때문에 테스트 인스턴스가 다수 규칙에 포함되더라도 규칙 집합의 위치에 따라 다른 클래스 레이블을 지정할 수 있다. 따라서 특정 규칙에 테스트 인스턴스에서 누락된 속성이 포함된 경우 규칙을 무시하고 규칙 세트의 후속 규칙으로 진행하기가 어렵다. 이러한 전략으로 인해 클래스가 잘못 할당될 수 있다.

4.3 최근접 분류기(Nearest Neighbor Classifiers)

그림 3.3에 나와 있는 분류 체계는 2단계 과정으로 (1) 데이터로부터 분류 모델을 구성하기 위한 유도 단계와 (2) 모델을 테스트 예제에 적용하기 위한 도출 단계를 포함한다. 의사결정 트리와 규칙 기반 분류기는 훈련 데이터를 이용 가능하자마자 입력 속성을 클래스 레이블에 매핑하는 모델을 학습하도록 설계되었기 때문에 **능동 학습기**(eager learners)의 예다. 반대 전략은 테스트 인스턴스를 분류가 필요할 때까지 훈련 데이터 모델링 과정을 지연시키는 것이다. 이 전략을 사용하는 기술을 **수동 학습기**(lazy leaners)라고 한다. 게으른 학습기의 예는 Rote **분류기**이다. 이 분류기는 전체 학습 데이터를 기억하고 테스트 인스턴스의 속성이 훈련 예제 중 하나와 정확히 일치하는 경우에만 분류를 수행한다. 이 방법의 명백한 단점은 일부 테스트 인스턴스가 훈련 예제와 일치하지 않기 때문에 분류되지 않을 수 있다는 것이다.

이 방법을 보다 융통성 있게 만드는 한 가지 방법은 테스트 인스턴스의 속성과 상대적으로 유사한 모든 훈련 예제를 찾는 것이다. **최근접 이웃**이라고 알려진 이 예제를 사용하여 테스트 인스턴스의 클래스 레이블을 결정할 수 있다. 가장 가까운 이웃을 사용하기 위한 정당화는 다음과 같은 말에 가장 잘 설명되어 있다. "**오리처럼 걷고, 오리처럼 꽥꽥 거리고 오리처럼 보인다면 아마도 오리일 것이다.**" d를 속성 개수라 할 때, 최근접 이웃 분류기는 d차원 공간에서 데이터 점으로 나타낸다. 테스트 인스턴스가 주어지면 2.4절에 설명된 근접성 척도 중 하나에 따라 훈련 인스턴스에 대한 근접성을 계산한다. 주어진 테스트 인스턴스 z의 k-최근접 이웃은 z에 가장 가까운 k개의 훈련 예제를 참조한다.

그림 4.6은 각 원의 중심에 위치한 테스트 인스턴스의 1단계, 2단계, 3단계의 최근접 이웃을 보여준다. 인스턴스는 인접 클래스의 클래스 레이블을 기반으로 분류된다. 이웃에 하나 이상의 레이블이 있는 경우, 테스트 인스턴스는 최근접 이웃의 대다수 클래스에 지정된다. 그림 4.6(a)에서 인스턴스의 1단계 인접 이웃은 부정 예이다. 따라서 인스턴스는 부정 클래스에 할당된다. 그림 4.6(c)와 같이 최근접 이웃의 수가 3이라면, 이웃은 2개의 긍정 예와 하나의 부정 예를 포함한다. 다수결의 원칙을 사용하면, 인스턴스가 긍정적 클래스에 할당된다. 클래스 사이에 동점이 있는 경우(그림 4.6(b) 참조) 데이터 포인트를 분류하기 위해 이들 중 하나를 임의로 선택할 수 있다.

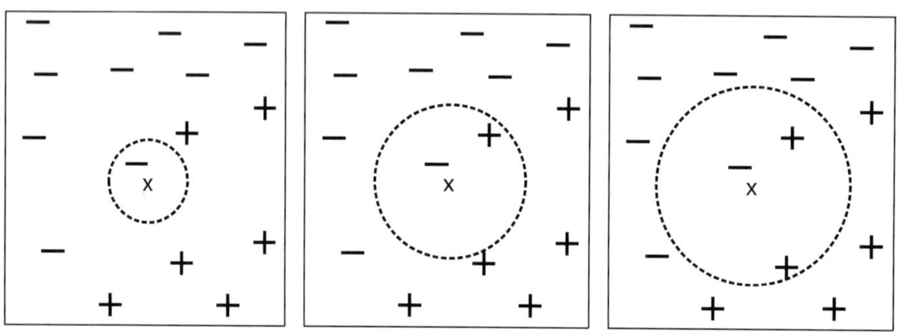

(a) 1-nearest neighbor (b) 2-nearest neighbor (c) 3-nearest neighbor

그림 4.6 1단계, 2단계, 3단계의 최근접 이웃를 가지는 인스턴스

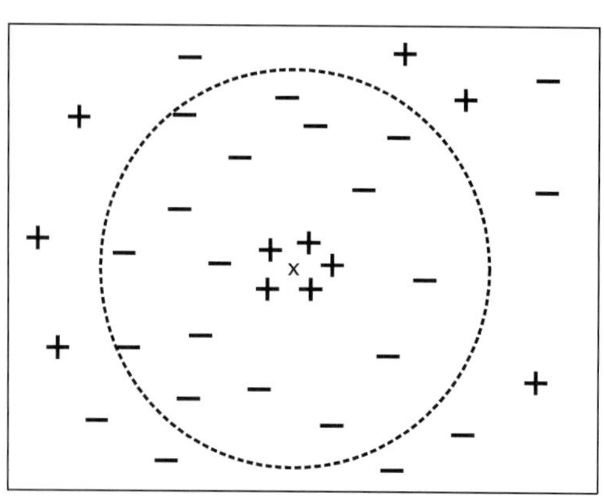

그림 4.7 큰 k를 갖는 k–근접 이웃 분류

위의 논의는 k에 대한 올바른 값을 선택하는 것의 중요성을 강조한다. 만약 k가 너무 작으면, 최근접 이웃 분류기는 잡음(학습 데이터에서 잘못 라벨링된 예제)때문에 과적합되기 쉽다. 반면에 k가 너무 크면, 최근접 이웃 분류기는 인접 이웃 목록에 이웃과 멀리 떨어진 훈련 예제가 포함되므로 테스트 인스턴스를 잘못 분류할 수 있다(그림 4.7 참조).

4.3.1 알고리즘

최근접 이웃 분류기 방법에 대한 높은 수준의 요약은 알고리즘 4.2에 나와 있다. 이 알고리즘은 각 테스트 인스턴스 $z = (\mathbf{x}', y')$와 모든 훈련 예제 $(\mathbf{x}, y) \in D$ 사이의 거리(또는 유사도)를 계산하여 최근접 이웃 목록 D_z를 결정한다. 훈련 예의 수가 많으면 이러한 계산은 비용이 많이들 수 있다. 그러나 효율적인 인덱싱 기법들을 사용하여 테스트 인스턴스의 최근접 이웃을 찾는 데 필요한 계산을 줄일 수 있다.

최인접 이웃 목록을 얻으면 테스트 인스턴스는 인접 이웃의 대다수 클래스를 기반으로 분류된다.

$$\text{Majority Voting: } y' = \underset{v}{argmax} \sum_{(\mathbf{x}_i, y_i) \in D_z} I(v = y_i) \tag{4.5}$$

여기서 v는 클래스 레이블이고, y_i는 가장 가까운 이웃 중 하나에 대한 클래스 레이블이며, $I(\cdot)$는 인수가 true이면 값 1을, 그렇지 않으면 0을 반환하는 표시하는 함수다.

다수결 방식에서, 모든 이웃은 분류에 동일한 영향을 미친다. 이는 그림 4.6에 표시된 것처럼 알고리즘이 k 선택에 민감하게 된다. k의 영향을 줄이는 한 가지 방법은 거리

알고리즘 4.2 The k-nearest neighbor classifier

Let k be the number of nearest neighbors and D be the set of training examples.
for each test instance $z = (\mathbf{x}', y')$ **do**
    Compute $d(\mathbf{x}', \mathbf{x})$, the distance between z and every example, $(\mathbf{x}, y) \in D$.
    Select $D_z \subseteq D$, the set of k closest training examples to z.
    $y' = \underset{v}{argmax} \sum_{(\mathbf{x}_i, y_i) \in D_z} I(v = y_i)$
end for

$w_i = 1/d(\mathbf{x}', \mathbf{x}_i)^2$에 따라 인접 이웃 x_i의 영향을 가중시키는 것이다. 결과적으로, z에서 멀리 떨어진 훈련 예제는 z에 가까운 훈련 예제에 비해 분류에 더 적은 영향을 미친다. 거리 가중 투표 기법을 사용하여 클래스 레이블은 다음과 같이 결정될 수 있다.

$$\text{Distance-Weighted Voting: } y' = \underset{v}{argmax} \sum_{(\mathbf{x}_i,\ y_i) \in D_z} w_i \times I(v = y_i) \tag{4.6}$$

4.3.2 최근접 이웃 분류기의 특성

1. 최근접 이웃 분류는 인스턴스 기반 학습으로 알려진 것보다 일반적인 기술의 일부로, 글로벌 모델을 구축하지 않고 훈련 예제를 사용하여 테스트 인스턴스를 예측한다(따라서 이러한 분류기는 종종 "모델이 없다"고 한다). 이러한 알고리즘은 인스턴스 간의 유사성 또는 거리를 결정하기 위한 근접 측정과 다른 인스턴스와의 근접성을 기반으로 테스트 인스턴스의 예측된 클래스를 반환하는 분류 함수를 필요로 한다.

2. 최근접 이웃 분류기와 같은 게으른 학습기는 모델 구축이 필요하지 않지만 테스트 인스턴스를 분류하는 것은 테스트와 훈련 예제들 사이에서 개별적으로 근접성 값을 계산해야 하기 때문에 상당히 비쌀 수 있다. 반대로 적극적 학습기들은 종종 모델 구축에 많은 양의 컴퓨팅 자원을 사용한다. 모델이 구축되면 테스트 인스턴스를 분류하는 것이 매우 빠르다.

3. 최근접 이웃 분류기는 지역 정보를 기반으로 예측한다(이는 각 테스트 인스턴스에 대해 로컬 모델을 작성하는 것과 같다). 이와 반대로 의사 결정 트리 및 규칙 기반 분류기는 전체 입력 공간을 구성하는 글로벌 모델을 찾는다. 분류 결정은 로컬에서 이루어지므로 최근접 이웃 분류기(k 값이 작은)는 잡음에 매우 취약하다.

4. 최근접 이웃 분류기는 임의의 형태의 의사결정 경계선을 생성할 수 있다. 이러한 경계선은 종종 의사 결정 트리 및 규칙 기반 분류기와 비교하여 유연한 의사결정 경계선에 비해 보다 유연한 모델 표현을 제공한다. 최근접 이웃 분류기의 의사결정 경계선은 로컬 이웃의 훈련 예제의 구성에 의존하기 때문에 변동성이 높다. 최근접 이웃의 수를 늘리면 이러한 변동성이 줄어들 수 있다.

5. 최근접 이웃 분류기는 근접 계산에 일반적으로 모든 속성이 있어야하므로 훈련과 테스트 집합 모두에서 결측값을 처리하는 데 어려움이 있다. 비록 2개의 인스턴스에 존재하는 속성의 부분 집합이 근접성을 계산하는데 사용될 수 있지만, 이러한 접근법은 근접성 측정이 각 인스턴스 쌍에 대해 상이 할 수 있고 비교하기 어려울 수 있기 때문에 양호한 결과를 생성하지 못할 수 있다.

6. 최근접 이웃 분류기는 여러 속성의 효과를 함께 통합할 수 있는 적절한 근접성 척도를 사용하여 상호 작용 속성(그 자체로 결합된 보다 예측력이 있는 속성)의 존재를 처리할 수 있다.

7. 관련 없는 속성이 존재하면 특히 관련 없는 속성의 수가 많을 때 일반적으로 사용되는 근접성 측정은 왜곡 될 수 있다. 더욱이, 서로 밀접하게 관련되어 있는 다수의 중복 속성이 있는 경우, 근접성 측정이 그러한 속성에 대해 지나치게 편향되어 거리의 부적절한 추정이 이루어질 수 있다. 따라서 관련이 없고 중복된 속성이 있으면 최근접 이웃 분류기의 성능에 부정적인 영향을 줄 수 있다.

8. 최근접 이웃 분류기는 적절한 근접성 척도와 데이터 전처리 단계를 수행하지 않으면 잘못된 예측을 생성할 수 있다. 예를 들어, 신장(미터로 측정)과 체중(파운드로 측정)과 같은 속성을 기준으로 사람의 그룹을 분류한다고 가정하자. 신장 속성은 1.5 m~1.85 m 범위의 낮은 변동성을 가지지만, 체중 속성은 90 lb~250 lb까지 다양할 수 있다. 속성의 스케일을 고려하지 않으면 근접성 측정은 사람의 체중 차이에 의해 좌우될 수 있다.

4.4 나이브 베이지안(Naive Bayes) 분류기

많은 분류 문제에는 불확실성이 수반된다. 첫째, 측정 프로세스의 결함, 예를 들어 센서 장치의 정확성이 제한되어 있기 때문에 관찰된 속성과 클래스 레이블은 신뢰할 수 없다. 둘째, 분류를 위해 선택된 속성 집합이 대상 클래스를 완전히 대표하지 않아 예측이 불확실할 수 있다. 이를 설명하기 위해, 식이 및 운동 빈도를 속성으로 사용하는 모델을 기반으로 사람의 심장병 위험을 예측하는 문제를 고려하자. 건강하게 먹고 정기적으로 운동을 하는 대부분의 사람들은 심장병 발병 가능성이 적지만 유전, 과도한 흡연 및 알코올 남용과 같은 다른 잠재적 요인으로 인해 모델에 포함되지 않는 위험에 처할 수 있다. 셋째, 한정된 훈련 집합을 통해 학습한 분류 모델은 이전 장의 모델 과적합과 관련하여 논의된 것처럼 전체 데이터에서 실제 관계를 완전히 포착하지 못할 수 있다. 마지막으로, 일기 예보 문제에서 발생하는 것과 같은 실제 시스템의 고유한 무작위 특성(random nature)으로 인해 예측의 불확실성이 발생할 수 있다.

불확실성이 존재하는 경우, 클래스 레이블을 예측하는 것 외에 예측과 관련된 신뢰도를 제공해야 한다. 확률 이론은 데이터의 불확실성을 정량화하고 조작하는 체계적인 방법을 제공하므로 예측의 신뢰성을 평가하기 위한 매력적인 프레임워크다. 확률 이론을 사용하여 속성과 클래스 레이블 간의 관계를 나타내는 분류 모델을 **확률적 분류 모델**이라고 한다. 이 절에서는 가장 단순하고 가장 널리 사용되는 확률적 분류 모델 중 하나인 나이브 베이즈 분류기(Naive Bayes classifier)를 제시한다.

4.4.1 확률론의 기초

나이브 베이즈 분류기가 어떻게 작동하는지 논의하기 전에 먼저 이 장에 제시된 확률 분류 모델을 이해하는 데 도움이 될 확률 이론의 몇 가지 기본 사항을 소개한다. 여기에는 확률 개념을 정의하고 확률 값을 조정하기 위한 몇 가지 일반적인 접근 방식이 도입된다.

집합 $\{x_1, \cdots, x_k\}$에서 이산 값을 취할 수 있는 변수 X를 고려해보자. 변수가 데이터 객체의 일부 특성을 설명하는 데이터 집합과 같이 해당 변수에 대한 여러 관측치가 있는 경우, 각 값이 발생하는 상대 도수를 계산할 수 있다. 구체적으로, X에 n_i 데이터 객체에 대한 값 x_i가 있다고 가정하자. 이벤트 $X = x_i$를 관찰한 상대 도수는 n_i/N이며, 여기서 N은 전체 발생된 개수이다($N = \sum_{i=1}^{k} n_i$). 이러한 상대 도수는 보이지 않는 관측에 대해 X가 어떤 값을 취할 수 있는지에 대한 불확실성을 특징짓고 확률의 개념을 필요하게 한다.

보다 공식적으로, 이벤트 e의 확률, 예를 들어 $P(X = x_i)$는 이벤트 e가 발생할 가능성을 측정한다. 확률에 대한 가장 전통적인 관점은 이벤트들의 상대 도수(빈도주의자)를 기반으로 하는 반면, 베이지안 관점(나중에 설명)은 확률에 대한보다 유연한 관점을 취한다. 두 경우 모두 확률은 항상 0과 1 사이의 확률이다. 게다가, 변수 X의 결과와 같은 모든 가능한 이벤트의 확률 값의 합은 1과 같다. 각 가능한 결과와 관련된 확률을 갖는 변수(값)를 **임의 변수**(randome variables)라고 한다.

이제 각각 k개의 이산값을 취할 수 있는 두 개의 임의 변수 X와 Y를 고려해 보자. n_{ij}는 전체 N회 발생 횟수 중 $X=x_i$과 $Y=y_j$를 관찰한 횟수다. $X=x_i$와 $Y=y_j$를 함께 관찰하는 **결합 확률**(joint probability)은 다음과 같이 추정할 수 있다.

$$P(X=x_i,\ Y=y_i)=\frac{n_{ij}}{N} \tag{4.7}$$

(이것은 일반적으로 가능한 모든 관측치의 한정된 부분 집합만 가지고 있기 때문에 추정치다.) 결합 확률은 "오늘 깜짝 퀴즈가 나올 확률은 얼마이며, 나는 수업에 늦을 것입니다."와 같은 질문에 답하기 위해 사용될 수 있다. 결합 확률은 대칭이다. 즉, $P(X=x,\ Y=y)=P(Y=y,\ X=x)$가 된다. 결합 확률의 경우, 다음 식에 설명된 대로 임의의 변수 중 하나에 대한 합계를 고려하는 것에 유용하다.

$$\sum_{j=1}^{k} P(X=x_i,\ Y=y_j)=\frac{\sum_{j=1}^{k} n_{ij}}{N}=\frac{n_i}{N}=P(X=x_i) \tag{4.8}$$

여기서 n_i는 Y 값에 관계없이 $X=x_i$를 관찰한 총 횟수다. n_i/N은 기본적으로 $X=x_i$를 관찰할 확률이다. 이런 이유로, 임의의 변수 Y에 대한 결합 확률을 합산하여 나머지 변수 X를 관찰할 확률을 얻는다. 이 연산을 **주변화**(marginalization)라고 하며 Y를 주변화하여 얻은 확률값 $P(X=x_i)$를 때때로 X의 **주변 확률**(marginal probability)이라고 한다. 나중에 볼 수 있듯이, 결합 확률과 주변 확률은 이 장에서 논의된 다수의 확률적 분류 모델들의 기본 구성 요소를 형성한다.

이전 논의에서 임의 변수 X의 특정 결과 확률을 나타내기 위해 $P(X=x_i)$를 사용했다. 이 표기법은 여러 임의 변수가 포함되었을 때 틀림없이 번거로울 수 있다. 따라서 이 절의 나머지 부분에서는 $P(X)$를 사용하여 임의 변수 X의 어떤 일반 결과의 확률을 나타내어 사용될 것이며, 반면 $P(x_i)$는 특정 결과 x_i의 확률을 나타내는 데 사용될 것이다.

베이즈 정리

> 친구 Alex와 Martha 중 두 명을 저녁 파티에 초대했다고 가정하자. 알렉스는 자신이 초대된 파티의 40%에 참석한다는 것을 알고 있다. 또한 Alex가 파티에 가면 80%의 확률로 Martha가 온다. 반면 Alex가 파티에 가지 않으면 Martha가 파티에 올 확률이 30%로 줄어 든다. Martha가 파티에 올 것이라고 응답했다면 Alex가 올 확률은 얼마인가?

베이즈 정리(Bayes theorem)는 위와 같은 질문에 답하기 위한 통계적 원리를 제시하는데, 여기서 여러 출처의 증거가 예측에 도달하기 위해 사전의 신념과 결합되어야 한다. 베이즈 정리는 다음과 같이 간단히 설명할 수 있다.

$P(Y|X)$는 임의의 변수 X가 특정 값을 취할 때마다 임의의 변수 Y를 관찰할 수 있는 **조건부 확률**(conditional probability)을 나타낸다. $P(Y|X)$는 종종 X의 결과에 따라 Y를 관찰할 확률로 읽는다. 조건부 확률은 "오늘 비가 올 것이라는 점을 감안하여, 내가 수업에 갈 확률은 얼마인가?"와 같은 질문에 답할 수 있다. X와 Y의 조건부 확률은 다음과 같은 방식으로 결합 확률과 관련이 있다.

$$P(Y|X) = \frac{P(X, Y)}{P(X)}, \text{ which implies} \tag{4.9}$$

$$\begin{aligned} P(X, Y) &= P(Y|X) \times P(X) \\ &= P(X|Y) \times P(Y) \end{aligned} \tag{4.10}$$

식 (4.10)에서 마지막 두 식을 재배열하면 식 (4.11)이 되는데, 이는 **베이즈 정리**(Bayes theorem)다.

$$P(Y|X) = \frac{P(X|Y)P(Y)}{P(X)} \tag{4.11}$$

베이즈 정리는 조건부 확률 $P(Y|X)$와 $P(X|Y)$ 사이의 관계를 제공한다. 식 (4.11)의 분모는 X의 주변 확률과 관련이 있으며, 이는 다음과 같이 표현될 수도 있다.

$$P(X) = \sum_{i=1}^{k} P(X, y_i) = \sum_{i=1}^{k} P(X|y_i) \times P(y_i)$$

$P(X)$에 대한 이전 식을 사용하여, $P(X|Y)$와 $P(Y)$만으로 $P(Y|X)$에 대한 다음 방정식을 얻을 수 있다.

$$P(Y|X) = \frac{P(X|Y)P(Y)}{\sum_{i=1}^{k} P(X|y_i)P(y_i)} \tag{4.12}$$

예제 4.4 베이즈 정리

베이즈 정리는 임의의 변수에 대한 많은 추론적 질문을 풀기 위해 사용될 수 있다. 예를 들어, Alex가 파티에 참석 여부를 유추할 때 처음에 언급된 문제를 고려하자. $P(A=1)$은 Alex가 파티에 갈 확률을 나타내고, $P(A=0)$은 파티에 가지 않을 확률을 나타낸다. 우리는 다음과 같이 알고 있다.

$$\begin{aligned} & P(A=1) = 0.4, \\ \text{and} \quad & P(A=0) = 1 - P(A=1) = 0.6 \end{aligned}$$

게다가, $P(M=1|A)$는 Alex가 파티에 가는지 여부에 따라 Martha가 파티에 가는 조건부 확률을 나타낸다. $P(M=1|A)$는 다음 값을 갖는다.

$$\begin{aligned} & P(M=1|A=1) = 0.8 \\ \text{and} \quad & P(M=1|A=0) = 0.3 \end{aligned}$$

위의 $P(M|A)$와 $P(A)$의 값을 사용하여 다음과 같이 Martha가 파티에 갈 때 Alex가 파티에 갈 확률을 계산할 수 있다. $P(A=1|M=1)$는 다음과 같다.

$$\begin{aligned} P(A=1|M=1) &= \frac{P(M=1|A=1)P(A=1)}{P(M=1|A=0)P(A=0) + P(M=1|A=1)P(A=1)} \\ &= \frac{0.8 \times 0.4}{0.3 \times 0.6 + 0.8 \times 0.4} \\ &= \frac{0.32}{0.5} = 0.64 \end{aligned} \tag{4.13}$$

Alex가 파티에 갈 사전 확률 $P(A)$가 낮더라도, Martha가 갈 것이라는 관측 $M=1$

은 조건부 확률 $P(A = |M = 1)$에 영향을 준다. 이것은 예측하기 위해 관측된 결과와 이전 가정을 결합한 베이즈 정리의 값을 보여준다. $P(A = 1|M = 1) > 0.5$이므로 Martha가 파티에 가는 경우 Alex가 참여할 가능성이 높다. ■

분류를 위한 베이지 정리 사용

분류를 위해 속성 값 집합 x가 주어진 데이터 인스턴스에 대한 클래스 레이블 y를 관찰할 확률을 계산하는 데 관심이 있다. 이것은 $P(y|x)$로 표현될 수 있으며, 이는 대상 클래스의 **사후 확률**(posterior probability)로 알려져 있다. 베이즈 정리를 사용하여, 우리는 사후 확률을 나타낼 수 있다.

$$P(y|x) = \frac{P(x|y)P(y)}{P(x)} \tag{4.14}$$

이전 식의 분자는 $P(x|y)$와 $P(y)$의 두 항을 포함하는데, 둘 다 사후 확률 $P(y|x)$에 기여한다. 우리는 다음 두 가지 용어를 모두 설명한다.

첫 번째 항 $P(x|y)$는 클래스 레이블이 주어진 속성의 **클래스 조건부**(class-conditional) 확률로 알려져 있다. $P(x|y)$는 y에 속하는 인스턴스의 분포에서 x를 관측할 가능성을 측정한다. x가 실제로 클래스 y에 속하는 경우 $P(x|y)$가 높을 것으로 예상해야 한다. 이 관점에서 클래스 조건부 확률을 사용하면 데이터 인스턴스가 생성된 과정을 포착하려고 시도한다. 이러한 해석으로 인해, 클래스 조건부 확률 계산이 포함된 확률 분류 모델을 **생성 분류 모델**(generative classification models)이라고 한다. 사후 확률을 계산하고 예측하는 데 사용하는 것 외에도 클래스 조건부 확률은 속성 값 생성의 기본 메커니즘에 대한 통찰력을 제공한다.

식 (4.14)의 분자에서 두 번째 항은 **사전 확률**(prior probability) $P(y)$이다. 사전 확률은 관찰된 속성 값과 관계없이 클래스 레이블의 분포에 대한 사전 신념을 포착한다(이것은 베이지안 관점이다). 예를 들어, 우리는 진단 보고서에 상관없이 심장병을 앓을 가능성이 α라는 사전 신념을 가지고 있을 수 있다. 사전 확률은 전문가의 지식을 사용하여 얻거나 클래스 레이블의 역사적 분포에서 유추할 수 있다.

식 (4.14)에서 분모는 증거의 확률 $P(x)$를 포함한다. 이 용어는 클래스 레이블에 의존하지 않으므로 사후 확률 계산에서 정규화 상수로 취급될 수 있다. 또한, $P(x)$의 값은 $P(x) = \sum_i P(x|y_i)P(y_i)$로 계산될 수 있다.

베이즈 정리는 우리의 이전 신념을 관찰된 속성 값을 얻을 가능성과 결합하는 편리한 방법을 제공한다. 훈련 단계에서 $P(y)$와 $P(x|y)$에 대한 매개 변수를 학습해야 한다. 사전 확률 $P(y)$는 각 클래스에 속하는 훈련 인스턴스의 비율을 계산함으로써 훈련 집합으로부터 쉽게 추정될 수 있다. 클래스 조건부 확률을 계산하기 위해 한 가지 방법은 모든 가능한 속성 값 조합에 대해 주어진 클래스의 훈련 인스턴스의 일부를 고려하는 것이다. 예를 들어, 각각 c_1에서 c_k까지 이산 값을 가질 수 있는 두 개의 속성 X_1과 X_2가 있다고 가정하자. n^0은 클래스 0에 속하는 훈련 인스턴스의 수를 나타내고, 그 중 n_{ij}^0개의 훈련 인스턴스는 $X_1 = c_i$이고 $X_2 = c_j$를 갖는다. 클래스 조건부 확률은 다음과 같이 주어질 수 있다.

$$P(X_1 = c_i,\ X_2 = c_j \,|\, Y = 0) = \frac{n_{ij}^0}{n^0}$$

이 접근법은 속성 값 조합 수의 기하급수적 증가로 인해 속성 수가 증가함에 따라 계산적으로 아마 틀림없이 불가능할 수 있다. 예를 들어, 모든 속성이 k 이산값을 가질 수 있는 경우, 속성 값 조합의 수는 k^d와 같다. 여기서 d는 속성의 수다. 많은 수의 속성 값 조합은 훈련 집합의 크기가 작을 때 모든 조합이 더 적은 훈련 인스턴스를 가지기 때문에 클래스 조건부 확률의 추정치를 떨어뜨릴 수 있다.

다음에서는 나이브 베이즈 분류기를 제시하며, 이는 **나이브 베이즈(Naive Bayes) 가정**이라고 하는 클래스 조건부 확률에 대한 단순화 가정을 만든다. 이 가정을 사용하면 속성 수가 많은 경우에도 클래스 조건부 확률의 신뢰할 수 있는 추정치를 얻는 데 크게 도움이 된다.

4.4.2 나이브 베이즈 가정

나이브 베이즈 분류기는 다음 식에 설명된 대로 모든 속성 x의 클래스 조건부 확률이 모든 속성 x_i의 클래스 조건부 확률의 곱으로 고려될 수 있다고 가정한다.

$$P(x|y) = \prod_{i=1}^{d} P(x_i \,|\, y) \tag{4.15}$$

여기서 모든 데이터 인스턴스 x는 d개 속성 $\{x_1,\ x_2,\ \cdots,\ x_d\}$로 구성된다. 이전 식의 기본 가정은 속성 값 x_i가 클래스 레이블 y를 고려할 때, 서로 **조건적 독립**(conditionally independent)라는 것이다. 이는 속성이 대상 클래스에만 영향을 미치며 클래스 레이블을 알고 있으면, 속성들이 서로 독립적인 것으로 간주할 수 있다. 조건부 독립 개념은 다음과 같이 공식적으로 언급할 수 있다.

조건부 독립

$\mathbf{X}_1$, $\mathbf{X}_2$ 그리고 $\mathbf{Y}$는 3개의 임의의 변수 집합을 나타낸다. 다음 조건이 유지되는 경우 $\mathbf{X}_1$의 변수는 $\mathbf{Y}$를 고려하여 조건부로 $\mathbf{X}_2$와 무관하다고 한다.

$$P(\mathbf{X}_1 | \mathbf{X}_2, \mathbf{Y}) = P(\mathbf{X}_1 | \mathbf{Y}) \tag{4.16}$$

이는 $\mathbf{Y}$에 따라 $\mathbf{X}_1$의 분포가 $\mathbf{X}_2$의 결과에 영향을 받지 않기 때문에 조건부로 $\mathbf{X}_2$와 독립적이라는 것을 의미한다. 조건부 독립 개념을 설명하기 위해, 팔 길이($\mathbf{X}_1$)와 독서 능력($\mathbf{X}_2$) 사이의 관계를 고려하자. 팔이 길수록 독서 능력이 더 높은 경향이 있다면, $\mathbf{X}_1$과 $\mathbf{X}_2$가 서로 관련이 있다고 생각할 수 있다. 그러나 이 관계는 사람의 연령($\mathbf{Y}$)으로 다른 요인으로 설명할 수 있다. 어린 아이는 팔이 짧고 성인의 독서 능력이 부족하다. 사람의 나이가 고정되면 팔 길이와 독서 능력 사이의 관찰된 관계가 사라진다. 따라서 우리는 팔 길이와 독서 능력이 서로 직접적으로 관련이 없으며 연령 변수가 수정되면 조건부 독립적이라는 결론을 내릴 수 있다.

조건부 독립성을 설명하는 다른 방법은 다음과 같이 결합 조건부 확률 $P(\mathbf{X}_1, \mathbf{X}_2 | \mathbf{Y})$를 고려하는 것이다.

$$\begin{aligned} P(\mathbf{X}_1, \mathbf{X}_2 | \mathbf{Y}) &= \frac{P(\mathbf{X}_1, \mathbf{X}_2, \mathbf{Y})}{P(\mathbf{Y})} \\ &= \frac{P(\mathbf{X}_1, \mathbf{X}_2, \mathbf{Y})}{P(\mathbf{X}_2, \mathbf{Y})} \times \frac{P(\mathbf{X}_2, \mathbf{Y})}{P(\mathbf{Y})} \\ &= P(\mathbf{X}_1 | \mathbf{X}_2, \mathbf{Y}) \times P(\mathbf{X}_2 | \mathbf{Y}) \\ &= P(\mathbf{X}_1 | \mathbf{Y}) \times P(\mathbf{X}_2 | \mathbf{Y}) \end{aligned} \tag{4.17}$$

여기서 식 (4.16)은 식 (4.17)의 마지막 줄을 얻기 위해 사용되었다. 조건부 독립에 대한 이전 설명은 운영 관점에서 매우 유용하다. Y가 주어지면 $\mathbf{X}_1$과 $\mathbf{X}_2$의 결합 조건부 확률은 $\mathbf{X}_1$과 $\mathbf{X}_2$의 조건부 확률의 곱을 별도로 고려된다고 기술하고 있다. 이것은 식 (4.15)에 명시된 나이브 베이즈 가정의 기초를 형성한다.

나이브 베이즈 분류기 작동 방식

나이브 베이즈 가정을 사용하면, 속성 값의 모든 조합에 대한 클래스 조건부 확률을 계산하는 대신 Y가 주어진 각 x_i의 조건부 확률만 추정하면 된다. 예를 들어, n_i^0 및 n_j^0가 각각 $X_1 = c_i$ 및 $X_2 = c_j$인 클래스 0에 속하는 훈련 인스턴스 수를 나타내는 경우 클래스 조건부 확률은 다음과 같이 추정될 수 있다.

$$P(X_1 = c_i,\ X_2 = c_j | Y = 0) = \frac{n_i^0}{n^0} \times \frac{n_j^0}{n^0}$$

앞의 식에서, 우리는 다른 속성 값에 관계없이 속성 X의 k 값 중 하나에 대한 훈련 인스턴스 수만 계산하면 된다. 따라서 클래스 조건부 확률을 학습하는 데 필요한 매개 변수 수가 d^k에서 dk로 줄어든다. 이는 클래스 조건부 확률에 대한 표현을 크게 단순화하고 고차원적 설정에서도 매개 변수를 학습하고 예측하는데 더 적합하다.

나이브 베이즈 분류기는 다음 식을 사용하여 테스트 인스턴스 $\mathbf{x}$에 대한 사후 확률을 계산한다.

$$P(y|\mathbf{x}) = \frac{P(y)\prod_{i=1}^{d} P(x_i|y)}{P(\mathbf{x})} \tag{4.18}$$

$P(\mathbf{x})$는 모든 y에 대해 고정되고 정규화 상수로만 작용하여 $P(y|\mathbf{x}) \in [0, 1]$가 되도록 한다.

$$P(y|\mathbf{x}) \propto P(y)\prod_{i=1}^{d} P(x_i|y)$$

따라서 $P(y)\prod_{i=1}^{d} P(x_i|y)$를 최대화하는 클래스를 선택하는 것으로 충분하다.

나이브 베이즈 분류기의 유용한 속성 중 하나는 모든 인스턴스에서 속성의 부분 집합만 관찰되는 경우 데이터 인스턴스에 대한 불완전한 정보로 쉽게 작업할 수 있다는 것이

다. 예를 들어, 데이터 인스턴스에서 d 속성들 중 p만 관찰하면, 해당 p 속성을 사용하여 $P(y)\prod_{i=1}^{d} P(x_i|y)$를 계산하고 최대 값을 갖는 클래스를 선택할 수 있다. 따라서 나이브 베이즈 분류기는 테스트 인스턴스에서 결측값을 자연스럽게 처리할 수 있다. 실제로, 속성이 관찰되지 않는 극단적인 경우에도, 사전 확률 $P(y)$를 사후 확률의 추정치로 사용할 수 있다. 더 많은 속성을 관찰할 때, 데이터 인스턴스를 관찰할 가능성을 더 잘 반영하기 위해 사후 확률을 계속 정제할 수 있다.

다음 두 세부항목에서는 훈련 집합에서 범주형 및 연속 속성에 대한 조건부 확률 $P(x_i|y)$를 추정하기 위한 몇 가지 방법을 설명한다.

범주형 속성에 대한 조건부 확률 추정

범주형 속성 X_i의 경우, 조건부 확률 $P(X_i=c|y)$는 X_i가 특정 범주형 값 c를 취하는 클래스 y의 훈련 인스턴스의 비율에 따라 추정된다.

$$P(X_i=c|y)=\frac{nc}{n}$$

여기서 n은 클래스 y에 속하는 훈련 인스턴스의 수이며 그 중에서 n_c개의 인스턴스는 $X_i=c$다. 예를 들어, 그림 4.8에 제공된 훈련 집합에서, 7명은 `Defaulted Borrower = No`라는 클래스 레이블을 가지고 있으며, 그 중 3명은 `Home Owner = Yes`이고 나머지 4명은 `Home Owner = No`다. 결과적으로, `P(Home Owner = Yes | Defaulted Borrower = No)`에 대한 조건부 확률은 3/7과 같다. 마찬가지로 `Marital Status = Single`인 부도 부채인(defaulted borrower)의 조건부 확률은 P(`Marital Status = Single | Defaulted Borrower = Yes) = 2/3`에 의해 주어진다. X_i의 모든 가능한 결과에 대한 조건부 확률의 합은 1, 즉 $\sum_c P(X_i=c|y)=1$과 같다.

연속 속성에 대한 조건부 확률 추정

연속 속성에 대한 클래스 조건부 확률을 추정하는 두 가지 방법이 있다.

1. 각 연속 속성을 이산화 한 다음 연속 값을 해당 불연속 간격으로 바꿀 수 있다. 이 접근법은 연속 속성을 서수 속성으로 변환하고, 범주 속성의 조건부 확률을 계산하

	binary	categorical	continuous	class
Tid	**Home Owner**	**Marital Status**	**Annual Income**	**Defaulted Borrower**
1	Yes	Single	125K	No
2	No	Married	100K	No
3	No	Single	70K	No
4	Yes	Married	120K	No
5	No	Divorced	95K	Yes
6	No	Married	60K	No
7	Yes	Divorced	220K	No
8	No	Single	85K	Yes
9	No	Married	75K	No
10	No	Single	90K	Yes

그림 4.8 대출 기본 문제를 예측하기 위한 훈련세트

기 위해 전에 서술한 간단한 방법을 사용할 수 있다. 이 방법의 추정 오차는 불연속 간격의 수뿐만 아니라 이산화 전략(2.3.6절에 설명된 대로)에 따라 달라진다. 구간수가 너무 많으면 신뢰할 수 있는 $P(X_i|Y)$ 추정치를 제공하기 위해 모든 구간에 훈련 인스턴스 수가 충분하지 않을 수 있다. 반면에, 구간수가 너무 적으면, 이산화 과정은 연속적인 값의 실제 분포에 대한 정보를 잃어버릴 수 있으며, 그 결과 예측이 나빠질 수 있다.

2. 연속 변수에 대한 특정 형태의 확률 분포를 가정하고 훈련 데이터를 사용하여 분포의 모수를 추정할 수 있다. 예를 들어, 가우시안 분포를 사용하여 연속 속성의 조건부 확률을 나타낼 수 있다. 가우스 분포는 평균 μ와 분산 σ^2인 두 개의 매개변수가 특징이다. 각 클래스 y_j에 대해 속성 X_i에 대한 클래스 조건부 확률은 다음과 같다.

$$P(X_i = x_i | Y = y_j) = \frac{1}{\sqrt{2\pi}\,\sigma_{ij}} \exp\left[-\frac{(x_i - \mu_{ij})^2}{2\sigma_{ij}^2}\right] \tag{4.19}$$

매개 변수 μ_{ij}는 y_j에 속하는 모든 훈련 인스턴스에 대해 $X_i(\overline{x})$의 표본 평균을 사용하여 추정할 수 있다. 유사하게, σ_{ij}^2는 이러한 트레이닝 인스턴스의 샘플 분산(s^2)으로부터 추정될 수 있다. 예를 들어, 그림 4.8에 표시된 연간 수입 속성을 고

려하자. 클래스 No에 대한 이 속성의 표본 평균 및 분산은 다음과 같다.

$$\bar{x} = \frac{125+100+70+\cdots+75}{7} = 110$$

$$s^2 = \frac{(125-110)^2+(100-110)^2+\cdots+(75-110)^2}{6} = 2975$$

$$s = \sqrt{2975} = 54.54$$

과세 소득이 $120K인 테스트 인스턴스가 주어지면, 클래스 No에 대해 다음 값을 조건부 확률로 사용할 수 있다.

$$P(\texttt{Income=120}|\texttt{No}) = \frac{1}{\sqrt{2\pi}(54.54)}\exp^{-\frac{(120-110)^2}{2\times 2975}} = 0.0072$$

예제 4.5 나이브 베이즈 분류기(Naïve Bayes Classifier)

그림 4.9(a)에 표시된 데이터 세트를 고려하자. 여기서 대상 클래스는 `Defaulted`

Tid	Home Owner	Marital Status	Annual Income	Defaulted Borrower
1	Yes	Single	125K	No
2	No	Married	100K	No
3	No	Single	70K	No
4	Yes	Married	120K	No
5	No	Divorced	95K	Yes
6	No	Married	60K	No
7	Yes	Divorced	220K	No
8	No	Single	85K	Yes
9	No	Married	75K	No
10	No	Single	90K	Yes

(a)

P(Home Owner=Yes|No) = 3/7
P(Home Owner=No|No) = 4/7
P(Home Owner=Yes|Yes) = 0
P(Home Owner=No|Yes) = 1
P(Marital Status=Single|No) = 2/7
P(Marital Status=Divorced|No) = 1/7
P(Marital Status=Married|No) = 4/7
P(Marital Status=Single|Yes) = 2/3
P(Marital Status=Divorced|Yes) = 1/3
P(Marital Status=Married|Yes) = 0

For Annual Income:
If class=No: sample mean=110
sample variance=2975
If class=Yes: sample mean=90
sample variance=25

(b)

그림 4.9 대출 분류 문제에 대한 나이브 베이즈 분류기

Borrower다. Yes와 No 두 가지 값을 사용할 수 있다. 그림 4.9(b)에 요약된 바와 같이, 각 범주 속성에 대한 클래스 조건부 확률과 표본 평균과 연속된 속성에 대한 분산을 계산할 수 있다.

테스트 인스턴스 x = (Home Owner = No, Marital Status = Married, Annual Income = $120K)의 클래스 레이블을 예측하는 데 관심이 있다. 이를 위해 먼저 모든 클래스에 속하는 훈련 인스턴스 수를 계산하여 사전 확률을 계산한다. 따라서 $P(\text{Yes}) = 0.3$과 $P(\text{No}) = 0.7$을 얻는다. 다음으로 클래스 조건부 확률을 다음과 같이 계산할 수 있다.

$$\begin{aligned} P(\text{x}|\text{No}) &= P(\text{Home Owner = No}|\text{No}) \times P(\text{Status = Married}|\text{No}) \\ &\quad \times P(\text{Annual Income = \$120K}|\text{No}) \\ &= 4/7 \times 4/7 \times 0.0072 = 0.0024 \end{aligned}$$

$$\begin{aligned} P(\text{x}|\text{Yes}) &= P(\text{Home Owner = No}|\text{Yes}) \times P(\text{Status = Married}|\text{Yes}) \\ &\quad \times P(\text{Annual Income = \$120K}|\text{Yes}) \\ &= 1 \times 0 \times 1.2 \times 10^{-9} = 0 \end{aligned}$$

훈련 집합에서 Status = Married가 Yes 클래스에 속하는 인스턴스가 없기 때문에 클래스 Yes에 대한 클래스 조건부 확률은 0이 되었다. 이러한 클래스 조건부 확률을 사용하여 사후 확률을 다음과 같이 추정할 수 있다.

$$P(\text{No}|\text{x}) = \frac{0.7 \times 0.0024}{P(x)} = 0.0016\alpha$$

$$P(\text{Yes}|\text{x}) = \frac{0.3 \times 0}{P(x)} = 0$$

여기서 $\alpha = 1/P(\mathbf{X})$는 정규화 상수다. $P(\text{No}|\text{x}) > P(\text{Yes}|\text{x})$이므로 인스턴스는 No로 분류된다. ■

제로 조건부 확률 처리

앞의 예는 클래스 조건부 확률을 추정에서 나이브 베이즈 가정을 사용하여 발생할 수 있는 잠재적인 문제를 보여준다. 속성 중 어떤 것에 대한 조건부 확률이 0이면, 클래스 조건부 확률에 대한 전체 표현식이 0이 된다. 훈련 인스턴스 수가 적고 속성의 가능한 값의 수가 많으면 조건부 확률이 0이다. 이러한 경우 속성 값과 클래스 레이블의 조합이 전혀 관찰되지 않아 조건부 확률이 0이 될 수 있다.

더 극단적인 경우, 훈련 인스턴스가 속성 값과 클래스 레이블의 일부 조합을 다루지 않으면 테스트 인스턴스 중 일부를 분류하지 못할 수도 있다. 예를 들어, 1/7 대신 P(`Marital Status = Divorced | No`)가 0이면, 속성 집합 **x**=(`Home Owner = Yes, Marital Status = Divorced, Income = $ 120K`)인 데이터 인스턴스는 다음과 같은 클래스 조건부 확률을 갖는다.

$$P(\mathbf{x}|\text{No}) = 3/7 \times 0 \times 0.0072 = 0$$

$$P(\mathbf{x}|\text{Yes}) = 0 \times 1/3 \times 1.2 \times 10^{-9} = 0$$

클래스 조건부 확률이 모두 0이므로 나이브 베이즈 분류기는 인스턴스를 분류할 수 없을 것이다. 이 문제를 해결하려면, 조건부 확률 추정치를 훈련 인스턴스의 일부를 사용하는 것만큼 불안정하지 않도록 조정하는 것이 중요하다. 다음과 같은 조건부 확률 추정치를 사용하면 된다.

$$\text{Laplace estimate: } P(X_i = c|y) = \frac{n_c + 1}{n + v} \tag{4.20}$$

$$\text{m-estimate: } P(X_i = c|y) = \frac{n_c + mp}{n + m} \tag{4.21}$$

여기서 n은 클래스 y에 속하는 훈련 인스턴스 수이고, n_c는 $X_i = c$ 및 $Y = y$인 훈련 인스턴스 수이며, v는 X_i가 취할 수 있는 전체 속성 값 수이며, 사전에 주어진 $P(X_i = c|y)$에 대한 초기 추정치 p이고, m은 훈련 인스턴스의 일부가 너무 불안정할 때 p를 사용하는 것에 대한 우리의 신뢰를 나타내는 초매개변수(hyper-parameter)다. $n_c = 0$인 경우에도, Laplace와 m-estimate는 모두 0이 아닌 조건부 확률 값을 제공한다. 따라서, 그들은 계급 조건부 확률 소멸의 문제를 피하고 그로인해 일반적으로 후방 확률에 대한 더 강력한 추정치를 제공한다.

나이브 베이즈 분류기의 특성

1. 나이브 베이즈 분류기는 사후 확률 추정치를 제공하여 예측의 불확실성을 정량화

할 수 있는 확률적 분류 모델이다. 또한 대상 클래스를 데이터 인스턴스 생성을 위한 원인으로 취급하므로 생성 분류 모델이다. 따라서, 나중 베이즈 분류기는 사후 확률을 계산하는 것 외에도 모든 클래스에 속하는 데이터 인스턴스 생성의 기본 메커니즘을 포착하려고 시도한다. 따라서 서술적 통찰력뿐만 아니라 예측력을 얻는데 유용하다.

2. 나이브 베이즈 가정을 사용하면, 속성들이 클래스 라벨에 의해 조건적 독립인 경우, 고차원적 환경에서도 클래스 조건 확률을 쉽게 계산할 수 있다. 이 속성은 나이브 베이즈 분류기를 텍스트 분류와 같은 다양한 응용문제에서 일반적으로 사용되는 간단하고 효과적인 분류 기법으로 만든다.

3. 나이브 베이즈 분류기는 격리된 잡음점들에 대해 견고하다. 이러한 점은 종종 훈련 중에 평균화되기 때문에 조건부 확률 추정치에 크게 영향을 줄 수 없기 때문이다.

4. 나이브 베이즈 분류기는 조건부 확률 추정치를 계산하는 동안 모든 속성의 결측값을 무시함으로써 훈련 집합의 결측값을 처리할 수 있다. 또한, 나이브 베이즈 분류기는 사후 확률을 계산하는 동안 비결측 속성 값만 사용하여 테스트 인스턴스에서 결측값을 효과적으로 처리할 수 있다. 특정 속성 값에 대한 결측값 빈도가 클래스 레이블에 의존하는 경우 이 방법은 사후 확률을 정확하게 추정하지 않는다.

5. 나이브 베이즈 분류기는 관련이 없는 속성에 강하다. X_i가 관련이 없는 속성이면 $P(X_i|Y)$는 모든 클래스 y에 대해 거의 균일하게 분포된다. 따라서 모든 클래스에 대한 클래스 조건부 확률은 $P(X_i|Y)$의 유사한 기여를 받아 사후 확률 추정에 무시할만한 영향을 미친다.

6. 조건부 독립성에 대한 나이브 베이즈 가정이 더 이상 그러한 속성을 보유하지 않기 때문에 상관된 속성이 나이브 베이즈 분류기의 성능을 저하시킬 수 있다. 예를 들어 다음 확률을 고려하자.

$$P(A=0|Y=0)=0.4,\ P(A=1|Y=0)=0.6$$

$$P(A=0|Y=1)=0.6,\ P(A=1|Y=1)=0.4$$

여기서 A는 이진 속성이고 Y는 이진 클래스 변수다. $Y=0$일 때 A와 완벽하게 상관관계가 있지만 $Y=1$일 때 A와 무관한 또 다른 이진 속성 B가 있다고 가정한다. 단순화를 위해 B에 대한 조건부 확률이 A와 동일하다고 가정한다. $A=0$, $B=0$이고 조건부 독립을 가정하면 다음과 같이 사후 확률을 계산할 수 있다.

$$P(Y=0|A=0,\ B=0)=\frac{P(A=0|Y=0)P(B=0|Y=0)P(Y=0)}{P(A=0,\ B=0)}$$

$$=\frac{0.16\times P(Y=0)}{P(A=0,\ B=0)}$$

$$P(Y=1|A=0,\ B=0)=\frac{P(A=0|Y=1)P(B=0|Y=1)P(Y=1)}{P(A=0,\ B=0)}$$

$$=\frac{0.36\times P(Y=1)}{P(A=0,\ B=0)}$$

$P(Y=0)=P(Y=1)$인 경우, 나이브 베이즈 분류기는 인스턴스를 클래스 1에 할당한다. 그러나 진실은 $Y=0$일 때 A와 B가 완벽하게 상관되어 있기 때문에 다음과 같다.

$$P(A=0,\ B=0|Y=0)=P(A=0|Y=0)=0.4$$

결과적으로 $Y=0$의 사후 확률은

$$P(Y=0|A=0,\ B=0)=\frac{P(A=0,\ B=0|Y=0)P(Y=0)}{P(A=0,\ B=0)}$$

$$=\frac{0.4\times P(Y=0)}{P(A=0,\ B=0)}$$

이므로 인스턴스는 클래스 0으로 분류되어야 한다. 따라서 클래스 레이블에 대해 속성이 조건부로 독립적이지 않은 경우 나이브 베이즈 분류기는 잘못된 결과를 생성할 수 있다. 따라서 나이브 베이즈 분류기는 중복 또는 상호 작용 속성을 처리하는 데 적합하지 않다.

4.5 베이지안 네트워크

나이브 베이즈 분류기가 만든 조건부 독립 가정은 특히 클래스 레이블을 조정한 후에도 속성이 서로 종속되는 분류 문제의 경우 너무 엄격해 보일 수 있다. 따라서 속성 사이의 조건부 독립성을 보다 일반적으로 표현할 수 있도록 나이브 베이즈 가정을 완화하는 접근 방식이 필요하다.

이 절에서는 **베이지안 네트워크**(Bayesian Networks)로 알려진 속성과 클래스 레이블 간의 확률적 관계를 모델링하기 위한 유연한 프레임 워크를 제시한다. 베이지안 네트워크는 확률 이론과 그래프 이론의 개념을 기반으로 간단한 도식적인 표현을 사용하여보다 일반적인 형태의 조건부 독립을 포착할 수 있다. 또한 효율적인 방법으로 임의의 변수에 대한 추론을 수행하는 데 필요한 계산 구조를 제공한다. 다음에서는 베이지안 네트워크의 기본 표현을 먼저 설명한 다음 분류의 상황에서 추론 및 학습 모델 매개 변수를 수행하는 방법에 대해 설명한다.

4.5.1 그래픽 표현

베이지안 네트워크는 **확률적 그래픽 모델**(probabilistic graphical models)로 알려진 임의의 변수 사이의 확률적 관계를 포착하기 위한 광범위한 모델 군에 속한다. 이 모델의 기본 개념은 그래프의 노드가 임의의 변수에 해당하고 노드 사이의 간선들을 확률적 관계를 나타내는 그래픽 표현을 사용하는 것이다. 그림 4.10(a)와 4.10(b)는 각각 방향이 있는 간선들(화살표 포함)와 방향이 없는 간선들(화살표 없음)을 사용하는 확률적 그래픽 모델의 예를 보여준다. 지시된 그래픽 모델은 베이지안 네트워크라고도하며, 방향성이 없는 그래픽 모델은 **Markov 랜덤 필드**(Markov random fields)라고 한다. 두 가지 접근법은 임의의 변수 간 관계를 표현하기 위해 다른 의미론을 사용하므로 다른 상황에서 유용하다. 다음은 분류의 상황에서 유용한 베이지안 네트워크를 간략하게 설명한다.

베이지안 네트워크(**신용 네트워크**(belief network)라고도 함)는 노드 사이의 방향이 있는 간선들을 포함하며, 여기서 모든 간선은 임의의 변수 사이에 영향의 방향을 나타낸다. 예를 들어, 그림 4.10(a)는 변수 C가 A와 B에서 C를 가리키는 화살표로 표시된 바와 같이 변수 A와 B의 값에 의존하는 베이지안 네트워크를 보여준다. 따라서 변수 C는 변수 D와 E의 값에 영향을 미친다. 베이지안 네트워크의 모든 간선은 특정 방향성

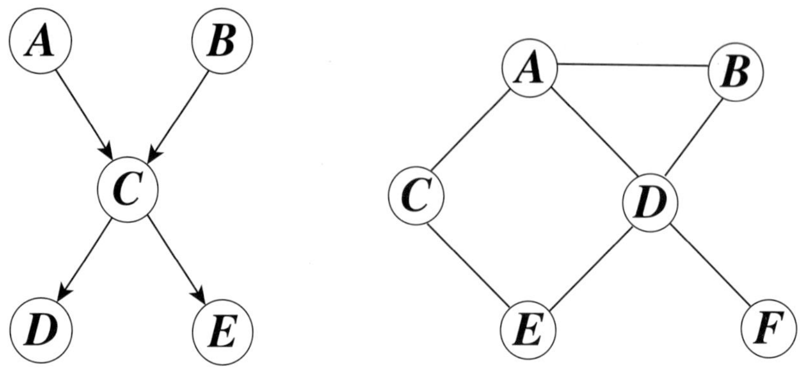

(a) 방향성 그래픽 모델(Bayesian Network) (b) 비 방향 그래픽 모델 (Markov Random Field)

그림 4.10 두 가지 기본 유형의 그래픽 모델 그림

을 갖는 임의의 변수 사이의 의존 관계를 부호화한다.

베이지안 네트워크는 방향성 비순환 그래프(directed acyclic graphs, DAG)로, 노드의 영향이 같은 노드로 되돌아가도록 지정된 주기를 포함하지 않기 때문이다. 그림 4.11은 임의의 변수들 사이에 다양한 유형의 의존성 구조를 포착하는 베이지안 네트워크의 몇 가지 예를 보여준다. 방향성 비순환 그래프에서, X에서 Y로 향한 간선이 있는 경우 X는 Y의 **부모**라고 하고 Y는 X의 **자식**이라고 한다. 노드는 베이지안 네트워크에서 여러 부모를 가질 수 있다(예: 그림 4.11(a)에서 노드 D는 두 개의 부모 노드 B와 C가 있다). 게다가, 네트워크에서 X에서 Z로의 지정 경로가 있는 경우, X는 Z의 조상이고 Z는 X의 자손이다. 예를 들어, 그림 4.11(b)에 표시된 다이어그램에서 A는 D의 자손이고 D는 B의 조상이다. 그림 4.11(a)의 노드 A와 D의 경우와 같이, 방향성 비순환 그래프의 두 노드 사이에 여러 개의 경로가 있을 수 있다.

조건부 독립

베이지안 네트워크의 중요한 속성은 임의의 변수 중에서 다양한 형태의 조건부 독립성을 나타내는 능력이다. 베이지안 네트워크에 의해 포착된 조건부 독립 가정을 설명하는 몇 가지 방법이 있다. 조건부 독립성을 표현하는 가장 일반적인 방법 중 하나는 d-**분리**(separation)의 개념으로, 두 개의 노드 집합 A와 B가 다른 노드 집합 C에 대해 조건부 독립인지 여부를 결정하는데 사용할 수 있다. 노드 Y의 **마르코프 블랭킷**(Markov Blanket)

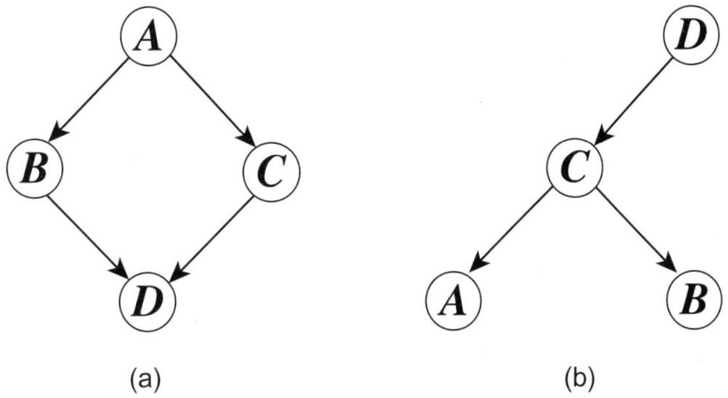

그림 4.11 베이지안 네트워크 예

은 X에서 조절 될 때 그래프에서 다른 노드의 Y를 독립적으로 만드는 노드 X의 최소 집합을 나타낸다(d-분리 및 마르코프 블랭킷에 대한 자세한 내용은 참고문헌 부분 참조). 하지만, 분류의 목적에서, **로컬 마르코프 속성**(local Markov property)으로 알려진 베이지안 네트워크에서 조건부 독립의 간단한 표현을 설명하는 것으로 충분하다.

속성 1 로컬 마르코프 속성. 베이지안 네트워크의 노드는 부모가 알려진 경우 비자손(non-descendants)과 조건부 독립(conditionally independent)이다.

로컬 마르코프 속성을 설명하려면 그림 4.11(b)에 표시된 베이지안 네트워크를 고려하자. C는 A의 부모이고 노드 B와 D는 A의 자손이 아니기 때문에 A는 B와 D에 대해 조건부 독립이라고 말할 수 있다. 로컬 마르코프 속성은 베이지안 네트워크에서 조건부 확률을 부모-자식 관계로 해석하는 것을 도와준다. 노드는 부모에게 주어진 비자손의 조건부 독립이므로, 베이지안 네트워크에 의해 부과되는 조건부 독립 가정은 종종 구조가 희소하다. 그럼에도 불구하고 베이지안 네트워크는 나이브 베이즈 분류기보다 속성과 클래스 레이블 사이에서 더 풍부한 조건부 독립 진술을 표현할 수 있다. 실제로, 나이브 베이즈 분류기는 특수한 유형의 베이지안 네트워크로 볼 수 있다. 여기서 대상 클래스 Y는 트리의 루트에 있고 모든 속성 X_i는 그림 4.12(a)와 같이 방향성 간선에 의해 루트 노드와 연결된다.

나이브 베이즈 분류기에서는 모든 방향성 간선이 대상 클래스에서 관찰된 속성들을 가리키므로, 클래스 레이블이 속성 생성의 배경 요인을 나타낸다. 따라서 클래스 레이블

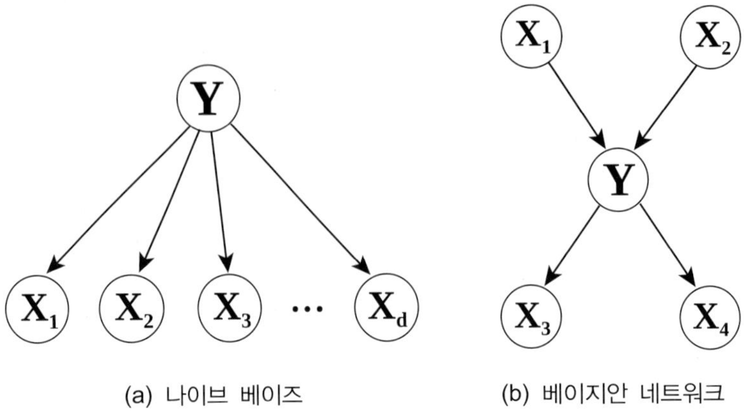

그림 4.12 나이브 베이즈 분류기의 그래픽 표현과 일반적인 베이지안 네트워크의 표현 비교

을 유추하면 관찰된 특성의 근본 원인을 진단하는 것으로 볼 수 있다. 반면, 베이지안 네트워크는 그림 4.12(b)와 같이 대상 클래스가 트리의 루트에 있어야 할 필요는 없지만 그래프의 어느 곳에 나 나타날 수 있기 때문에 보다 일반적인 구조인 확률적 관계를 제공한다. 이 다이어그램에서 Y를 추론하면 X_3과 X_4에 영향을 미치는 요소들을 진단하는 데 도움이 될 뿐만 아니라, X_1과 X_2의 영향을 예측하는 데 도움이 된다.

결합 확률(joint probability)

로컬 마르코프 속성을 사용하여 베이지안 네트워크에 관련된 임의의 변수 집합의 결합 확률을 간결하게 표현할 수 있다. 이를 실현하기 위해, 먼저 $i < j$인 경우에만 X_i가 X_j의 조상이 되도록 노드에 번호를 매긴 d개의 노드 X_1에서 X_d로 구성된 베이지안 네트워크를 고려하자. $\mathbf{X} = \{X_1, ..., X_d\}$의 결합 확률은 다음과 같이 확률의 연쇄 법칙을 사용하여 일반적으로 인수 분해할 수 있다.

$$P(\mathbf{X}) = P(X_1)P(X_2|X_1)P(X_3|X_1, X_2) \ldots P(X_d|X_1, \ldots X_{d-1})$$
$$= \prod_{i=1}^{d} P(X_i|X_1, \ldots X_{i-1}) \tag{4.22}$$

그래프를 만들었을 때, 집합 $\{X_1, \ldots X_{i-1}\}$에는 비자손인 X_i만 포함되어 있다. 따라서 로컬 마르코프 속성을 사용하여 $P(X_i|X_1, \ldots X_{i-1})$을 $P(X_i|\text{pa}(X_i))$로 쓸 수 있

다. 여기서 $\text{pa}(X_i)$는 X_i의 부모를 나타낸다. 결합 확률은 다음과 같이 표현될 수 있다.

$$P(\mathbf{X}) = \prod_{i=1}^{d} P(X_i | \text{pa}(X_i)) \tag{4.23}$$

따라서 $P(\mathbf{X})$를 계산하기 위해 모든 노드 X_i의 확률을 부모 노드 $\text{pa}(X_i)$로 표현하면 충분하다. 이는 다음과 같이 모든 노드를 상위 노드에 연결하는 **확률 표**(probability tables)로 달성된다.

1. 노드 X_i에 대한 확률 표는 X_i와 $\text{pa}(X_i)$에서 모두 조합된 값들에 대한 조건부 확률 값 $P(X_i | \text{pa}(X_i))$을 포함한다.
2. X_i가 부모가 없는 경우 ($\text{pa}(X_i) = \phi$), 표에는 사전 확률 $P(X_i)$만 포함된다.

예제 4.6 확률 표

그림 4.13은 환자의 증상과 위험 요인 간의 관계를 모델링하기 위한 베이지안 네트워크의 예를 보여준다. 확률 표는 그림의 모든 노드 측면에 표시된다. 위험 요인(운동(Exercise) 및 식이요법(diet))과 관련된 확률 표에는 이전 확률만 포함되어 있고 심장병(heart disease), 가슴앓이(heart burn), 혈압(blood pressure) 및 흉통(chest pain)에 대한 표에는 조건부 확률이 포함되어 있다. ■

은닉 변수 사용

베이지안 네트워크는 일반적으로 두 가지 유형의 변수, 즉 특정 관찰 변수에 고정된 **관찰 변수**(observed variables)와 그 값을 알 수 없고 네트워크에서 추론해야 하는 **불관찰 변수**(unobserved variables)의 두 가지 유형을 포함한다. 이 두 가지 유형의 변수를 구별하기 위해 관찰 변수는 일반적으로 음영 처리된 노드를 사용하여 표시되고 불관찰 변수는 빈 노드를 사용하여 표시된다. 그림 4.14는 관찰 변수(A, B, E)와 불관찰 변수(C, D)가 있는 베이지안 네트워크의 예를 보여준다.

분류의 상황 속에서, 관찰 변수는 속성 집합 $\mathbf{X}$에 대응하는 반면, 대상 클래스는 테스트 동안 유추되어야하는 불관찰 변수 Y를 사용하여 표현된다.

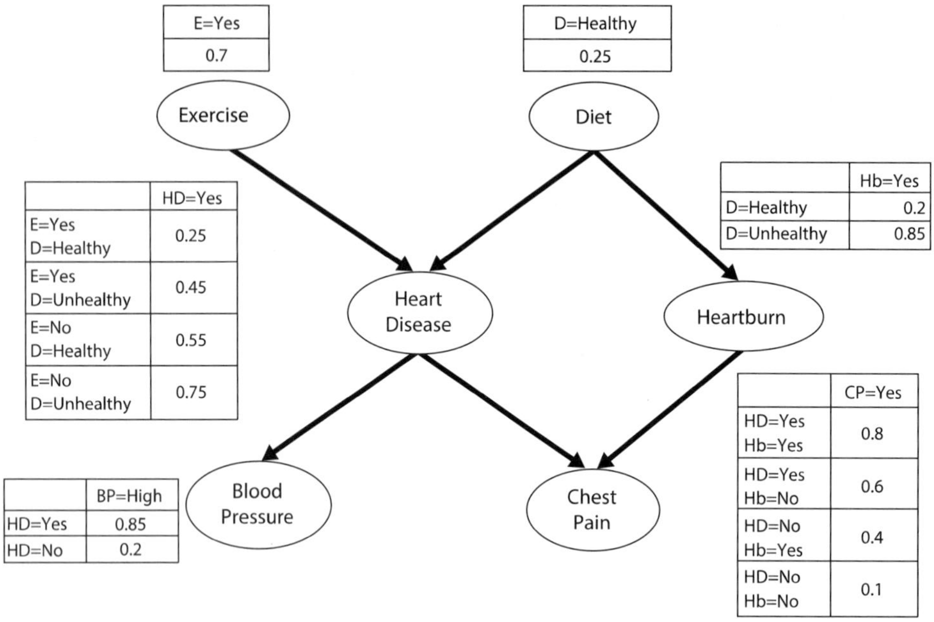

그림 4.13 심장병 환자와 가슴앓이 환자를 감지하기 위한 베이지안 네트워크

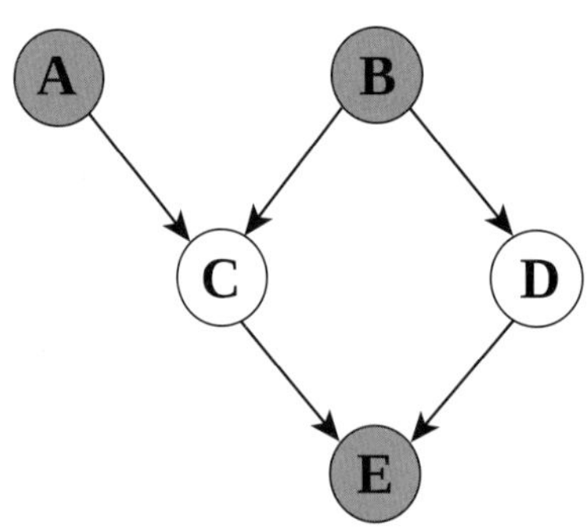

그림 4.14 관측 및 무관측 변수는 각각 음영 및 비음영 원을 사용하여 나타낸다

그러나 일반 베이지안 네트워크에는 그림 4.15에서 변수 집합 H로 표시되는 것처럼 대상 클래스와는 다른 많은 불관측 변수가 포함될 수 있다. 이러한 불관측 변수는 속성 및 클래스 레이블의 확률에 영향을 미치는 숨겨진 요소들이나 혼란스러운 요소들을 나타낸다. 직접 관측되지는 않지만, 숨겨진 변수를 사용하면 속성과 클래스 레이블 간의 복잡한 확률 관계를 나타내는데 베이지안 네트워크의 표현력이 향상된다. 이는 나이브 베이즈 분류기와 비교하여 베이지안 네트워크의 주요 특징 중 하나다.

4.5.2 추론과 학습

베이지안 네트워크의 모든 노드에 해당하는 확률 테이블을 고려할 때, 추론의 문제는 다른 임의의 변수 집합의 확률을 계산하는 것과 일치한다. 분류의 상황 속에서, 주요 추론 문제 중 하나는 데이터 인스턴스 $\mathbf{x}$에서 관찰된 속성 집합이 주어지면 대상 클래스 Y가 특정 값 y를 취할 확률을 계산하는 것이다. 다음 조건부 확률을 사용하여 나타낼 수 있다.

$$P(Y=y|\mathbf{x}) = \frac{P(y,\ \mathbf{x})}{P(\mathbf{x})} = \frac{P(y,\ \mathbf{x})}{\sum_{y'} P(y',\ \mathbf{x})} \tag{4.24}$$

이전 방정식은 $P(y,\ \mathbf{x})$ 형식의 주변 확률과 관련이 있다. 다음과 같이 결합 확률에서 숨겨진 변수 $\mathbf{H}$를 소외(Marginalizing out)하여 계산할 수 있다.

$$P(y,\ \mathbf{x}) = \sum_{\mathbf{H}} P(y,\ \mathbf{x},\ \mathbf{H}) \tag{4.25}$$

여기서 결합 확률 $P(y,\ \mathbf{x},\ \mathbf{H})$는 식 (4.23)에 설명된 인수 분해를 사용하여 얻을 수 있다. $P(y,\ \mathbf{x})$ 추정과 관련된 계산의 특성을 이해하려면 그림 4.15에 나와 있는 베이지안 네트워크 예제를 고려하자. 여기에는 대상 클래스 Y, 세 개의 관측된 속성 X_1~X_3와 네 개의 숨겨진 변수 H_1~H_4가 포함된다. 이 네트워크에서는 $P(y,\ \mathbf{x})$를 다음과 같이 표현할 수 있다.

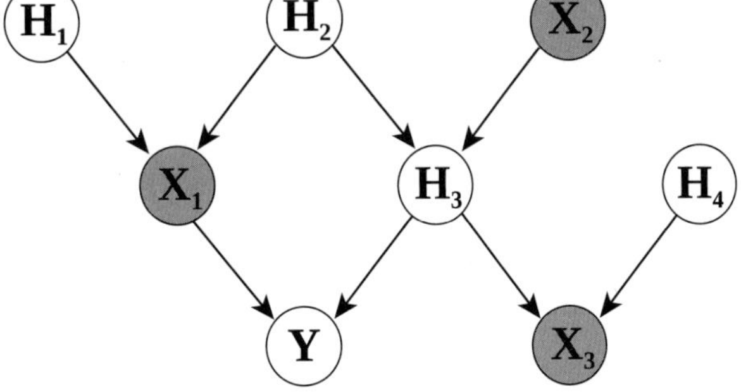

그림 4.15 4개의 숨겨진 변수, $H_1 \sim H_4$, 3개의 관찰된 속성 $X_1 \sim X_3$ 및 하나의 대상 클래스 Y를 갖는 베이지안 네트워크의 예

$$P(y, \mathbf{x}) = \sum_{h_1}\sum_{h_2}\sum_{h_3}\sum_{h_4} P(y, x_1, x_2, h_1, h_2, h_3, h_4)$$

$$= \sum_{h_1}\sum_{h_2}\sum_{h_3}\sum_{h_4} \Big[P(h_1)P(h_2)P(x_2)P(h_4)P(x_1|h_1, h_2)$$

$$\times P(h_3|x_2, h_2)P(y|x_1, h_3)P(x_3|h_3, h_4) \Big] \quad (4.26)$$

$$= \sum_{h_1}\sum_{h_2}\sum_{h_3}\sum_{h_4} f(h_1, h_2, h_3, h_4) \quad (4.27)$$

여기서 f는 h_1~h_4의 값에 따라 달라지는 요소다. 이전의 단순 $P(y, \mathbf{x})$ 표현에서는 숨겨진 변수 H_1~H_4에서 값 h_1~h_4의 모든 조합에 대해 다른 합계가 고려된다. 네트워크에서 모든 변수가 k개의 이산 값을 취할 수 있다고 가정하면, 총 k^4 횟수 동안 합산이 수행되어야 한다. 따라서 이 접근법의 계산 복잡도는 $O(k^4)$다. 또한, 숨겨진 변수의 수에 따라 계산 수가 기하 급수적으로 증가하므로 숨겨진 변수가 많은 네트워크에서 이 방법을 사용하기가 어렵다. 다음에서, 베이지안 네트워크에서 효율적으로 추론을 수행하기 위한 다양한 계산 기법들을 제시한다.

변수 제거

$P(y, \mathbf{x})$ 추정과 관련된 계산 수를 줄이기 위해 식 (4.26)과 식 (4.27)을 면밀히 검토해 보자. $f(h_1, h_2, h_3, h_4)$는 4개의 숨겨진 변수의 값에 의존하지만, 여러 개의 작은 요소의 곱으로 분해될 수 있다. 여기 모든 요소에는 소수의 숨겨진 변수만 포함된다. 예를 들어, 요소 $P(h_4)$는 h_4의 값에만 의존하므로 h_1, h_2와 h_3에 대해 합산이 수행될 때 상수 곱셈 항의 역할을 한다. 따라서 $P(h_4)$를 h_1에서 h_3의 합산 외부에 배치하면 모든 소환에서 발생하는 반복 곱셈을 저장할 수 있다.

일반적으로 합산 변수에 의존하지 않는 요소가 합산 외부에 배치되도록 모든 합산을 가능한 한 안쪽으로 밀어 넣을 수 있다. 이렇게 하면 모든 합계에서 더 작은 요인을 사용하여 낭비적인 계산 횟수를 줄일 수 있다. 이 과정을 설명하기 위해, 식 (4.26)에서 합산 순서를 재정렬하여 $P(y, \mathbf{x})$를 계산하기 위한 다음 단계 시퀀스를 고려하자.

$$P(y, \mathbf{x}) = P(x_2)\sum_{h_4} P(h_4)\sum_{h3} P(y|x_1, h_3)P(x_3|h_3, h_4)$$

$$\times \sum_{h_2} P(h_2)P(h_3|x_2, h_2)\sum_{h1} P(h_1)P(x_1|h_1, h_2) \quad (4.28)$$

$$= P(x_2)\sum_{h_4} P(h_4)\sum_{h_3} P(y|x_1, h_3)P(x_3|h_3, h_4)$$

$$\times \sum_{h_2} P(h_2)P(h_3|x_2, h_2)f_1(h_2) \tag{4.29}$$

$$= P(x_2)\sum_{h_4} P(h_4)\sum_{h_3} P(y|x_1, h_3)P(x_3|h_3, h_4)f_2(h_3) \tag{4.30}$$

$$= P(x_2)\sum_{h_4} P(h_4)f_3(h_4) \tag{4.31}$$

여기서 f_i는 h_i를 합산하여 얻은 중간 요소 항을 나타낸다. 이전 재배치가 계산 효율성을 향상시키는지 확인하기 위해 과정의 모든 단계에서 발생하는 계산 횟수를 계산해 보자. 첫 번째 단계(식 4.28)에서 h_1과 h_2에 따른 요소들을 사용하여 h_1에 대한 합산을 수행한다. h_1과 h_2의 모든 값 쌍을 고려해야 하므로 $O(k^2)$ 계산이 필요하다. 유사하게, 두 번째 단계(식 (4.29))는 h_2와 h_3의 요소들을 사용하여 h_2를 합산하면 $O(k^2)$ 계산을 초래한다. 세 번째 단계(식 (4.30))는 h_3과 h_4에 따른 요소들을 대해 h_3을 합산하는 것과 관련하여 $O(k^2)$ 계산을 다시 필요로 한다. 마지막으로, 네 번째 단계(식 (4.31))는 h_4에 따른 요소들을 사용하여 h_4를 합산하여 $O(k)$ 계산을 수행한다.

따라서 이전 접근법의 전체적인 복잡도는 $O(k^2)$이며, 이는 기본 접근법의 $O(k^4)$ 복잡도보다 상당히 작다. 이런 이유로 단순히 요약을 재정렬하고 대수 조작을 사용함으로써 $P(y, \mathbf{x})$를 계산할 때 계산 효율을 향상시킬 수 있다. 이 절차를 **변수 제거**(variable elimination)라고 한다.

변수 제거가 계산 수를 줄이기 위해 활용하는 기본 개념은 덧셈 연산에 대한 곱셈의 분산 특성이다. 예를 들어, 다음 곱셈과 덧셈 연산을 고려하자.

$$a.(b+c+d) = a.b + a.c + a.d$$

이전 방정식의 오른쪽에는 세 개 곱셈과 세 개 덧셈이 포함되고 왼쪽에는 한 번의 곱셈과 세 번의 덧셈만 포함되므로 두 개의 산술 연산이 절약된다. 이 속성은 변수 외부에서 합산 외부의 상수항을 밀어내는 데 사용되므로 한 번만 곱할 수 있다.

변수 제거의 효율성은 합산을 수행하는 데 사용되는 숨겨진 변수의 순서에 따라 다르다. 따라서 계산 횟수를 최소화하는 최적의 변수 순서를 찾는 것이 이상적이다. 불행하게도, 일반 베이지안 네트워크에 대한 최적의 합산 순서를 찾는 것은 NP-Hard 문제다.

즉, 다항식 시간에 실행할 수 있는 최적의 순서를 찾는 효율적인 알고리즘이 존재하지 않는다. 그러나 다음과 같이 특수한 유형의 베이지안 네트워크(예: 트리형 그래프 포함)를 처리하는 효율적인 기술이 있다.

트리에 대한 합-곱(Sum-Product) 알고리즘

식 (4.28) 및 (4.29)에서, 주변화 동안 변수 h_i가 제거될 때마다 이웃 h_i 노드에 의존하는 인자 f_i가 생성된다는 점에 유의하자. 그런 다음 f_i는 주변 변수의 요인에 흡수되고 모든 불관측 변수가 한계가 될 때까지 과정이 반복된다. 이러한 변수 제거 현상은 소외된 변수에서 주변 노드로 **로컬 메시지**를 전송하는 것을 볼 수 있다. 이러한 메시지 전달 아이디어는 계산을 수행하기 위해 그래프의 구조를 사용하므로 효과적인 추론을 위해 그래프 이론적 접근을 사용할 수 있다. **합-곱 알고리즘**은 트리 기반 그래프에서 한계 및 조건부 확률을 계산하기 위한 메시지 전달 개념을 기반으로 한다.

그림 4.16은 5개의 변수 X_1~X_5를 포함하는 트리의 예를 보여준다. 트리의 주요 특징은 트리의 모든 노드에 정확히 하나의 부모가 있고 트리의 두 노드 사이에 하나의 지정된 간선만 있다는 것이다. 예를 들어, X_2, $P(X_2)$의 주변 확률을 추정하는 문제를 고려하자. 이것은 X_2를 제외한 그래프의 모든 변수를 소거하고 합계를 다시 정렬하여 다음 식을 얻을 수 있다.

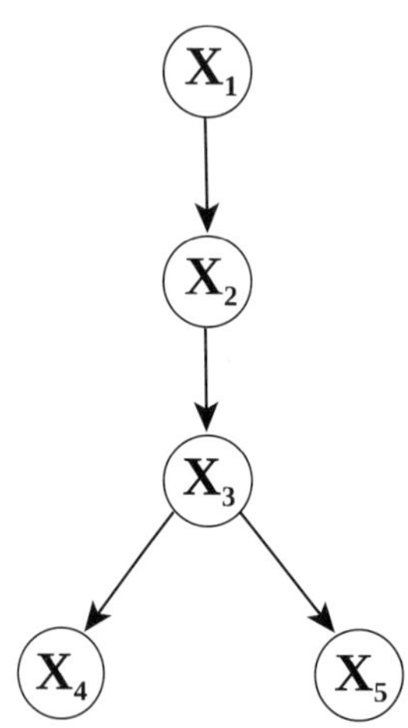

그림 4.16 트리 구조를 가진 베이지안 네트워크의 예

$$P(x_2) = \sum_{x_1}\sum_{x_3}\sum_{x_4}\sum_{x_5} P(x_1)P(x_2|x_1)P(x_3|x_2)P(x_4|x_3)P(x_5|x_3)$$

$$= \underbrace{\left(\sum_{x_1} P(x_1)P(x_2|x_1)\right)}_{m_{12}(x_2)} \underbrace{\left(\sum_{x_3} P(x_3|x_2)\underbrace{\left(\sum_{x_4} P(x_4|x_3)\right)}_{m_{43}(x_3)}\underbrace{\left(\sum_{x_5} P(x_5|x_3)\right)}_{m_{53}(x_3)}\right)}_{m_{32}(x_2)}$$

여기서 $m_{ij}(x_j)$는 x_i를 합산하여 얻은 x_j의 요소를 나타내도록 편리하게 선택되었다. 그림 4.17(a)의 화살표를 사용하여 $m_{ij}(x_j)$를 노드 x_i에서 노드 x_j로 전달된 로컬 메시지로 볼 수 있다. 이 로컬 메시지는 주변 노드의 주변 확률에서 노드를 제거하는 영향을 얻는다.

$m_{ij}(x_j)$와 $P(x_j)$를 계산하기 위한 공식을 공식적으로 설명하기 전에 먼저 그래프의 모든 노드와 간선과 관련된 잠재적 함수 $\psi(.)$를 정의한다. 노드 X_i의 잠재력을 다음과 같이 정의할 수 있다.

$$\psi(X_i) = \begin{cases} P(X_i), & \text{if } X_i \text{ is the root node.} \\ 1, & \text{otherwise.} \end{cases} \tag{4.32}$$

마찬가지로 노드 X_i와 X_j(X_i가 X_j의 부모임) 사이의 간선의 가능성을 정의할 수 있다.

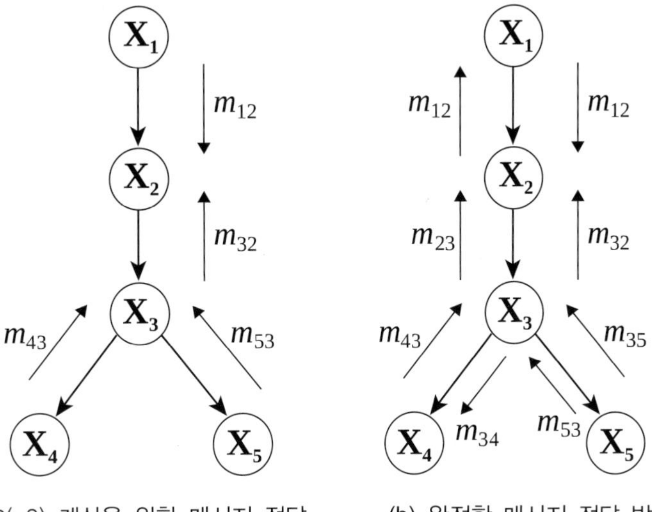

(a) P(x2) 계산을 위한 메시지 전달 (b) 완전한 메시지 전달 방식

그림 4.17 합계-제품 알고리즘을 통과하는 메시지의 그림

$$\phi(X_i,\ X_j) = P(X_j | X_i)$$

$\phi(X_i)$ 및 $\phi(X_i,\ X_j)$를 사용하여 다음 방정식을 사용하여 $m_{ij}(x_j)$를 나타낼 수 있다.

$$m_{ij}(x_j) = \sum_{x_i}\left(\psi(x_i)\psi(x_i,\ x_j) \prod_{k\,\in N(i)\backslash i} m_{ki}(x_i)\right) \tag{4.33}$$

여기서 $N(i)$은 노드 X_i의 이웃 세트를 나타낸다. X_i로부터 X_j로 전송되는 메시지 m_{ij}는 X_i를 제외한 이웃 노드로부터 X_i에 수신된 메시지를 사용하여 재귀적으로 계산될 수 있다. m_{ij}에 대한 공식은 X_j의 이웃에서 얻은 요소를 곱한 후 가능한 모든 X_j 값에 대한 합을 취한다. 따라서 메시지 전달 방식을 "합-곱(sum-product)" 알고리즘이라고 한다. 게다가, m_{ij}는 X_i로부터 X_j로 전파되는 "신뢰"의 개념을 나타내기 때문에, 이 알고리즘은 **신뢰도 확산**(belief propagation)라고도 한다. 노드 X_i의 주변 확률은 다음과 같이 주어진다.

$$P(x_i) = \psi(x_i) \prod_{j\,\in N(i)} m_{ji}(x_i) \tag{4.34}$$

합-곱 알고리즘의 유용한 특성은 미래에 다른 주변 확률을 계산하기 위해 메시지를 재사용할 수 있다는 것이다. 예를 들어 노드 X_3에 대한 주변 확률을 계산해야 하는 경우, 이웃 노드로부터 $m_{23}(x_3)$, $m_{43}(x_3)$, $m_{53}(x_3)$ 메시지가 필요하다. 그러나 $m_{43}(x_3)$과 $m_{53}(x_3)$은 X_2의 주변 확률을 계산하는 과정에서 이미 계산되었으므로 재사용할 수 있다.

합-곱 알고리즘의 기본 동작은 네트워크 간선들을 통한 메시지 전달 프로토콜과 유사하다. 노드는 모든 이웃 노드로부터 들어오는 메시지를 수신한 후에만 모든 이웃 노드에 메시지를 보낸다. 따라서 리프 노드에서 메시지 전달 프로토콜을 초기화하고 루트 노드에 도달할 때까지 메시지를 전송할 수 있다. 그런 다음 루트 노드에서 리프 노드로 메시지의 두 번째 전달을 실행할 수 있다. 이런 식으로 $O(2|E|)$ 연산만 사용하여 양방향에서 모든 간선에 대한 메시지를 계산할 수 있다. 여기서 |E|는 간선의 수다. 그림 4.17(b)와 같이 가능한 모든 메시지를 전송 한 후에는 식 (4.34)를 사용하여 그래프에서 모든 노드의 주변 확률을 쉽게 계산할 수 있다.

분류의 상황에서, 합-곱 알고리즘은 관찰된 속성 집합 $\hat{\mathbf{x}}$, 즉 $P(y|\hat{\mathbf{x}})$가 주어지면 클래

스 라벨 y의 조건부 확률을 계산하기 위해 쉽게 수정될 수 있다. 이것은 기본적으로 식 (4.24)에서 $P(y|\mathbf{X}=\hat{\mathbf{x}})$ 계산에 해당하며, 여기서 $\mathbf{X}$는 관측 값 $\hat{\mathbf{x}}$에 고정된다. 임의의 변수 중 일부가 고정되어 정규화 될 필요가 없는 시나리오를 처리하기 위해 다음 수정을 고려한다.

X_i가 특정 값 $\hat{x}_i$로 고정된 임의의 변수인 경우 다음과 같이 $\psi(X_i)$ 및 $\psi(X_i, X_j)$를 간단히 수정할 수 있다.

$$\psi(X_i) = \begin{cases} 1, & \text{if } X_i = \hat{x}_i \\ 0, & \text{otherwise} \end{cases} \tag{4.35}$$

$$\psi(X_i, X_j) = \begin{cases} P(X_j|\hat{x}_i), & \text{if } X_i = \hat{x}_i \\ 0, & \text{otherwise} \end{cases} \tag{4.36}$$

모든 관측 변수에 대해 이러한 수정된 값을 사용하여 합-곱 알고리즘을 실행하여 $P(y, \mathbf{X}=\hat{\mathbf{x}})$를 계산할 수 있다.

비트리(Non-tree) 그래프의 일반화

합-곱 알고리즘은 모든 간선의 양방향으로 전달되는 단일 실행 메시지를 사용하는 트리

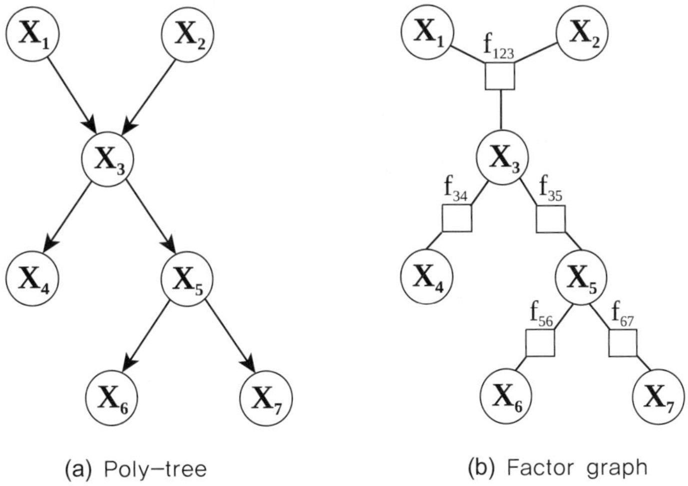

그림 4.18 다중 트리와 해당 요인 그래프의 예

의 경우 최적으로 수렴되도록 보장된다. 이는 트리의 두 노드 중 하나에 메시지 전송을 위한 고유한 경로가 있기 때문이다. 또한 트리의 모든 노드에는 단일 부모가 있으므로 결합 확률은 최대 두 변수의 요인만 포함된다. 따라서 그래프의 다른 일반 하위 구조가 아닌 간선들에 대한 잠재력을 고려하는 것으로 충분하다.

이전의 두 속성은 모두 트리가 아닌 그래프에서 위반되므로 추론을 위한 합-곱 알고리즘을 직접 적용하기가 어렵다. 그러나 합-곱 알고리즘의 여러 변형이 트리보다 광범위한 그래프 계열에서 추론을 수행하도록 고안되었다. 이러한 변형 중 다수는 원래 그래프를 대체 트리 기반 표현으로 변환한 다음 합-곱 알고리즘을 변환된 트리에 적용한다. 이 절에서는 요인 그래프(factor graph)라고 하는 이러한 변환 중 하나에 대해 간략하게 설명한다.

요인 그래프(factor graph)는 모든 노드에 단일 부모가 있는 조건을 위반하는 그래프를 추론하는 데 유용하다. 그럼에도 불구하고, 그들은 여전히 수렴을 보장하기 위해 두 노드 사이에 다중 경로가 필요하지 않는다. 이러한 그래프를 **다중 트리**(poly-tree)라고 한다. 다중 트리의 예는 그림 4.18(a)에 나와 있다.

다중 트리는 요인 그래프를 사용하여 트리 기반 표현으로 변환할 수 있다. 이 그래프는 변수 노드(원을 사용하여 표시됨)와 요인 노드(제곱을 사용하여 표시됨)의 두 가지 유형의 노드로 구성된다. 요인 노드는 다중 트리 변수 간의 조건부 독립 관계를 나타낸다. 특히, 모든 확률 테이블은 요인 노드로 표현될 수 있다. 요인 그래프의 간선은 본질적으로 방향이 지정되지 않으며 변수가 요인 노드에 해당하는 확률 표에 포함된 경우 변수 노드를 요인 노드와 관련시킨다. 그림 4.18(b)는 그림 4.18(a)에 표시된 다중 트리의 요인그래프 표현을 나타낸다.

다중 트리의 요인 그래프는 항상 트리와 같은 구조를 형성하며, 여기서 요인 그래프의 두 노드 사이에 고유한 영향 경로가 있다. 따라서 변수 노드와 요소 노드 간에 메시지를 전송하기 위해 수정된 형태의 합-곱 알고리즘을 적용할 수 있으며, 이는 최적의 값으로 수렴되도록 보장된다.

학습 모델 매개 변수

베이지안 네트워크에 대한 이전의 모든 논의에서, 우리는 베이지안 네트워크의 토폴로지와 모든 노드의 확률 표에서 값들이 이미 알려져 있다고 가정했다. 이 절에서는 훈련 데이터에서 베이지안 네트워크의 토폴로지 및 확률 표 값을 모두 학습하는 방법에 대해 설명한다.

먼저 네트워크의 토폴로지가 알려져 있고 확률 표만 계산해야 하는 경우를 고려해보자. 훈련 데이터에 불관측 변수가 없는 경우 X_i의 모든 값과 $\text{pa}(X_i)$에서 모든 값의 조합에 대한 훈련 인스턴스의 비율을 계산하여 $P(X_i|\text{pa}(X_i))$에 대한 확률 표를 쉽게 계산할 수 있다. 그러나 X_i 또는 $\text{pa}(X_i)$에 불관측 변수가 있는 경우 이러한 변수에 대한 훈련 인스턴스 비율을 계산하는 것은 쉽지 않으며 EM(Expectation-Maximization) 알고리즘과 같은 고급 기술을 사용해야 한다(8장에 설명됨).

베이지안 네트워크의 구조를 배우는 것은 확률 테이블을 배우는 것보다 훨씬 어려운 과제다. 훈련 가능성을 최대화하는 그래프 구조를 찾으려는 몇 가지 점수 접근 방식이 있지만 그래프가 크면 계산이 불가능한 경우가 많다. 따라서 베이지안 네트워크를 구성하는 일반적인 방법은 도메인 전문가의 주관적인 지식을 사용하는 것이다.

4.5.3 베이지안 네트워크의 특성

1. 베이지안 네트워크는 그래픽 모델의 도움으로 속성과 클래스 레이블 간의 확률적 관계를 나타내는 강력한 접근 방식을 제공한다. 변수 간에 복잡한 형태의 종속성을 발견할 수 있다. 사전 신념들을 인코딩하는 것 외에도 잠재적인(불관측) 요인의 존재를 그래프에서 숨겨진 변수로 모델링할 수 있다. 베이지안 네트워크는 매우 표현력이 뛰어나며 속성 및 클래스 레이블의 동작에 대한 예측 통찰력을 제공한다.

2. 베이지안 네트워크는 Naïve Bayes 분류기와 달리 상관되거나 중복된 속성의 존재를 쉽게 처리할 수 있다. 이는 베이지안 네트워크가 조건부 독립에 대한 나이브 베이즈 가정을 사용하지 않고 보다 풍부한 형태의 조건부 독립을 표현할 수 있기 때문이다.

3. 나이브 베이즈 분류기와 유사하게, 베이지안 네트워크는 훈련 데이터에 잡음이 존재하기에 매우 강력하다. 또한 훈련 및 테스트 중에 결측값을 처리할 수 있다. 테스트 인스턴스에 값이 누락된 속성 X_i가 포함된 경우 베이지안 네트워크는 X_i를 불관측 노드로 취급하고 대상 클래스에서 그 효과를 소거하여 추론을 수행할 수 있다. 따라서 베이지안 네트워크는 데이터의 불완전성을 처리하는 데 적합하며 부

분 정보로 작업할 수 있다. 그러나 결측값이 발생하는 패턴이 완전히 임의적인 경우가 아니라면 해당 존재가 분석에 어느 정도의 오류 또는 편견을 유발할 수 있다.

4. 베이지안 네트워크는 클래스 레이블에 대한 차별 정보가 없는 관련 없는 속성에 강력하다. 이러한 속성은 대상 클래스의 조건부 확률에 영향을 미치지 않으므로 올바르게 무시된다.

5. 베이지안 네트워크의 구조를 배우는 것은 종종 전문 지식의 도움이 필요한 번거로운 작업이다. 그러나 일단 구조가 결정되면, 특히 네트워크의 모든 변수가 관찰되는 경우 네트워크의 매개 변수를 배우는 것이 매우 간단할 수 있다.

6. 복잡한 형태의 관계를 표현할 수 있는 추가적인 능력 때문에, 베이지안 네트워크는 나이브 베이즈 분류기와 비교할 때 과적합에 더 취약하다. 또한 베이지안 네트워크는 일반적으로 나이브 베이즈 분류기보다 확률 표를 효과적으로 학습하기 위해 더 많은 훈련 인스턴스가 필요하다.

7. 합-곱 알고리즘은 트리 형 그래프에 대해 추론을 수행하기 위해 계산적으로 효율적인 기법을 제공하지만, 큰 크기의 일반 그래프를 처리할 때 접근 방식의 복잡도가 크게 증가한다. 정확한 추론이 계산적으로 불가능한 상황에서는 근사 추론 기법을 사용하는 것이 일반적이다.

4.6 로지스틱 회귀(Logistic Regression)

이전 절에서 설명한 나이브 베이즈와 베이지안 네트워크 분류기는 클래스 y, $P(\mathbf{x}|y)$가 주어진 인스턴스 $\mathbf{x}$의 조건부 확률을 추정하는 다양한 방법을 제공한다. 이러한 모델은 **확률적 생성 모델**로 알려져 있다. 조건부 확률 $P(\mathbf{x}|y)$는 기본적으로 클래스 y에서 생성된 속성 공간의 인스턴스 동작을 설명한다. 하지만, 예측하기 위해, 사후 확률 $P(y|\mathbf{x})$를 계산하는데 관심이 있다. 예를 들어, 이진 분류 문제에서 클래스 레이블을 유추하려면 다음과 같은 비율의 사후 확률을 계산하면 충분하다.

$$\frac{P(y=1|\mathbf{x})}{P(y=0|\mathbf{x})}$$

이 비율을 **승산비**(odds ratio)라고 한다. 이 비율이 1보다 크면 x는 $y=1$로 분류된다. 그렇지 않으면 클래스 $y=0$에 할당된다. 따라서 베이즈 정리의 중간 수량으로 $P(\mathbf{x}|y)$를 계산할 필요 없이, 단순히 훈련 인스턴스 속성 값을 기반으로 승산비 모델을 배울 수 있다.

클래스 조건부 확률을 계산하지 않고 클래스 레이블을 직접 지정하는 분류 모델들을 **판별 모델**(discriminative models)이라고 한다. 이 절에서는 **로지스틱 회귀**(logistic regression)로 알려진 확률적 판별 모델을 제시하는데, 이는 속성 값을 사용하여 데이터 인스턴스 $\mathbf{x}$의 승산비를 직접 추정한다. 로지스틱 회귀 분석의 기본 아이디어는 다음과 같이 $\mathbf{x}$의 승산비를 나타내는 선형 예측 변수 $z=\mathbf{w}^T\mathbf{x}+b$를 사용하는 것이다.

$$\frac{P(y=1|\mathbf{x})}{P(y=0|\mathbf{x})}=e^z=e^{\mathbf{w}^T\mathbf{x}+b} \tag{4.37}$$

여기서 $\mathbf{w}$와 b는 모델의 매개 변수이고 $\mathbf{a}^T$는 벡터 $\mathbf{a}$의 트랜스포즈를 나타낸다. $\mathbf{w}^T\mathbf{x}+b>0$인 경우 확률은 1보다 크므로 $\mathbf{x}$는 클래스 1에 속하고 그렇지 않으면 $\mathbf{x}$는 클래스 0에 속한다.

$P(y=0|\mathbf{x})+P(y=1|\mathbf{x})=1$이므로 식 (4.37)을 다음과 같이 다시 쓸 수 있다.

$$\frac{P(y=1|\mathbf{x})}{1-P(y=1|\mathbf{x})}=e^z$$

이것은 z의 함수로서 더 단순화하여 $P(y=1|\mathbf{x})$를 표현할 수 있다.

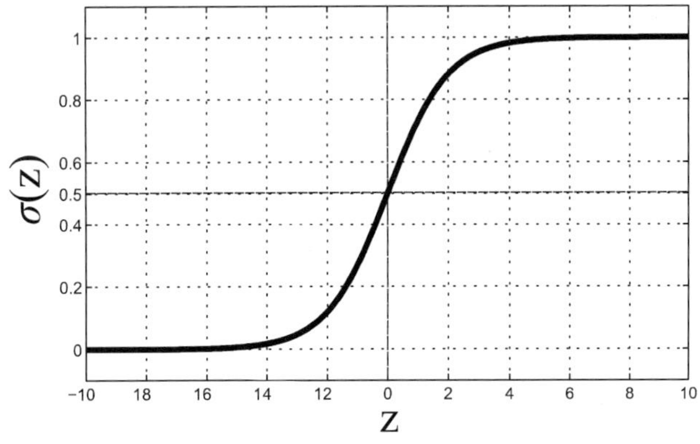

그림 4.19 플로 토시 그 모이 드(물류) 함수, $\sigma(z)$

$$P(y=1|\mathbf{x}) = \frac{1}{1+e^{-z}} = \sigma(z) \tag{4.38}$$

여기서 함수 $\sigma(.)$는 로지스틱 또는 시그모이드 함수로 알려져 있다. 그림 4.19는 z를 변화시키면서 시그모이드 함수의 동작을 보여준다. $z \geq 0$인 경우에만 $\sigma(z) \geq 0.5$임을 알 수 있다. 또한 다음과 같이 $\sigma(z)$를 사용하여 $P(y=0|\mathbf{x})$를 도출할 수 있다.

$$P(y=0|\mathbf{x}) = 1-\sigma(z) = \frac{1}{1+e^{z}} \tag{4.39}$$

따라서 매개 변수 $\mathbf{w}$와 b의 적절한 값을 알게 되면 식 (4.38)과 식 (4.39)를 사용하여 모든 데이터 인스턴스 $\mathbf{x}$의 사후 확률을 추정하고 클래스 레이블을 결정할 수 있다.

4.6.1 일반화된 선형 모형으로서의 로지스틱 회귀

사후 확률은 실제 값이므로 이전 식을 사용한 추정은 회귀 문제를 해결하는 것으로 볼 수 있다. 실제로 로지스틱 회귀는 **일반 선형 모델**(generalized linear models, GLM)로 알려진 광범위한 통계 회귀 모델에 속한다. 이 모델에서 목표 변수 y는 확률 분포 $P(y|\mathbf{x})$에서 생성된 것으로 간주되며, 평균 μ는 다음과 같이 링크 함수 $g(.)$를 사용하여 추정할 수 있다.

$$g(\mu) = z = \mathbf{w}^T\mathbf{x} + b \tag{4.40}$$

로지스틱 회귀 분석을 사용한 이진 분류의 경우 y는 Bernoulli 분포(y는 0 또는 1일 수 있음)를 따르고 μ는 $P(y=1|\mathbf{x})$와 같다. 로지스틱 함수라고 하는 로지스틱 회귀의 링크 함수 $g(.)$는 다음과 같이 표현될 수 있다.

$$g(\mu) = \log\left(\frac{\mu}{1-\mu}\right)$$

링크 함수 $g(.)$의 선택과 확률 분포 $P(y|\mathbf{x})$의 형식에 따라 GLM은 선형 회귀 및 포아송(Poisson) 회귀와 같은 광범위한 회귀 모델을 나타낼 수 있다. 모델 매개 변수($\mathbf{w}$, b)를 추정하기 위해서는 다른 접근법이 필요하다. 이 장에서는 로지스틱 회귀 분석의 모델 매개 변수 추정 방법에 대해서만 다룰 것이다. 다른 유형의 GLM의 매개 변수 추정 방법은 종종 비슷하고 때로는 더 단순하다(GLM에 대한 자세한 내용은 참고문헌을 참조

하시오).

로지스틱 회귀 분석은 회귀 모델과 관계가 있지만 계산된 사후 확률이 결국 데이터 인스턴스의 클래스 레이블을 결정하는 데 사용되므로 분류 모델이다.

4.6.2 학습 모델 매개 변수

로지스틱 회귀 매개 변수 ($\mathbf{w}$, b)는 최대 우도 추정(MLE) 방법으로 알려진 통계적 접근법을 사용하여 훈련 중에 추정된다. 이 방법은 주어진 훈련 데이터 ($\mathbf{w}$, b)를 관찰한 가능성을 계산한 다음 최대 우도를 산출하는 모델 매개 변수 ($\mathbf{w}^*$, b^*)를 결정하는 것을 포함한다.

$D.train = (\mathbf{x}_1, y_1), (\mathbf{x}_2, y_2), \ldots, (\mathbf{x}_n, y_n)$이 n개의 훈련 인스턴스 집합을 나타내고, 여기서 y_i는 이진 변수 (0 또는 1)다. 주어진 훈련 인스턴스 $\mathbf{x}_i$에 대해, 식 (4.38)과 식 (4.39)를 사용하여 사후 확률을 계산할 수 있다. 그러면 $\mathbf{x}_i$, $\mathbf{w}$, b가 주어진 y_i를 관찰할 가능성을 다음과 같이 표현할 수 있다.

$$\begin{aligned} P(y_i|\mathbf{x}_i, \mathbf{w}, b) &= P(y=1|\mathbf{x}_i)^{y_i} \times P(y=0|\mathbf{x}_i)^{1-y_i} \\ &= (\sigma(z_i))^{y_i} \times (1-\sigma(z_i))^{1-y_i} \\ &= (\sigma(\mathbf{w}^T\mathbf{x}_i + b))^{y_i} \times (1-\sigma(\mathbf{w}^T\mathbf{x}_i + b))^{1-y_i} \end{aligned} \tag{4.41}$$

여기서 $\sigma(.)$는 위에 설명한 것과 같이 시그모이드 함수이고, 식 (4.41)은 기본적으로 가능성 $P(y_i|\mathbf{x}_i, \mathbf{w}, b)$가 $y_i = 1$일 때 $P(y=1|\mathbf{x}_i)$와 같고 $y_i = 0$일 때 $P(y=0|\mathbf{x}_i)$와 같음을 의미한다. 모든 훈련 인스턴스의 가능성 $\mathcal{L}(\mathbf{w}, b)$는 다음과 같이 개별적인 가능성의 곱(훈련 인스턴스 사이의 독립성을 가정 함)을 계산하여 계산할 수 있다.

$$\mathcal{L}(\mathbf{w}, b) = \prod_{i=1}^{n} P(y_i|\mathbf{x}_i, \mathbf{w}, b) = \prod_{i=1}^{n} P(y=1|\mathbf{x}_i)^{y_i} \times P(y=0|\mathbf{x}_i)^{1-y_i} \tag{4.42}$$

앞의 식은 각각 1보다 작거나 같은 많은 확률 값을 곱하는 것과 관련이 있다. 이 순수 계산은 n이 클 때 수치적으로 쉽게 불안정해질 수 있기 때문에 보다 실용적인 접근법은 **교차 엔트로피 함수**(cross entropy function)라고도 알려진 우도 함수에 대한 음의 로그를 고려하는 것이다.

$$-\log \mathcal{L}(\mathbf{w}, b) = -\sum_{i=1}^{n} y_i \log(P(y=1|\mathbf{x_i})) + (1-y_i)\log(P(y=0|\mathbf{x_i}))$$

$$= -\sum_{i=1}^{n} y_i \log(\sigma(\mathbf{w}^T\mathbf{x_i}+b)) + (1-y_i)\log(1-\sigma(\mathbf{w}^T\mathbf{x_i}+b))$$

교차 엔트로피는 로지스틱 회귀 모델에서 매개 변수 ($\mathbf{w}$, b)로 훈련 데이터가 생성될 가능성을 측정하는 손실 함수다. 직관적으로, 우리는 가장 낮은 교차 엔트로피인 $-\log \mathcal{L}(\mathbf{w}^*, b^*)$를 초래하는 모델 매개 변수 ($\mathbf{w}^*$, b^*)를 찾고자 한다.

$$(\mathbf{w}^*, b^*) = \underset{(\mathbf{w}, b)}{\arg\min}\, E(\mathbf{w}, b) \tag{4.43}$$
$$= \underset{(\mathbf{w}, b)}{\arg\min} -\log \mathcal{L}(\mathbf{w}, b)$$

여기서 $E(\mathbf{w}, b) = -\log \mathcal{L}(\mathbf{w}, b)$는 손실 함수다. $E(\mathbf{w}, b)$가 컨벡스 함수임을 강조할 가치가 있다. 즉, $E(\mathbf{w}, b)$의 모든 최소치은 전역 최소치가 된다. 따라서 부록 E에 언급된 식 (4.43)을 풀기 위해 표준 컨벡스 최적화 기법을 사용할 수 있다. 여기서는 로지스틱 회귀의 매개변수를 추정하는 데 일반적으로 사용되는 Newton-Raphson 방법을 간략하게 설명한다. 쉽게 표현하면, $\mathbf{w}$보다 1이 큰 $\tilde{\mathbf{w}} = (\mathbf{w}^T b)^T$를 설명하기 위해 단일 벡터를 사용한다. 유사하게, 다음과 같은 선형 예측 변수 $z = \mathbf{w}^T\mathbf{x} + b$를 간결하게 $z = \tilde{\mathbf{w}}^T\tilde{\mathbf{x}}$로 쓸 수 있는 관련 특징 벡터는 $\tilde{\mathbf{x}} = (\mathbf{x}^T 1)^T$를 고려할 것이다. 또한 모든 학습 레이블 y_1~y_n의 연결은 y로 표시되고, $\sigma(z_1)$~$\sigma(z_n)$으로 구성된 집합은 σ로 표시되며, $\tilde{\mathbf{x}}_1$~$\tilde{\mathbf{x}}_\mathrm{n}$의 연결은 $\tilde{\mathbf{X}}$과 같이 표시된다.

Newton-Raphson은 $\tilde{\mathbf{w}}^*$를 찾기 위한 반복 방법으로, 다음 식을 사용하여 모든 반복에서 모델 매개 변수를 업데이트한다.

$$\tilde{\mathbf{w}}^{(new)} = \tilde{\mathbf{w}}^{(old)} - \mathbf{H}^{-1}\nabla E(\tilde{\mathbf{w}}) \tag{4.44}$$

여기서 $\nabla E(\tilde{\mathbf{w}})$와 H는 각각 $\tilde{\mathbf{w}}$에 대한 손실 함수 $E(\tilde{\mathbf{w}})$의 1계 및 2계 도함수다. 식 (4.44)의 주요 직관은 $E(\tilde{\mathbf{w}})$가 클 때 $\tilde{\mathbf{w}}$가 더 큰 단계를 거치도록 모델 매개 변수를 최대 기울기 방향으로 이동시키는 것이다. 몇 번의 반복 후에 $\tilde{\mathbf{w}}$가 최소치에 도달하면 $\nabla E(\tilde{\mathbf{w}})$는 0과 같아져 수렴된다. 따라서 우리는 초기 값 $\tilde{\mathbf{w}}$(임의로 할당되거나 0으로 설정 됨)로 시작하고, 값(특정 임계치를 넘은)이 크게 변하지 않을 때까지 $\tilde{\mathbf{w}}$를 반복적으로 업데이트하가 위해 식 (4.4)를 사용한다.

$E(\tilde{\mathbf{w}})$의 1계 도함수는 다음과 같다.

$$\begin{aligned}\nabla E(\tilde{\mathbf{w}}) &= -\sum_{i=1}^{n} y_i \tilde{\mathbf{x}}_i (1-\sigma(\tilde{\mathbf{w}}^T \tilde{\mathbf{x}}_i)) - (1-y_i)\tilde{\mathbf{x}}_i \sigma(\tilde{\mathbf{w}}^T \tilde{\mathbf{x}}_i) \\ &= \sum_{i=1}^{n} (\sigma(\tilde{\mathbf{w}}^T \tilde{\mathbf{x}}_i) - y_i)\tilde{\mathbf{x}}_i \\ &= \tilde{\mathrm{X}}(\sigma - \mathrm{y}) \end{aligned} \tag{4.45}$$

여기서 우리는 사실 $d\sigma(z)/dz = \sigma(z)(1-\sigma(z))$를 사용했다. $\nabla E(\tilde{\mathbf{w}})$를 사용하여 $E(\tilde{\mathbf{w}})$의 2계 도함수를 다음과 같이 계산할 수 있다.

$$\begin{aligned}\mathrm{H} = \nabla\nabla E(\tilde{\mathbf{w}}) &= \sum_{i=1}^{n} \sigma(\tilde{\mathbf{w}}^T \tilde{\mathbf{x}}_i)(1-\sigma(\tilde{\mathbf{w}}^T \tilde{\mathbf{x}}_i))\tilde{\mathbf{x}}_i \tilde{\mathbf{x}}_i^T \\ &= \tilde{\mathrm{X}}^T \mathrm{R} \tilde{\mathrm{X}} \end{aligned} \tag{4.46}$$

여기서 R은 i번째 대각 요소 $\mathrm{R}_{ii} = \sigma_i(1-\sigma_i)$인 대각 행렬이다. 이제 식 (4.44)에서 $E(\tilde{\mathbf{w}})$의 1계 2계 도함수를 사용하여 k번째 반복에서 다음 업데이트 식을 얻을 수 있다.

$$\tilde{\mathbf{w}}^{(k+1)} = \tilde{\mathbf{w}}^{(k)} - (\tilde{\mathrm{X}}^T \mathrm{R}_k \tilde{\mathrm{X}})^{-1} \tilde{\mathrm{X}}^T (\sigma_k - y) \tag{4.47}$$

여기서 R_k와 σ_k하의 첨자 k는 $\tilde{\mathbf{w}}^{(k)}$를 사용하여 두 항을 계산하는 것을 의미한다.

4.6.3 로지스틱 회귀의 특성

1. 로지스틱 회귀는 분류 조건부 확률에 대한 가정 없이 사후 확률을 직접 계산하는 분류에 대한 차별적 모델이다. 따라서 매우 일반적이며 다양한 응용 분야에 적용할 수 있다. 또한 **다항 로지스틱 회귀**로 알려진 멀티 클래스 분류로 쉽게 확장할 수 있다. 그러나 표현력은 선형적인 의사 결정 경계만 배우는 것으로 제한된다.

2. 모든 속성에 대해 가중치(매개 변수)가 다르기 때문에 학습된 로지스틱 회귀 매개 변수를 분석하여 속성과 클래스 레이블 간의 관계를 이해할 수 있다.

3. 로지스틱 회귀 분석은 속성 공간에서 계산 밀도와 거리를 포함하지 않기 때문에

가장 가까운 이웃 분류기와 같은 거리 기반 방법보다 고차원 설정에서도 더 강력하게 작동 할 수 있다. 그러나 로지스틱 회귀의 목적 함수에는 모델의 복잡도와 관련된 용어가 포함되지 않는다. 따라서 로지스틱 회귀는 지지도 벡터 머신과 같은 다른 분류 모델과 비교할 때 모델 복잡도와 훈련 성능 간에 균형을 이룰 수 있는 방법을 제공하지 않는다. 그럼에도 불구하고 로지스틱 회귀의 변형은 교차 엔트로피 함수와 함께 목적 함수에 적절한 항을 포함시킴으로써 모델 복잡도를 설명하기 위해 쉽게 개발될 수 있다.

4. 로지스틱 회귀는 훈련 중에 성능이 향상되지 않는 속성에 대해 가중치 매개 변수를 0에 가깝게 학습하여 관련이 없는 속성을 처리할 수 있다. 또한 모든 속성의 효과를 함께 고려하여 모델 매개 변수에 대한 학습이 공동 방식으로 이루어지므로 상호 작용 속성을 처리할 수 있다. 또한 서로 중복되는 중복 속성이 있는 경우 로지스틱 회귀 분석은 분류 성능을 저하시키지 않고 모든 중복 속성에 대해 동일한 가중치를 학습할 수 있다. 그러나 고차원 설정에 많은 관련이 없거나 중복된 속성이 있으면 로지스틱 회귀가 모델 과적합에 영향을 받기 쉽다.

5. 로지스틱 회귀는 결측값이 있는 데이터 인스턴스를 처리할 수 없다. 사후 확률은 오직 모든 속성의 가중치 합계를 가져 와서 계산하기 때문이다. 훈련 인스턴스에서 결측값이 있으면, 훈련 집합에서 버릴 수 있다. 그러나 테스트 인스턴스에 결측값이 있으면 로지스틱 회귀 분석에서 해당 클래스 레이블을 예측하지 못한다.

4.7 인공 신경망 네트워크(ANN)

인공 신경망 네트워크(ANN)는 데이터에서 순전히 복잡하고 비선형적인 의사 결정 경계를 학습할 수 있는 강력한 분류 모델이다. 비전, 언어 및 언어 처리와 같은 여러 응용 분야에서 널리 보급되어 다른 분류 모델을 능가하는 것으로 나타났다. 역사적으로 인공 신경망 네트워크에 대한 연구는 생물학적 신경 시스템을 모방하려는 시도에서 영감을 얻었다. 인간의 뇌는 주로 **뉴런**이라는 신경 세포로 구성되어 있으며, **축색돌기**(axon)이라는 섬유 가닥을 통해 다른 뉴런과 함께 연결되어 있다. 뉴런이 자극될 때마다(예를 들어, 자극에 응답하여), 축색돌기를 통해 다른 뉴런으로 신경 활성화를 전달한다. 수용체 뉴런은 **수지상 조직**(dendrite)이라고 하는 구조를 사용하여 이러한 신경 활성화를 수집한다. **시냅스**(synapse)로 알려진 수지상 조직과 축색돌기 사이의 접촉점의 강도는 뉴런 간의 연결성을 결정한다. 신경 과학자들은 인간의 뇌가 동일한 자극에 의해 반복적인 자극을 받을 때 뉴런 사이의 시냅스 연결 강도를 변화시킴으로써 학습한다는 것을 발견했다.

인간의 뇌는 복잡한 방식으로 서로 연결된 약 1,000억 개의 뉴런으로 구성되어 있어 새로운 과제를 배우고 규칙적인 활동을 수행할 수 있다. 단일 뉴런은 수지상 조직에 연결된 발신자 뉴런에서 오는 신경 활성화에 응답하고 축색돌기를 통해 수용체 뉴런으로 활성화를 전달하는 간단한 모듈 기능만 수행한다. 그러나 복잡한 함수를 함께 표현할 수 있는 것은 이러한 간단한 함수의 구성이다. 이 아이디어는 인공 신경망을 구성하는 기초이다.

인간의 뇌 구조와 유사하게, 인공 신경 네트워크는 노드라고 불리는 다수의 처리 장치로 구성되며, 이들은 직접 링크를 통해 서로 연결된다. 노드는 기본 계산 단위를 수행하는 뉴런에 해당하는 반면, 직접 링크는 축색돌기와 수지상 조직으로 구성된 뉴런 간의 연결에 해당한다. 또한, 두 뉴런 사이의 직접 연결의 무게는 시냅스 연결 강도를 나타낸다. 생물학적 신경 시스템에서와 같이 ANN의 주요 목표는 기본 데이터의 입력-출력 관계에 도달할 때까지 링크의 가중치를 조정하는 것이다.

ANN 모델 사용의 기본 동기는 분류와 가장 관련이 있는 원래 속성에서 유용한 기능을 추출하는 것이다. 전통적으로, 특징 추출은 PCA(2장에서 소개)와 같은 차원 축소 기법을 사용하여 이루어 졌는데, 이는 비선형 특징을 추출하는 데 제한적인 성공을 보였거나 도메인 전문가가 제공한 수제(hand-crafed) 특징을 사용하여 이루어졌다. 상호 연결된 노드의 복잡한 조합을 사용하여 ANN 모델은 훨씬 더 다양한 기능 세트를 추출할 수 있어 분류 성능이 향상된다. 더욱이 ANN 모델은 여러 레벨의 추상화에서 특징을 표현하는 자연스러운 방법을 제공한다. 복잡한 특징은 단순한 특징의 구성으로 간주된다. 많은 분류 문제에서 이러한 계층 구조를 모델링하면 매우 유용한다. 예를 들어, 이미지에서 사람의 얼굴을 감지하기 위해 먼저 다양한 기울기와 방향이 있는 날카로운 테두리들 같은 저수준 기능을 식별할 수 있다. 그런 다음 이러한 기능을 결합하여 눈, 코, 귀 및 입술과 같은 얼굴 부위를 식별할 수 있다. 마지막으로, 사람 얼굴을 정확하게 식별하기 위해 얼굴 부분의 적절한 배치가 사용될 수 있다. ANN 모델은 하위 레벨의 추상화(예: 테두리)에서 상위 레벨(예: 얼굴 부분)에 이르기까지 기능의 계층적 추상화를 나타내는 강력한 아키텍처를 제공한다.

인공 신경망은 지난 수십 년간의 연구에 걸쳐 오랜 역사를 가지고 있다. ANN의 클래식 모델은 오랜 시간 동안 진행을 방해하는 몇 가지 문제들로 시달렸지만, 지난 10년간 최근 딥러닝으로 알려진 여러 가지 개발로 인해 널리 퍼져 나가고 있다. 이 절에서는 **퍼셉트론**(perceptrons)이라는 가장 단순한 모델부터 **다계층 신경망**(multi-layer neural network)이라는 더 복잡한 구조방식에 이르기까지 ANN 모델 학습을 위한 고전적인 접근법을 살펴보자. 다음 절에서는 ANN 영역에서 최근의 발전을 통해 심층 구조방식으로 현대적인 ANN 모델을 효과적으로 배울 수 있게 되었다.

4.7.1 퍼셉트론

퍼셉트론은 입력 속성을 나타내는 데 사용되는 입력 노드와 모델 출력을 나타내는 데 사용되는 출력 노드의 두 가지 유형의 노드를 포함하는 기본 유형의 ANN 모델이다. 그림 4.20은 세 가지 입력 속성 x_1, x_2, x_3을 사용하고 이진 출력 y를 생성하는 퍼셉트론의 기본 구조를 보여준다. 속성 x_i에 대응하는 입력 노드는 가중 링크를 통해 출력 노드에 연결된다. 가중 링크는 뉴런 간의 시냅스 연결 강도를 모방하는 데 사용된다.

출력 노드는 입력의 가중 합계를 계산하고 합계에 가산 인자(bias factor) b를 더한 다음 결과의 부호를 검사하여 다음과 같이 출력 $\hat{y}$를 생성하는 수학적 장치이다.

$$\hat{y} = \begin{cases} 1, & \text{if } \mathbf{w}^T\mathbf{x} + b > 0 \\ -1, & \text{otherwise} \end{cases} \tag{4.48}$$

표기법을 단순화하기 위해, $\mathbf{w}$와 b는 $\tilde{\mathbf{w}} = (\mathbf{w}^T \; b)^T$를 형성하도록 연결될 수 있는 반면, $\mathbf{x}$는 끝에 1이 추가되어 $\tilde{\mathbf{x}} = (\mathbf{x}^T \; 1)^T$를 형성할 수 있다. 그런 다음 퍼셉트론의 출력은

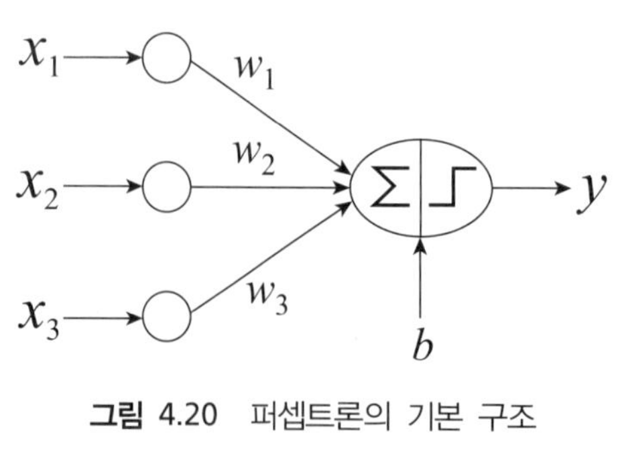

그림 4.20 퍼셉트론의 기본 구조

다음과 같이 쓸 수 있다.

$$\hat{y} = sign(\tilde{\mathbf{w}}^T \tilde{\mathbf{x}})$$

부호 함수는 인수가 양수이면 +1의 출력 값을 제공하고 인수가 음수이면 −1을 제공하여 **활성화 함수**(activation function)로 작동한다.

퍼셉트론 학습

훈련 집합이 주어지면 학습 매개 변수 $\tilde{\mathbf{w}}$에 관심이 있어 훈련 인스턴스의 실제 $\hat{y}$와 매우 유사한다. 이것은 알고리즘 4.3에 주어진 퍼셉트론 학습 알고리즘을 사용하여 달성된다. 이 알고리즘의 주요 계산은 알고리즘의 8단계에서 주어진 반복 가중치 갱신 공식이다.

$$w_j^{(k+1)} = w_j^{(k)} + \lambda\left(y_i - \hat{y}_i^{(k)}\right)x_{ij} \tag{4.49}$$

여기서 $w^{(k)}$는 k번째 반복 후 i번째 입력 링크와 연관된 가중치 매개 변수이고, λ는 **학습률**(learning rate)로 알려진 매개 변수이며, x_{ij}는 훈련 예제 x_i의 j번째 속성 값이다. 식 (4.49)의 정당성은 다소 직관적이다. $(y_i - \hat{y}_i)$는 실제 레이블과 예측된 출력이 일치하는 경우에만 값이 0이 되도록 y_i와 $\hat{y}_i$ 사이의 불일치를 캡처한다. x_{ij}가 양수라고 가정하자. $\hat{y}=0$이고 $y=1$이면 다음 반복에서 w_j가 증가하여 $\tilde{\mathbf{w}}^T\mathbf{x}_i$가 양수가 될 수 있다. 반면에, $\hat{y}=1$이고 $y=0$이면, $\tilde{\mathbf{w}}^T\mathbf{x}_i$가 음이 될 수 있도록 w_j가 감소된다. 따라서 모든 반복에서 가중치는 $\hat{y}$와 y 사이의 불일치를 줄이기 위해 반복할 때마다 수정된다. 값이 0과 1 사이인 매개 변수인 학습률 λ를 사용하여 각 반복에서 조정량을 제어할 수 있다. 평균 불일치 수가 임계치 γ보다 작으면 알고리즘이 중지된다.

퍼셉트론은 속성 공간에서 선형 결정 경계를 학습하도록 설계된 간단한 분류 모델이다. 그림 4.21은 그림의 왼쪽에 제공된 데이터 집합에 퍼셉트론 학습 알고리즘을 적용하여 얻은 의사결정 경계를 보여준다. 그러나 두 클래스를 분리할 수 있는 여러 의사결정 경계가 있을 수 있으며 퍼셉트론은 임의의 초기 매개 변수 값에 따라 이러한 경계 중 하나를 임의로 학습한다(최적의 의사결정 경계의 선택은 4.9절의 서포트 벡터 머신과 관련하여 다시 논의될 문제이다). 게다가, 퍼셉트론 학습 알고리즘은 클래스가 선형으로 분리 가능한 경우에만 수렴되도록 보장된다. 그러나 클래스를 선형으로 분리할 수 없으면 알고리즘이 수렴하지 않는다. 그림 4.22는 XOR 함수가 제공하는 비선형으로 분리 가능한

알고리즘 4.3 Perceptron learning algorithm

1: Let $D.train = \{(\tilde{\mathbf{x}}_i, y_i) | i = 1, 2, ..., n\}$ be the set of training instances.
2: Set $k \leftarrow 0$.
3: Initialize the weight vector $\tilde{\mathbf{w}}^{(0)}$ with random values.
4: **repeat**
5:     **for** each training instance $(\tilde{\mathbf{x}}_i, y_i) \in D.train$ **do**
6:         Compute the predicted output $\hat{y}_i^{(k)}$ using $\tilde{\mathbf{w}}^{(k)}$.
7:         **for** each weight component w_j **do**
8:             Update the weight, $w_j^{(k+1)} = w_j^{(k)} + \lambda(y_i - \hat{y}_i^{(k)}) x_{ij}$.
9:         **end for**
10:         Update $k \leftarrow k + 1$.
11:     **end for**
12: **until** $\sum_{i=1}^{n} |y_i - \hat{y}_i^{(k)}| / n$ is less than a threshold γ

데이터의 예를 보여준다. 훈련 인스턴스를 완벽하게 분리 할 수 있는 선형 의사결정 경계가 없기 때문에 퍼셉트론은 이 데이터에 대한 올바른 솔루션을 찾을 수 없다. 그러므로 알고리즘 4.3의 12번째 줄에서의 정지 조건은 결코 충족되지 않을 것이고, 따라서 퍼셉트론 학습 알고리즘은 수렴하지 못할 것이다. 실제 분류 문제에는 종종 비선형적으로

X_1	X_2	X_3	Y
1	0	0	-1
1	0	1	1
1	1	0	1
1	1	1	1
0	0	1	-1
0	1	0	-1
0	1	1	1
0	0	0	-1

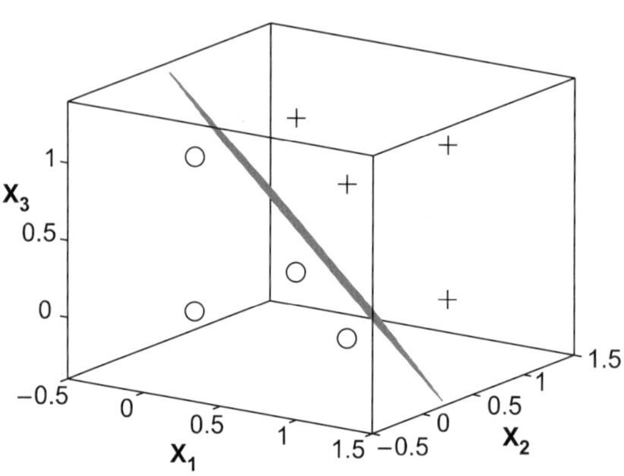

그림 4.21 왼쪽에 제공된 데이터에 대한 퍼셉트론 의사결정 경계 (+는 양으로 레이블이 지정된 인스턴스를 나타내고 o는 음으로 레이블이 지정된 인스턴스를 나타낸다.

X_1	X_2	y
0	0	−1
1	0	1
0	1	1
1	1	−1

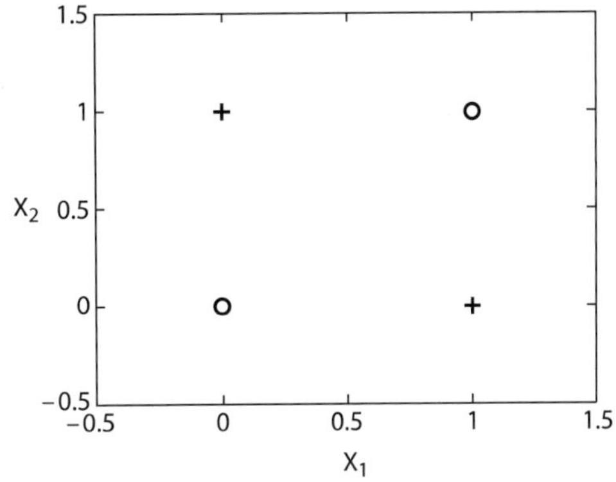

그림 4.22 XOR 분류 문제. 비선형 초평면은 두 클래스를 분리할 수 있다.

분리 가능한 클래스가 포함되므로 이는 퍼셉트론의 주요 한계이다.

4.7.2 다계층 신경망

다계층 신경망은 퍼셉트론의 기본 개념을 비선형 결정 경계를 학습할 수 있는 보다 복잡한 노드 구조로 일반화한다. 다계층 신경망의 일반적인 구조는 그림 4.23에 나와 있으며, 여기서 노드는 계층(layer)이라는 그룹으로 배열된다. 이러한 계층은 일반적으로 모든 계층이 이전 계층의 출력에서 작동하도록 체인 형태로 구성된다. 이러한 방식으로 계층은 입력 기능에 순차적으로 적용되는 다양한 **추상화** 레벨을 나타낸다. 이러한 추상화의 구성은 마지막 계층에서 최종 출력을 생성하며 예측에 사용된다. 다음에서는 다계층 신경망에 사용되는 세 가지 유형의 계층을 간략하게 설명한다.

입력 계층이라고 하는 네트워크의 첫 번째 계층은 속성의 입력을 나타내는 데 사용된다. 모든 숫자 또는 이진 속성은 일반적으로 이 계층에서 단일 노드를 사용하여 표현되는 반면, 범주형 속성은 각 범주 값마다 다른 노드를 사용하거나 $\lceil \log_2 k \rceil$ 입력 노드를 사용하여 k-ary 속성을 부호화하여 표현된다. 이러한 입력은 **은닉층(hidden layer)**라고 하는 중간 레이어로 공급되며 은닉 노드(hidden node)라고 하는 처리 장치로 구성된다. 모든 은닉노드는 이전 계층의 입력 노드 또는 은닉 노드에서 수신한 신호에서 작동하며 다음 레이어로 전송되는 활성화 값을 생성한다.

최종 계층을 **출력 계층**이라고 하며 이전 계층의 활성화 값을 처리하여 출력 변수의 예측을 생성한다. 이진 분류의 경우 출력 계층에는 이진 클래스 레이블을 나타내는 단일

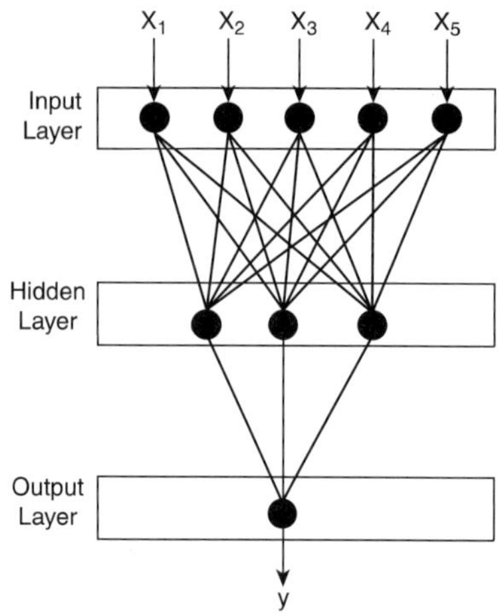

그림 4.23 다계층 인공 신경망(ANN)의 예

노드가 포함된다. 이 구조에서, 신호는 입력 계층에서 출력 계층으로 순방향으로만 전파되므로 **순방향**(feed-forward) **신경망**이라고도 한다.

다계층 신경망과 퍼셉트론 사이의 주요 차이점은 은닉층을 포함하는 것인데, 이는 임의로 복잡한 의사결정 경계를 나타내는 능력을 크게 향상시킨다. 예를 들어, 이전 절에서 설명한 XOR 문제를 고려해 보자. 그림 4.24(a)와 같이 입력 공간을 해당 클래스로 분할하는 두 개의 초평면(hyperplanes)을 사용하여 인스턴스를 분류할 수 있다. 퍼셉트론은 하나의 초평면만 만들 수 있으므로 최적의 솔루션을 찾을 수 없다. 그러나 이 문제는 그림 4.24(b)와 같이 두 개의 노드로 구성된 은닉층을 사용하여 해결할 수 있다. 직관적으로, 각 은닉 노드는 두 개의 초평면 중 하나를 구성하는 퍼셉트론이라고 생각할 수 있으며, 출력 노드는 퍼셉트론의 결과를 결합하여 그림 4.24(a)에 표시된 의사결정 경계를 산출한다.

은닉 노드는 클래스를 구별하는 데 유용한 잠재 표현 또는 **특징**을 학습하는 것으로 볼 수 있다. 첫 번째 은닉층은 입력 속성에서 직접 작동하여 더 간단한 특징을 찾지만 이후의 은닉층은 이를 결합하여보다 복잡한 특징을 구성할 수 있다.

이러한 관점에서, 다계층 신경망은 예측을 위해 출력 노드에서 최종적으로 결합된 다양한 레벨의 추상화에서 특징의 계층 구조를 학습한다. 또한 ANN의 은닉층에서 학습한 기능을 결합하여 표현력을 높일 수 있는 여러 가지 방법이 있다. 이 특성은 ANN을 의사결정 트리와 같은 다른 분류 모델과 주로 구별한다. 의사 결정 트리는 속성 공간에서 파

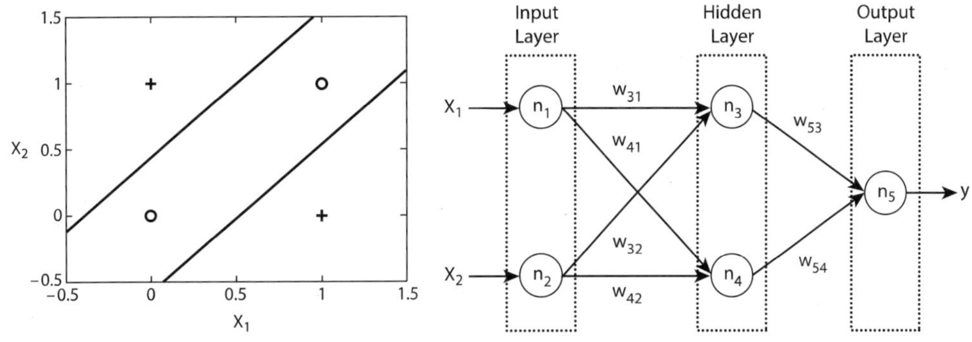

(a) Decision boundary (b) Neural network topology

그림 4.24 XOR 문제에 대한 2 계층 신경망

티션을 학습할 수 있지만 지수 방식으로 결합할 수는 없다.

ANN의 은닉 노드와 출력 노드에서 발생하는 계산의 특성을 이해하려면 네트워크의 l번째 계층($l>0$)에서 i번째 노드를 고려해 보자. 여기서 계층들은 0(입력 계층)에서 L(출력 계층)까지 번호가 매겨진다. 그림 4.25와 같이 이 노드에서 생성된 활성화 값, 즉 i는 이전 계층의 노드들로부터 수신된 입력의 함수로서 표현될 수 있다. w_{ij}^{l}는 계층 $(l-1)$의 j번째 노드에서 계층 l의 i번째 노드로의 연결 가중치를 나타낸다. 마찬가지로 이 노드에서 바이어스 항(bias term)을 b_i^l로 표시하겠다. 활성화 값은 다음과 같이 표현될 수 있다.

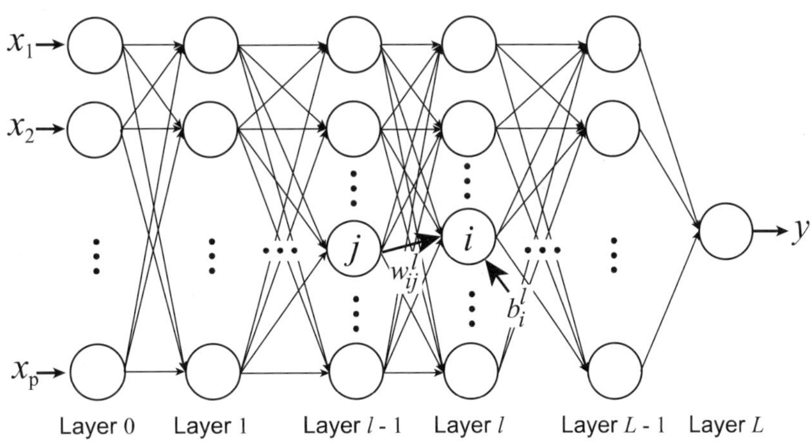

그림 4.25 $(L-1)$ 은닉층들이 있는 매개 변수 sofanANN 모델의 개략도

$$a_i^l = f(z_i^l) = f\left(\sum_j w_{ij}^l a_j^{l-1} + b_i^l\right)$$

여기서 z는 **선형 예측 변수**라고 하며 $f(.)$는 z를 a로 변환하는 활성화 함수이다. 또한, 정의에 의해, 입력 계층에서 $a_j^0 = x_j$이고 출력 노드에서 $a^L = \hat{y}$인 것을 주목하라.

다계층 신경망에서 사용될 수 있는 부호 함수 외에 다수의 대안적인 활성화 함수가 있다. 그림 4.26과 같이 일부 예제에는 선형, 시그모이드(논리학) 및 쌍곡선 접선(hyperbolic tangent) 함수가 포함된다. 이러한 함수들은 실제 값과 비선형 활성화 값을 생성할 수 있다. 이러한 활성화 함수들 중에서, 시그모이드 $\sigma(.)$는 많은 ANN 모델에서 널리 사용되어 왔지만, 딥러닝의 맥락에서 다른 유형의 활성화 함수의 사용은 4.8절에서 논의될 것이다. 우리는 따라서 a_i^l 다음과 같이 표현한다.

$$a_i^l = \sigma(z_i^l) = \frac{1}{1+e^{-z_i^l}} \tag{4.50}$$

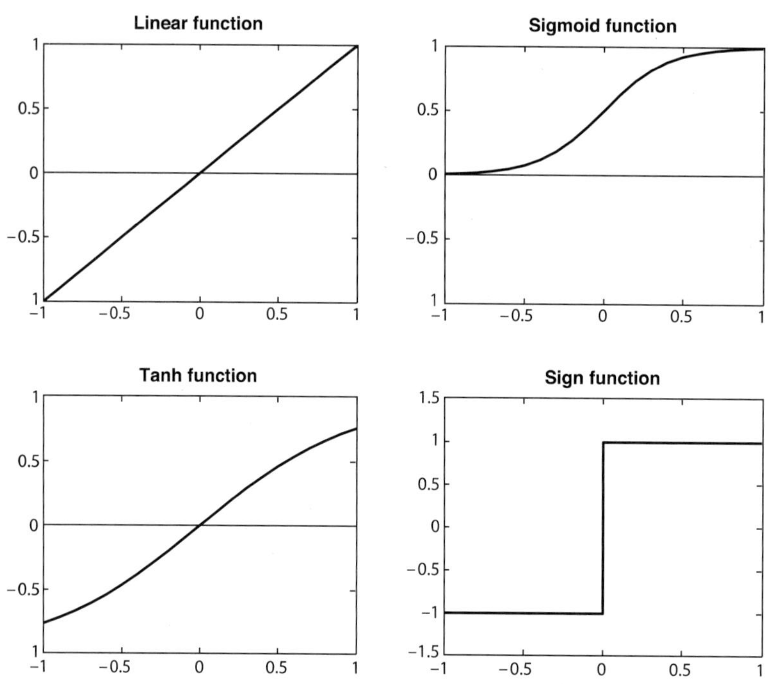

그림 4.26 다계층 신경망에서 사용되는 활성 함수 유형

모델의 매개변수 학습

ANN 모델의 가중치 및 바이어스 항 (**w**, b)은 훈련 중에 학습되므로 훈련 인스턴스에 대한 예측이 실제 레이블과 일치한다. 이것은 손실 기능을 사용함으로써 달성된다.

$$E(\mathbf{w},\ b) = \sum_{k=1}^{n} \mathrm{Loss}(y_k,\ \hat{y}_k) \tag{4.51}$$

여기서 y_k는 k번째 훈련 인스턴스의 실제 레이블이고 $\hat{y}_k$는 x_k를 사용하여 생성된 a^L과 같다. 손실 함수의 일반적인 선택은 **제곱 손실 함수**(squared loss function)이다.

$$\mathrm{Loss}(y_k,\ \hat{y}_k) = (y_k - \hat{y}_k)^2 \tag{4.52}$$

출력 활성화 값 a^L은 가중치와 바이어스 항에 의존하기 때문에 E(**w**, b)는 모델 매개변수 (**w**, b)의 함수이다. 훈련 손실 E(**w**, b)를 최소화하는 (**w**, b)를 선택하는 데 관심이 있다. 불행하게도, 비선형 활성화 함수와 함께 은닉 노드를 사용하기 때문에 E(**w**, b)는 **w**와 b의 컨벡스 함수가 아니며, 이는 E(**w**, b)가 세계적으로 최적이 아닌 로컬 최소값을 가질 수 있음을 의미한다. 그러나 **경사 하강**(gradient descent) 방법과 같은 표준 최적화 기술을 적용하여 로컬 최적 솔루션에 도달할 수 있다. 특히, 가중치 파라미터 w_{ij}^l 및 바이어스 항 b_i^l는 다음 방정식을 사용하여 반복적으로 업데이트될 수 있다.

$$w_{ij}^l \longleftarrow w_{ij}^l - \lambda \frac{\partial E}{\partial w_{ij}^l} \tag{4.53}$$

$$b_i^l \longleftarrow b_i^l - \lambda \frac{\partial E}{\partial b_i^l} \tag{4.54}$$

여기서 λ는 학습률로 알려진 초매개변수(hyper-parameter)이다. 이 방정식의 직관은 가중치를 훈련 손실을 줄이는 방향으로 이동시키는 것이다. 이 절차를 사용하여 최소값에 도달하면 훈련 손실의 기울기가 0에 가까워져 두 번째 항이 제거되고 가중치가 수렴된다. 가중치는 일반적으로 가우시안 또는 균일 분포에서 임의로 추출된 값으로 초기화된다.

식 (4.53)에서 가중치를 업데이트하기 위해 필요한 도구는 w_{ij}^l에 대한 E의 편도 함수를 계산하는 것이다. 이 계산은 특히 은닉층($l < L$)에서 중요하지 않는다. 왜냐하면 w_{ij}^l

는 $\hat{y}=aL$(따라서 훈련 손실)에 직접 영향을 미치지 않지만 후속 계층에서 활성화 값을 통해 복잡한 영향 체인을 갖기 때문이다. 이 문제를 해결하기 위해, **역전파(backpropagation)**로 알려진 기술이 개발되었으며, 이는 유도체를 출력 계층에서 은닉층으로 역방향으로 전파한다. 이 기술은 다음과 같이 설명할 수 있다.

훈련 손실 E는 단순히 훈련 인스턴스에서 개인 손실의 합계라는 것을 상기하라. 따라서 E의 편미분은 개별 손실의 편미분의 합으로 분해될 수 있다.

$$\frac{\partial E}{\partial w_j^l}=\sum_{k=1}^{n}\frac{\partial \operatorname{Loss}(y_k,\ \hat{y}_k)}{\partial w_j^l}$$

논의를 단순화하기 위해 k번째 훈련 인스턴스에서 손실의 미분만을 고려할 것이며, 일반적으로 $\operatorname{Loss}(y,\ a^L)$로 표시될 것이다. 미분의 연쇄 법칙을 사용함으로써 w_{ij}^l와 관련하여 손실의 편미분을 나타낼 수 있다.

$$\frac{\partial \operatorname{Loss}}{\partial w_{ij}^l}=\frac{\partial \operatorname{Loss}}{\partial a_i^l}\times\frac{\partial a_i^l}{\partial z_i^l}\times\frac{\partial z_i^l}{\partial w_{ij}^l} \tag{4.55}$$

이전 식의 마지막 항은 다음과 같이 쓸 수 있다.

$$\frac{\partial z_i^l}{\partial w_{ij}^l}=\frac{\partial\left(\sum_j w_{ij}^l a_j^{l-1}+b_i^l\right)}{\partial w_{ij}^l}=a_j^{l-1}$$

또한 시그모이드 활성화 함수를 사용하면, 다음과 같다.

$$\frac{\partial a_i^l}{\partial z_i^l}=\frac{\partial \sigma(z_i^l)}{\partial z_i^l}=a_i^l(1-a_i^l)$$

식 (4.55)는 다음과 같이 간략히 표현된다.

$$\frac{\partial \operatorname{Loss}}{\partial w_{ij}^l}=\delta_i^l\times a_i^l(1-a_i^l)\times a_j^{l-1} \tag{4.56}$$

$$\text{where}\ \ \delta_i^l=\frac{\partial \operatorname{Loss}}{\partial a_i^l}$$

바이어스 항 b_i^l에 대한 편미분에 대한 유사한 공식은 다음과 같다.

$$\frac{\partial \text{Loss}}{\partial b_i^l} = \delta_i^l \times a_i^l(1-a_i^l) \tag{4.57}$$

따라서 편미분을 계산하려면 δ_i^l만 결정하면 된다. 제곱 손실 함수를 사용하면 출력 노드에서 δ^L을 다음과 같이 쉽게 쓸 수 있다.

$$\delta^L = \frac{\partial \text{Loss}}{\partial a^L} = \frac{\partial (y-a^L)^2}{\partial a^L} = 2(a^L - y) \tag{4.58}$$

그러나 은닉 노드 $(1 < L)$에서 δ_j^l를 계산하는 방법이 더 복잡하다. a_j^l는 다음 계층에서 모든 노드의 활성화 값 a_i^{l+1}에 영향을 미치며, 이로 인해 손실에 영향을 미친다. 따라서 다시 미분의 연쇄 법칙을 사용하여 δ_j^l는 다음과 같이 나타낼 수 있다.

$$\begin{aligned}
\delta_j^l &= \frac{\partial \text{Loss}}{\partial a_j^l} = \sum_i \left(\frac{\partial \text{Loss}}{\partial a_i^{l+1}} \times \frac{\partial a_i^{l+1}}{\partial a_j^l} \right) \\
&= \sum_i \left(\frac{\partial \text{Loss}}{\partial a_i^{l+1}} \times \frac{\partial a_i^{l+1}}{\partial z_i^{l+1}} \times \frac{\partial z_i^{l+1}}{\partial a_j^l} \right) \\
&= \sum_i \left(\delta_i^{l+1} \times a_i^{l+1}(1-a_i^{l+1}) \times w_{ij}^{l+1} \right)
\end{aligned} \tag{4.59}$$

앞의 식은 계층 $l+1$에서 계산된 a_i^{l+1}값의 관점에서 계층 l에서 δ_j^l 값의 간결한 표현을 제공한다. 따라서 출력 계층 L에서 은닉층으로 돌아가면서, 모든 은닉노드에서 δ_i^l을 계산하기 위해 식 (4.59)를 반복적으로 적용할 수 있다. δ_i^{-l}는 식 (4.56)과 (4.57)에서 각각 w_{ij}^l 과 b_i^l에 대한 손실의 편미분을 계산하기 위해 사용될 수 있다. 알고리즘 4.4는 역전파 및 경사 하강법을 사용하여 ANN의 모델 매개변수를 학습하기 위한 완전한 접근 방식을 요약한다.

4.7.3 ANN의 특성

1. 적어도 하나의 은닉층을 갖는 다계층 신경망은 **범용 근사자**(universal approximators)이다; 즉, 어떤 목표 함수를 근사화하는데 사용할 수 있다. 따라서 표현력

알고리즘 4.4 역전파 및 경사 하강을 이용한 ANN 학습

$D.train = \{(x_k,\ y_k) | k = 1,\ 2,\ ...,\ n\}$를 훈련 인스턴스 세트로 한다.
카운터 $c \leftarrow 0$을 설정한다.
임의의 값으로 가중치 및 바이어스 항 $(\mathbf{w}^{(0)},\ \mathbf{b}^{(0)})$ 을 초기화한다.
repeat
  for 각 교육 인스턴스 $(x_k,\ y_k) \in D.train$에 대해 **do**
    x_k를 사용하여 정방향 통과를 수행하여 활성화 세트 $(a_i^l)_k$를 계산한다.
    식 (4.58) 및 (4.59)를 사용하여 역전파에 의해 세트 $(\delta_i^l)_k$를 계산한다.
    식 (4.56) 및 (4.57)을 사용하여 $(\partial \text{Loss}/\partial w_{ij}^l,\ \partial \text{Loss}/\partial b_i^l)_k$ 계산한다.
  end for
  $\partial E/\partial w_{ij}^l \leftarrow \sum_{k=1}^{n} (\partial \text{Loss}/\partial w_{ij}^l)_k$을 계산한다.
  $\partial E/\partial b_i^l \leftarrow \sum_{k=1}^{n} (\partial \text{Loss}/\partial b_i^l)_k$을 계산한다.
  식 (4.53) 및 (4.54)를 사용하여 경사 하강에 의해 $(\mathbf{w}^{(c+1)},\ \mathbf{b}^{(c+1)})$을 갱신한다.
  $c \leftarrow c + 1$.
until $(\mathbf{w}^{(c+1)},\ \mathbf{b}^{(c+1)})$와 $(\mathbf{w}^{(c)},\ \mathbf{b}^{(c)})$이 같은 값으로 수렴될 때까지

이 뛰어나고 다양한 응용 분야에서 복잡한 의사 결정 경계를 배우는 데 사용될 수 있다. ANN은 출력 계층을 적절하게 수정하여 멀티 클래스 분류 및 회귀 문제에도 사용할 수 있다. 그러나 고전적인 ANN 모델의 높은 모델 복잡도는 과적합에 취약하며, 4.8.3절에서 논의된 딥러닝 기술을 사용하여 어느 정도 극복할 수 있다.

2. ANN은 여러 추상화 레벨에서 특징들의 계층 구조를 나타내는 자연스러운 방법을 제공한다. 따라서 ANN 모델의 최종 은닉층의 출력은 분류에 가장 유용한 최고 수준의 추상화 기능을 나타낸다. 이러한 기능은 ANN의 출력 노드를 일반 분류기로 대체하여 다른 감독 분류 모델에서 입력으로 사용할 수도 있다.

3. ANN은 복잡한 고급 기능을 배우기 쉬운 단순한 하위 기능으로 구성한다. 이를 통해 ANN은 구조에서 은닉층을 더 추가하여 표현의 복잡도를 점차적으로 증가시킬 수 있다. 또한, 간단한 기능을 조합하여 결합할 수 있기 때문에 ANN에서 학습한 복잡한 특징의 수는 기존 분류 모델보다 훨씬 많다. 이것이 심층 신경망의 높은 표

현력의 배후에 있는 주된 이유 중 하나이다.

4. ANN은 훈련 손실을 개선하는 데 도움이 되지 않는 속성에 가중치를 0으로 사용하여, 관련 없는 속성을 쉽게 처리할 수 있다. 또한 중복 속성은 유사한 가중치를 받고 분류기의 품질을 저하시키지 않는다. 그러나 관련이 없거나 중복된 속성의 수가 많으면 ANN 모델에 대한 학습이 과적합으로 일반화 성능이 저하될 수 있다.

5. ANN 모델의 학습에는 컨벡스하지 않은(non-convex) 기능을 최소화하는 것이 포함되므로 경사 하강에 의해 얻어진 솔루션이 전체적으로 최적이라는 보장은 없다. 이러한 이유로 ANN은 4.8.4절에서 논의된 딥러닝 기술을 사용하여 해결할 수 있는 문제인 로컬 최소치에 갇히는 경향이 있다.

6. ANN 훈련은 특히 은닉노드의 수가 많은 경우 시간이 많이 걸리는 과정이다. 그럼에도 불구하고 테스트 예제는 빠르게 분류될 수 있다.

7. 로지스틱 회귀와 마찬가지로 ANN은 상호 작용 변수가 있을 때 학습할 수 있다. 모델 변수는 모든 변수에 대해 함께 학습되기 때문이다. 또한 ANN은 훈련 또는 테스트 단계에서 결측값이 있는 인스턴스를 처리할 수 없다.

4.8 딥러닝(Deep Learning)

위에서 설명한 바와 같이, ANN에서 은닉층의 사용은 더 간단한 하위 레벨 특징을 결합함으로써 복잡한 상위 레벨 특징이 구성될 수 있다는 일반적인 생각에 기초한다. 일반적으로 은닉층의 수가 많을수록 네트워크에서 학습한 특징의 계층 구조가 깊어진다. 이는 **심층 신경망(deep neural networks)**으로 알려진 은닉층의 긴 체인들을 가진 ANN 모델 학습에 동기를 부여한다. 소수의 은닉층만 포함하는 "얕은" 신경망과 달리 심층 신경망은 여러 추상화 레벨에서 기능을 나타낼 수 있으며 얕은 네트워크와 유사한 일반화 성능을 달성하기 위해 레이어 당 훨씬 적은 수의 노드를 필요로 한다.

심층 신경망을 학습에서 큰 잠재력이 있음에도 불구하고 고전적인 접근 방식을 사용하여 많은 숨겨진 레이어로 ANN 모델을 배우는 것은 여전히 어려운 과제이다. 제한된 컴퓨팅 리소스 및 하드웨어 아키텍처와 관련된 이유 외에도 심층 신경망을 학습하는 것에는 많은 알고리즘 문제가 있다. 먼저, 낮은 훈련 오류의 심층 신경망을 배우는 것은 시그모이드 활성화 함수의 포화 때문에 어려운 작업을 가지므로, 경사 하강법의 수렴이 느려진다. **기울기 소멸 문제**(vanishing gradient problem)로 알려진 이 문제는 여러 계층에서 포화의 복합 효과로 인해 출력 노드에서 은닉층으로 이동함으로써 더욱 심각해진다. 이러한 이유로 인해 고전적인 ANN 모델은 느리고 비효율적인 학습으로 인해 훈련 및 테스트 성능이 저하되었다. 둘째, 심층 신경망의 학습은 최적화 함수의 컨벡스하지 않은 특성과 경사 하강법의 느린 수렴으로 인해 모델 매개 변수의 초기값에 상당히 민감하다. 셋째, 은닉층들이 많은 심층 신경망은 모델 복잡도가 높기 때문에 과적합에 취약하다. 따라서 심층 신경망이 낮은 훈련 오류를 나타내도록 훈련되었다하더라도 여전히 일반화 성능이 떨어질 수 있다.

이러한 과제는 수십 년 동안 심층 신경망을 구축하는 데 있어 진전을 막았으며 최근에야 딥러닝 분야에서 많은 발전을 통해 엄청난 잠재력을 발휘하기 시작했다. 이러한 발전 중 일부는 한동안 진행되었지만, 지난 10년 동안 심층 신경망은 다양한 경쟁에서 기록을 계속 뛰어 넘었고, 다른 분류 접근법으로는 너무 어려운 문제를 해결하면서 주류의 주목을 받았다.

딥러닝 기법의 출현에 중요한 역할로 두 가지 요소가 있다. 첫째, 더 큰 레이블이 지정된 데이터 집합(예: ImageNet 데이터 집합에 1천만 개가 넘는 레이블이 있는 이미지가 포함됨)을 사용할 수 있게 되면서 모델 재정의 함정에 쉽게 빠지지 않고 이전보다 더 복잡한 ANN 모델을 학습할 수 있게 되었다. 둘째, 분산 컴퓨팅에 그래픽 처리 장치(GPU)를 사용하는 것과 같은 계산 능력 및 하드웨어 인프라의 발전은 전통적인 자원들로는 실현할 수 없었던 더 큰 구조로 심층 신경망을 실험하는데 크게 도움이 되었다.

이전의 두 가지 요소 외에도, 심층 신경망 학습의 고전적인 방법이 직면한 문제를 극복하기 위해 많은 알고리즘 발전이 있다. 일부 예에는 손실 함수와 활성화 함수의 반응이 더 빠른 조합, 더 나은 모델 매개 변수 초기화, 새로운 정규화 기술, 더 민첩한 구조 설계, 모델 학습 및 초매개변수 선택을 위한 더 나은 기술이 포함된다. 다음에서는 심층 신경망 학습의 과제를 해결하기 위해 딥러닝 발전을 설명한다. 딥러닝의 최근 개발에 대한 자세한 내용은 참고문헌 정보를 참조해라.

4.8.1 시너지를 가져오는 손실 함수 사용

딥러닝으로 이끄는 주요 실현 중 하나는 활성 및 손실 함수의 적절한 조합을 선택하는 것의 중요성이었다. 클래식 ANN 모델은 0과 1 사이의 실제 출력을 생성하는 능력 때문에 경사 하강을 수행하기 위해 제곱 손실 목표와 결합되어 출력 계층에서 시그모이드 활성화 함수를 일반적으로 사용했다. 활성 및 손실 함수의 이러한 특정 조합은 다음과 같이 출력 활성화 값의 포화를 초래한다는 것을 곧 알게 되었다.

출력의 포화

시그모이드는 활성 함수로 널리 사용되었지만, 0에서 멀리 떨어진 높은 입력 값과 낮은 입력 값에서 쉽게 포화된다. 그림 4.27(a)에서 $\sigma(z)$는 z가 0에 가까울 때만 값의 변화를 나타낸다. 이러한 이유로, 그림 4.27(b)에 표현된 것처럼, $\partial\sigma(z)/\partial z$는 0 부근의 작은 범위의 z에 대해서만 0이 아니다. $\partial\sigma(z)/\partial z$는 손실 기울기의 성분 중 하나이므로 (식 (4.55) 참조), 활성화 값이 0에서 멀어지면 기울기 값이 감소한다.

학습에 대한 포화 효과를 설명하기 위해 출력 노드에서의 모델 매개변수는 출력 노드에서의 가중치 w_j^L에 대한 부분 손실 손실을 고려한다. 제곱 손실 함수를 사용하여 다음과 같이 작성할 수 있다.

$$\frac{\partial \text{Loss}}{\partial w_j^L} = 2(a^L - y) \times \sigma(z^L)(1 - \sigma(z^L)) \times a_j^{L-1} \tag{4.60}$$

위의 방정식에서 z^L이 크게 음수이면 $\sigma(z^L)$ (따라서 기울기)가 0에 가까워진다. 반면에 z^L이 크게 양수이면 $(1 - \sigma(z^L))$에 0가까워진다. 기울기 값을 무효화한다. 따라서, 예측

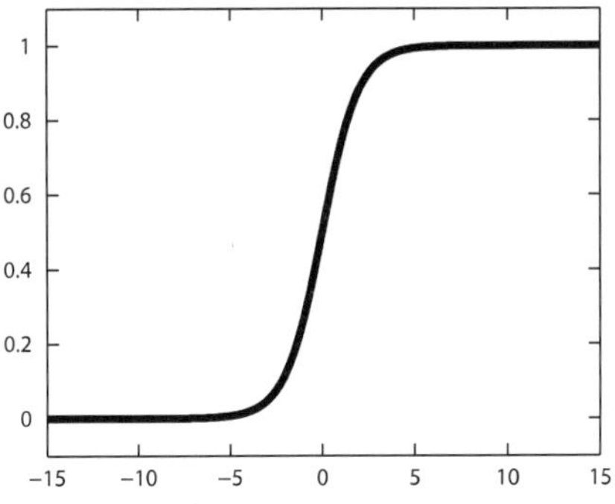

(a) $\sigma(z)$

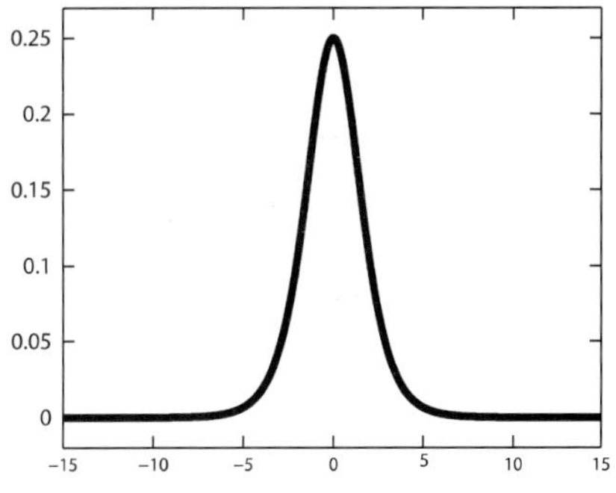

(b) $\partial\sigma(z)/\partial z$

그림 4.27 시그모이드 함수와 도함수

a^L이 실제 레이블 y와 일치하는지의 여부에 관계없이, 가중치에 대한 손실의 기울기는 z^L이 매우 양이거나 음일 때마다 0에 가깝다. 이로 인해 ANN 모델의 모델 매개 변수가 불필요하게 느리게 수렴되어 종종 학습이 좋지 않다.

출력 노드에서 제곱 손실 함수와 시그모이드 활성 함수의 조합으로 출력 포화시 기울기가 감소(따라서 학습 불량함)에 유의해라. 따라서 출력 포화로 인한 손실 함수와 활성화 함수의 시너지 효과 조합을 선택하는 것이 중요하다.

교차 엔트로피 손실 함수(Cross entropy loss function)

4.6.2절의 로지스틱 회귀와 관련하여 설명된 교차 엔트로피 손실 함수는 시그모이드 활성 함수와 함께 사용될 때 포화 출력 문제를 상당히 피할 수 있다. 이진 레이블 $y \in \{0, 1\}$가 있는 데이터 인스턴스에서 실제 값 예측 $\hat{y} \in (0, 1)$의 교차 엔트로피 손실 함수는 다음과 같이 정의할 수 있다.

$$\text{Loss}(y, \hat{y}) = -y\log(\hat{y}) - (1-y)\log(1-\hat{y}) \tag{4.61}$$

여기서 log는 편의를 위해 자연 로그(기본 e)와 $0\log(0)=0$을 나타낸다. 교차 엔트로피 함수는 정보 이론에 기초를 두고 있으며 y와 $\hat{y}$ 사이의 불일치 정도를 측정한다. $\hat{y}=a^L$에 대한이 손실 함수의 편미분은 다음과 같이 주어질 수 있다.

$$\begin{aligned}\delta^L = \frac{\partial \text{Loss}}{\partial a^L} &= \frac{-y}{a^L} + \frac{(1-y)}{(1-a^L)} \\ &= \frac{(a^L-y)}{a^L(1-a^L)}\end{aligned} \tag{4.62}$$

식 (4.56)에서 이 δ^L 값을 사용하여 다음과 같이 출력 노드에서 가중치 w_j^l에 대한 손실의 편미분을 얻을 수 있다.

$$\begin{aligned}\frac{\partial \text{Loss}}{\partial w_j^L} &= \frac{(a^L-y)}{a^L(1-a^L)} \times a^L(1-a^L) \times a_j^{L-1} \\ &= (a^L-y) \times a_j^{L-1}\end{aligned} \tag{4.63}$$

교차 엔트로피 손실 함수를 사용하여 이전 수식의 단순성을 주목하자. 출력 노드에서의 가중치에 대한 손실의 편미분은 예측 a^L과 실제 레이블 사이의 차이에만 의존한다. 식 (4.60)과 달리 z^L의 포화에 영향을 받을 수 있는 $\sigma(z^L)(1-\sigma(z^L))$과 같은 용어는 포함하지 않는다. 따라서 $(a^L - y)$가 클 때마다 기울기가 높기 때문에 출력 노드에서 모델 매개변수를 효과적으로 학습할 수 있다. 이것은 현대의 ANN 모델을 학습에 있어 중요한 돌파구였으며 이제는 출력 노드에서 시그모이드 활성화와 함께 교차 엔트로피 손실 함수를 사용하는 것이 일반적이다.

4.8.2 반응형 활성 함수 사용

교차 엔트로피 손실 함수는 출력 포화 문제를 극복하는 데 도움이 되지만 은닉 노드에서 시그모이드 활성 함수를 사용하여 발생하는 은닉층의 포화 문제를 여전히 해결하지 못한다. 실제로, 모델 매개변수의 학습에 대한 포화의 영향은 기울기 소실문제로 알려진 문제로 은닉층에서 더욱 악화된다. 다음에서는 기울기 소실 문제와 이 문제를 극복하기 위한 ReLU(rectified linear output unit)라고 하는 반응형 활성 함수에 대해 설명한다.

기울기 소멸 문제

포화된 활성 값이 모델 매개 변수 학습에 미치는 영향은 출력 노드에서 멀리 떨어진 더 깊은 은닉층에서 증가한다. 출력 계층의 활성화가 포화되지 않더라도, 출력 계층에서 은닉층으로 기울기를 역전파할 때 수행되는 반복 곱셈은 은닉층에서 기울기를 감소시킬 수 있다. 이를 기울기 소멸 문제라고 하며, 심층 신경망 학습에 주요 장애 중 하나이다.

기울기 소실 문제를 설명하기 위해 그림 4.28과 같이 네트워크의 숨겨진 모든 계층에서 단일 노드로 구성된 ANN 모델을 고려하자. 이 단순화된 구조에는 단일 가중치 링크 w^l이 계층 $l-1$의 노드를 계층 l의 노드에 연결하는 은닉 노드의 단일 체인이 포함된다. 식 (4.56)과 식 (4.59)를 사용하여 w^l에 대한 손실의 편미분을 다음과 같이 나타낼 수 있다.

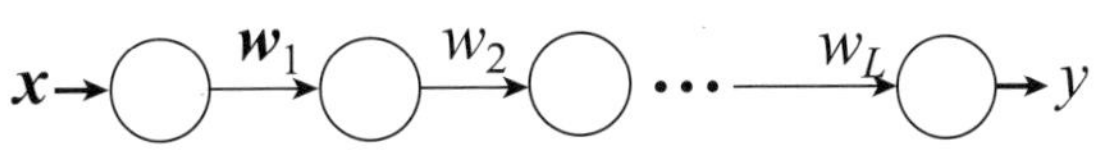

그림 4.28 모든 은닉층에서 노드 하나만 숨겨진 ANNN 모델의 예

$$\frac{\partial \text{ Loss}}{\partial w^l} = \delta^l \times a^l(1-a^l) \times a^{l-1}$$

$$\text{where } \delta^l = 2(a^L - y) \times \prod_{r=l}^{L-1} (a^{r+1}(1-a^{r+1}) \times w^{r+1}) \tag{4.64}$$

선형 예측 변수 z^{r+1} 중 하나가 후속 계층에서 포화되면 $a^{r+1}(1-a^{r+1})$ 항이 0에 가까워져 전체 기울기가 감소한다. 따라서 활성화의 포화는 혼합되고 은닉층에서의 기울기들에서 곱셈 효과를 가지므로, 매우 불안정하여 경사 하강법의 사용은 부적절하다. 지금의 논의는 단일 체인의 은닉 노드를 포함하는 단순화된 구조에만 관련되어 있지만, 다중 체인의 은닉노드를 포함하는 모든 일반 ANN 구조에 대해서도 비슷한 주장이 가능하다. 기울기 소멸 문제는 은닉노드에서 시그모이드 활성 함수를 사용하기 때문에 주로 발생하며, 이는 특히 반복된 곱셈 후에 쉽게 포화되는 것으로 알려져 있다.

ReLU(Rectified Linear Units)

기울기 소멸 문제를 극복하려면 은닉 노드가 활성될 때마다(즉, $z > 0$) 기울기의 안정적이고 중요한 값을 제공하는 은닉 노드에서 활성 함수 $f(z)$를 사용하는 것이 중요한다. 이는 은닉 노드에서 활성된 선형 단위(ReLU)를 활성 함수로 사용하여 달성된다.

$$a = f(z) = \begin{cases} z, & \text{if } z > 0 \\ 0, & \text{otherwise} \end{cases} \tag{4.65}$$

ReLU의 아이디어는 비활성 상태($f(z) = 0$)이거나 입력에 비례하는 활성 값을 나타내는 생물학적 뉴런에서 영감을 얻었다. 그림 4.29는 ReLU 함수의 도표를 보여준다. $z > 0$일 때 z에 대해 선형임을 알 수 있다. 따라서 z에 대한 활성 값의 기울기는 다음과 같이 쓸 수 있다.

$$\frac{\partial a}{\partial z} = \begin{cases} 1, & \text{if } z > 0 \\ 0, & \text{if } z < 0 \end{cases} \tag{4.66}$$

$f(z)$는 0으로 미분할 수 없지만, $z = 0$일 때, $\partial a / \partial z = 0$을 사용하는 것이 일반적이다. $z > 0$마다 ReLU 활성 함수의 기울기가 1과 같기 때문에 문제를 피할 수 있다. 반복된 곱셈 후에도 은닉노드에서의 포화 문제를 피할 수 있다. ReLU를 사용하여 가중치와 바이어스 매개 변수와 관련하여 손실의 편미분을 제공될 수 있다.

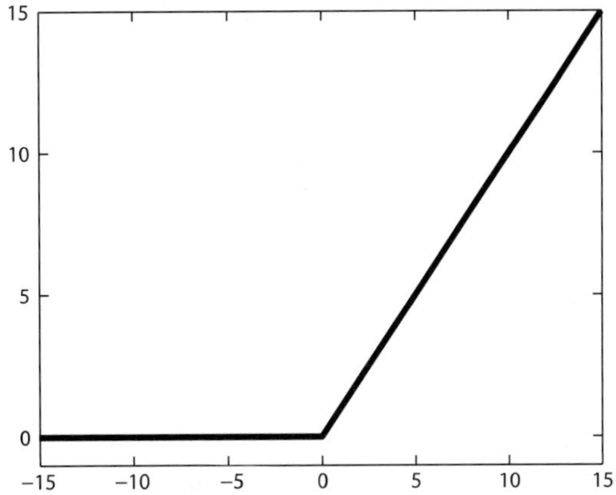

그림 4.29 정선 형 유닛(ReLU) 활성함수의 플롯

$$\frac{\partial \text{ Loss}}{\partial w_{ij}^{l}} = \delta_i^l \times I(z_i^l) \times a_j^{l-1} \tag{4.67}$$

$$\frac{\partial \text{ Loss}}{\partial b_{i}^{l}} = \delta_i^l \times I(z_i^l) \tag{4.68}$$

$$\text{where } \delta_i^l = \sum_{i=1}^{n} \left(\delta_i^{l+1} \times I(z_i^{l+1}) \times w_{ij}^{l+1} \right)$$

$$\text{and } I(z) = \begin{cases} 1, & \text{if } z > 0 \\ 0, & \text{otherwise} \end{cases}$$

ReLU는 시그모이드 함수의 비선형 속성과 비교하여 노드가 활성화될 때마다 활성화 값에 선형 동작을 표시한다. 이 선형성은 역전파 동안 더 나은 경사 흐름을 촉진하여 ANN 모델 매개변수의 학습을 단순화한다. ReLU는 또한 시그모이드 활성화 함수와는 반대로 0에서 멀어 질 때 z의 큰 값에서 높은 반응성을 나타내므로 경사 하강에 더 적합하다. 이러한 차이점은 ReLU에 시그모이드 함수에 비해 주요 이점이 있다. 실제로 ReLU는 대부분의 최신 ANN 모델에서 은닉층에서 선호하는 활성화 기능으로 사용된다.

4.8.3 정규화

심층 신경망을 학습하는 데 있어 주요 과제는 네트워크에 은닉층을 추가함에 따라 증가하는 ANN 모델의 복잡한 모델이다. 모델 과적합 현상으로 인해 특히 훈련 집합이 작을 때 심각한 문제가 될 수 있다. 이 문제를 극복하려면 **정규화 기술**이라고 하는 학습된 모델의 복잡성을 줄이는 데 도움이 되는 기술을 사용하는 것이 중요한다. ANN 모델을 학습하기 위한 고전적인 접근법에는 학습된 모델 매개 변수의 정규화를 촉진하는 효과적인 방법이 없었다. 따라서, 이들은 내장된 정규화 메커니즘을 가진 서포트 벡터 머신(Support Vectors Machines, SVM)과 같은 다른 분류 방법에 의해 종종 소외되었다(SVM에 대해서는 4.9절에서 자세히 설명한다).

딥러닝의 주요 발전 중 하나는 일반화 성능을 크게 개선 할 수 있는 ANN 모델을 위한 새로운 정규화 기술을 개발하는 것이다. 다음에서는 드롭아웃 방법으로 알려진 ANN의 정규화 기술 중 하나에 대해 여러 응용 프로그램에서 많은 관심을 기울였다.

드롭아웃(dropout)

드롭아웃의 주요 목표는 모델 과적합으로 인해 은닉 노드에서 가성 특징(spurious feature)의 학습을 피하는 것이다. 가성 특징은 종종 "공동 조정"되어 기본 선택을 사용하여 매우 선택적인 조합으로 사용될 때만 우수한 훈련 성능을 보여준다. 반면, 관련 기능은 다양한 기능 조합에 사용될 수 있으므로 다른 기능의 제거 또는 수정에 상당히 탄력적이다. 드롭아웃 방법은 이 직관을 사용하여 훈련 중에 네트워크에서 입력 및 은닉노드를 임의로 삭제하여 학습 된 기능에서 복잡한 "공동 적응"을 해제한다.

드롭아웃은 모델의 견고성(따라서 단순성)의 척도로서 임의의 동요에 대한 복원력 기준을 사용하는 정규화 기법 계열에 속한다. 예를 들어, 정규화에 대한 한 가지 접근법은 훈련 집합의 입력 속성에 잡음을 주입하고 잡음 훈련 인스턴스가 있는 모델을 학습하는 것이다. 학습 데이터에서 학습한 특징이 실제로 일반화 가능한 경우 잡음의 추가로 영향을 받지 않아야 한다. 드롭아웃은 입력과 은닉노드를 삭제하여 속성 레벨뿐만 아니라 여러 레벨의 추상화에서도 학습 세트의 정보 콘텐츠를 혼란시키는 유사한 정규화 접근법으로 볼 수 있다.

드롭아웃 방법은 유성 생식에서 유전자 스와핑의 생물학적 과정에서 영감을 얻는데, 이 과정에서 두 부모의 유전자 중 절반이 결합되어 자손의 유전자를 생성한다. 이는 유용할 뿐만 아니라 다른 부모로부터 유래된 다양한 유전자 조합과 혼합될 수 있는 부모 유전자의 선택을 선호한다. 한편, 고도로 선택적 조합에서만 기능하는 공동-적응 유전자는 진화 과정에서 곧 제거된다. 이 아이디어는 가짜 동시 적응 특징을 제거하기 위해 드롭아웃 방법에 사용된다. 이 절의 나머지 부분에 드롭아웃 방법에 대한 간단한 설명이 제공된다.

$(\mathbf{w}^k, \mathbf{b}^k)$는 경사 하강법의 k번째 반복에서 ANN 모델의 모델 매개 변수를 나타낸다. 반복할 때마다 네트워크에서 제거할 입력과 은닉 노드의 분수 γ를 임의로 선택한다. 여기서 $\gamma \in (0,1)$은 일반적으로 0.5로 선택된 초매개변수이다. 삭제된 노드와 관련된 가중치 링크 및 바이어스 항이 제거되어 더 작은 크기의 "얇은" 하위 네트워크가 생성된다. 하위 네트워크$(\mathbf{w}_s^k, \mathbf{b}_s^k)$의 모델 매개변수는 활성 값을 계산하고이 작은 하위 네트워크에서 역전파를 수행하여 업데이트된다. 그런 다음이 업데이트된 값은 원래 네트워크에 다시 추가되어 다음 반복에 사용할 업데이트된 모델 매개 변수$(\mathbf{w}^{k+1}, \mathbf{b}^{k+1})$를 얻는다.

그림 4.30은 입력과 은닉 노드를 임의로 삭제하여 드롭아웃 방법의 다른 반복에서 생성될 수 있는 하위 네트워크의 일부 예를 보여준다. 모든 하위 네트워크는 다른 구조를 가지고 있기 때문에, 과적합을 초래할 수 있는 기능에서 복잡한 공동 적응을 배우기가 어렵다. 대신, 은닉 노드의 기능은 네트워크 구조의 임의 수정에 보다 민첩한 것으로 학습되어 일반화 능력을 향상시킨다. 경사 하강법이 수렴될 때까지 매 반복마다 다른 임의의 하위 네트워크를 사용하여 모델 매개 변수가 갱신된다.

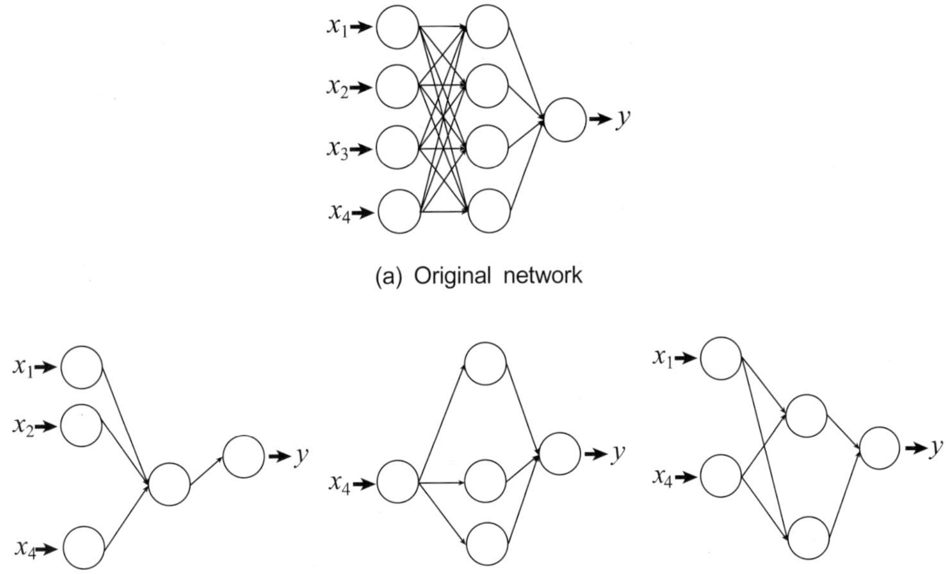

그림 4.30 $\gamma = 0.5$를 사용하여 드롭아웃 방법에서 생성된 하위 네트워크의 예

$(\mathbf{w}^{k_{max}}, \mathbf{b}^{k_{max}})$는 경사 하강법의 마지막 반복 k_{max}에서 모델 매개변수를 나타낸다. 이러한 매개변수는 다음과 같이 최종 ANN 모델의 가중치 및 바이어스 항을 생성하기 위해 $(1-\gamma)$ 인수로 최종 축소된다.

$$(\mathbf{w}^*, \mathbf{b}^*) = ((1-\gamma)\times\mathbf{w}^{k_{max}}, (1-\gamma)\times\mathbf{b}^{k_{max}})$$

테스트를 위해 모델 매개변수 $(\mathbf{w}^*, \mathbf{b}^*)$와 함께 완전한 신경망을 사용할 수 있다. 드롭아웃 방법은 여러 응용 분야에서 ANN 모델의 일반화 성능을 크게 향상시키는 것으로 나타났다. 계산 비용이 저렴하고 다른 딥러닝 기술과 함께 적용 할 수 있다. 또한 **배깅** (bagging)이라고 하는 널리 사용되는 앙상블 학습 방법과 많은 유사점을 가지고 있는데, 이는 훈련 집합의 임의의 부분 집합을 사용하여 여러 모델을 학습한 다음 모든 모델의 **평균 출력**을 사용하여 예측을 수행한다(배깅은 나중에 4.10.4절에서 더 자세하게 설명될 것이다). 유사한 맥락에서, 드롭아웃을 사용하여 학습된 최종 네트워크의 예측이 n개의 노드를 사용하여 형성될 수 있는 모든 가능한 2^n 서브 네트워크의 평균 출력에 근접함을 알 수 있다. 이것이 우수한 드롭아웃 능력의 배후에 있는 이유 중 하나이다.

4.8.4 모델 매개변수의 초기화

ANN 모델에서 사용하는 손실 함수의 컨벡스하지 않은 특성으로 인해 로컬에서 최적이지만 전 세계적으로 열등한 솔루션에 빠질 수 있다. 따라서, 모델 매개변수 값의 초기 선택은 기울기 하강에 의한 ANN 학습에서 중요한 역할을 한다. 모델이 복잡하거나 네트워크 구조가 심하거나 분류 작업이 까다로울 경우 잘못된 초기화의 영향이 훨씬 더 심해진다. 그러한 경우에는 먼저 예로 단일 은닉층을 사용하여 문제에 대한 더 간단한 모델을 배우고 은닉층을 더 추가하여 모델의 복잡성을 점차적으로 증가시키는 것이 좋다. 다른 방법은 간단한 작업을 위해 모델을 학습 한 다음 학습 된 모델 매개 변수를 원래 작업을 학습할 때 초기 매개 변수 선택으로 사용하는 것이다. 실제 훈련 과정 전에 ANN 모델 파라미터를 초기화하는 과정을 **사전훈련**(pretraining)이라고 한다. 사전훈련은 임의의 초기화로 접근할 수 없는 매개변수 공간의 적절한 영역으로 모델을 초기화하는 데 도움이 된다.

사전훈련은 또한 경사 하강법의 시작점을 고정시켜 모델 매개변수의 편차를 줄이므로 다중 비교로 인한 과적합 가능성을 줄인다. 따라서 사전훈련을 통해 학습한 모델은 보다 일관되고 일반화 성능이 향상된다.

감도 사전훈련

사전훈련에 대한 일반적인 접근 방식은 한 번에 하나의 은닉층을 추가하여 ANN 모델을 계층 방식으로 점진적으로 학습하는 것이다. **감독 사전훈련(supervised pretraining)**으로 알려진 이 접근법은 모든 모델 매개변수를 함께 학습하는 것이 아니라 간단한 문제를 해결함으로써 모든 계층에서 학습된 매개변수를 얻을 수 있도록 한다. 따라서 이 매개변수 값은 ANN 모델을 초기화하는 데 적합하다. 지도 사전훈련 방법은 다음과 같이 간단하게 설명할 수 있다.

은닉층이 하나만 있는 축소된 ANN 모델을 고려하여 지도 사전훈련 과정을 시작한다. 이 간단한 모델에 경사 하강법을 적용하여 첫 번째 은닉층의 모델 매개변수를 배울 수 있다. 다음 실행에서는 모델에 다른 은닉층을 추가하고 경사 하강법을 적용하여 새로 추가된 은닉층의 파라미터를 배우면서 첫 번째 계층의 매개변수를 고정시킨다. 이 과정은 재귀적으로 적용되어 l번째 은닉층의 매개변수를 학습하는 동안, l개의 은닉층에만 있는 축소된 모델을 고려한다. 첫 번째 $(l-1)$ 은닉층은 l번째 실행시 업데이트되지 않고 대신 이전 실행의 값으로부터 사전 훈련된 방식으로 수정된다. 이런 식으로, 모든 $(L-1)$ 은닉층의 모델 매개변수를 배울 수 있다. 이러한 사전훈련된 값은 최종 ANN 모델의 은닉층들을 초기화하는 데 사용되며, 모든 계층에 최종 라운드의 경사 하강법을 적용하여 미세 조정된다.

무감독 사전 훈련

무감독 사전훈련(Supervised Pretraining)은 모델의 복잡성을 점점 더 얕은 네트워크에서 더 깊은 네트워크로 점차 증가시켜 모델 매개 변수를 초기화하는 강력한 방법을 제공한다. 그러나 지도 사전 훈련에는 ANN 모델의 효과적인 초기화를 위해 충분한 수의 레이블이 지정된 훈련 인스턴스가 필요하다. 사전훈련을 대체하는 접근법은 **무감독 사전훈련(unsupervised pretraining)**으로, 종종 충분히 이용할 수 있는 레이블이 없는 인스턴스를 사용하여 모델 매개 변수를 초기화한다. 비지도 사전훈련의 기본 아이디어는 학습된 기능이 레이블이 없는 데이터의 잠재적 구조를 포착하는 방식으로 ANN 모델을 초기화하는 것이다.

무감독 사전 훈련은 입력 데이터의 분포를 배우는 것이 분류 모델을 배우는 데 간접적으로 도움이 될 수 있다는 가정에 의존한다. 레이블이 지정된 예제의 수가 적고 지도되는 문제의 기능이 입력 데이터를 생성하는 요소와 유사할 때 가장 유용한다. 비지도 사전훈련은 다른 형태의 정규화로 볼 수 있는데, 여기서 초점은 더 간단한 특징을 찾는 것이 아니라 입력 데이터를 가장 잘 설명할 수 있는 특징을 찾는 것이다. 역사적으로, 비지도 사전훈련은 특수한 구조없이도 일반적인 심층 신경망을 훈련할 수 있게 함으로써 딥러닝 영역을 부활시키는 데 중요한 역할을 했다.

오토인코더(Autoencoders)의 사용

무감독 사전학습에 간단하고 일반적으로 사용되는 방법 중 하나는 **오토인코더**로 알려진 비지도 ANN 모델을 사용하는 것이다. 오토인코더의 기본 구조는 그림 4.31에 나와 있다. 오토인코더는 속성 $\mathbf{x}$를 잠재 특징 $\mathbf{c}$에 매핑한 다음 $\mathbf{c}$를 원래 속성 공간으로 다시 투영하여 입력 데이터의 재구성을 학습하기 위해 재구성 $\hat{\mathbf{x}}$를 만든다. 잠재된 특징은 은닉 노드 계층을 사용하여 표현되는 반면 입력과 출력 계층은 속성을 나타내며 동일한 수의 노드를 포함한다. 훈련 중 목표는 모든 입력 데이터 인스턴스에서 가장 낮은 재구성 오류 $RE(\mathbf{x}, \hat{\mathbf{x}})$를 제공하는 오토인코더 모델을 배우는 것이다. 재구성 오류의 일반적인 선택은 제곱 손실 함수이다.

$$RE(\mathbf{x}, \hat{\mathbf{x}}) = \|\mathbf{x} - \hat{\mathbf{x}}\|^2$$

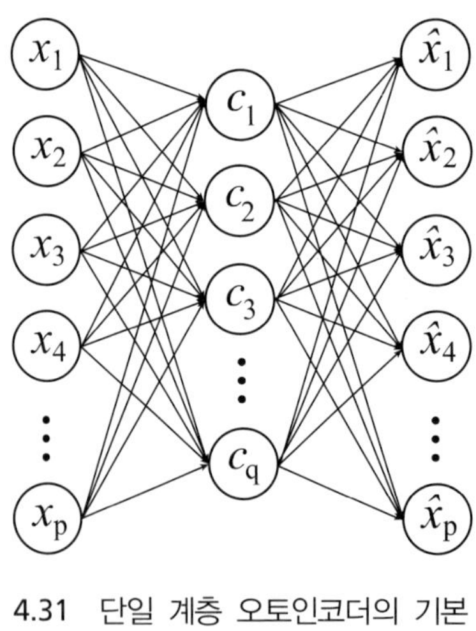

그림 4.31 단일 계층 오토인코더의 기본 구조

오토인코더의 모델 매개변수는 분류를 위해 감독된 ANN 모델을 학습하는 데 사용되는 것과 유사한 경사 하강법을 사용하여 학습할 수 있다. 주요 차이점은 모든 훈련 인스턴스에서 재구성 오류를 훈련 손실로 사용하는 것이다. 여러 계층의 은닉층이 있는 오토인코더를 Stacked **오토인코더**라고 한다.

오토인코더는 은닉 노드를 사용하여 입력 데이터의 복잡한 표현을 포착할 수 있다. 그러나 은닉노드의 수가 많으면 오토인코더가 정체성 관계를 학습할 수 있다. 여기서 입력 $\mathbf{x}$는 복사되고 출력 $\hat{\mathbf{x}}$로 반환되어 사소한 해결책이 된다. 예를 들어, 속성 수만큼 은닉 노드를 사용하는 경우 모든 은닉 노드가 유용한 정보를 추출하지 않고 속성을 복사하여 출력 노드로 전달할 수 있다. 이 문제를 피하려면 은닉 노드 수를 입력 속성 수보다 작게 유지하는 것이 일반적이다. 이것은 오토인코더가 차원 축소 기술과 유사하게 입력 데이터의 작고 유용한 **인코딩**을 배우도록 강요한다. 다른 방법은 임의 노이즈를 추가하여 입력 인스턴스를 손상시킨 다음 오토인코더를 학습하여 잡음이 있는 입력에서 원래 인스턴스를 재구성하는 것이다. 이 방법은 **잡음 제거 자동인코더**로 알려져 있으며 강력한 정규화 기능을 제공하며 은닉 노드가 많은 경우에도 복잡한 기능을 학습하는 데 자주 사용된다.

비지도 사전 훈련에 오토인코더를 사용하기 위해 지도 사전 훈련과 유사한 레이어 방식 접근 방식을 따를 수 있다. 특히, l번째 은닉층의 모델 매개변수를 사전 훈련시키기 위해, 오직 하나의 은닉층 l과 속성과 동일한 수의 노드를 포함하는 출력층으로 축소된 ANN 모델을 구성할 수 있으며 재구성에 사용된다. 이 네트워크의 l번째 은닉층의 파라미터는 재구성 오류를 최소화하기 위해 경사 하강법을 사용하여 학습된다. 레이블이 지정되지 않은 데이터의 사용은 일반화에 도움이 되는 모든 계층에서 매개 변수 학습에 힌트를 제공하는 것으로 볼 수 있다. ANN 모델의 최종 모델 매개변수는 사전훈련에서 얻은 매개변수의 초기 값을 사용하여 모든 레이어에 경사 하강법을 적용하여 학습된다.

하이브리드 사전훈련

사전 훈련을 수행할 때마다 두 개의 출력층을 사용하여 하나는 재구성을 위한 것이고 다른 하나는 감독된 분류를 위한 것이다. 그 후, l번째 은닉층의 파라미터는 일반적으로 초매개변수의 트레이드오프 α에 의해 가중되는 두 출력층에서의 손실을 공동으로 최소화함으로써 학습된다. 이러한 결합된 접근 방식은 입력 데이터를 표현하고 분류 성능을 향상시키는 경쟁 목표 간의 균형을 유지하는 방법을 제공하기 때문에 접근 방식 중 하나보다 더 나은 일반화 성능을 나타낸다.

4.8.5 딥러닝의 특징

4.7.3절에서 논의된 ANN의 기본 특성 외에도 딥러닝 기술의 사용은 다음과 같은 추가 특성을 제공한다.

1. 사전 훈련 전략을 사용하여 일부 작업에 대해 훈련된 ANN 모델을 동일한 속성이 포함된 다른 작업에 쉽게 재사용할 수 있다. 예를 들어, 원래 작업의 학습된 매개 변수를 대상 작업의 초기 매개 변수 선택으로 사용할 수 있다. 이러한 방식으로 ANN은 학습 **재사용성**을 향상시키며, 이는 대상 응용 프로그램에 레이블이 지정된 훈련 인스턴스 수가 적을 때 매우 유용하다.

2. 드롭아웃 방법과 같은 정규화를 위한 딥러닝 기술은 ANN의 모델 복잡도를 줄이고 따라서 일반화 성능을 향상시키는 데 도움이 된다. 정규화 기술의 사용은 훈련 레이블의 수가 적지만 분류 문제가 본질적으로 어려운 고차원적 설정에서 특히 유용하다.

3. 사전 훈련에 오토인코더를 사용하면 다른 속성과 관련이 없는 속성을 제거할 수 있다. 또한 중복 속성이 동일한 속성의 사본으로 표시되어 중복 속성의 영향을 줄일 수 있다.

4. ANN 모델을 학습하면 열등하고 로컬에서 최적의 솔루션을 찾을 수 있지만 ANN에 대한 적절한 학습을 보장하기 위해 제안된 여러 가지 딥러닝 기술이 있다. 이 절에서 논의된 방법 이외에도, 일부 다른 기술은 출력 계층과 하위 계층 사이의 스킵 연결과 같은 새로운 아키텍처 설계를 포함하며, 이는 역전파 동안 쉬운 기울기의 흐름을 돕는다.

5. 다양한 특수 ANN 아키텍처가 다양한 입력 데이터 세트를 처리하도록 설계되었다. 일부 예에는 이미지와 같은 2차원 그리드 객체에 대한 CNN(Convolutional Neural Network)과 시퀀스에 대한 RNN(Recurrent Neural Network)이 포함된다. CNN은 컴퓨터 비전 분야에서 광범위하게 사용되었지만 RNN은 음성 및 언어 처리 응용 프로그램을 발견했다.

4.9 서포트 벡터 머신(SVM)

SVM(Support Vector Machine)은 클래스를 분리하기 위해 속성 공간에서 선형 또는 비선형 의사결정 경계를 학습하는 차별적 분류 모델이다. 두 클래스의 분리를 최대화하는 것 외에도 SVM은 강력한 정규화 기능을 제공한다. 즉, 우수한 일반화 성능을 보장하기 위해 모델의 복잡성을 제어할 수 있다. 학습을 선천적으로 정규화 할 수 있는 고유한 기능으로 인해 SVM은 과도하게 표현하지 않고도 표현력이 뛰어난 모델을 학습할 수 있다. 따라서 기계학습 분야에서 상당한 관심을 받았으며 필기, 숫자 인식에서 텍스트 분류에 이르기까지 여러 실제 응용 분야에서 일반적으로 사용된다. SVM은 통계 학습 이론에 뿌리를 두고 있으며 구조적 위험 최소화 원칙에 기반을 두고 있다. SVM의 또 다른 고유한 측면은 **서포트 벡터**라고 알려진 분류하기 어려운 훈련 예제의 부분집합만 사용하여 의사결정 경계를 나타낸다. 따라서 모든 클래스의 생성 분포를 학습하는 것과는 대조적으로 두 클래스의 경계 근처에서 인스턴스를 훈련하는 경우에만 영향을 받는 차별적 모델이다.

SVM의 기본 개념을 설명하기 위해 먼저 분리 초평면의 마진 개념과 최대 마진(maximal margin)이 있는 초평면을 선택하는 근거를 소개한다. 그런 다음이 유형의 초평면을 명시적으로 찾도록 선형 SVM을 학습하는 방법을 설명한다. 커널 함수를 사용하여 비선형 결정 경계를 학습하기 위해 SVM 방법론을 확장할 수 있는 방법을 보여준다.

4.9.1 분리 초평면의 여백

분리 초평면의 일반 방정식은 다음과 같이 쓸 수 있다.

$$\mathbf{w}^T\mathbf{x} + b = 0$$

여기서 $\mathbf{x}$는 속성을 나타내고 $(\mathbf{w}, b)$는 초평면의 매개 변수를 나타낸다. 데이터 인스턴스 $\mathbf{x}_i$는 $(\mathbf{w}^T\mathbf{x}_i + b)$의 부호에 따라 초평면의 양쪽에 속할 수 있다. 이진 분류를 위해 두 클래스의 인스턴스를 초평면의 반대편에 배치하여 두 클래스를 분리하는 초평면을 찾는 데 관심이 있다. 데이터 세트에서 클래스를 완벽하게 **분리**할 수 있는 초평면이 있는 경우 데이터 집합을 선형으로 분리할 수 있다고 한다. 그림 4.32는 두 개의 클래스, 정사각형과 원으로 구성된 **선형으로 분리 가능한** 데이터의 예를 보여준다. 클래스를 분리할 수 있는 수많은 초평면이 있을 수 있으며, 그 중 두 개는 그림 4.32에서 B_1과 B_2 라인으로 표시된다. 이러한 모든 초평면에는 훈련 오류가 없더라도 이전에는 볼 수 없었던 인스턴스에 대해 다른 결과를 제공할 수 있다. 최상의 일반화 성능을 얻기 위해 어떤 분리 초평면을 선택해할까? 이상적으로는 작은 변화에 견딜 수 있는 간단한 초평면을 선택하고 싶다. 이것은 분리 초평면의 마진 개념을 사용함으로써 달성될 수 있으며, 이는 다음과 같이 간단히 설명될 수 있다.

모든 분리된 초평면 B_i에 대해 두 쌍의 병렬 초평면 b_{i1}과 b_{i2}를 연결하여 두 클래스의 가장 가까운 인스턴스에 각각 닿도록 한다. 예를 들어 B_1을 방향과 평행하게 이동하면 b_{11}을 사용하여 첫 번째 사각형을, b_{12}를 사용하여 첫 번째 원에 닿을 수 있다. b_{i1}과 b_{i2}는 B_i의 **마진 초평면(margin hyperplanes)**으로 알려져 있으며, 이들 사이의 거리는 분리 초평면 B_i의 마진으로 알려져 있다. 그림 4.32에 나와 있는 다이어그램에서 B_1의 마진이 B_2의 마진보다 상당히 크다. 이 예에서 B_1은 **최대 마진 초평면(maximum margin hyperplane)**이라고 알려진 최대 마진을 가진 분리 초평면으로 판명되었다.

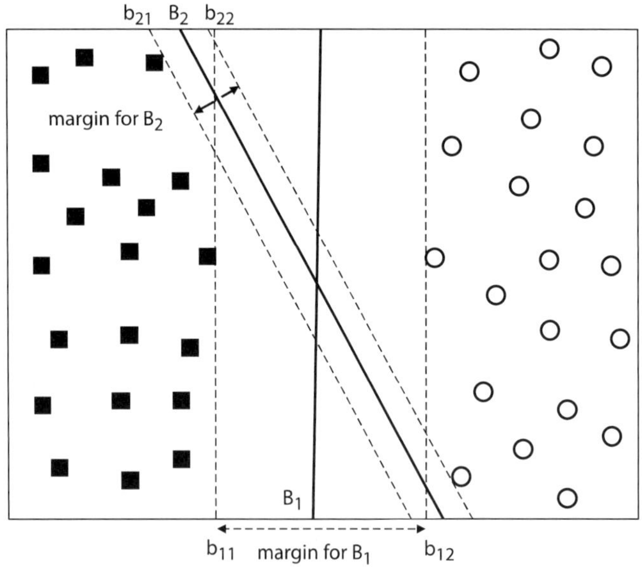

그림 4.32 Marginofahyperplaneina 2차원 데이터 셋

최대 마진의 이론적 근거

여백이 큰 초평면은 여백이 작은 초평면보다 일반화 성능이 더 좋은 경향이 있다. 직관적으로 마진이 작은 경우 초평면 또는 경계에 위치한 훈련 인스턴스에서 약간의 변화로 분류 성능에 상당한 영향을 줄 수 있다. 작은 마진 초평면은 교란을 허용하기 위해 매우 좁은 공간으로 수업을 거의 분리 할 수 없기 때문에 과적합에 더 취약하다. 반면, 두 클래스의 훈련 인스턴스에서 멀리 떨어져있는 초평면은 데이터의 사소한 수정에 견딜 수 있는 충분한 여유가 있어 일반화 성능이 뛰어납니다.

초평면을 분리하는 최대 마진을 선택한다는 아이디어는 통계 학습 이론에서 강력한 토대를 가지고 있다. 이러한 초평면의 마진은 모델의 복잡성에 대해 일반적으로 사용되는 분류기의 VC-dimension과 반비례 관계가 있음을 알 수 있다. 지난 장의 3.4절에서 논의한 것처럼, 비슷한 훈련 성능을 보이는 경우 더 복잡한 모델보다 더 간단한 모델을 선호해야 한다. 따라서, 마진을 최대화하면 모델 복잡성이 가장 낮은 분리 초평면을 선택하게 되어 일반화 성능이 향상될 것으로 예상된다.

4.9.2 선형 SVM

선형 SVM은 가장 큰 마진을 가진 분리 초평면을 검색하는 분류기이므로, 종종 **최대 마진 분류기**로 알려져 있다. SVM의 기본 개념은 다음과 같이 설명할 수 있다.

모든 훈련 인스턴스 $\mathbf{x}_i$가 이진 레이블 $y_i \in \{-1, 1\}$과 연관된 n개의 훈련 인스턴스로 구성된 이진 분류 문제를 고려해보자. $\mathbf{w}^T\mathbf{x}+b=0$을 두 개의 클래스를 반대쪽에 배치하여 분리하는 분리 초평면의 방정식이라고 하자. 이것은 다음과 같다.

$$\mathbf{w}^T\mathbf{x}_i + b > 0 \quad \text{if } y_i = 1$$
$$\mathbf{w}^T\mathbf{x}_i + b < 0 \quad \text{if } y_i = -1$$

초평면으로부터 임의의 점 $\mathbf{x}$의 거리는 다음과 같이 주어진다.

$$D(\mathbf{x}) = \frac{|\mathbf{w}^T\mathbf{x} + b|}{||\mathbf{w}||}$$

여기서 $|.|$는 절대 값을 나타내고 $||.||$는 벡터의 길이를 나타낸다. $y=1$는 $k_+ > 0$으로 초평면에서 가장 가까운 점의 거리라고 보자. 마찬가지로, $k_- > 0$은 클래스 -1에서 가

장 가까운 점의 거리를 나타낸다.

이것은 다음 제약 조건을 사용하여 나타낼 수 있다.

$$\frac{\mathbf{w}^T\mathbf{x}_i + b}{\|\mathbf{w}\|} \geq k_+ \quad \text{if } y_i = 1$$
$$\frac{\mathbf{w}^T\mathbf{x}_i + b}{\|\mathbf{w}\|} \leq -k_- \quad \text{if } y_i = -1 \tag{4.69}$$

앞의 식은 y_i와 $(\mathbf{w}^T\mathbf{x}_i + b)$의 곱을 사용하여 간결하게 표현할 수 있다.

$$y_i(\mathbf{w}^T\mathbf{x}_i + b) \geq M \| \mathbf{w} \|) \tag{4.70}$$

여기서 M은 초평면의 여백과 관련된 매개 변수이다. 즉, $k_+ = k_- = M$이면 마진 = $k_+ - k_- = 2M$이다. 이전 제약 조건을 준수하는 최대 여백 초평면을 찾으려면 다음과 같은 최적화 문제를 고려할 수 있다.

$$\max_{\mathbf{w},\, b} M$$
$$\text{subject to} \quad y_i(\mathbf{w}^T\mathbf{x}_i + b) \geq M\|\mathbf{w}\| \tag{4.71}$$

이전 문제에 대한 해결책을 찾기 위해 $\mathbf{w}$와 b가 이전 문제의 제약 조건을 만족하면 모든 규모의 $\mathbf{w}$와 b 버전도 만족할 것이다. 따라서 편리하게 불평등의 우변을 단순화하기 위해 $\|\mathbf{w}\| = 1/M$를 선택할 수 있다. 게다가, M을 최대화하면 $\|\mathbf{w}\|^2$가 최소화된다. 따라서 SVM의 최적화 문제는 일반적으로 다음과 같은 형식으로 나타난다.

$$\min_{\mathbf{w},\, b} \frac{\|\mathbf{w}\|^2}{2}$$
$$\text{subject to} \quad y_i(\mathbf{w}^T\mathbf{x}_i + b) \geq 1 \tag{4.72}$$

모델 매개 변수 학습하기

식 (4.72)는 선형 불평등에 대해 제한된 최적화 문제를 나타낸다. 목적 함수는 $\mathbf{w}$에 대해 컨벡스하고 2차이므로, **이차 계획법 문제**(quadratic programming problem, QPP)라고 하며, 부록 E에 설명된 대로 표준 최적화 기술을 사용하여 해결할 수 있다. 먼저, SVM의 모델 매개변수를 학습하기 위한 주요 아이디어의 간단한 스케치를 제시한다.

먼저, 목적 함수를 해결책에 부과된 제약 조건을 고려한 형태로 다시 작성한다. 새로운 목적 함수는 다음과 같이 표현될 수 있는 **라그랑주 원시 문제**(Lagrangian primal problem)로 알려져 있다.

$$L_P = \frac{1}{2} \parallel \mathbf{w} \parallel^2 - \sum_{i=1}^{n} \lambda_i \big(y_i(\mathbf{w}^T \mathbf{x}_i + b) - 1\big) \tag{4.73}$$

여기서 매개 변수 $\lambda_i \geq 0$은 제약 조건에 해당하며 **라그랑주 곱수**(Lagrange multipliers)라고 한다. 다음으로 라그랑주를 최소화하기 위해 $\mathbf{w}$와 b에 대한 L_P의 미분을 취하여 0으로 설정한다.

$$\frac{\partial L_p}{\partial \mathbf{w}} = 0 \Rightarrow \mathbf{w} = \sum_{i=1}^{n} \lambda_i y_i \mathbf{x}_i \tag{4.74}$$

$$\frac{\partial L_p}{\partial b} = 0 \Rightarrow \sum_{i=1}^{n} \lambda_i y_i = 0 \tag{4.75}$$

식 (4.74)를 사용하면 라그랑주 곱수로 $\mathbf{w}$를 완전히 나타낼 수 있다. QPP를 해결하기 위해 일반적으로 사용되는 기술인 Karush-Kuhn-Tucker(KKT) 조건에서 파생된 ($\mathbf{w}$, b)와 λ_i 사이에는 또 다른 관계가 있다. 이 관계는 다음과 같이 설명할 수 있다.

$$\lambda_i \big[y_i(\mathbf{w}^T \mathbf{x}_i + b) - 1\big] = 0 \tag{4.76}$$

식 (4.76)은 SVM의 귀중한 속성을 밝히는 **보완적 여유 조건**으로 알려져 있다. 라그랑주 곱수 λ_i는 $\mathbf{x}_i$가 방정식 $y_i(\mathbf{w} \cdot \mathbf{x}_i + b) = 1$을 만족하는 경우에만 0보다 엄격하게 크며, 이는 $\mathbf{x}_i$가 마진 초평면에 정확히 있다는 것을 의미한다. 그러나 $\mathbf{x}_i$가 $y_i(\mathbf{w} \cdot \mathbf{x}_i + b) > 1$과 같이 마진 초평면에서 멀어지면 λ_i는 반드시 0이다. 따라서 $\lambda_i > 0$은 분리 초평면에 가장 가까운 소수의 인스턴스에 대해서만, **서포트 벡터**(support vectors)라고 한다. 그림 4.33은 채워진 원과 사각형으로 초평면의 서포트 벡터를 보여준다. 게다가, 식 (4.74)를 살펴보면 $\lambda_i = 0$인 훈련 인스턴스가 가중치 매개 변수 $\mathbf{w}$에 영향을 미치지 않음을 알 수 있다. 이는 $\mathbf{w}$가 훈련 데이터의 서포트 벡터의 관점에서만 간결하게 표현될 수 있으며, 이는 전체 훈련 인스턴스 수보다 상당히 적음을 제안한다. 서포트 벡터들에

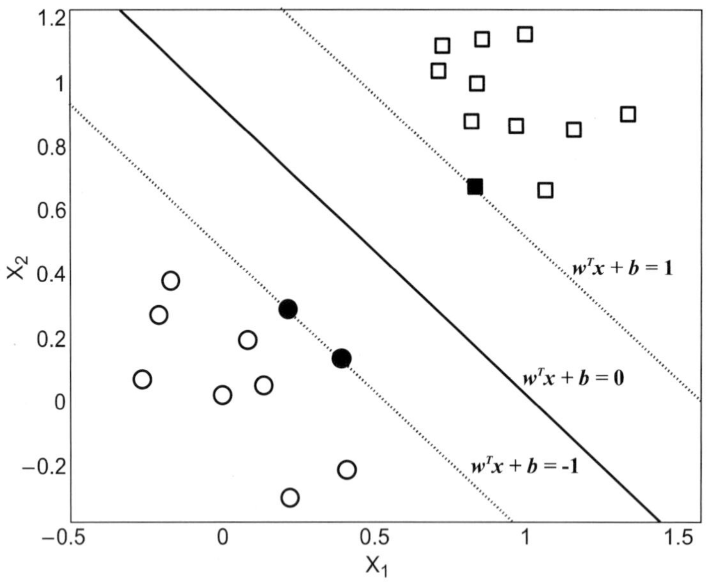

그림 4.33 채워진 원과 사각형으로 표시되는 초평면의 벡터 지원

의해서만 의사결정 기능을 표현할 수 있는 이 능력은 이 분류기에 이름 서포트 벡터 머신를 제공한다.

식 (4.73)에서 식 (4.74), 식 (4.75), 식 (4.76)을 사용하여 라그랑주 곱수 λ_i와 관련하여 다음과 같은 최적화 문제를 얻는다.

$$\max_{\lambda_i} \quad \sum_{i=1}^{n}\lambda_i - \frac{1}{2}\sum_{i=1}^{n}\sum_{j=1}^{n}\lambda_i\lambda_j y_i y_j \mathbf{x}_i^T\mathbf{x}_j \tag{4.77}$$

$$\text{subject to} \quad \sum_{i=1}^{n}\lambda_i y_i = 0$$

$$\lambda_i \geq 0$$

이전 최적화 문제는 **이중 최적화 문제**(dual optimization problem)라고 한다. λ_i에 대한 이중 문제를 최대화하는 것은 $\mathbf{w}$와 b에 대한 초기 문제를 최소화하는 것과 같다.

이중 문제와 원초 문제 사이의 주요 차이점은 다음과 같다.

1. 이중 문제를 해결하면 0이 아닌 λ_i 값을 갖는 데이터에서 서포트 벡터를 식별할 수 있다. 또한, 이중 문제의 해결책은 SVM의 의사결정 경계에 가장 가까운 서포트

벡터에 의해서만 영향을 받는다. 이는 SVM의 학습내용을 단순히 서포트 벡터만으로 요약하는데 도움이 되며, 이는 계산적으로 관리하기가 더 쉽다. 또한 SVM이 경계에서 가장 가까운 인스턴스에만 의존할 수 있는 고유한 기능을 나타내며, 경계에서 멀리 떨어진 인스턴스의 분포보다는 분류하기가 더 어렵다.

2. 이중 문제의 목적은 기본적으로 속성 공간의 내적인 $\mathbf{x}_i^T\mathbf{x}_j$ 형식의 항만 포함한다. 나중에 4.9.4절에서 볼 수 있듯이 이 속성은 SVM을 사용하여 비선형 의사결정 경계를 학습하는 데 매우 유용하다.

이러한 차이로 인해 QPP에 대한 표준 해결사를 이용하여 이중 최적화 문제를 해결하는 것이 유용한다. λ_i에 대한 최적의 솔루션을 찾기 위해 식 (4.74)를 사용하여 $\mathbf{w}$를 풀 수 있다. 그런 다음 지원 벡터에서 식 (4.76)을 사용하여 다음과 같이 b를 풀 수 있다.

$$b = \frac{1}{n_S}\sum_{i\in S}\frac{1 - y_i\mathbf{w}^T\mathbf{x}_i}{y_i} \tag{4.78}$$

여기서 S는 일련의 서포트 벡터 $(S = \{i|\lambda_i > 0\})$를 나타내고 n_S는 서포트 벡터의 개수이다. 최대 마진 초평면은 다음과 같이 표현될 수 있다.

$$f(\mathbf{x}) = \left(\sum_{i=1}^{n}\lambda_i y_i \mathbf{x}_i^T\mathbf{x}\right) + b = 0 \tag{4.79}$$

이 분리 초평면을 사용하면 테스트 인스턴스 $\mathbf{x}$는 $f(\mathbf{x})$의 부호를 사용하여 클래스 레이블을 할당할 수 있다.

예제 4.7

8개의 교육 인스턴스가 포함된 그림 4.34에 표시된 2차원 데이터 집합을 고려해보자. 이차 계획법을 사용하여 식 (4.77)에 명시된 최적화 문제를 해결하여 각 훈련 인스턴스에 대해 라그랑주 곱수 λ_i를 얻을 수 있다. 라그랑주 곱수는 표의 마지막 열에 나와 있다. 처음 두 인스턴스에만 0이 아닌 라그랑주 곱수가 있다. 이러한 인스턴스는 이 데이터 집합의 서포트 벡터에 해당한다.

$\mathbf{w} = (w_1, w_2)$와 b는 의사결정 경계의 매개 변수를 나타낸다. 식 (4.74)를 사용하여

다음과 같은 방식으로 w_1과 w_2를 풀 수 있다.

$$w_1 = \sum_i \lambda_i y_i x_{i1} = 65.5261 \times 1 \times 0.3858 + 65.5261 \times -1 \times 0.4871 = -6.64$$

$$w_2 = \sum_i \lambda_i y_i x_{i2} = 65.5261 \times 1 \times 0.4687 + 65.5261 \times -1 \times 0.611 = -9.32$$

바이어스 항 b는 각 서포트 벡터에 대해 식 (4.76)을 사용하여 계산할 수 있다.

$$b^{(1)} = 1 - \mathbf{w} \cdot \mathbf{x}_1 = 1 - (-6.64)(0.3858) - (-9.32)(0.4687) = 7.9300$$

$$b^{(2)} = -1 - \mathbf{w} \cdot \mathbf{x}_2 = -1 - (-6.64)(0.4871) - (-9.32)(0.611) = 7.9289$$

x_1	x_2	y	Lagrange Multiplier
0.3858	0.4687	1	65.5261
0.4871	0.611	−1	65.5261
0.9218	0.4103	−1	0
0.7382	0.8936	−1	0
0.1763	0.0579	1	0
0.4057	0.3529	1	0
0.9355	0.8132	−1	0
0.2146	0.0099	1	0

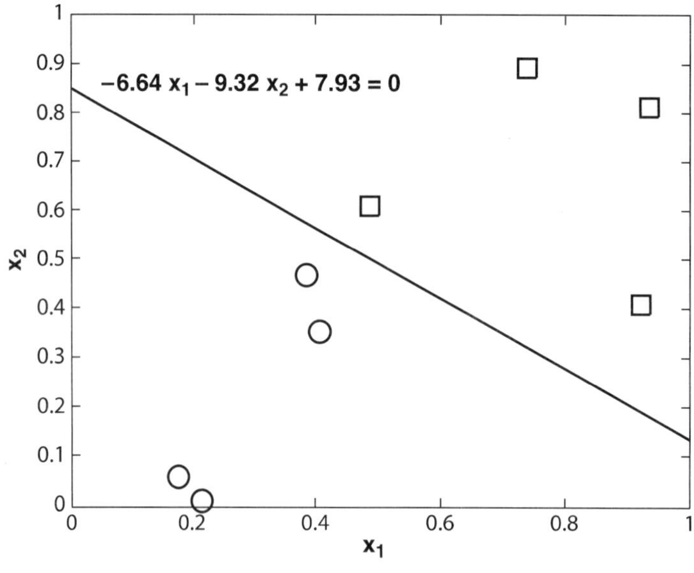

그림 4.34 선형적으로 분리 가능한 데이터 집합의 예

이 값의 평균을 구하면 $b = 7.93$이 된다. 이 매개 변수들에 해당하는 의사결정 경계는 그림 4.34에 나와 있다. ■

4.9.3 소프트 마진 SVM

그림 4.35는 P와 Q라는 두 가지 새로운 예가 있다는 점을 제외하고는 그림 4.32와 유사한 데이터 집합을 보여준다. 의사결정 경계 B_1이 새로운 예를 잘못 분류하지만, B_2가 올바르게 분류하지만, 이는 새로운 예제가 훈련 데이터의 잡음에 해당할 수 있기 때문에 B_2가 B_1 보다 더 나은 의사결정 경계라는 것을 의미하지는 않는다. B_1은 마진이 더 넓기 때문에 여전히 B_2보다 선호되므로, 과적합에 덜 취약한다. 그러나 이전 절에서 제시한 SVM 공식은 실수가 없는 의사 결정 경계만 구성한다.

이 절에서는 **소프트 마진** 접근 방식으로 알려진 방법을 사용하여 적은 수의 훈련 오류에 견딜 수 있는 분리 초평면을 학습하기 위해 SVM의 공식화 방법을 조사한다. 더 중요한 것은 이 절에 제시된 방법을 통해 클래스를 선형으로 분리할 수없는 상황에서도 SVM이 선형 초평면을 학습할 수 있다는 것이다. 이를 위해 SVM의 학습 알고리즘은 마

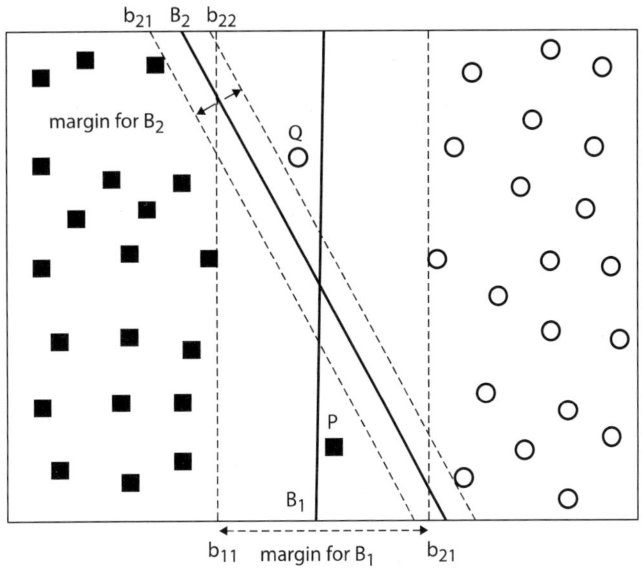

그림 4.35 분리할 수 없는 경우에 대한 SVM의 의사결정 경계

진 폭과 선형 초평면에 의해 발생된 훈련 오류 수 사이의 절충을 고려해야 한다.

SVM 공식에서 훈련 오류의 개념을 도입하기 위해서는, 소수의 훈련 인스턴스에 대한 위반을 수용하기 위해 불평등 제약을 완화한다. 모든 훈련 인스턴스 $\mathbf{x}_i$에 대해 슬랙 변수(slack varialbe) $\xi \geq 0$을 다음과 같이 도입하면 된다.

$$y_i(\mathbf{w}^T\mathbf{x}_i + b) \geq 1 - \xi_i \tag{4.80}$$

변수 ξ_i는 모든 인스턴스 $\mathbf{x}_i$가 $y_i(\mathbf{w}^T\mathbf{x}_i + b) \geq 1$을 엄격하게 만족시킬 필요가 없도록 SVM의 불평등이 약간 느슨해지도록 한다. 또한, 오직 마진 초평면이 y_i에 속하는 나머지 인스턴스와 같은 쪽에 있는 $\mathbf{x}_i$에 위치하지 않는 다면, ξ_i는 0이 아닌 값이다. 이를 설명하기 위해 그림 4.36은 나머지 초평면과 분리 초평면의 반대편에 있는 원 P를 보여주므로, $\mathbf{w}^T\mathbf{x} + b = -1 + \xi$를 만족시킨다. P와 마진 초평면 $\mathbf{w}^T\mathbf{x} + b = -1$ 사이의 거리는 $\xi / \|\mathbf{w}\|$와 같다. 따라서, ξ_i는 소프트 불평등 제약 조건을 사용하여 $\mathbf{x}_i$를 표현할 때 SVM의 오차를 측정한다.

슬랙 변수가 있는 경우 마진을 최대로 최대화하고 (일반화 성능이 우수함) 슬랙 변수 값을 최소화하는 (훈련 오류가 낮은) 분리 초평면을 학습하는 것이 중요한다. 이를 위해

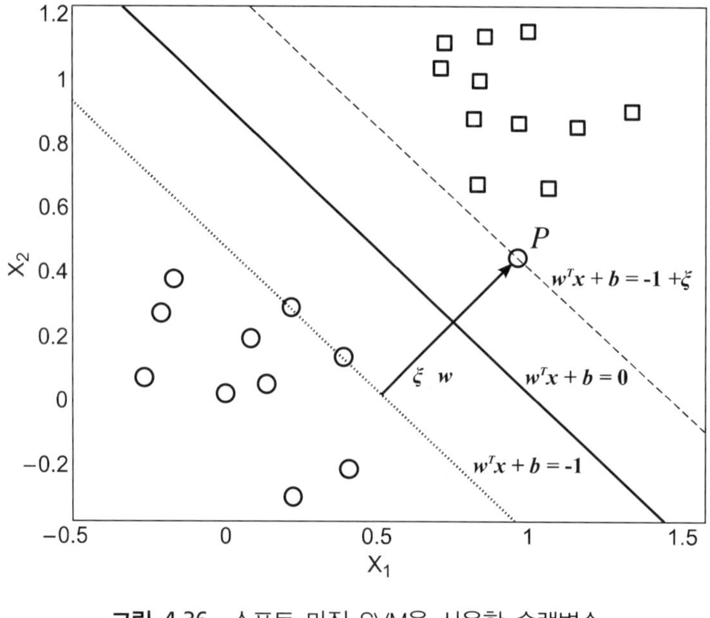

그림 4.36 소프트 마진 SVM을 사용한 슬랙변수

SVM의 최적화 문제를 다음과 같이 수정하면 된다.

$$\min_{\mathbf{w}, b, \xi_i} \frac{\|\mathbf{w}\|^2}{2} + C\sum_{i=1}^{n} \xi_i \tag{4.81}$$

$$\text{subject to} \quad y_i(\mathbf{w}^T\mathbf{x}_i + b) \geq 1 - \xi_i$$

$$\xi_i \geq 0$$

여기서 C는 마진 최대화와 훈련 오류 최소화 사이의 균형을 이루는 초평면이다. C값이 크면 마진을 최대화하는 것보다 훈련 오류를 최소화하는 데 더 중점을 둡니다. 이전 장의 3.4절에서 소개된 일반화 오류율의 일반 공식과 이전 식의 유사성에 주목하라. 실제로 SVM은 일반화 성능을 최대화하기 위해 모델 복잡성과 훈련 오류 간의 균형을 잡는 자연스러운 방법을 제공한다.

식 (4.81)을 풀기 위해 라그랑주 곱수 방법을 적용하고 이전 문제에서 설명한 접근 방식과 유사하게 원시 문제를 해당 이중 문제로 변환한다. 식 (4.81)의 라그랑주 원시 문제는 다음과 같이 쓸 수 있다.

$$L_P = \frac{1}{2}\|\mathbf{w}\|^2 + C\sum_{i=1}^{n} \xi_i - \sum_{i=1}^{n} \lambda_i\big(y_i(\mathbf{w}^T\mathbf{x}_i + b) - 1 + \xi_i\big) - \sum_{i=1}^{n} \mu_i(\xi_i) \tag{4.82}$$

여기서 $\lambda_i \geq 0$와 $\mu_i \geq 0$은 식 (4.81)의 부등식 제약 조건에 해당하는 라그랑주 승수이다. $\mathbf{w}$, b, ξ_i에 대한 L_P의 미분 값을 0으로 설정하면 다음과 같은 식을 얻을 수 있다.

$$\frac{\partial L_P}{\partial \mathbf{w}} = 0 \Rightarrow \mathbf{w} = \sum_{i=1}^{n} \lambda_i y_i \mathbf{x}_i \tag{4.83}$$

$$\frac{\partial L}{\partial b} = 0 \Rightarrow \sum_{i=1}^{n} \lambda_i y_i = 0 \tag{4.84}$$

$$\frac{\partial L}{\partial \xi_i} = 0 \Rightarrow \lambda_i + \mu_i = C \tag{4.85}$$

다음 KKT 조건을 사용하여 보완 여유 조건을 얻을 수도 있다.

$$\lambda_i\big(y_i(\mathbf{w}^T\mathbf{x}_i + b) - 1 + \xi_i\big) = 0 \tag{4.86}$$

$$\mu_i \xi_i = 0 \tag{4.87}$$

식 (4.86)은 마진 초평면 $\mathbf{w}^T\mathbf{x}_i + b = \pm 1$에 있거나 $\xi_i > 0$인 경우를 제외하고 모든 훈련 인스턴스에 대해 λ_i가 0임을 제안한다. $\lambda_i > 0$인 이러한 인스턴스를 서포트 벡터라고 한다. 한편, 식 (4.87)에 주어진 μ_i는 잘못 분류된 훈련 인스턴스, 즉 $\xi_i > 0$에 대해 0이다. 게다가, λ_i와 μ_i는 식 (4.85)에 의해 서로 관련이 있다. 결과적으로 $(\lambda_i,\ \mu_i)$의 다음 세 가지 설정이 따른다.

1. $\lambda_i = 0$와 $\mu_i = C$인 경우, $\mathbf{x}_i$는 마진 초평면에 상주하지 않으며 y_i에 속하는 다른 인스턴스와 같은 면에서 올바르게 분류된다.
2. $\lambda_i = C$ 및 $\mu_i = 0$인 경우, $\mathbf{x}_i$는 잘못 분류되고 0이 아닌 슬랙 변수 ξ_i를 갖는다.
3. $0 < \lambda_i < C$ and $0 < \mu_i < C$이면 $\mathbf{x}_i$는 마진 초평면 중 하나에 있다.

식 (4.83)에서 식 (4.87)을 식 (4.82)로 대체하면 다음과 같은 이중 최적화 문제가 발생한다.

$$\begin{aligned} \max_{\lambda_i} \quad & \sum_{i=1}^{n} \lambda_i - \frac{1}{2}\sum_{i=1}^{n}\sum_{j=1}^{n} \lambda_i \lambda_j y_i y_j \mathbf{x}_i^T \mathbf{x}_j \\ \text{subject to} \quad & \sum_{i=1}^{n} \lambda_i y_i = 0 \\ & 0 \le \lambda_i \le C \end{aligned} \tag{4.88}$$

λ_i가 0보다 클 뿐만 아니라 상수 값 C보다 작아야 한다는 점을 제외하고는 선형 분리 가능 사례(식 (4.77))에 대한 이전 문제는 SVM의 이중 문제와 거의 동일하게 나타난다. 즉, 이전 최적화 문제는 학습된 초평면이 학습 오류 없이 클래스를 완벽하게 분리하는 식 (4.77)과 같다. 하지만, λ_i의 값을 C로 제한함으로써, 학습 된 초평면은 $\xi_i > 0$인 몇 가지 훈련 오류를 허용할 수 있다.

이전과 같이 QPP를 위한 표준 해결사를 사용하여 식 (4.88)을 풀 수 있으며 식 (4.83)을 사용하여 $\mathbf{w}$의 최적 값을 얻을 수 있다. b를 풀기 위해 다음과 같이 마진 초평면에 있는 서포트 벡터에서 식 (4.86)을 사용할 수 있다.

$$b = \frac{1}{n_S} \sum_{i \in S} \frac{1 - y_i \mathbf{w}^T \mathbf{x}_i}{y_i} \tag{4.89}$$

여기서 S는 마진 초평면($S = \{i | 0 < \lambda_i < C\}$)에 상주하는 서포트 벡터 집합을 나타내고 n_S는 S의 요소 수이다.

힌지 손실(Hinge Loss)의 정규화 장치로서의 SVM

SVM은 손실 함수를 사용하여 훈련 오류를 나타내며 모델 매개 변수의 표준을 나타내어 모델 복잡성을 나타내는 광범위한 정규화 기술에 속한다. 이를 실현하기 위해 SVM에서 학습 오류를 측정하는 데 사용되는 슬랙 변수 ξ는 힌지 손실 함수와 동일하며 다음과 같이 정의할 수 있다.

$$\mathrm{Loss}(y,\ \hat{y}) = \max(0,\ 1 - y\hat{y})$$

여기서 $y \in \{+1,\ -1\}$이다. SVM의 경우 $\hat{y}$는 $\mathbf{w}^T\mathbf{x} + b$에 해당한다. 그림 4.37은 $y\hat{y}$가 변할 때 힌지 손실 함수의 도표를 보여준다. y와 $\hat{y}$가 동일한 부호와 $|\hat{y}| \geq 1$인 한 힌지 손실이 0과 같다는 것을 알 수 있다. 그러나 힌지 손실은 $|\hat{y}|$로 y와 $\hat{y}$가 반대 분호이거나 $|\hat{y}| < 1$일 때, 힌지 손실은 $|\hat{y}|$로 선행적으로 증가한다. 이것은 슬랙 변수 ξ의 개념과 유사하며, 마진 초평면으로부터 점의 거리를 측정하는 데 사용된다. 따라서 SVM의

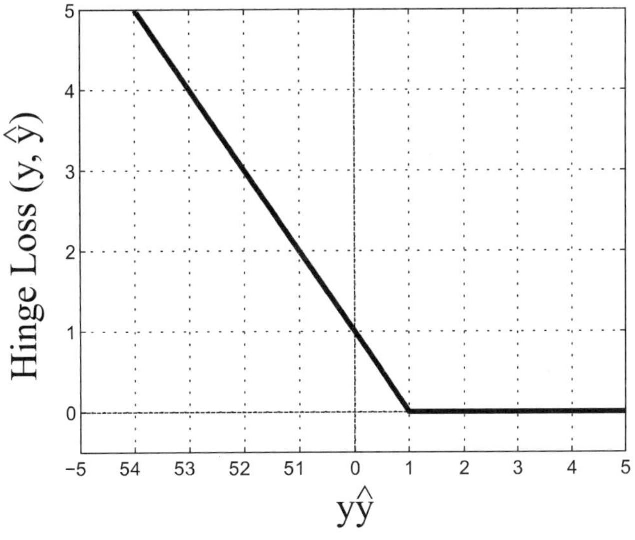

그림 4.37 $y\hat{y}$의 함수로서의 힌지 손실

최적화 문제는 다음과 같은 형식으로 표현될 수 있다.

$$\min_{\mathbf{w}, b} \frac{\|\mathbf{w}\|^2}{2} + C \sum_{i=1}^{n} \text{Loss}(y_i, \mathbf{w}^T \mathbf{x}_i + b) \tag{4.90}$$

힌지 손실을 사용하면 최적화 문제가 볼록형이고 표준 최적화 기술을 사용하여 해결할 수 있다. 그러나 ANN의 4.7절에서 소개된 제곱 손실 함수와 같은 다른 손실 함수를 사용하면 볼록형이거나 남아 있지 않은 다른 최적화 문제가 발생한다. 그럼에도 불구하고 문제의 특성에 따라 다양한 훈련 오류 개념을 포착하기 위해 다양한 손실 기능을 탐색할 수 있다.

보다 다양한 종류의 정규화 기술과 관련된 SVM의 또 다른 흥미로운 속성은 마진의 개념이다. $\|\mathbf{w}\|^2$를 최소화하는 것은 분리 초평면의 마진을 최대화하는 기하학적 해석을 갖지만, 본질적으로 모델 매개 변수 $\|\mathbf{w}\|_2^2$의 제곱 L_2 norm이다. 일반적으로 $\mathbf{w}$의 L_q norm은 $\|\mathbf{w}\|_q$는 $\mathbf{w}$에서 원점까지의 순서 q의 Minkowski 거리와 같다. 즉,

$$\|\mathbf{w}\|_q = \left(\sum_{i}^{p} w_i^q \right)^{1/q}$$

더 낮은 모델 복잡도를 달성하기 위해 $\mathbf{w}$의 L_q norm을 최소화하는 것은 몇 가지 해석을 가지고 있는 일반적인 정규화 개념이다. 예를 들어, L_2 norm을 최소화하면 적합한 훈련 성능을 나타내는 가장 작은 반경의 초 구면에서 솔루션을 찾을 수 있다. 이것을 2차원으로 시각화하기 위해, 그림 4.38(a)는 일정한 반경 r을 갖는 원의 도표를 보여준다. 모든 점은 동일한 L_2 norm을 갖다. 반면에 L_1 norm을 사용하면 해결책이 축을 따라 정점이 있는 가장 작은 크기의 하이퍼큐브(hypercube) 표면에 놓이게 된다. 이것은 그림 4.38(b)에 원점에서 r 거리에 있는 축에 꼭지점에 있는 정사각형으로 설명되어 있다. L_1 norm은 일반적으로 회귀 문제에 Lasso를 사용하는 것과 같이 적은 수의 0이 아닌 매개 변수 값으로 희소 모델 매개 변수를 얻기 위해 정규화 도구로 사용된다(참고문헌 사항 참조).

일반적으로 문제의 특성에 따라 L_q norm과 훈련 손실 함수의 다른 조합을 사용하여 모델 매개 변수를 학습할 수 있으며, 각각은 다른 최적화 해결사가 필요하다. 이는 훈련 오류와 모델 복잡도를 최소화하여 일반화 성능을 향상시키려는 광범위한 모델링 기술의 중추를 형성한다. 그러나 이 절에서는 제곱된 L_2 norm과 힌지 손실 함수에만 중점을 두

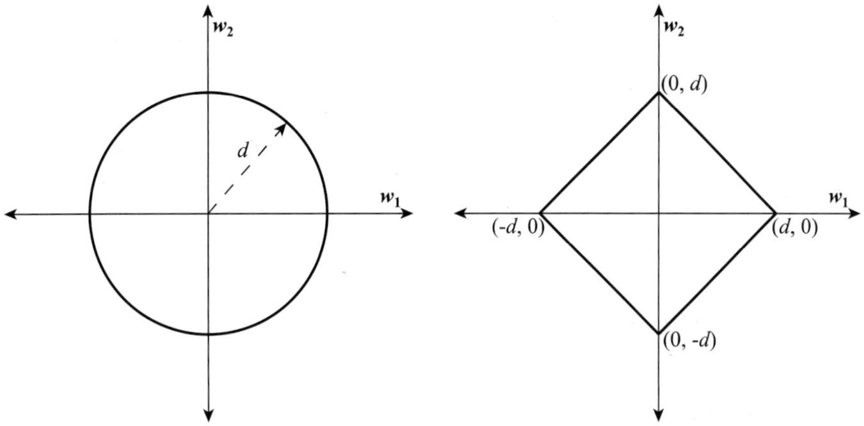

(a) L_2 norm (b) L_1 norm

그림 4.38 일정한 L_2과 L_1 norm을 가진 2차원 해결책의 동작을 보여주는 도표

어 SVM의 고전적인 공식을 도출했다.

4.9.4 비선형 SVM

이전 절에서 설명한 SVM 공식은 훈련 예제를 각 클래스로 분리하기 위한 선형 의사결정 경계를 구성한다. 이 절에서는 비선형 의사결정 경계가 있는 데이터 집합에 SVM을 적용하는 방법을 제시한다. 기본 아이디어는 SVM 방식을 사용하여 선형 초평면을 사용하여 변환된 공간에서 인스턴스를 분리할 수 있도록 $\mathbf{x}$의 원래 속성 공간에서 새로운 공간 $\phi(\mathbf{x})$로 데이터를 변환하는 것이다. 학습된 초평면은 원래 속성 공간으로 다시 투영되어 비선형 의사결정 경계가 된다.

속성 변환

속성 변환이 어떻게 선형 의사결정 경계로 이어질 수 있는지 설명하기 위해 그림 4.39 (a)는 사각형($y=1$로 분류)과 원($y=-1$로 분류)으로 구성된 2차원 데이터 집합의 예를 보여준다. 데이터 집합은 모든 원이 다이어그램의 중심 근처에 모여 있고 모든 정사각형이 중심에서 더 멀리 분포되어 있는 방식으로 생성된다. 데이터 집합의 인스턴스는 다음 방정식을 사용하여 분류할 수 있다.

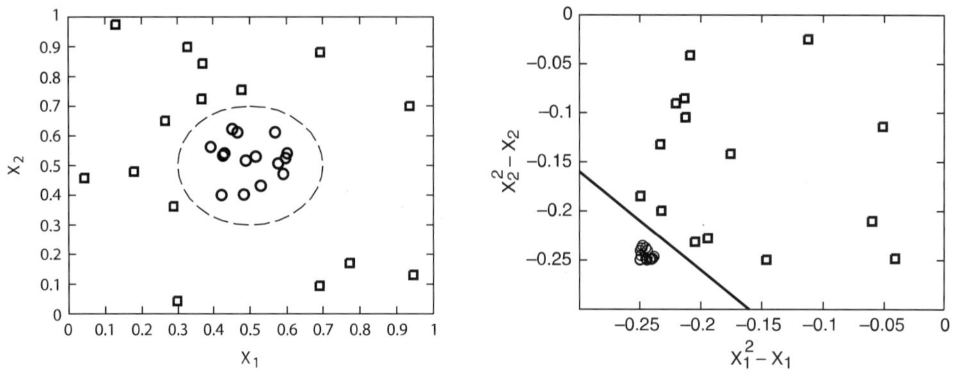

(a) Decision boundary in the original two-dimensional space

(b) Decision boundary in the transformed space

그림 4.39 비선형 결정 범위로 데이터의 분류

$$y = \begin{cases} 1 & \text{if } \sqrt{(x_1 - 0.5)^2 + (x_2 - 0.5)^2} > 0.2 \\ -1 & \text{otherwise} \end{cases} \tag{4.91}$$

따라서 데이터의 의사결정 경계는 다음과 같이 작성될 수 있다.

$$\sqrt{(x_1 - 0.5)^2 + (x_2 - 0.5)^2} = 0.2$$

이는 다음 2차 방정식으로 더 단순화 될 수 있다.

$$x_1^2 - x_1 + x_2^2 - x_2 = -0.46$$

선형 초평면이 클래스를 분리할 수 있도록 원래 속성 공간의 데이터를 새로운 공간으로 매핑하려면 비선형 변환 ϕ이 필요하다. 다음과 같은 간단한 변환을 사용하면 된다.

$$\phi : (x_1,\ x_2) \rightarrow (x_1^2 - x_1,\ x_2^2 - x_2) \tag{4.92}$$

그림 4.39(b)는 변환된 공간의 점들을 보여준다. 여기서 모든 원이 다이어그램의 왼쪽 아래에 있다. 그러므로 파라미터 **w**와 b를 갖는 선형 초평면은 변환된 공간에서 구성되어 인스턴스를 각각의 클래스로 분리할 수 있다.

비선형 변환은 입력 공간의 차원을 증가시킬 수 있기 때문에, 이러한 접근법은 종종 고차원 데이터와 연관된 차원의 저주로부터 벗어날 수 있다고 생각할 수 있다. 그러나 다음 절에서 볼 수 있듯이 비선형 SVM은 커널 함수를 사용하여 이 문제를 피할 수 있다.

비선형 SVM 모델 학습

적절한 함수 $\phi(.)$를 사용하면 모든 데이터 인스턴스 $\mathbf{x}$를 $\phi(\mathbf{x})$로 변환할 수 있다($\phi(.)$을 선택하는 방법에 대한 자세한 내용은 나중에 명확해진다). 변환된 공간의 선형 초평면은 $\mathbf{w}^T\phi(\mathbf{x})+b=0$으로 표현할 수 있다. 최적의 분리 초평면을 배우려면, 다음 최적화 문제를 얻기 위해 SVM의 공식에서 $\mathbf{x}$를 $\phi(\mathbf{x})$로 대체할 수 있다.

$$\min_{\mathbf{w},\,b,\,\xi_i} \frac{\|\mathbf{w}\|^2}{2}+C\sum_{i=1}^{n}\xi_i \tag{4.93}$$

$$\text{subject to} \quad y_i(\mathbf{w}^T\phi(\mathbf{x}_i)+b) \geq 1-\xi_i$$

$$\xi_i \geq 0$$

라그랑주 곱수 λ_i를 사용하면 다음과 같은 이중 최적화 문제로 변환할 수 있다.

$$\max_{\lambda_i} \quad \sum_{i=1}^{n}\lambda_i - \frac{1}{2}\sum_{i=1}^{n}\sum_{j=1}^{n}\lambda_i\lambda_j y_i y_j \langle \phi(\mathbf{x}_i),\ \phi(\mathbf{x}_j)\rangle \tag{4.94}$$

$$\text{subject to} \quad \sum_{i=1}^{n}\lambda_i y_i = 0$$

$$0 \leq \lambda_i \leq C$$

여기서 $\langle \mathbf{a}, \mathbf{b}\rangle$는 벡터 $\mathbf{a}$와 $\mathbf{b}$ 사이의 내적을 나타낸다. 또한, 변환된 공간에서의 초평면 방정식은 다음과 같이 λ_i를 사용하여 나타낼 수 있다.

$$\sum_{i=1}^{n}\lambda_i y_i\langle \phi(\mathbf{x}_i),\ \phi(\mathbf{x})\rangle + b = 0 \tag{4.95}$$

추가로, b는 다음과 같이 주어진다.

$$b = \frac{1}{n_S}\left(\sum_{i\in S}\frac{1}{y_i} - \sum_{i\in S}\sum_{j=1}^{n}\frac{\lambda_j y_i y_j \langle \phi(\mathbf{x}_i),\ \phi(\mathbf{x}_j)\rangle}{y_i}\right) \tag{4.96}$$

여기서 $S=\{i|0<\lambda_i<C\}$는 마진 초평면에 상주하는 서포트 벡터의 집합이고 n_S는

S의 요소 수이다.

식 (4.94)의 이중 최적화 문제를 해결하거나 학습된 모델 매개 변수를 사용하여 식 (4.95)와 (4.96)을 사용하여 예측하려면 $\phi(\mathbf{x})$의 내적만 필요하다. 따라서 $\phi(\mathbf{x})$는 비선형적이고 고차원적일 수 있지만, 변형된 공간에서 $\phi(\mathbf{x})$의 내적의 함수를 사용하기에 충분하다다. 커널 트릭을 사용하면 다음과 같이 설명할 수 있다.

두 벡터 사이의 내적은 종종 벡터 사이의 유사성의 척도로 간주된다. 예를 들어, 2.4.5절에 설명된 코사인 유사도는 단위 길이로 정규화된 두 벡터 사이의 내적으로 정의할 수 있다. 유사하게, 내적 $\langle \phi(\mathbf{x}_i), \phi(\mathbf{x}_j) \rangle$은 또한 변형된 공간에서 두 경우, $\mathbf{x}_i$와 $\mathbf{x}_j$ 사이의 유사성의 척도로 간주될 수 있다. 커널 트릭은 이러한 유사도를 원래 속성의 함수로 계산하는 방법이다. 구체적으로 두 인스턴스 u와 v 사이의 커널 함수 $K(\mathbf{u}, \mathbf{v})$는 다음과 같이 정의할 수 있다.

$$K(\mathbf{u}, \mathbf{v}) = \langle \phi(\mathbf{u}), \phi(\mathbf{v}) \rangle = f(\mathbf{u}, \mathbf{v}) \tag{4.97}$$

여기서 $f(.)$는 Mercer's Theorem에 명시된 특정 조건을 따르는 함수이다. 이 정리에 대한 자세한 내용은 이 책의 범위를 벗어나지만 일반적으로 사용되는 커널 함수의 목록을 제공한다.

$$\text{Polynomial kernel} \quad K(\mathbf{u}, \mathbf{v}) = (\mathbf{u}^T\mathbf{v} + 1)^p \tag{4.98}$$

$$\text{Radial Basis Function kernel} \quad K(\mathbf{u}, \mathbf{v}) = e^{-\|\mathbf{u}-\mathbf{v}\|^2/(2\sigma^2)} \tag{4.99}$$

$$\text{Sigmoid kernel} \quad K(\mathbf{u}, \mathbf{v}) = \tanh(k\mathbf{u}^T\mathbf{v} - \delta) \tag{4.100}$$

커널 함수를 사용하면 정확한 비선형 변환 함수 ϕ의 형식을 다루지 않고 변환된 공간에서 내적을 직접 사용할 수 있다. 구체적으로, 이는 원래 속성 공간에서만 계산을 수행하면서 고차원 변환(때로는 많은 차원을 포함하는 경우도 있음)을 사용할 수 있게 한다. 커널 함수를 사용하여 내적을 계산하는 것도 변환된 속성 집합 $\phi(\mathbf{x})$를 사용하는 것보다 훨씬 저렴하다. 따라서 커널 함수를 사용하면 차원의 저주를 받지 않고 비선형 의사 결정 경계를 나타내는데 큰 이점이 있다. 이것은 매우 복잡하고 비선형 문제에서 SVM을 널리 사용하는 주요 이유 중 하나였다.

그림 4.40은 식 (4.98)에 주어진 다항식 커널 함수를 사용하여 SVM에 의해 얻은 비선형 의사결정 경계를 보여준다. 우리는 학습된 의사결정 경계가 그림 4.39(a)에 표시된 실

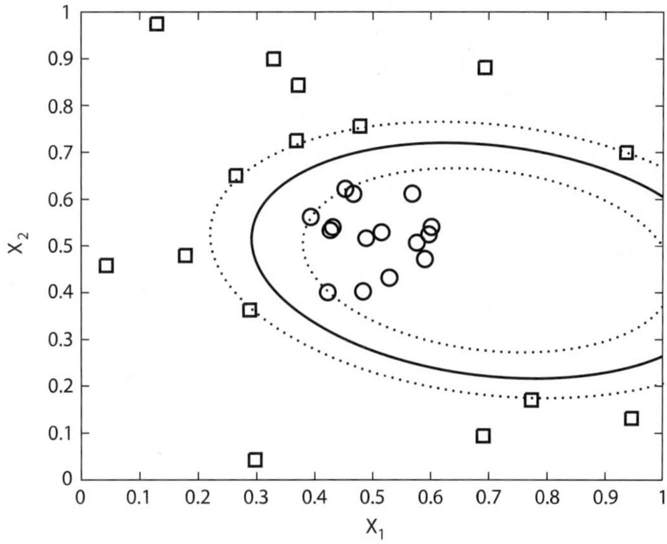

그림 4.40 다항식 커널을 갖은 비선형 SVM에 의해 생성된 의사결정 경계

제 의사결정 경계에 매우 가깝다는 것을 알 수 있다. 커널 기능의 선택은 입력 데이터의 특성에 따라 다르지만 일반적으로 사용되는 커널 기능은 RBF(방사형 기본 함수) 커널이며 RBF 커널의 표준 편차로 알려진 단일 초매개변수 σ를 포함한다.

4.9.5 SVM의 특성

1. SVM 학습 문제는 볼록(convex) 최적화 문제로 공식화 될 수 있으며, 여기서 목적 함수의 전체 최소값을 찾기 위해 효율적인 알고리즘을 사용할 수 있다. 규칙 기반 분류기 및 인공 신경망과 같은 다른 분류 방법은 가설 공간을 찾기 위해 탐욕스러운 전략을 사용한다. 이러한 방법은 로컬에서 최적의 해만 찾는 경향이 있다.

2. SVM은 의사 결정 경계의 마진을 최대화하여 모델 매개 변수를 정규화하는 효과적인 방법을 제공한다. 또한, 초매개변수 C를 사용하여 모델 복잡도와 훈련 오류 사이의 균형을 만들 수 있다. 이 절충은 모델의 복잡도와 다른 공식을 사용하여 훈련 손실을 포착하는 광범위한 모델 학습 기법에 속한다.

3. 선형 SVM은 이러한 속성에 해당하는 0의 가중치를 학습하여 관련이 없는 속성을 처리할 수 있다. 중복 속성에 대해 유사한 가중치를 학습하여 중복 속성을 처리할

수도 있다. 또한, SVM이 학습을 정규화 할 수 있는 능력은 높은 수준의 설정에서도 다른 분류기보다 많은 수가 관련이 없고 중복된 속성이 존재하도록 더욱 강력해진다. 이러한 이유로, 비선형 SVM은 의사 결정 트리와 같은 비선형 의사 결정 경계를 학습할 수 있는 다른 표현이 많은 분류기보다 관련성이 없고 중복되는 속성의 영향을 덜 받는다.

비선형 SVM 및 의사 결정 트리의 성능과 관련이 없는 속성의 효과를 비교하려면 500개의 '+'와 500개의 'o' 인스턴스를 포함하는 그림 4.41(a)에 표시된 2차원 데이터 집합을 살펴보자. 여기서 두 클래스는 비선형 의사결정 경계를 사용하여 쉽게 분리할 수 있다. 이 데이터 집합에 관련이 없는 속성을 점진적으로 추가하고 훈련에 데이터의 70%를 사용하고 테스트에 나머지를 사용하여 의사 결정 트리와 비선형 SVM(방사형 기본 함수 커널 사용)에 대한 두 분류기의 성능을 비교한다. 그림 4.41(b)은 관련 없는 속성의 수가 증가함에 따라 두 분류기의 테스트 오류율을 보여준다. 의사 결정 트리의 테스트 오류율은 소수의 관련 없는 속성이 존재하더라도 신속하게 0.5(임의 추측과 동일)에 도달함을 알 수 있다. 이는 이전 장의 예제 3.7에서 설명한대로 내부 노드에서 분할 속성을 선택하는 동안 다중 비교 문제로 인한 것일 수 있다. 반면 비선형 SVM은 적당히 많은 수의 관련이 없는 속성을 추가한 후에도 보다 강력하고 안정적인 성능을 보여준다. 테스트 오류율은 점차 감소하

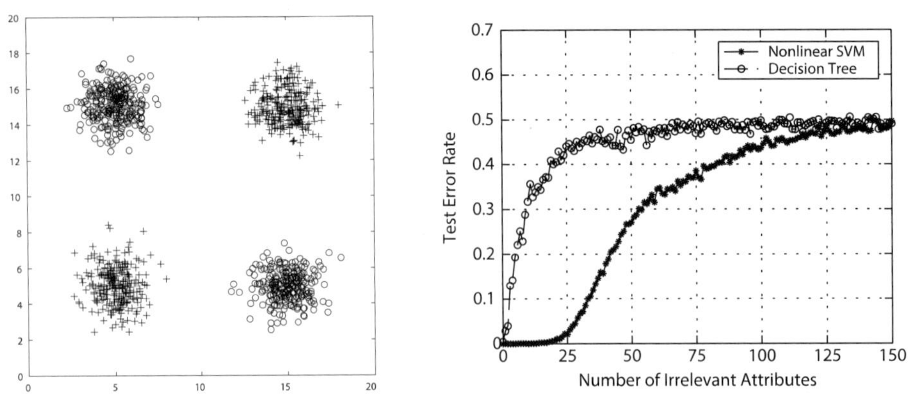

(a) 두 가지 속성을 가진 원본 데이터

(b) 원본 데이터에 관련이 없는 속성을 추가 후 테스트 오류율

그림 4.41 비선형 SVM과 의사결정 트리의 성능에 무관한 속성을 추가하는 효과 비교

고 125개의 관련이 없는 속성을 추가 한 후 0.5에 가까워지며, 이 시점에서 원래의 두 속성의 식별 정보를 비선형 결정 경계를 학습하기 위한 나머지 속성의 잡음과 구별하기가 어려워진다.

4. 데이터에 존재하는 각 범주형 속성 값에 더미 변수를 도입하여 범주형 데이터에 SVM을 적용할 수 있다. 예를 들어, 결혼 상태에 세 가지 값{Single, Married, Divorced}이 있는 경우 각 속성 값에 대해 이진 변수를 도입할 수 있다.
5. 이 장에 제시된 SVM 공식은 이진 클래스 문제를 위한 것이다. 그러나 SVM의 다중 클래스 확장도 제안되었다.
6. SVM 모델의 훈련 시간은 클 수 있지만 학습된 매개 변수는 소수의 서포트 벡터를 사용하여 간결하게 표현할 수 있으므로 테스트 인스턴스의 분류가 매우 빠르다.

4.10 앙상블 기법(Ensenble Method)

이 절에서는 여러 분류기의 예측을 집계하여 분류 정확도를 향상시키는 기술을 제공한다. 이러한 기술을 **앙상블**(ensemble) 또는 **분류기 조합**(classifier combination) 기법이라고 한다. 앙상블 기법은 훈련 데이터로부터 기본 분류기 집합을 구성하고 각 **기본 분류기**(base classifiers)의 예측에 대한 투표를 통해 분류를 수행한다. 이 절에서는 앙상블 기법이 단일 분류기보다 성능이 우수한 이유를 설명하고 분류기 앙상블을 구성하는 기술을 제시한다.

4.10.1 앙상블 기법의 이론적 근거

다음 예는 앙상블 기법으로 분류기의 성능을 향상시킬 수 있는 방법을 보여준다.

예제 4.8

25개의 이진 분류기의 앙상블을 고려해보자. 각 분류기의 오류율은 $\epsilon = 0.35$이다. 앙상블 분류기는 기본 분류기의 예측에 대해 다수결의 법칙에 따라 테스트 예의 클래스 레이블을 예측한다. 기본 분류기가 동일하면 모든 기본 분류기가 동일한 실수를 저지른다. 따라서 앙상블의 오류율은 0.35로 유지된다. 반면에 기본 분류기가 독립적인 경우(즉, 오류가 서로 관련이 없는 경우) 기본 분류기의 절반 이상이 잘못 예측한 경우에만 앙상블이 잘못된 예측을 한다. 이 경우 앙상블 분류기의 오류율은 다음과 같다.

$$e_{ensemble} = \sum_{i=13}^{25} \binom{25}{i} \epsilon^i (1-\epsilon)^{25-i} = 0.06 \tag{4.101}$$

이는 기본 분류기의 오류율보다 상당히 낮다. ■

그림 4.42는 각기 다른 기본 분류 오류율(ϵ)에 대한 25개의 이진 분류기($e_{ensemble}$)의 앙상블의 오류율을 보여준다. 대각선은 기본 분류기가 동일한 경우를 나타내고, 실선은 기본 분류기가 독립적인 경우를 나타낸다. 앙상블 분류기는 ϵ가 0.5보다 크면 기본 분류기보다 성능이 떨어진다.

앞의 예는 앙상블 분류기가 단일 분류기보다 더 나은 성능을 발휘하기 위해 필요한 두 가지 조건을 보여준다: (1) 기본 분류기들이 모두 독립적이고, (2) 기본 분류기가 무작위 예측을 수행하는 분류. 실제로, 기본 분류기들 사이의 완전한 독립성을 보장하는 것은 어렵다. 그럼에도 불구하고, 분류 정확도의 개선은 기본 분류기가 다소 상관되는 앙상블 방법에서 관찰되었다.

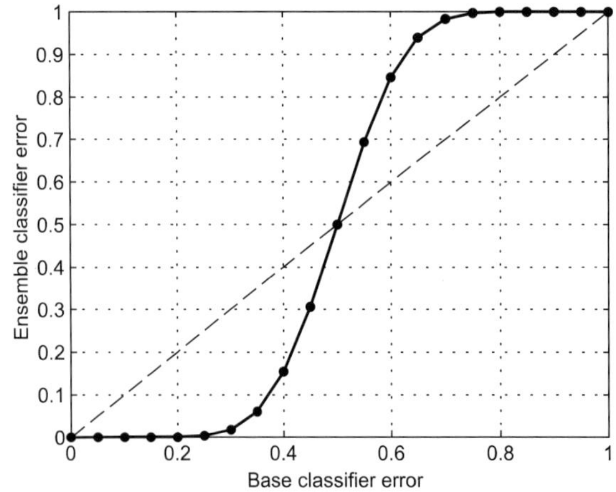

그림 4.42 기본 분류기의 오류와 앙상블 분류기의 오류 비교

4.10.2 앙상블 분류기 구축법

앙상블 기법의 논리적 관점은 그림 4.43에 제시되어 있다. 기본 아이디어는 원래 데이터에서 여러 분류기를 구성한 다음 알 수 없는 예를 분류할 때 예측을 종합하는 것이다. 분류기의 앙상블은 여러 가지 방법으로 구성할 수 있다.

1. **훈련 집합을 조작함으로써**. 이 방법에서는 몇 가지 샘플링 분포에 따라 원본 데이터를 다시 샘플링하고, 각 훈련 집합에서 분류기를 구성하여 여러 훈련 집합을 만든다. 샘플링 분포는 예제를 훈련용으로 선택할 가능성이 어느 정도인지 결정하며, 이는 한 시험마다 다를 수 있다. **배깅**(bagging) 및 **부스팅**(boosting)은 훈련 집합을 조작하는 앙상블 방법의 두 가지 예이다. 이러한 방법은 4.10.4절과 4.10.5절에 자세히 설명되어 있다.
2. **입력 기능을 조작**. 이 방법에서는 각 훈련 집합을 구성하기 위해 입력 기능의 부분집합이 선택된다. 부분집합은 무작위로 선택하거나 도메인 전문가의 추천에 따라 선택할 수 있다. 일부 연구에 따르면 이 접근 방식은 중복성이 매우 높은 데이터 집합에서 매우 잘 작동한다. 4.10.6절에 설명된 **랜덤 포레스트**(random forest)는 입력 기능을 조작하고 의사 결정 트리를 기본 분류기로 사용하는 앙상블 기법이다.

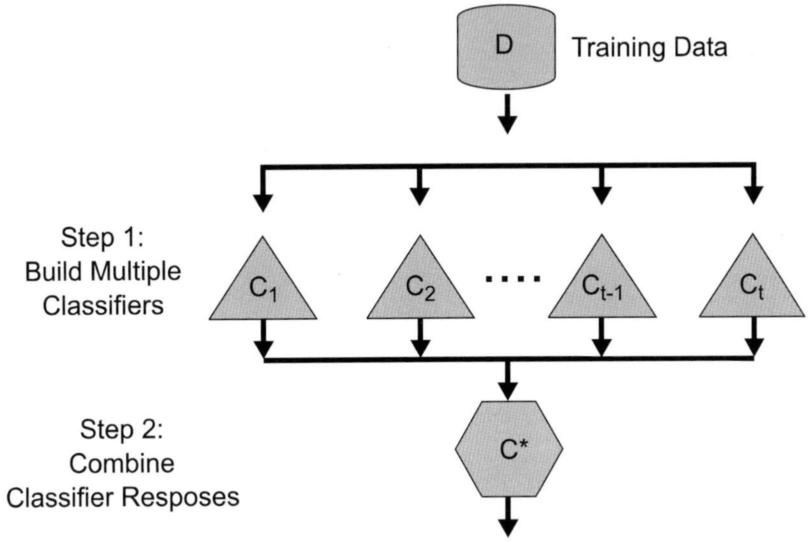

그림 4.43 앙상블 학습 기법의 논리적 체계

3. **클래스 레이블을 조작**. 이 방법은 클래스 수가 충분할 때 사용할 수 있다. 훈련 데이터는 클래스 레이블을 두 개의 분리된 부분집합(A_0와 A_1)으로 임의로 분할하여 이진 클래스 문제로 변환된다. 클래스 레이블이 하위 집합 A_0에 속하는 훈련 예제는 클래스 0에 할당되고 부분 집합 A_1에 속하는 교육 예제는 클래스 1에 할당된다. 레이블이 지정된 예제는 기본 클래스를 학습하는 데 사용된다. 이 과정을 여러 번 반복함으로써 기본 분류기의 앙상블을 얻을 수 있다. 테스트 예제가 제시되면 각 기본 분류기 C_i가 클래스 레이블을 예측하는 데 사용된다. 테스트 예제가 클래스 0으로 예측되면 A_0에 속하는 모든 클래스가 표를 받는다. 반대로, 클래스 1이 될 것으로 예상되면 A_1에 속한 모든 클래스가 투표권을 얻는다. 투표가 집계되고 가장 높은 투표를 받은 클래스가 테스트 예제에 지정된다. 이 방법의 예는 342쪽에 설명된 **오류 수정 출력 코딩**(error-correcting output coding) 방법이다.

4. **학습 알고리즘을 조작**. 동일한 학습 데이터에 알고리즘을 여러 번 적용하면 다른 분류기가 구성되는 방식으로 많은 학습 알고리즘을 조작할 수 있다. 예를 들어, 인공 신경망은 네트워크 토폴로지 또는 뉴런 간 링크의 초기 가중치를 변경할 수 있다. 마찬가지로, 트리 성장 과정에 무작위성을 주입하여 의사 결정 트리의 앙상블을 구성할 수 있다. 예를 들어, 각 노드에서 최상의 분할 속성을 선택하는 대신 분할할 상위 k 속성 중 하나를 임의로 선택할 수 있다.

첫 번째 세 가지 접근 방식은 모든 분류에 적용할 수 있는 일반적인 방법이며, 네 번째 접근 방식은 사용된 분류기 유형에 따라 다르다. 이러한 접근 방식의 대부분에 대한 기본 분류기는 순차적으로 (하나씩) 또는 병렬로 (한번에) 생성될 수 있다. 분류기의 앙상블이 학습되면 기본 분류기 $C_i(\mathbf{x})$의 예측을 결합하여 테스트 예 $\mathbf{x}$를 분류한다.

$$C^*(\mathbf{x}) = f(C_1(\mathbf{x}),\ C_2(\mathbf{x}),\ \ldots,\ C_k(\mathbf{x}))$$

여기서 f는 앙상블 응답을 결합하는 함수이다. $C^*(\mathbf{x})$를 얻는 간단한 방법 중 하나는 개별 예측에 대한 다수결 원칙을 하는 것이다. 다른 접근법은 가중치 과반수 투표를 하는 것인데, 기본 분류기의 가중치는 정확성 또는 관련성을 나타낸다.

앙상블 방법은 **불안정 분류기**(unstable classifier), 즉 높은 모델 복잡성으로 인해 훈련 집합에서 약간의 작은 동요에 민감한 기본 분류기와 함께 사용될 때 가장 개선된 결과를 보여준다. 불안정 분류기는 최적의 의사결정 경계를 찾는 데 낮은 **편향**을 가질 수 있지만, 예측은 훈련 세트 또는 모델 선택의 사소한 변화에 대한 편차가 높다. 바이어스와 분산 사이의 이러한 절충에 대해서는 다음 절에서 자세히 설명한다. 앙상블 학습은 여러 불안정한 분류기의 반응을 종합함으로써 편견을 악화시키지 않으면서 분산을 최소화하려고 시도한다.

4.10.3 바이어스-분산 분해(Bias–Variance Decomposition)

바이어스-분산 분해는 예측 모델의 일반화 오류를 분석하기 위한 수학적 방법이다. 분석은 회귀보다 분류에 대해 약간 다르지만, 먼저 회귀 문제의 유사성을 사용하여 이 분해의 기본 직관에 대해 논의한다.

그림 4.44와 같이 시작 위치 **x**에서 발사체를 발사하여 목표 y에 도달하는 예를 고려해 보자. 목표는 테스트 인스턴스에서 원하는 출력에 해당하는 반면 시작 위치는 관찰된 속성에 해당한다. 이 비유에서 발사체는 관측된 속성을 사용하여 목표를 예측하는데 사용되는 모델을 나타낸다. $\hat{y}$는 발사체가 지면에 닿는 지점을 나타내며, 이는 모델의 예측과 유사하다.

이상적으로는 예측이 가능한 한 실제 목표에 가깝도록 하고 싶다. 그러나, 발사체의 다른 궤도는 훈련 데이터 또는 모델 선택에 사용된 접근법의 차이에 기초하여 다를 수 있다는 점에 유의해라. 그러므로 발사체의 다른 실행에 대한 예측 $\hat{y}$의 **분산(variance)**을 관찰할 수 있다. 또한 이 예제의 대상은 고정되지 않았지만 자유롭게 이동할 수 있으므로 실제 대상의 **잡음(noise)** 요소가 발생한다. 이것은 출력 변수의 비결정적 특성으로 이해될 수 있으며, 여기서 동일한 속성 세트가 다른 출력값을 가질 수 있다. $\hat{y}_{avg}$는 다른

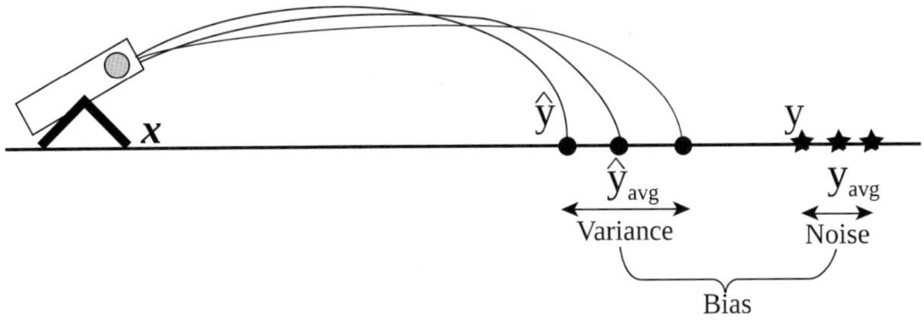

그림 4.44 바이어스–분산 분해

실행에 대한 발사체의 **평균** 예측을 나타내고 y_{avg}는 평균 목표값을 나타낸다. $\hat{y}_{avg}$와 y_{avg}의 차이를 모델의 바이어스라고 한다.

분류의 맥락에서, 분류 모델 m의 일반화 오류는 다음과 같은 방식으로 모델의 바이어스, 분산 및 노이즈 성분을 포함하는 용어로 분해될 수 있음을 알 수 있다.

$$gen.error(m) = c_1 \times noise + bias(m) + c_2 \times variance(m)$$

여기서 c_1과 c_2는 훈련 및 테스트 집합의 특성에 따라 달라지는 상수이다. 잡음 항은 목표 클래스에 고유한 반면, 바이어스 및 분산 항은 분류 모델의 선택에 따라 다르다. 모델의 바이어스는 모델의 평균 예측이 평균 목표에 얼마나 근접한지를 나타낸다. k-최근접 이웃과 다계층 ANN에 의해 생성된 모델과 같이 복잡한 의사결정 경계를 학습할 수 있는 모델은 일반적으로 낮은 바이어스를 나타낸다. 모델의 분산은 훈련 집합 또는 모델 선택 접근 방식의 약간의 작은 동요에 대한 응답으로 예측의 안정성을 포착한다.

바이어스가 적고(lower bias) **분산이 낮을**(lower variance) 경우 모델은 일반화 성능이 더 우수하다고 말할 수 있다. 그러나 모델의 복잡도가 높지만 훈련 크기가 작은 경우 일반적으로 바이어스가 적지만 **분산이 높아져** 과적합 현상이 발생한다. 이 현상은 그림

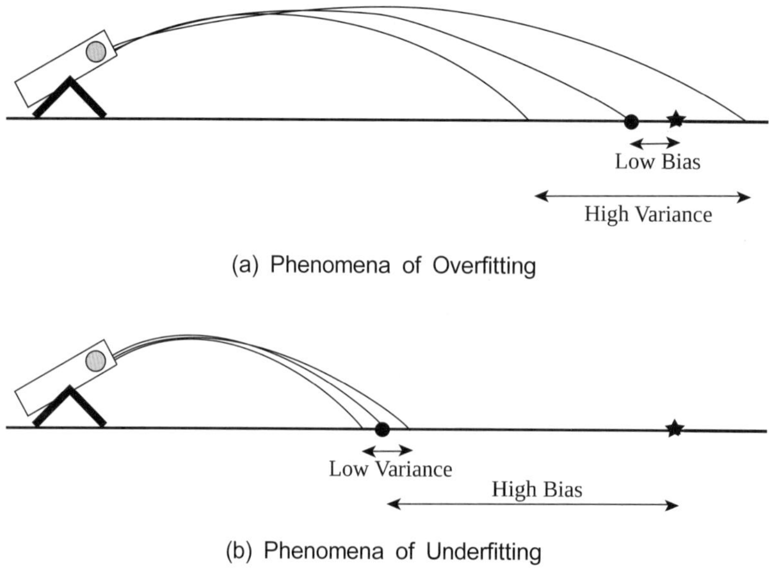

그림 4.45 일정한 L_2 및 L_1 규범을 가진 2차원 솔루션의 동작을 보여주는 도표

4.45(a)에 그림으로 표시되어 있다. 반면, 과소적합(underfitting)으로 인한 지나치게 단순한 모델은 그림 4.45(b)에 표시된 것처럼 **분산이 적을** 수 있지만 높은 바이어스로 인한 것일 수 있다. 따라서 바이어스와 분산 간의 교섭은 모델의 일반화 성능에 대한 과소적합과 과적합의 영향을 해석하는 데 유용한 방법을 제공한다.

바이어스-분산 절차는 앙상블 학습이 불안정한 분류기의 일반화 성능을 향상시키는 이유를 설명하는 데 사용될 수 있다. 기본 분류기가 바이어스가 적지만 분산이 높은 경우 훈련 집합을 조금만 변경해도 예측이 달라지므로 과적합으로 조정되기 쉽다. 그러나 여러 기본 분류기의 반응을 결합하여 전체 분산을 줄일 수 있다. 따라서 앙상블 학습 방법은 바이어스를 줄이는 데 도움이 될 수 있지만 주로 예측의 분산을 낮춤으로써 더 나은 성능을 보여준다. 예측을 결합하고 분산을 줄이는 가장 간단한 방법 중 하나는 평균을 계산하는 것이다. 이는 다음 절에 설명된 배깅 방법의 기초를 형성한다.

4.10.4 배깅(bagging)

부트스트랩 집계(bootstrap aggregating)라고도 하는 배깅은 균일한 확률 분포에 따라 데이터 집합에서 (대체로) 반복적으로 샘플링하는 기술이다. 각 부트스트랩 샘플의 크기는 원본 데이터와 동일하다. 샘플링은 교체와 함께 수행되기 때문에 일부 인스턴스는 동일한 훈련 집합에 여러 번 나타날 수 있지만, 다른 인스턴스는 훈련 집합에서 생략될 수 있다. 평균적으로, 부트스트랩 샘플 D_i는 각각의 샘플이 각각의 D_i에서 선택될 확률 $1 - 1(N-1/N)^N$을 갖기 때문에 원래의 훈련 데이터의 대략 63%를 포함한다. N이 충분히 크면 이 확률은 $1-1/\simeq e0.632$로 수렴한다. 배깅의 기본적인 절차는 알고리즘 4.5에 요약되어 있다. k개의 분류기를 훈련시킨 후, 가장 많은 표를 얻은 클래스에 테스트 인스턴스가 할당된다.

배깅 작동 방식을 설명하려면 표 4.4에 나와 있는 데이터 집합을 고려해 보자. x는 1차원 속성을, y는 클래스 레이블을 나타낸다. 테스트 조건 $x \leq k$인 1 단계 이진 의사결

표 4.4 배깅 분류기를 구성하기 위해 사용 된 데이터의 예

x	0.1	0.2	0.3	0.4	0.5	0.6	0.7	0.8	0.9	1
y	1	1	1	−1	−1	−1	−1	1	1	1

알고리즘 4.5 Bagging algorithm

```
Let k be the number of bootstrap samples.
for i = 1 to k do
    Create a bootstrap sample of size N, D_i.
    Train a base classifier C_i on the bootstrap sample D_i.
end for
C*(x) = argmax_y Σ_i δ(C_i(x) = y)
  {δ(.) = 1 if its argument is true and 0 otherwise.}
```

정 트리만 사용한다고 가정한다. 여기서 k는 리프 노드의 엔트로피를 최소화하기 위해 선택된 분할점이라고 할 때, 이러한 트리는 **의사 결정 기둥**(decision stump)이라고도 알려져 있다.

배깅을 하지 않으면 최상의 의사 결정 기둥은 인스턴스를 $x \le 0.35$ 또는 $x \le 0.75$로 분할한다. 어느 쪽이든 트리의 정확도는 최대 70%이다. 10개의 부트스트랩 샘플을 사용하여 데이터 세트에 배깅 절차를 적용한다고 가정하자. 각 배깅 라운드에서 훈련을 위해 선택된 예가 그림 4.46에 나와 있다. 각 테이블의 오른쪽에는 각 라운드에서 사용되는 의사 결정 기둥이 설명되어 있다.

각 기본 분류기에 의해 이루어진 예측 중 다수결의 원칙에 따라 표 4.4에 주어진 전체 데이터 집합을 분류한다. 예측 결과는 그림 4.47에 나와 있다. 클래스 레이블은 −1 또는 +1이므로 다수결을 택하는 것은 y의 예측값을 합산하고 결과 합계의 부호를 검사하는 것과 같다(그림 4.47의 두 번째에서 마지막 행 참조). 앙상블 분류기는 원본 데이터에서 10가지 예를 모두 완벽하게 분류한다.

앞의 예는 목표 함수의 표현을 향상시키는 관점에서 앙상블 방법을 사용하는 또 다른 이점을 보여준다. 각 기본 분류 기준이 의사 결정의 기둥임에도 불구하고 분류 기준을 결합하면 깊이가 2인 의사결정 트리를 모방하는 결정 경계로 이어질 수 있다.

배깅은 기본 분류기의 평반편차를 줄여 일반화 오류를 개선한다. 배깅 성능은 기본 분류기의 안정성에 따라 다르다. 기본 분류기가 불안정한 경우 배깅은 훈련 데이터의 임의 변동과 관련된 오류를 줄이는데 도움이 된다. 기본 분류기가 안정된 경우(즉, 훈련 세트에서 약간의 섭동에 강함) 앙상블의 오류는 주로 기본 분류기의 편차로 인해 발생한

Bagging Round 1:

x	0.1	0.2	0.2	0.3	0.4	0.4	0.5	0.6	0.9	0.9
y	1	1	1	1	-1	-1	-1	-1	1	1

x <= 0.35 ==> y = 1
x > 0.35 ==> y = -1

Bagging Round 2:

x	0.1	0.2	0.3	0.4	0.5	0.8	0.9	1	1	1
y	1	1	1	-1	-1	1	1	1	1	1

x <= 0.65 ==> y = 1
x > 0.65 ==> y = 1

Bagging Round 3:

x	0.1	0.2	0.3	0.4	0.4	0.5	0.7	0.7	0.8	0.9
y	1	1	1	-1	-1	-1	-1	-1	1	1

x <= 0.35 ==> y = 1
x > 0.35 ==> y = -1

Bagging Round 4:

x	0.1	0.1	0.2	0.4	0.4	0.5	0.5	0.7	0.8	0.9
y	1	1	1	-1	-1	-1	-1	-1	1	1

x <= 0.3 ==> y = 1
x > 0.3 ==> y = -1

Bagging Round 5:

x	0.1	0.1	0.2	0.5	0.6	0.6	0.6	1	1	1
y	1	1	1	-1	-1	-1	-1	1	1	1

x <= 0.35 ==> y = 1
x > 0.35 ==> y = -1

Bagging Round 6:

x	0.2	0.4	0.5	0.6	0.7	0.7	0.7	0.8	0.9	1
y	1	-1	-1	-1	-1	-1	-1	1	1	1

x <= 0.75 ==> y = -1
x > 0.75 ==> y = 1

Bagging Round 7:

x	0.1	0.4	0.4	0.6	0.7	0.8	0.9	0.9	0.9	1
y	1	-1	-1	-1	-1	1	1	1	1	1

x <= 0.75 ==> y = -1
x > 0.75 ==> y = 1

Bagging Round 8:

x	0.1	0.2	0.5	0.5	0.5	0.7	0.7	0.8	0.9	1
y	1	1	-1	-1	-1	-1	-1	1	1	1

x <= 0.75 ==> y = -1
x > 0.75 ==> y = 1

Bagging Round 9:

x	0.1	0.3	0.4	0.4	0.6	0.7	0.7	0.8	1	1
y	1	1	-1	-1	-1	-1	-1	1	1	1

x <= 0.75 ==> y = -1
x > 0.75 ==> y = 1

Bagging Round 10:

x	0.1	0.1	0.1	0.1	0.3	0.3	0.8	0.8	0.9	0.9
y	1	1	1	1	1	1	1	1	1	1

x <= 0.05 ==> y = -1
x > 0.05 ==> y = 1

그림 4.46 배깅 예

다. 이 상황에서 배깅은 기본 분류기의 성능을 크게 향상시키지 못할 수 있다. 각 트레이닝 세트의 효과적인 크기가 원래 데이터보다 약 37% 작기 때문에 클래스의 성능을 저하시킬 수도 있다.

4.10.5 부스팅(boosting)

부스팅은 기본 분류기를 학습하기 위한 훈련 예제들의 분포를 적응적으로 변경하여 분

Round	x=0.1	x=0.2	x=0.3	x=0.4	x=0.5	x=0.6	x=0.7	x=0.8	x=0.9	x=1.0
1	1	1	1	-1	-1	-1	-1	-1	-1	-1
2	1	1	1	1	1	1	1	1	1	1
3	1	1	1	-1	-1	-1	-1	-1	-1	-1
4	1	1	1	-1	-1	-1	-1	-1	-1	-1
5	1	1	1	-1	-1	-1	-1	-1	-1	-1
6	-1	-1	-1	-1	-1	-1	-1	1	1	1
7	-1	-1	-1	-1	-1	-1	-1	1	1	1
8	-1	-1	-1	-1	-1	-1	-1	1	1	1
9	-1	-1	-1	-1	-1	-1	-1	1	1	1
10	1	1	1	1	1	1	1	1	1	1
Sum	2	2	2	-6	-6	-6	-6	2	2	2
Sign	1	1	1	-1	-1	-1	-1	1	1	1
True Class	1	1	1	-1	-1	-1	-1	1	1	1

그림 4.47 배깅 방법을 사용하여 구성된 분류 등급의 예

류하기 어려운 예제에 점점 더 집중하는 데 사용되는 반복 절차이다. 배깅과 달리, 부스팅은 각 훈련 예제에 가중치를 할당하며 각 부스팅 라운드의 끝에서 가중치를 적응적으로 변경할 수 있다. 훈련 예제에 지정된 가중치는 다음과 같은 방식으로 사용할 수 있다.

1. 원본 데이터에서 일련의 부트스트랩 샘플을 그리는데 사용된 샘플링 분포를 알려주는 데 사용할 수 있다.
2. 그것들은 더 큰 가중치를 가진 예제를 향해 편향된 모델을 배우는데 사용될 수 있다.

이 절에서는 가중치를 사용하여 훈련 집합의 샘플링 분포를 결정하는 알고리즘에 대해 설명한다. 처음에는 예제에 동일한 가중치 $1/N$이 할당되어 훈련을 위해 선택될 가능성이 동일하다. 새로운 훈련 집합을 얻기 위해 훈련 예의 샘플링 분포에 따라 샘플이 추출된다. 다음으로, 훈련 집합을 통해 분류기를 작성하고 원본 데이터의 모든 예를 분류하는 데 사용된다. 트레이닝 예제의 가중치는 각 부스팅 라운드가 끝날 때 업데이트된다. 잘못 분류된 예는 가중치가 증가하는 반면 올바르게 분류된 예는 가중치가 감소한다. 이로 인해 분류기는 추후 반복에서 분류하기 어려운 예에 초점을 맞춘다.

다음 표는 표 4.4에 표시된 데이터에 적용될 때 각 부스팅 라운드 동안 선택된 예를 보여준다.

Boosting(Round 1):	7	3	2	8	7	9	4	10	6	3
Boosting(Round 2):	5	4	9	4	2	5	1	7	4	2
Boosting(Round 3):	4	4	8	10	4	5	4	6	3	4

처음에는 모든 예제에 동일한 가중치가 할당된다. 하지만, 일부 예는 예를 들어 예제 3과 예제 7과 같이 한 번 이상 선택될 수 있으며, 이는 샘플링이 대체로 수행되기 때문이다. 그런 다음, 데이터로 구축된 분류기를 사용하여 모든 예제를 분류한다. 예제 4가 분류하기 어렵다고 가정하자. 이 예제의 가중치는 반복적으로 잘못 분류될 때 이후 반복에서 증가할 것이다. 한편, 이전 라운드에서 선택되지 않은 예(예: 예제 1과 예제 5)는 이전 라운드의 예측이 잘못되었을 가능성이 있기 때문에 다음 라운드에서 선택될 가능성이 더 높다. 부스팅 라운드가 진행됨에 따라 분류하기 가장 어려운 예는 훨씬 더 널리 퍼지는 경향이 있다. 최종 앙상블은 각 부스팅 라운드에서 얻은 기본 분류기를 집계하여 얻다.

수년에 걸쳐, 부스팅 알고리즘의 몇몇 구현들이 개발되었다. 이러한 알고리즘은 (1) 각 부스팅 라운드의 끝에서 훈련 예제의 가중치가 업데이트되는 방법과 (2) 각 분류기가 만든 예측이 어떻게 결합되는지에 따라 다르다. 다음 절에서 AdaBoost라는 구현에 대해 살펴본다.

AdaBoost

$\{(\mathbf{x}_j, y_j) \mid j = 1, 2, \ldots, N\}$은 일련의 N개의 훈련 예를 나타낸다. AdaBoost 알고리즘에서 기본 클래스 C_i의 중요성은 다음과 같이 정의된 오류율에 따라 다르다.

$$\epsilon_i = \frac{1}{N}\left[\sum_{j=1}^{N} w_j\, I\big(C_i(\mathbf{x}_j) \neq y_j\big)\right] \tag{4.102}$$

조건 p가 true이면, $I(p) = 1$이고, 그렇지 않으면 0이다. 분류기 C_i의 중요성은 다음 매개 변수로 제공된다.

$$\alpha_i = \frac{1}{2}\ln\left(\frac{1-\epsilon_i}{\epsilon_i}\right)$$

그림 4.48과 같이 오류율이 0에 가까우면 α_i는 양수 값이 크고, 오류율이 1에 가까우면

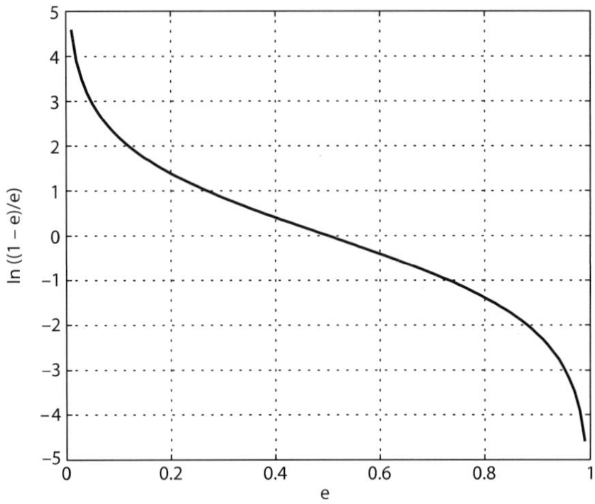

그림 4.48 α의 훈련 오류율 ϵ 함수로 표현한 그래프

음수 값이 커진다.

α_i 매개 변수는 훈련 예제의 가중치를 업데이트하는 데에도 사용된다. 예시하기 위해, $w_i^{(j)}$가 j번째 부스팅 라운드 동안 예제($\mathbf{x}_i$, y_j)에 할당된 가중치를 나타내도록 하자. AdaBoost의 가중치 업데이트 방법은 다음 식으로 제공된다.

$$w_i^{(j+1)} = \frac{w_i^{(j)}}{Z_j} \times \begin{cases} e^{-\alpha_j} & \text{if } C_j(\mathbf{x}_i) = y_i \\ e^{\alpha_j} & \text{if } C_j(\mathbf{x}_i) \neq y_i \end{cases} \tag{4.103}$$

여기서 Z_j는 $\sum_i w_i^{(j+1)} = 1$을 보장하기 위해 사용되는 정규화 인자이다. 식 (4.103)에 주어진 가중치 업데이트 공식은 잘못 분류된 예제의 가중치를 증가시키고 올바르게 분류된 가중치를 감소시킨다.

다수결의 원칙을 사용하는 대신에, 각 분류기 C_j에 의해 이루어진 예측은 α_j에 따라 가중된다. 이 접근 방식을 통해 AdaBoost는 정확도가 떨어지는 모델(예: 초기 부스팅 라운드에서 생성된 모델)에 불이익을 줄 수 있다. 또한 중간 라운드가 50%보다 높은 오류율을 야기하면 가중치는 원래의 균일한 값 $w_i = 1/N$으로 되돌아가서 다시 샘플링 절차가 반복된다. AdaBoost 알고리즘은 알고리즘 4.6에 요약되어 있다.

표 4.4에 나와 있는 데이터 집합에서 부스팅 방식이 어떻게 작동하는지 살펴보자. 처음에는 모든 예제의 가중치가 동일하다. 세 번의 부스팅 라운드 후, 훈련을 위해 선택된

알고리즘 4.6 AdaBoost algorithm

$\mathbf{w} = \{w_j = 1/N \mid j = 1, 2, \ldots, N\}$. {Initialize the weights for all N examples.}
Let k be the number of boosting rounds.
for $i = 1$ to k **do**
  Create training set D_i by sampling (with replacement) from D according to $\mathbf{w}$.
  Train a base classifier C_i on D_i.
  Apply C_i to all examples in the original training set, D.
  $\epsilon_i = \frac{1}{N}\left[\sum_j w_j \delta(C_i(x_j) \neq y_j)\right]$ {Calculate the weighted error.}
  if $i > 0.5$ **then**
    $\mathbf{w} = \{w_j = 1/N \mid j = 1, 2, \ldots, N\}$. {Reset the weights for all N examples.}
    Go back to Step 4.
  end if
  $\alpha_i = \frac{1}{2} \ln \frac{1 - \epsilon_i}{\epsilon_i}$
  Update the weight of each example according to Equation 4.103.
end for
$C^*(\mathbf{x}) = \underset{y}{\operatorname{argmax}} \sum_{j=1}^{T} \alpha_j \delta(C_j(\mathbf{x}) = y)$

예제가 그림 4.49(a)에 나와 있다. 각 예에 대한 가중치는 그림 4.50(b)와 같이 식 (4.103)을 사용하여 각 부스팅 라운드의 끝에서 업데이트된다.

부스팅 없이, 의사 결정 기둥의 정확도는 최고 70%이다. AdaBoost를 사용하여 얻어진 예측 결과가 그림 4.50(b)에 나와 있다. 앙상블 분류기의 최종 예측은 각 기본 분류기에 의해 이루어진 예측의 가중치 평균을 구함으로써 얻어진다(그림 4.50(b)의 마지막 행에 표시됨). AdaBoost는 훈련 데이터의 모든 예제를 완벽하게 분류한다.

부스팅의 중요한 분석 결과는 앙상블의 훈련 오류가 다음 식으로 묶여 있음을 보여준다.

$$e_{ensemble} \leq \prod_i \left[\sqrt{\epsilon_1 (1 - \epsilon_i)} \right] \tag{4.104}$$

여기서 ϵ_i는 각 기본 분류기의 i오류율이다. 기본 분류기의 오류율이 50%보다 작으면

Boosting Round 1:

x	0.1	0.4	0.5	0.6	0.6	0.7	0.7	0.7	0.8	1
y	1	-1	-1	-1	-1	-1	-1	-1	1	1

Boosting Round 2:

x	0.1	0.1	0.2	0.2	0.2	0.2	0.3	0.3	0.3	0.3
y	1	1	1	1	1	1	1	1	1	1

Boosting Round 3:

x	0.2	0.2	0.4	0.4	0.4	0.4	0.5	0.6	0.6	0.7
y	1	1	-1	-1	-1	-1	-1	-1	-1	-1

(a) 부스팅 중에 선택된 훈련 레코드들

Round	x=0.1	x=0.2	x=0.3	x=0.4	x=0.5	x=0.6	x=0.7	x=0.8	x=0.9	x=1.0
1	0.1	0.1	0.1	0.1	0.1	0.1	0.1	0.1	0.1	0.1
2	0.311	0.311	0.311	0.01	0.01	0.01	0.01	0.01	0.01	0.01
3	0.029	0.029	0.029	0.228	0.228	0.228	0.228	0.009	0.009	0.009

(b) 훈련 레코드의 가중치

그림 4.49 부스팅의 예

Round	Split Point	Left Class	Right Class	a
1	0.75	-1	1	1.738
2	0.05	1	1	2.7784
3	0.3	1	-1	4.1195

(a)

Round	x=0.1	x=0.2	x=0.3	x=0.4	x=0.5	x=0.6	x=0.7	x=0.8	x=0.9	x=1.0
1	-1	-1	-1	-1	-1	-1	-1	1	1	1
2	1	1	1	1	1	1	1	1	1	1
3	1	1	1	-1	-1	-1	-1	-1	-1	-1
Sum	5.16	5.16	5.16	-3.08	-3.08	-3.08	-3.08	0.397	0.397	0.397
Sign	1	1	1	-1	-1	-1	-1	1	1	1

(b)

그림 4.50 adaBoost 접근법을 사용하여 구성된 분류 클래스의 예

$\epsilon_i = 0.5 - \gamma_i$로 쓸 수 있다. 여기서 γ_i는 분류기가 무작위 추측보다 얼마나 우수한지를 측정한다. 앙상블의 훈련 오류에 대한 경계는 다음 값으로 제한된다.

$$e_{ensemble} \le \prod_i \sqrt{1-4\gamma_i^2} \le \exp\left(-2\sum_i \gamma_i^2\right) \tag{4.105}$$

따라서 앙상블의 학습 오류가 기하 급수적으로 감소하여 알고리즘의 빠른 수렴으로 이어진다. 기본 분류 기준으로 분류하기 어려운 예에 중점을 두면 최종 예측의 편차를 분산과 함께 줄일 수 있다. AdaBoost는 다양한 데이터 집합에서 기본 분류기에 비해 성능이 크게 향상되었다. 그럼에도 불구하고 잘못 분류된 훈련 예에 초점을 맞추는 경향이 있기 때문에 부스팅 기술은 과도하게 조정되기 쉬우므로 일부 시나리오에서는 일반화 성능이 저하될 수 있다.

4.10.6 랜덤 포레스트(random forest)

랜덤 포레스트는 **무연관**(decorrelated) 의사 결정 트리의 앙상블을 구성하여 일반화 성능을 향상 시킨다. 랜덤 포레스트는 의사 결정 트리를 학습하기 위해 훈련 데이터의 다른 부트 스트랩 샘플을 사용하기 위해 배깅 아이디어를 기반으로 한다. 그러나 랜덤 포레스트의 배깅과 구별되는 주요 기능은 트리의 모든 내부 노드에서 무작위로 선택된 작은 속성 집합 중에서 최상의 분할 기준이 선택된다는 것이다. 이러한 방식으로 랜덤 포레스트는 훈련 인스턴스 조작(배깅과 유사한 부트 스트랩 샘플 사용)뿐만 아니라 입력 속성(모든 내부 노드에서 다른 속성 부분 집합 사용)을 통해 의사 결정 트리의 앙상블을 구성한다.

n개의 인스턴스와 d개의 특성으로 구성된 훈련 집합 D가 주어지면 랜덤 포레스트 분류기를 훈련시키는 기본 절차는 다음 단계를 사용하여 요약할 수 있다.

1. D에서 n개의 인스턴스(임의로 교체)를 무작위로 샘플링하여 훈련 집합의 부트 스트랩 샘플 D_i를 구성한다.
2. D_i를 사용하여 의사결정 트리 T_i를 학습한다. D_i의 모든 내부 노드에서 p 속성 집합을 무작위로 샘플링하고 이 부분 세트에서 분리를 위한 불순물 측정의 최대 감소를 나타내는 속성을 선택한다. 모든 리프가 깨끗해질 때까지(예: 동일한 클래스의 인스턴스를 포함) 이 절차를 반복한다.

의사 결정 트리의 앙상블이 구성되면 테스트 인스턴스에 대한 평균 예측(대표 투표)

이 랜덤포레스트의 최종 예측으로 사용된다. 랜덤 포레스트에 포함된 의사 결정 트리는 정리되지 않은 트리이며, 모든 리프가 순수해질 때까지 가능한 최대 크기만큼 자랄 수 있다. 따라서 랜덤 포레스트의 기본 분류 기준은 크기가 크기 때문에 바이어스가 적지만 분산이 높은 불안정한 분류기를 나타낸다.

랜덤 포레스트에서 배운 기본 분류기의 또 다른 속성은 모델 매개변수와 테스트 예측 간의 상관관계가 없다는 것이다. 이는 배깅 접근법과 유사하게 모든 의사결정 트리 T_i를 학습하기 위해 독립적으로 샘플링된 데이터 집합 D_i를 사용하기 때문이다. 그러나 랜덤 포레스트는 특성의 다른 부분 집합을 사용하여 모든 내부 노드에서 분할 기준을 선택하는 추가 이점이 있다. 이 속성은 의사 결정 트리 T_i 사이에서 상관관계 구조(있는 경우)를 깨뜨리는 데 크게 도움이 된다.

이를 실현하기 위해 많은 수의 속성이 포함된 학습 집합을 고려하자. 여기서 작은 속성 부분 집합만 목표 클래스의 강력한 예측 변수인 반면 다른 속성은 약한 지표이다. 이러한 훈련 집합이 주어지면 T_i를 학습하기 위해, 다른 부트스트랩 샘플 D_i를 고려하더라도, 약한 속성은 강한 예측 변수와 비교할 때 크게 간과되기 때문에 내부 노드에서 분할하기 위해 동일한 속성을 주로 선택하게 된다. 이로 인해 트리 간에 상당한 상관관계가 생길 수 있다. 그러나 모든 내부 노드에서 속성 선택을 속성의 임의의 부분 집합으로 제한하면 강력한 예측 변수와 약한 예측 변수를 모두 선택할 수 있으므로 트리 간의 다양성이 향상된다. 이 원칙은 무연관 의사 결정 트리를 생성하기 위해 랜덤 포레스트에서 사용된다.

랜덤 포레스트는 강력하고 무연관 의사 결정 트리의 앙상블에 대한 예측을 집계하여 낮은 바이어스에 부정적인 영향을 미치지 않으면서 트리의 분산을 줄일 수 있다. 이로 인해 랜덤 포레스트가 과적합이 견고해진다. 더구나 모든 내부 노드에서 속성의 작은 부분 집합만 고려할 수 있기 때문에 랜덤 포레스트는 높은 차원의 설정에서도 계산 속도가 빠르고 강력하다.

모든 노드 p에서 선택할 수 있는 특성의 수는 랜덤 포레스트 분류기의 초매개변수이다. p 값이 작으면 분류기 간의 상관관계가 줄어들지만 강도는 떨어질 수 있다. 값이 클수록 강도가 향상 될 수 있지만 배깅과 유사한 상관 트리가 발생할 수 있다. 이 문헌에서 p에 대한 일반적인 제안은 $\sqrt{d}$ 및 $\log_2 d+1$을 포함하지만, 이전 장에서 설명한대로 유효성 검사 세트를 통해 해당 트레이닝 세트에 대해 적절한 p값을 항상 선택할 수 있다. 그러나 랜덤 포레스트에서 초매개변수를 선택하는 다른 방법이 있으므로 별도의 유효성 검사 집합을 사용할 필요가 없다. 여기에는 **OOB(out-of-bag) 오류 추정치**라고 하는 훈련 중 직접 일반화 오류율의 신뢰할만한 추정치를 계산하는 것을 포함한다. OOB 오류 추정치는 배깅 및 랜덤 포레스트와 같은 훈련 집합의 부트 스트랩 샘플을 사용하여 독립적인 기본 분류기를 구축하는 일반적인 앙상블 학습 방법에 대해 계산할 수 있다. OOB 추정치 방법은 다음과 같이 설명할 수 있다.

훈련 집합 D_i의 부트 스트랩 샘플에 구축된 독립적인 기본 분류기 T_i를 사용하는 앙상블 학습 방법을 고려해보자. 모든 훈련 인스턴스 **x**는 기본 클래스의 약 63%를 훈련시키는 데 사용되므로 **x**를 교육에 사용하지 않은 기본 클래스의 나머지 27%에 대한 **OOB 샘플**로 호출할 수 있다. 나머지 27% 분류기를 사용하여 **x**에 대한 예측을 하는 경우, 다수의 표를 취하고 이를 클래스 레이블과 비교하여 **x**에 대한 **OOB 오류**를 얻을 수 있다. OOB 오류는 해당 클래스를 학습하는 데 사용되지 않은 인스턴스에서 27% 클래스의 오류를 추정한다. 이러한 이유로, OOB 오류는 일반화 오류의 신뢰성 있는 추정치로 간주될 수 있다. 모든 훈련 인스턴스의 평균 OOB 오류를 취함으로써 전체 oob 오류 추정치를 계산할 수 있다. 이는 초매개변수를 선택하기 위한 유효성 검증 오류 비율의 대안으로 사용될 수 있다. 따라서 랜덤 포레스트는 기본 분류기를 동시에 훈련시키고 동일한 데이터 세트에 대한 일반화 오류 추정치를 계산할 수 있으므로 유효성 검사를 위해 별도의 훈련 집합 분할을 사용할 필요가 없다.

랜덤 포레스트는 경험적으로 Adaboost 알고리즘이 제공하는 개선사항과 비교할 수 없는 일반화 서응의 상당한 개선을 제공하는 것으로 밝혀졌다. 랜덤 포레스트 또한 Adaboost 알고리즘보다 과적함에 더 강하며 훨씬 더 빨리 실행된다.

4.10.7 앙상블 방법 간의 경험적 비교

표 4.5는 의사 결정 트리 분류기의 성능을 배깅, 부스팅과 랜덤 포레스트와 비교할 때 얻은 실험 결과를 보여준다. 각 앙상블 방법에 사용되는 기본 분류기는 50개의 의사 결정 트리로 구성된다. 이 표에 보고된 분류 정확도는 10배 교차 검증을 거친 결과이다. 앙상블 분류기는 일반적으로 많은 데이터 집합에서 단일 의사 결정 트리 분류기를 능가하는 것에 주목하라.

표 4.5 세 가지 앙상블 방법에 대한 의사결정 트리 분류의 정확도 비교

Data Set	Number of(Attributes, Classes, Instances)	Decision Tree (%)	Bagging (%)	Boosting (%)	RF (%)
Anneal	(39, 6, 898)	92.09	94.43	95.43	95.43
Australia	(15, 2, 690)	85.51	87.10	85.22	85.80
Auto	(26, 7, 205)	81.95	85.37	85.37	84.39
Breast	(11, 2, 699)	95.14	96.42	97.28	96.14
Cleve	(14, 2, 303)	76.24	81.52	82.18	82.18
Credit	(16, 2, 690)	85.8	86.23	86.09	85.8
Diabetes	(9, 2, 768)	72.40	76.30	73.18	75.13
German	(21, 2, 1000)	70.90	73.40	73.00	74.5
Glass	(10, 7, 214)	67.29	76.17	77.57	78.04
Heart	(14, 2, 270)	80.00	81.48	80.74	83.33
Hepatitis	(20, 2, 155)	81.94	81.29	83.87	83.23
Horse	(23, 2, 368)	85.33	85.87	81.25	85.33
Ionosphere	(35, 2, 351)	89.17	92.02	93.73	93.45
Iris	(5, 3, 150)	94.67	94.67	94.00	93.33
Labor	(17, 2, 57)	78.95	84.21	89.47	84.21
Led7	(8, 10, 3200)	73.34	73.66	73.34	73.06
Lymphography	(19, 4, 148)	77.03	79.05	85.14	82.43
Pima	(9, 2, 768)	74.35	76.69	73.44	77.60
Sonar	(61, 2, 208)	78.85	78.85	84.62	85.58
Tic-tac-toe	(10, 2, 958)	83.72	93.84	98.54	95.82
Vehicle	(19, 4, 846)	71.04	74.11	78.25	74.94
Waveform	(22, 3, 5000)	76.44	83.30	83.90	84.04
Wine	(14, 3, 178)	94.38	96.07	97.75	97.75
Zoo	(17, 7, 101)	93.07	93.07	95.05	97.03

4.11 클래스 불균형 문제

많은 데이터 세트에는 서로 다른 클래스(**스큐**(skew) 또는 **클래스 불균형**이라고 알려진 속성)에 속하는 인스턴스 수가 불균형하다. 예를 들어, 진단 보고서를 사용하여 사람이 희귀 질환이 있는지 여부를 결정하는 건강 관리 응용 프로그램을 고려해 보자. 희귀 질병의 특성으로 인해, 긍정적으로 진단된 소수의 대상자를 관찰할 수 있다. 마찬가지로

신용 카드 사기 탐지에서도 사기성 거래에 비하여 합법적인 거래가 훨씬 많다.

클래스 간의 불균형 정도는 다른 응용 프로그램과 같은 응용 프로그램의 다른 데이터 집합에 따라 다르다. 예를 들어, 드문 질환의 위험은 식이 요법과 라이프 스타일 선택에 따라 다양한 피험자 집단에 따라 달라질 수 있다. 그러나 드물게 발생하는 경우에도 드문 클래스의 올바른 분류는 대다수 클래스의 올바른 분류보다 더 큰 가치를 지닌다. 예를 들어, 건강한 사람을 오진하는 것보다 질병으로 고통받는 환자를 무시하는 것이 더 위험할 수 있다.

보다 일반적으로 클래스 불균형은 분류에 두 가지 과제를 제기한다. 첫째, 희귀 클래스의 라벨이 붙은 많은 샘플을 찾기가 어렵다. 지금까지 논의된 많은 분류 방법은 훈련 세트가 두 클래스를 균형 있게 표현한 경우에만 잘 작동한다. 규칙에 따라 분류된 분류기와 k-NN과 같은 일부 분류 체계는 다른 분류기에 비해 훈련 데이터의 불균형을 처리하는 데 더 효과적이지만 소수 집단이 훈련 집합에 잘 표현되지 않으면 모두 영향을 받다. 일반적으로, 불균형 데이터 집합에 대해 훈련 된 분류기는 대다수의 클래스에 비해 성능을 향상시키는 경향이 있는데, 이는 종종 바람직한 행동이 아닙니다. 결과적으로, 기존의 많은 분류 모델은 불균형 데이터 세트를 학습할 때 희귀 클래스의 인스턴스를 효과적으로 감지하지 못할 수 있다.

둘째, 분류 성능을 평가하기 위한 전통적인 측정 방법인 정확도는 테스트 데이터에 클래스 불균형이 있는 경우 모델을 평가하는 데 적합하지 않는다. 예를 들어, 신용 카드 거래의 1%가 사기인 경우 사기 행위를 감지하지 못하더라도 모든 거래를 합법적인 것으로 예측하는 사소한 모델의 정확도는 99%이다. 따라서, 편향에 민감하고 정확도 보다 다양한 성능 기준을 포착할 수 있는 대체 평가 척도를 사용해야 한다.

이 절에서는 먼저 훈련 세트에 클래스 불균형이 있을 때 클래스를 작성하는 일반적인 방법 중 일부를 제시한다. 그런 다음 비뚤어진 테스트 집합이 있을 때 분류 성능을 평가하고 분류 결정을 조정하는 방법에 대해 설명한다. 이 절의 나머지 부분에서는 단순성에 대한 이진 분류 문제를 고려할 것이다. 여기서 소수 클래스는 양수(+) 클래스로, 대다수 클래스는 음수(−) 클래스로 표시된다.

4.11.1 클래스 불균형을 가진 건물 분류

훈련 집합에 클래스 불균형이 있는 경우 클래스를 구축할 때 고려해야 할 두 가지 주요 사항이 있다. 먼저 학습 알고리즘이 소수 클래스뿐만 아니라 다수 클래스를 적절히 표현한 데이터 집합에 대해 학습되도록 해야 한다. 이를 보장하기 위한 몇 가지 일반적인 접근 방식에는 트레이닝 세트의 오버샘플링 및 언더샘플링 방법이 포함된다. 둘째, 분류 모델을 배운 후에는 불균형 테스트 집합의 요구 사항에 가장 잘 맞게 분류 결정을 조정하여 적절하게 조정된 분류기를 만들 수 있는 방법이 필요하다. 이는 일반적으로 분류 모델의 출력을 실제 점수로 변환 한 다음 분류 점수에서 적합한 임계치를 선택하여 테스트 집합의 요구에 맞게 수행된다. 이러한 고려 사항은 다음에서 자세히 설명한다.

오버샘플링 및 언더샘플링

불균형 데이터로 학습하는 첫 번째 단계는 훈련 집합을 균형 훈련 집합으로 변환하는 것이다. 여기서 두 클래스는 거의 동일한 표현을 갖는다. 그런 다음 균형 훈련 세트를 기존 분류 기술(학습 알고리즘에서 수정하지 않고)과 함께 사용하여 두 클래스를 모두 강조하는 모델을 학습할 수 있다.

다음에서는 불균형 훈련 집합을 균형 훈련 집합으로 변환하는 몇 가지 일반적인 기술을 제시한다. 균형 훈련 집합을 만들기 위한 기본 접근 방식은 희귀 클래스가 적절한 표현을 하는 훈련 인스턴스 샘플을 생성하는 것이다. 소수 클래스의 표현을 향상시키는데 사용할 수 있는 두 가지 유형의 샘플링 방법이 있다: (a) 다수의 클래스의 주파수가 소수 클래스의 주파수와 일치하도록 감소되는 **언더샘플링**(undersampling), (b) 소수 집단의 인공적 예는 부정적인 사례의 수에 비례하여 동일하게 만들기 위해 만들어진 **오버샘플링**(oversampling).

언더샘플링을 설명하기 위해 100개의 긍정적인 예와 1000개의 부정적인 예를 포함하는 훈련 집합을 고려해 보자. 클래스 간 왜곡을 극복하기 위해 부정 클래스에서 100개의 예제를 무작위로 선택하고 100개의 긍정적인 예제를 사용하여 균형 잡힌 트레이닝 세트를 만들 수 있다. 그런 다음 결과 균형 잡힌 집합 위에 구축된 분류기는 두 클래스에 대해 편향되지 않는다. 그러나 언더샘플링의 한 가지 한계는 유용한 부정적 예 중 일부(예: 실제 결정 경계에 가까운 예)가 훈련을 위해 선택되지 않아 분류 모델이 열등하다는 점이다. 다른 제한은 100개의 부정적인 인스턴스의 작은 샘플이 1000의 큰 세트보다 분산이 더 클 수 있다는 것이다.

오버샘플링은 새로운 긍정적인 예를 인공적으로 생성하여 균형 잡힌 훈련 집합을 만들려고 한다. 오버샘플링에 대한 간단한 접근 방식은 모든 긍정적인 인스턴스를 n_-/n_+

번 복제하는 것이다. 여기서 n_+와 n_-은 각각 긍정 및 부정 훈련 인스턴스의 수이다. 그림 4.51은 의사 결정 트리와 같은 분류기를 사용하여 의사결정 경계를 학습할 때 오버샘플링하는 효과를 보여준다. 오버샘플링이 없으면 그림 4.51(a)의 오른쪽 하단에 있는 긍정적인 예만 올바르게 분류된다. 긍정적인 예와 부정적인 예를 분리하기 위한 새로운 의사 결정 경계의 작성을 정당화할 만한 충분한 예가 없기 때문에 다이어그램 중간에 있는 긍정적인 예는 잘못 분류되었다. 오버샘플링은 그림 4.51(b)와 같이 긍정적인 예를 둘러싼 결정 경계가 정리되지 않도록 하는 데 필요한 추가 예를 제공한다. 긍정적인 인스턴스를 복제하는 것은 훈련 단계에서 가중치가 두 배가되는 것과 유사한다. 따라서 오버샘플링의 효과는 부정적인 인스턴스보다 긍정적인 인스턴스에 더 높은 가중치를 할당함으로써 얻는 방법도 있다. 이 인스턴스 가중치 부여 방법은 로지스틱 회귀, ANN과 SVM과 같은 여러 분류기와 함께 사용할 수 있다.

오버샘플링에 대한 복제 방법의 한 가지 한계는 복제된 긍정적 예가 전체 데이터에서 실제 분포와 비교할 때 인공적으로 분산이 더 낮다는 것이다. 이것은 분류를 훈련 인스턴스의 특정 분포에 편향시킬 수 있으며, 이는 테스트 인스턴스의 전체 분포를 나타내지 않을 수 있으며, 일반화성이 떨어진다. 이 한계를 극복하기 위해, 오버샘플링을 위한 대안은 기존의 긍정적 인스턴스 근처에 합성 긍정적 인스턴스를 생성하는 것이다. SMOTE (Synthetic Minority Oversampling Technique)라는 이 접근법에서는 먼저 모든 긍정 인스턴스 $\mathbf{x}$의 k-최근접 긍정 이웃을 결정한 다음 임의로 선택한 k-최근접 이웃중 하나인 $\mathbf{x}_k$에 $\mathbf{x}$를 결합하는 선상을 따라 일부 중간 지점에서 합성된 긍정 인스턴스를 생성한다. 이 과정은 원하는 수의 긍정적 인스턴스에 도달할 때까지 반복된다. 그러나 이 접근 방

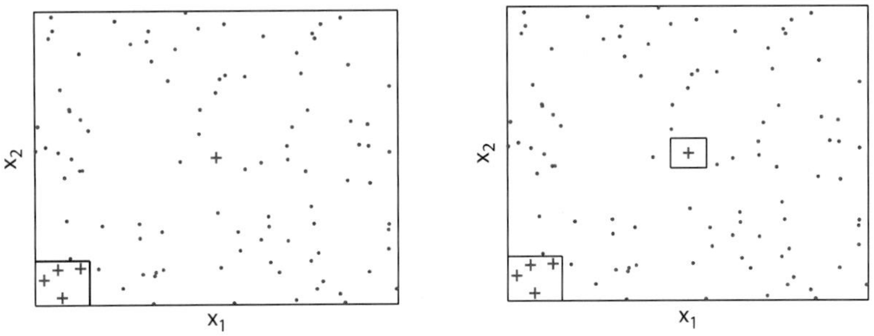

(a) 오버샘플링이 없는 경우 (b) 오버샘플링이 있는 경우

그림 4.51 다른 클래스의 샘플링에 미치는 영향 설명

식의 한 가지 제한은 기존 긍정 클래스의 볼록 껍질(convex hull)에 새 긍정 인스턴스만 생성할 수 있다는 것이다. 따라서 기존 긍정 인스턴스의 경계 외부에서 긍정 클래스의 표현을 향상시키는 데 도움이 되지 않는다. 언더샘플링 및 오버샘플링은 보완적인 강점과 약점에도 불구하고 클래스 불균형이 있는 경우 균형 훈련 집합을 생성하는 데 유용한 지침을 제공한다.

테스트 인스턴스 평가하기

분류기가 모든 테스트 인스턴스 $\mathbf{x}$에 대해 서수 점수 $s(\mathbf{x})$를 반환하여 점수가 높을수록 $\mathbf{x}$가 양수 클래스에 속할 가능성이 더 크다는 것을 나타내면, 점수 임계치의 모든 가능한 값 s_T에 대해 $s(\mathbf{x}) > s_T$인 경우에만 테스트 인스턴스 $\mathbf{x}$가 긍정으로 분류되는 새 이진 클래스를 만들 수 있다. 따라서 모든 s_T 선택은 잠재적으로 다른 분류기로 이어질 수 있으며, 요구에 가장 적합한 분류기를 찾는데 관심을 갖게 된다.

이상적으로, 분류 점수가 긍정 클래스의 실제 사후 확률에 따라 단조롭게 변하기를 원한다. 즉, $s(\mathbf{x}_1)$과 $s(\mathbf{x}_2)$가 $\mathbf{x}_1$과 $\mathbf{x}_2$의 두 인스턴스의 점수인 경우, $s(\mathbf{x}_1) \geq s(\mathbf{x}_2) = \Rightarrow P(y=1|\mathbf{x}_1) \geq P(y|\mathbf{x}_2)$가 된다. 그러나 분류 점수의 특성은 분류 알고리즘의 복잡도와 훈련 집합의 대표력과 같은 여러 요인에 따라 달라지므로 실제로 보장하기가 어렵다. 일반적으로 관계가 엄격하게 단조로운 것은 아니지만 합리적인 알고리즘의 분류 점수가 양의 클래스의 실제 사후 확률과 약하게 관련될 것으로 예상할 수 있다. 대부분의 분류기는 이러한 실제 가치 점수를 생성하기 위해 쉽게 수정될 수 있다. 예를 들어, SVM의 양의 여백 초평면에서 인스턴스의 부호있는 거리를 분류 점수로 사용할 수 있다. 다른 예로서, 결정 트리에서 리프에 속하는 테스트 인스턴스는 리프에서 긍정으로 표시된 훈련 인스턴스의 비율에 기초하여 점수를 할당받을 수 있다. 또한, 나이브 베이즈와 베이시안 네트워크 그리고 로지스틱 회귀와 같은 확률적 분류기는 자연스럽게 사후 확률의 추정치 $P(y=1|\mathbf{x})$를 산출한다. 다음으로, 클래스 불균형이 있을 때 분류기의 장점을 평가하기 위한 몇 가지 평가 방법에 대해 논의한다.

4.11.2 클래스 불균형으로 성능 평가

테스트 집합에서 분류기의 성능을 나타내는 가장 기본적인 방법은 표 4.6에 표시된 것처

표 4.6 클래스 중요도가 다른 경우 이진 분류 문제의 분할표

		Predicted Class	
		+	−
Actual Class	+	f_{++} (TP)	f_{+-} (FN)
	−	f_{-+} (FP)	f_{--} (TN)

럼 **분할표**(confusion matrix)를 사용하는 것이다. 이 표는 본질적으로 표 3.4와 동일하며, 이는 3.2절의 분류 성능 평가와 관련하여 소개되었다. 분할표는 다음 4가지 카운트를 사용하여 분류기가 올바르게 또는 잘못 예측한 인스턴스 수를 요약한다.

- 진양성(TP) 또는 f_{++}는 분류기가 정확하게 예측한 긍정적 예의 수에 해당
- 위양성(FP) 또는 f_{-+}는 (Type 1 error라고도 함) 분류기가 잘못 예측한 부정적인 예의 수에 해당
- 위음성(FN) 또는 f_{+-}(Type II error라고도 함) 분류기에 의해 부정적으로 잘못 예측된 긍정적인 예의 수에 해당
- 진음성(TN) 또는 f_{--}는 분류기에 의해 올바르게 예측된 음의 예의 수에 해당

분할표는 주어진 테스트 데이터 집합에서 분류 성능을 간결하게 표현한다. 그러나 분할표가 제공하는 4차원 표현(4가지 카운트에 해당)을 사용하여 분류기의 성능을 해석하고 비교하는 것은 종종 어려운 일이다. 따라서 분할표의 카운트는 종종 다수의 **평가 척도**(evaluation measures)를 사용하여 요약된다. 정확도는 이 4가지 카운트를 단일 값으로 결합하는 클래스 중 하나이다. 클래스는 균형이 잡힐 때 광범위하게 사용된다. 그러나 정확도 척도는 대부분의 클래스를 올바르게 분류하는 분류기를 선호하는 경향이 있으므로 클래스 분포가 불균형한 데이터 세트를 처리하는 데 적합하지 않다. 다음에서는 불균형 수업을 할 때 다양한 성능 기준을 포착하는 다른 가능한 측정 방법에 대해 설명한다.

기본 평가 척도는 **진양성율**(true positive rate, TPR)이며, 이는 분류 기준에 의해 정확하게 예측된 긍정 테스트 인스턴스의 비율로 정의된다.

$$\mathrm{TPR} = \frac{\mathrm{TP}}{\mathrm{TP} + \mathrm{FN}}$$

의료계에서는 TPR이 민감도로 알려져 있지만 정보 검색 문헌에서는 **리콜**(r: recall)이라고도 한다. TPR이 높은 분류기는 데이터의 긍정적 인스턴스를 올바르게 식별할 가능성이 높다.

TPR과 마찬가지로, **진음성율**(true negative rate, TNR) (**특이도**(Specifity)라고도 함)은 분류 기준에 의해 올바르게 예측된 부정 테스트 인스턴스의 비율로 정의된다.

$$\mathrm{TNR} = \frac{\mathrm{TN}}{\mathrm{FP} + \mathrm{TN}}$$

높은 TNR 값은 분류기가 테스트 집합에서 무작위로 선택된 부정 인스턴스를 올바르게 분류함을 나타낸다. TNR과 밀접한 관련되어 일반적으로 사용되는 평가 방법은 **위양성율**(false positive rate, FPR)이며 $1 - \mathrm{TNR}$로 정의된다.

$$\mathrm{FPR} = \frac{\mathrm{FP}}{\mathrm{FP} + \mathrm{TN}}$$

유사하게, 우리는 **위음성율**(false negative rate, FNR)을 $1 - \mathrm{TPR}$로 정의할 수 있다.

$$\mathrm{FNR} = \frac{\mathrm{FN}}{\mathrm{FN} + \mathrm{TP}}$$

위에서 정의한 평가 척도는 클래스 사이의 차이를 고려하지 않으며, 공식적으로 $\alpha = P/(P+N)$으로 정의될 수 있다. 여기서 P와 N은 각각 실제 긍정 및 실제 부정을 나타낸다. 결과적으로 P와 N의 상대 수를 변경하면 TPR, TNR, FPR 또는 FNR에 영향을 미치지 않는다. 다른 클래스와 상관없이 모든 클래스에 대한 올바른 분류의 비율에만 의존하기 때문이다. 또한, TPR 및 TNR(및 결과적으로 FNR 및 FPR)의 값을 아는 것만으로는 분할표의 4가지 항목을 모두 고유하게 결정하는 데 도움이 되지 않는다. 그러나 **편향도**(skew factor), α 및 총 인스턴스 수 N에 대한 정보와 함께 표 4.7에 표시된 것처럼

표 4.7 TPR, TNR, 왜도(skew), α 및 총 인스턴스 수(N) 측면에서 분할표의 항목

	Predicted +	Predicted −	
Actual +	$\mathrm{TPR} \times \alpha \times N$	$(1-\mathrm{TPR}) \times \alpha \times \mathrm{N}$	$\alpha \times N$
Actual −	$(1-\mathrm{TNR}) \times (1-\alpha) \times \mathrm{N}$	$\mathrm{TNR} \times (1-\alpha) \times \mathrm{N}$	$(1-\alpha) \times N$
			N

TPR 및 TNR을 사용하여 전체 혼동 행렬을 계산할 수 있다.

왜도에 민감한 평가 척도는 **정밀도(Precision)**이며, 이는 긍정 예측의 총 수, 즉 긍정 예측수에 대한 긍정 클래스의 정확한 예측 비율로 정의될 수 있다.

$$\text{Precision}, \ p = \frac{\text{TP}}{\text{TP} + \text{FP}}$$

정밀도는 **양의 예측값(positive predicted value, PPV)**이라고도 한다. 정밀도가 높은 분류기는 대부분의 긍정 예측이 정확할 것이다. 정밀도는 소수이지만 긍정 예측이 대부분 정확해야하는 고도로 치우친 테스트 세트에 유용한 측정이다. 정밀도와 밀접한 관련이 있는 척도는 **FDR(False Discovery Rate)**이며 $1-p$로 정의할 수 있다.

$$\text{FDR} = \frac{\text{FP}}{\text{TP} + \text{FP}}$$

FDR과 FPR은 모두 FP에 중점을 두지만 서로 다른 평가 목표를 포착하도록 설계되었으므로 특히 클래스 불균형이 있는 경우 대조적인 값을 취할 수 있다. 이를 설명하기 위해 다음 혼동 행렬이 있는 분류기를 고려해 보자.

		Predicted Class	
		+	−
Actual Class	+	100	0
	−	100	900

분류기가 작성한 긍정적 예측의 절반이 올바르지 않기 때문에 FDR 값은 100/(100+100)=0.5이다. 그러나 FPR은 100/(100+900)=0.1과 같으며 상당히 낮다. 이 예는 높은 왜곡(즉, 매우 작은 α 값)이 있는 경우, 작은 FPR도 높은 FDR을 초래할 수 있음을 보여준다. 이 문제에 대한 자세한 내용은 10.6절을 참조한다.

위에서 정의한 평가 조치는 위양성(예: FPR 및 정밀도) 또는 진양성(예: TPR 또는 리콜)의 영향만 포착하지만 둘다는 아니기 때문에 불완전한 성능 표현을 제공한다. 따라서 이러한 평가 척도 중 하나만 최적화하면 FN은 낮지만 FP는 높거나 그 반대인 분류기가 생길 수 있다. 예를 들어 모든 인스턴스를 긍정적으로 선언하는 분류기는 완벽한 리콜을 갖지만 FPR은 높고 정밀도는 매우 낮다. 반면 인스턴스를 FP를 줄이기 위해 긍정적으로 분류하는 데 매우 보수적인 분류기는 높은 정밀도를 갖지만 리콜이 매우 불량할 수 있다. 따라서 우리는 두 가지 유형의 오분류, FP 및 FN을 설명하는 평가 조치가 필요하다. 이러한 평가 조치의 일부 예는 다음과 같은 정의로 요약된다.

$$\text{Positive Likelihood Ratio} = \frac{\text{TPR}}{\text{FPR}}$$

$$F_1 \text{ measure} = \frac{2rp}{r+p} = \frac{2 \times \text{TP}}{2 \times \text{TP} + \text{FP} + \text{FN}}$$

$$G \text{ measure} = \sqrt{rp} = \frac{\text{TP}}{\sqrt{(\text{TP}+\text{FP})(\text{TP}+\text{FN})}}$$

이러한 평가 척도 중 일부는 편향(예: 긍정의 우도 비율)에 변하지 않지만 다른 일부(예: 정밀도 및 F_1 척도)는 편향에 민감하다. 또한, 다양한 평가 수단은 다양한 방식으로 다른 유형의 오분류 오류의 영향을 포착한다. 예를 들어, F_1 척도는 리콜과 정밀도 간의 고조파 평균, 즉

$$F_1 = \frac{2}{\dfrac{1}{r} + \dfrac{1}{p}}$$

두 숫자의 고조파 평균이 두 숫자 중 작은값에 가까워지는 경향이 있기 때문에 F_1 척도가 높으면 정밀도와 재현율이 합리적으로 높아진다. 마찬가지로 G 척도는 리콜과 정밀도 사이의 기하학적 평균을 나타낸다. 다음 예에서는 고조파, 기하, 산술 척도를 비교한다.

예제 4.9

두 개의 양수 $a=1$ 및 $b=5$를 고려하자. 산술 평균은 $\mu_a = (a+b)/2 = 3$이고 기하 평균은 $\mu_g = \sqrt{ab} = 2.236$이다. 이들의 고조파 평균은 $\mu_h = (2 \times 1 \times 5)/6 = 1.667$이며, 이는 산술 및 기하 평균보다 a와 b 사이의 작은 값에 더 가깝다. ■

F_1 measure의 일반적인 확장은 F_β 측정이며 다음과 같이 정의할 수 있다.

$$F_\beta = \frac{(\beta^2+1)rp}{r+\beta^2 p} = \frac{(\beta^2+1) \times \text{TP}}{(\beta^2+1)TP + \beta^2 FP + FN} \tag{4.106}$$

$\beta=0$ 및 $\beta=\infty$를 각각 설정하면 정밀도와 리콜 모두 특수한 F_β 사례로 볼 수 있다. β 값이 낮으면 F_β가 정밀도에 가까워지고 값이 높으면 리콜하기가 더 쉽다. 정확도뿐만 아니라 F_β를 구하는 것 보다 일반적인 측정은 다음 공식으로 정의되는 가중치 정확도 측정이다.

$$\text{Weighted accuracy} = \frac{w_1\text{TP}+w_4\text{TN}}{w_1\text{TP}+w_2\text{FP}+w_3\text{FN}+w_4\text{TN}} \tag{4.107}$$

가중치 정확도와 다른 성능 척도의 관계는 다음 표에 요약되어 있다.

Measure	w_1	w_2	w_3	w_4
Recall	1	1	0	0
Precision	1	0	1	0
F_β	β^2+1	β^2	1	0
Accuracy	1	1	1	1

4.11.3 최적의 점수 임계치 찾기

적절하게 선택된 평가 척도 E와 검증 세트에서 분류 점수 $s(\mathbf{x})$의 분포를 고려하면 다음 접근법을 사용하여 검증 세트에서 최적의 점수 임계치 s^*를 얻을 수 있다.

1. 점수를 값의 순서대로 정렬한다.
2. $s(\mathbf{x})>s$인 경우에만 인스턴스 $\mathbf{x}$를 긍정으로 할당하는 분류 모델을 고려하시오. E는 유효성 검사 세트에서 이 모델의 성능을 나타낸다.
3. 평가 척도 E를 최대화하는 s^*를 찾는다.

$$s^*=\text{argmax}_s\, E(s)$$

s^*는 모델 선택 중에 학습되는 분류 알고리즘의 초매개변수로 취급될 수 있다. s^*를 사용하여 $s(\mathbf{x})>s^*$인 경우에만 향후 테스트 인스턴스 $\mathbf{x}$에 긍정 레이블을 할당할 수 있다. 평가 척도 E가 편향에 무관한 경우(예: 양의 우도 비), 우리는 검정 세트의 편향을 모른 채 s^*를 선택할 수 있으며, s^*를 사용하여 생성된 결과 분류는 검증 집합에서 최

적의 성능을 보일 것으로 예상할 수 있다(평가 척도 E와 관련하여). 반면에 E가 편향(예: 정밀도 또는 F_1 measure)에 민감한 경우 s^*를 선택하는 데 사용되는 유효성 검사 집합의 편향이 테스트 집합과 유사해야 한다. s^*를 사용하여 형성된 분류기는 E와 관련하여 최적의 테스트 성능을 나타낸다. 또는 테스트 데이터의 편향 추정치 α가 주어지면 검증 세트의 TPR 및 TNR과 함께 분할표(표 4.7 참조)를 추정할 수 있으며, 따라서 테스트 세트에 대한 평가 조치 E를 추정값을 추정할 수 있다. 이 E의 추정값을 사용하여 선택된 점수 임계치 s는 E에 대해 최적의 테스트 성능을 생성할 것으로 예상될 수 있다. 또한, 검증 세트에서 s^*를 선택하는 방법은 여러 분류 알고리즘의 테스트 성능을 비교하는 데 도움이 될 수 있다. 각 알고리즘에 대해 최적의 s^* 값을 사용한다.

4.11.4 종합적인 성능 평가

위의 접근 방식은 원하는 평가 측정 및 특정 양의 기울기 α에 대해 최적의 성능을 제공하는 점수 임계치 s^*를 찾는 데 도움이 되지만 때때로 분류기의 성능을 평가하는 데 관심이 있다. 다수의 가능한 점수 임계치에서, 각각은 다양한 평가 척도 및 왜도 값에 대응한다. 다양한 점수 임계치에 대해 분류기의 성능을 평가하는 것을 총 성능 평가라고 한다. 이 스타일의 분석에서 강조는 최적의 점수 임계치에 해당하는 단일 분류기의 성능을 평가하는 것이 아니라 테스트 집합의 분류 점수에 의해 생성된 일반적인 순위 품질을 평가하는 것이다. 일반적으로 이는 특정 점수 임계 값 선택에 민감하지 않은 강력한 분류 성능 추정치를 얻는 데 도움이 된다.

ROC 곡선

집계 평가에 널리 사용되는 도구 중 하나는 **ROC(수신기 작동 특성 receiver operating characteristic)** 곡선이다. ROC 곡선은 다양한 점수 임계치에 대해 분류기의 TPR과 FPR 간 거래를 표시하기 위한 그래픽 방식이다. ROC 곡선에서 TPR은 y축을 따라 표시되고 FPR은 x축에 표시된다. 곡선을 따라 각 점은 분류자가 생성한 테스트 점수에 임계치를 설정하여 생성된 분류 모델에 해당한다. 다음 절차는 ROC 곡선을 계산하는 일반적인 방법을 설명한다.

1. 테스트 인스턴스를 점수 순서대로 정렬한다.

2. 가장 낮은 순위의 테스트 인스턴스(즉, 가장 낮은 점수를 가진 인스턴스)를 선택하라. 선택한 인스턴스와 그 위에 순위가 매겨진 인스턴스를 긍정 클래스에 할당한다. 이 방법은 모든 테스트 인스턴스를 긍정 클래스로 분류하는 것과 같다. 모든 긍정적인 예가 올바르게 분류되고 부정적인 예가 잘못 분류되기 때문에 TPR=FPR=1이다.

3. 정렬된 목록에서 다음 테스트 인스턴스를 선택하라. 선택한 인스턴스와 그 위에 순위가 매겨진 인스턴스를 긍정으로 분류하고 그 아래에 있는 인스턴스는 부정으로 분류하라. 선택한 인스턴스의 실제 클래스 레이블을 검사하여 TP 및 FP 수를 업데이트해라. 이 인스턴스가 긍정 클래스에 속하면 TP 수가 감소하고 FP 수가 이전과 동일하게 유지된다. 인스턴스가 부정 클래스에 속하는 경우 FP 수는 감소하고 TP 수는 이전과 동일하게 유지된다.

4. 3단계를 반복하고 가장 높은 순위의 테스트 인스턴스가 선택될 때까지 TP 및 FP 수를 적절히 갱신하라. 모든 인스턴스가 부정으로 표시되므로 이 최종 임계치에서 TPR=FPR=0이다.

5. 분류기의 FPR에 대해 TPR을 그래프로 그려라.

예제 4.10 ROC 곡선 생성

그림 4.52는 모든 점수 임계치 선택에 대해 TPR 및 FPR 값을 계산하는 방법의 예를 보여준다. 테스트 집합에는 5개의 긍정 예와 5개의 부정 예가 있다. 테스트 인스턴스의 클래스 레이블은 표의 첫 번째 행에 표시되고 두 번째 행은 각 인스턴스의 정렬된 점수 값에 해당한다. 다음 여섯 개의 행에는 해당 TPR 및 FPR과 함께 TP, FP, TN 및 FN의 수가 포함된다. 그런 다음 테이블이 왼쪽에서 오른쪽으로 채워진다. 처음에는 모든 인스턴스가 긍정적인 것으로 예측된다. 따라서 TP=FP=5 및 TPR=FPR=1이다. 다음으로, 점수가 가장 낮은 테스트 인스턴스를 부정 클래스로 지정한다. 선택한 인스턴스는 실제로 긍정적인 예이므로 TP 수는 5에서 4로 감소하고 FP 수는 이전과 동일하다. FPR과 TPR이 그에 따라 업데이트된다. 이 프로세스는 목록의 끝에 도달 할 때까지 반복된다. (여기서 TPR=0 및 FPR=0) 이 예의 ROC 곡선은 그림 4.53에 나와 있다. ■

Class	+	−	+	−	−	−	+	−	+	+	
	0.25	0.43	0.53	0.76	0.85	0.85	0.85	0.87	0.93	0.95	1.00
TP	5	4	4	3	3	3	3	2	2	1	0
FP	5	5	4	4	3	2	1	1	0	0	0
TN	0	0	1	1	2	3	4	4	5	5	5
FN	0	1	1	2	2	2	2	3	3	4	5
TPR	1	0.8	0.8	0.6	0.6	0.6	0.6	0.4	0.4	0.2	0
FPR	1	1	0.8	0.8	0.6	0.4	0.2	0.2	0	0	0

그림 4.52 TPU 및 FPR의 최고 점수 임계치 계산

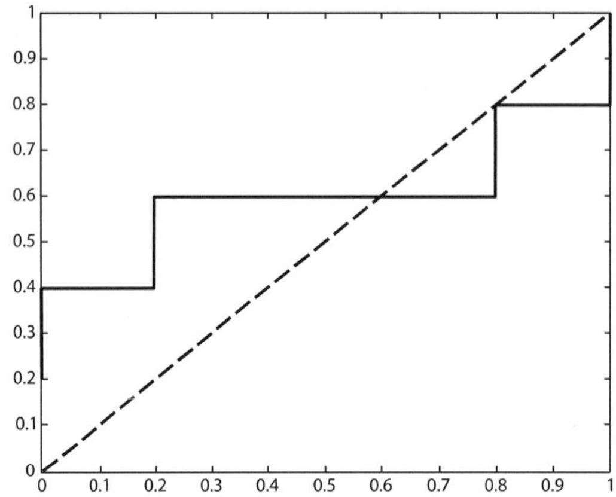

그림 4.53 그림 4.52 데이터에 대한 위한 ROC 곡선

ROC 곡선에서 TPR은 FPR과 함께 단조 증가한다. 예측된 긍정 집합에 테스트 인스턴스를 포함하면 TPR 또는 FPR이 증가할 수 있기 때문이다. 따라서 ROC 곡선은 계단 패턴을 갖다. 또한 ROC 곡선에는 잘 알려진 해석이 있는 몇 가지 중요한 사항이 있다.

(TPR=0, FPR=0) : 모델은 모든 인스턴스가 부정 클래스인 것으로 예측한다.

(TPR=1, FPR=1) : 모델은 모든 인스턴스가 긍정 클래스라고 예측한다.

(TPR=1, FPR=0) : 분류가 전혀 없는 완벽한 모델.

좋은 분류 모델은 다이어그램의 왼쪽 상단에 최대한 가깝게 위치해야 하며, 임의의 추측을 하는 모델은 점(TPR=0, FPR=0)과 (TPR=1, FPR=1). 랜덤 추측은 인스턴스가 속성 세트에 관계없이 고정 확률 p를 갖는 긍정 클래스로 분류됨을 의미한다. 예를 들

어, n_+ 긍정적인 인스턴스와 n_- 부정적인 인스턴스를 포함하는 데이터 집합을 고려해라. 랜덤 분류기는 긍정 사례의 pn_+를 올바르게 분류하고 부정 사례의 pn_-를 잘못 분류해야 한다. 따라서 분류기의 TPR은 $(pn_+)/n_+ = p$이고, FPR은 $(pn_-)/p = p$이다. 따라서 이 랜덤 분류기는 대각선을 따라 ROC 곡선의 점 (p, p)에 있다.

ROC 곡선의 모든 점은 특정 점수 임계치를 사용하여 생성된 분류기의 성능을 나타내기 때문에 분류기의 다른 **작동 점**으로 볼 수 있다. 응용 프로그램의 요구 사항에 따라 이러한 작동 지점 중 하나를 선택할 수 있다. 따라서 ROC 곡선을 통해 다양한 작동 지점에서 분류기를 쉽게 비교할 수 있다. 예를 들어, 그림 4.54는 점수 임계치를 변경하여 생성된 두 분류기 M_1과 M_2의 ROC 곡선을 비교한다. FPR이 0.36보다 작으면 M_1이 M_2보다 낫다는 것을 알 수 있다. M_1은 이 범위의 작동 지점에서 M_2보다 TPR이 더 좋다. 한편, M_2의 TPR이 범위에서 M_1의 TPR보다 높기 때문에, FPR이 0.36보다 큰 경우 M_2가 우수하다. 분명히, 두 분류기 중 어느 것도 다른 것보다 우위에 있지 않으며(엄격히 낫다), 즉 모든 작동 점에서 더 높은 TPR 값과 더 낮은 FPR 값을 보여준다.

모든 운영 지점에서 집계 동작을 요약하기 위해 일반적으로 사용되는 측정 중 하나는 **ROC 곡선**(AUC) 아래 면적이다. 분류기가 완벽한 경우 ROC 곡선 아래의 면적은 1이 된

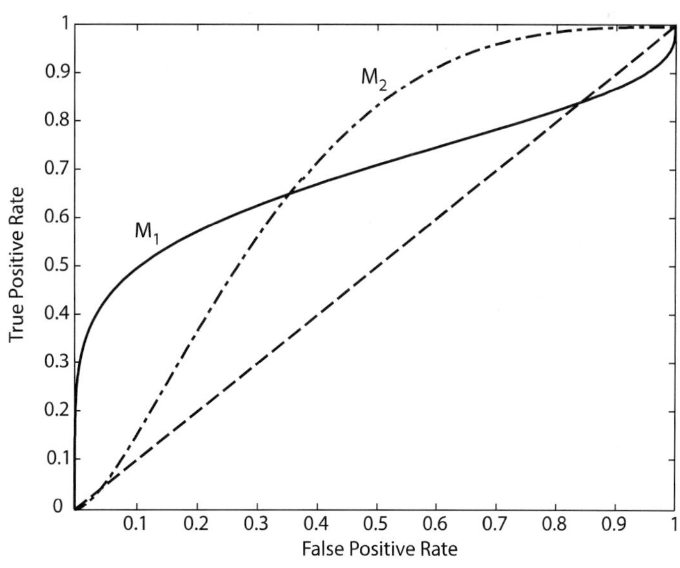

그림 4.54 두 가지 분류를 위한 ROC 곡선

다. 알고리즘이 임의의 추측을 수행하는 경우 ROC 곡선 아래의 면적은 0.5와 같다.

AUC는 집계 성능에 대한 유용한 요약을 제공하지만 분류기를 비교하기 위해 AUC를 사용할 때 주의해야 할 사항이 있다. 첫째, 알고리즘 A의 AUC가 다른 알고리즘 B의 AUC보다 높더라도, 알고리즘 A가 항상 B보다 낫다는 의미는 아니다. 즉, A의 ROC 곡선이 모든 작동 점에서 B의 곡선을 지배한다. 예를 들어, 그림 4.54에서 M_1이 M_2보다 AUC보다 약간 낮은 것으로 보이지만 M_1과 M_2는 서로 다른 작동 지점 범위에서 유용하며 가능한 모든 작동 지점에서 다른 것보다 더 나은 것은 없다. 따라서 알고리즘 중 하나의 ROC 곡선이 다른 알고리즘을 지배한다는 것을 알지 못하면 AUC를 사용하여 어떤 알고리즘이 더 나은 지 결정할 수 없다.

둘째, AUC는 모든 운영 지점에 대한 총 성능을 요약하지만 대부분의 응용 프로그램에서 소규모 운영 지점에만 관심이 있는 경우가 많다. 예를 들어 M_1이 M_2보다 AUC가 약간 낮더라도 작은 FPR값(0.36보다 작은)의 경우 M_2보다 TPR값이 더 높다. 클래스 불균형이 있는 경우 작은 FPR값(**조기 검색**이라고도 함)에 대한 알고리즘의 동작은 종종 모든 FPR값에 대한 성능보다 비교에 더 의미가 있다. 많은 응용 프로그램에서 큰 FPR을 발생시키지 않고 점수가 가장 높은 첫 번째 인스턴스에서 분류기가 달성한 TPR을 평가하는 것이 중요하기 때문이다. 따라서 그림 4.54에서 조기 검색(FPR$<$0.36) 동안 M_1의 높은 TPR값으로 인해 M_1의 AUC가 낮더라도 불균형 테스트 세트의 경우 M_2보다 M_1을 선호할 수 있다. 따라서 일반적으로 AUC를 보고하기 보다는 ROC 곡선을 시각화하여 다른 분류기의 AUC값을 비교할 때 주의를 기울여야 한다.

ROC 곡선의 주요 특징은 ROC 곡선(TPR 및 FPR)을 구성하는 데 사용되는 두 평가 방법이 클래스 불균형에 불변하기 때문에 테스트 집합의 왜곡에 무관심하다는 것이다. 따라서 ROC 곡선은 비틀림이 분류 성능에 미치는 영향을 측정하는 데 적합하지 않는다. 특히, 왜곡이 매우 다른 두 테스트 데이터 세트에 대해 동일한 ROC 곡선을 얻을 것이다.

정밀도-리콜(Precision-Recall) 곡선

종합 평가를 위한 대체 도구는 **정밀도-리콜 곡선**(PR 곡선, precision recall curve)이다. PR 곡선은 테스트 점수의 임계값을 변경하여 각각 y 및 x 축에 대한 분류기의 정밀도 및 리콜 값을 표시한다. 그림 4.55는 두 가지 가상 분류기 M_1과 M_2에 대한 PR 곡선의

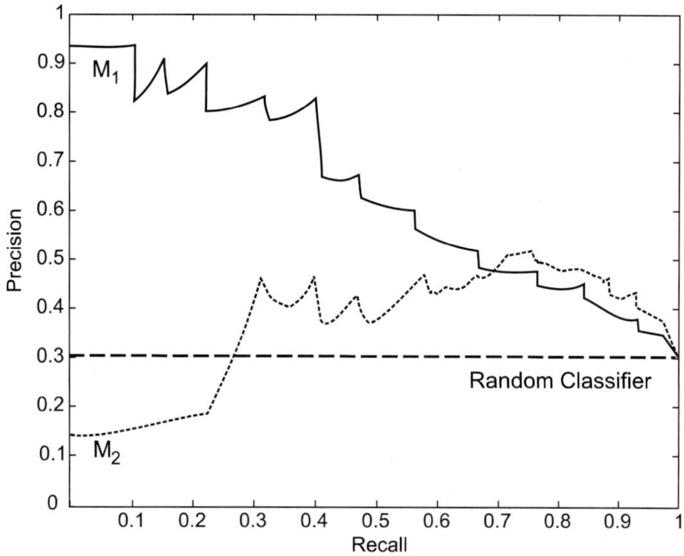

그림 4.55 두 개의 다른 분류기용 곡선

예를 보여준다. PR 곡선을 생성하는 방법은 ROC 곡선을 생성하기 위한 전술한 방법과 유사하다. 그러나 PR 곡선에는 몇 가지 주요 특징이 있다.

1. PR 곡선은 편향도 $\alpha = P/(P+N)$에 민감하며, 다른 PR 값은 α의 다른 값에 대해 생성된다.

2. 점수 임계치가 가장 낮은 경우(모든 인스턴스가 양수로 표시됨) 리콜이 1인 동안 정밀도는 α와 같다. 점수 임계치를 높이면 예측된 양수는 동일하게 유지되거나 감소할 수 있다. 따라서, 점수 임계값이 증가함에 따라 리콜은 단조로 감소한다. 일반적으로, 예측된 긍정 집합에 인스턴스를 추가하면 동일한 리콜 값에 대해 정밀도가 증가 또는 감소할 수 있다. 예를 들어, k번째 순위 인스턴스가 부정 클래스에 속하는 경우 이를 포함하면 리콜에 영향을 주지 않으면서 정밀도가 떨어진다. 다음 단계에서 정밀도가 향상되어 이 인스턴스가 긍정 클래스에 속하는 경우 $(k+1)$ 순위의 인스턴스가 추가된다. 따라서, PR 곡선은 ROC 곡선과 같이 매끄럽고 단조 증가하는 곡선이 아니며 일반적으로 지그재그 패턴을 갖는다. 이 패턴은 곡선의 왼쪽 부분에서 더 두드러지며, 거짓 긍정의 수가 약간만 변경 되어도 정밀도가 크게 변할 수 있다.

3. 클래스 간 불균형을 증가 시키면(α의 값을 줄임) 모든 PR 곡선의 가장 오른쪽 점이 아래쪽으로 이동한다. PR 곡선의 가장 왼쪽 지점과 그 부근(더 큰 점수 임계값에 해당)에서 리콜은 0에 가까우며 정밀도는 알고리즘의 상위 순위 인스턴스에서 양의 분수와 같다. 따라서, 다른 분류기는 PR 곡선의 가장 왼쪽 지점에서 다른 정밀도 값을 가질 수 있다. 또한 알고리즘의 분류 점수가 양의 클래스의 사후 확률에 따라 단조롭게 변하는 경우 PR 곡선이 가장 왼쪽의 높은 정밀도 값에서 가장 오른쪽의 일정한 값 α로 점차 감소할 것으로 예상할 수 있다. 기복에도 불구하고 이것은 그림 4.55의 알고리즘 M_1의 PR 곡선에서 볼 수 있는데, 왼쪽에서 더 높은 정밀도 값에서 시작하여 오른쪽으로 이동할 때 점차 감소한다. 반면 알고리즘 M_2의 PR 곡선은 왼쪽의 낮은 정밀도 값에서 시작하여 오른쪽으로 이동할 때 더 급격한 상승 및 하강을 보여준다. 이는 M_2의 분류 점수가 긍정 클래스의 사후 확률과의 단조로운 관계를 나타낸다.

4. 고정 확률 p로 인스턴스를 양수로 할당하는 랜덤 분류기는 정밀도 α와 p의 리콜을 갖다. 따라서 랜덤 추측을 수행하는 분류기는 그림 4.55에 점선으로 표시된 것처럼 $y = \alpha$인 수평 PR 곡선을 갖다. PR 곡선의 임의 기준선은 임의 분류기를 나타내는 ROC 곡선의 고정된 주 대각선과 대조적으로 테스트 세트의 편향에 따라 달라진다.

5. 알고리즘의 정밀도는 알고리즘의 FPR보다 최상위 순위의 테스트 인스턴스에서 위양성(false positive)의 영향을 더 많이 받는다. 이러한 이유로, PR 곡선은 일반적으로 PR 곡선의 왼쪽 부분에서 분류기 간의 차이를 확대하는 데 도움이 된다. 따라서, 테스트 데이터에 등급 불균형이 존재하는 경우, PR 곡선을 분석하면 일반적으로 ROC 곡선보다 분류기의 성능, 특히 초기 작동 점 검색 범위에 대한보다 깊은 통찰력을 얻을 수 있다.

6. (정밀도=1, 리콜=1)에 해당하는 분류기는 완벽한 분류를 나타낸다. AUC와 마찬가지로 알고리즘의 PR 곡선 아래 면적을 AUC-PR이라고도 계산할 수 있다. 랜덤 분류기의 AUC-PR은 α와 같지만 완벽한 알고리즘의 알고리즘은 1과 같다. AUC-PR은 ROC 곡선 아래 면적과 대조적으로 테스트 세트에서 기울어짐에 따라 변한다. 기울기에 민감하지 않는다. AUC-PR은 초기 검색 범위의 작동 지점에서 분류 알고리즘 간의 차이를 강조하는 데 도움이 된다. 따라서 ROC 곡선 아래 영역보다

클래스 불균형이 있는 경우 분류 성능을 평가하는 데 더 적합하다. 그러나 ROC 곡선과 유사하게 더 높은 AUC-PR 값은 다른 알고리즘보다 분류 알고리즘의 우수성을 보장하지 않는다. 두 알고리즘의 PR 곡선이 서로 쉽게 교차할 수 있기 때문에 서로 다른 범위의 작동 지점에서 더 나은 성능을 발휘할 수 있기 때문이다. 따라서 의미 있는 평가를 보장하기 위해 AUC-PR 값을 비교하기 전에 PR 곡선을 시각화하는 것이 중요한다.

4.12 멀티 클래스 문제

이 장에서 설명하는 분류 기술 중 일부는 원래 이진 분류 문제를 위해 설계되었다. 그러나 문자 인식, 얼굴 인식 및 텍스트 분류와 같이 실제 데이터에는 입력 데이터가 둘 이상의 범주로 나뉘어져 있는 많은 실제 문제가 있다. 이 절에서는 멀티 클래스 문제를 처리하기 위해 이진 분류기를 확장하기 위한 몇 가지 방법을 제공한다. 이러한 접근법을 설명하기 위해 $Y=\{y_1, y_2, \dots, y_K\}$를 입력 데이터의 클래스 집합을 표현한다고 하자.

첫 번째 접근법은 멀티 클래스 문제를 K이진 문제로 분해한다. 각 클래스 $y_i \in Y$에 대해 y_i에 속하는 모든 인스턴스가 긍정적인 예로 간주되고 나머지 인스턴스는 부정적인 예로 간주되는 이진 문제가 발생한다. 그런 다음, 이진 분류기가 클래스 y_i의 인스턴스를 나머지 클래스와 분리하도록 구성된다. 이를 일-대-나머지(1-r) 기법이라고 한다.

일-대-일(1-1) 접근법으로 알려진 두 번째 접근법은 $K(K-1)/2$ 이진 분류기를 구성하며, 여기서 각 분류기는 한 쌍의 클래스(y_i, y_j)를 구별하는 데 사용된다. y_i 또는 y_j에 속하지 않는 인스턴스는 (y_i, y_j)에 대한 이진 분류기를 구성할 때 무시된다. 1-r과 1-1 접근법 모두에서 테스트 인스턴스는 이진 분류기에 의해 만들어진 예측을 결합하여 분류된다. 투표 방식은 일반적으로 예측을 결합하는 데 사용되며, 가장 많은 수의 투표를 받는 클래스가 테스트 인스턴스에 할당된다. 1-r 접근법에서 인스턴스가 음수로 분류되면 긍정 클래스를 제외한 모든 클래스가 투표를 받는다. 그러나 이 접근법은 다른 클래스들 사이의 관계로 이어질 수 있다. 또 다른 가능성은 이진 분류기의 출력을 확률 추정값으로 변환 한 다음 테스트 인스턴스를 확률이 가장 높은 클래스에 할당하는 것이다.

예제 4.11

$Y = \{y_1, y_2, y_3, y_4\}$인 다중 클래스 문제를 고려해보자. 테스트 인스턴스가 1-r 접근 방식에 따라 (+, −, −, −)로 분류되었다고 가정한다. 다시 말해, y_1이 양의 클래스로 사용되면 양수로, y_2, y_3, y_4가 긍정 클래스로 사용되면 부정으로 분류된다. 간단한 과반수 표를 사용하면 y_1은 가장 많은 표를 얻는다(4개). 나머지 클래스는 3표만 받는다. 따라서 테스트 인스턴스는 y_1로 분류된다. ■

예제 4.12

테스트 인스턴스가 다음과 같이 1-1 접근법을 사용하여 분류되었다고 가정하자.

Binary pair of classes	$+: y_1$ $-: y_2$	$+: y_1$ $-: y_3$	$+: y_1$ $-: y_4$	$+: y_2$ $-: y_3$	$+: y_2$ $-: y_4$	$+: y_3$ $-: y_4$
Classification	+	+	−	+	−	+

이 표의 첫 번째 두 행은 클래스를 구축하기 위해 선택한 클래스 쌍(y_i, y_j)에 해당하며 마지막 행은 테스트 인스턴스의 예상 클래스를 나타낸다. 예측을 결합한 후 y_1과 y_4는 각각 2 표를 받고 y_2와 y_3은 각각 1 표만 받는다. 따라서 테스트 인스턴스는 동점처리 절차에 따라 y_1 또는 y_4로 분류된다. ■

오류 수정 출력 코딩

앞의 두 가지 접근 방식의 잠재적 문제점은 이진 분류 오류에 민감할 수 있다는 것이다. 예제 4.12에 제시된 1-r 접근법의 경우, 이진 분류기 중 하나 이상이 예측에서 실수를 하면 분류기는 클래스 간 연계를 선언하거나 잘못된 예측을 할 수 있다. 예를 들어, 테스트 인스턴스가 세 번째 분류기에 의해 잘못 분류되어 (+, −, +, −)로 분류되었다고 가정하자. 이 경우 각 클래스 예측과 관련된 확률을 고려하지 않는 한 인스턴스를 y_1 또는 y_3으로 분류해야 하는지 여부를 파악하기가 어렵다.

오류 수정 출력 코딩(error-correcting output coding, ECOC) 방법은 멀티 클래스 문제를 처리하기 위한 보다 강력한 방법을 제공한다. 이 방법은 잡음이 많은 채널을 통해 메시지를 전송하는 정보 이론적 접근 방식에서 영감을 얻었다.

이 접근 방식의 기본 개념은 코드 워드를 사용하여 전송된 메시지에 중복성을 추가하여 수신자가 수신된 메시지의 오류를 감지하고 오류 수가 적은 경우 원래 메시지를 복구할 수 있도록 하는 것이다. 멀티 클래스 학습의 경우, 각 클래스 y_i는 코드 워드로 알려진 길이 n의 고유 비트 문자열로 표시된다. 그런 다음 이진 분류기를 훈련시켜 코드 워드 문자열의 각 비트를 예측한다. 테스트 인스턴스의 예측된 클래스는 해밍 거리가 이진 분류기에서 생성된 코드 워드와 가장 가까운 코드 워드로 제공된다. 한 쌍의 비트 스트링 사이의 해밍 거리는 다른 비트 수에 의해 주어진다는 것을 기억하라.

예제 4.13

$Y=\{y_1, y_2, y_3, y_4\}$인 다중 클래스 문제를 고려하시오. 다음의 7비트 코드 워드를 사용하여 클래스를 인코딩한다고 가정한다.

Class	Codeword						
y_1	1	1	1	1	1	1	1
y_2	0	0	0	0	1	1	1
y_3	0	0	1	1	0	0	1
y_4	0	1	0	1	0	1	0

코드 워드의 각 비트는 이진 분류기를 훈련시키는 데 사용된다. 테스트 인스턴스가 이진 분류기에 의해 (0,1,1,1,1,1,1)로 분류 된 경우 코드 워드와 y_1 사이의 해밍 거리는 1이고 나머지 클래스까지의 해밍 거리는 3이다. 따라서 테스트 인스턴스는 y_1로 분류된다. ■

오류 교정 코드의 흥미로운 특성은 임의의 코드 워드 쌍 사이의 최소 해밍 거리가 d인 경우 가장 가까운 코드 워드를 사용하여 출력 코드의 $\lfloor (d-1)/2 \rfloor$ 오류를 수정할 수 있다는 것이다. 예제 4.13에서는 어떤 코드워드 쌍 사이의 최소 해밍 거리가 4이므로 분류기는 7가지 이진 분류기 중 하나에 의해 발생하는 오류를 허용할 수 있다. 실수를 하는 분류기가 둘 이상 있는 경우 분류기가 오류를 보상하지 못할 수 있다.

중요한 문제는 다른 클래스에 적합한 코드 워드 세트를 디자인하는 방법이다. 코딩 이론으로부터, 한정된 해밍 거리를 갖는 n-비트 코드 워드를 생성하기 위한 방대한 수의 알고리즘이 개발되었다. 그러나 이러한 알고리즘에 대한 설명은 이 책의 범위를 벗어난다. 멀티 클래스 학습에 사용되는 것과 비교하여 의사 소통 작업을 위한 오류 수정 코드의 설계 사이에는 상당한 차이가 있다는 점은 언급할 가치가 있다. 통신을 위해, 코드워드(codeword)는 행들 사이의 해밍 거리를 최대화하여 오류 교정이 수행될 수 있어야 한다. 그러나 멀티 클래스 학습을 위해서는 코드워드의 행 방향 거리와 열 방향 거리가 잘 분리되어야 한다. 열 단위 거리가 클수록 이진 분류기가 서로 독립적이며 이는 앙상블 학습 방법의 중요한 요구 사항이다.

4.13 참고문헌 설명

Mitchell[278]은 기계 학습 관점에서 많은 분류 기술에 대한 훌륭한 적용 범위를 제공한다. 분류에 대한 광범위한 적용은 Aggarwal[195], Duda 등[229], Webb[307], Fukunaga [237], Bishop[204], Hastie 등[249], Cherkassky와 Mulier[215], Witten와 Frank[310], Hand 등[247], Han와 Kamber[244] 및 Dunham[230]에서 찾을 수 있다.

규칙 기반 분류기에 대한 직접적인 방법은 일반적으로 분류 규칙을 유도하기 위해 순차적 적용 체계를 사용한다. 규칙 집합에는 단일 규칙만 포함되므로 Holte의 1R[255]은 규칙 기반 분류기의 가장 간단한 형태이다. 단순함에도 불구하고 Holte는 속성과 클래스 레이블 사이에 강력한 일대일 관계를 나타내는 일부 데이터 세트의 경우 1R이 다른 클래스와 마찬가지로 성능이 우수하다는 것을 발견했다. 규칙 기반 분류기의 다른 예로는 IREP[234], RIPPER[218], CN2[216, 217], AQ[276], RISE[224] 및 ITRULE[296]이 있다. 표 4.8은 이들 분류기 중 4개의 특성을 비교한 것이다.

규칙 기반 분류기의 경우 규칙 선행자는 제안적 또는 1차 논리적 표현(예: Horn 절)을 포함하도록 일반화할 수 있다. 1차 논리 규칙 기반 분류기에 관심이 있는 독자는 [278] 또는 유도 논리 프로그래밍에 관한 방대한 문헌[279]과 같은 참고문헌을 참조할 수 있다. Quinlan[287]은 결정 트리에서 분류 규칙을 추출하기 위한 C4.5 규칙 알고리즘을 제안했다. 인공 신경망으로부터 규칙을 추출하기 위한 간접적인 방법은 Andrews 등[198]에 의해 제안되었다.

Cover과 Hart[220]는 베이지안 관점에서 가장 가까운 이웃 분류 방법의 개요를 제시했다. Aha는 [196]에서 실례 기반 방법에 대한 이론적 및 실험적 평가를 제공했다. Cost

표 4.8 다양한 규칙 기반 분류기의 비교

	RIPPER	CN2 (unordered)	CN2 (ordered)	AQR
Rule-growing strategy	General-to-specific	General-to-specific	General-to-specific	General-to-specific (seeded by a positive example)
Evaluation metric	FOIL's Info gain	Laplace	Entropy and likelihood ratio	Number of true positives
Stopping condition for rule-growing	All examples belong to the same class	No performance gain	No performance gain	Rules cover only positive class
Rule pruning	Reduced error pruning	None	None	None
Instance elimination	Positive and negative	Positive only	Positive only	Positive and negative
Stopping condition for adding rules	Error > 50% or based on MDL	No performance gain	No performance gain	All positive examples are covered
Rule set pruning	Replace or modify rules	Statistical tests	None	None
Search strategy	Greedy	Beam search	Beam search	Beam search

와 Salzberg[219]가 개발한 PEBLS는 공칭 속성을 포함하는 데이터 세트를 처리할 수 있는 최근접 분류기이다. PEBLS의 각 훈련 예제에는 올바른 예측을 내리는 데 도움이 되는 횟수에 따라 가중치가 지정된다. Han 등[243]은 가중치 조정된 가장 가까운 이웃 알고리즘을 개발했는데, 이 가중치는 탐욕스러운 언덕 등반 최적화 알고리즘을 사용하여 특징 가중치를 학습한다. k-최근접 이웃 분류에 대한보다 최근의 조사는 Steinbach와 Tan에 의해 제공되었다[298].

나이브 베이즈 분류기는 Langley 등[267], Ramoni와 Sebastiani[288], Lewis[270], Domingos and Pazzani[227]을 포함한 많은 저자들에 의해 조사되었다. 나이브 베이즈 분류기에 사용된 독립성 가정은 다소 비현실적인 것처럼 보일 수 있지만 이 방법은 텍스트 분류와 같은 응용 프로그램에 놀랍게 잘 작동했다. 베이지안 네트워크는 일부 속성을 상호 의존적으로 허용함으로써 보다 유연한 접근 방식을 제공한다. 베이지안 네트워크에 대한 훌륭한 튜토리얼을 Heckerman[252]과 Jensen[258]이 제공한다. 베이지안 네트워크는 확률적 그래픽 모델로 알려진 광범위한 모델에 속한다. 그래프와 확률의 관계에 대한 공식적인 소개가 Pearl[283]에 제시되었다. 확률론적 그래픽 모델에 관한 다른 훌륭한 자료로는 Bishop[205]과 Jordan[259]의 저서가 있다. *d*-분리 및 Markov 담요와 같은 개념에 대한 자세한 논의는 Geiger 등[238] Russell과 Norvig[291]에서 다룬다.

일반화 선형 모형(GLM)은 통계 문헌에서 광범위하게 연구된 다양한 종류의 회귀 모형이다. 그것들은 선형 회귀, 로지스틱 회귀 및 포아송 회귀와 같은 여러 회귀 모델을 통합하기 위해 1972년 Nelder와 Wedderburn에 의해 공식화되었다[280]. McCullagh와 Nelder[274]는 GLM에 대한 광범위한 논의를 이 책에서 제공한다.

인공 신경망(ANN)은 여러 단계의 정체와 부활을 포함하여 길고도 발전한 발전의 역사를 목격했다. 신경망의 수학적 모델에 대한 아이디어는 1943년 McCulloch와 Pitts에 의해 처음 소개되었다[275]. 이것은 신경 가소성 이론에 기초하여 신경망을 시뮬레이션하기 위한 일련의 계산 기계로 이어졌다[289]. 현대 ANN의 가장 간단한 프로토타입 인 퍼셉트론은 1958년 Rosenblatt에 의해 개발되었다[290]. 퍼셉트론은 덧셈 및 곱셈과 같은 기본적인 수학 연산을 수행할 수 있는 단일 처리 단위 계층을 사용한다. 그러나 퍼셉트론은 선형 의사결정 경계만 배울 수 있으며 클래스가 선형으로 분리 가능한 경우에만 수렴된다. 퍼셉트론의 한계를 극복하기 위해 다중 계층 네트워크를 학습하는데 관심이 있음에도 불구하고, 이 영역의 진척은 1974년 Werbos[309]에 의해 역전파 알고리즘이 발명될 때까지 정지되어 있었으며, 이는 경사도 하강법을 이용한 다층 ANN의 신속한 훈련을 가능케 했다. 이로 인해 인공 지능(AI) 커뮤니티가 다층 ANN 모델을 개발하는 데 관심이 급증하면서 10년 이상 지속된 트렌드가 되었다. 역사적으로 ANN은 전문가 시스템(지식이 if-then 규칙을 사용하여 인코딩됨)을 기반으로 한 접근 방식에서 기계 학습 접근 방식(지식이 계산 모델의 매개 변수로 인코딩됨)으로 AI의 패러다임 전환을 표시한다. 그러나 대형 ANN 모델을 학습하는데 여전히 많은 알고리즘 및 계산 문제가 있었지만 오랫동안 해결되지 않았다. 이는 실제 문제를 해결하는데 필요한 규모로 ANN 모델의 개발을 방해했다. 서서히 ANN은 서포트 벡터 머신과 같은 다른 분류 모델을 능가하기 시작했으며, 이는 더 나은 성능을 제공할 뿐만 아니라 이론적으로 수렴 및 최적 성을 보장한다. 2006년 이후 ANN의 더 나은 계산 자원과 수많은 알고리즘 개선으로 인해 딥뉴럴 네트워크를 학습하는 데 어려움이 회피된 것은 최근이다. ANN의 재발명은 종종 "딥러닝"으로 불려졌다. 기존 분류 모델보다 성능이 우수하고 널리 보급되었다.

딥러닝은 매년 수많은 잠재적 영향을 주는 연구로 빠르게 발전하는 연구 분야이다. 딥러닝의 획기적인 발전 중 일부는 데이터의 생성 모델 학습을 위한 대규모 제한된 볼쯔만 머신 사용[201, 253], 강력한 기능 표현 학습을 위한 오토인코더 및 그 변형(오토인코더 잡음 제거) 사용[199, 305, 306], 이미지에 대한 컨볼루션 신경망[265, 268] 및 시퀀스에 대한 재발 신경망[241, 242, 277]과 같은 노드에서 매개 변수 공유를 촉진하는 정교한 아키텍처들이 있다. 다른 주요 개선 사항으로는 ANN 모델 초기화를 위한 무감독 사전 훈련 방법[232], 정규화를 위한 드롭아웃 기술[254, 297], ANN 매개 변수를 빠르게 학습하기 위한 배치 정규화[256] 및 드롭아웃 기술[240]을 효과적으로 사용하기 위한 최대 네트워크 등이 있다. 이 장에서 ANN 모델 학습에 대한 논의는 경사 하강법을 중심으로 이루어졌지만, 다수의 은닉 계층을 포함하는 대부분의 현대 ANN 모델은 확장성이 뛰어 나기 때문에 확률적 경사하강법을 사용하여 학습된다[207]. Bengio[200], LeCun 등[269], Schmidhuber[293]의 리뷰 논문에서 딥러닝 접근법에 대한 광범위한 조사가 이루어졌다. Goodfellow 등[239]와 Nielsen[281]의 최근 저서에서 딥러닝 접근법에 대한 훌륭한 요약을 얻을 수 있다.

Vapnik[303, 304]는 SVM(Support Vector Machines)에 관한 두 권의 권위 있는 책을 저술했다. SVM과 커널 기법에 대한 기타 유용한 자원으로는 Cristianini와 Shawe-Taylor[221], Schölkopf와 Smola[294]의 저서가 있다. Burges[212], Bennet 등[202], Hearst[251], and Mangasarian[272]가 쓴 SVM에 대한 여러 조사 논문들이 존재한다. SVM은 또한 Hastie 등[249]으로부터 쓰여진 사각형 손실 함수의 L_2 norm 정규화에 대해 살펴볼 수 있다. 정사각형의 L_1 norm 정규화 손실 함수는 1996년 Tibshirani[301]에 의해 도입된 최소 절대 수축 및 선택 연산자(Lasso)를 사용하여 얻을 수 있다. Lasso에는 기능 선택과 정규화를 동시에 수행하는 기능과 같은 몇 가지 흥미로운 속성이 있으므로 최종 모델에서 기능의 부분 집합만 선택된다. Lasso에 대한 훌륭한 리뷰는 Hastie 등[250]에 의해 쓰여진 책으로부터 얻을 수 있다.

기계 학습의 앙상블 방법에 대한 조사는 Dietterich[222]에 의해 제공되었다. 배깅 방법은 Breiman[209]에 의해 제안되었다. Freund와 Schapire[236]는 AdaBoost 알고리즘을 개발했다. 적응형 재샘플링과 결합을 나타내는 Arcing은 Breiman[210]이 제안한 증폭 알고리즘의 변형이다. 훈련 예제에 지정된 비균일 가중치를 사용하여 앙상블 훈련 집합을 구성하기 위한 데이터를 재샘플링 한다. AdaBoost와 달리 기본 클래스의 투표 수는 테스트 예제의 클래스 레이블을 결정할 때 가중치가 적용되지 않는다. 랜덤 포레스트 방법은 Breiman[211]에 의해 소개되었다. 바이어스-편방편차 분해의 개념은 Hastie 등[249]에 의해 설명되었다. 바이어스-편방편차 분해가 초기에 제곱 손실 함수를 갖는 회귀 문제에 대해 제안되었지만, 0-1 손실과 관련된 분류 문제에 대한 단일화된 프레임 워크가 Domingos[226]에 의해 소개되었다.

희귀한 불균형 데이터 세트에 대한 관련 작업은 Chawla 등[214], Weiss[308]에 조사 논문이 쓰여졌다. 불균형 데이터 세트 마이닝을 위한 샘플링 기반 방법은 Kubat와 Matwin[266], Japkowitz[257],Drummond와 Holte[228]와 같은 많은 저자들에 의해 조사되었다. Joshi 등[261]은 희귀 클래스 모델링을 위한 부스팅 알고리즘의 한계에 대해 논의했다. 희귀 클래스 마이닝을 위해 개발된 다른 알고리즘으로는 SMOTE[213], PNrule [260] 및 CREDOS[262]가 있다.

클래스 불균형 문제에 적합한 여러 다른 측정기준들을 사용할 수 있다. 정밀도, 리콜 및 F_1 척도는 정보 검색에서 널리 사용되는 측정 기준이다[302]. ROC 분석은 원래 다양한 범위의 점수 임계값에 대해 집계 평가를 수행하기 위한 신호 탐지 이론에 사용되었다. ROC 곡선의 컨벡스 헐(convex hull)을 사용하여 분류기 성능을 비교하는 방법은 Provost와 Fawcett[286]에 의해 제안되었다. Bradley[208]는 ROC 곡선(AUC) 하의 영역을 기계 학습 알고리즘의 성능 지표로 사용하는 방법을 조사했다. 기계 학습 모델에서 AUC 측정을 최적화하는 방대한 문헌에도 불구하고 AUC는 특정 한계를 가지고 있는 것으로 잘 알려져 있다. 예를 들어, AUC는 한 등급의 ROC 곡선이 다른 등급을 엄격하게 지배하는 경우에만 두 등급의 품질을 비교하는 데 사용할 수 있다. 그러나 두 분류기의 ROC 곡선이 어느 시점에서나 교차하는 경우 AUC 측정을 사용하여 분류기의 상대적 품질을 평가하기가 어렵다. AUC를 성능 측정으로 사용하는 데 따른 함정에 대한 심도있는 논의는 Hand[245, 246] 및 Powers[284]의 작품에서 얻을 수 있다. AUC는 또한 일관되지 않은 성능 측정치인 것으로 간주되어 왔는데, AUC에 대한 일관된 해석은 Ferri 등[235]에 의해 제공되었지만, 다른 분류기의 성능을 비교하면서 다른 스케일을 사용한다. Berrar와 Flach[203]는 임상 마이크로어레이 연구에 ROC 곡선을 사용할 때의 몇 가지 일반적인주의 사항을 설명한다. 분류기의 합계 성능을 측정하기 위한 다른 방법은 정밀도-리콜(PR) 곡선인데, 이는 등급 불균형이 있을 때 특히 유용하다[292].

Ling과 Sheng[271]의 리뷰 기사에서 비용에 민감한 학습에 대한 훌륭한 튜토리얼을 찾을 수 있다. Elkan[231]은 비용 행렬의 특성을 연구했다. Margineantu와 Dietterich

[273]는 wrapper 방법, 클래스 분포 기반 방법 및 손실 기반 방법을 포함하여 비용 정보를 C4.5 학습 알고리즘에 통합하는 다양한 방법을 조사했다. 알고리즘에 독립적인 다른 비용에 민감한 학습 방법에는 AdaCost[233], MetaCost[225], Costing[312]이 있다. 멀티 클래스 학습에 관한 광범위한 문헌도 제공된다. 여기에는 Hastie와 Tibshirani[248], Allwein 등[197], Kong과 Dietterich[264], Tax와 Duin[300]이 포함되어 있다. ECOC(error-correcting output coding) 방법은 Dietterich와 Bakiri[223]에 의해 제안되었다. 또한 멀티클래스 문제를 해결하기에 적합한 코드를 설계하는 기술도 조사했다.

모든 인스턴스에 고유한 범주 레이블이 있는 단일 기능 집합이 있는 기존 분류 설정에 대한 알고리즘 탐색 외에도 복잡한 형식의 입력 및 출력을 포함하는 비전통적인 분류 패러다임에 대한 최근 관심이 많이 있었다. 예를 들어, 다중 레이블 학습의 패러다임은 인스턴스에 하나의 클래스가 아닌 여러 클래스 레이블을 할당할 수 있도록 한다. 이 기능은 이미지의 객체 인식과 같은 응용 프로그램에 유용한다. 여기서 사진 이미지에는 잔디, 하늘, 나무 및 산과 같은 둘 이상의 분류 객체가 포함될 수 있다. 다중 레이블 학습에 대한 설문 조사는 [313]에서 찾을 수 있다. 다른 예로, 다중 인스턴스 학습의 패러다임은 인스턴스가 백(bags)이라고 하는 그룹의 형태로 사용 가능하고 훈련 레이블이 개별 인스턴스가 아닌 백 레벨에서 사용 가능한 문제를 고려한다. 다중 인스턴스 학습은 객체가 다양한 상태(예: 화합물의 다른 이성질체)에 여러 인스턴스로 존재할 수 있는 응용프로그램에 유용하며 단일 인스턴스가 특정 특성을 보여도 인스턴스와 관련된 전체 인스턴스 백은 객체에는 관련 클래스가 할당되어야 한다. 다중 인스턴스 학습에 대한 설문이 [314]에 제공된다.

많은 실제 응용 분야에서 최적표준 지도를 얻는데 드는 높은 비용으로 인해 훈련 레이블의 수량이 부족한 경우가 종종 있다. 그러나 레이블이 없는 테스트 인스턴스에는 거의 항상 충분한 접근 권한이 있으며 여기에는 지도 레이블이 없지만 인스턴스의 구조 또는 배포에 대한 유용한 정보가 포함되어 있다. 의사 결정 경계를 학습하기 위해 훈련 세트에서 레이블이 지정된 인스턴스만 사용하는 기존 학습 알고리즘은 레이블이 없는 인스턴스에 포함된 정보를 이용할 수 없다. 대조적으로, 분류 모델을 학습하기 위해 레이블이 없는 데이터에서 구조를 이용하는 학습 알고리즘은 준 감독 학습 알고리즘으로 알려져 있다[315, 316]. 레이블이 없는 데이터의 사용은 멀티뷰 학습의 패러다임에서도 탐구된다[299, 311]. 여기서 모든 객체는 다양한 기능 세트를 포함하는 데이터의 멀티 뷰에서 관찰된다. 멀티뷰 학습 알고리즘에 의해 사용되는 일반적인 전략은 공동훈련(co-training)이다[206]. 여기서 데이터의 모든 뷰에 대해 다른 모델이 학습되지만, 모든 뷰의 모델 예측은 레이블이 없는 테스트 인스턴스에서 서로 동일하게 제한된다.

훈련 데이터가 부족한 상황에서 일반적으로 탐색되는 또 다른 학습 패러다임은 능동적 학습의 틀로, 합리적인 분류 모델을 배우기 위해 가장 작은 레이블 주석 집합을 찾으려고 시도한다. 능동적인 학습에서는 모델 학습 과정에서 주석자가 관여하여 제한된 예산의 레이블 주석을 감안하여 레이블이 가장 관련성이 높은 일련의 인스턴스 집합에 대해 점진적으로 요청될 것으로 예상 된다. 예를 들어, 의사결정 경계에 더 가까운 인스턴스에서 경계를 정의하는 데 더 큰 역할을 할 수 있는 레이블을 얻는 것이 유용할 수 있다. 능동적 학습 접근법에 대한 검토는 [285, 295]에서 찾을 수 있다.

일부 응용 프로그램에서는 여러 학습 작업을 동시에 해결하는 것이 중요한다. 여기서 일부 작업은 서로 유사할 수 있다. 예를 들어, 영어로 작성된 구절을 다른 언어로 번역하는 데 관심이 있는 경우, 어휘적으로 유사한 언어(예: 스페인어 및 포르투갈어)와 관련된 작업에는 유사한 모델 학습이 필요하다. 멀티태스킹 학습의 패러다임은 모든 작업에서 동시에 학습하면서 관련 작업 간에 학습을 공유하는 데 도움이 된다. 이는 일부 작업에 충분한 양의 훈련 샘플이 포함되어 있지 않은 경우에 특히 유용한다. 이 경우 다른 관련 작업에서 학습을 차용하면 강력한 모델을 학습하는 데 도움이 된다. 멀티태스킹 학습의 특수한 사례는 전이 학습으로, 소스 작업(충분한 수의 훈련 샘플 포함)으로부터의 학습을 대상 과제(훈련 데이터가 부족함)로 전송해야 한다. Pan 등[282]은 전이 학습 접근법에 대한 광범위한 조사를 제공한다.

대부분의 분류기는 모든 데이터 인스턴스가 클래스에 속해야 한다고 가정하지만 일부 응용 프로그램에서는 항상 해당되는 것은 아니다. 예를 들어, 악성소프트웨어 탐지에서 새 악성소프트웨어를 쉽게 만들 수 있기 때문에 새 악성소프트웨어의 기능이 기존 악성소프트웨어의 기능과 크게 다르더라도 기존 클래스에 대해 훈련된 분류기가 새 클래스를 검색하지 못할 수 있다. 또 다른 예는 의료 진단과 같은 중요한 응용 분야에서 예측 오류가 많이 발생하고 심각한 결과를 초래할 수 있다. 이 상황에서 클래스가 확실하지 않은 데이터 클래스에 대한 예측은 자제하지 않는 것이 좋다. 거부 옵션이 있는 분류기로 알려진 이 접근 방식은 예측이 신뢰할 수 있다고 판단하지 않는 한(예: 클래스 확률이 사용자 지정 임계값을 초과하는 경우) 모든 데이터 인스턴스를 분류할 필요는 없다. 분류되지 않은 인스턴스는 실제 클래스 레이블을 추가로 결정하기 위해 도메인 전문가에게 제공될 수 있다.

분류 모델은 훈련 모델의 관점에서 구별될 수도 있다. 배치 분류기는 교육 중에 레이블이 지정된 모든 인스턴스를 사용할 수 있다고 가정한다. 이 전략은 학습 세트 크기가 너무 크지 않고 속성과 클래스 간의 관계가 시간이 지남에 따라 변하지 않는 고정 데이터에 적용 할 수 있다. 반면에 온라인 분류기는 분류 된 데이터의 부분 집합을 사용하여 초기 모델을 훈련시킨다[263]. 그런 다음 더 많은 레이블이 지정된 인스턴스를 사용할 수 있게 되면 모델이 점차 업데이트된다. 이 전략은 훈련 집합이 너무 크거나 시간에 따른 데이터 분포의 변화로 인해 개념 편차가 있는 경우에 효과적이다.

참고문헌

[195] C. C. Aggarwal. *Data classification: algorithms and applications*. CRC Press, 2014.

[196] D. W. Aha. *A study of instance-based algorithms for supervised learning tasks: mathematical, empirical, and psychological evaluations*. PhD thesis, University of California, Irvine, 1990.

[197] E. L. Allwein, R. E. Schapire, and Y. Singer. Reducing Multiclass to Binary: A Unifying Approach to Margin Classifiers. *Journal of Machine Learning Research*, 1:113-141, 2000.

[198] R. Andrews, J. Diederich, and A. Tickle. A Survey and Critique of Techniques For Extracting Rules From Trained Artificial Neural Networks. *Knowledge Based Systems*, 8(6):373-389, 1995.

[199] P. Baldi. Autoencoders, unsupervised learning, and deep architectures. *ICML unsupervised and transfer learning*, 27(37-50):1, 2012.

[200] Y. Bengio. Learning deep architectures for AI. *Foundations and trends R in Machine Learning*, 2(1):1-127, 2009.

[201] Y. Bengio, A. Courville, and P. Vincent. Representation learning: A review and new perspectives. *IEEE transactions on pattern analysis and machine intelligence*, 35(8): 1798-1828, 2013.

[202] K. Bennett and C. Campbell. Support Vector Machines: Hype or Hallelujah. *SIGKDD Explorations*, 2(2):1-13, 2000.

[203] D. Berrar and P. Flach. Caveats and pitfalls of ROC analysis in clinical microarray research (and how to avoid them). *Briefings in bioinformatics*, page bbr008, 2011.

[204] C. M. Bishop. *Neural Networks for Pattern Recognition*. Oxford University Press, Oxford, U.K., 1995.

[205] C. M. Bishop. *Pattern Recognition and Machine Learning*. Springer, 2006.

[206] A. Blum and T. Mitchell. Combining labeled and unlabeled data with co-training. In *Proceedings of the eleventh annual conference on Computational learning theory*, pages 92-100. ACM, 1998.

[207] L. Bottou. Large-scale machine learning with stochastic gradient descent. In *Proceedings of COMPSTAT'2010*, pages 177-186. Springer, 2010.

[208] A. P. Bradley. The use of the area under the ROC curve in the Evaluation of Machine Learning Algorithms. *Pattern Recognition*, 30(7):1145-1149, 1997.

[209] L. Breiman. Bagging Predictors. *Machine Learning*, 24(2):123-140, 1996.

[210] L. Breiman. Bias, Variance, and Arcing Classifiers. Technical Report 486, University of California, Berkeley, CA, 1996.

[211] L. Breiman. Random Forests. *Machine Learning*, 45(1):5-32, 2001.

[212] C. J. C. Burges. A Tutorial on Support Vector Machines for Pattern Recognition. *Data Mining and Knowledge Discovery*, 2(2):121-167, 1998.

[213] N. V. Chawla, K. W. Bowyer, L. O. Hall, and W. P. Kegelmeyer. SMOTE: Synthetic Minority Over-sampling Technique. *Journal of Artificial Intelligence Research*, 16: 321-357, 2002.

[214] N. V. Chawla, N. Japkowicz, and A. Kolcz. Editorial: Special Issue on Learning from Imbalanced Data Sets. *SIGKDD Explorations*, 6(1):1-6, 2004.

[215] V. Cherkassky and F. Mulier. *Learning from Data: Concepts, Theory, and Methods*. Wiley Interscience, 1998.

[216] P. Clark and R. Boswell. Rule Induction with CN2: Some Recent Improvements. In *Machine Learning: Proc. of the 5th European Conf. (EWSL-91)*, pages 151-163, 1991.

[217] P. Clark and T. Niblett. The CN2 Induction Algorithm. *Machine Learning*, 3(4): 261-283, 1989.

[218] W. W. Cohen. Fast Effective Rule Induction. In *Proc. of the 12th Intl. Conf. on Machine Learning*, pages 115-123, Tahoe City, CA, July 1995.

[219] S. Cost and S. Salzberg. A Weighted Nearest Neighbor Algorithm for Learning with Symbolic Features. *Machine Learning*, 10:57-58, 1993.

[220] T. M. Cover and P. E. Hart. Nearest Neighbor Pattern Classification. *Knowledge Based Systems*, 8(6):373-389, 1995.

[221] N. Cristianini and J. Shawe-Taylor. *An Introduction to Support Vector Machines and Other Kernel-based Learning Methods*. Cambridge University Press, 2000.

[222] T. G. Dietterich. Ensemble Methods in Machine Learning. In *First Intl. Workshop on Multiple Classifier Systems*, Cagliari, Italy, 2000.

[223] T. G. Dietterich and G. Bakiri. Solving Multiclass Learning Problems via Error-Correcting Output Codes. *Journal of Artificial Intelligence Research*, 2:263-286, 1995.

[224] P. Domingos. The RISE system: Conquering without separating. In *Proc. of the 6th IEEE Intl. Conf. on Tools with Artificial Intelligence*, pages 704-707, New Orleans, LA, 1994.

[225] P. Domingos. MetaCost: A General Method for Making Classifiers Cost-Sensitive. In *Proc. of the 5th Intl. Conf. on Knowledge Discovery and Data Mining*, pages 155-164, San Diego, CA, August 1999.

[226] P. Domingos. A unified bias-variance decomposition. In *Proceedings of 17th International Conference on Machine Learning*, pages 231-238, 2000.

[227] P. Domingos and M. Pazzani. On the Optimality of the Simple Bayesian Classifier under Zero-One Loss. *Machine Learning*, 29(2-3):103-130, 1997.

[228] C. Drummond and R. C. Holte. C4.5, Class imbalance, and Cost sensitivity: Why under-sampling beats over-sampling. In *ICML'2004 Workshop on Learning from Imbalanced Data Sets II*, Washington, DC, August 2003.

[229] R. O. Duda, P. E. Hart, and D. G. Stork. *Pattern Classification*. John Wiley & Sons, Inc., New York, 2nd edition, 2001.

[230] M. H. Dunham. *Data Mining: Introductory and Advanced Topics*. Prentice Hall, 2006.

[231] C. Elkan. The Foundations of Cost-Sensitive Learning. In *Proc. of the 17th Intl. Joint Conf. on Artificial Intelligence*, pages 973-978, Seattle, WA, August 2001.

[232] D. Erhan, Y. Bengio, A. Courville, P.-A. Manzagol, P. Vincent, and S. Bengio. Why does unsupervised pre-training help deep learning? *Journal of Machine Learning Research*, 11(Feb):625-660, 2010.

[233] W. Fan, S. J. Stolfo, J. Zhang, and P. K. Chan. AdaCost: misclassification costsensitive boosting. In *Proc. of the 16th Intl. Conf. on Machine Learning*, pages 97-105, Bled, Slovenia, June 1999.

[234] J. Fürnkranz and G. Widmer. Incremental reduced error pruning. In *Proc. of the 11th Intl. Conf. on Machine Learning*, pages 70-77, New Brunswick, NJ, July 1994.

[235] C. Ferri, J. Hern"Landez-Orallo, and P. A. Flach. A coherent interpretation of AUC as a measure of aggregated classification performance. In *Proceedings of the 28th International Conference on Machine Learning (ICML-11)*, pages 657-664, 2011.

[236] Y. Freund and R. E. Schapire. A decision-theoretic generalization of on-line learning and an application to boosting. *Journal of Computer and System Sciences*, 55(1):119-139, 1997.

[237] K. Fukunaga. *Introduction to Statistical Pattern Recognition*. Academic Press, New York, 1990.

[238] D. Geiger, T. S. Verma, and J. Pearl. d-separation: From theorems to algorithms. *arXiv preprint arXiv:1304.1505*, 2013.

[239] I. Goodfellow, Y. Bengio, and A. Courville. Deep Learning. Book in preparation for MIT Press, 2016.

[240] I. J. Goodfellow, D. Warde-Farley, M. Mirza, A. C. Courville, and Y. Bengio. Maxout networks. *ICML (3)*, 28:1319-1327, 2013.

[241] A. Graves, M. Liwicki, S. Fern"Landez, R. Bertolami, H. Bunke, and J. Schmidhuber. A novel connectionist system for unconstrained handwriting recognition. *IEEE transactions on pattern analysis and machine intelligence*, 31(5):855-868, 2009.

[242] A. Graves and J. Schmidhuber. Offline handwriting recognition with multidimensional re-

current neural networks. In *Advances in neural information processing systems*, pages 545-552, 2009.

[243] E.-H. Han, G. Karypis, and V. Kumar. Text Categorization Using Weight Adjusted k-Nearest Neighbor Classification. In *Proc. of the 5th Pacific-Asia Conf. on Knowledge Discovery and Data Mining*, Lyon, France, 2001.

[244] J. Han and M. Kamber. *Data Mining: Concepts and Techniques*. Morgan Kaufmann Publishers, San Francisco, 2001.

[245] D. J. Hand. Measuring classifier performance: a coherent alternative to the area under the ROC curve. *Machine learning*, 77(1):103-123, 2009.

[246] D. J. Hand. Evaluating diagnostic tests: the area under the ROC curve and the balance of errors. *Statistics in medicine*, 29(14):1502-1510, 2010.

[247] D. J. Hand, H. Mannila, and P. Smyth. *Principles of Data Mining*. MIT Press, 2001.

[248] T. Hastie and R. Tibshirani. Classification by pairwise coupling. *Annals of Statistics*, 26(2):451-471, 1998.

[249] T. Hastie, R. Tibshirani, and J. Friedman. *The Elements of Statistical Learning: Data Mining, Inference, and Prediction*. Springer, 2nd edition, 2009.

[250] T. Hastie, R. Tibshirani, and M. Wainwright. *Statistical learning with sparsity: the lasso and generalizations*. CRC Press, 2015.

[251] M. Hearst. Trends & Controversies: Support Vector Machines. *IEEE Intelligent Systems*, 13(4):18-28, 1998.

[252] D. Heckerman. Bayesian Networks for Data Mining. *Data Mining and Knowledge Discovery*, 1(1):79-119, 1997.

[253] G. E. Hinton and R. R. Salakhutdinov. Reducing the dimensionality of data with neural networks. *Science*, 313(5786):504-507, 2006.

[254] G. E. Hinton, N. Srivastava, A. Krizhevsky, I. Sutskever, and R. R. Salakhutdinov. Improving neural networks by preventing co-adaptation of feature detectors. *arXiv preprint arXiv:1207.0580*, 2012.

[255] R. C. Holte. Very Simple Classification Rules Perform Well on Most Commonly Used Data sets. *Machine Learning*, 11:63-91, 1993.

[256] S. Ioffe and C. Szegedy. Batch normalization: Accelerating deep network training by reducing internal covariate shift. *arXiv preprint arXiv:1502.03167*, 2015.

[257] N. Japkowicz. The Class Imbalance Problem: Significance and Strategies. In *Proc. of the 2000 Intl. Conf. on Artificial Intelligence: Special Track on Inductive Learning*, volume 1, pages 111-117, Las Vegas, NV, June 2000.

[258] F. V. Jensen. *An introduction to Bayesian networks*, volume 210. UCL press London, 1996.

[259] M. I. Jordan. *Learning in graphical models*, volume 89. Springer Science & Business Media, 1998.

[260] M. V. Joshi, R. C. Agarwal, and V. Kumar. Mining Needles in a Haystack: Classifying Rare Classes via Two-Phase Rule Induction. In *Proc. of 2001 ACM-SIGMOD Intl.Conf. on Management of Data*, pages 91-102, Santa Barbara, CA, June 2001.

[261] M. V. Joshi, R. C. Agarwal, and V. Kumar. Predicting rare classes: can boosting make any weak learner strong? In *Proc. of the 8th Intl. Conf. on Knowledge Discovery and Data Mining*, pages 297-306, Edmonton, Canada, July 2002.

[262] M. V. Joshi and V. Kumar. CREDOS: Classification Using Ripple Down Structure (A Case for Rare Classes). In *Proc. of the SIAM Intl. Conf. on Data Mining*, pages 321-332, Orlando, FL, April 2004.

[263] J. Kivinen, A. J. Smola, and R. C. Williamson. Online learning with kernels. *IEEE transactions on signal processing*, 52(8):2165-2176, 2004.

[264] E. B. Kong and T. G. Dietterich. Error-Correcting Output Coding Corrects Bias and Variance. In *Proc. of the 12th Intl. Conf. on Machine Learning*, pages 313-321, Tahoe City, CA, July 1995.

[265] A. Krizhevsky, I. Sutskever, and G. E. Hinton. Imagenet classification with deep convolutional neural networks. In *Advances in neural information processing systems*, pages 1097-1105, 2012.

[266] M. Kubat and S. Matwin. Addressing the Curse of Imbalanced Training Sets: One Sided Selection. In *Proc. of the 14th Intl. Conf. on Machine Learning*, pages 179-186, Nashville, TN, July 1997.

[267] P. Langley, W. Iba, and K. Thompson. An analysis of Bayesian classifiers. In *Proc. of the 10th National Conf. on Artificial Intelligence*, pages 223-228, 1992.

[268] Y. LeCun and Y. Bengio. Convolutional networks for images, speech, and time series. *The handbook of brain theory and neural networks*, 3361(10):1995, 1995.

[269] Y. LeCun, Y. Bengio, and G. Hinton. Deep learning. *Nature*, 521(7553):436-444, 2015.

[270] D. D. Lewis. Naive Bayes at Forty: The Independence Assumption in Information Retrieval. In *Proc. of the 10th European Conf. on Machine Learning (ECML 1998)*, pages 4-15, 1998.

[271] C. X. Ling and V. S. Sheng. Cost-sensitive learning. In *Encyclopedia of Machine Learning*, pages 231-235. Springer, 2011.

[272] O. Mangasarian. Data Mining via Support Vector Machines. Technical Report Technical Report 01-05, Data Mining Institute, May 2001.

[273] D. D. Margineantu and T. G. Dietterich. Learning Decision Trees for Loss Minimization in Multi-Class Problems. Technical Report 99-30-03, Oregon State University, 1999.

[274] P. McCullagh and J. A. Nelder. *Generalized linear models*, volume 37. CRC press, 1989.

[275] W. S. McCulloch and W. Pitts. A logical calculus of the ideas immanent in nervous activity. *The bulletin of mathematical biophysics*, 5(4):115-133, 1943.

[276] R. S. Michalski, I. Mozetic, J. Hong, and N. Lavrac. The Multi-Purpose Incremental

Learning System AQ15 and Its Testing Application to Three Medical Domains. In *Proc. of 5th National Conf. on Artificial Intelligence*, Orlando, August 1986.

[277] T. Mikolov, M. Karafiát, L. Burget, J. Cernocký, and S. Khudanpur. Recurrent neural network based language model. In *Interspeech*, volume 2, page 3, 2010.

[278] T. Mitchell. *Machine Learning*. McGraw-Hill, Boston, MA, 1997.

[279] S. Muggleton. *Foundations of Inductive Logic Programming*. Prentice Hall, Englewood Cliffs, NJ, 1995.

[280] J. A. Nelder and R. J. Baker. Generalized linear models. *Encyclopedia of statistical sciences*, 1972.

[281] M. A. Nielsen. Neural networks and deep learning. *Published online: http://neuralnetworksanddeeplearning.com/.(visited: 10. 15. 2016)*, 2015.

[282] S. J. Pan and Q. Yang. A survey on transfer learning. *IEEE Transactions on knowledge and data engineering*, 22(10):1345-1359, 2010.

[283] J. Pearl. *Probabilistic reasoning in intelligent systems: networks of plausible inference*. Morgan Kaufmann, 2014.

[284] D. M. Powers. The problem of area under the curve. In *2012 IEEE International Conference on Information Science and Technology*, pages 567-573. IEEE, 2012.

[285] M. Prince. Does active learning work? A review of the research. *Journal of engineering education*, 93(3):223-231, 2004.

[286] F. J. Provost and T. Fawcett. Analysis and Visualization of Classifier Performance: Comparison under Imprecise Class and Cost Distributions. In *Proc. of the 3rd Intl. Conf. on Knowledge Discovery and Data Mining*, pages 43-48, Newport Beach, CA, August 1997.

[287] J. R. Quinlan. *C4.5: Programs for Machine Learning*. Morgan-Kaufmann Publishers, San Mateo, CA, 1993.

[288] M. Ramoni and P. Sebastiani. Robust Bayes classifiers. *Artificial Intelligence*, 125: 209-226, 2001.

[289] N. Rochester, J. Holland, L. Haibt, and W. Duda. Tests on a cell assembly theory of the action of the brain, using a large digital computer. *IRE Transactions on information Theory*, 2(3):80-93, 1956.

[290] F. Rosenblatt. The perceptron: a probabilistic model for information storage and organization in the brain. *Psychological review*, 65(6):386, 1958.

[291] S. J. Russell, P. Norvig, J. F. Canny, J. M. Malik, and D. D. Edwards. *Artificial intelligence: a modern approach*, volume 2. Prentice hall Upper Saddle River, 2003.

[292] T. Saito and M. Rehmsmeier. The precision-recall plot is more informative than the ROC plot when evaluating binary classifiers on imbalanced datasets. *PloS one*, 10(3): e0118432, 2015.

[293] J. Schmidhuber. Deep learning in neural networks: An overview. *Neural Networks*,

61:85-117, 2015.

[294] B. Schölkopf and A. J. Smola. *Learning with Kernels: Support Vector Machines, Regularization, Optimization, and Beyond.* MIT Press, 2001.

[295] B. Settles. Active learning literature survey. *University of Wisconsin, Madison*, 52 (55-66):11, 2010.

[296] P. Smyth and R. M. Goodman. An Information Theoretic Approach to Rule Induction from Databases. *IEEE Trans. on Knowledge and Data Engineering*, 4(4):301-316, 1992.

[297] N. Srivastava, G. E. Hinton, A. Krizhevsky, I. Sutskever, and R. Salakhutdinov. Dropout: a simple way to prevent neural networks from overfitting. *Journal of Machine Learning Research*, 15(1):1929-1958, 2014.

[298] M. Steinbach and P.-N. Tan. kNN: k-Nearest Neighbors. In X. Wu and V. Kumar, editors, *The Top Ten Algorithms in Data Mining*. Chapman and Hall/CRC Reference, 1st edition, 2009.

[299] S. Sun. A survey of multi-view machine learning. *Neural Computing and Applications*, 23(7-8):2031-2038, 2013.

[300] D. M. J. Tax and R. P. W. Duin. Using Two-Class Classifiers for Multiclass Classification. In *Proc. of the 16th Intl. Conf. on Pattern Recognition (ICPR 2002)*, pages 124-127, Quebec, Canada, August 2002.

[301] R. Tibshirani. Regression shrinkage and selection via the lasso. *Journal of the Royal Statistical Society. Series B (Methodological)*, pages 267-288, 1996.

[302] C. J. van Rijsbergen. *Information Retrieval*. Butterworth-Heinemann, Newton, MA, 1978.

[303] V. Vapnik. *The Nature of Statistical Learning Theory*. Springer Verlag, New York, 1995.

[304] V. Vapnik. *Statistical Learning Theory*. John Wiley & Sons, New York, 1998.

[305] P. Vincent, H. Larochelle, Y. Bengio, and P.-A. Manzagol. Extracting and composing robust features with denoising autoencoders. In *Proceedings of the 25th international conference on Machine learning*, pages 1096-1103. ACM, 2008.

[306] P. Vincent, H. Larochelle, I. Lajoie, Y. Bengio, and P.-A. Manzagol. Stacked denoising autoencoders: Learning useful representations in a deep network with a local denoising criterion. *Journal of Machine Learning Research*, 11(Dec):3371-3408, 2010.

[307] A. R. Webb. *Statistical Pattern Recognition*. John Wiley & Sons, 2nd edition, 2002.

[308] G. M. Weiss. Mining with Rarity: A Unifying Framework. *SIGKDD Explorations*, 6 (1):7-19, 2004.

[309] P. Werbos. Beyond regression: new fools for prediction and analysis in the behavioral sciences. *PhD thesis, Harvard University*, 1974.

[310] I. H. Witten and E. Frank. *Data Mining: Practical Machine Learning Tools and Techniques with Java Implementations*. Morgan Kaufmann, 1999.

[311] C. Xu, D. Tao, and C. Xu. A survey on multi-view learning. *arXiv preprint arXiv: 1304.5634*, 2013.

[312] B. Zadrozny, J. C. Langford, and N. Abe. Cost-Sensitive Learning by Cost- Proportionate Example Weighting. In *Proc. of the 2003 IEEE Intl. Conf.* on Data Mining, pages 435-442, Melbourne, FL, August 2003.

[313] M.-L. Zhang and Z.-H. Zhou. A review on multi-label learning algorithms. *IEEE transactions on knowledge and data engineering*, 26(8):1819-1837, 2014.

[314] Z.-H. Zhou. Multi-instance learning: A survey. *Department of Computer Science & Technology, Nanjing University, Tech. Rep*, 2004.

[315] X. Zhu. Semi-supervised learning. In *Encyclopedia of machine learning*, pages 892-897. Springer, 2011.

[316] X. Zhu and A. B. Goldberg. Introduction to semi-supervised learning. *Synthesis lectures on artificial intelligence and machine learning*, 3(1):1-130, 2009.

4.14 연습문제

1. 다음 속성 및 속성값 집합의 이진 분류 문제를 고려하자.

    - Air Conditioner = {Working, Broken}
    - Engine = {Good, Bad}
    - Mileage = {High, Medium, Low}
    - Rust = {Yes, No}

    규칙 기반 분류기가 다음 규칙 세트를 생성한다고 가정하자.

Mileage = High → Value = Low
Mileage = Low → Value = High
Air Conditioner = Working, Engine = Good → Value = High
Air Conditioner = Working, Engine = Bad → Value = Low
Air Conditioner = Broken → Value = Low

    (a) 규칙은 상호 배타적인가?
    (b) 규칙이 포괄적인가?
    (c) 규칙 집합에 순서가 필요한가?
    (d) 규칙 집합에 대한 디폴트 클래스가 필요한가?

2. RIPPER 알고리즘(Cohen[218])은 IREP(Furnkranz and Widmer[234])라고 불리는 이전 알고리즘의 확장이다. 두 알고리즘 모두 **오류 감소 정리(reduce-error pruning)** 방법을 적용하여 규칙을 정리해야 하는지 여부를 결정한다. 오류 감소 정리 방법은 유효 집합을 이용하여 분류기의 오류를 추정한다. 다음 규칙 쌍을 고려하시오.

$$R_1 : A \rightarrow C$$

$$R_2 : A \wedge B \rightarrow C$$

R_2는 R_1의 왼쪽에 새로운 연결 B를 추가하여 얻다. 이 문제에서 규칙 성장 및 규칙 제거 관점에서 R_2가 R_1보다 선호되는지 여부를 결정해야 된다. 규칙이 제거되어야 하는지 여부를 결정하기 위해 IREP는 다음 측정값을 계산한다.

$$v_{IREP} = \frac{p+(N-n)}{P+N}$$

여기서 P는 유효 집합의 총 긍정 사례의 수이고, N은 유효성 검사 세트의 총 부정 사례의 수이며, p는 규칙이 적용되는 유효 집합의 긍정 사례의 수이고, n은 유효 집합에 의해 포함되는 부정 사례의 수를 표시한다. v_{IREP}는 실제로 유효 집합의 분류 정확성과 유사하다. IREP는 더 높은 v_{IREP} 값을 가진 규칙을 선호한다. 반면에 RIPPER는 다음 척도를 적용하여 규칙을 정리해야 하는지 여부를 결정한다.

$$v_{RIPPER} = \frac{p-n}{p+n}$$

(a) R_1이 350개의 긍정 예와 150개의 부정 예를 포함하고, R_2는 300개의 긍정 예와 50개의 부정 예를 포함한다고 가정하자. R_1과 관련하여 규칙 R_2에 대한 FOIL의 정보 이득을 계산하시오.

(b) 500개의 긍정 예와 500개의 부정 예를 포함하는 검증 집합을 고려하자. R_1에 대하여 이 규칙에 포함되는 긍정 예의 수가 200이고 규칙에 포함된 부정 예의 수는 50이라고 가정한다. R_2의 경우 규칙에 포함된 긍정 예의 수는 100이고 부정 예의 수는 5라고 가장하자. 두 규칙 모두에 대해 v_{IREP}를 계산한다. IREP는 어떤 규칙을 선호하는가?

(c) 이전 문제에 대한 v_{RIPPER}를 계산하라. RIPPER는 어떤 규칙을 선호하는가?

3. C4.5 규칙은 의사 결정 트리에서 규칙을 생성하기 위한 간접적인 방법의 구현이다. RIPPER는 데이터로 부터 직접 규칙을 생성하는 직접적인 방법을 구현한 것이다.

(a) 두 방법의 강점과 약점에 대해 토론하시오.

(b) 클래스 크기에 큰 차이가 있는 데이터 세트를 고려해 보자(즉, 일부 클래스는 다른 클래스보다 훨씬 큰 경우). 소규모 클래스의 정확한 규칙을 찾는 관점에서 어떤 방법(C4.5 규칙과 RIPPER 중)이 어떤 것이 더 우수한가?

4. 100개의 긍정인 예와 400개의 부정인 예를 포함하는 훈련 세트를 고려해 보자. 다음 각 후보 규칙에 대해

   R_1 : A → + (4개의 긍정과 1개의 부정 예를 포함)

   R_2 : B → + (30개의 긍정과 10개의 부정 예를 포함)

   R_2 : C → + (100개의 긍정과 90개의 부정 예를 포함)

   다음에 따라 가장 적합한 후보 규칙과 가장 나쁜 후보 규칙을 결정하시오.

   (a) 규칙 정확도
   (b) FOIL의 정보이득
   (c) 가능성 비율 통계
   (d) 라플라스 기준
   (e) m-estimate($k=2$ 및 $p_+=0.2$)

5. 그림 4.3은 분류 규칙 R_1, R_2 및 R_3의 적용 범위를 보여준다. 다음에 따라 가장 좋은 규칙과 가장 나쁜 규칙을 결정하라.

   (a) 가능성 비율 통계
   (b) 라플라스 기준
   (c) m-estimate($k=2$ 및 $p_+=0.58$)
   (d) R_1이 포함된 예들이 하나도 제거되지 않았을 때, R_1이 발견 후 규칙 정확성
   (e) R_1에 포함된 긍정적 예만 제거되었을 때, R_1이 발견된 규칙 정확도
   (f) R_1에 의해 포괄되는 긍정 예와 부정 예가 모두 제거되었을 때, R_1이 발견된 규칙 정확도

6. (a) 흡연을 하는 학부생 비율이 15%이고, 흡연을 하는 대학원생 비율이 23%라고 가정한다. 대학생의 5분의 1이 대학원생이고 나머지는 학부생인 경우, 흡연을 하는 학생이 대학원생일 확률은 얼마인가?

   (b) (a) 부분의 정보를 고려할 때, 임의로 선택한 학생이 대학원생 또는 학부생일 가능성이 어느 쪽이 더 큰가?

   (c) 학생이 흡연자라고 가정하고 (b) 부분을 반복하라.

   (d) 대학원생의 30%가 기숙사에 살고 있지만 학부생의 10%만이 기숙사에 살고 있다고

가정한다. 학생이 담배를 피우고 기숙사에 거주하는 경우 대학원생 또는 학부생 가능성이 어느 쪽이 더 큰가? 기숙사에 사는 학생들과 담배를 피우는 사람들 사이에 독립성을 가정할 수 있다.

7. 표 4.9에 나와 있는 데이터 집합을 고려하자.

표 4.9 연습문제 7에 대한 데이터 집합

Instance	A	B	C	Class
1	0	0	0	+
2	0	0	1	−
3	0	1	1	−
4	0	1	1	−
5	0	0	1	+
6	1	0	1	+
7	1	0	1	−
8	1	0	1	−
9	1	1	1	+
10	1	0	1	+

(a) $P(A|+)$, $P(B|+)$, $P(C|+)$, $P(A|-)$, $P(B|-)$ 및 $P(C|-)$에 대한 조건부 확률을 추정하라.

(b) 앞의 질문에서 주어진 조건부 확률의 추정치를 사용하여 나이브 베이즈 접근 방식을 사용하여 테스트 샘플에 대한 등급 레이블($A=0$, $B=1$, $C=0$)을 예측하라.

(c) $p=1/2$와 $m=4$인 m-estimate 접근법을 사용하여 조건부 확률을 추정하라.

(d) (c) 부분에 제공된 조건부 확률을 사용하여 (b) 부분을 반복하시오.

(e) 확률 추정을 위한 두 가지 방법을 비교하라. 어떤 방법이 더 좋고 이유는 무엇인가?

8. 표 4.10에 표시된 데이터 집합을 고려해 보자.

(a) 이전 문제와 동일한 방법을 사용하여 조건부 확률 $P(A=1|+)$, $P(B=1|+)$, $P(C=1|+)$, $P(A=1|-)$, $P(B=1|-)$과 $P(C=1|-)$를 계산하라.

(b) (a) 부분의 조건부 확률을 사용하여 나이브 베이즈 접근 방식을 사용해서 테스트 샘플의 클래스 레이블($A=1$, $B=1$, $C=1$)을 예측하라.

(c) $P(A=1)$, $P(B=1)$와 $P(A=1, B=1)$을 비교하라. A와 B 사이의 관계를 기술하라.

(d) $P(A=1)$, $P(B=0)$와 $P(A=1, B=0)$를 사용하여 (c) 부분에서 분석을 반복하라.

표 4.10 연습문제 8에 대한 데이터 집합

Instance	A	B	C	Class
1	0	0	1	−
2	1	0	1	+
3	0	1	0	−
4	1	0	0	−
5	1	0	1	+
6	0	0	1	+
7	1	1	0	−
8	0	0	0	−
9	0	1	0	+
10	1	1	1	+

(e) $P(A=1, B=1|Class=+)$와 $P(A=1|Class=+)$와 $P(B=1|Class=+)$를 비교하라. 클래스가 주어지면 변수들이 조건부적으로 독립적인가?

9. (a) 나이브 베이즈가 그림 4.56에 나와 있는 데이터 집합에서 어떻게 수행되는지 설명하라.

(b) 만약 4개의 클래스(A_1, A_2, B_1, B_2)로 각 클래스를 추가로 분할된다면, 나이브 베이즈가 더 성능이 좋아지는가?

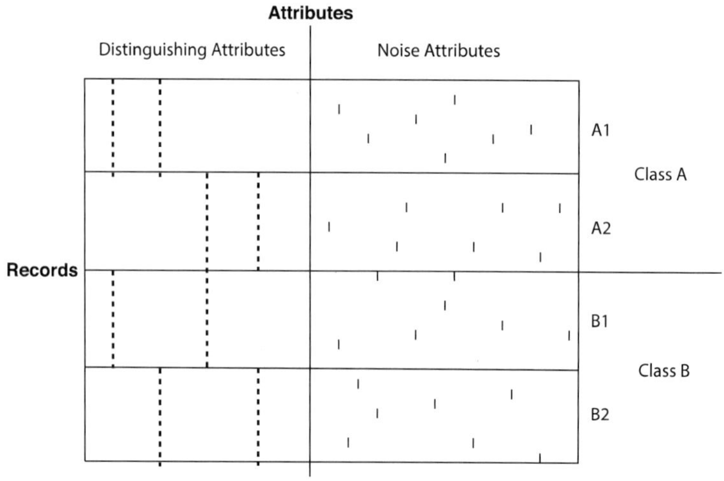

그림 4.56 연습문제 9에 대한 데이터집합

(c) 이 데이터 집합에 대해 의사 결정 트리(2클래스 문제의 경우)가 어떻게 수행하는가? 4개의 클래스가 있으면 어떻게 되는가?

10. 그림 4.57은 표 4.11에 표시된 데이터 집합에 대한 베이지안 네트워크를 보여준다(모든 속성이 이진수라고 가정).

(a) 네트워크에서 각 노드에 대한 확률 표를 그려라.

(b) 베이지안 네트워크를 사용하여 P(Engine = Bad, Air Conditioner = Broken)를 계산하라.

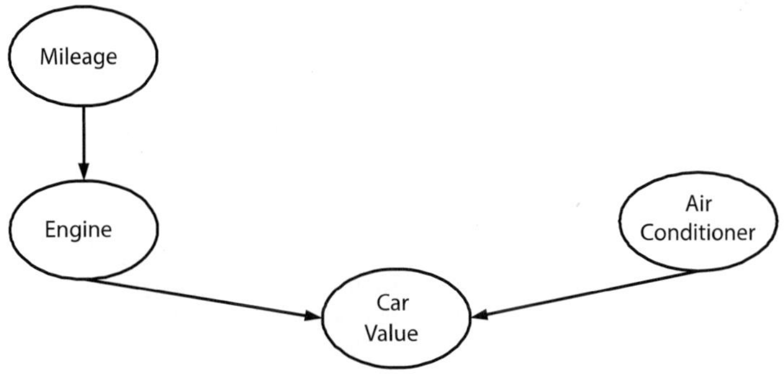

그림 4.57 베이지안 네트워크

표 4.11 연습문제 10의 데이터 집합

Mileage	Engine	Air Conditioner	Number of Instances with Car Value = Hi	Number of Instances with Car Value = Lo
Hi	Good	Working	3	4
Hi	Good	Broken	1	2
Hi	Bad	Working	1	5
Hi	Bad	Broken	0	4
Lo	Good	Working	9	0
Lo	Good	Broken	5	1
Lo	Bad	Working	1	2
Lo	Bad	Broken	0	2

11. 그림 4.58에 표시된 베이지안 네트워크에서 다음 확률을 계산하라.

(a) P(B = good, F = empty, G = empty, S = yes)

(b) P(B = bad, F = empty, G = not empty, S = no)

(c) 배터리가 불량하다고 판단될 때, 자동차가 시동 걸릴 확률을 계산하라.

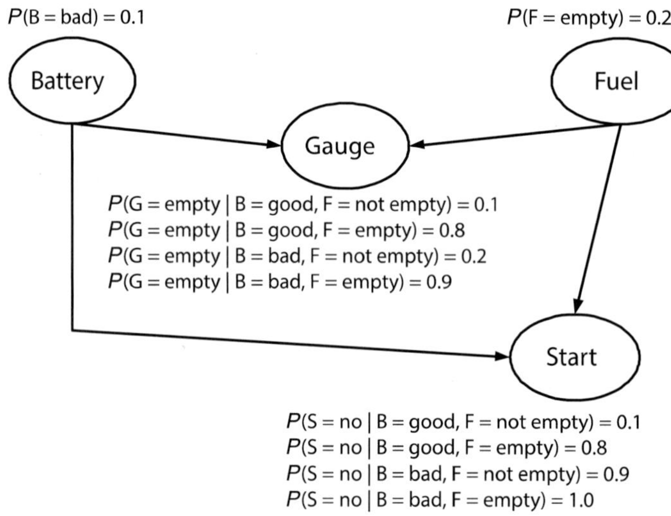

그림 4.58 연습문제11에 대한 베이지안 네트워크

12. 표 4.12에 표시된 1차원 데이터 집합을 고려하라.

(a) 1-, 3-, 5-, 9- 최근접 이웃(다수결 원칙 사용)에 따라 데이터 점 $x = 5.0$을 분류하라.

(b) 4.3.1절에 설명한 거리 가중치 투표 방법을 사용하여 이전 분석을 반복하시오.

표 4.12 연습문제 12에 대한 데이터 집합

x	0.5	3.0	4.5	4.6	4.9	5.2	5.3	5.5	7.0	9.5
y	−	−	+	+	+	−	−	+	−	−

13. 4.3절에 설명된 최인접 이웃 알고리즘은 명목상의 속성을 처리하도록 확장될 수 있다. Cost와 Salzberg[219]에 의해 PEBLS(Parallel Exemplar-Based Learning System)라는 알고리즘의 변형은 MVDM(modified value difference metric)을 사용하여 명목상 속성의 두 값 사이의 거리를 측정한다. 한 쌍의 명목상 속성 값 V_1과 V_2가 주어지면 두 값 사이의

거리는 다음과 같이 정의된다.

$$d(V_1,\ V_2) = \sum_{i=1}^{k} \left| \frac{n_{i1}}{n_1} - \frac{n_{i2}}{n_2} \right| \tag{4.108}$$

여기서 n_{ij}는 속성 값이 V_j인 클래스 i의 예제 수이고 n_j는 속성 값이 V_j인 예제 수이다. 그림 4.8에 표시된 대출 분류 문제에 대한 훈련 세트를 고려하라. MVDM 측정값을 사용하여 주택 소유자와 결혼 상태 속성에 대한 모든 속성 값 쌍 사이의 거리를 계산하시오.

14. 아래에 주어진 각 불리언 함수에 대해 문제를 선형으로 분리할 수 있는지 여부를 답하라.
   (a) A AND B AND C
   (b) NOT A AND B
   (c) (A OR B) AND (A OR C)
   (d) (A XOR B) AND (A OR B)

15. (a) 퍼셉트론 모델을 사용하여 한 쌍의 불리언 변수 사이에 AND 및 OR 함수를 나타내는 방법을 보여라.
   (b) 선형 신경 기능을 다계층 신경망에 대한 활성화 기능으로 사용하는 단점을 논하라.

16. 두 가지 분류 모델인 M_1과 M_2의 성능을 평가한다고 하다. 선택한 테스트 집합에는 A에서 Z로 레이블이 지정된 26개의 이진 속성이 포함되어 있다. 표 4.13은 모델을 테스트 집합에 적용하여 얻은 사후 확률을 보여준다(긍정적 클래스의 사후 확률만 표시됨). 이는 2 클래스 문제이므로 $P(-) = 1 - P(+)$와 $P(-|A, \ldots, Z) = 1 - P(+|A, \ldots, Z)$이다. 긍정적 클래스에서 인스턴스를 감지하는데 주로 관심이 있다고 가정하자.
   (a) M_1과 M_2에 대한 ROC 곡선을 그려라(동일한 그래프 상에 그려야 한다). 어떤 모델이 더 낫다고 생각하는가? 이유를 설명하라.
   (b) 모델 M_1의 경우 절단 임계값(cutoff threshold)을 $t = 0.5$로 선택한다고 가정한다. 다시 말해서, 사후 확률이 t보다 큰 모든 테스트 예제는 긍정적 예로 분류된다. 이 임계값에서 모델의 정밀도, 리콜 및 F-measure를 계산하라.
   (c) 모델 M_2에 대하여 동일한 절단 임계값을 사용하여 (b)부분에 대한 분석을 반복하라. 두 모델의 F-measure 결과를 비교하라. 어떤 모델이 더 나은가? 결과가 ROC 곡선에서 예측되는 것과 일치하는가?
   (d) 임계값 $t = 0.1$을 사용하여 모델 M_1에 대해 (b) 부분을 반복하라. $t = 0.5$ 또는 $t = 0.1$ 중 어느 임계값을 선호하는가? 결과가 ROC 곡선에서 예측되는 것과 일치하는가?

표 4.13 연습문제 16에 대한 사후 확률

Instance	True Class	$P(+\|A, ..., Z, M_1)$	$P(+\|A, ..., Z, M_2)$
1	+	0.73	0.61
2	+	0.69	0.03
3	−	0.44	0.68
4	−	0.55	0.31
5	+	0.67	0.45
6	+	0.47	0.09
7	−	0.08	0.38
8	−	0.15	0.05
9	+	0.45	0.01
10	−	0.35	0.04

17. 다음은 두 개의 속성 X와 Y 두 개의 클래스 레이블 "+"와 "−"를 포함하는 데이터 집합이다. 각 속성은 0, 1 또는 2의 세 가지 다른 값을 가질 수 있다.

X	Y	Number of Instances	
		+	−
0	0	0	100
1	0	0	0
2	0	0	100
0	1	10	100
1	1	10	0
2	1	10	100
0	2	0	100
1	2	0	0
2	2	0	100

"+" 클래스의 개념은 $Y=1$이고 "−" 클래스의 개념은 $X=0 \vee X=2$이다.

(a) 데이터 집합에 대하여 의사 결정 트리를 작성하라. 트리가 "+"와 "−" 개념을 포함하는가?

(b) 의사결정 트리의 정확성, 정밀도, 리콜, F_1-measure는 무엇인가? (정확도, 리콜 및 F_1-measure는 "+" 클래스에 대하여 정의되었음에 주목하라.)

(c) 다음 비용 함수를 사용하여 새 의사 결정 트리를 작성하라. (힌트 : 이전 의사 결정

트리의 리프만 변경하면 된다) 의사 결정 트리는 "+" 개념을 포함하는가?

$$C(i,\ j)=\begin{cases}0, & \text{if } i=j; \\ 1, & \text{if } i=+,\ j=-; \\ \dfrac{N\text{mberof}-\text{instances}}{N\text{mberof}+\text{instances}}, & \text{if } i=-,\ j=+\end{cases}$$

(d) 새로운 의사 결정 트리의 정확성, 정확성, 리콜, F_1-measure는 무엇인가?

18. 임의의 데이터로부터 분류기를 작성하는 작업을 생각해 보자. 여기서 속성 값은 클래스 레이블에 관계없이 무작위로 생성된다. 데이터 집합에 "+"와 "−"의 두 클래스 인스턴스가 있다고 가정하면 나머지 절반은 훈련에 사용되고 나머지 절반은 테스트에 사용된다.

(a) 데이터에 동일한 수의 긍정과 부정적 인스턴스가 있고 의사 결정 트리 분류기가 모든 테스트 인스턴스가 긍정으로 예측한다고 가정한다. 테스트 데이터에서 분류기의 기대 오류율은 얼마인가?

(b) 분류기가 각 테스트 인스턴스가 확률이 0.8인 긍정 클래스이고 확률이 0.2인 부정 클래스인 것으로 가정하고 이전 분석을 반복하라.

(c) 데이터의 2/3가 긍정 클래스에 속하고 나머지 1/3이 부정 클래스에 속한다고 가정하자. 모든 테스트 인스턴스를 긍정적으로 예측하는 분류기의 기대 오류는 무엇인가?

(d) 분류기가 각 테스트 인스턴스가 확률이 2/3인 긍정 클래스이고 확률이 1/3인 부정 클래스이라고 가정하고 이전 분석을 반복한라.

19. 목적 함수가 다음과 같이 주어 졌을 때, 분리할 수 없는 데이터를 가진 선형 SVM에 대한 이중 라그랑지안을 도출하시오.

$$f(\mathbf{w})=\frac{\|\mathbf{w}\|^2}{2}+C\left(\sum_{i=1}^{N}\xi_i\right)^2$$

20. 아래의 4가지 훈련점을 가진 XOR 문제를 고려해 보자.

$$(1,\ 1,\ -),\ (1,\ 0,\ +),\ (0,\ 1,\ +),\ (0,\ 0,\ -)$$

이 데이터를 다음 특징 공간으로 변환하시오.

$$(\phi=(1,\ \sqrt{2}\,x_1,\ \sqrt{2}\,x_2,\ \sqrt{2}\,x_1x_2,\ x_1^2,\ x_2^2)$$

변환된 공간에서 최대 마진 선형 결정 경계를 찾으시오.

21. 그림 4.59에 나와 있는 데이터 집합이 주어지면 의사 결정 트리, 나이브 베이지안, k-최근접 이웃 분류기가 각 데이터 집합에서 어떻게 수행되는지 설명하시오.

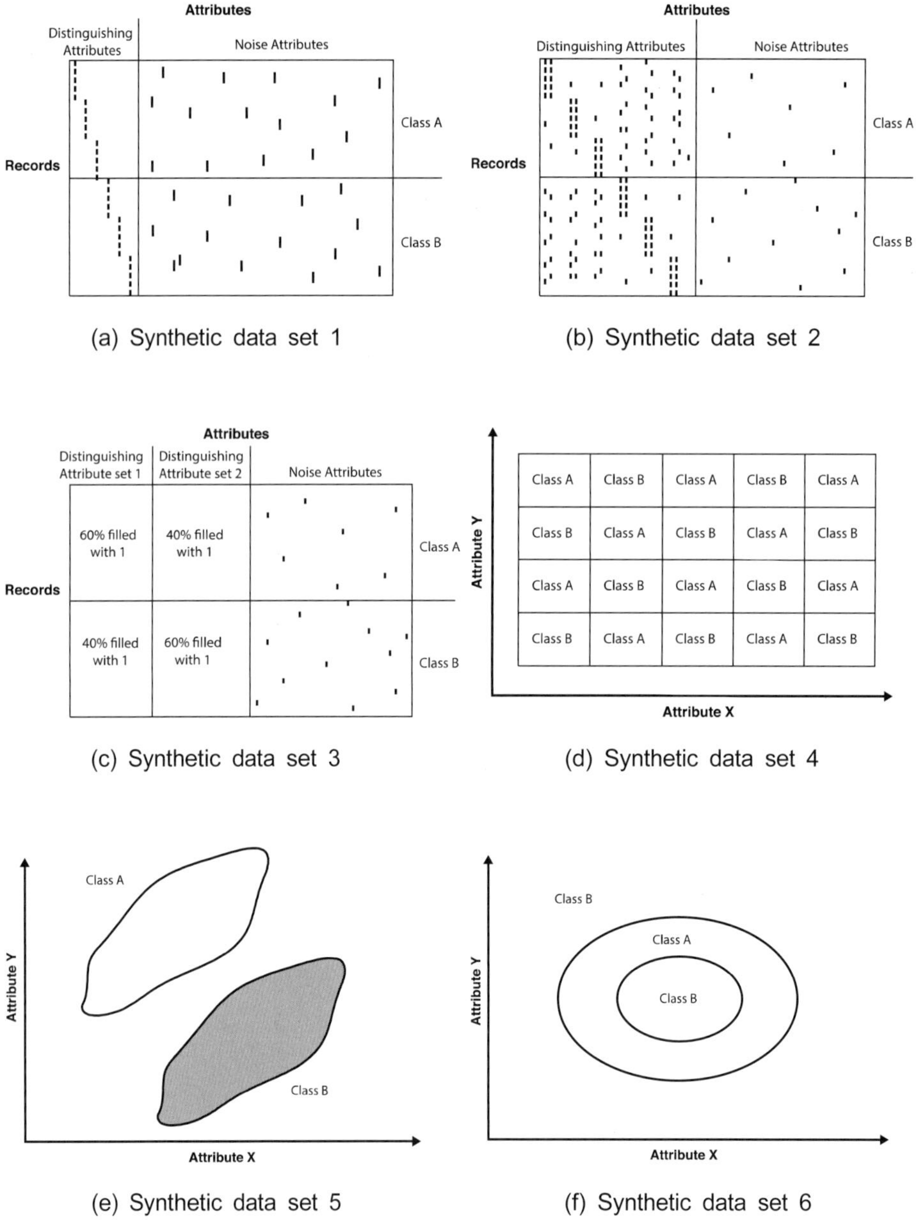

(a) Synthetic data set 1　(b) Synthetic data set 2

(c) Synthetic data set 3　(d) Synthetic data set 4

(e) Synthetic data set 5　(f) Synthetic data set 6

그림 4.59 연습문제 21에 대한 데이터 집합

CHAPTER 5

연관 분석: 기본 개념과 알고리즘

많은 비즈니스 기업들은 일상 업무에서 대량의 데이터를 축적한다. 예를 들어, 매일 많은 양의 고객 구매 데이터가 식료품점의 계산대에서 수집된다. 표 5.1은 일반적으로 **장바구니 트랜잭션들**(market basket transactions)로 알려진 그와 같은 데이터의 예를 제공한다. 이 표의 각 행은 한 트랜잭션에 해당되고, 각 트랜잭션에는 *TID*라는 고유 식별자와 특정한 고객이 구매한 항목들의 집합이 포함된다. 소매업체는 고객의 구매 행동을 알고자 데이터를 분석하는데 관심이 있다. 그런 귀중한 정보는 판매 촉진, 재고 관리 및 고객 관계 관리와 같은 다양한 비즈니스-관련 응용들을 지원하는 데 사용될 수 있다.

이 장에서는 큰 데이터 집합에서 숨겨진 흥미로운 관계를 발견하는 데 유용한 **연관 분석**(association analysis)이라는 방법론을 제공한다. 밝혀진 관계는 많은 트랜잭션들에 존재하는 항목들의 집합 형식으로 나타낼 수 있는데, 이것은 **빈발 항목집합**(frequent itemsets)으로 알려져 있고, 또는 **연관 규칙**(association rules)의 형식으로 표현될 수 있으며 두 항목집합 사이의 관계를 나타낸다. 예를 들어, 표 5.1에 표시된 데이터 집합에서 다음 규칙을 추출할 수 있다:

$$\{\texttt{Diapers}\} \rightarrow \{\texttt{Beer}\}.$$

표 5.1 장바구니 트랜잭션들의 예

TID	Items
1	{Bread, Milk}
2	{Bread, Diapers, Beer, Eggs}
3	{Milk, Diapers, Beer, Cola}
4	{Bread, Milk, Diapers, Beer}
5	{Bread, Milk, Diapers, Cola}

Diapers(기저귀)를 구매하는 많은 고객들이 또한 맥주를 구매하기 때문에 이 규칙은 기저귀와 맥주 판매 사이의 관계를 제시한다. 소매 업체는 이러한 유형의 규칙을 사용하여 고객에게 제품을 교차-판매할 수 있는 새로운 기회를 식별할 수 있다.

장바구니 데이터 외에도 연관 분석은 생물 정보학, 의료 진단, 웹 탐사 및 과학 데이터 분석과 같은 다른 응용 분야의 데이터에도 적용할 수 있다. 예를 들어 지구 과학 데이터의 분석에서 연관 패턴은 해양, 육지 및 대기 프로세스 사이에 흥미로운 연결 관계를 드러낼 수도 있다. 이러한 정보는 지구 과학자들이 지구 시스템의 다른 요소들이 어떻게 상호 작용하는 지에 대한 이해를 높이는 데 도움이 될 수 있다. 비록 여기에 서술된 기법은 일반적으로 더 다양한 데이터 집합에 적용될 수 있지만, 설명을 위해 우리의 논의는 주로 장바구니 데이터에 중점을 둘 것이다.

장바구니 데이터에 연관 분석을 적용할 때 언급해야 할 두 가지 주요 문제가 있다. 첫째, 큰 트랜잭션 데이터 집합에서 패턴을 발견하는 것은 컴퓨터 계산 비용이 많이 들 수 있다. 둘째, 발견된 패턴들 중 일부는 그저 우연히 발생할 수 있기 때문에 가짜일 수 있으며 그리고 더구나 가짜가 아닌 패턴들의 경우 일부는 다른 패턴들보다 더 흥미로울 수 있다. 이 장의 나머지 부분은 이 두 문제를 중심으로 구성되어 있다. 이 장의 첫 부분은 연관 분석의 기본 개념과 그러한 패턴들을 효율적으로 탐사하기 위해 사용되는 알고리즘을 설명하는 데 전념한다. 이 장의 두 번째 부분은 가짜 결과의 생성을 방지하고 일부 흥미도 척도 면에서 패턴들의 순위를 매기기 위하여 발견된 패턴들을 평가하는 문제를 다룬다.

5.1 서문

이 절에서는 연관 분석에 사용되는 기본 용어를 검토하고 과제의 형식적인 설명을 제공한다.

이진 표현 장바구니 데이터는 표 5.2와 같이 이진 형식으로 표시될 수 있다. 여기서 각 행은 한 트랜잭션에 해당되고 각 열은 한 항목에 해당된다. 한 항목은 트랜잭션에 그 항목이 존재하면 1이고 그렇지 않으면 0인 이진 변수로 취급될 수 있다. 트랜잭션에서 항목의 존재는 부재보다 더 중요하게 간주되기 때문에 항목은 **비대칭(asymmetric)** 이진 변수이다. 이 표현이 실제 장바구니 데이터를 단순하게 보여준다. 이는 판매된 항목의 수량 또는 구매하기 위해 지불한 가격과 같은 데이터의 중요한 측면을 무시하기 때문이다. 이진이 아닌 데이터를 처리하는 방법은 6장에서 설명한다.

항목집합과 지지도 카운트 장바구니 데이터에서 $I=\{i_1, i_2, ..., i_d\}$를 모든 항목들의 집합이라 하고 $T=\{t_1, t_2, ..., t_N\}$을 모든 트랜잭션들의 집합이라 하자. 각 트랜잭션 t_i에는 I에서 선택한 항목들의 부분집합이 포함된다. 연관 분석에서 0개 이상의 항목들의 모음을 항목집합이라고 한다. 만약 항목집합에 k개의 항목들을 포함하면, k-항목집합(k-itemset)이라고 한다. 예를 들어, `{Beer, Diapers, Milk}`는 3-항목집합의 한 예다. 공(또는 빈) 집합은 어떤 항목도 포함하지 않는 항목집합이다.

만약 항목집합 X가 t_j의 부분집합이면 트랜잭션 t_j는 항목집합 X를 포함한다고 한다. 예를 들어, 표 5.2에 표시된 두 번째 트랜잭션은 항목집합 `{Bread, Diapers}`을 포함하고 `{Bread, Milk}`를 포함하지 않는다. 항목집합의 중요한 성질은 지지도 카운트

표 5.2 장바구니 데이터의 이진 0/1 표현

TID	Bread	Milk	Diapers	Beer	Eggs	Cola
1	1	1	0	0	0	0
2	1	0	1	1	1	0
3	0	1	1	1	0	1
4	1	1	1	1	0	0
5	1	1	1	0	0	1

(support count)이고, 이것은 특정 항목집합을 포함하는 트랜잭션들의 개수를 나타낸다. 수학적으로 항목집합 X에 대한 지지도 카운트 $\sigma(X)$는 다음과 같은 식으로 명시될 수 있다:

$$\sigma(X) = |\{t_i | X \subseteq t_i,\ t_i \in T\}|,$$

여기서 기호 $|\cdot|$는 집합에 속한 원소들의 개수를 표시한다. 표 5.2에서 나와 있는 데이터 집합에서 `{Beer, Diapers, Milk}`에 대한 지지도 카운트는 세 항목 모두를 포함하는 트랜잭션이 두 개뿐이기 때문에 2와 같다.

종종 흥미의 특성은 지지도인데, 이것은 항목집합 X가 존재하는 트랜잭션들의 비율이다:

$$s(X) = \sigma(X)/N.$$

만약 $s(X)$가 사용자-정의(user-defined) 임계값인 $minsup$ 보다 크다면 항목집합 X는 빈발하다고 부른다.

연관 규칙 연관 규칙은 $X \to Y$ 형식의 함축적인 식이다. 여기서 X와 Y는 서로 공통원소를 갖지 않는 항목집합이다. 즉, $X \cap Y = \varnothing$. 연관 규칙의 강도는 **지지도(support)**와 **신뢰도(confidence)**로 측정될 수 있다. 지지도는 한 규칙이 주어진 데이터 집합에 적용되는 빈도를 결정하는 반면, 신뢰도는 Y에 속한 항목들이 X를 포함하는 트랜잭션들에 나타나는 빈도를 결정한다. 이런 측정법의 형식적인 정의는 다음과 같다:

$$\text{지지도},\ s(X \to Y) = \frac{\sigma(X \cup Y)}{N}; \tag{5.1}$$

$$\text{신뢰도},\ c(X \to Y) = \frac{\sigma(X \cup Y)}{\sigma(X)}. \tag{5.2}$$

예제 5.1

규칙 `{Milk, Diapers}` → `{Beer}`를 고려하자. `{Milk, Diapers, Beer}`에 대한 지지도 카운트는 2이고 트랜잭션들의 전체 개수는 5이기 때문에, 이 규칙의 지지도는 2/5=0.4이다. 이 규칙의 신뢰도는 `{Milk, Diapers, Beer}`에 대한 지지도 카운트를

`{Milk, Diapers}`에 대한 지지도 카운트로 나누어서 얻는다. Milk와 Diapers를 포함된 트랜잭션이 3개이므로 이 규칙에 대한 신뢰도는 2/3=0.67이다. ■

왜 지지도와 신뢰도를 사용할까? 지지도는 중요한 척도(measure)이다. 왜냐하면 지지도가 매우 낮은 규칙은 그저 우연히 발생할 수 있기 때문이다. 또한 비즈니스 관점에서 볼 때 낮은 지지도 규칙은 흥미롭지 않을 것이다. 이것은 고객이 좀처럼 함께 구매하지 않는 항목을 홍보하는 것이 수익성이 없을 수 있기 때문이다(5.8절에 설명된 상황을 제외하고). 이러한 이유로 우리는 사용자-정의 임계값보다 큰 지지도를 갖는 규칙을 찾는 데에 관심이 있다. 5.2.1절에서 볼 수 있듯이, 지지도는 연관 규칙의 효율적인 발견에 활용할 수 있는 바람직한 성질도 가지고 있다.

반면에 신뢰도는 규칙에 의해 만들어진 추론의 신뢰성을 측정한다. 주어진 규칙 $X \rightarrow Y$에 대해 신뢰도가 높을수록 X를 포함하는 트랜잭션에 Y가 존재할 가능성이 더 높다. 신뢰도는 또한 주어진 X에서 Y의 조건 확률에 대한 추정치를 제공한다.

연관 분석 결과는 신중하게 해석되어야 한다. 연관 규칙에 의해 만들어진 추론이 반드시 인과 관계(causality)를 함축하는 것은 아니다. 대신, 그것은 가끔 그 규칙의 전건(antecedent)과 후건(consequent)에 있는 항목들 사이의 강한 동시-발생 관계를 제시할 수 있다. 반면에 인과 관계는 데이터에서 어떤 속성들이 원인과 결과를 포착하는지에 대한 지식이 필요하고, 그리고 일반적으로 시간이 지남에 따라 발생하는 관계를 포함한다(예를 들면, 온실 가스 배출은 지구 온난화로 이어진다). 추가적인 논의는 5.7.1절을 참조한다.

연관 규칙 탐사 문제의 형식화 연관 규칙 탐사 문제는 다음과 같이 형식적으로 서술할 수 있다:

정의 5.1 **연관 규칙 발견** 트랜잭션들의 집합 T가 주어지면, support $\geq minsup$과 confidence $\geq minconf$를 갖는 모든 규칙들을 찾아라. 여기서 $minsup$과 $minconf$는 해당되는 지지도와 신뢰도의 임계값이다.

연관 규칙을 탐사하기 위한 맹목적(brute-force) 접근법은 가능한 모든 규칙에 대해서 지지도와 신뢰도를 계산하는 것이다. 데이터 집합에서 추출할 수 있는 규칙들이 기하급수적으로 많기 때문에 이런 접근법은 엄청나게 비용이 든다. 더 구체적으로, 규칙의 왼쪽 항이나 오른쪽 항 둘 다 공집합이 아닌 것으로 가정하면, d 항목들을 포함하는 데이터 집합에서 추출되는 가능한 규칙들의 전체 개수 R은

$$R = 3^d - 2^{d+1} + 1. \tag{5.3}$$

이 공식에 대한 증명은 독자에게 연습문제로 남겨둔다(연습문제 5를 참조). 표 5.1에 나와 있는 작은 데이터 집합에서도, 이 접근법은 $3^6 - 2^7 + 1 = 602$ 규칙들에 대한 지지도와 신뢰도를 계산하도록 요구한다. $minsup = 20\%$와 $minconf = 50\%$를 적용하면 규칙들의 80% 이상이 삭제되므로 계산의 대부분이 허비된다. 불필요한 계산을 수행하지 않으려면 규칙들의 지지도와 신뢰도 값을 계산할 필요 없이 그런 규칙들을 일찍 가지치기하는 것이 좋다.

연관 규칙 탐사 알고리즘의 성능을 개선하기 위한 초기 단계는 지지도와 신뢰도의 필요조건을 분리하는 것이다. 식 (5.1)에서 규칙 $X \rightarrow Y$의 지지도는 해당 항목집합 $X \cup Y$의 지지도와 같음을 주목하라. 예를 들어, 다음 규칙은 동일한 항목집합 `{Beer, Diapers, Milk}`에 속한 항목만 포함하므로 동일한 지지도를 갖는다:

```
{Beer, Diapers} → {Milk},      {Beer, Milk} → {Diapers},
{Diapers, Milk} → {Beer},      {Beer} → {Diapers, Milk},
{Milk} → {Beer, Diapers},      {Diapers} → {Beer, Milk}.
```

만약 항목집합이 빈발하지 않다면, 여섯 개의 후보 규칙들을 모두 신뢰도 값을 계산하지 않고도 즉시 가지치기할 수 있다. 그러므로 많은 연관 규칙 탐사 알고리즘들에 채택된 공통 전략은 문제를 두 개의 주요 부분과제들로 분해하는 것이다:

1. **빈발 항목집합 생성**, 이것의 목표는 $minsup$ 임계값을 만족하는 모든 항목집합들을 찾는 것이다.
2. **규칙 생성**, 이것의 목표는 이전 단계에서 찾은 빈발 항목집합에서 모든 높은 신뢰도 규칙들을 추출하는 것이다. 이러한 규칙들을 강한 규칙들(strong rules)이라고 부른다.

빈발 항목집합 생성에 대한 계산 요구 사항은 일반적으로 규칙 생성의 그것 보다 더 많은 비용이 든다. 빈발 항목집합과 연관 규칙을 생성하는 효율적인 기법은 5.2절과 5.3절에서 각각 논의된다.

5.2 빈발 항목집합 생성

격자(lattice) 구조를 사용하여 가능한 모든 항목집합들의 목록을 열거할 수 있다. 그림 5.1은 $I=\{a,\ b,\ c,\ d,\ e\}$에 대한 항목집합 격자를 보여준다. 일반적으로 k개의 항목을 포함하는 데이터 집합은 공집합을 제외하면 잠재적으로 최대 2^k-1개의 빈발 항목집합들을 생성할 수 있다. 다수의 실제 응용들에서 k가 매우 클 수 있으므로 탐색해야 할 항목집합들의 검색 영역은 기하급수적으로 크다.

빈발 항목집합을 찾기 위한 맹목적 접근법은 격자 구조의 모든 **후보 항목집합들**(candidate itemsets)에 대한 지지도 카운트를 결정하는 것이다. 이를 수행하기 위해 각 후보를 각각의 트랜잭션과 비교해야 하고, 이것은 그림 5.2에 나와 있는 연산이다. 만약 후보가 한 트랜잭션에 포함된다면, 그 지지도 카운트는 증가한다. 예를 들어, 항목집합

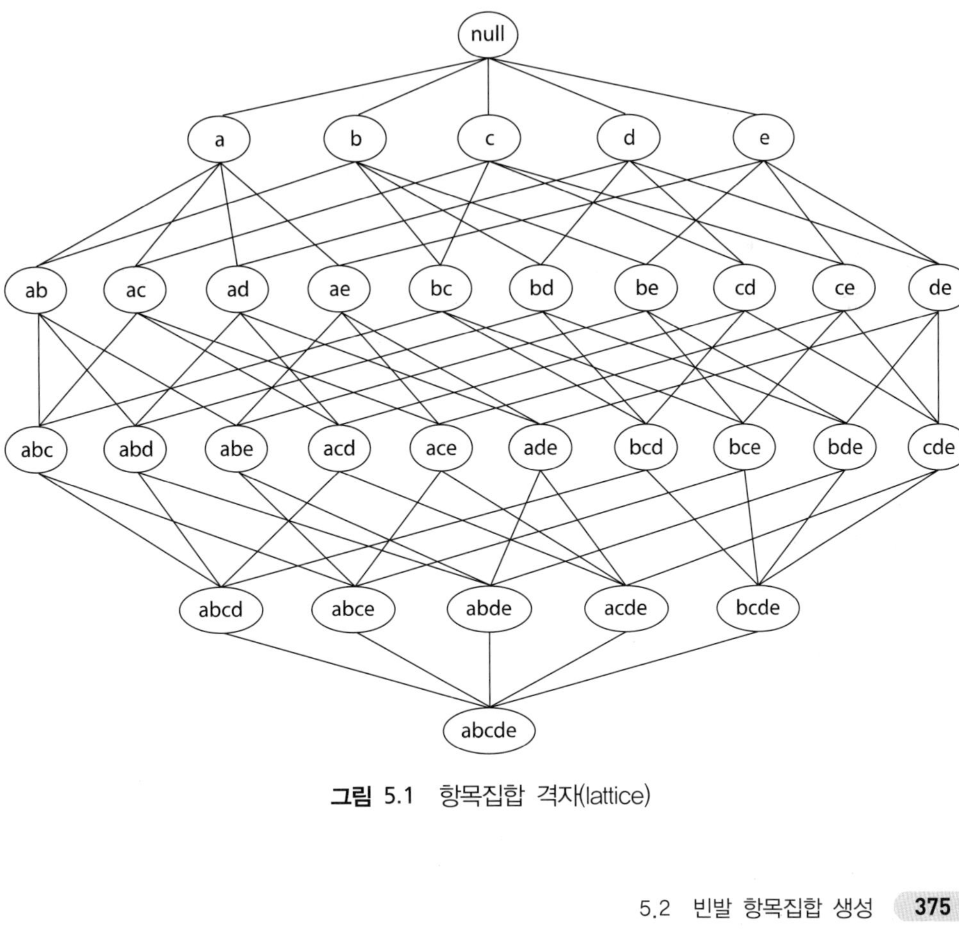

그림 5.1 항목집합 격자(lattice)

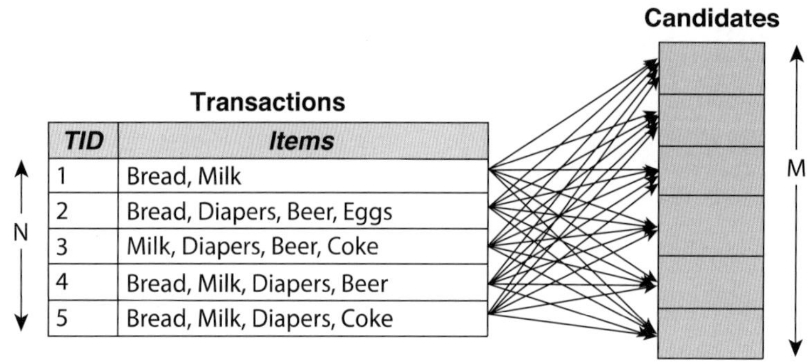

그림 5.2 후보 항목집합들의 지지도 계산

`{Bread, Milk}`가 트랜잭션 1, 4, 5번에 포함되어 있기 때문에 이 항목집합의 지지도는 세 번 증가한다. 이러한 접근법은 $O(NMw)$ 비교가 필요하므로 비용이 매우 많이 들 수 있다. 여기서 N은 트랜잭션들의 개수이고, $M=2^k-1$은 후보 항목집합들의 개수이고, 그리고 w는 최대 트랜잭션 폭이다. **트랜잭션 폭**(transaction width)은 한 트랜잭션에 존재하는 항목들의 개수이다.

빈발 항목집합 생성의 계산 복잡도를 줄이기 위한 세 가지 주요 접근법이 있다.

1. **후보 항목집합들의 개수(M)를 줄인다.** 다음 절에서 설명하는 *Apriori* 원리는 후보 항목집합의 지지도 값을 세지 않고 일부 후보 항목집합들을 제거하는 효과적인 방법이다.

2. **비교 횟수를 줄인다.** 각 후보 항목집합을 각각의 트랜잭션과 비교하는 대신, 후보 항목집합을 저장하거나 또는 데이터 집합을 압축하는 더 고급 자료 구조를 사용하여 비교 횟수를 줄일 수 있다. 우리는 이런 전략들을 5.2.4절과 5.6절에서 각각 논의할 것이다.

3. **트랜잭션들의 개수(N)를 줄인다.** 후보 항목집합의 크기가 증가하면 그 항목집합에 의해 지지하는 트랜잭션들의 수가 줄어든다. 예를 들어, 표 5.1의 첫 번째 트랜잭션의 폭이 2이므로 크기가 3 이상인 빈발 항목집합들을 검색하기 전에 이 트랜잭션을 제거하는 것이 좋다. 그러한 전략을 적용하는 알고리즘은 참고문헌에 설명되어 있다.

5.2.1 *Apriori* 원리

이 절에서는 지지도 척도를 사용하여 빈발 항목집합을 생성하는 동안 탐색되는 후보 항목집합들의 개수를 줄이는 방법에 대해 설명한다. 후보 항목집합들을 가지치기하기 위한 지지도의 사용은 다음 원리에 의해 이루어진다.

정리 5.1 ***Apriori* 원리** 만약 한 항목집합이 빈발하면, 그것의 모든 부분집합들도 빈발해야 한다.

Apriori 원리의 기본 개념을 설명하기 위해 그림 5.3에 보이는 항목집합 격자를 고려하자. $\{c, d, e\}$가 빈발 항목집합이라 가정하자. 명백히 $\{c, d, e\}$를 포함하는 어떤 트랜잭션에도 부분집합 $\{c, d\}$, $\{c, e\}$, $\{d, e\}$, $\{c\}$, $\{d\}$ 및 $\{e\}$를 포함해야 한다. 결과

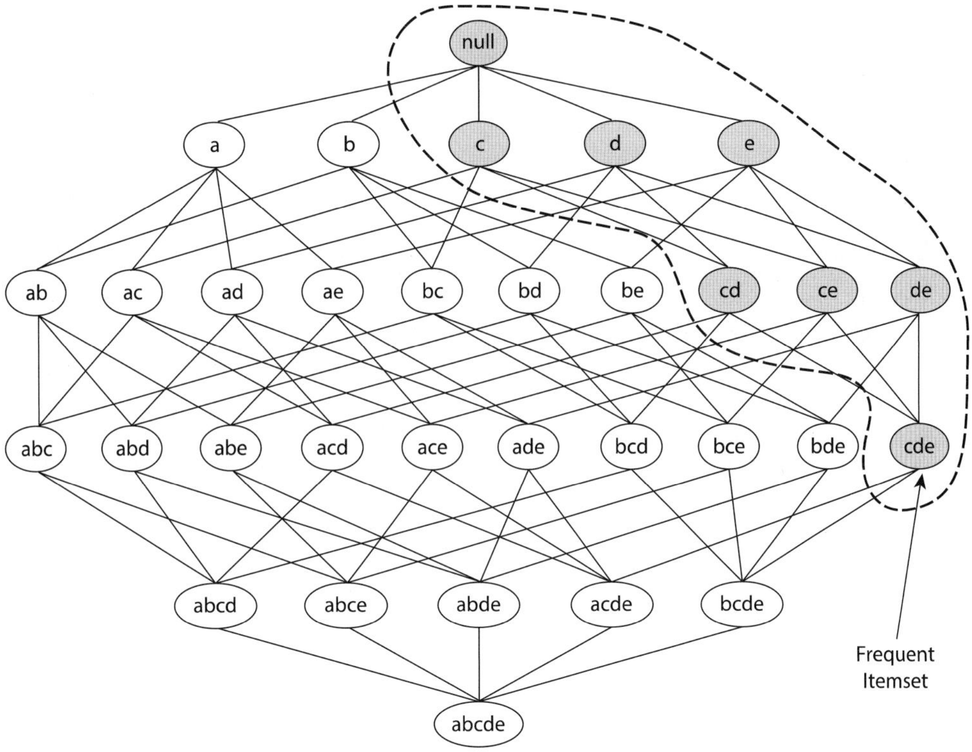

그림 5.3 *Apriori* 원리의 실례. 만약 $\{c, d, e\}$가 빈발하면, 이 항목집합의 모든 부분집합들이 빈발하다.

적으로 만약 $\{c, d, e\}$가 빈발하면, $\{c, d, e\}$의 모든 부분집합들(즉, 이 그림에서 음영 처리된 항목집합들)도 빈발해야 한다.

반대로 만약 $\{a, b\}$와 같은 항목집합이 빈발하지 않으면, 그것의 모든 포함집합들(supersets)도 빈발하지 않아야 한다. 그림 5.4에서 설명된 것과 같이 $\{a, b\}$가 빈발하지 않는 것으로 발견되면 $\{a, b\}$의 포함집합들이 들어 있는 전체 부분그래프를 즉시 가지치기할 수 있다. 지지도 척도를 기반으로 기하급수적인 검색 영역을 잘라내는 이 전략은 **지지도-기반 가지치기(support-based pruning)**라고 한다. 이러한 가지치기 전략은 지지도 척도의 주요 성질에 의해 가능해질 수 있다. 즉 그 성질은 한 항목집합에 대한 지지도는 그것의 부분집합에 대한 지지도를 결코 초과하지 못한다는 것이다. 이런 성질은 지지도 척도의 **비-단조형(anti-monotone)** 성질이라고도 한다.

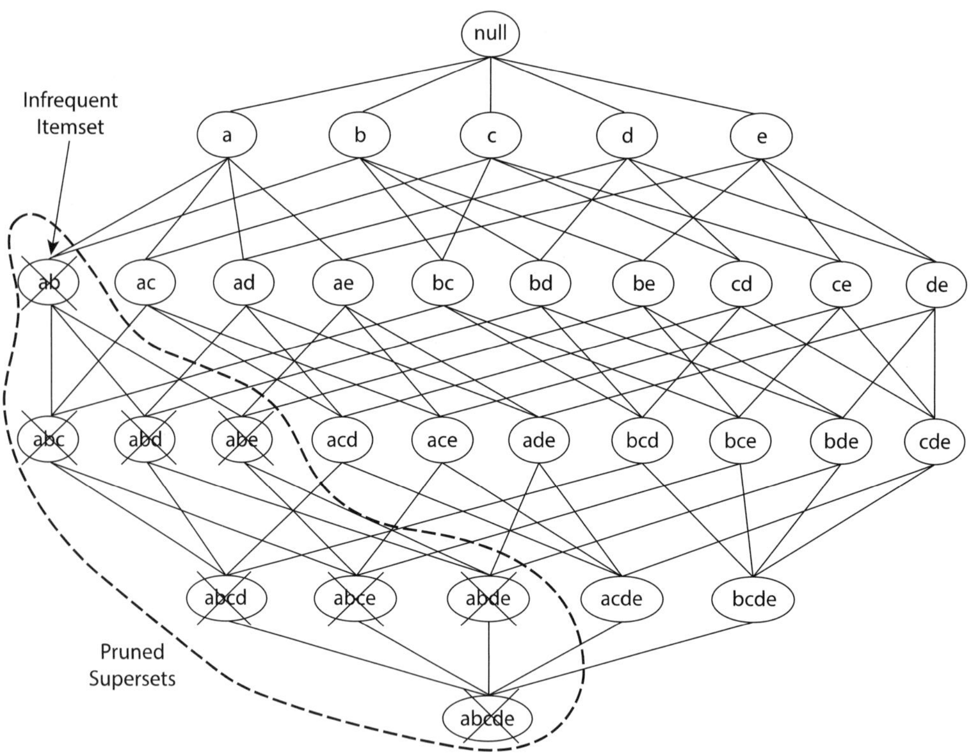

그림 5.4 지지도-기반 가지치기의 실례. 만약 $\{a, b\}$가 빈발하지 않으면, $\{a, b\}$의 모든 포함집합들(supersets)은 빈발하지 않다.

정의 5.2 **비-단조형 성질** 만약 항목집합 Y의 진부분집합인 각각의 항목집합 X, 즉 $X \subset Y$에 대해서도 $f(Y) \leq f(X)$이면 척도 f가 비-단조형 성질을 갖는다.

보다 일반적으로, 항목집합들의 다양한 성질을 평가하기 위해 많은 척도들(5.7.1절 참조)이 항목집합들에 적용될 수 있다. 다음 절에서 볼 수 있듯이 비-단조형 성질을 갖는 어떤 척도도 후보 항목집합들의 기하급수적인 검색 영역을 효과적으로 가지치기하기 위하여 항목집합 탐사 알고리즘에 직접 통합될 수 있다.

5.2.2 *Apriori* 알고리즘에서 빈발 항목집합 생성

*Apriori*는 후보 항목집합들의 기하급수적인 성장을 체계적으로 제어하기 위해 지지도-기반 가지치기의 사용을 개척한 최초의 연관 규칙 탐사 알고리즘이다. 그림 5.5는 표 5.1에 나와 있는 트랜잭션들에 대한 *Apriori* 알고리즘의 빈발 항목집합 생성 부분을 개략적으로 보여준다. 지지도 임계값은 60%로 가정하고, 이것은 최소 지지도 카운트가 3과 같다.

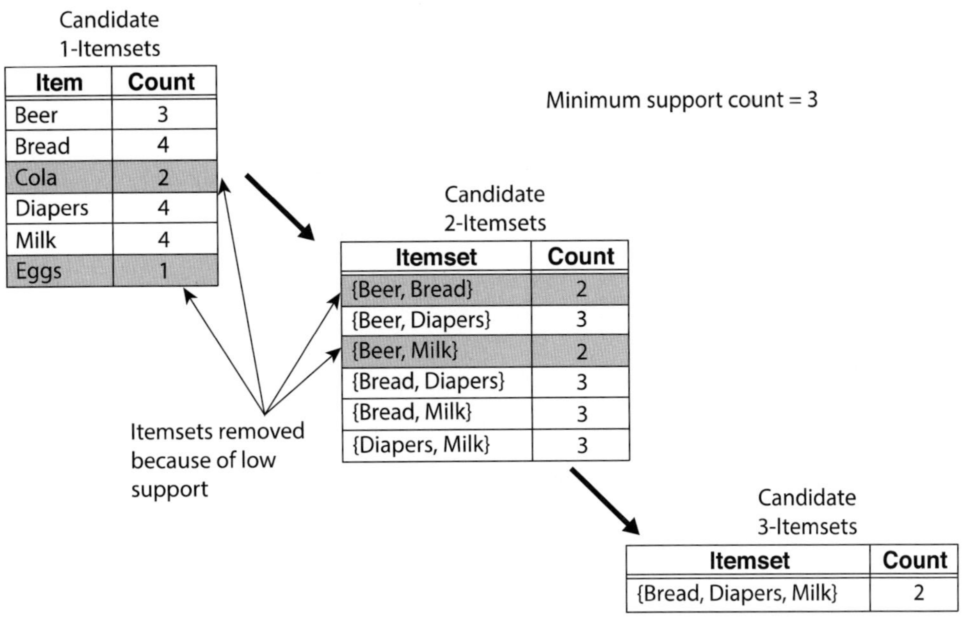

그림 5.5 *Apriori* 알고리즘을 사용하여 빈발 항목집합 생성의 실례

처음에는 각각의 항목이 후보 1-항목집합으로 간주된다. 1-항목집합의 지지도를 계산한 후에, 후보 항목집합 `{Cola}`와 `{Eggs}`는 세 개 미만의 트랜잭션에 나타나므로 버려진다. 다음 반복에서는 *Apriori* 원리가 빈발하지 않은 1-항목집합의 모든 포함집합들은 빈발하지 않는 것을 보장하기 때문에 빈발 1-항목집합만 사용하여 후보 2-항목집합이 생성된다. 빈발 1-항목집합이 4개뿐이므로 알고리즘에 의해 생성된 후보 2-항목집합들의 개수는 $\binom{4}{2} = 6$이다. 이 여섯 개 후보들 중에서 두 항목집합 `{Beer, Bread}`과 `{Beer, Milk}`는 지지도 값을 계산한 후에 빈발하지 않은 것으로 알게 된다. 나머지 네 개의 후보는 빈발하므로 후보 3-항목집합을 생성하는 데 사용할 것이다. 지지도-기반 가지치기를 사용하지 않으면, 이 예제에서 주어진 6개의 항목들을 사용하여 구성할 수 있는 후보 3-항목집합들은 $\binom{6}{3} = 20$개이다. *Apriori* 원리를 사용하여 부분집합들이 빈발한 후보 3-항목집합만 가지면 된다. 이런 성질을 가지는 유일한 후보는 `{Bread, Diapers, Milk}`다. 그러나 `{Bread, Diapers, Milk}`의 부분집합들이 빈발하지만 그 항목집합 자체는 그렇지 않다.

Apriori 가지치기 전략의 유효성은 생성된 후보 항목집합들의 개수를 세어봄으로 보여질 수 있다. 모든 항목집합들을 (크기 3까지) 후보로 열거하는 맹목적 전략은

$$\binom{6}{1} + \binom{6}{2} + \binom{6}{3} = 6 + 15 + 20 = 41$$

후보들을 생성할 것이다. *Apriori* 원리를 사용하여, 이 숫자는

$$\binom{6}{1} + \binom{4}{2} + 1 = 6 + 6 + 1 = 13$$

후보들로 감소하고, 이것은 이 간단한 예에서 조차 후보 항목집합들의 개수가 68% 감소를 나타낸다.

Apriori 알고리즘의 빈발 항목집합 생성 부분에 대한 의사코드는 알고리즘 5.1에서 보여주고 있다. C_k는 후보 k-항목집합들의 집합을 나타내고 F_k는 빈발 k-항목집합들의 집합을 나타낸다고 하자:

- 알고리즘은 처음에 각 항목의 지지도를 결정하기 위하여 데이터 집합 전체를 읽는 패스(pass)를 한 번 시행한다. 이 단계가 완료되면, 모든 빈발 1-항목집합들의 집합 F_1이 찾아질 것이다(단계 1과 2).

알고리즘 5.1 *Apriori* 알고리즘의 빈발 항목집합 생성

```
1: k = 1.
2: F_k = {i | i ∈ I ∧ σ({i}) ≥ N × minsup}. {Find all frequent 1-itemsets}
3: repeat
4:    k = k + 1.
5:    C_k = candidate-gen(F_{k-1}). {Generate candidate itemsets.}
6:    C_k = candidate-prune(C_k, F_{k-1}). {Prune candidate itemsets.}
7:    for each transaction t ∈ T do
8:       C_t = subset(C_k, t). {Identify all candidates that belong to t.}
9:       for each candidate itemset c ∈ C_t do
10:         σ(c) = σ(c) + 1. {Increment support count.}
11:      end for
12:   end for
13:   F_k = {c | c ∈ C_k ∧ σ(c) ≥ N × minsup}. {Extract the frequent k-itemsets.}
14: until F_k = φ
15: Result = ∪ F_k.
```

- 다음으로, 알고리즘은 이전 반복에서 찾아진 빈발 $(k-1)$-항목집합을 사용하여 새로운 후보 k-항목집합을 반복적으로 생성하고 빈발하지 않는 것으로 보장되는 불필요한 후보를 가지치기할 것이다(단계 5와 6). 후보 생성과 가지치기는 5.2.3절에 설명되는 함수 apriori-gen과 candidate-prune을 사용하여 구현된다.
- 후보의 지지도를 세려면 알고리즘은 데이터 집합 전체를 읽는 추가적인 패스를 시행해야 한다(단계 7-12). subset 함수는 각 트랜잭션 t에 포함되어 있는 C_k의 모든 후보 항목집합들을 결정하는 데 사용된다. 이 함수의 구현은 5.2.4절에서 설명된다.
- 후보 항목집합의 지지도를 계산한 후 알고리즘은 $N \times minsup$ 보다 작은 지지도 카운트를 갖는 모든 후보 항목집합들을 제거한다(단계 13).
- 새로운 빈발 항목집합이 생성되지 않을 때 알고리즘이 종료된다, 즉, $F_k = \phi$(단계 14).

Apriori 알고리즘의 빈발 항목집합 생성 부분에는 두 가지 중요한 특성이 있다. 첫

째, 그것은 **레벨-별**(level-wise) 알고리즘이다; 즉, 빈발 1-항목집합에서부터 빈발 항목집합의 최대 크기의 항목집합에 이르기까지 항목집합 격자를 한 번에 한 레벨씩 통과한다. 둘째, 그것은 빈발 항목집합을 찾기 위해 **생성-및-검사**(generate-and-test) 전략을 사용한다. 각 반복(레벨)에서 새로운 후보 항목집합은 이전 반복에서 찾아진 빈발 항목집합에서 생성된다. 그런 다음 각 후보에 대한 지지도를 계산하고 $minsup$ 임계값과 비교하여 검사한다. 알고리즘에 필요한 총 반복 횟수는 $k_{\max}+1$이며, 여기서 $k_{\max}$는 빈발 항목집합의 최대 크기이다.

5.2.3 후보 생성과 가지치기

알고리즘 5.1의 단계 5와 6에 표시된 candidate-gen과 candidate-prune 함수는 다음 두 가지 연산을 수행하여 각각 후보 항목집합을 생성하고 불필요한 항목집합을 가지치기 한다:

1. **후보 생성** 이 연산은 이전 반복에서 찾아진 빈발 $(k-1)$-항목집합을 기반으로 새로운 후보 k-항목집합을 생성한다.
2. **후보 가지치기** 이 연산은 지지도-기반 가지치기를 사용하여 일부 후보 k-항목집합들을 제거한다. 즉, 이전 반복에서 빈발하지 않는 것으로 알려진 부분집합을 가진 k-항목집합들을 제거한다. 이 가지치기는 이러한 k-항목집합의 실제 지지도를 계산하지 않고 수행된다(이것은 후보들을 각 트랜잭션과 비교해야 할 수 있었을 것이다).

후보 생성

원칙적으로 후보 항목집합을 생성하는 방법에는 여러 가지가 있다. 효과적인 후보 생성 절차는 완전하고 중복되지 않아야 한다. 만약 후보 생성 절차가 어떤 빈발 항목집합도 빠뜨리지 않으면 이 절차는 **완전하다**(complete)고 말한다. 완전성을 보장하려면 후보 항목집합들의 집합은 모든 빈발 항목집합들의 집합을 포함해야 한다. 즉, $\forall k: F_k \subseteq C_k$. 만약 후보 생성 절차가 동일한 후보 항목 집합을 두 번 이상 생성하지 않으면 이 절차는 **중복되지 않는다**(non-redundant). 예를 들어, 후보 항목집합 $\{a, b, c, d\}$는 다수의 방법으로 생성될 수 있다 — $\{a, b, c\}$에 $\{d\}$를 합병하여, $\{b, d\}$에 $\{a, c\}$를 합병하여, $\{c\}$에 $\{a, b, d\}$를 합병하여, 등등. 중복된 후보들의 생성은 계산 낭비로 이어지므로 효율성 때문에 피해야 한다. 또한 효과적인 후보 생성 절차는 너무 많은 불필요한 후보들을 생성하는 것을 피해야 한다. 만약 후보 항목집합의 부분집합들 중에서 적어도 하나가 빈발하지 않으면, 그 항목집합은 필요하지 않으므로 따라서 후보 가지치기 단계에서 제거된다.

다음으로, candidate-gen 함수에 의해 사용되는 절차를 포함하여 여러 후보 생성 절차들을 간략하게 설명할 것이다.

맹목적 방법 맹목적 방법은 각각의 k-항목집합을 잠재적인 후보로 간주한 다음 후보 가지치기 단계를 적용하여 부분집합이 빈발하지 않는 모든 불필요한 후보들을 제거한다(그림 5.6 참조). 레벨 k에서 생성되는 후보 항목집합들의 수는 $\binom{d}{k}$와 같고, 여기서 d는 총 항목들의 수이다. 비록 후보 생성이 오히려 평범하지만, 많은 수의 항목집합들을 검사해야하므로 후보 가지치기는 비용이 매우 많이 든다.

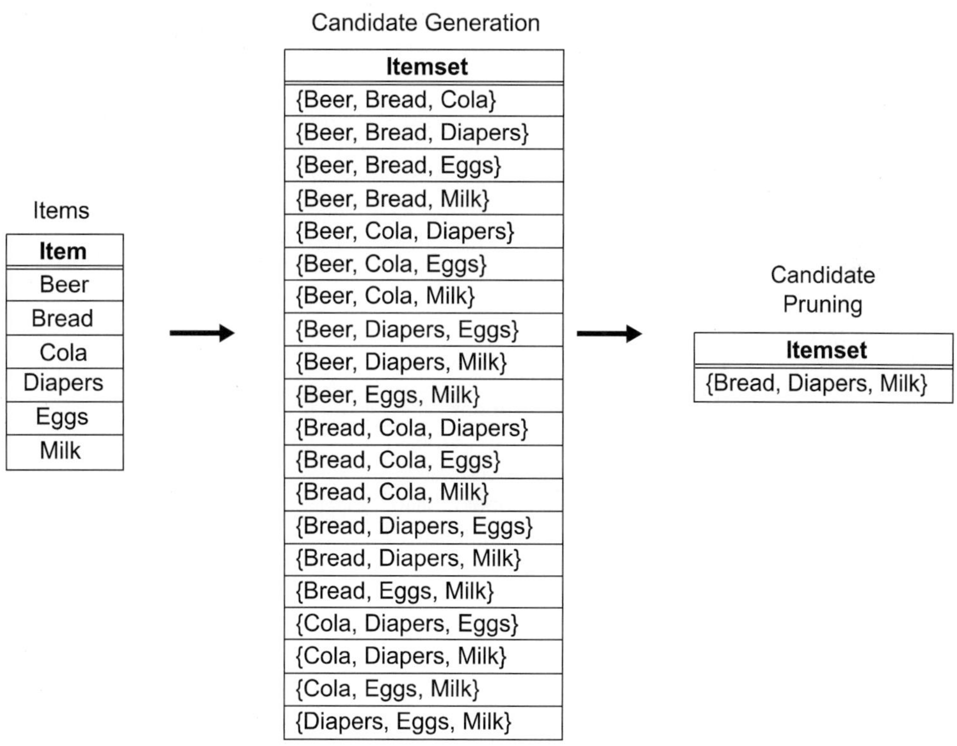

그림 5.6 후보 3-항목집합들을 생성하는 맹목적 방법

$\mathbf{F}_{k-1} \times \mathbf{F}_1$ **방법** 후보 생성을 위한 다른 방법은 각 빈발한 $(k-1)$-항목집합에 그 $(k-1)$-항목집합의 부분이 아닌 빈발한 항목을 이용하여 확장하는 것이다. 그림 5.7은 `{Beer, Diapers}`와 같은 빈발 2-항목집합에 `{Bread}`와 같은 빈발 항목을 증가시켜 후보 3-항목집합 `{Beer, Diapers, Bread}`을 만드는 방법을 보여준다.

각각의 빈발 k-항목집합은 빈발 $(k-1)$-항목집합과 빈발 1-항목집합으로 구성되므로 그 절차는 완전하다. 그러므로 모든 빈발 k-항목집합들은 이 절차에 의해 생성된 후보 k-항목집합들의 부분이다. $\mathbf{F}_{k-1} \times \mathbf{F}_1$ 후보 생성 방법이 맹목적 방법으로 생성된 $\binom{6}{3}=$ 20개의 항목집합들 대신, 그림 5.7은 겨우 4개의 후보 3-항목집합들만 생성하는 것을 보여준다. $\mathbf{F}_{k-1} \times \mathbf{F}_1$ 방법은 각각의 후보가 적어도 한 개의 빈발 $(k-1)$-항목집합을 포함하도록 보장되므로 더 적은 수의 후보들을 생성한다. 이 절차는 맹목적 방법에 비해 실질적으로 개선되었지만, 후보 항목집합의 나머지 부분집합들은 여전히 빈발하지 않을 수 있기 때문에 아직도 많은 수의 불필요한 후보들을 생성할 수 있다.

위에서 설명한 접근법으로 동일한 후보 항목 집합이 두 번 이상 생성되는 것을 방지할 수 없다. 예를 들면, `{Bread, Diapers, Milk}`는 `{Bread, Diapers}`에 `{Milk}`를

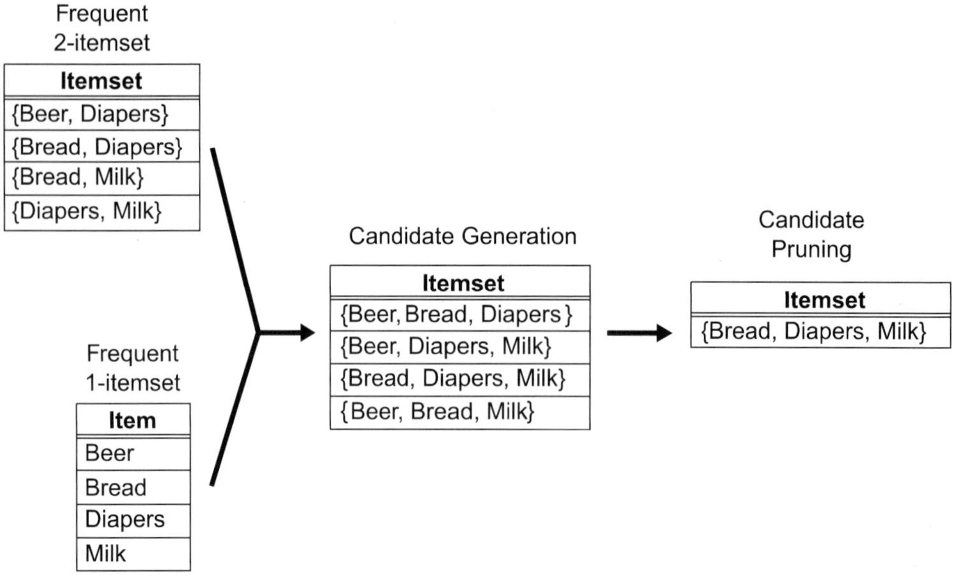

그림 5.7 빈발 $(k-1)$–항목집합에 한 개의 빈발 항목을 합병함으로써 후보 k–항목집합 생성하기와 가지치기. 일부 후보들의 부분집합이 빈발하지 않기 때문에 그 후보들은 불필요하다.

합병하거나, {Bread, Milk}에 {Diapers}를 합병하거나, 또는 {Diapers, Milk}에 {Bread}를 합병함으로써 생성될 수 있다. 중복 후보 생성을 피하는 한 가지 방법은 각 빈발 항목집합에 속한 항목들은 사전 편집 순서로 정렬하여 유지됨을 보장하는 것이다. 예를 들어, {Bread, Diapers}, {Bread, Diapers, Milk} 및 {Diapers, Milk}와 같은 항목집합들은 각각의 항목 집합 내의 항목들이 알파벳 순서로 배열되므로 사전 편집 순서를 따른다. 그런 다음 각 빈발 $(k-1)$-항목집합 X는 X에 속한 항목들보다 사전 편집 순서에서 더 큰 빈발 항목을 이용하여 확장된다. 예를 들어, Milk는 Bread와 Diapers 보다 사전 편집 순서에서 더 크기 때문에 항목집합 {Bread, Diapers}는 {Milk}를 이용하여 증가시킬 수 있다. 그러나 사전 편집 순서 조건을 위배하기 때문에 {Diapers, Milk}에 {Bread}를 이용하여 증가시켜서도 안 되고 또한 {Bread, Milk}에 {Diapers}를 이용하여 증가시켜서도 안 된다. 사전 순서상 가장 큰 항목을 항목집합의 나머지 $k-1$ 항목들과 합병함으로써 각각의 후보 k-항목집합은 정확히 한 번 생성된다. 만약 $\mathbf{F}_{k-1} \times \mathbf{F}_1$ 방법이 사전 편집 순서와 함께 사용되면, 그림 5.7에 설명된 예에서는 오직 두 개의 후보 3-항목집합만 생성된다. {Beer, Bread}는 빈발 2-항목집합이 아니므로 {Beer, Bread, Diapers}와 {Beer, Bread, Milk}는 생성되지 않는다.

$\mathbf{F}_{k-1} \times \mathbf{F}_{k-1}$ **방법** *Apriori* 알고리즘의 candidate-gen 함수에 사용되는 후보 생성 절차이다. 만약 사전 편집 순서로 배열된 한 쌍의 빈발 $(k-1)$-항목집합들의 처음 $k-2$개의 항목들이 동일한 경우에만 이 후보 생성 절차는 두 항목집합들을 합병한다. $A = \{a_1, a_2, \ldots, a_{k-1}\}$와 $B = \{b_1, b_2, \ldots, b_{k-1}\}$는 사전 편집 순서로 배열된 한 쌍의 빈발 $(k-1)$-항목집합들이라고 하자. 만약 다음 조건을 만족하면 A와 B가 합병된다:

$$a_i = b_i (\text{for } i = 1, 2, \ldots, k-2).$$

A와 B는 서로 다른 두 개의 항목집합들이므로 이 경우 $a_{k-1} \neq b_{k-1}$이다. A와 B를 합병하여 생성된 후보 k-항목집합은 사전 편집 순서대로 처음 $k-2$개의 공통 항목들과 뒤따르는 a_{k-1}과 b_{k-1}로 구성된다. 이 후보 생성 절차는 완전하다. 각각의 사전 편집 순서인 빈발 k-항목집합에 대하여, 처음 $k-2$ 위치까지는 동일한 항목들이 있는 사전 편집 순서인 두 개의 빈발 $(k-1)$-항목집합들이 존재하기 때문이다.

그림 5.8에서 빈발 항목집합 {Bread, Diapers}와 {Bread, Milk}가 합병되어 후보 3-항목집합 {Bread, Diapers, Milk}가 형성된다. 두 항목집합 {Beer, Diapers}

와 {Diapers, Milk}의 첫 번째 항목이 다르기 때문에 알고리즘은 두 항목집합들을 합병해서는 안 된다. 실제로, 만약 {Beer, Diapers, Milk}가 적합한 후보라면, 대신에 {Beer, Diapers}에 {Beer, Milk}를 합병하여 얻을 수 있을 것이다. 이 예제는 후보 생성 절차의 완전성과 중복 후보를 방지하기 위해 사전 편집 순서를 사용하는 장점을 둘 다 보여준다. 또한 만약 사전 편집 순위에 따라 빈발 $(k-1)$-항목집합들을 정렬하면, 처음 $k-2$ 항목이 동일한 항목집합들은 연속적인 순위를 갖는다. 결과적으로, $\mathbf{F}_{k-1} \times \mathbf{F}_{k-1}$ 후보 생성 방법은 한 빈발 항목집합에 정렬된 리스트에서 다음 몇 순위들을 차지하는 항목집합들로만 이용하여 합병하는 것을 고려할 것이고, 그래서 일부 계산을 절약할 수 있다.

그림 5.8은 $\mathbf{F}_{k-1} \times \mathbf{F}_{k-1}$ 후보 생성 절차가 하나의 후보 3-항목집합만을 생성하는 것을 보여준다. 이것은 $\mathbf{F}_{k-1} \times \mathbf{F}_1$ 방법에 의해 생성된 4개의 후보 3-항목집합들로부터 상당히 감소한 것이다. 이것은 $\mathbf{F}_{k-1} \times \mathbf{F}_{k-1}$ 방법이 모든 후보 k-항목집합이 적어도 2개의 빈발 $(k-1)$-항목집합을 포함하도록 하여 이 단계에서 생성되는 후보들의 개수를 크게 감소시키기 때문이다.

$\mathbf{F}_{k-1} \times \mathbf{F}_{k-1}$ 절차에서 두 개의 빈발 $(k-1)$-항목집합들을 합병하는 여러 가지 방법

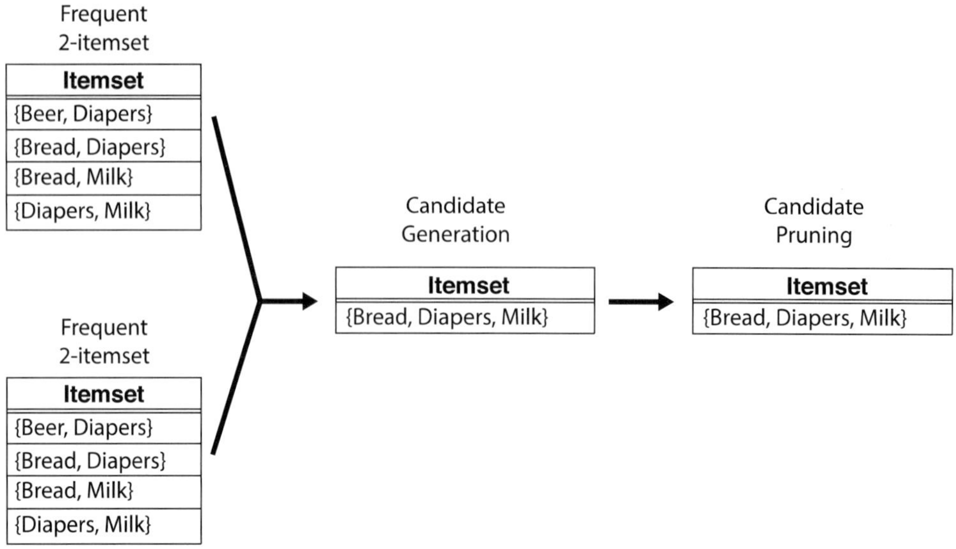

그림 5.8 빈발 $(k-1)$–항목집합들의 쌍을 합병함으로써 후보 k–항목집합 생성하기와 가지치기

이 있을 수 있으며, 그 중 하나는 그것들의 처음 $k-2$ 항목들이 동일한 경우에 합병하는 것이다. 만약 두 개의 빈발 $(k-1)$-항목집합 A와 B에서 A의 마지막 $k-2$ 항목들과 B의 처음 $k-2$ 항목들이 동일하면 두 항목집합 A와 B가 합병될 수 있는 대체 방법이 있다. 예를 들어, {Bread, Diapers}와 {Diapers, Milk}는 이 방법을 사용하여 후보 3-항목집합 {Bread, Diapers, Milk}를 생성하도록 합병될 수 있다. 나중에 볼 수 있듯이 이 대체 $\mathbf{F}_{k-1} \times \mathbf{F}_{k-1}$ 절차는 6장에서 논의할 순차 패턴을 생성하는 데 유용하다.

후보 가지치기

후보 k-항목집합인 $X = \{i_1, i_2, ..., i_k\}$에 대한 후보 가지치기 연산을 설명하기 위해, 그것의 k개의 진부분집합들인 $X - \{i_j\} (\forall j = 1, 2, ..., k)$를 고려해 보자. 만약 진부분집합들 중의 어느 것이라도 빈발하지 않으면, *Apriori* 원리를 사용하여 X는 즉시 가지치기된다. $k-1$ 보다 작은 크기의 X의 모든 부분집합들이 빈발하다는 것을 명시적으로 보장할 필요는 없다(연습문제 7 참조). 이 접근법을 사용하면 지지도를 계산하는 동안 고려되는 후보 항목집합들의 수가 크게 줄어든다. 맹목적 후보 생성 방법의 경우, 후보 가지치기는 각 후보 k-항목집합에 대해 단지 $k-1$ 크기의 k개의 부분집합들을 검사하는 것이 요구된다. 그러나 $\mathbf{F}_{k-1} \times \mathbf{F}_1$ 후보 생성 전략은 각 후보 k-항목집합의 $(k-1)$-크기 부분집합들 중 적어도 한 개가 빈발임이 보장되므로 나머지 $k-1$개의 부분집합들만 검사하면 된다. 마찬가지로, $\mathbf{F}_{k-1} \times \mathbf{F}_{k-1}$ 전략은 각 후보 k-항목집합의 $k-2$개의 부분집합들만 검사하면 된다. 왜냐하면 $(k-1)$-크기 부분집합들 중의 두 개가 이미 후보 생성 단계에서 빈발한 것으로 알고 있기 때문이다.

5.2.4 지지도 계산

지지도 계산은 후보 가지치기 단계에서 살아남은 각 후보 항목집합에 대해 발생 빈도수를 결정하는 과정이다. 지지도 계산은 알고리즘 5.1의 단계 6에서 11까지 구현된다. 이를 수행하기 위한 맹목적 접근법은 각 트랜잭션을 각각의 후보 항목집합과 비교하고 (그림 5.2 참조) 그 트랜잭션에 포함된 후보의 지지도 카운트를 갱신하는 것이다. 이 접근법은 특히 트랜잭션들과 후보 항목집합들의 개수가 큰 경우 계산 비용이 많이 든다.

대안적인 접근법은 각 트랜잭션에 포함된 항목집합들을 열거하고 그것들을 사용하여 각자의 후보 항목집합들의 지지도 카운트를 갱신하는 것이다. 예를 들어 설명하면, {1, 2, 3, 4, 5}의 5개 항목들이 포함된 트랜잭션 t를 고려해보자. 이 트랜잭션에 포함된 크기 3의 항목집합이 $\binom{5}{3} = 10$개 있다. 그 항목집합들 중의 일부는 조사 중인 후보 3-항목집합들에 해당될 수 있으며, 이 경우에 지지도 카운트가 증가된다. 어떤 후보에도 해당되지 않는 t의 다른 부분집합들은 무시된다.

그림 5.9는 t에 속한 3-항목집합들을 열거하는 체계적인 방법을 보여준다. 각 항목집합은 소속 항목들을 사전 편집 순서의 오름차순으로 유지한다고 가정하면, 항목 집합의 가장 작은 항목을 먼저 지정한 다음 더 큰 항목들을 뒤따르게 하여 항목집합이 열거될 수 있다. 예를 들면, $t = \{1, 2, 3, 5, 6\}$이 주어지면, t에 속한 모든 3-항목집합들은 항목 1, 2, 또는 3으로 시작되어야 한다. t의 항목라벨이 5 보다 크거나 같은 항목들이 2개뿐이므로 항목 5 또는 6으로 시작하는 3-항목집합을 구성할 수 없다. t에 포함된 3-항목집합의 첫 번째 항목을 지정하는 방법들의 수는 그림 5.9에서 그려진 레벨 1 접두사 트리 구조로 설명된다. 예를 들면, 1 [2 3 5 6]는 항목 1로 시작하고, 집합 {2, 3, 5, 6}에서 선택된 두 개의 항목들로 뒤따르게 하는 3-항목집합을 나타낸다.

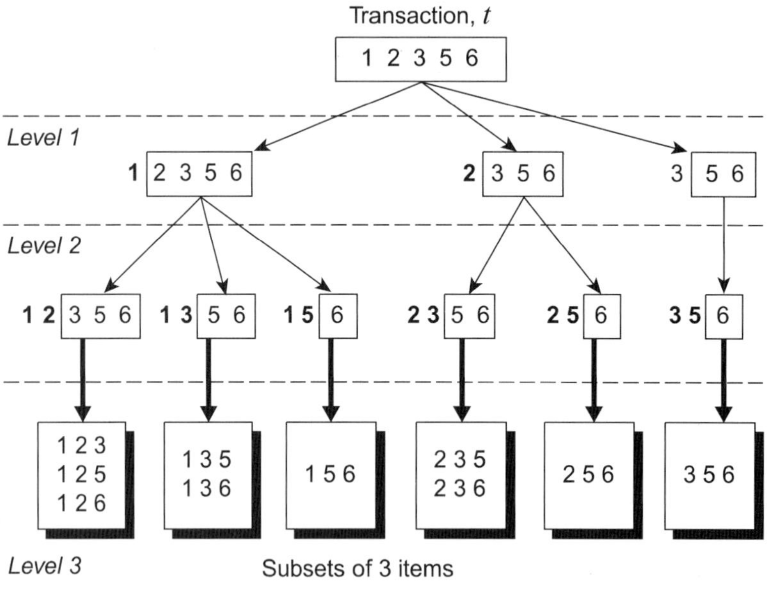

그림 5.9 트랜잭션 t에서 세 개의 항목들의 부분집합들 열거하기

첫 번째 항목을 고정시킨 후에, 레벨 2에서 접두사 트리 구조는 두 번째 항목을 선택하는 방법들의 수를 나타낸다. 예를 들면, 1 2 [3 5 6]는 접두사 (1 2)로 시작하고 그 뒤에 항목 3, 5, 또는 6이 오는 항목집합에 해당한다. 마지막으로 레벨 3에서 접두사 트리 구조는 t에 포함된 3-항목집합의 완전한 집합을 나타낸다. 예를 들면, 접두사 $\{1\ 2\}$로 시작하는 3-항목집합들은 $\{1, 2, 3\}$, $\{1, 2, 5\}$, 그리고 $\{1, 2, 6\}$이고, 접두사 $\{2\ 3\}$으로 시작하는 것은 $\{2, 3, 5\}$와 $\{2, 3, 6\}$이다.

그림 5.9에서 나와 있는 접두사 트리 구조는 한 트랜잭션에 포함된 항목집합들을 체계적으로 열거하는 방법을 설명한다. 즉, 가장 왼쪽의 항목부터 가장 오른쪽의 항목까지 항목을 하나씩 지정하는 것이다. 우리는 여전히 열거된 각 3-항목집합이 기존 후보 항목집합에 해당하는지 결정해야 한다. 만약 그것이 후보들 중 하나와 일치되면, 해당 후보의 지지도 카운트는 증가된다. 다음 절에서는 해시 트리 구조를 이용하여 이런 일치 연산(matching operation)을 효율적으로 수행하는 방법을 설명한다.

해시 트리를 이용한 지지도 계산*

Apriori 알고리즘에서 후보 항목집합들은 서로 다른 버킷들로 분할되어 해시 트리에 저장된다. 지지도 계산을 하는 동안 각 트랜잭션에 포함된 항목집합들도 적절한 버킷들에

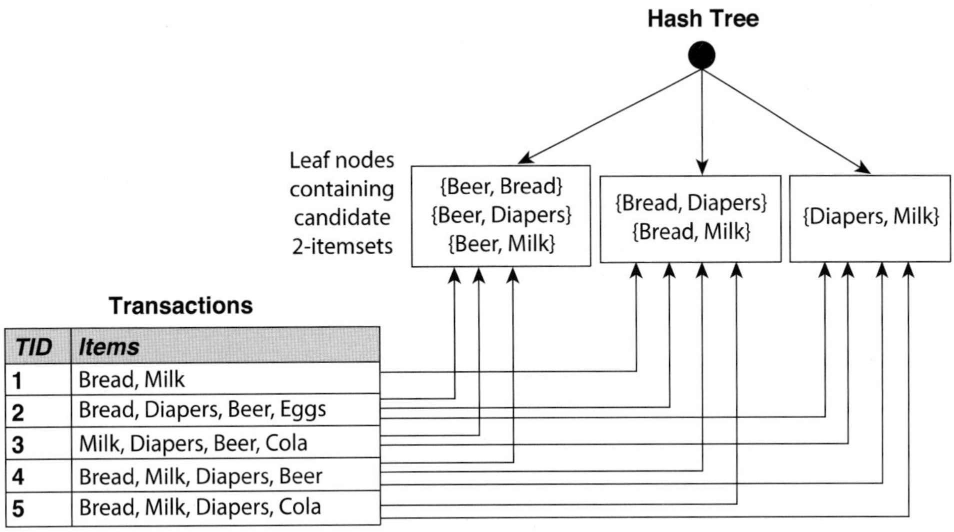

그림 5.10 해시 구조를 사용하여 항목집합들의 지지도 계산

해시된다. 이렇게 하면, 트랜잭션에 속한 각 항목집합을 각각의 후보 항목집합과 비교하는 대신, 그림 5.10에 보이는 것과 같이 각 항목집합은 오직 동일한 버킷에 속한 후보 항목집합들과 일치시켜 본다.

그림 5.11은 해시 트리 구조의 예를 보여준다. 트리의 각 내부 노드는 아래의 해시 함수를 사용하여 다음에 따라가야 할 현재 노드의 가지를 결정한다: $h(p) = (p-1) \bmod 3$, 여기서 mod는 modulo(remainder) 연산자가 적용된다. 예를 들면, 항목 1, 4, 7은 3으

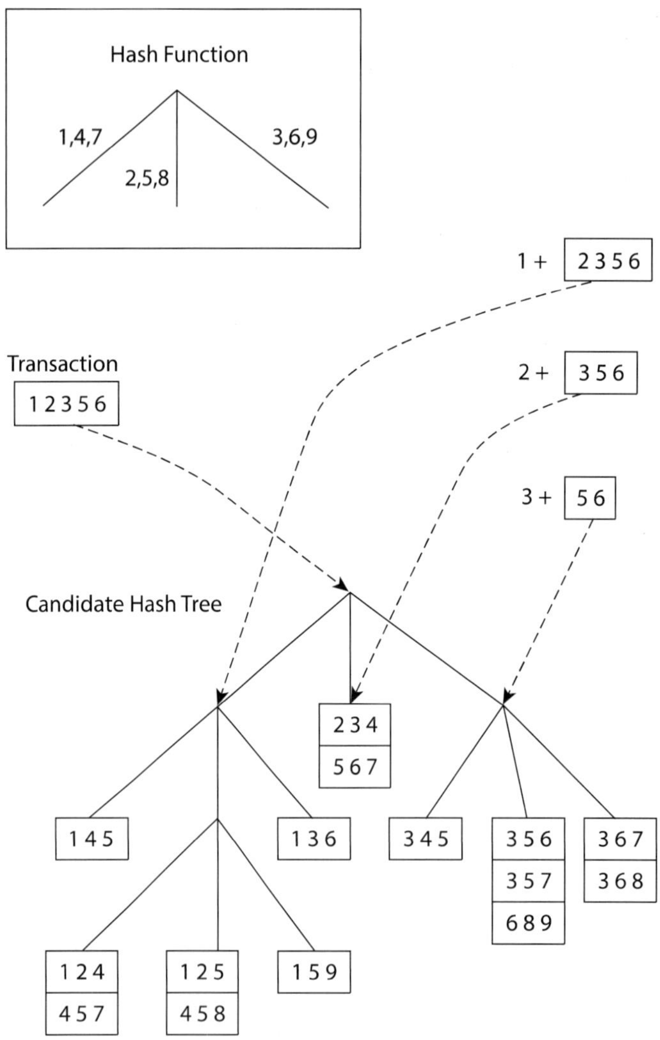

그림 5.11 해시 트리의 루트 노드에서 한 트랜잭션을 해싱하기

로 나눈 후 나머지가 동일하기 때문에 동일한 가지(즉, 가장 왼쪽의 가지)로 해시된다. 모든 후보 항목집합들은 해시 트리의 리프 노드들에 저장된다. 그림 5.11에 표시된 해시 트리에는 15개의 후보 3-항목집합들을 포함하고, 9개의 리프 노드들에 분산되어 있다.

트랜잭션 $t = \{1, 2, 3, 5, 6\}$을 고려해 보자. 후보 항목집합의 지지도 카운트를 갱신하려면, t에 속하는 후보 3-항목집합들을 포함하는 모든 리프 노드들이 최소 한 번 방문되어야하는 방식으로 해시 트리가 순회해야 한다. t에 포함된 3-항목집합은 그림 5.9에 표시된 레벨 1 접두사 트리 구조에 표시된 대로 항목 1, 2 또는 3으로 시작되는 것을 상기하자. 따라서 해시 트리의 루트 노드에서 트랜잭션의 항목 1, 2 그리고 3은 개별적으로 해시된다. 항목 1은 루트 노드의 왼쪽 자식에 해시되고, 항목 2는 중간 자식에 해시되고, 그리고 항목 3은 오른쪽 자식에 해시된다. 트리의 다음 레벨에서 트랜잭션은 그림 5.9에 표시된 레벨 2 트리 구조에 나열된 두 번째 항목에서 해시된다. 예를 들면, 루트

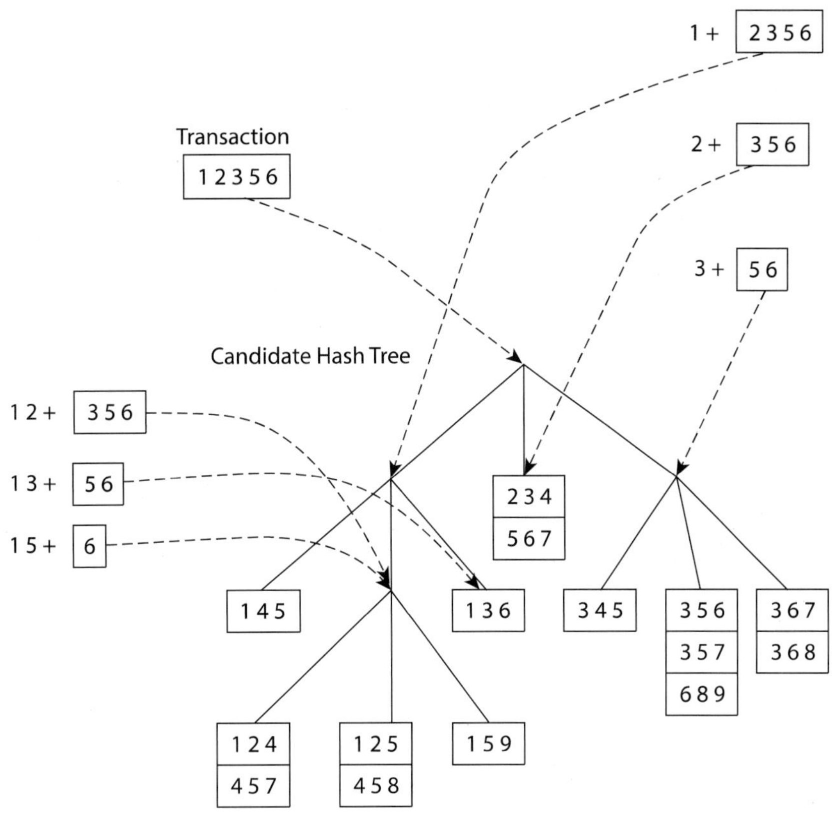

그림 5.12 후보 해시 트리의 루트의 가장 왼쪽 부분트리에서 부분집합 연산

노드에서 항목 1을 해시한 후 트랜잭션의 항목 2, 3 그리고 5가 해시된다. 그림 5.12에 표시된 것처럼, 해시 함수를 기반으로 항목 2와 5는 중간 자식에 해시되고, 항목 3은 오른쪽 자식에 해시된다. 이런 프로세스는 해시 트리의 리프 노드에 도달할 때까지 계속된다. 방문한 리프 노드에 저장된 후보 항목집합들은 트랜잭션과 대조하여 비교된다. 만약 한 후보가 트랜잭션의 부분집합이면, 그것의 지지도 카운트는 증가된다. 해시 트리를 순회하는 동안 모든 리프 노드들이 방문되는 것은 아니며, 이것은 계산 비용을 줄이는 데 도움이 된다. 이 예에서는 9개의 리프 노드들 중 5개가 방문되고 15개의 항목집합들 중 9개가 트랜잭션과 비교된다.

5.2.5 계산 복잡도

실행 시간과 저장 공간을 둘 다 포함하는 *Apriori* 알고리즘의 계산 복잡도는 다음 요소들의 영향을 받을 수 있다.

지지도 임계값 지지도 임계값을 낮추면 종종 빈발한 것으로 선언되는 더 많은 항목집합들이 생긴다. 이것은 그림 5.13과 보이는 것과 같이 각각의 수준에서 더 많은 후보 항목집합들을 생성하고 지지도를 계산해야 하기 때문에 알고리즘의 계산 복잡도에 부정적인 영향을 미친다. 빈발 항목집합들의 최대 크기는 또한 지지도 임계값이 낮을수록 커지는

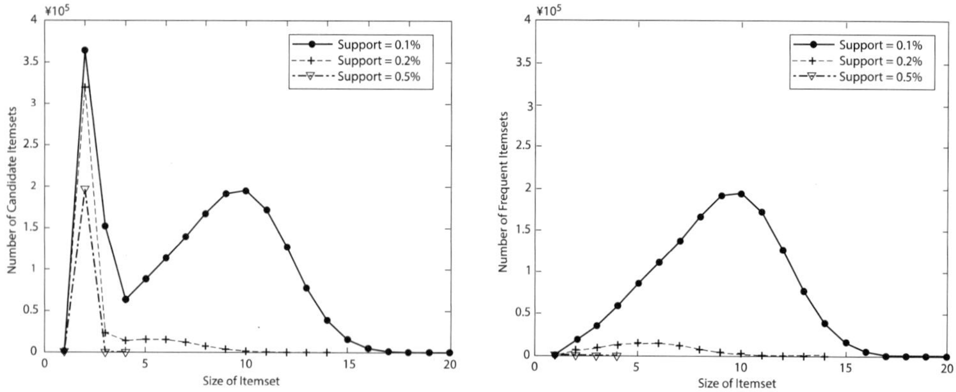

(a) Number of candidate itemsets (b) Number of frequent itemsets

그림 5.13 벤치마크 데이터 집합에서 얻은 후보 및 빈발 항목집합들의 수에 지지도 임계값의 영향

경향 있다. 이것은 *Apriori* 알고리즘에 의해 수행되는 총 반복 횟수를 증가시키고, 계산 비용을 추가로 증가시킨다.

항목들의 개수(차원) 항목들의 개수가 증가함에 따라, 항목들의 지지도 카운트들을 저장하기 위하여 더 많은 공간이 필요하다. 만약 빈발 항목들의 개수가 또한 데이터의 차원과 함께 증가하면, 이 알고리즘에 의해 생성된 후보 항목집합들의 수가 더 크기 때문에 실행시간과 저장 공간 요구 사항이 증가한다.

트랜잭션들의 개수 *Apriori* 알고리즘은 트랜잭션 데이터 집합에 대해 전체를 읽는 반복된 패스를 실행하므로 트랜잭션들의 수가 많을수록 실행 시간이 증가한다.

평균 트랜잭션 폭 밀도가 높은 데이터 집합의 경우 평균 트랜잭션 폭(average transaction width)이 매우 클 수 있다. 이것은 두 가지 방식에서 *Apriori* 알고리즘의 복잡도에 영향을 준다. 첫째로, 평균 트랜잭션 폭이 증가함에 따라 빈발 항목집합의 최대 크기가 커지는 경향이 있다. 결과적으로 그림 5.14에 표시된 대로 후보 생성 및 지지도 계산을 하는 동안 더 많은 후보 항목집합들을 검사해야 한다. 두 번째로, 트랜잭션 폭이 증가함에 따라 더 많은 항목집합들이 트랜잭션에 포함된다. 이것은 지지도를 계산하는 동안

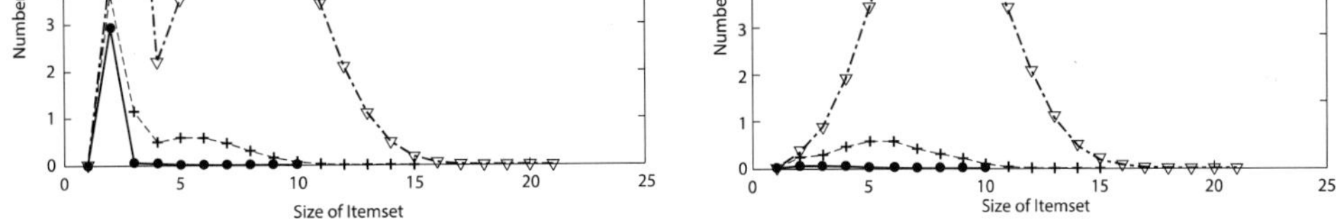

(a) Number of candidate itemsets (b) Number of Frequent Itemsets

그림 5.14 벤치마크 데이터 집합에서 얻은 후보 및 빈발 항목집합들의 수에 평균 트랜잭션 폭의 영향

수행되는 해시 트리 순회 횟수를 증가시킨다.

다음은 *Apriori* 알고리즘의 시간 복잡도에 대한 상세한 분석이다.

빈발 1-항목집합들의 생성 각 트랜잭션마다 트랜잭션에 있는 각각의 항목에 대한 지지도 카운트를 갱신해야 한다. w를 평균 트랜잭션 폭이라고 가정하면, 이 연산은 $O(Nw)$ 시간을 요구한다. 여기서 N은 트랜잭션들의 전체 개수이다.

후보 생성 후보 k-항목집합을 생성하기 위해, 빈발 $(k-1)$-항목집합 쌍은 적어도 그것들의 $k-2$ 항목들이 공통인지 여부를 결정하고서 합병된다. 각 합병 연산은 최대 $k-2$번의 동등 비교(equality comparison)가 필요하다. 각각의 합병 단계는 많아야 하나의 적합한 후보 k-항목집합을 만들 수 있지만, 최악의 경우 알고리즘은 이전 반복에서 발견된 빈발 $(k-1)$-항목집합들의 각각의 쌍을 합병하도록 시도해야 한다. 따라서 빈발 항목집합들을 합병하는 데 드는 전체 비용은

$$\sum_{k=2}^{w}(k-2)|C_k| < \text{합병 비용} < \sum_{k=2}^{w}(k-2)|F_{k-1}|^2,$$

여기서 w는 최대 트랜잭션 폭이다. 후보 항목집합들을 저장하기 위하여 후보 생성 중에 해시 트리도 구성된다. 트리의 최대 깊이는 k이므로 후보 항목집합들을 해시 트리에 넣게 되는 비용은 $O\left(\sum_{k=2}^{w}k|C_k|\right)$이다. 후보 가지치기를 하는 동안, 우리는 각각의 후보 k-항목집합의 $k-2$개의 부분집합들이 빈발하다는 것을 검증해야 한다. 해시 트리에서 후보를 찾아보는 비용은 $O(k)$이므로, 후보 가지치기 단계에는 $O\left(\sum_{k=2}^{w}k(k-2)|C_k|\right)$ 시간이 필요하다.

지지도 계산 폭 $|t|$의 각 트랜잭션은 크기 k인 $\binom{|t|}{k}$개의 항목집합들을 생성한다. 이것은 또한 각 트랜잭션에 대해 수행되는 해시 트리 순회들의 실제 숫자다. 지지도 계산 비용은 $O\left(N\sum_{k}\binom{w}{k}\alpha_k\right)$이다. 여기서 w는 최대 트랜잭션 폭이고 α_k는 해시트리에서 후보 k-항목집합의 지지도 카운트를 갱신하는 비용이다.

5.3 규칙 생성

이 절에서는 주어진 빈발 항목집합에서 연관 규칙을 효율적으로 추출하는 방법을 설명한다. 각 빈발 k-항목집합 Y에서 공집합인 전건(antecedent) 또는 후건(consequent)을 갖는 규칙($\phi \to Y$ 또는 $Y \to \phi$)을 무시하면, Y는 최대 $2^k - 2$개의 연관 규칙들을 만들 수 있다. 항목집합 Y를 공집합이 아닌 두 부분집합인 X와 $Y-X$로 분할하여 신뢰도 임계값을 충족하는 $X \to Y-X$인 하나의 연관규칙이 추출될 수 있다. 이러한 모든 규칙들은 빈발 항목집합에서 생성되므로 이미 지지도 임계값을 만족하였다.

예제 5.2

$X = \{a, b, c\}$를 빈발 항목집합으로 하자. X에서 생성할 수 있는 6가지 후보 연관 규칙들이 있다: $\{a, b\} \to \{c\}$, $\{a, c\} \to \{b\}$, $\{b, c\} \to \{a\}$, $\{a\} \to \{b, c\}$, $\{b\} \to \{a, c\}$, 그리고 $\{c\} \to \{a, b\}$. 각 지지도는 X의 지지도와 동일하므로 모든 규칙들이 지지도 임계값을 만족한다. ■

연관 규칙의 신뢰도 계산은 추가적인 트랜잭션 데이터 집합의 스캔이 필요하지 않는다. 빈발 항목집합 $X = \{1, 2, 3\}$에서 생성된 규칙 $\{1, 2\} \to \{3\}$을 고려해보자. 이 규칙에 대한 신뢰도는 $\sigma(\{1, 2, 3)/\sigma(\{1, 2\})$이다. $\{1, 2, 3\}$이 빈발하기 때문에 지지도의 비-단조형 성질은 $\{1, 2\}$가 역시 빈발해야 하는 것을 보장한다. 빈발 항목집합 생성 중에 두 항목집합 양쪽에 대한 지지도 카운트는 이미 알고 있으므로 전체 데이터 집합을 다시 읽을 필요가 없다.

5.3.1 신뢰도-기반 가지치기

신뢰도는 지지도 척도와 같은 방식으로 비-단조형 성질을 나타내지 않는다. 예를 들어, $X \to Y$에 대한 신뢰도는 $\widetilde{X} \subseteq X$와 $\widetilde{Y} \subseteq Y$인 다른 한 규칙 $\widetilde{X} \to \widetilde{Y}$에 대한 신뢰도보다 크거나 작거나 같을 수 있다(연습문제 3 참조). 그럼에도 불구하고, 만약 동일한 빈발 항목집합 Y에서 생성된 규칙들을 비교하면, 다음과 같은 정리가 신뢰도 척도에 대해 성립한다.

정리 5.2 Y를 항목집합으로 하고 X를 Y의 부분집합이라 하자. 만약 규칙 $X \rightarrow Y-X$가 신뢰도 임계값을 만족하지 않는다면, $\widetilde{X}$이 X의 부분집합인 어떤 규칙 $\widetilde{X} \rightarrow Y-\widetilde{X}$도 신뢰도 임계값을 마찬가지로 만족하지 않아야 한다.

이 정리를 증명하기 위해 다음 두 규칙을 고려해 보자: $\widetilde{X} \rightarrow Y-\widetilde{X}$와 $X \rightarrow Y-X$, 여기서 $\widetilde{X} \subset X$이다. 두 규칙의 신뢰도는 각각 $\sigma(Y)/\sigma(\widetilde{X})$와 $\sigma(Y)/\sigma(X)$이다. $\widetilde{X}$은 X의 부분집합이므로 $\sigma(\widetilde{X}) \geq \sigma(X)$. 따라서 전자의 규칙은 후자의 규칙보다 더 높은 신뢰도를 가질 수 없다.

5.3.2 *Apriori* 알고리즘에서 규칙 생성

Apriori 알고리즘은 연관 규칙을 생성하기 위해 레벨-별 접근법을 사용하고, 각 레벨은 규칙 후건에 속하는 항목들의 수에 해당한다. 처음에는 규칙 후건에서 하나의 항목만 있는 모든 높은 신뢰도 규칙들이 추출된다. 그런 다음 이런 규칙들을 사용하여 새로운 후보 규칙들을 생성한다. 예를 들어, 만약 $\{acd\} \rightarrow \{b\}$와 $\{abd\} \rightarrow \{c\}$가 높은 신뢰도 규칙이면, 양쪽 규칙들의 후건을 합병하여 후보 규칙 $\{ad\} \rightarrow \{bc\}$가 생성된다. 그림 5.15는 빈발 항목집합 $\{a, b, c, d\}$에서 생성된 연관 규칙들에 대한 격자 구조를 보여준다. 만약 격자의 어떤 노드가 낮은 신뢰도를 갖는다면, 정리 5.2에 따라 그 노드에 의해 확장된 전체 부분그래프는 즉시 가지치기할 수 있다. $\{bcd\} \rightarrow \{a\}$에 대한 신뢰도가 낮다고 가정하자. $\{cd\} \rightarrow \{ab\}$, $\{bd\} \rightarrow \{ac\}$, $\{bc\} \rightarrow \{ad\}$, 그리고 $\{d\} \rightarrow \{abc\}$를 포함하여 규칙의 후건에 항목 a를 포함하는 모든 규칙들을 버릴 수 있다.

규칙 생성 단계에 대한 의사코드는 알고리즘 5.2와 5.3에 나와 있다. 알고리즘 5.3에 주어진 `ap-genrules` 절차와 알고리즘 5.1에 주어진 빈발 항목집합 생성 절차 사이의 유사성을 주목하라.

알고리즘 5.2 *Apriori* 알고리즘의 규칙 생성

1: **for** each frequent k-itemset f_k, $k \geq 2$ **do**
2: $H_1 = \{i | i \in f_k\}$ {1-item consequents of the rule.}
3: **call** `ap-genrules`(f_k, H_1).
4: **end for**

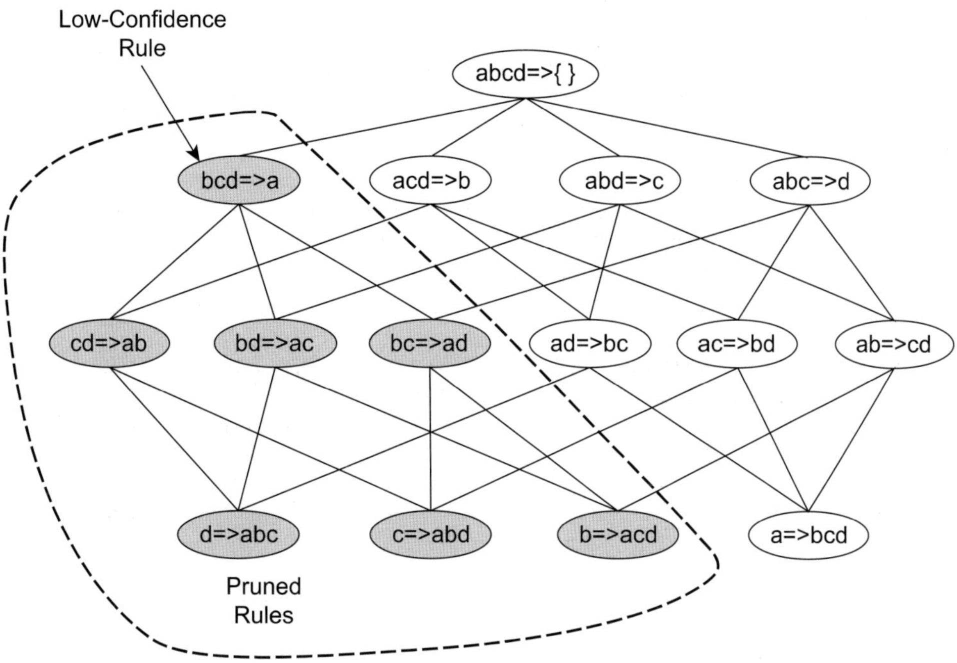

그림 5.15 신뢰도 척도를 사용하여 연관 규칙들 가지치기

알고리즘 5.3 절차 ap-genrules(f_k, H_m)

$k = |f_k|$ {size of frequent itemset.}
$m = |H_m|$ {size of rule consequent.}
if $k > m+1$ **then**
  H_{m+1} = candidate-gen(H_m).
  H_{m+1} = candidate-prune(H_{m+1}, H_m).
  for each $h_{m+1} \in H_{m+1}$ **do**
    $conf = \sigma(f_k)/\sigma(f_k - h_{m+1})$.
    if $conf \geq minconf$ **then**
      output the rule $(f_k - h_{m+1}) \rightarrow h_{m+1}$.
    else
      delete h_{m+1} from H_{m+1}.
    end if
  end for
  call ap-genrules(f_k, H_{m+1}).
end if

유일한 차이점은 규칙 생성에서 후보 규칙들의 신뢰도를 계산하기 위해 데이터 집합 전체를 읽는 추가적인 패스를 실행할 필요가 없다는 것이다. 대신 빈발 항목집합 생성을 하는 동안 계산된 지지도 카운트들을 사용하여 각 규칙의 신뢰도를 결정한다.

5.3.3 예제: 의회 투표 기록

이 절에서는 미국 하원(United States House of Representatives) 의원들의 투표 기록에 연관 분석을 적용한 결과를 설명한다. 이 데이터는 UCI 기계 학습 데이터 저장소(UCI machine learning data repository)에서 구할 수 있는 1984년 의회 투표 의사록 데이터베이스(Congressional Voting Records Database)에서 얻었다. 각 트랜잭션에는 16가지 주요 이슈에 대한 투표 기록과 함께 의원의 소속 정당에 대한 정보가 포함된다. 데이터 집합에는 435 트랜잭션들과 34항목들이 있다. 항목들의 집합은 표 5.3에 나열되어 있다.

그리고 *Apriori* 알고리즘이 $minsup = 30\%$과 $minconf = 90\%$로 그 데이터 집합에

표 5.3 1984년 미국 의회 투표 기록의 이진 속성들의 목록. Source: The UCI machine learning repository

1. Republican	18. aid to Nicaragua = no
2. Democrat	19. MX-missile = yes
3. handicapped-infants = yes	20. MX-missile = no
4. handicapped-infants = no	21. immigration = yes
5. water project cost sharing = yes	22. immigration = no
6. water project cost sharing = no	23. synfuel corporation cutback = yes
7. budget-resolution = yes	24. synfuel corporation cutback = no
8. budget-resolution = no	25. education spending = yes
9. physician fee freeze = yes	26. education spending = no
10. physician fee freeze = no	27. right-to-sue = yes
11. aid to El Salvador = yes	28. right-to-sue = no
12. aid to El Salvador = no	29. crime = yes
13. religious groups in schools = yes	30. crime = no
14. religious groups in schools = no	31. duty-free-exports = yes
15. anti-satellite test ban = yes	32. duty-free-exports = no
16. anti-satellite test ban = no	33. export administration act = yes
17. aid to Nicaragua = yes	34. export administration act = no

표 5.4 1984년 미국 의회 투표 기록에서 추출된 연관 규칙

Association Rule	Confidence
{budget resolution = no, MX-missile = no, aid to El Salvador = yes} → {Republican}	91.0%
{budget resolution = yes, MX-missile = yes, aid to El Salvador = no} → {Democrat}	97.5%
{crime = yes, right-to-sue = yes, physician fee freeze = yes} → {Republican}	93.5%
{crime = no, right-to-sue = no, physician fee freeze = no} → {Democrat}	100%

적용된다. 알고리즘에 의해 추출된 높은 신뢰도 규칙들 중 일부가 표 5.4에 나와 있다. 처음 두 규칙은 엘살바도르에 대한 원조 안에 찬성을 투표하고 예산 결의안과 MX 미사일 안에 반대를 투표한 대부분의 의원들은 공화당원임을 제시한다; 엘살바도르에 대한 원조 안에 반대를 투표하고 예산 결의안과 MX 미사일 안에 찬성을 투표한 의원들은 민주당원임을 제시한다. 이런 높은 신뢰도 규칙은 의원들을 양쪽 정당으로 나누는 주요 이슈들을 보여준다.

5.4 빈발 항목집합의 간결한 표현

실제로, 트랜잭션 데이터 집합에서 생성된 빈발 항목집합들의 수는 매우 클 수 있다. 다른 모든 빈발 항목집합들을 유도시킬 수 있는 빈발 항목집합들의 작은 대표 집합을 발견하는 것이 유용하다. 이 절에서 그러한 두 가지 표현이 최대(maximal)와 닫힌(closed) 빈발 항목집합의 형식으로 제공된다.

5.4.1 최대 빈발 항목집합

정의 5.3 **최대 빈발 항목집합** 만약 하나의 빈발 항목집합의 인접한 포함집합들(immediate supersets) 중 어느 것도 빈발하지 않으면 그 빈발 항목집합이 최대(maximal)이다.

이 개념을 설명하기 위해, 그림 5.16에 표시된 항목집합 격자를 고려해 보자. 격자의 항목집합들은 두 그룹으로 나누어진다: 빈발한 항목집합들과 빈발하지 않는 항목집합들. 점선으로 표시되는 빈발 항목집합 경계선도 다이어그램에 표시되어 있다. 경계선 위쪽에 위치한 각각의 항목집합은 빈발한 반면, 경계선 아래에 위치한 항목집합들 (흐리게 표시한 노드들)은 빈발하지 않다. 경계선 근처에 있는 항목집합 중에 $\{a, d\}$, $\{a, c, e\}$, 그리고 $\{b, c, d, e\}$는 모든 인접한 포함집합들이 빈발하지 않기 때문에 최대 빈발 항목집합이다. 예를 들어, 항목집합 $\{a, d\}$는 모든 인접한 포함집합들 $\{a, b, d\}$, $\{a, c, d\}$, 그리고 $\{a, d, e\}$는 빈발하지 않기 때문에 최대 빈발이다. 대조적으로, $\{a, c\}$는 인접한 포함집합들 중의 하나인 $\{a, c, e\}$가 빈발하기 때문에 최대빈발이 아니다.

최대 빈발 항목집합들은 빈발 항목집합들의 간결한 표현을 효과적으로 제공한다. 즉, 그것들은 모든 빈발 항목집합들을 유도시킬 수 있는 가장 작은 항목집합을 구성한다. 예

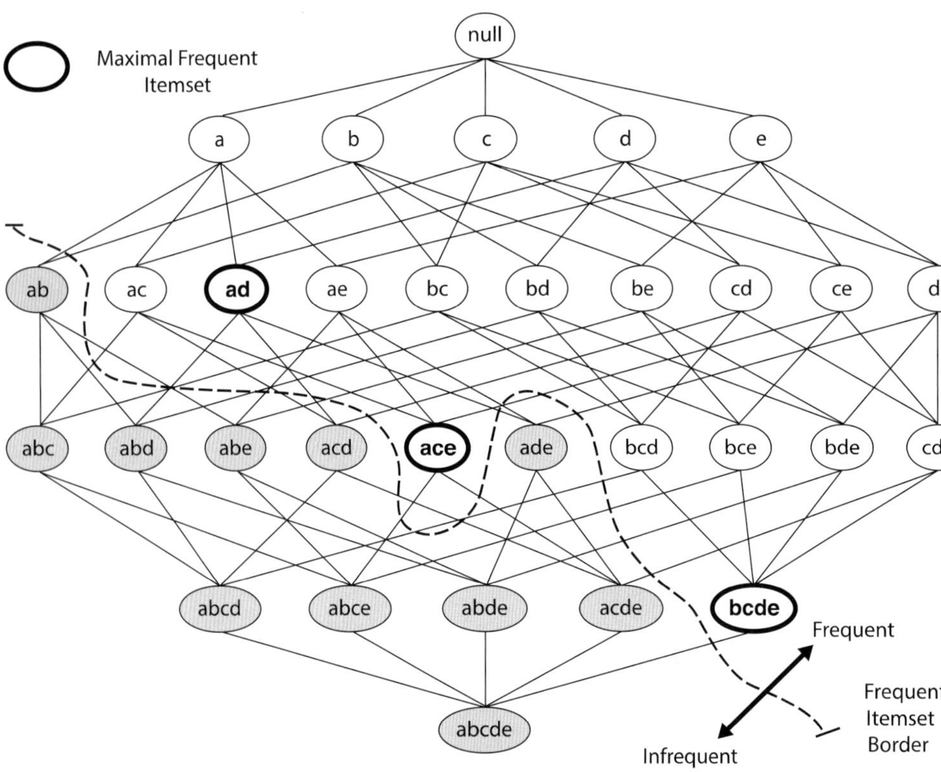

그림 5.16 최대 빈발 항목집합

를 들어, 그림 5.16에서 각각의 빈발 항목집합은 세 가지 최대 빈발 항목집합들, $\{a, d\}$, $\{a, c, e\}$ 및 $\{b, c, d, e\}$ 중 하나의 부분집합이다. 만일 한 항목집합이 어떤 최대 빈발 항목집합들의 진부분집합이 아니면, 그것은 빈발하지 않거나(예, $\{a, d, e\}$) 또는 최대 빈발 자체(예, $\{b, c, d, e\}$)이다. 따라서 최대 빈발 항목집합들인 $\{a, c, e\}$, $\{a, d\}$ 및 $\{b, c, d, e\}$는 그림 5.16에 표시된 빈발 항목집합들의 간결한 표현을 제공한다. 최대 빈발 항목집합들의 모든 부분집합들을 열거하면 모든 빈발 항목집합들의 완전한 목록이 생성된다.

최대 빈발 항목집합은 매우 길고 빈발한 항목집합들을 생성할 수 있는 데이터 집합에 대해 가치 있는 표현을 제공한다. 그러한 데이터에서 빈발 항목집합들이 기하급수적으로 많이 있기 때문이다. 그럼에도 불구하고, 이 접근법은 효율적인 알고리즘이 존재하여 최대 빈발 항목집합들을 명시적으로 찾을 경우에만 실용적이다. 우리는 5.5절에서 그러한 접근법 하나를 간단히 설명한다.

간결한 표현을 제공하지만 최대 빈발 항목집합들에는 그것들의 부분집합들의 지지도 정보가 포함되어 있지 않다. 예를 들어, 최대 빈발 항목집합 $\{a, c, e\}$, $\{a, d\}$ 및 $\{b, c, d, e\}$의 지지도는 그것들의 부분집합이 지지도 임계값을 만족한다는 것 이외에 그것들의 부분집합들의 지지도에 대해 어떤 정보도 제공하지 않는다. 따라서 비-최대 빈발 항목집합들의 지지도 카운트를 결정하려면 데이터 집합 전체를 읽는 추가 패스가 필요하다. 경우에 따라 지지도 정보를 보존하는 항목집합들의 최소 표현을 가지는 것이 바람직하다. 다음 절에서 그러한 표현을 설명한다.

5.4.2 닫힌 빈발 항목집합

닫힌 항목집합들(closed itemsets)은 항목집합들의 지지도 정보의 손실 없이 모든 항목집합들의 최소 표현을 제공한다. 닫힌 항목집합의 형식적인 정의는 아래에 주어진다.

정의 5.4 **닫힌 항목집합** 만약 항목집합 X의 인접한 포함집합들 중 어느 것도 X와 정확히 동일한 지지도 카운트를 가지지 않는다면 X는 닫힌다(closed).

다시 말해서, 만약 X의 인접한 포함집합들 중 적어도 하나라도 X와 동일한 지지도 카운트를 가진다면 X는 닫히지 않는다. 닫힌 항목집합의 예는 그림 5.17에 나와 있다. 각 항목집합의 지지도 카운트를 더 잘 설명하기 위해, 격자의 각 노드(항목집합)를 해당 트랜잭션 ID 목록과 연관시켰다. 예를 들어, 노드 $\{b, c\}$는 트랜잭션 ID 1, 2 및 3과 연관되므로, 그것의 지지도 카운트는 3과 같다. 이 다이어그램에 주어진 트랜잭션들에서 $\{b\}$에 대한 지지도는 $\{b, c\}$와 동일함에 유의하자. b가 포함된 각 트랜잭션에도 c가 포함되어 있기 때문이다. 따라서 $\{b\}$는 닫힌 항목집합이 아니다. 마찬가지로, c는 a와 d를 둘 다 포함하는 각 트랜잭션에서 발생하므로, 항목집합 $\{a, d\}$는 포함집합 $\{a, c, d\}$와 동일한 지지도를 가지므로 닫히지 않는다. 반면, $\{b, c\}$의 포함집합들 중의 어느 것도 동일한 지지도 카운트를 갖지 않기 때문에 $\{b, c\}$는 닫힌다.

닫힌 항목집합들의 흥미로운 특성은 만약 그것들의 지지도 카운트를 알면 데이터 집합 전체를 읽는 추가 패스를 시행하지 않고 항목집합 격자에 있는 각각의 다른 항목집합의 지지도 카운트를 유도할 수 있다는 것이다. 예를 들어, 그림 5.17의 2-항목집합 $\{b,$

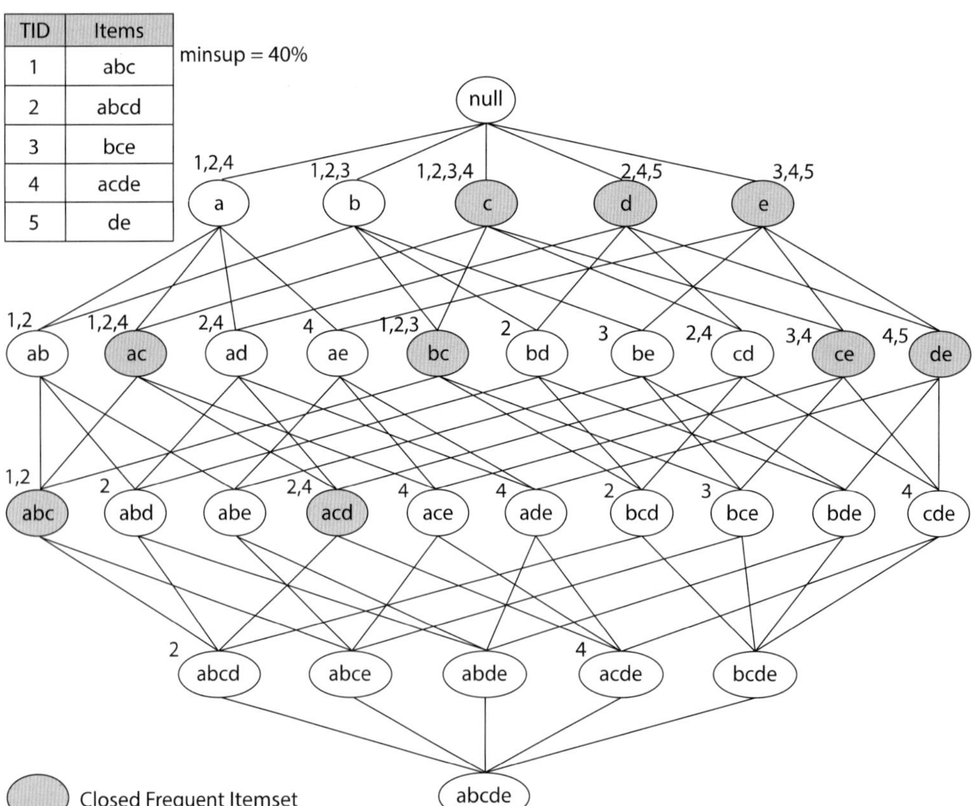

그림 5.17 닫힌 빈발 항목집합들의 예(최소 지지도는 40%)

$e\}$를 고려해보자. $\{b, e\}$가 닫히지 않기 때문에 지지도는 인접한 포함집합 $\{a, b, e\}$, $\{b, c, e\}$, 그리고 $\{b, d, e\}$ 중의 하나의 지지도와 동일해야 한다. 또한, 지지도 척도의 비단조형 성질로 인해 $\{b, e\}$의 포함집합들 중 어느 것도 $\{b, e\}$보다 큰 지지도를 가질 수 없다. 따라서 $\{b, e\}$의 지지도는 크기 3의 모든 인접 포함집합들의 지지도 카운트를 조사하여 최댓값을 취함으로 계산될 수 있다. 만약 인접 포함집합이 닫히면(예 : $\{b, c, e\}$), 우리는 그것의 지지도 카운트를 알 수 있다. 그렇지 않으면 크기가 4인 인접 포함집합의 지지도를 검사하여 지지도를 재귀적으로 계산할 수 있다. 일반적으로, 모든 k-항목집합들의 지지도 카운트를 알고 있는 한, 어떤 닫히지 않은 $(k-1)$-항목집합의 지지도 카운트도 결정될 수 있다. 따라서, $k_{\max}$ 레벨부터 시작하여, k 번째 레벨의 항목집합들의 지지도 카운트들을 사용하여 $k-1$번째 레벨의 항목집합들의 지지도 카운트들을 계산하는 반복 알고리즘을 고안할 수 있다. 여기서 $k_{\max}$는 가장 큰 닫힌 항목집합의 크기이다.

닫힌 항목집합들은 모든 항목집합들의 지지도 카운트들의 간결한 표현을 제공하지만 여전히 기하급수적으로 클 수 있다. 또한 대부분의 실제 응용들에서는 모든 빈발 항목집합들의 지지도 카운트만 결정하면 된다. 이와 관련하여, 닫힌 빈발 항목집합들은 모든 빈발 항목집합들의 지지도 카운트들의 간결한 표현을 제공하며, 다음과 같이 정의할 수 있다.

정의 5.5 **닫힌 빈발 항목집합** 만약 항목집합이 닫히고 지지도가 $minsup$ 보다 크거나 같으면 그 항목집합은 닫힌 빈발 항목집합(closed frequent itemset)이다.

이전 예에서 지지도 임계값이 40%로 가정하면 $\{b, c\}$의 지지도는 60%이므로 닫힌 빈발 항목집합이다. 그림 5.17에서 닫힌 빈발 항목집합은 음영 처리된 노드로 표시된다.

주어진 데이터 집합에서 닫힌 빈발 항목집합들을 명시적으로 추출하기 위해 알고리즘을 이용할 수 있다. 관심 있는 독자는 이런 알고리즘들에 대한 자세한 내용에 대해서 이 장의 끝에 있는 참고문헌을 참조할 수 있다. 닫힌 빈발 항목집합들을 사용하여 모든 닫히지-않은(non-closed) 빈발 항목집합들에 대한 지지도 카운트를 결정할 수 있다. 예를 들면, 그림 5.17에 표시된 빈발 항목집합 $\{a, d\}$를 고려해 보자. 이 항목집합이 닫히지 않았기 때문에 지지도 카운트는 인접한 포함집합들 $\{a, b, d\}$, $\{a, c, d\}$ 및 $\{a, d, e\}$ 중 최대 지지도 카운트와 같아야 한다. 또한 $\{a, d\}$가 빈발하기 때문에 빈발 포함집합의 지지도만 고려하면 된다. 일반적으로, 각각의 닫히지-않은 빈발 k-항목집합의 지지도 카운트는 크기 $k+1$의 모든 빈발 포함집합들의 지지도를 고려하여 얻을 수 있다. 예를 들어 $\{a, d\}$의 유일한 빈발 포함집합이 $\{a, c, d\}$이므로 $\{a, d\}$의 지지도는 $\{a, c, d\}$의 지지도 2와 동일하다. 이 방법론을 사용하여 각각의 빈발 항목집합에 대한 지지도를 계산하는 알고리즘을 개발할 수 있다. 이런 알고리즘의 의사 코드는 알고리즘 5.4에 나와 있다. 이 알고리즘은 세부-에서-일반(specific-to-general) 방식으로 진행된다. 즉, 가장 큰 빈발 항목집합에서부터 가장 작은 항목집합으로 진행된다. 이런 방식은 하나의 닫히지-않은 빈발 항목집합에 대한 지지도를 찾으려면 그것의 모든 포함집합들에 대한 지지도를 알아야하기 때문이다. 모든 빈발 항목집합들의 집합은 닫힌 빈발 항목집합들의 모든 부분집합들의 합집합으로 쉽게 계산할 수 있다.

닫힌 빈발 항목집합을 사용하는 장점을 설명하기 위해, 10개의 트랜잭션들과 15개의 항목들이 포함된 표 5.5에 표시된 데이터 집합을 고려해 보자. 항목들은 세 그룹으로 나눌 수 있다: (1) 그룹 A, 항목 a_1에서부터 a_5를 포함한 그룹; (2) 그룹 B, 항목 b_1에서부터 b_5를 포함한 그룹; 그리고 (3) 그룹 C, 항목 c_1에서부터 c_5를 포함한 그룹. 지지도 임계값이 20%라고 가정하면, 같은 그룹의 항목들과 관련된 항목집합들은 빈발하지만, 다른 그룹의 항목들과 관련된 항목집합들은 빈발하지 않다. 빈발 항목집합들의 전체 개수는 $3 \times (2^5 - 1) = 93$이다. 그러나 데이터에서 닫힌 빈발 항목집합이 4개뿐이다: $(\{a_3, a_4\}, \{a_1, a_2, a_3, a_4, a_5\}, \{b_1, b_2, b_3, b_4, b_5\}$ 및 $\{c_1, c_2, c_3, c_4, c_5\})$. 분석가

알고리즘 5.4 닫힌 빈발 항목집합을 사용한 지지도 계산

Let C denote the set of closed frequent itemsets and F denote the set of all frequent itemsets.
Let $k_{\max}$ denote the maximum size of closed frequent itemsets
$F_{k_{\max}} = \{f \mid f \in C, |f| = k_{\max}\}$ {Find all frequent itemsets of size $k_{\max}$.}
for $k = k_{\max} - 1$ down to 1 **do**
  $F_k = \{f \mid f \in F, |f| = k\}$ {Find all frequent itemsets of size k.}
  for each $f \in F_k$ **do**
    if $f \notin C$ **then**
      $f.support = \max\{f'.support \mid f' \in F_{k+1}, f \subset f'\}$
    end if
  end for
end for

표 5.5 닫힌 항목집합을 탐사하기 위한 트랜잭션 데이터 집합

TID	a_1	a_2	a_3	a_4	a_5	b_1	b_2	b_3	b_4	b_5	c_1	c_2	c_3	c_4	c_5
1	**1**	**1**	**1**	**1**	**1**	0	0	0	0	0	0	0	0	0	0
2	**1**	**1**	**1**	**1**	**1**	0	0	0	0	0	0	0	0	0	0
3	**1**	**1**	**1**	**1**	**1**	0	0	0	0	0	0	0	0	0	0
4	0	0	**1**	**1**	0	**1**	**1**	**1**	**1**	**1**	0	0	0	0	0
5	0	0	0	0	0	**1**	**1**	**1**	**1**	**1**	0	0	0	0	0
6	0	0	0	0	0	**1**	**1**	**1**	**1**	**1**	0	0	0	0	0
7	0	0	0	0	0	0	0	0	0	0	**1**	**1**	**1**	**1**	**1**
8	0	0	0	0	0	0	0	0	0	0	**1**	**1**	**1**	**1**	**1**
9	0	0	0	0	0	0	0	0	0	0	**1**	**1**	**1**	**1**	**1**
10	0	0	0	0	0	0	0	0	0	0	**1**	**1**	**1**	**1**	**1**

에게 빈발 항목집합들의 전체 집합 대신에 닫힌 빈발 항목집합들만 제시하는 것으로 충분하다.

마지막으로, 최대 빈발 항목집합들 중 어느 것도 인접한 포함집합들과 동일한 지지도 카운트를 가질 수 없기 때문에 모든 최대 빈발 항목집합들은 닫힌다는 것에 유의하라. 빈발, 닫힌, 닫힌 빈발 그리고 최대 빈발 항목집합들 사이의 관계가 그림 5.18에 나와 있다.

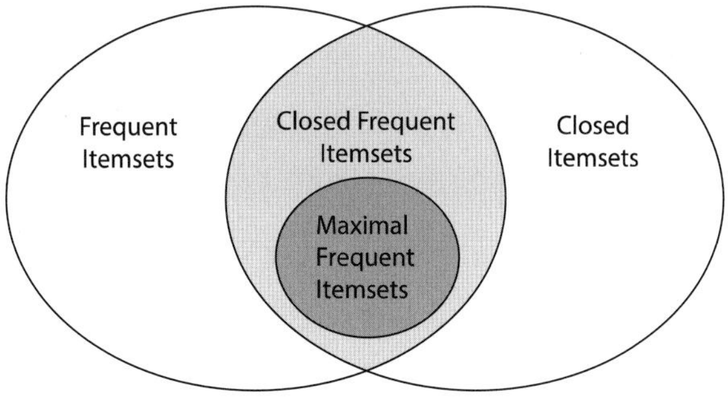

그림 5.18 빈발, 닫힌, 닫힌 빈발 및 최대 빈발 항목집합들 사이의 관계

5.5 빈발 항목집합 생성을 위한 대체 방법*

*Apriori*는 빈발 항목집합 생성의 조합 폭발을 성공적으로 처리한 가장 초기의 알고리즘들 중 하나다. 이는 *Apriori* 원리를 적용하여 기하급수적인 검색 영역을 가지치기함으로써 달성된다. 상당한 성능 개선에도 불구하고, 알고리즘은 트랜잭션 데이터 집합 전체를 읽는 여러 번의 패스를 실행해야 하기 때문에 여전히 상당한 I/O 부담이 발생한다. 또한 5.2.5절에서 언급한 바와 같이 트랜잭션 폭이 넓어짐에 따라 밀집한 데이터 집합들에 대해서는 *Apriori* 알고리즘의 성능이 크게 저하될 수 있다. 이러한 한계를 극복하고 *Apriori* 알고리즘의 효율성을 개선시키기 위해 여러 가지 대체 방법들이 개발되었다. 다음은 이러한 방법들에 대한 높은-수준의 설명이다.

항목집합 격자의 순회 빈발 항목집합에 대한 검색은 개념적으로 그림 5.1에 표시된 항목집합 격자의 순회로 볼 수 있다. 알고리즘에 의해 채택된 검색 전략은 빈발 항목집합 생성 프로세스 동안 격자 구조가 어떻게 순회되는지를 지시한다. 격자에서 빈발 항목집합들의 배치에 따라, 일부 검색 전략이 다른 것보다 더 좋다. 다음은 이런 전략들에 대한 개요이다:

- **일반-에서-세부 대 세부-에서-일반**: *Apriori* 알고리즘은 일반-에서-세부(general-to-specific) 검색 전략을 사용한다. 여기서 빈발$(k-1)$-항목집합 쌍이 합병되어 후보 k-항목집합을 얻는다. 빈발 항목집합의 최대 길이가 너무 길지 않은 경우에 이 일반-에서-세부 검색 전략은 효과적이다. 이 전략에 가장 적합한 빈발 항목집합들의 배치는 그림 5.19(a)에 나와 있다. 여기서 더 어두운 노드는 빈발하지 않은 항목집합들을 나타낸다. 대안적으로 세부-에서-일반(specific-to-general) 검색 전략은 보다 일반적인 빈발 항목집합을 찾기 전에 먼저 보다 특정한 빈발 항목집합을 찾는다. 이 전략은 조밀한 트랜잭션들에서 최대 빈발 항목집합을 발견하는데 유용하고, 그림 5.19(b)와 같이 빈발 항목집합 경계선이 격자의 바닥 근처에 있는 경우다. *Apriori* 원리는 최대 빈발 항목집합들의 모든 부분집합들을 가지치기하는 데 적용할 수 있다. 구체적으로, 후보 k-항목집합이 최대 빈발인 경우, 크기 $k-1$의 부분집합들 중 어느 것도 조사할 필요가 없다. 그러나 만약 후보 k-항목집합이 빈발하지 않으면, 다음 반복에서 $k-1$ 부분집합들 모두를 검사할 필요가 있다. 또 다

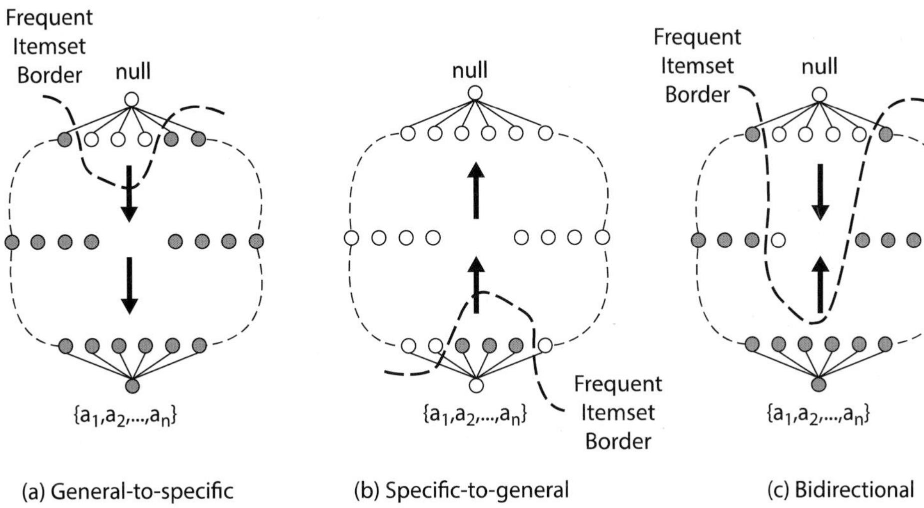

그림 5.19 일반–에서–세부, 세부–에서–일반 및 양방향 검색

른 접근법은 일반-에서-세부 검색 전략과 세부-에서-일반 검색 전략을 둘 다 결합하는 것이다. 이 양방향 접근법은 후보 항목집합들을 저장하는데 더 많은 공간이 필요하지만, 그림 5.19(c)에 표시된 배치가 주어지면 빈발 항목집합 경계선을 신속하게 발견하는 데 도움이 될 수 있다.

- **동치 클래스**: 순회를 계획하는 또 다른 방법은 먼저 격자를 분리된 노드 그룹들(또는 **동치 클래스** equivalence classes)로 분할하는 것이다. 빈발 항목집합 생성 알고리즘은 다른 동치 클래스로 이동하기 전에 먼저 특정 동치 클래스 내에서 빈발 항목집합들을 검색한다. 예를 들어, *Apriori* 알고리즘에서 사용된 레벨-별 전략은 항목집합 크기를 기준으로 격자를 분할하는 것으로 간주될 수 있다; 즉, 이 알고리즘은 더-큰-크기의 항목집합으로 진행하기 전에 모든 빈발 1-항목집합들을 먼저 발견한다. 동치 클래스는 항목집합의 접두사 또는 접미사 라벨(label)에 따라 정의할 수도 있다. 이 경우 만약 두 개의 항목집합이 길이 k개의 공통 접두사나 또는 접미사를 공유하면 동일한 동치 클래스에 속한다. 접두사-기반(prefix-based) 접근법에서, 알고리즘은 접두사 b, c 등으로 시작하는 빈발 항목집합을 찾기 전에 접두사 a로 시작하는 빈발 항목집합들을 검색할 수 있다. 접두사-기반 및 접미사-기반 동치 클래스는 둘 다 그림 5.20에 표시된 트리-같은(tree-like) 구조를 사용하여 설명될 수 있다.

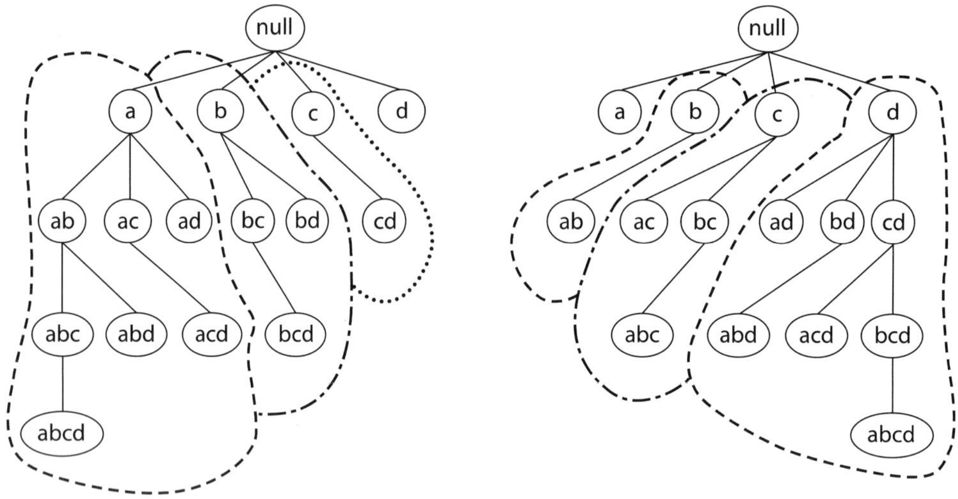

(a) Prefix tree (b) Suffix tree

그림 5.20 항목집합의 접두사와 접미사 라벨에 근거한 동치 클래스

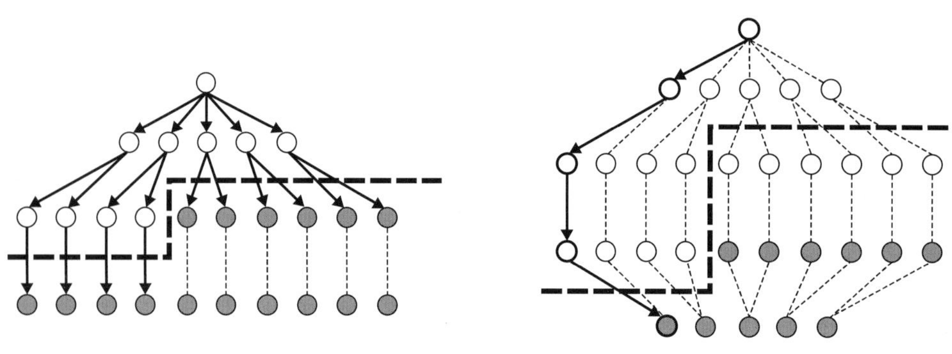

(a) Breadth first (b) Depth first

그림 5.21 너비–우선과 깊이–우선 순회

- **너비–우선 대 깊이–우선**: *Apriori* 알고리즘은 그림 5.21(a)에 표시된 것처럼 너비-우선(breadth-first) 방식으로 격자를 순회한다. 먼저 모든 빈발 1-항목집합들을 발견하고, 다음으로 빈발 2-항목집합들이 뒤따르고, 그리고 등등, 새로운 빈발 항목집합이 생성되지 않을 때까지 계속한다. 항목집합 격자는 그림 5.21(b)와 5.22에 표시된 것처럼 깊이-우선(depth-first) 방식으로 순회될 수도 있다. 알고리즘은 그림

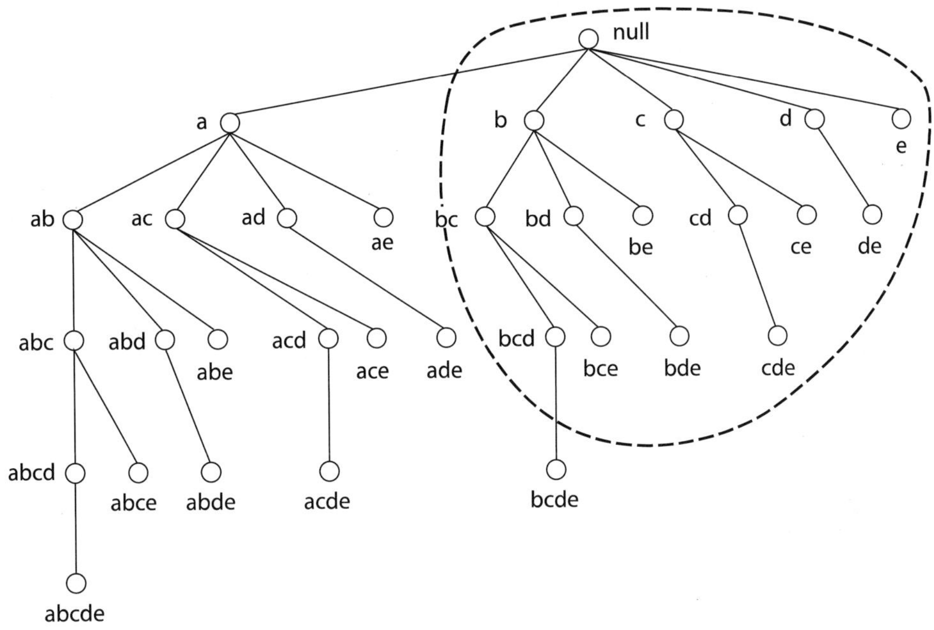

그림 5.22 깊이-우선 접근법을 사용하여 후보 항목집합 생성

5.22의 노드 a에서 시작하여 빈발한 지를 결정하기 위해 지지도를 계산할 수 있다. 만약 노드 a에서 시작하면, 알고리즘은 노드의 다음 레벨로 점진적으로 확장한다. 즉, ab, abc, 그리고 등등, 빈발하지 않은 노드인 $abcd$에 도착할 때까지 계속한다. 그런 다음 또 다른 가지(말하자면, $abce$)로 되돌아가서 거기에서부터 검색을 계속한다.

깊이-우선 접근법은 종종 최대 빈발 항목집합을 찾도록 설계된 알고리즘에 의해 사용된다. 이 접근법을 사용하면 너비-우선 접근법을 사용하는 것보다 빈발 항목집합 경계선을 더 빨리 탐지할 수 있다. 일단 최대 빈발 항목집합이 찾아지면, 그것의 부분집합에서 상당한 가지치기를 수행할 수 있다. 예를 들면, 만약 그림 5.22에 표시된 노드 $bcde$가 최대 빈발이면, 알고리즘은 bd, be, c, d, 그리고 e로 루트로 하는 서브트리를 방문하지 않아도 되는데, 왜냐하면 그것들은 어떤 최대 빈발 항목집합도 포함하지 않기 때문이다. 그러나, 만약 abc가 최대 빈발이면, ac 및 bc와 같은 노드들만 최대 빈발이 아니다(그러나 ac 및 bc의 서브트리에는 여전히 최대 빈발 항목집합이 포함될 수도 있다). 깊이-우선 접근법은 항목집합의 지지도에 근거하여 다른 종류의 가지치기를 허용한다. 예를 들면, $\{a, b, c\}$에 대한 지지도가

$\{a,b\}$에 대한 지지도와 동일하다고 가정하자. abd와 abe를 루트로 하는 서브트리들은 어떤 최대 빈발 항목집합을 가지지 않는 것으로 보장되므로 건너뛸 수 있다. 이것의 증명은 독자에게 연습문제로 남긴다.

트랜잭션 데이터 집합의 표현 트랜잭션 데이터 집합을 나타내는 여러 가지 방법이 있다. 표현의 선택은 후보 항목집합들의 지지도를 계산할 때 발생하는 I/O 비용에 영향을 줄 수 있다. 그림 5.23은 장바구니 트랜잭션을 표현하는 두 가지 방법을 보여준다. 왼쪽 표현은 **수평**(horizontal) 데이터 형식이라 부르고, 이것은 *Apriori*를 포함하여 많은 연관 규칙 탐사 알고리즘들에 의해 채택된다. 또 다른 가능성은 각 항목과 연관된 트랜잭션 식별자(ID: identifier)들의 목록(TID-list)을 저장하는 것이다. 이런 표현을 **수직**(vertical) 데이터 형식이라고 한다. 각 후보 항목집합에 대한 지지도는 그것의 부분집합 항목들의 TID-list들을 교집합하여 얻는다. TID-list의 길이는 더 큰 크기의 항목집합들로 진행함에 따라 줄어든다. 그러나 이 접근법의 한 가지 문제점은 TID-list들의 최초 집합이 너무 커서 메인 메모리에 맞지 않을 수 있으므로, TID-list들을 압축하기 위해 보다 정교한 기법이 필요하다는 것이다. 다음 절에서 데이터를 표현하는 또 다른 효과적인 접근법을 서술한다.

Horizontal Data Layout

TID	Items
1	a,b,e
2	b,c,d
3	c,e
4	a,c,d
5	a,b,c,d
6	a,e
7	a,b
8	a,b,c
9	a,c,d
10	b

Vertical Data Layout

a	b	c	d	e
1	1	2	2	1
4	2	3	4	3
5	5	4	5	6
6	7	8	9	
7	8	9		
8	10			
9				

그림 5.23 수평 및 수직 데이터 형식

5.6 FP-Growth 알고리즘*

이 절에서는 빈발 항목집합들을 발견하는 데 근본적으로 다른 접근법을 취하는 FP-growth라는 대체 알고리즘을 소개한다. 이 알고리즘은 *Apriori*의 생성-및-검사 전략에 동의하지 않는다. 대신 FP-트리(FP-tree)라고 하는 간결한 자료 구조를 사용하여 데이터 집합을 부호화하고 이 구조에서 직접 빈발 항목집합들을 추출한다. 이 접근법의 세부사항은 다음에 제시된다.

5.6.1 FP-트리 표현

FP-트리는 입력 데이터의 압축된 표현이다. 그것은 데이터 집합에서 한 번에 한 트랜잭션을 읽어서 각 트랜잭션을 FP-트리의 한 경로에 매핑(mapping)함으로써 구성된다. 서로 다른 트랜잭션들이 공통으로 여러 항목들을 포함할 수 있으므로 그것들의 경로들이 겹칠 수 있다. 경로들이 서로 겹칠수록 FP-트리 구조를 사용하여 더 많은 압축을 이룰 수 있다. 만약 FP-트리의 크기가 메인 메모리에 들어갈 만큼 작으면, 이것은 디스크에 저장된 데이터 전체를 읽는 반복된 패스들을 실행하는 대신 메모리에 있는 구조에서 직접 빈발 항목집합들을 추출할 수 있도록 해준다.

그림 5.24는 10개의 트랜잭션들과 5개의 항목들을 포함하는 데이터 집합을 보여준다. 처음 세 개의 트랜잭션들을 읽은 후 FP-트리의 구조가 또한 다이어그램에 그려져 있다. 트리의 각 노드는 지정된 경로에 매핑된 트랜잭션들의 수를 표시하는 카운터(counter)와 함께 항목 라벨을 포함한다. 처음에 FP-트리는 널(null) 기호로 표시되는 루트 노드만 포함한다. 그 후에 FP-트리는 다음과 같은 방식으로 확장된다:

1. 데이터 집합 전체를 한 번 읽어서 각 항목의 지지도 카운트를 결정한다. 빈발하지 않은 항목들은 버리지만, 빈발한 항목들은 데이터 집합의 각각의 트랜잭션 내에서 지지도 카운트의 내림차순으로 정렬된다. 그림 5.24에 표시된 데이터 집합에 대하여 a는 가장 빈발한 항목이고, b, c, d, 그리고 e가 뒤따른다.

2. 알고리즘은 FP-트리를 구성하기 위해 데이터 전체를 읽는 두 번째 패스를 실행한다. 첫 번째 트랜잭션 $\{a, b\}$를 읽은 후, a와 b로 라벨이 지정된 노드들이 만들어진다. 트랜잭션을 부호화하기 위해 경로가 null $\rightarrow a \rightarrow b$로 구성된다. 경로 상에

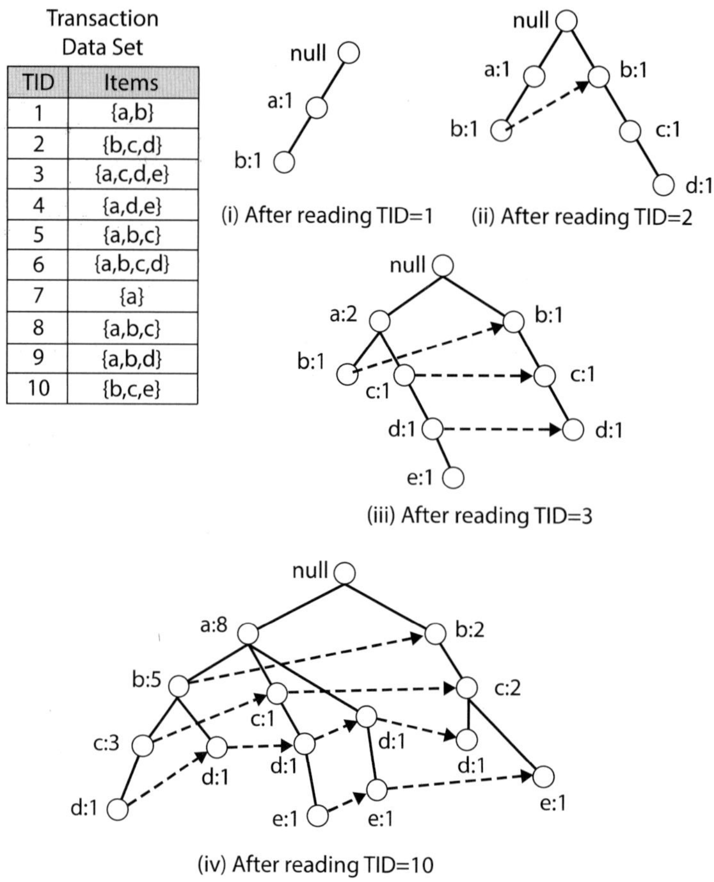

Transaction Data Set

TID	Items
1	{a,b}
2	{b,c,d}
3	{a,c,d,e}
4	{a,d,e}
5	{a,b,c}
6	{a,b,c,d}
7	{a}
8	{a,b,c}
9	{a,b,d}
10	{b,c,e}

그림 5.24　FP-트리의 구성

있는 각 노드의 지지도 카운트는 1이다.

3. 두 번째 트랜잭션 $\{b, c, d\}$를 읽은 후, 항목 b, c, 그리고 d에 대해 새로운 노드들의 집합이 만들어진다. 그런 다음 null $\to b \to c \to d$를 연결하여 트랜잭션을 나타내는 경로가 형성된다. 이 경로 상에 있는 각 노드는 또한 지지도 카운트가 1과 같다. 처음 두 트랜잭션들에는 공통 항목 b가 있지만, 두 트랜잭션들이 공통 접두사를 공유하지 않기 때문에 그것들의 경로들은 공통 항목을 갖지 않는다.

4. 세 번째 트랜잭션 $\{a, c, d, e\}$는 첫 번째 트랜잭션과 공통 접두사 항목 a를 공유한다. 결과적으로 세 번째 트랜잭션의 경로인 null $\to a \to c \to d \to e$는 첫 번째 트랜잭션의 경로인 null $\to a \to b$와 겹친다. 겹치는 경로로 인해 노드 a의 빈도수

카운트가 2로 증가하고, 새로 만들어진 노드 c, d 및 e의 빈도수 카운트는 1과 같다.

5. 이 프로세스는 각각의 트랜잭션이 FP-트리에 주어진 경로 중 하나로 매핑될 때 까지 계속된다. 모든 트랜잭션들을 읽은 후 결과 FP-트리는 그림 5.24의 맨 아래에 표시된다.

FP-트리의 크기는 일반적으로 압축되지 않은 데이터의 크기보다 더 작다. 장바구니 데이터에서 많은 트랜잭션들이 종종 몇 가지 항목들을 공유하기 때문이다. 모든 트랜잭션들에 동일한 항목들의 집합이 있는 최상의-경우 시나리오에서, FP-트리에는 노드들의 단일 가지만 포함된다. 최악의-경우 시나리오는 각각의 트랜잭션에 유일한 항목 집합이 있을 때 일어난다. 어떤 트랜잭션도 공통 항목을 갖지 않으므로 FP-트리의 크기는 원래의 데이터 크기와 사실상 동일하다. 그러나 FP-트리의 물리적 저장 공간 요구 사항은 각 항목의 카운터와 노드들 사이에 포인터를 저장하기 위한 추가 공간이 필요하기 때문에 더 높다.

FP-트리의 크기는 항목들의 순서가 매겨지는 방법에 따라 다르다. 지지도 카운트의 내림차순으로 항목들의 순서를 매기는 개념은 높은 지지도 항목들이 모든 경로들에서 더 자주 발생하고 따라서 가장 흔히 발생하는 접두사들로 사용되어져야 하는 가능성을 믿는다. 예를 들어, 만약 이전의 예제에서 순서 체계가 반대로 되었으면, 즉 가장 낮은 지지도 항목에서 가장 높은 지지도 항목으로, 결과 FP-트리는 그림 5.25에 표시된다. 루

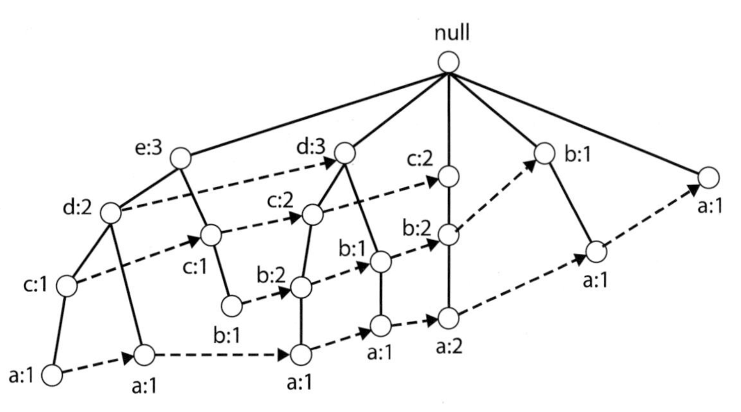

그림 5.25 다른 항목 순서 체계를 가지고 그림 5.24에서 표시된 데이터 집합에 대한 FP-트리 표현

트 노드의 분기 인자가 2에서 5로 증가하고 a와 b와 같이 높은 지지도 항목을 포함하는 노드들의 수가 3에서 12로 증가하였기 때문에 트리가 더 밀집하게 보인다. 그럼에도 불구하고, 순서를 지지도 카운트의 내림차순으로 매기는 것은 항상 가장 작은 트리로 만들지 않는다. 특히 높은 지지도 항목들이 다른 항목들과 함께 자주 발생하지 않는 경우에 더욱 그렇다. 예를 들면, 그림 5.24에 주어진 데이터 집합에 $\{e\}$를 포함하는 100개의 트랜잭션들, $\{d\}$를 포함하는 80개의 트랜잭션들, $\{c\}$를 포함하는 60개의 트랜잭션들, $\{b\}$를 포함하는 40개의 트랜잭션들을 증가시킨다고 가정하자. 항목 e는 이제 가장 빈발하고, d, c, b 및 a가 뒤따른다. 증가된 트랜잭션들에서, 순서를 지지도 카운트의 내림차순으로 매기는 것은 그림 5.25와 유사한 FP-트리를 얻게 되고, 반면에 지지도 카운트의 오름차순에 근거한 체계는 그림 5.24(iv)와 유사한 더 작은 FP-트리를 만든다.

FP-트리에는 동일한 항목을 가진 노드들을 연결하는 포인터들의 목록도 포함되어 있다. 그림 5.24와 5.25에서 점선으로 표시된 이러한 포인터들은 트리의 개별 항목들에 빠르게 접근할 수 있도록 도와준다. 다음 절에서 빈발 항목집합 생성을 위해 FP-트리와 해당 포인터를 사용하는 방법을 설명한다.

5.6.2 FP-Growth 알고리즘에서 빈발 항목집합 생성

FP-growth는 상향식으로 트리를 탐색하여 FP-트리에서 빈발 항목집합들을 생성하는 알고리즘이다. 그림 5.24에 나와 있는 예제 트리가 주어지면, 알고리즘은 먼저 e로 끝나는 빈발 항목집합들을 찾은 다음 d, c, b 및 마지막으로 a를 찾는다. 특정 항목으로 끝나는 빈발 항목집합을 찾기 위한 이 상향식 전략은 5.5절에 설명된 접미사-기반 접근법과 같다. 각각의 트랜잭션이 FP-트리의 한 경로로 매핑되므로, 노드 e를 포함하는 경로들만 검사하여 특정 항목 e로 끝나는 빈발 항목집합들을 유도할 수 있다. 이 경로들은 노드 e와 연관된 포인터들을 사용하여 빠르게 접근될 수 있다. 추출된 경로들은 그림 5.26(a)에 나와 있다. d, c, b 및 a로 끝나는 항목 집합들에 대한 유사한 경로들이 각각 그림 5.26(b), (c), (d) 및 (e)에 표시되어 있다.

FP-growth는 문제를 더 작은 부분문제들로 나누기 위해 분할-및-정복(divide-and-conquer) 전략을 사용하여 특정 접미사로 끝나는 모든 빈발 항목집합들을 찾는다. 예를 들어, e로 끝나는 모든 빈발 항목집합들을 찾는데 관심이 있다고 가정하자. 이렇게 하려면 먼저 항목집합 $\{e\}$ 자체가 빈발인지 확인해야 한다. 만약 빈발이면, de로 끝나는 빈

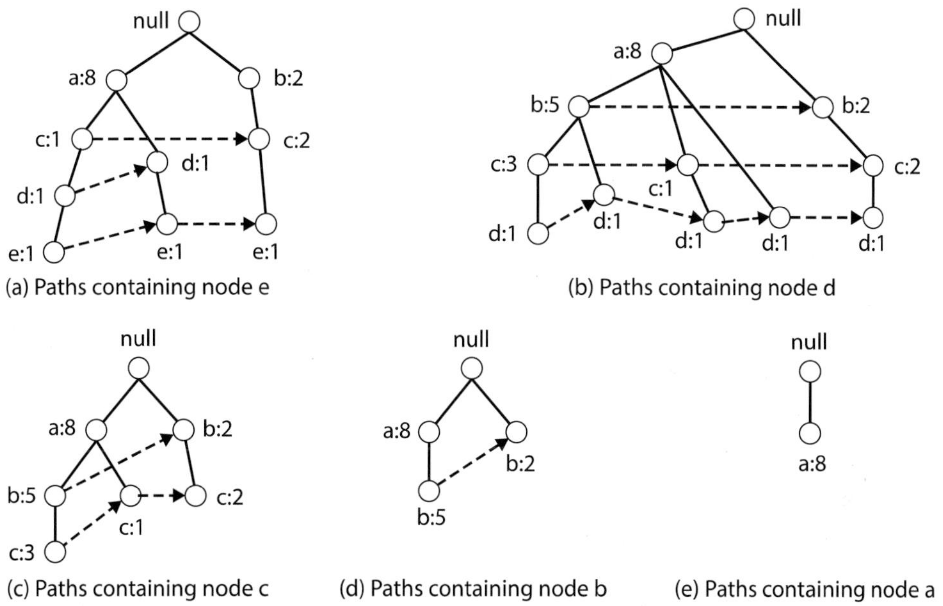

그림 5.26 빈발 항목집합 생성 문제를 다수의 부분문제들로 분해. 여기서 각 부분문제는 e, d, c, b 및 a로 끝나는 빈발 항목집합들을 찾는 것이다.

발 항목집합들을 찾는 부분문제를 고려하고, 그 다음에 ce, be, 그리고 ae가 뒤따른다. 차례로 이 부분문제들 각각은 더 작은 부분문제들로 더 분해된다. 부분문제들에서 얻은 해답들을 합병하면 e로 끝나는 모든 빈발 항목집합들을 찾을 수 있다. 마지막으로, 모든 빈발 항목집합들의 집합은 e, d, c, b, 그리고 a로 끝나는 빈발 항목집합들을 찾는 부분문제들의 해답을 합병함으로써 생성될 수 있다. 이 분할-및-정복 접근법은 FP-growth 알고리즘에서 사용하는 주요 전략이다.

부분문제를 해결하는 방법에 대한 보다 구체적인 예를 보려면, e로 끝나는 빈발 항목집합들을 찾는 과제를 고찰하자.

1. 첫 번째 단계는 노드 e를 포함하는 모든 경로들을 수집하는 것이다. 이 초기 경로들을 **접두사 경로들**(prefix paths)이라고 하며 그림 5.27(a)에 나와 있다.

2. 그림 5.27(a)에 표시된 접두사 경로들에서, e에 대한 지지도 카운트는 노드 e와 연관된 지지도 카운트들을 합해서 얻는다. 최소 지지도 카운트가 2라고 가정하면, $\{e\}$는 지지도 카운트가 3이므로 빈발 항목집합으로 선언된다.

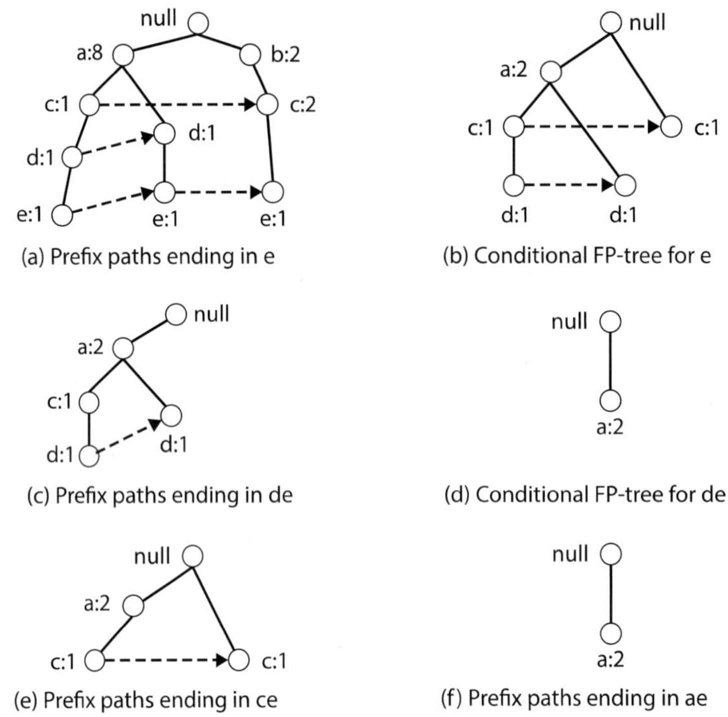

그림 5.27 FP-growth 알고리즘을 적용하여 e로 끝나는 빈발 항목집합들을 찾는 예

3. $\{e\}$가 빈발하기 때문에 알고리즘은 de, ce, be 및 ae로 끝나는 빈발 항목집합들을 찾는 부분문제를 해결해야 한다. 이러한 부분문제를 해결하기 전에, 먼저 접두사 경로들을 **조건부 FP-트리**(conditional FP-tree)로 변환해야 한다. 조건부 FP-트리는 구조적으로 FP-트리와 유사하지만 특정 접미사로 끝나는 빈발 항목집합들을 찾는 데 사용된다. 조건부 FP-트리는 다음과 같은 방법으로 얻는다:
   (a) 먼저, 접두사 경로들을 따라 지지도 카운트들의 일부에는 항목 e가 포함되지 않은 트랜잭션들을 포함하므로 지지도 카운트는 갱신되어야 한다. 예를 들어, 그림 5.27(a)에 표시된 가장 오른쪽 경로인 `null` → `b:2` → `c:2` → `e:1`는 항목 e를 포함하지 않는 트랜잭션 $\{b, c\}$를 포함한다. 따라서 접두사 경로를 따르는 카운트는 $\{b, c, e\}$를 포함하는 실제 트랜잭션들의 수를 반영하도록 1로 조정되어야 한다.
   (b) 접두사 경로들은 e에 대한 노드들을 제거하여 잘린다. 접두사 경로를 따라 지지도 카운트는 e를 포함하는 트랜잭션들만 반영하여 갱신되어야 하고 그리고

de, ce, be 및 ae로 끝나는 빈발 항목집합들을 찾는 부분문제는 더 이상 노드 e에 대한 정보를 필요로 하지 않기 때문에 이러한 노드들이 제거될 수 있다.

(c) 접두사 경로들을 따라 지지도 카운트를 갱신한 후, 일부 항목들이 더 이상 빈발하지 않을 수 있다. 예를 들어, 노드 b는 한번만 나타나고 지지도 카운트는 1과 같다. 즉 b와 e 양쪽을 포함하는 트랜잭션이 하나만 있음을 의미한다. be로 끝나는 모든 항목집합들이 빈발하지 않아야 하므로 항목 b는 후속 분석에서 안전하게 무시될 수 있다.

e에 대한 조건부 FP-트리는 그림 5.27(b)에 나와 있다. 빈도수 카운트가 갱신되었고 노드 b와 e가 제거되었기 때문에 그 트리는 원래 접두사 경로들과 다르게 보인다.

4. FP-growth는 e에 대한 조건부 FP-트리를 사용하여 de, ce 및 ae로 끝나는 빈발 항목집합들을 찾는 부분문제들을 해결한다. de로 끝나는 빈발 항목집합들을 찾기 위해, d에 대한 접두사 경로는 e의 조건부 FP-트리에서 수집한다(그림 5.27(c)). 노드 d와 연관된 빈도수 카운트들을 합해서 $\{d, e\}$에 대한 지지도 카운트를 얻는다. 지지도 카운트는 2이므로 $\{d, e\}$는 빈발 항목집합으로 선언된다. 다음으로, 알고리즘은 단계 3에서 서술된 접근법을 사용하여 de에 대한 조건부 FP-트리를 구성한다. 지지도 카운트를 갱신하고 빈발하지 않은 항목 c를 제거한 후, de에 대한 조건부 FP-트리가 그림 5.27(d)에 표시된다. 조건부 FP-트리에는 지지도가 $minsup$과 같은 하나의 항목 a만 포함되므로, 알고리즘은 빈발 항목집합 $\{a, d, e\}$를 추출하고 다음 부분문제로 이동한다. 다음 부분문제는 ce로 끝나는 빈발 항목집합들을 생성하는 것이다. c에 대한 접두사 경로들을 처리한 후에, $\{c, e\}$가 빈발한 것으로 찾는다. 그러나 ce에 대한 조건부 FP-tree에는 빈발 항목이 없으므로 제거된다. 알고리즘은 다음 부분문제를 해결하기 위해 진행하고 $\{a, e\}$가 유일하게 남아있는 빈발 항목집합임을 찾는다.

이 예제는 FP-growth 알고리즘에서 사용되는 분할-및-정복 접근법을 설명한다. 각 재귀 단계에서, 접두사 경로들을 따라 빈도수 카운트를 갱신하고 모든 빈발하지 않는 항목들을 제거하여 조건부 FP-트리가 구성된다. 부분문제들이 공통 요소를 갖지 않기 때문에, FP-growth는 어떤 중복된 항목집합도 생성하지 않는다. 또한 노드와 연관된 카운트를 통해 알고리즘은 공통 접미사 항목집합을 생성하는 동안 지지도 계산을 수행할 수 있다.

FP-growth는 트랜잭션 데이터 집합의 간결한 표현이 빈발 항목집합들을 효율적으로 생성하는데 어떻게 도움이 되는지 보여주기 때문에 흥미로운 알고리즘이다. 또한 특정 트랜잭션 데이터 집합에 대해 FP-growth가 표준 *Apriori* 알고리즘보다 여러 크기의 차수들(orders of magnitude) 만큼 성능이 우수하다. FP-growth의 실행-시간 성능은 데이터 집합의 **압축 인자**(compaction factor)에 따라 다르다. 만약 결과 조건부 FP-트리들이 너무 깊이가 작은 트리들이면(최악의 경우, 완전 접두사 트리), 알고리즘은 많은 수의 부분문제들을 생성하고 각 부분문제에 의하여 반환되는 결과들을 합병해야 하기 때문에 성능이 크게 저하된다.

5.7 연관 패턴의 평가

Apriori 원리는 후보 항목집합들의 기하급수적인 검색 영역을 크게 줄이지만, 연관 분석 알고리즘은 여전히 많은 패턴들을 생성할 가능성이 있다. 예를 들어, 표 5.1에 표시된 데이터 집합에는 6개의 항목들만 포함되어 있지만, 특정 지지도와 신뢰도 임계값에서 수백 개의 연관 규칙들을 생성할 수 있다. 실제 상업 데이터베이스의 크기와 차원이 매우 커질 수 있으므로, 쉽게 수천 개 또는 수백만 개의 패턴들에 이를 수도 있고, 이것들의 대다수는 흥미롭지 않을 것이다. "한 사람의 쓰레기가 다른 사람의 보물일 수 있다"는 것 때문에 가능한 모든 패턴들의 다수에서 가장 흥미로운 패턴을 식별하는 것은 사소한 과제가 아니다. 따라서 연관 패턴의 품질을 평가하기 위해 철저히-인정되는 기준들의 집합을 설정하는 것이 중요하다.

기준들의 첫 번째 집합은 데이터-주도적인 접근법을 통해 설정될 수 있는 **객관적 흥미도 척도들**(objective interestingness measures)을 정의할 수 있다. 이러한 척도들은 패턴(항목집합 또는 규칙)의 순위를 지정하는 데 사용될 수 있으므로 데이터 집합에서 발견되는 거대한 수의 패턴들을 처리하는 간단한 방법을 제공한다. 척도들 중 일부는 통계 정보를 제공할 수도 있다. 예를 들어, 관련이 없는 항목들의 집합을 포함하거나 매우 적은 트랜잭션들을 다루는 항목집합들은 데이터에서 가짜 관계를 포착할 수도 있어서 제거되어야 하기 때문에 흥미롭지 않은 것으로 간주된다. 객관적 흥미도 척도의 예로는 지지도, 신뢰도 및 상관관계가 있다.

기준들의 두 번째 집합은 주관적인 주장을 통해 설정될 수 있다. 패턴이 데이터에 대한 예상하지 못한 정보를 드러내거나 또는 수익성이 있는 행동으로 이어질 수 있는 유용한 지식을 제공하지 않는 한 그것은 주관적으로 흥미롭지 않는 것으로 간주된다. 예를 들어 규칙이 나타내는 관계가 상당히 분명해 보일 수 있기 때문에 높은 지지도와 신뢰도 값에도 불구하고 규칙 $\{Butter\} \rightarrow \{Bread\}$는 흥미롭지 않을 수 있다. 반면, 관계가 전혀 예상하지 못한 것이고 소매업자에게 새로운 교차-판매 기회를 제안할 수도 있기 때문에 규칙 $\{Diapers\} \rightarrow \{Beer\}$는 흥미롭다. 주관적인 지식을 패턴 평가에 통합하는 것은 도메인 전문가로부터 상당한 양의 사전 정보가 필요하기 때문에 어려운 과제이다. 주관적 흥미도 척도에 관심이 있는 독자는 이 장의 끝 부분에 있는 참고문헌에 나열된 자료를 참조할 수 있다.

5.7.1 흥미도의 객관적 척도

객관적 척도는 연관 패턴의 품질을 평가하기 위한 데이터-주도적인 접근법이다. 그것은 도메인-독립적이며 오직 저-품질 패턴을 여과하기 위하여 사용자가 임계값을 지정하는 것을 요구한다. 객관적 척도는 보통 **분할표(contingency table)**에 표로 만들어진 빈도수 카운트들을 기반으로 계산된다. 표 5.6에서는 한 쌍의 이진 변수 A와 B에 대한 분할표의 예를 보여준다. $\overline{A}\,(\overline{B})$ 표기법을 사용하여 $A\,(B)$가 트랜잭션에 없음을 나타낸다. 이 2×2 표의 각 항목 f_{ij}는 빈도수 카운트를 나타낸다. 예를 들어, f_{11}은 A와 B가 같은 트랜잭션에 함께 나타나는 횟수이고, f_{01}은 B를 포함하지만 A를 포함하지 않는 트랜잭션들의 개수이다. 행 합계 f_{1+}는 A에 대한 지지도 카운트를 나타내고, 열 합계 f_{+1}은 B에 대한 지지도 카운트를 나타낸다. 마지막으로, 우리의 논의에서 주로 비대칭 이진 변수에 중점을 두더라도, 분할표는 대칭 이진, 명목형 및 서열형 변수들과 같은 다른 속성 유형들에도 적용될 수 있다.

표 5.6 변수 A와 B에 대한 2-원 분할표

	B	$\overline{B}$	
A	f_{11}	f_{10}	f_{1+}
$\overline{A}$	f_{01}	f_{00}	f_{0+}
	f_{+1}	f_{+0}	N

지지도-신뢰도 체계의 한계 전통적인 연관 규칙 탐사 형식화는 흥미롭지 않은 패턴을 제거하기 위해 지지도와 신뢰도 척도에 의존한다. 5.8절에 더 자세히 설명되어있는 지지도의 단점은 낮은 지지도 항목을 포함하면서 잠재적으로 흥미로운 많은 패턴들이 지지도 임계값에 의해 제거될 수도 있다는 것이다. 신뢰도의 단점은 더 파악하기 어려워서 다음 예제로 가장 잘 설명된다.

예제 5.3

차와 커피를 마시는 사람들 사이의 관계를 분석하는데 관심이 있다고 가정하자. 우리는 한 그룹의 사람들 사이에서 음료 선호도에 대한 정보를 수집하고 그들의 반응을 표 5.7에 표시된 것과 같은 분할표로 요약할 수 있다.

이 표에 제공된 정보를 사용하여 연관 규칙 $\{Tea\} \rightarrow \{Coffee\}$를 평가할 수 있다. 언뜻 보면, 규칙의 지지도(15%)와 신뢰도(75%) 값이 상당히 높기 때문에 그 규칙은 차를 마시는 사람들은 또한 커피를 마시는 경향이 있는 것으로 나타날 수 있다. 차를 마시는지 여부에 관계없이 커피 음용자의 비율이 80%인 반면 차 음용자 중 커피 음용자의 비율이 단지 75%라는 것을 제외하고는 이 주장이 받아들여졌을 것이다. 따라서 한 사람이 차 음용자임을 알면 커피 음용자일 확률이 실제로 80%에서 75%로 감소한다! 그러므로 규칙 $\{Tea\} \rightarrow \{Coffee\}$는 높은 신뢰도 값에도 불구하고 오해시키고 있다.

이제 차를 마시는 사람들과 음료에 꿀을 사용하는 사람들 사이의 관계를 분석하는 데 관심이 있는 비슷한 문제를 생각해보자. 표 5.8은 차를 마시고 꿀을 사용하는 것에 대한 선호도에 대해 동일한 그룹의 사람들에 대해 수집된 정보를 요약한다. 만약 이 정보를 사용하여 연관 규칙 $\{Tea\} \rightarrow \{Honey\}$를 평가하면, 이 규칙의 신뢰도는 50%에 불과하며 신뢰도 값에 대한 합리적인 임계값을 사용하여 쉽게 거부될 수 있다(예 : 70%). 따라서 차를 마시는 사람의 선호도가 꿀 사용에 대한 선호도에 영향을 미치지 않는다고

표 5.7 1000명의 한 그룹에서 음료 선호도

	$Coffee$	$\overline{Coffee}$	
Tea	150	50	200
$\overline{Tea}$	650	150	800
	800	200	1000

표 5.8 차를 마시는 사람들과 음료에 꿀을 사용하는 사람들에 관한 정보

	$Honey$	$\overline{Honey}$	
Tea	100	100	200
$\overline{Tea}$	20	780	800
	120	880	1000

생각할 수도 있다. 그러나 차를 마실 지 여부에 관계없이 꿀을 사용하는 사람들의 비율은 12%에 불과하다. 따라서 사람이 차를 마신다는 사실을 알면 꿀을 사용할 확률이 12%에서 50%로 두드러지게 증가한다. 또한 차를 마시지 않는 사람들 중 꿀을 사용하는 사람들의 비율은 2.5%에 불과하다! 이것은 차를 마신다는 조건에서 꿀을 사용하는 사람의 선호에 대한 정보가 분명히 있음을 제시한다. 따라서 만약 신뢰도가 평가 척도로 사용되면 규칙 $\{Tea\} \rightarrow \{Honey\}$가 잘못 거부될 수 있다. ■

만약 커피 음용자들의 지지도를 고려한다면, 커피 음용자들의 전체 수 자체가 아주 크므로 우리는 차를 마시는 사람들의 다수가 커피도 마시는 것을 발견하고서 놀라지 않을 것이다. 더욱 놀라운 것은 차 음용자들 중에서 커피를 마시는 사람들의 비율이 커피를 마시는 사람들의 전체 비율보다 실제로 적은 것이다. 이것은 차 음용자들과 커피 음용자들 사이에 반비례 관계를 가리킨다. 마찬가지로, 만약 꿀 사용에 대한 지지도가 본질적으로 작다는 사실을 감안하면, 차 음용자들 중 꿀을 사용하는 비율이 자연적으로 작다는 것을 쉽게 이해할 수 있다. 대신, 차를 마신 정보가 주어지면, 꿀 사용자의 비율 변화가 측정해야 될 중요한 것이다.

신뢰도 척도의 한계는 잘 알려져 있으며 다음과 같이 통계적 관점에서 이해할 수 있다. 변수의 지지도는 발생 확률을 측정하는 반면, 한 쌍의 변수 A와 B의 지지도인 $s(A, B)$는 두 변수가 함께 발생하는 확률을 측정한다. 그러므로 결합 확률 $P(A, B)$는 아래와 같이 쓸 수 있다:

$$P(A, B) = s(A, B) = \frac{f_{11}}{N}.$$

만약 A와 B가 통계적으로 독립이라고 가정하면, 즉 A와 B의 발생 사이에 관계가 없으면 $P(A, B) = P(A) \times P(B)$이다. 따라서 A와 B 사이의 통계적 독립성을 가정하면,

A와 B의 지지도 $s_{\text{indep}}(A, B)$를 아래와 같이 쓸 수 있다:

$$s_{\text{indep}}(A, B) = s(A) \times s(B) \text{ 또는 동등하게, } s_{\text{indep}}(A, B) = \frac{f_{1+}}{N} \times \frac{f_{+1}}{N}. \tag{5.4}$$

만약 두 변수 사이의 지지도인 $s(A, B)$가 $s_{\text{indep}}(A, B)$와 같으면, A와 B는 서로 관련이 없는 것으로 간주될 수 있다. 그러나 만약 $s(A, B)$가 $s_{\text{indep}}(A, B)$와 크게 다르면, A와 B가 필시 종속적이다. 따라서 $s(A) \times s(B)$에서 $s(A, B)$의 편차는 A와 B 사이의 통계적 관계를 나타내는 것으로 볼 수 있다. 신뢰도 척도는 $s(A) \times s(B)$에서가 아닌 $s(A)$에서 $s(A, B)$의 편차만 고려하기 때문에 후건인 $s(B)$의 지지도를 설명하지 못한다. 이로 인해 이전 예와 같이 가짜 패턴(예: $\{Tea\} \rightarrow \{Coffee\}$)이 감지되고 실제로 흥미로운 패턴(예: $\{Tea\} \rightarrow \{Honey\}$)이 거부된다.

$s_{\text{indep}}(A, B)$에서 $s(A, B)$의 편차를 포착하기 위해 다양한 객관적인 척도들이 사용되고 있다. 이 척도들은 신뢰도 척도의 한계에 영향을 받지 않는다. 아래에서는 이러한 척도들 중 일부에 대해 간략하게 설명하고 척도의 성질들 중 일부에 대해 설명한다.

관심도(Interest Factor) 상승(lift)이라고도 불리는 **관심도**는 다음과 같이 정의된다:

$$I(A, B) = \frac{s(A, B)}{s(A) \times s(B)} = \frac{Nf_{11}}{f_{1+}f_{+1}}. \tag{5.5}$$

$s(A) \times s(B) = s_{\text{indep}}(A, B)$인 것에 유의하라. 따라서 관심도는 통계적 독립 가정 하에서 계산된 기준 지지도 $s_{\text{indep}}(A, B)$에 대한 패턴 $s(A, B)$의 지지도의 비율을 측정한다. 식 (5.5)와 (5.4)를 사용하여 척도를 다음과 같이 해석할 수 있다.

$$I(A, B) \begin{cases} = 1, & \text{if } A \text{ and } B \text{ are independent;} \\ > 1, & \text{if } A \text{ and } B \text{ are positively independent;} \\ < 1, & \text{if } A \text{ and } B \text{ are negatively independent.} \end{cases} \tag{5.6}$$

표 5.7에 표시된 차-커피 예에서, $I = \frac{0.15}{0.2 \times 0.8} = 0.9375$이므로 차 음용자들과 커피 음용자들 사이에 약간의 음의 관계를 나타낸다. 또한 표 5.8에 나와 있는 차-꿀 예의 경우 $I = \frac{0.1}{0.12 \times 0.2} = 4.1667$로 차를 마시는 사람들과 음료에 꿀을 사용하는 사람들 사이에 강한 양의 관계를 나타낸다. 따라서 관심도가 차-커피 및 차-꿀 예에서 의미 있는 패턴을

감지할 수 있음을 알 수 있다. 실제로, 관심도는 신뢰도 척도에 비해 여러 통계적 이점들이 있으므로 변수들 사이의 통계적 독립성을 분석하기에 적합한 척도가 된다.

Piatesky-Shapiro(PS) 척도 $s(A, B)$와 $s_{\text{indep}}(A, B)=s(A)\times s(B)$ 사이의 비율을 계산하는 대신, 다음과 같이 PS 척도는 $s(A, B)$와 $s(A)\times s(B)$ 사이의 차이를 고려한다.

$$PS = s(A, B) - s(A)\times s(B) = \frac{f_{11}}{N} - \frac{f_{1+}f_{+1}}{N^2}. \tag{5.7}$$

A와 B가 서로 독립적인 경우 PS 값은 0이다. 그렇지 않으면, 두 변수 사이에 양의 관계가 있으면 $PS>0$, 음의 관계가 있으면 $PS<0$이다.

상관관계 분석 상관관계(correlation) 분석은 한 쌍의 변수들 사이의 관계를 분석하는 데 가장 널리 사용되는 기법들 중 하나이다. 연속 변수의 경우, 상관관계는 Pearson의 상관관계 계수를 사용하여 정의된다(식 (2.10)을 참조). 이진 변수의 경우, 상관계수는 ϕ-계수를 사용하여 측정될 수 있고, 이것은 다음과 같이 정의된다:

$$\phi = \frac{f_{11}f_{00} - f_{01}f_{10}}{\sqrt{f_{1+}f_{+1}f_{0+}f_{+0}}}. \tag{5.8}$$

만약 5.8에서 항들을 재정렬하면, ϕ-계수는 다음과 같이 A, B 및 $\{A, B\}$의 지지도 척도들로 다시 작성될 수 있음을 알 수 있다:

$$\phi = \frac{s(A, B) - s(A)\times s(B)}{\sqrt{s(A)\times(1-s(A))\times s(B)\times(1-s(B))}}. \tag{5.9}$$

위 식의 분자는 PS 척도와 동일하다. 따라서, ϕ-계수는 PS 척도의 정규화된 버전으로 이해될 수 있으며, ϕ-계수의 값은 −1에서 +1 사이이다. 통계적 관점에서, 상관관계는 $s(A, B)$와 $s_{\text{indep}}(A, B)$ 사이의 정규화된 차이를 포착한다. 상관관계 값 0은 관계가 없음을 의미하고, +1 값은 완전한 양의 관계를 나타내고 −1 값은 완전한 음의 관계를 나타낸다. 상관관계 척도는 통계적 의미를 가지므로 변수들 사이의 통계적 독립성의 강도를 평가하는 데 널리 사용된다. 예를 들어, 표 5.7에서 차와 커피를 마시는 사람들 사이의 상관관계는 −0.0625로 0보다 약간 작다. 반면, 표 5.8에서 차를 마시는 사람들과 꿀을 사용하는 사람들 사이의 상관관계는 0.5847로 양의 관계를 나타낸다.

IS 척도 *IS*는 $s(A, B)$와 $s(A) \times s(B)$ 사이의 관계를 포착하기 위한 대체 척도이다. *IS* 척도는 다음과 같이 정의된다:

$$IS(A, B) = \sqrt{I(A, B) \times s(A, B)} = \frac{s(A, B)}{\sqrt{s(A)s(B)}} = \frac{f_{11}}{\sqrt{f_{1+}f_{+1}}}. \qquad (5.10)$$

*IS*의 정의는 관심도와 매우 유사해 보이지만 일부의 흥미로운 차이점들이 있다. *IS*는 패턴의 관심도와 지지도 사이의 기하 평균(geometric mean)이므로, 관심도와 지지도가 둘 다 클 때 *IS*가 크다. 따라서 만약 두 패턴들의 관심도가 동일하면, *IS*는 더 높은 지지도를 갖는 패턴을 선택하는 것을 선호한다. *IS*가 이진 변수에 대한 코사인 척도(cosine measure)와 수학적으로 동일함을 보여줄 수도 있다(식 (2.6) 참조). 따라서 *IS* 값은 0에서 1까지 변화하고, 여기서 *IS* 값 0은 두 변수들의 동시 발생이 아닌 것에 해당하는 반면, *IS* 값 1은 두 변수들이 정확히 동일한 트랜잭션들에서 발생하므로 완벽한 관계를 나타낸다. 표 5.7에 표시된 차-커피 예에서 *IS*의 값은 0.375와 같고, 표 5.8의 차-꿀 예에 대한 *IS*의 값은 0.6455이다. 따라서 *IS* 척도는 $\{Tea\} \rightarrow \{Coffee\}$ 규칙보다 $\{Tea\} \rightarrow \{Honey\}$ 규칙에 더 높은 값을 제공하며, 이는 두 규칙에 대한 우리의 이해와 일치한다.

대안적인 객관적 흥미도 척도

이전 절에서 정의된 모든 척도들은 서로 다른 기법을 사용하여 $s(A, B)$와 $s_{\text{indep}}(A, B) = s(A) \times s(B)$ 사이의 편차를 포착한다. 일부 척도들은 $s(A, B)$와 $s_{\text{indep}}(A, B)$ 사이의 비율을 사용하는(예 : 관심도와 *IS*) 반면, 일부 척도들은 두 개 사이의 차이를 고려한다(예: *PS*와 ϕ-계수). 일부 척도들은 특정 범위로 제한되는(예: *IS*와 ϕ-계수) 반면, 다른 것들은 제한이 없으며 정의된 최댓값 또는 최솟값이 없다(예: 관심도). 그러한 차이점들 때문에, 이런 척도들은 다른 유형의 패턴들에 적용될 때 다르게 작동한다. 실제로, 위에서 정의된 척도들은 총망라한 것이 아니고 이진 변수 쌍들 사이의 관계의 다른 성질들을 포착하기 위한 많은 대안적인 척도들이 존재한다. 표 5.9는 2×2 분할표의 빈도수 카운트들로 이런 척도들 중 일부에 대한 정의를 제공한다.

표 5.9 항목집합 $\{A, B\}$에 대한 객관적인 척도들의 예

Measure (Symbol)	Definition
Correlation(ϕ)	$\dfrac{Nf_{11}-f_{1+}f_{+1}}{\sqrt{f_{1+}f_{+1}f_{0+}f_{+0}}}$
Odds ratio(α)	$(f_{11}f_{00})/(f_{10}f_{01})$
Kappa(κ)	$\dfrac{Nf_{11}+Nf_{00}-f_{1+}f_{+1}-f_{0+}f_{+0}}{N^2-f_{1+}f_{+1}-f_{0+}f_{+0}}$
Interest(I)	$(Nf_{11})/(f_{1+}f_{+1})$
Cosine(IS)	$(f_{11})/(\sqrt{f_{1+}f_{+1}})$
Piatetsky-Shapiro(PS)	$\dfrac{f_{11}}{N}-\dfrac{f_{1+}f_{+1}}{N^2}$
Collective strength(S)	$\dfrac{f_{11}+f_{00}}{f_{1+}f_{+1}+f_{0+}f_{+0}}\times\dfrac{N-f_{1+}f_{+1}-f_{0+}f_{+0}}{N-f_{11}-f_{00}}$
Jaccard(ξ)	$f_{11}/(f_{1+}+f_{+1}-f_{11})$
All-confidence(h)	$\min\left[\dfrac{f_{11}}{f_{1+}},\dfrac{f_{11}}{f_{+1}}\right]$

객관적 척도들 사이의 일관성

이용할 수 있는 다양한 척도들이 주어지면, 척도들이 하나의 연관 패턴들의 집합에 적용하면 비슷한 순서를 갖는 결과들을 산출할 수 있는지 여부를 질문하는 것은 합리적이다. 만약 척도들이 일관성이 있으면, 평가 측정법으로 그들 중 어떤 것이라도 선택할 수 있다. 그렇지 않으면, 특정 유형의 패턴들을 분석하는 데 더 적합한 척도를 결정하기 위해 척도들의 차이점들이 무엇인지를 이해하는 것은 중요하다.

표 5.9에 정의된 척도들이 표 5.10에 표시된 10개의 분할표들에 순위를 정하기 위해 적용되었다고 가정하자. 이런 분할표들은 기존 척도들의 차이점을 설명하기 위해 선택된다. 이런 척도들에 의해 산출된 순서는 표 5.11에 나와 있다(1이 가장 흥미롭고 10이 가장 흥미롭지 않은 표를 가진). 일부 척도들은 서로 일치하는 것처럼 보이지만, 다른 척도들은 상당히 다른 순서 결과를 산출한다. 예를 들어, ϕ-계수에 의해 주어진 순위들은 κ 및 collective strength(S)에 의해 제공된 것과 대부분 일치하지만, 관심도(I)에 의해 생성된 순위와는 상당히 다르다. 또한 E_{10}과 같은 분할표는 ϕ-계수에 의하면 가장 낮은 순위지만 관심도에 의하면 가장 높은 순위이다.

표 5.10 분할표들의 예

Example	f_{11}	f_{10}	f_{01}	f_{00}
E_1	8123	83	424	1370
E_2	8330	2	622	1046
E_3	3954	3080	5	2961
E_4	2886	1363	1320	4431
E_5	1500	2000	500	6000
E_6	4000	2000	1000	3000
E_7	9481	298	127	94
E_8	4000	2000	2000	2000
E_9	7450	2483	4	63
E_{10}	61	2483	4	7452

객관적 척도의 성질

표 5.11에 표시된 결과는 척도들이 서로 크게 다르며 패턴의 품질에 대한 상충되는 정보를 제공할 수 있음을 나타낸다. 실제로 모든 응용 분야들에 보편적으로 가장 적합한 척도는 없다. 다음에서는 척도들이 특정 응용 분야에 적합한지를 결정하는 데 중요 역할을 하는 척도들의 일부 성질들을 설명한다.

표 5.11 표 5.9에 제시된 척도들을 사용한 분할표들의 순위

	ϕ	α	κ	I	IS	PS	S	ξ	h
E_1	1	3	1	6	2	2	1	2	2
E_2	2	1	2	7	3	5	2	3	3
E_3	3	2	4	4	5	1	3	6	8
E_4	4	8	3	3	7	3	4	7	5
E_5	5	7	6	2	9	6	6	9	9
E_6	6	9	5	5	6	4	5	5	7
E_7	7	6	7	9	1	8	7	1	1
E_8	8	10	8	8	8	7	8	8	7
E_9	9	4	9	10	4	9	9	4	4
E_{10}	10	5	10	1	10	10	10	10	10

반전 성질(Inversion Property) 그림 5.28에서 표시된 이진 벡터(vector)를 고려해 보자. 각 열 벡터의 0/1 값은 트랜잭션(행)에 특정 항목(열)이 포함되어 있는지 여부를 나타낸다. 예를 들어, 벡터 A는 항목이 첫 번째와 마지막 트랜잭션에 나타내는 것을 표시하고, 벡터 B는 항목이 다섯 번째 트랜잭션에만 포함되어 있음을 표시한다. 벡터 $\overline{A}$와 $\overline{B}$는 A와 B의 반전된 버전이다. 즉, 그들의 값 1은 값 0으로 변하고(부재에서 존재로) 그 반대의 경우도 마찬가지이다. 이 변환을 이진 벡터에 적용하는 것은 **반전(inversion)**이라고 한다. 만약 척도가 반전 연산에서 불변이면, 벡터 쌍 $\{\overline{A}, \overline{B}\}$에 대한 척도값이 $\{A, B\}$에 대한 척도값과 같아야 한다. 척도의 반전 성질은 다음과 같이 검증될 수 있다.

정의 5.6 **반전 성질** 만약 빈도수 카운트 f_{11}과 f_{00}를 교환하고 f_{10}과 f_{01}을 교환할 때 객관적 척도 M의 값이 동일하게 남아있으면 M은 반전 연산에서 불변이다.

반전 성질에서 불변인 척도에는 상관관계(ϕ-계수), 오즈비(odds ratio), κ, 그리고 collective strength가 포함된다. 이러한 척도들은 변수의 존재(1)가 부재(0)와 마찬가지로 중요한 시나리오에서 특히 유용하다. 예를 들어, 만약 0(참)과 1(거짓)이 똑같이 의미가 있는 일련의 참/거짓 질문에 대한 답들의 두 집합을 비교하면, 0−0과 1−1의 발생에 동일한 중요성을 부여하는 척도를 사용해야 한다. 그림 5.28에 표시된 벡터의 경우, ϕ-계수는 쌍 $\{A, B\}$ 또는 쌍 $\{\overline{A}, \overline{B}\}$에 관계없이 −0.1667과 같다. 마찬가지로, 양쪽 벡터 쌍에 대한 오즈비는 상수 값 0과 같다. 비록 ϕ-계수와 오즈비가 반전에서 불변이라도 나중에 표시되는 것처럼 여전히 다른 결과를 보여줄 수 있다.

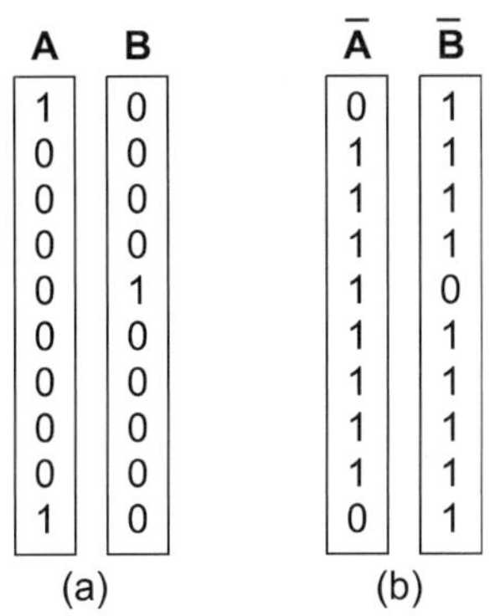

그림 5.28 반전 연산의 영향. 벡터 $\overline{A}$와 $\overline{B}$는 각각 벡터 A와 B의 반전이다.

반전 연산에서 불변으로 남아있지 않는 척도에는 관심도와 IS 척도가 포함된다. 예를 들어, 그림 5.28에서 쌍 $\{\overline{A}, \overline{B}\}$의 IS 값은 0.825이며, 이것은 $\overline{A}$와 $\overline{B}$에서 1이 자주 함께 발생한다는 사실을 반영한다. 그러나 반전 쌍 $\{A, B\}$의 IS 값은 0과 같고, 이것은 A와 B는 1의 어떤 동시 발생도 없기 때문이다. 문서에서 단어의 발생과 같은 비대칭 이진 변수의 경우, 이것은 실제로 원하는 성질이다. 비대칭 변수들 사이의 바람직한 유사성 척도는 반전에 불변이지 않아야 한다. 이런 변수들에 대해, 변수의 부재보다 오히려 변수의 존재에 근거한 관계를 포착하는 것이 더 의미가 있기 때문이다. 반면에 만약에 0과 1 사이의 관계가 똑같이 의미가 있는 대칭 이진 변수들을 처리한다면, 선택한 척도가 반전에서 불변임을 보장하도록 주의해야 한다.

비록 관심도와 IS의 값들은 반전 연산에 따라 변하지만, 그것들은 여전히 서로 일치하지 않을 수 있다. 이를 설명하기 위해 두 변수 쌍 $\{p, q\}$와 $\{r,s\}$에 대한 분할표를 표시하는 표 5.12를 고려하자. r과 s는 각각 p와 q의 반전 변환이며, 0과 1의 역할이 역전되었다. $\{p, q\}$에 대한 관심도는 1.02이고 $\{r, s\}$에 대한 관심도는 4.08이다. 즉, 관심도는 원래 쌍 $\{p, q\}$보다 반전 된 쌍 $\{r, s\}$를 더 많이 관련이 있는 것으로 찾는다. 반대로 IS 값은 반전에서 $\{p, q\}$의 0.9346에서 $\{r, s\}$의 0.286으로 감소함에 따라, 관심도의 값과 아주 반대되는 경향을 나타낸다. 이런 척도들이 이 예제에서 서로 상충하더라도, 그것들이 다른 응용 분야들에서 척도의 올바른 선택일 수도 있다.

비례 성질(Scaling Property) 표 5.13은 특정 강좌에 등록한 학생들이 성취한 성적과 성별에 대한 두 개의 분할표들을 보여준다. 이 표들은 강좌에서 성별과 성적 사이의 관계를 연구하는 데 사용될 수 있다. 두 번째 분할표에는 동일한 모집단에서 가져온 데이터가 있지만 남성이 두 배 많이 있고 여성이 세 배 많이 있다. 실제 남성들 또는 여성들의 수는 연구에 이용 가능한 샘플에 따라 달라질 수 있지만, 성별과 성적 사이의 관계는 샘

표 5.12 쌍 $\{p, q\}$와 $\{r, s\}$에 대한 분할표

	p	$\overline{p}$	
q	880	50	930
$\overline{q}$	50	20	70
	930	70	1000

	r	$\overline{r}$	
s	20	50	70
$\overline{s}$	50	880	930
	70	930	1000

표 5.13 성적–성별 예

	Male	Female	
High	30	20	50
Low	40	10	50
	70	30	100

(a) Sample data of size 100

	Male	Female	
High	60	60	120
Low	80	30	110
	140	90	230

(b) Sample data of size 230

플 크기의 차이로 인해 변경되지 않아야 한다. 마찬가지로, 만약 새로운 연구에서 높은 성적과 낮은 성적을 받은 학생들의 수가 변경되면, 성별과 성적 사이의 연관성 척도는 변경되지 않아야 한다. 따라서 행 또는 열의 비례에 변하지 않는 척도가 필요하다. 분할표의 행 또는 열에 상수 값을 곱하는 과정은 행 또는 열 비례 연산(scaling operation)이라고 한다. 비례에 불변인 척도는 어떤 행 또는 열 비례 연산 후에도 그것의 값이 변하지 않는다.

정의 5.7 **비례 불변 성질** T를 빈도수 카운트 $[f_{11}; f_{10}; f_{01}; f_{00}]$을 가진 분할표로 하자. T'을 비례된 빈도수 카운트 $[k_1k_3f_{11}; k_2k_3f_{10}; k_1k_4f_{01}; k_2k_4f_{00}]$을 가진 분할표로 하자. 여기서 k_1, k_2, k_3, k_4는 T의 두 행과 두 열을 비례하는 데 사용되는 양의 상수들이다. 만약 $M(T) = M(T')$이면, 객관적 척도 M은 행/열 비례 연산에서 불변이다.

여기서 '비례(scaling)'라는 용어의 사용이 2장에 소개된 연속 변수에 대한 비례 연산과 혼동해서는 안 된다. 분할표의 행 또는 열을 비례하는 대신에, 2장에서는 변수의 모든 값에 상수 인자를 곱한다.

분할표에서 행과 열의 비례는 다른 응용 분야들에서 여러 가지 방식으로 발생한다. 예를 들어, 만약 건강(healthy)과 질병에 걸린(diseased) 두 가지 대상에 대한 특정 의료 절차의 효과를 측정한다면, 건강과 질병에 걸린 대상들의 비율은 다른 참가자 그룹과 관련된 다른 연구에 따라 크게 달라질 수 있다. 또한, 통제된 연구를 위해 선택된 건강과 질병에 걸린 대상들의 비율은 전체 모집단에서 관찰된 실제 비율과는 상당히 다를 수 있다. 이러한 차이로 인해 다른 대상의 모집단에 대한 분할표에서 행 또는 열 비례가 일어날 수 있다. 일반적으로 분할표의 항목 빈도수는 표를 생성하는 데 사용된 트랜잭션들의 샘플에 밀접하게 의존한다. 샘플링 절차가 변경되면 행 또는 열 비례 변환에 영향을 줄 수 있다. 샘플링 절차의 차이에 변하지 않을 것으로 예상되는 척도는 행 또는 열 비례에서 변하지 않아야 한다.

표 5.9에 소개된 모든 척도들 중 오즈비(α)만 행과 열 비례 연산에 변하지 않는다. 예를 들어, 표 5.13의 양쪽 테이블들에 대한 오즈비 값은 0.375와 같다. ϕ-계수, κ, IS, 관심도 및 collective strength(S)와 같은 다른 모든 척도들은 분할표의 행과 열이 다시 비례될 때 그들의 척도값이 변한다. 실제로, 오즈비는 의료 분야에서 선호되는 척도로, 그 분야에서는 연구를 위해 선택된 모집단 샘플의 차이에 따라 변하지 않는 관계를 찾는 것이 중요하다.

널 추가 성질(Null Addition Property) 문서들의 집합에서 `data`와 `mining`과 같은 단어 쌍 간의 관계를 분석하는 데 관심이 있다고 가정하자. 만약 얼음낚시(ice fishing)에 관한 기사들의 모음이 데이터 집합에 추가되면, `data`와 `mining`의 연관성이 영향을 받아야 하는가? 주어진 데이터 집합에 관련 없는 데이터(이 경우, 문서들)를 추가하는 이 과정을 **널 추가**(null addition) 연산이라고 한다.

정의 5.8 **널 추가 성질** 만약 분할표의 다른 모든 빈도수들은 동일하게 유지되는 동안 객관적 척도 M이 f_{00}을 증가시켜도 영향을 받지 않으면, M은 널 추가 연산에서 불변이다.

문서 분석 또는 장바구니 분석과 같은 응용 분야의 경우 널 추가 연산에서 불변인 척도를 사용하려고 한다. 그렇지 않으면, 양쪽 단어들을 포함하지 않은 문서들을 충분히 추가함으로써 단어들 사이의 관계를 간단히 변경시킬 수 있다! 이 성질을 만족시키는 척도들의 예로는 코사인(IS) 및 Jaccard(ξ) 척도가 있으며, 이 속성을 위반하는 척도들에는 관심도, PS, 오즈비 및 ϕ-계수가 있다.

널 추가의 영향을 보여주기 위해 표 5.14에 표시된 두 개의 분할표 T_1과 T_2를 고려하자. 표 T_2는 T_1에서 A와 B가 둘 다 부재한 1000개의 여분의 트랜잭션들을 추가하여 얻었다. 이 연산은 표 T_2의 f_{00} 항목에만 영향을 주어서 그것이 100에서 1100으로 증가한 반면, 표의 다른 모든 빈도수들(f_{11}, f_{10} 및 f_{01})은 동일하게 유지된다. IS는 널 추가에 불변이기 때문에, 양쪽 테이블에 상수 값 0.875를 준다. 그러나 0-0의 발생을 가진 1000개의 여분의 트랜잭션들을 추가하면 관심도 값이 T_1의 경우 0.972(약간의 음의 상

표 5.14 null 추가 영향을 보여주는 예

	B	$\overline{B}$	
A	700	100	800
$\overline{A}$	100	100	200
	800	200	1000

(a) Table T_1

	B	$\overline{B}$	
A	700	100	800
$\overline{A}$	100	1100	1200
	800	1200	2000

(b) Table T_2

관관계 표시)에서 T_2의 경우 1.944(양의 상관관계)로 변경된다. 마찬가지로 오즈비 값은 T_1의 경우 7에서 T_2의 경우 77로 증가한다. 따라서 관심도 또는 오즈비를 연관성 척도로 사용할 때, 변수들 중 양쪽이 부재한 널 트랜잭션들을 추가함으로써 변수들 사이의 관계가 변한다. 반대로 IS 척도는 널 추가에 불변이고, 이것은 두 변수가 자주 함께 발생하는 경우에만 관련되는 것으로 간주되기 때문이다. 실제로 IS 척도(코사인 척도)는 문서들 사이의 유사도를 측정하는 데 널리 사용되며, 이것은 문서들에서 단어들의 공동 발생 (1)에만 의존하지만 그것들의 부재(0)에는 의존하지 않는 것으로 예상된다.

표 5.15는 표 5.9에 정의된 척도들의 성질 요약을 제공한다. 이 성질 목록이 완전하지는 않지만, 한 응용 분야에 대한 올바른 척도를 선택하는 데 유용한 지침이 될 수 있다. 이상적으로, 만약 특정 응용 분야의 구체적인 요구 사항을 알면, 선택한 척도가 해당 요구 사항을 준수하는 성질을 표시하도록 할 수 있다. 예를 들어, 만약 비대칭 변수를 처리

표 5.15 대칭 척도들의 성질

Symbol	Measure	Inversion	Null Addition	Scaling
ϕ	ϕ-coefficient	Yes	No	No
α	odds ratio	Yes	No	Yes
κ	Cohen's	Yes	No	No
I	Interest	No	No	No
IS	Cosine	No	Yes	No
PS	Piatetsky-Shapiro's	Yes	No	No
S	Collective strength	Yes	No	No
ξ	Jaccard	No	Yes	No
h	All-confidence	No	Yes	No
s	Support	No	No	No

하려고 하면, 널 추가 또는 반전에 변하지 않는 척도를 사용하는 것이 좋다. 반면에, 만약 표본 크기의 변화에 대해 척도가 변하지 않는 것이 요구되면, 비례에 변하지 않는 척도를 사용하도록 한다.

비대칭 흥미도 척도

지금까지 논의에서 변수들의 순서가 반대일 때 값이 변경되지 않는 척도들만 고려했다. 보다 구체적으로, 만약 M이 척도이고 A와 B가 두 변수들이면, 변수들의 순서가 중요하지 않는 경우에 $M(A, B)$는 $M(B, A)$와 같다. 이러한 척도를 **대칭(symmetric)**이라고 한다. 한편, 변수들의 순서에 의존하는 척도($M(A, B) \neq M(B, A)$)를 **비대칭(asymmetric)** 척도라고 한다. 예를 들어, 관심도는 규칙 $A \rightarrow B$ 및 $B \rightarrow A$에 대한 값이 동일하기 때문에 대칭 척도이다. 반대로, $A \rightarrow B$ 및 $B \rightarrow A$에 대한 신뢰도 값이 동일하지 않을 수 있기 때문에 신뢰도는 비대칭 척도이다. 변수들의 순서가 중요한 특정 유형의 관계 척도를 설명하기 위해 '비대칭'이라는 용어를 사용하는 것과 단지 1이 중요한 경우의 이진 변수를 설명하는 '비대칭'의 사용을 혼동해서는 안 된다. 연관 규칙의 항목들은 특정 순서가 있으므로, 비대칭 척도가 연관 규칙을 분석하는 데 더 적합하다. 연관성 척도들의 여러 가지 성질들을 논의하기 위해 대칭 척도만을 고려했지만, 상기 논의는 비대칭 척도와도 관련이 있다. 다양한 종류의 비대칭 척도들과 그 성질에 대한 자세한 내용은 참고문헌을 참조한다.

5.7.2 이진 변수 쌍을 넘어선 척도

표 5.9에 나와 있는 척도들은 이진 변수 쌍(예를 들면, 2-항목집합 또는 연관규칙)에 대해 정의된다. 그러나 지지도와 all-confidence(h)와 같은 척도들의 다수는 더 큰 규모의 항목집합에도 적용가능하다. 관심도, IS, PS 및 Jaccard 계수와 같은 다른 척도들은 다차원 분할표에 표로 만들어진 빈도수 표들을 사용하여 두 개 이상의 변수들로 확장될 수 있다. a, b 및 c에 대한 3-차원 분할표의 예가 표 5.16에 나와 있다. 이 표의 각 항목 f_{ijk}는 항목 a, b 및 c의 특정한 조합을 포함하는 트랜잭션들의 수를 나타낸다. 예를 들어, f_{101}은 a와 c를 포함하지만 b를 포함하지 않는 트랜잭션들의 수이다. 반면 f_{1+1}과 같은 주변 빈도수는 b가 트랜잭션에 존재하는지 여부와 관계없이 a와 c를 포함하는 트랜잭션들의 수이다.

표 5.16 삼-차원 분할표의 예

c	b	$\bar{b}$	
a	f_{111}	f_{101}	f_{1+1}
$\bar{a}$	f_{011}	f_{001}	f_{0+1}
	f_{+11}	f_{+01}	f_{++1}

$\bar{c}$	b	$\bar{b}$	
a	f_{110}	f_{100}	f_{1+0}
$\bar{a}$	f_{010}	f_{000}	f_{0+0}
	f_{+10}	f_{+00}	f_{++0}

k-항목집합 $\{i_1, i_2, \ldots, i_k\}$에서 통계적 독립 조건은 다음과 같이 표현할 수 있다:

$$f_{i_1 i_2 \ldots i_k} = \frac{f_{i_1 + \ldots +} \times f_{+ i_2 \ldots +} \times \ldots \times f_{++ \ldots i_k}}{N^{k-1}}. \tag{5.11}$$

이 정의를 이용하여 통계적 독립성과의 편차를 기반으로 하는 관심도와 PS와 같은 객관적 척도들을 두 가지 이상의 변수들로 확장할 수 있다:

$$I = \frac{N^{k-1} \times f_{i_1 i_2 \ldots i_k}}{f_{i_1 + \ldots +} \times f_{+ i_2 \ldots +} \times \ldots \times f_{++ \ldots i_k}}$$

$$PS = \frac{f_{i_1 i_2 \ldots i_k}}{N} - \frac{f_{i_1 + \ldots +} \times f_{+ i_2 \ldots +} \times \ldots \times f_{++ \ldots i_k}}{N^k}$$

또 다른 접근법은 객관적인 척도를 패턴에서 항목들의 쌍들 사이의 연관성에 대한 최댓값, 최솟값 또는 평균값으로 정의하는 것이다. 예를 들어, k-항목집합 $X = \{i_1, i_2, \ldots, i_k\}$에서 X의 ϕ-계수를 X의 각각의 항목 쌍 (i_p, i_q) 사이의 평균 ϕ-계수로 정의할 수 있다. 그러나 그 척도는 단지 쌍별 연관성만 고려하므로, 패턴 내의 모든 기본 관계들을 포착하지 못할 수 있다. 또한 두 가지 이상의 변수들에 대해 이러한 대체 척도들을 사용할 때는 주의해야 한다. 그 척도들이 항상 지지도 척도와 동일한 방식으로 비-단조형 성질을 나타내지 않을 수 있으므로 *Apriori* 원리를 사용하는 패턴 탐사에 적합하지 않을 수 있다.

다차원 분할표의 분석은 데이터에서 부분 연관성이 존재하기 때문에 더 복잡하다. 예를 들어, 일부 연관성이 특정 변수들의 값에 따라 나타나거나 사라질 수 있다. 이 문제는 **심프슨의 역설(Simpson's paradox)**로 알려져 있고 5.7.3절에 설명되어 있다. 로그선형(loglinear) 모델과 같은 관계를 분석하기 위해 더 정교한 통계적 기법을 사용할 수 있지만, 이러한 기법들은 이 책의 범위를 벗어난다.

5.7.3 Simpson의 역설

관측된 관계가 혼동을 주는 다른 요소, 즉 분석에 포함되지 않은 숨겨진 변수의 존재에 의해 영향을 받을 수 있으므로 변수들 사이의 연관성을 해석할 때는 주의를 기울여야 한다. 경우에 따라 숨겨진 변수로 인해 한 쌍의 변수들 사이에 관측된 관계가 사라지거나 방향이 반대로 되는 심프슨의 역설이라고 알려진 현상이 발생할 수 있다. 우리는 이 역설의 본질을 다음 예제와 함께 설명한다.

표 5.17에 나와 있는 것처럼 HDTV(High-Definition TV)와 운동기구 판매 사이의 관계를 고려하자. 규칙 {HDTV = Yes} → {Exercise machine = Yes}의 신뢰도는 99/180 = 55%이고 규칙 {HDTV = No} → {Exercise machine = Yes}의 신뢰도는 54/120 = 45%이다. 이러한 규칙에 따라 고화질 텔레비전을 구매하는 고객들은 고화질 텔레비전을 구매하지 않는 고객들보다 운동 기계를 구매할 가능성이 높다.

그렇지만, 더 심층적인 분석은 이러한 제품의 판매가 고객이 대학생인지 또는 일하는 성인인지에 따라 결정되는 것으로 밝혀진다. 표 5.18은 대학생과 일하는 성인의 HDTV와 운동 기구 판매 사이의 관계를 요약한 것이다. 대학생과 일하는 성인에 대한 표에 주어진 지지도 카운트는 합계를 하면 표 5.17에 표시된 빈도수가 된다. 더구나, 이러한 제품을 구매하는 대학생들보다 일하는 성인들이 더 많다. 대학생의 경우:

$$c(\{\text{HDTV} = \text{Yes}\} \rightarrow \{\text{Exercise machine} = \text{Yes}\}) = 1/10 = 10\%,$$
$$c(\{\text{HDTV} = \text{No}\} \rightarrow \{\text{Exercise machine} = \text{Yes}\}) = 4/34 = 11.8\%,$$

그런데 일하는 성인의 경우:

표 5.17 고-화질 텔레비전과 운동 기구 판매 사이의 이원 분할표

Buy HDTV	Buy Exercise Machine		
	Yes	No	
Yes	99	81	180
No	54	66	120
	153	147	300

표 5.18 삼원 분할표의 예

Customer Group	Buy HDTV	Buy Exercise Machine		Total
		Yes	No	
College Students	Yes	1	9	10
	No	4	30	34
Working Adult	Yes	98	72	170
	No	50	36	86

$$c(\{\text{HDTV} = \text{Yes}\} \rightarrow \{\text{Exercise machine} = \text{Yes}\}) = 98/170 = 57.7\%,$$
$$c(\{\text{HDTV} = \text{No}\} \rightarrow \{\text{Exercise machine} = \text{Yes}\}) = 50/86 = 58.1\%.$$

이 규칙은 각 그룹에 대해 고화질 텔레비전을 구입하지 않은 고객이 운동 기계를 구매할 가능성이 더 높으므로, 두 고객 그룹의 데이터가 함께 모을 때의 이전 결론과 모순된다. 상관관계, 오즈비 또는 관심도와 같은 대체 척도들이 적용되더라도, HDTV 및 운동기구의 판매는 통합된 데이터에서는 양의 관련이 있지만 그룹별로 계층화된 데이터에서는 음의 관련이 있음을 여전히 발견한다(연습문제 21 참조). 연관성의 방향에서 반전은 심프슨의 역설이라고 한다.

그 역설은 다음 방법으로 설명할 수 있다. 첫째, HDTV를 구매하는 대부분의 고객들은 일하는 성인임을 유의하라. 이것은 규칙 {HDTV = Yes} → {Working Adult}(170/180 = 94.4%)의 높은 신뢰도를 반영된다. 둘째, 규칙 {Exercise machine = Yes} → {Working Adult}(148/153 = 96.7%)의 높은 신뢰도는 운동 기계를 구매하는 대부분의 고객들이 또한 성인임을 제시한다. 일하는 성인들은 HDTV와 운동기구 둘 다 가장 큰 비율의 고객을 형성하기 때문에, 그것들 둘 다 관련이 있는 것으로 보이고 규칙 {HDTV = Yes} → {Exercise machine = Yes}는 데이터가 계층화된 경우보다 통합된 데이터에서 더 강한 것으로 밝혀진다. 따라서 고객 그룹은 HDTV를 구매하는 고객들의 비율과 운동 기계를 구매하는 고객들의 비율 양쪽에 영향을 미치는 **숨겨진(hidden)** 변수 역할을 한다. 만약 데이터를 계층화하여 숨겨진 변수의 영향을 제외하면, HDTV 구매와 운동 기계 구매 간의 관계는 직접적인 것이 아니라 숨겨진 변수의 영향으로 인한 간접적인 결과로 나타난다.

Simpson 역설은 다음과 같이 수학적으로 설명할 수도 있다. 다음을 가정한다:

$$a/b < c/d \text{ 그리고 } p/q < r/s,$$

여기서 a/b와 p/q는 두 개의 다른 계층에서 규칙 $A \rightarrow B$의 신뢰도를 나타낼 수 있는 반면, c/d와 r/s는 두 계층에서 규칙 $\overline{A} \rightarrow B$의 신뢰도를 나타낼 수 있다. 데이터가 함께 통합되면 통합된 데이터에서 규칙의 신뢰도 값은 각각 $(a+p)/(b+q)$와 $(c+r)/(d+s)$이다.

Simpson의 역설은 다음 조건일 때 일어나고

$$\frac{a+p}{b+q} > \frac{c+r}{d+s},$$

따라서 변수들 사이의 관계에 대한 잘못된 결론으로 이어진다. 여기서 교훈은 Simpson의 역설로 가짜 패턴이 생성되지 않도록 적절한 계층화(stratification)가 필요하다는 것이다. 예를 들어, 대형 슈퍼마켓 체인의 장바구니 데이터는 상점 위치에 따라 계층화되어야 하며, 다양한 환자들의 의료 기록은 나이와 성별과 같은 혼동을 주는 요소에 따라 계층화되어야 한다.

5.8 편향 지지도 분포의 영향

많은 연관 분석 알고리즘들의 성능은 입력 데이터의 성질에 의해 영향을 받는다. 예를 들어, *Apriori* 알고리즘의 계산 복잡도는 데이터의 항목들의 수, 평균 트랜잭션 폭 및 사용된 지지도 임계값과 같은 성질들에 의해 결정된다. 이 절에서는 추출된 패턴들의 품질뿐만 아니라 연관 분석 알고리즘들의 성능에 중대한 영향을 미치는 또 다른 중요한 성질을 살펴본다. 보다 구체적으로, 편향 지지도 분포(skewed support distribution)를 가진 데이터 집합에 중점을 둔다. 여기서 대부분의 항목들은 상대적으로 낮거나 중간 정도의 빈도수를 갖지만, 소수의 항목들은 아주 높은 빈도수를 가진다.

그림 5.29는 항목들의 편향 지지도 분포를 갖는 데이터 집합의 예시를 보여준다. p는 데이터에서 83.3%의 높은 지지도를 갖지만, q와 r은 16.7%의 낮은 지지도를 가진 항목이다. 낮은 지지도에도 불구하고 q와 r은 나타나는 거래들의 한정된 수에서 항상 함께 발생하므로 강하게 관련이 있다. 그러므로 패턴 탐사 알고리즘은 $\{q, r\}$을 흥미로운 것으로 보고해야 한다.

그러나 $\{q, r\}$과 같은 항목집합을 탐사하는 데 대한 올바른 지지도 임계값을 선택하

p	q	r
0	1	1
1	1	1
1	1	1
1	1	1
1	1	1
1	0	0
1	0	0
1	0	0
1	0	0
1	0	0
1	0	0
1	0	0
1	0	0
1	0	0
1	0	0
1	0	0
1	0	0
1	0	0
1	0	0
1	0	0
1	0	0
1	0	0
1	0	0
1	0	0
1	0	0
1	0	0
0	0	0
0	0	0
0	0	0
0	0	0

그림 5.29 p, q 및 r의 세 항목을 포함하는 트랜잭션 데이터 집합. 여기서 p는 높은 지지도 항목이고 q와 r은 낮은 지지도 항목이다.

는 것은 매우 까다로울 수 있다. 만약 임계값을 너무 높게 설정하면(예: 20%), $\{q, r\}$과 같이 낮은-지지도 항목과 관련된 많은 흥미로운 패턴들을 놓칠 수 있다. 반대로, 지지도 임계값을 너무 낮게 설정하면 다음과 같은 이유로 패턴 탐사 프로세스에 유해할 수 있다. 첫째, 기존 연관 분석 알고리즘들의 계산 및 메모리 요구 사항이 낮은 지지도 임계값으로 크게 증가한다. 둘째, 추출된 패턴들의 수가 지지도 임계값이 낮을수록 크게 증가하여 패턴들의 분석 및 해석이 어렵게 된다. 특히, p와 같은 높은-지지도 항목에 q와 같은 낮은-지지도 항목과 관련시키는 많은 가짜 패턴들을 추출할 수 있다. **교차-지지도(cross-support)** 패턴이라고 하는 이러한 패턴은 p와 q의 연관성이 p와 q의 공동 발생 대신 p의 빈번한 발생에 의해 크게 영향을 받기 때문에 가짜일 수 있다. $\{p, q\}$의 지지도는 $\{q, r\}$의 지지도에 매우 가깝기 때문에, $\{q, r\}$을 포함할 만큼 지지도 임계값을 낮게 설정하면 $\{p, q\}$가 쉽게 선택될 수 있다.

편향 지지도 분포를 나타내는 실제 데이터 집합의 예제가 그림 5.30에 나와 있다.

PUMS(Public Use Microdata Sample) 인구 조사 데이터에서 가져온 데이터는 49,046개의 레코드들과 2,113개의 비대칭 이진 변수들을 포함한다. 비대칭 이진 변수를 항목으로 취급하고 레코드를 트랜잭션으로 취급한다. 항목들의 80% 이상이 1% 미만의 지지도를 가지고 있는 반면, 소수의 항목들은 90% 이상의 지지도를 가지고 있다. 빈발 항목집합 탐사에 대한 편향 지지도 분포의 영향을 이해하기 위해, 표 5.19에 표시된 것처럼 지지도 수준에 따라 항목을 G_1, G_2 및 G_3의 세 개의 그룹으로 나눈다. 항목들의 82% 이상이 G_1에 속하며 지지도가 1% 미만임을 알 수 있다. 장바구니 분석에서 이러한 낮은 지지도 항목은 고객이 거의 구매하지 않지만 소매업자에게는 여전히 흥미로운 패턴을 가진 비싼 제품(보석류와 같은)에 해당될 수 있다. 의미가 있지만 이러한 낮은-지지도 항목과 관련된 패턴들은 지지도 임계값을 높게 잡은 빈발 패턴 탐사 알고리즘으로 쉽게 거부될 수 있다. 반면에, 낮은 지지도 임계값을 설정하면 G_3의 높은-빈도수 항목에 G_1의 낮은-빈도수 항목과 관련된 가짜 패턴들을 추출할 수 있다. 예를 들어, 지지도 임계값이

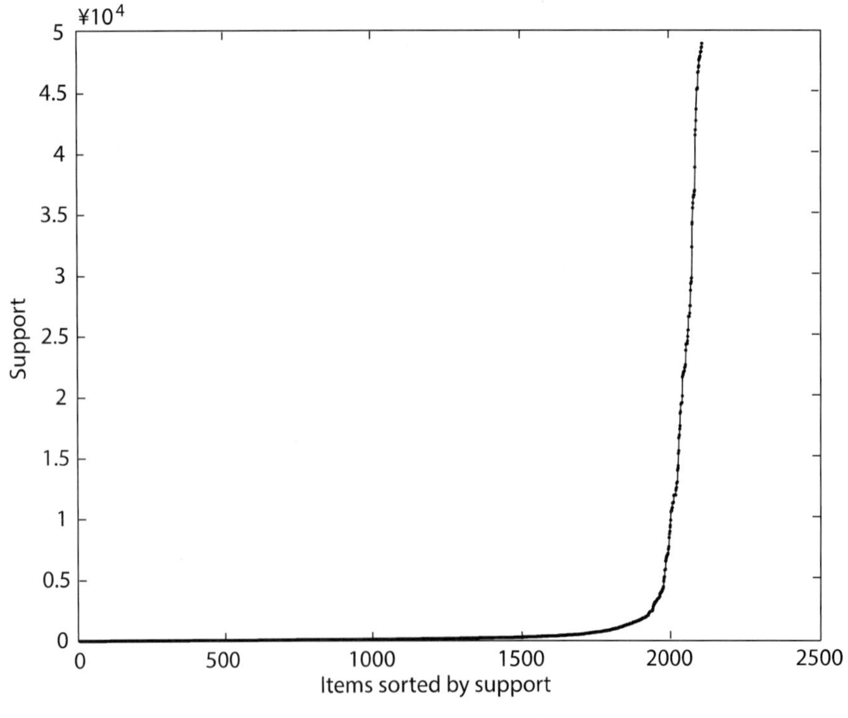

그림 5.30 인구 조사 데이터 집합에서 항목들의 지지도 분포

표 5.19 인구 조사 데이터 집합에서 항목의 지지도 값을 기준으로 항목 그룹화

Group	G_1	G_2	G_3
Support	< 1%	1%~90%	> 90%
Number of Items	1735	358	20

0.05%인 경우 G_1과 G_3의 항목들과 관련된 18,847개의 빈발한 쌍들이 있다. 이들 중 93%가 교차-지지도 패턴이다. 즉, 이 패턴에는 G_1과 G_3의 양쪽 항목들이 포함된다.

이 예제는 지지도 임계값이 충분히 낮을 때 약하게 관련된 많은 수의 교차-지지도 패턴들이 생성될 수 있음을 보여준다. 편향 지지도 분포를 갖는 데이터 집합에서 흥미로운 패턴을 찾는 것은 지지도 척도에 대한 도전일 뿐만 아니라 이전 절에서 논의된 다른 많은 객관적인 척도들에 대해서도 유사한 설명을 할 수 있다. 흥미로운 패턴들을 찾고 가짜 패턴들을 가지치기하는 방법론을 제시하기 전에, 교차-지지도 패턴의 개념을 형식적으로 정의한다.

정의 5.9 **교차-지지도 패턴** 항목집합 $X=\{i_1, i_2, \ldots, i_k\}$의 지지도 비율 $r(X)$를 정의하자:

$$r(X)=\frac{\min[s(i_1),\ s(i_2),\ \ldots,\ s(i_k)]}{\max[s(i_1),\ s(i_2),\ \ldots,\ s(i_k)]}. \tag{5.12}$$

사용자-지정 임계값 h_c가 주어지면, 만약 $r(X)<h_c$인 경우 항목집합 X는 교차-지지도 패턴(cross-support pattern)이다.

예제 5.4

Milk에 대한 지지도가 70%이고, sugar에 대한 지지도가 10%이고 caviar에 대한 지지도는 0.04%라고 가정하자. $h_c=0.01$로 주어지면, 빈발 항목집합 {milk, sugar, caviar}는 지지도 비율이 다음과 같기 때문에 교차-지지도 패턴이다:

$$r=\frac{\min[0.7,\ 0.1,\ 0.0004]}{\max[0.7,\ 0.1,\ 0.0004]}=\frac{0.0004}{0.7}=0.00058<0.01.$$

■

교차-지지도 패턴들을 제거하기 위해 지지도와 신뢰도와 같은 기존 척도들로는 충분하지 않을 수 있다. 예를 들어, 만약 그림 5.29에 제시된 데이터 집합에 대해 $h_c=0.3$이라고 가정하면, 항목집합 $\{p, q\}$, $\{p, r\}$ 및 $\{p, q, r\}$은 지지도 비율 0.2가 임계값 h_c보다 작기 때문에 교차-지지도 패턴이다. 그러나 이들의 지지도는 $\{q, r\}$의 지지도와 비교할 수 있으므로, 지지도-기반 가지치기 전략을 사용하여 흥미로운 패턴을 잃지 않고서 교차-지지도 패턴을 제거하기가 어렵다. 교차-지지도 패턴들에서 추출된 규칙의 신뢰도가 매우 높을 수 있기 때문에 신뢰도 가지치기도 도움이 되지 않는다. 예를 들어, $\{p, q\}$가 교차-지지도 패턴이지만 $\{q\} \rightarrow \{p\}$에 대한 신뢰도는 80%이다. 그 항목들 중 하나인 (p)가 데이터에 매우 빈번하게 나타나기 때문에 교차-지지도 패턴이 높은 신뢰도 규칙을 생성할 수 있다는 사실은 놀라운 일이 아니다. 따라서 p는 q를 포함하는 많은 트랜잭션들에 나타날 것으로 예상된다. 한편, $\{q, r\}$이 교차-지지도 패턴이 아니더라도 규칙 $\{q\} \rightarrow \{r\}$은 또한 높은 신뢰도를 가진다. 이 예제는 교차-지지도 패턴들과 강력하게 관련되었지만 지지도가 낮은 항목을 포함하는 흥미로운 패턴들로부터 추출된 규칙들을 구별하는 데 신뢰도 척도의 사용이 어렵다는 것을 설명한다.

규칙 $\{q\} \rightarrow \{p\}$의 신뢰도가 매우 높지만, p를 포함하는 대부분의 트랜잭션들에는 q가 포함되지 않으므로 규칙 $\{p\} \rightarrow \{q\}$의 신뢰도가 매우 낮음을 유의하라. 반대로 $\{q, r\}$에서 유도된 규칙 $\{r\} \rightarrow \{q\}$는 매우 높은 신뢰도를 갖는다. 이 관찰은 주어진 항목집합에서 추출할 수 있는 가장 낮은 신뢰도 규칙을 검사하여 교차-지지도 패턴을 감지할 수 있음을 제시한다. 주어진 항목집합에서 신뢰도가 가장 낮은 규칙을 찾는 방법은 다음과 같이 설명할 수 있다.

1. 다음과 같은 신뢰도의 비-단조형(anti-monotone) 성질을 상기하자:

$$conf(\{i_1 i_2\} \rightarrow \{i_3, i_4, \ldots, i_k\}) \leq conf(\{i_1 i_2 i_3\} \rightarrow \{i_4, i_5, \ldots, i_k\}).$$

   이 성질은 더 많은 항목들을 연관 규칙의 왼쪽 항에서 오른쪽 항으로 옮겨도 신뢰도가 결코 증가하지 않음을 나타낸다. 이 성질로 인해 빈발 항목집합에서 추출된 가장 낮은 신뢰도 규칙은 왼쪽 항에 단 한 개의 항목을 포함한다. 왼쪽 항에 단 한 개의 항목을 갖는 모든 규칙들의 집합을 R_1이라 표기한다.

2. 빈발 항목집합 $\{i_1, i_2, \ldots, i_k\}$가 주어지면, 만약 $s(i_j) = \max[s(i_1), s(i_2), \ldots, s(i_k)]$이면, 규칙

$$\{i_j\} \rightarrow \{i_1,\ i_2,\ \ldots,\ i_{j-1},\ i_{j+1},\ \ldots,\ i_k\}$$

는 R_1에서 가장 낮은 신뢰도를 가진다. 이것은 규칙의 지지도와 규칙 전건(antecedent)의 지지도 사이의 비율인 신뢰도의 정의에서 바로 이해된다. 따라서 전건의 지지도가 가장 높을 때 규칙의 신뢰도가 가장 낮아질 것이다.

3. 이전의 사항들을 요약하면, 빈발 항목집합 $\{i_1,\ i_2,\ \ldots,\ i_k\}$에서 얻을 수 있는 가장 낮은 신뢰도는

$$\frac{s(\{i_1,\ i_2,\ \ldots,\ i_k\})}{\max[s(i_1),\ s(i_2),\ \ldots,\ s(i_k)]}.$$

이 표현은 **h-신뢰도(h-confidence)** 또는 **all-confidence** 척도로도 알려져 있다. 지지도의 비-단조형 성질로 인해 h-신뢰도의 분자는 빈발 항목집합에서 나타나는 어떤 항목의 최소 지지도에 의해 한정된다. 다른 말로 하면 항목집합 $X = \{i_1,\ i_2,\ \ldots,\ i_k\}$의 h-신뢰도는 다음 식을 초과하지 않아야 한다:

$$\mathrm{h-confidence}(X) \leq \frac{\min[s(i_1),\ s(i_2),\ \ldots,\ s(i_k)]}{\max[s(i_1),\ s(i_2),\ \ldots,\ s(i_k)]}.$$

위의 식에서 h-신뢰도의 상한은 식 (5.12)에 주어진 지지도 비율(r)과 정확히 동일함에 유의하자. 교차-지지도 패턴에 대한 지지도 비율은 항상 h_c보다 작기 때문에, 패턴의 h-신뢰도는 역시 h_c보다 작은 것으로 보장된다. 그러므로, 교차-지지도 패턴에 대한 h-신뢰도 값이 h_c를 초과한다는 것이 보장되면 이런 교차-지지도 패턴은 제거될 수 있다. 마지막으로, h-신뢰도 사용의 장점은 교차-지지도 패턴을 제거하는 것 이상이라는 것이다. 그 척도는 또한 비-단조형이고, 즉,

$$\mathrm{h-confidece}(\{i_1,\ i_2,\ \ldots,\ i_k\}) \geq \mathrm{h-confidence}(\{i_1,\ i_2,\ \ldots,\ i_{k+1}\}),$$

따라서 직접 탐사 알고리즘에 통합될 수 있다. 더구나 h-신뢰도는 항목집합에 포함된 항목들이 서로 강하게 연관되도록 보장한다. 예를 들어, 항목집합 X의 h-신뢰도가 80%라고 가정하자. 만약 X의 항목들 중 한 개가 한 트랜잭션에 존재한다면, X의 나머지 항목들도 동일한 트랜잭션에 속할 확률이 적어도 80%이다. 낮은-지지도 항목을 포함하고 강

하게 연관된 패턴을 **하이퍼클리크 패턴**(hyperclique pattern)이라고 부른다.

정의 5.10 **하이터클리크 패턴** 만약 항목집합 X에 대한 h-신뢰도$(X) > h_c$이면 X는 하이퍼클리크 패턴(hyperclique pattern)이다. 여기서 h_c는 사용자-지정 임계값이다.

5.9 참고문헌 설명

연관 규칙 탐사 과제는 장바구니 트랜잭션에 속한 항목들 사이의 흥미로운 연관성을 발견하기 위해 Agrawal 등[324, 325]에 의해 처음 소개되었다. 그 시도 이후 연관 규칙 탐사의 기본 개념부터 구현 및 응용에 이르기까지 다양한 문제를 해결하기 위해 광범위한 연구가 수행되었다. 그림 5.31은 이 분야의 다양한 연구 방향에 대한 분류체계를 보여주며, 이것은 일반적으로 **연관 분석**(association analysis)으로 알려져 있다. 많은 연구가 데이터에서 드러나게 자주 나타나는 패턴을 찾는 데 중점을 두기 때문에 이 영역은 **빈발 패턴 탐사**(frequent pattern mining)라고도 한다. 이 분야의 일부 연구 주제에 대한 자세한 검토는 [362]와 [319]에서 찾을 수 있다.

개념적 문제

연관 분석의 개념적 문제에 대한 연구는 연관 분석의 이론적 형식화를 발전시키고 그 형식화를 새로운 유형의 패턴으로 확장하고 비대칭 이진 속성을 넘어서는 데 중점을 두었다.

Agrawal 등[324, 325]의 선구적인 연구에 이어, 연관 분석 문제를 위한 이론적 형식화를 발전시키는 방대한 연구가 있었다. [357]에서 Gunopoulos 등이 최대 빈발 항목집합을 찾는 것과 하이퍼그래프 순회 문제 사이의 관련성을 보여주었다. 연관 분석 작업의 복잡도에 대한 상한도 유도되었다. Zaki 등[454, 456] 및 Pasquier 등[407]은 빈발 항목집합 생성 문제를 연구하기 위해 형식 개념 분석을 적용하였다. 더 중요한 것은 그러한 연구로 닫힌 빈발 항목집합[456]으로 알려진 패턴의 계급으로 발전하게 되었다. Friedman 등[355]은 다차원 공간에서 **범프 사냥**(bump hunting)과 관련하여 연관 분석 문제를 연구하였다. 특히, 그들은 빈발 항목집합 생성을 다차원 공간에서 고밀도 영역을 찾는 작업으

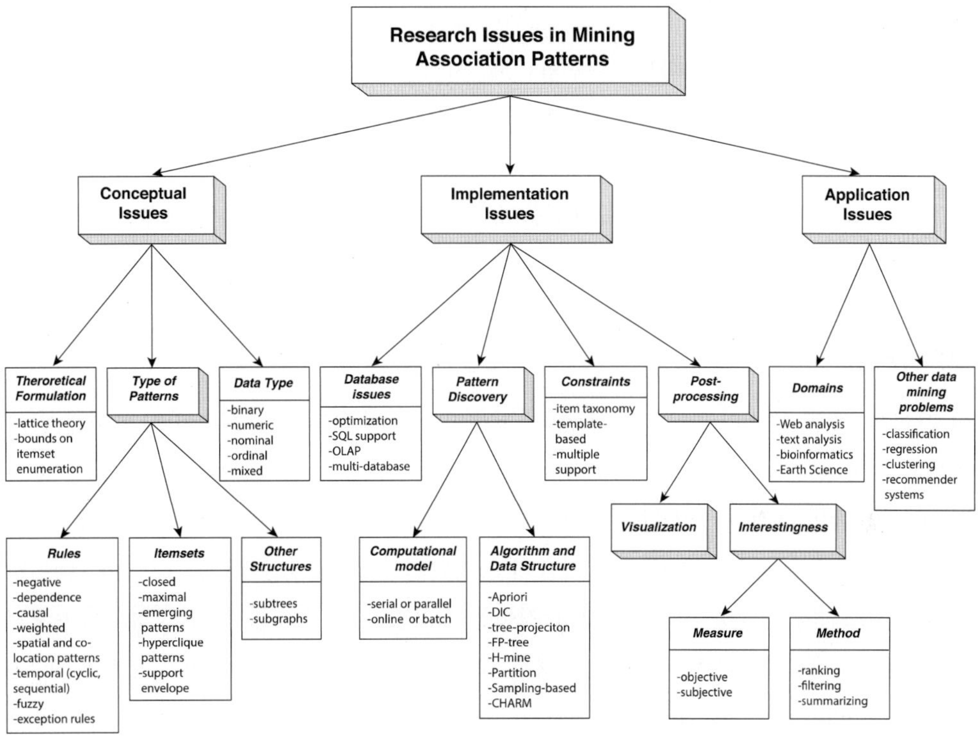

그림 5.31 연관 분석에서 다양한 연구 방향의 개요

로 고려한다. 통계 학습 프레임워크에서 연관 분석을 형식화하는 것은 통계적으로 중요한 패턴을 식별하고 불특정 데이터를 처리하는 것[320, 333, 343]과 관련된 문제를 해결하는 데 도움이 될 수 있는 또 다른 활동적인 연구 방향[414, 435, 444]이다.

수년에 걸쳐, 연관 규칙 탐사 형식화는 다른 규칙-기반 패턴들을 포함하도록 확장되었는데, 프로파일 연관 규칙[321], 주기적 연관 규칙[403], 퍼지 연관 규칙[379], 예외 규칙[431], 네거티브 연관 규칙[336, 418], 가중 연관 규칙[338, 413], 의존성 규칙[422], 특유한 규칙[462], 거래-내부 간 연관 규칙[353, 440] 및 부분 분류 규칙[327, 397]과 같은 것이 포함된다. 또한 빈발 항목집합의 개념이 다른 유형의 패턴들로 확장되었는데, 닫힌 항목집합[407, 456], 최대 항목집합[330], 하이퍼클리크 패턴[449], 지지도 엔벌롭[428], 부상하는 패턴[347], 대비 집합[329], 높은-유틸리티 항목집합[340, 390], 근사 또는 오차-허용 항목집합[358, 389, 451] 및 판별 패턴[352, 401, 430]을 포함된다. 연관 분석 기법은 순차적[326, 426], 공간적[371] 및 그래프 기반의[374, 380, 406, 450, 455] 데이터에도 성공적으로 적용되었다.

원래의 연관 규칙 형식화를 명목형[425], 서열형[392], 구간[395] 및 비율[356, 359, 425, 443, 461] 속성들로 확장하기 위한 실질적인 연구가 수행되었다. 주요 문제들 중 하나는 이러한 속성에 대한 지지도 척도를 정의하는 방법이다. Steinbach 등[429]에 의해 제안된 방법론은 전통적인 지지도 개념을 보다 일반적인 패턴 및 속성 유형으로 확장하는 것이다.

구현 문제

이 분야의 연구 활동은 다음을 중심으로 진행된다: (1) 기존 데이터베이스 기술에 탐사 기능을 통합하고, (2) 효율적이고 확장 가능한 탐사 알고리즘을 개발하고, (3) 사용자-지정 또는 도메인-특정 제약조건을 처리하고, (4) 추출된 패턴들을 사후-처리한다.

연관 분석을 기존 데이터베이스 기술에 통합하면 몇 가지 장점이 있다. 첫째, 데이터베이스 시스템의 인덱싱 및 질의 처리 기능을 사용할 수 있다. 둘째, 확장성, 체크-포인팅 및 병렬화에 대한 DBMS 지원을 활용할 수도 있다[415]. Houtsma 등이 개발한 SETM 알고리즘[370]은 SQL 질의를 통한 연관 규칙 발견을 지원하는 가장 초기 알고리즘들 중 하나였다. 그 이후로, 데이터베이스 시스템에서 연관 규칙 탐사 기능을 제공하기 위해 수많은 방법들이 개발되었다. 예를 들어, DMQL[363] 및 M-SQL[373] 질의 언어는 연관 규칙 탐사를 위한 새로운 연산자를 사용하여 기본 SQL을 확장한다. Mine Rule 연산자[394]는 군집화된 속성과 항목 계층 구조를 둘 다 처리할 수 있는 표현적인 SQL 연산자이다. Tsur 등[439]는 연관 규칙 탐사를 위한 **질의 집단(query flock)**이라는 생성-및-검사 방식을 개발하였다. 분산 OLAP-기반 하부구조는 다단계 연관 규칙 탐사를 위해 Chen 등[341]이 개발하였다.

인기에도 불구하고 *Apriori* 알고리즘은 트랜잭션 데이터베이스 전체를 읽는 패스를 여러 번 실행하기 때문에 계산 비용이 많이 든다. Dunkel과 Soparkar[349]는 실행시간 및 공간 복잡도를 연구하였다. FP-growth 알고리즘은 Han 등[364]이 개발하였다. 빈발 항목집합 탐사를 위한 다른 알고리즘은 Park 등[405]에 의해 제안된 DHP(dynamic hashing and pruning) 알고리즘과 Savasere 등[417]에 의해 개발된 Partition 알고리즘을 포함한다. Toivonen[436]은 샘플링-기반의 빈발 항목집합 생성 알고리즘을 제안했다. 이 알고리즘은 데이터 전체를 읽는 패스를 한 번만 하면 되지만 필요한 것보다 더 많은 후보 항목집합들을 생성할 수 있다. Dynamic Itemset Counting(DIC) 알고리즘[337]은 데이터 전체를 읽는 패스를 1.5회만 실행하여 샘플링 기반 알고리즘보다 후보 항목집합들을 적게 생성한다. 다른 주목할 만한 알고리즘으로는 트리-프로젝션 알고리즘[317]과 H-Mine[408]이 있다. 빈발 항목집합 생성 알고리즘에 관한 조사 논문은 [322, 367]에서 찾을 수 있다. 벤치마크 데이터 집합과 연관 규칙 탐사 알고리즘의 소프트웨어 구현의 저장소는 Frequent Itemset Mining Implementations(FIMI) 저장소(http://fimi.cs.helsinki.fi)에서 제공된다.

빅 데이터를 다루는 연관 규칙 탐사를 확장하기 위해 병렬 알고리즘들이 개발되었다[318, 360, 399, 420, 457]. 이러한 알고리즘에 대한 조사는 [453]에서 찾을 수 있다. 온라인 및 증분 연관 규칙 탐사 알고리즘들은 Hidber[365]와 Cheung 등[342]이 제안하였다. 최근에는 GPU의 처리 능력[459]과 MapReduce/Hadoop 분산 계산 체계[382, 384, 396]을 활용하여 빈발 항목집합 탐사 속도를 높이기 위해 새로운 알고리즘이 개발되었다. 예를 들어 Hadoop 체계에 대한 빈발 항목집합 탐사의 구현은 Apache Mahout 소프트웨어에서 사용할 수 있다(http://mahout.apache.org).

Srikant 등[427]은 다음과 같은 Boolean 제약조건이 있는 경우 연관 규칙 탐사의 문제점을 고려하였다:

$$(\text{Cookies} \wedge \text{Milk}) \vee (\text{descendents}(\text{Cookies}) \wedge \neg\,\text{ancestor}(\text{Wheat Bread}))$$

이러한 제약 조건이 주어지면 알고리즘은 cookies와 milk 양쪽이 포함된 규칙 또는 cookies의 후손 항목들은 포함하지만 wheat bread의 조상 항목들은 포함하지 않는 규칙을 찾는다. Singh 등[424]과 Ng 등[400]은 또한 제약조건-기반 연관 규칙 탐사를 위한 대체 기법을 개발하였다. 다른 항목집합에 대한 지지도에도 제약조건이 있을 수 있다. 이 문제는 Wang 등[442], Liu 등[387] 및 Seno 등[419]이 연구하였다. 또한 탐사에 민감한 데이터의 사생활 문제로 인해 발생하는 제약조건은 사생활-유지 빈발 패턴 탐사 기법을 개발하도록 하였다[334, 350, 441, 458].

연관 분석의 하나의 잠재적 문제점은 현재 알고리즘들에 의해 생성될 수 있는 많은 패턴들이다. 이 문제를 극복하기 위해 패턴들을 순서화, 요약 및 여과하는 방법이 개발되었다. Toivonen 등[437]은 **구조적 규칙 커버(structural rule cover)**를 사용하여 중복 규칙을 제거하고 군집화를 사용하여 나머지 규칙을 그룹으로 만드는 아이디어를 제안하였다. Liu 등[388]은 통계적 카이-제곱 테스트를 적용하여 가짜 패턴을 제거하고 **방향 설정 규칙(direction setting rules)**이라는 패턴들의 부분 집합을 사용하여 나머지 패턴들을 요약하였다. 패턴을 여과하기 위한 객관적 척도의 사용은 Brin 등[336], Bayardo와 Agrawal [331], Aggarwal과 Yu[323], DuMouchel과 Pregibon[348]을 포함하여 많은 저자들이 연구하였다. 이러한 많은 척도들의 성질은 Piatetsky-Shapiro[410], Kamber와 Singhal[376], Hilderman과 Hamilton[366], Tan 등[433]이 분석하였다. 행 및 열 비례(scaling) 불변 성질의 중요성을 강조하기 위해 사용된 성적-성별(grade-gender) 예제는 Mosteller의 [398]에 주어진 논의에 의해 크게 영향을 받았다. 한편, 신뢰도의 한계를 설명하는 차-커피(tea-coffee) 예제는 Brin 등의 [336]에 주어진 예제에 의해 동기가 부여되었다. 신뢰도의 한계 때문에 Brin 등[336]은 흥미도의 척도로서 관심도(interest factor)를 사용하는 아이디어를 제안하였다. All-confidence 척도는 Omiecinski[402]에 의해 제안되었다. Xiong 등[449]는 교차-지지도 성질을 소개하고 교차-지지도 패턴을 제거하기 위해 all-confidence 척도를 사용할 수 있음을 보여 주었다. 지지도 이외의 대체 객관적인 척도들을 사용하는 데 있어 주요한 어려움은 단조성(monotonicity) 성질이 없기 때문이며, 이것은 그런 척도들을 탐사 알고리즘에 직접 통합하기 어렵게 만든다. Xiong 등 [447]은 ϕ-계수에 상한 함수를 도입함으로써 상관관계를 탐사하는 효율적인 방법을 제안하였다. 그 척도는 비-단조형이지만, 상관관계가 높은 항목 쌍의 효율적인 탐사를 위해 활용할 수 있는 상한 표현식이 있다.

Fabris와 Freitas[351]은 Simpson의 역설[423]을 탐지함으로써 흥미로운 연관성을 발견하는 방법을 제안하였다. Megiddo와 Srikant[393]은 가설을 검증하는 방법을 사용하여 추출된 패턴들을 검증하는 방법을 설명하였다. 다중 비교 문제로 인해 가짜 패턴들이 생성되지 않도록 리샘플링-기반(resampling-based) 기술도 개발되었다. Bolton 등[335]는 Benjamini-Hochberg[332]와 Bonferroni 보정 방법을 적용하여 장바구니 데이터에서 발견된 패턴의 p-값을 조정하였다. 다중 비교 문제를 처리하기 위한 대안적인 방법들은 Webb[445], Zhang 등[460] 및 Llinares-Lopez 등[391]이 제안하였다.

많은 저자들이 연관 분석에 주관적 척도들을 적용하는 방법을 연구하였다. Silberschatz와 Tuzhilin [421]은 주관적인 관점에서 규칙이 흥미로운 것으로 간주될 수 있는 두 가지 원칙을 제시하였다. 예기치 않은 조건 규칙의 개념은 Liu 등[385]이 소개하였다. Cooley 등[344]는 Dempster-Shafer 이론을 사용하여 소프트 비리프 세트들(soft belief sets)을 결합하는 아이디어를 분석하였고 이 접근법을 적용하여 웹 데이터에서 모순되고 신기한 연관 패턴들을 식별하였다. 대안적인 접근법은 주관적으로 흥미로운 패턴들을 식별하기 위해 Bayesian 네트워크[375] 및 이웃-기반(neighborhood-based) 정보[346]을 사용하는 것을 포함한다.

시각화는 또한 사용자가 발견된 패턴들의 기본 구조를 빠르게 파악하는 데 도움이 된다. 많은 상용 데이터 마이닝 도구들은 전체 규칙들의 집합(지지도와 신뢰도 임계값 기준 양쪽을 만족)을 2차원 그림으로 표시하며, 각 축은 규칙의 전건 또는 후건 항목집합에 해당한다. Hofmann 등[368]은 Mosaic 그림과 Double Decker 그림을 사용하여 연관 규칙을 시각화하도록 제안하였다. 이 접근법은 특정 규칙뿐만 아니라 규칙의 전건 부분과 후건 부분의 항목집합들 사이의 전체 분할표를 시각화할 수 있다. 그럼에도 불구하고 이 기법은 규칙 후건이 단일 속성으로만 구성된다고 가정한다.

응용 문제

연관 분석은 웹 마이닝[409, 432], 문서 분석[369], 통신 경보 진단[377], 네트워크 침입 탐지[328, 345, 381] 및 생물 정보학[416, 446]과 같은 여러 응용 도메인들에 적용되었다. 지구 과학 연구에 대한 연관성 및 상관관계 패턴 분석의 적용은 [411, 412, 434]에서 연구되었다. 궤적 패턴 탐사[339, 372, 438]은 움직이는 물체가 빈번하게 통과하는 경로를 식별하기 위한 시-공간 연관 분석의 또 다른 응용이다.

연관 패턴은 분류[383, 386], 회귀[404] 및 군집화[361, 448, 452]와 같은 다른 학습 문제들에도 적용되었다. Freitas는 자신의 토의 자료[354]에서 분류와 연관 규칙 탐사를 비교하였다. Han 등[361], Kosters 등[378], Yang 등[452] 및 Xiong 등[448]을 포함한 많은 저자들이 군집화를 위한 연관 패턴의 사용을 연구하였다.

참고문헌

[317] R. C. Agarwal, C. C. Aggarwal, and V. V. V. Prasad. A Tree Projection Algorithm for Generation of Frequent Itemsets. *Journal of Parallel and Distributed Computing(Special Issue on High Performance Data Mining)*, 61(3):350-371, 2001.

[318] R. C. Agarwal and J. C. Shafer. Parallel Mining of Association Rules. IEEE *Transactions on Knowledge and Data Engineering*, 8(6):962-969, March 1998.

[319] C. Aggarwal and J. Han. *Frequent Pattern Mining*. Springer, 2014.

[320] C. C. Aggarwal, Y. Li, J. Wang, and J. Wang. Frequent pattern mining with uncertain data. In *Proceedings of the 15th ACM SIGKDD International Conference on Knowledge Discovery and Data Mining*, pages 29-38, Paris, France, 2009.

[321] C. C. Aggarwal, Z. Sun, and P. S. Yu. Online Generation of Profile Association Rules.

In *Proc. of the 4th Intl. Conf. on Knowledge Discovery and Data Mining*, pages 129-133, New York, NY, August 1996.

[322] C. C. Aggarwal and P. S. Yu. Mining Large Itemsets for Association Rules. *Data Engineering Bulletin*, 21(1):23-31, March 1998.

[323] C. C. Aggarwal and P. S. Yu. Mining Associations with the Collective Strength Approach. *IEEE Trans. on Knowledge and Data Engineering*, 13(6):863-873, January/February 2001.

[324] R. Agrawal, T. Imielinski, and A. Swami. Database mining: A performance perspective. *IEEE Transactions on Knowledge and Data Engineering*, 5:914-925, 1993.

[325] R. Agrawal, T. Imielinski, and A. Swami. Mining association rules between sets of items in large databases. In Proc. *ACM SIGMOD Intl. Conf. Management of Data*, pages 207-216, Washington, DC, 1993.

[326] R. Agrawal and R. Srikant. Mining Sequential Patterns. In *Proc. of Intl. Conf. on Data Engineering*, pages 3-14, Taipei, Taiwan, 1995.

[327] K. Ali, S. Manganaris, and R. Srikant. Partial Classification using Association Rules. In *Proc. of the 3rd Intl. Conf. on Knowledge Discovery and Data Mining*, pages 115-118, Newport Beach, CA, August 1997.

[328] D. Barbará, J. Couto, S. Jajodia, and N. Wu. ADAM: A Testbed for Exploring the Use of Data Mining in Intrusion Detection. *SIGMOD Record*, 30(4):15-24, 2001.

[329] S. D. Bay and M. Pazzani. Detecting Group Differences: Mining Contrast Sets. *Data Mining and Knowledge Discovery*, 5(3):213-246, 2001.

[330] R. Bayardo. Efficiently Mining Long Patterns from Databases. In *Proc. of 1998 ACM-SIGMOD Intl. Conf. on Management of Data*, pages 85-93, Seattle, WA, June 1998.

[331] R. Bayardo and R. Agrawal. Mining the Most Interesting Rules. In *Proc. of the 5th Intl. Conf. on Knowledge Discovery and Data Mining*, pages 145-153, San Diego, CA, August 1999.

[332] Y. Benjamini and Y. Hochberg. Controlling the False Discovery Rate: A Practical and Powerful Approach to Multiple Testing. *Journal Royal Statistical Society B*, 57 (1):289-300, 1995.

[333] T. Bernecker, H. Kriegel, M. Renz, F. Verhein, and A. Z"Nufle. Probabilistic frequent itemset mining in uncertain databases. In *Proceedings of the 15th ACM SIGKDD International Conference on Knowledge Discovery and Data Mining*, pages 119-128, Paris, France, 2009.

[334] R. Bhaskar, S. Laxman, A. D. Smith, and A. Thakurta. Discovering frequent patterns in sensitive data. In *Proceedings of the 16th ACM SIGKDD International Conference on Knowledge Discovery and Data Mining*, pages 503-512, Washington, DC, 2010.

[335] R. J. Bolton, D. J. Hand, and N. M. Adams. Determining Hit Rate in Pattern Search. In *Proc. of the ESF Exploratory Workshop on Pattern Detection and Discovery in Data*

Mining, pages 36-48, London, UK, September 2002.

[336] S. Brin, R. Motwani, and C. Silverstein. Beyond market baskets: Generalizing association rules to correlations. In *Proc. ACM SIGMOD Intl. Conf. Management of Data*, pages 265-276, Tucson, AZ, 1997.

[337] S. Brin, R. Motwani, J. Ullman, and S. Tsur. Dynamic Itemset Counting and Implication Rules for market basket data. In *Proc. of 1997 ACM-SIGMOD Intl. Conf. on Management of Data*, pages 255-264, Tucson, AZ, June 1997.

[338] C. H. Cai, A. Fu, C. H. Cheng, and W. W. Kwong. Mining Association Rules with Weighted Items. In *Proc. of IEEE Intl. Database Engineering and Applications Symp.*, pages 68-77, Cardiff, Wales, 1998.

[339] H. Cao, N. Mamoulis, and D. W. Cheung. Mining Frequent Spatio-Temporal Sequential Patterns. In *Proceedings of the 5th IEEE International Conference on Data Mining*, pages 82-89, Houston, TX, 2005.

[340] R. Chan, Q. Yang, and Y. Shen. Mining High Utility Itemsets. In *Proceedings of the 3rd IEEE International Conference on Data Mining*, pages 19-26, Melbourne, FL, 2003.

[341] Q. Chen, U. Dayal, and M. Hsu. A Distributed OLAP infrastructure for E-Commerce. In *Proc. of the 4th IFCIS Intl. Conf. on Cooperative Information Systems*, pages 209-220, Edinburgh, Scotland, 1999.

[342] D. C. Cheung, S. D. Lee, and B. Kao. A General Incremental Technique for Maintaining Discovered Association Rules. In *Proc. of the 5th Intl. Conf. on Database Systems for Advanced Applications*, pages 185-194, Melbourne, Australia, 1997.

[343] C. K. Chui, B. Kao, and E. Hung. Mining Frequent Itemsets from Uncertain Data. In *Proceedings of the 11th Pacific-Asia Conference on Knowledge Discovery and Data Mining*, pages 47-58, Nanjing, China, 2007.

[344] R. Cooley, P. N. Tan, and J. Srivastava. Discovery of Interesting Usage Patterns from Web Data. In M. Spiliopoulou and B. Masand, editors, *Advances in Web Usage Analysis and User Profiling*, volume 1836, pages 163-182. Lecture Notes in Computer Science, 2000.

[345] P. Dokas, L. Ertöz, V. Kumar, A. Lazarevic, J. Srivastava, and P. N. Tan. Data Mining for Network Intrusion Detection. In *Proc. NSF Workshop on Next Generation Data Mining*, Baltimore, MD, 2002.

[346] G. Dong and J. Li. Interestingness of discovered association rules in terms of neighborhood-based unexpectedness. In *Proc. of the 2nd Pacific-Asia Conf. on Knowledge Discovery and Data Mining*, pages 72-86, Melbourne, Australia, April 1998.

[347] G. Dong and J. Li. Efficient Mining of Emerging Patterns: Discovering Trends and Differences. In *Proc. of the 5th Intl. Conf. on Knowledge Discovery and Data Mining*, pages 43-52, San Diego, CA, August 1999.

[348] W. DuMouchel and D. Pregibon. Empirical Bayes Screening for Multi-Item Associations.

In *Proc. of the 7th Intl. Conf. on Knowledge Discovery and Data Mining*, pages 67-76, San Francisco, CA, August 2001.

[349] B. Dunkel and N. Soparkar. Data Organization and Access for Efficient Data Mining. In *Proc. of the 15th Intl. Conf. on Data Engineering*, pages 522-529, Sydney, Australia, March 1999.

[350] A. V. Evfimievski, R. Srikant, R. Agrawal, and J. Gehrke. Privacy preserving mining of association rules. In *Proceedings of the Eighth ACM SIGKDD International Conference on Knowledge Discovery and Data Mining*, pages 217-228, Edmonton, Canada, 2002.

[351] C. C. Fabris and A. A. Freitas. Discovering surprising patterns by detecting occurrences of Simpson's paradox. In *Proc. of the 19th SGES Intl. Conf. on Knowledge- Based Systems and Applied Artificial Intelligence*, pages 148-160, Cambridge, UK, December 1999.

[352] G. Fang, G. Pandey, W. Wang, M. Gupta, M. Steinbach, and V. Kumar. Mining Low-Support Discriminative Patterns from Dense and High-Dimensional Data. *IEEE Trans. Knowl. Data Eng.*, 24(2):279-294, 2012.

[353] L. Feng, H. J. Lu, J. X. Yu, and J. Han. Mining inter-transaction associations with templates. In *Proc. of the 8th Intl. Conf. on Information and Knowledge Management*, pages 225-233, Kansas City, Missouri, Nov 1999.

[354] A. A. Freitas. Understanding the crucial differences between classification and discovery of association rules — a position paper. *SIGKDD Explorations*, 2(1):65-69, 2000.

[355] J. H. Friedman and N. I. Fisher. Bump hunting in high-dimensional data. *Statistics and Computing*, 9(2):123-143, April 1999.

[356] T. Fukuda, Y. Morimoto, S. Morishita, and T. Tokuyama. Mining Optimized Association Rules for Numeric Attributes. In *Proc. of the 15th Symp. on Principles of Database Systems*, pages 182-191, Montreal, Canada, June 1996.

[357] D. Gunopulos, R. Khardon, H. Mannila, and H. Toivonen. Data Mining, Hypergraph Transversals, and Machine Learning. In *Proc. of the 16th Symp. on Principles of Database Systems*, pages 209-216, Tucson, AZ, May 1997.

[358] R. Gupta, G. Fang, B. Field, M. Steinbach, and V. Kumar. Quantitative evaluation of approximate frequent pattern mining algorithms. In *Proceedings of the 14th ACM SIGKDD International Conference on Knowledge Discovery and Data Mining*, pages 301-309, Las Vegas, NV, 2008.

[359] E. Han, G. Karypis, and V. Kumar. Min-apriori: An algorithm for finding association rules in data with continuous attributes. *Department of Computer Science and Engineering, University of Minnesota, Tech. Rep*, 1997.

[360] E.-H. Han, G. Karypis, and V. Kumar. Scalable Parallel Data Mining for Association Rules. In *Proc. of 1997 ACM-SIGMOD Intl. Conf. on Management of Data*, pages 277-288, Tucson, AZ, May 1997.

[361] E.-H. Han, G. Karypis, V. Kumar, and B. Mobasher. Clustering Based on Association Rule Hypergraphs. In *Proc. of the 1997 ACM SIGMOD Workshop on Research Issues in Data Mining and Knowledge Discovery*, Tucson, AZ, 1997.

[362] J. Han, H. Cheng, D. Xin, and X. Yan. Frequent pattern mining: current status and future directions. *Data Mining and Knowledge Discovery*, 15(1):55-86, 2007.

[363] J. Han, Y. Fu, K. Koperski, W. Wang, and O. R. Za"Nıne. DMQL: A data mining query language for relational databases. In *Proc. of the 1996 ACM SIGMOD Workshop on Research Issues in Data Mining and Knowledge Discovery*, Montreal, Canada, June 1996.

[364] J. Han, J. Pei, and Y. Yin. Mining Frequent Patterns without Candidate Generation. In *Proc. ACM-SIGMOD Int. Conf. on Management of Data (SIGMOD'00)*, pages 1-12, Dallas, TX, May 2000.

[365] C. Hidber. Online Association Rule Mining. In Proc. of 1999 ACM-SIGMOD *Intl. Conf. on Management of Data*, pages 145-156, Philadelphia, PA, 1999.

[366] R. J. Hilderman and H. J. Hamilton. *Knowledge Discovery and Measures of Interest*. Kluwer Academic Publishers, 2001.

[367] J. Hipp, U. Guntzer, and G. Nakhaeizadeh. Algorithms for Association Rule Mining — A General Survey. *SigKDD Explorations*, 2(1):58-64, June 2000.

[368] H. Hofmann, A. P. J. M. Siebes, and A. F. X. Wilhelm. Visualizing Association Rules with Interactive Mosaic Plots. In *Proc. of the 6th Intl. Conf. on Knowledge Discovery and Data Mining*, pages 227-235, Boston, MA, August 2000.

[369] J. D. Holt and S. M. Chung. Efficient Mining of Association Rules in Text Databases. In *Proc. of the 8th Intl. Conf. on Information and Knowledge Management*, pages 234-242, Kansas City, Missouri, 1999.

[370] M. Houtsma and A. Swami. Set-oriented Mining for Association Rules in Relational Databases. In *Proc. of the 11th Intl. Conf. on Data Engineering*, pages 25-33, Taipei, Taiwan, 1995.

[371] Y. Huang, S. Shekhar, and H. Xiong. Discovering Co-location Patterns from Spatial Datasets: A General Approach. *IEEE Trans. on Knowledge and Data Engineering*, 16 (12):1472-1485, December 2004.

[372] S. Hwang, Y. Liu, J. Chiu, and E. Lim. Mining Mobile Group Patterns: A Trajectory-Based Approach. In *Proceedings of the 9th Pacific-Asia Conference on Knowledge Discovery and Data Mining*, pages 713-718, Hanoi, Vietnam, 2005.

[373] T. Imielinski, A. Virmani, and A. Abdulghani. DataMine: Application Programming Interface and Query Language for Database Mining. In *Proc. of the 2nd Intl. Conf. on Knowledge Discovery and Data Mining*, pages 256-262, Portland, Oregon, 1996.

[374] A. Inokuchi, T. Washio, and H. Motoda. An Apriori-based Algorithm for Mining Frequent Substructures from Graph Data. In *Proc. of the 4th European Conf. of Principles and Practice of Knowledge Discovery in Databases*, pages 13-23, Lyon,

France, 2000.

[375] S. Jaroszewicz and D. Simovici. Interestingness of Frequent Itemsets Using Bayesian Networks as Background Knowledge. *In Proc. of the 10th Intl. Conf. on Knowledge Discovery and Data Mining*, pages 178-186, Seattle, WA, August 2004.

[376] M. Kamber and R. Shinghal. Evaluating the Interestingness of Characteristic Rules. In *Proc. of the 2nd Intl. Conf. on Knowledge Discovery and Data Mining*, pages 263-266, Portland, Oregon, 1996.

[377] M. Klemettinen. *A Knowledge Discovery Methodology for Telecommunication Network Alarm Databases*. PhD thesis, University of Helsinki, 1999.

[378] W. A. Kosters, E. Marchiori, and A. Oerlemans. Mining Clusters with Association Rules. In *The 3rd Symp. on Intelligent Data Analysis (IDA99)*, pages 39-50, Amsterdam, August 1999.

[379] C. M. Kuok, A. Fu, and M. H. Wong. Mining Fuzzy Association Rules in Databases. *ACM SIGMOD Record*, 27(1):41-46, March 1998.

[380] M. Kuramochi and G. Karypis. Frequent Subgraph Discovery. In *Proc. of the 2001 IEEE Intl. Conf. on Data Mining*, pages 313-320, San Jose, CA, November 2001.

[381] W. Lee, S. J. Stolfo, and K. W. Mok. Adaptive Intrusion Detection: A Data Mining Approach. *Artificial Intelligence Review*, 14(6):533-567, 2000.

[382] N. Li, L. Zeng, Q. He, and Z. Shi. Parallel Implementation of Apriori Algorithm Based on MapReduce. In *Proceedings of the 13th ACIS International Conference on Software Engineering, Artificial Intelligence, Networking and Parallel/Distributed Computing*, pages 236-241, Kyoto, Japan, 2012.

[383] W. Li, J. Han, and J. Pei. CMAR: Accurate and Efficient Classification Based on Multiple Class-association Rules. *In Proc. of the 2001 IEEE Intl. Conf. on Data Mining*, pages 369-376, San Jose, CA, 2001.

[384] M. Lin, P. Lee, and S. Hsueh. Apriori-based frequent itemset mining algorithms on MapReduce. In *Proceedings of the 6th International Conference on Ubiquitous Information Management and Communication*, pages 26-30, Kuala Lumpur, Malaysia, 2012.

[385] B. Liu, W. Hsu, and S. Chen. Using General Impressions to Analyze Discovered Classification Rules. In *Proc. of the 3rd Intl. Conf. on Knowledge Discovery and Data Mining*, pages 31-36, Newport Beach, CA, August 1997.

[386] B. Liu, W. Hsu, and Y. Ma. Integrating Classification and Association Rule Mining. In *Proc. of the 4th Intl. Conf. on Knowledge Discovery and Data Mining*, pages 80-86, New York, NY, August 1998.

[387] B. Liu, W. Hsu, and Y. Ma. Mining association rules with multiple minimum supports. In *Proc. of the 5th Intl. Conf. on Knowledge Discovery and Data Mining*, pages 125-134, San Diego, CA, August 1999.

[388] B. Liu, W. Hsu, and Y. Ma. Pruning and Summarizing the Discovered Associations. In *Proc. of the 5th Intl. Conf. on Knowledge Discovery and Data Mining*, pages 125-134, San Diego, CA, August 1999.

[389] J. Liu, S. Paulsen, W. Wang, A. B. Nobel, and J. Prins. Mining Approximate Frequent Itemsets from Noisy Data. In *Proceedings of the 5th IEEE International Conference on Data Mining*, pages 721-724, Houston, TX, 2005.

[390] Y. Liu, W.-K. Liao, and A. Choudhary. A two-phase algorithm for fast discovery of high utility itemsets. In *Proceedings of the 9th Pacific-Asia Conference on Knowledge Discovery and Data Mining*, pages 689-695, Hanoi, Vietnam, 2005.

[391] F. Llinares-López, M. Sugiyama, L. Papaxanthos, and K. M. Borgwardt. Fast and Memory-Efficient Significant Pattern Mining via Permutation Testing. In *Proceedings of the 21th ACM SIGKDD International Conference on Knowledge Discovery and Data Mining*, pages 725-734, Sydney, Australia, 2015.

[392] A. Marcus, J. I. Maletic, and K.-I. Lin. Ordinal association rules for error identification in data sets. In *Proc. of the 10th Intl. Conf. on Information and Knowledge Management*, pages 589-591, Atlanta, GA, October 2001.

[393] N. Megiddo and R. Srikant. Discovering Predictive Association Rules. In *Proc. of the 4th Intl. Conf. on Knowledge Discovery and Data Mining*, pages 274-278, New York, August 1998.

[394] R. Meo, G. Psaila, and S. Ceri. A New SQL-like Operator for Mining Association Rules. In *Proc. of the 22nd VLDB Conf.*, pages 122-133, Bombay, India, 1996.

[395] R. J. Miller and Y. Yang. Association Rules over Interval Data. In *Proc. of 1997 ACM-SIGMOD Intl. Conf. on Management of Data*, pages 452-461, Tucson, AZ, May 1997.

[396] S. Moens, E. Aksehirli, and B. Goethals. Frequent Itemset Mining for Big Data. In *Proceedings of the 2013 IEEE International Conference on Big Data*, pages 111-118, Santa Clara, CA, 2013.

[397] Y. Morimoto, T. Fukuda, H. Matsuzawa, T. Tokuyama, and K. Yoda. Algorithms for mining association rules for binary segmentations of huge categorical databases. In *Proc. of the 24th VLDB Conf.*, pages 380-391, New York, August 1998.

[398] F. Mosteller. Association and Estimation in Contingency Tables. *JASA*, 63:1-28, 1968.

[399] A. Mueller. Fast sequential and parallel algorithms for association rule mining: A comparison. Technical Report CS-TR-3515, University of Maryland, August 1995.

[400] R. T. Ng, L. V. S. Lakshmanan, J. Han, and A. Pang. Exploratory Mining and Pruning Optimizations of Constrained Association Rules. In *Proc. of 1998 ACM-SIGMOD Intl. Conf. on Management of Data*, pages 13-24, Seattle, WA, June 1998.

[401] P. K. Novak, N. Lavrač, and G. I. Webb. Supervised descriptive rule discovery: A unifying survey of contrast set, emerging pattern and subgroup mining. *Journal of Machine*

Learning Research, 10(Feb):377-403, 2009.

[402] E. Omiecinski. Alternative Interest Measures for Mining Associations in Databases. *IEEE Trans. on Knowledge and Data Engineering*, 15(1):57-69, January/February 2003.

[403] B. Ozden, S. Ramaswamy, and A. Silberschatz. Cyclic Association Rules. In *Proc. of the 14th Intl. Conf. on Data Eng.*, pages 412-421, Orlando, FL, February 1998.

[404] A. Ozgur, P. N. Tan, and V. Kumar. RBA: An Integrated Framework for Regression based on Association Rules. In *Proc. of the SIAM Intl. Conf. on Data Mining*, pages 210-221, Orlando, FL, April 2004.

[405] J. S. Park, M.-S. Chen, and P. S. Yu. An effective hash-based algorithm for mining association rules. *SIGMOD Record*, 25(2):175-186, 1995.

[406] S. Parthasarathy and M. Coatney. Efficient Discovery of Common Substructures in Macromolecules. In *Proc. of the 2002 IEEE Intl. Conf. on Data Mining*, pages 362-369, Maebashi City, Japan, December 2002.

[407] N. Pasquier, Y. Bastide, R. Taouil, and L. Lakhal. Discovering frequent closed itemsets for association rules. In *Proc. of the 7th Intl. Conf. on Database Theory (ICDT'99)*, pages 398-416, Jerusalem, Israel, January 1999.

[408] J. Pei, J. Han, H. J. Lu, S. Nishio, and S. Tang. H-Mine: Hyper-Structure Mining of Frequent Patterns in Large Databases. In *Proc. of the 2001 IEEE Intl. Conf. on Data Mining*, pages 441-448, San Jose, CA, November 2001.

[409] J. Pei, J. Han, B. Mortazavi-Asl, and H. Zhu. Mining Access Patterns Efficiently from Web Logs. In *Proc. of the 4th Pacific-Asia Conf. on Knowledge Discovery and Data Mining*, pages 396-407, Kyoto, Japan, April 2000.

[410] G. Piatetsky-Shapiro. Discovery, Analysis and Presentation of Strong Rules. In G. Piatetsky-Shapiro and W. Frawley, editors, *Knowledge Discovery in Databases*, pages 229-248. MIT Press, Cambridge, MA, 1991.

[411] C. Potter, S. Klooster, M. Steinbach, P. N. Tan, V. Kumar, S. Shekhar, and C. Carvalho. Understanding Global Teleconnections of Climate to Regional Model Estimates of Amazon Ecosystem Carbon Fluxes. *Global Change Biology*, 10(5):693-703, 2004.

[412] C. Potter, S. Klooster, M. Steinbach, P. N. Tan, V. Kumar, S. Shekhar, R. Myneni, and R. Nemani. Global Teleconnections of Ocean Climate to Terrestrial Carbon Flux. *Journal of Geophysical Research*, 108(D17), 2003.

[413] G. D. Ramkumar, S. Ranka, and S. Tsur. Weighted association rules: Model and algorithm. In *Proc. ACM SIGKDD*, 1998.

[414] M. Riondato and F. Vandin. Finding the True Frequent Itemsets. In *Proceedings of the 2014 SIAM International Conference on Data Mining*, pages 497-505, Philadelphia, PA, 2014.

[415] S. Sarawagi, S. Thomas, and R. Agrawal. Integrating Mining with Relational Database Systems: Alternatives and Implications. In *Proc. of 1998 ACM-SIGMOD Intl. Conf. on*

Management of Data, pages 343-354, Seattle, WA, 1998.

[416] K. Satou, G. Shibayama, T. Ono, Y. Yamamura, E. Furuichi, S. Kuhara, and T. Takagi. Finding Association Rules on Heterogeneous Genome Data. In *Proc. of the Pacific Symp. on Biocomputing*, pages 397-408, Hawaii, January 1997.

[417] A. Savasere, E. Omiecinski, and S. Navathe. An efficient algorithm for mining association rules in large databases. In *Proc. of the 21st Int. Conf. on Very Large Databases (VLDB'95)*, pages 432-444, Zurich, Switzerland, September 1995.

[418] A. Savasere, E. Omiecinski, and S. Navathe. Mining for Strong Negative Associations in a Large Database of Customer Transactions. In *Proc. of the 14th Intl. Conf. on Data Engineering*, pages 494-502, Orlando, Florida, February 1998.

[419] M. Seno and G. Karypis. LPMiner: An Algorithm for Finding Frequent Itemsets Using Length-Decreasing Support Constraint. In *Proc. of the 2001 IEEE Intl. Conf. on Data Mining*, pages 505-512, San Jose, CA, November 2001.

[420] T. Shintani and M. Kitsuregawa. Hash based parallel algorithms for mining association rules. In *Proc of the 4th Intl. Conf. on Parallel and Distributed Info. Systems*, pages 19-30, Miami Beach, FL, December 1996.

[421] A. Silberschatz and A. Tuzhilin. What makes patterns interesting in knowledge discovery systems. *IEEE Trans. on Knowledge and Data Engineering*, 8(6):970-974, 1996.

[422] C. Silverstein, S. Brin, and R. Motwani. Beyond market baskets: Generalizing association rules to dependence rules. *Data Mining and Knowledge Discovery*, 2(1): 39-68, 1998.

[423] E.-H. Simpson. The Interpretation of Interaction in Contingency Tables. *Journal of the Royal Statistical Society*, B(13):238-241, 1951.

[424] L. Singh, B. Chen, R. Haight, and P. Scheuermann. An Algorithm for Constrained Association Rule Mining in Semi-structured Data. In *Proc. of the 3rd Pacific-Asia Conf. on Knowledge Discovery and Data Mining*, pages 148-158, Beijing, China, April 1999.

[425] R. Srikant and R. Agrawal. Mining Quantitative Association Rules in Large Relational Tables. In *Proc. of 1996 ACM-SIGMOD Intl. Conf. on Management of Data*, pages 1-12, Montreal, Canada, 1996.

[426] R. Srikant and R. Agrawal. Mining Sequential Patterns: Generalizations and Performance Improvements. In *Proc. of the 5th Intl Conf. on Extending Database Technology (EDBT'96)*, pages 18-32, Avignon, France, 1996.

[427] R. Srikant, Q. Vu, and R. Agrawal. Mining Association Rules with Item Constraints. In *Proc. of the 3rd Intl. Conf. on Knowledge Discovery and Data Mining*, pages 67-73, Newport Beach, CA, August 1997.

[428] M. Steinbach, P. N. Tan, and V. Kumar. Support Envelopes: A Technique for Exploring the Structure of Association Patterns. In *Proc. of the 10th Intl. Conf. on Knowledge Discovery and Data Mining*, pages 296-305, Seattle, WA, August 2004.

[429] M. Steinbach, P. N. Tan, H. Xiong, and V. Kumar. Extending the Notion of Support. In

Proc. of the 10th Intl. Conf. on Knowledge Discovery and Data Mining, pages 689–94, Seattle, WA, August 2004.

[430] M. Steinbach, H. Yu, G. Fang, and V. Kumar. Using constraints to generate and explore higher order discriminative patterns. *Advances in Knowledge Discovery and Data Mining*, pages 338-350, 2011.

[431] E. Suzuki. Autonomous Discovery of Reliable Exception Rules. In *Proc. of the 3rd Intl. Conf. on Knowledge Discovery and Data Mining*, pages 259-262, Newport Beach, CA, August 1997.

[432] P. N. Tan and V. Kumar. Mining Association Patterns in Web Usage Data. In *Proc. of the Intl. Conf. on Advances in Infrastructure for e-Business, e-Education, e-Science and e-Medicine on the Internet*, L'Aquila, Italy, January 2002.

[433] P. N. Tan, V. Kumar, and J. Srivastava. Selecting the Right Interestingness Measure for Association Patterns. In *Proc. of the 8th Intl. Conf. on Knowledge Discovery and Data Mining*, pages 32-41, Edmonton, Canada, July 2002.

[434] P. N. Tan, M. Steinbach, V. Kumar, S. Klooster, C. Potter, and A. Torregrosa. Finding Spatio-Temporal Patterns in Earth Science Data. In *KDD 2001 Workshop on Temporal Data Mining*, San Francisco, CA, 2001.

[435] N. Tatti. Probably the best itemsets. In *Proceedings of the 16th ACM SIGKDD International Conference on Knowledge Discovery and Data Mining*, pages 293-302, Washington, DC, 2010.

[436] H. Toivonen. Sampling Large Databases for Association Rules. In *Proc. of the 22nd VLDB Conf.*, pages 134-145, Bombay, India, 1996.

[437] H. Toivonen, M. Klemettinen, P. Ronkainen, K. Hatonen, and H. Mannila. Pruning and Grouping Discovered Association Rules. In *ECML-95 Workshop on Statistics, Machine Learning and Knowledge Discovery in Databases*, pages 47-52, Heraklion, Greece, April 1995.

[438] I. Tsoukatos and D. Gunopulos. Efficient mining of spatiotemporal patterns. In *Proceedings of the 7th International Symposium on Advances in Spatial and Temporal Databases*, pages 425-442, 2001.

[439] S. Tsur, J. Ullman, S. Abiteboul, C. Clifton, R. Motwani, S. Nestorov, and A. Rosenthal. Query Flocks: A Generalization of Association Rule Mining. In *Proc. of 1998 ACM-SIGMOD Intl. Conf. on Management of Data*, pages 1-12, Seattle, WA, June 1998.

[440] A. Tung, H. J. Lu, J. Han, and L. Feng. Breaking the Barrier of Transactions: Mining Inter-Transaction Association Rules. In *Proc. of the 5th Intl. Conf. on Knowledge Discovery and Data Mining*, pages 297-301, San Diego, CA, August 1999.

[441] J. Vaidya and C. Clifton. Privacy preserving association rule mining in vertically partitioned data. In *Proceedings of the Eighth ACM SIGKDD International Conference on Knowledge Discovery and Data Mining*, pages 639-644, Edmonton, Canada, 2002.

[442] K. Wang, Y. He, and J. Han. Mining Frequent Itemsets Using Support Constraints. In *Proc. of the 26th VLDB Conf.*, pages 43-52, Cairo, Egypt, September 2000.

[443] K. Wang, S. H. Tay, and B. Liu. Interestingness-Based Interval Merger for Numeric Association Rules. In *Proc. of the 4th Intl. Conf. on Knowledge Discovery and Data Mining*, pages 121-128, New York, NY, August 1998.

[444] L. Wang, R. Cheng, S. D. Lee, and D. W. Cheung. Accelerating probabilistic frequent itemset mining: a model-based approach. In *Proceedings of the 19th ACM Conference on Information and Knowledge Management*, pages 429-438, 2010.

[445] G. I. Webb. Preliminary investigations into statistically valid exploratory rule discovery. In *Proc. of the Australasian Data Mining Workshop (AusDM03)*, Canberra, Australia, December 2003.

[446] H. Xiong, X. He, C. Ding, Y. Zhang, V. Kumar, and S. R. Holbrook. Identification of Functional Modules in Protein Complexes via Hyperclique Pattern Discovery. In *Proc. of the Pacific Symposium on Biocomputing, (PSB 2005)*, Maui, January 2005.

[447] H. Xiong, S. Shekhar, P. N. Tan, and V. Kumar. Exploiting a Support-based Upper Bound of Pearson's Correlation Coefficient for Efficiently Identifying Strongly Correlated Pairs. In *Proc. of the 10th Intl. Conf. on Knowledge Discovery and Data Mining*, pages 334-343, Seattle, WA, August 2004.

[448] H. Xiong, M. Steinbach, P. N. Tan, and V. Kumar. HICAP: Hierarchial Clustering with Pattern Preservation. In *Proc. of the SIAM Intl. Conf. on Data Mining*, pages 279-290, Orlando, FL, April 2004.

[449] H. Xiong, P. N. Tan, and V. Kumar. Mining Strong Affinity Association Patterns in Data Sets with Skewed Support Distribution. In *Proc. of the 2003 IEEE Intl. Conf. on Data Mining*, pages 387-394, Melbourne, FL, 2003.

[450] X. Yan and J. Han. gSpan: Graph-based Substructure Pattern Mining. In *Proc. of the 2002 IEEE Intl. Conf. on Data Mining*, pages 721-724, Maebashi City, Japan, December 2002.

[451] C. Yang, U. M. Fayyad, and P. S. Bradley. Efficient discovery of error-tolerant frequent itemsets in high dimensions. In *Proceedings of the seventh ACM SIGKDD international conference on Knowledge discovery and data mining*, pages 194-203, San Francisco, CA, 2001.

[452] C. Yang, U. M. Fayyad, and P. S. Bradley. Efficient discovery of error-tolerant frequent itemsets in high dimensions. In *Proc. of the 7th Intl. Conf. on Knowledge Discovery and Data Mining*, pages 194-203, San Francisco, CA, August 2001.

[453] M. J. Zaki. Parallel and Distributed AssociationMining: A Survey. *IEEE Concurrency, special issue on Parallel Mechanisms for Data Mining*, 7(4):14-25, December 1999.

[454] M. J. Zaki. Generating Non-Redundant Association Rules. In *Proc. of the 6th Intl. Conf. on Knowledge Discovery and Data Mining*, pages 34-43, Boston, MA, August 2000.

[455] M. J. Zaki. Efficiently mining frequent trees in a forest. In *Proc. of the 8th Intl. Conf. on Knowledge Discovery and Data Mining*, pages 71-80, Edmonton, Canada, July 2002.

[456] M. J. Zaki and M. Orihara. Theoretical foundations of association rules. In *Proc. of the 1998 ACM SIGMOD Workshop on Research Issues in Data Mining and Knowledge Discovery*, Seattle, WA, June 1998.

[457] M. J. Zaki, S. Parthasarathy, M. Ogihara, and W. Li. New Algorithms for Fast Discovery of Association Rules. In *Proc. of the 3rd Intl. Conf. on Knowledge Discovery and Data Mining*, pages 283-286, Newport Beach, CA, August 1997.

[458] C. Zeng, J. F. Naughton, and J. Cai. On differentially private frequent itemset mining. *Proceedings of the VLDB Endowment*, 6(1):25-36, 2012.

[459] F. Zhang, Y. Zhang, and J. Bakos. GPApriori: GPU-Accelerated Frequent Itemset Mining. In *Proceedings of the 2011 IEEE International Conference on Cluster Computing*, pages 590-594, Austin, TX, 2011.

[460] H. Zhang, B. Padmanabhan, and A. Tuzhilin. On the Discovery of Significant Statistical Quantitative Rules. In *Proc. of the 10th Intl. Conf. on Knowledge Discovery and Data Mining*, pages 374-383, Seattle, WA, August 2004.

[461] Z. Zhang, Y. Lu, and B. Zhang. An Effective Partioning-Combining Algorithm for Discovering Quantitative Association Rules. In *Proc. of the 1st Pacific-Asia Conf. on Knowledge Discovery and Data Mining*, Singapore, 1997.

[462] N. Zhong, Y. Y. Yao, and S. Ohsuga. Peculiarity Oriented Multi-database Mining. In *Proc. of the 3rd European Conf. of Principles and Practice of Knowledge Discovery in Databases*, pages 136-146, Prague, Czech Republic, 1999.

5.10 연습문제

1. 다음 각 질문에 대해 다음 조건들을 만족하는 장바구니 도메인에서 하나의 연관 규칙 예를 들어라. 또한 그러한 규칙이 주관적으로 흥미로운지 설명하라.

   (a) 높은 지지도와 높은 신뢰도를 가지는 규칙

   (b) 상당히 높은 지지도지만 낮은 신뢰도를 가지는 규칙

   (c) 낮은 지지도와 낮은 신뢰도를 가지는 규칙

   (d) 낮은 지지도와 높은 신뢰도를 가지는 규칙

2. 표 5.20에 나와 있는 데이터 집합을 고려해 보자.

표 5.20 장바구니 트랜잭션들의 예

Customer ID	Transaction ID	Items Bought
1	0001	$\{a, d, e\}$
1	0024	$\{a, b, c, e\}$
2	0012	$\{a, b, d, e\}$
2	0031	$\{a, c, d, e\}$
3	0015	$\{b, c, e\}$
3	0022	$\{b, d, e\}$
4	0029	$\{c, d\}$
4	0040	$\{a, b, c\}$
5	0033	$\{a, d, e\}$
5	0038	$\{a, b, e\}$

(a) 각 트랜잭션 ID를 하나의 장바구니로 취급하여 항목집합 $\{e\}$, $\{b, d\}$ 및 $\{b, d, e\}$에 대한 지지도를 계산하라.

(b) (a)번에서의 결과를 사용하여 연관 규칙 $\{b, d\} \rightarrow \{e\}$와 $\{e\} \rightarrow \{b, d\}$에 대한 신뢰도를 계산하라. 신뢰도는 대칭 척도인가?

(c) 각 고객 ID를 하나의 장바구니로 취급하여 (a)번을 반복하라. 각 항목은 이진 변수로 취급되어야 한다(만약 고객이 구매한 하나 이상의 트랜잭션들에 항목이 나타나면 1, 그렇지 않으면 0).

(d) (c)번에서의 결과를 사용하여 연관 규칙 $\{b, d\} \rightarrow \{e\}$와 $\{e\} \rightarrow \{b, d\}$에 대한 신뢰도를 계산하라.

(e) 각 트랜잭션 ID를 하나의 장바구니로 취급할 때 연관 규칙 r의 지지도와 신뢰도 값을 s_1과 c_1이라고 가정하자. 또한, 각 고객 ID를 하나의 장바구니로 취급할 때 r의 지지도와 신뢰도 값을 s_2과 c_2라고 가정하자. s_1과 s_2 또는 c_1과 c_2 사이에 어떤 관계가 있는지를 논의하라.

3. (a) 규칙 $\phi \rightarrow A$와 $A \rightarrow \phi$에 대한 신뢰도는 얼마인가?

(b) c_1, c_2 및 c_3을 규칙 $\{p\} \rightarrow \{q\}$, $\{p\} \rightarrow \{q, r\}$ 및 $\{p, r\} \rightarrow \{q\}$ 각각의 신뢰도 값이라고 하자. 만약 c_1, c_2 및 c_3가 서로 다른 값을 가진다고 가정하면, c_1, c_2 및 c_3 사이에 존재할 수 있는 가능한 관계는 무엇인가? 어느 규칙이 가장 낮은 신뢰도를 가지는가?

(c) 그 규칙들이 동일한 지지도를 가진다고 가정하여 (b)번에서의 분석을 반복하라. 어느 규칙이 가장 높은 신뢰도를 가지는가?

(d) 이행성(transitivity): 규칙 $A \rightarrow B$와 $B \rightarrow C$의 신뢰도가 어떤 임계값, $minconf$, 보다 더 크다고 가정하자. $A \rightarrow C$가 $minconf$ 보다 작은 신뢰도를 가지는 것이 가능한가?

4. 다음 척도의 각각에 대해서, 그것이 단조(monotone)인지, 비-단조(anti-monotone)인지, 또는 무-단조(non-monotone, 즉, 단조도 아니고 비-단조도 아닌)인지를 결정하라.

예제: 지지도, $s = \frac{\sigma(X)}{|T|}$는 비-단조인데 그 까닭은 $X \subset Y$일 때에는 반드시 $s(X) \geq s(Y)$이기 때문이다.

(a) 특성 규칙(characteristic rule)은 형식 $\{p\} \rightarrow \{q_1, q_2, \ldots, q_n\}$의 규칙이고, 여기서 규칙 전건은 오직 단일 항목을 포함한다. 크기 k의 항목집합은 k개까지 특성 규칙들을 만들 수 있다. ζ를 주어진 항목집합에서 생성되는 모든 특성 규칙들의 최소 신뢰도라고 하자:

$$\zeta(\{p_1, p_2, \ldots, p_k\}) = \min[\, c(\{p_1\} \rightarrow \{p_2, p_3, \ldots, p_k\}), \ldots, \\ c(\{p_k\} \rightarrow \{p_1, p_2, \ldots, p_{k-1}\})\,]$$

ζ는 단조, 비-단조, 또는 무-단조인가?

(b) 판별 규칙(discriminant rule)은 형식 $\{p_1, p_2, \ldots, p_n\} \rightarrow \{q\}$의 규칙이고, 여기서 규칙 후건은 오직 단일 항목을 포함한다. 크기 k의 항목집합은 k개까지 판별 규칙들을 만들 수 있다. η를 주어진 항목집합에서 생성되는 모든 판별 규칙들의 최소 신뢰도라고 하자:

$$\eta(\{p_1, p_2, \ldots, p_k\}) = \min[\, c(\{p_2, p_3, \ldots, p_k\} \rightarrow \{p_1\}), \ldots, \\ c(\{p_1, p_2, \ldots, p_{k-1}\} \rightarrow \{p_k\})\,]$$

η는 단조, 비-단조, 또는 무-단조인가?

(c) min 함수를 max 함수로 바꾸어서 (a)와 (b)번에서의 분석을 반복하라.

5. 식 (5.3)을 증명하라. (힌트: 먼저, 규칙의 왼쪽 항을 형성하는 항목집합을 만들어내는 방법들의 수를 세어 나간다. 다음으로, 왼쪽 항으로 선택된 크기 k개의 항목집합 각각에 대해서, 규칙의 오른쪽 항을 형성하는 나머지 $d-k$ 항목을 선정하는 방법들의 수를 세어 나간다) 규칙의 항목집합 양쪽이 비어 있지 않다고 가정하라.

6. 표 5.21에 보이는 장바구니 트랜잭션들을 고려해 보자.

표 5.21 장바구니 트랜잭션들

Transaction ID	Items Bought
1	{Milk, Beer, Diapers}
2	{Bread, Butter, Milk}
3	{Milk, Diapers, Cookies}
4	{Bread, Butter, Cookies}
5	{Beer, Cookies, Diapers}
6	{Milk, Diapers, Bread, Butter}
7	{Bread, Butter, Diapers}
8	{Beer, Diapers}
9	{Milk, Diapers, Bread, Butter}
10	{Beer, Cookies}

(a) 이 데이터에서 추출될 수 있는 연관 규칙들의 최댓수는 얼마인가(0 지지도를 가지는 규칙들을 포함하여)?

(b) 추출될 수 있는 빈발 항목집합의 최대 크기는 얼마인가($minsup > 0$을 가정하면)?

(c) 이 데이터 집합에서 유도될 수 있는 크기-3 항목집합들의 최댓수에 대한 식을 작성하라.

(d) 가장 큰 지지도를 갖는 (크기가 2 이상인) 항목집합을 찾아라.

(e) 규칙 $\{a\} \rightarrow \{b\}$와 $\{b\} \rightarrow \{a\}$가 동일한 신뢰도를 가지는 한 쌍의 항목, a와 b을 찾아라.

7. 만약 후보 k–항목집합 X가 빈발하지 않는 $k-1$보다 작은 크기의 부분집합 한 개를 가진다면, X의 $(k-1)$–크기 부분집합들 중 적어도 하나가 반드시 빈발하지 않은 것을 보여라.

8. 빈발 3–항목집합들의 다음 집합을 고려해보자:

$\{1, 2, 3\}, \{1, 2, 4\}, \{1, 2, 5\}, \{1, 3, 4\}, \{1, 3, 5\}, \{2, 3, 4\}, \{2, 3, 5\}, \{3, 4, 5\}$

이 데이터 집합에 단지 다섯 개의 항목들이 있다고 가정한다.

(a) $\mathbf{F}_{k-1} \times \mathbf{F}_1$ 합병 전략을 사용한 후보 생성 절차에 의해 얻어진 모든 후보 4-항목집합들을 나열하라.

(b) *Apriori*에서의 후보 생성 절차에 의해 얻어진 모든 후보 4-항목집합들을 나열하라.

(c) *Apriori* 알고리즘의 후보 가지치기 단계에서 살아남은 모든 후보 4-항목집합들을 나열하라.

9. *Apriori* 알고리즘은 빈발 항목집합을 유도하기 위해 생성-및-카운트(generate-and-count) 전략을 사용한다. 크기 $k+1$의 후보 항목집합은 크기 k의 빈발 항목집합 쌍을 결합하여 만들어진다(이것은 후보 생성 단계라고 함). 만약 후보 가지치기 단계 동안 후보의 부분집합들 중 하나라도 빈발하지 않은 것으로 알게 되면 그 후보는 삭제된다. *Apriori* 알고리즘이 $minsup=30\%$로 표 5.22에 표시된 데이터 집합에 적용된다고 가정하자. 즉, 3개 미만의 트랜잭션들에서 나타나는 어떤 항목집합도 빈발하지 않은 것으로 간주된다.

표 5.22 장바구니 트랜잭션들의 예

Transaction ID	Items Bought
1	$\{a, b, d, e\}$
2	$\{b, c, d\}$
3	$\{a, b, d, e\}$
4	$\{a, c, d, e\}$
5	$\{b, c, d, e\}$
6	$\{b, d, e\}$
7	$\{c, d\}$
8	$\{a, b, c\}$
9	$\{a, d, e\}$
10	$\{b, d\}$

(a) 표 5.22에 주어진 데이터 집합을 나타내는 항목집합 격자를 그려라. 격자의 각 노드에 다음 문자(들)로 라벨을 붙여라:

- N: 만약 항목집합이 *Apriori* 알고리즘에 의해 후보 항목집합으로 간주되지 않는 경우. 항목집합이 후보 항목집합으로 간주되지 않는 두 가지 이유가 있다: (1) 그것은 후보 생성 단계 중에 전혀 생성되지 않거나, 또는 (2) 그것은 후보 생성 단계 중에 생성되지만 이후 그것의 부분집합들 중 하나가 빈발하지 않은 것으로 발견되기 때문에 후보 가지치기 단계에서 제거된다.
- F: 만약 후보 항목집합이 *Apriori* 알고리즘에 의해 빈발한 것으로 발견되는 경우
- I: 만약 후보 항목집합이 지지도 계산 후에 빈발하지 않은 것으로 발견되는 경우

(b) 빈발 항목집합들의 백분율은 얼마인가(격자의 모든 항목집합들과 관련하여)?

(c) 이 데이터 집합에서 *Apriori* 알고리즘의 가지치기 비율은 얼마인가? (가지치기 비율은 후보로 간주되지 않는 항목집합들의 백분율로 정의되는데 그 까닭은 (1) 그것들은 후보 생성 중에 생성되지 않거나 또는 (2) 그것들은 후보 가지치기 단계 동안 제거되

기 때문이다.)

(d) 오경보 비율(false alarm rate)은 얼마인가(즉, 지지도 계산을 수행한 후에 빈발하지 않은 것으로 발견되는 후보 항목집합들의 백분율)?

10. *Apriori* 알고리즘은 해시 트리 데이터 구조를 사용하여 후보 항목집합의 지지도를 효율적으로 계산한다. 그림 5.32에 표시된 후보 3-항목집합들에 대한 해시 트리를 고려해 보자.

(a) 항목 $\{1, 3, 4, 5, 8\}$을 포함하는 트랜잭션이 주어지면, 이 트랜잭션의 후보들을 찾을 때 어떤 해시 트리 리프 노드가 방문되는가?

(b) (a)번에서 방문된 리프 노드들을 사용하여 트랜잭션 $\{1, 3, 4, 5, 8\}$에 포함된 후보 항목집합들을 결정하라.

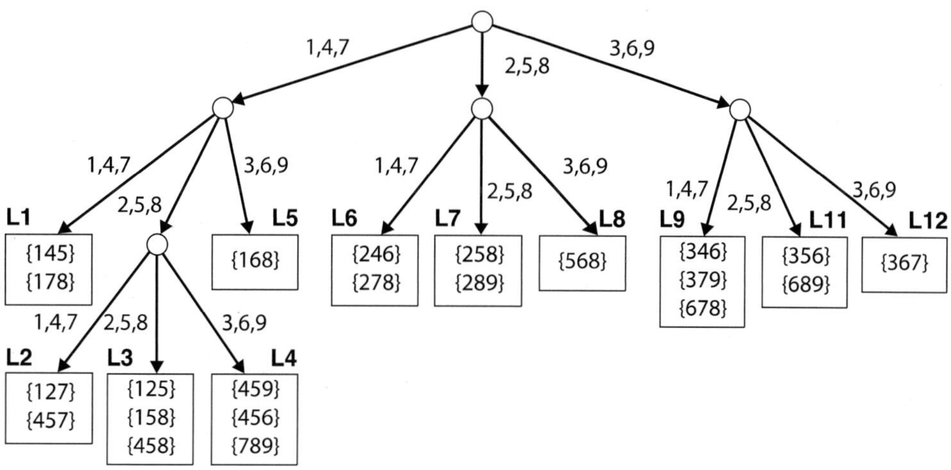

그림 5.32 해시 트리 구조의 예

11. 다음의 후보 3-항목집합들의 집합을 고려해 보자:

$$\{1, 2, 3\}, \{1, 2, 6\}, \{1, 3, 4\}, \{2, 3, 4\}, \{2, 4, 5\}, \{3, 4, 6\}, \{4, 5, 6\}$$

(a) 위의 후보 3-항목집합들에 대한 해시 트리를 구성하라. 트리가 모든 홀수-번호를 가진 항목들은 노드의 왼쪽 자식으로 해시되고, 반면에 짝수-번호를 가진 항목들은 오른쪽 자식으로 해시되는 해시 함수를 사용한다고 가정한다. 후보 k-항목집합은 후보의 각 연속되는 항목을 해싱한 다음 해시 값에 따라 트리의 적절한 가지를 따라 트리에 삽입된다. 일단 리프 노드에 도달하면, 다음 조건들 중 하나에 따라 그 후보가 삽입된다:

조건 1: 만약 리프 노드의 깊이가 k와 같으면(루트는 깊이 0으로 가정한다), 노드에 이미 저장되어 있는 항목집합들의 수에 관계없이 후보가 삽입된다.

조건 2: 만약 리프 노드의 깊이가 k 보다 작으면, 그 노드에 저장된 항목집합들의 수가 $maxsize$ 보다 작은 경우에 후보를 삽입할 수 있다. 이 질문에 대해 $maxsize = 2$로 가정한다.

조건 3: 만약 리프 노드의 깊이가 k 보다 작고 그 노드에 저장된 항목집합들의 수가 $maxsize$와 같으면, 그 리프 노드는 내부 노드로 변환된다. 새 리프 노드들은 이전 리프 노드의 자식으로 만들어진다. 이전 리프 노드에 먼저 저장된 후보 항목집합들은 해시 값에 따라 자식으로 분배된다. 새로운 후보는 또한 적절한 리프 노드로 해시된다.

(b) 후보 해시 트리에는 몇 개의 리프 노드들이 있는가? 내부 노드들은 몇 개인가?

(c) 다음 항목들을 포함하는 트랜잭션을 고려해 보자: $\{1, 2, 3, 5, 6\}$. (a)번에서 구성된 해시 트리를 사용하면, 그 트랜잭션에 대해 어떤 리프 노드들을 검사하는가? 이 트랜잭션에 포함된 후보 3-항목집합들은 무엇인가?

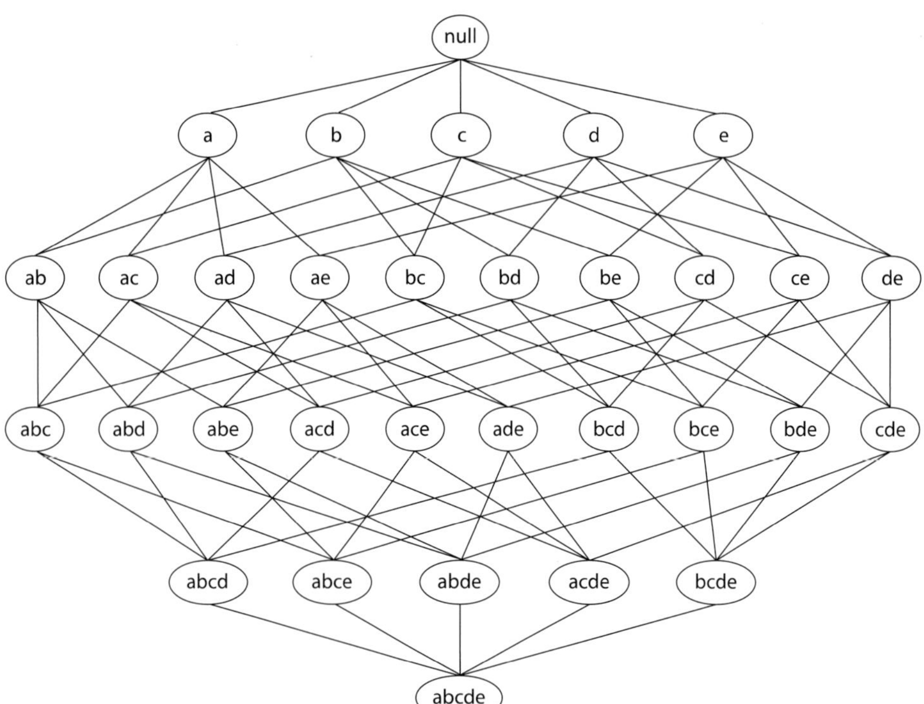

그림 5.33 항목집합 격자

12. 그림 5.33에 보이는 격자 구조와 표 5.22에 제시된 트랜잭션들이 주어지면, 각 노드에 다음 문자(들)로 라벨을 붙여라:

- M : 만약 노드가 최대 빈발 항목집합인 경우,
- C : 만약 그것이 닫힌 빈발 항목집합인 경우,
- N : 만약 그것이 빈발이지만 최대도 아니고 닫힌 것도 아닌 경우, 그리고
- I : 만약 그것이 빈발하지 않는 경우.

지지도 임계값은 30%로 가정한다.

13. 원래의 연관 규칙 탐사 형식화는 지지도와 신뢰도 척도들을 사용하여 흥미롭지 않은 규칙을 가지치기한다.

(a) 표 5.23에 나와 있는 트랜잭션들을 사용하여 다음 각 규칙에 대한 분할표를 그려라. 규칙: $\{b\} \to \{c\}$, $\{a\} \to \{d\}$, $\{b\} \to \{d\}$, $\{e\} \to \{c\}$, $\{c\} \to \{a\}$.

(b) (a)번의 분할표들을 사용하여 다음 척도들에 따라 규칙들을 계산하고 내림차순으로 순위를 지정하라.

i. 지지도(support).

ii. 신뢰도(confidence).

iii. $\text{Interest}(X \to Y) = \frac{P(X, Y)}{P(X)} P(Y)$.

iv. $\text{IS}(X \to Y) = \frac{P(X, Y)}{\sqrt{P(X)P(Y)}}$.

표 5.23 장바구니 트랜잭션들의 예

Transaction ID	Items Bought
1	$\{a, b, d, e\}$
2	$\{b, c, d\}$
3	$\{a, b, d, e\}$
4	$\{a, c, d, e\}$
5	$\{b, c, d, e\}$
6	$\{b, d, e\}$
7	$\{c, d\}$
8	$\{a, b, c\}$
9	$\{a, d, e\}$
10	$\{b, d\}$

v. Klosgen$(X \rightarrow Y) = \sqrt{P(X, Y)} \times \max(P(Y|X) - P(Y), P(X|Y) - P(X))$,

여기서 $P(Y|X) = \dfrac{P(X, Y)}{P(X)}$.

vi. Odds ratio$(X \rightarrow Y) = \dfrac{P(X, Y)P(\overline{X}, \overline{Y})}{P(X, \overline{Y})P(\overline{X}, Y)}$.

14. 연습문제 13에서 얻은 순위들이 주어지면, 신뢰도의 순위들과 다른 5개의 척도들 사이의 상관관계(correlation)를 계산하라. 어떤 척도가 신뢰도와 가장 높게 상관관계가 있는가? 어떤 척도가 신뢰도와 가장 적게 상관관계가 있는가?

15. 그림 5.34에 표시된 데이터 집합들을 사용하여 다음 질문에 답하라. 각 데이터 집합에는 1,000개의 항목들과 10,000개의 트랜잭션들이 포함되어 있다. 어두운 셀(dark cell)은 항목이 있음을 나타내고 흰색 셀은 항목이 없음을 나타낸다. *Apriori* 알고리즘을 적용하여 $minsup = 10\%$로 빈발 항목집합을 추출한다(즉, 빈발 항목집합은 적어도 1,000개의 트랜잭션들에 포함되어 있어야 한다).

   (a) 어느 데이터 집합(들)이 가장 많은 수의 빈발 항목집합들을 생성하는가?

   (b) 어느 데이터 집합(들)이 가장 작은 수의 빈발 항목집합들을 생성하는가?

   (c) 어느 데이터 집합(들)이 가장 긴 빈발 항목집합을 생성하는가?

   (d) 어느 데이터 집합(들)이 가장 높은 최대 지지도를 가진 빈발 항목집합들을 생성하는가?

   (e) 어느 데이터 집합(들)이 폭넓게-변화하는 지지도 수준을 가진 항목들(예를 들어, 20% 미만에서 70% 이상 범위의 혼합된 지지도를 가진 항목들)을 포함하는 빈발 항목집합들을 생성하는가?

16. (a) 만약 $f_{11} = f_{1+} = f_{+1}$인 경우에만(if and only if) ϕ-계수가 1과 같음을 증명하라.

   (b) 만약 A와 B가 독립이면, 그러면 $P(A, B) \times P(\overline{A}, \overline{B}) = P(A, \overline{B}) \times P(\overline{A}, B)$임을 보여라.

   (c) Yule의 Q와 Y 계수

$$Q = \left[\frac{f_{11}f_{00} - f_{10}f_{01}}{f_{11}f_{00} + f_{10}f_{01}}\right]$$

$$Y = \left[\frac{\sqrt{f_{11}f_{00}} - \sqrt{f_{10}f_{01}}}{\sqrt{f_{11}f_{00}} + \sqrt{f_{10}f_{01}}}\right]$$

   는 오즈비(odds ratio)의 정규화 버전임을 보여라.

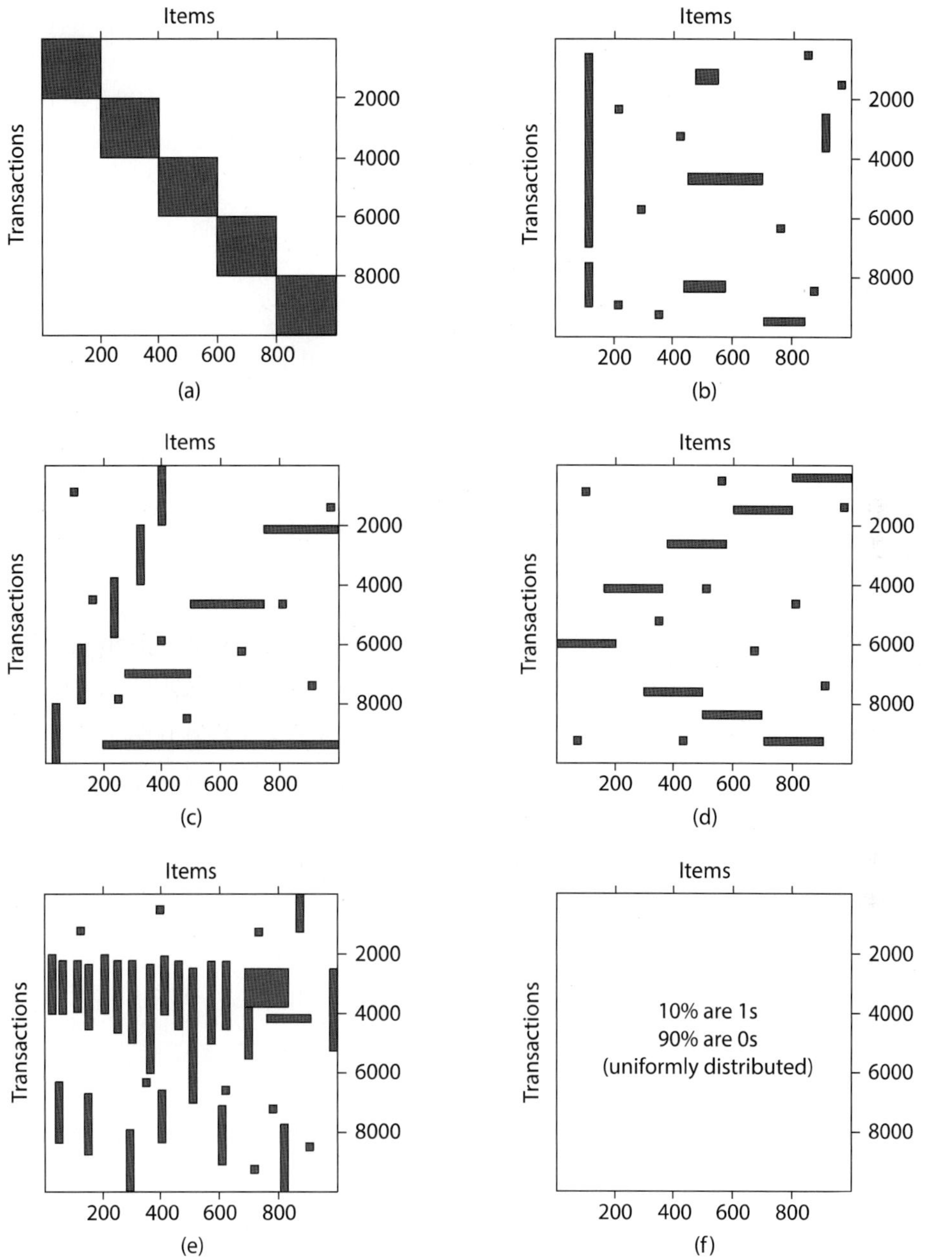

그림 5.34 연습문제 15에 대한 그림

(d) 변수들이 통계적으로 독립일 때 표 5.9에 표시된 각 척도의 값에 대한 간단한 표현식을 작성하라.

17. 연관 규칙 $A \rightarrow B$에 대하여 흥미도 척도, $M = \dfrac{P(B|A) - P(B)}{1 - P(B)}$, 를 고려해 보자.

(a) 이 척도의 범위는 무엇인가? 이 척도가 언제 최댓값과 최솟값에 도달하는가?
(b) $P(A)$와 $P(B)$가 변경되지 않은 상태에서 $P(A, B)$가 증가하면 M은 어떻게 나타나는가?
(c) $P(A, B)$와 $P(B)$가 변경되지 않은 상태에서 $P(A)$가 증가하면 M은 어떻게 나타나는가?
(d) $P(A, B)$와 $P(A)$가 변경되지 않은 상태에서 $P(B)$가 증가하면 M은 어떻게 나타나는가?
(e) 그 척도는 변수 순열(variable permutation)에서 대칭인가?
(f) A와 B가 통계적으로 독립일 때 그 척도의 값은 무엇인가?
(g) 그 척도는 널-불변(null-invariant)인가?
(h) 그 척도는 행 또는 열 비례(scaling) 연산에서 변하지 않는가?
(i) 그 척도는 반전(inversion) 연산에서 어떻게 나타나는가?

18. 100개의 트랜잭션들과 20개의 항목들로 구성된 장바구니 데이터가 있다고 가정하자. 항목 a에 대한 지지도는 25%이고, 항목 b에 대한 지지도는 90%이고, 항목집합 $\{a, b\}$에 대한 지지도는 20%라고 가정하자. 지지도와 신뢰도 임계값을 각각 10%와 60%라고 설정하자.

(a) 연관 규칙 $\{a\} \rightarrow \{b\}$의 신뢰도를 계산하라. 신뢰도 척도에 따라 이 규칙은 흥미로운가?
(b) 연관 패턴 $\{a, b\}$에 대한 관심도(interest) 척도를 계산하라. 항목 a와 항목 b 사이의 관계의 본질을 관심도 척도 기준으로 설명하라.
(c) (a)와 (b)번의 결과에서 어떤 결론을 도출할 수 있는가?
(d) 만약 규칙 $\{a\} \rightarrow \{b\}$의 신뢰도가 $\{b\}$의 지지도 보다 작으면, 다음을 증명하라:

i. $c(\{\bar{a}\} \rightarrow \{b\}) > c(\{a\} \rightarrow \{b\})$,
ii. $c(\{\bar{a}\} \rightarrow \{b\}) > s(\{b\})$,

여기서 $c(\cdot)$은 규칙 신뢰도를 표시하고 $s(\cdot)$은 항목집합의 지지도를 표시한다.

19. 표 5.24는 제어 변수 C의 서로 다른 값에서 이진 변수 A와 B에 대한 $2 \times 2 \times 2$ 분할표를 보여준다.

(a) $C=0$, $C=1$, 그리고 $C=0$ 또는 $C=1$일 때 A와 B에 대한 ϕ 계수를 계산하라. $\phi(\{A, B\}) = \dfrac{P(A, B) - P(A)P(B)}{\sqrt{P(A)P(B)(1-P(A))(1-P(B))}}$ 임에 유의하라.
(b) 위의 결과에서 어떤 결론을 도출할 수 있는가?

표 5.24 분할표

			A	
			1	0
C = 0	B	1	0	15
		0	15	30
C = 1	B	1	5	0
		0	0	15

20. 표 5.25에 표시된 분할표를 고려해 보자.

(a) 표 I에 대해, 연관 패턴 $\{A, B\}$에 대한 지지도, 관심도 척도, 그리고 ϕ 상관관계 계수를 계산하라. 또한, 규칙 $A \rightarrow B$와 $B \rightarrow A$의 신뢰도를 계산하라.

(b) 표 II에 대해, 연관 패턴 $\{A, B\}$에 대한 지지도, 관심도 척도, 그리고 ϕ 상관관계 계수를 계산하라. 또한, 규칙 $A \rightarrow B$와 $B \rightarrow A$의 신뢰도를 계산하라.

(c) (a)와 (b)번의 결과에서 어떤 결론을 도출할 수 있는가?

표 5.25 연습문제 20에 대한 분할표

	B	$\overline{B}$
A	9	1
$\overline{A}$	1	89

(a) Table I

	B	$\overline{B}$
A	89	1
$\overline{A}$	1	9

(b) Table II

21. 표 5.17 및 5.18에 나와 있는 것처럼 고화질 TV와 운동기구를 구매하는 고객들 사이의 관계를 고려해 보자.

(a) 두 표들에 대하여 오즈비(odds ratios)를 계산하라.

(b) 두 표들에 대하여 ϕ-계수를 계산하라.

(c) 두 표들에 대하여 관심도(interest factor)를 계산하라.

위에 제시된 각 척도에 대해 데이터가 계층화되는 대신에 함께 모을 때 연관성의 방향이 어떻게 변하는지 설명하라.

CHAPTER 6

연관 분석: 고급 개념

이전 장에서 서술된 연관 규칙 탐사 형식화는 입력 데이터가 항목이라 부르는 이진 속성으로 구성되어 있다고 가정한다. 게다가 한 트랜잭션에서 한 항목의 존재는 그것의 부재보다 더 중요하다고 가정한다. 결과적으로, 항목은 비대칭 이진 속성으로 취급되고 오직 빈발 패턴만 흥미로운 것으로 간주된다.

이 장에서는 대칭 이진(symmetric binary), 범주형(categorical), 그리고 연속형(continuous) 속성들을 가진 데이터 집합들에 대한 형식화로 확장한다. 또한 형식화는 순차(sequence) 및 그래프와 같은 더 복잡한 개체들을 포함하도록 확장될 것이다. 비록 연관 분석 알고리즘의 전체 구조는 변경되지 않지만, 비-전통적인 개체들을 처리하기 위하여 알고리즘의 특정 부분은 수정되어야 한다.

6.1 범주형 속성 처리

대칭 이진과 명목형 속성을 포함하는 많은 응용들이 있다. 표 6.1에 표시된 인터넷 조사 데이터에는 Gender, Computer at Home, Chat Online, Shop Online, Privacy Concerns와 같은 대칭 이진 속성이 포함되어 있다; 또한 Level of Education과 State

표 6.1 명목형 속성들을 가진 인터넷 조사 데이터

Gender	Level of Education	State	Computer at Home	Chat Online	Shop Online	Privacy Concerns
Female	Graduate	Illinois	Yes	Yes	Yes	Yes
Male	College	California	No	No	No	No
Male	Graduate	Michigan	Yes	Yes	Yes	Yes
Female	College	Virginia	No	No	Yes	Yes
Female	Graduate	California	Yes	No	No	Yes
Male	College	Minnesota	Yes	Yes	Yes	Yes
Male	College	Alaska	Yes	Yes	Yes	No
Male	High School	Oregon	Yes	No	No	No
Female	Graduate	Texas	No	Yes	No	No
...	...	...	...	...	...	...

와 같은 명목형 속성도 포함되어 있다. 연관 분석을 사용하여, 다음과 같은 인터넷 사용자의 특성에 대한 흥미로운 정보를 발견할 수 있다:

`{Shop Online = Yes}` → `{Privacy Concerns = Yes}`.

이 규칙은 온라인 쇼핑을 하는 대부분의 인터넷 사용자들이 개인 정보보호에 대해 우려하고 있음을 나타낸다.

이러한 패턴을 추출하기 위하여, 기존의 연관 규칙 탐사 알고리즘을 적용할 수 있도록 범주형 및 대칭 이진 속성을 먼저 "항목(item)"으로 변환한다. 이런 유형의 변환은 각각의 고유한 속성-값(attribute-value) 쌍에 대하여 새 항목을 만들어서 수행할 수 있다. 예를 들어, 명목형 속성인 `Level of Education`은 세 가지 이진 항목들로 대체할 수 있다: `Education = College`, `Education = Graduate`, 그리고 `Education = High School`. 마찬가지로, `Gender`와 같은 대칭 이진 속성은 `Male`과 `Female`의 이진 항목 쌍으로 변환될 수 있다. 표 6.2는 인터넷 조사 데이터를 이진화한 결과를 보여준다.

이진화된 데이터에 연관 분석을 적용할 때 고려해야 할 여러 가지 문제들이 있다:

1. 일부 속성 값들은 빈발 패턴의 부분이 될 만큼 충분히 빈발하지 않을 수 있다. 예를 들면 주 이름과 같이, 다수의 가능한 값들을 가지는 명목형 속성에 대해서 이 문제는 더 명백하다. 지지도 임계값을 낮추는 것은 도움이 되지 않는데, 그 까닭은

표 6.2 범주형과 대칭 이진 속성들을 이진화한 후 인터넷 조사 데이터

Male	Female	Education = Graduate	Education = College	. . .	Privacy = Yes	Privacy = No
0	1	1	0	. . .	1	0
1	0	0	1	. . .	0	1
1	0	1	0	. . .	1	0
0	1	0	1	. . .	1	0
0	1	1	0	. . .	1	0
1	0	0	1	. . .	1	0
1	0	0	1	. . .	0	1
1	0	0	0	. . .	0	1
0	1	1	0	. . .	0	1
. . .	. . .	. . .	. . .	. . .	. . .	. . .

발견된 빈발 패턴들의 수가 기하급수적으로 증가하고(다수의 패턴은 가짜일 수도 있다) 계산 비용이 더 많이 들기 때문이다. 보다 실용적인 해결책은 관련 속성 값을 적은 수의 범주들로 그룹을 만드는 것이다. 예를 들어, 각 주의 이름은 `Midwest`, `Pacific Northwest`, `Southwest` 및 `East Coast`와 같은 해당되는 지리학적인 지역으로 대체될 수 있다. 또 다른 가능성은 그림 6.1과 같이 덜 빈발한 속성 값들

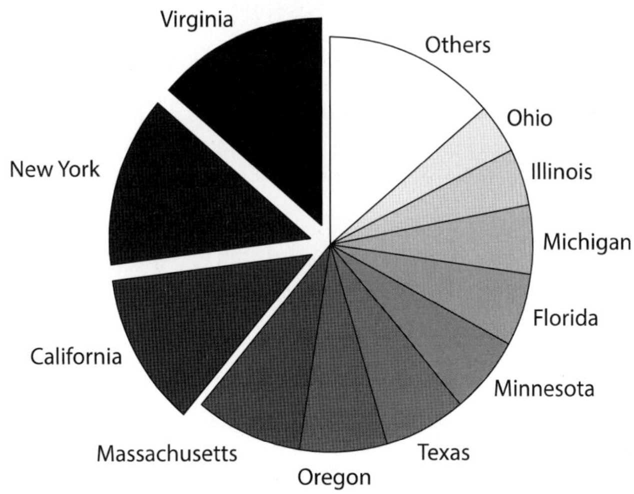

그림 6.1 Others라 부르는 합병된 범주를 가진 파이 차트

을 Others라는 단일 범주로 집계하는 것이다.

2. 일부 속성 값들은 다른 속성보다 상당히 더 높은 빈도수를 가질 수 있다. 예를 들어, 설문 조사 참여자들의 85%가 가정용 컴퓨터를 소유하고 있다고 가정하자. 데이터에 빈발하게 나타나는 각 속성 값에 대하여 이진 항목을 만들면, 다음 예제로 설명하는 것과 같이 많은 중복 패턴들을 잠재적으로 생성할 수 있다:

$$\{\texttt{Computer at Home = Yes, Shop Online = Yes}\}$$
$$\rightarrow \{\texttt{Privacy Concerns = Yes}\}.$$

이 규칙은 이 절의 시작 부분에 제시된 보다 일반적인 규칙에 포섭되어 있기 때문에 중복된다. 높은 빈도수 항목은 속성의 전형적인 값에 해당되므로 패턴을 더 잘 이해하는 데 도움이 되는 새로운 정보는 거의 없다. 그러므로 표준 연관 분석 알고리즘을 적용하기 전에 이러한 항목을 제거하는 것이 유익할 수 있다. 또 다른 가능성은 5.8절에서 제안된 기법을 광범위한 지지도 값들을 가지는 데이터 집합을 처리하는 데 적용하는 것이다.

3. 각 트랜잭션의 폭이 원본 데이터의 속성들의 개수와 동일하지만, 새로 만들어진 많은 항목들이 빈발하게 될 때 특히 계산 시간이 증가할 수 있다. 이러한 항목들에 의해 생성된 추가 후보 항목집합들을 처리하는 데 더 많은 시간이 필요하기 때문이다(연습문제 1 참조). 계산 시간을 감소시키는 한 가지 방법은 동일한 속성에서 둘 이상의 항목들을 포함하는 후보 항목집합들을 생성하지 않는 것이다. 예를 들어, {State = X, State = Y, ...}와 같은 후보 항목집합을 생성하지 말아야 하고, 그 까닭은 이 항목집합의 지지도 카운트는 영이기 때문이다.

6.2 연속형 속성 처리

이전 절에서 서술된 인터넷 조사 데이터는 표 6.3에서 표시된 것과 같은 연속형 속성이 포함될 수도 있다. 연속형 속성을 탐사하면 "연간 소득 $120K 이상인 사용자들이 45-60세 그룹에 속한다" 또는 "이메일 계정이 3개 이상이고 온라인에서 일주일에 15시간 이상을 소비하는 사용자들은 개인 정보보호에 대해 우려하고 있다"와 같이 데이터에 대한 유

표 6.3 연속형 속성들을 가진 인터넷 조사 데이터

Gender	...	Age	Annual Income	No. of Hours Spent Online per Week	No. of Email Accounts	Privacy Concern
Female	...	26	90K	20	4	Yes
Male	...	51	135K	10	2	No
Male	...	29	80K	10	3	Yes
Female	...	45	120K	15	3	Yes
Female	...	31	95K	20	5	Yes
Male	...	25	55K	25	5	Yes
Male	...	37	100K	10	1	No
Male	...	41	65K	8	2	No
Female	...	26	85K	12	1	No
...	...	...	...	...	...	...

익한 통찰력을 밝혀낼 수도 있다. 연속형 속성을 포함하는 연관 규칙은 일반적으로 **정량적 연관 규칙**(quantitative association rule)으로 알려져 있다.

이 절에서는 연속형 데이터에 연관 분석을 적용하는 다양한 방법론들에 대해 설명한다. 다음 세 가지 유형의 방법들에 대해 구체적으로 논의할 것이다: (1) 이산화-기반 방법, (2) 통계-기반 방법, 그리고 (3) 비-이산화 방법. 이러한 방법을 사용하여 유도된 정량적 연관 규칙은 본질적으로 아주 다르다.

6.2.1 이산화-기반 방법

이산화(discretization)는 연속형 속성을 처리하는 가장 일반적인 접근법이다. 이 접근법은 연속형 속성의 인접한 값들을 한정된 수의 구간들로 그룹을 만든다. 예를 들어, Age 속성은 다음 구간들로 나누어질 수 있다: Age$\in[12,16)$, Age$\in[16,20)$, Age$\in[20,24)$, ..., Age$\in[56,60)$. 여기서 $[a, b)$는 a를 포함하지만 b를 포함하지 않는 구간을 나타낸다. 이산화는 2.3.6절에서 설명된 기법들(동등 구간 폭, 동등 빈도수, 엔트로피-기반, 또는 군집화) 중 하나를 사용하여 수행될 수 있다. 그러면 이산 구간은 기존의 연관 분석 알고리즘들을 적용할 수 있도록 비대칭 이진 속성으로 매핑된다. 표 6.4는 이산화와 이진화(binarization) 후의 인터넷 조사 데이터를 보여준다.

속성 이산화에서 핵심 매개변수는 각 속성을 분할하는데 사용된 구간들의 수이다. 이

표 6.4 범주형과 연속형 속성들을 이진화한 후 인터넷 조사 데이터

Male	Female	. . .	Age <13	Age ∈[13, 21)	Age ∈[21, 30)	. . .	Privacy = Yes	Privacy = No
0	1	. . .	0	0	1	. . .	1	0
1	0	. . .	0	0	0	. . .	0	1
1	0	. . .	0	0	1	. . .	1	0
0	1	. . .	0	0	0	. . .	1	0
0	1	. . .	0	0	0	. . .	1	0
1	0	. . .	0	0	1	. . .	1	0
1	0	. . .	0	0	0	. . .	0	1
1	0	. . .	0	0	0	. . .	0	1
0	1	. . .	0	0	1	. . .	0	1
. . .	. . .	. . .	. . .	. . .	. . .	. . .	. . .	. . .

매개변수는 일반적으로 사용자가 제공하며 구간 폭(동등 구간 폭 접근법에 대해), 구간당 트랜잭션들의 평균 수(동등 빈도수 접근법에 대해), 또는 원하는 군집들의 수(군집화-기반 접근법)로 표현될 수 있다. 올바른 구간들의 개수를 결정하기 어려운 점은 표 6.5에 나와 있는 데이터 집합을 사용하여 설명할 수 있다. 여기에는 조사에 참여한 250명의 사

표 6.5 나이 그룹에 따라 온라인 채팅에 참여한 인터넷 사용자들의 분류

Age Group	Chat Online = Yes	Chat Online = No
[12, 16)	12	13
[16, 20)	11	2
[20, 24)	11	3
[24, 28)	12	13
[28, 32)	14	12
[32, 36)	15	12
[36, 40)	16	14
[40, 44)	16	14
[44, 48)	4	10
[48, 52)	5	11
[52, 56)	5	10
[56, 60)	4	11

용자의 응답이 요약되어 있다. 데이터에는 내재된 두 가지 강력한 규칙이 있다:

$$R_1: \text{ Age} \in [16, 24) \rightarrow \text{Chat Online} = \text{Yes} \ (s = 8.8\%, \ c = 81.5\%).$$

$$R_2: \text{ Age} \in [44, 60) \rightarrow \text{Chat Online} = \text{No} \ (s = 16.8\%, \ c = 70\%).$$

이 규칙들에 의하면 16-24세 연령대의 사용자 대부분은 자주 온라인 채팅에 참여하는 반면, 44-60세 연령대 사용자는 온라인 채팅을 할 가능성이 적다. 이 예에서는 규칙의 지지도(s)가 5%를 초과하고 신뢰도(c)가 65%를 초과할 때만 그 규칙이 흥미로울 것으로 간주한다. Age 속성을 이산화할 때 마주치는 문제들 중의 하나는 구간 폭을 결정하는 방법이다.

1. 만약 구간이 너무 넓으면, 신뢰도 부족으로 인해 일부 패턴이 손실될 수 있다. 예를 들어 구간 폭이 24년일 때, R_1과 R_2는 다음 규칙으로 대체된다:

   $$R_1': \text{ Age} \in [12, 36) \rightarrow \text{Chat Online} = \text{Yes} \ (s = 30\%, \ c = 57.7\%).$$

   $$R_2': \text{ Age} \in [36, 60) \rightarrow \text{Chat Online} = \text{No} \ (s = 28\%, \ c = 58.3\%).$$

   더 높은 지지도에도 불구하고, 구간이 넓어질수록 두 규칙에 대한 신뢰도가 최소 신뢰도 임계값 아래로 떨어진다. 결과적으로, 이산화 후에 두 패턴이 손실된다.

2. 만약 구간이 너무 좁으면, 지지도 부족으로 인해 일부 패턴이 손실될 수 있다. 예를 들어 구간 폭이 4년이면, R_1은 다음 두 개의 부분규칙들로 나누어진다:

   $$R_{11}^{(4)}: \text{ Age} \in [16, 20) \rightarrow \text{Chat Online} = \text{Yes} \ (s = 4.4\%, \ c = 84.6\%).$$

   $$R_{12}^{(4)}: \text{ Age} \in [20, 24) \rightarrow \text{Chat Online} = \text{No} \ (s = 4.4\%, \ c = 78.6\%).$$

   부분규칙들에 대한 지지도가 최소 지지도 임계값 보다 작기 때문에, R_1은 이산화 후에 손실된다. 마찬가지로 4개의 부분규칙들로 나누어진 규칙 R_2는 각 부분규칙의 지지도가 최소 지지도 임계값보다 작기 때문에 역시 손실된다.

3. 만약 구간 폭이 8년이면, 규칙 R_2는 다음 2개의 부분규칙들로 나누어진다:

   $$R_{21}^{(8)}: \text{ Age} \in [44, 52) \rightarrow \text{Chat Online} = \text{Yes} \ (s = 8.4\%, \ c = 70\%).$$

   $$R_{22}^{(8)}: \text{ Age} \in [52, 60) \rightarrow \text{Chat Online} = \text{No} \ (s = 8.4\%, \ c = 70\%).$$

$R_{21}^{(8)}$과 $R_{22}^{(8)}$은 충분한 지지도와 신뢰도를 가졌기 때문에, 두 부분규칙들을 집계하여 R_2를 복구할 수 있다. 반면에, R_1은 다음 2가지 부분규칙들로 나누어진다:

$$R_{11}^{(8)}: \quad \text{Age} \in [12, 20) \rightarrow \text{Chat Online} = \text{Yes}\,(s = 9.2\%,\ c = 60.5\%).$$

$$R_{12}^{(8)}: \quad \text{Age} \in [20, 28) \rightarrow \text{Chat Online} = \text{No}\,(s = 9.2\%,\ c = 60.0\%).$$

R_2와 다르게, R_1의 두 부분규칙들이 신뢰도 임계값에 부족하기 때문에 부분규칙들을 집계하여 규칙 R_1을 복구할 수 없다.

이런 문제를 해결하는 한 가지 방법은 가능한 모든 인접 구간들의 그룹을 고려하는 것이다. 예를 들어 구간 폭을 4년으로 시작한 다음 인접한 구간을 더 넓은 구간으로 합병할 수 있다: Age $\in [12, 16)$, Age $\in [12, 20)$, ..., Age $\in [12, 60)$, Age $\in [16, 20)$, Age $\in [16, 24)$, 등등. 이 접근법은 R_1과 R_2 양쪽을 강한 규칙으로 탐지하게 한다. 그러나 그것은 또한 다음과 같은 계산상의 문제들도 일으킨다:

1. **계산은 극도로 비용이 많이 든다.** 만약 범위가 처음에 k 구간들로 나누어진다면, 가능한 모든 구간들을 나타내기 위하여 $k(k-1)/2$ 이진 항목들을 생성해야 한다. 더군다나, 만약 구간 $[a, b)$에 해당되는 항목이 빈발하다면, $[a, b)$를 포섭하는 구간에 해당되는 다른 모든 항목들도 빈발해야만 한다. 따라서 이 접근법은 극히 아주 많은 후보들과 빈발 항목집합들을 생성할 수 있다. 이러한 문제를 해결하기 위해, 매우 넓은 구간에 해당하는 항목들의 생성을 방지하고 항목집합들의 개수를 줄이기 위해 최대 지지도 임계값을 적용할 수 있다.

2. **많은 중복 규칙들이 추출된다.** 예를 들어, 다음의 규칙 쌍을 고려해보자:

$$R_3: \{\text{Age} \in [16, 20),\ \text{Gender} = \text{Male}\} \rightarrow \{\text{Chat Online} = \text{Yes}\},$$

$$R_4: \{\text{Age} \in [16, 24),\ \text{Gender} = \text{Male}\} \rightarrow \{\text{Chat Online} = \text{Yes}\}.$$

R_4는 Age 속성에 대하여 더 넓은 구간을 가지기 때문에 R_4는 R_3의 일반화이다 (그리고 R_3는 R_4의 특수화이다). 만약 두 규칙의 신뢰도 값이 동일하면, R_4는 R_3에 대한 예제들을 포함하여 더 많은 예제들을 망라하기 때문에 R_4가 더 흥미로워야 한다. 따라서 R_3는 중복 규칙이다.

6.2.2 통계-기반 방법

정량적 연관 규칙을 사용하여 모집단의 통계적 특성을 추론할 수 있다. 예를 들어, 표 6.1과 6.3에서 제공된 데이터를 기반으로 특정 인터넷 사용자 그룹의 평균 나이를 찾는 데 관심이 있다고 가정하자. 이 절에서 설명된 통계-기반 방법을 사용하여 다음과 같은 정량적 연관 규칙을 추출할 수 있다:

$$\{\texttt{Annual Income > \$100K, Shop Online = Yes}\} \rightarrow \texttt{Age: Mean = 38.}$$

이 규칙에 따르면 연간 수입이 $100K를 초과하고 정기적으로 온라인 쇼핑을 하는 인터넷 사용자들의 평균 나이는 38세이다.

규칙 생성

통계-기반 정량적 연관 규칙을 생성하려면 모집단의 흥미로운 부분들을 특성화하는 데 사용되는 목표 속성(target attribute)을 지정해야 한다. 목표 속성을 그대로 두고서, 데이터의 나머지 범주형과 연속형 속성들은 이전 절에서 설명한 방법을 사용하여 이진화된다. 그런 다음 *Apriori*나 FP-growth와 같은 기존 알고리즘을 적용하여 이진화된 데이터에서 빈발 항목집합들을 추출한다. 각 빈발 항목집합은 모집단의 흥미로운 부분을 식별한다. 각 부분에서 목표 속성의 분포는 평균, 중앙값, 분산, 또는 절대 편차와 같은 기술 통계량을 사용하여 요약할 수 있다. 예를 들어 앞의 규칙은 빈발 항목집합 `{Annual Income > $100K, Shop Online = Yes}`을 지지하는 인터넷 사용자들의 나이를 평균하여 구한다.

이 방법을 사용하여 발견된 정량적 연관 규칙들의 수는 추출된 빈발 항목집합들의 수와 같다. 정량적 연관 규칙이 정의된 방식 때문에, 신뢰도의 개념은 이러한 규칙에 적용할 수 없다. 정량적 연관 규칙을 검증하는 대체 방법이 다음에 제시된다.

규칙 검증

정량적 연관 규칙에 의해 포함되는 트랜잭션들에서 계산된 통계량이 그 규칙에 의해 포함되지 않는 트랜잭션들에서 계산된 통계량과 다른 경우에만 그 정량적 연관 규칙이 흥미롭다. 예를 들어, 이 절의 시작 부분에 주어진 규칙은 빈발 항목집합 `{Annual Income > $100K, Shop Online = Yes}`를 지지하지 않는 인터넷 사용자들의 평균 나이가 38세

보다 현저히 높거나 또는 낮은 경우에만 흥미롭다. 그들의 평균 나이에서 차이가 통계적으로 유의한지 여부를 결정하려면 통계적 가설 검정(statistical hypothesis test) 방법을 적용해야 한다.

정량적 연관 규칙 $A \rightarrow t: \mu$를 고려해보자. 여기서 A는 빈발 항목집합이고, t는 연속형 목표 속성이고, 그리고 μ는 A를 포함하는 트랜잭션들 중 t의 평균값이다. 또한 μ'은 A를 포함하지 않는 트랜잭션들 중 t의 평균값으로 표시하자. μ와 μ' 사이의 차이가 사용자-지정된 임계값, Δ, 보다 더 큰지 여부를 검사하는 것이 목표이다. 통계적 가설 검정에서는 귀무가설(null hypothesis)과 대립가설로 알려진 두 개의 반대되는 명제가 주어진다. 데이터로부터 수집된 증거를 바탕으로 두 가설 중 어느 것을 수락해야 하는지 결정하기 위해 가설 검정을 수행된다(부록 C 참조).

이 경우 $\mu < \mu'$을 가정하면, 귀무가설은 $H_0 : \mu' = \mu + \Delta$이고, 반면에 대립가설은 $H_1 : \mu' > \mu + \Delta$이다. 어느 가설을 수락해야 하는지 결정하기 위해, 다음 Z-통계량이 계산된다:

$$Z = \frac{\mu' - \mu - \Delta}{\sqrt{\frac{s_1^2}{n_1} + \frac{s_2^2}{n_2}}}, \tag{6.1}$$

여기서 n_1은 A를 지지하는 트랜잭션들의 개수이고, n_2는 A를 지지하지 않는 트랜잭션들의 개수이고, s_1은 A를 지지하는 트랜잭션들 중 t에 대한 표준 편차이고, 그리고 s_2는 A를 지지하지 않는 트랜잭션들 중 t에 대한 표준 편차이다. 귀무가설에서 Z는 평균 0과 분산 1을 갖는 표준 정규 분포를 가진다. 그러면 식 (6.1)을 사용하여 계산된 Z의 값은 **임계값**(critical value) Z_α와 대조하여 비교되는데, 임계값은 원하는 신뢰도 수준에 따라 결정되는 한계치이다. 만약 $Z > Z_\alpha$이면, 귀무가설은 기각되고 그 정량적 연관 규칙은 흥미롭다는 결론을 내릴 수 있다. 그렇지 않으면, 평균에서 차이가 통계적으로 유의하다는 것을 보여주기 위한 증거가 데이터에서 충분하지 않다.

예제 6.1

다음의 정량적 연관 규칙을 고려해보자:

$$\{Income > 100K,\ Shop\ Online = Yes\} \rightarrow Age : \mu = 38.$$

규칙의 전건을 지지하는 50명의 인터넷 사용자들이 있다고 가정하자. 그들의 나이의 표준 편차는 3.5이다. 반면, 규칙의 전건을 지지하지 않는 200명의 사용자들의 평균 나이는 30이고 표준 편차는 6.5이다. μ와 μ' 사이의 차이가 5년 이상인 경우에만 정량적 연관 규칙이 흥미로운 것으로 간주된다고 가정하자. 식 (6.1)을 사용하여

$$Z = \frac{38 - 30 - 5}{\sqrt{\frac{3.5^2}{50} + \frac{6.5^2}{200}}} = 4.4414.$$

를 얻는다. 95% 신뢰 수준의 단측가설(one-sided hypothesis) 검정의 경우 귀무가설을 기각하기 위한 임계값은 1.64이다. $Z > 1.64$이기 때문에 귀무가설을 기각할 수 있다. 따라서 규칙의 전건을 지지하는 사용자들과 지지하지 않는 사용자들의 평균 나이 차이가 5년 이상이기 때문에 이 정량적 연관 규칙은 흥미롭다고 결론을 내린다. ■

6.2.3 비-이산화 방법

분석가가 연속형 속성의 이산 구간들 사이의 연관성 보다 오히려 연속형 속성들 사이의 연관성을 찾는데 더 관심이 있는 특정 응용들이 있다. 예를 들어, 텍스트 문서에서 단어 연관성을 찾는 문제를 고려해보자. 표 6.6은 각각의 항목이 주어진 문서에서 단어가 나타나는 횟수를 표시하는 문서-단어 행렬을 보여준다. 이러한 데이터 행렬이 주어지면, 단어 카운트의 범위들 (예 : **data** $\in [1, 4]$와 **mining** $\in [2, 3]$) 사이의 연관성 대신 단어들(예 : **data**와 **mining**) 사이의 연관성을 찾는데 관심이 있다. 이를 수행하는 한 가지 방법은 데이터를 0/1 행렬로 변환하는 것이다. 여기서 카운트가 임계값 t를 초과하면 행렬의 항목이 1이고 그렇지 않으면 0이다. 이 접근 방식을 통해 분석가는 기존의 빈발 항목집합 생성 알고리즘을 이진화된 데이터 집합에 적용할 수 있지만, 이진화에 대한 올바른 임계값을 찾는 것은 매우 까다로울 수 있다. 임계값이 너무 높게 설정되면, 몇 가지 흥미로운 연관성들을 놓칠 수 있다. 반대로 임계값을 너무 낮게 설정하면, 많은 수의 가짜 연관성들이 생성될 잠재성이 있다.

이 절에서는 min-*Apriori* 접근법으로 알려진 연속형 속성들 사이의 연관성을 찾기 위한 다른 방법론을 제시한다. 전통적인 연관 분석과 유사하게, 항목집합은 연속형 속성들의 모음으로 간주되는 반면, 그 지지도는 데이터 행렬의 여러 행에서 속성들 사이의 연관성 정도를 측정한다. 예를 들어, 표 6.6의 단어들의 모음은 항목집합으로 간주될 수

표 6.6 문서-단어 행렬

Document	$word_1$	$word_2$	$word_3$	$word_4$	$word_5$	$word_6$
d_1	3	6	0	0	0	2
d_2	1	2	0	0	0	2
d_3	4	2	7	0	0	2
d_4	2	0	3	0	0	1
d_5	0	0	0	1	1	0

있으며, 이의 지지도는 문서 전체에서 단어들의 동시-발생에 의해 결정된다. min-*Apriori*에서, 데이터 행렬의 주어진 행에 있는 속성들 간의 연관성은 속성들의 최솟값을 취함으로써 얻어진다. 예를 들어, 문서 d_1에서 단어 $word_1$과 $word_2$ 사이의 연관성은 $\min(3, 6) = 3$으로 주어진다. 그런 다음 한 항목집합의 지지도는 모든 문서에 대한 연관성을 집계하여 계산된다.

$$\begin{aligned} s(\{word_1, word_2\}) &= \min(3, 6) + \min(1, 2) + \min(4, 2) + \min(2, 0) \\ &= 6. \end{aligned}$$

min-*Apriori*에서 정의된 지지도 척도는 다음과 같은 원하는 성질을 가지며, 이 성질은 문서들에서 단어 연관성을 찾는데 적합하다:

1. 한 단어의 발생 횟수가 증가함에 따라 지지도는 단조 증가한다.
2. 그 단어를 포함하는 문서들의 개수가 증가함에 따라 지지도는 단조 증가한다.
3. 지지도는 비-단조형 성질을 가진다. 예를 들어, 한 쌍의 항목집합 $\{A, B\}$와 $\{A, B, C\}$를 고려해보자. $\min(\{A, B\}) \geq \min(\{A, B, C\})$이기 때문에, $s(\{A, B\}) \geq s(\{A, B, C\})$. 따라서 항목집합에서 단어들의 개수가 증가하면 지지도는 단조 감소한다.

표준 *Apriori* 알고리즘은 새로운 지지도 정의를 사용하여 단어들 사이의 연관성을 찾기 위해 수정될 수 있다.

6.3 개념 계층 처리

개념 계층(concept hierarchy)은 특정 도메인에서 정의된 다양한 개체들 또는 개념들의 다중단계 구조이다. 예를 들어, 장바구니 분석에서 개념 계층은 식품점에서 판매되는 항목들 사이의 "is-a" 관계를 설명하는 항목 분류(taxonomy)의 형식을 가진다 — 예를 들어, milk는 식품의 일종이고 DVD는 가전제품의 일종이다(e.g., milk is a kind of food and DVD is a kind of home electronics equipment)(그림 6.2 참조). 개념 계층은 종종 도메인 지식에 따라 정의되거나 또는 특정 조직에서 정의한 표준 분류 체계를 기반으로 정의된다(예: 미국 의회 도서관 분류 체계(the Library of Congress classification scheme)는 주제 범주를 기반으로 도서관 자료들을 구조화하는데 사용된다).

개념 계층은 그림 6.2에 표시된 것과 같이 **방향 비순환 그래프**(directed acyclic graph)를 사용하여 나타낼 수 있다. 만약 그래프에서 노드 p에서 또 다른 노드 c로 가는 간선이 있다면, p를 c의 **부모**(parent)로 부르고 c를 p의 **자식**(child)으로 부른다. 예를 들어, 노드 `milk`에서 노드 `skim milk`로 가는 방향 간선이 있기 때문에 `milk`는 `skim milk`의 부모다. 만약 방향 비순환 그래프에서 노드 $\hat{X}$에서 노드 X로 가는 경로가 있으면 $\hat{X}$

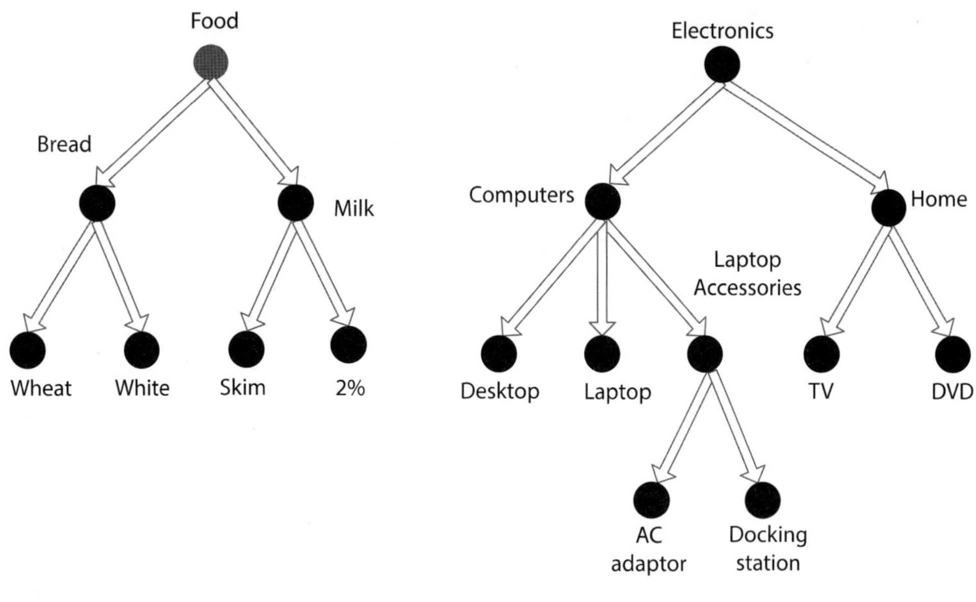

그림 6.2 항목 분류의 예

는 X의 **조상**(ancestor)(그리고 X는 $\hat{X}$의 **자손**(descendent))이라 부른다. 그림 6.2에서 나와 있는 다이어그램에서 `food`는 `skim milk`의 조상이고 `AC adaptor`는 `electronics`의 자손이다.

개념 계층을 연관 분석에 통합하면 얻을 수 있는 주요 장점들은 다음과 같다:

1. 계층의 하위 레벨에 있는 항목들은 빈발 항목집합에 나타나기 위해 충분한 지지도를 갖지 않을 수 있다. 예를 들어, 비록 AC adaptors와 docking stations의 판매는 적을 수 있지만, 개념 계층에서 그것들의 부모 노드인 laptop accessories의 판매는 높을 수 있다. 또한 상위 레벨의 범주와 관련된 규칙들은 하위 레벨의 범주를 사용하여 생성된 규칙들보다 신뢰도가 낮을 수 있다. 개념 계층을 사용하지 않으면, 서로 다른 레벨의 범주에서 흥미로운 패턴을 놓칠 수 있다.

2. 개념 계층의 하위 레벨에서 발견되는 규칙들은 지나치게 구체적이며 상위 레벨의 규칙들만큼 흥미롭지 않을 수 있다. 예를 들어, `milk`와 `bread`와 같은 주요 항목들은 `skim milk` → `wheat bread`, `2% milk` → `wheat bread` 및 `skim milk` → `white bread`와 같은 많은 하위-레벨 규칙들을 생성하는 경향이 있다. 개념 계층을 사용하여, 그 규칙들은 `milk` → `bread`라는 단일 규칙으로 요약될 수 있다. 계층 구조의 최상위 레벨에 있는 항목들만 고려해도 충분히 좋지 않을 수 있는데, 그 까닭은 그러한 규칙들은 실제로 사용되지 않을 수 있기 때문이다. 예를 들어, 규칙 `electronics` → `food`는 지지도와 신뢰도의 임계값을 만족할 수 있지만, 고객들이 빈번하게 구매하는 electronics와 food 항목들의 조합을 알 수 없기 때문에 그 규칙은 유용한 정보를 주지 않는다. 만약 milk와 batteries가 자주 함께 판매되는 유일한 항목들이라면, 패턴 `{food, electronics}`는 그 상황을 지나치게 일반화했을 수 있다.

다음과 같은 방법으로 개념 계층을 통합하도록 표준 연관 분석을 확장할 수 있다. 처음에 각 트랜잭션 t는 **확장된 트랜잭션**(extended transaction) t'으로 대체되는데, 여기에는 해당 조상들과 함께 t의 모든 항목들이 포함된다. 예를 들어, 트랜잭션 `{DVD, wheat bread}`는 `{DVD, wheat bread, home electronics, electronics, bread, food}`로 확장될 수 있다. 여기서 `home electronics`와 `electronics`는 `DVD`의 조상이고, `bread`와 `food`는 `wheat bread`의 조상이다.

그런 다음 *Apriori*와 같은 기존 알고리즘을 확장된 트랜잭션들의 데이터베이스에 적용할 수 있다. 이러한 접근법은 서로 다른 레벨의 개념 계층에 적용되는 규칙들을 찾을 수 있지만, 아래 설명과 같이 몇 가지 명백한 한계들이 있다:

1. 상위 레벨에 있는 항목들은 개념 계층의 하위 레벨에 있는 항목들보다 더 높은 지지도 카운트를 가지는 경향이 있다. 그 결과, 만약 지지도 임계값이 너무 높게 설정되면, 상위-레벨 항목들과 관련된 패턴들만 추출된다. 반면에, 만약 임계값이 너무 낮게 설정되면, 알고리즘은 극히 매우 많은 패턴들을 생성하고(이 중 대부분은 가짜일 수 있다) 그리고 계산상으로 비효율적이다.

2. 개념 계층의 도입은 많은 수의 항목들과 더 넓은 트랜잭션들로 인해 연관 분석 알고리즘의 계산 시간을 증가시키는 경향이 있다. 이러한 알고리즘에 의해 생성된 후보 패턴들과 빈발 패턴들의 개수는 더 넓은 트랜잭션들로 인해 기하급수적으로 증가할 수도 있다.

3. 개념 계층의 도입은 중복 규칙들이 생성될 수 있다. 규칙 $X \rightarrow Y$는 만약 더 일반적인 규칙 $\hat{X} \rightarrow \hat{Y}$이 존재한다면 중복되는데, 여기서 $\hat{X}$이 X의 조상이고 $\hat{Y}$이 Y의 조상이고, 그리고 양쪽 규칙들은 매우 비슷한 신뢰도를 가진다. 예를 들어, `{bread}` → `{milk}`, `{white bread}` → `{2% milk}`, `{wheat bread}` → `{2% milk}`, `{white bread}` → `{skim milk}` 및 `{wheat bread}` → `{skim milk}`가 매우 비슷한 신뢰도를 가진다고 가정하자. 계층 구조의 하위 레벨에서의 항목과 관련된 규칙들은 조상 항목과 관련된 하나의 규칙으로 요약할 수 있으므로 중복으로 간주된다. `food`와 `milk`가 `skim milk`의 조상이기 때문에 `{skim milk, milk, food}`와 같은 항목집합도 중복된다. 다행히도 계층 구조에 대한 지식이 있으면 빈발 항목집합 생성 중에 이러한 중복 항목집합들을 쉽게 제거할 수 있다.

6.4 순차 패턴

장바구니 데이터에는 종종 고객이 항목을 구매하는 시기에 대한 시간 정보(temporal information)가 포함된다. 이러한 정보는 일정 기간 동안 고객이 만든 트랜잭션들의 순차(sequence)를 이어 맞추는데 사용될 수 있다. 마찬가지로, 과학 실험 또는 통신 네트워크, 컴퓨터 네트워크 및 무선 센서 네트워크와 같은 물리적 시스템의 모니터링에서 수집된 이벤트 기반(event-based) 데이터는 고유한 순차적 특성을 가지고 있다. 이는 일반적으로 시간적 우선 순위에 기반한 서열형 관계가 이러한 데이터에서 발생하는 이벤트들 사이에 존재함을 의미한다. 그러나 지금까지 논의된 연관 패턴의 개념은 "동시-발생(co-occurrence)" 관계만을 강조하고 데이터의 순차 정보를 무시했다. 후자의 정보는 동적 시스템의 반복 특징을 식별하거나 특정 이벤트의 미래 발생을 예측하는 데 유익할 수 있다. 이 절에서는 순차 패턴의 기본 개념과 이를 발견하기 위해 개발된 알고리즘에 대해 설명한다.

6.4.1 서문

순차 패턴 발견 문제에 대한 입력은 순차 데이터 집합이며, 그 예는 그림 6.3의 왼쪽에 표시되어 있다. 각 행은 주어진 시간에 특정 객체와 관련된 이벤트들의 발생을 기록한다. 예를 들어, 첫 번째 행에는 객체 A에 대해 타임스탬프 $t = 10$에서 발생하는 이벤트들의 집합이 포함된다. 만약 이 시퀀스 데이터 집합의 마지막 열만 고려하면, 각 행이 이벤트들(항목들)의 집합을 포함하는 한 트랜잭션을 나타내는 장바구니 데이터와 유사하게 보인다. 이 데이터에서 전통적인 연관 패턴의 개념은 트랜잭션들 전체에서 이벤트들의 공

Sequence Database:

Object	Timestamp	Events
A	10	2, 3, 5
A	20	1, 6
A	23	1
B	11	4, 5, 6
B	17	2
B	21	1, 2, 7, 8
C	14	1, 6
C	28	1, 7, 8

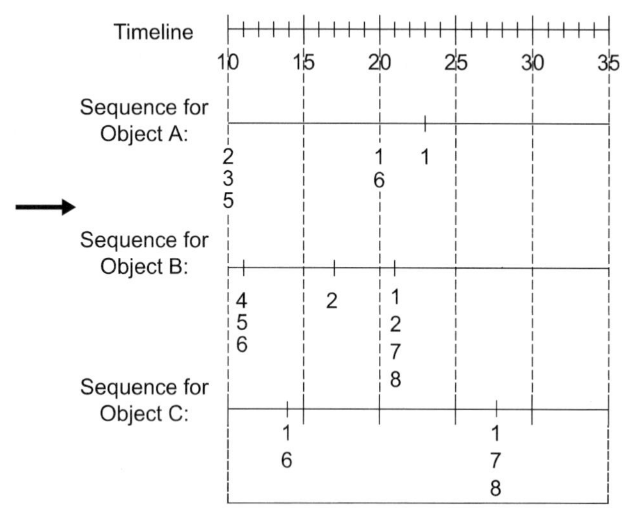

그림 6.3 순차 데이터베이스의 예

통적인 동시-발생에 해당된다. 그러나 시퀀스 데이터 집합에는 처음 두 열에서 객체에 대한 정보와 이벤트들의 트랜잭션의 타임스탬프도 포함된다. 이 두 열은 각 트랜잭션에 전후관계를 추가하고, 이것은 시퀀스 데이터 집합에 대해 다른 방식의 연관 분석을 가능하게 한다. 그림 6.3의 오른쪽은 각 객체와 관련된 이벤트들이 함께 나타나고 타임스탬프의 오름차순에 따라 정렬되어 있는 시퀀스 데이터 집합의 다른 표현을 보여준다. 시퀀스 데이터 집합에서, 우리는 일반적으로 객체 전체에서 순차적 순서로 발생하는 이벤트들의 연관 패턴을 찾을 수 있다. 예를 들어, 그림 6.3에 표시된 순차 데이터에서 순차들 모두에서 이벤트 6 다음에 이벤트 1이 뒤따른다. 만약 객체와 타임스탬프에 대한 정보를 무시하여 이를 장바구니 데이터로 취급한다면 이러한 패턴을 유추할 수 없다.

순차 패턴을 찾기 위한 방법론을 제시하기 전에, 순차와 부분순차에 대한 간단한 설명을 제공한다.

순차

일반적으로, 순차(sequence)는 **원소들(elements,** 또는 transactions)의 순서 목록(ordered list)이다. 순차는 $s = \langle e_1 e_2 e_3 \dots e_n \rangle$으로 표시될 수 있다. 여기서 각 원소 e_j는 한 개 또는 더 많은 이벤트들(events, 또는 items)의 모음이다. 즉, $e_j = \{i_1, i_2, \dots, i_k\}$. 다음은 순차 예제의 목록이다:

- 웹 사이트 방문자가 검색한 웹 페이지들의 순차:
  ⟨{Homepage} {Electronics} {Cameras and Camcorders} {Digital Cameras} {Shopping Cart} {Order Confirmation} {Return to Shopping}⟩

- Three-Mile Island에서 핵 사고로 이어지는 이벤트들의 순차:
  ⟨{clogged resin} {outlet valve closure} {loss of feedwater} {condenser polished outlet valve shut} {booster pumps trip} {main waterpump trips} {main turbine trips} {reactor pressure increases}⟩

- 다른 학기에 전산학 전공학생이 수강하는 수업들의 순차:
  ⟨{Algorithms and Data Structures, Introduction to Operating Systems} {Database Systems, Computer Architecture} {Computer Networks, Software Engineering} {Computer Graphics, Parallel Programming}⟩

Sequence Database	Sequence	Element (Transaction)	Event (Item)
Customer	Purchase history of a given customer	A set of items bought by a customer at time t	Books, diary products, CDs, etc
Web Data	Browsing activity of a particular Web visitor	The collection of files viewed by a Web visitor after a single mouse click	Home page, index page, contact info, etc
Event data	History of events generated by a given sensor	Events triggered by a sensor at time t	Types of alarms generated by sensors
Genome sequences	DNA sequence of a particular species	An element of the DNA sequence	Bases A,T,G,C

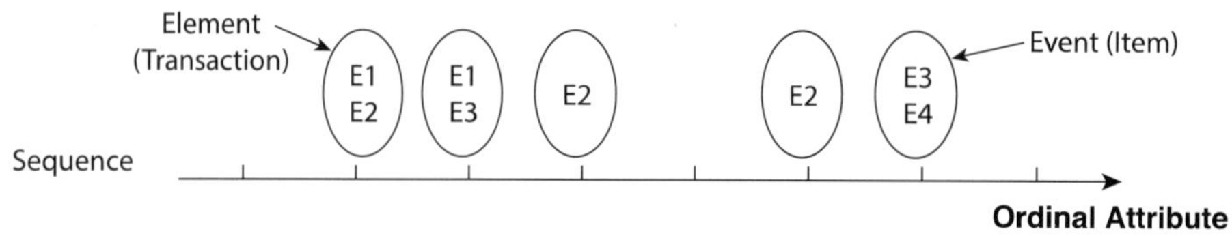

그림 6.4 순차 데이터 집합에서 원소와 이벤트의 예

순차는 길이와 발생한 이벤트들의 개수로 특징지을 수 있다. 순차의 길이는 순차에 존재하는 원소들의 개수에 해당하는 반면, k개의 이벤트들을 포함하는 순차를 k-순차라 부른다. 이전 예제에서 웹 순차는 7개의 원소들과 7개의 이벤트들을 포함하고; Three-Mile Island에서 이벤트 순차는 8개의 원소들과 8개의 이벤트들을 포함하고; 그리고 수업 순차는 4개의 원소들과 8개의 이벤트들을 포함한다.

그림 6.4는 다양한 응용 도메인들에 대해 정의된 순차, 원소, 그리고 이벤트의 예를 제시한다. 마지막 행을 제외하고, 처음 세 도메인들의 각각과 관련된 서열형 속성은 달력 시간(calendar time)에 해당한다. 마지막 행의 서열형 속성은 유전자 서열에서 염기(A, C, G, T)의 위치에 해당한다. 비록 순차 패턴에 대한 논의는 주로 시간적 이벤트에 초점을 맞추지만, 이벤트가 공간 순서와 같은 비-시간(non-temporal) 순서를 가지는 경우까지 확장될 수 있다.

부분순차

만약 순차 t는 s의 원소들에서 일부 이벤트들을 삭제하거나 s의 일부 원소들을 완전히 삭제하여 s에서 t를 유도할 수 있다면, 순차 t는 다른 시퀀스 s의 **부분순차**(subse-

표 6.7 부분순차의 개념을 설명하는 예

Sequence, s	Sequence, t	Is t a subsequence of s?
$\langle\{2, 4\}\ \{3, 5, 6\}\ \{8\}\rangle$	$\langle\{2\}\ \{3, 6\}\ \{8\}\rangle$	Yes
$\langle\{2, 4\}\ \{3, 5, 6\}\ \{8\}\rangle$	$\langle\{2\}\ \{8\}\rangle$	Yes
$\langle\{1, 2\}\ \{3, 4\}\rangle$	$\langle\{1\}\ \{2\}\rangle$	No
$\langle\{2, 4\}\ \{2, 4\}\ \{2, 5\}\rangle$	$\langle\{2\}\ \{4\}\rangle$	Yes

quence)이다. 형식적으로, 만약 $t_1 \subseteq s_{j_1}$, $t_2 \subseteq s_{j_2}$, …, $t_m \subseteq s_{j_m}$와 같은 정수 $1 \leq j_1 < j_2 < \ldots < j_m \leq n$가 존재한다면 순차 $t = \langle t_1 t_2 \ldots t_m \rangle$은 $s = \langle s_1 s_2 \ldots s_n \rangle$의 부분순차이다. 만약 t가 s의 부분순차이면, t는 s에 **포함된다**(contained)라고 말한다. 표 6.7에서는 다양한 순차들에 대한 부분순차들의 아이디어를 설명하는 예를 보여준다.

6.4.2 순차 패턴 발견

D를 하나 또는 그 이상의 **데이터 순차들**(data sequences)을 포함하는 데이터 집합이라 하자. 데이터 순차라는 용어는 단일 데이터 객체와 연관된 원소들의 순서 목록을 나타낸다. 예를 들어, 그림 6.5에 표시된 데이터 집합에는 각 객체 A, B, C, D 및 E에 대해 하나씩 5개의 데이터 순차들이 있다.

순차 s의 지지도는 s를 포함하는 모든 데이터 순차들의 비율이다. 만약 s에 대한 지지도가 사용자-지정된 임계값 $minsup$ 보다 크거나 같으면, s는 순차 패턴(또는 빈발 순차)으로 선언된다.

정의 6.1 **순차 패턴 발견** 순차 데이터 집합 D와 사용자-지정된 최소 지지도 임계값 $minsup$이 주어지면, 순차 패턴 발견 과제는 지지도 $\geq minsup$을 가진 모든 순차들을 찾는 것이다.

그림 6.5에서 순차 $\langle\{1\}\{2\}\rangle$는 다섯 개의 데이터 순차들 중에서 네 개에서(D를 제외한 모든 객체) 포함되기 때문에 그것에 대한 지지도는 80%와 같다. 최소 지지도 임계값이 50%라고 가정하면, 세 개 이상의 데이터 순차들에서 포함된 어떤 순차도 순차 패턴으로 간주된다. 주어진 데이터 집합에서 추출된 순차 패턴들의 예로는 $\langle\{1\}\{2\}\rangle$, $\langle\{1, 2\}\rangle$, $\langle\{2, 3\}\rangle$, $\langle\{1, 2\}\{2, 3\}\rangle$ 등이 있다.

Object	Timestamp	Events
A	1	1, 2, 4
A	2	2, 3
A	3	5
B	1	1, 2
B	2	2, 3, 4
C	1	1, 2
C	2	2, 3, 4
C	3	2, 4, 5
D	1	2
D	2	3, 4
D	3	4, 5
E	1	1, 3
E	2	2, 4, 5

Minsup = 50%

Examples of Sequential Patterns:

<{1,2}>	s=60%
<{2,3}>	s=60%
<{2,4}>	s=80%
<{3} {5}>	s=80%
<{1} {2}>	s=80%
<{2} {2}>	s=60%
<{1} {2,3}>	s=60%
<{2} {2,3}>	s=60%
<{1,2} {2,3}>	s=60%

그림 6.5 5개의 데이터 순차들을 포함하는 데이터 집합에서 유도된 순차 패턴

순차 패턴 발견은 이벤트들의 모음에서 생성될 수 있는 가능한 모든 순차들의 집합이 기하급수적으로 크고 열거하기 어렵기 때문에 계산상 어려운 과제이다. 예를 들어, n 개의 이벤트들의 모음은 다음과 같은 1-순차, 2-순차 및 3-순차의 예를 만들 수 있다.

1-순차: $\langle i_1 \rangle, \langle i_2 \rangle, \ldots, \langle i_n \rangle$

2-순차: $\langle \{i_1, i_2\} \rangle, \langle \{i_1, i_3\} \rangle, \ldots, \langle \{i_{n-1}, i_n\} \rangle, \ldots$

$\langle \{i_1\}\{i_1\} \rangle, \langle \{i_1\}\{i_2\} \rangle, \ldots, \langle \{i_n\}\{i_n\} \rangle$

3-순차: $\langle \{i_1, i_2, i_3\} \rangle, \langle \{i_1, i_2, i_4\} \rangle, \ldots, \langle \{i_{n-2}, i_{n-1}, i_n\} \rangle, \ldots$

$\langle \{i_1\}\{i_1, i_2\} \rangle, \langle \{i_1\}\{i_1, i_3\} \rangle, \ldots, \langle \{i_{n-1}\}\{i_{n-1}, i_n\} \rangle, \ldots$

$\langle \{i_1, i_2\}\{i_2\} \rangle, \langle \{i_1, i_2\}\{i_3\} \rangle, \ldots, \langle \{i_{n-1}, i_n\}\{i_n\} \rangle, \ldots$

$\langle \{i_1\}\{i_1\}\{i_1\} \rangle, \langle \{i_1\}\{i_1\}\{i_2\} \rangle, \ldots, \langle \{i_n\}\{i_n\}\{i_n\} \rangle$

위의 열거는 장바구니 데이터에 대해 5장에서 소개된 항목집합 격자와 어떤 면에서 비슷하다. 그러나 위의 열거는 완전한 것이 아니다; 일부 순차만 표시하고 생략부호(...)를 사용하여 많은 수의 나머지 순차들을 생략한다. 이것은 후보 순차들의 수가 후보 항목집합들의 수보다 실제적으로 더 많기 때문에 열거가 어렵다. 후보 순차들의 추가적인 수에는 세 가지 이유가 있다.

1. 한 항목은 한 항목집합에서 많아야 한 번 나타날 수 있지만, 한 이벤트는 한 순차

에서 다른 원소들에서 한 번보다 더 많이 나타날 수 있다. 예를 들어, 한 쌍의 항목 i_1과 i_2가 주어지면, 하나의 후보 2-항목집합 $\{i_1, i_2\}$만 생성될 수 있다. 반대로, 단지 두 이벤트들만 사용하여 생성될 수 있는 후보 2-순차들이 많다; $\langle\{i_1\}\{i_1\}\rangle$, $\langle\{i_1\}\{i_2\}\rangle$, $\langle\{i_2\}\{i_1\}\rangle$, $\langle\{i_2\}\{i_2\}\rangle$ 및 $\langle\{i_1, i_2\}\rangle$.

2. 순서는 순차에서 중요하지만, 항목집합에서는 중요하지 않다. 예를 들어, $\{i_1, i_2\}$와 $\{i_2, i_1\}$은 동일한 항목집합을 나타내는 반면, $\langle\{i_1\}\{i_2\}\rangle$, $\langle\{i_2\}\{i_1\}\rangle$ 및 $\langle\{i_1, i_2\}\rangle$는 서로 다른 순차에 해당되므로 별도로 생성된다.

3. 장바구니 데이터의 경우, 개별 항목들의 수 n은 후보 항목집합들의 수 $(2^n - 1)$에 상한을 두는 반면, 순차 데이터의 경우 두 이벤트들 a와 b 조차도 무한히 많은 후보 순차들을 유도할 수 있다(그림 6.6 설명 참조).

위와 같은 이유로 인해, 데이터에 이벤트들의 수가 적은 경우에도 가능한 모든 순차들을 열거하는 순차 격자(sequence lattice)를 만드는 것이 힘들다. 따라서 순차 패턴을 생성하기 위해 순차 격자를 순회하여 가능한 모든 순차들을 열거하는 맹목적 접근법을 사용하는 것은 어렵다. 이러한 난제에도 불구하고, 특정 k-순차를 포함하는 어떤 데이터 순차도 또한 그것의 모든 $(k-1)$-부분순차들을 포함해야하기 때문에 *Apriori* 원리는 순차적 데이터에서도 여전히 적용된다. 나중에 살펴보겠지만, 순차 격자를 구성하는 것이 힘들지라도, *Apriori* 원리를 사용하여 빈발한 $(k-1)$-순차들에서 후보 k-순차들을 생성할 수 있다. 이것은 *Apriori*-like 알고리즘을 사용하여 순차 데이터 집합에서

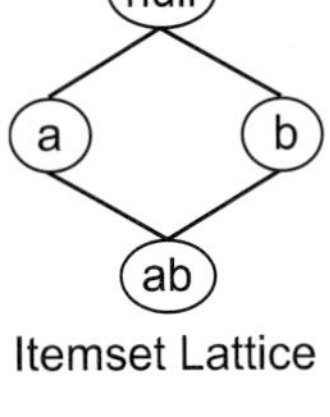

1-subsequences:

<{a}>, <{b}>

2-subsequences:

<{a} {a}>, <{a} {b}>, <{b} {b}>, <{a,b}>

3-subsequences:

<{a} {a} {a}>, <{a} {a} {b}>, <{a} {b} {a}>, <{a} {b} {b}>
<{b} {a} {a}>, <{b} {a} {b}>, <{b} {b} {a}>, <{b} {b} {b}>
<{a} {a,b}>, <{b} {a,b}>, <{a,b} {a}>, <{a,b} {b}>

그림 6.6 두 개의 이벤트들(항목들)을 사용하여 생성된 순차들의 수와 항목집합들의 수를 비교. 설명을 위해 1-순차, 2-순차 및 3-순차만 표시한다.

알고리즘 6.1 순차 패턴 발견을 위한 *Apriori*-like 알고리즘

$k = 1$.
$F_k = \left\{ i \mid i \in I \wedge \frac{\sigma(\{i\})}{N} \geq minsup \right\}$. {Find all frequent 1-subsequences.}
repeat
  $k = k + 1$.
  $C_k =$ candidate-gen(F_{k-1}). {Generate candidate k-subsequences.}
  $C_k =$ candidate-prune$(C_k,\ F_{k-1})$. {Prune candidate k-subsequences.}
  for each data sequence $t \in T$ **do**
    $C_t =$ subsequence$(C_k,\ t)$. {Identify all candidates contained in t.}
    for each candidate k-subsequence $c \in C_t$ **do**
      $\sigma(c) = \sigma(c) + 1$. {Increment the support count.}
    end for
  end for
  $F_k = \left\{ c \mid c \in C_k \wedge \frac{\sigma(c)}{N} \geq minsup \right\}$. {Extract the frequent k-subsequences.}
until $F_k = \phi$
Answer$= \cup F_k$.

순차 패턴을 추출할 수 있게끔 한다. 이 알고리즘의 기본 구조는 알고리즘 6.1에 나와 있다.

알고리즘의 구조는 이전 장에서 제시된 빈발 항목집합 발견을 위한 *Apriori* 알고리즘과 거의 동일하다. 알고리즘은 새로운 후보 k-순차들을 반복적으로 생성하고, 후보의 $(k-1)$-순차가 빈발하지 않으면 그 후보를 가지치기하고, 그런 후에 나머지 후보들의 지지도를 계산하여 순차 패턴들을 발견한다. 이 단계들의 세부 사항은 다음에 주어진다.

후보 생성 빈발 $(k-1)$-순차 쌍을 합병하여 후보 k-순차를 생성한다. 이 접근법은 후보 항목 집합을 생성하기 위해 5장에서 소개한 $\mathbf{F}_{k-1} \times \mathbf{F}_{k-1}$ 전략과 유사하지만, 어느 정도 차이점이 있다. 먼저, 순차를 생성하는 경우, $(k-1)$-순차를 자체와 합병하여 k-순차를 생성 할 수 있다. 예를 들어, 1-순차 $\langle a \rangle$를 자체와 합병하여 후보 2-순차 $\langle \{a\}\{a\} \rangle$를 생성할 수 있다. 둘째, 중복 후보 생성을 피하기 위해 전통적인 *Apriori* 알고리즘은 만일 사전 편집 순서로 배열된 처음 $k-1$ 항목들이 동일한 경우에만 한 쌍의 빈발 k-항

목집합을 합병한다. 순차를 생성하는 경우에도, 한 원소 내에서 이벤트들을 정렬하기 위해 여전히 사전 편집 순서를 사용한다. 그러나 순차에 있는 원소들의 배열은 사전 편집 순서를 따르지 않을 수 있다. 예를 들어, $\langle\{b,\ c\}\{a\}\{d\}\rangle$는 비록 순차에 원소들이 사전 편집 순위에 따라 정렬되지 않았지만 4-순차의 적합한 표현이다. 반면, $\langle\{c,\ b\}\{a\}\{d\}\rangle$는 동일한 4-순차의 적합한 표현이 아닌데, 그 이유는 첫 번째 원소의 이벤트들이 사전 편집 순서를 위반하기 때문이다.

시퀀스 $s=\langle e_1 e_2 e_3 \cdots\ e_n\rangle$이 주어지고, 각 원소의 이벤트들이 사전 편집 방식으로 배열되는 경우, e_1의 첫 번째 이벤트를 s의 첫 번째 이벤트로 간주하고 e_n의 마지막 이벤트를 s의 마지막 이벤트로 간주할 수 있다. 그러면 순차들의 합병에 대한 기준은 다음 절차의 형식으로 설명될 수 있다.

순차 합병 절차(Sequence Merging Procedure)

만약 순차 $s^{(1)}$에서 첫 번째 이벤트를 제거하여 얻은 부분순차와 $s^{(2)}$에서 마지막 이벤트를 제거하여 얻은 부분순차가 동일한 경우에만 순차 $s^{(1)}$은 다른 순차 $s^{(2)}$와 합병된다. 결과 후보는 다음과 같이 순차 $s^{(1)}$을 확장하여 주어진다.

1. 만약 $s^{(2)}$의 마지막 원소에 이벤트가 하나만 있으면, $s^{(2)}$의 마지막 원소를 $s^{(1)}$의 끝에 추가하여 합병된 순차를 얻는다.
2. 만약 $s^{(2)}$의 마지막 원소에 둘 이상의 이벤트가 있으면, $s^{(2)}$의 마지막 원소의 마지막 이벤트(이것은 $s^{(1)}$의 마지막 원소에는 없다)를 $s^{(1)}$의 마지막 원소에 추가하여 합병된 순차를 얻는다.

그림 6.7은 빈발 3-순차 쌍을 합병하여 얻은 후보 4-순차의 예를 설명한다. 첫 번째 후보 $\langle\{1\}\{2\}\{3\}\{4\}\rangle$는 $\langle\{1\}\{2\}\{3\}\rangle$에 $\langle\{2\}\{3\}\{4\}\rangle$를 합병하여 얻는다. 두 번째 순차의 마지막 원소($\{4\}$)는 하나의 이벤트만 포함하므로, 그것은 합병된 순차를 생성하기 위해 첫 번째 순차에 단순히 추가된다. 반면, $\langle\{1\}\{5\}\{3\}\rangle$에 $\langle\{5\}\{3,\ 4\}\rangle$를 합병하면 후보 4-순차 $\langle\{1\}\{5\}\{3,\ 4\}\rangle$가 생성된다. 이 경우 두 번째 순차의 마지막 원소($\{3,\ 4\}$)에는 두 개의 이벤트가 포함된다. 따라서 이 원소의 마지막 이벤트 (4)

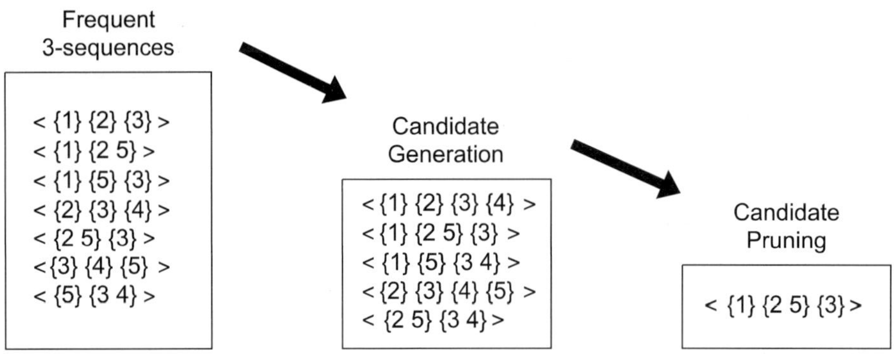

그림 6.7 순차 패턴 탐사 알고리즘의 후보 생성과 가지치기 단계의 예

는 첫 번째 순차의 마지막 원소 ($\{3\}$)에 더하여 합병된 순차를 얻는다.

순차 합병 절차가 완전하다는 것을 알 수 있다. 즉, 모든 빈발 k-부분순차들을 생성한다. 이것은 각 빈발 k-부분순차 s는 s의 첫 번째 이벤트를 포함하지 않는 빈발 $(k-1)$-순차 s_1과 s의 마지막 이벤트를 포함하지 않는 빈발 $(k-1)$-순차 s_2를 포함하기 때문이다. s_1과 s_2는 빈발하고 순차 합병에 대한 기준을 따르므로, 그것들은 후보자들 중 하나로써 각 빈발 k-부분순차 s를 생성하기 위해 합병된다. 또한 순차 합병 절차는 s_1과 s_2를 합병하여 s를 생성하는 유일한 방법이 있음을 보장한다. 예를 들어, 그림 6.7에서 순차 $\langle\{1\}\{2\}\{3\}\rangle$과 $\langle\{1\}\{2, 5\}\rangle$는 합병되지 않아야 되는 데 그 까닭은 첫 번째 순차에서 첫 번째 이벤트를 제거한 것은 두 번째 순차의 마지막 이벤트를 제거한 것과 동일한 부분순차가 되지 않기 때문이다. 하지만 $\langle\{1\}\{2, 5\}\{3\}\rangle$이 적합한 후보이고, 이것은 다른 순차 쌍 $\langle\{1\}\{2, 5\}\rangle$와 $\langle\{2, 5\}\{3\}\rangle$을 합병하여 생성된다. 이 예는 순차 합병 절차가 중복 후보 순차를 생성하지 않음을 보여준다.

후보 가지치기 후보 k-순차의 $(k-1)$-순차들 중 적어도 하나가 빈발하지 않으면 그 후보는 가지치기된다. 예를 들어, 후보 4-순차 $\langle\{1\}\{2\}\{3\}\{4\}\rangle$를 고려해보자. 이 4-순차에 포함된 3-순차들 중 어떤 것이 빈발하지 않는 지 검사해야 한다. 순차 $\langle\{1\}\{2\}\{4\}\rangle$가 이 순차에 포함되며 빈발하지 않은 경우이므로 후보 $\langle\{1\}\{2\}\{3\}\{4\}\rangle$는 제거될 수 있다. 독자는 그림 6.7의 후보 가지치기 단계에서 살아남은 유일한 후보 4-순차가 $\langle\{1\}\{2, 5\}\{3\}\rangle$임을 증명할 수 있어야 한다.

지지도 계산 지지도를 계산하는 동안, 알고리즘은 특정 데이터 순차에 속하는 모든 후보 k-순차들을 식별하고 그것들의 지지도 카운트를 증가시킨다. 각 데이터 순차에 대해 이 단계를 수행한 후, 알고리즘은 빈발 k-순차들을 식별하고 후보의 지지도 카운트가 $minsup$ 임계값보다 작은 모든 후보 순차들을 삭제한다.

6.4.3 시간 제약조건*

이 절에서는 패턴의 이벤트와 원소에 시간 제약조건(timing constraints)이 적용되는 순차 패턴 형식화를 설명한다. 시간 제약에 대한 필요성에 동기를 부여하기 위해, 데이터 마이닝 수업에 등록한 두 학생이 수강한 다음과 같은 과목의 순차를 고려해보자:

학생 A: 〈 {Statistics} {Database Systems} {Data Mining} 〉.

학생 B: 〈 {Database Systems} {Statistics} {Data Mining} 〉.

흥미로운 순차 패턴은 〈{Statistics, Database Systems} {Data Mining}〉이고, 이것은 데이터 마이닝 수업에 등록한 학생들은 먼저 통계학과 데이터베이스 시스템 과목을 수강했음을 의미한다. 분명히, 비록 두 학생이 동일 학기에 통계학과 데이터베이스 시스템을 수강하지 않더라도 이 패턴은 두 학생 모두에 의해 지지받는다. 반대로, 10년 전에 통계학 과목을 수강한 학생은 과목 사이의 시간 간격이 너무 길기 때문에 이 패턴을 지지하는 것으로 간주되어서는 안 된다. 이전 절에 소개한 형식화에는 이러한 시간 제약조건이 포함되어 있지 않았기 때문에, 새로운 순차 패턴 정의가 필요하다.

그림 6.8은 패턴에 설정될 수 있는 시간 제약조건들의 일부를 설명한다. 이러한 제약조건들의 정의와 이들이 순차 패턴 발견 알고리즘에서 미치는 영향은 다음 절에서 논의된다. 순차 패턴의 각 원소는 시간 윈도우(time window) $[l,\ u]$와 연관되고, l은 시간 윈도우 내에서 가장 빠른 이벤트의 발생이고 u는 시간 윈도우 내에서 가장 늦은 이벤트의 발생이다. 이 토론에서는 한 원소 내의 이벤트들이 다른 시간에 발생하도록 허용한다. 따라서 이벤트 발생의 실제 시간은 사전 편집 순서와 동일하지 않을 수 있다.

최대범위 제약조건

최대범위($maxspan$) 제약조건은 전체 순차에서 가장 늦은 이벤트의 발생과 가장 빠른 이벤트의 발생 사이에 허용되는 최대 시간 차이를 지정한다. 예를 들어, 순차의 i번째 원

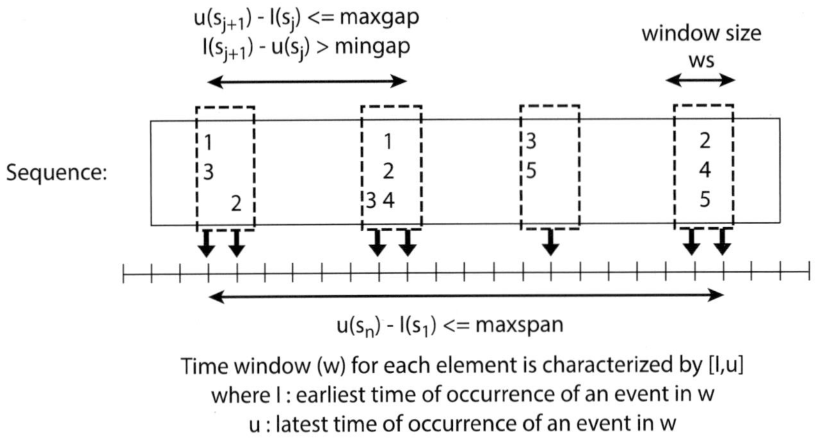

그림 6.8 순차 패턴의 시간 제약조건

소는 i번째 타임스탬프에 발생하는 연속 타임스탬프 (1, 2, 3, ...)에서 발생하는 이벤트들을 포함하는 다음 데이터 순차들을 가정하자. $maxspan=3$으로 가정하면, 다음 표에는 주어진 데이터 순차에 의해 지지받고 지지받지 않는 순차 패턴들이 포함되어 있다.

Data Sequence, s	Sequential Pattern, t	Does s support t?
⟨{1, 3} {3, 4} {4} {5} {6, 7} {8}⟩	⟨{3} {4}⟩	Yes
⟨{1, 3} {3, 4} {4} {5} {6, 7} {8}⟩	⟨{3} {6}⟩	Yes
⟨{1, 3} {3, 4} {4} {5} {6, 7} {8}⟩	⟨{1, 3} {6}⟩	No

일반적으로 $maxspan$이 길수록 데이터 순차에서 패턴을 탐지할 가능성이 더 높다. 그러나 $maxspan$이 길면 두 개의 관련 없는 이벤트들이 일시적으로 관련될 가능성이 높아지므로 가짜 패턴을 포착할 수도 있다. 게다가 패턴은 이미 시간이 지나서 진부한 이벤트들을 포함할 수 있다.

$maxspan$ 제약조건은 순차 패턴 발견 알고리즘의 지지도 계산 단계에 영향을 준다. 앞의 예에서 볼 수 있듯이, $maxspan$ 제약조건이 적용될 때 일부 데이터 순차들은 더 이상 후보 패턴을 지지하지 않는다. 만약 알고리즘 6.1을 단순히 적용하면, 일부 패턴에 대한 지지도 카운트는 과대평가될 수 있다. 이 문제를 피하려면, 주어진 패턴에서 이벤트의 처음 발생과 마지막 발생 사이의 간격이 $maxspan$보다 큰 경우를 무시하도록 알고리즘을 수정해야 한다.

최소간격과 최대간격 제약조건

순차의 두 연속적인 원소들 사이의 시간 차이를 제한하기 위해 시간 제약조건을 지정할 수도 있다. 만약 최대 시간 차이(**최대간격** $maxgap$)가 일주일이라면, 한 원소의 이벤트들은 이전 원소에서 발생한 이벤트들의 일주일 이내에 발생해야 한다. 만약 최소 시간 차이(**최소간격** $mingap$)가 0이면, 한 원소의 이벤트들이 이전 원소에서 발생한 이벤트들 이후에 발생해야 한다(그림 6.8 참조). 다음 표는 $maxgap = 3$과 $mingap = 1$로 가정하고 $maxgap$과 $mingap$ 제약조건을 통과하거나 또는 실패한 패턴의 예를 보여준다. 이 예에서는 각 원소가 연속 시간 단계에서 발생한다고 가정한다.

Data Sequence, s	Sequential Pattern, t	$maxgap$	$mingap$
⟨{1, 3} {3, 4} {4} {5} {6, 7} {8}⟩	⟨{3} {6}⟩	Pass	Pass
⟨{1, 3} {3, 4} {4} {5} {6, 7} {8}⟩	⟨{6} {8}⟩	Pass	Fail
⟨{1, 3} {3, 4} {4} {5} {6, 7} {8}⟩	⟨{1, 3} {6}⟩	Fail	Pass
⟨{1, 3} {3, 4} {4} {5} {6, 7} {8}⟩	⟨{1} {3} {8}⟩	Fail	Fail

$maxspan$과 마찬가지로, $mingap$과 $maxgap$ 제약조건들이 있는 경우 일부 데이터 순차들이 더 이상 후보 패턴을 지지하지 않기 때문에 이러한 제약 조건들은 순차 패턴 발견 알고리즘들의 지지도 계산 단계에 영향을 준다. 패턴 지지도를 계산할 때 시간 제약 조건들을 위반하지 않도록 이러한 알고리즘들을 수정해야 한다. 그렇지 않으면, 일부 비빈발 순차들이 잘못하여 빈발 패턴들로 선언될 수 있다.

$maxgap$ 제약조건 사용의 부작용은 *Apriori* 원리가 위반될 수 있다는 것이다. 이를 설명하기 위해 그림 6.5에 나와 있는 데이터 집합을 고려해보자. $mingap$ 또는 $maxgap$ 제약조건들이 없으면, ⟨{2}{5}⟩와 ⟨{2}{3}{5}⟩에 대한 지지도는 둘 다 60%이다. 그러나 만약 $mingap = 0$과 $maxgap = 1$이면, ⟨{2}{5}⟩에 대한 지지도는 40%로 감소하는 반면, ⟨{2}{3}{5}⟩에 대한 지지도는 여전히 60%이다. 다시 말해서, 순차에서 이벤트들의 수가 증가하면 지지도가 증가한다 — 이것은 *Apriori* 원리와 모순된다. 이벤트 2와 5 사이의 시간 간격이 $maxgap$ 보다 더 커지므로 객체 D가 패턴 ⟨{2}{5}⟩를 지지하지 않기 때문에 위반이 발생한다. 이 문제는 인접 부분순차(contiguous subsequence)의 개념을 사용함으로써 피할 수 있다.

정의 6.2 **인접 부분순차(contiguous subsequence)** 순차 s는 만약 다음 조건들 중 하나라도 해당되면 $w = \langle e_1 e_2 \cdots e_k \rangle$의 인접 부분순차이다:

1. s는 w에서 e_1 또는 e_k 둘 중 한 원소에서 한 이벤트를 제거한 후 얻는다,
2. s는 w에서 적어도 두 이벤트들을 포함하는 원소 $e_i \in w$에서 한 이벤트를 제거한 후 얻거나, 또는
3. s는 t의 인접 부분순차이고 그리고 t는 w의 인접 부분순차이다.

다음 예제는 인접 부분순차의 개념을 보여준다:

Data Sequence, s	Sequential Pattern, t	Is t a contiguous subsequence of s?
⟨{1} {2, 3}⟩	⟨{1} {2}⟩	Yes
⟨{1, 2} {2} {3}⟩	⟨{1} {2}⟩	Yes
⟨{3, 4} {1, 2} {2, 3} {4}⟩	⟨{1} {2}⟩	Yes
⟨{1} {3} {2}⟩	⟨{1} {2}⟩	No
⟨{1, 2} {1} {3} {2}⟩	⟨{1} {2}⟩	No

인접 부분순차 개념을 사용하여, 다음과 같은 방식으로 *maxgap* 제약조건을 처리하도록 *Apriori* 원리가 수정될 수 있다.

정의 6.3 **수정된 *Apriori* 원리** 만약 k-순차가 빈발하면, 그것의 모든 인접한 $(k-1)$-부분순차들도 역시 빈발해야 한다.

수정된 *Apriori* 원리는 작은 수정으로 순차 패턴 발견 알고리즘에 적용될 수 있다. 후보 가지치기를 하는 동안, 일부 k-순차들이 *maxgap* 제약조건을 위반할 수 있으므로 모든 k-순차들을 검증할 필요는 없다. 예를 들어, 만약 $maxgap = 1$이면, 후보 ⟨{1}{2, 3}{4}{5}⟩의 부분순차 ⟨{1}{2, 3}{5}⟩는 빈발한지 여부를 검사할 필요가 없다. 그 까닭은 원소 {2, 3}과 {5} 사이의 시간 차이가 한 시간 단위 보다 크기 때문이다. 대신에, ⟨{1}{2, 3}{4}{5}⟩의 인접 부분순차만 검사하면 된다. 이러한 부분순차에는

$\langle\{1\}\{2, 3\}\{4\}\rangle$, $\langle\{2, 3\}\{4\}\{5\}\rangle$, $\langle\{1\}\{2\}\{4\}\{5\}\rangle$ 및 $\langle\{1\}\{3\}\{4\}\{5\}\rangle$가 포함된다.

윈도우 크기 제약조건

마지막으로, 원소 s_j 내의 이벤트들은 동일한 시간에 발생하지 않아도 된다. **윈도우 크기(window size)** 임계값(ws)은 순차 패턴의 어떤 원소에서 이벤트들의 가장 늦은 발생과 가장 빠른 발생 사이의 최대 허용 시간 차이를 지정하도록 정의될 수 있다. 윈도우 크기가 0이면 패턴의 동일한 원소 내에 있는 모든 이벤트들은 동시에 발생해야 한다는 것을 의미한다.

다음 예제는 $ws=2$를 사용하여 데이터 순차가 주어진 순차를 지지하는지 여부를 결정한다($mingap=0$, $maxgap=3$, 그리고 $maxspan=\infty$를 가정한다).

Data Sequence, s	Sequential Pattern, t	Does s support t?
⟨{1, 3} {3, 4} {4} {5} {6, 7} {8}⟩	⟨{3, 4} {5}⟩	Yes
⟨{1, 3} {3, 4} {4} {5} {6, 7} {8}⟩	⟨{4, 6} {8}⟩	Yes
⟨{1, 3} {3, 4} {4} {5} {6, 7} {8}⟩	⟨{3, 4, 6} {8}⟩	No
⟨{1, 3} {3, 4} {4} {5} {6, 7} {8}⟩	⟨{1, 3, 4} {6, 7, 8}⟩	No

마지막 예제에서, 비록 패턴 $\langle\{1, 3, 4\}\{6, 7, 8\}\rangle$이 윈도우 크기 제약조건을 만족하지만, 두 원소들에서 이벤트들 사이의 최대 시간 차이가 5 단위이므로 이 패턴은 $maxgap$ 제약조건을 위반한다. 윈도우 크기 제약조건은 또한 순차 패턴 발견 알고리즘의 지지도 계산 단계에 영향을 미친다. 만약 알고리즘 6.1이 윈도우 크기 제약조건을 부과하지 않고 적용된다면, 일부 후보 패턴들에 대한 지지도 카운트는 과소평가되고 따라서 일부 흥미로운 패턴들이 잃어버릴 수 있다.

6.4.4 대체 계산 방법*

주어진 데이터 순차에서 순차를 정의하는 방법에는 여러 가지가 있다. 예를 들어, 만약 데이터베이스가 긴 이벤트들의 순차들을 포함하면, 동일한 데이터 순차에서 여러 번 발생하는 부분순차들을 찾는 데 관심이 있을 수 있다. 따라서 부분순차의 지지도를 이 부분순차가 포함되는 데이터 순차들의 수로 계산하는 대신, 부분순차가 데이터 순차에 포함된 횟수(the number of times)를 고려할 수 있다. 이 관점은 순차들의 데이터베이스로부터 후보 k-순차의 지지도를 계산하기 위한 여러 가지 다른 형식화들을 생기게 한다. 설명을 위해, 그림 6.9와 같이 순차 $\langle\{p\}\{q\}\rangle$에 대한 지지도를 계산하는 문제를 고려해보자. $ws=0$, $mingap=0$, $maxgap=1$, 그리고 $maxspan=2$라고 가정하자.

- COBJ: 객체 당 한 번 발생(One occurrence per object).
  이 방법은 객체의 시간선(timeline)에서 주어진 순차의 발생을 적어도 한 번 찾는다. 그림 6.9에서, 순차 $\langle\{p\}\{q\}\rangle$는 객체의 시간선에 여러 번 표시되지만 단지 한 번 만 계산된다—p가 $t=1$에서 발생하고 q는 $t=3$에서 발생한 것.

- CWIN: 슬라이딩 윈도우 당 한 번 발생(One occurrence per sliding window).
  이 접근법에서는 고정 길이($maxspan$)의 슬라이딩 시간 윈도우가 객체의 시간선

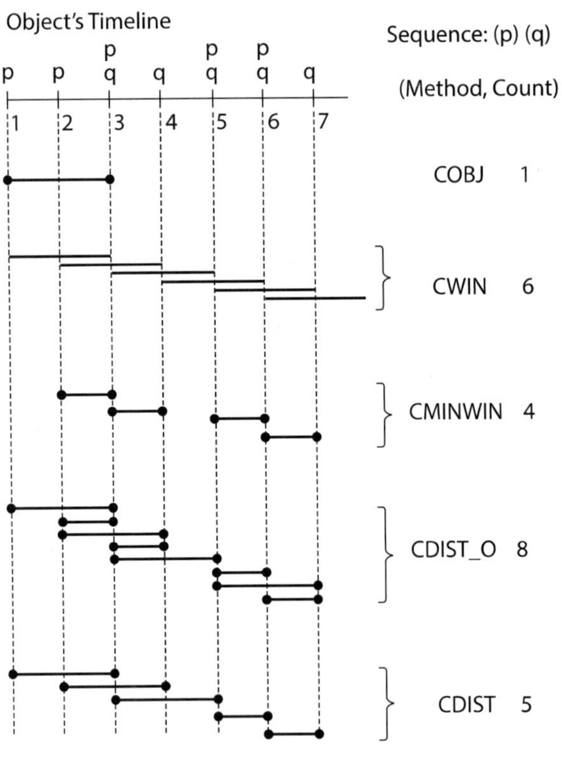

그림 6.9 서로 다른 지지도 계산 방법 비교

에서 한 번에 한 단위씩 이동한다. 지지도 카운트는 슬라이딩 윈도우에서 순차가 발생할 때 마다 증가한다. 그림 6.9에서 이 방법을 사용하여 순차 $\langle\{p\}\{q\}\rangle$는 6번 관찰된다.

- CMINWIN: 발생의 최소 윈도우들의 수(Number of minimal windows of occurrence).
  발생의 최소 윈도우는 주어진 시간 제약조건에서 순차가 발생하는 가장 작은 윈도우다. 다시 말해, 최소 윈도우는 순차가 해당 시간 구간에서 발생하는 그러한 시간 구간이지만, 이 순차가 그 시간구간의 진부분구간(proper subinterval) 어디에서도 발생하지 않는다. 이 정의는 CWIN의 제한된 버전으로 간주될 수 있는데, 왜냐하면 그것의 영향은 CWIN에 의해 계산되는 일부 윈도우를 축소하고 붕괴시키기 때문이다. 예를 들어, 순차 $\langle\{p\}\{q\}\rangle$는 네 개의 최소 윈도우 발생들을 가진다: (1) 쌍 $(p:t=2,\ q:t=3)$, (2) 쌍 $(p:t=3,\ q:t=4)$, (3) 쌍 $(p:t=5,\ q:t=6)$, 그리고 (4) 쌍 $(p:t=6,\ q:t=7)$. $t=1$에서 이벤트 p와 $t=3$에서 이벤트 q의 발생은 $(p:t=2,\ q:t=3)$의 더 작은 윈도우를 포함하기 때문에 최소 윈도우 발생이 아니다. 여기서 $(p:t=2,\ q:t=3)$ 윈도우는 실제로 발생의 최소 윈도우이다.

- CDIST_O: 이벤트-타임스탬프 중첩 가능성을 가진 별개의 발생(Distinct occurrences with possibility of event-timestamp overlap)
  순차의 별개의 발생은 이전에 계산된 발생과는 다른 적어도 한 개의 새로운 이벤트-타임스탬프 쌍이 있어야하는 이벤트-타임스탬프 쌍들의 집합으로 정의된다. 그러한 모든 별개의 발생들을 계산하면 CDIST_O 방법이 된다. 만약 이벤트 p와 q의 발생 시간이 튜플 $(t(p),\ t(q))$로 표시된다고 하면, 이 방법은 시간 $(1,\ 3)$, $(2,\ 3)$, $(2,\ 4)$, $(3,\ 4)$, $(3,\ 5)$, $(5,\ 6)$, $(5,\ 7)$, 그리고 $(6,\ 7)$에서 순차 $\langle\{p\}\{q\}\rangle$의 8개의 별개의 발생들을 만든다.

- CDIST: 이벤트-타임스탬프 중첩이 허용 안 되는 별개의 발생(Distinct occurrences with no event-timestamp overlap allowed).
  위의 CDIST_O에서, 순차의 두 발생들은 이벤트-타임스탬프 쌍들이 중첩되는 것을 허용하였다. 예를 들어 $(1,\ 3)$과 $(2,\ 3)$ 사이의 중첩. CDIST 방법에서는 중첩이 허용되지 않는다. 효과적으로 이벤트-타임스탬프 쌍이 계산을 위해 고려될 때, 그것은 사용된 것으로 표시되고 동일한 순차의 부분순차 계산에 결코 다시 사용되지 않는다. 한 예를 들어, 그림 6.9에 표시된 다이어그램에서 순차 $\langle\{p\}\{q\}\rangle$의 5개의 별개의 중첩되지 않는 발생들이 있다. 이러한 발생들은 시간 (1, 3), (2, 4), (3, 5), (5, 6), 그리고 (6, 7)에서 일어난다. 이러한 발생들은 CDIST_O에서 관찰된 발생들의 부분집합임을 관찰한다.

계산 방법에 관한 마지막 요점은 지지도 척도를 계산하기 위한 기준을 결정해야 한다는 것이다. 빈발 항목집합 탐사의 경우, 기준은 전체 트랜잭션들의 수로 제공된다. 순차 패턴 탐사의 경우, 기준은 사용되는 계산 방법에 따라 다르다. COBJ 방법의 경우, 입력 데이터에서 전체 객체들의 수가 기준으로 사용할 수 있다. CWIN과 CMINWIN 방법의 경우, 기준은 모든 객체들에서 가능한 시간 윈도우들의 수의 합계로 주어진다. CDIST와 CDIST_O와 같은 방법의 경우, 기준은 각 객체의 입력 데이터에 존재하는 별개의 시간 스탬프들의 수의 합계로 주어진다.

6.5 부분그래프 패턴

이 절에서는 항목집합과 순차보다 더 복잡한 개체인 그래프에 연관 분석 방법의 응용을 서술한다. 표 6.8에 나타난 것과 같이, 화학 합성물, 3-D 단백질 구조, 컴퓨터 네트워크 및 트리 구조화된 XML 문서와 같은 여러 개체들이 그래프 표현을 사용하여 모델링될 수 있다.

이런 종류의 데이터에 대해 수행할 유용한 데이터 탐사 과제는 그래프들의 모음에서 자주 발생하는 부분구조들의 집합을 유도하는 것이다. 그러한 과제는 **빈발 부분그래프 탐사(frequent subgraph mining)**로 알려져 있다. 빈발 부분그래프 탐사의 잠재적인 응용은 계산 화학의 맥락에서 볼 수 있다. 매 해마다 새로운 화학 합성물은 의약품, 농약, 비료, 등의 개발을 위해 설계되었다. 비록 합성물의 구조는 화학적 성질을 결정하는데 중요한 역할을 하는 것으로 알려져 있지만, 그것들의 정확한 관계를 규명하기는 어렵다. 빈발 부분그래프 탐사는 알려진 합성물의 특정 성질과 일반적으로 관련된 부분구조들을 식별함으로써 이러한 일을 도울 수 있다. 그러한 정보는 과학자들이 어떤 원하는 성질을 갖는 새로운 화학 합성물을 개발하는 데 도움이 될 수 있다.

이 절에서는 연관 분석을 그래프-기반 데이터에 적용하는 방법을 제시한다. 이 절은 기본 그래프-관련 개념과 정의들 중 일부를 검토하는 것으로 시작한다. 그런 다음 빈발 부분그래프 탐사 문제가 소개되고, 전통적인 *Apriori* 알고리즘을 확장하여 그러한 패턴들을 발견하는 방법에 대한 설명이 이어진다.

6.5.1 서문

그래프

그래프는 개체들의 집합 사이의 관계를 나타내는데 사용될 수 있는 자료 구조이다. 수학적으로, 그래프 $G=(V, E)$는 정점 집합(vertex set) V와 정점 쌍을 연결하는 간선들(edges)의 집합 E로 구성된다. 각 간선은 정점 쌍 (v_i, v_j)로 표기되고, $v_i, v_j \in V$이다. 개체의 이름을 나타내기 위하여 각 정점 v_i에 라벨(label) $l(v_i)$가 배정될 수 있다. 유사하게 각 간선(v_i, v_j)는 한 쌍의 개체들 사이의 관계를 설명하는 라벨 $l(v_i, v_j)$와 관련될 수도 있다. 표 6.8은 다양한 유형의 그래프들과 관련된 정점과 간선을 보여준다. 예를 들어, 웹 그래프에서 정점은 웹 페이지에 해당되고 간선은 웹 페이지들 사이의 하이퍼링크(hyperlink)를 나타낸다.

그래프의 크기는 일반적으로 정점들의 수 또는 간선들의 수로 표시될 수 있지만, 이 장에서는 그래프 크기를 간선들의 수로 고려한다. 또한, 우리는 k개의 간선들을 갖는 그래프를 k-그래프로 표기한다.

표 6.8 여러 응용 도메인들에서 개체들의 그래프 표현

Application	Graphs	Vertices	Edges
Web mining	Collection of inter-linked Web pages	Web pages	Hyperlink between pages
Computational chemistry	Chemical compounds	Atoms or ions	Bond between atoms or ions
Computer security	Computer networks	Computers and servers	Interconnection between machines
Semantic Web	XML documents	XML elements	Parent-child relationship between elements
Bioinformatics	3-D Protein structures	Amino acids	Contact residue

그래프 동형사상

그래프로 작업에 필요한 기본 원식(primitive)은 동일한 수의 정점들과 간선들을 가진 두 개의 그래프가 서로 **동등한지**(equivalent), 즉 개체들 사이에 관계들의 동일한 구조를 나타내는지를 결정하는 것이다. 그래프 동형사상은 그래프들 사이의 유사성을 계산하기위한 구성 요소 역할을 하는 그래프 동치(graph equivalence)의 형식적인 정의를 제공한다.

정의 6.4 **그래프 동형사상**(Graph Isomorphism) 만약 다음 성질을 만족하면서 $G_1 = (V_1, E_1)$에서 $G_2 = (V_2, E_2)$로 각 정점과 간선을 각자 매핑하는 함수 $f_v : V_1 \rightarrow V_2$와 $f_e : E_1 \rightarrow E_2$가 존재한다면 두 그래프 G_1과 G_2는 서로 동형(isomorphic)이다($G_1 \simeq G_2$로 표시한다).

1. **간선-보존 성질**(Edge-preserving property): 만약 정점들 $f_v(v_a)$와 $f_v(v_b)$가 G_2에서 간선을 구성하는 조건에서만(if and only if) G_1에서 두 정점 v_a와 v_b가 G_1에서 간선을 구성한다.
2. **라벨-보존 성질**(Label-preserving property): 만약 G_2에서 $f_v(v_a)$와 $f_v(v_b)$의 라벨들이 동일한 경우에서만(if and only if) G_1에서 두 정점 v_a와 v_b의 라벨들이 동일하다. 유사하게, 만약 $f_e(v_a, v_b)$와 $f_e(v_c, v_d)$의 라벨들이 동일한 경우에서만(if and only if) G_1에서 두 간선 (v_a, v_b)와 (v_c, v_d)의 라벨들이 동일하다.

매핑 함수(f_v, f_e)는 그래프 G_1과 G_2 사이의 동형사상을 구성한다. 이것은 $(f_v, f_e) : G_1 \rightarrow G_2$로 표시된다. 자기동형사상(automorphism)은 그래프가 그 자체로 매핑되는 특별한 유형의 동형사상이다. 예를 들어, $V_1 = V_2$와 $E_1 = E_2$. 그림 6.10은 두 그래프에서 정점 라벨들의 집합이 $\{A, B\}$인 그래프 자기동형사상의 예를 보여준다. 두 그래프가 다르게 보일지라도, 두 그래프의 정점들과 간선들 사이에 일-대-일 매핑이 있기 때문에, 그것들은 실제로 서로 동형이다. 동일한 그래프가 여러 형태들로 그려질 수 있기 때문에, 그래프 자기동형사상을 감지하는 것은 사소한 문제가 아니다. 이 문제를 해결하는 일반적인 방법은 한 그래프의 각 자기동형사상이 동일한 표준 라벨을 공유하도록 각 그래프에 **표준 라벨**(canonical label)을 할당하는 것이다. 표준 라벨들은 그래프를 특정(표준) 순서로 정렬하고 중복을 확인하는 데 도움이 될 수 있다. 표준 라벨을 구성하는 기법

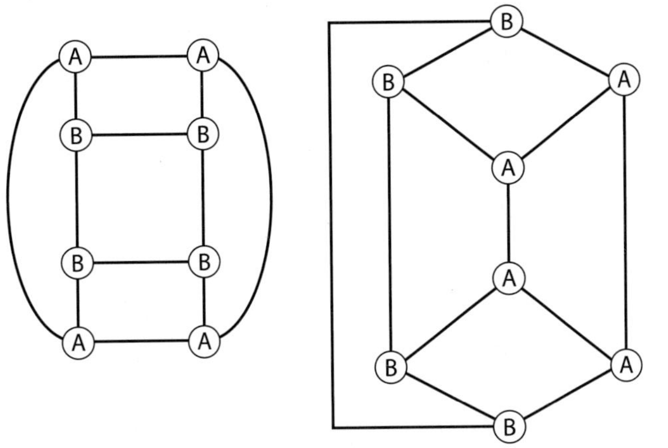

그림 6.10 그래프 동형사상

은 이 장에서 다루지 않지만, 관심 있는 독자는 이 장 끝에 있는 참고문헌을 참조하여 자세한 내용을 확인할 수 있다.

부분그래프

정의 6.5 **부분그래프(Subgraph)** 만약 그래프 G'의 정점 집합 V'이 V의 부분집합이고 그것의 간선 집합 E'이 E의 부분집합이고 E'에서 각 간선의 끝점들이 V'에 포함되면 그래프 $G'=(V', E')$는 다른 그래프 $G=(V, E)$의 부분그래프이다. 부분그래프 관계는 $G' \subseteq_S G$로 표시된다.

예제 6.2

그림 6.11은 6개의 정점들과 11개의 간선들을 포함하는 그래프와 가능한 부분그래프들 중의 하나를 함께 보여준다. 그림 6.11(b)에 보이는 부분그래프는 원래의 그래프에서 6개 정점들 중 4개와 11개의 간선들 중 4개만 포함한다. ■

정의 6.6 **지지도** 그래프들의 집합 $\boldsymbol{G}$가 주어지면, 부분그래프 g에 대한 지지도는 g를 부분그래프로 포함하는 모든 그래프들의 비율로 정의된다, 즉:

$$s(g) = \frac{|\{G_i | g \subseteq_S G_i,\ G_i \in \boldsymbol{G}\}|}{|\boldsymbol{G}|}. \tag{6.2}$$

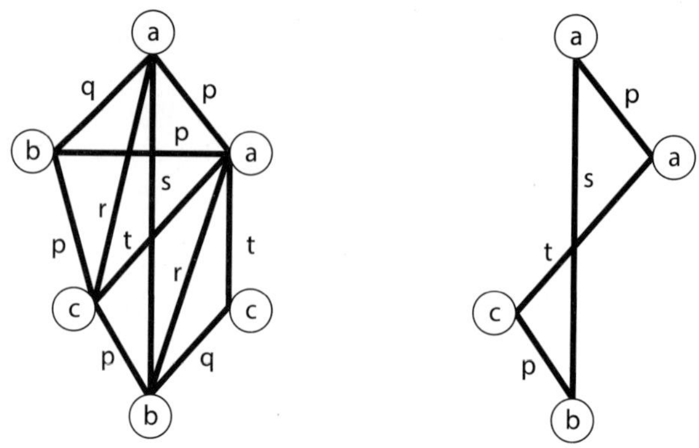

(a) Labeled graph. (b) Subgraph.

그림 6.11 부분그래프의 예

예제 6.3

그림 6.12에 보이는 다섯 개의 그래프들, G_1에서 G_5, 을 고려해보자. 여기서 정점 라벨들의 집합은 a에서 e까지지만 그래프들의 모든 간선들은 동일한 라벨을 갖는다. 오른

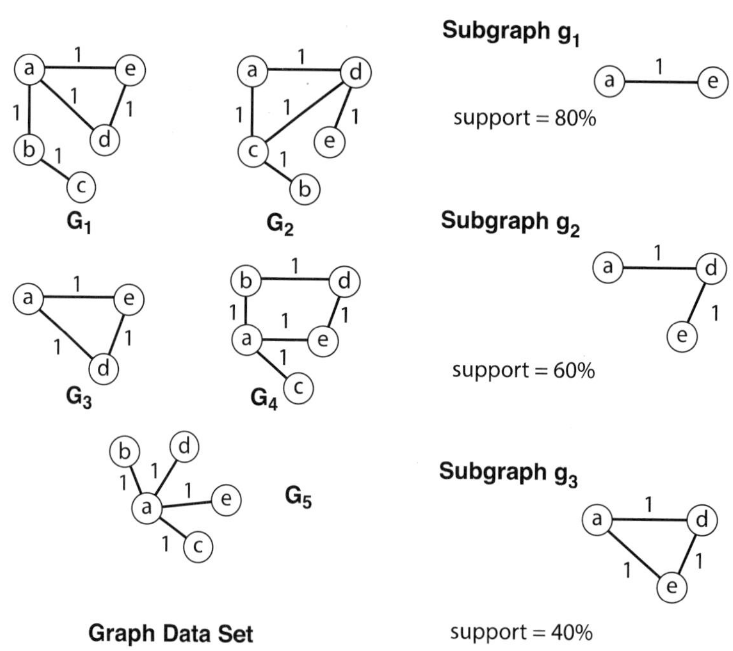

그림 6.12 그래프들의 집합에서 부분그래프의 지지도 계산

쪽 위 다이어그램에 보이는 그래프 g_1은 G_1, G_3, G_4, 그리고 G_5의 부분그래프이다. 따라서 $s(g_1) = 4/5 = 80\%$. 마찬가지로 g_2는 G_1, G_2, 그리고 G_3의 부분그래프이므로 $s(g_2) = 60\%$인 반면, g_3는 G_1과 G_3의 부분그래프이므로 $s(g_3) = 40\%$이다. ■

6.5.2 빈발 부분그래프 탐사

이 절에서는 빈발 부분그래프 탐사 문제의 형식적인 정의를 소개하고 이 과제의 복잡도를 설명한다.

정의 6.7 **빈발 부분그래프 탐사** 그래프들의 집합 $\mathbf{G}$와 지지도 임계값 $minsup$이 주어지면, 빈발 부분그래프 탐사의 목표는 $s(g) \geq minsup$인 모든 부분그래프들 g를 찾는 것이다.

이 형식화는 일반적으로 어떤 유형의 그래프에도 적용할 수 있지만, 이 장에서 소개하는 논의는 주로 **무향 연결**(undirected, connected) 그래프에 초점을 맞춘다. 이 그래프의 정의는 아래와 같다:

1. 만약 그래프가 오직 무향 간선들만 포함한다면 그 그래프는 무향이다. 간선 (v_i, v_j)가 (v_j, v_i)와 구별할 수 없으면 그 간선은 무향이다.
2. 그래프에 정점들의 각 쌍 사이에 경로가 존재한다면 그 그래프는 연결된다. 여기서 경로는 정점들 $\langle v_1 v_2 \dots v_k \rangle$의 순차(sequence)이고 순차에서 각 인접한 정점 (v_i, v_{i+1})의 쌍을 연결하는 간선이 있다.

다른 유형의 부분그래프들(방향이거나 또는 연결되지 않은)을 처리하는 방법은 독자에게 연습문제로 남겨 놓았다(연습문제 15 참조).

빈발 부분그래프 탐사는 빈발 항목집합 또는 빈발 부분순차를 탐사하는 것보다 훨씬 더 어렵고 계산 비용이 많이 드는 과제이다. 빈발 부분그래프 탐사에서 추가된 복잡성은 두 가지 주요 이유로 인해 발생한다. 첫째, 그래프들의 모음 $\mathbf{G}$가 주어지면 부분그래프 g의 지지도를 계산하는 것은 항목집합이나 순차에서 계산처럼 간단하지 않다. 이는 부분그래프 g가 그래프 $g' \in \mathbf{G}$에 포함되어 있는지 확인하는 것이 쉽지 않은 문제인데, 그 이유는 동일한 그래프 g가 그래프 동형사상으로 인해 g'에 다른 형태로 존재할 수 있기

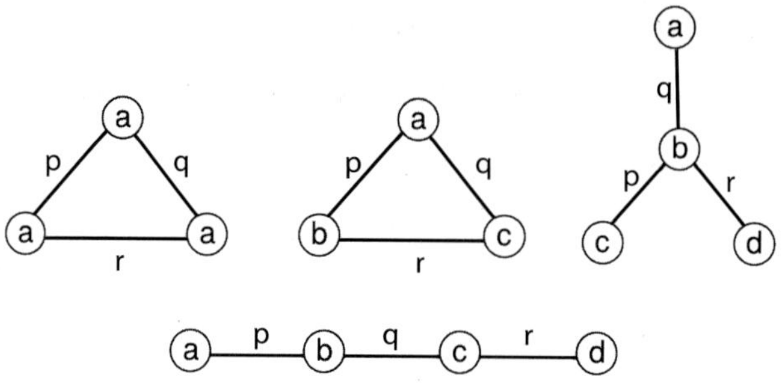

그림 6.13 라벨이 p, q 및 r인 세 개의 간선들을 사용하여 생성된 그래프들의 예

때문이다. 그래프가 다른 그래프의 부분그래프인지 확인하는 문제는 부분그래프 동형사상 문제로 알려져 있는데, 이는 NP-complete인 것으로 증명된다. 즉, 이 문제에 대해 다항식 시간으로 실행되는 알려진 알고리즘이 없다.

둘째, 주어진 정점 및 간선 라벨들의 집합에서 생성될 수 있는 후보 부분그래프들의 수는 기존 장바구니 데이터 집합을 사용하여 생성된 후보 항목집합들의 수보다 훨씬 많다. 이는 다음과 같은 이유 때문이다.

1. 항목들의 모음은 유일한 항목 집합을 구성하지만 간선 라벨들의 동일한 집합은 끝점에서 정점 라벨을 다수로 선택할 수 있어서 그래프에서 기하급수적인 방법들로 배열될 수 있다. 예를 들어, 항목 p, q 및 r은 유일한 항목집합 $\{p, q, r\}$을 구성하지만, 라벨 p, q 및 r이 있는 3개의 간선들은 다수의 그래프들을 구성할 수 있으며, 그들 중의 일부 예는 그림 6.13에 나와 있다.

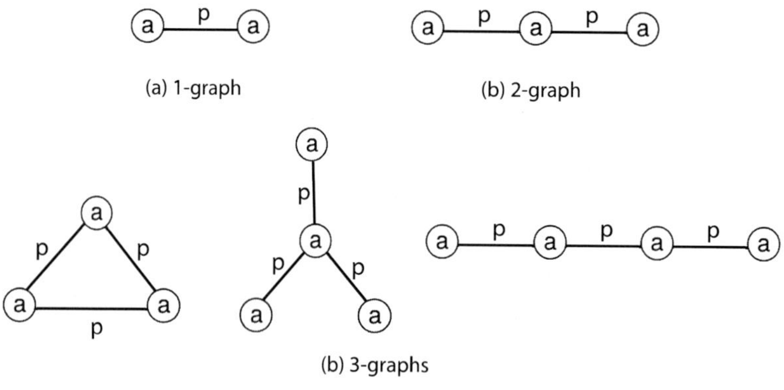

그림 6.14 단일 간선 라벨 p와 정점 라벨 a를 사용하여 생성된 크기 1에서 3까지의 그래프

2. 한 항목은 항목집합에 최대 한 번만 나타날 수 있지만 한 간선 라벨이 그래프에 여러 번 나타날 수 있다. 그 까닭은 동일한 간선 라벨을 가진 간선들의 다른 배치법은 다른 그래프를 나타내기 때문이다. 예를 들어, 항목 p는 항목 자체인 단일 후보 항목집합만 생성할 수 있다. 그러나 단일 간선 라벨 p와 정점 라벨 a를 사용하면 그림 6.14와 같이 크기가 다른 여러 개의 그래프들을 생성할 수 있다.

위의 이유들로 인해, 주어진 정점과 간선 라벨들의 집합을 사용하여 생성될 수 있는 가능한 모든 부분그래프들을 열거하는 것은 힘들다. 그림 6.15는 정점 라벨 $\{a, b\}$와 간선

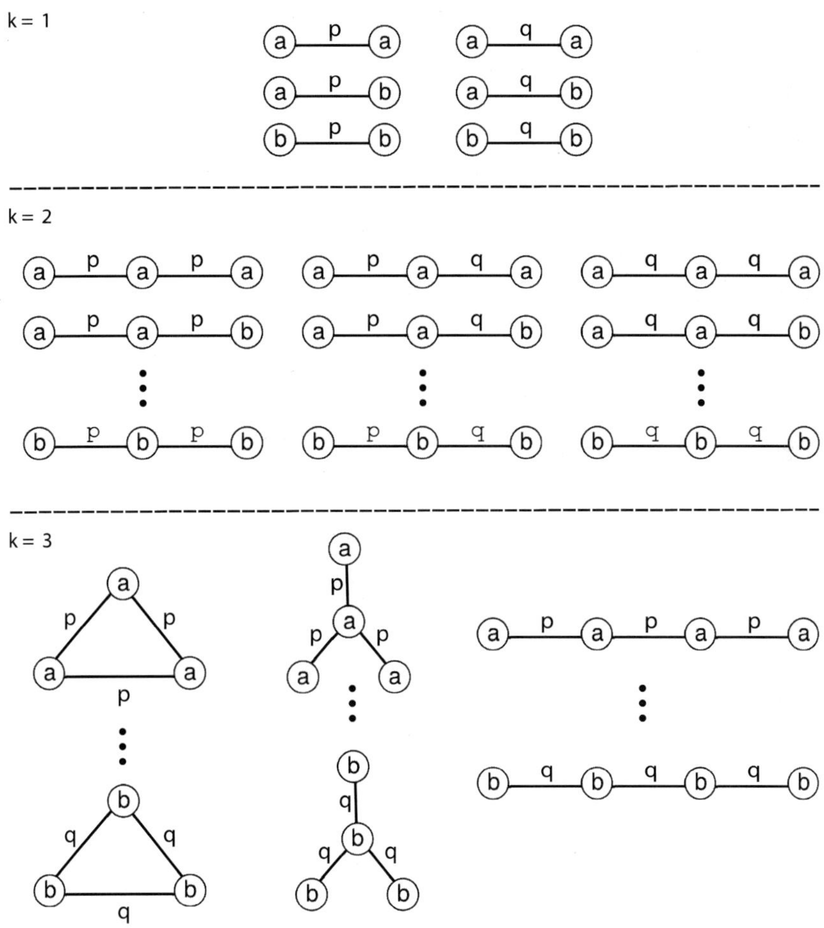

그림 6.15 두 개의 간선 라벨 p와 q 그리고 두 개의 정점 라벨 a와 b를 사용하여 생성된 크기 1에서 3까지에 대한 그래프의 예

라벨 $\{p, q\}$를 사용하여 생성할 수 있는 1-그래프, 2-그래프, 그리고 3-그래프의 몇 가지 예를 보여준다. 두 개의 정점과 간선 라벨들을 사용하더라도 크기 2에 대해서도 가능한 모든 그래프들을 열거하는 것이 어려워짐을 알 수 있다. 따라서 빈발 부분그래프 탐사에 맹목적 방법을 사용하는 것은 비현실적이다. 맹목적 방법은 가능한 모든 부분그래프들을 열거하고 그것들 각각의 지지도를 계산한다.

그러나 k-그래프는 만약 모든 $(k-1)$-부분그래프들이 모두 빈발한 경우에만 빈발하기 때문에 *Apriori* 원리는 여전히 부분그래프에 적용된다. 따라서 가능한 모든 후보 부분그래프들을 열거하는 계산상의 어려움에도 불구하고, *Apriori* 원리를 적용하여 빈발한 $(k-1)$-부분그래프들을 사용하여 후보 k-부분그래프들을 생성할 수 있다. 알고리즘 6.2는 빈발 부분그래프 탐사를 위한 일반적인 *Apriori*-like 접근법을 제시한다. 다음에서는 알고리즘의 세 가지 주요 단계를 간략하게 설명한다: 후보 생성, 후보 가지치기, 그리고 지지도 계산.

알고리즘 6.2 빈발 부분그래프 탐사를 위한 *Apriori*-like 알고리즘

$F_1 \leftarrow$ Find all frequent 1-subgraphs in $\boldsymbol{G}$
$F_2 \leftarrow$ Find all frequent 2-subgraphs in $\boldsymbol{G}$
$k = 2$.
repeat
  $k = k + 1$.
  $C_k =$candidate-gen(F_{k-1}). {Generate candidate k-subgraphs.}
  $C_k =$candidate-prune$(C_k,\ F_{k-1})$. {Perform candidate pruning.}
  for each graph $g \in \boldsymbol{G}$ **do**
    $C_t =$subgraph$(C_k,\ g)$. {Identify all candidates contained in t.}
    for each candidate k-subgraph $c \in C_t$ **do**
      $\sigma(c) = \sigma(c) + 1$. {Increment the support count.}
    end for
  end for
  $F_k = \left\{c \mid c \in C_k \wedge \frac{\sigma(c)}{N} \geq minsup\right\}$. {Extract the frequent k-subgraphs.}
until $F_k = \phi$
Answer$= \cup F_k$.

6.5.3 후보 생성

만약 빈발 (k-1)-부분그래프 쌍이 **코어**(core)로 알려진 공통 $(k-2)$-부분그래프를 공유하면 그 쌍이 후보 k-부분그래프를 형성하기 위해 합병된다. 공통 코어가 주어지면, 부분그래프 합병 절차는 다음과 같이 서술될 수 있다.

부분그래프 합병 절차

$G_i^{(k-1)}$와 $G_j^{(k-1)}$을 두 빈발 $(k-1)$-부분그래프들로 하자. $G_i^{(k-1)}$가 코어 $G_i^{(k-2)}$와 여분의 간선 (u, u')로 구성되어 있다고 하자. 여기서 u는 코어의 부분이다. 이것은 그림 6.16(a)에 묘사되어 있으며, 코어는 사각형으로 표시되고 여분의 간선은 u와 u' 사이의 선으로 표시된다. 유사하게, $G_j^{(k-1)}$가 그림 6.16(b)에 보이는 것과 같이 코어 $G_j^{(k-2)}$와 여분의 간선 (v, v')로 구성되어 있다고 하자.

이 코어들을 사용하여, 만약 두 코어들 사이에 $(f_v, f_e) : G_i^{(k-2)} \rightarrow G_j^{(k-2)}$인 자기동형사상이 존재하는 경우에만 두 그래프가 합병된다. 그 결과 후보는 다음과 같이 $G_j^{(k-1)}$에 한 간선을 더함으로써 얻어진다:

1. 만약 $f_v(u) = v$, 즉 u가 코어들 사이의 자기동형사상에서 v로 매핑되면, 그림 6.17(a)와 같이 $G_j^{(k-1)}$에 (v, u')을 더함으로써 후보를 생성한다.
2. 만약 $f_v(u) = w \neq v$, 즉 u가 v에 매핑되지 않고 다른 정점 w에 매핑되면, $G_j^{(k-1)}$에 (w, u')를 더함으로써 후보를 생성한다. 또한 만약 u'과 v'의 라벨들이 동일하면, 그림 6.17(b)와 같이 $G_j^{(k-1)}$에 (w, v')을 더함으로써 또 하나의 후보를 생성한다.

그림 6.18(a)는 G_1과 G_2를 합병하여 생성된 후보 부분그래프를 보여준다. 음영 처리된 정점들과 두꺼운 선들은 각각 두 그래프의 코어 정점들과 간선들을 나타내며 점선은 두 코어들 사이의 매핑을 나타낸다. 이 예는 양쪽 그래프에서 여분의 간선들의 끝점들이 서로 매핑되기 때문에 부분그래프 합병 절차의 조건 1을 보여준다. 결과적으로 단일 후보 부분그래프 G_3이 생성된다. 반면, 그림 6.18(b)는 부분그래프 합병 절차의 조건 2의

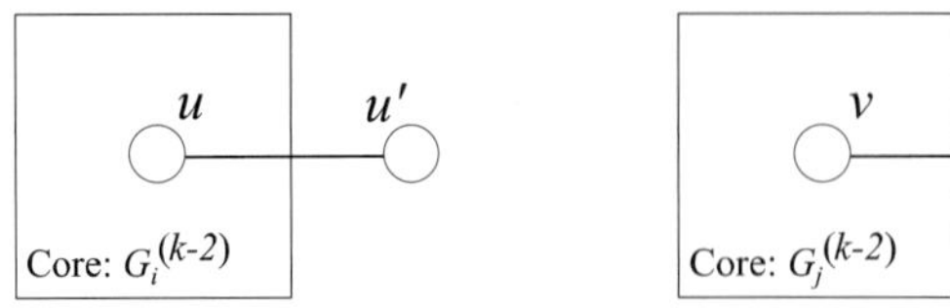

(a) $G_i^{(k-1)}$ (b) $G_j^{(k-1)}$

그림 6.16 합병을 위해 고려되는 한 쌍의 빈발 $(k-1)$–부분그래프들의 간결한 표현

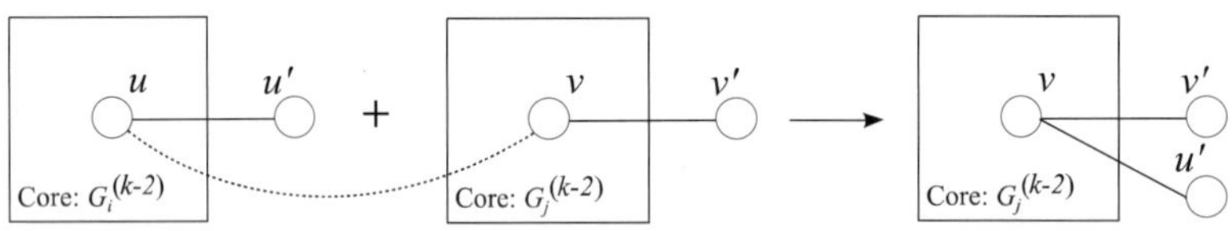

(a) Merging subgraphs when $f_v(u)=v$ (shown using dotted line)

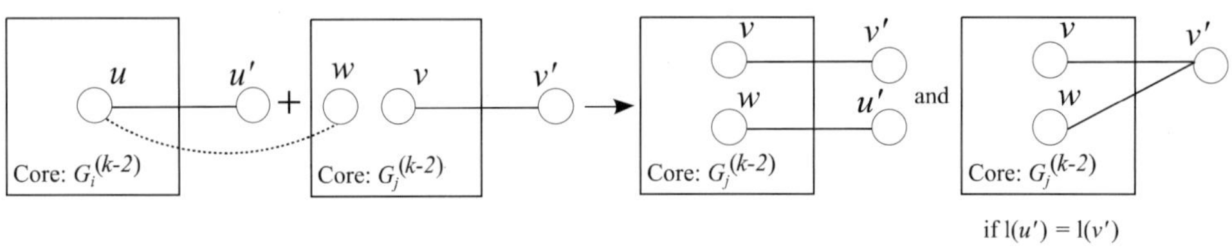

(b) Merging subgraphs when $f_v(u)=w\neq v$ (shown using dotted line).

그림 6.17 후보 합병 절차의 예

예를 보여준다. 여기서 여분의 간선들의 끝점들이 서로 매핑되지 않고 새 끝점들의 라벨들이 동일하다. 두 그래프 G_4와 G_5를 합병하면 그림에서 G_6과 G_7로 표시된 것처럼 두 부분그래프들이 생성된다.

위에서 제시된 두 빈발 $(k-1)$-부분그래프들을 합병하는 접근법은 5장에서 항목집합에 도입된 $\mathbf{F}_{k-1}\times \boldsymbol{F}_{k-1}$ 후보 생성 전략과 유사하며 모든 빈발 k-부분그래프들을 적합한 후보들로써 남김없이 생성할 수 있다(연습문제 18 참조). 그러나 항목집합과 부분그래프의 후보 생성 절차에는 여러 가지 주목할 만한 차이점이 있다.

1. **자체 합병**(Merging with Self): 항목집합과 달리 빈발 $(k-1)$-부분그래프를 자체적으로 합병하여 후보 k-부분그래프를 만들 수 있다. 이것은 k-그래프가 $(k-1)$-부분그래프에 포함된 반복적인 간선의 단위를 포함할 때 특히 중요하다. 예를 들어,

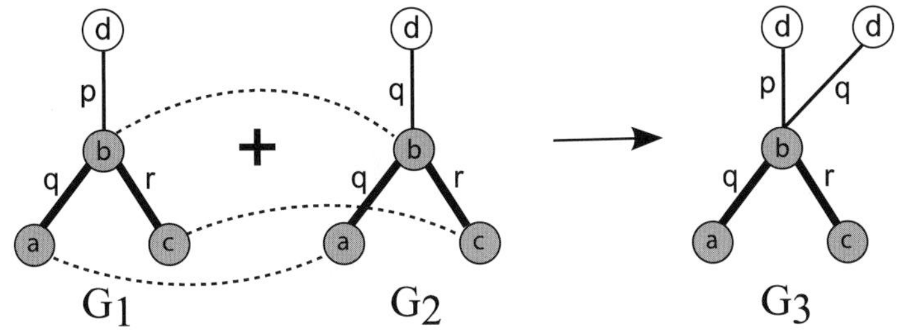

(a) Merging graphs G_1 and G_2 when the endpoints of the extra edges are mapped to each other

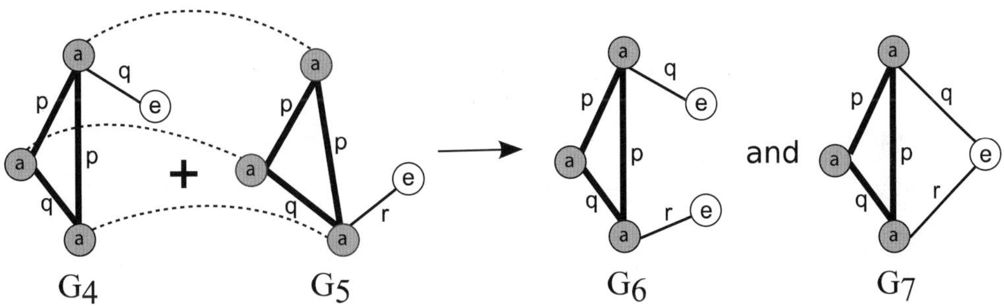

(b) Merging graphs G_4 and G_5 when the endpoints of the extra edges are not mapped to each other, and the labels of the new endpoints are identical

그림 6.18 한 쌍의 $(k-1)$–부분그래프들을 사용한 후보 k–부분그래프 생성의 두 가지 예

그림 6.14에 표시된 3-그래프는 오직 자체 합병이 허용되는 경우 그림 6.14에 표시된 2-그래프에서만 생성할 수 있다.

2. **다수의 후보**(Multiplicity of Candidates): 부분그래프 합병 절차에 설명된 바와 같이, 공통 코어를 공유하는 한 쌍의 빈발 $(k-1)$-부분그래프는 다수의 후보들을 생성할 수 있다. 예를 들어, 만약 여분의 간선의 끝점에 있는 라벨들이 동일하면, 즉 $l(u')=l(v')$, 그림 6.18(b)와 같이 두 후보들을 생성한다. 반면에 한 쌍의 빈발 항목집합 또는 부분순차를 합병하면 유일한 후보 항목집합 또는 부분순차가 생성된다.
3. **다수의 코어**(Multiplicity of Cores): 두 개의 빈발 $(k-1)$-부분그래프는 양쪽 그래프에 공통인 크기 $k-2$인 코어를 한 개 보다 더 많이 공유할 수 있다. 그림 6.19는 두 개의 공통 코어를 공유하는 한 쌍의 그래프의 예를 보여준다. 공통 코어의 각

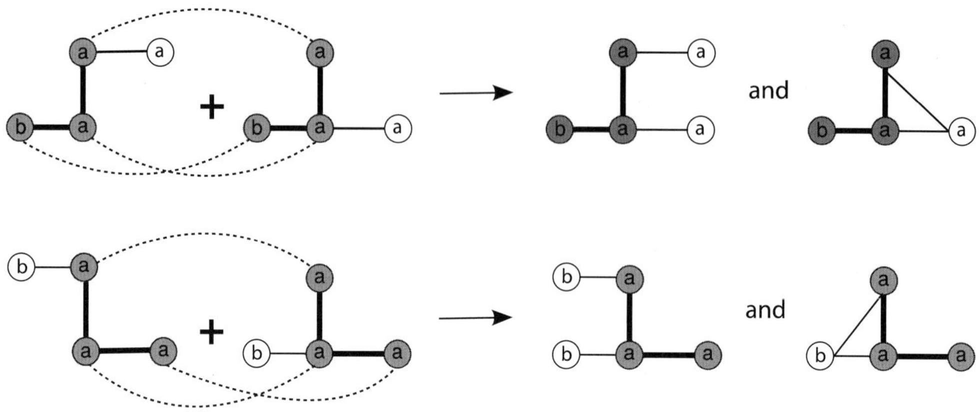

그림 6.19 동일한 한 쌍의 $(k-1)$–부분그래프들에 대한 다수의 코어

선택은 두 개의 그래프를 합병하는 방법이 달라지므로, 이것은 동일한 부분그래프 쌍을 합병하여 생성되는 다수의 후보들의 잠재적인 원인이 된다.

4. **다수의 자기동형사상**(Multiplicity of Automorphisms): 두 개의 그래프의 공통 코어들은 매핑 함수의 다양한 선택으로 서로 매핑될 수 있으며, 각 선택 결과는 서로 다른 자기동형사상이 된다. 이를 설명하기 위해, 그림 6.20은 사각형으로 표시되는 크기 4의 공통 코어를 공유하는 한 쌍의 그래프를 보여준다. 첫 번째 코어는 세 가지 다른 형태(회전 뷰)로 존재할 수 있으며, 각각은 두 코어들 간에 다른 매핑이 된다. 매핑 함수의 선택은 후보 생성 절차에 영향을 미치므로, 코어의 각 자기동형사상은 그림 6.20과 같이 잠재적으로 다른 후보들의 집합을 초래할 수 있다.

5. **중복 후보의 생성**(Generation of Duplicate Candidates): 항목집합의 경우, 사전 편집 순서를 사용하여 중복 후보들의 생성을 피할 수 있다. 사전 편집 순서로 배열된 처음 $k-1$ 항목들이 동일한 경우에만 두 개의 빈발 k-항목집합들이 합병된다. 불행하게도, 부분그래프의 경우 한 그래프의 정점들 또는 간선들 사이에는 사전 편집 순서 개념이 존재하지 않는다. 따라서 동일한 후보 k-부분그래프는 서로 다른 $(k-1)$-부분그래프들의 두 쌍을 합병함으로써 생성될 수 있다. 그림 6.21은 서로 다른 빈발 3-부분그래프의 쌍을 사용하여 두 가지 다른 방식으로 생성될 수 있는 하나의 후보 4-부분그래프의 예를 보여준다. 따라서 후보 가지치기 중에 중복을 확인하고 중복 그래프들을 제거해야 한다.

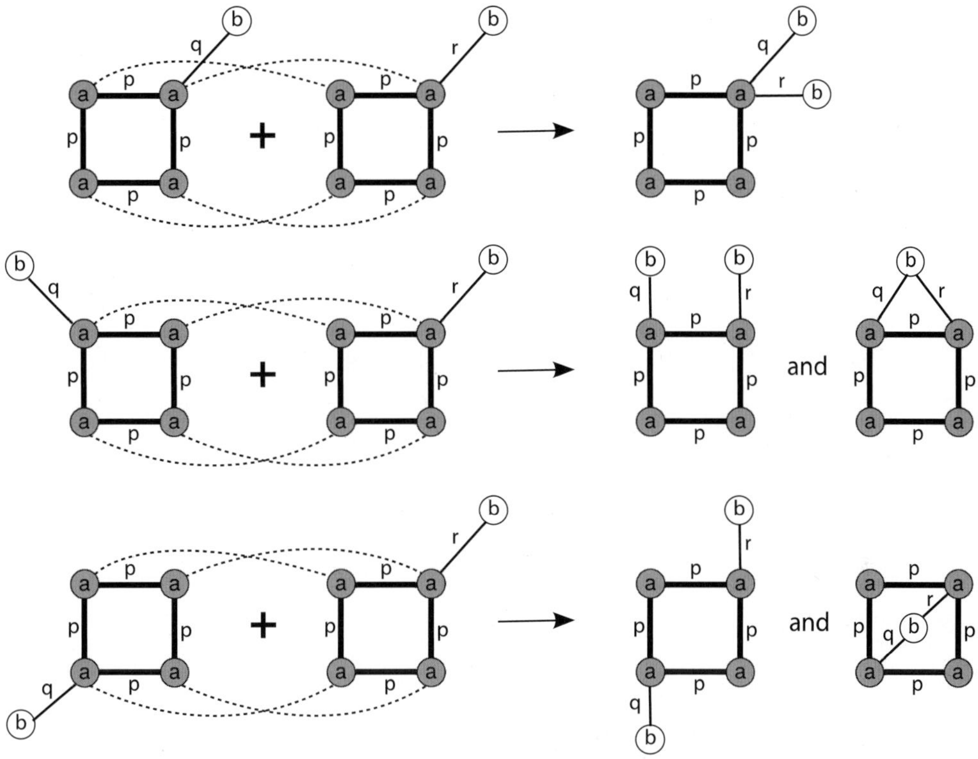

그림 6.20 두 개의 $(k-1)$–부분그래프들의 코어들을 서로 서로 매핑하는 다수의 방법을 보여주는 예

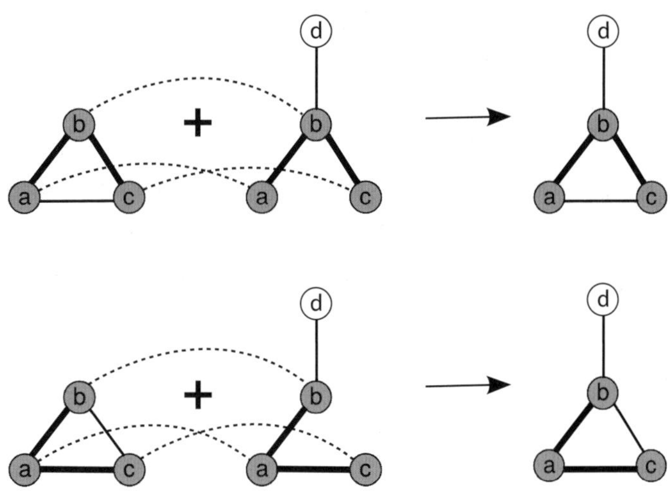

그림 6.21 서로 다른 쌍의 $(k-1)$–부분그래프들은 동일한 후보 k–부분그래프를 생성할 수 있어서, 결과적으로 중복 후보들을 만든다.

알고리즘 6.3 후보 생성 절차: candidate-gen(F_{k-1})

$C_k = \phi$.
for each pair, $G_i^{(k-1)} \in F_{k-1}$ and $G_j^{(k-1)} \in F_{k-1}$, $i \leq j$ **do**
  {Considering all pairs of frequent $(k-1)$-subgraphs for merging.}
  for each pair, $e_i \in G_i^{(k-1)}$ and $e_j \in G_j^{(k-1)}$ **do**
    {Finding all common cores between a pair of frequent $(k-1)$-subgraphs.}
    $G_i^{(k-2)} = G_i^{(k-1)} \backslash e_i$. {Removing an edge from $G_i^{(k-1)}$}
    $G_j^{(k-2)} = G_j^{(k-1)} \backslash e_j$. {Removing an edge from $G_j^{(k-1)}$}
    if $G_i^{(k-2)} \simeq G_j^{(k-2)}$ AND $G_i^{(k-2)}$ and $G_j^{(k-2)}$ are connected graphs **then**
      {$G_i^{(k-2)}$ and $G_j^{(k-2)}$ are common cores of $G_i^{(k-1)}$ and $G_j^{(k-1)}$, respectively.}
      for each $(f_v, f_e) : G_i^{(k-2)} \rightarrow G_j^{(k-2)}$ **do**
        {Generating candidates for every automorphism between the cores.}
        $C_k = C_k \cup$ subgraph-merge$(G_i^{(k-2)}, G_j^{(k-2)}, f_v, f_e, e_i, e_j)$.
      end for
    end if
  end for
end for
Answer$= C_k$.

알고리즘 6.3은 빈발 $(k-1)$-부분그래프들의 집합 F_{k-1}을 사용하여 모든 후보 k-부분그래프들의 집합 C_k를 생성하는 완전한 절차를 보여준다. 우리는 동일한 부분그래프를 두 번 참여하는 쌍을 포함하여(자체 합병을 보장하기 위해) F_{k-1}의 각각의 부분그래프 쌍을 합병하는 것을 고려한다. $(k-1)$-부분그래프들의 각 쌍에 대해, 각 그래프에서 한 간선을 제거함으로써 두 그래프들에서 구성될 수 있는 $k-2$ 크기의 가능한 모든 연결된 코어들을 고려한다. 만약 두 코어가 동형이면, 두 코어의 정점들과 간선들 사이의 가능한 모든 매핑들을 고려한다. 그러한 각 매핑에 대해, 우리는 부분그래프 합병 절차를 적용하여 후보 k-부분그래프들을 생성하고 그것을 C_k에 추가한다.

6.5.4 후보 가지치기

후보 k-부분그래프를 생성된 후에, $(k-1)$-부분그래프가 빈발하지 않은 후보는 가지치기될 필요가 있다. 가지치기 단계는 k-부분그래프에서 한 간선을 제거한 후 이미 빈발한 것으로 식별되었는지를 검사하여 구성할 수 있는 가능한 모든 연결된 $(k-1)$-부분그래프들을 식별함으로써 수행될 수 있다. 만약 $(k-1)$-부분그래프들 중 어느 하나라도 빈발하지 않으면, 그 후보 k-부분그래프는 버려진다. 또한 중복 후보들이 탐지되고 제거되어야 한다. 이것은 중복 그래프들의 표준 라벨들이 동일하기 때문에 후보 그래프들의 표준 라벨들을 비교하여 수행될 수 있다. 표준 라벨들은 후보 k-부분그래프에 포함된 $(k-1)$-부분그래프가 빈발한 지 아닌지 여부를 확인하는 데 도움이 될 수 있다. 여기서 빈발 여부는 그것의 표준 라벨을 F_{k-1}의 각 빈발 $(k-1)$-부분그래프의 라벨과 일치되는 지를 비교하여 수행한다.

6.5.5 지지도 계산

각 그래프 $G \in \boldsymbol{G}$에 포함된 모든 후보 부분그래프들을 결정되어야하기 때문에 지지도 계산은 또한 잠재적으로 비용이 많이 드는 연산이다. 이 연산을 가속화하는 한 가지 방법은 각 빈발 $(k-1)$-부분그래프와 관련된 그래프 ID들의 목록을 유지하는 것이다. 한 쌍의 빈발 $(k-1)$-부분그래프를 합병하여 새로운 후보 k-부분그래프가 생성될 때마다, 해당하는 그래프 ID의 목록들이 교집합된다. 마지막으로 부분그래프 동형사상 검사는 교집합된 목록에 있는 그래프들이 특정 후보 부분그래프를 포함하고 있는지 결정하는 것으로 수행된다.

6.6 비빈발 패턴*

지금까지 설명한 연관 분석 형식화는 한 트랜잭션에서 한 항목의 존재가 그것의 부재보다 더 중요하다는 전제를 기반으로 한다. 그 결과 데이터베이스에서 거의 발견되지 않는 패턴들은 종종 흥미롭지 않은 것으로 간주되고 지지도 척도를 사용하여 제거된다. 이러한 패턴들은 **비빈발 패턴들**(infrequent patterns, 또는 빈발하지 않은 패턴들)로 알려져 있다.

정의 6.8 **비빈발 패턴** 비빈발 패턴은 항목집합 또는 규칙의 지지도가 $minsup$ 임계값보다 작은 항목집합이나 규칙이다.

대부분의 비빈발 패턴들이 흥미롭지 않지만, 일부는 분석가에게 특별히 데이터에서 음의 상관관계에 해당되는 패턴들이 유용할 수 있다. 예를 들어, DVD를 구매하는 고객은 VCR을 구매하지 않을 가능성이 높기(반대로도 또한 같음) 때문에 DVD와 VCR의 동시 판매는 낮다. 이러한 음의-상관관계인 패턴은 서로 대체될 수 있는 항목인 **경쟁 항목**(competing item)을 식별하는 데 유용하다. 경쟁 항목들의 예로는 차 대 커피, 버터 대 마가린, 보통 소다 대 다이어트 소다, 그리고 데스크탑 대 랩탑 컴퓨터가 있다.

일부의 비빈발 패턴들은 데이터에서 흥미로운 희귀 이벤트들 또는 예외적인 상황들의 발생을 제시할 수도 있다. 예를 들어, 만약 `{Fire = Yes}`는 빈발하지만 그러나 `{Fire = Yes, Alarm = On}`이 빈발하지 않으면, 후자는 잘못된 경보 시스템을 나타낼 수 있으므로 흥미로운 비빈발 패턴이다. 이러한 비정상적인 상황을 탐지하려면, 패턴의 기대 지지도가 결정되어야 하고, 그래서 만약 패턴이 기대보다 상당히 더 낮은 지지도를 가진 것으로 판명되면 이 패턴은 흥미로운 비빈발 패턴으로 선언된다.

주어진 데이터 집합에서 유도될 수 있는 막대한 비빈발 패턴들이 있기 때문에 비빈발 패턴 탐사는 도전적인 시도이다. 보다 구체적으로, 비빈발 패턴 탐사의 주요 문제들은 다음과 같다: (1) 흥미로운 비빈발 패턴들을 식별하는 방법, 그리고 (2) 대규모 데이터 집합들에서 효율적으로 패턴들을 발견하는 방법. 다양한 유형의 흥미로운 비빈발 패턴들에 대한 관점을 얻기 위해, — 음의 패턴(negative pattern)과 음의 상관관계 패턴(negatively correlated pattern) — 이라는 두 가지 관련 개념이 각각 6.6.1과 6.6.2절에서 소개된다. 이 패턴들 사이의 관계는 6.6.3절에서 명료하게 설명된다. 마지막으로, 흥미로운 비빈발 패턴 탐사를 위해 개발된 기법들의 두 가지 부류가 6.6.5와 6.6.6절에 나와 있다.

6.6.1 음의 패턴

$I = \{i_1, i_2, \ldots, i_d\}$를 항목들의 집합으로 하자. **음의 항목**(negative item), $\overline{i_k}$, 은 주어진 트랜잭션에서 항목 i_k의 부재를 표시한다. 예를 들면, 만약 트랜잭션이 `coffee`를 포함하지 않으면 $\overline{\texttt{coffee}}$는 값이 1인 음의 항목이다.

정의 6.9 **음의 항목집합** 음의 항목집합(negative itemset) X는 다음 성질을 가지는 항목집합이다: (1) $X = A \cup \overline{B}$, 여기서 A는 양의 항목들의 집합이고, $\overline{B}$는 음의 항목들의 집합이고, $|\overline{B}| \geq 1$이고, 그리고 (2) $s(X) \geq minsup$.

정의 6.10 **음의 연관 규칙** 음의 연관 규칙(negative association rule)은 다음 성질을 가지는 연관 규칙이다: (1) 규칙은 음의 항목집합으로부터 추출되고, (2) 규칙의 지지도는 $minsup$ 보다 크거나 같고, 그리고 (3) 규칙의 신뢰도는 $minconf$ 보다 크거나 같다.

음의 항목집합과 음의 연관 규칙을 통틀어서 이 장 전체에서 **음의 패턴**(negative pattern)이라고 한다. 음의 연관 규칙의 한 예는 `tea` → $\overline{\texttt{coffee}}$이고, 이것은 차를 마시는 사람들이 커피를 마시지 않는 경향이 있음을 제시한다.

6.6.2 음의 상관관계 패턴

5.7.1절에서는 상관관계 분석이 한 쌍의 범주형 변수들 사이의 관계를 분석하는 데 사용될 수 있는 방법에 대해 설명했다. 관심도(식 (5.5))와 ϕ-계수(식 (5.8))과 같은 척도는 양의 상관관계가 있는 항목집합을 발견하는 데 유용한 것으로 나타났다. 이 절에서는 토론을 음의 상관관계 패턴으로 확장한다.

정의 6.11 **음의 상관관계 항목집합** $X = \{x_1,\ x_2,\ \ldots,\ x_k\}$로 정의된 항목집합 X는 만약

$$s(X) < \prod_{j=1}^{k} s(x_j) = s(x_1) \times s(x_2) \times \cdots \times s(x_k) \tag{6.3}$$

이면, X는 음의 상관관계이다. 여기서 $s(x)$는 항목 x의 지지도이다.

항목집합의 지지도는 트랜잭션이 항목집합을 포함할 확률의 추정치이다. 따라서 앞의 표현식의 오른쪽 항 $\prod_{j=1}^{k} s(x_j)$은 X의 모든 항목들이 통계적으로 독립인 확률의 추정치를 나타낸다. 정의 6.11은 만약 항목집합의 지지도가 통계적 독립성 가정을 사용하여 계산된 예측 지지도 보다 낮으면 그 항목집합이 음의 상관관계가 있음을 제시한다. $s(X)$가 작을수록, 그 패턴은 더 음의 상관관계가 있다.

정의 6.12 **음의 상관관계 연관 규칙** 만약 X와 Y가 서로 다른 항목집합이고; 즉, $X \cap Y = \varnothing$ 이고,

$$s(X \cup Y) < s(X)s(Y) \tag{6.4}$$

이면, 연관 규칙 $X \rightarrow Y$는 음의 상관관계이다.

위의 정의는 X에 속한 항목들과 Y에 속한 항목들 사이의 음의 상관관계에 대한 부분 조건만 규정한다. 음의 상관관계에 대한 완전 조건은 다음과 같이 서술될 수 있다:

$$s(X \cup Y) < \prod_i s(x_i) \prod_j s(y_j), \tag{6.5}$$

여기서 $x_i \in X$ 그리고 $y_j \in Y$이다. X에 속한 (그리고 Y에 속한) 항목들은 종종 양의 상관관계가 있기 때문에, 음의 상관관계 연관 규칙을 정의하기 위하여 완전 조건 대신 부분 조건을 사용하는 것이 더 실용적이다. 예를 들면, 규칙

{eyeglass, lens cleaner} → {contact lens, saline solution}

은 부등식 (6.4)에 따르면 음의 상관관계가 있지만, eyeglass는 lens cleaner와 양의 상관관계가 있고 contact lens는 saline solution과 양의 상관관계가 있다. 만약 부등식 (6.5)가 대신 적용된다면, 이러한 규칙은 음의 상관관계에 대한 완전 조건을 만족하지 않을 수 있기 때문에 이러한 규칙을 놓칠 수 있다.

음의 상관관계에 대한 조건은 양과 음의 항목집합들에 대한 지지도로 표현될 수도 있다. $\overline{X}$와 $\overline{Y}$를 각각 X와 Y에 해당되는 음의 항목집합을 나타낸다고 하자.

$$\begin{aligned} & s(X \cup Y) - s(X)s(Y) \\ & \quad = s(X \cup Y) - \left[s(X \cup Y) + s(X \cup \overline{Y})\right]\left[s(X \cup Y) + s(\overline{X} \cup Y)\right] \\ & \quad = s(X \cup Y)\left[1 - s(X \cup Y) - s(X \cup \overline{Y}) - s(\overline{X} \cup Y)\right] - s(X \cup \overline{Y})s(\overline{X} \cup Y) \\ & \quad = s(X \cup Y)s(\overline{X} \cup \overline{Y}) - s(X \cup \overline{Y})s(\overline{X} \cup Y) \end{aligned}$$

이기 때문에, 음의 상관관계에 대한 조건은 다음과 같이 서술될 수 있다:

$$s(X \cup Y)s(\overline{X} \cup \overline{Y}) < s(X \cup \overline{Y})s(\overline{X} \cup Y). \tag{6.6}$$

이 장 전체에서 음의 상관관계 항목집합과 연관 규칙은 **음의 상관관계 패턴**(negatively correlated pattern)이라고 한다.

6.6.3 비빈발 패턴, 음의 패턴 및 음의 상관관계 패턴 사이의 비교

비빈발 패턴, 음의 패턴 및 음의 상관관계 패턴은 세 가지 밀접한 관련 개념이다. 비록 비빈발 패턴과 음의 상관관계 패턴은 오직 양의 항목들을 포함하는 항목집합이나 또는 규칙만을 참조하지만, 반면에 음의 패턴은 양의 항목들과 음의 항목들 양쪽 다 포함하는 항목집합이나 또는 규칙을 참조한다. 그림 6.22에서 설명하는 것처럼 이 개념들 사이에 특정한 공통점이 있다.

첫째, 많은 비빈발 패턴들은 대응되는 음의 패턴들을 가지고 있다는 것에 유의하라. 왜 그런지 이해하려면 표 6.9에 나와 있는 분할표를 고려해 보자. 만약 $X \cup Y$가 비빈발이면, $minsup$이 너무 높지 않으면 대응되는 음의 항목집합이 있을 수 있다. 예를 들어, $minsup \leq 0.25$라고 가정하고 만약 $X \cup Y$가 비빈발이면, 다음 항목들, $X \cup \overline{Y}$, $\overline{X} \cup Y$, 또는 $\overline{X} \cup \overline{Y}$ 중에서 적어도 하나에 대한 지지도는 $minsup$ 보다는 더 높아야 하는데 그 이유는 분할표에서 지지도들의 합은 1이기 때문이다.

둘째, 많은 음의 상관관계 패턴들은 또한 대응되는 음의 패턴들을 가지고 있다는 것에 유의하라. 표 6.9에 표시된 분할표와 부등식 (6.6)에 명시된 음의 상관관계 조건을 고려해 보자. 만약 X와 Y가 강한 음의 상관관계를 가진다면,

$$s(X \cup \overline{Y}) \times s(\overline{X} \cup Y) \gg s(X \cup Y) \times s(\overline{X} \cup \overline{Y}).$$

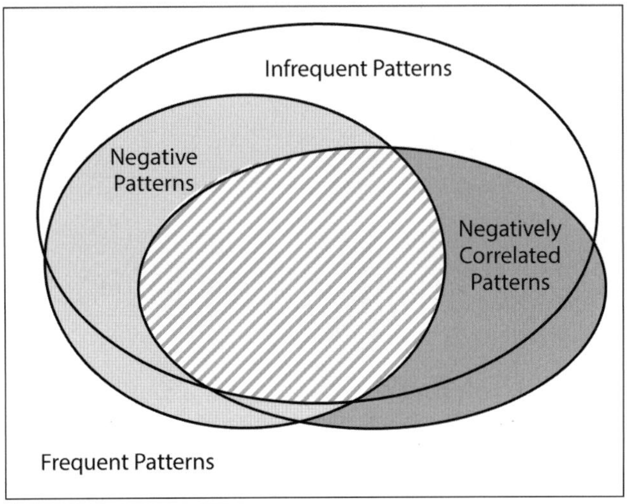

그림 6.22 비빈발 패턴, 음의 패턴 및 음의 상관관계 패턴 사이의 비교

표 6.9 연관 규칙 $X \rightarrow Y$에 대한 이원 분할표

	Y	$\overline{Y}$	
X	$s(X \cup Y)$	$s(X \cup \overline{Y})$	$s(X)$
$\overline{X}$	$s(\overline{X} \cup Y)$	$s(\overline{X} \cup \overline{Y})$	$s(\overline{X})$
	$s(Y)$	$s(\overline{Y})$	1

따라서, X와 Y가 음의 상관관계일 때 $X \cup \overline{Y}$ 또는 $\overline{X} \cup Y$ 또는 양쪽 다 상대적으로 높은 지지도를 가져야 한다. 이 항목집합들은 음의 패턴에 해당된다. 마지막으로, $X \cup Y$의 지지도가 낮을수록, 그 패턴은 더 음의 상관관계가 높기 때문에, 비빈발 패턴이 빈발 패턴보다 더 강한 음의 상관관계 패턴이 되는 경향이 있다.

6.6.4 흥미로운 비빈발 패턴을 탐사하는 기법

원칙적으로 *Apriori*와 FP-growth와 같은 표준 빈발 항목집합 생성 알고리즘에 의해 추출되지 않은 모든 항목집합들은 비빈발 항목집합들로 정해진다. 이런 항목집합들은 그림 6.23에 표시된 빈발 항목집합 경계선 아래에 있는 항목집합들에 해당한다.

특히 희박하고 고-차원 데이터에 대하여 비빈발 패턴들의 개수는 기하급수적으로 많아질 수 있기 때문에, 비빈발 패턴을 탐사하기 위해 개발된 기법들은 오직 흥미로운 비빈발 패턴들을 찾는데 중점을 둔다. 이러한 패턴의 예는 6.6.2절에서 논의된 음의 상관관계 패턴을 포함한다. 이러한 패턴은 부등식 (6.3)에서 규정된 음의 상관관계 조건을 충족하지 못하는 모든 비빈발 항목집합들을 제거함으로써 얻는다. 항목집합들이 음의 상관관계가 있는 지 여부를 결정하기 위하여 모든 비빈발 항목집합들에 대한 지지도가 계산되어야하기 때문에 이 접근법은 계산이 집중적일 수 있다. 빈발 항목집합을 탐사하는데 사용된 지지도 척도와는 다르게, 음의 상관관계 항목집합을 탐사하는데 사용되는 상관관계-기반 척도는 기하급수적인 검색 영역을 가지치기하는데 이용될 수 있는 비-단조 성질을 가지고 있지 않다. 비록 효율적인 해결책을 찾기 힘들지만, 이 장의 끝부분에 제공된 참고문헌에 언급된 바와 같이 몇 가지 혁신적인 방법들이 개발되었다.

이 장의 나머지 부분에서는 흥미로운 비빈발 패턴을 탐사하기 위한 두 가지 부류의 기법을 제시한다. 6.6.5절은 데이터에서 음의 패턴을 탐사하는 방법을 설명하고, 6.6.6절

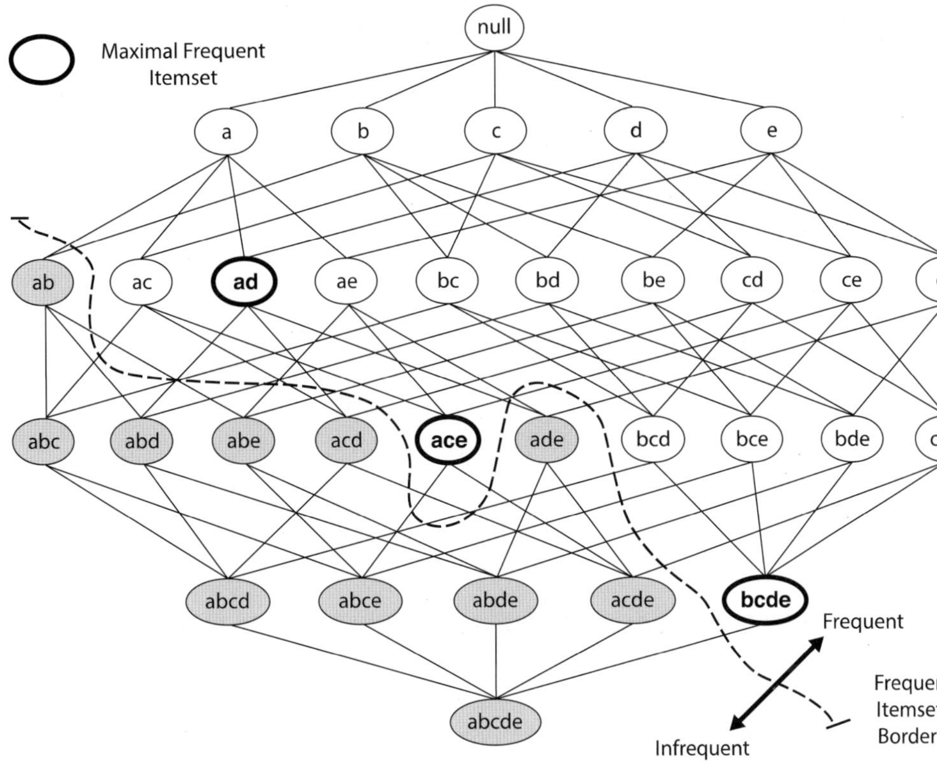

그림 6.23 빈발과 비빈발 항목집합

은 지지도 기대값에 근거하여 흥미로운 비빈발 패턴을 찾는 방법을 설명한다.

6.6.5 음의 패턴 탐사에 근거한 기법

비빈발 패턴 탐사를 위해 개발된 첫 번째 부류의 기법은 각 항목을 하나의 대칭 이진 변수로 처리한다. 6.1절에 설명된 접근법을 사용하여 트랜잭션 데이터는 음의 항목들로 증가시킴으로써 이진화될 수 있다. 그림 6.24는 원본 데이터를 양의 항목들과 음의 항목들 양쪽을 포함하는 트랜잭션들로 변환하는 예를 보여준다. 증가시킨 트랜잭션들에 *Apriori*와 같은 기존의 빈발 항목집합 생성 알고리즘을 적용함으로써, 모든 음의 항목집합들이 유도될 수 있다.

이러한 접근법은 약간의 변수들이 대칭 이진으로 처리되는 경우에만 실행 가능하다(즉, 단지 작은 개수의 항목들의 부정을 수반하는 음의 패턴들을 찾는다). 만약 각각의

TID	Items
1	{A,B}
2	{A,B,C}
3	{C}
4	{B,C}
5	{B,D}

Original Transactions

TID	A	$\overline{A}$	B	B	C	$\overline{C}$	D	D
1	1	0	1	0	0	1	0	1
2	1	0	1	0	1	0	0	1
3	0	1	0	1	1	0	0	1
4	0	1	1	0	1	0	0	1
5	0	1	1	0	0	1	1	0

Transactions with Negative Items

그림 6.24 음의 항목들을 가지고 데이터 집합을 증가

항목이 대칭 이진으로 처리되어야만 한다면, 다음의 이유로 이 문제는 계산상으로 처리하기가 어려워진다:

1. 각 항목마다 대응되는 음의 항목과 함께 증가시킬 때 항목들의 개수는 두 배가 된다. d가 원본 데이터 집합에서 항목들의 개수이면, 크기 2^d인 항목집합 격자를 탐색하는 대신, 연습문제 22에 설명된 것처럼 그 격자는 상당히 더 커진다.

2. 음의 항목들이 증가되면 지지도-기반 가지치기가 더 이상 효과적이지 않다. 각 변수 x에 대해, x 또는 $\overline{x}$ 중 어느 하나가 50% 보다 크거나 같은 지지도를 가진다. 따라서 만일 지지도 임계값이 50%와 같이 높게 둔다고 하여도, 항목들의 절반이 빈발한 것으로 남는다. 더 낮은 임계값에 대해, 더 많은 항목들과 이 항목들을 포함하는 항목집합들이 빈발할 것이다. *Apriori*에 의해 적용되는 지지도-기반 가지치기 전략은 대부분의 항목집합들에 대한 지지도가 낮은 경우에만 효과적이다; 그렇지 않으면, 빈발 항목집합들의 수가 기하급수적으로 증가한다.

3. 음의 항목들이 증가되면 각 트랜잭션의 폭이 증가한다. 원본 데이터 집합에 사용 가능한 d개의 항목들이 있다고 가정하자. 장바구니 트랜잭션들과 같은 희박한 데이터 집합의 경우, 각 트랜잭션의 폭은 d 보다 훨씬 더 작아지는 경향이 있다. 결과적으로, 최대 트랜잭션 폭 $w_{\max}$로 제한되는 빈발 항목집합의 최대 크기는 상대적으로 작아지는 경향이 있다. 음의 항목들이 포함되면, 트랜잭션들의 폭이 d로 증가하는데 그 까닭은 한 항목이 트랜잭션에 존재하든지 또는 트랜잭션에서 부재하든지 어느 하나이지만, 양쪽 다는 아니다. 최대 트랜잭션 폭이 $w_{\max}$에서 d까지 증가했으므로, 이로 인해 빈발 항목집합들의 수가 기하급수적으로 증가한다. 결과적

으로, 기존의 많은 알고리즘들이 확장된 데이터 집합에 적용될 때 아주 나빠지는 경향이 있다.

이전의 맹목적 접근법은 많은 양의 패턴들과 음의 패턴들에 대한 지지도를 결정하게 하므로 계산비용이 많이 든다. 음의 항목들로 데이터 집합을 증가시키는 대신, 또 하나의 접근법은 음의 항목집합들에 대응하는 양의 항목들의 지지도에 근거한 그 음의 항목집합들의 지지도를 결정하는 것이다. 예를 들어, $\{p, \bar{q}, \bar{r}\}$에 대한 지지도는 다음과 같은 방식으로 계산할 수 있다:

$$s(\{p, \bar{q}, \bar{r}\}) = s(\{p\}) - s(\{p, q\}) - s(\{p, r\}) + s(\{p, q, r\}).$$

보다 일반적으로, 어떤 항목집합 $X \cup \overline{Y}$에 대한 지지도는 다음과 같이 얻을 수 있다:

$$s(X \cup \overline{Y}) = s(X) + \sum_{i=1}^{n} \sum_{Z \subset Y, |Z| = i} \{(-1)^i \times s(X \cup Z)\}. \tag{6.7}$$

식 (6.7)을 적용하기 위하여, Y의 부분집합인 각 Z에 대해 $s(X \cup Z)$를 결정해야 한다. $minsup$ 임계값을 초과하는 X와 Z의 어떤 조합에 대한 지지도도 $Apriori$ 알고리즘을 사용하여 찾을 수 있다. 다른 모든 조합들에 대해, 예를 들어 트랜잭션들의 전체 집합을 스캔함으로 그 지지도들은 명시적으로 결정되어져야 한다. 또 하나의 가능한 접근법은 어떤 비빈발 항목집합 $X \cup Z$에 대한 지지도를 무시하든가 또는 지지도를 $minsup$ 임계값으로 근사화하는 것이다.

여러 가지 최적화 전략들이 탐사 알고리즘들의 성능을 더 개선하기 위하여 이용 가능하다. 첫째로, 대칭 이진으로 고려되는 변수들의 개수를 제한할 수 있다. 보다 구체적으로, 만약 항목 y가 빈발한 항목인 경우에만 음의 항목 $\bar{y}$는 흥미로운 것으로 고려된다. 이 전략에 대한 이론적 근거는 희귀 항목들이 많은 수의 비빈발 패턴들을 생성하는 경향이 있으며 그것들 중 다수는 흥미롭지 않다는 것이다. 식 (6.7)에서 주어진 집합 $\overline{Y}$를 양의 항목들이 빈발한 변수들로 제한함으로써, 탐사 알고리즘에 의해 고려되는 후보 음의 항목집합들의 개수는 실제적으로 줄어들 수 있다. 또 하나의 전략은 음의 패턴들의 유형을 제한하는 것이다. 예를 들어, 알고리즘은 만약 음의 패턴 $X \cup \overline{Y}$이 적어도 하나의 양의 항목(예를 들면, $|X| \geq 1$)을 포함하는 경우에만 음의 패턴을 고려할 수 있다. 이 전략에 대한 이론적 근거는 만약 데이터 집합이 50% 보다 큰 지지도를 갖는 양의 항목들

을 거의 포함하지 않는다면, $\overline{X} \cup \overline{Y}$ 형식의 음의 패턴들의 대부분은 빈발하게 될 것이고, 그래서 탐사 알고리즘의 성능이 저하된다는 것이다.

6.6.6 지지도 기댓값에 근거한 기법

다른 부류의 기법은 비빈발 패턴의 실제 지지도가 **기대 지지도**(expected support) 보다 상당히 작은 경우에만 그 비빈발 패턴이 흥미롭다고 고려한다. 음의 상관관계 패턴에 대해, 기대 지지도는 통계적 독립 가정을 기반으로 계산된다. 이 절에서는 다음을 사용하여 패턴의 기대 지지도를 결정하기 위한 두 가지 대체 접근법을 설명한다: (1) 개념 계층(concept hierarchy)과 (2) **간접 연관성**(indirect association)으로 알려진 이웃-기반(neighborhood-based) 접근법.

개념 계층에 근거한 지지도 기댓값

객관적 척도만으로는 흥미롭지 않은 비빈발 패턴을 제거하기에 충분하지 않을 수 있다. 예를 들어, `bread`와 `laptop computer`가 빈발한 항목이라고 가정하자. 비록 항목집합 `{bread, laptop computer}`가 빈발하지 않고 혹시 음의 상관관계일지라도, 그것의 지지도 부족이 도메인 전문가에게는 명백하게 보이기 때문에 그것은 흥미롭지 않다. 따라서 이러한 비빈발 패턴을 생성하지 않으려면 기대 지지도를 결정하기 위한 주관적인 접근법이 필요하다.

앞 예에서, `bread`와 `laptop computer`는 완전히 다른 두 가지 제품 범주에 속하므로 그것들의 지지도가 낮다는 것은 놀라운 일이 아니다. 이 예는 또한 도메인 지식을 사용하여 흥미롭지 않은 패턴을 가지치기하는 이점을 보여준다. 장바구니 데이터에 대해 도메인 지식은 그림 6.25에서 표시된 것과 같은 개념 계층에서 추론될 수 있다. 이 접근법의 기본 가정은 동일한 제품군의 항목들이 다른 항목들과 유사한 유형의 상호작용을 가질 것으로 기대된다. 예를 들어, `ham`과 `bacon`이 동일한 제품군에 속하기 때문에 `ham`과 `chips` 사이의 연관성은 `bacon`과 `chips` 사이의 연관성과 어느 정도 유사할 것으로 기대된다. 만약 이 쌍들 중의 하나에 대한 실제 지지도가 기대 지지도보다 적으면, 그 비빈발 패턴은 흥미롭다.

기대 지지도를 계산하는 방법을 설명하려면, 그림 6.26에 나와 있는 다이어그램을 고려해 보자. 항목 집합 $\{C, G\}$가 빈발하다고 가정하자. $s(\cdot)$는 패턴의 실제 지지도를

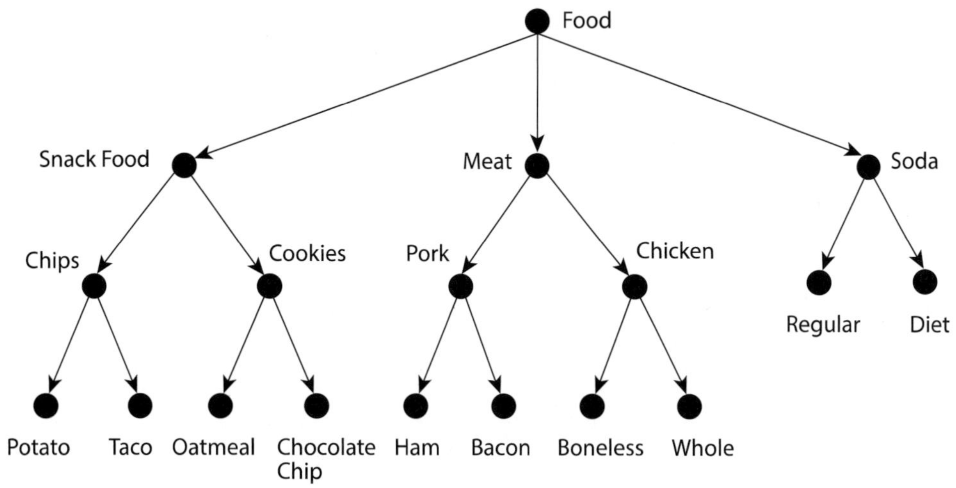

그림 6.25 개념 계층의 예

나타내고 $\epsilon(\cdot)$는 패턴의 기대 지지도를 나타낸다고 하자. C와 G의 어떤 자식들 또는 형제들에 대한 기대 지지도는 아래에 표시된 공식을 사용하여 계산될 수 있다.

$$\epsilon(s(E,\ J)) = s(C,\ G) \times \frac{s(E)}{s(C)} \times \frac{s(J)}{s(G)} \tag{6.8}$$

$$\epsilon(s(C,\ J)) = s(C,\ G) \times \frac{s(J)}{s(G)} \tag{6.9}$$

$$\epsilon(s(C,\ H)) = s(C,\ G) \times \frac{s(H)}{s(G)} \tag{6.10}$$

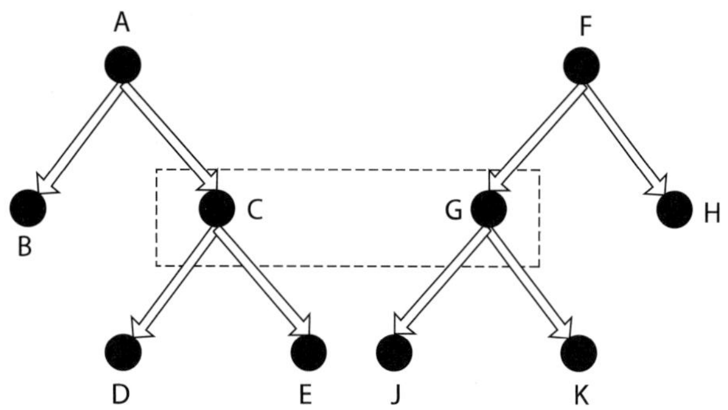

그림 6.26 개념 계층을 사용하여 흥미로운 음의 패턴 탐사

예를 들어, 만약 soda와 snack food가 빈발하면, diet soda와 chips 사이의 기대 지지도는 식 (6.8)을 사용하여 계산할 수 있는데 그 까닭은 이러한 항목들은 각각 soda와 snack food의 자식들이기 때문이다. 만약 diet soda와 chips에 대한 실제 지지도가 그것들의 기대 지지도보다 상당히 낮으면, diet soda와 chips는 흥미로운 비빈발 패턴을 형성한다.

간접 연관성에 근거한 지지도 기댓값

고객이 거의 함께 구매하지 않는 한 쌍의 항목 $(a,\ b)$을 고려해 보자. 만약 a와 b가 bread와 DVD 플레이어와 같이 관련이 없는 항목들이면, 그것들의 지지도는 낮을 것으로 기대된다. 반면에, 만약 a와 b가 관련이 있는 항목이면, 그것들의 지지도는 높을 것으로 기대된다. 기대 지지도는 이전에 개념 계층을 사용하여 계산되었다. 이 절에서는 한 쌍의 항목들과 함께 일반적으로 구매되는 다른 항목들을 고찰함으로써 이런 한 쌍의 항목들 사이의 기대 지지도를 결정하는 방법을 제시한다.

예를 들어, sleeping bag을 구매하는 고객들도 다른 캠핑 장비를 구매하는 경향이 있는 반면, desktop computer를 구매하는 고객들은 광 마우스 또는 프린터와 같은 다른 컴퓨터 액세서리들을 구매하는 경향이 있다고 가정하자. Sleeping bag과 desktop computer 둘 다와 함께 빈번하게 구입하는 다른 항목이 없다고 가정하면, 관련이 없는 항목들에 대한 지지도는 낮을 것으로 기대된다. 반면에, diet soda와 regular soda는 종종 chips와 cookies와 함께 구입된다고 가정하자. 개념 계층을 사용하지 않더라도 양쪽 항목들이 어느 정도 관련이 있을 것으로 기대되고 그들의 지지도가 높아야 한다. 그들의 실제 지지도가 낮기 때문에, diet soda와 regular soda는 흥미로운 비빈발 패

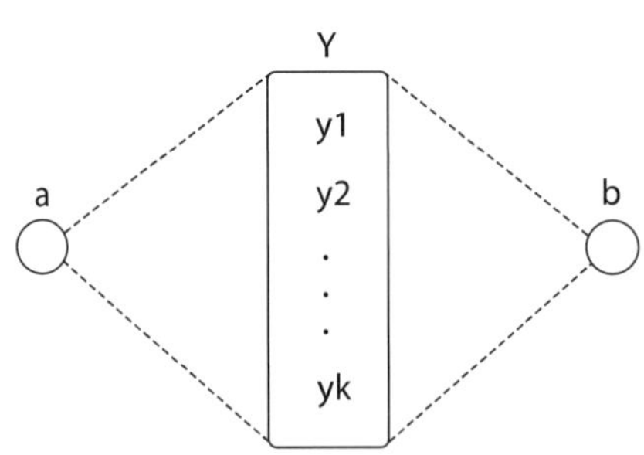

그림 6.27 한 쌍의 항목들 사이의 간접 연관성

턴을 형성한다. 이러한 패턴은 **간접 연관성**(indirected association) 패턴이라고 한다.

간접 연관성에 대한 높은-수준의 설명이 그림 6.27에 나와 있다. 항목 a와 b는 `diet soda`와 `regular soda`에 해당되는 반면, **중재자 집합**(mediator set)으로 알려진 Y는 `chips`와 `cookies`와 같은 항목을 포함한다. 다음은 간접 연관성의 형식적 정의이다.

정의 6.13 **간접 연관성** 만약 다음 조건들이 충족된다면 한 쌍의 항목 a, b는 중재자 집합 Y를 통해 간접적으로 연관된다:

1. $s(\{a, b\}) < t_s$(항목쌍 지지도 조건)
2. 다음과 같은 $\exists Y \neq \varnothing$ (역주; 공집합이 아닌 Y가 존재한다):
   (a) $s(\{a\} \cup Y) \geq t_f$ 그리고 $s(\{b\} \cup Y) \geq t_f$ (중재자 지지도 조건).
   (b) $d(\{a\} \cup Y) \geq t_d$, $d(\{b\} \cup Y) \geq t_d$, 여기서 $d(X, Z)$는 X와 Z 사이의 연관성의 객관적 척도(중재자 종속성 조건)

Y에 속한 항목들이 a와 b 양쪽에 가까운 이웃을 형성하는 것을 보장하기 위해 중재자 지지도와 종속성 조건이 사용된다는 것에 유의하라. 사용될 수 있는 종속성 척도들 중 일부는 관심(interest), 코사인 또는 IS, Jaccard, 그리고 5.7.1절에서 미리 서술된 다른 척도들을 포함한다.

간접 연관성은 많은 잠재적인 응용들을 가진다. 장바구니 도메인에서, a와 b는 `desktop`과 `laptop computer`와 같은 경쟁 항목들을 가리킬 수 있다. 텍스트 마이닝에서, 간접 연관성을 사용하여 서로 다른 문맥들에서 사용되는 동의어, 반의어, 또는 단어를 식별할 수 있다. 예를 들어, 문서들의 모음이 주어지면, 단어 `data`는 중재자 `mining`을 통해 `gold`와 간접적으로 연관될 수 있다. 이 패턴은 단어 `mining`이 두 가지 서로 다른 문맥 — data mining과 gold mining — 에서 사용될 수 있음을 나타낸다.

간접 연관성은 다음과 같은 방법으로 생성할 수 있다. 먼저, 빈발 항목집합들의 집합은 *Apriori* 또는 FP-growth와 같은 표준 알고리즘을 사용하여 생성된다. 그런 다음 빈발 k-항목집합들의 각 쌍을 합병하여 후보 간접 연관성 (a, b, Y)을 얻는다. 여기서 a와 b는 한 쌍의 항목이고 Y는 공통 중재자이다. 예를 들어, 만약 $\{p, q, r\}$과 $\{p, q, s\}$가 빈발 3-항목집합이면, 빈발 항목집합들의 쌍을 합병하여 후보 간접 연관성 $(r, s, \{p, q\})$를 얻는다. 일단 후보들이 생성되면, 그것들이 정의 6.13에서 규정된 항목쌍 지

알고리즘 6.4 간접 연관성 탐사 알고리즘

Generate F_k, the set of frequent itemsets.
for $k = 2$ to $k_{\max}$ **do**
  $C_k = \{(a, b, Y) | \{a\} \cup Y \in F_k, \{b\} \cup Y \in F_k, a \neq b\}$
  for each candidate $(a, b, Y) \in C_k$ **do**
    if $s(\{a, b\}) < t_s \wedge d(\{a\}, Y) \geq t_d \wedge d(\{b\}, Y) \geq t_d$ **then**
      $I_k = I_k \cup \{(a, b, Y)\}$
    end if
  end for
end for
Result $= \cup I_k$.

지도와 중재자 종속성 조건들을 만족하는 지 확인해야 한다. 그러나 후보 간접 연관성이 한 쌍의 빈발 항목집합들을 합병하여 얻어지므로 중재자 지지도 조건을 확인할 필요가 없다. 이 알고리즘의 요약은 알고리즘 6.4에 나와 있다.

6.7 참고문헌 설명

범주형과 연속형 데이터로부터 연관 규칙을 탐사하는 문제는 [495]에서 Srikant와 Agrawal에 의해 소개되었다. 그들의 전략은 범주형 속성을 이진화하고 연속형 속성에 동등-빈도 수 이산화를 적용하는 것이었다. 이산화의 결과인 정보 손실의 양을 결정하기 위한 **부분 완전성**(partial completeness) 척도가 제안되었다. 그리고 이 척도를 사용하여 정보 손실의 양을 원하는 수준으로 유지할 수 있도록 하는 이산 구간들의 수를 결정하였다. 이 작업에 이어, 정량적 연관 규칙을 탐사하기 위한 수많은 다른 형식화들이 제안되었다. 정량적 속성을 이산화하는 대신, Aumann과 Lindell[465]에 의해 통계-기반 접근법이 개발되었으며, 여기서 평균 및 표준 편차와 같은 요약 통계량이 규칙의 정량적 속성에 대해 계산된다. 이 형식화는 나중에 Webb[501]과 Zhang 등[506]을 포함하여 다른 저자들에 의해 확장되었다. min-*Apriori* 알고리즘은 이산화 없이 연속형 데이터에서 연관 규칙을 찾기 위해 Han 등[474]에 의해 개발되었다. min-*Apriori*에 이어, 연속형 속성들 사이에서 다른 유형의 연관성들을 포착하기 위한 다양한 기법들이 탐구되었다. 예를 들어, Pandey 등[487]에 의해 개발된 RAnge support Patterns(RAP)은 데이터 행렬의 여러 행에 걸쳐 일관된 값을 표시하는 속성들의 그룹을 찾는다. RAP 프레임 워크는 Gupta 등[473]이 잡음이 있는 데이터를 처리하기 위해 확장되었다. 규칙이 여러 목표들을 만족시키도록 설계될 수 있기 때문에, 정량적 연관 규칙 탐사를 위한 진화 알고리즘[484, 485]도 개발되었다. 다른 기법들로는 Fukuda 등[471]. Lent 등[480]. Wang 등[500], Ruckert 등[490], 그리고 Miller와 Yang [486]에 의해 제안된 것이 포함된다.

확장된 트랜잭션들을 사용하여 개념 계층을 처리하기 위해 6.3절에 서술된 방법은 Srikant와 Agrawal[494]에 의해 개발되었다. 대체 알고리즘은 Han 및 Fu[475]에 의해 제안되었고, 여기서 한 번에 한 레벨씩 빈발 항목집합들이 생성된다. 보다 구체적으로, 그들의 알고리즘은 처음에 개념 계층의 최상위 레벨에서 모든 빈발 1-항목집합들을 생성한다. 빈발 1-항목집합들의 집합은 $L(1, 1)$로 표시된다. $L(1, 1)$의 빈발 1-항목집합을 사용하여, 알고리즘은 레벨 1에서 모든 빈발 2-항목집합들, $L(1, 2)$을 생성한다. 이 절차는 최상위 레벨의 항목들과 관련된 모든 빈발 항목집합들, $L(1, k)(k > 1)$이 추출될 때까지 반복된다. 그런 다음 알고리즘은 $L(1, 1)$의 빈발 항목집합들을 기반으로 계층의 다음 레벨에서 빈발 항목집합들, $L(2, 1)$을 추출하기를 계속한다. 이 절차는 사용자가 요청한 개념 계층의 최하위 레벨에서 종료될 때까지 반복된다.

6.4절에 설명된 순차 패턴 형식화와 알고리즘은 [463, 496]에서 Agrawal과 Srikant에 의해 제안되었다. 유사하게, Mannila 등[483]은 빈발한 에피소드 개념을 도입했으며, 이는 긴 이벤트들의 스트림에서 순차 패턴을 탐사하는 데 유용하다. 정규 표현에 근거한 순차 패턴 탐사의 다른 형식화는 Garofalakis 등[472]에 의해 제안되었다. Joshi 등은 다양한 순차 패턴 형식화들 사이의 차이를 조정하려고 시도했다[477]. 그 결과는 6.4.4절에 설명된 다른 계산 방법을 사용하여 순차 패턴의 보편적인 형식화였다. 순차 패턴 탐사를 위한 대안적인 알고리즘들은 Pei 등[489], Ayres 등[466]. Cheng 등[466], 그리고 Seno 등[492]에 의해 제안되었다. 순차 패턴 탐사 알고리즘에 대한 검토는 [482] 및 [493]에서 찾을 수 있다. 또한, 최대 [470, 481] 및 닫힌 [499, 504] 순차 패턴 탐사로의 확장이 최근에 개발되었다.

빈발 부분그래프 탐사 문제는 처음으로 [476]에서 Inokuchi 등에 의해 도입되었다. 그들은 그래프 데이터 집합에서 빈번하게 유도되는 부분그래프들을 생성하기 위해 정점-성장(vertex-growing) 접근법을 사용했다. 간선-성장(edge-growing) 전략은 [478]에서

Kuramochi와 Karypis에 의해 개발되었으며, 여기에서 그들은 또한 다수의 후보자, 표준 라벨링 및 정점 불변 체계와 같은 문제를 해결하는 FSG라는 *Apriori*-like 알고리즘을 제시했다. gSpan으로 알려진 또 다른 빈발 부분그래프 탐사 알고리즘은 Yan과 Han [503]에 의해 개발되었다. 저자는 다양한 부분그래프들을 부호화하기 위해 최소 DFS 코드를 사용하도록 제안하였다. 빈발 부분그래프 탐사 문제의 다른 변형들은 Zaki[505], Parthasarathy와 Coatney[488], 그리고 Kuramochi와 Karypis[479]가 제안하였다. 그래프 탐사에 대한 최근의 검토는 Cheng 등[469]에서 주어진다.

비빈발 패턴을 탐사하는 문제는 많은 저자들에 의해 연구되었다. Savasere 등[491]은 개념 계층을 사용하여 음의 연관 규칙을 탐사하는 문제를 조사하였다. Tan 등[497]은 순차 데이터와 비-순차(non-sequential) 데이터에 대한 간접 연관성을 탐사하는 아이디어를 제안하였다. 음의 패턴을 탐사하는 효율적인 알고리즘들도 Boulicaut 등[467], Teng 등[498], Wu 등[502], 그리고 Antonie와 Zaïane[464]에 의해 제안되었다.

참고문헌

[463] R. Agrawal and R. Srikant. Mining Sequential Patterns. In *Proc. of Intl. Conf. on Data Engineering*, pages 3-14, Taipei, Taiwan, 1995.

[464] M.-L. Antonie and O. R. Zaïane. Mining Positive and Negative Association Rules: An Approach for Confined Rules. In *Proc. of the 8th European Conf. of Principles and Practice of Knowledge Discovery in Databases*, pages 27-38, Pisa, Italy, September 2004.

[465] Y. Aumann and Y. Lindell. A Statistical Theory for Quantitative Association Rules. In *KDD99*, pages 261-270, San Diego, CA, August 1999.

[466] J. Ayres, J. Flannick, J. Gehrke, and T. Yiu. Sequential Pattern mining using a bitmap representation. In *Proc. of the 8th Intl. Conf. on Knowledge Discovery and Data Mining*, pages 429-435, Edmonton, Canada, July 2002.

[467] J.-F. Boulicaut, A. Bykowski, and B. Jeudy. Towards the Tractable Discovery of Association Rules with Negations. In *Proc. of the 4th Intl. Conf on Flexible Query Answering Systems FQAS'00*, pages 425-434, Warsaw, Poland, October 2000.

[468] H. Cheng, X. Yan, and J. Han. IncSpan: incremental mining of sequential patterns in large database. In *Proc. of the 10th Intl. Conf. on Knowledge Discovery and Data Mining*, pages 527-532, Seattle, WA, August 2004.

[469] H. Cheng, X. Yan, and J. Han. Mining Graph Patterns. In C. Aggarwal and J. Han, editors, *Frequent Pattern Mining*, pages 307-338. Springer, 2014.

[470] P. Fournier-Viger, C.-W. Wu, A. Gomariz, and V. S. Tseng. VMSP: Efficient vertical

mining of maximal sequential patterns. In *Proceedings of the Canadian Conference on Artificial Intelligence*, pages 83-94, 2014.

[471] T. Fukuda, Y. Morimoto, S. Morishita, and T. Tokuyama. Mining Optimized Association Rules for Numeric Attributes. In *Proc. of the 15th Symp. on Principles of Database Systems*, pages 182-191, Montreal, Canada, June 1996.

[472] M. N. Garofalakis, R. Rastogi, and K. Shim. SPIRIT: Sequential Pattern Mining with Regular Expression Constraints. In *Proc. of the 25th VLDB Conf.*, pages 223-234, Edinburgh, Scotland, 1999.

[473] R. Gupta, N. Rao, and V. Kumar. Discovery of error-tolerant biclusters from noisy gene expression data. *BMC bioinformatics*, 12(12):1, 2011.

[474] E.-H. Han, G. Karypis, and V. Kumar. Min-Apriori: An Algorithm for Finding Association Rules in Data with Continuous Attributes. http://www.cs.umn.edu/~han, 1997.

[475] J. Han and Y. Fu. Mining Multiple-Level Association Rules in Large Databases. *IEEE Trans. on Knowledge and Data Engineering*, 11(5):798-804, 1999.

[476] A. Inokuchi, T. Washio, and H. Motoda. An Apriori-based Algorithm for Mining Frequent Substructures from Graph Data. In *Proc. of the 4th European Conf. of Principles and Practice of Knowledge Discovery in Databases*, pages 13-23, Lyon, France, 2000.

[477] M. V. Joshi, G. Karypis, and V. Kumar. A Universal Formulation of Sequential Patterns. In *Proc. of the KDD'2001 workshop on Temporal Data Mining*, San Francisco, CA, August 2001.

[478] M. Kuramochi and G. Karypis. Frequent Subgraph Discovery. In *Proc. of the 2001 IEEE Intl. Conf. on Data Mining*, pages 313-320, San Jose, CA, November 2001.

[479] M. Kuramochi and G. Karypis. Discovering Frequent Geometric Subgraphs. In *Proc. of the 2002 IEEE Intl. Conf. on Data Mining*, pages 258-265, Maebashi City, Japan, December 2002.

[480] B. Lent, A. Swami, and J. Widom. Clustering Association Rules. In *Proc. of the 13th Intl. Conf. on Data Engineering*, pages 220-231, Birmingham, U.K, April 1997.

[481] C. Luo and S. M. Chung. Efficient mining of maximal sequential patterns using multiple samples. In *Proceedings of the SIAM International Conference on Data Mining*, pages 415-426, 2005.

[482] N. R. Mabroukeh and C. Ezeife. A taxonomy of sequential pattern mining algorithms. *ACM Computing Survey*, 43(1), 2010.

[483] H. Mannila, H. Toivonen, and A. I. Verkamo. Discovery of Frequent Episodes in Event Sequences. *Data Mining and Knowledge Discovery*, 1(3):259-289, November 1997.

[484] D. Martin, A. Rosete, J. Alcalá-Fdez, and F. Herrera. A new multiobjective evolutionary algorithm for mining a reduced set of interesting positive and negative quantitative association rules. *IEEE Transactions on Evolutionary Computation*, 18 (1):54-69, 2014.

[485] J. Mata, J. L. Alvarez, and J. C. Riquelme. Mining Numeric Association Rules with Genetic Algorithms. In *Proceedings of the International Conference on Artificial Neural Nets and Genetic Algorithms*, pages 264-267, Prague, Czech Republic, 2001. Springer.

[486] R. J. Miller and Y. Yang. Association Rules over Interval Data. In *Proc. of 1997 ACM-SIGMOD Intl. Conf. on Management of Data*, pages 452-461, Tucson, AZ, May 1997.

[487] G. Pandey, G. Atluri, M. Steinbach, C. L. Myers, and V. Kumar. An association analysis approach to biclustering. In *Proceedings of the 15th ACM SIGKDD international conference on Knowledge discovery and data mining*, pages 677-686. ACM, 2009.

[488] S. Parthasarathy and M. Coatney. Efficient Discovery of Common Substructures in Macromolecules. In *Proc. of the 2002 IEEE Intl. Conf. on DataMining*, pages 362-369, Maebashi City, Japan, December 2002.

[489] J. Pei, J. Han, B. Mortazavi-Asl, Q. Chen, U. Dayal, and M. Hsu. PrefixSpan: Mining Sequential Patterns efficiently by prefix-projected pattern growth. In *Proc of the 17th Intl. Conf. on Data Engineering*, Heidelberg, Germany, April 2001.

[490] U. Ruckert, L. Richter, and S. Kramer. Quantitative association rules based on halfspaces: An optimization approach. In *Proceedings of the Fourth IEEE International Conference on Data Mining*, pages 507-510, 2004.

[491] A. Savasere, E. Omiecinski, and S. Navathe. Mining for Strong Negative Associations in a Large Database of Customer Transactions. In *Proc. of the 14th Intl. Conf. on Data Engineering*, pages 494-502, Orlando, Florida, February 1998.

[492] M. Seno and G. Karypis. SLPMiner: An Algorithm for Finding Frequent Sequential Patterns Using Length-Decreasing Support Constraint. In *Proc. of the 2002 IEEE Intl. Conf. on Data Mining*, pages 418-425, Maebashi City, Japan, December 2002.

[493] W. Shen, J. Wang, and J. Han. Sequential Pattern Mining. In C. Aggarwal and J. Han, editors, *Frequent Pattern Mining*, pages 261-282. Springer, 2014.

[494] R. Srikant and R. Agrawal. Mining Generalized Association Rules. In *Proc. of the 21st VLDB Conf.*, pages 407-419, Zurich, Switzerland, 1995.

[495] R. Srikant and R. Agrawal. Mining Quantitative Association Rules in Large Relational Tables. In *Proc. of 1996 ACM-SIGMOD Intl. Conf. on Management of Data*, pages 1-12, Montreal, Canada, 1996.

[496] R. Srikant and R. Agrawal. Mining Sequential Patterns: Generalizations and Performance Improvements. In *Proc. of the 5th Intl Conf. on Extending Database Technology (EDBT'96)*, pages 18-32, Avignon, France, 1996.

[497] P. N. Tan, V. Kumar, and J. Srivastava. Indirect Association: Mining Higher Order Dependencies in Data. In *Proc. of the 4th European Conf. of Principles and Practice of Knowledge Discovery in Databases*, pages 632-637, Lyon, France, 2000.

[498] W. G. Teng, M. J. Hsieh, and M.-S. Chen. On the Mining of Substitution Rules for

Statistically Dependent Items. In *Proc. of the 2002 IEEE Intl. Conf. on Data Mining*, pages 442-449, Maebashi City, Japan, December 2002.

[499] P. Tzvetkov, X. Yan, and J. Han. TSP: Mining top-k closed sequential patterns. Knowledge and Information Systems, 7(4):438-457, 2005.

[500] K. Wang, S. H. Tay, and B. Liu. Interestingness-Based Interval Merger for Numeric Association Rules. In *Proc. of the 4th Intl. Conf. on Knowledge Discovery and Data Mining*, pages 121-128, New York, NY, August 1998.

[501] G. I. Webb. Discovering associations with numeric variables. In *Proc. of the 7th Intl. Conf. on Knowledge Discovery and Data Mining*, pages 383-388, San Francisco, CA, August 2001.

[502] X. Wu, C. Zhang, and S. Zhang. Mining Both Positive and Negative Association Rules. *ACM Trans. on Information Systems*, 22(3):381-405, 2004.

[503] X. Yan and J. Han. gSpan: Graph-based Substructure Pattern Mining. In *Proc. of the 2002 IEEE Intl. Conf. on Data Mining*, pages 721-724, Maebashi City, Japan, December 2002.

[504] X. Yan, J. Han, and R. Afshar. CloSpan: Mining: Closed sequential patterns in large datasets. In *Proceedings of the SIAM International Conference on Data Mining*, pages 166-177, 2003.

[505] M. J. Zaki. Efficiently mining frequent trees in a forest. In *Proc. of the 8th Intl. Conf. on Knowledge Discovery and Data Mining*, pages 71-80, Edmonton, Canada, July 2002.

[506] H. Zhang, B. Padmanabhan, and A. Tuzhilin. On the Discovery of Significant Statistical Quantitative Rules. In *Proc. of the 10th Intl. Conf. on Knowledge Discovery and Data Mining*, pages 374-383, Seattle, WA, August 2004.

6.8 연습문제

1. 표 6.10에 표시된 교통 사고 데이터 집합을 고려해 보자.
   (a) 데이터 집합의 이진화된 버전을 보여라.
   (b) 이진화된 데이터에서 각 트랜잭션의 최대 폭은 얼마인가?
   (c) 지지도 임계값을 30%로 가정하면, 얼마나 많은 후보들과 빈발 항목집합들이 생성될 것인가?
   (d) 다음의 비대칭 이진 속성들만 포함하는 데이터 집합을 만들어라: `(Weather = Bad, Driver's condition = Alcohol-impaired, Traffic violation = Yes, Seat Belt = No, Crash Severity = Major)`. `Traffic violation`에 대해서, 오직

표 6.10 교통 사고 데이터 집합

Weather Condition	Driver's Condition	Traffic Violation	Seat Belt	Crash Severity
Good	Alcohol-impaired	Exceed speed limit	No	Major
Bad	Sober	None	Yes	Minor
Good	Sober	Disobey stop sign	Yes	Minor
Good	Sober	Exceed speed limit	Yes	Major
Bad	Sober	Disobey traffic signal	No	Major
Good	Alcohol-impaired	Disobey stop sign	Yes	Minor
Bad	Alcohol-impaired	None	Yes	Major
Good	Sober	Disobey traffic signal	Yes	Major
Good	Alcohol-impaired	None	No	Major
Bad	Sober	Disobey traffic signal	No	Major
Good	Alcohol-impaired	Exceed speed limit	Yes	Major
Bad	Sober	Disobey stop sign	Yes	Minor

None만이 0의 값을 가진다. 그 속성 값들의 나머지는 1로 배정한다. 지지도 임계값을 30%로 가정하면, 얼마나 많은 후보들과 빈발 항목집합들이 생성될 것인가?

(e) (c)와 (d)번에서 생성된 후보와 빈발 항목집합들의 수를 비교하라.

2. (a) 표 6.11에 표시된 데이터 집합을 고려해 보자. 다음과 같은 이산화 전략을 데이터 집합의 연속형 속성들에 적용한다고 가정한다.

- D1: 각 연속형 속성의 범위를 3개의 동등-크기의(equal-sized) 구간으로 분할한다.
- D2: 각 연속형 속성의 범위를 3개의 구간으로 분할한다; 각 구간에는 동일한 수의 트랜잭션들이 포함된다.

각각의 전략에 대해, 다음 질문에 답하라:

i. 데이터 집합의 이진화된 버전을 구성하라.

ii. 지지도≥30%를 갖는 모든 빈발 항목집합들을 유도하라.

(b) 연속형 속성은 군집화 접근법을 사용하여 이산화될 수도 있다.

i. 표 6.11에 표시된 데이터 점들에 대하여 온도 대 기압 그래프를 그려라.

ii. 그래프에서 몇 개의 자연스러운 군집들이 관찰되는가? 그래프에서 각 군집에 라벨(C_1, C_2 등등)을 지정하라.

iii. 어떤 유형의 군집화 알고리즘을 사용하여 군집을 식별할 수 있다고 생각하는가?

표 6.11 연습문제 2에 대한 데이터 집합

TID	Temperature	Pressure	Alarm 1	Alarm 2	Alarm 3
1	95	1105	0	0	1
2	85	1040	1	1	0
3	103	1090	1	1	1
4	97	1084	1	0	0
5	80	1038	0	1	1
6	100	1080	1	1	0
7	83	1025	1	0	1
8	86	1030	1	0	0
9	101	1100	1	1	1

그 이유를 명확하게 설명하라.

iv. 표 6.11에서 온도와 기압 속성을 비대칭 이진 속성인 C_1, C_2 등으로 바꾸어라. 새로운 속성(Alarm1, Alarm2, 그리고 Alarm3 속성과 함께)을 사용하여 트랜잭션 행렬을 구성하라.

v. 이진화된 데이터에서 지지도≥30%를 갖는 모든 빈발 항목집합들을 유도하라.

3. 표 6.12에 표시된 데이터 집합을 고려해 보자. 첫 번째 속성은 연속형이고, 나머지 두 속성은 비대칭 이진형이다. 만약 규칙의 지지도가 15%를 초과하고 신뢰도가 60%를 초과하면 그 규칙은 강한 것으로 간주된다. 표 6.12에 주어진 데이터는 다음 두 가지 강한 규칙들을 지지한다:

   (i) $\{(1 \le A \le 2), B=1\} \rightarrow \{C=1\}$

   (ii) $\{(5 \le A \le 8), B=1\} \rightarrow \{C=1\}$

   (a) 두 규칙들에 대한 지지도와 신뢰도를 계산하라.

   (b) 전통적인 *Apriori* 알고리즘을 사용하여 규칙을 찾으려면, 연속형 속성 A를 이산화해야 한다. $bin-width=2, 3, 4$로 그 데이터를 이산화하기 위하여 동등 폭 구간 접근법(equal width binning approach)을 적용한다고 가정한다. 각 $bin-width$에 대해서, 위의 두 규칙이 *Apriori* 알고리즘에 의해 발견되는지 여부를 설명하라(규칙은 A에 대해 더 넓거나 더 좁은 간격을 포함할 수 있기 때문에 이전과 정확히 동일한 형식이 아닐 수 있다는 것에 유의하라). 위 두 규칙 중 하나에 해당되는 각 규칙에 대해, 규칙의 지지도와 신뢰도를 계산하라.

   (c) 위의 데이터 집합을 분류하기 위해 동등 폭 접근법을 사용하는 효과에 대하여 의견을

표 6.12 연습문제 3에 대한 데이터 집합

A	B	C
1	1	1
2	1	1
3	1	0
4	1	0
5	1	1
6	0	1
7	0	0
8	1	1
9	0	0
10	0	0
11	0	0
12	0	1

말하라. 두 규칙들 모두 만족스럽게 찾을 수 있는 $bin-width$가 있는가? 만약 없다면, 두 규칙들 모두 찾는 것을 보장할 수 있는 대체 방법은 무엇인가?

4. 표 6.13에 표시된 데이터 집합을 고려해 보자.

   (a) 아래에 주어진 규칙들의 각 조합에 대해, 가장 높은 신뢰도를 가지는 규칙을 지정하라.

   i. $15 < A < 25 \rightarrow 10 < B < 20$, $10 < A < 25 \rightarrow 10 < B < 20$, and $15 < A < 35 \rightarrow 10 < B < 20$

   ii. $15 < A < 25 \rightarrow 10 < B < 20$, $15 < A < 25 \rightarrow 5 < B < 20$, and $15 < A < 25 \rightarrow 5 < B < 30$

   iii. $15 < A < 25 \rightarrow 10 < B < 20$ and $10 < A < 35 \rightarrow 5 < B < 30$

표 6.13 연습문제 4에 대한 데이터 집합

Age (A)	Number of Hours Online per Week (B)				
	0 − 5	5 − 10	10 − 20	20 − 30	30 − 40
10 − 15	2	3	5	3	2
15 − 25	2	5	10	10	3
25 − 35	10	15	5	3	2
35 − 50	4	6	5	3	2

(b) 15세와 35세 사이의 인터넷 사용자들이 일주일당 온라인에 소비하는 평균 시간을 찾는데 관심이 있다고 가정하자. 사용자들의 세그먼트를 특성화하기 위해 해당 통계-기반 연관 규칙을 작성하라. 온라인에 소비하는 평균 시간 수를 계산하려면, 각 간격을 간격의 중간점 값으로 근사화하라(예: $B=7.5$를 사용하여 간격 $5<B<10$을 나타낸다).

(c) (b)번에 주어진 정량적 연관 규칙의 평균을 그 나이 그룹에 속하지 않는 다른 사용자들이 온라인에 소비하는 평균 시간 수와 비교함으로써 그 규칙이 통계적으로 유의한지 검사하라.

5. 아래 주어진 속성들을 가진 데이터 집합에 대해, 연관 분석에 적합한 이진 트랜잭션 데이터 집합으로 변환하는 방법을 설명하라. 구체적으로, 원본 데이터 집합의 각 속성에 대해서 다음을 명시하라.

(a) 트랜잭션 데이터 집합에서 그것에 해당되는 이진 속성들의 수?
(b) 원본 속성의 값들이 이진 속성들의 값들에 매핑되는 방법, 그리고
(c) 데이터를 더 작은 이진 속성들로 그룹화 하는데 도움이 될 수 있는 속성의 데이터 값들에 어떤 계층 구조가 있는지 여부

다음은 가능한 값들과 함께 데이터 집합에 대한 속성들의 목록이다. 모든 속성들은 학생별로 수집된다고 가정한다:

- **Year** : Freshman, Sophomore, Junior, Senior, Graduate:Master, Graduate:PhD, Professional
- **Zip code** : 미국 학생의 집 주소에 대한 우편 번호, 비-미국 학생의 지역 주소에 대한 우편 번호
- **College** : Agriculture, Architecture, Continuing Education, Education, Liberal Arts, Engineering, Natural Sciences, Business, Law, Medical, Dentistry, Pharmacy, Nursing, Veterinary Medicine
- **On Campus** : 만약 학생이 캠퍼스에서 거주하면 1, 그렇지 않으면 0
- 다음의 각각은 별도의 속성으로 만약 그 사람이 그 언어를 말하면 1의 값을 가지고 그렇지 않으면 0의 값을 가지는 속성이다.
  - Arabic
  - Bengali
  - Chinese Mandarin
  - English
  - Portuguese

- Russian
- Spanish

6. 표 6.14에 표시된 데이터 집합을 고려해 보자. 다음과 같은 연관 규칙을 추출하는데 관심이 있다고 가정한다:

$$\{\alpha_1 \leq \text{Age} \leq \alpha_2, \text{ Play Piano} = \text{Yes}\} \rightarrow \{\text{Enjoy Classical Music} = \text{Yes}\}$$

연속형 속성을 처리하기 위해 3, 4, 그리고 6 구간들을 가진 동등-빈도수(equal-frequency) 접근법을 적용한다. 범주형 속성들은 범주형 값들의 수만큼 새로운 비대칭 이진 속성들을 도입하여 처리된다. 지지도 임계값이 10%이고 신뢰도 임계값이 70%라고 가정한다.

(a) Age 속성을 3개의 동등-빈도수 구간들로 이산화한다고 가정한다. 최소 지지도와 최소 신뢰도 요구 사항을 만족하는 α_1과 α_2에 대한 한 쌍의 값을 찾아라.

(b) Age 속성을 4개의 동등-빈도수 구간들로 이산화하여 (a)번을 반복하라. 추출된 규칙을 (a)번에서 얻은 규칙들과 비교하라.

(c) Age 속성을 6개의 동등-빈도수 구간들로 이산화하여 (a)번을 반복하라. 추출된 규칙을 (a)번에서 얻은 규칙들과 비교하라.

(d) (a), (b), 그리고 (c)번의 결과에서 이산화 구간들의 선택이 연관 규칙 탐사 알고리즘에 의해 추출된 규칙들에 어떤 영향을 미치는지 논의하라.

표 6.14 연습문제 6에 대한 데이터 집합

Age	Play Piano	Enjoy Classical Music
9	Yes	Yes
11	Yes	Yes
14	Yes	No
17	Yes	No
19	Yes	Yes
21	No	No
25	No	No
29	Yes	Yes
33	No	No
39	No	Yes
41	No	No
47	No	Yes

7. 그림 6.25에 제시된 항목 분류와 함께 표 6.15에 표시된 트랜잭션들을 고려해 보자.

(a) 항목 분류를 가진 연관 규칙 탐사의 주요 과제들은 무엇인가?

(b) 각 트랜잭션 t가 t의 모든 항목들과 해당 조상들을 포함하는 확장된 트랜잭션 t'으로 대체되는 접근법을 고려해 보자. 예를 들어, 트랜잭션 t = `{Chips, Cookies}`는 t' = `{Chips, Cookies, Snack Food, Food}`로 대체된다. 이 접근법을 사용하여 지지도≥70%를 가진 모든 빈발 항목집합들(크기 4까지)을 유도하라.

(c) 빈발 항목집합들이 한 번에 한 레벨씩 생성되는 대체 접근법을 고려해 보자. 처음에, 계층의 최상위 레벨에 있는 항목과 관련된 모든 빈발 항목집합들이 생성된다. 다음으로, 상위 레벨의 계층에서 발견된 빈발 항목집합들을 사용하여 하위 레벨의 계층에 있는 항목들과 관련된 후보 항목집합들을 생성한다. 예를 들어, `{Snack Food, Soda}`가 빈발한 경우에만 후보 항목집합 `{Chips, Diet Soda}`를 생성한다. 이 접근법을 사용하여 지지도≥70%를 가진 모든 빈발 항목집합들(크기 4까지)을 유도하라.

(d) (b)번과 (c)번에서 찾아진 빈발 항목집합들을 비교하라. 알고리즘의 효율성과 완전성에 대하여 논평하라.

표 6.15 장바구니 트랜잭션들의 예

Transaction ID	Items Bought
1	Chips, Cookies, Regular Soda, Ham
2	Chips, Ham, Boneless Chicken, Diet Soda
3	Ham, Bacon, Whole Chicken, Regular Soda
4	Chips, Ham, Boneless Chicken, Diet Soda
5	Chips, Bacon, Boneless Chicken
6	Chips, Ham, Bacon, Whole Chicken, Regular Soda
7	Chips, Cookies, Boneless Chicken, Diet Soda

8. 다음 질문은 개념 계층이 있을 때 연관 규칙의 지지도와 신뢰도가 어떻게 달라질 수 있는지 조사한다.

(a) 주어진 개념 계층에서 항목 x를 고려해 보자. $\bar{x}_1, \bar{x}_2, \ldots, \bar{x}_k$를 개념 계층에서 x의 k개의 자식들을 나타낸다. $s(x) \le \sum_{i=1}^{k} s(\bar{x}_i)$를 보여라. 여기서 $s(\cdot)$는 항목의 지지도이다. 어떤 조건에서 부등식이 등식으로 될 것인가?

(b) p와 q는 한 쌍의 항목을 나타내고, 반면에 $\hat{p}$와 $\hat{q}$는 개념 계층에서 그것들의 해당 부모들이다. 만약 $s(\{p, q\}) > minsup$이면, 다음 항목집합들 중 어떤 것들이 빈발한 것으로 보장되는가? (i) $s(\{\hat{p}, q\})$, (ii) $s(\{p, \hat{q}\})$, 그리고 (iii) $s(\{\hat{p}, \hat{q}\})$.

(c) 연관 규칙 $\{p\} \rightarrow \{q\}$를 고려해 보자. 이 규칙의 신뢰도가 $minconf$를 초과한다고 가정하자. 다음 규칙들 중 어떤 것들이 $minconf$ 보다 더 높은 신뢰도를 가지는 것을 보장되는가? (i) $\{p\} \rightarrow \{\hat{q}\}$, (ii) $\{\hat{p}\} \rightarrow \{q\}$, 그리고 (iii) $\{\hat{p}\} \rightarrow \{\hat{q}\}$.

9. (a) 다음 데이터 순차에 포함된 모든 4-부분순차들을 나열하라:

$$\langle \{1, 3\}\{2\}\{2, 3\}\{4\} \rangle,$$

시간 제약조건이 없다고 가정한다.

(b) 시간 제약조건이 적용되지 않는다고 가정하고 (a)번의 데이터 순차에 포함된 모든 3-원소 부분순차들을 나열하라.

(c) (a)번의 데이터 순차에 포함된 모든 4-부분순차들을 나열하라(시간 제약조건이 유연하다고 가정하면).

(d) (a)번의 데이터 순차에 포함된 모든 3-원소 부분순차들을 나열하라(시간 제약조건이 유연하다고 가정하면).

10. 표 6.16에 나와 있는 순차 데이터베이스가 주어지면 지지도 ≥ 50%를 가지는 모든 빈발 부분순차들을 찾아라. 시간 제약조건이 순차들에 적용되지 않는다고 가정한다.

표 6.16 여러 가지 센서들에 의해 생성된 이벤트 순차들의 예

Sensor	Timestamp	Events
S1	1	A, B
	2	C
	3	D, E
	4	C
S2	1	A, B
	2	C, D
	3	E
S3	1	B
	2	A
	3	B
	4	D, E
S4	1	C
	2	D, E
	3	C
	4	E
S5	1	B
	2	A
	3	B, C
	4	A, D

11. (a) 아래에 주어진 순차들 $w = \langle e_1 e_2 \cdots e_i e_{i+1} \cdots e_{last} \rangle$의 각각에 대해, 다음 시간 제약조건들을 적용하면 각각이 다음 순차

$$\langle \{1, 2, 3\}\{2, 4\}\{2, 4, 5\}\{3, 5\}\{6\} \rangle$$

의 부분순차인지를 결정하라:

mingap = 0 (e_i의 마지막 이벤트와 e_{i+1}의 첫 번째 이벤트 사이의 구간 > 0)

maxgap = 3 (e_i의 첫 번째 이벤트와 e_{i+1}의 마지막 이벤트 사이의 구간 ≤ 3)

maxspan = 5 (e_1의 첫 번째 이벤트와 e_{last}의 마지막 이벤트 사이의 구간 ≤ 5)

$ws = 1$ (e_i의 첫 번째 이벤트와 마지막 이벤트 사이의 시간 ≤ 1)

- $w = \langle \{1\}\{2\}\{3\} \rangle$
- $w = \langle \{1, 2, 3, 4\}\{5, 6\} \rangle$
- $w = \langle \{2, 4\}\{2, 4\}\{6\} \rangle$
- $w = \langle \{1\}\{2, 4\}\{6\} \rangle$
- $w = \langle \{1, 2\}\{3, 4\}\{5, 6\} \rangle$

(b) 이전 문제에서 주어진 각 부분순차 w가 다음 순차 s의 인접(contiguous) 부분순차인지를 결정하라.

- $s = \langle \{1, 2, 3, 4, 5, 6\}\{1, 2, 3, 4, 5, 6\}\{1, 2, 3, 4, 5, 6\} \rangle$
- $s = \langle \{1, 2, 3, 4\}\{1, 2, 3, 4, 5, 6\}\{3, 4, 5, 6\} \rangle$
- $s = \langle \{1, 2\}\{1, 2, 3, 4\}\{3, 4, 5, 6\}\{5, 6\} \rangle$
- $s = \langle \{1, 2, 3\}\{2, 3, 4, 5\}\{4, 5, 6\} \rangle$

12. 아래에 있는 각 순차 $w = \langle e_1, \ldots, e_{last} \rangle$에 대해, 다음 시간 제약조건들을 적용하면 각각이 다음 데이터 순차

$$\langle \{A, B\}\{C, D\}\{A, B\}\{C, D\}\{A, B\}\{C, D\} \rangle$$

의 부분순차인지를 결정하라:

mingap = 0 (e_i의 마지막 이벤트와 e_{i+1}의 첫 번째 이벤트 사이의 구간 > 0)

maxgap = 2 (e_i의 첫 번째 이벤트와 e_{i+1}의 마지막 이벤트 사이의 구간 ≤ 2)

maxspan = 6 (e_1의 첫 번째 이벤트와 e_{last}의 마지막 이벤트 사이의 구간 ≤ 6)

$ws = 1$ (e_i의 첫 번째 이벤트와 마지막 이벤트 사이의 시간 ≤ 1)

(a) $w = \langle \{A\}\{B\}\{C\}\{D\} \rangle$

(b) $w = \langle \{A\}\{B, C, D\}\{A\} \rangle$

(c) $w = \langle \{A\}\{A, B, C, D\}\{A\} \rangle$

(d) $w = \langle\{B, C\}\{A, D\}\{B, C\}\rangle$

(e) $w = \langle\{A, B, C, D\}\{A, B, C, D\}\rangle$

13. 다음 빈발 3-순차들을 고려해 보자:

$\langle\{1, 2, 3\}\rangle$, $\langle\{1, 2\}\{3\}\rangle$, $\langle\{1\}\{2, 3\}\rangle$, $\langle\{1, 2\}\{4\}\rangle$, $\langle\{1, 3\}\{4\}\rangle$, $\langle\{1, 2, 4\}\rangle$, $\langle\{2, 3\}\{3\}\rangle$, $\langle\{2, 3\}\{4\}\rangle$, $\langle\{2\}\{3\}\{3\}\rangle$, 그리고 $\langle\{2\}\{3\}\{4\}\rangle$

(a) GSP 알고리즘의 후보 생성 단계에서 생성되는 모든 후보 4-순차들을 나열하라.

(b) GSP 알고리즘의 후보 가지치기 단계 동안 가지치기되는 모든 후보 4-순차들을 나열하라(시간 제약조건이 없다고 가정).

(c) GSP 알고리즘의 후보 가지치기 단계 동안 가지치기되는 모든 후보 4-순차들을 나열하라($maxgap = 1$을 가정).

14. 주어진 객체에 대하여 표 6.17에 나와 있는 데이터 순차를 고려해 보자. 다음 계산 방법에 따라 순차 $\langle\{p\}\{q\}\{r\}\rangle$에 대한 발생 횟수를 계산하라:

(a) COBJ(one occurrence per object)

(b) CWIN(one occurrence per sliding window)

(c) CMINWIN(number of minimal windows of occurrence)

(d) CDIST_O(distinct occurrences with possibility of event-timestamp overlap)

(e) CDIST(distinct occurrences with no event timestamp overlap allowed)

표 6.17 연습문제 14에 대한 이벤트 순차 데이터의 예

Timestamp	Events
1	p, q
2	r
3	s
4	p, q
5	r, s
6	p
7	q, r
8	q, s
9	p
10	q, r, s

15. 다음 그래프를 처리하기 위해 빈발 부분그래프 탐사 알고리즘을 조정하는데 필요한 수정 유형을 설명하라:

(a) 방향 그래프(Directed graphs)

(b) 라벨이 없는 그래프(Unlabeled graphs)

(c) 비순환 그래프(Acyclic graphs)

(d) 연결되지 않은 그래프(Disconnected graphs)

위에 주어진 그래프의 각 유형에 대해, 알고리즘의 어느 단계(후보 생성, 후보 가지치기, 그리고 지지도 계산)가 영향을 받는지를 설명하고, 알고리즘의 효율성을 향상시키는 데 도움이 되는 다른 최적화를 설명하라.

16. 그림 6.28에 표시된 그래프 쌍을 결합하여 얻어지는 모든 후보 부분그래프들을 그려라.

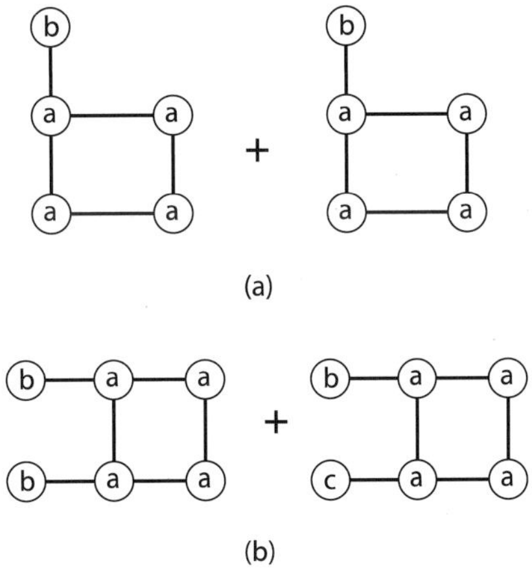

그림 6.28 연습문제 16에 대한 그래프

17. 그림 6.29에 표시된 그래프 쌍을 결합하여 얻어지는 모든 후보 부분그래프들을 그려라.

18. 빈발 부분그래프 탐사를 위해 6.5.3절에 소개된 후보 생성 절차가 완전함을 보여라. 즉, 만약 빈발 $(k-1)$–부분그래프들의 각 쌍이 합병을 위해 고려된다면 어떤 빈발 k–부분그래프도 생성되지 않을 수 없다.

19. (a) 만약 지지도가 유도된 부분그래프 관계에 의해 정의된다면, g_1과 g_2가 중첩되는 정점 집합들을 가지도록 허용되는 경우에 규칙 $g_1 \rightarrow g_2$의 신뢰도가 1보다 클 수 있음을 보여라.

(b) $|V|$개의 정점들을 포함하는 그래프의 표준 라벨을 결정하는 데 필요한 시간 복잡도

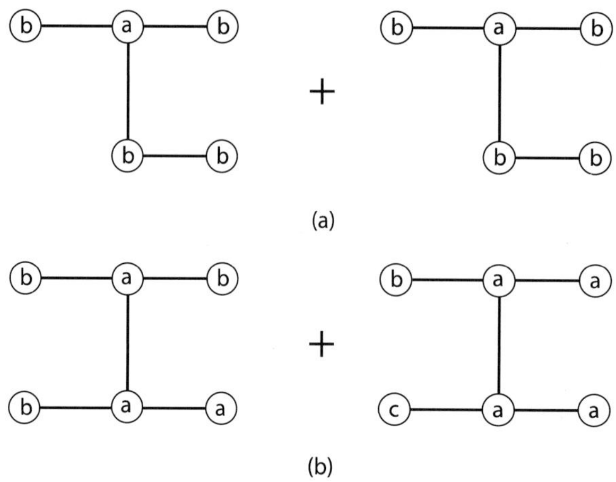

그림 6.29 연습문제 17에 대한 그래프

는 무엇인가?

(c) 부분그래프의 코어(core)는 다수의 자기동형사상들(automorphisms)을 가질 수 있다. 이는 동일한 코어를 공유하는 두 개의 빈발 부분그래프를 합병한 후에 얻어지는 후보 부분그래프들의 수를 증가시킨다. 크기 k의 코어의 자기동형사상으로 인해 얻어지는 후보 부분그래프들의 최대수를 결정하라.

(d) 두 개의 크기 k의 빈발 부분그래프는 다수의 코어들을 공유할 수 있다. 두 개의 빈발 부분그래프들에 의해 공유될 수 있는 코어들의 최대수를 결정하라.

20. (a) 아래에 표시된 두 개의 그래프를 고려해 보자.

i. 두 개의 부분그래프를 합병할 때 얻어지는 모든 별개의 코어들을 그려라.

ii. 다음 코어를 사용하여 몇 개의 후보들이 생성되는가?

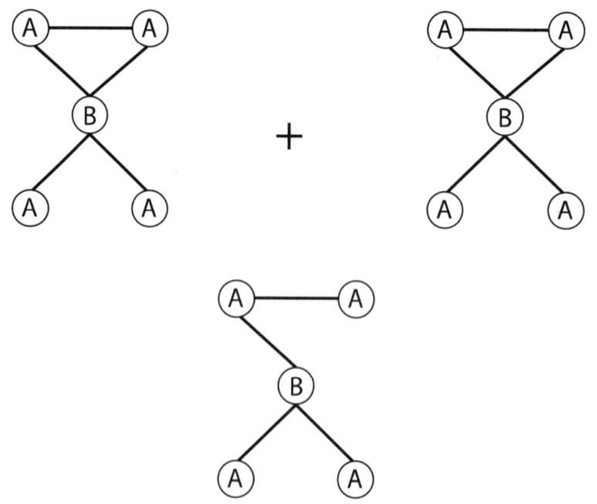

21. 원래 연관 규칙 탐사 프레임 워크는 동일한 트랜잭션에서 함께 있는 항목들의 존재만 고려한다. 빈발하지 않은 항목집합들도 유용한 정보를 주는 상황이 있다. 예를 들어, 항목집합 {TV, DVD, ¬ VCR}은 TV와 DVD를 구매하는 많은 고객들이 VCR을 구매하지 않는다는 것을 제시한다.

 이 문제에서, 연관 규칙 프레임 워크를 음의 항목집합들(즉, 항목들의 존재와 부재를 포함하는 항목집합들)로 확장해야 한다. 부정 기호(¬)를 사용하여 항목의 부재를 나타낸다.

 (a) 음의 항목집합들을 유도해내는 단순한 방법은 각 트랜잭션을 확장하여 표 6.18에 표시된 것과 같이 항목들의 부재를 포함시키는 것이다.

표 6.18 수치형 데이터 집합의 예

TID	TV	¬TV	DVD	¬DVD	VCR	¬VCR	. . .
1	1	0	0	1	0	1	. . .
2	1	0	0	1	0	1	. . .

 i. 트랜잭션 데이터베이스에 1000개의 서로 다른 항목들이 있다고 가정하자. 이런 항목들에서 생성될 수 있는 양의 항목집합들의 총 수는 얼마인가? (주의 : 양의 항목집합에는 어떤 음의 항목들도 포함되지 않는다)

 ii. 이 트랜잭션들로부터 생성될 수 있는 빈발 항목집합들의 최대수는 얼마인가?(빈발 항목집합은 양의, 음의, 또는 양쪽 종류의 항목들을 포함할 수 있다고 가정한다)

 iii. 각 트랜잭션을 음의 항목들로 확장하는 이러한 단순한 방법이 음의 항목집합들을 유도하는 데 실용적이지 않은 이유를 설명하라.

 (b) 표 6.15에 표시된 데이터베이스를 고려해 보자. regular soda와 diet soda를 포함한 다음의 음의 연관 규칙들에 대한 지지도와 신뢰도 값은 무엇인가?

 i. ¬Regular → Diet.

 ii. Regular → ¬Diet.

 iii. ¬Diet → Regular.

 iv. Diet → ¬Regular.

22. d 항목들을 포함하는 데이터 집합에서 양과 음의 항목집합들을 추출한다고 가정하자.

 (a) 각 음의 항목을 나타내는 새로운 변수를 도입하는 접근법을 고려해 보자. 이 접근법을 사용하면, 항목들의 개수가 d에서 $2d$로 증가한다. 한 항목집합이 동일한 변수의 양의 항목과 음의 항목 양쪽을 포함할 수 있다고 가정하면, 항목집합 격자의 전체 크기는 얼마인가?

(b) 한 항목집합에 서로 다른 변수들의 양 또는 음의 항목들이 포함되어야 한다고 가정하자. 예를 들어, 항목집합 $\{a, \bar{a}, b, \bar{c}\}$은 변수 a에 대하여 양의 항목과 음의 항목 양쪽을 포함하므로 유효하지 않다. 항목집합 격자의 전체 크기는 얼마인가?

23. 아래에 정의된 패턴의 각 유형에 대해, 항목집합 크기의 증가와 관련하여 지지도 척도가 단조형(monotone), 비–단조형(anti–monotone), 또는 무–단조형(non–monotone) (즉, 단조형도 아니고 비–단조형도 아닌)인지 결정하라.

(a) $\{a, b, \bar{c}, \bar{d}\}$와 같이 양의 항목과 음의 항목 양쪽을 포함하는 항목집합들. 이러한 패턴들에 적용할 때 지지도 척도가 단조형, 비-단조형, 또는 무-단조형인가?

(b) $\{(a \vee b \vee c), d, e\}$와 같은 부울 논리 패턴들(Boolean logical patterns), 이것은 항목들의 논리합(disjunction)과 논리곱(conjunction) 양쪽을 포함할 수 있다. 이러한 패턴들에 적용할 때 지지도 척도가 단조형, 비-단조형, 또는 무-단조형인가?

24. 많은 연관 분석 알고리즘들은 빈발 패턴들을 찾기 위해 *Apriori*–like 접근법에 의존한다. 그 알고리즘의 전체 구조는 아래와 같다.

알고리즘 6.5 *Apriori*–like 알고리즘

$k = 1$.
$F_k = \left\{ i \mid i \in I \wedge \dfrac{\sigma(\{i\})}{N} \geq minsup \right\}$. {Find frequent 1-patterns.}
repeat
  $k = k + 1$.
  $C_k =$ genCandidate(F_{k-1}). {Candidate Generation}
  $C_k =$ pruneCandidate(C_k, F_{k-1}). {Candidate Pruning}
  $C_k =$ count(C_k, D). {Support Counting}
  $F_k = \left\{ c \mid c \in C_k \wedge \dfrac{\sigma(c)}{N} \geq minsup \right\}$. {Extract frequent patterns}
until $F_k = \phi$
Answer$= \cup F_k$.

다음과 같은 부울 논리 규칙들을 찾는 데 관심이 있다고 가정하자:

$$\{a \vee b\} \rightarrow \{c, d\},$$

여기에는 항목들의 논리합과 논리곱 양쪽을 포함할 수 있다. 해당되는 항목집합은 $\{(a \vee b), c, d\}$로 쓸 수 있다.

(a) *Apriori* 원리가 여전히 이러한 항목집합들에 적용되는가?

(b) 이러한 패턴들을 찾기 위해 후보 생성 단계가 어떻게 수정되어야 하는가?

(c) 이러한 패턴들을 찾기 위해 후보 가지치기 단계가 어떻게 수정되어야 하는가?

(d) 이러한 패턴들을 찾기 위해 지지도 계산 단계가 어떻게 수정되어야 하는가?

CHAPTER 7

군집 분석: 기본 개념과 알고리즘

군집 분석은 의미 있거나, 유용성이 있거나, 혹은 의미와 유용성 모두 있는 그룹으로 데이터를 분할하는 것이다. 만약 군집 분석의 목적이 의미 있는 그룹으로 분할하고자 하는 것이라면, 군집들이 데이터 자체의 기본 구조를 포함하여야 한다. 군집 분석은 단지 데이터 요약과 같은 다른 목적을 위한 사전작업으로 유용하게 이용되기도 한다. 군집 분석은 데이터의 이해 혹은 이용을 목적으로 그동안 심리학 및 사회과학, 생물학, 통계학, 패턴 인식, 정보 검색, 기계 학습, 데이터마이닝과 같은 다양한 분야에서 중요한 역할을 해왔다.

실제 문제에 대하여 군집 분석을 적용하는 많은 응용들이 있었다. 아래에 몇몇 구체적인 예제들을 제공하며 군집 분석의 목적이 이해를 위한 것인지 이용을 위한 것인지에 따라 나누어서 설명한다.

이해를 목적으로 한 군집화 사람들이 세상을 분석하거나 표현하는 방법에 있어서 공통의 특징을 갖는 분류들 혹은 객체들의 의미 있는 그룹들은 중요한 역할을 차지한다. 물론 인간은 객체들을 그룹으로 나누고(군집화) 특정한 객체들을 이들 그룹에 지정하는(분류화) 작업을 하는데 매우 능숙하다. 예를 들면, 아주 어린 아이들도 사진 속의 물체들을 빠르게 구별한다. 데이터의 이해라는 측면에서 보면, 군집들은 잠재적인 분류들이며, 군집 분석은 자동적으로 그 분류를 찾기 위한 기술을 연구하는 것이라고 볼 수 있다. 그 예로는 다음과 같은 것들이 있다.

- **생물학** 생물학자들은 모든 살아있는 것들에 대하여 계, 문, 강, 목, 과, 속, 종과 같은 분류체계(계층적인 분류)를 만들기 위해서 많은 세월을 보냈다. 그러므로 군집 분석에 있어서 초창기의 대부분의 작업은 이러한 분류 구조를 자동적으로 찾을 수 있는 수학적인 분류체계의 규칙을 생성하는데 집중되었다는 사실이 매우 당연하게 느껴질 수 있다. 최근에 생물학자들은 이용 가능한 대량의 유전자 정보를 분석하는 방법으로 군집화를 사용하였다. 예를 들어 군집화를 이용하여 유사한 기능을 하는 유전자의 그룹을 찾는 것이다.
- **정보 검색** 월드 와이드 웹(World Wide Web)은 수십억 개의 웹 페이지로 구성되며 검색 엔진에 대한 질의의 결과는 수천 개의 페이지를 돌려줄 수 있다. 이러한 검색 결과들을 그룹으로 묶어서 소수의 군집으로 만들기 위하여 군집화를 사용할 수 있으며, 각각의 군집들은 질의의 특정한 측면을 반영한다. 예를 들어 "영화"라는 질의에 대해 영화평, 예고편, 주연배우, 상영관과 같은 항목들로 그룹이 만들어져서 웹 페이지들을 돌려줄 수 있다. 각 항목(군집)은 하위 항목(하위 군집)으로 또 다시 나누어져서 계층 구조를 형성함으로써, 사용자가 질의 결과를 쉽게 탐색할 수 있게 해준다.
- **기후** 지구의 기후를 이해하는 일은 대기와 바다에서의 패턴을 찾는 것을 필요로 한다. 이를 위하여, 군집 분석은 기후에 중대한 영향을 미치는 대기압과 해수의 온도에서의 패턴을 찾는데 사용되고 있다.
- **심리학 및 의학** 질병이나 건강상태는 많은 변종들이 있으며 군집 분석은 이러한 서로 다른 하위 항목들을 찾아내는데 사용될 수 있다. 예를 들어, 군집화는 다양한 종류의 우울증들을 식별하는데 사용되었다. 군집 분석은 또한 질병의 공간적, 시간적 분포에서의 패턴을 감지하는데에도 사용될 수 있다.
- **비즈니스** 비즈니스에서는 현재 및 잠재적인 고객들에 대한 대량의 정보를 수집한다. 군집화는 추가적인 분석과 마케팅 활동을 위하여 고객들을 소수의 그룹들로 나누기 위해서 사용될 수 있다.

이용을 목적으로 한 군집화 군집 분석은 개별적인 데이터 객체로부터 그 개별 데이터 객체가 속한 군집으로의 추상화를 제공한다. 게다가, 어떤 군집화 기술들은 각 군집을 군집 프로토타입(cluster prototype)에 의해 특징을 짓는다. 군집 프로토타입이란 해당 군집 내의 객체들을 대표하는 데이터 객체이다. 이러한 군집 프로토타입은 대량의 데이터 분석 및 데이터 처리 기술을 위한 기본요소로 사용될 수 있다. 그러므로 이용이라는 측면에서, 군집 분석이란 가장 대표적인 군집 프로토타입을 찾아내는 기술을 연구하는 것이다.

- **요약** 회귀분석이나 PCA와 같은 많은 데이터 분석 기법들은 시간이나 공간 복잡도가 $O(m^2)$ 또는 그 이상(m은 객체의 수)이므로 대량의 데이터를 다루는 데에는 적합하지 않다. 그러나 전체 데이터 집합에 이들 알고리즘을 적용하는 대신에, 군집 프로토타입들로만 구성된 축소된 데이터 집합에 적용할 수 있다. 이러한 방법의 분석 결과는 분석의 유형, 프로토타입의 개수, 프로토타입이 데이터를 대표하는 정확도에 따라서 전체 데이터를 사용하여 얻어진 결과와 흡사할 수 있다.
- **압축** 군집 프로토타입은 데이터 압축의 용도로도 사용될 수 있다. 특히, 각 군집의 프로토타입들로 구성된 테이블이 만들어진다. 각 프로토타입은 테이블 내에서의 위치(색인)를 나타내는 정수값을 할당받는다. 각 객체는 자신의 군집과 연관된 프로토타입의 색인에 의해서 표현된다. 이러한 압축 기법은 흔히 **벡터 압축**(vector quantization)이라고 알려져 있으며 이미지, 사운드, 비디오 데이터에 자주 적용된다. 이러한 데이터들의 특성은 (1) 많은 데이터 객체들이 서로 매우 유사하며 (2) 어느 정도 정보의 손실이 허용되며 (3) 데이터 크기가 상당히 축소되는 것이 요구된다.
- **최근접 이웃을 효율적으로 찾기** 최근접 이웃을 찾기 위해서는 모든 점 사이의 거리의 쌍들을 계산하는 것이 필요할 수 있다. 종종 군집들과 군집 프로토타입들을 찾을 때 이러한 방법보다 훨씬 더 효율적으로 찾을 수도 있다. 만약 객체들이 자신이 속한 군집의 프로토타입에 비교적 가까이 존재한다면 객체의 최근접 이웃들을 찾는데 필요한 거리 계산의 횟수를 줄이기 위해서 프로토타입들을 사용할 수 있다. 직관적으로 만약 두 군집 프로토타입이 서로 멀리 떨어져 있다면 해당 군집에 속한 객체들은 서로 최근접 이웃이 될 수 없다. 결론적으로 객체의 최근접 이웃을 찾으려면 근접해있는 군집들에 속한 객체들과의 거리만을 계산하면 되는데, 이때 두 군집 사이의 근접성은 그들의 프로토타입들 사이의 거리에 의해서 측정된다. 이 아이디어는 115쪽의 2장의 연습문제 25번에 구체적으로 설명되어 있다.

본 장에서는 군집 분석을 소개한다. 군집화에 대한 개략적인 설명으로 시작하며 객체들을 군집의 집합으로 나누는 기법들과 다양한 군집의 종류들에 대한 설명을 포함한다. 그런 다음에는 많은 종류의 알고리즘들을 대표하여 다양한 개념들을 설명하는 세 가지의 군집화 기법들로서 K-means, **병합형 계층 군집화**(agglomerative hierarchical clustering), DBSCAN을 설명한다. 본 장의 마지막 절에서는 군집 검정을 다루며 군집화 알고리즘에서 생성된 군집들이 얼마나 좋은지를 평가하는 방법들을 설명한다. 8장에서는 고급 군집화 개념과 알고리즘을 다룬다. 가능한 한 서로 다른 기법들의 장단점들도 언급하고자 했다. 그리고 참고문헌 노트에서는 군집 분석을 심도 있게 다룬 관련 책과 논문들에 대한 참고문헌들을 제공한다.

7.1 개요

군집 기술들을 소개하기 전에 먼저 필요한 배경 지식을 제공한다. 우선 군집화 분석을 정의하면서 군집화가 어려운 이유와 데이터의 그룹을 만드는 다른 기술들과의 관계를 설명한다. 그런 후에 두 가지의 중요한 주제들인 (1) 객체의 집합을 군집의 집합으로 그룹을 만드는 다른 방법들과 (2) 군집의 종류들에 대해 살펴본다.

7.1.1 군집화 분석이란?

군집화 분석이란 객체와 그들 간의 관계를 기술하는 데이터 내에서 발견된 정보들을 근간으로 데이터 객체들을 그룹으로 만드는 것이다. 같은 그룹에 속한 객체들의 유사성은 높이고, 다른 그룹의 객체들과의 차이점을 벌리는 것이 목적이며, 그룹 내의 객체 간의 유사성과 그룹 간의 차이점을 높일수록 군집화는 점점 뚜렷해진다.

많은 응용들에서 군집에 대한 개념이 잘 정의되지 않는 경우가 많다. 군집의 구성원들을 결정하는 것의 어려움에 대한 이해를 돕기 위하여 그림 7.1에서 스무 개의 점과 이 점들을 다른 군집들로 나누는 세 가지의 방법들을 보여준다. 각각의 점들의 모양이 군집의 소속을 표시한다. 그림 7.1(b)와 7.1(d)는 데이터를 각각 두 개와 여섯 개의 부분들로 나눈다. 그러나 두 개의 큰 군집들이 각각 세 개의 작은 하위 군집들로 나누어 보이는 것은 단순히 인간의 시각적인 결과일지도 모른다. 또한, 이 점들이 그림 7.1(c)에 나타난

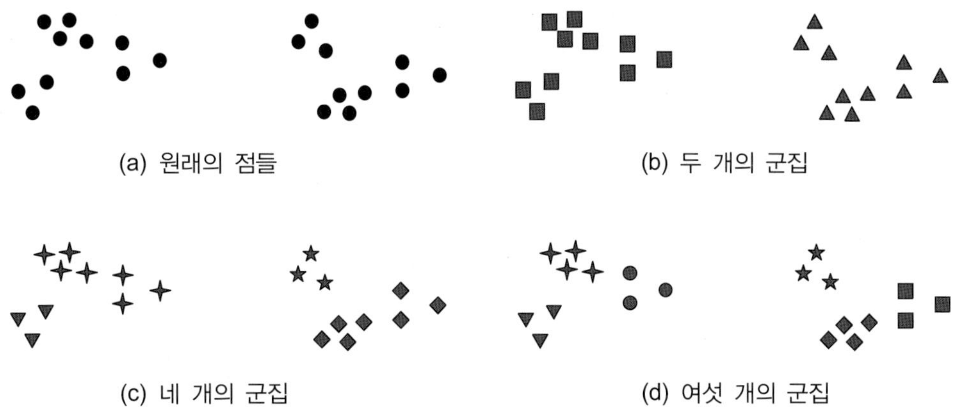

그림 7.1 동일한 점들의 집합을 서로 다르게 군집화한 방법들

것처럼 네 개의 군집을 형성한다고 말하는 것도 가능하다. 이 그림은 군집의 정의는 명확하지 않으며 가장 좋은 정의는 데이터의 특성과 원하는 결과에 의존한다는 것을 보여준다.

군집 분석은 데이터 객체들을 그룹으로 나누기 위해 사용하는 다른 기술들과 관련이 있다. 예를 들면, 군집화는 각 객체에게 분류(군집) 명칭을 생성한다는 점에서 일종의 분류화로 볼 수도 있다. 그러나 이 명칭들은 데이터로부터만 파생된다. 이와는 대조적으로 3장의 내용에 있는 분류화는 **감독 분류화**(supervised classification)에 해당한다. 즉, 명칭이 붙지 않은 새로운 객체들은 이미 분류 명칭이 알려진 객체들로부터 만들어진 모델을 사용하여 분류 명칭을 지정한다. 이러한 이유로 군집 분석은 종종 **무감독 분류화**(unsupervised classification)로 불리기도 한다. 분류화라는 용어가 데이터마이닝에서 아무런 수식어 없이 사용될 때에는 일반적으로 감독 분류화를 의미한다.

또한 **세그먼트화**(segmentation)와 **분할**(partitioning)이라는 용어가 종종 군집화와 동의어로 사용되기도 하는데, 이 용어들은 전통적인 군집 분석의 범주 밖의 기법들의 명명에서도 자주 사용된다. 예를 들면, 그래프를 부분 그래프로 나누는 기술이 군집화와는 큰 관련이 없더라도 분할이라는 용어를 자주 사용한다. 종종 세그먼트화는 간단한 기술을 이용하여 데이터를 그룹으로 나누는 것을 지칭하기도 하는데, 이미지를 픽셀의 강도와 색에 의해 세그먼트화하거나 사람들을 그들의 수입에 의해서 그룹으로 나누는 것을 예로 들 수 있다. 그럼에도 불구하고 그래프 분할이나 이미지 세그먼트화에서의 몇몇 연구는 군집 분석과 관련이 있다.

7.1.2 군집화의 종류

군집들의 전체모음을 일반적으로 **군집화**(clustering)라고 부른다. 그리고 본 절에서 다양한 종류의 군집화를 구별한다. 군집화에서 계층(내포) 대 분할(비내포), 배타 대 중복 대 퍼지, 그리고 완전 대부분 군집화의 차이를 설명한다.

계층(Hierarchical) 대 분할(Partitional) 가장 일반적으로 군집화의 다양한 유형을 논할 때 군집화의 집합이 내포인지 비내포인지, 또는 좀 더 전통적인 용어로, 계층적인지 분할적인지에 따라 구분한다. **분할 군집화**(partitional clustering)는 데이터 객체들을 중복이 없는 부분집합(군집)으로 나누는 것이다. 그림 7.1(b-d)의 각각의 군집화의 집합들은 분할 군집화이다.

군집이 다른 하위 군집들을 가질 때 **계층 군집화**(Hierarchical clustering)가 되며, 이것은 트리 구조로 내포된 군집들의 집합이다. 트리의 각 노드(군집)는 (말단 노드를 제외하고) 자식(하위 군집)들의 합집합이며 트리의 루트는 모든 객체를 포함하는 군집이다. 항상 그런 것은 아니지만 종종 트리의 말단 노드는 한 개의 데이터 객체만을 갖는 단일 원소 군집(singleton cluster)이 되기도 한다. 군집들이 내포되는 것을 허용한다고 할 때, 그림 7.1(a)에 대한 해석은 두 개의 하위 군집(그림 7.1(b))들이 있고 각각의 이들 하위 군집들은 또다시 세 개의 하위 군집(그림 7.1(d))들로 구성된다고 볼 수 있다. 그림 7.1(a-d)의 군집들은 이 순서로 고려했을 때 계층적(내포된) 군집화를 형성하며 각 레벨에서 1, 2, 4, 6개의 군집을 형성한다. 결론적으로 계층 군집화는 연속된 분할 군집화로 볼 수 있으며 그 연속된 순차에서 하나를 선택하는 것, 즉 계층 트리의 특정 레벨로 자르는 것은 분할 군집화된다.

배타(Exclusive) 대 중복(Overlapping) 대 퍼지(Fuzzy) 그림 7.1의 군집화는 각각의 객체를 하나의 군집에 지정하므로 모두 **배타적**(exclusive)이다. 하나의 점이 한 개 이상의 군집에 속해 있을 수 있는 상황들이 많은데 이러한 경우는 배타적이지 않은 군집화에 의해 더 적절하게 표현될 수 있다. 일반적으로 **중복**(overlapping) 또는 **비배타**(non-exclusive) 군집화는 하나의 객체가 **동시**에 하나 이상의 그룹(분류)에 속해 있을 수 있는 경우에 사용된다. 예를 들면 대학교에 소속된 사람이 학생으로 등록되어 있으면서 동시에 대학교의 직원이 될 수 있다. 비배타 군집화는 객체가 두 개 이상의 군집들 "사이에" 존재해서 이 군집들 중 어떠한 것에도 지정될 수 있는 경우에 종종 사용된다. 그림 7.1의 두 개의 군집들 사이의 중간에 점이 있다고 가정하자. 이 객체를 어느 하나의 군집에 임의로 지정하는 것보다는 "동등하게 좋은" 군집들 모두에 지정하는 것이다.

퍼지 군집화(fuzzy clustering)에서는 모든 객체가 모든 군집에 대해서 0(전혀 속하지 않음)과 1(완전히 속함) 사이의 가중치를 가지고 속하게 된다. 달리 말하면, 군집들은 퍼지 집합처럼 취급된다(수학적인 관점에서 퍼지 집합이란 객체가 모든 집합에 대해서 0과 1 사이의 가중치로 소속되는 것이다. 퍼지 군집화에서는 종종 각 객체의 가중치의 합은 1이 되어야 한다는 추가적인 제약조건을 두기도 한다). 이와 유사한 방법으로 확률적인 군집화 기법(8.2.2절)들에서는 각 점이 각 군집에 소속될 확률을 계산하며 이 확률의 합 역시 1이 되어야 한다. 객체의 소속 가중치나 확률의 합이 1이므로 퍼지나 확률 군집화는 학생이면서 직원인 경우와 같이 객체가 여러 분류에 속하는 진정한 다중 분류 상황을 표현하지 못한다. 그 대신에 이러한 접근법들은 실제로 여러 개의 군집에 관련된 하나의 객체를 단 하나의 군집에 독단적으로 할당하는 것을 방지할 수 있다는 장점이 있다. 실제로 퍼지나 확률적인 군집화는 종종 배타 군집화로 변환되기도 하는데 각 객체를 소속 가중치나 확률이 가장 높은 군집에 지정함으로써 변환을 수행한다.

완전(Complete) 대 부분(Partial) **완전 군집화**(complete clustering)는 모든 객체들이 군집에 속하도록 지정하는 반면에 **부분 군집화**(partial clustering)는 그렇지 않다. 부분 군집화가 필요한 이유는 데이터 집합 내의 몇몇 객체들은 잘 정의된 그룹에 소속되지 않을 수도 있다는 것에서 비롯된다. 데이터 집합 내의 객체들은 자주 잡음(noise), 이상치(outlier), 또는 "관심의 대상이 아닌 배경(uninteresting background)"을 나타내는 경우가 많다. 예를 들면 몇몇 신문 기사들은 지구 온난화와 같은 공통된 주제를 다루는 반면에, 다른 기사들은 좀 더 일반적이거나 독특하다. 그러므로 지난 달의 기사 중에서 중요한 주제들을 찾고 싶다면 공통된 주제로 밀접하게 관련된 문서들의 군집들만을 검색하고 싶을 것이다. 이런 경우가 아니라면 객체들의 완전한 군집화를 원할 것이다. 예를 들면 어떤 응용이 군집화를 사용하여 문서들의 탐색구조를 만든다면 모든 문서가 탐색될 수 있음을 보장해야 한다.

7.1.3 군집의 종류

군집화의 목표는 객체의 유용한 그룹(군집)들을 찾는 것이다. 여기서 유용성이란, 데이터 분석의 목적에 의해서 정의된다. 군집에 대한 다양한 개념들이 있는데 실제로 적용할 때 매우 유용한 경우가 많다. 이러한 군집들의 유형 간의 차이를 시각적으로 보여주기 위하여 데이터 객체들에 대해서 이차원의 점들을 그림 7.2와 같이 보인다. 그러나 여기에 설명된 군집의 유형들은 다른 종류의 데이터에 대해서도 동일하게 유효하다.

잘 분리된(Well-Separated) 군집은 객체들의 집합으로서, 각 객체는 같은 군집 내의 모든 객체와의 거리가 다른 군집에 있는 객체들과의 거리보다 가깝다(혹은 유사도가 크다). 때때로 임계치를 명시하여 군집 내의 모든 객체가 서로 간에 충분히 가깝도록(혹은 유사하도록) 한다. 이러한 군집에 대한 이상적인 정의는 데이터가 자연스럽게 서로 멀리 떨어져 있는 군집들을 포함할 때 가능하다. 그림 7.2(a)는 이차원 공간에서 두 그룹의 점들로 구성된 잘 분리된 군집들의 예를 보여준다. 서로 다른 그룹에 속해 있는 두 개의 점 간의 거리는 그룹 내의 어떠한 두 점 간의 거리보다 멀다. 잘 분리된 군집들은 구형일 필요는 없고 아무 모양이든지 가능하다.

프로토타입 기반(Prototype-Based) 군집은 객체의 집합으로서 각 객체는 타 군집의 프로토타입보다 자신의 군집을 정의하는 프로토타입에 더 가깝다(더 유사하다). 연속적인 속성을 갖는 데이터에서는 군집의 프로토타입이 종종 중심점(centroid)이 된다. 중심점이란 군집 내의 모든 점의 평균이다. 데이터의 속성들이 항목 값을 갖는 경우에 중심점은 의미가 없으므로 군집에서 프로토타입은 가장 대표적인 점인 중간점(medoid)이 되기도 한다. 대부분의 데이터형에 대해서 프로토타입은 가장 중심이 되는 점으로 간주될 수 있고, 그러한 경우에 보통 프로토타입 기반의 군집들을 **중심 기반의 군집**(center-based clusters)이라 부른다. 이러한 군집들은 자연스럽게 구형의 모양을 지닌다. 그림 7.2(b)는 중심 기반의 군집들의 예를 보여준다.

그래프 기반(Graph-Based) 데이터를 그래프로 표현하여 그래프의 노드는 객체이고 링크는 객체 간의 연결을 나타낸다면(2.1.2절 참고), 군집을 **연결 요소**(connected component)로 정의할 수 있으며, 이것은 서로 연결된 객체들의 그룹으로서 그룹 이외의 객체들에는 연결을 갖지 않는다. 그래프 기반 군집의 중요한 예로는 **근접 기반의 군집**(contiguity-based cluster)으로서 두 객체는 서로가 특정 거리 이내에 있는 경우에만 연결된다. 이것은 근접 기반 군집 내의 각각의 객체는 같은 군집 내의 객체와의 거리가 다른 군집 내의 어떤 점보다도 더 가깝다는 것을 의미한다. 그림 7.2(c)는 이차원 점들에 대한 이러한 군집의 예를 보여준다. 이와 같은 군집의 정의는 군집들의 모양이 불규칙적이거나 서로 얽혀 있는 경우에 유용하지만 잡음이 있는 경우에 문제가 생길 수 있는데, 그림 7.2(c)에서처럼 두 개의 원형 군집들 사이에 작은 점들의 다리가 서로 다른 두 개의 군집들을 병합시킬 수도 있다. 다른 종류의 그래프 기반 군집들도 가능하다. 한 가지 방식(7.3.2절)은 그래프 내에서 서로 완전하게 연결된 노드들의 집합인 **클릭**(clique)을 군집으로 정의하는 것이다. 구체적으로 말하면, 객체 간의 거리의 순위대로 객체들 간의 연결을 만들어 나가면 군집은 객체의 집합이 클릭을 형성할 때 만들어진다. 프로토타입 기반 군집과 마찬가지로 이러한 군집들은 구형의 모양을 갖는 경향이 있다.

밀도 기반(Density-Based) 군집은 높은 밀도를 가진 객체들의 지역으로, 주위는 낮은 밀도의 지역으로 둘러싸여 있다. 그림 7.2(d)는 그림 7.2(c)의 데이터에 잡음을 추가하여 만들어진 밀도 기반의 군집들을 보여준다. 두 원형의 군집들은 그림 7.2(c)에서처럼 병합되지 않는데 이것은 원형 군집 사이의 연결 다리가 잡음으로 사라지기 때문이다. 이와 마찬가지로 그림 7.2(c)에 있는 곡선도 잡음으로 사라져서 그림 7.2(d)에서는 군집을 형성하지 않는다. 주로 군집들이 불규칙하거나 얽힌 경우 그리고 잡음과 이상치가 있는 경우에 밀도 기반 군집의 정의가 사용되곤 한다. 이와 비교할 때 근접 기반의 군집 정의를 그림 7.2(d)의 데이터에 적용하게 되면 잡음이 두 군집 사이의 연결 다리를 형성하기 때문에 적절치 않다.

특성 공유(Shared-Property) (혹은 **개념적 군집**(Conceptual Cluster)) 일반적으로 군집에 대한 정의를 어떤 특성을 공유하는 객체들의 집합으로 정의할 수 있다. 이 정의는 이전의 군집에 대한 모든 정의를 포함한다. 예를 들어, 중심 기반의 군집 내의 객체들은 모두 동일한 중심점이나 중간점과 가장 가깝다는 특성을 공유한다. 그러나 특성 공유 접근법은 새로운 형태의 군집들도 포함한다. 그림 7.2(e)의 군집들을 고려하자. 세모 모양의 지역(군집)이 네모 모양의 지역과 맞닿아 있으며 두 개의 서로 얽혀 있는 원(군집)들이 있다. 이 두 경우 모두에 대해서 군집화 알고리즘은 이들 군집을 성공적으로 식별하기 위하여 군집에 대한 매우 구체적인 개념을 필요로 한다. 이렇게 군집들을 찾는 과정을 개념적 군집화라고 부른다. 그러나 너무 복잡한 군집 개념은 패턴 인식의 분야로 넘어가므로 본 교재에서는 간단한 형태의 군집들만을 고려한다.

(a) 잘 분리된 군집들(Well-separated clusters). 각 점은 다른 군집의 점들보다 자신의 군집 내의 모든 점들에 더 가깝다.

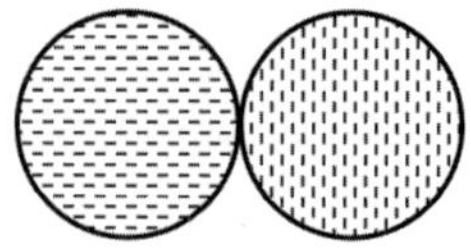

(b) 중심 기반의 군집들(Center-based clusters). 각 점은 자신의 군집 중심과의 거리가 다른 군집 중심과의 거리보다 가깝다.

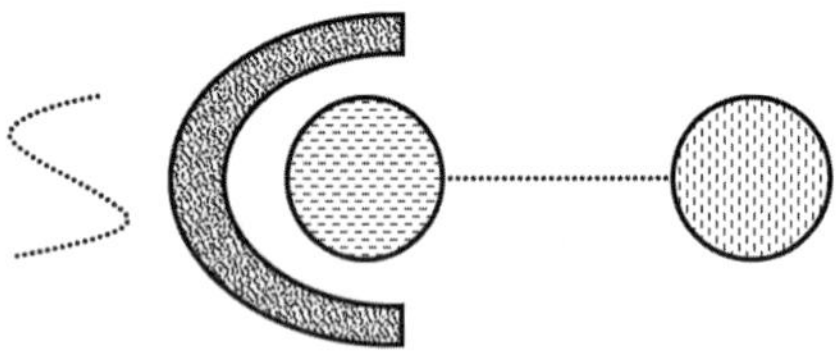

(c) 근접 기반의 군집들(Contiguity-based clusters). 각 점은 자신의 군집 내의 적어도 한 개의 점과의 거리가 다른 군집의 점과의 거리보다 가깝다.

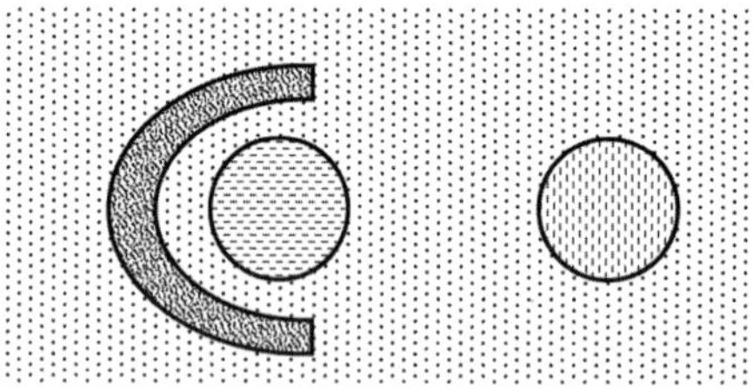

(d) 밀도 기반의 군집들(Density-based clusters). 군집은 고밀도 지역으로서 저밀도 지역에 의해 분리된다.

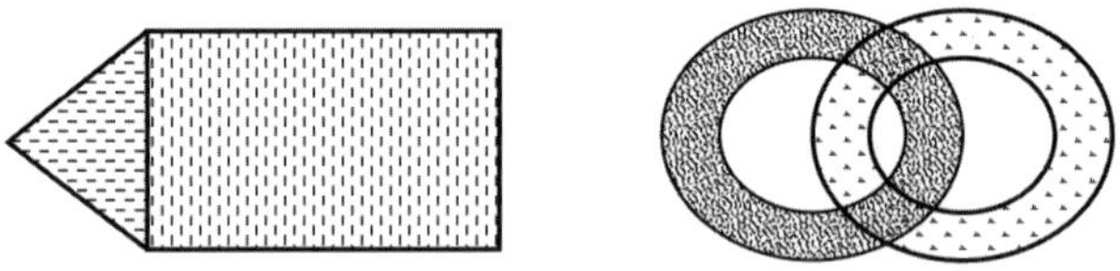

(e) 개념적 군집들(Conceptual clusters). 군집 내의 점들은 전체 점들로부터 추출된 어떤 일반적인 특성을 공유한다(원의 교차하는 부분에 있는 점들은 둘 모두에 속한다).

그림 7.2 이차원 점들의 집합에 대한 서로 다른 유형의 군집들

로드맵

본 장에서는 군집 분석과 관련된 많은 개념을 소개하기 위하여 아래의 세 가지의 간단하지만 매우 중요한 기술들을 사용한다.

- **K-means.** 이것은 프로토타입 기반의 분할 군집화 기법으로서 각 군집은 중심점으로 표현되며 사용자가 지정한 개수의 군집들(K)을 찾기 위한 것이다.
- **병합 계층 군집화(Agglomerative Hierarchical Clustering)** 이 군집화 방법은 밀접한 관계를 갖는 군집화 기법들의 모음으로, 각 점이 단일 원소 군집(singleton

cluster)으로 시작하여 가장 가까운 두 개의 군집들을 반복적으로 병합하다가 결국 모든 점을 포함하는 하나의 군집이 남을 때까지 계층적으로 군집화를 생성하는 것이다. 이 기법들 중 일부는 그래프 기반의 군집화 관점과 자연스럽게 대응되기도 하며 반면에 다른 것들은 프로토타입 기반의 기법들과 대응된다.

- **DBSCAN** 이것은 밀도 기반의 군집화 알고리즘으로, 분할 군집화를 생성하며 군집의 개수는 알고리즘에 의해서 자동으로 결정된다. 저밀도 지역의 점들은 잡음으로 간주 되어 삭제되므로 DBSCAN은 완전 군집화 결과를 생성하지는 않는다.

7.2 K-means

프로토타입 기반의 군집 기법들은 데이터 객체들에 대하여 한 단계에 분할을 생성한다. 그러한 많은 기법 중에 가장 잘 알려진 것은 K-means와 K-medoid이다. K-means는 보통 점들이 속한 그룹의 평균이 되는 중심점(centroid)을 군집의 프로토타입으로 정의하고, 연속적인 n차원 공간의 객체에 일반적으로 적용된다. K-medoid는 점들의 그룹의 대표점인 중간점(medoid)을 프로토타입으로 정의하고, 한 쌍의 객체 간의 인접성 측정 기준만을 필요로 하므로 광범위한 데이터에 적용될 수 있다. 중심점의 거의 대부분은 실제 데이터 점과 일치하지 않는 반면에, 중간점은 정의 자체에 의해, 실제 데이터 점이어야만 한다.

본 절에서는 K-means만을 다루며, 이는 가장 오래되고 가장 널리 사용되고 있는 군집화 알고리즘들 중의 하나이다.

7.2.1 기본 K-means 알고리즘

K-means 군집화 기법은 단순하며, 기본적인 알고리즘의 설명으로 시작한다. 먼저 K개의 초기 중심점들을 선택하며, 여기에서 K는 사용자가 명시하는 매개변수로서 원하는 군집들의 개수를 나타낸다. 각각의 점은 가장 가까운 중심점에 지정되며, 각 중심점에 할당된 점들의 집합이 군집이 된다. 그 다음에 각각의 군집 중심점은 군집에 할당된 점들을 기반으로 하여 갱신된다. 이러한 할당과 갱신 단계를 반복하여 어떤 점도 군집이 바뀌지 않거나 중심점들이 동일하게 유지될 때까지 계속한다.

K-means는 공식적으로 알고리즘 7.1에 의해 설명된다. K-means의 작동은 그림 7.3에 설명되어 있는데, 세 개의 중심점으로부터 시작하여 네 번의 할당-갱신 단계를 통하여 최종적인 군집들을 어떻게 찾는지를 보여준다. 이들 그림 및 K-means 군집화를 보여주는 다른 그림들에서 각각의 세부 그림은 (1) 반복 단계 시작에서의 중심점들과 (2) 해당 중심점들에 대한 점들의 할당을 보여준다. 중심점들을 '+' 표시로 나타내며 같은 군집에 속하는 모든 점은 같은 표시 모양을 갖는다.

알고리즘 7.1 기본 K-means 알고리즘

K개의 점들을 초기 중심점으로 선택한다.
repeat(아래를 반복한다)
  각 점을 가장 가까운 중심점에 할당함으로써 K개의 군집을 형성한다.
  각 군집의 중심점을 다시 계산한다.
until 중심점이 바뀌지 않을 때까지

그림 7.3(a)에 보여주는 바와 같이, 첫 단계의 점들은 초기 중심점들에 할당되며, 초기 중심점들은 모두 큰 점들의 집합에 속해 있다. 이 예제에서는 평균을 이용하여 중심점을 구한다. 점들이 중심점에 할당된 후에 중심점이 갱신된다. 각각의 단계에 대한 그림은 단계의 시작에서의 중심점들과 중심점에 할당된 점들을 보인다. 두 번째 단계에서, 점들은 갱신된 중심점들에 할당되며 중심점들이 다시 갱신된다.

그림 7.3(b), (c), (d)에 보인 단계 2, 3, 4에서, 중심점 두 개가 그림 아랫부분에 있는

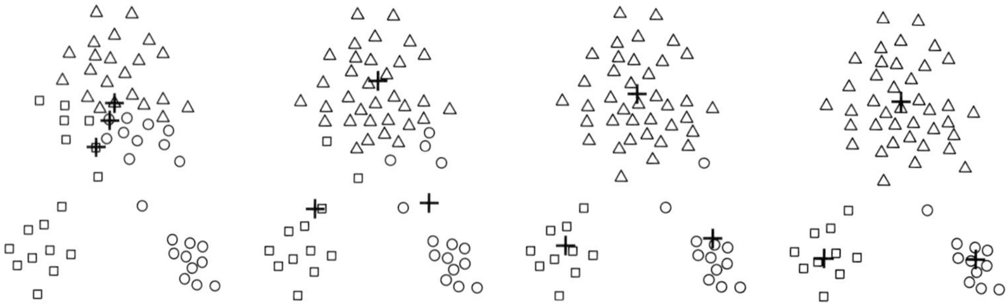

(a) 단계 1 (b) 단계 2 (c) 단계 3 (d) 단계 4

그림 7.3 예제 데이터에서 세 개의 군집을 찾기 위하여 K-means 알고리즘 사용

두 개의 점들의 소집단으로 이동한다. 그림 7.3(d)에서 K-means 알고리즘이 어떠한 추가적인 변화도 일어나지 않으므로 종료될 때, 중심점들을 통해 자연스러운 점들의 그룹들을 찾게 된다.

여러 인접성 측정 함수들과 중심점 유형들의 결합에 대해서 K-means는 항상 하나의 해답을 찾아낸다. 즉, K-means는 어떤 점도 하나의 군집에서 다른 군집으로 이동하지 않으며, 따라서 중심점도 변화하지 않는 상태에 도달한다. 그러나 대부분의 수렴은 초기 단계에 일어나므로 알고리즘 7.1 중에서 5번째 줄은 더 약한 종료 조건으로 자주 대체된다. 예를 들면, 점들의 1%만이 군집을 바꿀 때까지 반복한다.

기본적인 K-means 알고리즘의 각 단계에 대해 더 세부적인 내용을 다루고 나서 알고리즘의 공간과 시간 복잡도 분석을 수행한다.

점들을 최근접 중심점에 할당하기

어떤 점을 가장 가까운 중심점에 할당하기 위해서는 고려 대상이 되는 특정 데이터를 위해 "최근접"이라는 개념의 양을 측정할 수 있는 인접성 기준을 필요로 한다. 유클리드 (L_2) 거리(Euclidean distance)는 유클리드 공간에 있는 데이터 점들을 위해 자주 사용되는 반면에 코사인 유사성(cosine similarity)은 문서들을 위해 더 적합하다. 그러나 여러 유형의 인접성 측정 기준들이 주어진 유형의 데이터를 위해 적합할 수 있다. 예를 들면 맨하탄(L_1) 거리(Manhattan distance)는 유클리드 데이터에 사용될 수 있고 자카드(Jaccard) 측정이 문서들을 위해 자주 이용되기도 한다.

일반적으로, K-means를 위해 사용된 유사도 측정 기준들은 상대적으로 단순한데 이것은 알고리즘이 각 점과 각 중심점의 유사도를 반복적으로 측정하기 때문이다. 그러나 간혹 데이터가 저차원의 유클리드 공간에 있는 경우와 같이 많은 유사도와 관련된 계산을 회피하는 것이 가능하며 이로 인하여 K-means 알고리즘을 상당히 가속화시킬 수 있다. 이등분(bisecting) K-means(7.2.3절에서 설명)는 유사도 계산 횟수를 줄임으로써, K-means를 가속화시키는 또 하나의 방법이다.

중심점(Centroids)과 목적 함수(Objective Functions)

K-means 알고리즘의 4번째 줄은 "각 군집의 중심점을 다시 계산한다."와 같이 일반적으로 기술되었는데, 이것은 데이터의 인접성 측정 기준과 군집화의 목표에 따라서 중심점

표 7.1 기호 테이블

기호	설명
x	객체
C_i	i번째 군집
$\mathbf{c}_i$	군집 C_i의 중심점
$\mathbf{c}$	모든 점의 중심점
m_i	i번째 군집에 있는 객체의 수
m	데이터 집합에 있는 객체의 수
K	군집의 수

이 변화할 수 있기 때문이다. 군집화의 목표는 보통 목적 함수(objective function)에 의해 표현되며 목적 함수는 점들 서로 간의 또는 점과 군집 중심점 간의 인접성에 의존한다. 목적 함수의 예로 각 점에서 가장 가까운 중심점에 대한 거리의 제곱을 최소화하는 것을 들 수 있다. 두 개의 예제로 이를 설명하고자 한다. 그러나 핵심적인 내용은 일단 인접성 측정 기준과 목적 함수를 지정하면, 중심점의 선택은 종종 수학적으로 결정될 수 있다는 것이다. 7.2.6절에서 수학적인 세부 사항들을 제공하고, 여기서는 이러한 내용에 대하여 수학적인 표현이 없는 설명을 제공한다.

유클리드 공간(Euclidean Space)에서의 데이터 인접성 측정 기준이 유클리드 거리(Euclidean distance)인 데이터를 고려하자. 군집화의 품질을 평가하는 목적 함수로는 분산(scatter)으로도 알려진 오차 제곱의 합(SSE: sum of the squared error)을 사용한다. 바꾸어 말하면, 각각의 데이터 점의 오차, 즉 가장 가까운 중심점과의 유클리드 거리를 산출한 후, 오차의 제곱의 누계를 계산한다. 두 번의 K-means의 실행으로 얻어진 두 개의 서로 다른 군집이 주어졌을 때 가장 작은 오차의 제곱을 가진 것을 더 선호하게 되는데, 그 이유는 해당 군집화의 프로토타입(중심점)들이 군집 내의 점들을 더 잘 나타내기 때문이다. 표 7.1의 표기법을 사용하여, SSE를 공식적으로 다음과 같이 정의한다.

$$\text{SSE} = \sum_{i=1}^{K} \sum_{\mathbf{x} \in C_i} dist(\mathbf{c}_i, \mathbf{x})^2 \tag{7.1}$$

여기서 dist는 유클리드 공간에서 두 객체 사이의 표준 유클리드(L_2) 거리를 의미한다. 이러한 가정 하에서 군집의 SSE를 최소화하는 중심점은 군집의 평균임을 알 수 있다

(7.2.6절 참고). 표 7.1의 표기법을 사용하여, i번째 군집의 중심점(평균)은 식 (7.2)에 의해 정의된다.

$$\mathbf{c}_i = \frac{1}{m_i} \sum_{\mathbf{x} \in C_i} \mathbf{x} \tag{7.2}$$

예를 들면 3개의 2차원 점인 (1, 1), (2, 3), (6, 2)를 포함하는 군집의 중심점은 ((1+2+6)/3, ((1+3+2)/3)=(3, 2)이다.

K-means 알고리즘의 3번째와 4번째 줄에서는 SSE(또는 일반적으로, 목적 함수)를 직접적으로 최소화하는 일을 한다. 3번째 줄에서는 주어진 중심점들에 대한 SSE를 최소화하기 위해 점들을 가장 가까운 중심점에 지정함으로써 군집들을 형성한다. 4번째 줄에서는 SSE를 추가로 최소화하기 위하여 중심점들을 다시 계산한다. 그러나 K-means의 3번째와 4번째 줄에서 수행되는 작업은 SSE와 관련하여 국소 최소값을 찾는 것만을 보장하는데, 이것은 모든 선택 가능한 중심점과 군집들이 아니라 몇몇 특정한 중심점과 군집들에 대해서만 SSE를 최적화하는 것에 기반하기 때문이다. 나중에 이것이 차선의 군집화 결과를 이끌어 내는 예를 보인다.

문서 데이터(Document Data) K-means가 유클리드 공간에 있는 데이터에 제한되지 않는다는 것을 보여주기 위해 문서 데이터와 코사인 유사성 측정 기준을 고려한다. 여기서 문서 데이터가 36쪽에 설명된 것처럼 문서-용어 행렬로 표현된다고 가정한다. 목표는 군집 내의 문서들과 군집 중심점과의 문서의 유사성을 최대화하는 것이다. 이 수치는 군집의 **응집도(cohesion)**라고 알려져 있다. 이 목표를 위해서는 유클리드 데이터와 마찬가지로 군집의 중심은 평균이라는 것을 보일 수 있다. 총 SSE와 유사한 수치는 식 (7.3)에 의해 주어지는 전체 응집도이다.

$$\text{Total Cohesion} = \sum_{i=1}^{K} \sum_{\mathbf{x} \in C_i} cosine(\mathbf{x}, \mathbf{c}_i) \tag{7.3}$$

일반적인 경우 기본 K-means 알고리즘에 사용 가능하며 수렴하는 특성도 갖는 다양한 인접성 측정 함수, 중심점, 그리고 목적 함수가 있다. 표 7.2는 방금 논의하였던 두 경우를 포함하여 몇 가지 가능한 선택들을 보여준다. 맨하탄(L_1) 거리를 사용하면서 거리의 합을 최소화하는 목적을 위해서, 적합한 중심점으로 군집의 점들의 중앙값이 되는 것을

표 7.2 K-means: 인접성 측정, 중심점, 목적 함수를 위한 일반적인 선택 조합

인접성 측정 함수	중심점	목적 함수
맨하탄(L_1)	중간	객체와 군집 중심점 간의 L_1 거리의 합을 최소화
유클리드 제곱(L_2^2)	평균	객체와 군집 중심점 간의 L_2 거리의 합을 최소화
코사인	평균	객체와 군집 중심점 간의 코사인 유사도의 합을 최대화
브레그만 차이 (Bregman divergence)	평균	객체와 군집 중심점 간의 브레그만 차이의 합을 최소화

알 수 있다.

표의 마지막 항목인 브레그만 차이(Bregman divergence)(2.4.8절)는 실제로 제곱 유클리드 거리, L_2^2, 마하라노비스 거리(Mahalanobis distance), 그리고 코사인 유사성을 포함한 인접성 측정 기준들을 모아놓은 것이다. 브레그만 차이 함수의 중요성은 이들 중 어떠한 함수든지 사용하여 평균을 중심점으로 하는 K-means 형태의 군집화 알고리즘의 기반이 된다는 것이다. 구체적으로 말하면 만약 우리가 브레그만 차이를 인접성 측정 함수로 사용하면, 결과적으로 생긴 군집화 알고리즘은 수렴치, 국소 최소 해 등에 관하여 K-means의 보통 특성을 갖게 된다. 게다가, 그러한 군집화 알고리즘의 특성은 모든 가능한 브레그만 차이들에 대하여 형성될 수 있다. 실제로, 코사인 유사성 또는 유클리드 거리의 제곱을 사용한 K-means 알고리즘들은 브레그만 차이에 기반한 일반적인 군집 알고리즘의 특정 사례들이다.

나머지 K-means에 대한 내용을 다룰 때 이차원 데이터를 사용하는데, 이러한 데이터를 사용하여 K-means와 그 성질들을 설명하기가 쉬워진다. 그러나 마지막 몇 구절에 언급된 것처럼 K-means는 매우 일반적인 군집화 알고리즘이고 문서들과 시계열과 같은 다양한 자료 유형과 함께 사용될 수 있다.

초기 중심점 선택하기

중심점들을 임의로 초기화하면 K-means의 서로 다른 수행 결과는 일반적으로 다른 전체 SSE값들을 생성한다. 그림 7.3에서 보여주는 세 개의 자연스러운 군집을 가진 이차원 점의 집합을 통해 이것을 설명한다. 그림 7.4(a)는 세 개의 군집을 위한 SSE의 전역 최소

(a) 최적의 군집화　　　　(b) 최적보다 못한 군집화

그림 7.4 세 개의 최적 및 최적보다 못한 군집들

해에 해당하는 군집화 결과를 보여주며 그림 7.4(b)는 국부 최소 해에 불과한 최적보다 못한 군집화를 보여준다.

적당한 초기 중심점을 선택하는 것은 기본 K-means의 과정에서 핵심 단계이다. 일반적인 접근법은 초기의 중심점들을 임의로 선택하는 것이지만, 결과적으로 생긴 군집들은 종종 빈약하다.

예제 7.1 빈약한 초기 중심점들

임의로 선정한 초기 중심들은 빈약할 수 있다. 그림 7.3과 7.4에서 이용된 것과 동일한 자료를 사용하여 이러한 예를 제공한다. 그림 7.3과 7.5는 두 가지의 초기 중심점 선택들로부터 유래하는 군집들을 보여준다(두 그림 모두에서 십자 표시를 이용하여 다양한 반복에서 군집 중심점의 위치를 나타낸다). 그림 7.3에서는 비록 모든 초기 중심점들이 한 개의 자연적인 군집에서 온 것일지라도 최소 SSE의 군집화를 찾아낸다. 그러나 그림 7.5에서는 비록 초기 중심점들이 더 잘 분포된 것처럼 보일지라도 더 높은 오차의 제곱을 갖는 최적보다 못한 군집화를 얻는다. ■

예제 7.2 임의 초기화의 제한점

초기 중심점 선택의 문제를 해결하기 위하여 보통 사용되는 한 가지 기법은 각각 서로 다르게 임의로 선택한 초기 중심점들을 가지고 여러 번의 실행을 한 후에 최소 SSE를 갖는 군집들의 집합을 선정하는 것이다. 이 방법은 간단하지만, 데이터 집합과 발견하고

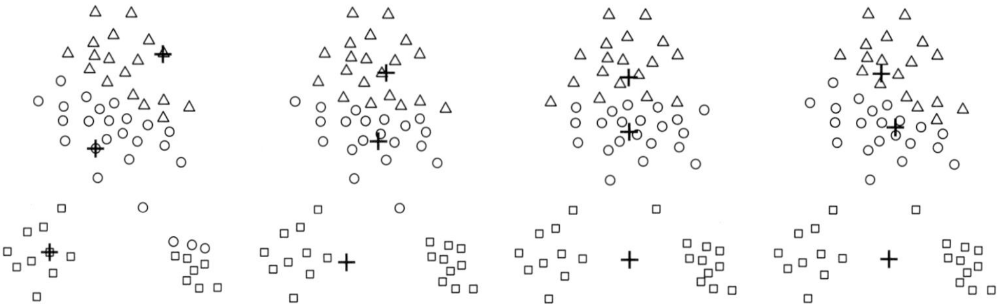

(a) 반복 1 (b) 반복 2 (c) 반복 3 (d) 반복 4

그림 7.5 K-means의 빈약한 초기 중심점들

자 하는 군집의 수에 따라 잘 작동하지 않을 수도 있다. 그림 7.6(a)에서 보인 예제 데이터를 가지고 이를 증명한다. 데이터는 두 쌍의 군집들로 구성되며 각 (위-아래) 쌍에 있는 군집들은 다른 쌍에 있는 군집보다는 서로에 더 가깝다. 그림 7.6(b-d)에서 보여주듯이 군집의 쌍마다 두 개의 초기 중심점에서 시작하는 경우에, 비록 두 중심점들이 단 하나의 군집에 있을지라도 중심점들은 재분배되어 "실제" 군집들을 찾게 된다. 그러나 그림 7.7에서는 한 쌍의 군집이 오직 한 개만의 초기 중심점을 갖고 다른 한 쌍이 세 개의 초기 중심점을 갖는다면, 실제 군집 중 두 개는 병합되고 한 개의 실제 군집은 나뉘는 것을 보여준다.

두 개의 초기 중심점들이 군집의 쌍에서 어느 곳에든지 위치하면 중심점들이 하나씩 각 군집에 재분배할 것이기 때문에, 최적의 군집화를 얻을 수 있다는 것을 주목하자. 안타깝게도, 군집의 수가 점점 더 커지면서 적어도 한 쌍의 군집이 하나의 초기 중심점만을 가질 가능성이 더 높아진다(635쪽의 연습문제 4번 참고). 이런 경우, 군집의 쌍들 간의 거리가 쌍 내의 군집보다 더 멀리 떨어져 있기 때문에, K-means 알고리즘은 군집의 쌍들 간에 중심점을 재분배하지 않을 것이며 결국 국소 최소 해만 달성될 것이다. ■

임의로 선택된 초기 중심점의 사용에 대한 문제는 여러 번의 반복적인 수행으로도 극복할 수 없으므로 다른 기술들이 종종 초기화에 적용된다. 한 가지 효과적인 접근법은 점의 표본을 잡아서 계층적 군집화 기법을 사용하는 것이다. K개의 군집이 계층적 군집화로부터 추출되고 그 군집들의 중심점은 초기 중심점으로 이용된다. 이 접근법은 잘 작동하지만 (1) 표본이 몇 백에서 몇 천으로 비교적 작은 경우(계층적 군집화는 비용이 크

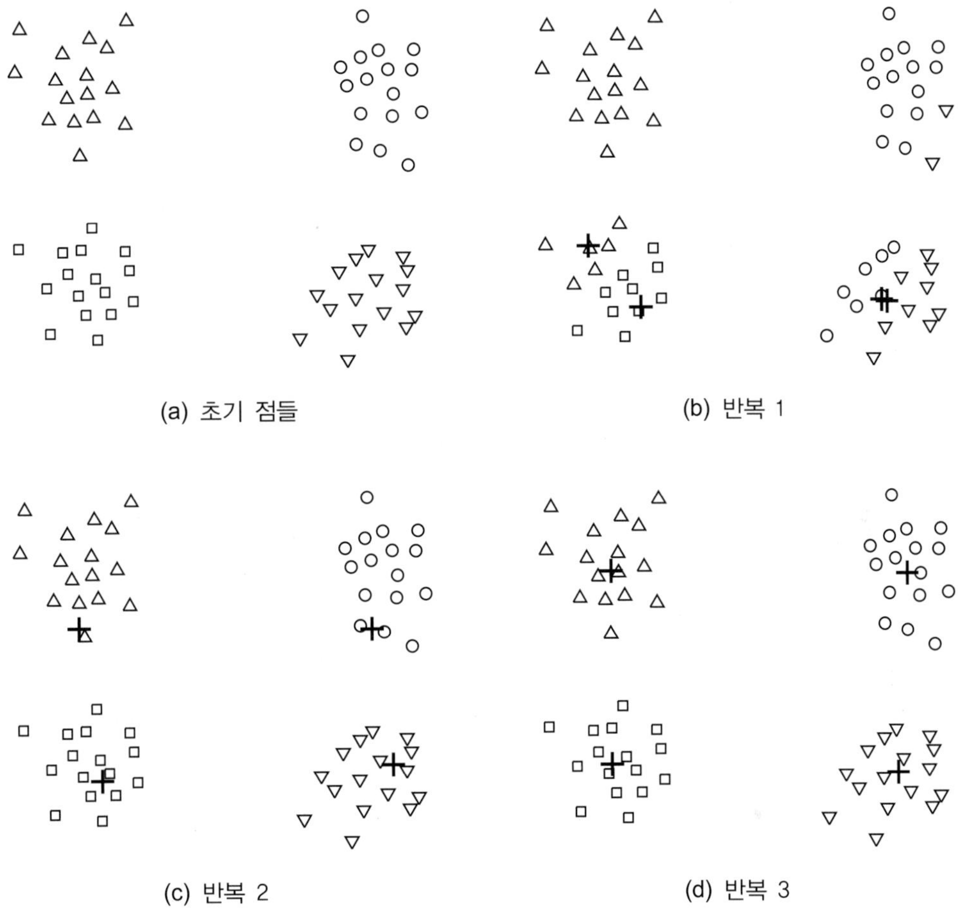

그림 7.6 두 쌍의 군집들에서 각 군집의 쌍에 한 쌍의 초기 중심점이 있는 경우

다), 그리고 (2) K가 표본 크기와 비교했을 때 상대적으로 작은 경우에만 실제 사용이 가능하다.

다음의 과정은 초기 중심점들을 선택하는 또 하나의 접근법이다. 첫 점을 임의로 선택하거나 모든 점의 중심점을 선택한다. 연속적으로 다음의 초기 중심점을 선택할 때는 이미 선택된 초기 중심점에서 가장 먼 점을 선택한다. 이런 방법으로 임의로 선택되었을 뿐만 아니라 잘 분리된 초기 중심점들의 집합을 얻는 것이 보장된다. 안타깝게도, 이러한 접근은 오히려 밀집한 지역(군집)의 점이 아니라 이상치(outlier)를 선택할 수 있다. 또한, 초기 중심점들의 현재 집합에서 가장 먼 점을 계산하는 것은 비용이 크다. 이 문제를 극복하기 위해서 이 접근법을 점들의 표본에 종종 적용하기도 한다. 이상치는 드물기

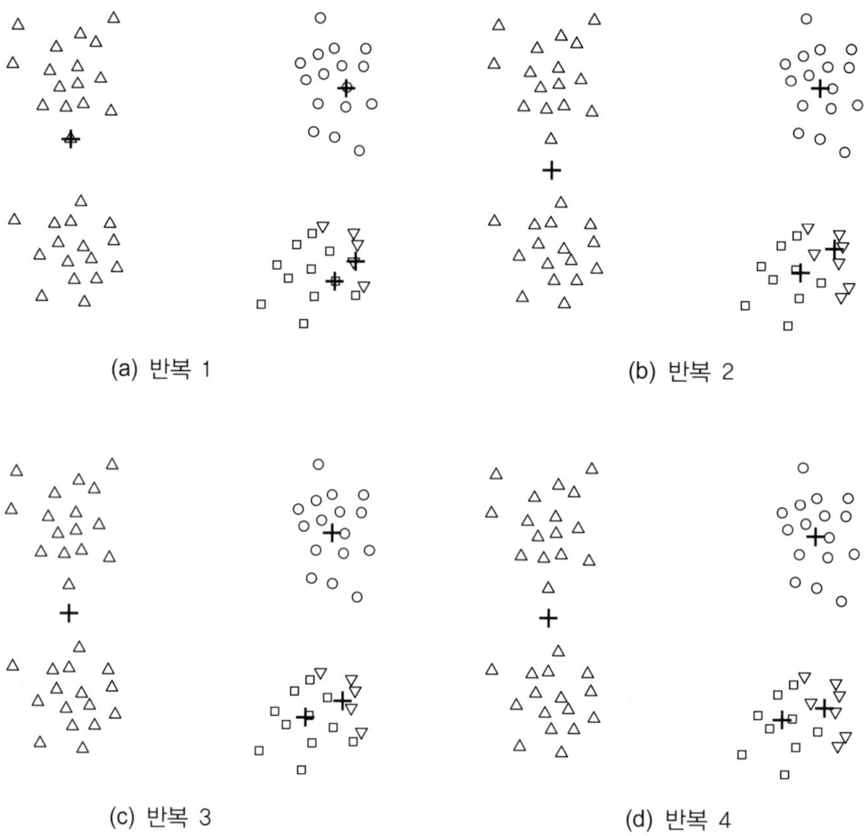

그림 7.7 두 쌍의 군집들에서 각 군집의 쌍에 두 개 미만 또는 이상의 초기 중심점이 있는 경우

때문에 임의의 표본에서는 잘 포함되지 않는 경향이 있다. 이와는 대조적으로, 각 밀집 지역의 점은 표본 크기가 매우 작지 않은 한 포함된다. 또한, 표본 크기가 점의 수보다는 일반적으로 상당히 적으므로 초기의 중심점을 찾아내기 위해서 수행되는 계산의 양은 감소된다.

K-means++ 최근 K-means의 초기화를 위한 K-means++이라는 새로운 기법이 개발되었다. 이 기법은 $O\log(k)$ 내에서 최적의 K-means 군집화 해를 찾는 것을 보장하며, 실제로 SSE가 더 낮다는 점에서 확실히 더 나은 군집화 결과로 해석된다. 이 기법은 첫 번째 중심점을 임의로 선택한 후, 나머지 중심점들로부터 가능한 한 멀리 떨어진 지점으로 각각의 나머지 중심점을 선택한다는 아이디어와 비슷하다. 특히 K-means++은 K개의

중심점이 선택될 때까지 점진적으로 중심점을 선택한다. 이러한 모든 단계에서 각 점은 가장 가까운 중심점까지의 거리의 제곱에 비례하여 새로운 중심점으로 선택될 확률을 가진다. 이러한 접근법은 중심점의 이상치를 선택하는 경향이 있을 수 있지만, 이상치는 드물기 때문에 정의에 의하면 거의 불가능하다.

K-means++ 초기화에 대한 자세한 내용은 알고리즘 7.2로 설명한다. 나머지 알고리즘은 일반적인 K-means와 같다.

알고리즘 7.2 K-means++ 초기화 알고리즘

1: 첫 번째 중심점으로 임의로 한 점을 선택한다.
2: **for** $i = 1$ to *number of trials* **do**
3: 각 점에 대해 그 점과 가장 가까운 중심점과의 거리인 $d(x)$를 계산한다.
4: 각 점마다 그 점의 $d(x)^2$에 비례하여 확률을 할당한다.
5: 가중치가 부여된 확률을 사용하여 남아있는 점들에서 새로운 중심점을 선택한다.
6: end for

나중에 더 좋은 질의(더 낮은 SSE) 군집화를 생성하는 유용한 두 가지의 다른 방법들을 소개할 건데, 첫 번째는 초기화 문제에 덜 취약한 K-means의 변형(이등분 K-means)을 사용하는 것이고, 두 번째는 후처리를 사용하여 생성된 군집의 집합을 "고치는" 것이다. K-means++은 두 가지 방법과 결합될 수 있다.

시간과 공간 복잡도

K-means에 필요한 공간은 데이터 점 및 중심점만 저장되기 때문에 적다고 볼 수 있다. 구체적으로 요구되는 공간은 $O((m+K)n)$이며 m은 점의 개수이고 n은 속성의 수이다. K-means의 수행에 필요한 시간도 적다. 기본적으로 데이터 점의 수에 대해 선형 증가한다. 특히, 시간 복잡도는 $O(I \times K \times m \times n)$이며 I는 수렴을 위해 필요한 반복의 횟수이다. 앞서 언급한 것처럼, 대부분의 변화가 처음 몇 회의 반복에서 전형적으로 생기므로 I는 대개 작고 범위를 안전하게 제한할 수 있다. 그러므로 K-means는 점의 개수인 m에 대해 선형 증가하며, 군집의 수인 K가 m보다 아주 작을 때에는 간단하면서도 효율적이다.

7.2.2 K-means: 기타 사항

빈 군집의 취급

기본 K-means 알고리즘의 문제 중 하나는 군집 지정 단계 동안에 어떠한 점도 군집에 할당되지 않는 경우 빈 군집이 얻어질 수 있다는 것이다. 이런 경우에, 필요 이상으로 오차의 제곱이 커질 수 있으므로 대체할 수 있는 중심점을 선택하는 전략이 필요하다. 한 가지 방법은 현재의 어떠한 중심점에서도 가장 멀리 떨어져 있는 점을 선택하는 것이다. 이렇게 하면 총 오차의 제곱에서 가장 많은 부분을 차지하는 점을 제거할 수 있다(K-means++ 기법도 또한 사용될 수 있다). 또 다른 접근은 가장 높은 SSE가 있는 군집에서 대체 중심점을 선택하는 것이다. 이것은 대개 군집을 나누어지게 하고 군집화의 전반적인 SSE를 감소시킬 것이다. 만약에 몇몇 빈 군집이 있으면, 이 과정은 몇 번이고 반복될 수 있다.

이상치(Outliers)

오차의 제곱 판별기준이 사용될 때, 찾아진 군집에 대해서 이상치가 과도하게 영향을 끼칠 수 있다. 특히 이상치가 있을 때는 결과로 찾아진 군집 중심점(프로토타입)들이 원래 의도했던 것만큼 군집들을 대표하지 않을 수도 있고, 그렇게 됨으로써 SSE가 더 높아질 수 있다. 이 때문에, 종종 이상치를 미리 발견하고 삭제하는 것이 유용하다. 그러나 이상치를 삭제해서는 안 되는 군집화 응용들이 있음을 알아두는 것도 매우 중요하다. 군집화를 자료 압축을 위해 사용할 때, 모든 점이 군집화되어야 하고, 재무 분석과 같은 어떠한 경우에는 명백한 이상치, 예를 들면 특별하게 이득을 주는 고객이, 가장 흥미로운 점들일 수 있다.

여기서 명백한 문제점은 이상치를 식별하는 방법이다. 이상치 식별을 위한 다수의 기술이 9장에서 다루어질 것이다. 군집화하기 전에 이상치를 제거하는 기법들을 사용하는 경우에 잘 군집화되지 않을 점들을 회피하게 된다. 다른 방법으로 이상치를 후처리 단계에서 식별할 수 있다. 예를 들면, 각 점의 SSE에의 기여를 추적하여 특히 여러 번의 실행에서 특별하게 높게 기여하고 있는 점들을 제거할 수 있다. 또한, 빈번하게 이상치의 그룹을 대표하기 때문에 작은 군집들을 삭제하고 싶을 수도 있다.

후처리를 통한 SSE의 감소

SSE를 감소시키는 명백한 방법은 더 많은 군집을 찾는 것, 즉 더 큰 K값을 사용하는 것이다. 그러나 많은 경우에 SSE는 향상시키지만 군집의 수를 증가하고 싶지는 않다. 이것은 종종 가능한데, 왜냐하면 K-means가 보통 국소 최소 해에 수렴하기 때문이다. 더 낮은 SSE를 갖는 군집화가 되도록 하려고 결과로 얻어진 군집들을 "고치기" 위하여 각종 기술들이 동원된다. 전략은 개별적인 군집에 집중하는 것인데, 이것은 총 SSE가 단순히 각 군집에 의해 기여되는 SSE의 합계이기 때문이다(잠재적인 혼란을 피하기 위하여 **총 SSE**와 **군집 SSE**라는 용어를 사용한다). 군집을 나누거나 합병하기와 같은 군집에 대한 각종 연산을 통해서 총 SSE를 바꿀 수 있다. 한 가지 통상적으로 사용하는 방법은 군집을 나누고 합병하는 단계들을 두는 것이다. 나누는 단계 동안에 군집은 분할되고, 합병 단계 동안에 군집은 결합된다. 이러한 방법으로 종종 SSE의 국부 최소 해를 피하면서도 원하는 수의 군집을 가진 군집화 결과를 만들어낼 수 있다. 다음에 나오는 몇몇 기술들은 나누고 합병하는 단계에서 사용되었다.

군집의 수를 증가해서 총 SSE를 줄이는 두 가지의 전략은 다음과 같다.

- **군집을 나누어라**: 가장 큰 SSE를 가진 군집이 보통 선택된다. 그러나 또한 한 개의 특정한 속성에 대하여 가장 큰 표준 편차를 가진 군집을 나눌 수도 있다.
- **새로운 군집 중심점을 넣어라**: 종종 모든 군집 중심에서 가장 멀리 떨어져 있는 점이 선택된다. 각 점에 의해 기여되는 SSE를 추적한다면 이를 쉽게 결정할 수 있다. 또 다른 접근법은 모든 점들 또는 가장 높은 SSE를 가진 점들에서 무작위로 선택하는 것이다.

총 SSE의 증가를 최소화하면서 군집의 수를 줄이는 두 가지의 전략은 다음과 같다.

- **군집을 이산하라**: 군집에 대응하는 중심점을 제거하고 점들을 다른 군집에 다시 할당함으로써 달성된다. 이상적으로는, 이산되는 군집은 총 SSE를 가장 적게 증가시키는 것이어야 한다.
- **두 군집을 합병하라**: 가장 가까운 중심점을 가진 군집들이 대개 선택되나 또 다른 한 가지 좀 더 나을지도 모르는 방법으로는 총 SSE를 가장 적게 증가시키는 두 군집을 합병하는 것이다. 이 두 개의 합병 전략은 계층 군집화에서 사용되는 중심점 방법(centroid method)과 워즈 방법(Ward's method)이라고 알려진 군집화 기술들과 각각 같은 것들이다. 두 방법 모두 7.3절에서 다룬다.

중심점의 점진적인 갱신

모든 점이 군집들에 할당된 후에 군집 중심점들을 갱신하는 것 대신에, 각 점을 군집에 지정할 때마다 중심점들을 점진적으로 갱신할 수 있다. 이것은 각 단계에 군집 중심점에 대하여 0개 또는 2개의 갱신이 필요하다는 것에 주목하라. 왜냐하면 점은 새로운 군집(2개의 갱신)으로 이동하거나 현재 군집(0개의 갱신)에 머무르기 때문이다. 점진적 갱신을 사용하는 전략은 빈 군집이 만들어지는 것을 방지한다. 모든 군집은 단지 1개의 점으로 시작하며, 군집이 1개의 점만을 가지는 경우가 생긴다면 그 점은 동일한 군집에 다시 할당되기 때문이다.

더욱이 만약에 점진적인 갱신이 사용되면 추가되는 점의 상대적인 가중치를 조정할 수도 있다. 예로 군집화 과정이 진행되면서 점의 가중치가 종종 감소되기도 한다. 이것은 더 나은 정확도 및 더 빠르게 수렴될 수 있는 결과를 제공하지만 다양한 상황에서 상대적인 가중치에 대한 좋은 선택을 하는 것이 어려울 수 있다. 이 갱신 문제점은 인공신경 네트워크를 위한 가중치를 갱신하는데 관련된 문제들과 유사하다.

점진적 갱신의 또다른 장점은 "SSE의 최소화" 이외의 목적 함수를 사용하는 것과 관계가 있다. 군집 집합의 우수성을 측정하기 위한 임의의 목적 함수가 주어졌다고 가정하자. 개별적인 점들을 처리할 때 각각의 가능한 군집 지정에 대하여 목적 함수의 값을 계산할 수 있으며 목적을 최적으로 만족하는 것을 선택할 수 있다. 다른 목적 함수들의 구체적인 예는 7.5.2절에서 보인다.

부정적인 측면으로는 중심점들을 점진적으로 갱신하면 순서에의 의존성을 야기한다. 즉 생성된 군집들은 점들이 처리되는 순서에 의존하게 될 수 있다. 비록 점들이 처리되는 순서를 임의로 골라서 하도록 하면 해결될 수 있다고 하더라도, 기본 K-means 접근법에서 모든 점이 군집에 할당된 후에 중심점을 갱신하는 것은 순서에 대한 의존성이 없다. 또한, 점진적인 갱신은 다소 비용이 더 든다. 그러나 K-means는 빨리 수렴하므로 군집을 전환하는 점의 수는 급격하게 감소한다.

7.2.3 이등분 K-means

이등분 K-means 알고리즘은 기본 K-means 알고리즘을 간단하게 확장한 것으로서 간단한 아이디어에 근거한다. K개의 군집을 얻기 위해서는 모든 점의 집합을 두 개의 군집으로 나누고 이들 중 한 개의 군집을 선택하여 다시 나누고 이 과정을 계속 반복하여 K

알고리즘 7.3 이등분 K-means 알고리즘

```
군집의 리스트를 초기화하여 모든 점들로 구성된 군집을 포함하도록 한다.
repeat(아래를 반복한다)
   군집의 리스트로부터 군집을 하나 제거한다.
   {선택된 군집에 대하여 몇 번의 "실험적인" 이등분을 행한다.}
   for i = 1 to number of trials do
      기본 K-means를 사용하여 선택된 군집을 이등분한다.
   end for
   이등분으로부터 최소의 총 SSE를 갖는 두 개의 군집들을 선택한다.
   군집의 리스트에 이 두 군집들을 추가한다.
until 군집의 리스트가 K개의 군집을 포함할 때까지
```

개의 군집이 생성될 때까지 진행한다. 이등분 K-means의 상세한 내용은 알고리즘 7.3으로 설명한다.

어떤 군집을 나눌 것인지 선택하는 방법은 여러 가지가 있다. 각 단계에서 가장 큰 군집을 선택하거나, 가장 큰 SSE를 가진 것을 선택하거나, 크기와 SSE 둘 다에 근거한 기준을 사용할 수 있다. 다른 선택은 다른 군집화 결과를 만든다.

K-means 알고리즘을 각 군집을 이등분하기 위해 "국소적"으로 사용하기 때문에, 최종적으로 얻어진 군집의 집합은 총 SSE에 관하여 국소 최소 해에 해당하는 군집화를 나타내지 않는다. 그러므로, 종종 결과로 얻어진 군집들을 정제하기 위하여 이들의 군집 중심점들을 기본 K-means 알고리즘의 초기 중심점들로 이용하기도 한다.

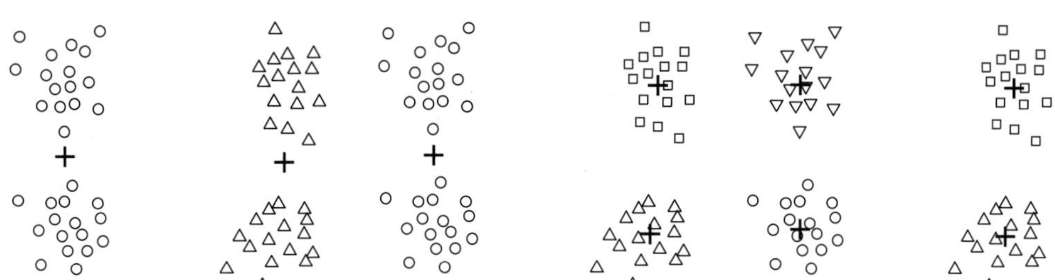

(a) 반복 1　　(b) 반복 2　　(c) 반복 3

그림 7.8 네 개의 군집 예에 대한 이등분 K-means

예제 7.3 **이등분 K-means와 초기화**

이등분 K-means는 초기화에 적게 영향을 받는다는 것을 보여주기 위하여 그림 7.6(a)에 보인 자료 집합으로부터 그림 7.8에 있는 네 개의 군집이 찾아지는 과정을 보여준다. 반복 1에서는 두 개의 군집의 쌍을 찾는다. 반복 2에서는 군집의 맨 우측 쌍이 나뉜다. 그리고 반복 3에서 군집의 가장 왼편 쌍이 나뉜다. 이등분 K-means는 몇 번의 시범적인 이등분을 실행하고 난 뒤에 가장 낮은 SSE를 갖는 것을 취하며 각 단계에서 두 개의 중심점만이 존재하므로 초기화와 관련하여 문제가 별로 없다. ■

마지막으로 K-means가 군집들을 이등분하면서 생기는 군집들의 순차를 기록하면 이등분 K-means를 이용하여 계층 군집화를 또한 생성할 수 있다.

7.2.4 K-means와 다양한 종류의 군집들

K-means와 그 변형들은 다른 유형의 군집들을 찾아내는데 몇 가지 제한이 있다. 특히 K-means는 군집들이 원형이 아닌 모양 또는 매우 다른 크기나 밀도가 있을 때와 같이 "자연적인" 군집을 검출하는 데에 어려움이 있다. 이는 그림 7.9, 7.10, 및 7.11에 의해 설명된다. 그림 7.9에서 K-means는 세 개의 자연적인 군집을 찾아내지 못하는데 이것은 한 개의 군집이 다른 두 개보다 매우 크기 때문이며 이로 인하여 더 큰 군집이 부서지고 작은 군집 중의 하나가 큰 군집의 일부와 병합된다. 그림 7.10에서는 K-means는 두 개의 작은 군집들이 큰 군집보다는 매우 조밀하기 때문에 세 개의 자연적인 군집을 찾아내는데 실패했다. 마지막으로 그림 7.11에서, K-means는 자연적인 군집의 모양이 원형이

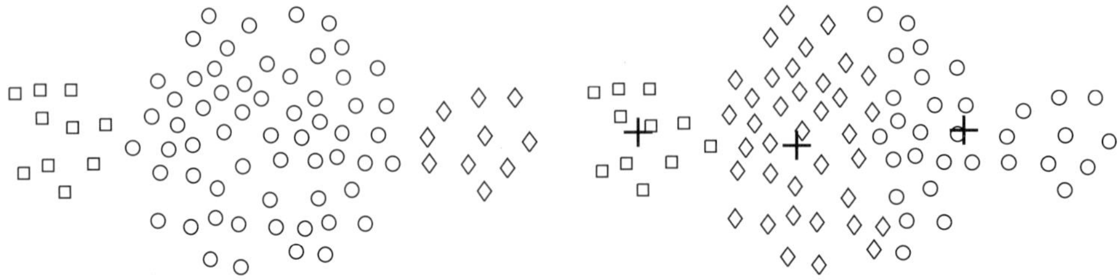

(a) 원래의 점들　　(b) 세 개의 K-means 군집들

그림 7.9 다른 크기의 군집들과 K-means

아니기 때문에 두 개의 자연적인 군집의 부분들을 섞은 두 개의 군집을 찾아냈다.

이 세 가지의 상황에서의 어려운 점은 K-means의 목적 함수가 동등한 크기 및 조밀도를 가진 구 형태의 군집 또는 잘 분리되는 군집에 의해 극소화되기 때문에 지금 찾고자 하는 군집의 유형에 부적절한 것이다. 그러나 이 제한은 만약 사용자가 자연적인 군집들이 다수의 더 작은 군집들로 분할된 군집화를 받아들일 수 있다면 어느 정도 극복될 수 있다. 그림 7.12에서는 앞의 세 개의 데이터 집합에 대하여 두 개나 세 개의 군집 대신에 여섯 개의 군집을 찾는다면 어떤 일이 일어나는지를 보여준다. 각각의 더 작은 군집은 하나의 자연적인 군집에 속한 점만을 포함한다는 의미에서 순수하다고 할 수 있다.

(a) 원래의 점들 (b) 세 개의 K-means 군집들

그림 7.10 다른 밀도의 군집들과 K-means

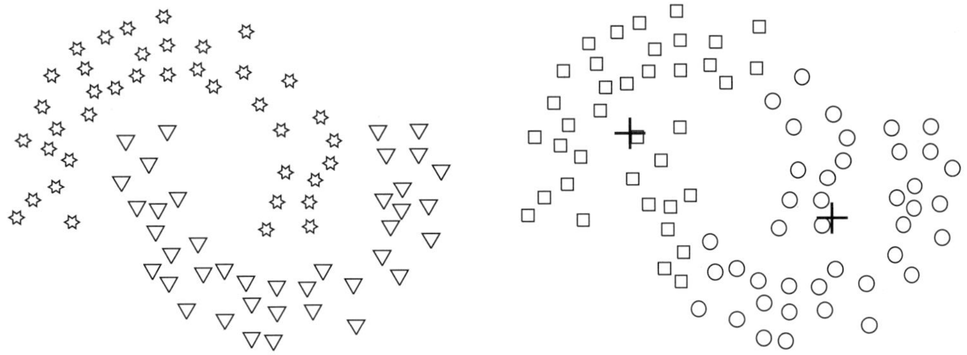

(a) 원래의 점들 (b) 두 개의 K-means 군집들

그림 7.11 구 형태가 아닌 군집들과 K-means

(a) 크기가 다른 경우

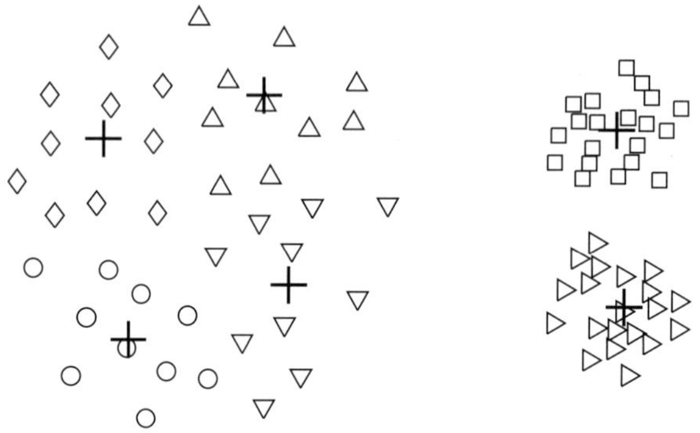

(b) 밀도가 다른 경우

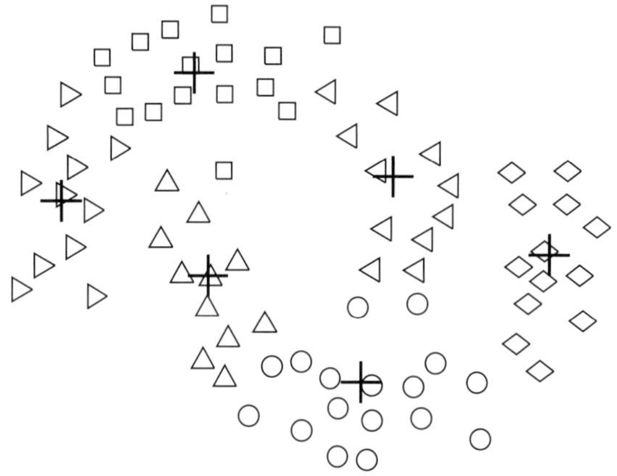

(c) 원 모양이 아닌 경우

그림 7.12 자연적인 군집들의 부분 군집인 군집들을 찾기 위해 K-means를 사용

7.2.5 강점과 약점

K-means는 간단하며 다양한 데이터 유형을 위해 사용될 수 있다. 또한, 비록 다수의 실행이 수반되더라도 상당히 효율적이다. 몇몇 변형들은 이등분 K-means를 포함하여, 더욱 효율적이며 초기화 문제에 대해 덜 민감하다. K-means는 그러나 모든 데이터 유형을 위해 적당하지는 않다. 구 형태가 아닌 군집들이나 다른 크기 및 밀도를 갖는 군집들을 다루지는 못하지만 찾고자 하는 군집의 수를 충분히 큰 수로 지정되는 경우에 순수한 작은 군집들을 찾아낼 수 있다. K-means는 또한 이상치를 포함하는 데이터를 군집화하는 데에 문제가 있다. 이상치 탐지와 제거는 그러한 경우에 상당히 도움을 줄 수 있다. 마지막으로 K-means는 데이터에 중심(점)의 개념이 있는 경우에만 적용될 수 있다. 관련된 기법으로서 K-medoid 군집화는 이러한 제약이 없으나 비용이 더 크다.

7.2.6 최적화 문제로서의 K-means

여기서는 K-means의 배경이 되는 수학적인 내용을 다룬다. 이 부분은 연속성의 상실 없이 건너뛸 수 있으며 편도함수를 통한 미적분학 지식을 요구한다. 최적화 기술, 특히 미분 감소(gradient descent)에 대해 이해를 한다면 도움이 될 것이다.

먼저 언급된 것과 같이 "SSE의 최소화"와 같은 목적 함수가 주어졌을 때 군집화를 최적화 문제로 다룰 수 있다. 이 문제를 푸는, 즉 전역 최적 해를 찾는, 한 가지 방법은 점들을 군집으로 나누는 모든 가능한 방법들을 번호로 매겨서 총 SSE를 최소화하는 목적 함수를 가장 잘 만족시키는 군집들의 집합을 선택하는 것이다. 물론 이렇게 전부를 다루는 전략은 계산이 불가능하므로 비록 최적의 해를 찾는 것을 보장하지 못하더라도 좀 더 실용적인 접근이 필요하다. **미분 감소(gradient descent)**로 알려진 한 가지 기법은 초기 해를 선택한 후 다음의 과정들을 반복한다. 목적 함수를 가장 잘 최적화시키는 해에 대한 변화를 계산하고 해를 갱신한다.

데이터는 일차원, 즉 $dist(x, y) = (x-y)^2$이라고 가정한다. 이것은 근본적으로 아무것도 바꾸지 않지만 표기를 매우 단순화한다.

SSE를 최소화하기 위한 알고리즘으로서 파생된 K-means

이 절에서 인접성 측정 함수가 유클리드 거리이고 목적 함수가 SSE를 최소화하기 위한 것일 때 K-means 알고리즘의 중심점이 어떻게 수학적으로 유도될 수 있는지를 보여준다. 구체적으로는 군집의 SSE가 최소화되기 위해 군집의 중심점을 어떻게 갱신하는 것이 가장 좋은지를 조사한다. 수학적인 용어로는 식 (7.1)을 최소화하는 것이 목표이며 이 수식은 일차원 데이터를 위해 재구성하여 여기에 반복한다.

$$\mathrm{SSE} = \sum_{i=1}^{K} \sum_{x \in C_i} (c_i - x)^2 \tag{7.4}$$

여기에서 C_i는 i번째 군집이며, x는 C_i에 있는 점이고, c_i는 i번째 군집의 평균이다. 표기법의 완전한 리스트는 표 7.1을 참고한다.

식 (7.4)를 최소화할 수 있는 k번째 중심점 c_k를 얻기 위하여 아래와 같이 SSE를 미분하여 0과 동등하게 놓고 수식을 푼다.

$$\begin{aligned}\frac{\partial}{\partial c_k}\mathrm{SSE} &= \frac{\partial}{\partial c_k}\sum_{i=1}^{K} \sum_{x \in C_i} (c_i - x)^2 \\ &= \sum_{i=1}^{K} \sum_{x \in C_i} \frac{\partial}{\partial c_k}(c_i - x)^2 \\ &= \sum_{x \in C_k} 2 \times (c_k - x_k) = 0\end{aligned}$$

$$\sum_{x \in C_k} 2 \times (c_k - x_k) = 0 \Rightarrow m_k c_k = \sum_{x \in C_k} x_k \Rightarrow c_k = \frac{1}{m_k}\sum_{x \in C_k} x_k$$

따라서 이전에 지적된 것처럼 군집의 SSE를 최소화하는 가장 좋은 중심점은 군집에 있는 점들의 평균이다.

SAE를 위한 K-means의 유도

K-means 알고리즘이 다양한 다른 목적 함수에 적용될 수 있다는 것을 보여주기 위해서 데이터를 어떻게 K개의 군집으로 나누어서 군집의 중심점에서 점들까지의 맨하탄(L_1) 거리의 합이 최소화될 수 있는지를 고려한다. 아래의 식에서 주어진 L_1 절대거리 오차의 합(SAE: sum of the L_1 absolute errors)을 최소화하고자 한다. 여기서 $dist_{L_1}$은 L_1 거리를 나타낸다. 표기상의 단순화를 위해서 일차원 데이터를 사용한다. 즉 $dist_{L_1} = |c_i - x|$이다.

$$\text{SAE} = \sum_{i=1}^{K} \sum_{x \in C_i} dist_{L_1}(c_i, x) \tag{7.5}$$

식 (7.5)를 최소화할 수 있는 k번째 중심점 c_k를 얻기 위하여 SSE를 미분하여 0과 동등하게 놓고 식을 푼다.

$$\begin{aligned} \frac{\partial}{\partial c_k}\text{SAE} &= \frac{\partial}{\partial c_k}\sum_{i=1}^{K} \sum_{x \in C_i} |c_i - x| \\ &= \sum_{i=1}^{K} \sum_{x \in C_i} \frac{\partial}{\partial c_k}|c_i - x| \\ &= \sum_{x \in C_k} \frac{\partial}{\partial c_k}|c_k - x| = 0 \end{aligned}$$

$$\sum_{x \in C_k} \frac{\partial}{\partial c_k}|c_k - x| = 0 \Rightarrow \sum_{x \in C_k} sign(x - c_k) = 0$$

만약 c_k에 대해 풀면 $c_k = median\{x \in C_k\}$임을 알 수 있고, 이것은 군집의 점의 중앙값이다. 점들의 그룹의 중앙값은 손쉽게 계산할 수 있으며 이상치로 인한 왜곡에 보다 덜 민감하다.

7.3 병합형 계층 군집화(Agglomerative Hierarchical Clustering)

계층 군집화 기법은 군집화 방법 중 두 번째로 중요한 부류이다. K-means처럼, 이 접근 방법들은 많은 군집화 알고리즘들과 비교했을 때 상대적으로 오래되었지만, 여전히 널리 쓰인다. 계층 군집화를 생성하기 위한 두 가지 기본적인 접근방식이 있다.

- **병합형(Agglomerative)**: 각 점들을 별개의 군집들로 만들어 시작점으로 삼고, 각 단계마다 가장 가까운 군집들을 합한다. 이 방법에는 군집 접근성에 대해 정의하는 것이 필요하다.
- **분할형(Divisive)**: 모든 것을 포함한 하나의 군집으로 시작하고, 각 단계에서 개별적인 점이 있는 단일 원소 군집이 남을 때까지 군집을 나눈다. 이 경우에는 각 단계에서 어떤 군집을 나누고, 어떻게 나눠야 하는지를 결정해야 한다.

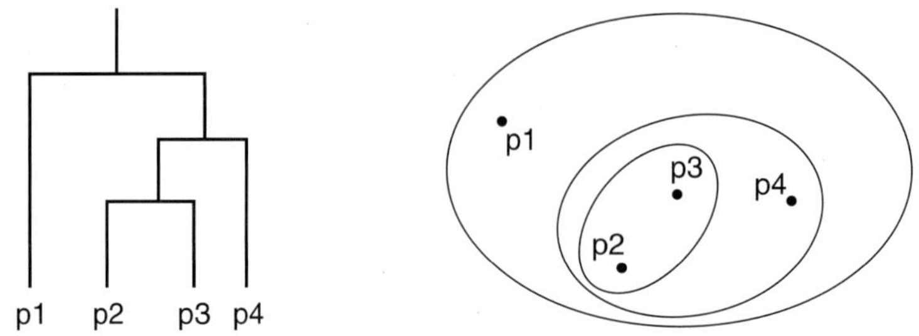

(a) 덴드로그램(Dendrogram) (b) 중첩 군집 다이어그램(Nested cluster diagram)

그림 7.13 계통수와 중첩 군집 다이어그램으로 표시한 네 개의 점에 대한 계층 군집화

병합형인 계층 군집화 기법은 가장 일반적이며 이 절에서는 이 방법들에 대해서 주로 다룬다. 분리형 계층 군집화 기법은 8.4.2절에서 설명한다.

계층 군집화는 종종 **계통수(dendrogram)**이라 불리는 나무 모양의 도표를 사용해서 시각적으로 표시되는데, 이것은 군집-부분군집의 관계와 군집들이 (병합형 관점에서) 합해지고 혹은 (분리형 관점에서) 나눠진 순서를 모두 표시한다. 우리가 예제로써 사용할 이차원 점들의 집합의 계층 군집화는 중첩 군집 다이어그램(nested cluster diagram)을 사용해서도 표현할 수 있다. 그림 7.13이 네 개의 이차원 점들의 집합에 대한 두 가지 타입의 그림을 보여주는 예이다. 이 점들은 7.3.2절에서 설명할 단일 링크(Single-link) 기법을 사용해서 군집화되었다.

7.3.1 기본적인 병합형 계층 군집화 알고리즘

많은 병합형 계층 군집화 기법들은 한 가지 접근방식에 대한 변형들이다. 즉, 별개의 점들로 된 군집들로 시작하고 단 하나의 군집이 남을 때까지 계속 가장 가까운 군집들을 합한다는 것이다. 이 접근법은 알고리즘 7.4에 더 명시적으로 표현되었다.

군집 간의 인접성을 정의하기

알고리즘 7.4의 핵심 과정은 두 군집 사이의 인접성을 계산하는 것이고, 또 군집 인접성의 정의가 앞으로 다루게 될 다양한 병합형 계층 기법들을 차별화하는 것이다. 군집 인접성은 보통 특정 형태의 군집을 염두에 두고 정의된다(7.1.3절 참고). 예를 들어, MIN, MAX, 그룹 평균과 같은 많은 병합형 계층 군집화 기법은 그래프 기반 군집들의 관점에

알고리즘 7.4 기본적인 병합형 계층 군집화 알고리즘

```
필요하면, 인접성 행렬을 계산해라
repeat
    가장 가까운 두 군집을 합해라
    새로운 군집과 원래 군집들 사이의 인접성을 반영하기 위해 인접성 행렬을 수정해라
until 한 군집이 남을 때까지
```

서 나왔다. MIN은 군집 인접성을 각기 다른 군집에 속한 가장 가까운 두 점 사이의 인접성으로 정의한다. 그래프 개념을 사용하면 서로 다른 노드들의 부분집합에 속한 두 노드 간의 가장 짧은 간선이다. 이것은 그림 7.2(c)에 보인 것처럼 근접성 기반의 군집들(contiguity-based clusters)을 만들어낸다. 이와는 달리 MAX는 서로 다른 군집들 안의 가장 먼 두 점이 군집 인접성이 된다. 그래프 개념을 사용하면 서로 다른 노드들의 부분집합에 속한 두 노드 간의 가장 긴 간선이다(만약 인접성이 거리라면 MIN 혹은 MAX 같은 이름은 짧으면서도 함축적이다. 하지만 유사성과 관련해서는 더 높은 값이 더 가까운 점을 표시한다는 데서 이름이 거꾸로 된 것처럼 보인다. 이런 이유 때문에 보통 MIN은 **단일 링크**(single link)로 MAX는 **완전 링크**(complete link)라는 다른 이름으로 사용하는 것을 선호한다). 다른 그래프 기반의 접근방식인 **그룹 평균**(group average) 기법은 군집 인접성이 다른 군집에 속한 점들의 모든 쌍의 평균 쌍 인접성(간선들의 평균 길이)이 된다. 그림 7.14가 이러한 세 가지 접근방식을 표현해 준다.

만약 프로토타입 기반의 관점을 택하면, 각 군집은 하나의 중심점으로 표현되고, 군집 인접성은 다르게 정의되는 것이 더 자연스럽다. 중심점을 사용할 때 군집 인접성은 일반적으로 군집 중심점 간의 인접성으로서 정의된다. 다른 기법인 **워즈**(Ward's) 방법 역시 군집이 중심점에 의해서 표현된다고 가정하지만, 두 군집 사이의 인접성을 두 군집을 합한 결과 나오는 SSE의 증가로 측정한다. K-means처럼 Ward's 방법도 군집 중심점 사이

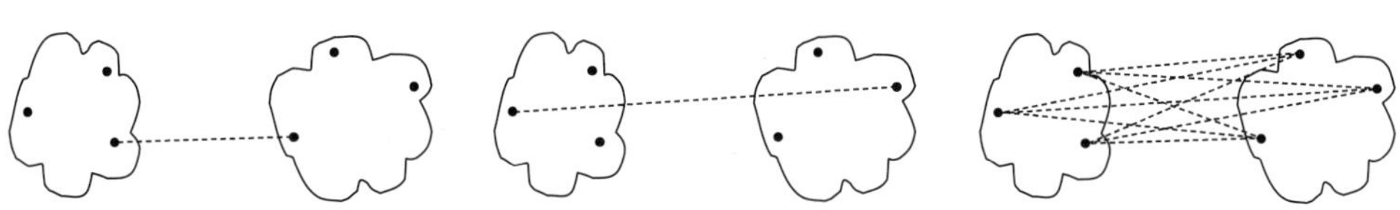

(a) MIN(단일 링크:single link) (b) MAX(완전 링크:complete link) (c) 그룹 평균(Group average)

그림 7.14 군집 인접성에 대한 그래프 기반의 정의들

의 거리의 제곱의 합을 최소화하려고 한다.

시간과 공간 복잡도

지금 설명한 기본적인 병합형 계층 군집화 알고리즘은 인접성 행렬을 사용한다. 이 인접성 행렬은 대칭 행렬이라 가정할 때 $\frac{1}{2}m^2$개의 인접성 수치들의 저장 공간을 필요로 하며, m은 데이터 점의 개수이다. 군집들의 정보를 계속 추적하기 위해 필요한 저장 공간은 군집들의 수에 비례하고, 단일 원소 군집들을 제외하면 $m-1$이다. 따라서 전체 공간 복잡도는 $O(m^2)$이다.

기본적인 병합형 계층 군집화 알고리즘에 대한 계산 복잡도 측면에서의 분석도 단순하다. 인접성 행렬을 계산하는데 $O(m^2)$의 시간이 필요하다. 이 단계 후에, m개의 군집들로 시작하고 반복할 때 마다 두 개의 군집이 합병되므로, 3번째 줄과 4번째 줄의 단계들과 관련하여 $m-1$회의 반복이 있다. 만약 인접성 행렬의 선형 검색이 행해진다면, i번째 반복에서 3번째 줄은 군집들의 현재 개수의 제곱에 비례한 $O((m-i+1)^2)$ 시간이 필요하다. 4번째 줄은 두 군집을 합병한 후에 인접성 행렬을 수정하는데 $O(m-i+1)$ 시간만이 요구된다(여기서 고려한 기법들에서의 군집 합병은 단지 $O(m-i+1)$개의 인접성에만 영향을 준다). 다른 변경 사항 없이, 이것은 $O(m^3)$ 시간 복잡도를 야기한다. 만약 각 군집의 다른 모든 군집들 사이의 거리가 정렬된 리스트 혹은 힙(heap)에 저장된다면, 두 개의 가장 가까운 군집을 발견하는데 드는 비용을 $O(m-i+1)$까지 줄일 수 있다. 그러나 정렬 리스트나 힙에 데이터를 보관하기 위한 부가적인 복잡도 때문에 알고리즘 7.4에 기초한 계층 군집화 알고리즘에 필요한 전체적인 시간은 $O(m^2 \log m)$이다.

계층 군집화의 시간과 공간 복잡도는 처리될 수 있는 데이터 집합의 크기를 엄격하게 제한한다. 계층 군집화 기법을 포함한 군집화 알고리즘의 확장성을 위한 접근법들을 8.5절에서 다룰 것이다. 그러나 7.2.3절에서 설명했던 이등분 K-means 알고리즘은 계층적 군집화를 생성하는 확장성 있는 알고리즘이다.

7.3.2 구체적인 기법들

예제 데이터

여러 계층 군집화 알고리즘의 동작을 설명하기 위해서 그림 7.15에 보인 것과 같이 6개

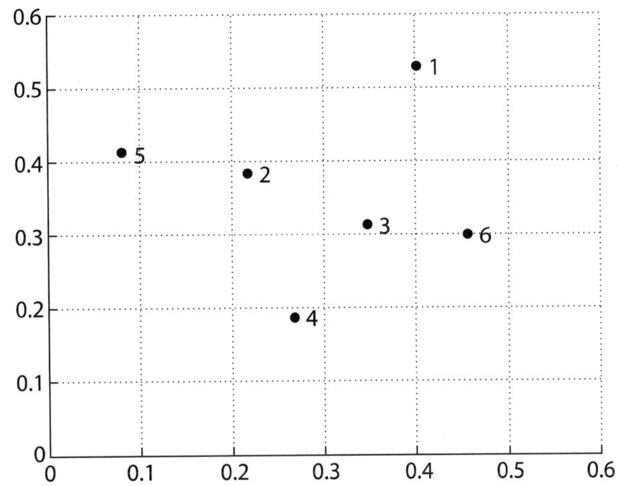

그림 7.15 6개의 이차원 점들의 집합

표 7.3 6개 점의 xy 좌표

Point	x Coordinate	y Coordinate
p1	0.4005	0.5306
p2	0.2148	0.3854
p3	0.3457	0.3156
p4	0.2652	0.1875
p5	0.0789	0.4139
p6	0.4548	0.3022

표 7.4 6개 점의 유클리드 거리 행렬

	p1	p2	p3	p4	p5	p6
p1	0.00	0.24	0.22	0.37	0.34	0.23
p2	0.24	0.00	0.15	0.20	0.14	0.25
p3	0.22	0.15	0.00	0.15	0.28	0.11
p4	0.37	0.20	0.15	0.00	0.29	0.22
p5	0.34	0.14	0.28	0.29	0.00	0.39
p6	0.23	0.25	0.11	0.22	0.39	0.00

의 2차원 점들을 예제 데이터로 사용할 것이다. 점들의 x, y 좌표와 유클리드 거리는 표 7.3과 7.4에 제시되었다.

단일 링크(Single Link) 또는 MIN

계층 군집화에서 단일 링크(Single Link) 또는 MIN에서는 두 군집 사이의 인접성을 각기 다른 군집에 속한 어떤 두 점 사이의 최소거리(최대 유사성)로써 정의한다. 그래프 용어를 사용하면, 모든 점을 각기 단일 원소 군집으로 만들어 시작하고 가장 짧은 링크부터 먼저 한 번에 하나씩 점 사이에 링크를 추가시키면, 이 링크가 점들을 군집으로 결합시킨다. 단일 링크 기법은 타원형이 아닌 모양을 다루기에 좋지만 잡음과 이상치에 민감하다.

예제 7.4 단일 링크

그림 7.16은 6개의 점으로 된 예제 데이터 집합에 단일 링크(single link) 기법을 적용한 결과를 보여준다. 그림 7.16(a)에서는 중첩 군집들을 중첩된 일련의 타원들로 보여주고, 타원과 연결된 숫자는 군집화가 된 순서를 표시한다. 그림 7.16(b)는 같은 정보를 덴드로그램(dendrogram)으로 보여주고 있다. 덴드로그램에서 두 군집이 합병 될 때의 높이는 두 군집 사이의 거리를 반영한다. 예를 들어 표 7.4에서 점 p3과 점 p6사이의 거리가 0.11이고, 0.11은 덴드로그램에서 두 점이 하나의 군집으로 합해질 때의 높이가 된다. 다른 예로써 군집 {3, 6}과 {2, 5}의 거리는 다음과 같다.

$$
\begin{aligned}
dist(\{3, 6\}, \{2, 5\}) &= \min(dist(3, 2), dist(6, 2), dist(3, 5), dist(6, 5)) \\
&= \min(0.15, 0.25, 0.28, 0.39) \\
&= 0.15
\end{aligned}
$$

■

완전 링크(Complete Link) 또는 MAX 또는 클릭(CLIQUE)

계층 군집화의 완전 링크(complete link) 또는 MAX 버전에서는 두 군집 사이의 인접성

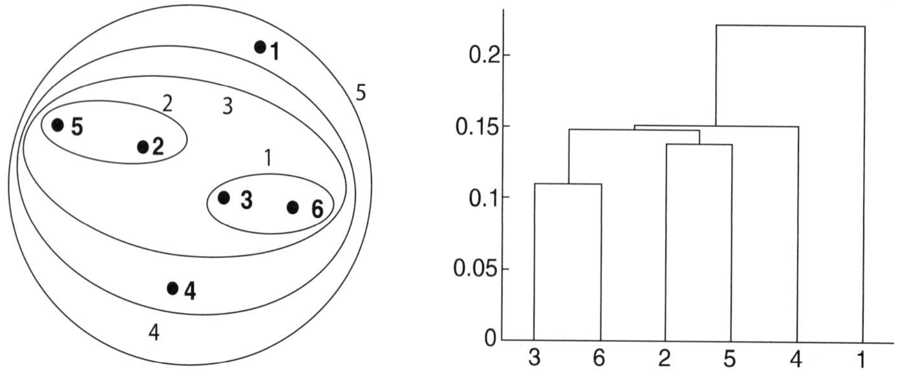

(a) 단일 링크(single link) 군집화 (b) 단일 링크(single link) 덴드로그램(dendrogram)

그림 7.16 단일 링크 군집화를 그림 7.15의 6개의 점에 적용 결과

을 각기 다른 군집에 속한 어떤 두 점 사이의 최대거리(최소 유사성)로써 정의한다. 그래프 용어를 사용하면, 모든 점을 단일 원소 군집으로 만들어 시작하고 가장 짧은 링크부터 한 번에 하나씩 점 사이에 링크를 추가시키고, 군집 안의 모든 점이 완전히 연결될 때(즉 클릭(clique)을 형성할 때) 군집이 형성된 것으로 본다. 완전 링크는 잡음과 이상치의 영향은 덜 받지만, 큰 군집들을 깰 수가 있고, 구 형태에 더 적합하다.

예제 7.5 완전 링크

그림 7.17은 6개의 점으로 된 예제 데이터 집합에 MAX 기법을 적용한 결과를 보여준다. 단일 링크의 예처럼 점 p3과 p6이 처음으로 병합되었다. 하지만 {3, 6}은 다음과 같은 이유로 인하여 {2, 5}나 {1}과 합병되지 않고 그 대신에 {4}와 합병되었다.

$$\begin{aligned} dist(\{3, 6\}, \{4\}) &= \max(dist(3, 4), dist(6, 4)) \\ &= \max(0.15, 0.22) \\ &= 0.22 \end{aligned}$$

$$\begin{aligned} dist(\{3, 6\}, \{2, 5\}) &= \max(dist(3, 2), dist(6, 2), dist(3, 5), dist(6, 5)) \\ &= \max(0.15, 0.25, 0.28, 0.39) \\ &= 0.39 \end{aligned}$$

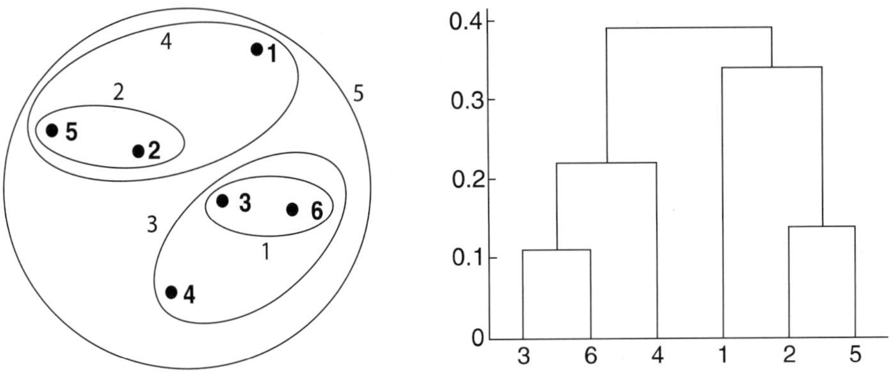

(a) 완전 링크(complete link) 군집화 (b) 완전 링크(complete link) 덴드로그램(dendrogram)

그림 7.17 완전 링크 군집화를 그림 7.15의 6개의 점에 적용 결과

$$
\begin{aligned}
dist(\{3,\ 6\},\ \{1\}) &= \max(dist(3,\ 1),\ dist(6,\ 1)) \\
&= \max(0.22,\ 0.23) \\
&= 0.23
\end{aligned}
$$

■

그룹 평균

계층 군집화의 그룹 평균 버전에서는 두 군집 사이의 인접성을 각기 다른 군집에 속한 모든 점들의 쌍 간에 평균 인접성으로 정의한다. 이것은 단일 링크와 완전 링크의 중간 정도에 있는 접근법이다. 따라서 그룹 평균에서 군집 C_i와 C_j의 크기가 각각 m_i와 m_j라고 할 때 이들의 군집 인접성 $proximity(C_i,\ C_j)$는 다음과 같은 식으로 표현된다.

$$
proximity(C_i,\ C_j) = \frac{\sum\limits_{\substack{\mathbf{x}\in C_i \\ \mathbf{y}\in C_j}} proximity(\mathbf{x},\ \mathbf{y})}{m_i \times m_j} \tag{7.6}
$$

예제 7.6 그룹 평균

그림 7.18은 6개의 점으로 된 예제 데이터 집합에 그룹 평균 기법을 적용한 결과를 보여준다. 어떻게 그룹 평균이 작동했는지 설명하기 위해서, 몇몇 군집들 사이의 거리를 계산해 보겠다.

$$
\begin{aligned}
dist(\{3,\ 6,\ 4\},\ \{1\}) &= (0.22+0.37+0.23)/(3\times 1) \\
&= 0.28
\end{aligned}
$$

$$
\begin{aligned}
dist(\{2,\ 5\},\ \{1\}) &= (0.24+0.34)/(2\times 1) \\
&= 0.29
\end{aligned}
$$

$$
\begin{aligned}
dist(\{3,\ 6,\ 4\},\ \{2,\ 5\}) &= (0.15+0.28+0.25+0.39+0.20+0.29)/(3\times 2) \\
&= 0.26
\end{aligned}
$$

$dist(\{3,\ 6,\ 4\},\ \{2,\ 5\})$가 $dist(\{3,\ 6,\ 4\},\ \{1\})$과 $dist(\{2,\ 5\},\ \{1\})$보다 작아서 군집 $\{3,\ 6,\ 4\}$와 $\{2,\ 5\}$가 네 번째 단계에서 합병되었다. ■

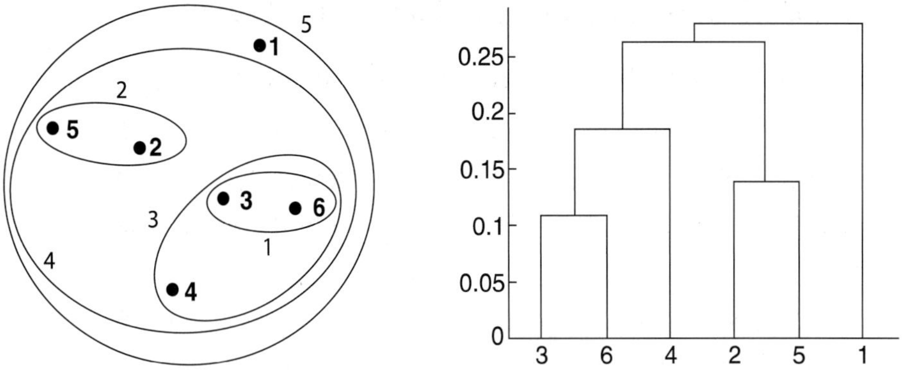

(a) 그룹 평균(Group average) 군집화 (b) 그룹 평균(Group average) 덴드로그램(dendrogram)

그림 7.18 그룹 평균 군집화를 그림 7.15의 6개의 점에 적용 결과

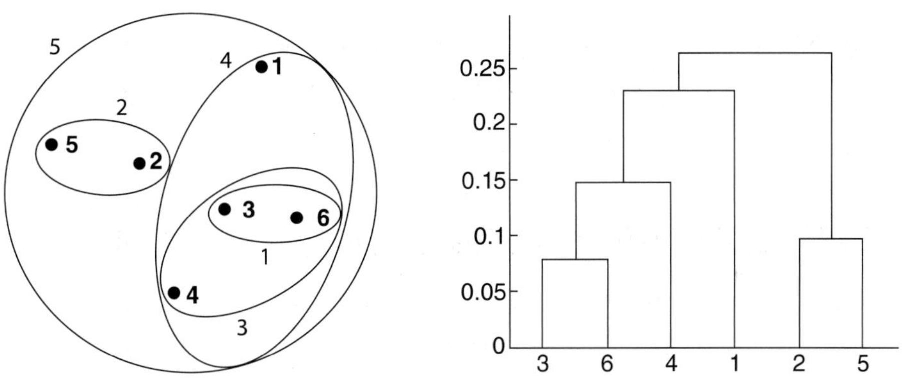

(a) 워즈(Ward's) 군집화 (b) 워즈(Ward's) 덴드로그램(dendrogram)

그림 7.19 워즈 군집화를 그림 7.15의 6개의 점에 적용 결과

워즈 방법(Ward's Method)과 중심점 방법(Centroid Methods)

워즈 방법에서는 두 군집 사이의 인접성을 두 군집이 합병될 때의 결과물인 오차의 제곱의 증가분으로 정의한다. 따라서 이 방법은 K-means 군집화와 동일한 목적 함수를 사용한다. 이 특성이 워즈 방법을 다른 계층적 기법들과 구별되게 해주지만, 수학적으로는 그룹 평균에서 두 점 사이의 인접성이 점들 사이의 거리의 제곱으로 취해지는 경우와 매우 유사하다는 것을 보일 수 있다.

예제 7.7 **워즈 방법**

그림 7.19는 여섯 개의 점으로 된 샘플 데이터에 워즈 방법을 적용한 결과를 보여준다. 산출된 군집화가 단일 링크, 완전 링크, 그룹 평균으로 산출된 것과는 다르다. ■

중심점 방법은 두 군집 사이의 인접성을 군집들의 중심점 사이의 거리를 이용하여 계산한다. 이 기법들은 K-means 기법과 유사한 것처럼 보이지만, 앞서도 언급한 것처럼 워즈 방법이 정확히 계층적인 유사 방법이다.

중심점 방법은 다른 계층 군집화 기법들이 갖지 않는 속성을 갖는데 이는 종종 단점으로 여겨지는 **반전**(inversions)의 가능성이다. 구체적으로 말하면 현재 병합되는 두 군집은 전 단계에서 병합되었던 군집 쌍보다 더 유사할 수 있다(거리가 가까울 수 있다). 다른 기법들에서는 병합된 두 군집 사이의 거리는 단일 원소 군집에서 모든 것을 포함한 하나의 군집으로 병합해나가면서 지속적으로 증가한다(또는 최악의 경우, 동일하다).

7.3.3 군집 인접성에 대한 Lance-Williams 공식

이 절에서 논한 어떤 군집 인접성도 군집 Q와 군집 R 사이의 인접성에 대하여 (식 (7.7)의 Lance-Williams 공식 안의) 다른 매개변수들을 선택하는 것으로 생각할 수 있으며, 이때 군집 R은 군집 A와 B를 합병함으로써 생성되었다. 이 식에서 $p(.,.)$는 인접성 함수이고 m_A, m_B, m_Q는 각각 군집 A, B, Q의 점의 개수다. 다시 말하면 군집 A와 B를 합병하여 군집 R을 생성한 후에, 새로 생성된 군집 R의 이미 존재하는 군집 Q에 대한 인접성은 원래 군집 A와 B에 대한 Q의 인접성의 선형 함수이다. 표 7.5는 이전에 설명한 기법들에 대하여 이러한 계수들의 값을 보여준다.

$$p(R, Q) = \alpha_A p(A, Q) + \alpha_B p(B, Q) + \beta|p(A, B) + \gamma|p(A, Q) - p(B, Q)| \quad (7.7)$$

Lance-Williams 공식을 사용해서 표현될 수 있는 어떠한 계층 군집화 기법도 원래의 데이터 점을 보존할 필요가 없다. 대신 인접성 행렬은 군집화가 일어나면서 수정된다. 이처럼 일반적인 공식이 특별히 구현의 측면에서 매력적인 반면, 다른 계층적 방법들을 이해하기에는 각 방법이 사용하는 군집 인접성의 정의를 직접 보는 것이 더 이해하기가 쉽다.

표 7.5 일반적인 계층 군집화 접근법들을 위한 Lance–Williams 계수들의 표

군집화 방법	α_A	α_B	β	γ
단일 링크(Single Link)	1/2	1/2	0	−1/2
완전 링크(Complete Link)	1/2	1/2	0	1/2
그룹 평균(Group Average)	$\frac{m_A}{m_A+m_B}$	$\frac{m_B}{m_A+m_B}$	0	0
중심점(Centroid)	$\frac{m_A}{m_A+m_B}$	$\frac{m_B}{m_A+m_B}$	$\frac{-m_A m_B}{(m_A+m_B)^2}$	0
워즈(Ward's)	$\frac{m_A+m_Q}{m_A+m_B+m_Q}$	$\frac{m_B+m_Q}{m_A+m_B+m_Q}$	$\frac{-m_Q}{m_A+m_B+m_Q}$	0

7.3.4 계층 군집화의 주요 문제점

전역 목적 함수(Global Objective Function)의 결여

앞에서 이미 병합 계층 군집화(agglomerative hierarchical clustering)는 목적 함수를 전역적으로 최적화하는 것으로 볼 수 없다고 하였다. 대신 병합 계층 군집화 기술은 각 단계에서 어떤 군집들이 병합되어야 하는지(또는 분할 접근방식에서는 어떤 군집이 분할되어야 하는지)를 국지적으로 결정하기 위해 다양한 기준을 사용한다. 이러한 방식은 매우 어려운 최적화 문제를 풀어야 하는 어려움을 피하는 군집화 알고리즘을 양산한다("SSE의 최소화"와 같은 목적 함수에 대한 일반적인 군집화 문제는 계산적으로 실행이 불가능함을 보일 수 있다). 게다가 이러한 접근방식들은 초기값 선택에 있어서의 어려움이나 국소 최소값의 문제들을 갖지 않는다. 물론 많은 경우에 시간 복잡도($O(m^2 \log m)$)와 공간 복잡도($O(m^2)$)가 아주 높은 비용이라고 볼 수 있다.

서로 다른 군집 크기에 대한 관리 능력

아직 논의되지 않은 병합 계층 군집화의 한 가지 측면은 병합된 군집 쌍의 상대적인 크기를 어떻게 다룰까 하는 것이다(이러한 논의는 중심점, 워즈, 그리고 그룹 평균과 같이 합계를 필요로 하는 군집 인접성 기법들에만 적용된다). 다음의 2가지 접근방식이 있다. **가중치**(weighted) 방법으로 모든 군집을 동일하게 다루는 방법이 있고, **무가중치**(unweighted) 방법으로서 각 군집 내의 점들의 개수를 고려하는 방법이 있다. 가중치와 무가중치라는 용어는 군집들이 아니라 데이터 점들에 대해서 언급하는 용어라는 것을 주의하자. 다시 말하면 서로 다른 크기의 군집들을 동일하게 다룬다는 의미는 서로 다른 군집 안의 점들에 서로 다른 가중치를 부여한다는 것이다. 반면에 군집의 크기를 고려한다는 것은 서로 다른 군집 안에 있는 점들에 동일한 가중치를 부여한다는 의미이다.

7.3.2절의 그룹 평균 기법을 이용하여 무가중치 버전의 그룹 평균 기법을 설명하고자 한다. 군집화 문헌에서 이 접근방식의 완전한 명칭은 수학적 평균을 사용하는 무가중치 그룹 쌍 방법(UPGMA: Unweighted Pair Group Method using Arithmetic averages)이다. 군집 유사성을 갱신하기 위한 공식이 있는 표 7.5에서 UPGMA의 계수는 병합된 각 A, B 군집의 m_A, m_B의 크기와 관계가 있다. $\alpha_A = m_A/(m_A + m_B)$, $\alpha_B = m_B/(m_A + m_B)$, $\beta = 0$, $\gamma = 0$. WPGMA라고도 알려진 그룹 평균의 가중치 버전에서 계수들은 군집의 크기와는 독립적인 상수이다. $\alpha_A = 1/2$, $\alpha_B = 1/2$, $\beta = 0$, $\gamma = 0$. 일반적으로 객체들의 부류가 불규칙하게 샘플링된 경우와 같이 각각의 점들이 반드시 서로 다른 가중치를 가져야 할 이유가 없다면 무가중치 접근방식이 선호된다. 예를 들면 객체들의 분류가 고르지 않게 샘플링되는 것이 있다.

병합 결정은 최종적

병합 계층 군집화 알고리즘은 모든 점의 두 점 사이의 유사도에 관한 정보를 사용할 수 있기 때문에, 두 개의 군집의 병합에 있어서 국소적으로 좋은 결정을 내리는 경향이 있다. 그러나 일단 두 개의 군집이 병합되도록 결정되면 나중에 번복될 수 없다. 이 방식은 국소적인 최적화 기준이 전역적인 최적화의 기준이 되는 것을 방해한다. 예를 들어, 워즈 방법에서 어떤 군집들이 병합될지 결정할 때 K-means의 "오차의 제곱의 최소화" 기준이 사용되었음에도 불구하고, 각 단계에서의 군집들은 총 SSE의 측면에서 본다면 국소 최소값들을 나타내지는 않는다. 사실 군집들은 전혀 안정적이지도 않은데, 하나의 군집 내의 점에서 다른 군집의 중심점까지의 거리가 자신의 군집 내의 중심점까지의 거리보다 가까운 경우도 있다는 점에서 그러하다. 그럼에도 불구하고, 워즈 방법은 K-means 군집화에서 초기화를 위한 강력한 방식으로 종종 사용되며, 이것은 국소 "오차의 제곱의 최소화" 목적 함수가 전역 "오차의 제곱 최소화" 목적 함수와 연계되어 있다는 점을 나타낸다.

병합이 최종적이라는 한계를 극복하는 시도와 관련된 기술들이 몇몇 있다. 한 가지 접근법은 전역 목적 함수의 향상을 위하여 트리(tree) 주변의 가지들을 이동시키면서 계층 군집화를 수정하는 방식이다. 또 다른 방식은 많은 작은 군집들을 만들기 위해 K-means와 같은 분할 군집화 기술을 사용한 후, 그 작은 군집들을 시작점으로 이용하여 계층 군집화를 수행한다.

7.3.5 이상치

이상치는 SSE를 증가시키고 중심점을 왜곡하기 때문에, 워즈 방법과 중심점 기반 계층 군집화 방법에서 심각한 문제를 제기한다. 단일 링크, 완전 링크 및 그룹 평균과 같은 군집화 방식의 경우 이상치가 덜 문제가 될 수 있다. 이러한 알고리즘에 대해 계층 군집화가 진행됨에 따라, 이상치나 작은 그룹의 이상치는 병합 과정 이후까지 다른 군집과 병합되지 않는 단일 원소 혹은 작은 군집들을 형성하는 경향이 있다. 다른 군집들과 결합되지 않은 단일 원소 혹은 작은 군집들을 삭제함으로써, 이상치를 제거할 수 있다.

7.3.6 강점과 약점

병합 계층 군집화 알고리즘들의 강점 및 약점은 앞에서 논의되었다. 좀 더 일반적으로 보면, 이러한 알고리즘은 기본 응용(예: 생물 분류 생성)이 계층을 필요로 할 때 전형적으로 사용된다. 또한, 이러한 알고리즘이 더욱 질 좋은 군집들을 만든다는 연구도 있다. 그러나 병합 계층 군집화 알고리즘은 계산량과 저장공간 필요 측면에서 너무 비용이 크다. 모든 병합이 최종적이라는 점도 역시 문서 데이터와 같은 잡음이 많은 고차원의 데이터를 다루는 경우 어려움을 야기할 수 있다. 이들 두 가지 문제는 K-means와 같은 다른 방법을 사용하여 데이터를 먼저 부분적으로 군집화하는 것으로 어느 정도 해결할 수 있다.

7.4 DBSCAN

밀도 기반의 군집화(Density-based clustering)는 낮은 밀도의 지역에 의해 분리된 높은 밀도의 지역들을 파악하게 해준다. DBSCAN은 밀도 기반 군집화 접근방식에서 중요한 많은 개념들을 보여주는 간단하고도 효과적인 밀도 기반 군집화 알고리즘이다. 본 절에서는 우선 핵심적인 개념인 밀도(density)를 살펴본 후, 전적으로 DBSCAN에 중심을 맞춰서 살펴본다. 밀도 기반 군집들을 찾는 다른 알고리즘들은 다음 장에서 다루어지고 있다.

7.4.1 전통적 밀도: 중심 기반의 방법

비록 유사도(similarity)를 정의하는 접근방식처럼 밀도(density)를 정의하는 접근방식이 많지는 않지만 몇 가지의 방식들이 있다. 본 절에서는 DBSCAN의 근간을 이루고 있는 중심 기반(center-based) 접근법에 대해 알아본다. 밀도를 정의하는 또 다른 방법은 8장에서 제공될 것이다.

중심 기반 접근방식에서 밀도란 데이터 집합 중 특정한 점을 위하여 측정되며 측정 방식은 그 점을 기준으로 Eps라는 정해진 반지름 내에 존재하는 점들의 개수를 세는 것이다. 물론 기준점 자신도 개수에 포함된다. 이 기법이 그림 7.20 상에 그림으로 잘 표현되었다. 점 A의 반지름 Eps 내에 존재하는 점들의 개수는 자신을 포함하여 총 7개이다.

이 방법은 구현이 간단하다. 그러나 점의 밀도들은 정해진 반지름에 의존적이다. 예를 들어 반지름이 충분히 크면 모든 점은 데이터 집합 상의 점들의 총 개수인 m이라는 동일한 밀도를 갖는다. 이와 비슷하게 반지름이 너무 작다면, 집합 상의 점들은 모두 1이라는 하나의 밀도를 각각 갖게 된다. 다음 절에서 DBSCAN을 설명하면서 낮은 차원의 집합을 위한 적절한 반지름을 결정하는 접근법이 주어진다.

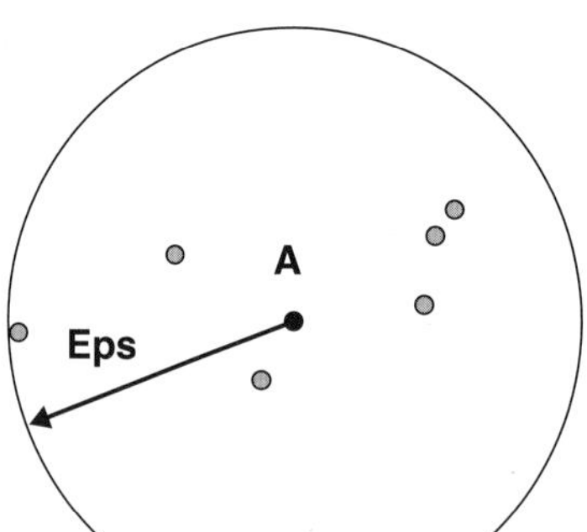

그림 7.20 중심 기반 밀도

중심 기반 밀도에 따른 점들의 분류

밀도에 대한 중심 기반 접근방식을 통해서 점을 다음처럼 3가지 중 어느 한 가지로 분류할 수 있는데 (1) 밀집 지역 내에 존재하는 핵심점(core point), (2) 혹은 밀집 지역의 경계 상에 존재하는 경계점(border point), (3) 혹은 희박 지역에 존재하는 잡음점이나 배경점(noise or background point)이다. 그림 7.21은 2차원 점들의 집합 상의 핵심점, 경계점, 잡음점의 개념을 시각적으로 잘 보여준다. 다음은 좀 더 정확한 정의를 제공한다.

- **핵심점(Core points)**: 이 점들은 밀도 기반 군집의 내부에 위치하는 점들이다. 만약 Eps 거리 내에 최소의 $MinPts$가 있다면 그 점은 핵심점이며, 이때 $MinPts$와 Eps는 사용자가 정의한 매개변수이다. 그림 7.21에서 만약 표시된 반지름 (Eps)에 대해서 $MinPts \geq 7$라면 점 A는 핵심점이다.
- **경계점(Border points)**: 경계점은 핵심점은 아니지만, 핵심점의 근처에 위치한다. 그림 7.21에서 점 B는 경계점이다. 경계점은 몇 개의 핵심점들의 주변에 위치할 수 있다.
- **잡음점(Noise points)**: 잡음점은 핵심점도 아니고 경계점도 아닌 점이다. 그림 7.21에서 점 C는 잡음점이다.

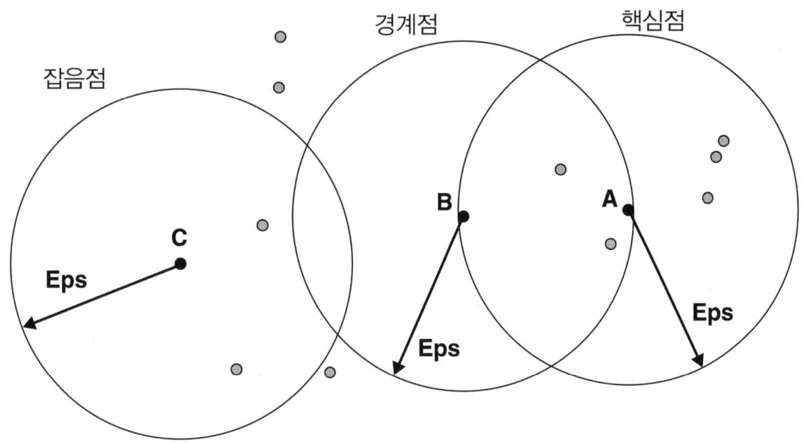

그림 7.21 핵심, 경계, 잡음점들

7.4.2 DBSCAN 알고리즘

앞의 핵심점, 경계점, 잡음점의 정의들이 주어졌을 때 DBSCAN 알고리즘을 약식으로 설명하면 다음과 같다. 두 개의 핵심점이 서로 간에 Eps의 거리 내에서 충분히 가까이 있으면, 동일한 군집에 포함된다. 이와 마찬가지로 핵심점에 충분히 가까운 경계점도 핵심점의 군집과 동일한 군집에 포함된다(만약 하나의 경계점이 서로 다른 군집의 핵심점들에 가깝다면 어느 군집에 속하도록 할 것인지 결정할 수 있는 기준이 필요하다). 잡음점들은 버려진다. 알고리즘 7.5에 구체적인 사항들이 공식적으로 표현되었다. 이 알고리즘은 원래의 DBSCAN과 동일한 개념을 사용하였을 뿐 아니라 원래의 DBSCAN과 동일 군집들을 얻지만, 효율성 측면이 아닌 간략함 측면에서 최적화되었다.

알고리즘 7.5 DBSCAN 알고리즘

1: 모든 점들을 핵심점, 경계점, 잡음점으로 표시한다.
2: 잡음점들을 제거한다.
3: 서로 간에 Eps의 거리 내에 있는 모든 핵심점들 사이에 간선을 만든다.
4: 각각의 연결된 핵심점들의 그룹을 독립적인 군집으로 만든다.
5: 각각의 경계점들을 관련된 핵심점의 군집 중 하나에 속하게 한다.

시간과 공간 복잡도

DBSCAN 알고리즘의 기본적인 시간 복잡도는 m을 점들의 개수라고 할 때 $O(m \times Eps$ 기준의 주변 내에 존재하는 점들을 찾는데 소요된 시간)이다. 최악의 경우 이 시간 복잡도는 $O(m^2)$이다. 그러나 저차원 공간에서는(특히 2D 공간) kd-trees와 같은 자료 구조가 있어서 하나의 특정 점을 기준으로 주어진 거리 안에 있는 모든 점을 효율적으로 검색할 수 있도록 하며, 시간 복잡도는 $O(m \log m)$까지 낮아질 수 있다. DBSCAN의 저장 공간 요구량은 고차원의 데이터라도 $O(m)$이다. 왜냐하면 각 점을 위해 단지 작은 데이터양만을 저장할 필요가 있는데 군집 표시와 각 점이 핵심점, 경계점, 잡음점 중 무엇인지를 식별하는 정보만 저장하면 된다.

DBSCAN 매개변수의 선택

물론 Eps와 $MinPts$를 어떻게 결정할 것인가라는 문제가 있다. 기본적인 접근방식 중에는 하나의 점으로부터 k번째로 가장 가까운 이웃 점까지의 거리를 이 책에서는 k-dist라고 하며, 이 거리를 관찰하는 방식이 있다. 어떤 군집에 속한 점에 대해 만약 k가 해당 군집의 크기보다 크지 않다면 k-dist의 값은 작을 것이다. 군집의 밀도와 점들의 무작위적인 분포에 따라 약간의 차이가 있을 수 있으나, 군집의 밀도가 지나치게 다르지 않다면 평균적으로 차이가 그다지 크지 않을 것이다.

그러나 잡음점과 같이 군집 내에 존재하지 않는 점들에 대해서 k-dist는 상대적으로 클 것이다. 그러므로 어떤 k값으로 데이터 점들 모두에 대해서 k-dist를 계산하고 나서 계산된 k-dist를 오름차순으로 정렬하여 값들을 연결 그래프로 그리면, Eps의 적절한 값에 대응하는 k-dist 값에서 가파른 변화가 있음을 기대할 수 있다. 이 가파른 변화가 나타난 거리를 Eps 매개변수로 취하고 그 해당되는 k를 $MinPts$ 매개변수로 취할 경우, k-dist 값이 Eps 값보다 작은 점들은 핵심점으로 표시되며 그 외의 나머지 점들은 잡음점이나 경계점으로 표시된다.

그림 7.22에 예제 데이터 집합이 표현되었고, 그림 7.23에 이 데이터 집합의 k-dist 그래프가 표현되었다. 이와 같은 방식으로 결정된 Eps 값은 k 값에 의존적이다. 그러나 k 값의 변화에 따라 급격하게 변하지는 않는다. 만약 k 값이 너무 작다면 아주 가까이 위치한 적은 수의 잡음이나 이상치인 점들도 부정확하게 군집으로 표시될 수 있다. 만약 k 값이 너무 크다면 작은 군집들(k보다 작은 크기의 군집들)이 잡음으로 분류될 것이다. 원래의 DBSCAN 알고리즘은 대부분의 2차원 데이터 집합 상에서 가장 합리적이라고 밝혀진 $k = 4$라는 값을 사용하였다.

그림 7.22 예제 데이터

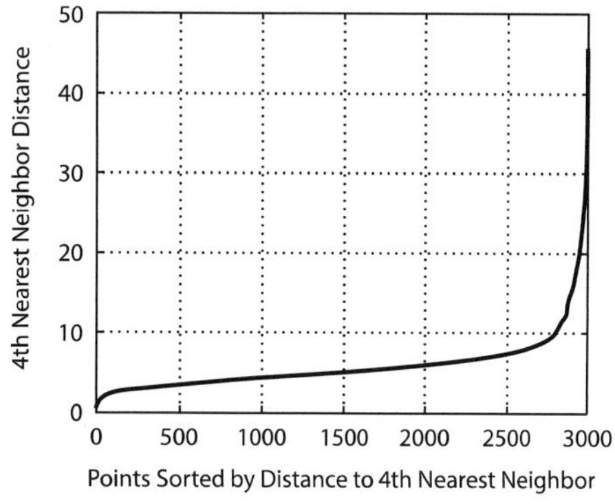

그림 7.23 예제 데이터에 대한 k–dist 그래프

다양한 밀도를 가진 군집들

DBSCAN은 군집의 밀도가 전체적으로 다양한 경우 문제가 생길 수 있다. 그림 7.24를 고려할 때, 잡음 안에 포함된 4개의 군집을 볼 수 있다. 군집들과 잡음 지역들의 밀도를 어두움의 정도로 표현하였다. 고밀도인 군집의 쌍 A와 B 주변의 잡음 지역이 군집 C와 D의 밀도와 동일한 밀도를 갖는다. 고정된 $MinPts$에 대해, 만약 DBSCAN 알고리즘이 C와 D를 별도의 군집으로 정의하고 그들의 주변 점들을 잡음으로 여기도록 Eps 임계값을 설정하였다면, A와 B 및 이들을 에워싸는 주변 점들이 하나의 군집이 될 것이다. 만약 DBSCAN이 A와 B를 분리된 군집으로 분류하고 A와 B 주변 점들을 잡음으로 분류할 정도로 Eps 임계값을 설정하면 C와 D 및 이들을 감싸는 주변 점들도 모두 잡음으로 분류될 것이다.

예제

DBSCAN의 쓰임을 설명하고자 그림 7.22에 보인 상대적으로 복잡한 2차원 데이터 집합에서 찾은 군집을 보여준다. 이 데이터 집합은 3000개의 2차원 점들로 구성되어 있다. 각각의 점으로부터 4번째 가까운 이웃의 거리를 순서대로 정렬 처리한 결과를 곡선으로 연결한 후(그림 7.23) 급격한 변화를 보인 부분을 찾아서, 이 데이터의 Eps 임계값으로 지정하였다. 선택된 값은 $Eps = 10$이며, 이것은 곡선의 날카로운 경사 변화 부분에 대응되는 값이다. 이렇게 정해진 초기 매개변수 값인 $MinPts = 4$와 $Eps = 10$을 사용하는 DBSCAN에 의해서 찾아진 군집들을 그림 7.25(a)에서 보여준다. 그림 7.25(b)에서 핵심점, 경계점, 잡음점들을 보여준다.

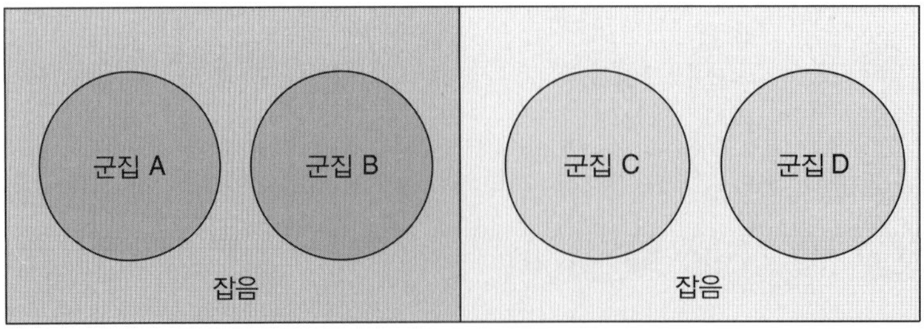

그림 7.24 잡음에 둘러싸인 네 개의 군집들

(a) DBSCAN에 의해 찾아진 군집들

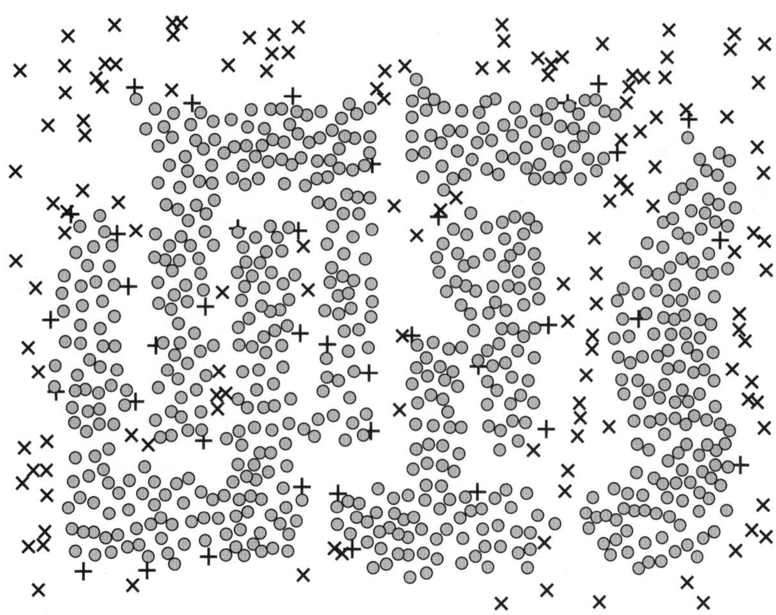

(b) 핵심점, 경계점, 잡음점들

그림 7.25 DBSCAN 군집화를 3000개의 이차원 점들에 적용

7.4.3 강점과 약점

DBSCAN이 군집의 밀도 기반 정의를 이용하기 때문에 상대적으로 잡음에 강하고 불규칙한 모양과 크기의 군집들을 다룰 수 있다. 그러므로 DBSCAN은 그림 7.22에 있는 군집들과 같이 K-means를 사용해서 추출될 수 없는 많은 군집을 찾아낼 수 있다. 그러나 이전에 언급되었던 것처럼 군집들이 전체적으로 다양하게 변화하는 밀도들을 갖는 경우 DBSCAN은 문제가 생길 수 있다. 또한, 고차원의 데이터를 처리하는 경우에도 문제가 생긴다. 왜냐하면 이러한 고차원의 데이터의 경우에 밀도를 정의하기가 더욱 어렵기 때문이다. 이러한 문제들을 해결할 수 있는 한 가지 접근법이 8.4.9절에서 다루어진다. 마지막으로 일반적으로 고차원 데이터 처리 경우와 같이, 가장 가까운 이웃을 계산할 때 모든 쌍의 인접성 계산을 해야 한다면 DBSCAN은 비용이 많이 들 수 있다.

7.5 군집 평가

감독 분류기법에서는 결과로 얻은 분류 모델에 대한 평가가 분류 모델의 개발 과정의 전체를 구성하는 일부이며 이를 위해서 널리 사용되는 평가 기준과 절차들이 존재하는데 정확도와 교차 검정과 같은 것들을 예로 들 수 있다. 하지만 군집 평가는 본질적인 특성 때문에 군집 분석의 일부로서 잘 개발되거나 일반적으로 사용되지 않고 있다. 그럼에도 불구하고 군집 평가 또는 전통적으로 지칭되는 **군집 검정**(cluster validation)은 중요하며 이 절에서 가장 흔하고 쉽게 적용되는 접근방법들 몇 가지를 살펴 볼 것이다.

왜 군집 평가가 필요한지 혼란스러울 수도 있다. 많은 경우에 군집 분석은 탐색적인 데이터 분석의 일부로서 수행되어 왔다. 그러므로 이렇게 비공식 과정이라고 간주되는 것에 대해서 평가를 한다는 것은 불필요하게 복잡한 추가적인 작업으로 여겨질 수 있다. 게다가, 각 군집화 알고리즘은 자신만의 군집 유형을 정의하여 다양한 유형의 군집들이 있기 때문에 각각의 상황이 다른 평가 방법을 요구하는 것처럼 보일지도 모른다. 예를 들면 K-means 군집들은 SSE의 관점에서 평가되어질 수 있지만 밀도 기반의 군집들은 구 모양이 아니어서 SSE는 전혀 적용될 수 없다.

그럼에도 불구하고 군집 평가는 군집 분석의 한 부분이어야 한다. 주요한 동기는 거의 대부분의 군집화 알고리즘이 데이터 집합이 일반적인 군집 구조를 갖고 있지 않더라도 그 데이터 집합에서 군집을 찾는다는 것이다. 예를 들어 그림 7.26을 살펴보면 사각형 안에 임의로 분산되어 있는 100개의 점이 군집되어 있는 결과를 볼 수 있다. 원래의 점들은 그림 7.26(a)에서 보여주며, DBSCAN, K-means, 완전 링크(complete link)로 찾아진 군집들은 각각 7.26(b), 7.26(c), 7.26(d)에서 보여준다. DBSCAN이 3개의 군집들을 찾았으므로(4번째로 가장 가까운 점들의 거리를 보고 *Eps*를 정하였음) K-means와 완전 링크도 3개의 군집을 찾도록 설정하였다(그림 7.26(b)에 잡음들이 작은 점들로 표시된다). 하지만 3가지 방법의 어떤 군집도 설득력이 있어 보이지 않는다. 고차원에서는 이 같은 문제들을 쉽게 감지할 수 없다.

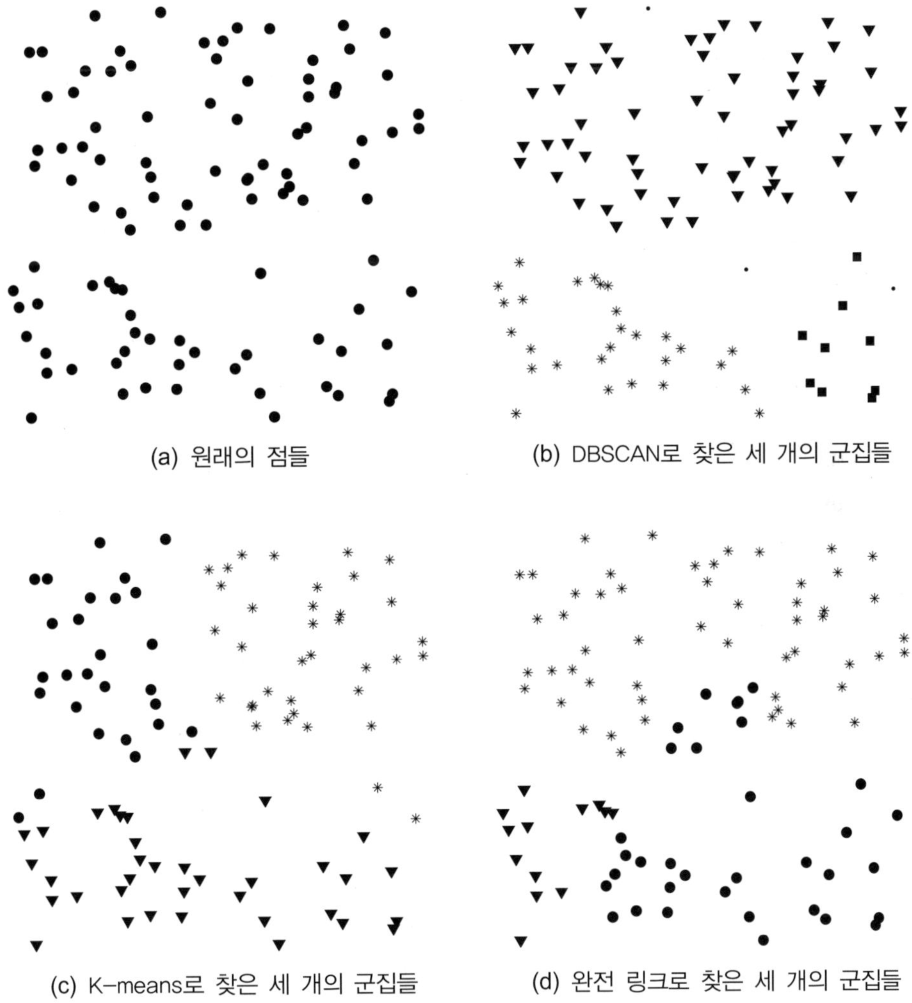

그림 7.26 균일하게 분산된 100개의 점들에 대한 군집화

7.5.1 개요

무작위가 아닌 구조가 데이터 안에 있는지를 구별할 수 있는 것은 군집 검정의 여러 중요한 주제 중 하나일 뿐이다. 다음은 군집 검정에 대한 몇 가지 중요한 주제들을 나열한 것이다.

1. 데이터 집합의 **군집화 경향**(clustering tendency)을 결정하는 것. 즉, 데이터 안에 무작위가 아닌 구조가 실제로 존재하는지를 구별하는 것이다.
2. 군집의 정확한 개수를 결정하는 것
3. 외부 정보를 참조하지 않은 상태에서 군집 분석의 결과가 데이터에 얼마나 잘 맞는지를 평가하는 것
4. 군집 분석의 결과를 외부에서 제공된 분류 명칭과 같은 외부적으로 잘 알려져 있는 결과와 비교하는 것
5. 더 좋은 군집들의 집합을 결정하기 위해서 두 군집들의 집합을 비교하는 것

항목 1, 2, 3은 무감독 기법들로서 어떤 외부 정보도 사용하지 않는다는 것을 주의하라. 반면에 항목 4는 외부의 정보를 요구한다. 항목 5는 감독 또는 무감독 방식으로 수행될 수 있다. 항목 3, 4, 5번에 관하여 추가적인 차이점들을 논할 수 있다. 전체 군집화를 평가하기를 원하는 것인가 아니면 개개의 군집을 평가하는 것을 원하는가?

위에서 언급한 군집 유효성의 다양한 측면을 평가하는 여러 가지 수치적인 척도들을 개발할 수 있지만, 이때 여러 가지 도전들이 있다. 첫째, 군집 유효성을 위한 척도의 적용 범위가 상당히 제한적일 수 있다. 예를 들어 군집 경향의 척도를 위한 대부분의 작업은 2~3차원 공간 데이터에서 해왔다. 둘째, 척도를 해석할 수 있는 프레임워크(framework)가 필요하다. 군집의 라벨이 외부에서 제공된 군집 라벨의 값과 얼마나 잘 일치하는지에 대한 수치로 10이라는 값을 얻었다면, 이 값은 좋은지 또는 적당한지, 아니면 잘못된 것을 의미하는 것인가? 어떤 일치성의 값이 얼마나 좋은지는 종종 이 값의 통계적인 분산을 관찰함으로써 측정될 수 있다. 즉, 이런 값이 얼마나 우연히 생길 수 있는가 하는 것이다. 마지막으로, 척도가 너무 복잡해서 이해하거나 적용하기 어렵다면 그것을 거의 사용하지 않을 것이다.

군집 유효성의 여러 측면을 판단하기 위하여 적용되는 평가 척도, 혹은 평가 색인은

전통적으로 아래의 3가지 유형으로 분류된다.

- **무감독(Unsupervised)** 외부 정보에 의존하지 않고 군집화 구조의 좋은 정도를 평가한다. 한 예로는 SSE를 들 수 있다. 군집 유효성의 무감독 기법들은 추가적으로 두 부류로 나뉜다. 군집 안의 객체들이 얼마나 가까운지 측정하는 **군집 응집도**(cluster cohesion) 혹은 결합도(compactness), 견고성(tightness)이 있고, 다른 군집으로부터 얼마나 뚜렷이 다르거나 잘 분리되어 있는지 측정하는 **군집 분리도**(cluster separation) 혹은 고립도(isolation)가 있다. 무감독 기법들은 데이터 집합에 있는 정보만 사용하기 때문에 종종 **내부 색인**(internal indices)이라고도 불린다.

- **감독(Supervised)** 군집화 알고리즘에 의해 찾아진 군집화 구조가 외부의 구조와 어느 정도 일치하는지를 측정한다. 감독 색인의 한 예로 엔트로피(entropy)가 있는데 이것은 군집 라벨이 외부에서 제공된 분류 라벨과 얼마나 잘 일치하는가를 측정한다. 감독 기법들은 데이터 집합에 없는 정보를 사용하기 때문에 **외부 색인**(external indices)이라고도 불린다.

- **상대적(Relative)** 서로 다른 군집화나 군집들을 비교한다. 상대적 군집 평가 기법은 비교의 목적을 위하여 사용되는 감독 또는 무감독 평가 기법이다. 그러므로 상대적 기법들은 실제로 독립적인 군집 평가 기법의 유형이 아니고 군집 평가 기법의 특수한 사용인 것이다. 한 예로서, 2개의 K-means 군집화는 SSE 또는 엔트로피를 사용하여 비교할 수 있다.

이 절의 나머지에서는 군집 유효성에 대한 구체적인 내용들을 설명한다. 첫째로 무감독 군집 평가와 관련된 주제들을 설명하는데 (1) 응집도와 분리도 기반의 기법들, 그리고 (2) 인접 행렬 기반의 두 가지 기술들을 설명한다. 이 기법들은 군집들의 분할적인 집합들에만 유용하게 사용되기 때문에 계층 군집화의 무감독 평가에 사용될 수 있는 유명한 공표형 상관계수(cophenetic correlation coefficient)도 설명한다. 군집의 정확한 수를 찾는 것과 군집화 경향 평가에 대한 간단한 토의로 무감독 평가에 대한 논의를 끝낸다. 그런 후 군집 유효성에 대한 감독 기법들로서 엔트로피(entropy), 순도(purity), 자카드(Jaccard) 기준과 같은 것들을 다룬다. 마지막으로 (무감독 또는 감독) 검정 기준의 값을 어떻게 해석할 것인지에 대한 짧은 토의로 이 절을 마무리한다.

7.5.2 응집도와 분리도를 이용한 무감독 군집 평가

분할 군집화 기법들을 위한 군집 유효성의 많은 내부 기준들은 응집도나 분리도의 개념을 기반으로 하고 있다. 이 절에서는 프로토타입 기반과 그래프 기반의 군집화 기술을 위한 군집 유효성 기준들을 사용하여 이러한 개념들을 자세히 설명한다. 이 과정에서 또한 프로토타입 기반과 그래프 기반의 군집화 사이에 몇 가지 흥미로운 관계를 보게 될 것이다.

일반적으로 K개의 군집으로 이루어진 집합의 전체 군집 유효성을 개별 군집의 유효성의 합으로 표현할 수 있다.

$$overall\ validity = \sum_{i=1}^{K} w_i\, validity(C_i) \tag{7.8}$$

유효성 함수는 응집도, 분리도, 또는 이 양들의 몇 가지 조합이 될 수 있다. 가중치들은 군집 유효성 기준에 따라 변한다. 어떤 경우에는 가중치가 단순히 1이 되거나 군집의 크기가 되기도 하는 반면 뒤에서 다룰 다른 경우에는 군집의 더욱 복잡한 속성을 반영하기도 한다.

그래프 기반의 관점에서의 응집도와 분리도

그래프 기반의 관점에서 어떤 군집의 응집도(cohesion)라는 것은 인접성 그래프에서 군집안의 점들을 연결하는 링크들의 가중치들의 합이라고 정의할 수 있다. 그림 7.27(a)를 참조하라(인접성 그래프에는 노드로써 데이터 객체를 가지고 있고 데이터의 각 쌍 사이

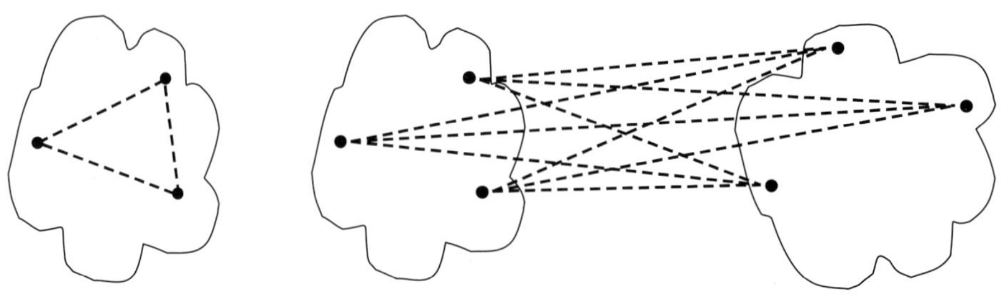

(a) 응집도(Cohesion) (b) 분리도(Separation)

그림 7.27 그래프 기반의 관점에서의 군집 응집도와 분리도

에 링크가 있고, 링크에 의해 연결된 2개의 데이터 객체 사이의 인접성을 나타내는, 각 링크에 할당된 가중치가 있다는 것을 상기하자). 이와 유사하게, 두 군집 사이의 분리도(separation)는 하나의 군집의 점들에서 다른 군집의 점들로의 링크들의 가중치의 합으로 측정할 수 있다. 그림 7.27(b)에서 이를 나타낸다.

가장 간단하게, 그래프 기반의 군집에서 응집도와 분리도는 식 (7.9)와 (7.10)으로 각각 표현할 수 있다. 인접성 함수는 유사도 또는 비유사도가 될 수 있다. 표 7.6에서 볼 수 있는 것과 같이, 유사도의 경우에는 분리도 측면에서는 작은 값이 나은 반면 응집도 측면에서는 큰 값이 낫다. 비유사도의 경우에는 반대다. 즉, 분리도 측면에서는 큰 값이 나은 반면 응집도 측면에서는 작은 값이 낫다. 더 복잡한 접근도 가능하지만 일반적으로 그림 7.27(a)와 7.27(b)의 기본적인 아이디어를 포함한다.

$$cohesion(C_i) = \sum_{\substack{\mathbf{x} \in C_i \\ \mathbf{y} \in C_j}} proximity(\mathbf{x}, \mathbf{y}) \tag{7.9}$$

$$separation(C_i, C_j) = \sum_{\substack{\mathbf{x} \in C_i \\ \mathbf{y} \in C_j}} proximity(\mathbf{x}, \mathbf{y}) \tag{7.10}$$

프로토타입 기반 관점에서의 응집도와 분리도

프로토타입 기반 군집에서 군집의 응집도는 군집의 프로토타입(prototype), 즉 중심점(centroid)이나 중간점(medoid)에 대하여 인접성들의 합으로 정의된다. 이와 유사하게, 두 군집들 사이의 분리도는 두 개의 군집 프로토타입들의 인접성에 의해 측정될 수 있

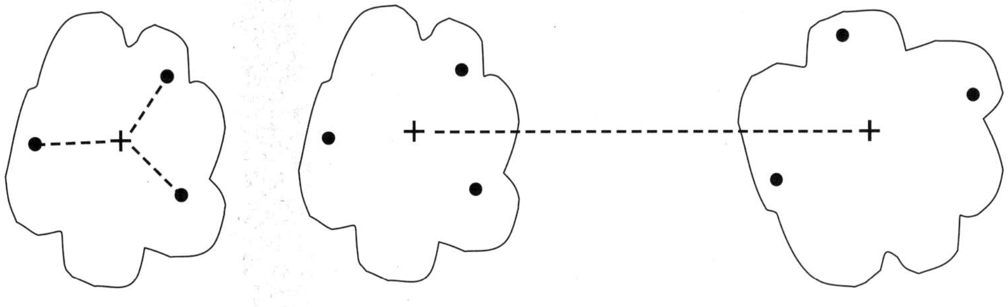

(a) 응집도 (b) 분리도

그림 7.28 프로토타입 기반의 관점에서의 군집 응집도와 분리도

다. 이것은 그림 7.28에 나타나 있으며 군집의 중심점은 "+"로 표시된다.

프로토타입 기반 군집에서 응집도는 식 (7.11)에 주어지고 분리도에 대한 두 개의 척도가 식 (7.12)와 (7.13)에서 각각 주어지며 이때 c_i는 군집 C_i의 프로토타입(중심점)이고, c는 전체 프로토타입(중심점)이다. 분리도에 대해서 두 가지 척도가 있는 이유는 뒤에서 보게 되겠지만, 전체 프로토타입으로부터 군집 프로토타입들의 분리도는 때때로 군집 프로토타입들 간의 분리도와 직접적인 연관이 있기 때문이다(이것은 사실이다. 그 예로, 유클리드 거리가 있다). 만약 인접성을 유클리드 거리의 제곱으로 정의하면 식 (7.11)은 군집 SSE가 된다는 점을 알아두자.

$$cohesion(C_i) = \sum_{\mathbf{x} \in C_i} proximity(\mathbf{x},\ \mathbf{c}_i) \tag{7.11}$$

$$separation(C_i,\ C_j) = proximity(\mathbf{c}_i,\ \mathbf{c}_j) \tag{7.12}$$

$$separation(C_i) = proximity(\mathbf{c}_i,\ \mathbf{c}) \tag{7.13}$$

프로토타입 기반의 응집도와 그래프 기반의 응집도 사이의 관계

군집의 응집도와 분리도를 측정하기 위한 그래프 기반과 프로토타입 기반의 접근법들이 서로 달라 보이지만 몇몇 인접성 척도에서는 동일하다. 예를 들어 유클리드 공간에서 SSE와 점들에 관하여 군집의 두 점들 사이의 평균거리와 군집의 SSE가 같다는 것을 식 (7.14)에서 보여준다. 643쪽의 연습문제 27번을 참고하라.

$$\text{Cluster SSE} = \sum_{\mathbf{x} \in C_i} dist(\mathbf{c}_i,\ \mathbf{x})^2 = \frac{1}{2m_i} \sum_{\mathbf{x} \in C_i} \sum_{\mathbf{y} \in C_i} dist(\mathbf{x},\ \mathbf{y})^2 \tag{7.14}$$

프로토타입 기반 분리도에 대한 두 가지 접근법의 관계

인접성을 유클리드 거리에 의해 측정할 때 군집 사이에 분리도의 전통적인 척도는 그룹 사이의 제곱의 합(SSB: between group sum of squares)이다. SSB는 군집 중심점 c_i와 모든 데이터 점의 전체 평균인 c에 대한 제곱 거리의 합이다. 모든 군집들에 대한 SSB를 합하면 총 SSB를 얻으며 이는 식 (7.15)에 의해 주어진다. 식 (7.15)에서 c_i는 i번째 군집의 평균을 의미하고 c는 전체 평균을 의미한다. 군집화의 총 SSB가 높을수록 군집들이 서로 간에 더 분리되어 있는 것이다.

$$\text{Total SSB} = \sum_{i=1}^{K} m_i \, dist(\mathbf{c}_i, \ \mathbf{c})^2 \tag{7.15}$$

총 SSB가 중심점들 간의 양방향 거리들과 직접적으로 관련이 있다는 것을 보여주는 것은 쉽다. 특별히 군집 크기가 동일하다면, 즉 $m_i = m/K$라면, 이 관계는 식 (7.16)에 의해 주어진 단순한 형태를 갖는다(643쪽의 연습문제 28번을 참고하라). 이와 같은 동등성에 의해 식 (7.12)와 (7.13)의 관점에서 프로토타입 분리도가 정의되었다.

$$\text{Total SSB} = \frac{1}{2K} \sum_{i=1}^{K} \sum_{j=1}^{K} \frac{m}{K} dist(\mathbf{c}_i, \ \mathbf{c}_j)^2 \tag{7.16}$$

응집도와 분리도의 관계

몇 가지 유효성 척도의 경우에서 응집도와 분리도 사이에 강한 관련성이 있다. 구체적으로, 총 SSE와 총 SSB의 합은 변하지 않는다는 것을 보여주는 것이 가능하다. 이것은 곧 총 제곱의 합(TSS: total sum of squares)으로서 각 점으로부터 전체 데이터의 평균과의 거리들의 제곱의 합이다. 이 결과의 중요성은 SSE(응집도)를 최소화하는 것은 SSB(분리도)를 최대화하는 것과 같다는 것이다.

아래에서 이 사실에 대한 증명을 제공한다. 이 접근법은 마지막 두 절에 설명된 관계들을 증명하는데 적용이 가능한 기술들을 보여주기 때문이다. 표기를 단순화하기 위해서 데이터는 일차원이라고 가정한다. 즉, $dist(x, \ y) = (x-y)^2$이다. 또한 교차항(cross-term) $\sum_{i=1}^{K} \sum_{x \in C_i} (x-c_i)(c-c_i)$은 0이라는 사실을 사용한다(643쪽의 연습문제 29번을 참고하라).

$$\begin{aligned}
\text{TSS} &= \sum_{i=1}^{K} \sum_{x \in C_i} (x-c)^2 \\
&= \sum_{i=1}^{K} \sum_{x \in C_i} ((x-c_i)-(c-c_i))^2 \\
&= \sum_{i=1}^{K} \sum_{x \in C_i} (x-c_i)^2 - 2\sum_{i=1}^{K} \sum_{x \in C_i} (x-c_i)(c-c_i) + \sum_{i=1}^{K} \sum_{x \in C_i} (c-c_i)^2
\end{aligned}$$

$$= \sum_{i=1}^{K} \sum_{x \in C_i} (x - c_i)^2 + \sum_{i=1}^{K} \sum_{x \in C_i} (c - c_i)^2$$

$$= \sum_{i=1}^{K} \sum_{x \in C_i} (x - c_i)^2 + \sum_{i=1}^{K} |C_i| (c - c_i)^2$$

$$= \mathrm{SSE} + \mathrm{SSB}$$

그래프 기반의 응집도와 중심점 기반의 응집도 사이의 관계

유클리드 거리에 대한 그래프 기반과 중심점 기반의 응집도 측정 사이에는 관계가 있음을 알 수 있다. 간단히 하기 위해 다시 한 번 1차원 데이터로 가정한다. $c_i = 1/m_i \sum_{y \in C_i} y$ 임을 기억하자.

$$\begin{aligned} m_i^2 cohesion(C_i) &= m_i^2 \sum_{x \in C_i} proximity(x,\ c_i) \\ &= \sum_{x \in C_i} m_i^2 (x - c_i)^2 \\ &= \sum_{x \in C_i} (m_i x - m_i c_i)^2 \\ &= \sum_{x \in C_i} (m_i x - m_i (1/m_i \sum_{y \in C_i} y))^2 \\ &= \sum_{x \in C_i} \sum_{y \in C_i} (x - y)^2 \\ &= \sum_{\substack{x \in C_i \\ y \in C_i}} (x - y)^2 \\ &= \sum_{\substack{x \in C_i \\ y \in C_i}} proximity(x,\ y) \end{aligned}$$

더 일반적으로, 중심점이 데이터에 의미가 있는 경우, 우리가 제시한 간단한 그래프 또는 중심점 기반 군집 유효성 측정값이 종종 관련된다.

응집도와 분리도에 대한 전체적인 척도

군집의 응집도와 분리도에 대한 앞에서의 정의는 식 (7.8)에 나타난 것처럼 가중치 합을 사용하여 군집 유효성의 전체적인 척도로 결합될 수 있는 단순하고 잘 정의된 개별 군집 유효성의 측정 값을 제공했다. 그러나 어떤 가중치들을 사용할 것인지를 결정할 필요가 있다. 당연하게도 사용된 가중치들은 매우 다양할 수 있다. 항상 그런 것은 아니지만 종종 군집 크기의 함수이거나 크기에 관계없이 모든 군집을 동일하게 처리하는 1의 가중치를 갖는다.

CLUstering TOolkit(CLUTO)(참고문헌 참조)은 군집화 과정을 이끌기 위해서 표 7.6에 설명된 군집 평가 척도들뿐만 아니라 여기에 설명되어 있지 않은 몇 가지 평가 척도도 사용한다. 코사인, 상관관계, 자카드(Jaccard)와 유클리드 거리의 역수와 같은 유사도 측정만 사용된다. I_1은 군집 안의 객체들의 쌍별 유사도 측면에서 응집도의 척도이다. I_2는 군집 객체와 군집 중심점의 유상성의 합 또는 군집 객체의 쌍별 유사도의 측면에서 표현할 수 있는 응집도의 척도이다. ϵ_1은 분리도의 척도이다. 군집 중심점의 전체 중심점과의 유사도 측면 또는 군집 객체와 다른 군집의 객체들의 쌍별 유사도 측면에서 정의될 수 있다(비록 ϵ_1은 분리도의 척도이지만 두 번째 정의는 군집 가중치에도 불구하고

표 7.6 그래프 기반 군집의 평가 척도

이름	군집 척도	군집 가중치	유형
I_1	$\sum_{\substack{\mathbf{x}\in C_i \\ \mathbf{y}\in C_i}} sim(\mathbf{x}, \mathbf{y})$	$\frac{1}{m_i}$	그래프 기반 응집도
I_2	$\sum_{\mathbf{x}\in C_i} sim(\mathbf{x}, \mathbf{c}_i)$		프로토타입 기반 응집도
I_2	$\sqrt{\sum_{\substack{\mathbf{x}\in C_i \\ \mathbf{y}\in C_i}} sim(\mathbf{x}, \mathbf{y})}$		프로토타입 기반 응집도
ϵ_1	$sim(\mathbf{c}_i, \mathbf{c})$	m_i	프로토타입 기반 분리도
ϵ_1	$\sum_{j=1}^{k} \sum_{\substack{\mathbf{x}\in C_i \\ \mathbf{y}\in C_i}} sim(\mathbf{x}, \mathbf{y})$	$\frac{m_i}{\sqrt{\sum_{\substack{\mathbf{x}\in C_i \\ \mathbf{y}\in C_i}} sim(\mathbf{x}, \mathbf{y})}}$	그래프 기반 분리도
G_1	$\sum_{\substack{j=1 \\ j\neq i}}^{k} \sum_{\substack{\mathbf{x}\in C_i \\ \mathbf{y}\in C_i}} sim(\mathbf{x}, \mathbf{y})$	$\frac{1}{\sum_{\substack{\mathbf{x}\in C_i \\ \mathbf{y}\in C_i}} sim(\mathbf{x}, \mathbf{y})}$	그래프 기반 분리도와 응집도

군집 응집도도 사용한다는 것을 보여준다). 응집도와 분리도 모두를 기반으로 한 군집 유효성 척도인 G_1은 군집 안의 모든 객체와 군집의 바깥쪽의 모든 객체의 쌍별 유사도의 합(즉, 군집을 다른 군집으로부터 분리시키기 위하여 잘라버려야 하는 유사도 그래프의 간선들의 가중치들의 합)을 군집 안의 객체들의 쌍별 유사도의 합으로 나눈 값이다.

어떠한 군집 유효성에 대한 무감독 척도도 잠재적으로 군집화 알고리즘을 위한 목적함수로 사용 가능하며 반대로도 이용 가능하다는 점을 알아두자. CLUTO는 7.2.2절에서 논의된 점진적인 K-means 알고리즘과 유사한 알고리즘을 사용하여 이 접근 방식을 취한다. 구체적으로는 각 점들은 군집 평가함수가 최고값을 갖게 하는 군집에 할당된다. 군집 평가 척도 I_2는 전통적인 K-means와 일치하며 좋은 SSE 값을 가진 군집들을 만든다. 다른 척도들은 SSE에 관하여 좋지 않은 군집을 만들지만 명시된 군집 유효성 척도와 관련하여 더 나은 군집을 만든다.

개별적인 군집들과 객체들의 평가

지금까지는 군집 그룹의 전체 평가에 응집도와 분리도를 사용하는 것에 초점을 맞추었다. 대부분의 군집 유효성에 대한 척도들은 또한 개별적인 군집들과 객체들을 평가하기 위해서도 사용될 수 있다. 예를 들어 군집 응집도나 분리도와 같은 군집 유효성의 특정 값에 따라 개별적인 군집들을 서열화할 수 있다. 높은 응집도 값을 가진 군집은 낮은 응집도 값을 가진 군집보다 좋다고 간주된다. 이 정보는 군집화의 질을 향상시키는데 사용될 수 있다. 예를 들어 만약 군집이 잘 응집되지 않았다면 몇 개의 하위 군집으로 쪼개야 할지도 모른다. 반면, 만약 두개의 군집이 상대적으로 응집도가 높으면서 분리도가 낮다면 이들 두 개의 군집들을 한 개의 군집으로 병합할 수 있다.

또한 군집의 전체 응집도나 분리도에 대한 기여도 측면에서 군집 내의 객체를 평가할 수 있다. 응집도와 분리도에 더 기여하는 객체들은 군집의 “내부”에 가깝다. 반대의 기여도를 갖는 객체들은 대체로 군집의 “가장자리”에 있다. 다음 절에서는 점들, 군집들, 전체 군집들의 집합을 평가하기 위하여 이들 아이디어들을 기반으로 한 접근법들을 사용하는 군집 평가 척도들을 고려한다.

실루엣 계수(Silhouette Coefficient)

잘 알려진 실루엣 계수(silhouette coefficients) 방법은 응집도와 분리도를 모두 통합한다. 아래의 3단계로 구성된 절차를 따라가면 개별적인 점에 대한 실루엣 계수를 계산할 수 있다. 여기서는 거리를 사용하지만 유사도를 위해 비슷한 접근법을 사용할 수 있다.

1. i번째 객체에서 군집 안의 모든 다른 객체까지 평균거리를 계산한다. 이 값을 a_i라 부른다.
2. i번째 객체와 이 객체를 포함하지 않는 다른 모든 군집들에 대하여 이 객체에서 해당 군집의 모든 객체까지의 평균거리를 계산한다. 모든 군집에 대한 최소의 값을 찾는다. 이것을 b_i라고 부른다.
3. i번째 객체에서 실루엣 계수 $s_i = (b_i - a_i)/\max(a_i,\ b_i)$이다.

실루엣 계수의 값은 −1과 1 사이의 값을 가질 수 있다. 음의 값은 바람직하지 않은 값이다. 군집 안의 점들의 평균 거리인 a_i가 다른 군집 안의 점들까지의 최소 평균거리인 b_i보다 크다는 것을 의미하기 때문이다. 실루엣 계수가 양의 값($a_i < b_i$)이 되고 a_i가 가능한 0에 가깝게 되는 것이 원하는 결과인데 이것은 실루엣 계수는 $a_i = 0$일 때 1이라는 최대값을 갖게 되기 때문이다.

단순히 군집에 속한 점들의 실루엣 계수들의 평균을 얻음으로써 군집의 평균 실루엣 계수를 계산할 수 있다. 모든 점들의 평균 실루엣 계수를 계산하여 군집의 우수성에 대한 전반적인 측정값을 얻을 수 있다.

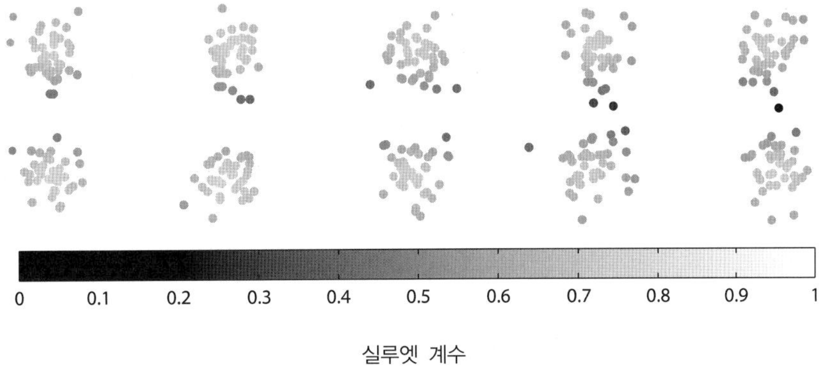

그림 7.29 열 개의 군집의 점들에 대한 실루엣 계수들

예제 7.8 **실루엣 계수**

그림 7.29는 10개의 군집 안의 점들에 대한 실루엣 계수들의 범위를 보여준다. 어두운 그늘 부분은 낮은 실루엣 계수를 나타낸다. ■

7.5.3 인접성 행렬을 이용한 무감독 군집 평가

이 절에서는 인접성 행렬을 기반으로 한 군집 유효성을 평가하기 위한 무감독 접근 방법 두 가지를 살펴본다. 첫 번째는 실제 인접성 행렬을 이상적인 인접성 행렬과 비교하고 두 번째는 시각화를 사용한다.

무감독 군집 평가 척도에 대한 일반적 의견

사도 행렬과 데이터 집합의 군집 분석으로부터 얻은 군집 라벨이 있다면, 이 유사도 행렬과 군집 위에 제시된 척도들 이외에도 많은 다른 척도들이 무감독 군집 유효성의 척도로 제안되었다. 위에 제시된 척도를 포함하여 거의 모든 척도들은 분할 중앙 집중 군집들을 위한 것이다. 특히 연속성 또는 밀도 기반 군집들에서는 그 중 어느 것도 적합하지 않다. 실제로, 12가지의 이러한 척도에 대한 최근의 평가(참고문헌 참조)는 다수의 척도가 소음과 다른 크기나 밀도와 같은 문제를 다루는 측면에서는 잘 적용되었지만 상대적으로 최근에 제안된 척도인 Clustering Validation index based on Nearest Neighbors (CVNN)를 제외하고는 모두 임의의 모양에 대해서 잘 처리하지 못했다. 그러나 실루엣 지수는 그것을 제외한 모든 다른 문제들에서 잘 작동했다.

실루엣 계수와 같은 대부분의 무감독 군집 평가 방법에는 응집도(결합도)와 분리도가 모두 포함된다. K-means와 같은 분할 군집화 알고리즘과 함께 사용하면 이러한 측정값은 “자연적인” 군집들의 집합이 발견될 때까지 감소하고 군집이 “너무 미세하게” 분할되면 분리도가 나빠지고 응집도가 많이 향상되지 않기 때문에 증가하기 시작하는 경향이 있다. 따라서 이러한 측정값은 군집 수를 결정하는 방법을 제공할 수 있다. 그러나 군집화 알고리즘에 사용된 군집의 정의가 군집 평가 측정에 사용된 군집의 정의와 다를 경우 알고리즘 및 검증 척도에 의해 최적으로 식별된 군집 집합이 다를 수 있다. 예를 들어, CLUTO는 표 7.6에 설명된 방법을 사용하여 군집화를 수행하므로 생성된 군집화는 일반적으로 실루엣 계수에 따른 최적 군집과 일치하지 않는다. 표준 K-means에 대해서도 마찬가지이다. 또한 실제로 서로 분리되지 않은 하위 군집들이 있는 경우 두 군집을 모두 통합하는 방법은 데이터의 군집 구조에 대한 대략적인 관점만 제공할 수 있다. 또 다른 고려 사항은 요약을 위해 군집화를 할 때 데이터의 "자연적인" 군집 구조에 관심이 없지만 특정 수준의 근사치를 달성하려는 것이다(예: SSE를 특정 수준으로 줄이려는 경우).

더 일반적으로 너무 많은 군집들이 있지 않다면 군집 응집도와 분리도를 독립적으로 평가하는 것이 나을 수 있다. 이것은 각 군집이 얼마나 응집력이 있고 얼마나 서로 잘 분리되는지 알 수 있는 보다 더 종합적인 관점을 제공할 것이다. 예를 들어, 중심점 기반 군집화가 주어지면 중심점의 쌍별 유사도 또는 거리를 계산할 수 있다. 즉, 중심점의 거리 또는 유사도 행렬을 계산할 수 있다. 방금 설명한 접근법은 정확도 또는 F-측정과 같은 분류 척도 대신 분류 문제에 대한 혼동 행렬을 보는 것과 비슷하다.

상관관계에 의한 군집 유효성 평가

만일 데이터 집합을 위한 유사도 행렬과 데이터 집합의 군집 분석으로부터 얻은 군집 라벨이 있다면, 이 유사도 행렬과 군집 라벨을 기반으로 한 이상적인 버전의 유사도 행렬 사이의 관계를 봄으로써 군집화의 "우수성"을 평가할 수 있다(약간만 변경하면 인접성 행렬에도 적용될 수 있지만 편의를 위해 여기에서는 유사도 행렬만을 논한다). 좀 더 구체적으로 말하자면, 이상적인 군집은 군집의 점이 군집 내의 다른 모든 점과 유사도가 1이고 다른 군집들의 모든 점들에 대해서는 유사도가 0이 되는 것이다. 따라서 유사도 행렬의 행과 열을 정렬하여 동일한 군집에 속하는 모든 객체가 함께 있으면 이상적인 군집 유사도 행렬은 **블록 대각선(block diagonal)** 구조를 갖는다. 달리 말하면 유사도 행렬의 안쪽 블록들은 군집 내 유사도를 나타내는 원소들로서 유사도가 0이 아닌 값, 즉 1의 값을 가진다. 그 외의 다른 곳은 유사도가 0이다. 이상적인 군집 유사도 행렬은 실제 유사도 행렬과 같이 각 데이터 점을 위해 1개의 행과 열을 가진다. 그리고 만약 관련된 점의 쌍이 같은 군집에 속하면 해당 원소에 1이 할당된다. 다른 모든 원소들은 0이다.

이상적인 유사도 행렬과 실제 유사도 행렬 사이의 높은 상관관계가 있다는 것은 같은 군집에 속한 점들은 서로 가깝다는 것을 나타내는 반면 낮은 상관관계는 그 반대를 나타낸다(실제 유사도 행렬과 이상적 유사도 행렬은 대칭적이기 때문에 상관관계는 행렬의 대각선 위 또는 아래의 $n(n-1)/2$개의 원소들로만 계산된다). 따라서 이것은 밀도 또는 근접성 기반의 군집들에 대해서는 좋은 척도는 아니다. 왜냐하면 이들은 구 형태가 아니며 다른 군집과 밀접하게 얽혀 있을 수 있기 때문이다.

예제 7.9 실제 유사도 행렬과 이상적 유사도 행렬의 상관관계

이 척도를 설명하기 위해 그림 7.26(c)(임의의 데이터)와 그림 7.30(a)(잘 분리된 세 개의 군집을 가진 데이터)에서 보여주는 K-means 군집들에 대한 이상적 유사도 행렬과 실제 유사도 행렬 사이의 상관관계를 계산하였다. 상관관계는 각각 0.5810과 0.9235로서 무작위 데이터 안에서 K-means에 의해 발견된 군집은 잘 분리된 군집을 가진 데이터 안에서 K-means에 의해 발견된 군집보다 좋지 않다는 예측된 결과를 반영한다. ■

유사행렬을 이용하여 시각적으로 군집화를 판단하기

앞에서 논한 기술은 군집의 집합을 판단하기 위한 더욱 일반적이고 질적인 접근법을 제안한다. 즉 유사도 행렬을 군집 라벨과 관련하여 정렬하고 그림으로 그리는 것이다. 이론적으로는 만약 잘 분리된 군집을 가진다면 유사도 행렬은 대략적으로 블록 대각선 모양일 것이다. 만약 아니라면 유사도 행렬에 나타난 패턴은 군집들 사이의 관계를 드러낼 수 있을 것이다. 이 역시도 이 모든 것을 비유사도(dissimilarity) 행렬에 적용될 수 있지만 편의성을 위하여, 유사도(similarity) 행렬에 대해서만 논한다.

예제 7.10 유사도 행렬의 시각화

3개의 잘 분리된 군집들을 형성하는 그림 7.30(a)의 점들을 고려하자. 만약 K-means를 사용하여 이 점들의 집합을 3개의 군집으로 만들고자 하면 이 군집들은 잘 분리된 것이기 때문에 이 군집들을 찾기 위해 어떤 문제도 없을 것이다. 이 군집들의 분리는 그림 7.30(b)에 보인 재배열된 유사도 행렬에 의해 나타내어진다(통일성을 위해서 공식 $s = 1 - (d - min_d)/(max_d - min_d)$을 사용하여 거리들을 유사도로 변형하였다). 그림 7.31은 그림 7.26의 임의의 데이터 집합에 대해서 DBSCAN, K-means, 완전 링크(complete link)에 의해 발견된 군집들에 대한 재배열된 유사도 행렬을 보여준다.

그림 7.30의 잘 분리된 군집들은 재배열된 유사도 행렬에서 매우 선명한 블록 대각선의 패턴을 보여준다. 그러나 그림 7.31에서 보인 임의의 데이터에서 DBSCAN, K-means,

완전 링크(complete link)에 의해 발견된 군집화에서의 재배열된 유사도 행렬처럼 약한 블록 대각선의 패턴도 있다. 사람이 구름에서 패턴을 찾을 수 있는 것처럼 데이터마이닝 알고리즘은 무작위의 데이터에서 군집을 찾을 수 있다. 구름에서 패턴을 찾는 것이 재미있는 반면 잡음 속에서 군집을 찾는 것은 의미도 없고 귀찮은 일일 수 있다. ■

이 접근법은 큰 데이터 집합에 대해서는 터무니없이 비용이 클 수 있는데 왜냐하면 인접성 행렬의 계산에는 $O(m^2)$의 시간이 필요하며 이때 m은 객체의 개수이다. 그러나 샘플링을 이용하면 이 방법은 아직도 사용 가능하다. 각 군집으로부터 데이터 점의 샘플

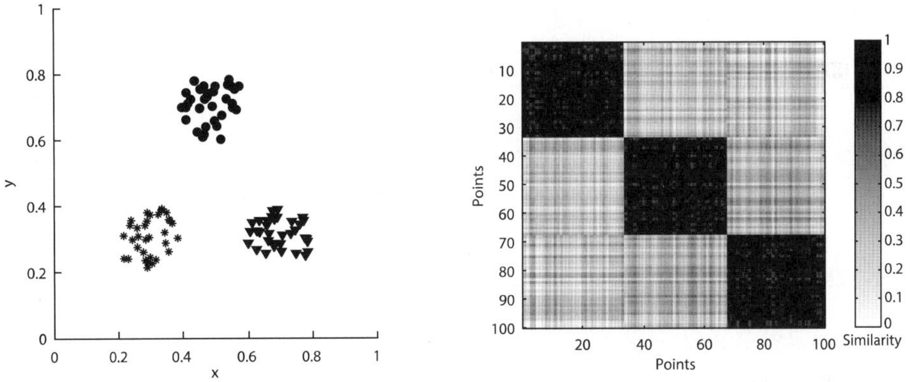

(a) 잘 분리된 군집들

(b) K-means 군집 라벨에 의해 정렬된 유사도 행렬

그림 7.30 잘 분리된 군집들을 위한 유사도 행렬

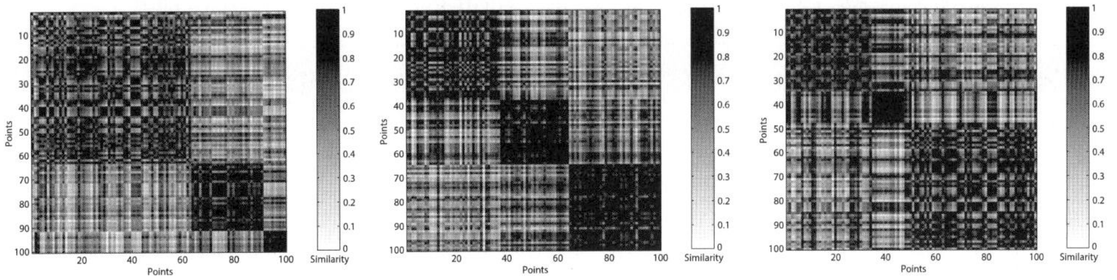

(a) DBSCAN 군집 라벨들에 의해 정렬된 유사도 행렬

(b) K-means 군집 라벨들에 의해 정렬된 유사도 행렬

(c) 완전링크 군집 라벨들에 의해 정렬된 유사도 행렬

그림 7.31 무작위 데이터의 군집들에 대한 유사도 행렬

을 취할 수 있고, 이 점들 사이의 유사도를 계산하고 결과를 그릴 수 있다. 모든 군집을 알맞게 대표할 수 있는 값을 얻기 위하여 작은 군집에서는 샘플을 많이 취하고 큰 군집은 샘플을 덜 취해야 할 필요성이 있을 수 있다.

7.5.4 계층 군집화의 무감독 평가

앞의 군집 평가에 대한 접근법들은 분할 군집화를 위한 방법들이다. 여기서는 유명한 평가 척도인 공표형 상관관계(cophenetic correlation)를 논한다. 두 객체 사이의 **공표형 거리**(cophenetic distance)는 병합 계층 군집화 기법에서 객체들을 처음으로 같은 군집 안에 두는 객체들의 인접성이다. 예를 들어 만약 병합 계층 군집화 과정의 특정 시점에서 합병된 두개의 군집 사이의 가장 짧은 거리가 0.1이면, 하나의 군집 안의 모든 점들은 다른 군집의 점들에 관하여 0.1의 공표형 거리를 가진다. 공표형 거리 행렬(cophenetic distance matrix)의 원소들은 각 객체의 쌍 사이의 공표형 거리이다. 공표형 거리는 점들의 집합에 대한 각 계층 군집화마다 다르다.

예제 7.11 공표형 거리 행렬

표 7.7은 그림 7.16의 단일 링크(single link) 군집화를 위한 공표형 거리 행렬을 보여준다(이 그림의 데이터는 표 7.3에서 주어진 6개의 이차원 점들로 구성된다). ■

공표형 상관계수(CPCC: CoPhenetic Correlation Coefficient)는 이 행렬과 원래의 비유

표 7.7 단일 링크 및 92쪽 표 2.14의 데이터에 대한 공표형 거리 행렬

점	P1	P2	P3	P4	P5	P6
P1	0	0.222	0.222	0.222	0.222	0.222
P2	0.222	0	0.148	0.151	0.139	0.148
P3	0.222	0.148	0	0.151	0.148	0.110
P4	0.222	0.151	0.151	0	0.151	0.151
P5	0.222	0.139	0.148	0.151	0	0.148
P6	0.222	0.148	0.110	0.151	0.148	0

사도(dissimilarity) 행렬의 원소들 간의 상관관계로서 (특정 유형의) 계층 군집화가 얼마나 데이터에 잘 맞는지에 대한 표준 척도이다. 이 척도의 가장 흔한 사용으로는 특정 데이터 유형에 대하여 어떤 종류의 계층 군집화가 가장 좋은지를 평가하는 것이 있다.

예제 7.12 공표형 상관계수

그림 7.16~7.19에서 보인 계층 군집화의 CPCC를 계산하였다. 이 값들은 표 7.8에 나타내었다. 단일 링크(single link) 기법에 의해 만들어진 계층 군집화는 완전 링크(complete link), 그룹 평균(group average), 워즈의 방법(Ward's method)에 의해 만들어진 군집화보다 데이터에 덜 맞는 것처럼 보인다.

표 7.8 네 개의 병합 계층 군집화 기법과 표 2.14의 데이터에 대한 공표형 상관계수

기법	CPCC
단일 링크(Single Link)	0.44
완전 링크(Complete Link)	0.63
그룹 평균(Group Average)	0.66
워즈(Ward's)	0.64

■

7.5.5 정확한 군집의 수 결정하기

다양한 무감독 군집 평가 척도들이 정확하거나 자연스러운 군집의 수를 대략 결정하는 데 사용될 수 있다.

예제 7.13 군집의 수

그림 7.29의 데이터 집합은 10개의 자연스런 군집을 가지고 있다. 그림 7.32는 데이터 집합의 (이등분) K-means 군집화에 대하여 SSE 대 군집의 숫자를 그래프로 보여주는 반면 그림 7.33은 같은 데이터에 대해서 실루엣 계수의 평균 대 군집의 숫자를 보여준다. 군집의 수가 10일 때 SSE에는 뚜렷하게 구부러지는 부분이 있고 실루엣 계수는 극대점을 형성한다. ■

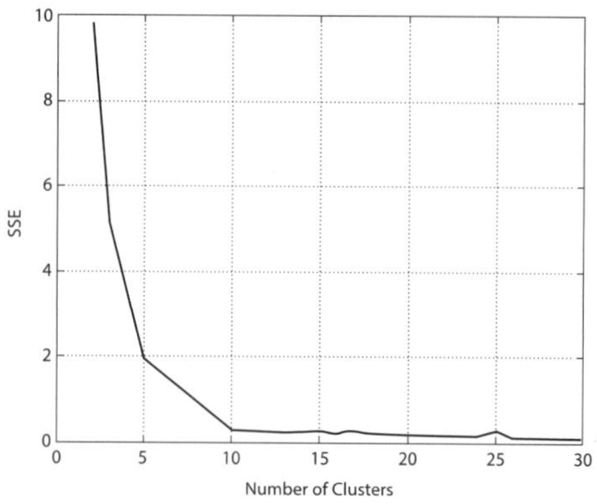

그림 7.32 SSE 대 군집의 수(611쪽 그림 7.29의 데이터에 대해)

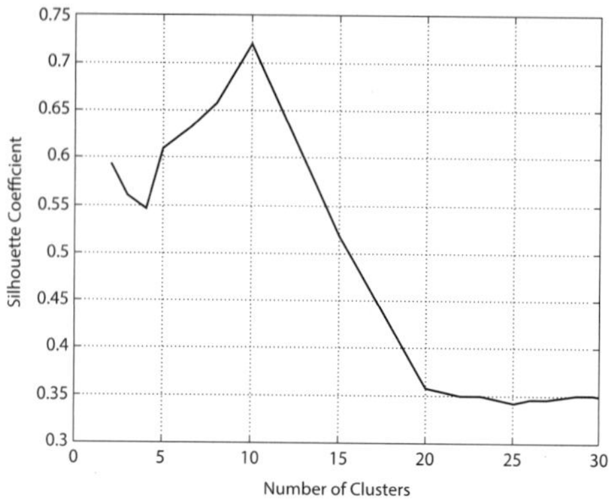

그림 7.33 평균 실루엣 계수 대 군집의 수 (그림 7.29의 데이터에 대해)

따라서 데이터 집합 안의 자연스러운 군집의 숫자를 찾으려고 하면 군집의 수에 대하여 평가 척도를 그래프로 그려서 곡선이 생기는 곳, 극대점, 극소점의 위치에 있는 군집의 개수를 찾아보도록 할 수 있다. 물론 이 접근은 항상 잘 되는 것은 아니다. 군집은 그림 7.29에서 보이는 것 보다 더 겹쳐지고 더 얽히게 되어 있을 수 있다. 또한 데이터는 중첩된 군집으로 구성될 수도 있다. 사실 그림 7.29의 군집들은 다소 중첩되었다. 즉 군집들은 왼쪽에서 오른쪽 방향보다 위에서 아래쪽 방향으로 더 가깝기 때문에 5쌍의 군집이 있는 것이다. SSE 곡선에서 이것을 나타내는 굴곡부는 나타나지만, 실루엣 계수 곡선에서는 명백하지 않다. 요약하면 이 기술에는 주의가 필요하지만 데이터 안의 군집의 수에 대한 통찰을 제공해준다.

7.5.6 군집화 경향

데이터 집합이 군집을 가지고 있는지를 명백하게 결정하는 방법은 군집화를 하려고 시도하는 것이다. 그러나 데이터가 주어지면 거의 모든 군집화 알고리즘들은 의무적으로 군집을 찾아준다. 이 문제를 제기하기 위하여, 결과로 얻은 군집들을 평가하여 적어도 몇 개의 군집들이 좋은 품질이어야만 그 데이터 집합이 군집들을 가지고 있다고 할 수 있을 것이다. 그러나 이 접근은 데이터의 군집들이 군집화 알고리즘에 의해 추구되는 것과는 다른 유형의 군집들일 수 있다는 사실을 고려하지 않는다. 이 추가적인 문제를 다루기 위해, 여러 가지 알고리즘을 사용하고, 결과적인 군집의 품질을 다시 평가할 수 있다. 만약 군집들이 똑같이 빈약하다면, 이는 정말로 데이터에 군집이 없다는 것을 표시할 수도 있다.

다른 한편으로는 이것이 바로 군집화 경향 척도의 초점이며 군집화 하지 않고도 데이터 집합이 군집을 가지고 있는지를 평가하려고 시도하는 것이다. 특히 유클리드 공간의 데이터를 위해 가장 일반적으로 사용되는 방법은 무작위적인 공간을 위해서 통계적인 시험을 사용하는 것이었다. 불행하게도, 정확한 모델을 선택하고 매개변수를 추정하고, 데이터가 무작위가 아니라는 가설의 통계적인 중요성을 평가하는 것은 상당한 도전이라 할 수 있다. 그럼에도 불구하고, 많은 방법들이 개발되었으며 이들 중 대부분은 낮은 차원의 유클리드 공간의 점들을 위한 것들이다.

예제 7.14 홉킨스 통계치(Hopkins Statistic)

이 방법을 위해, 데이터 공간을 가로질러 무작위로 분산되는 p개의 점들을 생성하며 p개의 실제 점들도 샘플을 한다. 이 두 점들의 집합들에 대해서 원래의 데이터 집합에서 가장 가까운 이웃까지의 거리를 찾는다. 인위적으로 생성되었던 점에서 가장 가까운 이웃들의 거리를 u_i라고 하고 원래 데이터 집합의 샘플 점들에서 가장 가까운 이웃들의 거리를 w_i라고 하자. 홉킨스 통계치(Hopkins Statistic) H는 식 (7.17)에 의해 정의된다.

$$H = \frac{\sum_{i=1}^{p} w_i}{\sum_{i=1}^{p} u_i + \sum_{i=1}^{p} w_i} \tag{7.17}$$

만약 무작위로 생성되었던 점과 데이터 점의 샘플이 매우 유사한 가장 가까운 이웃들을 갖는다면 H는 0.5에 가까울 것이다. H의 값이 각각 0과 1 근처에 있으면 데이터가 매우 밀집한 군집을 이룬다는 것과 데이터가 데이터 공간 안에서 일정하게 분산되어 있음을 나타낸다. 예로, 그림 7.26의 데이터에 대한 홉킨스 통계치는 $p=20$의 값과 100회의 다른 시험에 대해 계산되었다. H의 평균값은 0.56이었으며 표준편차는 0.03이었다. 같은 실험을 그림 7.30의 잘 분리된 점들에 대해서도 수행하였다. H의 평균값은 0.95이었고 표준편차는 0.006이었다. ■

7.5.7 군집 유효성에 대한 감독 척도

데이터의 외부 정보를 가지고 있을 때 이것은 전형적으로 데이터 객체들로부터 외부적으로 파생된 분류 라벨의 형태로 존재한다. 이런 경우, 일반적인 처리 절차는 군집 라벨과 분류 라벨의 일치정도를 측정하는 것이다. 왜 이것이 흥미로운가? 결국에는 분류 라벨을 가지고 있다면 군집 분석을 수행하는 이유는 무엇인가? 이와 같은 분석의 동기는 군집화 기술들을 "실제적인 진실"과 비교하거나 뉴스 기사 군집화와 같은 군집 분석을 통해 수동 분류처리를 얼마나 자동적으로 생성할 수 있는가에 대한 평가를 위한 것이다. 또 다른 잠재적인 동기는 동일한 군집에 있는 객체들이 반 감독 학습 기술에 대해 동일한 라벨을 갖는지에 대한 여부를 평가하는 것이다.

여기에서는 두 가지 접근 방식을 고려한다. 첫 번째 기법은 엔트로피(entropy), 순도(purity), F-measure와 같은 분류화 척도들을 사용한다. 이 척도들은 군집이 단일 분류의 객체들을 어느 정도 가지고 있는지를 평가한다. 두 번째 기법은 2장에서 보았던 자카드(Jaccard) 척도와 같이 이진 데이터를 위한 유사도 척도들과 관계가 있다. 이들 방법들은 같은 분류에 속한 두개의 객체가 어느 정도로 같은 군집에 존재하는지, 그리고 역으로도 그러한지를 측정하기 위한 방법이다. 편의상 이들 두 가지의 척도들을 여기에서는 각각 **분류화 지향**(classification-oriented)과 **유사도 지향**(similarity-oriented)으로 부른다.

군집 유효성에 대한 분류화 지향의 척도들

분류화 모델의 성능을 평가하기 위해 일반적으로 사용되는 몇 가지 척도들이 있다. 이번 절에서는 엔트로피(entropy), 순도(purity), 정확도(precision), 재현율(recall), F-measure 이 다섯 가지 척도들에 대해 논의할 것이다. 분류화의 경우에는 예측한 분류 라벨과 실제 분류 라벨의 일치정도를 측정한다. 그러나 방금 언급된 척도들에 대해서는 예측 분류 라벨 대신에 군집 라벨을 사용한다고 해서 근본적으로 변하는 것은 아무것도 없다. 다음으로는, 앞서 논의 되었던 이들 척도들의 개념을 군집화를 고려하여 다시 살펴보자.

- **엔트로피(Entropy)**: 각 군집이 단일 분류의 객체들로 구성되어 있는 정도이다. 각각의 군집에서 데이터에서의 분류의 분산을 먼저 계산한다. 예를 들면 군집 i에서 p_{ij}를 계산하는데 이것은 군집 i의 구성원이 분류 j에 속할 확률을 말하며 $p_{ij} = m_{ij}/m_i$로 계산한다. 이때 m_i는 군집 i의 객체의 수이며 m_{ij}는 군집 i 안에 있는

분류 j의 객체 수이다. 이러한 분류의 분산을 이용하여 각 군집 i의 엔트로피(entropy)는 표준식 $e_i = -\sum_{j=1}^{L} p_{ij} \log_2 p_{ij}$에 의해 계산되어지며, L은 분류의 수이다. 군집들의 집합의 총 엔트로피는(total entropy)는 각 군집의 크기에 의해 가중치값을 부여받은 각 군집들의 엔트로피의 합으로 계산할 수 있다. 즉, $e = \sum_{i=1}^{K} \frac{m_i}{m} e_i$로 계산되어지며 K는 군집의 수이고 m은 데이터 점들의 총 개수이다.

- **순도(Purity)**: 군집이 단일 분류의 객체들을 포함하는 정도에 대한 또 하나의 척도이다. 앞의 용어들을 사용하면 군집 i의 순도는 $purity(i) = \max_j p_{ij}$이고 군집화의 전체 순도는 $purity = \sum_{i=1}^{K} \frac{m_i}{m} purity(i)$이다.

- **정확도(Precision)**: 군집에서 특정 분류의 객체로 이루어진 군집의 일부이다. 분류 j와 관련한 군집 i의 정밀도는 $precision(i,\ j) = p_{ij}$이다.

- **재현율(Recall)**: 군집이 특정 분류의 모든 객체들을 어느 정도 포함하는지를 나타낸다. 분류 j와 관련된 군집 i의 재현율은 $recall(i,\ j) = m_{ji}/m_j$이며 m_j는 분류 j의 객체 수이다.

- **F-measure**: 정밀도와 재현율의 조합으로서 군집이 특정 분류의 객체들만을 포함하는 정도와 그 분류의 모든 객체들을 포함하는 정도를 측정한다. 분류 j와 관련한 군집 i의 F-measure는 $F(i,\ j) = (2 \times precision(i,\ j) \times recall(i,\ j))/(precision(i,\ j) + recall(i,\ j))$이다. 군집(partitional 또는 hierarchical)의 한 집합의 F-measure은 620쪽에서 계층 군집화의 군집 유효성에 대해 논의할 때 나와 있다.

예제 7.15 감독 평가 척도

이 척도들을 설명하기 위해 예를 든다. 구체적으로 로스앤젤레스 타임즈(Los Angeles Times)의 3,204개의 신문 기사를 군집화하기 위하여 코사인 유사도 척도와 함께 K-means를 사용한다. 이 기사들은 6개의 다른 분류인 오락, 재정, 해외, 도시, 국내, 스포츠에서 온다. 표 7.9는 6개 군집을 찾기 위한 K-means 군집화의 결과를 보인다. 첫 번째 열은 군집을 표시하며 다음의 6개의 열은 함께 모여서 혼동 행렬(confusion matrix)을 형성한다. 이 열들은 군집들 사이에 각 분류의 문서들이 어떻게 분산되는지를 표시한다.

표 7.9 LA Times 문서 데이터 집합에 대한 K-means 군집화 결과

군집	오락	재정	해외	도심	국내	스포츠	엔트로피	순도
1	3	5	40	506	96	27	1.2270	0.7474
2	4	7	280	29	39	2	1.1472	0.7756
3	1	1	1	7	4	671	0.1813	0.9796
4	10	162	3	119	73	2	1.7487	0.4390
5	331	22	5	70	13	23	1.3976	0.7134
6	5	358	12	212	48	13	1.5523	0.5525
총계	354	555	341	943	273	738	1.1450	0.7203

마지막 2개의 열은 각각 군집의 엔트로피와 순도이다.

이상적으로, 각 군집은 단지 하나의 분류의 문서를 포함할 것이다. 실제로는, 각 군집은 많은 분류의 문서를 포함한다. 그럼에도 불구하고, 많은 군집들은 주로 하나의 분류에서 온 문서를 포함한다. 특히, 군집 3은 스포츠 섹션에서 온 문서가 대부분을 차지하며 순도와 엔트로피 면에서 모두 특별히 좋다. 다른 군집들의 순도와 엔트로피는 그만큼 좋지는 않지만, 전형적으로 데이터를 큰 수의 군집으로 나누면 상당히 개선할 수 있다.

정확도, 재현율과 F-measure는 각각의 집단에 대해 계산될 수 있다. 구체적인 예를 주기 위해, 표 7.9의 군집 1과 도심 분류를 고려한다. 정확도는 $506/677 = 0.75$이고 재현율은 $506/943 = 0.26$이고, 따라서, F값은 0.39이다. 반면에 군집 3과 스포츠를 위한 F값은 0.94이다. 분류에서와 같이 혼동 행렬은 가장 자세한 정보를 제공한다. ■

군집 유효성에 대한 유사도 지향의 척도들

이 절에서 논하는 척도들은 동일한 군집에 속한 두 객체는 동일한 분류에도 속해야 하며 그 역도 마찬가지로 성립해야 한다는 전제를 두고 있다. 군집 유효성에 대한 이러한 접근법은 두 개의 행렬들의 비교와 관련이 있는 것으로 볼 수 있다. (1) 이전에 논의되었던 **이상적인 군집 유사도 행렬**(ideal cluster similarity matrix)로서 두 객체 i와 j가 같은 군집에 들어있으면 행렬의 ij번째 원소가 1이 되며 그렇지 않으면 0이다. 그리고 (2) 분류 라벨과 관련하여 정의된 **이상적인 분류 유사도 행렬**(ideal class similarity matrix)로서 두 객체 i와 j가 같은 분류에 들어있으면 행렬의 ij번째 원소가 1이 되며 그렇지 않으면 0

이다. 이전과 마찬가지로 이 2개의 행렬 간의 상관관계를 군집 유효성 척도로 사용할 수 있다. 이 척도는 군집화 검정 분야에서는 Γ 통계치로 알려져 있다.

예제 7.16 군집 행렬과 분류 행렬 간의 상관관계

이 아이디어를 더 구체적으로 보여주기 위해서 5개의 데이터 점 p_1, p_2, p_3, p_4, p_5 및 2개의 군집들 $C_1=\{p_1, p_2, p_3\}$과 $C_2=\{p_4, p_5\}$, 그리고 2개의 분류 $L_1=\{p_1, p_2\}$과 $L_2=\{p_3, p_4, p_5\}$와 관련된 예를 제공한다. 이상적인 군집과 분류는 표 7.10과 7.11에서 주어졌다. 두 행렬의 원소들 간의 상관관계는 0.359이다.

표 7.10 이상적인 군집 유사도 행렬

점	p1	p2	p3	p4	p5
p1	1	1	1	0	0
p2	1	1	1	0	0
p3	1	1	1	0	0
p4	0	0	0	1	1
p5	0	0	0	1	1

표 7.11 분류 유사도 행렬

점	p1	p2	p3	p4	p5
p1	1	1	0	0	0
p2	1	1	0	0	0
p3	0	0	1	1	1
p4	0	0	1	1	1
p5	0	0	1	1	1

■

좀 더 일반적으로 말하자면 2.4.5절에서 본 어떠한 이진 유사성 척도들도 사용할 수 있다(예를 들어, 이 두 행렬들에서 열들을 추가하는 방식으로 이진 벡터로 만들 수 있다). 그 유사도 척도들을 정의하기 위해 사용된 네 가지의 양들의 정의를 반복하나 현재의 문맥에 맞게 설명 문구를 수정한다. 구체적으로, 별개의 객체들의 모든 쌍을 위해 다음의 4개의 양들을 계산할 필요가 있다(만약 m이 객체의 수라면 $m(m-1)/2$개의 쌍이 있다).

f_{00} = 다른 분류와 다른 군집을 가지고 있는 객체의 쌍의 개수

f_{01} = 다른 분류와 같은 군집을 가지고 있는 객체의 쌍의 개수

f_{10} = 같은 분류와 다른 군집을 가지고 있는 객체의 쌍의 개수

f_{11} = 같은 분류와 같은 군집을 가지고 있는 객체의 쌍의 개수

특별히 여기에서는 Rand 통계치로 알려진 단순한 일치성 계수와 자카드(Jaccard) 계

수는 가장 많이 쓰이는 군집 유효성 척도이다.

$$\text{Rand statistic} = \frac{f_{00}+f_{11}}{f_{00}+f_{01}+f_{10}+f_{11}} \quad (7.18)$$

$$\text{Jaccard coefficient} = \frac{f_{11}}{f_{01}+f_{10}+f_{11}} \quad (7.19)$$

예제 7.17 Rand와 Jaccard 척도들

이 공식들을 기반으로 해서, 표 7.10과 7.11을 기반으로 하는 예에 대한 Rand 통계치와 Jaccard 계수를 쉽게 계산할 수 있다. $f_{00}=4$, $f_{01}=2$, $f_{10}=2$이고 $f_{11}=2$라는 것을 알면, Rand 통계치$=(2+4)/10=0.6$이고 Jaccard 계수$=2/(2+2+2)=0.33$. ■

또한 4개의 식 f_{00}, f_{01}, f_{10}과 f_{11}이 표 7.12에서 보여지는 것처럼 분할표(contingency table)를 정의함을 기억하라.

표 7.12 객체들의 쌍이 같은 분류와 같은 군집에 있는지를 결정하기 위한 양방향 분할표

	같은 군집	다른 군집
같은 분류	f_{11}	f_{10}
다른 분류	f_{01}	f_{00}

이전에 419쪽 5.7.1절의 연관 분석의 내용에서 이러한 유형의 분할표를 위해 사용될 수 있는 연관 척도들에 대하여 상세하게 설명하였다(표 7.12를 419쪽 표 5.6과 비교해라). 그러한 척도들은 군집 유효성에도 적용될 수 있다.

계층 군집화를 위한 군집 유효성

이 절에서는 지금까지 분할 군집화만을 위한 군집 유효성의 무감독 척도들을 다루었다. 계층 군집화에 대한 감독 평가는 여러 가지 이유로 더 어려운데 이미 존재하는 계층적인 구조가 종종 존재하지 않는다는 사실도 그 이유에 포함된다. 여기서는 이미 존재하는 계

층적인 구조 보다는 더 쉽게 얻을 수 있는 (구조가 없는) 분류 라벨의 집합에 관하여 계층 군집화를 평가하는 접근법의 예를 든다. 또한 상대적으로 순도가 높은 군집이 계층 군집화의 특정 수준에 종종 존재하지만 군집화가 진행됨에 따라 군집의 순도가 낮아질 것이다. K-measure에 기반한 이 접근법의 핵심적인 아이디어는 계층 군집화가 각 분류에 대해서, 비교적 순도가 높고 그 분류의 대부분의 객체들을 포함하는 적어도 하나의 군집을 가지고 있는지를 평가하려는 것이다. 이 목표의 관점에서 계층 군집화를 평가하기 위하여 각각의 분류들에 대하여, 군집 계층에서 각 군집을 위한 F-measure를 계산한다. 각각의 분류에서 각 군집의 F-measure의 최대값을 얻는다. 마지막으로 계층 군집화에서 전체 F-measure를 계산하는데 각 분류별 F-measure의 가중평균을 계산하여 얻으며 가중치들은 분류 크기를 기반으로 한다. 더 공식적으로는 계층 F-measure는 아래와 같이 정의된다.

$$F = \sum_j \frac{m_j}{m} \max_i F(i,\ j)$$

여기서 모든 레벨에서 모든 군집 i에 대하여 최대값을 계산하게 되며 m_j는 분류 j의 객체의 개수이고 m은 객체들의 총 개수이다. 이 척도가 수정 없이 분할 군집화에도 적용될 수 있다는 것을 알아두자.

7.5.8 군집 유효성 척도들의 중요도 평가

군집 유효성 척도는 얻어진 군집들의 좋은 정도를 측정하는 것을 도와주기 위한 의도로 만들어졌다. 물론 이들은 좋은 정도에 대한 한 개의 수치를 제공해준다. 하지만 그런 후에는 좀 더 어려운 작업인 그 수치의 중요도를 해석하는 문제에 직면하게 된다.

많은 경우에 군집 평가 척도의 최소값과 최대값은 길잡이를 제공한다. 예를 들어, 적어도 분류 라벨을 믿을 수 있고 군집 구조가 분류 구조를 반영하기를 원한다면, 정의에 의해 순도 0은 나쁜 것이고 반면에 순도 1은 좋은 것이다. 마찬가지로 SSE의 0이 좋은 것과 같이 엔트로피 0도 좋은 것이다.

하지만 때때로 최대값과 최소값이 존재하지 않거나 데이터 범위가 해석에 영향을 미칠 수도 있다. 또한 분명히 해석이 되는 최대값과 최소값이 존재한다고 할지라도 중간의 값들도 해석이 필요하다. 어떤 경우에는 절대 기준을 사용할 수 있다. 예를 들어서 유용성을 위하여 군집화를 수행한다면 군집 중심점에 의해 점들을 근사시키는 데 있어서 특정 수준의 오류만을 허용하고 싶을 수도 있다.

그러나 이런 경우가 아니라면 무언가 다른 것을 해야만 한다. 일반적인 접근 방식으로는 통계적인 관점에서 유효성 척도의 가치를 해석하는 것이 있다. 구체적으로는, 관찰된 값이 무작위의 기회로 성취될 가능성이 어느 정도인지를 판단하는 것이다. 수치가 특이하다면, 즉 무작위로 얻은 결과가 아니라면, 좋은 것이다. 이 접근법의 주요 동기는 사람들이 데이터에서 무작위가 아닌 구조를 반영하는 군집들에만 관심이 있다는 것이며 적어도 유효성 척도들이 강한 군집 구조의 존재를 반영하기 위해 설계된 것이라면 그러한 구조들은 군집 유효성 척도에서 특별히 높은(낮은) 값을 발생시키게 된다.

예제 7.18 **SSE의 중요도**

이것이 어떻게 작동되는지를 보여주기 위해 K-means와 SSE 기반의 예를 보여준다. 그림 7.30의 잘 분리된 군집들이 무작위 데이터에 비해 얼마나 좋은지에 대한 척도가 필요하다고 하자. 3개의 군집 내의 점들과 같은 범위를 갖는 100개의 점들로 구성된 무작위 집합들을 생성하고 K-means를 사용하여 각 데이터 집합에서 3개의 군집들을 찾으며 이들 군집화의 SSE 수치들의 분포를 누적한다. 이러한 SSE 수치들의 분포를 이용하여 원래의 군집들의 SSE 수치의 확률을 예측할 수 있다. 그림 7.34는 500회의 무작위적인 수행에서 나온 SSE의 값을 히스토그램(histogram)을 이용해서 보여준다. 그림 7.34에서 가장 낮은 SSE값은 0.0173 이다. 그림 7.30의 3개의 군집에 대해서는 SSE는 0.0050이다. 그러므로 그림 7.30과 같은 군집화가 우연하게 발생할 수 있는 확률이 1%보다 적다고 조심스럽게 주장할 수 있을 것이다. ■

앞선 예제에서는 군집 유효성 척도의 통계적 유의성을 평가하기 위해 무작위 추출이 사용되었다. 그러나 허버트의 Γ 통계와 같은 일부 척도의 경우 분포가 알려져 있으며 측정을 평가하는 데 사용할 수 있다. 또한 평균을 빼고 표준 편차로 나누어서 정규화 된 측정 버전을 계산할 수 있다. 자세한 내용은 참고문헌을 읽어보기를 권한다.

감독이든 무감독이든 군집 평가에는 단순히 군집 유효성에 대한 수치 척도를 얻는 것 이상의 것이 있다는 것을 강조한다. 이 수치가 척도의 정의에 따른 자연적인 해석이 없다면 이 수치를 어떤 방식으로든 해석을 해야 한다. 군집 평가의 척도의 정의에 의해 낮

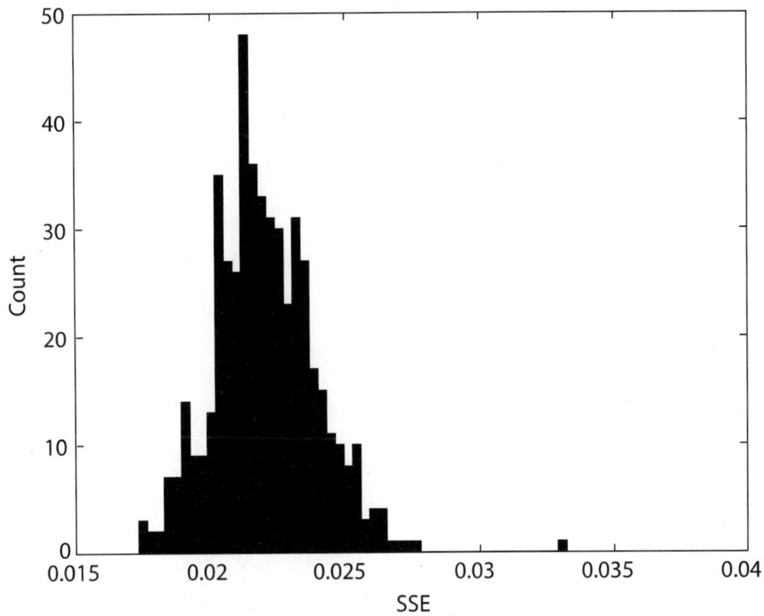

그림 7.34 500개의 무작위 데이터 집합에 대한 SSE의 히스토그램(histogram)

은(높은) 수치가 강한 군집화를 나타내도록 되어있다면, 평가 척도의 분포를 가지고서 통계학을 이용하여 현재 얻어진 수치가 특별히 낮은(높은) 수치인지를 평가할 수 있다. 이러한 분포를 찾는 방법의 예를 여기에서 제공하였지만 이와 관련하여 상당히 많은 내용이 더 있으며 참고문헌을 읽어보기를 권한다.

마지막으로 평가 척도가 두 개의 군집화를 비교하기 위한 상대적인 척도로 사용되더라도 두 군집화의 평가 척도들 간의 차이의 중요도에 대해서도 역시 평가를 해야만 한다. 비록 한 값이 다른 값보다 거의 항상 더 좋다고 하더라도 그 차이가 중요한 것인지는 결정하기 어려울 수 있다. 이 중요도에 대하여 두 가지 면이 있다는 것을 알아두자. 이 차이가 통계적으로 중요한 (반복적인) 것인지와, 차이의 크기가 응용의 관점에서 의미가 있는 것인가라고 하는 것이다. 비록 일관성 있게 반복적으로 재현할 수 있어도 대부분의 사람들은 0.1%의 차이를 중요하게 생각하지 않을 것이다.

7.5.9 군집 유효성의 척도 결정

여기에서 논의된 것보다 더 많은 군집 유효성 평가 방법이 있다. 다양한 책과 기사는 많은 다양한 척도들을 다른 것보다 우월하다고 제안한다. 이 절에서는 몇 가지 고급 지침을 제공한다. 첫째, 군집이 요약 또는 이해를 위해 수행되는지 여부를 구별하는 것이 중요하다. 요약을 위해 수행된다면 일반적으로 분류 라벨이 포함되지 않으며 최대한 압축하는 것을 목표로 한다. 이것은 종종 가장 가까운 군집 중심점과 객체들의 거리를 최소화하는 군집을 찾음으로 수행된다. 실제로, 군집화 과정은 종종 표현 오류를 최소화하려는 목적으로 사용된다. SSE와 같은 척도가 이 경우에는 더 자연스럽다.

만약 이해를 위해 군집화를 수행하는 경우 상황이 더 복잡하다. 무감독 사례의 경우 사실상 모든 척도가 응집도와 분리도를 극대화하려고 한다. 일부 척도들은 군집 개수인 K의 특정 값에 대해 "최상의" 값을 얻는다. 이것이 매력적으로 보일 수 있지만 이러한 척도는 일반적으로 하위 군집이 있는 경우에도 하나의 "올바른" 수의 군집만 식별한다(점당 하나의 군집이 있을 때까지 K-means에 대한 응집도와 분리도가 계속 증가함을 기억하자). 일반적으로 군집 수가 너무 많지 않은 경우 각 군집의 응집도와 군집들의 쌍별 분리도를 수동으로 검사하는 것이 유용할 수 있다. 그러나 불규칙하고 얽힌 모양을 가질 수 있는 연속성 또는 밀도 기반 군집에는 군집 유효성 척도들이 거의 없다는 것을 알아두자.

감독 사례의 경우는 거의 항상 이해할 수 있는 군집 생성을 목표로 군집화가 수행되는데, 군집화의 이상적인 결과는 기본 분류 구조와 일치하는 군집을 생성하는 것이다. 일련의 군집들과 분류들 간의 일치를 평가하는 것은 쉽지 않은 문제다. 앞서 논의했던 F-measure과 계층 F-measure은 이러한 일치를 평가하는 방법의 한 예이다.

다른 예시들은 참고문헌에 제공된 군집 평가에 대한 참조에서 찾을 수 있다. 어쨌든, 군집 수가 상대적으로 적을 때 혼동 행렬은 어떤 군집이 다른 군집과 함께 군집에 나타나는 경향이 있는지를 나타내기 때문에 군집 유효성의 단일 척도보다 더 유익할 수 있다. 감독 군집평가 지수는 군집이 중심, 연속성, 밀도 기반인지 여부와 무관하다는 것을 알아두자.

결론적으로 군집화는 종종 명확한 답을 제공하는 것이 아니라 데이터의 기본 구조에 대한 통찰력을 제공하는 탐색적 데이터 기술로 사용된다는 것을 인식하는 것이 중요하다. 이 상황에서 군집 유효성 지수는 최종 목표에 유용한 정도로 유용하다.

7.6 참고문헌 설명

이 장의 내용은 Jain과 Dubes[536], Anderberg[509], Kaufman과 Rousseeuw[540]가 쓴 군집 분석에 대한 책들과 최근 Aggarwal과 Reddy[507]이 편집한 책의 영향을 많이 받았다. 관심을 가질만한 그 밖의 군집화 책들은 Aldenderfer와 Blashfield[508], Everitt 외 다수[527], Hartigan[533], Mirkin[548], Murtagh[550], Romesburg[553], Spath[557]에 의해 쓰인 책들이 있다. 군집화에 대하여 좀 더 통계학적인 접근법을 제공한 것은 Duda 외 다수의 의해 쓰인 패턴 인식 책[524], Mitchell이 쓴 기계번역 책[549], 그리고 Hastie 외 다수에 의해 쓰인 통계적 학습에 관한 책[534]이다. 군집화에 대하여 일반적인 관련연구는 Jain 외 다수[537]와 Xu와 Wunsch[560], 공간 데이터마이닝 기법들에 대한 관련 연구는 Han 외 다수[532]에 의해 제공되었다. Behrkin[515]은 데이터마이닝에 대한 군집화 기법들의 관련연구를 제공한다. 데이터마이닝 분야 이외에서 군집화에 대한 좋은 참고문헌들의 원천은 Arabie와 Hubert[511]의 기사이다. Kleinberg[541]에 의해 작성된 논문은 군집화 알고리즘들의 장단점들을 논하며 군집화 알고리즘이 동시에 세 가지 간단한 속성들을 갖는 것이 불가능하다는 것을 증명한다. Jain의 광범위하고 화고적인 기사는 K-means의 발명으로부터 50년 동안의 군집화를 보여준다[535].

K-means 알고리즘은 오랜 역사가 있지만 아직도 지속되는 연구 주제이다. 그 역사는 훨씬 광범위하지만 K-means 알고리즘은 MacQueen[545]에 의해 제안되었다. Bovk은 K-means의 기원과 그 확장의 일부를 조사한다[516]. Ball과 Hall[513]에 의한 ISODATA 알고리즘은 K-means의 초창기이기면서도 복잡한 버전으로서 기본 알고리즘을 향상시키기 위해서 전처리와 후처리 기술들을 도입하였다. K-means 알고리즘과 그 많은 변형들은 Anderberg[509], Jain과 Dubes[536]의 책에 상세하게 기술되어있다. 이 장에서 논한 이등분 K-means 알고리즘은 Steinback 외 다수의 논문[558]에서 설명되었고 이것과 다른 군집화 접근법들에 대한 구현이 Karypis[520]에 의해 만들어진 CLUTO(CLUstering TOolkit) 패키지에서 학문적인 목적을 위해서는 무료로 제공된다. Boley[517]는 데이터에 대한 첫 번째 주요 방향(요소)을 찾는 것을 기반으로 한 분할적인 분할 군집화 알고리즘(divisive partitioning clustering algorithm)인 PDDP를 개발하였다. 그리고 Savaresi와 Boley[555]는 이 알고리즘과 이등분 K-means와의 관계를 연구하였다. 최근의 K-means의 변형들은 K-means의 새로운 점진적인 버전(Dhillon 외 다수[522]), X-means(Pelleg과 Moore[552]), 그리고 K-harmonic means(Zhang 외 다수[562])가 있다. Hamerly와

Elkan[531]은 K-means보다 나은 결과를 제공하는 군집화 알고리즘들을 논한다. 앞서 언급된 접근법들 중 몇몇이 K-means의 초기화 문제를 어떤 방식으로든 해결하고자 하지만 K-means 초기화를 개선하기 위한 다른 접근법들도 Bradley와 Fayyad[518]의 연구에서 찾을 수 있다. K-means++ 초기화 접근법은 Arthur와 Vassilvitskii에 의해 제안되었다[512]. Dhillon과 Modha[523]는 K-means의 일반화로서 구형(spherical) K-means라는 것을 제안하며 이것은 흔히 쓰는 유사도 함수와 함께 사용이 가능하다. Bregman 발산(divergences)에 기반한 비유사도(dissimilarity) 함수를 사용하는 K-means 군집화의 일반적인 프레임워크가 Banerjee 외 다수[514]에 의해 만들어졌다.

계층 군집화도 긴 역사를 가지고 있다. 초창기의 대부분의 활동은 분류학의 영역이었으며 Jardine과 Sibson[538] 그리고 Sneath와 Sokal[556]의 책에서 다루어진다. 계층 군집화의 일반적인 설명도 앞에서 언급된 대부분의 군집화 책들에서 제공된다. 계층 군집화 분야에서 대부분의 연구는 병합(agglomerative) 계층 군집화에 집중되어 있으나 분할형(divisive) 접근법들도 어느 정도의 관심을 끌어왔다. 예를 들어 Zhan[561]은 그래프의 최소 신장 트리(minimum spanning tree)를 사용한 분할 계층적인 기술을 설명한다. 분할과 병합적인 접근법들에서는 일반적으로 합병(분할) 결정들이 최종적이라는 시각을 갖지만 Fisher[528] 및 Karypis 외 다수[539]의 연구에서는 이러한 제한점들을 극복한다. Murtagh와 Contreras는 최근 계층 군집 알고리즘[551]에 대한 개요를 제공하고 선형 시간 계층 군집 알고리즘[521]도 제안했다.

Ester 외 다수가 DBSCAN[526]을 제안하였는데 후에 더 일반적인 데이터 유형과 거리 척도들을 다룰 수 있도록 Sander 외 다수[554]에 의해 GDBSCAN 알고리즘으로 일반화되었으며 이것은 교차 정도에 의해 근접성이 측정되는 다각형과 같은 데이터에 사용될 수 있다. DBSCAN의 점진적인 버전이 Kriegel 외 다수[525]에 의해 개발되었다. DBSCAN의 한 가지 흥미로운 부산물은 OPTICS(Odering Points To Identify the Clustering Structure) (Ankerst 외 다수[510])로서 군집 구조의 가시화를 제공하며 계층 군집화에도 사용될 수 있다. Kriegel 외 다수[542]의 밀도 기반 군집화에 대한 최근 논의는 밀도 기반 군집화와 최근 개발에 대한 읽기 쉬운 개요를 제공한다.

군집 검정에 대한 권위 있는 설명이 4장의 Jain과 Dubes의 군집화 책[536]에서 제공되며 이 장에 많은 영향을 주었다. 군집 유효성 척도에 대한 Xiong과 Li의 최근 글은 [559]에서 찾을 수 있다. 군집 유효성에 대한 다른 최근의 글들은 Halkidi 외 다수[529, 530] 그리고 Milligan[547]의 것이다. 실루엣 계수들은 Kaufman과 Rousseeuw의 군집화 책[540]에서 설명되어 있다. 표 7.6의 응집도와 분리도 척도의 원천은 Zhao와 Karypis [563]의 논문으로서 엔트로피(entropy), 순도(purity), 계층 F-measure에 대한 내용도 포함한다. 계층 F-measure에 대한 최초 내용은 Larsen과 Aone[543]의 논문에 있다. CVNN 척도는 Li 외 다수[544]가 소개했다. 군집 유효성에 대한 공리적 접근법은 [546]에 제시되어 있다. 군집 검증에 대한 많은 인기 있는 지수는 NbClust R 패키지로 구현되며, 이는 Charrad 외 다수[519]의 글에 설명되어 있다.

참고문헌

[507] C. C. Aggarwal and C. K. Reddy, editors. *Data Clustering: Algorithms and Applications*. Chapman & Hall/CRC, 1st edition, 2013.

[508] M. S. Aldenderfer and R. K. Blashfield. *Cluster Analysis*. Sage Publications, Los Angeles, 1985.

[509] M. R. Anderberg. *Cluster Analysis for Applications*. Academic Press, New York, December 1973.

[510] M. Ankerst, M. M. Breunig, H.-P. Kriegel, and J. Sander. OPTICS: Ordering Points To Identify the Clustering Structure. In *Proc. of 1999 ACM-SIGMOD Intl. Conf. on Management of Data*, pages 49-60, Philadelphia, Pennsylvania, June 1999. ACM Press.

[511] P. Arabie, L. Hubert, and G. D. Soete. An overview of combinatorial data analysis. In P. Arabie, L. Hubert, and G. D. Soete, editors, *Clustering and Classification*, pages 188-217. World Scientific, Singapore, January 1996.

[512] D. Arthur and S. Vassilvitskii. k-means++: The advantages of careful seeding. In *Proceedings of the eighteenth annual ACM-SIAM symposium on Discrete algorithms*, pages 1027-1035. Society for Industrial and Applied Mathematics, 2007.

[513] G. Ball and D. Hall. A Clustering Technique for Summarizing Multivariate Data. *Behavior Science*, 12:153-155, March 1967.

[514] A. Banerjee, S. Merugu, I. S. Dhillon, and J. Ghosh. Clustering with Bregman Divergences. In *Proc. of the 2004 SIAM Intl. Conf. on Data Mining*, pages 234-245, Lake Buena Vista, FL, April 2004.

[515] P. Berkhin. Survey Of Clustering Data Mining Techniques. Technical report, Accrue Software, San Jose, CA, 2002.

[516] H.-H. Bock. Origins and extensions of the-means algorithm in cluster analysis. *Journal Électronique d'Histoire des Probabilités et de la Statistique [electronic only]*, 4(2):Article-14, 2008.

[517] D. Boley. Principal Direction Divisive Partitioning. *Data Mining and Knowledge Discovery*, 2(4):325-344, 1998.

[518] P. S. Bradley and U. M. Fayyad. Refining Initial Points for K-Means Clustering. In *Proc. of the 15th Intl. Conf. on Machine Learning*, pages 91-99, Madison, WI, July 1998. Morgan Kaufmann Publishers Inc.

[519] M. Charrad, N. Ghazzali, V. Boiteau, and A. Niknafs. NbClust: an R package for determining the relevant number of clusters in a data set. *Journal of Statistical Software*, 61(6):1-36, 2014.

[520] CLUTO 2.1.2: Software for Clustering High-Dimensional Datasets. www.cs.umn.edu/~karypis, October 2016.

[521] P. Contreras and F. Murtagh. Fast, linear time hierarchical clustering using the Baire metric. *Journal of classification*, 29(2):118-143, 2012.

[522] I. S. Dhillon, Y. Guan, and J. Kogan. Iterative Clustering of High Dimensional Text Data Augmented by Local Search. In *Proc. of the 2002 IEEE Intl. Conf. on Data Mining*, pages 131-138. IEEE Computer Society, 2002.

[523] I. S. Dhillon and D. S. Modha. Concept Decompositions for Large Sparse Text Data Using Clustering. *Machine Learning*, 42(1/2):143-175, 2001.

[524] R. O. Duda, P. E. Hart, and D. G. Stork. *Pattern Classification*. John Wiley & Sons, Inc., New York, second edition, 2001.

[525] M. Ester, H.-P. Kriegel, J. Sander, M. Wimmer, and X. Xu. Incremental Clustering for Mining in a Data Warehousing Environment. In *Proc. of the 24th VLDB Conf.*, pages 323-333, New York City, August 1998. Morgan Kaufmann.

[526] M. Ester, H.-P. Kriegel, J. Sander, and X. Xu. A Density-Based Algorithm for Discovering Clusters in Large Spatial Databases with Noise. In *Proc. of the 2nd Intl. Conf. on Knowledge Discovery and Data Mining*, pages 226-231, Portland, Oregon, August 1996. AAAI Press.

[527] B. S. Everitt, S. Landau, and M. Leese. *Cluster Analysis*. Arnold Publishers, London, 4th edition, May 2001.

[528] D. Fisher. Iterative Optimization and Simplification of Hierarchical Clusterings. *Journal of Artificial Intelligence Research*, 4:147-179, 1996.

[529] M. Halkidi, Y. Batistakis, and M. Vazirgiannis. Cluster validity methods: part I. *SIGMOD Record (ACM Special Interest Group on Management of Data)*, 31(2):40-45, June 2002.

[530] M. Halkidi, Y. Batistakis, and M. Vazirgiannis. Clustering validity checking methods: part II. *SIGMOD Record (ACM Special Interest Group on Management of Data)*, 31(3):19-27, Sept. 2002.

[531] G. Hamerly and C. Elkan. Alternatives to the k-means algorithm that find better clusterings. In *Proc. of the 11th Intl. Conf. on Information and Knowledge Management*, pages 600-607, McLean, Virginia, 2002. ACM Press.

[532] J. Han, M. Kamber, and A. Tung. Spatial Clustering Methods in Data Mining: A review. In H. J. Miller and J. Han, editors, *Geographic Data Mining and Knowledge Discovery*,

pages 188-217. Taylor and Francis, London, December 2001.

[533] J. Hartigan. *Clustering Algorithms*. Wiley, New York, 1975.

[534] T. Hastie, R. Tibshirani, and J. H. Friedman. *The Elements of Statistical Learning: Data Mining, Inference, Prediction*. Springer, New York, 2001.

[535] A. K. Jain. Data clustering: 50 years beyond K-means. *Pattern recognition letters*, 31 (8):651-666, 2010.

[536] A. K. Jain and R. C. Dubes. *Algorithms for Clustering Data*. Prentice Hall Advanced Reference Series. Prentice Hall, March 1988.

[537] A. K. Jain, M. N. Murty, and P. J. Flynn. Data clustering: A review. *ACM Computing Surveys*, 31(3):264-323, September 1999.

[538] N. Jardine and R. Sibson. *Mathematical Taxonomy*. Wiley, New York, 1971.

[539] G. Karypis, E.-H. Han, and V. Kumar. Multilevel Refinement for Hierarchical Clustering. Technical Report TR 99-020, University of Minnesota, Minneapolis, MN, 1999.

[540] L. Kaufman and P. J. Rousseeuw. *Finding Groups in Data: An Introduction to Cluster Analysis*. Wiley Series in Probability and Statistics. John Wiley and Sons, New York, November 1990.

[541] J. M. Kleinberg. An Impossibility Theorem for Clustering. In *Proc. of the 16th Annual Conf. on Neural Information Processing Systems*, December, 9-14 2002.

[542] H.-P. Kriegel, P. Kr¨oger, J. Sander, and A. Zimek. Density-based clustering. *Wiley Interdisciplinary Reviews: Data Mining and Knowledge Discovery*, 1(3):231-240, 2011.

[543] B. Larsen and C. Aone. Fast and Effective Text Mining Using Linear-Time Document Clustering. In *Proc. of the 5th Intl. Conf. on Knowledge Discovery and Data Mining*, pages 16-22, San Diego, California, 1999. ACM Press.

[544] Y. Liu, Z. Li, H. Xiong, X. Gao, J. Wu, and S. Wu. Understanding and enhancement of internal clustering validation measures. *Cybernetics, IEEE Transactions on*, 43(3): 982-994, 2013.

[545] J. MacQueen. Some methods for classification and analysis of multivariate observations. In *Proc. of the 5th Berkeley Symp. on Mathematical Statistics and Probability*, pages 281-297. University of California Press, 1967.

[546] M. Meilă. Comparing Clusterings: An Axiomatic View. In *Proceedings of the 22Nd International Conference on Machine Learning*, ICML '05, pages 577-584, New York, NY, USA, 2005. ACM.

[547] G. W. Milligan. Clustering Validation: Results and Implications for Applied Analyses. In P. Arabie, L. Hubert, and G. D. Soete, editors, *Clustering and Classification*, pages 345-375. World Scientific, Singapore, January 1996.

[548] B. Mirkin. *Mathematical Classification and Clustering*, volume 11 of *Nonconvex Optimization and Its Applications*. Kluwer Academic Publishers, August 1996.

[549] T. Mitchell. *Machine Learning*. McGraw-Hill, Boston, MA, 1997.

[550] F. Murtagh. *Multidimensional Clustering Algorithms*. Physica-Verlag, Heidelberg and Vienna, 1985.

[551] F. Murtagh and P. Contreras. Algorithms for hierarchical clustering: an overview. *Wiley Interdisciplinary Reviews: Data Mining and Knowledge Discovery*, 2(1):86-97, 2012.

[552] D. Pelleg and A. W. Moore. *X*-means: Extending *K*-means with Efficient Estimation of the Number of Clusters. In *Proc. of the 17th Intl. Conf. on Machine Learning*, pages 727-734. Morgan Kaufmann, San Francisco, CA, 2000.

[553] C. Romesburg. *Cluster Analysis for Researchers*. Life Time Learning, Belmont, CA, 1984.

[554] J. Sander, M. Ester, H.-P. Kriegel, and X. Xu. Density-Based Clustering in Spatial Databases: The Algorithm GDBSCAN and its Applications. *Data Mining and Knowledge Discovery*, 2(2):169-194, 1998.

[555] S. M. Savaresi and D. Boley. A comparative analysis on the bisecting K-means and the PDDP clustering algorithms. *Intelligent Data Analysis*, 8(4):345-362, 2004.

[556] P. H. A. Sneath and R. R. Sokal. *Numerical Taxonomy*. Freeman, San Francisco, 1971.

[557] H. Späth. *Cluster Analysis Algorithms for Data Reduction and Classification of Objects*, volume 4 of *Computers and Their Application*. Ellis Horwood Publishers, Chichester, 1980. ISBN 0-85312-141-9.

[558] M. Steinbach, G. Karypis, and V. Kumar. A Comparison of Document Clustering Techniques. In *Proc. of KDD Workshop on Text Mining, Proc. of the 6th Intl. Conf. on Knowledge Discovery and Data Mining*, Boston, MA, August 2000.

[559] H. Xiong and Z. Li. Clustering Validation Measures. In C. C. Aggarwal and C. K. Reddy, editors, *Data Clustering: Algorithms and Applications*, pages 571-605. Chapman & Hall/CRC, 2013.

[560] R. Xu, D. Wunsch, et al. Survey of clustering algorithms. *Neural Networks, IEEE Transactions on*, 16(3):645-678, 2005.

[561] C. T. Zahn. Graph-Theoretical Methods for Detecting and Describing Gestalt Clusters. *IEEE Transactions on Computers*, C-20(1):68-86, Jan. 1971.

[562] B. Zhang, M. Hsu, and U. Dayal. K-Harmonic Means — A Data Clustering Algorithm. Technical Report HPL-1999-124, Hewlett Packard Laboratories, Oct. 29 1999.

[563] Y. Zhao and G. Karypis. Empirical and theoretical comparisons of selected criterion functions for document clustering. *Machine Learning*, 55(3):311-331, 2004.

7.7 연습문제

1. 각 벡터가 32개의 원소를 갖고 각 원소는 4 바이트 값을 가지는 2^{20}개의 데이터 벡터로 구성된 데이터 집합이 있다고 가정하자. 벡터 양자화가 압축에 사용되고 2^{16}개의 프로토타입 벡터가 사용된다고 할 때, 압축 전과 후에 저장을 위해 사용되는 데이터 집합에 필요한 저장공간은 각각 몇 바이트이며 압축률은 무엇인가?

2. 그림 7.35의 점들의 집합에서 잘 분리된 군집들을 모두 찾으라.

그림 7.35 연습문제 2를 위한 점들

3. 군집의 수를 자동적으로 결정하는 많은 분할 군집화 알고리즘들은 이것을 장점이라고 주장한다. 그렇지 않다고 생각될 수 있는 두 가지 경우에 대하여 서술하라.

4. 동일한 크기의 K개의 군집들이 주어졌을 때, 무작위로 선택된 초기 중심점이 어떤 주어진 군집으로부터 왔을 확률은 $1/K$이지만 각 군집이 정확하게 하나의 초기 중심점을 갖게 될 확률은 훨씬 낮다(각 군집이 하나의 초기 중심점을 갖는 것은 K-means에 대하여 좋은 시작 조건이라는 것은 명확하다). 일반적으로, K개의 군집들이 있고 각 군집이 n개의 점들을 갖는다고 가정할 때, 각 군집의 크기가 K인 샘플에서 하나의 초기 중심점을 선택하는 확률 p는 식 (7.20)에서 주어진다(이것은 대체를 허용하는 샘플링을 가정한다). 이 공식에서 예를 들어, 4개의 군집들 중 각 군집이 하나의 초기 중심점을 갖게 될 확률은 $4!/4^4 = 0.0938$로 계산할 수 있다.

$$p = \frac{\text{각 군집에서 하나의 중심점을 선택할 수 있는 방법들의 수}}{K\text{개의 중심점을 선택하는 방법의 수}}$$

$$= \frac{K!n^K}{(Kn)^K} = \frac{K!}{K^K} \tag{7.20}$$

(a) 2와 100 사이의 값을 갖는 K에 대하여 크기가 K인 샘플에서 각 군집에서 하나의 중심점을 얻을 확률을 그래프로 그려라.

(b) $K=10$, 100 또는 1000인 K개의 군집들에 대하여 $2K$ 크기의 샘플이 각 군집에서 적어도 하나의 점을 포함할 확률을 구하여라. 답을 구하는 데에 수학적 방식이나 통계적 시뮬레이션을 사용할 수 있다.

5. 그림 7.36에서 중심(center), 근접성(contiguity), 그리고 밀도(density) 기반의 정의를 이용하여 군집들을 찾아라. 또한 각 경우에 대하여 군집의 수를 서술하고 그 이유를 간단히 설명하라. 어두움의 정도와 점들의 개수가 밀도를 의미함을 주의하라. 도움이 된다면 중심점 기반을 K-means로, 근접성 기반을 단일 링크(single link)로, 밀도 기반을 DBSCAN으로 가정하라.

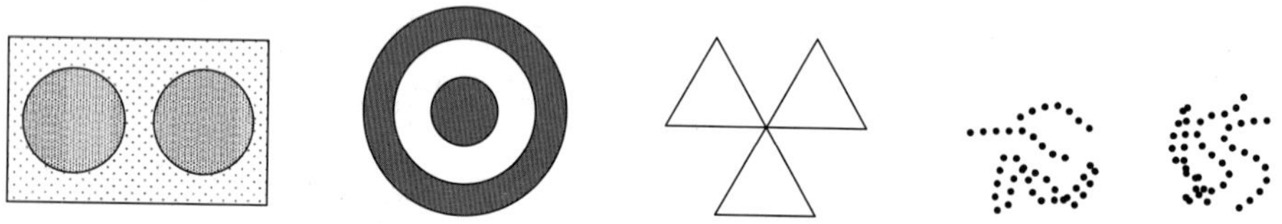

(a) (b) (c) (d)

그림 7.36 연습문제 5를 위한 군집들

6. 다음의 2차원 점들의 집합에 대하여, (1) 주어진 군집의 개수에 대하여 K-means에 의해 군집들로 나누어지는 방법을 보여주고, (2) 결과 중심점들이 대략 어디에 생성되는지를 보여주어라. 제곱 오차 목적 함수를 사용한다고 가정하라. 하나 보다 많은 해(solution)가 있다고 생각할 때, 각 해가 전역적(global)인지 국소적(local)인지를 서술하라. 그림 7.37의 각 다이어그램의 라벨이 이 문제의 대응되는 부분과 연결되는데, 예를 들면 그림 7.37(a)는 (a)부분과 연결된다.

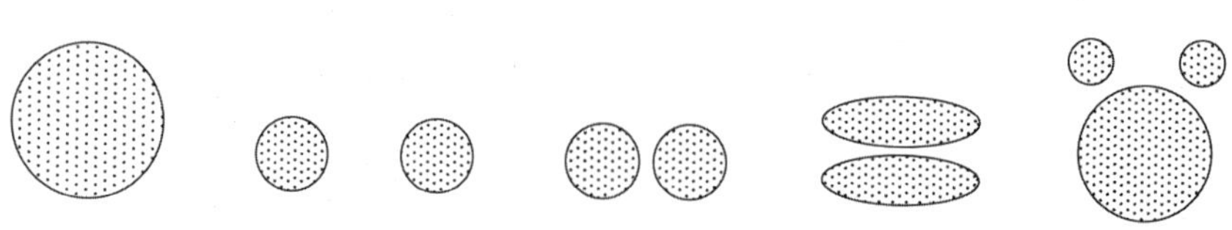

(a) (b) (c) (d) (e)

그림 7.37 연습문제 6을 위한 다이어그램들

(a) $K=2$. 점들이 원 내에 균등하게 분배되어 있다고 할 때, (이론상으로) 점들을 두 개의 군집으로 분할할 수 있는 방법은 몇 가지인가? 두 개의 중심점의 위치에 관하여 설명하여라(다시 강조하자면, 정확한 중심점의 위치를 찾을 필요는 없고, 단지 성질상의 서술을 하도록 한다).

(b) $K=3$. 원들의 테두리 사이의 거리가 반지름 보다 약간 크다.

(c) $K=3$. 원들의 테두리 사이의 거리가 반지름 보다 훨씬 작다.

(d) $K=2$.

(e) $K=3$. 힌트: 현 상황의 대칭을 사용하고 결과에 대한 대략적인 그림을 얻으려고 한다는 것을 기억하라.

7. 다음과 같은 데이터 집합을 고려해 보자.

- m개의 점과 K개의 군집이 있고,
- 데이터 집합의 점과 군집의 반은 "밀도가 높은" 지역에 있으며,
- 데이터 집합의 점과 군집의 반은 "밀도가 낮은" 지역에 있고,
- 두 지역은 서로 잘 분리되어 있다.

주어진 데이터 집합에 대하여, 제곱 오차를 최소화하면서 K개의 군집을 찾을 때 다음 중 어떤 일이 일어나야 하는가?

(a) 중심점은 밀도가 높은 지역과 낮은 지역 사이에 골고루 분포되어야 한다.

(b) 중심점은 밀도가 낮은 지역에 더 많이 할당되어야 한다.

(c) 중심점은 밀도가 높은 지역에 더 많이 할당되어야 한다.

참고: 특별한 경우나, 밀도 이외의 요소를 고려하지 않는다. 그러나 자신이 생각하는 정답과 위에 주어진 보기가 다르다면, 자신의 생각을 답해도 된다.

8. 이진 거래 데이터 집합에 속하는 객체들에 대한 군집의 평균값을 고려해 보자. 평균의 요소들 중 최소값과 최대값은 무엇인가? 군집의 평균이 가지는 요소들은 무엇을 의미하는가? 어떤 요소가 군집에 속하는 객체들의 특성을 가장 정확히 나타내는가?

9. 3개의 군집으로 자연스럽게 나눠지는 데이터 집합의 예로서, K-means는 (거의 항상) 정확한 군집들을 찾으나 이등분(bisecting) K-means는 군집들을 찾지 못하는 예를 들어라.

10. 시계열 데이터에 대하여 K-means 군집화를 사용할 때, cosine 척도는 유사도를 측정하는 척도로서 적절한가? 그 이유는 무엇인가? 만약 적절하지 않다면, 좀 더 적절하게 유사도를 측정하는 척도는 무엇인가?

11. 전체 SSE는 각각의 속성들에 대한 SSE의 합과 같다. 만약 모든 군집에 대하여 하나의 변수의 SSE가 낮다면, 무엇을 의미하는가? 만약 하나의 군집에 대해서만 낮다면? 만약 모든 군집에 대해서 높다면? 만약 단 하나의 군집에 대해서 높다면? 군집화를 향상시키기 위해서 변수별 SSE 정보를 어떻게 사용할 수 있는가?

12. 리더(leader) 알고리즘(Hartigan[533])은 각 군집을 하나의 점으로 표현하며, 그것을 리더로 부른다. 그리고 각 점을 사용자가 정의한 임계값을 넘지 않는 거리 내에서 가장 가까운 leader의 군집에 할당한다. 만약 한 점이 앞의 조건을 만족시키지 않아 어떤 군집에도 할당되지 않는다면, 새로운 군집의 리더가 된다.

   (a) 리더 알고리즘을 K-means 알고리즘과 비교하여 장점과 단점을 설명하라.
   (b) 리더 알고리즘을 개선할 수 있는 방법을 제안하라.

13. 평면 위의 K개의 점들의 집합에 대한 Voronoi 다이어그램은 평면의 모든 점을 K개의 지역으로 나누는데, 이러한 평면 위의 각 점은 K개의 명시된 점 중에서 가장 가까운 점에 할당된다(그림 7.38을 참고). Voronoi 다이어그램과 K-means 군집화 사이에 어떤 관계가 있는가? Voronoi 다이어그램은 K-means 군집화의 가능한 형태에 대하여 우리에게 무엇을 알려주는가?

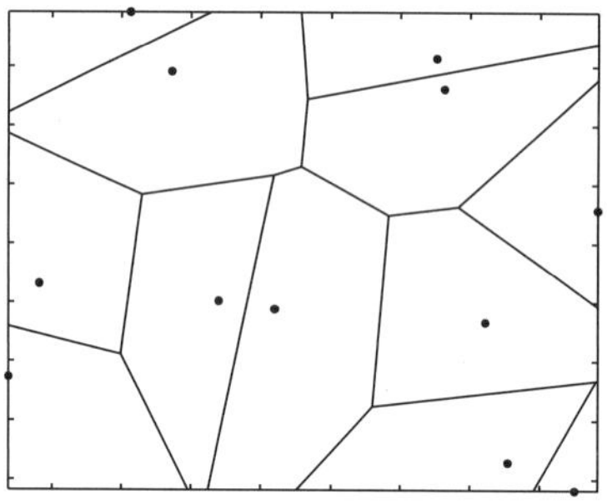

그림 7.38 연습문제 13을 위한 Voronoi 다이어그램

14. 100개의 레코드로 이루어진 데이터 집합에 대하여 군집화를 수행한다. K-means 군집화 방법을 사용하는데, 이때 $1 \leq K \leq 100$인 모든 K값에 대해서 K-means 알고리즘은 단 한 개의 비어있지 않은 군집을 생성한다. 다음에는 동일한 데이터 집합에 대하여 K-means의 점진적인 버전을 적용하여 앞서 얻은 군집화 결과와 똑같은 결과를 얻었다. 어떻게 이것이 가능한가? 완전 링크(single link)나 DBSCAN은 이러한 데이터를 어떻게 다루는가?

15. 전통적인 병합 계층 군집화 방법은 각 단계마다 두 군집을 병합한다. 이러한 접근 방법이

데이터 점들의 집합의 (중첩된) 군집 구조를 정확하게 표현한다고 보는가? 만약 아니라면, 좀 더 정확한 군집 구조를 얻기 위해 어떻게 데이터를 후처리하면 되는지 설명하라.

16. 표 7.13의 유사도 행렬을 이용해서 단일과 완전 링크 계층 군집화를 수행하라. 결과를 계통도(dendrogram)로 그려서 표현하시오. 계통도는 점들을 병합한 순서대로 명확하게 보여줘야 한다.

표 7.13 연습문제 16을 위한 유사도 행렬

	p1	p2	p3	p4	p5
p1	1.00	0.10	0.41	0.55	0.35
p2	0.10	1.00	0.64	0.47	0.98
p3	0.41	0.64	1.00	0.44	0.85
p4	0.55	0.47	0.44	1.00	0.76
p5	0.35	0.98	0.85	0.76	1.00

17. 계층 군집화는 K개($K > 1$)의 군집들을 생성하기 위해 종종 사용되며 계통도의 K번째 레벨에서 군집들을 선택함으로써 생성한다(루트는 레벨 1에 있다). 이런 방법으로 생성된 군집들을 분석하여, 다른 유형의 데이터와 군집들에 대한 계층 군집화의 작동을 평가할 수 있고, 또한 계층적 접근법들과 K-means를 비교할 수 있다.
다음은 1차원 점들의 집합이다: $\{6, 12, 18, 24, 30, 42, 48\}$

(a) 다음의 초기 중심점(centroid)들의 집합들 각각에 대해서, 가장 가까운 중심점에 각 점을 할당하는 방법으로 두 개의 군집을 생성하여라. 그리고 두 군집의 각 집합에 대해서 총 오차의 제곱(total squared error)을 계산하라. 중심점들의 각 집합에 대한 군집들과 총 오차의 제곱을 보이시오.

i. $\{18, 45\}$

ii. $\{15, 40\}$

(b) 두 중심점들의 집합이 안정적인 해를 나타내는가? 다시 말하면, 만약에 주어진 중심점들을 시작 중심점으로 사용하여, K-means 알고리즘이 이 점들의 집합에 대해 수행되었다면, 생성된 군집에는 변화가 생기는가?

(c) 단일 링크에 의해 생성된 두 개의 군집들은 무엇인가?

(d) 이런 상황에서 가장 자연스러운 군집화를 생성하는 것은 K-means와 단일 링크 중에 어떤 기법인가? (K-means는 최소 오차의 제곱(lowest squared error)을 갖는 군집화를 취한다.)

(e) 어떤 군집화의 정의가 이 자연스러운 군집화와 대응하는가? (잘 분리된(Well-separated), 중심 기반(center-based), 근접(contiguous), 또는 밀도(density))
(f) K-means 알고리즘의 잘 알려진 특징 중 어떤 것이 이전의 작동을 설명해주는가?

18. 워즈(Ward's)의 방법, 이등분 K-means, 그리고 일반적인 K-means를 사용하여 K개의 군집들을 찾는다고 생각해보자. 이러한 기법들 중에 어떤 것이 국소 또는 전역 최소 해를 나타내는가? 설명하시오.

19. 계층 군집화 알고리즘은 $O(m^2\log(m))$의 시간 복잡도를 요구한다. 결과적으로 더 큰 데이터 집합들에 대해서 직접적으로 사용되기엔 적합하지 않다. 시간을 줄이기 위해 사용하는 가능한 한 가지 방법은 데이터 집합을 표본화(sampling)하는 것이다. 예를 들어, K개의 군집을 생성되어야 하는 상황이고, m개의 점들로부터 $\sqrt{m}$개의 점들이 표본화(sample)되면, 계층 군집화 알고리즘은 약 $O(m)$ 시간에 계층 군집화를 생성할 것이다. 계층형 군집화의 계통도(dendrogram)에서 K번째 레벨의 군집들을 선택함으로써 K개의 군집들을 추출할 수 있다. 남은 점들은 여러 가지 전략들을 사용하여 선형 시간 안에 군집에 할당될 수 있다. 구체적인 예로, K 군집들의 중심점들이 계산될 수 있고, 그 때 $m-\sqrt{m}$개의 남은 점들 각각이 가장 가까운 중심점과 연관된 군집에 할당될 수 있다.

아래의 데이터 유형과 군집들 각각에 대해서, (1) 표본화가 이런 접근법에 대해 문제들을 야기 시키는지 아닌지에 대해 간단히 논하고 (2) 그런 문제들이 무엇인지 간단히 논하라. 표본화 기법은 m개의 점들로 이루어진 모든 집합으로부터 점들을 임의로 선택하고, 데이터와 군집들의 언급되지 않은 특징들은 가급적 최적 상태에 가깝다고 가정하자. 즉, 언급된 특징에 의해 야기되는 문제들만을 고려한다. 마지막으로 K가 m보다 매우 작다고 가정한다.

(a) 크기가 매우 상이한 군집들을 갖는 데이터
(b) 높은 차원(high-dimensional)을 갖는 데이터
(c) 이상치(outlier)를 갖는 데이터
(d) 매우 불규칙한 영역을 갖는 데이터
(e) 구형의 군집들을 갖는 데이터
(f) 크게 다른 밀도를 갖는 데이터
(g) 작은 비율의 잡음을 갖는 데이터
(h) 유클리드가 아닌(Non-Euclidean) 데이터
(i) 유클리드(Euclidean) 데이터
(j) 많고, 혼합된 속성 유형들을 갖는 데이터

20. 그림 7.39에서 보인 네 개의 얼굴을 생각해보자. 그리고 어두운 부분이나 점의 수는 밀도를 나타낸다. 선들은 지역을 구분할 때만 사용하고, 점들을 표현하지 않는다.

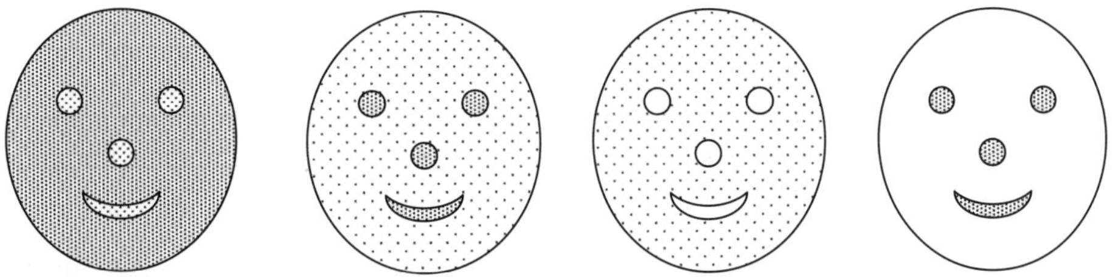

(a) (b) (c) (d)

그림 7.39 연습문제 20을 위한 그림

(a) 각 그림에 대해서 단일 링크를 사용해서 코와 눈과 입에 의해 표현되는 패턴들을 찾을 수 있는가? 설명하라.
(b) 각 그림에 대해서 K-means를 사용해서 코와 눈과 입에 의해 표현되는 패턴들을 찾을 수 있는가? 설명하라.
(c) 그림 7.39(c)에서 점으로 형성된 모든 패턴들을 발견하는데 군집화가 갖는 한계는 무엇인가?

21. 표 7.14의 혼동 행렬(confusion matrix)에서 엔트로피 및 순도를 계산하라.

표 7.14 연습문제 21을 위한 혼동 행렬

군집	오락	재정	해외	도심	국내	스포츠	총계
#1	1	1	0	11	4	676	693
#2	27	89	333	827	253	33	1562
#3	326	465	8	105	16	29	949
총계	354	555	341	943	273	738	3204

22. 단위 정사각형 안에 100개의 점을 포함하는 두 개의 집합이 있다. 한 개의 집합은 점들이 균일한 간격으로 정렬되어 있다. 다른 집합은 단위 정사각형에서 균등 분포에 의해 점들이 생성되었다.

(a) 두 개의 점들의 집합 간에는 차이점이 있는가?

(b) 만약 있다면, 어떤 점의 집합이 $K=10$ 군집들에 대해 더 작은 SSE를 일반적으로 가지는가?

(c) 균일한 데이터 집합에서 DBSCAN은 어떻게 작동하는가? 그리고 무작위 데이터 집합에 대해서는 어떤가?

23. 연습문제 24의 데이터를 사용하여, 각각의 점, 각각의 두 군집 및 전체 군집화에 대한 실루엣(silhouette) 계수를 계산하라.

24. 군집 라벨의 집합과 유사도 행렬이 각각 표 7.15 및 7.16에서 보인 것처럼 주어졌을 때 유사도 행렬과 이상적인 유사도 행렬 간의 상관관계를 계산하라. 즉, 두 객체가 같은 군집에 속할 경우, ij번째 행렬 원소가 1이고 그렇지 않은 경우에는 0이다.

표 7.15 연습문제 24를 위한 군집 라벨의 표

점	군집 라벨
P1	1
P2	1
P3	2
P4	2

표 7.16 연습문제 24를 위한 유사도 행렬

점	P1	P2	P3	P4
P1	1	0.8	0.65	0.55
P2	0.8	1	0.7	0.6
P3	0.65	0.7	1	0.9
P4	0.55	0.6	0.9	1

25. 여덟 개의 객체 $\{p1, p2, p3, p4, p5, p6, p7, p8\}$ 및 그림 7.40에서 보이는 계층 군집화에 대한 계층 F-measure를 계산하라. 분류 A는 점 $p1$, $p2$, $p3$를 포함하고, $p4$, $p5$, $p6$, $p7$, $p8$은 분류 B에 속한다.

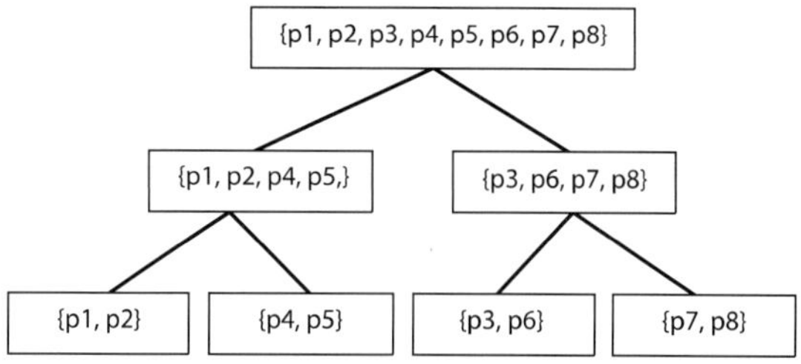

그림 7.40 연습문제 25번을 위한 계층 군집화

26. 연습문제 16의 계층 군집화에 대한 공표형 상관계수(cophenetic correlation coefficient)를 계산하라(유사도(similarity)를 비유사도(dissimilarity)로 변환해야 한다).

27. 식 (7.14)를 증명하라.

28. 식 (7.16)을 증명하라.

29. $\sum_{i=1}^{K}\sum_{x\in C_i}(x-m_i)(m-m_i)=0$의 수식을 증명하라. 이 사실은 7.5.2절에서 TSS = SSE + SSB의 수식 증명에서 사용되었다.

30. 군집 내의 문서에서 최상의 용어(terms, words)들을 찾음으로써 문서의 군집을 요약할 수 있다. 예를 들자면 k를 10과 같은 상수라고 할 때, 가장 자주 나오는(frequent) k개의 용어를 취하거나, 특정 임계값(threshold) 보다 더 자주 나타나는 모든 용어들을 취할 수 있다. 문서 데이터 집합에 대해서 K-means를 문서와 용어들의 군집을 모두 찾는데 사용된다고 가정한다.
   (a) 문서 군집에서의 최상위 용어들로 구성된 용어 군집들(term clusters)과 용어들을 K-means로 군집화해서 발견된 단어 군집들(word clusters)은 어떻게 다른가?
   (b) 용어 군집화(term clustering)는 문서 군집들을 정의하는데 어떻게 사용될 수 있는가?

31. 데이터 집합을 객체 노드 집합과 속성 노드 집합으로 표현할 수 있으며, 각 객체 노드와 속성 사이에 링크(link)가 있고, 링크의 가중치(weight)는 해당 속성에 대한 객체 값이다. 희박 데이터(sparse data)에서 값이 0이면 링크는 생략된다. 이분(Bipartite) 군집화는 이 그래프를 겹치지 않는 군집들로 나누려고 하며 각 군집은 객체 노드의 집합과 속성 노드의 집합으로 구성된다. 이것의 목적은 서로 다른 군집 간의 객체와 속성간의 링크 가중치는 최소화하면서 군집 안에서의 객체와 속성노드 간의 링크 가중치를 최대화하는데 있다. 이러한 군집화 방법은 객체와 속성을 동시에 군집화하기 때문에 **동시 군집화(co-clustering)**라고도 알려져 있다.
   (a) 이분(bipartite) 군집화(동시 군집화(co-clustering))는 객체와 속성 집합을 따로 군집화는 방법과 어떻게 다른가?
   (b) 이 두 접근 방법이 똑같은 군집들을 산출하는 경우가 있는가?
   (c) 일반적인 군집화와 비교해볼 때 동시 군집화(co-clustering)의 장점과 단점을 비교하여라.

32. 그림 7.41에서 군집 라벨에 따라 정렬된 유사도 행렬과 점들의 집합을 대응시켜라. 음영과 표시의 차이가 군집들을 서로 구별해주며 각 점의 집합은 100개의 점과 3개의 군집을 포함한다. 2번 라벨이 붙은 점들의 집합에서는 매우 밀집한 거의 같은 원소들이 포함된 군집들이 있다.

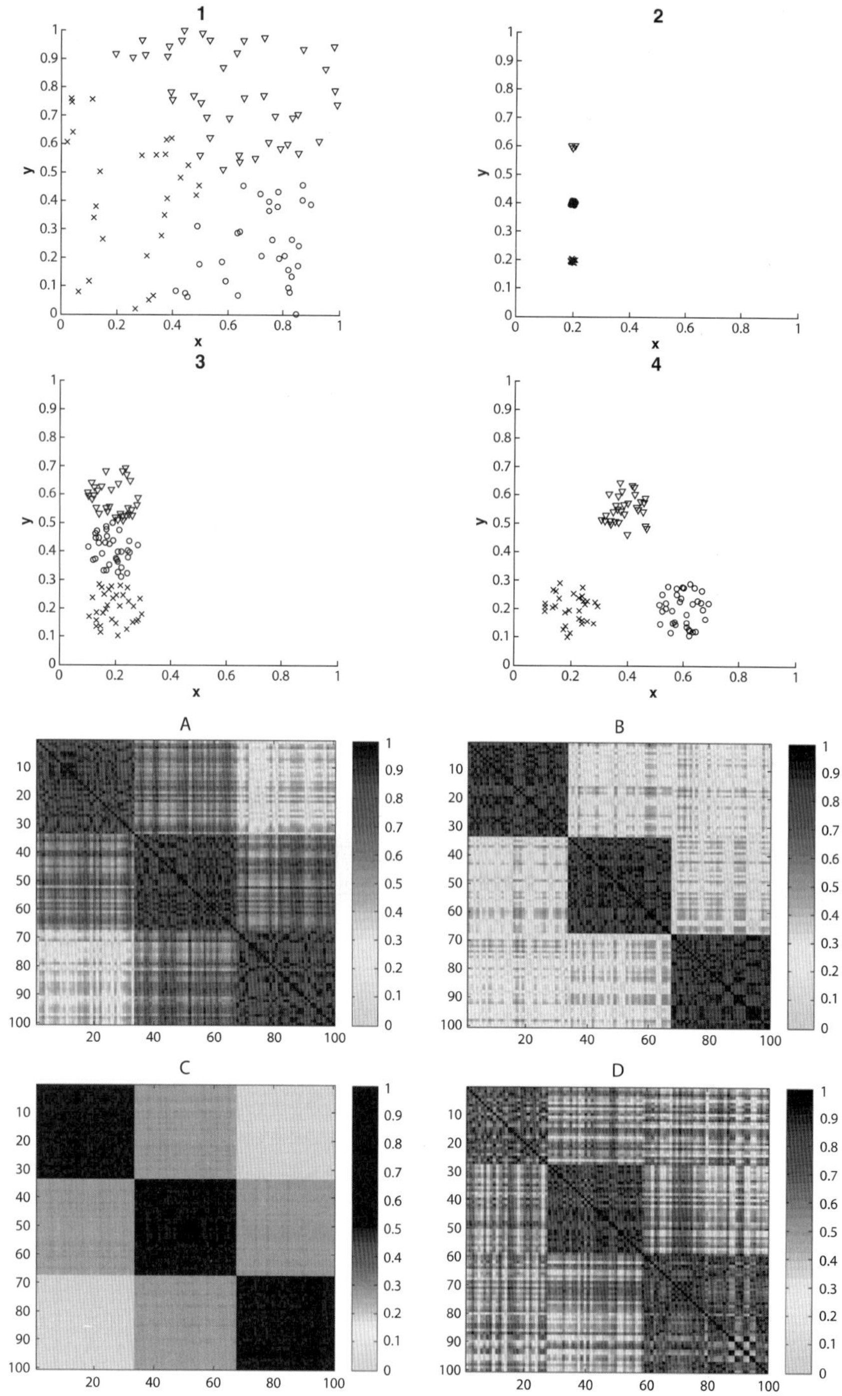

그림 7.41 연습문제 32번을 위한 점들과 유사도 행렬

CHAPTER 8

군집 분석: 기타 주제와 알고리즘

여러 가지 유형의 응용을 위해 다양한 도메인에서 수많은 군집 알고리즘이 개발되어 왔다. 모든 유형의 데이터, 군집과 응용 프로그램에 적합한 알고리즘은 없다. 실제로 특정 유형의 데이터, 군집 또는 응용 프로그램에 보다 효율적이거나 더 적합한 새로운 군집화 알고리즘을 위한 여지가 항상 있는 것 같다. 대신 특정한 상황에서는 잘 작동하는 기술이 있다고 주장할 수 있다. 그 이유는 많은 경우에 좋은 군집의 집합을 구성하는 것이 주관적인 해석에 달려있기 때문이다. 게다가, 구집의 정확한 정의를 위한 객관적인 기준이 주어졌을 때에도 최적의 군집을 찾는 문제는 종종 계산 불가능하다.

이 장에서는 군집 분석의 중요한 문제에 중점을 두고 이를 해결하기 위해 개발 된 개념과 접근 방법을 살펴본다. 군집화 분석의 주요 문제인 군집에 큰 영향을 미치는 데이터, 군집 그리고 알고리즘의 특성에 대해 논의한다. 이러한 문제는 군집화 기법들을 이해, 설명 및 비교하는 데 중요하며 특정 상황에서 사용할 기술을 결정하기 위한 기반을 제공한다. 예를 들어, 많은 군집 알고리즘은 $O(m^2)$의 시간 또는 공간 복잡도(m은 객체의 개수)를 가지므로 큰 데이터 집합에는 적합하지 않다. 이후, 추가적인 군집 기법에 대해 설명한다. 각 기법에 대해 각 기법이 해결하려고 시도한 문제들과 그 해결방법을 포함한 알고리즘을 기술한다. 이 장에서는 주어진 응용 프로그램에 대한 군집 알고리즘을 선택하기 위한 일반적인 기준을 제시하면서 이 장을 마치겠다.

8.1 데이터, 군집 및 군집화 알고리즘의 특성

이 절에서는 군집 분석에 대한 전반적인 이해에 중요한 데이터, 군집 그리고 알고리즘의 특성과 관련된 문제들을 살펴본다. 이러한 문제들 중 일부는 잡음(noise) 및 이상치(outlier) 처리와 같은 문제를 나타낸다. 다른 문제들은 데이터 객체가 처리되는 순서에 관계없이 동일한 결과를 생성하는 능력과 같은 알고리즘이 갖추어야 할 기능과 관련이 있다. 7.1.2절의 다양한 유형의 군집화와 7.1.3절의 다른 유형의 군집에 대한 논의와 함께 다양한 군집화 알고리즘을 설명하고 비교하는데 사용할 수 있는 "차원"들을 제시하게 된다. 이를 설명하기 위해, 이번 장에서는 이전 장에서 설명한 두 개의 군집화 알고리즘인 DBSCAN과 K-means를 비교하는 예제로 시작한다. 그 후에 군집 분석에 영향을 미치는 데이터, 군집, 그리고 알고리즘의 특성에 대한 자세한 설명으로 이어진다.

8.1.1 예: K-means와 DBSCAN 비교

비교를 간략화하기 위해 K-means 또는 DBSCAN과의 거리에 관계가 없다고 가정하며, DBSCAN은 항상 여러 개의 핵심점과 연관된 경계점을 가장 가까운 핵심점에 할당한다고 가정한다.

- DBSCAN과 K-means는 모두 각 객체를 하나의 군집을 할당하는 분할 군집화 알고리즘이지만, K-means는 일반적으로 모든 객체를 군집화하는 반면, DBSCAN은 잡음으로 분류된 객체를 버린다.
- K-means는 프로토타입 기반의 군집 개념을 사용한다. DBSCAN은 밀도 기반 개념을 사용한다.
- DBSCAN은 다양한 크기와 모양의 군집들을 처리 할 수 있으며 잡음이나 이상치에 의해 영향을 받지 않는다. K-means는 비 구형 군집과 다양한 크기의 군집을 가지는 경우 어려움을 겪는다. 군집들이 밀도가 크게 다른 경우 두 알고리즘 모두 성능이 저하될 수 있다.
- K-means는 평균 또는 중앙값과 같이 잘 정의된 중심점을 갖는 데이터에만 사용할 수 있다. DBSCAN은 전통적인 유클리드 밀도 개념을 기반으로 하는 밀도 정의가 데이터에 의미가 있어야 한다.

- K-means는 문서 데이터와 같은 희박한 고차원 데이터에 적용될 수 있다. 기존의 유클리드 밀도 정의가 고차원 데이터에는 적합하지 않기 때문에 DBSCAN은 일반적으로 이러한 데이터에 대해 성능이 좋지 않다.
- K-means과 DBSCAN의 초기 버전은 유클리드 데이터용으로 설계되었지만 둘 다 다른 유형의 데이터를 처리하도록 확장되었다.
- DBSCAN은 데이터 분포에 대한 가정을 하지 않는다. 기본적인 K-means 알고리즘은 모든 군집이 서로 다른 평균이지만 동일한 공분산 행렬을 가진 구형 가우시안 분포에서 나온 것으로 가정하는 통계 군집 접근법(혼합 모형)과 같다. 8.2.2절을 참조하자.
- DBSCAN과 K-means는 군집을 탐색할 때, 모든 속성들을 사용한다. 즉, 속성의 부분 집합에만 포함된 군집은 찾지 않는다.
- K-means는 겹치더라도 잘 분리되지 않은 군집들을 찾을 수 있지만(그림 7.2(b) 참조) DBSCAN은 겹치는 군집들은 병합한다.
- K-means 알고리즘은 시간 복잡도가 $O(m)$이고 DBSCAN은 저차원 유클리드 데이터와 같은 특수한 경우를 제외하고 $O(m^2)$ 시간이 걸린다.
- DBSCAN은 한 실행에서 다른 실행으로 동일한 군집 집합을 생성하지만, 일반적으로 중심의 임의 초기화에 사용되는 K-means는 그렇지 않다.
- DBSCAN은 군집의 개수를 자동으로 결정한다. K-means의 경우 군집의 개수를 매개 변수로 지정해야 한다. 그러나 DBSCAN에는 Eps 및 $MinPts$라는 두 가지 다른 매개 변수를 지정해야 한다.
- K-means 군집화는 최적화 문제로 볼 수 있다. 즉, 통계적 군집 접근법(혼합 모델)의 특수한 경우로, 각 점의 가장 가까운 중심점에 대한 제곱 오차의 합을 최소화한다.

8.1.2 데이터 특성

다음은 군집 분석에 영향을 줄 수 있는 데이터의 일부 특성이다.

고차원 고차원의 데이터 집합에서 단위 부피당 점의 개수인 전통적인 유클리드 관점의 밀도는 의미가 없다. 이를 확인하려면 차원 수가 증가함에 따라 부피가 빠르게 증가하고, 점의 개수가 차원 수에 따라 기하급수적으로 증가하지 않는 한 밀도는 0이 된다(부피는 차원의 개수에서 지수이다. 예를 들어, 반지름 r과 차원 d인 초구(hypersphere)의 부피는 r^d에 비례한다). 또한, 고차원 공간에서 근접성은 더욱 균일 해지는 경향이 있다. 다른 각도에서 보면 두 점 사이의 근접성에 기여하는 더 많은 차원(속성)이 있으며 이는 근접성을 보다 균일하게 만드는 경향이 있다는 것이다. 대부분의 군집화 기법들은 근접성이나 밀도를 기반하고 있기 때문에 종종 고차원 데이터로 인한 어려움을 겪을 수 있다. 이러한 문제를 해결하는 한 가지 방법은 차원 축소 기술을 사용하는 것이다. 8.4.6절과 8.4.8절에서 논의된 다른 접근 방식은 근접성 및 밀도 개념을 재정의 하는 것이다.

크기 보통 이하의 크기를 가지는 데이터 집합에 대해 잘 동작하는 많은 군집화 알고리즘은 더 큰 데이터 집합을 처리할 수 없다. 이는 군집화 알고리즘의 특성(확장성은 이러한 특성 하나임)을 논의할 때와 8.5절에서 확장 가능한 군집화 알고리즘에 대해 설명한다.

희소성(Sparseness) 희소한 데이터는 종종 0인 값이 0이 아닌 값보다 덜 중요하게 다루어지는 비대칭 속성들로 구성된다. 따라서 비대칭 속성에 적합한 유사도 측정이 일반적으로 사용된다. 하지만, 이와 관련된 다른 문제도 발생한다. 예를 들어, 0이 아닌 항목의 크기가 중요한지, 아니면 군집화를 왜곡하는지에 대한 문제가 있다. 다시 말해, 군집화는 0과 1의 두 값만 있을 때 가장 잘 작동하는지에 대한 문제이다.

잡음(noise)와 이상치(outlier) 비전형적인 점(이상치)은 종종 군집화 알고리즘, 특히 프로토타입 기반의 K-means와 같은 알고리즘의 성능을 심각하게 저하시킬 수 있다. 반면, 잡음으로 인해 단일 링크와 같은 기술이 결합되지 않아야 하는 군집에 결합될 수 있다. 경우에 따라 군집화 알고리즘을 사용하기 전에 잡음과 이상치를 제거하는 알고리즘이 적용된다. 또는 일부 알고리즘은 군집화 과정에서 잡음과 이상치를 나타내는 점을 감지한 다음 삭제하거나 부정적인 효과를 제거할 수 있다. 예를 들어 이전 장에서 DBSCAN은 저밀도의 점들은 자동으로 잡음으로 분류하여 군집화 과정에서 제거하는 것을 보았다. Chameleon(8.4.4절), SNN 밀도 기반 군집화(8.4.9절) 및 CURE(8.5.3절)는 군집화 과정 중 잡음과 이상치를 명시적으로 처리하는 세 가지 알고리즘이다.

속성의 종류와 데이터 집합 유형 2장에서 설명한 것처럼 데이터 집합은 구조적, 그래프 또는 순서와 같은 다양한 유형일 수 있지만 속성은 일반적으로 범주형(명목 또는 순서) 또는 정량적(간격 또는 비율)이며 이진형, 이산형, 또는 연속형에 속한다. 다른 근접성과 밀도 측정은 다른 유형의 데이터에 적합하다. 일부 상황에서는 원하는 근접성 측정 또는 군집화 알고리즘을 사용할 수 있도록 데이터를 이산화 또는 이진화해야 한다. 또 다른 문제는 속성이 연속적이고 명목과 같이 크게 다른 유형일 때 발생한다. 그러한 경우, 근접성과 밀도는 정의하기가 더 어려우며 종종 더 특별하다. 마지막으로, 특정 유형의 데이터를 효율적으로 처리하기 위해 특수한 데이터 구조와 알고리즘이 종종 필요하다.

척도(Scale) 다른 속성(예: 높이와 질량)은 종종 다른 척도(Scale)로 측정된다. 이러한 차이점은 두 객체 사이의 거리 또는 유사성에 큰 영향을 주며, 결과적으로 군집 분석 결과에 크게 영향을 줄 수 있다. 사람들을 미터로 측정된 키와 킬로그램으로 측정한 체중을 기준으로 한 그룹으로 군집화하는 경우를 고려해 보자. 유클리드 거리를 근접성 계산에 이용하면 키는 거의 영향을 미치지 않으며 사람들은 대부분 체중을 기반하여 군집화될 것 이다. 그러나 만약 평균을 빼고 표준 편차로 나누어 각 속성을 표준화하면 척도의 차이로 인한 영향을 제거할 수 있다. 보다 일반적으로, 2.3.7절에서 논의된 것과 같은 정규화 기법이 일반적으로 이러한 문제를 처리하는 데 사용된다.

데이터 공간의 수학적 특성 일부 군집 기법들은 점들의 유클리드 공간을 비롯한 몇몇의 특정 데이터 공간에서만 의미를 가지는 집합의 평균을 계산하거나 여러 가지 수학적 연산을 이용한다. 다른 알고리즘들에서는 주어진 데이터에서 의미를 가지는 밀도의 정의를 요구하는 경우도 있다.

8.1.3 군집의 특성

프로토타입, 그래프와 밀도 기반과 같은 다양한 유형의 군집은 7.1.3절에서 설명했다. 여기서는 군집의 다른 중요한 특성에 대해 설명한다.

데이터 분포 일부 군집화 기술은 데이터에 대해 특정한 분포를 가지는 것을 가정한다. 보다 구체적으로, 그들은 데이터가 여러 분포의 혼합에서 생성된 것처럼 모델링될 수 있으며, 각 군집은 하나의 분포에 해당된다. 혼합 모델을 기반으로 한 군집화는 8.2.2절에서 설명한다.

모양 일부 군집들은 규칙적인 모양(예 : 직사각형 또는 원형)으로 형성되지만, 일반적으로 군집들은 임의의 형태일 수 있다. DBSCAN과 단일 링크와 같은 기술들은 임의 형태의 군집들을 다룰 수 있지만 프로토타입 기반 체계와 완전 링크 및 그룹 평균과 같은 일부 계층적 기술은 처리 할 수 없다. 카멜레온(Chameleon)(8.4.4절)과 CURE(8.5.3절)는 이 문제를 해결하기 위해 특별히 설계된 기법의 예이다.

다른 크기 K-means과 같은 많은 군집화 방법들이 군집의 크기가 다른 경우 제대로 작동하지 않는다(7.2.4절 참조). 이 항목은 8.6절에서 자세히 설명한다.

다른 밀도 밀도가 다양한 군집들은 DBSCAN과 K-means과 같은 방법들에서 문제를 일으킬 수 있다. 8.4.9절에 제시된 SNN 밀도 기반 군집화 기술이 이러한 문제를 해결한다.

불완전하게 분리된 군집 군집들이 서로 닿거나 겹치면 일부 군집화 기법들은 분리해야하는 군집들을 결합한다. 개별 군집들을 찾는 기술조차도 하나의 군집 또는 다른 군집에 점들을 임의로 할당한다. 8.2.1절에 설명된 **퍼지 군집화(fuzzy clustering)**는 잘 분리되는 군집들을 형성하지 않는 데이터를 처리하는 기술 중 하나이다.

군집들 간의 관계 대부분의 군집화 기법에서는 상대적 거리와 같은 군집들 간의 관계를 명시 적으로 고려하지 않는다. 8.2.3절에 설명 된 자가 구성 지도(SOM)는 군집화 과정동안 군집들 간의 관계를 직접 고려하는 군집화 기법이다. 구체적으로, 하나의 군집에 점을 할당하면 인근 군집의 정의에 영향을 미친다.

부분 공간 군집 군집은 차원의 하위 집합(속성)에만 존재할 수 있으며, 단일 차원 집합을 사용하여 결정된 군집은 다른 집합을 사용하여 결정된 군집들과 종종 다른 경우가 많다. 이 문제는 최소 2차원으로 발생할 수 있지만, 가능한 차원의 부분집합의 개수가 전체 차원의 개수에 기하급수적이므로 차원이 증가함에 따라 더욱 심각해진다. 따라서 차원의 개수가 상대적으로 적은 경우가 아니면 가능한 모든 차원의 부분집합에서 군집들을 찾는 것이 불가능하다. 한 가지 방법은 2.3.4절에서 논의되었던 특징 선택을 적용하는 것이다. 그러나 이 방법은 군집이 존재하는 차원의 부분 집합이 하나만 있다고 가정한다. 실제로, 군집은 많은 별개의 부분 공간(차원 집합)에 존재할 수 있으며 그 중 일부는 겹친다. 8.3.2절은 부분 공간 군집화의 일반적인 문제, 즉 군집과 그에 속하는 차원을 찾는 일반적인 문제를 해결하는 기술을 고려한다.

8.1.4 군집 알고리즘의 일반적인 특성

군집화 알고리즘은 매우 다양하다. 여기서는 군집화 알고리즘의 중요한 특성에 대한 일반적인 면들을 제공하고 특정 기술에 대한 논의 중에 보다 구체적인 의견을 제시한다.

순서 의존성 어떤 알고리즘의 경우 생성된 군집들의 품질과 개수는 데이터 처리 순서에 따라 크게 달라질 수 있다. 그러한 알고리즘을 피하는 것이 바람직한 것처럼 보이지만, 때때로 순서 의존성이 비교적 적거나 알고리즘이 다른 바람직한 특성을 가지기도 한다. SOM(8.2.3절)은 순서에 의존적인 알고리즘의 예이다.

비결정성 K-means과 같은 군집화 알고리즘은 순서에 의존하지 않지만 무작위로 선택해야하는 초기화 단계에 의존하기 때문에 각 실행에 대해 다른 결과를 생성한다. 군집의 품질은 실행마다 다를 수 있으므로 여러 실행하는 것이 필요할 수 있다.

확장성 데이터 집합에 수백만 개의 객체가 포함되는 것은 드문 일이 아니며 이러한 데이터 집합에 사용되는 군집화 알고리즘은 선형 또는 선형에 가까운 시간 및 공간 복잡성을 가져야 한다. $O(m^2)$의 복잡도를 가지는 알고리즘도 큰 데이터 집합에는 실용적이지 못하다. 게다가, 데이터 집합에 대한 군집화 기법들이 모든 데이터가 주 메모리에 없거나 데이터 요소에 임의로 접근할 수 있다고 항상 가정할 수는 없다. 이러한 알고리즘은 대용량 데이터 집합에는 적합하지 않다. 8.5절은 확장성 문제에 대해 다루고 있다.

매개변수 선택 대부분의 군집화 알고리즘에는 사용자가 설정해야하는 하나 이상의 매개변수가 있다. 적절한 값을 선택하는 것은 어렵다. 따라서 사고방식이 "매개변수가 적을 수록 좋다." 일반적이다. 매개 변수를 조금만 변경해도 군집화 결과가 크게 바뀌면 매개 변수 값을 선택하는 것이 훨씬 어려워진다. 마지막으로, 매개 변수 값을 결정하기 위한 절차(사용자 입력을 포함할 수 있음)가 제공되지 않는 한, 알고리즘의 사용자는 적합한 매개변수 값을 찾기 위해 시행착오를 통해 줄인다. 가장 잘 알려진 매개변수 선택 문제는 K-means과 같은 분할 군집화 알고리즘에 대한 "올바른 개수의 군집들을 선택하는 것"이다. 이 문제에 대한 한 가지 가능한 접근 방법은 7.5.5절에 나와 있으며 다른 참고 문헌은 참고문헌에 나와 있다.

군집화 문제를 다른 도메인으로 변형 어떤 군집화 기술이 다루는 한 가지 방법은 군집화 문제를 다른 도메인의 문제에 매핑하는 것이다. 예를 들어, 그래프 기반 군집화는 군집을 찾는 작업을 근접성 그래프를 연결된 구성 요소로 분할하는 작업에 매핑한다.

군집화를 최적화 문제로 다루기 군집화는 종종 최적화 문제로 간주된다. 사용자가 정한 목적 함수로 측정할 때 군집들의 집합의 결과의 장점을 최대화하는 방식으로 점들을 군집으로 나누는 것이다. 예를 들어 K-means 군집화 알고리즘(7.2절)은 가장 가까운 군집 중심점에서 각 점의 제곱 거리의 합을 최소화하는 군집의 집합을 찾는다. 이론적으로 이러한 문제는 가능한 모든 군집을 열거하고 목적 함수의 가치가 가장 높은 군집을 선택하여 해결할 수 있지만 이 철저한 접근 방식은 계산할 수 없다. 이러한 이유로 많은 군집화 기술은 최적의 군집화를 제공하지는 않지만 우수한 군집화를 생성하는 휴리스틱 접근법을 기반으로 한다. 또 다른 접근법은 탐욕적이거나 지역적으로 객관적인 기능을 사용하는 것이다. 특히, 7.3절에서 논의 된 계층적 군집화 기법은 군집화 과정의 각 단계에서 지역적으로 최적인(탐욕적인) 결정을 함으로써 진행된다.

로드맵(road map)

군집화 알고리즘에 대한 논의는 이전 장과 비슷한 방식으로 주로 프로토타입 기반, 밀도 기반 또는 그래프 기반에 따른 그룹화 기법들을 정리한다. 그러나 확장 가능한 군집화 기법에 대한 별도로 논의한다. 이 장에서는 군집화 알고리즘을 선택하는 방법에 대해 설명으로 마무리한다.

8.2 프로토타입 기반 군집화

프로토타입 기반 군집화에서 군집은 객체가 다른 군집의 프로토타입보다 군집을 정의하는 프로토타입에 더 가까운 객체 집합이다. 7.2절에서는 군집의 객체 중심을 군집의 프로토타입으로 사용하는 간단한 프로토타입 기반 군집화 알고리즘인 K-means을 설명했다. 이 절에서는 다음과 같이 프로토타입 기반 군집화 개념을 하나 이상의 방법으로 확장하는 군집화 접근 방법에 대해 설명한다.

- 객체는 하나 이상의 군집에 속할 수 있다. 보다 구체적으로, 객체는 어떤 가중치를 가지고 모든 군집에 속한다. 이러한 접근 방식은 일부 객체들이 여러 군집 프로토타입과 동일하다는 사실을 해결한다.
- 군집은 통계적 분포로 모델링된다. 즉, 객체들은 평균과 분산과 같은 여러 통계적 매개 변수가 특징인 통계 분포에서 무작위 프로세스로 생성된다. 이 관점은 프로토타입의 개념을 일반화하고 잘 확립된 통계 기법을 사용할 수 있게 한다.
- 군집은 고정된 관계를 갖도록 제한된다. 가장 일반적으로 이러한 관계는 이웃 관계를 지정하는 제약 조건이다. 즉, 두 군집이 서로 이웃인 정도를 가리킨다. 군집들 간의 관계를 제한하면 데이터의 해석과 시각화가 단순화될 수 있다.

프로토타입 기반 군집화의 이러한 확장을 설명하기 위해 세 가지 특정 군집화 알고리즘을 다룬다. 퍼지(fuzzy), c-means는 퍼지 논리와 퍼지 집합 이론의 개념을 사용하여 K-means와 매우 유사하지만 하나의 군집에만 하나의 점을 할당할 필요가 없는 군집화 체계를 제안한다. 혼합 모델 군집화는 군집 세트를 각 군집마다 하나씩 분포의 혼합으로 모델링 할 수 있는 접근 방식을 취한다. 자가 구성 지도(Self-Organizing Maps, SOM) 기반 군집화 체계는 군집들이 서로 미리 지정된 관계(예: 2차원 그리드 구조)를 갖도록 요구하는 프레임워크 내에서 군집화를 수행한다.

8.2.1 퍼지 군집화

데이터 개체가 잘 분리된 그룹으로 분산된 경우 개체를 분리된 군집으로 선명하게 분류하는 것이 이상적인 방법으로 보인다. 그러나 대부분의 경우 데이터 집합의 객체들은 잘 분리된 군집으로 분할할 수 없으며 특정 군집에 객체들을 지정하는 데 임의의 문제가 있다. 두 군집의 경계 근처에 있지만 그 중 하나에 약간 더 가까운 객체를 생각해 보자. 이러한 경우에는 각 객체와 객체가 군집에 속하는 정도를 나타내는 각 군집에 가중치를 할당하는 것이 더 적절할 수 있다. 수학적으로 w_{ij}는 객체 x_i가 군집 C_j에 속하는 가중치이다.

다음 절에서 볼 수 있듯이, 확률적 접근법은 그러한 가중치를 제공할 수 있다. 확률 접근 방식은 많은 상황에서 유용하지만 적절한 통계 모델을 결정하기 어려운 경우가 있다. 이러한 경우 비슷한 기능을 제공하기 위해 비확률적 군집화 기법이 필요하다. 퍼지 군집화 기법은 퍼지 집합 이론을 기반으로 하며 멤버십 가중치(w_{ij})가 자연스러운(확률적이지 않은) 의미를 갖는 군집을 생성한다. 이 절에서는 퍼지 군집화의 일반적인 접근 방식을 설명하고 퍼지 c-means(퍼지 K-means)에 대한 특정 예를 제공한다.

퍼지집합(Fuzzy Sets)

Lotfi Zadeh는 1965년에 부정확성과 불확실성을 다루는 방법으로 **퍼지집합 이론**과 **퍼지 논리**를 도입했다. 간결하게, 퍼지 집합 이론은 객체가 0과 1 사이에 속하는 정도를 갖는 집합에 속할 수 있게 하는 반면, 퍼지 논리는 어떤 명제가 0과 1사이의 확실성을 가지고 참일 수 있다. 전통적인 집합 이론과 논리는 퍼지집합 이론이나 논리에서 속하는 정도 또는 확실성 정도를 0 또는 1로 제한한 특별한 경우로 볼 수 있다. 퍼지 개념은 제어 시스템, 패턴 인식, 데이터 분석(분류 및 군집화)을 포함하여 많은 다른 영역에 적용되었다.

퍼지로직의 다음 예를 보자. "날씨가 흐리다"라는 문장의 진실 정도는 하늘의 구름 덮음 비율로 정의될 수 있다. 예를 들어, 하늘이 구름으로 덮여있는 경우에는 "흐림"을 0.5의 진실. "흐린 날"과 "흐리지 않은 날"의 두 집합이 있는 경우, 두 집합에서 매일 일정 정도의 멤버십을 지정할 수 있다. 따라서 하루가 25% 흐린 경우 "흐린 날"에는 25%의 등급이 있고 "흐리지 않은 날"에는 75%일 것이다.

퍼지군집(Fuzzy Clusters)

데이터 점들의 집합인 $X=\{\mathbf{x}_1, \ldots, \mathbf{x}_m\}$이 있다고 가정하자. 여기서 각 점 $\mathbf{x}_i$는 n차원의 점 $\mathbf{x}_i=(x_{i1}, \ldots, x_{in})$이다. 퍼지 군집 집합 $C_1, C_2, \ldots, C_k$는 X의 가능한 퍼지 부분

집합 중 일부이다(이는 간단히, 각 점 $\mathbf{x}_i$와 각 군집, C_j에 대해 0에서 1 사이의 멤버십 가중치(w_i), w_{ij}가 할당됨을 의미한다). 그러나 군집들이 **퍼지 의사분할(fuzzy pseudo-partition)**이라고 하는 것을 형성하기 위해 군집에 다음과 같은 합리적인 조건을 적용하려고 한다.

1. 주어진 지점에 대한 모든 가중치 $\mathbf{x}_i$는 1을 더한다.

$$\sum_{j=1}^{k} w_{ij} = 1$$

2. 각 군집 C_j는 0이 아닌 가중치로 하나 이상의 점을 포함하지만 하나의 가중치로 모든 점을 포함하지는 않는다.

$$0 < \sum_{i=1}^{m} w_{ij} < m$$

퍼지 c-means

많은 유형의 퍼지군집이 있지만 실제로는 많은 데이터 분석 알고리즘을 "퍼지화"할 수 있지만, 여기서는 퍼지 c-means이라는 퍼지 버전의 K-means만 고려한다. 군집 문헌에서는 군집 중심의 증분 업데이트를 사용하지 않는 K-means 버전을 **c-means**라고도 하며, 이는 퍼지 커뮤니티에서 퍼지 버전의 K-means에 맞게 조정된 용어이다. FCM으로도 알려진 퍼지 c-means 알고리즘은 알고리즘 8.1에 의해 제공된다.

알고리즘 8.1 Basic fuzzy c-means algorithm

1: Select an initial fuzzy pseudo-partition, i.e., assign values to all the w_{ij}.
2: **repeat**
3: Compute the centroid of each cluster using the fuzzy pseudo-partition.
4: Recompute the fuzzy pseudo-partition, i.e., the w_{ij}.
5: **until** The centroids don't change.
(Alternative stopping conditions are "if the change in the error is below a specified threshold" or "if the absolute change in any wij is below a given threshold.")

초기화 후 FCM은 각 군집의 중심점과 퍼지 의사분할을 분할이 변경되지 않을 때까지 반복적으로 계산한다. FCM은 초기화 후에는 중심점을 업데이트하는 단계와 각 객체를 가장 가까운 중심에 할당하는 과정을 반복하는 K-means 알고리즘과 구조적으로 유사하다. 구체적으로 퍼지 의사분할을 계산하는 것은 할당 단계와 같다. K-means와 마찬가지로 FCM은 퍼지 버전의 오류 제곱의 합(sum of the squared error, SSE)을 기반으로 하지만 FCM은 오류 제곱의 합(SSE)을 최소화하려고 시도하는 것으로 해석될 수 있다. 실제로 K-means는 FCM의 특별한 경우로 간주될 수 있으며 두 알고리즘의 동작은 매우 유사하다. FCM의 세부 사항은 아래에 설명되어 있다.

오류 제곱의 합 계산 오류 제곱의 합(SSE)의 정의는 다음과 같이 수정된다.

$$\text{SSE}(C_1,\ C_2,\ \ldots,\ C_k) = \sum_{j=1}^{k}\sum_{i=1}^{m} w_{ij}^{p}\,dist(\mathbf{x}_i,\ \mathbf{c}_j)^2 \tag{8.1}$$

여기서 $\mathbf{c}_j$는 j번째 군집의 중심이고 p는 가중치의 영향을 결정하는 지수이며 1과 ∞ 사이의 값을 갖는다. 이 SSE는 식 (7.1)에 주어진 전통적인 K-means SSE의 가중치 버전에 해당한다.

초기화(Initialization) 랜덤 초기화는 자주 사용된다. 특히 가중치는 임의의 객체와 연관된 가중치가 1이어야 한다는 제약 조건에 따라 무작위로 선택된다. K-means와 마찬가지로 랜덤 초기화는 간단하지만 때로는 SSE의 관점에서 볼 때 로컬 최소값에 해당하는 군집화가 발생한다. K-means의 초기 중심점 선택에 관한 논의가 기술된 7.2.1절은 FCM에 대해서도 상당한 관계를 가지고 있다.

중심점 계산하기(Computing Centroids) 식 (8.2)에 주어진 중심의 정의는 식 (8.1)에 의해 주어진 퍼지 SSE를 최소화하는 중심을 구함으로써 도출될 수 있다(7.2.6절의 접근법을 참조). 군집의 경우 C_j에 해당하는 중심 $\mathbf{c}_j$는 다음 식으로 정의된다.

$$c_j = \sum_{i=1}^{m} w_{ij}^{p}\mathbf{x}_i \Big/ \sum_{i=1}^{m} w_{ij}^{p} \tag{8.2}$$

퍼지 중심점의 정의는 모든 점이 고려되고(어느 점이든 어느 정도 군집에 속할 수 있다는 점을 제외하고) 중심점에 대한 각 점의 기여도는 멤버십 정도에 따라 가중된다는 점을 제외하고는 기존 정의와 유사하다. 모든 w_{ij}가 0 또는 1인 전형적으로 바삭한(crisp) 집합의 경우, 이 정의는 기존의 중심점의 정의와 동일해진다.

p의 값을 선택할 때 고려해야 할 사항이 몇 가지 있다. $p=2$를 선택하면 가중치 갱신 공식이 간단해진다(식 (8.4) 참조). 그러나 p가 1에 가까워지면 퍼지 c-means는 전통적인 K-means와 유사한 형태를 보인다. 반대로, p가 커질수록 모든 군집의 중심점이 전체 데이터 점의 전역적인 중심점에 근접하게 된다. 다시 말해 p가 증가함에 따라 분할은 더 흐릿해진다.

퍼지 의사분할(Fuzzy Pseudo-Partition) 갱신 퍼지 유사 분할은 가중치에 의해 정의되므로, 이 단계는 i번째 점과 j번째 군집에 연관된 가중치 w_{ij}를 업데이트와 관련이 있다. 식 (8.3)에 주어진 가중치 업데이트 공식은 가중치의 합이 1이라는 제약 조건에 따라 식 (8.1)의 SSE를 최소화함으로써 도출될 수 있다.

$$w_{ij} = \left(1/dist(\mathbf{x}_i,\ \mathbf{c}_j)^2\right)^{\frac{1}{p-1}} \Big/ \sum_{q=1}^{k} \left(1/dist(\mathbf{x}_i,\ \mathbf{c}_q)^2\right)^{\frac{1}{p-1}} \tag{8.3}$$

이 공식은 약간 이해하기 힘들 수 있다. 그러나 $p=2$이면 식 (8.4)로 보다 간단한 형태로 주어진다. 우리는 식 (8.4)에 대한 직관적인 설명을 제공하며, 약간 수정하면 식 (8.3)에도 적용된다.

$$w_{ij} = 1/dist(\mathbf{x}_i,\ \mathbf{c}_j)^2 \Big/ \sum_{q=1}^{k} 1/dist(\mathbf{x}_i,\ \mathbf{c}_q)^2 \tag{8.4}$$

직관적으로, 군집 C_j에서 점 x_i의 멤버십 정도를 나타내는 가중치 w_{ij}는 $\mathbf{x}_i$가 중심점 $\mathbf{c}_j$에 가까운 경우($dist(\mathbf{x}_i,\ \mathbf{c}_j)$가 낮은 경우) 상대적으로 커야 하며 $\mathbf{x}_i$가 중심 $\mathbf{c}_j$에서 멀수록($dist(\mathbf{x}_i,\ \mathbf{c}_j)$가 클 경우) 상대적으로 작아야 한다. 만약 식 (8.4)의 분자에 해당하는 $w_{ij}=1/dist(\mathbf{x}_i,\ \mathbf{c}_j)^2$라면, 이를 만족하게 된다. 그러나 한 점의 멤버십 가중치가 정규화 되지 않았다면 합이 1이 아닐 것이다. 즉, 식 (8.4)에서와 같이 모든 가중치의 합으로 나누어져야 한다. 요약하면 군집에서 각 점의 가중치는 그 점과 군집 중심점 간의 거리의 제곱의 역수를 그 점의 모든 구성원 가중치의 합으로 나눈 값이다.

이제 식 (8.3)에서 지수 $1/(p-1)$의 영향을 고려하자. 만약 $p > 2$이면, 이 지수는 점에 가까운 군집에 할당된 가중치를 감소시킨다. 실제로, p가 무한으로 커지면, 지수는 0이 되고 가중치는 $1/k$가 된다. 반면에 p가 1에 가까워지면 지수는 군집이 가까운 점들의 멤버십 가중치를 증가시킨다. p가 1이 되면, 가장 가까운 군집의 가중치는 1이 되고 다른 모든 군집들의 가중치는 0이 된다. 이것은 K-means와 일치한다.

예제 8.1 세 개의 원형 군집에서 퍼지 c-means

그림 8.1은 퍼지 c-means를 적용하여 100 포인트의 2차원 데이터 집합에 대해 3개의 군집을 찾는다. 각각의 점은 멤버십 가중치가 가장 큰 군집에 할당되었다. 각 군집에 속하는 점들은 다른 부호 모양으로 표시되며 군집의 멤버십 정도는 음영으로 표시된다. 점들이 진할수록 할당된 군집의 멤버십이 강해진다. 군집의 멤버십은 군집의 중심에서 가장 강하고 군집들 사이에 있는 점들의 경우 가장 약하다. ■

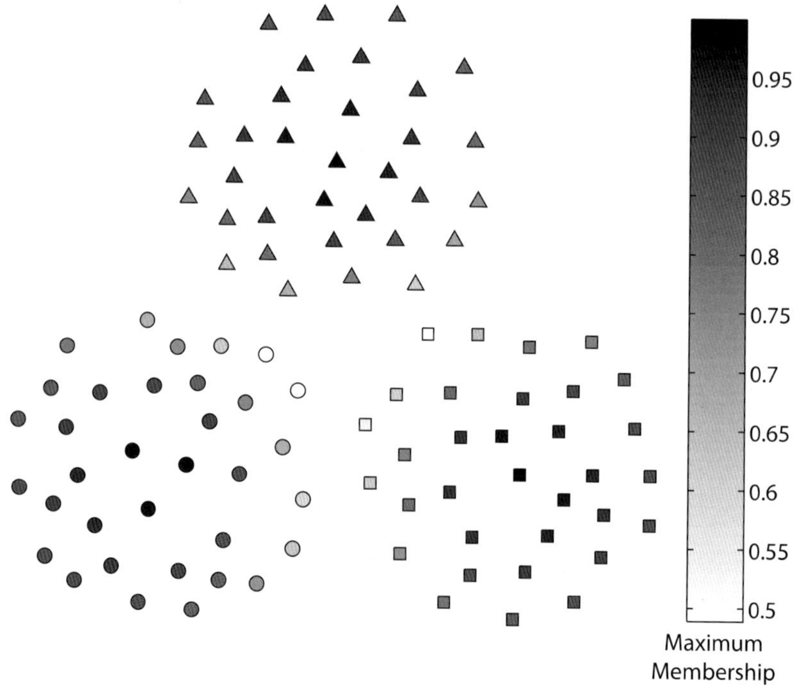

그림 8.1 2차원 점집합의 퍼지 c-means 군집

강점과 한계

FCM의 긍정적인 특징은 어떤 점이 어떤 군집에 속하는 정도를 나타내는 군집화를 생성한다는 것이다. 반면에, 계산에 다소 집중적이지만 K-means와 거의 동일한 장단점을 가지고 있다.

8.2.2 혼합 모델을 사용한 군집화

이 절에서는 통계 모델을 기반으로 하는 군집화를 다룬다. 통계 과정의 결과로 데이터가 생성되었다고 가정하고 데이터를 가장 적합한 통계 모델을 찾아서 데이터를 설명하는 것이 종종 편리하고 효과적이다. 여기서 통계 모델은 어떤 분포와 그 분포에 대한 매개 변수의 집합으로 설명된다. 높은 수준에서 이 과정은 데이터에 대한 통계 모델을 결정하고 데이터로부터 해당 모델의 매개 변수를 추정하는 것이다. 이 절에서는 다수의 통계 분포를 사용하여 데이터를 모델링하는 특정 종류의 통계 모델인 **혼합 모델**(mixture model)에 대해 설명한다. 각 분포는 군집에 해당하며 각 분포의 매개 변수는 일반적으로 중심과 분포 측면에서 해당 군집에 대한 설명을 제공한다.

이 절의 논의는 다음과 같이 진행된다. **혼합 모델**(mixture model)에 대한 설명을 제공한 후 통계 데이터 모델에 대한 매개변수를 추정할 수 있는 방법을 고려한다. 먼저 MLE (Maximum Likelihood Estimation)라고 알려진 방법을 사용하여 간단한 통계 모델의 매개변수를 추정하는 방법을 설명하고 혼합 모델의 매개변수를 추정하기 위한 접근법을 확장할 수 있는 방법에 대해 설명한다. 구체적으로, 우리는 매개 변수에 대한 초기 추측을 한 다음 이러한 추정치를 반복적으로 개선한다고 잘 알려진 EM(Expectation-Maximization) 알고리즘을 설명한다. 혼합 모델의 매개 변수를 EM 알고리즘으로 추정함으로써 데이터를 군집화하는 예를 제시하고, 그 장점과 한계에 대해 논의한다.

이 절을 이해하려면 부록 C에서 다룬 통계와 확률에 대한 최소한의 이해가 필수적이다. 또한 다음 논의에서 편의상 확률이라는 용어를 사용하여 확률과 확률 밀도를 가리키는데 모두 사용한다.

혼합 모델(Mixture Models)

혼합 모델은 데이터를 다수의 서로 다른 확률 분포를 혼합한 관찰된 집합으로 본다. 확률 분포는 어떤 것이든 가능하지만, 주로 다변량 정규 분포(multivariate normal)가 이용된다. 이는 이 분포가 잘 이해되고, 수학적으로 다루기 쉽고, 많은 경우에 좋은 결과를 생성하는 것으로 나타났기 때문이다. 이러한 유형의 분포는 타원형의 군집을 모델링을 할 수 있다.

개념적으로, 혼합 모델은 다음 데이터 생성 과정에 해당한다. 일반적으로 동일한 유형이지만 서로 다른 매개변수를 갖는 여러 분포가 주어지면 이 분포 중 하나를 임의로 선택하고 그로부터 객체를 생성한다. 이 과정을 m번 반복한다. 여기서 m은 객체의 개수가 된다.

보다 형식을 갖추어 기술하면, K 분포와 m개의 객체, $X = \{\mathbf{x}_1, \ldots, \mathbf{x}_m\}$이 있다고 가정한다. j번째 분포는 매개변수 θ_j를 가지고 있고, Θ는 모든 매개변수의 집합이다. 즉 $\Theta = \{\theta_1, \ldots, \theta_K\}$이다. 그런 다음, $prob(\mathbf{x}_i | \theta_j)$은 j번째 분포에서 나왔을 경우 i번째 객체의 확률이다. 객체를 생성하기 위해 j번째 분포가 선택될 확률은 가중치 w_j, $1 \le j \le K$로 기술될 수 있으며, 여기서 이러한 가중치(확률)의 합은 1이어야 한다, 즉 $\sum_{j=1}^{K} w_j = 1$이어야 한다. 그런 다음, 객체 $\mathbf{x}$의 확률은 식 (8.5)와 같이 주어진다.

$$prob(\mathbf{x} | \Theta) = \sum_{j=1}^{K} w_j p_j(\mathbf{x} | \theta_j) \tag{8.5}$$

객체들이 독립적인 방식으로 생성되는 경우, 전체 객체 집합의 확률은 각 개별 $\mathbf{x}_i$의 확률의 곱이 된다.

$$prob(X | \Theta) = \prod_{i=1}^{m} prob(\mathbf{x}_i | \Theta) = \prod_{i=1}^{m} \sum_{j=1}^{K} w_j p_j(\mathbf{x}_i | \theta_j) \tag{8.6}$$

혼합모델의 경우, 각 분포는 다른 그룹, 즉 다른 군집으로 기술한다. 통계적 방법을 이용하여 데이터에서 이러한 분포의 매개변수를 추정하고 이러한 분포(군집들)를 설명할 수 있다. 또한 어떤 객체가 어떤 군집에 속하는지 식별할 수도 있다. 그러나 혼합 모델링은 객체를 특정 군집에 확실히 할당하지 않는다. 다만, 특정 객체가 특정 군집에 속할 확률을 제공한다.

예제 8.2 단변량 가우시안 혼합(Univariate Gaussian Mixture)

가우시안 분포와 관련하여 혼합 모델을 구체적으로 보여준다. 점 x에서 1차원 가우시안 분포에 대한 확률 밀도 함수는 다음과 같다.

$$prob(x\,|\,\Theta) = \frac{1}{\sqrt{2\pi}\,\sigma} e^{-\frac{(x-\mu)^2}{2\sigma^2}} \tag{8.7}$$

가우시안 분포의 매개 변수는 $\theta = (\mu,\ \sigma)$로 주어지며, 여기서 μ는 분포의 평균이고 σ는 표준 편차이다. 공통 표준 편차가 2이고 평균이 -4와 4인 두 개의 가우시안 분포가 있다고 가정한다. 또한 각각의 두 분포는 동일한 확률로 선택된다고 가정한다(즉, $w_1 =\ w_2 = 0.5$). 그러면 식 (8.5)는 다음과 같다.

$$prob(x\,|\,\Theta) = \frac{1}{2\sqrt{2\pi}} e^{-\frac{(x+4)^2}{8}} + \frac{1}{2\sqrt{2\pi}} e^{-\frac{(x-4)^2}{8}} \tag{8.8}$$

그림 8.2(a)는 이 혼합 모델의 확률 밀도 함수의 도표를 보여주고, 그림 8.2(b)는 이 혼합 모델에서 생성된 20,000점에 대한 히스토그램을 보여준다. ■

최대 우도를 사용한 모델 매개변수 추정

데이터에 대한 통계 모델이 주어지면 해당 모델의 매개 변수를 추정해야 한다. 다음 설명할 최대 우정 추정은 이러한 문제를 해결하기 위한 표준적인 접근법이다.

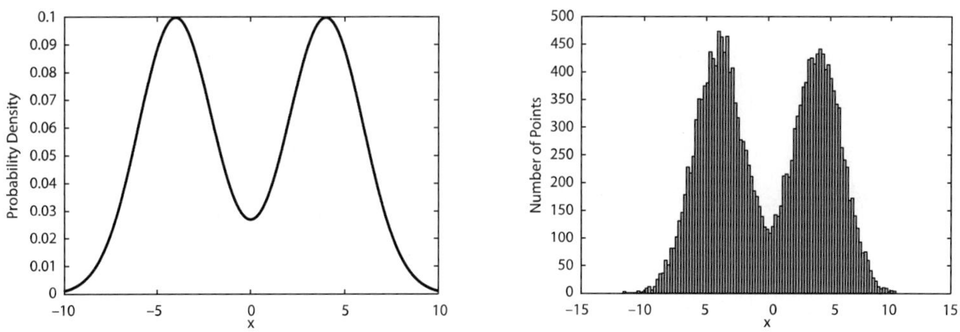

(a) Probability density function for the mixture model

(b) 20,000 points generated from the mixture model

그림 8.2 평균이 각각 −4와 4의 평균을 갖는 두 개의 정규 분포로 구성된 혼합 모델. 두 분포의 표준 편차는 2이다.

1차원 가우시안 분포에서 생성 된 점 m의 집합을 고려해 보자. 이 점들이 독립적으로 생성된다고 가정하면, 이 점들의 확률은 개별 확률의 곱이 된다(다시 말하면, 우리는 확률 밀도를 다루고 있지만 용어를 간단하게 유지하기 위해 확률을 참조할 것이다). 식 (8.7)을 사용하여 식 (8.9)과 같이 이 확률을 쓸 수 있다. 이 확률은 매우 작은 값이 되므로, 일반적으로 식 (8.10)과 같이 로그 확률로 이용한다.

$$prob(X|\Theta)=\prod_{i=1}^{m}\frac{1}{\sqrt{2\pi}\,\sigma}e^{-\frac{(x_i-\mu)^2}{2\sigma^2}} \tag{8.9}$$

$$log\ prob(X|\Theta)=-\sum_{i=1}^{m}\frac{(x_i-\mu)^2}{2\sigma^2}-0.5m\log 2\pi-m\log\sigma \tag{8.10}$$

μ와 σ가 모를 경우 추정하는 절차를 찾고자 한다. 하나의 접근법은 데이터가 가장 확률이 높은(가장 잦은) 매개 변수의 값을 선택하는 것이다. 다시 말해, 식 (8.9)를 최대화하는 μ와 σ를 고르는 것이다. 이 접근법은 통계에서 **최대 우도 원칙**(Maximum Likelyhood principle)로 알려져 있으며, 데이터로부터 통계 분포의 매개변수를 추정하기 위한 이 원칙을 적용하는 과정은 **최대 우도 추정**(MLE, Maximum Likelyhood estimation)이라고 알려져 있다.

이 원칙이 최대 우도 원칙이라고 불리는 이유는, 데이터 집합이 주어졌을 때, 이 주어진 데이터 확률은 매개변수에 대한 함수로 볼 수 있으며 이를 **우도 함수**(likelihood function)라고 불리기 때문이다. 예를 들어, 통계적 매개 변수 μ와 σ를 변수로 여기고, 데이터가 상수로 간주됨을 강조하기 위해 식 (8.9)를 식 (8.11)로 다시 작성한다. 실용적인 이유로, 로그 우도가 더 일반적으로 사용된다. 식 (8.10)의 로그 확률에서 도출된 로그 우도 함수는 식 (8.12)와 같다. 로그가 단조 증가하는 함수이므로 로그 우도를 최대화하는 매개 변수 값도 우도를 최대화한다.

$$likelihood(\Theta|X)=L(\Theta|X)=\prod_{i=1}^{m}\frac{1}{\sqrt{2\pi}\,\sigma}e^{-\frac{(x_i-\mu)^2}{2\sigma^2}} \tag{8.11}$$

$$log\ likelihood(\Theta|X)=\ell(\Theta|X)=-\sum_{i=1}^{m}\frac{(x_i-\mu)^2}{2\sigma^2}-0.5m\log 2\pi-m\log\sigma \tag{8.12}$$

예제 8.3 최대 우도 매개 추정

매개 변수 값을 찾기 위한 MLE 사용에 대한 구체적인 그림을 제공한다. 그림 8.3(a)와 같은 히스토그램에 표시된 200점이 있다고 가정한다. 그림 8.3(b)는 200개의 점들에 대한 최대 로그 우도 도표를 보여준다. 로그 확률이 최대인 매개변수 값은 $\mu = -4.1$ 및 $\sigma = 2.1$이며, 기본 가우시안 분포의 매개변수의 값 $\mu = -4.0$와 $\sigma = 2.0$에 가깝다. ■

적어도 2개 이상의 매개변수가 있는 경우, 매개변수의 상이한 값에 대한 데이터의 우도를 그래프로 표현하는 것은 실용적이지 못하다. 따라서 표준 통계 절차는 통계적 매개변수의 최대 우도 추정으로 도출하여 해당 매개변수에 대한 우도 함수의 파생 모델을 취하여 결과를 0으로 설정하고 해결하는 것이다. 특히, 가우시안 분포의 경우, 표본점의 평균과 표준 편차가 기본 분포의 해당하는 매개변수에 대한 최대 우도 추정치임을 알 수 있다(연습문제 9를 참조). 실제로, 이 예에서 200개의 점에 대해, 로그 우도를 최대화 한 매개변수 값은 정확하게 200개의 점의 평균과 표준 편차 $\mu = -4.1$ 및 $\sigma = 2.1$이었다.

최대 우도를 사용하여 혼합 모델 매개변수 추정: EM 알고리즘

최대 우도 접근법을 사용하여 혼합 모델에 대한 모델 매개변수를 추정하는데 사용될 수 있다. 가장 간단한 경우, 어느 데이터 객체가 어느 분포에서 왔는지 알고 있으며, 상황은

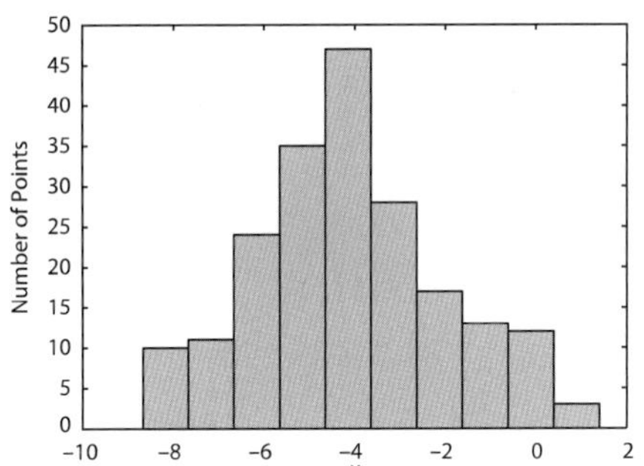

(a) Histogram of 200 points from a Gaussian distribution

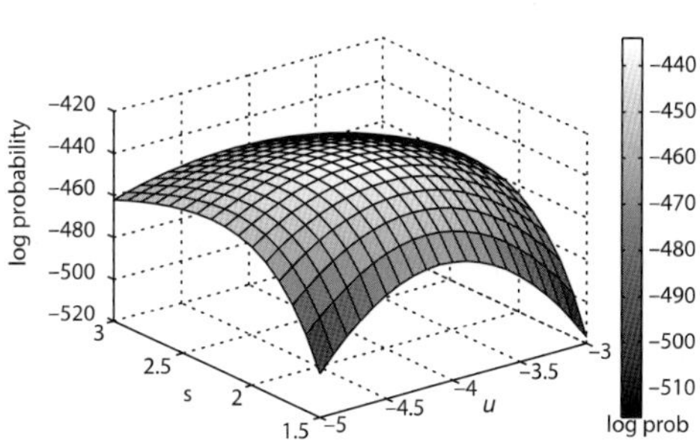

(b) Log likelihood plot of the 200 points for different values of the mean and standard deviation

그림 8.3 가우스 분포에서 200개의 점과 다른 매개변수 값에 대한 로그 확률

해당 분포에서 데이터가 생성된 단일 분포의 매개변수를 추정하는 것을 감소시킨다. 가장 일반적인 분포의 경우 매개변수의 최대 우도 추정은 데이터가 포함된 간단한 공식으로 계산된다.

보다 일반적인(보다 현실적인) 상황에서는 어떤 분포로 어떤 점이 생성되었는지 알 수 없다. 따라서 각 데이터 점의 확률을 직접적으로 계산할 수 없으므로 최대 우도 원칙을 사용하여 매개변수를 추정할 수 없는 것처럼 보인다. 이 문제에 대한 해결책은 EM 알고리즘이며, 알고리즘 8.2에 나와 있다. 간략하게, 매개변수 값에 대한 추측이 주어지면, EM 알고리즘은 각 점이 각 분포에 속하는 확률을 계산 한 다음에 매개변수를 위한 새로운 추정치를 계산데 이 확률을 사용한다(이러한 매개 변수는 우도를 최대화하는 값이다). 이러한 반복은 매개 변수의 추정치가 변하지 않거나 미미하게 변화할 때까지 계속된다. 따라서 우리는 여전히 최대한의 가능성 추정을 하지만 반복적인 검색을 통해 사용한다.

알고리즘 8.2 EM 알고리즘

1: 초기 모델 파라미터 세트를 선택한다.
   (K-means와 마찬가지로, 이것은 무작위로 또는 다양한 방법으로 수행될 수 있다.)
2: **repeat**
3: **추정 단계(Expectation Step)** 각 개체에 대해 각 개체가 각 분포에 속하는 확률을 계산한다(예: 확률(분포 $j|\mathbf{x}_i, \Theta$)).
4: **최대화 단계(Maximization Step)** 기대 단계의 확률을 고려하여 예상 가능성을 최대화하는 모수의 새로운 추정치를 찾는다.
5: **until** 매개변수가 변경되지 않을 때까지.
   (또는 매개변수 변경이 지정된 임계값 미만인 경우 중지한다.)

EM 알고리즘은 7.2.1절에 설명한 K-means 알고리즘과 유사하다. 실제로 유클리드 데이터에 대한 K-means 알고리즘은 공분산 행렬과 같지만 다른 평균인 구형 가우시안 분포에 대한 EM 알고리즘의 특별한 경우이다. 기대치 단계는 각 객체를 군집에 할당하는 단계에 해당한다. 대신, 각 객체는 어떤 확률로 모든 군집(분포)에 할당된다. 최대화 단계는 군집 중심점 계산에 해당한다. 대신, 분포의 모든 매개변수뿐 아니라 가중치 매개변수는 우도를 최대화하는 것이 선택된다. 매개변수는 일반적으로 최대 우도 추정에서 파생된 공식을 사용하여 계산되므로 이 과정은 종종 간단하게 사용된다. 예를 들어 단일 가우시안 분포의 경우, 평균의 MLE 추정치는 분포에 속하는 객체들의 평균이다. 혼합 모델과 EM 알고리즘의 맥락에서, 평균 계산은 모든 객체가 특정 확률로 분포에 속한다는 사실을 설명하기 위해 수정된다. 다음 예제에서 더 자세히 설명된다.

예제 8.4 EM 알고리즘의 간단한 예

이 예제는 그림 8.2의 데이터에 적용될 때 EM이 작동하는 방식을 보여준다. 예제를 가능한 간단히 하기 위해, 두 분포의 표준 편차가 2.0이고 두 분포에서 동일한 확률로 점들이 생성되었다고 가정한다. 왼쪽과 오른쪽 분포를 각각 분포 1과 2라고 한다.

우선은 μ_1과 μ_2에 대한 초기 추측을 $\mu_1=-2$와 $\mu_2=3$으로 EM 알고리즘을 시작한다. 따라서 두 분포에 대한 초기 매개변수 $\theta=(\mu,\ \sigma)$는 각각 $\theta_1=(-2,\ 2)$ 및 $\theta_2=(3,\ 2)$이다. 전체 혼합 모델의 매개변수 집합은 $\Theta=\{\theta_1,\ \theta_2\}$이다. EM의 기대치 단계에서는 특정 분포에서 한 점이 나올 확률을 계산하여야 한다. 즉, $prob(distribution\ 1|x_i,\ \Theta)$와 $prob(distribution\ 2|x_i,\ \Theta)$를 계산하여야 한다. 이 값들은 식 (8.13)으로 표현할 수 있으며, 이는 베이즈 규칙을 간단하게 적용한 것으로 부록 C에 설명되어 있다.

$$prob(distribution\ j|x_i,\ \theta)=\frac{0.5\ prob(x_i|\theta_j)}{0.5\ prob(x_i|\theta_1)+0.5\ prob(x_i|\theta_2)} \tag{8.13}$$

여기서 0.5는 각 분포의 확률(가중치)이고 j는 1 또는 2이다.

예를 들어 점들 중 하나가 0이라고 가정한다. 식 (8.7)에서 제공된 가우시안 밀도 함수를 사용하여 계산하면 $prob(0|\theta_1)=0.12$와 $prob(0|\theta_2)=0.06$이다(다시 말해, 실제로 확률 밀도를 계산한 것이다). 이 값들과 식 (8.13)을 사용하여 $prob(distribution\ 1|0,\ \theta)=0.12/(0.12+0.06)=0.66$과 $prob(distribution\ 2|0,\ \theta)=0.06/(0.12+0.06)=0.33$을 찾는다. 이는 점 0이 매개변수 값에 대한 현재 가정을 기반으로 분포 2보다 분포 1에 속할 가능성이 두 배임을 의미한다.

20,000개의 점 모두에 대한 군집 멤버십 확률을 계산한 후, EM 알고리즘의 최대화 단계에서 μ_1 및 μ_2에 대한(식 (8.14) 및 식 (8.15) 사용) 새로운 추정치를 계산한다. 분포 평균에 대한 새로운 추정치는 점들의 가중치의 평균일 뿐이며, 여기서 가중치는 점들이 분포에 속하는 확률이다. 즉, $prob(distribution\ j|x_i)$ 값이다.

표 8.1 간단한 예제를 위한 EM 알고리즘의 처음 몇 번의 반복

Iteration	μ_1	μ_2
0	−2.00	3.00
1	−3.74	4.10
2	−3.94	4.07
3	−3.97	4.04
4	−3.98	4.03
5	−3.98	4.03

$$\mu_1 = \sum_{i=1}^{20,000} x_i \frac{prob(distribution\ 1 | x_i, \Theta)}{\sum_{i=1}^{20,000} prob(distribution\ 1 | x_i, \Theta)} \tag{8.14}$$

$$\mu_2 = \sum_{i=1}^{20,000} x_i \frac{prob(distribution\ 2 | x_i, \Theta)}{\sum_{i=1}^{20,000} prob(distribution\ 2 | x_i, \Theta)} \tag{8.15}$$

μ_1과 μ_2의 추정치가 거의 변하지 않거나 그 변화량의 극히 미미할 때까지 이 두 단계를 반복한다. 표 8.1은 EM 알고리즘이 20,000점들의 집합에 적용될 때, 초기 몇 회의 반복에 대한 결과이다. 이 데이터의 경우, 어떤 분포에서 어떤 점이 생성되었는지 알고 있으므로 각 분포에서 점의 평균을 계산할 수도 있다. 평균은 $\mu_1 = -3.98$과 $\mu_2 = 4.03$이다. ■

예제 8.5 **샘플 데이터 집합에 대한 EM 알고리즘**

우리는 혼합 모델을 사용하여 군집을 찾기 위해 EM 알고리즘의 사용하는 세 가지 예제를 제공한다. 첫 번째 예제는 퍼지 c-means 알고리즘을 설명하는데 사용되었던 데이터 집합을 기반으로 한다(그림 8.1 참조). 이 데이터를 다른 평균과 동일한 공분산 행렬을 가지는 3개의 2차원 가우시안 분포의 혼합으로 모델링했다. 이후 EM 알고리즘을 사용하여 데이터를 군집화했다. 결과는 그림 8.4에 나와 있다. 각 점은 멤버십 가중치가 가장 큰 군집에 할당되었다. 각 군집에 속하는 점들은 다른 마커 모양으로 표시되며 군집의 멤버십 정도는 음영으로 표시된다.

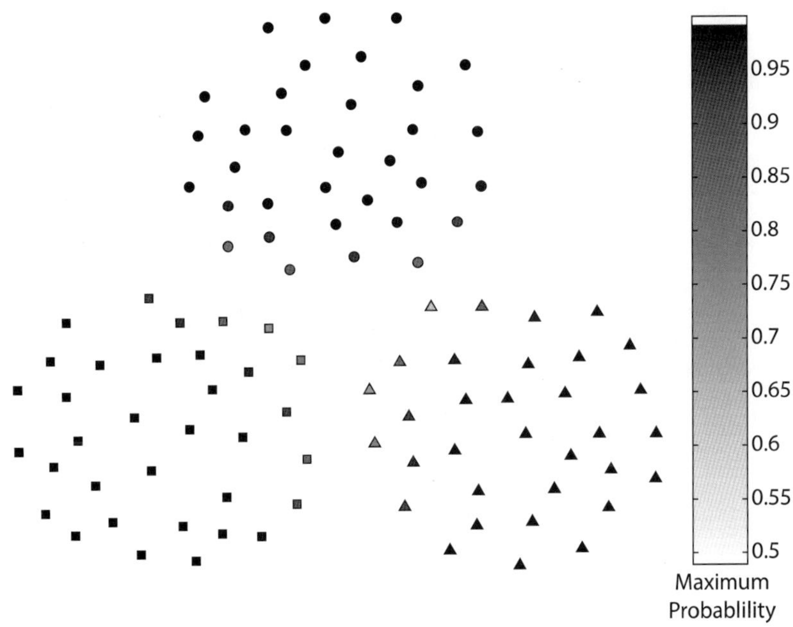

그림 8.4 3개의 군집을 가진 2차원 점집합의 EM 군집화

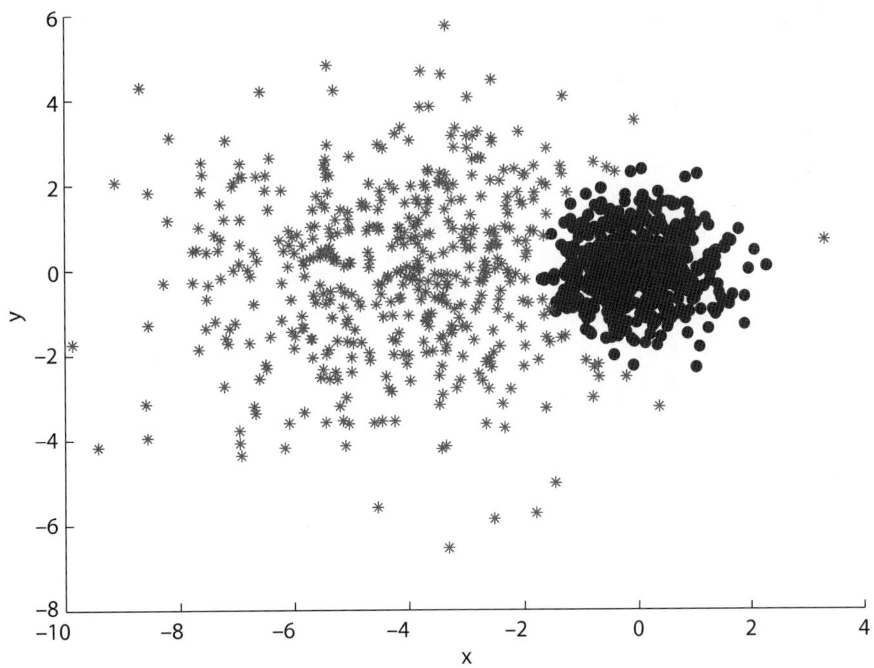

그림 8.5 상이한 밀도의 가진 2개의 군집을 갖는 2차원 점집합의 EM 군집링

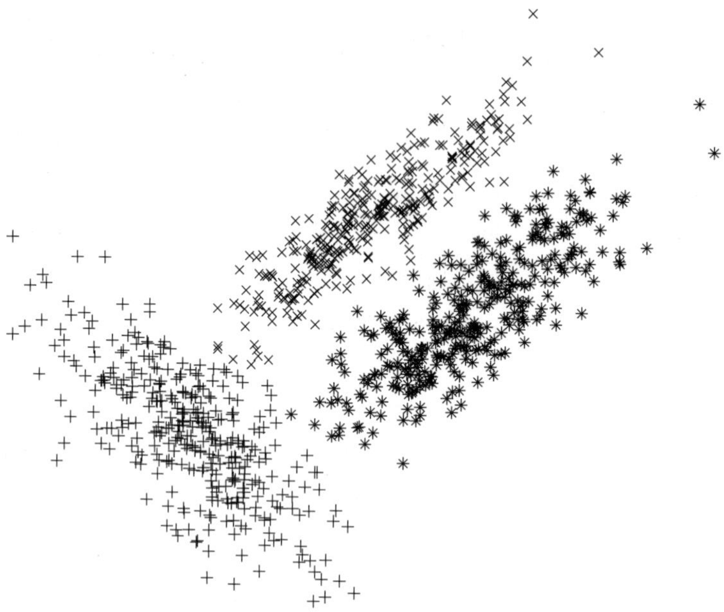

(a) 혼합 모델 군집화로 생성된 군집

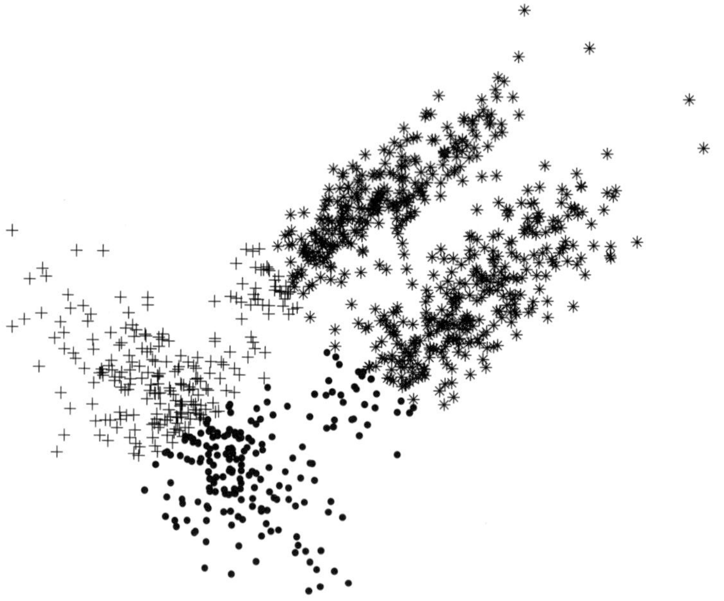

(b) K-means 군집화에 의해 생성된 군집

그림 8.6 혼합모델과 2차원 점들의 집합의 K-Menas 군집화

군집의 멤버십은 두 군집의 경계에 있는 점들에 대해서 상대적으로 약하지만, 다른 부분에서는 강하다. 그림 8.4와 8.1의 멤버십 가중치와 확률을 비교하는 것은 흥미롭다(연습문제 11을 참조). 두 번째 예제로는 다른 밀도를 가지는 군집들을 포함하는 데이터에 혼합 모델 군집화를 적용한다. 데이터는 각각 약 500개의 점들을 가지고 있는 두 개의 자연 군집으로 구성된다. 이 데이터는 두 개의 가우시안 데이터 집합으로, 하나는 중심이 −4.1이고 표준편차가 2를 가지고 있고, 다른 하나는 중심이 (0.0)이고 표준 편차가 0.5로 결합하여 만들어졌다. 그림 8.5는 EM 알고리즘에 의해 생성 된 군집화 결과를 보여준다. 밀도의 차이에도 불구하고, EM 알고리즘은 원래 군집들을 식별하는 데 매우 성공적이다.

세 번째 예제는 K-means가 잘 다룰 수 없는 데이터 집합에서 혼합 모델 군집화를 사용한다. 그림 8.6(a)는 혼합 모델 알고리즘에 의해 생성 된 군집화를 보여주고, 그림 8.6(b)는 동일한 1,000개의 점집합의 K-means 군집화를 보여준다. 혼합 모형 군집화의 경우, 각 점은 높은 확률을 가진 군집을 할당되었다. 두 그림에서, 다른 마커는 다른 군집을 구별하기 위해 사용된다. 그림 8.6(a)의 '+'와 '×' 마커를 혼동하지 마라. ■

EM 알고리즘을 사용한 혼합 모델 군집화의 장점과 제한

군집들을 찾기 위해 데이터를 혼합 모델로 모델링하고 해당 모델의 매개변수를 추정하기 위해 EM 알고리즘을 적용하는 것은 다양한 장점과 단점을 가지고 있다. 부정적인 측면에서, EM 알고리즘은 느릴 수 있으며 많은 수의 구성요소를 가지는 모델의 경우에는 실용적이지 않으며, 군집에 적은 수의 데이터 점들만 존재하거나 데이터 점들이 거의 동일 선형인 경우에는 제대로 작동하지 않는다. 또한 군집의 개수를 추정하는 것, 보다 일반적으로는, 사용할 모델의 정확한 형태를 결정하는 데 문제가 있다. 이 문제는 일반적으로 베이지안 접근 방식을 적용하여 해결되어 왔다. 대략적으로 말하자면, 데이터에서 도출된 추정치 기반으로 한 모델과 다른 모델의 확률을 제공한다. 이 문제를 해결하기 위한 작업이 수행되었지만, 혼합 모델은 잡음과 이상치에 어려움을 겪을 수 있다.

긍정적인 측면에서, 혼합 모델은 다양한 유형의 분포를 사용할 수 있기 때문에 K-means 또는 퍼지 c-means보다 일반적이다. 결과적으로, 혼합 모델(가우시안 분포를 기반으로 하는)은 다양한 크기와 타원형 모양의 군집을 찾을 수 있다. 또한 모델 기반 접근 방식은 데이터와 관련된 일부 복잡도를 제거하는 훈련된 방법을 제공한다. 데이터의 패턴을 보려면, 데이터를 단순화해야 하는 경우가 종종 있으며, 데이터에 대한 적합한 모델인 경우에는 데이터를 모델아 맞추는 것은 좋은 방법이다. 게다가, 생성된 군집들은 적은 개수의 매개 변수로 설명할 수 있으므로 군집들의 특성을 파악하는 것은 쉽다. 마지막으로, 많은 데이터 집합들이 실제로 무작위 과정의 결과이므로, 이러한 모델의 통계적 가정들을 충족해야 한다.

8.2.3 자기 구성 지도(SOM)

Kohonen의 자기구성 특성 지도(SOFM: Kohonen Self-Organizing Feature Map) 또는 SOM)은 신경망 관점을 기반으로 하는 군집화 및 데이터 시각화 기술이다. SOM의 신경망 기원에도 불구하고, (적어도 이 장의 문맥에서는) 프로토타입 기반의 군집화의 변형으로 더 쉽게 제시된다.

다른 형태의 중심점 기반 군집화와 마찬가지로 SOM의 목표는 중심점(SOM 용어의 **참조 벡터(reference vector)**)의 집합을 찾고 데이터 집합에서 각 객체를 가장 잘 근사하는 중심점에 할당하는 것이다. 신경망 용어로는 각 중심점과 연관된 하나의 뉴런이 있다.

증분 K-means와 마찬가지로 데이터 객체는 한 번에 하나씩 처리되고 가장 가까운 중심점이 갱신된다. K-means와 달리 SOM은 중심점에 위상순서(topographic ordering)를 부여하며 근처 중심점들도 갱신된다. 또한 SOM은 객체의 현재 군집 멤버십을 추적하지 않으며, K-means와 달리 객체가 군집이 바꾸더라도 이전 군집의 중심점이 명시적으로 갱신되지 않는다. 그러나 이전 군집이 새로운 군집 근처에 있으면 갱신될 수 있다. 미리 정해진 한계에 도달하거나 중심점이 크게 변하지 않을 때까지 점들의 처리는 계속된다. SOM 기법의 최종 결과물은 군집들을 암시적으로 정의하는 중심점 집합이다. 각 군집은 특정 중심점에 가장 가까운 점들로 구성된다. 다음 절에서는 이 과정의 세부사항을 살펴본다.

SOM 알고리즘

중심점들을 직사각형 그리드로 구성된 노드로 표현된 2차원 SOM의 예를 보여준다. 각 중심점에는 한 쌍의 좌표(i, j)가 할당된다. 때때로, 이런 네트워크는 인접한 노드들 사이의 링크로 그려지지만, 한 중심이 다른 중심점에 미치는 영향은 링크가 아닌 좌표로 정의된 이웃을 통해 발생하기 때문에 오해의 소지가 있다. 많은 종류의 SOM 신경망이 있지만, 여기서는 직사각형 또는 6각형 구조의 중심점들을 갖는 2차원 SOM으로 논의를

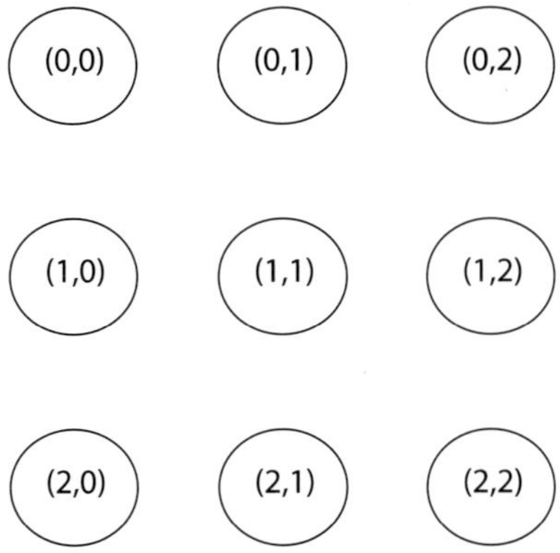

그림 8.7 2차원 3×3 직사각형 SOM 신경망

제한한다.

SOM은 K-means 또는 다른 프로토타입 기반 접근 방식과 유사하지만 근본적인 차이점이 있다. SOM에 사용 된 중심점들은 미리 결정된 위상적 순서 관계를 가지고 있다. 학습 과정에서 SOM은 각 데이터 점을 사용하여 위상적 순서에서 가장 가까운 중심점과 중심점을 갱신한다. 이러한 방식으로 SOM은 주어진 데이터 집합에 대해 정렬된 중심점 집합을 생성한다. 다시 말해, SOM 그리드에서 서로 가까운 중심점들은 더 멀리 있는 중심점보다 서로 밀접하게 관계를 가지게 된다. 이러한 제약 때문에, 2차원 SOM의 중심점은 n차원 데이터를 가능한 잘 맞추려고 시도하는 2차원 평면 상에 놓인 것으로 볼 수 있다. SOM 중심점들은 데이터 점들에 대한 비선형 회귀의 결과로 생각할 수도 있다.

높은 수준에서 SOM 기법을 사용한 군집화는 알고리즘 8.3에 설명된 단계로 구성된다.

알고리즘 8.3 Basic SOM Algorithm

Initialize the centroids.
repeat
  Select the next object.
  Determine the closest centroid to the object.
  Update this centroid and the centroids that are close, i.e., in a specified neighborhood.
until The centroids don't change much or a threshold is exceeded.
Assign each object to its closest centroid and return the centroids and clusters.

초기화 이 단계(첫째 줄)는 여러 가지 방법으로 수행할 수 있다. 하나의 접근법은 해당 구성 요소의 데이터에서 관찰된 값의 범위에서 중심점의 각 구성 요소를 임의로 선택하는 것이다. 이 접근법은 효과가 있지만 특히 빠른 수렴을 생성하기 위한 최선의 방법은 아니다. 또 다른 접근법은 사용 가능한 데이터 점에서 초기 중심점들을 임의로 선택하는 것이다. 이것은 K-means에서 임의로 중심점들을 선택하는 것과 매우 유사하다.

객체 선택 반복문의 첫 번째 단계(셋째 줄)는 다음 객체를 선택하는 것이다. 이것은 매우 간단하지만 몇 가지 어려움이 있다. 수렴에는 많은 단계가 필요할 수 있으므로 특히 객체 수가 적은 경우, 각 데이터 객체를 여러 번 사용할 수 있다. 그러나 객체의 개수가 많다면, 모든 객체를 사용할 필요는 없다. 훈련 집합에서 특정 객체 집단의 빈도수를 증가시킴으로써, 그 집단의 영향을 향상시킬 수도 있다.

할당 가장 가까운 중심점의 결정은(넷째 줄) 거리 측정법의 지정이 필요하지만 비교적 간단하다. 내적 거리 측정법과 마찬가지로 유클리드 거리 측정법이 종종 사용된다. 내적 거리를 사용하는 경우, 데이터 벡터는 일반적으로 미리 정규화되며, 참조 벡터는 각 단계에서 정규화된다. 이 경우, 내적 측정법을 사용하는 것은 코사인 측정법을 사용하는 것과 같다.

갱신 갱신 단계(다섯째 줄)가 가장 복잡하다. $\mathbf{m}_1, \ldots, \mathbf{m}_k$는 중심이라고 하자(사각형 그리드의 경우, k는 행의 수와 열의 수의 곱에 해당한다). 시간 단계 t에서 현재 객체(점)가 $\mathbf{p}(t)$이고 $\mathbf{p}(t)$에 가장 가까운 중심점은 m_j라 가정한다. 그리고 시간 $t+1$에 대하여, 다음 식을 이용하여 j번째 중심점이 갱신된다(업데이트가 $\mathbf{m}_j$의 작은 이웃에 있는 뉴런을 갖는 중심점들에게만 적용된다는 것을 곧 보게 될 것이다).

$$\mathbf{m}_j(t+1) = \mathbf{m}_j(t) + h_j(t)(\mathbf{p}(t) - \mathbf{m}_j(t)) \tag{8.16}$$

따라서 시간 t에서의 중심점 $\mathbf{m}_j(t)$는 $h_j(t)(\mathbf{p}(t) - \mathbf{m}_j(t))$를 더하여 갱신되며, 이는 중심점 $\mathbf{m}_j(t)$와 현재의 객체 $\mathbf{p}(t)$ 사이에서 $\mathbf{p}(t) - \mathbf{m}_j(t)$ 차이에 비례한다. $h_j(t)$는 $\mathbf{p}(t) - \mathbf{m}_j(t)$의 영향력을 결정하며, 그 값은 (1) 시간이 지남에 따라 감소하고, (2) 이웃 효과, 즉 중심점 $\mathbf{m}_j$에 가장 가까운 객체의 영향력이 가장 크도록 설정되어야 한다. 여기서

데이터 공간의 거리가 아니라 그리드 상의 거리를 나타낸다. 일반적으로 $h_j(t)$는 다음 두 가지 중 하나로 선택된다.

$$h_j(t) = \alpha(t)\exp(-dist(\mathbf{r}_j, \mathbf{r}_k)^2/(2\sigma^2(t))) \qquad \text{(Gaussian function)}$$

$$h_j(t) = \alpha(t) \text{ if } dist(\mathbf{r}_j, \mathbf{r}_k) \le threshold, \text{ 0 otherwise} \quad \text{(step function)}$$

이러한 기능에는 자세한 설명이 필요하다. $\alpha(t)$는 $0 < \alpha(t) < 1$ 사이의 학습률 매개변수로 시간에 따라 단조 감소하며 수렴 속도를 조절한다. $\mathbf{r}_k = (x_k, y_k)$는 k번째 중심의 그리드 상의 좌표에 해당하는 2차원의 점이다. $dist(\mathbf{r}_j, \mathbf{r}_k)$는 두 중심의 그리드 상의 위치 사이의 유클리드 거리이다. 즉, $\sqrt{(x_j - x_k)^2 + (y_j - y_k)^2}$에 해당한다. 결과적으로, 중심점의 $\mathbf{m}_j$의 그리드 상에서 먼 거리에 있는 중심점들의 경우 객체 $\mathbf{p}(t)$의 영향은 크게 감소하거나 없어지게 될 것이다. 마지막으로, σ는 전형적인 가우시안 분산 매개변수이며, 이웃의 폭을 제어한다. 즉, 작은 σ는 작은 이웃을 산출하고, 큰 σ는 이웃의 범위가 넓게 된다. 계단 함수의 임계치도 이웃의 크기를 조절한다.

이웃 뉴런과 관련된 중심점들 사이의 관계(순서)를 만드는 것은 이웃 갱신 기법이라는 것을 기억해야 한다.

종료 우리가 안정적인 중심점에 충분히 가까이 있는지 결정하는 것은 중요한 문제이다. 이상적으로 수렴할 때까지 반복되어야 하며, 이는 참조 벡터가 변하지 않거나 매우 미미하게 변화할 때까지이다. 수렴 속도는 데이터와 $\alpha(t)$와 같은 여러 요소에 따라 달라진다. 일반적으로 수렴이 느릴 수 있고 보장되지는 않는다는 점을 제외하고는 이 주제에 대해서는 더 이상 논의하지 않을 것이다.

예제 8.6 문서 데이터

두 가지 예제를 제시한다. 첫 번째는, 데이터 문서화를 위해 4×4 육각형 그리드의 SOM을 적용한다. 엔터테인먼트, 금융, 해외, 지역, 국내, 스포츠의 서로 다른 6가지 섹션으로 구성된 LA 타임즈에서 3204개의 신문 기사를 모았다. 그림 8.8은 SOM 그리드를 보여준다. 각 중심점은 4개가 아닌 6개의 인접한 이웃을 가질 수 있도록 육각형 그리드를 사용했다. 각 SOM 그리드 셀(군집)에는 관련 점들의 대다수 분류 레이블이 표시되어 있다. 각 특징 항목의 군집들은 연속적인 그룹을 형성하며, 다른 항목의 군집과의 관련

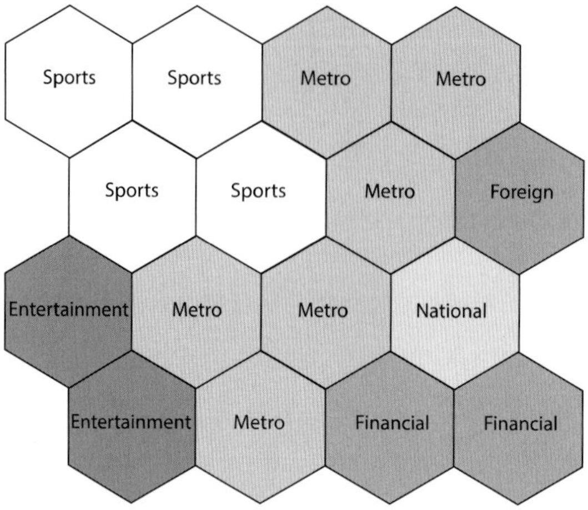

그림 8.8 Los Angeles Times 문서 데이터 집합에 대한 SOM 군집간의 관계 시각화

된 위치는 부가적인 정보를 제공한다. 예를 들어 지역 섹션은 다른 모든 섹션과 관련된 이야기가 포함되어 있다. ■

예제 8.7 2차원 점

두 번째는 직사각형 SOM과 2차원 데이터 점집합을 사용한다. 그림 8.9(a)는 점들과 SOM이 생성한 36개의 참조 벡터(x로 표시)의 위치를 보여준다. 점들은 바둑판 패턴으로 배열되며 원, 삼각형, 사각형, 다이아몬드와 육각형(별)의 다섯 가지 등급으로 나뉜다. 6×6의 2차원 직사각형 그리드 중심점은 임의 초기화와 함께 사용되었다. 그림 8.9(a)에서 볼 수 있듯이 중심점들은 밀집된 지역에 분포하는 경향이 있다. 그림 8.9(b)는 해당 중심점과 연관된 점들의 대다수 분류를 나타낸다. 삼각형 점과 관련된 군집은 하나의 인접한 영역에 있으며 중심점은 다른 네 가지 유형의 점들과 관련되어 있다. 이는 SOM에 의해 적용되는 이웃 제약의 결과이다. 각 5개 그룹에 동일한 수의 점들이 있지만 중심점들이 균등하게 분포되지는 않는다. 이는 부분적으로 전체 점들의 분포와 부분적으로 단일 군집에서 각 중심점을 넣으면서 발생하는 가공품 때문이다. ■

응용

SOM 벡터가 발견되면 군집화 외에 많은 용도로 사용될 수 있다. 예를 들어, 2차원 SOM

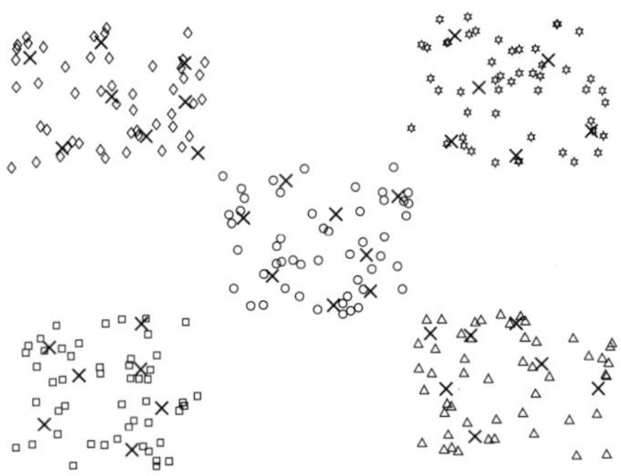

(a) 2차원 점 집합에 대한 SOM 참조 벡터(**X**들) 분포

diamond	diamond	diamond	hexagon	hexagon	hexagon
diamond	diamond	diamond	circle	hexagon	hexagon
diamond	diamond	circle	circle	circle	hexagon
square	square	circle	circle	triangle	triangle
square	square	circle	circle	triangle	triangle
square	square	square	triangle	triangle	triangle

(b) SOM 중심점의 등급

그림 8.9 2차원 데이터 점들에 적용된 SOM

을 사용하면 각 중심점(군집)과 연관된 그리드점을 다양한 양과 연관시켜 그 결과를 여러 가지 형태의 그래프로 시각화하는 것이 가능하다. 예를 들어, 각 군집과 연관된 점의 개수를 표시하는 그래프는 군집들 사이의 점들의 분포를 나타내는 도표가 생성된다. 2차원 SOM은 원래 확률 분포 함수를 2차원에 비선형으로 투영한 것이다. 이 투영법은 위상적 특성을 보존하게 한다. 따라서 데이터 구조를 파악하기 위해 SOM을 사용하는 것이 "압화(pressing a flower)"의 과정과 비교되어 왔다.

강점과 한계

SOM은 결과로 나오는 군집 중심점에 이웃 관계를 유지하도록 하는 군집화 기법이다. 이로 인해 이웃인 군집들은 그렇지 않은 군집들보다 서로 관련되어 있다. 이러한 관계는 군집화 결과의 해석과 시각화를 용이하게 한다. 실제로, SOM의 이러한 측면은 웹 문서 시각화 또는 유전자 배열 데이터와 같은 많은 영역에서 이용되어 왔다.

SOM에는 다음과 같은 여러 가지 제한 사항이 있다. 나열된 제한 중 일부는 SOM이 데이터 구조를 발견하는데 도움을 주는 군집화에 사용된 기술보다 데이터에서 실제 군집을 찾는데 도움이 되는 것을 목표로 하는 표준 군집화 기법으로 간주되는 경우에만 유효하다. 또한 이러한 제한 중 일부는 SOM의 확장 또는 SOM에서 영감을 얻은 군집화 알고리즘으로 다루어졌다(참고문헌 참조).

- 사용자는 매개 변수 설정, 이웃 함수, 그리드 형태 및 중심점의 개수를 선택해야 한다.
- SOM 군집은 종종 단일 자연 군집에 해당하지 않다. 어떤 경우에는 SOM 군집이 여러 개의 자연 군집을 포함할 수 있는 반면, 다른 경우에는 단일 자연 군집이 여러 개의 SOM 군집으로 분할된다. 이 문제는 부분적으로 중심점의 그리드를 사용하기 때문이며, 다른 프로토타입 기반의 군집화 기법과 마찬가지로 SOM이 크기, 모양과 밀도가 다양한 경우 자연 군집을 분할하거나 결합하는 경향이 있기 때문이다.
- SOM에는 특정한 목적함수가 없다. SOM은 위상적인 제약에 따라 데이터가 가장 근접한 중심점 집합들을 찾는다. 하지만 SOM이 이러한 일을 성공적으로 하도록 함수로 표현할 수 없다. 이점은 서로 다른 SOM 군집화 결과와 비교하는 것을 어렵게 한다.
- SOM은 많은 경우 실제로 수렴하기는 하지만, 수렴한다고 보장되지 않는다.

8.3 밀도 기반 군집화

7.4절에서는 밀도 기반 군집을 찾기 위한 간단하지만 효과적인 알고리즘인 DBSCAN을 다루었다. 이 절에서는 효율성 문제를 해결하고 부분 공간에서 군집을 찾고 밀도를 보다 정확하게 모델링하는 추가 밀도 기반의 군집화 기법을 살펴본다. 먼저 그리드 기반 군집화를 고려하여 데이터 공간을 그리드 셀로 분할한 다음 충분히 조밀한 셀에서 군집화를 형성한다. 이러한 접근법은 적어도 저차원 데이터에 대해 효율적이고 효과적일 수 있다. 다음으로, 우리는 모든 차원의 부분 집합에서 군집화(밀도 영역)를 찾는 부분 공간 군집화를 고려한다. n차원을 갖는 데이터 공간의 경우, 잠재적으로 $2^n - 1$의 부분 공간을 탐색해야 하므로 이를 위해서는 효율적인 기술이 필요하다. CLIQUE는 그리드 기반 군집화 알고리즘으로, 고차원 공간에서 밀집된 영역이 저차원 공간에서 밀집된 영역의 존재를 암시한다는 관찰에 기초하여 부분 공간 군집화에 대한 효율적인 접근을 제공한다. 마

지막으로 커널 밀도 함수를 사용하여 밀도를 개별 데이터 객체의 영향의 합으로 모델링하는 군집화 기술인 DENCLUE에 대해 설명한다. DENCLUE는 기본적으로 그리드 기반 기술이 아니지만, 효율성을 향상시키기 위해 그리드 기반 접근 방식을 사용한다.

8.3.1 그리드 기반 군집화

그리드는 최소한 낮은 차원에서 데이터 집합을 구성하는 효율적인 방법이다. 아이디어는 각 속성의 가능한 값을 몇 개의 연속된 간격으로 분할하여 그리드 셀 집합을 작성하는 것이다(이 논의와 나머지 절에서는 속성이 순서, 간격 또는 연속이라고 가정한다). 각 객체는 해당 속성 간격에 객체 값이 포함된 그리드 셀에 속한다. 데이터를 통해 한 번에 그리드 셀에 객체를 할당할 수 있으며 셀의 점의 개수와 같은 각 셀에 대한 정보도 동시에 수집할 수 있다.

그리드를 사용하여 군집화를 수행하는 방법에는 여러 가지가 있지만 대부분의 접근 방식은 적어도 부분적으로 밀도를 기반으로 하므로, 이 절에서는 그리드 기반의 군집화는 그리드를 사용하는 밀도 기반 군집화를 의미한다. 알고리즘 8.4는 그리드 기반 군집화에 대한 기본 접근법을 설명한다. 이 접근법의 다양한 측면들이 다음에 탐구된다.

알고리즘 8.4 기본 그리드 기반 군집 알고리즘

1: 그리드 셀 집합을 정의한다.
2: 적절한 셀에 객체를 할당하고 각 셀의 밀도를 계산한다.
3: 특정 임계값 미만의 밀도를 갖는 셀을 제거한다.
4: 인접한 밀집 셀 그룹으로 군집을 형성한다.

그리드 셀 정의

이는 과정의 핵심 단계이지만 가장 잘 정의되어 있지는 않은 단계인데, 이는 각 속성에 가능한 값을 여러 개의 연속적인 간격으로 분할하는 여러 가지 방법이기 때문이다. 연속적인 속성의 경우 하나의 일반적인 접근 방식은 값을 동일한 너비 간격으로 나누는 것이다. 이 접근 방식이 각 속성에 적용되면 각 그리드 셀은 모두 동일한 부피를 가지게 되며, 셀의 밀도는 그 셀 안의 점의 수로 깔끔하게 정리된다.

하지만, 보다 정교한 접근 방식도 사용할 수 있다. 특히, 연속적인 속성의 경우, 속성

을 분리하는 데 일반적으로 사용되는 기술이 적용될 수 있다(2.3.6절 참조). 이미 언급한 동일 너비 접근 방식 외에도 (1) 각 간격마다 동일한 수의 점을 포함하도록 나누는 방법(동일한 주파수 이산화) 또는 (2) 군집화 사용을 포함한다. 부분 공간 군집화 알고리즘인 MAFIA에 의해 사용되는 다른 접근법은 초기에 속성의 값 집합을 다수의 동일한 폭 간격으로 나누고 유사한 밀도의 간격을 결합한다.

취해진 접근 방식에 관계없이 그리드의 정의는 군집화 결과에 큰 영향을 미친다. 우리는 나중에 이것의 구체적인 측면을 고려할 것이다.

그리드 셀의 밀도

그리드 셀(또는 보다 일반적으로 모양이 지정된 영역)의 밀도를 정의하는 자연스러운 방법은 점의 수를 영역의 부피로 나눈 것이다. 다시 말해서, 공간의 차원에 관계없이, 밀도는 단위 공간 당 점의 수이다. 구체적으로, 밀도에 대한 저차원 예로는 마일당 도로표지판의 수(1차원), 서식지 제곱킬로미터당 독수리의 수(2차원), 세제곱센티미터당 가스분자의 수(3차원)이다. 그러나 앞에서 언급했듯이, 일반적인 접근 방식은 동일한 부피를 가진 그리드 셀을 사용하여 셀 당 점의 수가 셀 밀도를 직접 측정하는 것이다.

예제 8.8 그리드 기반 밀도

그림 8.10은 7×7 그리드를 사용하여 2개의 2차원 점집합을 49개의 셀로 나눈 것이다. 첫 번째 집합에는 반지름이 2인 (2, 3)을 중심으로 하는 원에 대해 균일 한 분포로 생성 된 200개의 점이 포함되고, 두 번째 집합은 반지름 1의 (6, 3)을 중심으로 하는 원을 통해 균일 한 분포에서 생성된 100개의 점이 있다. 그리드 셀의 개수는 표 8.2에 나와 있다. 세포는 동일한 부피(면적)를 갖고 있기 때문에, 이러한 값을 세포의 밀도로 간주할 수 있다. ■

고밀도 그리드 셀에서 군집 형성

고밀도의 인접한 세포 그룹으로부터 군집을 형성하는 것은 비교적 간단하다(예를 들어, 그림 8.10에서는 두 개의 군집이 존재하는 것은 분명하다). 그러나 몇 가지 문제가 있다. 인접한 셀의 의미를 정의해야 한다. 예를 들어, 2차원 그리드 셀은 4개의 인접 셀 또는 8개를 가지고 있는 것인가? 또한, 특히 점유된 셀만 저장될 때, 인접한 셀을 찾는 효율적

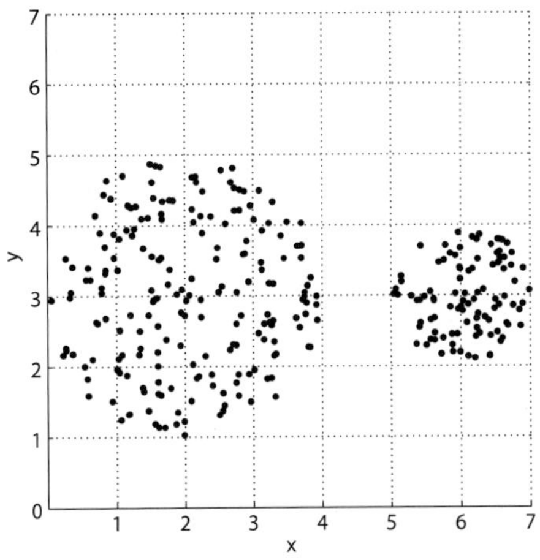

그림 8.10 그리드 기반 밀도

표 8.2 그리드 셀의 점 개수

0	0	0	0	0	0	0
0	0	0	0	0	0	0
4	**17**	**18**	**6**	0	0	0
14	**14**	**13**	**13**	0	**18**	**27**
11	**18**	**10**	**21**	0	**24**	**31**
3	**20**	**14**	**4**	0	0	0
0	0	0	0	0	0	0

인 기술이 필요하다.

알고리즘 8.4에 의해 정의된 군집화 접근법에는 알고리즘을 약간 더 정교하게 만들어서 해결할 수 있는 몇 가지 제한 사항이 있다. 예를 들어, 군집의 경계에 부분적으로 비어있는 셀이 있을 수 있다. 종종 이 셀들은 밀집하지 않다. 그럴 경우 삭제되고 군집의 일부가 손실된다. 그림 8.10과 표 8.2는 밀도의 임계치가 9인 경우 더 큰 군집의 4개 부분이 손실될 수 있음을 보여준다. 군집화 과정은 부가적인 과정이 필요하지만 해당 셀을 제거하지 않도록 수정될 수 있다.

밀도 정보 이상의 것을 사용하여 기본 그리드 기반 군집화를 향상시킬 수도 있다. 대부분의 경우 데이터에는 공간 속성과 비공간 속성이 모두 있다. 다시 말해, 일부 속성은 시간 또는 공간에서 객체의 위치를 설명하고, 다른 속성들은 객체의 다른 측면을 설명한다. 일반적 예는 가격 또는 평방피트의 바닥 공간과 같은 여러 가지 특성들과 위치를 가지고 있는 집이다. 공간적(또는 시간적) 자기 상관으로 인해, 특정 셀의 객체는 종종 다른 속성과 비슷한 값을 갖다. 이러한 경우에, 하나 이상의 비공간 속성, 예를 들어 평균 주택 가격의 통계적 특성에 기초한 셀들을 여과한 다음, 나머지 점들의 밀도를 기반으로 하여 군집을 형성할 수 있다.

강점과 한계

긍정적인 측면에서 그리드 기반 군집화는 매우 효율적이고 효과적일 수 있다. 각 속성의 분할이 주어졌을 때, 데이터를 한번 검사하여 모든 객체의 그리드 셀과 모든 그리드의 수를 결정할 수 있다. 또한, 잠재적 그리드 셀의 수가 많을 수 있지만 비어 있지 않은 셀에 대해서만 그리드 셀을 생성해야 한다. 따라서 그리드를 정의하고, 각 객체를 셀에 할당하고, 각 셀의 밀도를 계산하는 시간 및 공간의 복잡성은 오직 $O(m)$이며, 여기서 m은 점의 수이다. 예를 들어, 검색 트리를 사용하여 인접하고 점유된 셀에 효율적으로 접근할 수 있으면 전체 군집화 과정은 매우 효율적일 것이며, 시간 복잡도가 $O(m \log m)$이 된다. 이러한 이유로 밀도 군집화에 대한 그리드기반 접근 방식은 STING, GRIDCLUS, WaveCluster, Bang-Clustering, CLIQUE 및 MAFIA와 같은 여러 군집화 알고리즘의 기초를 형성한다.

부정적인 측면에서, 대부분의 밀도 기반 군집화 개념과 마찬가지로 그리드 기반 군집화는 밀도 임계치 τ의 선택에 크게 의존한다. τ가 너무 높으면 군집이 손실된다. τ가 너무 낮으면 분리해야 하는 두 개의 군집이 결합될 수 있다. 게다가, 군집과 밀도가 다른 밀도를 가지는 잡음이 있을 경우, 데이터 공간의 모든 부분에서 잘 작동하는 단일값 τ을 찾지 못할 수 있다.

그리드 기반 접근 방식과 관련된 여러 가지 문제도 있다. 예를 들어, 그림 8.10에서 직사각형 그리드 셀은 원형 경계 영역의 밀도를 정확하게 포착하지 못한다. 그리드를 세밀하게 함으로써 이 문제를 완화하려고 시도할 수 있지만, 군집과 연결된 그리드 셀의 점의 수는 군집의 점들이 고르게 분포되지 않기 때문에 변동이 더 커질 수 있다. 실제로 군집 내부의 셀을 포함하여 일부 그리드 셀이 비어 있을 수도 있다. 또 다른 문제는 위치 또는 셀의 크기에 따라 하나의 셀에 그룹의 점들이 나타나거나 여러 개의 다른 셀로 분할 될 수 있다는 것이다. 첫 번째 경우에 동일한 점들의 그룹이 군집의 일부일 수 있지만 두 번째 경우에는 버려진다. 마지막으로, 차원이 증가함에 따라 잠재적 그리드 셀의 수가 급격히 증가한다. 비어진 그리드 셀을 명시적으로 고려할 필요는 없지만 대부분의 그리드 셀에 단일 객체가 포함되어 있을 수 있다. 다시 말해, 그리드 기반 군집화는 고차원 데이터에 대해 제대로 작동하지 않는 경향이 있다.

8.3.2 부분공간 군집화(Subspace Clustering)

지금까지 고려된 군집화 기술은 모든 속성을 사용하여 군집을 찾았다. 그러나 만약 요소의 부분집합(데이터의 부분 공간)만 고려한다면, 찾은 군집들은 하나의 부분공간에서 다른 하위 공간으로 상당히 다를 수 있다. 부분 공간 군집이 흥미로운 이유는 두 가지이다. 첫째, 데이터는 작은 속성 집합에 대해 군집화 될 수 있지만, 나머지 속성에 대해서는 임의로 분배될 수 있다. 둘째, 다른 차원 집합에 다른 군집이 존재하는 경우가 있다. 다양한 시간에 다양한 품목의 판매를 기록하는 데이터 집합을 고려하자(시간은 차원이고 항목은 객체이다). 일부 항목은 특정 집합의 기간들(예: 여름)에 대해 유사한 동작(같은 군집)을 표시할 수 있지만 다른 군집은 다른 기간(차원)으로 특징지을 수 있다.

예제 8.9 부분 공간 군집

그림 8.11(a)는 3차원 공간에서 일련의 점들을 보여준다. 전체 공간에는 3개 군집의 점들이 있으며 정사각형, 다이아몬드 및 삼각형으로 표시된다. 또한, 원으로 표시된 3차원 공간에서 군집이 아닌 하나의 점 군집이 있다. 예시적인 데이터 셋의 각 차원(속성)은 동일한 폭 간격의 고정된 개수(η)로 분할된다. 각각 0.1 크기인 $\eta = 20$개의 간격이 있다. 이것은 데이터 공간을 동일한 부피의 직사각형 셀로 분할하므로 각 단위의 밀도는 포함하는 점들의 비율이 된다. 군집은 고밀도 셀의 연속 그룹이다. 예를 들어, 밀도가 높은 셀의 임계치가 $\xi = 0.06$ 혹은 6%의 점들인 경우, 그림 8.12에서 3개의 1차원 군집을 식별 할 수 있으며, 여기서 그림 8.11(a)의 데이터 점들의 x 속성에 대한 히스토그램을 보여준다.

그림 8.11(b)는 xy 평면에 그려진 점들을 보여준다(z 속성은 무시된다). 이 그림에는 x와 y 좌표에 대한 점들의 분포를 각각 나타내는 x와 y축을 따라 히스토그램 그래프가 포함되어 있다(막대가 높을수록 해당 구간에 상대적으로 더 많은 점이 포함되어 있고 그 반대도 마찬가지이다). y축을 고려하면, 3개의 군집을 볼 수 있다. 하나는 전체 공간에서 군집을 형성하지 않는 원 점들에서 왔으며, 하나는 사각형 점으로 구성되고 다른 하나는 다이아몬드 점과 삼각형 점으로 구성된다. 또한 x차원에는 3개의 군집이 있다. 그것들은 전체 공간에서 다이아몬드, 삼각형, 정사각형의 3개의 군집에 해당한다. 이 점들은 또한 xy 평면에서 별개의 군집들을 형성한다. 그림 8.11(c)는 xz 평면에 그려진 점들을 보여준다. z 속성만 고려하게 되면, 두 개의 군집이 있다. 한 군집은 원으로 표시되는 점에 해당하고, 다른 군집은 다이아몬드, 삼각형과 정사각형 점들로 구성된다. 이 점들은 또한 xz 평면에서 별개의 군집을 형성한다. 그림 8.11(d)에는 y와 z 좌표를 모두 고려할 때 3개의 군집이 있다. 이 군집들 중 하나는 원으로 구성되며, 다른 하나는 정사각형으로

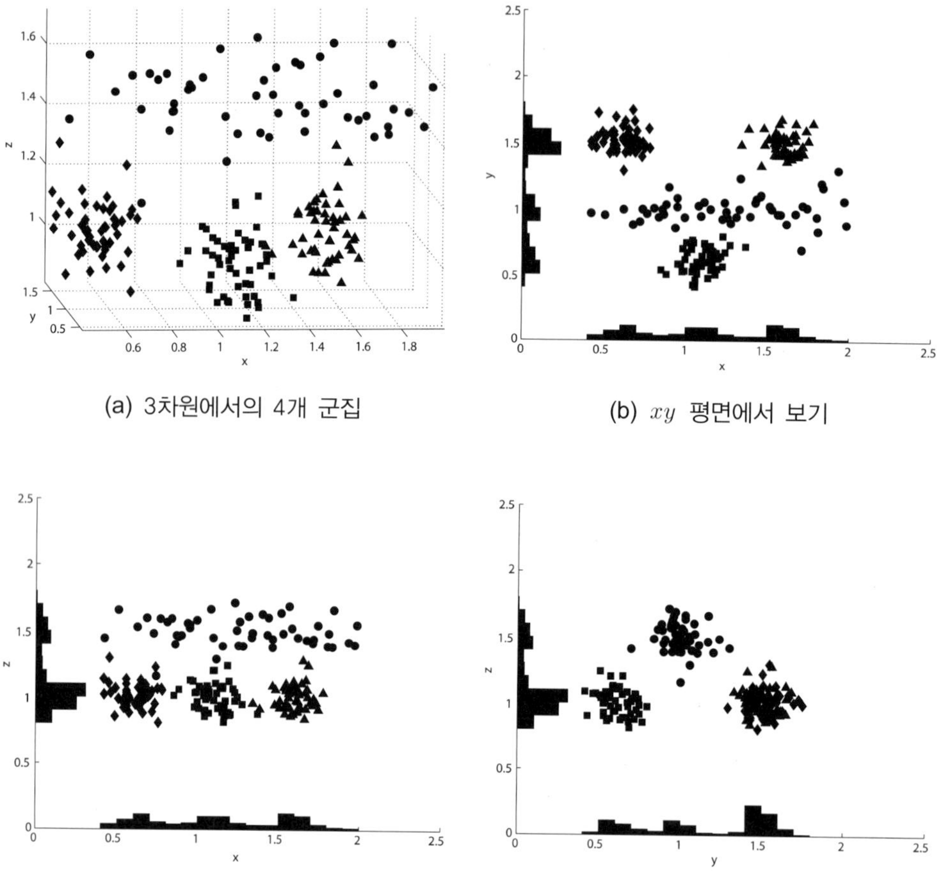

(a) 3차원에서의 4개 군집

(b) xy 평면에서 보기

(c) xz 평면에서 보기

(d) yz 평면에서 보기

그림 8.11 하위 공간 군집화를 위한 예

표시된 점들로 구성된다. 다이아몬드와 삼각형은 yz 평면에서 단일 군집을 형성한다.■

이 그림들은 몇 가지 중요한 사실을 보여준다. 첫째, 점집합(원)은 전체 데이터 공간에서 군집을 형성할 수 없지만, 부분 공간에서 군집을 형성할 수 있다. 둘째, 전체 데이터 공간(또는 하위 공간)에 존재하는 군집들은 저차원 공간에 군집들로 표시된다. 첫 번째 사실은 우리가 군집들을 찾기 위해 차원의 부분 집합을 살펴야 한다는 것을 알려주고, 두 번째 사실은 우리가 부분 공간에서 찾은 많은 군집이 보다 고차원의 군집들의 "그림자"(투영)일 가능성이 있음을 알려준다. 목표는 군집과 그 군집이 존재하는 차원을

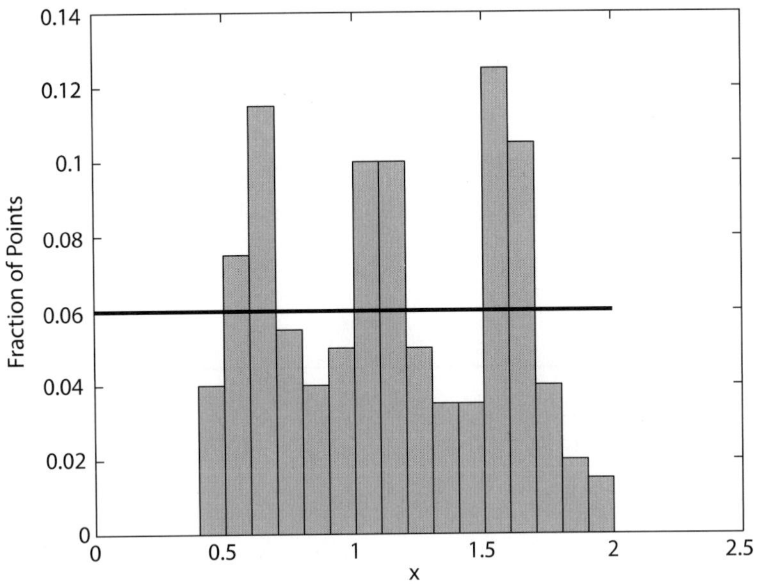

그림 8.12 x 속성에 대한 포인트 분포를 보여주는 히스토그램

찾는 것이지만, 일반적으로 보다 고차원의 군집들의 투영에 해당하는 군집에는 관심이 없다.

CLIQUE

CLIQUE(CLustering In QUEst)는 체계적으로 부분 공간 군집들을 찾는 그리드 기반 군집화 알고리즘이다. 부분 공간의 개수는 차원 수에서 지수적으로 비례하기 때문에 각 부분 공간에서 군집을 검사하는 것은 비실용적이다. 대신 CLIQUE는 다음 특성을 활용한다.

밀도 기반 군집화의 단조성(monotonicity) 특성 k차원(속성)에서 점집합이 밀도 기반의 군집을 형성하는 경우, 동일한 점집합은 또한 해당 차원의 모든 가능한 부분집합에서 밀도 기반의 군집의 일부이다.

군집을 형성하는 인접한 k차원 셀들을 고려하자. 즉, 정해진 임계치 ξ보다 높은 밀도를 갖는 인접 셀의 모음이 있다. $k-1$ 차원의 해당 셀들의 집합은 k차원(속성) 중 하나를 생략하여 찾을 수 있다. 저차원 셀은 여전히 인접하며, 각각의 저차원 셀은 대응하는 고차원 셀의 모든 지점을 포함한다. 추가적인 점들을 더 포함할 수 있다. 따라서 저차원 셀은 고차원의 해당하는 셀보다 같거나 높은 밀도를 갖는다. 결과적으로, 저차원 셀들은 군집을 형성한다; 즉, 점들은 줄어든 속성들의 집합을 가지고 군집을 형성한다.

알고리즘 8.5는 CLIQUE와 관련된 단계의 간략화된 버전을 제공한다. 개념적으로 CLIQUE 알고리즘은 빈번한 항목 세트를 찾기 위한 *Apriori* 알고리즘과 유사하다. 5장을 참조하자.

알고리즘 8.5 CLIQUE

1: 각 속성에 해당하는 1차원 공간에서 모든 조밀한 영역을 찾는다. 이것은 밀도가 높은 1차원 셀 집합이다.
2: $k \leftarrow 2$
3: **repeat**
4: 밀집 $(k-1)$-차원 셀로부터 모든 후보 밀집 k-차원 셀을 생성한다.
5: ξ 포인트 미만의 셀을 제거한다.
6: $k \leftarrow k + 1$
7: **until** 밀집 후보 k-차원 셀이 없을 때까지.
8: 모든 인접 고밀도 셀을 통합하여 클러스터를 찾는다.
9: 군집에 있는 셀의 속성 범위를 설명하는 소수의 불평등(inequality) 집합을 사용하여 각 군집을 요약한다.

CLIQUE의 강점과 한계

CLIQUE의 가장 유용한 기능은 군집의 부분 공간을 검색하는 효율적인 기법을 제공한다는 것이다. 이 접근 방식은 연관 분석에서 잘 알려진 *Apriori* 원칙을 기반으로 하기 때문에 그 특성을 잘 이해할 수 있다. 또 다른 유용한 특성은 적은 수의 부등식이 있는 군집을 구성하는 셀 목록을 요약하는 CLIQUE의 능력이다.

CLIQUE의 많은 한계점은 앞에서 설명한 다른 그리드 기반의 밀도 개념의 한계와 동일하다. 다른 한계점들은 *Apriori* 알고리즘의 한계 사항과 유사하다. 구체적으로 말하면, 빈번한 항목 집합이 항목을 공유할 수 있는 것처럼, CLIQUE에 의해 찾은 군집들은 객체들을 공유할 수 있다. 군집들이 겹치면 군집의 수가 크게 증가할 수 있고, 해석이 어려워질 수 있다. 또 다른 문제는 CLIQUE와 같은 *Apriori*가 잠재적으로 지수적인 시간 복잡도를 갖는다는 점이다. 특히, 낮은 k값에서 너무 많은 밀도 셀이 생성되면 CLIQUE는 어려움을 갖게 될 것이다. 밀도 임계치 ξ를 높이는 것은 이 문제를 완화할 수 있다. CLIQUE의 또 다른 잠재적 한계는 연습문제 20에서 살펴본다.

8.3.3 DENCLUE : 밀도 기반 군집화를 위한 커널 기반 체계

DENCLUE(DENCITY CLUstEring)는 각 점과 연관된 영향력 함수의 합으로 점들의 집합의 전체 밀도를 모델링하는 밀도 기반 군집화 접근법이다. 결과적인 전체 밀도 함수는 지역적 극대점(지역 밀도 최대치)을 가지며, 이러한 지역적 극대점은 자연스러운 방식으로 군집을 정의하는 데 사용될 수 있다. 구체적으로, 각 데이터 점에 대해 **언덕 등반 절차(hill-climbing procedure)**는 해당 점과 관련된 가장 가까운 극대점을 찾고 특정 극대점(지역 밀도 끌개: local density attractor)과 관련된 모든 데이터 점들이 군집을 이룬다. 하지만 만약 지역적 극대점의 밀도가 너무 낮으면 연결된 군집의 점들이 잡음으로 분류되어 버려진다. 또한, 지역 극대점이 데이터 점들의 경로에 의해 두 번째 지역 극대점에 연결될 수 있고, 경로상의 각 점의 밀도가 최소 밀도 임계치를 초과하면, 이들 지역 극대점과 연관된 군집이 병합된다. 그러므로 어떤 모양의 군집들을 발견할 수 있다.

예제 8.10 DENCLUE 밀도

1차원 데이터 집합에 가능한 밀도 함수를 보여주는 그림 8.13으로 이러한 개념들을 설명한다. 점 A-E는 이 밀도 함수의 극대점에 해당하며 지역 밀도 끌개를 나타낸다. 점선으로 된 수직 라인은 지역 밀도 끌개에 대한 지역적 영향 영역을 나타낸다. 이 지역에서 점들은 중심이 정의된 군집이 될 것이다. 수평 파선은 밀도 임계치 ξ를 나타낸다.

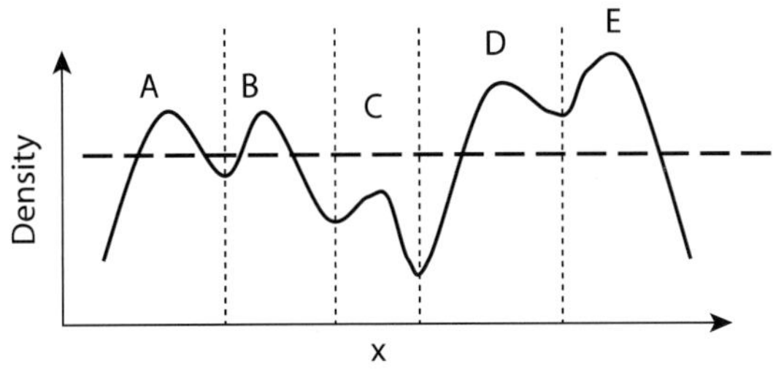

그림 8.13 DENCLUE 밀도 개념 그림 치수

C와 관련된 밀도와 같이 밀도가 ξ보다 작은 지역 밀도 끌개와 연관된 모든 점들은 버려진다. 다른 모든 군집들은 유지된다. 여기에는 밀도가 ξ보다 큰 지역 밀도 끌개와 연관되어 있는 한 밀도가 ξ보다 작은 점들이 포함될 수 있다. 마지막으로 밀도가 ξ 이상인 점들의 경로로 연결된 군집들은 결합된다. 군집 A와 B는 분리 된 상태로 유지되지만 군집 D와 E는 결합된다. ■

DENCLUE 알고리즘에 대한 자세한 내용은 알고리즘 8.6에 요약되어 있다. 다음으로 DENCLUE의 다양한 측면을 자세히 살펴본다. 먼저 커널 밀도 추정에 대한 간략한 개요를 제공한 다음 DENCLUE가 밀도를 근사치를 내는데 사용하는 그리드 기반 접근법을 제시한다.

알고리즘 8.6 DENCLUE 알고리즘

1: 데이터 포인트가 차지하는 공간에 대한 밀도 함수를 도출한다.
2: 지역 최대인 점들을 식별한다(이것이 밀도 유인자(density attractor)들이다).
3: 밀도가 최대로 증가하는 방향으로 이동시켜 각 점을 밀도 유인자와 연관시킨다.
4: 특정 밀도 유인자와 관련된 점으로 구성된 군집을 정의한다.
5: 밀도 유인자의 밀도가 사용자 지정 임계 값 ξ보다 작은 군집은 폐기한다.
6: 밀도가 ξ 이상인 점들의 경로로 연결된 군집은 결합시킨다.

커널 밀도 추정

DENCLUE는 **커널 밀도 추정**(kernel density estimation)이라는 통계학과 패턴 인식의 잘 개발되어 온 분야를 기반으로 한다. 이 기법의 콜렉션의 목표(다른 통계기법과 마찬가지이지만)는 함수에 의한 데이터 분포를 설명하는 것이다. 커널 밀도 추정의 경우, 전체 밀도 함수에 대한 각 점의 기여는 영향력 또는 **커널 함수**로 표시된다. 전체 밀도 함수는 단순히 각 점과 연관된 영향 함수의 합계이다.

일반적으로 영향력 또는 커널 함수는 대칭적(모든 방향에서 동일)이며, 점과의 거리가 멀어 질수록 그 값(기여)이 감소한다. 예를 들어, 특정한 점 x에 대한, 가우시안 함수 $K(y)=e^{-distance(\mathbf{x},\,\mathbf{y})^2/2\sigma^2}$는 종종 커널 함수로 사용된다. σ는 표준 편차와 유사한 매개변수로, 점의 영향력이 거리에 따라 얼마나 빨리 감소하는지를 제어한다. 그림 8.14(a)는 2차원에서 단일 점에 대한 가우시안 밀도 함수가 어떤 모습인지 나타내고 있으며, 그림

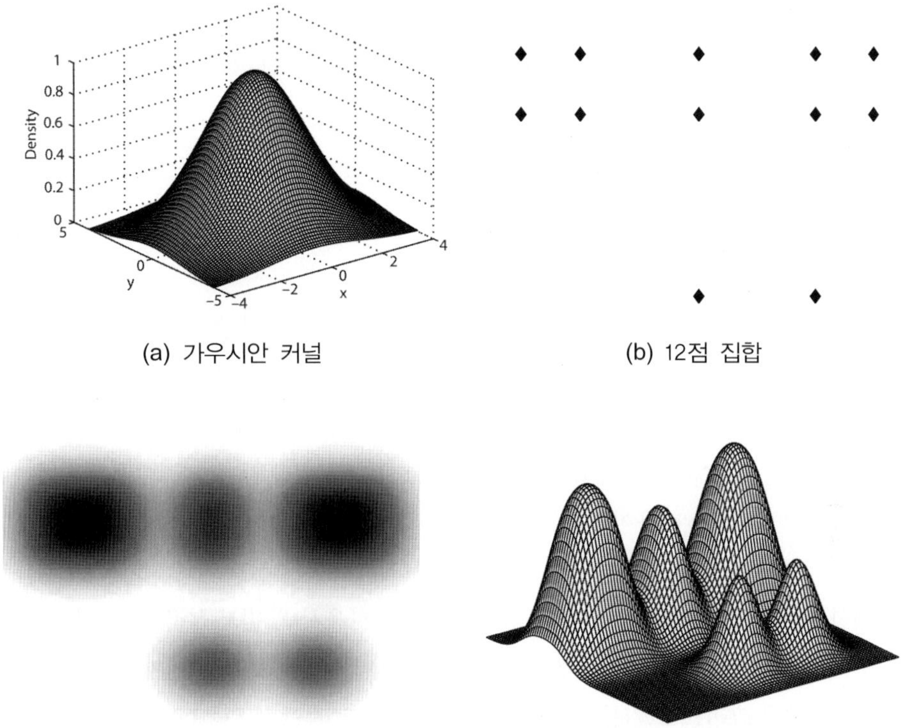

(a) 가우시안 커널

(b) 12점 집합

(c) 전체 밀도-그레이 스케일 플롯

(d) 전체 밀도–표면 플롯

그림 8.14 가우시안 영향 (커널) 함수와 전체 밀도 기능의 예

8.14(c)와 8.14(d)는 그림 8.14(b)에 나와 있는 점들의 집합에 가우시안 영향 함수를 적용하여 생성 된 전체 밀도 함수를 보여준다.

구현 문제

커널 밀도의 계산은 상당히 비쌀 수 있으며 DENCLUE는 기본적인 방법을 효율적으로 구현하기 위해 많은 근사치를 사용한다. 첫째, 데이터 점들에서만 밀도를 명시적으로 계산한다. 그러나 각 점에서의 밀도가 모든 점에 의해 제공되는 밀도의 함수이기 때문에 여전히 $O(m^2)$ 시간 복잡도가 발생한다. 시간 복잡도를 줄이기 위해, DENCLUE는 그리드 기반 구현을 사용하여 이웃을 효율적으로 정의하므로 한 점에서 밀도를 정의하기 위해 고려해야 할 점의 수를 제한한다. 먼저, 전처리 단계는 그리드 셀들의 집합을 생성한다. 점유된 셀만 작성되며 검색 트리를 통해 이러한 셀과 관련 정보에 효율적으로 액세스 할 수 있다. 그런 다음 DENCLUE는 점의 밀도를 계산하고 가장 가까운 밀도 끌개를 찾을 때 이웃에 있는 점만 고려한다. 즉, 동일한 셀과 그 셀과 연결된 셀들에 있는 점이다. 이 접근법은 밀도 추정과 관련하여 약간의 정확도를 희생할 수 있지만 계산 복잡도는 크게 줄어든다.

DENCLUE의 강점과 한계

DENCLUE는 잘 개발된 통계 영역인 커널 밀도 추정 개념을 기반으로 하기 때문에 확실한 이론적 토대를 갖는다. 이러한 이유로 DENCLUE는 다른 그리드 기반 군집화 기법 및 DBSCAN보다 밀도를 계산할 수 있는 보다 유연하고 잠재적으로 더 정확한 방법을 제공한다(DBSCAN은 DENCLUE의 특별한 경우이다). 커널 밀도 함수를 기반으로 하는 접근법은 본질적으로 계산 비용이 많이 들지만, DENCLUE는 그리드 기반 기술을 사용하여 이러한 문제를 해결한다. 그럼에도 불구하고 DENCLUE는 다른 밀도 기반 군집화 기술보다 계산 비용이 더 비쌀 수 있다. 또한 그리드를 사용하면 밀도 추정의 정확도에 악영향을 줄 수 있으며 DENCLUE는 그리드 기반 접근 방식에 공통적인 문제에 취약하다. 예를 들어, 적절한 그리드 크기를 선택하기가 어렵다. 더 일반적으로 DENCLUE는 다른 밀도 기반 접근 방식의 많은 장점과 한계를 공유한다. 예를 들어, DENCLUE는 잡음과 이상치를 처리하는 데 능숙하며 다른 모양과 크기의 군집을 찾을 수 있지만, 고차원 데이터와 광범위하게 다른 밀도의 군집들을 포함하는 데이터에는 문제를 갖고 있다.

8.4 그래프 기반 군집화

7.3절은 데이터에 대한 그래프 기반의 관점에서 데이터 객체가 노드로 표시되고 두 데이터 객체 사이의 근접도가 해당 노드 사이의 간선 가중치로 표현되는 여러 군집화 기법에 대해 논의했다. 이 절에서는 그래프의 여러 주요 속성과 특성을 사용하는 몇 가지 추가 그래프 기반 군집화 알고리즘을 고려한다. 다음은 몇 가지 주요 접근 방식이며, 이들 중 일부는 이러한 알고리즘에 의해 사용된다.

1. 근접 그래프를 희소화하여 가장 가까운 이웃과 객체의 연결만 유지한다. 희소화(sparsification)는 잡음과 이상치를 처리하는 데 유용한다. 또한 희소 그래프를 위

해 개발 된 고효율 그래프 분할 알고리즘을 사용할 수 있다.

2. 두 객체가 공유하는 가장 가까운 이웃 수를 기준으로 유사성 측정을 정의한다. 객체와 가장 가까운 이웃이 일반적으로 같은 분류에 속한다는 관찰을 기반으로 하는 이 접근법은 고차원적인 문제들과 다양한 밀도의 군집들을 극복하는 데 유용하다.
3. 핵심 객체를 정의하고 그 주위에 군집들을 구성한다. 그래프 기반 군집화를 위해 이를 수행하려면 인접 그래프 또는 희소 인접 그래프를 기반으로 밀도 개념을 도입해야 한다. DBSCAN과 마찬가지로 핵심 객체 주위에 군집들을 구성하는 것은 다양한 모양과 크기의 군집들을 찾을 수 있는 군집화 기술이 만들어진다.
4. 두 군집을 병합해야 하는지에 대한 더욱 정교한 평가를 제공하기 위해 근접 그래프의 정보를 사용한다. 구체적으로, 결과 군집에 원래의 두 군집과 유사한 특성이 있는 경우에만 두 개의 군집이 병합된다.

근접 그래프의 희소화(sparsification)에 대해 논의를 시작하되 군집화에 대한 접근 방식이 이 기술만을 기반으로 하는 기술의 세 가지 예로 단일 링크 군집화 알고리즘과 동등한 MST, Opossum 및 스펙트럼 군집화 제공한다. 그런 다음 군집들 병합할 것인지 결정하기 위한 자체 유사도의 개념을 사용하는 계층적 군집화 알고리즘인 Chameleon에 대해 설명한다. 다음으로 새로운 유사도 척도인 공유 인접 이웃(Shared Nearest Neighbor, SNN) 유사도를 정의하고, 이 유사도를 사용하는 Jarvis-Patrick 군집화 알고리즘을 소개한다. 마지막으로, SNN 유사도 기반으로 밀도와 핵심 객체를 정의하는 방법에 대해 논의하고 SNN 밀도 기반 군집화 알고리즘을 소개한다. 이 알고리즘은 새로운 유사도 측정을 통해 DBSCAN으로 볼 수 있다.

8.4.1 희소화

m개의 데이터 점들에 대한 $m \times m$ 근접 매트릭스는 각 노드가 다른 모든 노드에 연결되고 임의의 한 쌍의 노드 사이의 간선의 가중치가 쌍으로 근접한 것을 나타내는 밀도 그래프로 표현 될 수 있다. 모든 객체는 다른 모든 객체와 어느 정도 유사한 수준을 갖지만 대부분의 데이터 집합의 경우, 객체들은 소수의 객체와 매우 유사하고 대부분의 다른 객체들의 유사도는 떨어진다. 이 특성은 실제 군집화 과정을 시작하기 전에 이러한 많은 낮은 유사도(높은 유사도) 값을 0으로 설정하여 인접 그래프(행렬)를 희소화하는

데 사용할 수 있다. 예를 들어, 특정 임계치 이하(이상)와 유사도(비유사도)를 갖는 모든 링크를 끊거나 k-인접 이웃의 점에 대한 링크만을 유지함으로써 희소화를 수행할 수 있다. 후자의 접근법은 **k-인접 이웃 그래프(k-nearest neighbor graph)**를 생성한다.

희소화는 몇 가지 이점이 있다.

- **데이터 크기가 줄어든다.** 데이터를 군집화하기 위해 처리해야하는 데이터의 양이 크게 줄어든다. 희소화는 종종 인접 행렬에서 99% 이상의 항목을 제거할 수 있다. 결과적으로, 처리할 수 있는 문제의 크기가 증가된다.
- **군집화는 종종 더 효과적이다.** 희소화 기술은 더 멀리 떨어진 객체에 대한 연결을 끊는 반면, 가장 가까운 객체 이웃에 대한 연결을 유지한다. 이것은 객체의 가장 가까운 이웃이 객체 자체와 동일한 분류(군집)에 속하는 경향이 있는 인접 이웃 원리(nearest neighbor principle)를 따른다. 이는 잡음과 이상치의 영향을 줄이고 군집들 간의 구별을 강화한다.
- **그래프 분할 알고리즘을 사용할 수 있다.** 특히 병렬 컴퓨팅 및 집적 회로 설계 분야에서 희소 그래프의 삭감 분할을 찾기 위한 휴리스틱 알고리즘에 대한 많은 연구가 있었다. 근접 그래프를 희소화하는 군집화 과정에 그래프 분할 알고리즘을 사용할 수 있다. 예를 들어, Opossum과 Chameleon은 그래프 분할을 사용한다.

인접 그래프의 희소화는 실제 군집화 알고리즘을 사용하기 전에 초기 단계로 간주해야 한다. 이론적으로, 완벽한 희소화는 인접 행렬이 원하는 군집에 해당하는 연결된 구성 요소로 분리할 수 있지만, 실제로 이러한 경우는 거의 드물다. 단일 간선이 두 개의 군집을 연결하거나 단일 군집을 여러 개의 연결이 끊어진 부분 군집으로 분리하기 쉽다. Jarvis-Patrick 및 SNN 밀도 기반 군집화에 대해 살펴볼 때 희소 인접 그래프는 종종 새로운 인접 그래프를 생성하도록 수정된다. 이 새로운 인접 그래프는 다시 희소화될 수 있다. 군집화 알고리즘은 이러한 모든 전처리 단계의 결과로 인접 그래프와 함께 작동한다. 이 과정은 그림 8.15에 요약되어 있다.

8.4.2 최소 신장 트리(MST) 군집화

병합 계층적 군집화(agglomerative hierarchical clustering) 기술을 설명하는 7.3절에서 분

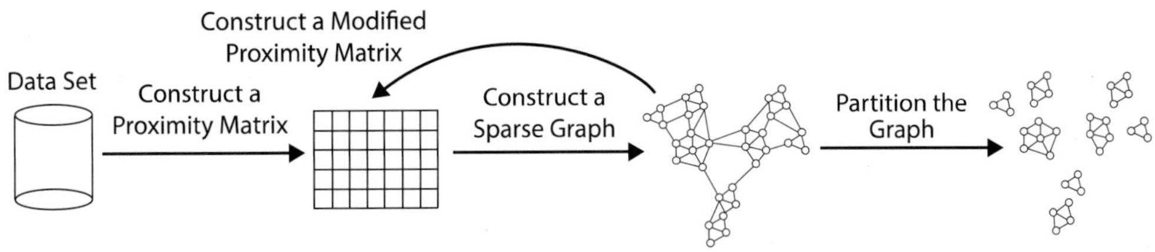

그림 8.15 희소화를 사용한 이상적인 군집화 과정

할 계층 군집화(divisive hierarchical clustering) 알고리즘 또한 존재한다고 언급했다. 우리는 7.2.3절에서 이러한 기법 중 하나인 이등분 K-means를 보았다. 또 다른 분할 계층적 기법인 MST는 인접 그래프의 최소 신장 트리로 시작하여 군집들을 찾기 위한 희소화의 응용으로 볼 수 있다. 이 알고리즘을 간단히 설명한다. 흥미롭게도, 이 알고리즘은 또한 단일 링크 병합 군집과 동일한 군집화를 생성한다. 연습문제 13을 참조하자.

그래프의 **최소 신장 트리**는 부분 그래프이며, (1) 순환이 없는 트리이고, (2) 그래프의 모든 노드를 포함하고, (3) 모든 가능한 신장 트리의 최소 전체 가선 가중치를 갖는다. 최소 신장 트리라는 용어는 우리가 비유사도 또는 거리를 이용하여 작업한다고 가정하며, 이 규칙을 따른다. 그러나 유사성을 비유사성으로 변환하거나 유사성을 다루기 위해 최소 신장 트리의 개념을 수정할 수 있으므로 이는 제약조건이 아니다. 2차원 점에 대한

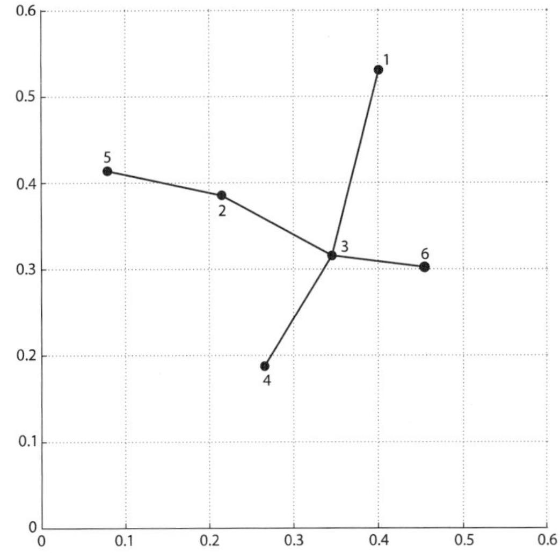

그림 8.16 6개의 2 차원 포인트 세트에 대한 최소 스패닝 트리

최소 신장 트리의 예재는 그림 8.16에 나와 있다.

MST 분할 계층 알고리즘은 알고리즘 8.7에 나와 있다. 첫 번째 단계는 본래의 비유사성 그래프의 MST를 찾는 것이다. 최소 신장 트리는 특별한 유형의 희소화된 그래프로 볼 수 있다. 3단계는 그래프 희소화로 볼 수도 있다. 따라서 MST는 비유사성 그래프의 희소화에 기초한 군집화 알고리즘으로 볼 수 있다.

알고리즘 8.7 MST 분할 계층적 군집 알고리즘

```
1: 비유사성 그래프의 최소 스패닝 트리를 계산한다.
2: repeat
3:    가장 큰 비유사성에 해당하는 링크를 끊어 새 군집을 만든다.
4: until 단일 군집만 남을 때까지
```

8.4.3 OPOSSUM: METIS를 이용한 희소 유사도의 최적 분할

OPOSSUM은 문서 또는 장바구니 데이터와 같이 희소하고, 고차원 데이터를 군집화하기 위한 군집화 기술이다. MST처럼 인접 그래프의 희소화를 기반으로 군집화를 수행한다. 그러나 OPOSSUM은 희소 그래프를 분할하기 위해 특별히 만들어진 METIS 알고리즘을 사용한다. OPOSSUM의 단계들은 알고리즘 8.8에 나와 있다.

알고리즘 8.8 OPOSSUM 군집 알고리즘

```
희소 유사도 그래프를 계산한다.
METIS를 사용하여 유사성 그래프를 k개의 개별 구성 요소(군집)로 분할한다.
```

사용된 유사도 척도는 확장된 Jaccard 척도 또는 코사인 척도와 같은 희소한 고차원 데이터에 적합한 척도이다. METIS 그래프 분할 프로그램은 (1) 구성 요소 사이의 간선의 가중치(유사도)를 최소화하기 위해, 그리고 (2) 균형 제약 조건을 충족시키기 위해 희소 그래프를 k개의 개별 구성 요소로 분할한다. OPOSSUM은 다음 두 가지 균형 제약 조건 중 하나를 사용한다. (1) 각 군집의 객체 수는 대략 동일해야 하거나 (2) 속성 값의 합계는 대략 동일해야 한다. 예를 들어 두 번째 제약 조건은 속성 값이 품목 비용을 나타내는 경우에 유용하다.

강점과 약점

OPOSSUM은 간단하고 빠르다. 데이터를 대략 동일한 크기의 군집들로 분할하며, 군집화의 목표에 따라 장점 또는 단점으로 볼 수 있다. 그것들은 대략 같은 크기로 제한되기 때문에, 군집이 깨지거나 결합될 수 있다. 그러나 OPOSSUM을 사용하여 다수의 군집들을 생성하는 경우 이러한 군집들은 일반적으로 비교적 순수한 큰 군집들의 조각들이다. 실제로 OPOSSUM은 다음에 설명할 카멜레온 군집화 루틴의 초기 단계와 유사하다.

8.4.4 카멜레온(Chameleon): 동적 모델링을 사용한 계층적 군집화

병합 계층 군집화 기술은 가장 유사한 두 개의 군집을 병합하여 작동한다. 여기서 군집의 유사도 정의는 특정 알고리즘에 따라 다르다. 그룹 평균과 같은 일부 병합 알고리즘은 두 군집간의 연결 강도(예: 두 군집에서 점들의 쌍별 유사도)에 따라 유사도 개념을 기반으로 하지만 단일 링크 방법과 같은 다른 기법은 군집의 유사도를 측정하기 위한 군집들의 근접성(예를 들어, 상이한 군집에서의 점들 간의 최소 거리)을 사용한다. 두 가지 기본 방법이 있지만 이 두 가지 방법 중 하나만 사용하면 군집을 병합할 때 실수가 발생할 수 있다. 4개의 군집을 보여주는 그림 8.17을 살펴보자. 만약 병합 기준으로 군집의 근접성을 사용하는 경우(다른 군집에서 가장 가까운 두 점으로 측정한 경우) (a)와 (b)는 작은 간격으로 분리된 직사각형 군집 대신 거의 닿는 두 개의 원형 군집 (c)와 (d)를 병합한다. 그러나 직관적으로 직사각형 군집 (a)와 (b)를 병합해야 한다. 연습문제 15에서는 연결들의 강도가 직관적이지 않은 결과로 이어지는 상황의 예를 묻는다.

또 다른 문제는 대부분의 군집화 기법에 전역(정적) 군집들의 모델이 있다는 것이다. 예를 들어, K-means는 군집들이 구형인 것으로 가정하지만 DBSCAN은 단일 밀도 임계

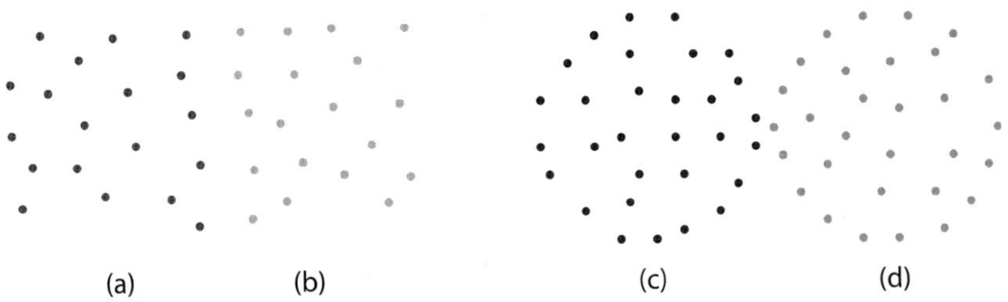

그림 8.17 근접성이 적절한 병합 기준이 아닌 상황. ©1999, IEEE

치를 기반으로 하는 군집들을 정의한다. 이러한 전역 모델을 사용하는 군집화 기법은 크기, 모양 및 밀도와 같은 군집 특성들이 군집들 사이에서 크게 다른 경우를 처리할 수 없다. 군집의 지역(동적) 모델링의 중요성에 대한 예로서 그림 8.18을 고려하자. 예를 들어, 군집들의 어느 쌍이 병합되어야 하는지 결정하기 위해 군집들의 근접성을 사용한다면, 단일 링크 군집화 알고리즘의 경우, 군집 (a)와 (b)를 병합할 것이다. 그러나 각 개별 군집의 특성을 고려하지 않았다. 구체적으로, 개별 군집들의 밀도를 무시했다. 상대적으로 밀도가 높은 군집 (a)와 (b)의 경우 두 군집 사이의 거리는 점과 같은 군집 내에서 가장 가까운 이웃 사이의 거리보다 상당히 크다. 상대적으로 희소한 군집 (c)와 (d)의 경우에는 해당되지 않는다. 실제로, 군집 (c)와 (d)가 병합되면, 군집 (a)와 (b)를 병합하여 생성된 군집보다 본래 군집들과 더 유사한 군집을 생성한다.

카멜레온은 이전 두 문단에서 다룬 문제를 해결하는 병합 군집화 알고리즘이다. 효율적인 그래프 분할 알고리즘을 사용하여 데이터의 초기 분할과 군집의 지역 모델링과 함께 근접성 및 상호 연결성 개념을 사용하는 새로운 계층적 군집화 체계를 결합한다. 핵심 아이디어는 결과 군집이 두 개의 본래 군집과 유사한 경우에만 두 개의 군집을 병합해야 한다는 것이다. 먼저 자기 유사도를 설명한 다음 카멜레온 알고리즘의 나머지 세부 사항을 제시한다.

병합할 군집의 결정

7.3절에서 고려한 병합 계층 군집 기법은 가장 가까운 두 군집을 반복적으로 결합하며 주로 군집 인접도를 정의하는 방식으로 서로 구별된다. 대조적으로 카멜레온은 연결성으

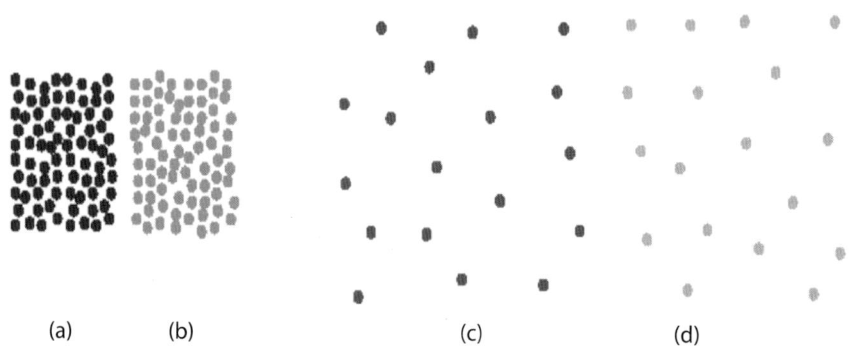

그림 8.18 상대적 친밀도의 개념의 삽화. ©1999, IEEE

로 측정할 때 원래의 군집들의 쌍과 가장 유사한 군집들을 만드는 군집 쌍을 병합하는 것을 목표로 한다. 이 접근법은 전역 모델이 아닌 군집들의 쌍에만 의존하기 때문에 카멜레온은 다양한 특성을 가진 군집들을 포함하는 데이터를 처리할 수 있다.

다음은 근접성과 상호 연결 속성들에 대한 자세한 설명이다. 이러한 속성들을 이해하려면 근접 그래프 관점을 취하고 군집 내부 및 군집 전체의 지점간 링크 수와 링크의 강도를 고려해야 한다.

- **상대적 근접성**(Relative Closeness, RC)은 군집의 내부 근접성으로 정규화 된 두 군집의 절대 근접성이다. 결과 군집의 점들이 각 원래 군집들내에서 거의 서로 근접한 경우에만 두 군집들이 결합된다. 수학적으로,

$$RC(C_i,\ C_j) = \frac{\overline{S}_{EC}(C_i,\ C_j)}{\frac{m_i}{m_i + m_j}\overline{S}_{EC}(C_i) + \frac{m_j}{m_i + m_j}\overline{S}_{EC}(C_j)} \tag{8.17}$$

  이다. 여기서 m_i 및 m_j는 각각 군집 C_i과 C_j의 크기이고; $\overline{S}_{EC}(C_i,\ C_j)$는 군집 C_i와 C_j를 연결하는 (k-인접 이웃 그래프의) 간선의 평균 가중치이다. $\overline{S}_{EC}(C_i)$는 군집 C_i를 이등분할 경우 간선의 평균 가중치이고, $\overline{S}_{EC}(C_j)$는 군집 C_j를 이등분하는 경우 간선의 평균 가중치이다(EC는 잘린 간선(edge cut)을 의미한다). 그림 8.18은 상대 근접성의 개념을 보여준다. 이전에 서술한 바와 같이, 군집 (a)와 (b)는 군집 (c)와 (d)보다 절대적으로 더 근접하지만, 군집들의 특성을 고려하면 사실이 아니다.

- **상대 상호 연결성**(RI)은 군집들의 내부 연결에 의해 정규화된 두 군집들의 절대 상호 연결성이다. 결과 군집에서 점들이 각 원래 군집들의 점들만큼 강력하게 연결된 경우 두 군집이 결합된다. 수학적으로,

$$RI(C_i,\ C_j) = \frac{EC(C_i,\ C_j)}{\frac{1}{2}(EC(C_i) + EC(C_j))} \tag{8.18}$$

  이다. 여기서 $EC(C_i,\ C_j)$는 군집 C_i와 C_j를 연결하는 (k-인접 이웃 그래프의) 간선의 합이다; $EC(C_j)$는 군집 C_j를 이등분할 경우 잘린 간선들의 최소합이다. 그

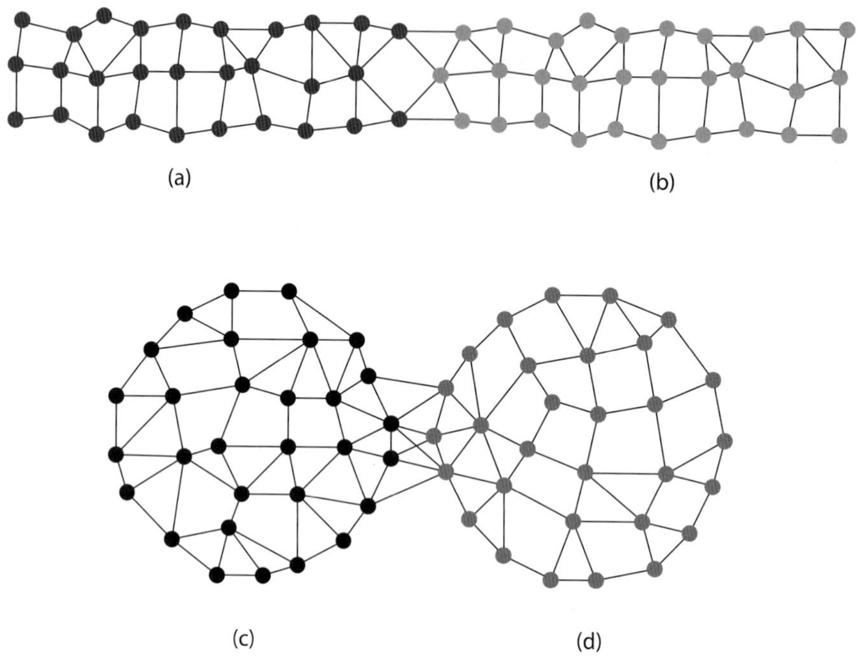

그림 8.19 상대 상호 연결의 개념 설명. ©1999, IEEE

림 8.19는 상대 상호 연결성의 개념을 보여준다. 두 개의 원형 군집 (c)와 (d)는 직사각형 군집 (a)와 (b)보다 더 많은 연결을 가지고 있다. 그러나 (c)와 (d)를 병합하면 (c)와 (d)의 연결과는 상당히 다른 연결성을 갖는 군집이 생성된다. 반대로 (a)와 (b)를 병합하면 (a)와 (b)와 매우 유사한 연결성을 가진 군집이 생성된다.

RI와 RC는 전반적인 자기 유사도의 척도를 산출해 내기 위한 많은 다른 방법에 의해 조합될 수 있다. Chameleon에서 사용되는 한 가지 접근법은 $RI(C_i, C_j) * RC(C_i, C_j)^{\alpha}$을 최대화하는 군집들의 한 쌍을 병합하는 것이다. 여기서 α는 일반적으로 1보다 큰 사용자 지정 매개 변수이다.

카멜레온 알고리즘

카멜레온은 세 가지 주요 단계인 희소화(sparification), 그래프 분할(graph partitioning)과 계층 군집화(hierarchical clustering)로 구성된다. 알고리즘 8.9 및 그림 8.20에 이러한 단계가 설명되어 있다.

알고리즘 8.9 카멜레온 알고리즘

```
k-최근접 이웃 그래프를 만든다.
다단계 그래프 분할 알고리즘을 사용하여 그래프를 분할한다.
repeat
    상대적 상호 연결성 및 상대적 근접성과 측면에서 군집 자체 유사성을 가장 잘 유
    지하는 군집들 병합한다.
until 더 이상 군집을 병합할 수 없을 때까지.
```

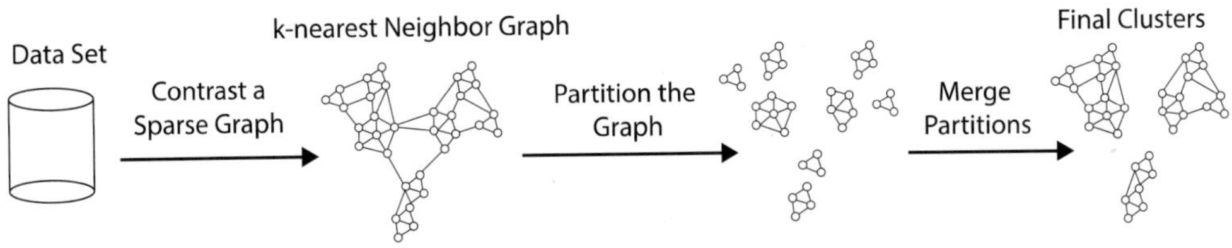

그림 8.20 카멜레온이 군집화를 수행하는 전체 프로세스. ©1999, IEEE

희소화 카멜레온의 첫 번째 단계는 k-인접 이웃 그래프를 생성하는 것이다. 개념적으로, 이러한 그래프는 근접도 그래프에서 파생되며, 점과 가장 가까운 점들인 k-인접 이웃 사이의 링크만을 포함한다. 언급한 바와 같이, 완전 인접 그래프 대신 희소화된 인접 그래프로 작업하면 잡음과 이상치의 영향을 크게 줄이고 계산 효율성을 향상시킬 수 있다.

그래프 분할

희소화된 그래프를 얻게 되면 METIS(참고문헌 참고)와 같은 효율적인 다단계 그래프 분할 알고리즘을 사용하여 데이터 집합을 분할할 수 있다. 카멜레온은 포괄적인 그래프(군집)로 시작한 다음 군집에 `MIN_SIZE`개의 점들 보다 더 크지 않을 때까지 가장 큰 현재 부분 그래프(군집)를 이등분한다. 여기서 `MIN_SIZE`는 사용자 정의 매개 변수이다. 이 과정은 대략적으로 동일한 크기의 잘 연결된 정점 그룹(매우 유사한 데이터 점)을 만든다. 목표는 각 분할에 하나의 실제 군집에 있는 객체가 포함되도록 하는 것이다.

병합 계층 군집화 앞서 설명한 것처럼 카멜레온은 자기 유사도의 개념을 기반으로 군집들을 병합한다. 단일 단계에서 하나 이상의 군집의 쌍을 병합하고 모든 객체가 단일 군

집으로 병합되기 전에 중지하도록 카멜레온은 매개변수화 할 수 있다.

복잡도 m은 데이터 점의 수이고 p는 분할(partitioning)의 수라고 가정한다. 그래프 분할로부터 획득된 p개의 분할의 병합 계층 군집화를 수행하기 위해서는 $O(p^2 \log p)$ 시간이 필요하다(7.3.1절 참조). 그래프 분할에 필요한 시간은 $O(mp + m \log m)$이다. 그래프 생성의 시간 복잡도는 k-인접 이웃 그래프를 구성하는 데 걸리는 시간에 따라 다르다. 저차원 데이터의 경우 k-d 트리 또는 유사한 유형의 데이터 구조가 사용되는 경우 $O(m \log m)$ 시간이 걸린다. 불행하게도, 이러한 데이터 구조는 저차원 데이터 집합에 대해서만 잘 작동하므로 고차원 데이터 집합에 대해서는 희소화의 시간 복잡성은 $O(m^2)$가 된다. k-인접 이웃 목록만이 저장될 필요가 있기 때문에, 공간 복잡도는 $O(km)$에다가 데이터 저장에 필요한 공간을 더한 것이다.

예제 8.11

K-means과 DBSCAN과 같은 군집화 알고리즘에는 어려운 군집화를 가지고 있는 두 데이터 집합에 카멜레온이 적용되었다. 이 군집화의 결과는 그림 8.21에 나와 있다. 군집들은 점의 음영으로 식별된다. 그림 8.21(a)에서 두 군집은 불규칙적인 모양이며 서로 매우 가깝다. 또한 잡음이 나타난다. 그림 8.21(b)에서 두 군집은 다리로 연결되며 다시 잡음이 나타난다. 그럼에도 불구하고, 카멜레온은 대부분의 사람들이 자연 군집으로 식별할 대상을 식별한다. 카멜레온은 공간 데이터를 군집화하는 데 매우 효과적인 것으로 나

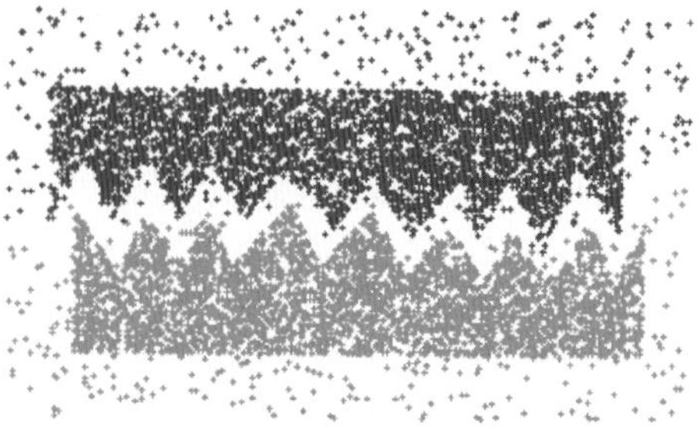

(a)

(b)

그림 8.21 카멜레온은 한 쌍의 2차원 점집합을 묶는데 적용되었다. ©1999, IEEE

타났다. 마지막으로 카멜레온은 다른 군집화 기법과 마찬가지로 잡음점들을 버리지 않고, 대신 군집들에 할당한다. ■

강점과 한계

잡음과 이상치가 존재하고 군집의 모양, 크기 및 밀도가 다른 경우에도 카멜레온은 공간 데이터를 효과적으로 군집화할 수 있다. 카멜레온은 희소화와 그래프 분할 과정에 의해 생성된 객체 그룹이 부분 군집들이라고 가정한다. 즉, 분할의 대부분의 점들은 동일한 실제 군집에 속한다. 그렇지 않은 경우 병합 계층 군집화는 잘못 구성된 개체를 절대 분리할 수 없으므로 오류를 더욱 복잡하게 만든다(7.3.4절의 설명을 참조). 따라서 카멜레온은 분할 과정이 고차원 데이터의 경우처럼 부분군집을 생성하지 않을 때 문제가 있다.

8.4.5 스펙트럼 군집화

스펙트럼 군집화는 유사도 그래프의 속성을 활용하여 군집 분할을 결정하는 우아한 그래프 분할 방식이다. 특히 그래프의 인접 행렬과 관련된 고유 값과 고유 벡터와 같은 그래프의 스펙트럼을 데이터의 자연적 군집을 식별하기 위해 검토한다. 이 접근법의 아이디어에 동기를 부여하려면 6개의 데이터 점들을 포함하는 데이터 집합에 대해 그림 8.22에 표시된 유사성 그래프를 고려하자. 그래프의 링크 가중치는 유사도 값이 낮은 링크를 제거하기 위해 임계치가 적용된 일부 유사도 척도를 기반으로 계산된다. 희소화는 두 개의 연결된 구성 요소가 있는 그래프를 생성하는데, 데이터 $\{v_1, v_2, v_3\}$와 $\{v_4, v_5, v_6\}$로 두 개의 군집을 명확하게 나타낸다.

그림의 오른쪽 상단에는 그래프의 가중치 인접 행렬(W), 대각 행렬(D)가 있으며, 대각선 요소는 그래프의 각 노드에 들어오는 링크의 가중치의 합에 해당한다. 즉,

$$D_{ij} = \begin{cases} \sum_k W_{ik}, & \text{if } i = j; \\ 0, & \text{otherwise} \end{cases}$$

이다. 가중 인접 행렬의 행과 열은 동일하게 연결된 구성 요소에 속하는 노드가 서로 옆에 오도록 정렬되었다. 이 순서에 따라, 행렬 W는 다음과 같은 형태의 블록 구조를 갖는다.

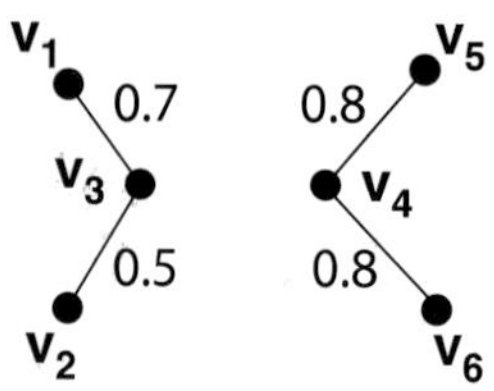

$$W=\begin{bmatrix} 0 & 0 & 0.7 & 0 & 0 & 0 \\ 0 & 0 & 0.5 & 0 & 0 & 0 \\ 0.7 & 0.5 & 0 & 0 & 0 & 0 \\ 0 & 0 & 0 & 0 & 0.8 & 0.8 \\ 0 & 0 & 0 & 0.8 & 0 & 0 \\ 0 & 0 & 0 & 0.8 & 0 & 0 \end{bmatrix} \quad D=\begin{bmatrix} 0.7 & 0 & 0 & 0 & 0 & 0 \\ 0 & 0.5 & 0 & 0 & 0 & 0 \\ 0 & 0 & 1.2 & 0 & 0 & 0 \\ 0 & 0 & 0 & 1.6 & 0 & 0 \\ 0 & 0 & 0 & 0 & 0.8 & 0 \\ 0 & 0 & 0 & 0 & 0 & 0.8 \end{bmatrix}$$

$$L=\begin{bmatrix} 0.7 & 0 & -0.7 & 0 & 0 & 0 \\ 0 & 0.5 & -0.5 & 0 & 0 & 0 \\ -0.7 & -0.5 & 1.2 & 0 & 0 & 0 \\ 0 & 0 & 0 & 1.6 & -0.8 & -0.8 \\ 0 & 0 & 0 & -0.8 & 0.8 & 0 \\ 0 & 0 & 0 & -0.8 & 0 & 0.8 \end{bmatrix} \Lambda=\begin{bmatrix} 0 & 0 & 0 & 0 & 0 & 0 \\ 0 & 0 & 0 & 0 & 0 & 0 \\ 0 & 0 & 0.58 & 0 & 0 & 0 \\ 0 & 0 & 0 & 0.8 & 0 & 0 \\ 0 & 0 & 0 & 0 & 1.8 & 0 \\ 0 & 0 & 0 & 0 & 0 & 2.4 \end{bmatrix} V=\begin{bmatrix} 0.58 & 0 & 0.64 & 0 & -0.50 & 0 \\ 0.58 & 0 & -0.76 & 0 & -0.31 & 0 \\ 0.58 & 0 & 0.11 & 0 & 0.81 & 0 \\ 0 & -0.58 & 0 & 0 & 0 & -0.82 \\ 0 & -0.5 & 0 & -0.71 & 0 & 0.41 \\ 0 & -0.5 & 0 & 0.71 & 0 & 0.41 \end{bmatrix}$$

그림 8.22 가중 인접 행렬(W), 그래프 라플라시안 행렬(L) 및 고유 분해와 함께 두 개의 연결된 구성 요소가 있는 유사성 그래프의 예

$$\mathbf{W}=\begin{pmatrix} \mathbf{W}_1 & 0 \\ 0 & \mathbf{W}_2 \end{pmatrix}$$

여기서, 비대각 블록(off-diagonal blocks)은 첫 번째 연결된 컴포넌트로부터 두 번째 연결된 컴포넌트로부터의 노드까지 한 노드를 연결하는 링크가 없기 때문에 0값의 행렬이다. 실제로 희소 그래프에 k개의 연결된 구성 요소가 포함된 경우, 가중치 인접 행렬을 다음 블록 대각선 형태로 다시 정렬할 수 있다.

$$\mathbf{W}=\begin{pmatrix} \mathbf{W}_1 & 0 & \cdots & 0 \\ 0 & \mathbf{W}_2 & \cdots & 0 \\ \cdots & \cdots & \cdots & \cdots \\ 0 & 0 & \cdots & \mathbf{W}_k \end{pmatrix} \tag{8.19}$$

이 예제는 가중 인접 행렬의 블록 구조를 검사하여 데이터 집합의 고유 군집들을 식별 가능하도록 제안한다.

불행하게도, 군집이 잘 분리되어 있지 않으면, 대부분의 유사성 그래프와 관련된 인접 행렬은 블록 대각선 형태가 아니다. 예를 들어, 유사도 값이 적은 노드 v_3과 v_4 사이에 링크가 있는 그림 8.23에 표시된 그래프를 고려하자. 두 개의 군집을 생성하려면 (v_3, v_4) 사이에 있는 가장 약한 링크를 끊어 그래프를 두 파티션(분할)으로 나눌 수 있다. 그래프에는 연결된 구성 요소가 하나뿐이므로 W의 블록 구조를 식별하기가 더 어렵다.

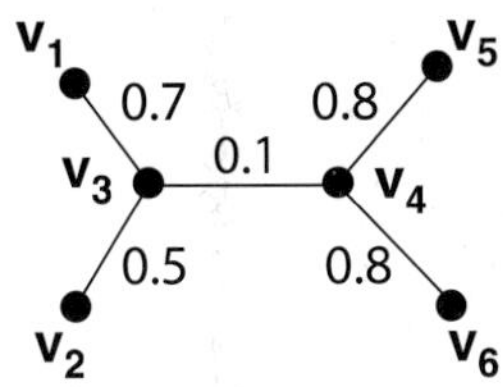

$$W=\begin{bmatrix} 0 & 0 & 0.7 & 0 & 0 & 0 \\ 0 & 0 & 0.5 & 0 & 0 & 0 \\ 0.7 & 0.5 & 0 & 0.1 & 0 & 0 \\ 0 & 0 & 0.1 & 0 & 0.8 & 0.8 \\ 0 & 0 & 0 & 0.8 & 0 & 0 \\ 0 & 0 & 0 & 0.8 & 0 & 0 \end{bmatrix} \quad D=\begin{bmatrix} 0.7 & 0 & 0 & 0 & 0 & 0 \\ 0 & 0.5 & 0 & 0 & 0 & 0 \\ 0 & 0 & 1.3 & 0 & 0 & 0 \\ 0 & 0 & 0 & 1.7 & 0 & 0 \\ 0 & 0 & 0 & 0 & 0.8 & 0 \\ 0 & 0 & 0 & 0 & 0 & 0.8 \end{bmatrix}$$

$$L=\begin{bmatrix} 0.7 & 0 & -0.7 & 0 & 0 & 0 \\ 0 & 0.5 & -0.5 & 0 & 0 & 0 \\ -0.7 & -0.5 & 1.3 & -0.1 & 0 & 0 \\ 0 & 0 & -0.1 & 1.7 & -0.8 & -0.8 \\ 0 & 0 & 0 & -0.8 & 0.8 & 0 \\ 0 & 0 & 0 & -0.8 & 0 & 0.8 \end{bmatrix} \quad \Lambda=\begin{bmatrix} 0 & 0 & 0 & 0 & 0 & 0 \\ 0 & 0.06 & 0 & 0 & 0 & 0 \\ 0 & 0 & 0.58 & 0 & 0 & 0 \\ 0 & 0 & 0 & 0.80 & 0 & 0 \\ 0 & 0 & 0 & 0 & 1.88 & 0 \\ 0 & 0 & 0 & 0 & 0 & 2.47 \end{bmatrix} \quad V=\begin{bmatrix} 0.41 & -0.41 & 0.65 & 0 & 0.48 & -0.04 \\ 0.41 & -0.43 & -0.75 & 0 & 0.29 & 0.03 \\ 0.41 & -0.38 & 0.11 & 0 & -0.81 & 0.10 \\ 0.41 & 0.38 & 0 & 0 & 0.08 & -0.82 \\ 0.41 & 0.42 & 0 & -0.71 & 0.06 & 0.39 \\ 0.41 & 0.42 & 0 & 0.71 & 0.06 & 0.39 \end{bmatrix}$$

그림 8.23 가중 인접 행렬(W), 그래프 라플라시안 행렬(L) 및 고유 분해와 함께 단일 연결된 구성 요소를 가진 유사성 그래프의 예

다행히 그래프 스펙트럼을 고려하여 군집 분할들을 생성하는 것보다 객관적인 방법이 있다. 먼저, 다음과 같이 공식적으로 정의된 그래프 라플라시안 행렬을 계산해야 한다.

$$\mathrm{L} = \mathrm{D} - \mathrm{W} \tag{8.20}$$

그림 8.22과 8.23에 표시된 예제들에 대한 그래프 라플라시안 행렬은 두 다이어그램의 왼쪽 아래 패널에 표시된다. 이 행렬에는 몇 가지 주목할 만한 속성이 있다.

1. W와 D가 대칭이므로 대칭 행렬이다.
2. 양의 준정부호(semi-definite) 행렬로, 어떤 입력 벡터 $\mathbf{v}$에 대해 $\mathbf{v}^T\mathrm{L}\mathbf{v} \geq 0$을 의미한다.
3. L의 모든 고유값은 음수가 아니어야 한다. 그림 8.22와 그림 8.23에 표시된 그래프의 고유 값과 고유 벡터는 각각 다이어그램에서 Λ 및 V로 표시된다. 그래프 라플라시안 행렬의 고유 값은 Λ의 대각 요소로 표시된다.
4. L의 가장 작은 고유값은 0이며, 대응하는 고유 벡터 $\mathbf{e}$는 1의 벡터이다. 이것은 다음 때문이다.

$$\mathbf{We} = \begin{pmatrix} W_{11} & W_{12} & \cdots & W_{1n} \\ W_{21} & W_{22} & \cdots & W_{2n} \\ \cdots & \cdots & \cdots & \cdots \\ W_{n1} & W_{n2} & \cdots & W_{nn} \end{pmatrix} \begin{pmatrix} 1 \\ 1 \\ \cdots \\ 1 \end{pmatrix} = \begin{pmatrix} \sum_j W_{1j} \\ \sum_j W_{2j} \\ \cdots \\ \sum_j W_{nj} \end{pmatrix}$$

$$\mathbf{De} = \begin{pmatrix} \sum_j W_{1j} & 0 & \cdots & 0 \\ 0 & \sum_j W_{2j} & \cdots & 0 \\ \cdots & \cdots & \cdots & \cdots \\ 0 & 0 & \cdots & \sum_j W_{nj} \end{pmatrix} \begin{pmatrix} 1 \\ 1 \\ \cdots \\ 1 \end{pmatrix} = \begin{pmatrix} \sum_j W_{1j} \\ \sum_j W_{2j} \\ \cdots \\ \sum_j W_{nj} \end{pmatrix}$$

따라서 $\mathbf{We} = \mathbf{De}$는 $(\mathbf{D} - \mathbf{W})\mathbf{e} = 0$과 같다. 이는 $\mathbf{L} = \mathbf{D} - \mathbf{W}$이기 때문에 고유값 식을 $\mathbf{Le} = 0\mathbf{e}$로 단순화될 수 있다.

5. k개의 컴포넌트가 연결된 그래프는 식 (8.19)와 같이 블록대각선 형태의 인접 행렬 $\mathbf{W}$를 갖는다. 이것의 그래프 라플라시안 행렬 또한 블록 대각선 형태를 갖는다.

$$\mathbf{L} = \begin{pmatrix} \mathbf{L}_1 & 0 & \cdots & 0 \\ 0 & \mathbf{L}_2 & \cdots & 0 \\ \cdots & \cdots & \cdots & \cdots \\ 0 & 0 & \cdots & \mathbf{L}_k \end{pmatrix}$$

그리고 그래프 라플라시안 행렬은 k개의 고유값이 0이며 해당 고유벡터를 가진다.

$$\begin{pmatrix} \mathbf{e}_1 \\ 0 \\ \cdots \\ 0 \end{pmatrix}, \begin{pmatrix} 0 \\ \mathbf{e}_2 \\ \cdots \\ 0 \end{pmatrix}, \cdots, \begin{pmatrix} 0 \\ 0 \\ \cdots \\ \mathbf{e}_k \end{pmatrix}$$

여기서 $\mathbf{e}_i$들은 1의 벡터와 0은 0의 벡터이다. 예를 들어, 그림 8.22에 표시된 그래프에는 두 개의 연결된 컴포넌트를 포함하고 있으며. 그래프 라플라시안 행렬의 두 개의 0인 고유값을 가지고 있는 이유이다. 더 중요한 것은 $\mathbf{V}$의 처음 두 열에 해당하는 첫 번째 두 개의 고유벡터(단위 길이로 정규화 됨)가 각 노드의 군집 멤버십에 대한 정보를 제공한다는 점이다.

$$
\begin{matrix} v_1 \rightarrow \\ v_2 \rightarrow \\ v_3 \rightarrow \\ v_4 \rightarrow \\ v_5 \rightarrow \\ v_6 \rightarrow \end{matrix}
\begin{pmatrix} 0.58 & 0 \\ 0.58 & 0 \\ 0.58 & 0 \\ 0 & -0.58 \\ 0 & -0.58 \\ 0 & -0.58 \end{pmatrix}
$$

첫 번째 군집에 속하는 노드는 첫 번째 고유 벡터에 양수 값을 갖고 두 번째 고유 벡터는 0을 가지는 반면, 두 번째 군집에 속하는 노드는 첫 번째 고유 벡터에서 0이고 두 번째 고유 벡터에서는 음의 값을 가진다.

그림 8.23에 표시된 그래프는 하나의 연결된 컴포넌트만 있기 때문에 하나의 고유 값이 0을 가지고 있다. 그럼에도 불구하고 그래프 라플라시안 행렬의 처음 두 고유 벡터를 살펴보면

$$
\begin{matrix} v_1 \rightarrow \\ v_2 \rightarrow \\ v_3 \rightarrow \\ v_4 \rightarrow \\ v_5 \rightarrow \\ v_6 \rightarrow \end{matrix}
\begin{pmatrix} 0.41 & -0.41 \\ 0.41 & -0.43 \\ 0.41 & -0.38 \\ 0.41 & 0.38 \\ 0.41 & 0.42 \\ 0.41 & 0.42 \end{pmatrix}
$$

노드 집합 $\{v_1, v_2, v_3\}$은 두 번째 고유 벡터에서 음수 값을 갖는 반면 $\{v_4, v_5, v_6\}$은 두 번째 고유 벡터에서 양수 값을 가지므로 그래프를 두 개의 군집으로 쉽게 분할할 수 있다. 요컨대, 그래프 라플라시안 행렬의 고유 벡터에는 그래프를 기본 구성 요소로 분할하는 데 사용할 수 있는 정보가 포함되어 있다. 그러나 고유 벡터를 수동으로 검사하는 대신고유 벡터에서 군집을 추출하는 데 도움이 되도록 K-means와 같은 간단한 군집화 알고리즘을 적용하는 것이 일반적이다. 스펙트럼 군집화 알고리즘의 요약은 알고리즘 8.10에 나와 있다.

알고리즘 8.10 스펙트럼 군집 알고리즘

1: 희소 유사도 그래프 G를 만든다.
2: G, $\mathbf{L}$에 대한 라플라시안 그래프를 계산한다(식 (8.20) 참조).
3: $\mathbf{L}$의 첫 번째 고유 벡터로부터 행렬 $\mathbf{V}$를 만든다.
4: $\mathbf{V}$에 K-평균 군집을 적용하여 k 군집을 얻는다.

예제 8.12

350개의 데이터 점들을 포함하는 그림 8.24(b)에 표시된 2차원 링 데이터를 살펴보자. 첫 번째 100개 점들은 내륜에 속하고 나머지 250개 점들은 외륜에 속한다. 모든 점 쌍 사이의 유클리드 거리를 보여주는 열지도가 그림 8.24(a)에 나와 있다. 내륜의 지점이 서로 비교적 가까이 있지만, 외륜에 있는 지점은 서로 상당히 멀리 있을 수 있다. 결과적으로 K-means과 같은 표준 군집화 알고리즘은 데이터에서 성능이 저하된다. 반대로, 희소 유사성 그래프에 스펙트럼 군집을 적용하면 정확한 군집 결과를 얻을 수 있다(그림 8.24(d) 참조). 여기서 가우시안 방사 기저 함수(Gaussian radial basis function)를 사용하여 점간의 유사성을 계산하고 각 데이터 점에 대해 10개의 인접 이웃을 선택하여 그래

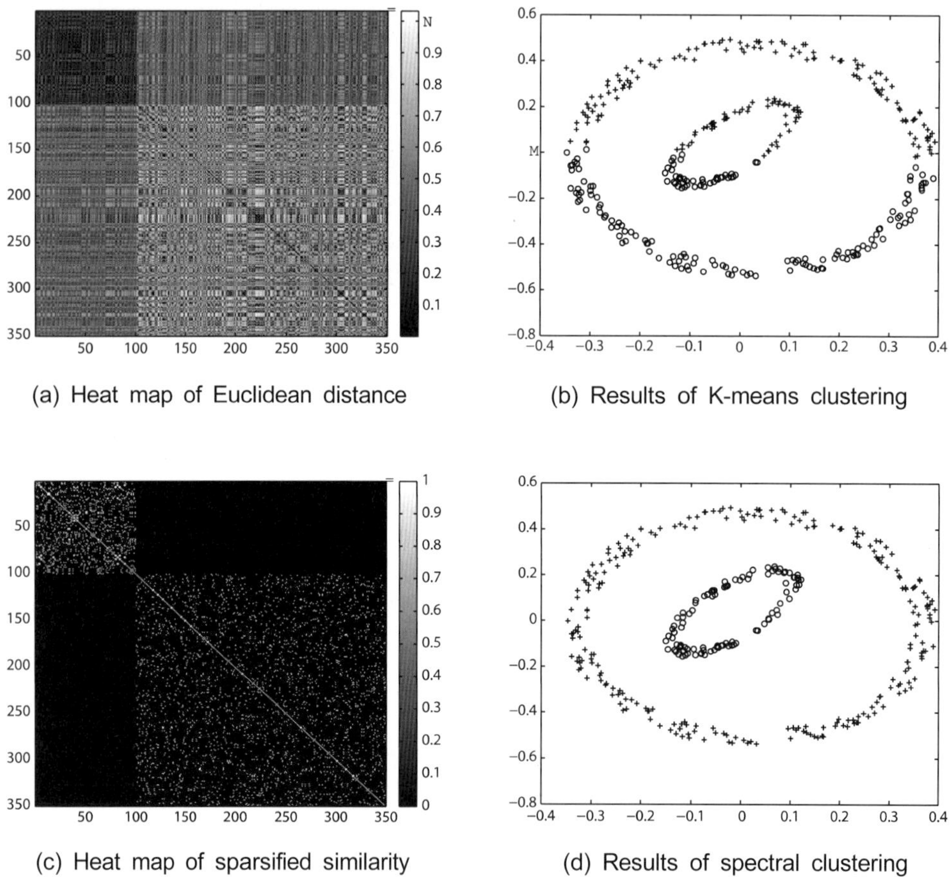

그림 8.24 K-means 및 스펙트럼 군집화를 2차원 링 데이터에 적용

프를 구한다. 희소화는 내륜에 위치한 데이터 점과 외륜의 해당 점 사이의 유사도를 감소시켜 스펙트럼 군집화가 데이터 집합을 두 개의 군집으로 효과적으로 분할할 수 있게 한다. ■

스펙트럼 군집화와 그래프 분할의 관계

그래프 분할의 목적은 원하는 수의 군집 분할이 확보될 때까지 그래프에서 약한 링크를 끊는 것이다. 분할의 품질을 평가하는 한 가지 방법은 제거 된 링크의 가중치를 합산하는 것이다. 척도 결과를 그래프 컷이라고 한다. 불행히도, 분할들의 그래프 컷을 최소화하는 것만으로는 불균형한 크기가 큰 군집을 생성하는 경향이 있기 때문에 충분하지 않다. 예를 들어, 그림 8.25에 표시된 그래프를 살펴보자. 그래프를 두 개의 연결된 구성요소로 분할하는 데 관심이 있다고 가정하자. 그래프 컷 측정은 가중치가 가장 낮기 때문에 v_4와 v_5 간의 연결을 끊는 것을 선호한다.

불행히도 이러한 분할은 하나의 격리된 노드가 있는 하나의 군집과 나머지 모든 노드가 포함 된 다른 군집을 생성한다. 이 한계를 극복하기 위해 다음과 같은 척도가 제안되었다.

$$\text{Ratio cut}(C_1,\ C_2,\ \cdots, C_k) = \frac{1}{2}\sum_{i=1}^{k}\frac{\sum_{p\in C_i,\, q\notin C_i} W_{pq}}{|C_i|}$$

여기서 $C_1,\ C_2,\ \cdots,\ C_k$는 군집 파티션을 나타낸다. 분자는 끊어진 링크의 가중치(그래프 컷)의 합을 나타내며 분모는 각 군집 분할의 크기를 나타낸다. 이 척도는 결과 군집의 크기 측면에서보다 균형을 유지하는 데 사용될 수 있다. 더 중요한 것은 그래프에 대한 비율 감소를 최소화하는 것은 식 $\mathrm{Tr}[\mathbf{Y}^T\mathbf{L}\mathbf{Y}]$를 최소화하는 군집 멤버십 행렬 $\mathbf{Y}$를 찾

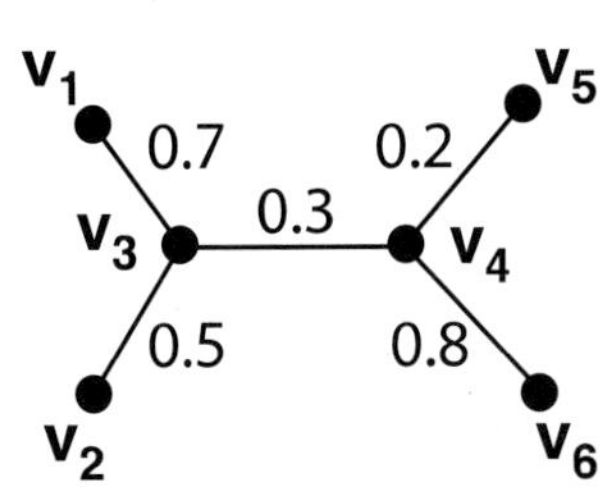

그림 8.25 그래프 분할의 평가 척도로 그래프 컷 사용의 제한을 설명하는 예

는 것과 같다. 여기서 Tr[·]은 행렬의 트레이스를 나타내고 **L**은 그래프 라플라시안이다. $\mathbf{Y}^T\mathbf{Y}=\mathbf{I}$ 제약 조건이 적용된다. **Y**가 이진 행렬이라는 요구 사항을 완화함으로써 라그랑제(Lagrange) 승수 방법을 사용하여 최적화 문제를 해결할 수 있다.

$$\text{Lagrangian, } L=\mathrm{Tr}\left[\mathbf{Y}^T\mathbf{L}\mathbf{Y}\right]-\lambda\left(\mathrm{Tr}\left[\mathbf{Y}^T\mathbf{Y}-\mathbf{I}\right]\right)$$

$$\frac{\partial \mathbf{L}}{\partial \mathbf{Y}}=\mathbf{L}\mathbf{Y}-\lambda\mathbf{Y}=0$$

$$\Rightarrow \mathbf{L}\mathbf{Y}=\lambda\mathbf{Y}$$

다시 말해서, 비율 감소 최소화 문제에 대한 대략적인 해결책은 그래프 라플라시안 행렬의 고유 벡터를 찾아서 얻을 수 있는데, 이는 스펙트럼 군집에 의해 사용되는 접근법이다.

강점과 한계

예제 8.12를 보면, 스펙트럼 군집화의 강점은 다양한 크기와 형태의 군집들을 검출하는 능력에 있다. 그러나 군집화 성능은 유사성 그래프를 작성하고 저장하는 방법에 따라 다르다. 특히, 스펙트럼 군집화를 위한 적절한 희소 그래프를 생성하기 위해 유사도 함수(예를 들어, 가우시안 방사 기저 함수(Gaussian radial basis function))의 파라미터를 조정하는 것은 상당히 어려울 수 있다. 알고리즘의 시간 복잡도는 그래프 라플라시안 행렬의 고유 벡터가 얼마나 빨리 계산될 수 있는지에 달려 있다. 희소 행렬에 대한 효율적인 아이겐솔버(eigensolver)를 사용할 수 있다(예 : Krylov 부분 공간 기법 기반, 특히 선택한 군집 수가 적은 경우). 저장 복잡도는 $O(N^2)$이지만 그래프 라플라시안 행렬에 대한 희소 표현을 사용하여 상당히 줄일 수 있다. 여러 면에서, 스펙트럼 군집화는 K-means 군집화 알고리즘과 유사하게 작동한다. 먼저 둘 다 사용자가 입력 매개 변수로 군집의 수를 지정해야 한다. 두 가지 방법은 모두 그들 자신의 연결된 컴포넌트(군집)를 형성하는 경향이 있는 이상치의 존재에도 민감하다. 따라서 데이터의 이상치를 처리하려면 사전 처리 또는 사후 처리 방법이 필요하다.

8.4.6 공유 인접 이웃 유사도(Shared Nearest Neighbor Similarity)

경우에 따라서, 유사도와 밀도에 대한 표준 접근 방식을 사용하는 군집화 기술을 통해 원하는 군집화 결과를 얻을 수 없다. 이 절에서는 이에 대한 이유를 살펴보고 다음 원칙을 기반으로 하는 유사성에 대한 간접적인 접근 방식을 소개한다.

> 만약 두 점이 많은 수의 같은 점들과 유사하다면, 둘 사이의 직접적인 유사도의 척도가 나타나지 않더라도, 서로 유사하다.

우선 유사도의 SNN 버전이 해결하고자하는 두 가지 문제인 낮은 유사도와 밀도의 차이를 설명함으로써 논의에 동기를 부여한다.

고차원 데이터에서 전통적인 유사도 문제

고차원 공간에서 유사도가 낮은 것은 드문 일이 아니다. 예를 들어, 신문의 다양한 섹션들인 엔터테인먼트, 금융, 외국, 메트로, 국가 및 스포츠에서 제공되는 신문 기사 모음과 같은 일련의 문서의 집합 고려하자. 2장에서 설명한대로, 이 문서들은 고차원 공간에서 벡터로 볼 수 있으며, 벡터의 각 구성 요소(속성)는 어휘의 각 단어가 문서에서 발생하는 횟수를 기록한다. 코사인 유사도 측정은 종종 문서 간의 유사도를 평가하는 데 사용된다. LA 타임즈의 기사 모음에서 나온 이 예의 경우 표 8.3은 각 섹션과 전체 문서 세트 간의 평균 코사인 유사도를 제공한다.

각 문서와 가장 유사한 문서(가장 가까운 이웃)와의 유사성은 평균 0.39이다. 그러나 같은 분류의 객체들 사이에 유사도가 낮으면 인접 이웃은 종종 같은 클래스가 아니다. 표 8.3이 생성된 문서 모음에서 문서의 약 20%가 다른 클래스의 최인접 이웃을 가진다. 일반적으로, 만약 직접 유사도가 낮으면, 군집화 객체에 대한 신뢰할 수 없는 지침이 된

표 8.3 신문과는 다른 문서들과 유사

Section	Average Cosine Similarity
Entertainment	0.032
Financial	0.030
Foreign	0.030
Metro	0.021
National	0.027
Sports	0.036
All Sections	0.014

다. 특히 가장 가까운 점을 모아서 나중에 분리 할 수 없는 병합 계층 군집화의 경우 그러하다. 그럼에도 불구하고 여전히 객체의 인접 이웃들의 대다수가 동일한 분류에 속하는 경우가 여전히 있다. 이 사실은 군집화에 더 적합한 근접성 측정을 정의하는 데 사용될 수 있다.

밀도 차이에 관한 문제

다른 문제는 군집들 간 밀도의 차이와 관련이 있다. 그림 8.26은 밀도가 다른 2차원 군집들의 점들의 쌍을 보여준다. 오른쪽 군집의 더 낮은 밀도는 점들 간의 더 낮은 평균 거리를 반영된다. 덜 밀집한 군집의 점들이 동등하게 유효한 군집을 형성함에도 불구하고, 일반적인 군집 기법들은 이러한 군집을 찾는데 더 많은 어려울 것이다. 또한 SSE와 같은 일반적인 응집도 척도가 이러한 군집들이 응집력이 떨어짐을 나타냅니다. 실제 예를 설명하기 위해, 은하계의 별들은 태양계의 행성들이 태양계의 행성들보다 평균적으로 서로 더 근접함에도 불구하고, 은하계의 별들은 태양계의 행성들에 못지않게 별 객체로 이루어진 실제 군집이다.

SNN 유사도 계산

두 가지 상황에서 핵심 아이디어는 유사도 척도를 정의 할 때 점들의 상황을 고려하는

그림 8.26 200개의 균일하게 분포된 지점의 두 개의 원형 군집

것이다. 이 아이디어는 알고리즘 8.11에 의해 표시되는 방식으로 **공유 인접 이웃(SNN, shared nearest neighbor)** 정의를 사용하여 정량적으로 만들 수 있다. 기본적으로 SNN 유사도는 두 객체가 각각 서로의 인접 이웃 목록에 있는 공유된 이웃의 수이다. 기본 인접 척도는 어떤 의미있는 유사도 또는 비유사도 척도일 수 있다.

알고리즘 8.11 Computing shared nearest neighbor similarity

```
Find the k-nearest neighbors of all points.
if two points, x and y, are not among the k-nearest neighbors of each other then
    similarity(x, y) ← 0
else
    similarity(x, y) ← number of shared neighbors
end if
```

SNN 유사도의 계산은 알고리즘 8.11에 의해 설명되고 그림 8.27에 의해 도표로 표현하였다. 각각의 두 개의 검은색 점은 서로를 포함하여 8개의 인접 이웃을 가지고 있다. 인접 이웃 중 회색 점인 4개가 공유된다. 따라서 두 점 사이의 공유 인접 유사도는 4이다.

객체들 간의 SNN 유사도에 대한 유사성 그래프를 **SNN 유사성 그래프(SNN similarity graph)**라고 한다. 많은 객체 쌍들의 SNN 유사도가 0이 될 것이기 때문에, 매우 희소한 그래프이다.

SNN 유사도 대 직접 유사도(Direct Similarity)

SNN 유사도는 직접 유사도에서 발생하는 일부 문제를 해결하므로 유용하다. 첫째, 공유 인접 이웃의 수를 사용하여 객체의 상황을 고려하기 때문에 SNN 유사도는 객체가 다른

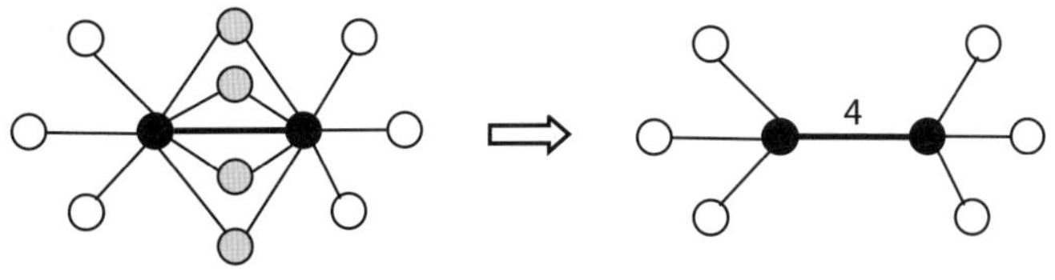

그림 8.27 두 지점 사이의 SNN 유사성의 계산

객체에 상대적으로 가깝지만 다른 분류에 속하는 상황을 처리한다. 이러한 경우 객체는 일반적으로 많은 인접 이웃을 공유하지 않으며 SNN 유사성이 낮다.

SNN 유사도는 다양한 밀도의 군집에 관한 문제도 해결한다. 낮은 밀도 영역에 있는 객체는 밀도가 높은 영역의 객체보다 멀리 떨어져 있다. 그러나 한 쌍의 점들의 SNN 유사도는 두 객체가 공유하는 인접 이웃의 수에만 의존하며 이러한 이웃이 각 객체에서 얼마나 멀리 떨어져 있는지는 고려하지 않는다. 따라서 SNN 유사성은 점들의 밀도에 대하여 자동 스케일링을 수행한다.

8.4.7 Jarvis-Patrick 군집화 알고리즘

알고리즘 8.12는 이전 절에서 설명한 개념을 사용하여 Jarvis-Patrick 군집화 알고리즘(JP)을 표현한다. JP 군집화 알고리즘은 두 지점 사이의 인접성을 SNN 유사도로 대체하며, 이는 알고리즘 8.11에 설명한대로 계산된다. 그런 다음 이 SNN 유사도 행렬을 희소화하기 위해 임계치가 사용된다. 그래프 관점으로, SNN 유사도 그래프가 생성되고 저장된다. 군집들은 단순히 SNN 그래프의 연결된 컴포넌트들이다.

알고리즘 8.12 Jarvis-Patrick clustering algorithm

1: Compute the SNN similarity graph.
2: Sparsify the SNN similarity graph by applying a similarity threshold.
3: Find the connected components (clusters) of the sparsified SNN similarity graph.

JP 군집화 알고리즘의 공간 요구 사항은 초기에도 전체 유사도 행렬을 저장할 필요가 없기 때문에 $O(km)$에 불과하다. k-인접 목록은 대략 $O(m^2)$의 계산을 요구할 수 있기 때문에 JP 군집화의 기본적인 시간 복잡도는 $O(m^2)$이다. 하지만, 저차원 유클리드 데이터와 같은 특정 유형의 데이터의 경우, k-d 트리와 같은 특수 기술을 사용하여 전체 유사도 행렬을 계산하지 않고 k-인접 이웃을 보다 효율적으로 찾을 수 있다. 이를 통해 $O(m^2)$에서 $O(m \log m)$까지의 시간 복잡성을 줄일 수 있다.

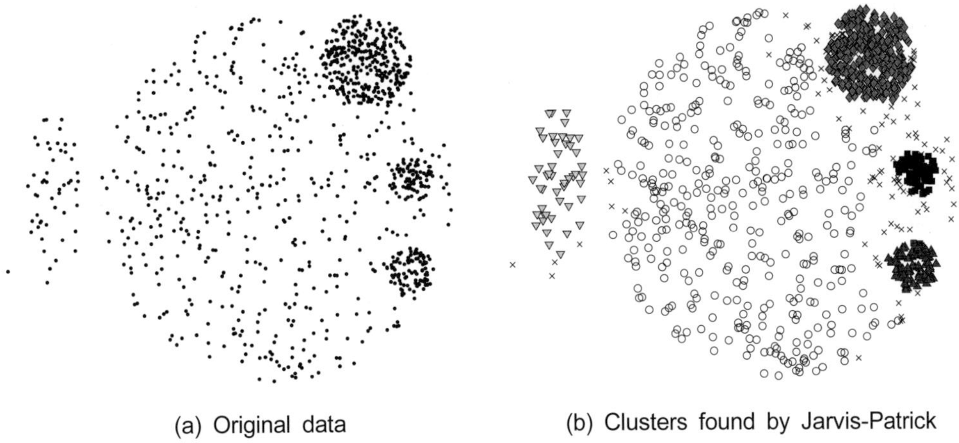

그림 8.28 2차원 포인트 셋의 Jarvis–Patrick 군집화

예제 8.13 2차원 데이터 집합의 JP 군집화

JP 군집화를 그림 8.28(a)에 표시된 "물고기(fish)" 데이터 집합에 적용하여 그림 8.28(b)에 표시된 군집화를 찾는다. 인접 이웃 목록의 크기는 20이며, 최소 10개의 점을 공유한 경우 두 점이 동일한 군집에 배치되었다. 다른 군집은 다른 모양과 음영으로 표시된다. 모양이 "x"인 포인트는 Jarvis-Patrick에 의해 노이즈로 분류되었다. 그것들은 주로 다른 밀도의 군집들 사이의 전이 영역에 있다. ■

강점과 한계

JP 군집화는 SNN 유사도의 개념을 기반으로 하기 때문에 잡음과 이상치를 처리하는 데 능숙하며 다양한 크기, 모양 및 밀도의 군집들을 처리할 수 있다. 이 알고리즘은 고차원 데이터에 적합하며 특히 관련성이 높은 객체의 딱 맞는 군집들을 찾는데 유용하다.

그러나 JP 군집화는 SNN 유사도 그래프에서 군집을 연결된 컴포넌트로 정의한다. 따라서 객체 집합이 두 개의 군집으로 분할되는지 아니면 하나의 링크에 의존할 수 있는 상태로 남아 있는지 여부이다. 따라서 JP 군집화는 다소 취약하다. 즉 진짜 군집을 분할하거나 별도로 유지해야 하는 군집을 결합할 수 있다.

또 다른 잠재적인 제한 사항은 모든 객체들이 군집되지는 않는다는 것이다. 그러나 이러한 객체는 기존 군집에 포함시킬 수 있으며, 경우에 따라 완전한 군집화를 요구하지

않는다. JP 군집화의 기본적인 시간 복잡도는 $O(m^2)$이며, 일반적인 경우의 객체 집합에 대한 인접 이웃 목록을 계산하는 데 필요한 시간이다. 낮은 차원의 데이터와 같은 특정 경우에는 특수 기법을 사용하여 인접 이웃을 $O(m \log m)$로 찾기 위한 시간 복잡성을 줄일 수 있다. 마지막으로, 다른 군집화 알고리즘과 마찬가지로 매개 변수에 가장 적합한 값을 선택하는 것은 어려울 수 있다.

8.4.8 SNN 밀도

이 장의 서두에서 논의한 것처럼 전통적인 유클리드 밀도는 고차원에서는 의미가 없다. CLIQUE에 의해 사용되는 것과 같은 그리드 기반 관점, DBSCAN에 의해 사용되는 것과 같은 중심 기반 관점 또는 DENCLUE에 의해 사용되는 것과 같은 커널 밀도 추정 접근 중 어느 것을 사용하는지 여부는 변함이 없다. 코사인 또는 자카드와 같은 고차원에서 잘 작동하는 유사도 척도를 사용하여 중심 기반 밀도 정의를 사용할 수 있지만, 8.4.6절에 설명한 것처럼 이러한 척도에는 여전히 문제가 있다. 하지만 SNN 유사도 척도는 데이터 공간에서 점들의 지역적인 구성을 반영하므로 공간의 밀도와 차원의 변화에 상대적으로 둔감하며 새로운 밀도 척도의 유망한 후보이다.

이 절에서는 SNN 유사도를 사용하고 7.4절에 설명한 DBSCAN 접근 방식에 따라 SNN 밀도 개념을 정의하는 방법에 대해 설명한다. 명확하게 하기 위해, 우리가 SNN 유사도를 사용하고 있다는 사실을 설명하기 위해 적절한 수정과 함께 해당 절의 정의가 반복된다.

- **핵심점(Core points)** SNN 유사성과 공급된 매개 변수 Eps에 의해 결정되며, 점 주변의 주어진 이웃내의 점들의 개수가 공급된 매개 변수인 특정 임계치 $MinPts$를 초과한다면, 이 점은 핵심점이다.
- **경계점(Border points)** 경계점은 핵심점이 되기에는 이웃에 충분한 점이 있지 않아서 핵심점은 아니지만 핵심점과 이웃한 점이다.
- **잡음점(Noise points)** 잡음점은 경계점도 아니고 핵심점도 아닌 점을 말한다.

SNN 밀도는 어떠한 점이 유사한 점(인접 이웃과 관련하여)으로 점이 둘러싸여 있는 정도를 측정한다. 그러므로 밀도가 높고 낮은 영역에 있는 점들은 일반적으로 SNN 밀도

(a) All points　(b) High SNN density　(c) Medium SNN density　(d) Low SNN density

그림 8.29 2차원 점들의 SNN 밀도

가 비교적 높게 갖게 될 것인 반면, 밀도가 낮음에서 높음으로 전환(군집들 사이의 점들)이 있는 영역의 포인트는 SNN 밀도가 낮은 경향이 있다. 이러한 접근법은 밀도 변화가 큰 데이터 집합에 적합하지만 밀도가 낮은 군집들은 여전히 흥미롭다.

예제 8.14 핵심점, 경계점, 잡음점

앞서 SNN 밀도에 대한 논의를 보다 구체적으로 하기 위해 SNN 밀도를 사용하여 핵심점을 찾고 잡음과 이상치를 제거하는 방법에 대한 예를 제공한다. 그림 8.29(a)에 표시된 2차원 점의 데이터 집합에는 10,000개의 점들이 있다. 그림 8.29(b-d)는 SNN 밀도에 따라 이 점들을 구별한다. 그림 8.29(b)는 SNN 밀도가 가장 높은 점을 보여주고, 그림 8.29(c)는 중간 SNN 밀도의 점을 보여주고, 그림 8.29(d)는 가장 낮은 SNN 밀도의 그림을 보여준다. 이 그림에서, 밀도가 높은(즉, SNN 그래프에서 높은 연결성) 포인트는 군집 내부에 잘 위치하는 경향이 있기 때문에 대표성 또는 핵심점이 될 수 있는 반면, 낮은 연결성을 갖는 점들은 잡음점과 이상치가 될 수 있다. 대부분 군집들 주변 지역에 있기 때문이다. ■

8.4.9 SNN 밀도 기반 군집화

위에서 정의한 SNN 밀도를 DBSCAN 알고리즘과 결합하여 새로운 군집화 알고리즘을 만들 수 있다. 이 알고리즘은 SNN 유사도 그래프로 시작한다는 점에서 JP 군집화 알고리즘과 유사하다. 그러나 임계치를 사용하여 SNN 유사도 그래프를 생성한 다음 연결된 구성 요소를 군집으로 사용하는 대신 SNN 밀도 기반 군집화 알고리즘은 단순히 DBSCAN을 적용한다.

SNN 밀도 기반 군집화 알고리즘

SNN 밀도 기반 군집화 알고리즘의 단계는 알고리즘 8.13에 나와 있다.

알고리즘 8.13 SNN density-based clustering algorithm

1: Compute the SNN similarity graph.
2: Apply DBSCAN with user-specified parameters for *Eps* and *MinPts*.

알고리즘은 데이터의 군집 수를 자동으로 결정한다. 모든 점들이 군집되지는 않는다. 제외되는 점들에는 잡음과 이상치 뿐만 아니라 점들의 그룹에 강력하게 연결되지 않은 점들이 포함된다. SNN 밀도 기반 군집화는 점들이 서로 밀접한 관련이 있는 군집들을 찾는다. 응용 프로그램에 따라 많은 점들을 버릴 수 있다. 예를 들어, SNN 밀도 기반 군집화는 문서 그룹에서 주제를 찾는 데 유용하다.

예제 8.15 SNN 밀도 기반 시계열 군집화

이 절에 제시된 SNN 밀도 기반 군집화 알고리즘은 Jarvis-Patrick 군집화 또는 DBSCAN보다 유연하다. DBSCAN과 달리 군집들은 밀도가 높은 고차원 데이터 및 상황에 사용할 수 있다. 간단한 임계치를 수행하고 연결된 구성 요소를 군집으로 사용하는 Jarvis-Patrick과 달리 SNN 밀도 기반 군집화는 SNN 밀도와 핵심점의 개념에 의존하는 좀 더 취약한 접근 방식을 사용한다.

고차원 데이터에서 SNN 밀도 기반 군집화의 기능을 시연하기 위해 지구의 여러 지점에서 대기압의 월별 시계열 데이터에 적용했다. 보다 구체적으로, 데이터는 2.5° 경도, 위도 그리드의 각 지점에서 41년 동안 평균 월별 해수면 압력(SLP: sea level pressure)으로 구성된다. SNN 밀도 기반 군집화 알고리즘에서 그림 8.30에 표시된 군집(회색 영역)이 발견되었다. 이들은 2차원 영역으로 시각화되어 있지만 492개월의 길이를 가진 시계열의 군집이다. 흰색 영역은 압력이 균일하지 않은 영역이다. 구형 표면을 직사각형에 매핑하는 왜곡 때문에 극 근처의 군집이 길어진다.

SLP를 사용하여, 지구 과학자들은 **기후 인덱스**(climate indices)라고 하는 시계열을 정의했으며, 이는 지구의 기후와 연관된 현상의 행동을 포착하는 데 유용한다. 예를 들어 기후 인덱스에 있는 이상치는 전 세계 여러 지역에서 비정상적으로 낮거나 높은 강수량

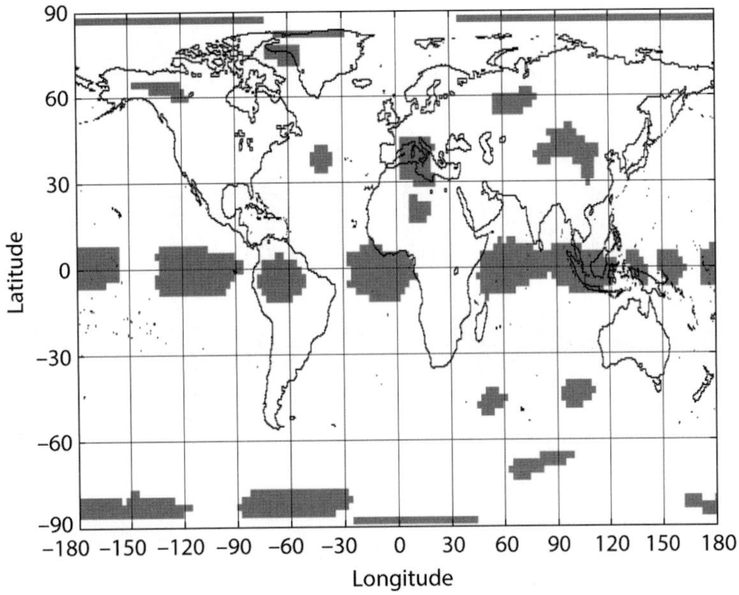

그림 8.30 SNN 밀도 기반 군집화를 사용하여 압력 시계열 군집을 찾았다.

또는 온도와 관련이 있다. SNN 밀도 기반 군집화에서 발견된 일부 군집은 지구 과학자에게 알려진 일부 기후 지수와 밀접한 관련이 있다.

그림 8.31은 군집이 추출 된 데이터의 SNN 밀도 구조를 보여준다. 밀도는 0과 1 사이의 스케일로 정규화되었다. 시계열의 밀도는 특이한 개념처럼 보일 수 있지만 시계열과 그 인접 이웃이 동일한 인접 이웃을 갖는 정도를 측정한다. 각 시계열은 위치와 관련되어 있기 때문에 이러한 밀도를 2차원 플롯에 그릴 수 있다. 시간적 자기 상관 때문에 이러한 밀도는 의미 있는 패턴을 형성한다. 예를 들어 그림 8.31의 군집을 시각적으로 식별할 수 있다. ■

강점과 한계

SNN 밀도 기반 군집화의 강점과 한계는 JP 군집화와 유사하다. 그러나 핵심점과 SNN 밀도를 사용하면 이 접근 방식에 상당한 성능과 유연성이 추가된다.

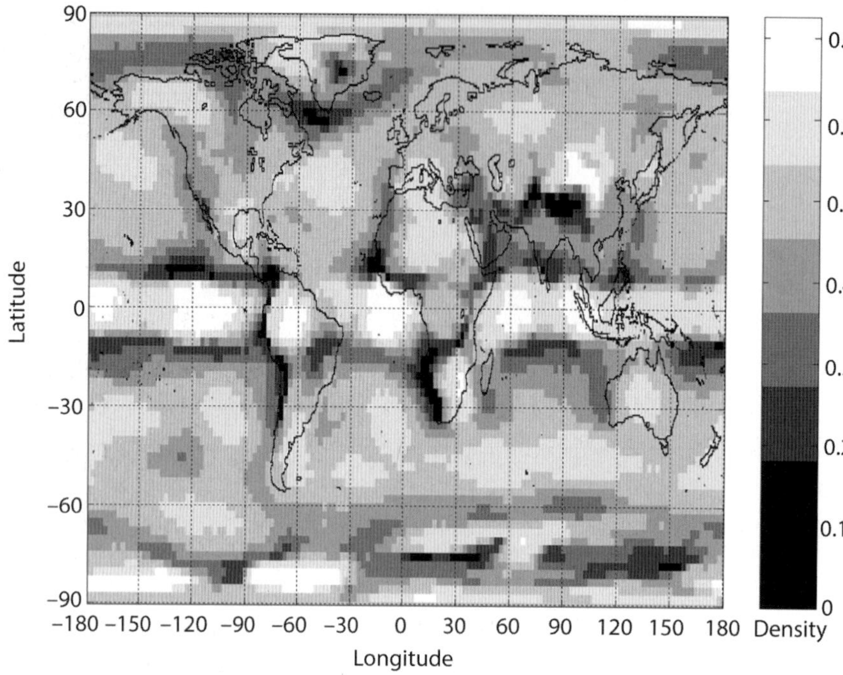

그림 8.31 압력 시계열의 SNN 밀도

8.5 확장 가능한 군집화 알고리즘

실행하는 데 시간이 오래 걸리거나 너무 많은 메모리가 필요한 경우 최상의 군집화 알고리즘이더라도 그 가치가 떨어지게 된다. 이 절에서는 점점 일반화되고 있는 대용량의 데이터 집합에 대한 확장성을 강조하는 군집화 기술에 대해 설명한다. 인접도 계산의 수 감소, 데이터 샘플링, 데이터 분할 및 데이터의 요약된 표현의 군집화를 포함하여 확장성에 대한 일반적인 전략을 논의하는 것으로 시작한다. 그런 다음 확장 가능한 군집화 알고리즘의 두 가지 특정 예인 CURE와 BIRCH에 대해 설명한다.

8.5.1 확장성(Scalability): 일반적인 문제와 접근

많은 군집화 알고리즘에 필요한 저장 공간의 양은 선형 이상이다. 예를 들어 계층적 군집화에서 메모리 요구 사항은 일반적으로 $O(m^2)$이며, 여기서 m은 객체의 수이다. 예를 들어 10,000,000개의 객체에 필요한 메모리양은 현재 시스템의 용량을 훨씬 능가하는 10^{14}에 비례한다. 임의의 데이터 접근이 필요하기 때문에 임의의 데이터 접근이 느린 보조 기억 장치(디스크)를 효율적으로 사용하기 위해 많은 군집화 알고리즘을 쉽게 수정할 수 없다. 마찬가지로 일부 군집화 알고리즘에 필요한 계산량은 선형 이상이다. 이 절의 나머지 부분에서는 군집화 알고리즘에 필요한 저장과 계산량을 줄이기 위한 다양한 기술에 대해 설명한다. CURE와 BIRCH는 이러한 기술 중 일부를 사용한다.

다차원적 또는 공간적 접근 방법 K-means, Jarvis Patrick 군집화, DBSCAN과 같은 많은 기법은 가장 가까운 중심점과 점의 가장 가까운 이웃 또는 지정된 거리 내의 모든 점들을 찾아야 한다. 다차원 또는 공간적 접근 방법이라는 특수 기술을 사용하여 최소한 저차원 데이터에 대해 이러한 작업을 보다 효율적으로 수행할 수 있다. k-d 트리 또는 R*-트리와 같은 이러한 기술은 일반적으로 점의 인접 이웃을 찾아내는 데 필요한 시간을 줄이는 데 사용할 수 있는 데이터 공간의 계층 분할을 생성한다. 그리드 기반 군집화 체계도 데이터 공간을 분할한다.

인접 경계(Bounds on Proximity) 인접 계산을 피하기 위한 또 다른 방법은 인접 경계를 사용하는 것이다. 예를 들어, 유클리드 거리를 사용하는 경우 많은 거리 계산을 피하기 위해 삼각 부등식을 사용할 수 있다. 예를 들어, 전통적인 K-means의 각 단계에서 점이 현재 군집에 남아 있어야 하는지 또는 새 군집으로 이동해야 하는지 평가해야 한다. 중심점들과 현재 속한 군집의 (새로 업데이트 된) 중심점 사이의 점과의 거리를 알고 있다면, 다른 어떤 중심점들과의 점들의 거리 계산을 피하기 위해 삼각 부등식을 사용할 수 있을 것이다(연습문제 21을 참조하자).

샘플링 시간 복잡성을 줄이는 또 다른 방법은 샘플링하는 것이다. 이 방법에서는 점들의 샘플을 가져와서 이 점들을 군집화시킨 다음 나머지 점들을 기존 군집들(일반적으로 가장 가까운 군집)에 할당한다. 샘플링된 점의 수가 $\sqrt{m}$이면 $O(m^2)$ 알고리즘의 시간 복잡도가 $O(m)$으로 줄어든다. 그러나 샘플링의 주요 문제점은 작은 군집들이 손실될 수 있다는 것이다. CURE에 대해 논의할 때, 이러한 문제가 얼마나 빈번하게 발생하는지 조사하는 기술을 제공할 것이다.

데이터 객체 분할 시간 복잡도를 줄이는 또 다른 일반적인 방법은 효율적인 기술을 사용하여 데이터를 분리된 집합들로 분할한 다음, 이 집합들을 개별적으로 군집화하는 것이다. 최종 군집 집합은 이러한 개별 군집 집합의 합집합이거나 개별 군집 집합을 결합하거나 재정립하여 얻다. 분할을 기반으로 한 많은 다른 접근법들이 가능하지만, 이 절에서는 이등분 K-means(7.2.3절)에 대해서만 설명한다. 이 절 뒷부분에서 CURE를 설명할 때, 이러한 접근 방식 중 한 가지에 대해 설명한다.

K-means를 사용하여 K개의 군집들을 찾으려면, 각 점에서 각 군집 중심까지의 거리를 계산한다. K가 크면 매우 비쌀 수 있다. 이등분 K-means는 점들의 전체 집합으로 시작하며 K-means를 사용하여 K 군집들을 얻을 때까지 기존 군집을 반복적으로 이등분한다. 각 단계에서 두 군집 중심점까지의 포인트 거리가 계산된다. 이등분되는 군집이 모든 점으로 구성되는 첫 번째 단계를 제외하고, 고려되는 두 중심점까지의 점들의 부분집합의 거리만 계산한다. 이 사실 때문에, 이등분 K-means는 일반 K-means보다 훨씬 빠르게 실행될 수 있다.

요약 군집화에 대한 또 다른 접근 방식은 일반적으로 단일 과정으로 데이터를 요약한 다음, 요약된 데이터를 군집화하는 것이다. 특히 리더 알고리즘(leader algorithm) (연습문제 12 참조)은 데이터 객체를 가장 가까운 군집에 배치하거나 (군집이 충분히 가까운 경우) 현재 객체를 구성한 새 군집을 시작한다. 이 알고리즘은 객체 수에서 선형이며 다른 군집화 기법들을 사용할 수 있도록 데이터를 요약하는 데 사용할 수 있다. BIRCH 알고리즘은 유사한 개념을 사용한다.

병렬 및 분산 계산 앞에서 설명한 기술을 활용할 수 없거나 이러한 방법으로 만족할 만한 정확도를 얻지 못하거나 계산 시간이 단축되지 않으면 다른 방법이 필요하다. 매우 효과적인 접근 방식은 여러 프로세서들 간에 계산을 분산시키는 것이다.

8.5.2 BIRCH

BIRCH(Balanced Iterative Reducing and Clustering using Hierarchies)는 유클리드 벡터 공간의 데이터, 즉 평균이 의미가 있는 데이터를 위한 매우 효율적인 군집화 기술이다. BIRCH는 이러한 데이터를 단일 패스로 효율적으로 군집화를 할 수 있으며 추가적인 패스로 군집화를 향상시킬 수 있다. BIRCH는 또한 이상치를 처리할 수 있다.

BIRCH는 군집화 특성(Clustering Feature, CF)과 CF 트리의 개념을 기반으로 한다. 아이디어는 데이터 점들(벡터)의 군집이 세 개의 숫자(N, LS, SS)로 표현될 수 있다는 것이다. 여기서 N은 군집에서 점의 개수, LS(linear sum)는 점들의 선형 합, SS(sum of square)는 점들의 제곱의 합이다. 이들은 점진적으로 업데이트될 수 있고 군집의 중심점 및 분산(표준 편차)과 같은 다수의 중요한 수량을 계산하는 데 사용할 수 있는 일반적인 통계량이다. 분산은 군집의 지름의 척도로 사용된다.

이 수량을 사용하여 군집 간의 거리를 계산할 수도 있다. 가장 간단한 접근법은 중심점들 사이의 L_1(도시 블록) 또는 L_2(유클리드) 거리를 계산하는 것이다. 병합된 군집의 지름(분산)을 거리로 사용할 수도 있다. 군집에 대한 여러 가지 다른 거리 측정은 BIRCH에 의해 정의되지만, 모두 요약 통계를 사용하여 계산할 수 있다.

CF 트리는 높이 균형(height-balanced) 트리이다. 각 내부 노드에는 [CF_i, child_i] 형식의 항목이 있으며 여기서 child_i는 i번째 하위 노드에 대한 포인터이다. 각 항목이 차지하는 공간과 페이지 크기에 따른 내부 노드의 항목 수가 결정된다. 각 항목의 공간은 차례로 각 점의 속성의 수에 의해 결정된다.

리프 노드(leaf node)는 일련의 군집화 특성인 CF_i로 구성되며, 여기서 각 군집화 특성은 이전에 검사된 다수의 점을 나타낸다. 리프 노드는 각 리프 노드가 매개 변수화된 임계치 T보다 작은 지름을 가져야 한다는 제한을 받는다. 각 항목이 차지하는 공간은 페이지 크기와 함께 리프내의 항목의 수를 결정한다.

임계치 매개변수 T를 조정함으로써, 트리의 높이가 조정될 수 있다. T는 군집화의 정밀도(fineness)를 조절한다. 즉, 본래 데이터 집합에서 데이터가 감소되는 정도이다. 목적은 필요에 따라 매개변수 T를 조정하여 CF 트리를 주 메모리에 유지하는 것이다.

CF 트리는 데이터를 스캔될 때 만들어진다. 각 데이터 점이 발견되면, 루트부터 시작하여 각 레벨에서 가장 가까운 노드를 선택하여 CF 트리가 순회된다. 현재 데이터 점에 대한 가장 가까운 리프 군집이 마지막으로 식별될 때, 데이터 아이템을 후보 군집에 추가하면 주어진 임계치(T)보다 큰 지름을 갖는 새로운 군집이 생성되는지 확인하기 위한 테스트가 수행된다. CF 정보를 갱신하여 데이터 점이 후보 군집에 추가된다. 리프에서 루트까지의 모든 노드에 대한 군집 정보도 갱신된다.

새 군집의 지름이 T보다 큰 경우, 리프 노드가 가득 차지 않으면 새 항목이 작성된다. 그렇지 않으면 리프 노드를 분할해야 한다. 가장 멀리 떨어진 두 항목(군집들)이 씨드(seed)로 선택되고 나머지 항목은 가장 가까운 씨드 군집을 포함하는 리프 노드에 따라 두 개의 새 리프 노드 중 하나에 분배된다. 리프 노드가 분할되면 부모 노드가 업데이트되고 필요한 경우 분할된다. 즉, 부모 노드가 가득 찬 경우이다. 이 과정은 루트 노드까지 계속 진행될 수 있다.

BIRCH는 각각의 분할 후에 병합 단계를 거친다. 분할이 중지된 내부 노드에서 가장 가까운 두 항목이 발견된다. 이러한 항목이 분할로 인해 발생한 두 항목에 해당하지 않으면 해당 항목과 해당 하위 노드를 병합하려고 시도한다. 이 단계는 공간 활용도를 높이고 왜곡된 데이터 입력 순서와 관련된 문제를 피하기 위한 것이다.

BIRCH에는 이상치를 제거하는 절차도 있다. 메모리가 부족하여 트리를 재구축해야하는 경우 이상치를 선택적으로 디스크에 쓸 수 있다(이상치는 평균보다 훨씬 적은 데이터 점들을 갖는 노드로 정의된다). 과정에서의 특정한 점에서, 이상치가 스캔되어 트리의 크기가 커지지 않고 트리로 다시 흡수될 수 있는지 확인한다. 만약 그렇다면 다시 흡수된다. 그렇지 않으면 삭제된다.

BIRCH는 CF 트리의 초기 생성을 넘어 여러 단계로 구성된다. BIRCH의 모든 단계는 알고리즘 8.14에 요약되어 있다.

알고리즘 8.14 BIRCH

1: **데이터를 요약하는 CF 트리를 작성하여 데이터를 메모리에 로드한다.**
2: **3단계에 필요한 경우 더 작은 CF 트리를 빌드하십시오.** T가 증가한 후 리프 노드 항목(군집)이 다시 삽입된다. T가 증가했으므로 일부 군집들이 병합된다.
3: **글로벌 군집을 수행하십시오.** 다양한 형태의 글로벌 군집화(모든 클러스터 사이의 쌍 거리를 사용하는 군집화) 기법을 사용할 수 있다. 그러나 병합적, 계층적 기법이 선택되었다. 군집 기능은 특정 종류의 군집에 중요한 요약 정보를 저장하므로 글로벌 군집 알고리즘은 마치 CF로 표시되는 군집의 모든 포인트에 적용되는 것처럼 적용될 수 있다.
4: **3단계에서 발견된 군집 중심점을 사용하여 데이터 요소를 재분배하여 새로운 군집을 발견한다.** 이는 BIRCH의 첫 번째 단계에서 발생할 수 있는 특정 문제를 극복한다. 페이지 크기 제약 조건과 T 매개변수로 인해 하나의 군집에 있어야 하는 점들이 분할되고 다른 군집에 있어야 하는 점들이 결합되는 경우가 있다. 또한 데이터 집합에 점들이 중복되어 포함된 경우 이러한 점들은 발생 순서에 따라 다르게 군집될 수 있다. 이 단계를 여러 번 반복하면 프로세스가 지역 최적 솔루션으로 수렴된다.

8.5.3 CURE

CURE(Clustering Using REpresentatives)는 다양한 다른 기술을 사용하여 비구형(non-sphere) 모양과 균일하지 않은 크기로 대용량 데이터 집합, 이상치 및 군집화를 처리할 수 있는 방법을 만드는 군집화 알고리즘이다. CURE는 군집의 여러 대표 점들을 사용하여 군집을 나타낸다. 이론적으로 이러한 점은 군집의 기하학적 구조와 모양을 포착한다. 첫 번째 대표 점은 군집의 중심에서 가장 먼 점이 선택되고, 나머지 점들은 이전에 선택한 모든 점들로부터 가장 먼 점이 선택된다. 이런 방식으로 대표 점들은 자연스럽게 비교적 잘 분포하게 된다. 선택한 점의 개수는 매개 변수이지만, 10 또는 그 이상의 값이 효과가 있는 것으로 나타났다.

일단 대표 점을 선택하면, 계수 α만큼 중심을 향해 축소된다. 이것은 일반적으로 중심에서 멀어지면서 더 많이 줄어드는 이상치 효과를 완화하는 데 도움이 된다. 예를 들어 중심에서 10 단위 거리인 대표 점은 3 단위($\alpha=0.7$의 경우)만큼 이동하는 반면, 1 단위 거리의 대표 점은 0.3 단위만 이동한다.

CURE는 실제 군집화를 수행하기 위한 병합 계층 구조를 사용한다. 두 군집 사이의 거리는 어떤 두 대표 점(각 중심을 향해 축소된 후) 사이의 최소 거리이다. 이 기법은 우리가 살펴본 다른 계층 구조와 정확히 일치하지 않지만, $\alpha=0$인 경우 중심 기반 계층적 군집화와 동일하며, $\alpha=1$인 경우 단일 링크 계층적 군집화와 거의 동일하다. CURE의 목적은 사용자가 지정한대로 지정된 수의 군집을 찾는 것이다.

CURE는 군집화 과정에서 두 개의 다른 점에 이상치를 제거하기 위한 계층적 군집화 과정의 특정 특성들의 이점을 이용한다. 첫째, 군집이 느리게 성장하면 정의에 따라, 이상치가 다른 점과 멀리 떨어져 있고 다른 점과 자주 병합되지 않기 때문에 이상치로 구성될 수 있다. CURE에서, 이 첫 번째 이상치 제거 단계는 일반적으로 군집의 수가 원래 점들의 수의 1/3일 때 발생한다. 이상치 제거의 두 번째 단계는 군집의 수가 원하는 군집의 수인 K일 때 발생한다. 이 시점에서 작은 군집들이 다시 제거된다.

CURE의 최악의 경우 복잡도는 $O(m^2 \log m)$이므로 대용량 데이터 집합에 직접 적용할 수 없다. 이러한 이유로 CURE는 군집화 과정 속도를 높이기 위해 두 가지 기법을 사용한다. 첫 번째 기법은 임의의 샘플을 추출하여 샘플링된 데이터 점들에서 계층적 군집화를 수행한다. 이러한 과정 후 남아있는 각 점들을 가장 가까운 대표 점을 가진 군집에 할당한다. CURE의 샘플링 방식에 대해서는 나중에 자세히 설명한다.

어떤 경우에 따라, 군집화에 필요한 샘플은 여전히 너무 커서, 두 번째 부가적인 기술이 필요하다. 이 상황에서 CURE는 샘플 데이터를 분할한 다음 각 분할에서 점들을 군집화 한다. 이러한 사전 군집화 단계에 이어 중간 군집들의 군집화와 데이터 집합의 각 점을 군집들 중 하나에 할당하는 최종 과정이 이어진다. CURE의 분할 기법에 대해서는 나중에 자세히 설명한다.

알고리즘 8.15는 CURE를 요약한다. K는 요구하는 군집의 개수, m은 점들의 개수, p는 분할의 개수, q는 분할에서 희망하는 점들의 축소된 개수이다. 즉, 분할에서 군집들의 개수는 $\frac{m}{pq}$이다. 따라서 총 군집의 개수는 $\frac{m}{q}$이다. 예를 들어, $m = 10{,}000$, $p = 10$, $q = 100$인 경우, 각 분할은 $10{,}000/10 = 1000$개의 점을 가지게 되며, 각 분할에서 $1000/100 = 10$개의 군집들이 있고, 전체적으로 $10{,}000/100 = 100$개의 군집들이 있다.

알고리즘 8.15 CURE

1: **데이터 세트에서 무작위 샘플을 추출한다.** CURE 논문은 모든 군집이 최소한의 포인트로 표현될 가능성을 보장하기 위해 이 샘플의 크기에 대한 공식을 명시적으로 도출하는 데 주목할 만하다.
2: **샘플을 동일한 p 크기의 파티션으로 분할한다.**
3: **CURE의 계층적 클러스터링 알고리즘을 사용하여 각 파티션의 포인트를 $\frac{m}{pq}$개의 군집으로 군집화하여 총 $\frac{m}{q}$개의 군집을 구한다.** 이 과정에서 일부 이상치 제거가 발생한다.
4: **CURE의 계층적 군집화 알고리즘을 사용하여 이전 단계에서 발견된 $\frac{m}{q}$개의 군집을 K개의 군집만 남을 때까지 군집화한다.**
5: **이상치를 제거한다.** 이것이 이상치 제거의 두 번째 단계이다.
6: **나머지 모든 데이터 포인트를 가장 가까운 클러스터에 할당하여 완전한 군집을 얻는다.**

CURE 샘플링

샘플링을 사용할 때 중요한 문제는 샘플이 대표적인지 여부, 다시 말해 관심 있는 특성을 포착하는지 여부이다. 군집화의 경우, 문제는 샘플에서 전체 객체 집합에서와 동일한 군집들을 찾을 수 있는지 여부이다. 이상적으로 샘플은 각 군집에 대한 일부 객체를 포함하고 전체 데이터 집합에서 분리된 군집들에 속하는 객체에 대한 분리된 군집이 샘플에 포함되기를 원한다.

보다 구체적이고 달성 가능한 목적은 각 군집에서 적어도 몇 가지 점들을 보장(높은 확률로)하는 것이다. 이러한 샘플에 필요한 점의 개수는 데이터 집합마다 다르며 객체의 개수와 군집의 크기에 따라 다르다. CURE의 제작자는 군집에서 적어도 특정 점들의 개수를 얻기 위해 (높은 확률로) 필요한 샘플 크기에 대한 경계를 도출했다. 이 책의 표기법을 사용하여, 경계는 다음과 같이 정리에 의해 주어진다.

정리 8.1 f를 단편이고, $0 \le f \le 1$로 하자. m_i 크기의 군집 C_i에 대해, 만약 샘플의 크기 s는 다음과 같이 주어진다면, $1-\delta$, $0 \le \delta \le 1$의 확률로 군집 C_i로부터 최소한 $f * m_i$개의 객체를 얻을 수 있다.

$$s = fm + \frac{m}{m_i} * \log\frac{1}{\delta} + \frac{m}{m_i}\sqrt{\log\frac{1}{\delta}^2 + 2 * f * m_i * \log\frac{1}{\delta}} \tag{8.21}$$

여기서 m은 객체의 개수이다.

이 표현은 비록 매우 복잡해 보일지 모르지만, 사용하기는 쉽다. 객체가 100,000개이고 목표가 크기의 1000인 군집 C_i에서 객체의 10%를 얻을 확률이 80%라고 가정한다. 이 경우, $f = 0.1$, $\delta = 0.2$, $m = 100{,}000$, $m_i = 1000$이므로 $s = 11{,}962$이다. 목표가 50개의 개체인 C_i의 5% 샘플이라면, 샘플 크기는 6440이다.

정리하면, CURE는 다음과 같은 방식으로 샘플링을 사용한다. 먼저 샘플을 추출한 다음 CURE를 사용하여 이 샘플을 군집화 한다. 군집이 발견되면 군집되지 않은 각 지점이 가장 가까운 군집에 할당된다.

분할(Partitioning)

샘플링이 충분하지 않은 경우 CURE는 분할 방식도 사용한다. 아이디어는 점들을 크기가 m/p의 p개의 그룹으로 나누고 CURE를 사용하여 각 분할을 군집화하여 $q > 1$의 요소로 객체의 수를 줄이도록 하는 것이다. 여기서 q는 파티션에 있는 쿤집의 대략적인 평균 크기로 생각할 수 있다. 전체적으로, $\frac{m}{q}$ 군집이 생성된다(CURE는 대표 점들의 수로 각 군집을 나타내므로 객체의 개수 감소가 q가 아니다). 이러한 사전 군집화 단계는 원하는 군집의 수(K)을 생성하는 m/q개의 중간 군집들의 최종 군집화로 이어진다. 두 군집화 과정 모두 CURE의 계층적 군집화 알고리즘을 사용하며 군집들 중 하나를 설정하기 위해 데이터 집합에서 각 점을 할당하는 최종 과정이 이어진다.

중요한 문제는 어떻게 p와 q를 선택하는가이다. CURE와 같은 알고리즘은 $O(m^2)$ 또는 그 이상의 시간 복잡도를 가지며, 모든 데이터가 주 메모리에 있어야 한다. 따라서 p를 충분히 작게 하여 전체 분할이 주 메모리에 처리되고 '합리적' 시간에 처리될 수 있다. 현재, 일반적인 데스크톱 컴퓨터는 몇 초 안에 수천 개의 객체를 계층적으로 군집화할 수 있다.

p 및 q를 선택하는 또 다른 요인은 군집화의 품질과 관련이 있다. 구체적으로, 동일한 근본적인 군집으로부터 객체가 결국은 동일한 군집들에 존재하도록 p와 q의 값을 선택하는 것이다. 예를 들어, 1000개의 객체와 100개의 크기의 군집이 있다고 가정한다. 무작위로 100개의 파티션을 생성하는 경우, 각 파티션은 평균적으로 군집에서 한 지점만 갖는다. 이 점들은 다른 군집들로부터 점들이 있는 군집들에 배치되거나 이상치로 제거될 것이다. 100개의 객체로 구성된 10개의 분할만을 생성하지만 q가 50인 경우, 각 군집으로부터 10개의 점들(평균)은 다른 군집으로부터 점들과 결합될 수 있다. 왜냐하면 오직 군집 당 10개의 점들(평균)이고 각 분할마다 두 개의 군집을 생성해야 하기 때문이다. q의 적절한 선택과 관련한 이 마지막 문제를 피하기 위해서, 제안된 전략은 군집들이 너무 다른 경우 군집들을 결합하지 않는 것이다.

8.6 어떤 군집화 알고리즘?

어떤 군집화 기법을 사용하는 것을 결정할 때 다양한 요소를 고려해야 한다. 전부는 아니지만, 이러한 요인들 중 많은 부분이 현재 및 이전 장에서 어느 정도 논의되었다. 이 절의 목표는 어떤 군집화 알고리즘이 특정 군집화 작업에 적합한지 조명하는 방식으로 이러한 요인들을 간결하게 요약하는 것이다.

군집화의 유형 작업에 적합한 군집화 알고리즘을 위해서는 알고리즘에 의해 생성된 군집화 유형이 응용 프로그램에 필요한 군집화 유형과 일치해야 한다. 생물 분류학 체계 생성과 같은 일부 응용 프로그램의 경우 계층 구조를 선호한다. 요약을 위한 군집화의 경우 분할 군집화가 일반적이다. 다른 응용 프로그램에서는 두 가지 모두 유용할 수 있다.

대부분의 군집화 응용 프로그램은 모든(또는 거의 모든)객체의 군집화가 필요하다. 예를 들어, 군집화를 사용하여 탐색할 문서 집합을 구성하는 경우 대부분의 문서가 그룹에 속하기를 원한다. 그러나 문서 집합에서 가장 강력한 주제를 찾으려면 많은 문서가 군집되지 않은 경우에도 매우 응집성 있는 군집들만 생성하는 군집화 체계를 선호할 수 있다.

마지막으로, 대부분의 군집화 응용 프로그램에서는 각 개체가 하나의 군집(또는 계층적 기법 수준에서 하나의 군집)에 할당되었다고 가정한다. 그러나 우리가 보았듯이, 확률 기법과 퍼지 기법은 다양한 군집에서의 멤버십의 정도 또는 확률을 나타내는 가중치를 제공한다. DBSCAN 및 SNN 밀도 기반 군집화와 같은 다른 기술에는 하나의 군집에 강력하게 속하는 핵심점에 대한 개념을 가지고 있다. 이러한 개념은 특정 응용 프로그램에서 유용할 수 있다.

군집 유형 또 다른 주요 측면은 군집 유형이 의도하는 응용 프로그램과 일치하는지 여부이다. 일반적으로 발생하는 군집 유형은 프로토타입, 그래프 및 밀도 기반의 세 가지이다. 프로토타입 기반 군집화 기법과 일부 그래프 기반 군집화 기법(완전 링크, 중심점과 Ward 계층적 방법)은 각 객체가 군집의 프로토타입 또는 군집에서 다른 객체에 가까운 구상 군집을 생성하는 경향이 있다. 예를 들어, 데이터 크기를 줄이기 위해 데이터를 요약하고 최소량의 오류로 처리하려는 경우, 이러한 유형의 기법들 중 하나가 가장 적합하다. 대조적으로, 단일 링크와 같은 일부 그래프 기반 군집화 기법뿐만 아니라 밀도 기반 군집화 기법은 구형이 아니므로 서로 매우 유사하지 않은 많은 객체를 포함하는 군집화를 생성하는 경향이 있다. 대지 표면의 유형에 따라 지리적 영역을 인접 지역으로 분할하는 데 군집화를 사용한다면, 이러한 기술 중 하나가 K-means과 같은 프로토타입 기반 기법보다 적합하다.

군집의 특성 일반적인 군집 유형 외에도 다른 군집 특성이 중요하다. 원래 데이터 공간의 부분 공간에서 군집들을 찾으려면 CLIQUE와 같은 알고리즘을 선택해야 한다. 이 알고리즘은 해당 군집들을 명시적으로 찾는다. 유사하게, 군집들 간의 공간적 관계를 강화하는데 관심이 있다면, SOM 또는 일부 관련 접근법이 적절할 것이다. 또한 군집화 알고리즘은 모양, 크기 및 밀도가 다양한 군집들을 처리할 수 있는 능력의 차이가 크다.

데이터 집합과 속성의 특성 서론에서 설명한 것처럼 데이터 집합과 속성의 유형은 사용할 알고리즘의 유형을 지시할 수 있다. 예를 들어, K-means 알고리즘은 군집의 중심점을 의미있게 계산할 수 있는 적절한 인접 척도가 주어진 데이터에만 사용할 수 있다. 많은 병합 계층적 기법과 같은 다른 군집화 기술의 경우, 근접 행렬을 만들어 낼 수 있다면 데이터 집합 및 속성의 기본 특성은 그다지 중요하지 않다.

잡음과 이상치 잡음과 이상치는 특히 데이터의 중요한 측면이다. 논의한 다양한 군집화 알고리즘에서 잡음과 이상치의 영향을 나타내려고 노력했다. 그러나 실제로는 데이터 집합에서 잡음 양 또는 이상치의 개수를 평가하는 것은 어려울 수 있다. 그 이상으로, 어떤 사람에게 잡음이나 이상치인 것이 다른 사람에게는 흥미로울 수 있다. 예를 들어, 군집화를 사용하여 어떤 지역을 다른 인구 밀도의 지역으로 분할한다면, 전역 임계치보다 낮은 밀도의 영역 또는 점을 잡은 또는 이상치로 가정하는 DBSCAN과 같은 밀도 기반의 군집화 기술은 적절하지 않다. 다른 예로서, CURE와 같은 계층적 군집화 체계는 종종 그러한 그룹이 이상치를 나타내는 경향이 있기 때문에 느리게 성장하고 있는 점들의 군집을 폐기한다. 그러나 일부 응용 프로그램에서는 상대적으로 작은 군집에 가장 관심이 있다. 예를 들어, 시장 세분화에서 이러한 그룹은 가장 유능한 고객을 나타낼 수 있다.

데이터 객체 수 이전 절에서 데이터 객체 수에 의해 군집화가 영향을 받는 방식을 고려하였다. 그러나 이 요소가 사용되는 군집화 알고리즘의 유형을 결정하는 데 중요한 역할을 하는 경우가 있기 때문에 다시 살펴본다. 데이터 집합의 계층적 군집화를 작성하려고 한다고 가정할 때, 개별 객체들까지 모든 범위로 확장되는 완전한 계층 구조에는 관심이 있는 것이 아니라 데이터를 몇 백 개의 군집으로 나누는 시점까지만 관심이 있다. 데이터가 매우 큰 경우 직접적으로 병합 계층 군집화 기법을 직접 적용할 수 없다. 그러나 단일 링크와 유사한 최소 비용 신장 트리(MST) 알고리즘과 같은 분할 군집화 기법을 사용할 수 있지만 데이터 집합이 너무 크지 않을 경우에만 작동한다. 이등분 K-means도 많은 데이터 집합에서 작동하지만 데이터 집합이 메모리에 완전히 포함될 수 없을 정도로 클 경우 이 기법도 문제가 발생한다. 이 상황에서는 모든 데이터가 주 메모리에 있을 필요가 없는 BIRCH와 같은 기술이 더 유용해진다.

속성의 수 차원의 영향에 대해서는 어느 정도 충분히 논의했다. 다시 말하지만, 핵심은 저차원이거나 적절한 차원에서 잘 작동하는 알고리즘이 고차원에서 잘 작동하지 않을 수 있다는 것을 인식하는 것이다. 군집화 알고리즘이 부적절하게 적용되는 다른 많은 경우와 마찬가지로 군집화 알고리즘은 군집을 실행하고 생성하지만 군집은 데이터의 정확한 구조를 나타내지 않을 것이다.

군집 설명 종종 간과되는 군집화 기법의 한 측면이 결과 군집을 설명하는 방법이다. 프로토타입 군집은 작은 군집 프로토타입 집합으로 간결하게 설명된다. 혼합 모델의 경우 군집은 평균 벡터 및 공분산 행렬과 같은 작은 매개 변수 집합으로 설명된다. 이것은 또한 매우 간결하고 이해하기 쉬운 표현이다. SOM의 경우 일반적으로 그림 8.8과 같은 2차원 플롯으로 군집 간의 관계를 시각화 할 수 있다. 그러나 그래프 기반 및 밀도 기반 군집화 기법의 경우 군집은 일반적으로 군집 멤버의 집합으로 표현된다. 그럼에도 불구하고 CURE에서 군집들은 (상대적으로) 작은 대표점의 집합으로 설명할 수 있다. 또한 CLIQUE와 같은 그리드 기반 군집화 기법의 경우 군집 내의 그리드 셀을 설명하는 속성값에 대한 조건에 의해 보다 간단한 설명을 생성할 수 있다.

알고리즘 고려 사항 고려해야 할 알고리즘의 중요한 측면도 있다. 알고리즘이 비 결정적이거나 순서 종속적인가? 알고리즘이 군집의 수를 자동으로 결정하는가? 다양한 매개 변수의 값을 결정하는 기법이 있는가? 많은 군집화 알고리즘은 목적 함수를 최적화하여 군집화 문제를 해결하려고 한다. 목표는 응용 목표와 일치하는가? 그렇지 않은 경우, 알고리즘이 목적 함수와 관련하여 최적이거나 최적에 가까운 군집화를 찾는 데 도움이 되지만 결과는 무의미하다. 또한 대부분의 목적 함수는 더 작은 군집들을 희생하면서 더 큰 군집들을 선호한다.

요약 올바른 군집화 알고리즘을 선택하려면 이러한 모든 문제와 도메인별 문제도 고려해야 한다. 적절한 기술을 결정하는 공식은 없다. 그럼에도 불구하고, 사용 가능한 군집화 기법 유형에 대한 일반적인 지식과 위에서 언급한 문제를 고려하여 의도된 응용 프로그램에 중점을 두면 데이터 분석가가 군집화 방식(또는 접근 방식)에 대한 정보에 근거한 결정을 내릴 수 있어야 한다.

8.7 참고문헌 설명

퍼지 c-means에 대한 설명 및 8.2.1절에 제시된 공식의 공식 도출을 포함한 퍼지 군집화에 대한 자세한 논의는 Höppner 등의 퍼지 군집 분석에 관한 책에서 찾을 수 있다[595]. 이 장에서는 다루지 않았지만 Cheeseman 등[573]은 최초이자 가장 유명한 혼합 모델 군집화 프로그램 중 하나이다. 혼합 모델에 대한 소개는 Bilmes[568]의 튜토리얼, Mitchell[606]의 책(K-means 알고리즘이 혼합 모델 접근법에서 파생되는 방법도 설명) 및 Fraley and Raftery[581]은 논문에 나타나 있다. 혼합 모델은 확률적 군집화 방법의 예이며, 군집은 모델에서 숨겨진 변수로 표시된다. 최근에는 텍스트 군집화와 같은 도메인을 위한 잠재적인 Dirichlet Allocation(LDA)[570]과 같은 보다 정교한 확률적 군집화 방법이 개발되었다.

데이터 탐색 외에도, SOM과 그 변형인 Learning Vector Quantization(LVQ)는 이미지 분할, 문서 파일 정리 및 음성 처리와 같은 많은 작업에 사용되었다. SOM에 대한 논의는 프로토타입 기반 군집화의 용어에서 이루어졌다. Kohonen 등[601]의 SOM에 관한 책에는 SOM에 대한 광범위한 소개가 포함되어 있으며 신경망 출처를 강조하고 일부 변형 및 응용에 대한 논의를 제공한다. 중요한 SOM 관련 군집화 개발 중 하나는 Bishop 등[569]의 Generative Topographic Map(GTM) 알고리즘으로, EM 알고리즘을 사용하여 2차원 지형 제약 조건을 만족하는 가우시안 모델을 찾는다.

카멜레온에 대한 설명은 Karypis 등[599]에서 찾아 볼 수 있다. 카멜레온과 정확히 일치하지 않지만, 비슷한 기능이 Karypis[575]의 CLUTO 군집화 패키지 구현되어 있다. Karypis와 Kumar[600]의 METIS 그래프 분할 패키지는 두 프로그램에서 그래프 분할에 이용되고 있으며, Strehl와 Ghosh[616]의 OPOSSUM 군집화 알고리즘에서도 이용되고 있다. 스펙트럼 군집화에 대한 자세한 설명은 von Luxburg[618]의 자습서에서 찾을 수 있다. 이 장에서 설명된 스펙트럼 군집화 방법은 정규화 되지 않은 그래프 라플라시안 행렬과 비율 컷 척도를 기반으로 한다[590]. 스펙트럼 군집화의 대안적인 제형은 다른 평가 측정을 위해 정규화된 그래프 라플라시안 행렬을 사용하여 개발되었다[613].

SNN 유사도의 개념은 Jarvis와 Patrick[596]에 의해 소개되었다. Gowda와 Krishna[586]는 상호 인접 이웃에 대한 비슷한 개념을 기반한 계층적 군집 기법을 제안했다. Guha 등[589]은 트랜잭션 데이터를 군집화하기 위한 계층적 그래프 기반 군집화 알고리즘인 ROCK를 만들었으며, 다른 흥미로운 특징들 중에서도 Jarvis와 Patrick이 개발 한

SNN 유사성과 매우 유사한 공유 이웃을 기반으로 하는 유사도 개념을 사용한다. SNN 밀도 기반 군집화 기법에 대한 설명은 Ertöz 등[578, 579]에 나타나 있다. SNN 밀도 기반 군집화는 Steinbach 등[614]이 기후 지표를 찾기 위해 사용했다.

그리드 기반 군집화 알고리즘의 예로는 OptiGrid(Hinneburg와 Keim [594]), BANG 군집화 시스템(Schikuta와 Erhart[611]) 그리고 WaveCluster(Sheikholeslami 등[612])가 있다. CLIQUE 알고리즘은 Agrawal 등[564]의 논문에 설명되어있다. MAFIA(Nagesh 등[608])는 효율성을 향상시키기 위해 CLIQUE를 변형하였다. Kailing 등[598]은 DBSCAN 기반의 부분 공간 군집화 알고리즘인 SUBCLU(density-connected SUBspace CLUstering)를 개발했다. DENCLUE 알고리즘은 Hinneburg와 Keim[593]에 의해 제안되었다.

확장성에 대한 논의는 Ghosh[584]의 기사에 의해 크게 영향을 받았다. 대규모 데이터 집합을 군집화하기 위한 특정 기술에 대한 광범위한 논의는 Murtagh[607]의 논문에서 찾을 수 있다. CURE는 Guha 등[588]의 결과이며, BIRCH에 대한 자세한 내용은 Zhang 등[620]에 있다. CLARANS(Ng와 Han[609])는 K-medoid 군집화를 더 큰 데이터베이스로 확장하기 위한 알고리즘이다. EM과 K-means 군집화를 대규모 데이터 집합으로 확장하는 것에 대한 논의는 Bradley 등[571, 572]에 의해 제안되었다. MapReduce 프레임 워크에서 K-mean의 병렬 구현도 개발되었다[621]. K-means 외에도 MapReduce 프레임 워크에서 구현된 다른 군집화 알고리즘에는 DBScan[592], 스펙트럼 군집화[574] 및 계층적 군집화[617]가 있다.

이 장에서 설명된 접근법 외에도 문헌에 제안된 다른 많은 군집화 기법이 있다. 최근 몇 년 동안 점점 인기를 얻고 있는 한 가지 부류의 방법은 NMF(Negative Matrix Factorization)[602] 기반이다. 이 아이디어는 2장에서 설명한 SVD(Single Value Decomposition) 방식의 확장으로, 데이터 행렬은 데이터에서 기본 구성 요소 또는 군집들을 나타내는 낮은 랭크의 행렬로 분해된다. NMF에서, 구성요소 행렬의 요소들에서 비음성을 보장하기 위해 추가적인 제약이 부과된다. 다른 공식과 제약으로 NMF 방법은 K-means와 스펙트럼 군집화를 포함한 다른 군집화 접근법과 동일하게 보일 수 있다[577, 603]. 또 다른 인기분야의 기법은 사용자가 제공한 제약 조건을 활용하여 군집화 알고리즘을 안내한다. 이러한 알고리즘은 일반적으로 제한적 군집화 또는 반지도 군집화로 알려져 있다[566, 567, 576, 619].

우리가 다루지 않은 군집화의 많은 측면이 있다. 추가적인 부분들은 이전 장의 참고문헌에 언급된 서적과 설문 조사에 나와 있다. 여기서는 네 가지 영역에 대해 언급하였다 — 불행히도 더 많은 것들은 생략했다. 트랜잭션 데이터의 군집화(Ganti 등[582], Gibson 등[585], Han 등[591], Peters와 Zaki[610])은 트랜잭션 데이터가 일반적이며 상업적 중요성이기 때문에 중요한 영역이다. 통신 및 센서 네트워크가 널리 보급됨에 따라 스트리밍 데이터도 점점 일반화되고 중요해지고 있다. 데이터 스트림을 위한 군집화에 대한 두 가지 소개는 Barbará[565]와 Guha 등[587]에 나타나있다. 인간이 군집에 대해 가지는 개념과 종종 잘 맞는 군집에 대한 조금 복잡한 정의를 사용하는 개념적 군집화(Fisher와 Langley[580], Jonyer 등[597], Mishra 등[605], Michalski와 Stepp[604], Stepp와 Michalski[615])는 잠재적으로 주요하지만 아직 충분히 실현되지 못한 부분이다. 마지막으로, 벡터 양자화와 같은 영역에서 데이터 압축을 위한 군집화 연구가 수행되어 왔다. Gersho와 Grey[583]의 책은 이 분야의 교과서이다.

참고문헌

[564] R. Agrawal, J. Gehrke, D. Gunopulos, and P. Raghavan. Automatic subspace clustering of high dimensional data for data mining applications. In *Proc. of 1998 ACMSIGMOD Intl. Conf. on Management of Data*, pages 94-105, Seattle, Washington, June 1998. ACM Press.

[565] D. Barbará. Requirements for clustering data streams. *SIGKDD Explorations Newsletter*, 3(2):23-27, 2002.

[566] S. Basu, A. Banerjee, and R. Mooney. Semi-supervised clustering by seeding. In *Proceedings of 19th International Conference on Machine Learning*, pages 19-26, 2002.

[567] S. Basu, I. Davidson, and K. Wagstaff. *Constrained Clustering: Advances in Algorithms, Theory, and Applications*. CRC Press, 2008.

[568] J. Bilmes. A Gentle Tutorial on the EM Algorithm and its Application to Parameter Estimation for Gaussian Mixture and Hidden Markov Models. Technical Report ICSI-TR-97-021, University of California at Berkeley, 1997.

[569] C. M. Bishop, M. Svensen, and C. K. I. Williams. GTM: A principled alternative to the self-organizing map. In C. von der Malsburg, W. von Seelen, J. C. Vorbruggen, and B. Sendhoff, editors, *Artificial Neural Networks—ICANN96. Intl. Conf, Proc.*, pages 165-170. Springer-Verlag, Berlin, Germany, 1996.

[570] D. M. Blei, A. Y. Ng, and M. I. Jordan. Latent Dirichlet Allocation. *Journal of Machine Learning Research*, 3(4-5):993-1022, 2003.

[571] P. S. Bradley, U. M. Fayyad, and C. Reina. Scaling Clustering Algorithms to Large Databases. In *Proc. of the 4th Intl. Conf. on Knowledge Discovery and Data Mining*, pa-

ges 9-15, New York City, August 1998. AAAI Press.

[572] P. S. Bradley, U. M. Fayyad, and C. Reina. Scaling EM (Expectation Maximization) Clustering to Large Databases. Technical Report MSR-TR-98-35, Microsoft Research, October 1999.

[573] P. Cheeseman, J. Kelly, M. Self, J. Stutz, W. Taylor, and D. Freeman. AutoClass: a Bayesian classification system. In *Readings in knowledge acquisition and learning: automating the construction and improvement of expert systems*, pages 431-441. Morgan Kaufmann Publishers Inc., 1993.

[574] W. Y. Chen, Y. Song, H. Bai, C. J. Lin, and E. Y. Chang. Parallel spectral clustering in distributed systems. *IEEE Transactions on Pattern Analysis and Machine Intelligence*, 33(3):568586, 2011.

[575] CLUTO 2.1.2: Software for Clustering High-Dimensional Datasets. www.cs.umn.edu/~karypis, October 2016.

[576] I. Davidson and S. Basu. A survey of clustering with instance level constraints. *ACM Transactions on Knowledge Discovery from Data*, 1:1-41, 2007.

[577] C. Ding, X. He, and H. Simon. On the equivalence of nonnegative matrix factorization and spectral clustering. In *Proc of the SIAM International Conference on Data Mining*, page 606610, 2005.

[578] L. Ertöz, M. Steinbach, and V. Kumar. A New Shared Nearest Neighbor Clustering Algorithm and its Applications. In *Workshop on Clustering High Dimensional Data and its Applications, Proc. of Text Mine'01, First SIAM Intl. Conf. on Data Mining, Chicago, IL, USA,* 2001.

[579] L. Ertöz, M. Steinbach, and V. Kumar. Finding Clusters of Different Sizes, Shapes, and Densities in Noisy, High Dimensional Data. In *Proc. of the 2003 SIAM Intl. Conf. on Data Mining*, San Francisco, May 2003. SIAM.

[580] D. Fisher and P. Langley. Conceptual clustering and its relation to numerical taxonomy. *Artificial Intelligence and Statistics*, pages 77-116, 1986.

[581] C. Fraley and A. E. Raftery. How Many Clusters? Which Clustering Method? Answers Via Model-Based Cluster Analysis. *The Computer Journal*, 41(8):578-588, 1998.

[582] V. Ganti, J. Gehrke, and R. Ramakrishnan. CACTUS－Clustering Categorical Data Using Summaries. In *Proc. of the 5th Intl. Conf. on Knowledge Discovery and Data Mining*, pages 73-83. ACM Press, 1999.

[583] A. Gersho and R. M. Gray. *Vector Quantization and Signal Compression*, volume 159 of *Kluwer International Series in Engineering and Computer Science*. KluwerAcademic Publishers, 1992.

[584] J. Ghosh. Scalable Clustering Methods for Data Mining. In N. Ye, editor, *Handbook of Data Mining*, pages 247-277. Lawrence Ealbaum Assoc, 2003.

[585] D. Gibson, J. M. Kleinberg, and P. Raghavan. Clustering Categorical Data: An Approach

Based on Dynamical Systems. *VLDB Journal*, 8(3-4):222-236, 2000.

[586] K. C. Gowda and G. Krishna. Agglomerative Clustering Using the Concept of Mutual Nearest Neighborhood. *Pattern Recognition*, 10(2):105-112, 1978.

[587] S. Guha, A. Meyerson, N. Mishra, R. Motwani, and L. O'Callaghan. Clustering Data Streams: Theory and Practice. *IEEE Transactions on Knowledge and Data Engineering*, 15(3):515-528, May/June 2003.

[588] S. Guha, R. Rastogi, and K. Shim. CURE: An Efficient Clustering Algorithm for Large Databases. In *Proc. of 1998 ACM-SIGMOD Intl. Conf. on Management of Data*, pages 73 -84. ACM Press, June 1998.

[589] S. Guha, R. Rastogi, and K. Shim. ROCK: A Robust Clustering Algorithm for Categorical Attributes. In *Proc. of the 15th Intl. Conf. on Data Engineering*, pages 512-521. IEEE Computer Society, March 1999.

[590] L. Hagen and A. Kahng. New spectral methods for ratio cut partitioning and clustering. *IEEE Trans. Computer-Aided Design*, 11(9):1074-1085, 1992.

[591] E.-H. Han, G. Karypis, V. Kumar, and B. Mobasher. Hypergraph Based Clustering in High-Dimensional Data Sets: A Summary of Results. *IEEE Data Eng. Bulletin*, 21 (1):15-22, 1998.

[592] Y. He, H. Tan, W. Luo, H. Mao, D. Ma, S. Feng, and J. Fan. MR-DBSCAN: an efficient parallel density-based clustering algorithm using MapReduce. In *Proc of the IEEE International Conference on Parallel and Distributed Systems*, pages 473-480, 2011.

[593] A. Hinneburg and D. A. Keim. An Efficient Approach to Clustering in Large Multimedia Databases with Noise. In *Proc. of the 4th Intl. Conf. on Knowledge Discovery and Data Mining*, pages 58-65, New York City, August 1998. AAAI Press.

[594] A. Hinneburg and D. A. Keim. Optimal Grid-Clustering: Towards Breaking the Curse of Dimensionality in High-Dimensional Clustering. In *Proc. of the 25th VLDB Conf.*, pages 506-517, Edinburgh, Scotland, UK, September 1999. Morgan Kaufmann.

[595] F. Höppner, F. Klawonn, R. Kruse, and T. Runkler. *Fuzzy Cluster Analysis: Methods for Classification, Data Analysis and Image Recognition*. John Wiley & Sons, New York, July 2 1999.

[596] R. A. Jarvis and E. A. Patrick. Clustering Using a Similarity Measure Based on Shared Nearest Neighbors. *IEEE Transactions on Computers*, C-22(11):1025-1034, 1973.

[597] I. Jonyer, D. J. Cook, and L. B. Holder. Graph-based hierarchical conceptual clustering. *Journal of Machine Learning Research*, 2:19-43, 2002.

[598] K. Kailing, H.-P. Kriegel, and P. Kröger. Density-Connected Subspace Clustering for High-Dimensional Data. In *Proc. of the 2004 SIAM Intl. Conf. on Data Mining*, pages 428-439, Lake Buena Vista, Florida, April 2004. SIAM.

[599] G. Karypis, E.-H. Han, and V. Kumar. CHAMELEON: A Hierarchical Clustering Algorithm Using Dynamic Modeling. IEEE *Computer*, 32(8):68-75, August 1999.

[600] G. Karypis and V. Kumar. Multilevel k-way Partitioning Scheme for Irregular Graphs. *Journal of Parallel and Distributed Computing*, 48(1):96-129, 1998.

[601] T. Kohonen, T. S. Huang, and M. R. Schroeder. *Self-Organizing Maps*. Springer-Verlag, December 2000.

[602] D. D. Lee and H. S. Seung. Learning the parts of objects by non-negative matrix factorization. *Nature*, 401(6755):788791, 1999.

[603] T. Li and C. H. Q. Ding. The Relationships Among Various Nonnegative Matrix Factorization Methods for Clustering. In *Proc of the IEEE International Conference on Data Mining*, pages 362-371, 2006.

[604] R. S. Michalski and R. E. Stepp. Automated Construction of Classifications: Conceptual Clustering Versus Numerical Taxonomy. *IEEE Transactions on Pattern Analysis and Machine Intelligence*, 5(4):396-409, 1983.

[605] N. Mishra, D. Ron, and R. Swaminathan. A New Conceptual Clustering Framework. *Machine Learning Journal*, 56(1-3):115-151, July/August/September 2004.

[606] T. Mitchell. *Machine Learning*. McGraw-Hill, Boston, MA, 1997.

[607] F. Murtagh. Clustering massive data sets. In J. Abello, P. M. Pardalos, and M. G. C. Reisende, editors, *Handbook of Massive Data Sets*. Kluwer, 2000.

[608] H. Nagesh, S. Goil, and A. Choudhary. Parallel Algorithms for Clustering High-Dimensional Large-Scale Datasets. In R. L. Grossman, C. Kamath, P. Kegelmeyer, V. Kumar, and R. Namburu, editors, *Data Mining for Scientific and Engineering Applications*, pages 335-356. Kluwer Academic Publishers, Dordrecht, Netherlands, October 2001.

[609] R. T. Ng and J. Han. CLARANS: A Method for Clustering Objects for Spatial Data Mining. *IEEE Transactions on Knowledge and Data Engineering*, 14(5):1003-1016, 2002.

[610] M. Peters and M. J. Zaki. CLICKS: Clustering Categorical Data using K-partite Maximal Cliques. In *Proc. of the 21st Intl. Conf. on Data Engineering*, Tokyo, Japan, April 2005.

[611] E. Schikuta and M. Erhart. The BANG-Clustering System: Grid-Based Data Analysis. In *Advances in Intelligent Data Analysis, Reasoning about Data, Second Intl. Symposium, IDA-97, London*, volume 1280 of *Lecture Notes in Computer Science*, pages 513-524. Springer, August 1997.

[612] G. Sheikholeslami, S. Chatterjee, and A. Zhang. Wavecluster: A multi-resolution clustering approach for very large spatial databases. In *Proc. of the 24th VLDB Conf.*, pages 428-439, New York City, August 1998. Morgan Kaufmann.

[613] J. Shi and J. Malik. Normalized cuts and image segmentation. *IEEE Transactions on Pattern Analysis and Machine Intelligence*, 22(8):888 905, 2000.

[614] M. Steinbach, P.-N. Tan, V. Kumar, S. Klooster, and C. Potter. Discovery of climate indices using clustering. In *KDD '03: Proceedings of the ninth ACM SIGKDD international conference on Knowledge discovery and data mining*, pages 446-455, New York, NY,

USA, 2003. ACM Press.

[615] R. E. Stepp and R. S. Michalski. Conceptual clustering of structured objects: A goal-oriented approach. *Artificial Intelligence*, 28(1):43-69, 1986.

[616] A. Strehl and J. Ghosh. A Scalable Approach to Balanced, High-dimensional Clustering of Market-Baskets. In *Proc. of the 7th Intl. Conf. on High Performance Computing (HiPC 2000)*, volume 1970 of *Lecture Notes in Computer Science*, pages 525-536, Bangalore, India, December 2000. Springer.

[617] T. Sun, C. Shu, F. Li, H. Yu, L. Ma, and Y. Fang. An efficient hierarchical clustering method for large datasets with map-reduce. In *Proc of the IEEE International Conference on Parallel and Distributed Computing, Applications and Technologies*, pages 494-499, 2009.

[618] U. von Luxburg. A tutorial on spectral clustering. *Statistics and Computing*, 17(4): 395-416, 2007.

[619] K. Wagstaff, C. Cardie, S. Rogers, and S. Schroedl. Constrained K-means Clustering with Background Knowledge. In *Proceedings of 18th International Conference on Machine Learning*, pages 577-584, 2001.

[620] T. Zhang, R. Ramakrishnan, andM. Livny. BIRCH: an efficient data clustering method for very large databases. In *Proc. of 1996 ACM-SIGMOD Intl. Conf. on Management of Data*, pages 103-114, Montreal, Quebec, Canada, June 1996. ACM Press.

[621] W. Zhao, H. Ma, and Q. He. Parallel K-Means Clustering based on MapReduce. In *Proc of the IEEE International Conference on Cloud Computing*, page 674679, 2009.

8.8 연습문제

1. 희소 데이터의 경우, 실제 값의 크기를 고려하는 것보다 0이 아닌 값들의 존재만을 고려하는 것이 왜 객체에 대한 더 정확하게 볼 수 있는 이유에 논의해 보라. 그리고 이러한 접근 방법이 적절하지 않은 경우는 어떠한 때인가?

2. 발견되는 군집 수가 증가함에 따라 K-means의 시간 복잡도 변화를 설명하라.

3. 문서 집합이 주어져 있고, 모든 문서의 길이가 1로 정규화되어 있다고 가정하자. 중심점과의 코사인 유사도가 일정 상수 값보다 큰 경우 문서들로 구성된 군집의 형태는 어떻게 되는가? 다시 말해, $\cos(d, c) \geq \delta$, 여기서 $0 < \delta \leq 1$이다.

4. 최적화 문제로 군집화를 다루는 것의 장단점을 설명하라. 다른 요인들 중에서 효율성, 비결정성 그리고 최적화 기반 접근 방식이 관심의 대상이 되는 모든 유형의 군집화를 포착하는지에 대한 여부도 고려해 보아라.

5. 퍼지 c-means 및 SOM의 시간 및 공간 복잡도는 얼마인가? 복잡도는 K-means와 비교할 때 어떠한가?

6. 전통적인 K-means는 이상치에 대한 민감성, 다양한 크기, 밀도를 가진 군집 처리의 어려움 또는 구 형태(globular shape)가 아닌 군집 처리의 어려움과 같은 몇 가지 한계가 있다. 이러한 상황을 다루기 위한 퍼지 c-means의 능력에 대해 언급해보라.

7. 이 책에서 설명하는 퍼지 c-means 알고리즘의 경우 모든 군집에서 점의 멤버십 등급의 합은 1이다. 대신 군집에 있는 지점의 멤버십 등급이 0과 1 사이여야 한다고 요구할 수 있다. 그러한 접근법의 장점과 단점은 무엇인가?

8. 우도(likehood)와 확률(probability)의 차이를 설명하라.

9. 식 (8.12)는 평균 μ와 표준 편차 σ의 함수로서 가우시안 분포로부터의 점집합에 대한 우도를 제공한다. 수학적으로 μ 및 σ의 최대 우도 추정치가 각각 표본 평균과 표본 표준 편차임을 보여라.

10. 성인들 중 표본을 선정하여 그들의 신장을 측정하였다. 각 사람의 성별을 기록하다면 남녀의 신장에 대한 평균과 분산 별로 구할 수 있다. 그러나 이 정보가 기록되지 않았다고 가정하자. 여전히 이 정보를 얻을 수 있을까? 설명하라.

11. 퍼지 및 EM 군집화를 동일한 데이터 점들의 집합에 적용하여 얻은 그림 8.1 및 8.4의 멤버십 가중치와 확률을 비교하라. 어떤 차이점을 발견하고 이러한 차이점을 어떻게 설명할 수 있는가?

12. 그림 8.32는 두 개의 군집으로 구성된 2차원 점 데이터 집합의 군집을 보여준다. 별표로 표시된 맨 왼쪽 군집은 다소 분산되어 있지만 점이 원으로 표시되는 맨 오른쪽 군집은 촘촘하게 되어 있다. 촘촘한 군집의 오른쪽에 화살로 표시된 중심에서 멀리 떨어져 조밀하지 않은 군집에 속한다는 점이 있다. EM 군집화에서는 이것이 가능하지만 K-means 군집화에서는 불가능한 이유를 설명하라.

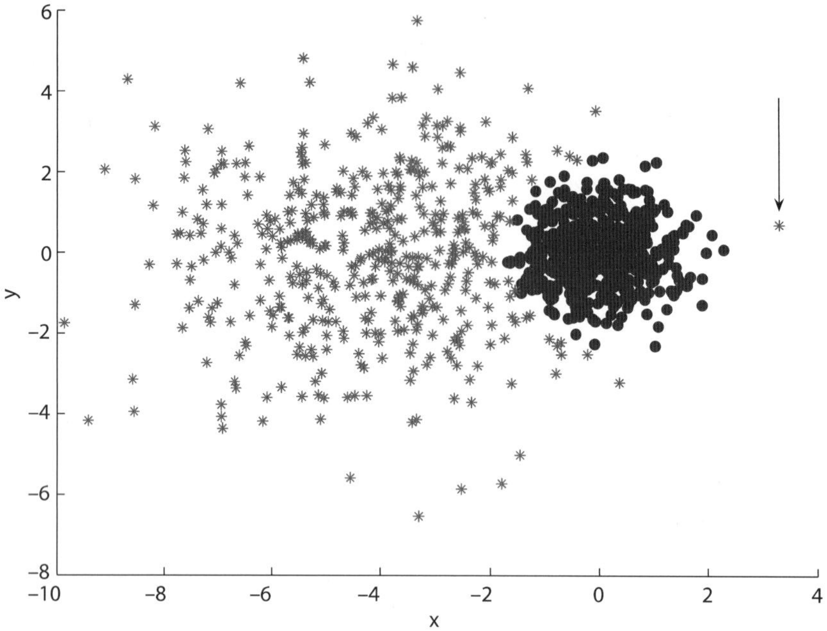

그림 8.32 연습문제 12를 위한 데이터 집합. 2개의 다른 밀도 군집으로 2차원 점집합의 EM 군집화

13. 8.4.2절의 MST 군집화 기법이 단일 링크와 동일한 군집을 생성함을 보여라. 복잡성과 특별한 경우를 피하려면, 모든 쌍의 유사도는 서로 다르다고 가정하라.

14. 인접 행렬을 희소화하는 한 가지 방법은 다음과 같다. 각 객체(행렬상의 행)에 대해 개체 k –인접 이웃에 해당하는 객체들을 제외한 모든 항목을 0으로 설정하자. 하지만, 희소화된 인접 행렬은 일반적으로 대칭이 아니다.

    (a) 객체 a가 객체 b의 k-인접 이웃에 속해 있다면, 왜 b가 a의 k-인접 이웃에 있다고 보장되지 않는가?

    (b) 희소화된 인접 행렬을 대칭으로 만드는 데 사용될 수 있는 적어도 두 가지 접근법을 제안하라.

15. 군집들의 연결 강도(상호 연결성)를 기반으로 하는 병합보다 군집간의 근접을 기반으로 하는 병합을 통해 더 자연스러운 군집 세트로 이어지는 군집 세트의 예를 제공하자.

16. 표 8.4는 4개의 점에 대한 두 인접 이웃을 보여준다. 알고리즘 8.11에 정의된 SNN 유사도의 정의를 사용하여 각 쌍의 점 사이의 SNN 유사성을 계산하라.

표 8.4 두 인접이웃들의 4개의 점들

Point	First Neighbor	Second Neighbor
1	4	3
2	3	4
3	4	2
4	3	1

17. 알고리즘 8.11에 의해 제공된 SNN 유사도의 정의에서 SNN 거리의 계산은 2개의 인접 이웃 목록에서 공유된 이웃의 위치를 고려하지 않는다. 다시 말해서, 동일하거나 거의 동일한 순서로 같은 인접 이웃들을 공유하는 두 지점에 더 높은 유사도를 제공하는 것이 바람직할 수 있다.
    (a) SNN 유사도의 정의를 수정하여 공유 이웃이 대략 같은 순서로 있는 점들과 더 높은 유사도를 제공하는 방법을 설명하라.
    (b) 그러한 변경에 대한 장단점에 대해 토론하라.

18. SNN 유사도 또는 밀도에 따라 군집화를 사용하지 않을 상황을 하나 이상 제시하라.

19. 그리드 군집화 기법은 점집합 대신 공간을 분할한다는 점에서 다른 군집화 기법과 다르다.
    (a) 군집의 결과에 대한 설명과 찾을 수 있는 군집화 유형에 대해 어떻게 이러한 기법에 영향을 미치는가?
    (b) 다른 유형의 군집화 방식으로는 찾을 수 없으며, 그리드 기반 군집에서 어떤 종류의 군집을 찾을 수 있는가? (힌트 : 7장의 연습문제 20을 참조)

20. CLIQUE에서 차원 수가 증가하더라도 군집 밀도를 찾는 데 사용되는 임계치는 일정하게 유지된다. 이것은 차원이 증가함에 따라 밀도가 떨어지기 때문에 잠재적인 문제이다. 즉, 더 고차원 상에서 군집을 찾으려면 임계치를 낮은 차원의 군집을 병합할 수 있는 수준으로 설정해야 한다. 이것이 진정 문제점이라고 생각하는지에 대한 여부와 그렇다면 이 문제를 해결하기 위해 CLIQUE를 수정하는 방법에 대한 의견을 제시하라.

21. 유클리드 공간에서 K-means 알고리즘을 사용하여 군집되어 있는 유클리드 공간의 점 집합이 주어지면, 삼각형 부등식은 할당 단계에서 각 점 중심점까지의 각 점의 모든 거리를 계산하지 않도록 사용할 수 있다. 이것이 어떻게 작동하는지에 대한 일반적인 토론을 제공하자.

22. CURE에서 도출된 공식을 사용하는 대신(식 (8.21) 참조), 몬테카를로 시뮬레이션을 실행하여 크기 s의 표본이 군집에서 점의 적어도 일부를 포함할 확률을 직접 추정할 수 있다. Monte Carlo 시뮬레이션을 사용하여 크기 s의 표본이 크기 100의 군집 요소의 50% 이상을 포함할 확률을 계산하라. 여기서 전체 점의 개수는 1000이고 s는 100, 200, 500으로 주어져 있다.

CHAPTER 9

이상치 탐지 (Anomaly Detection)

이상치 탐지 목표는 정상적인 패턴이나 동작에 맞지 않는 물체를 찾는 것이다. 데이터의 산점도(scatter plot)에서 다른 데이터 포인트와 멀리 떨어져 있기 때문에 종종 비정상적인 객체를 **이상치**(outlier)라고도 한다. 이상치 감지는 **편차 감지**(deviation detection)라고도 한다. 이상 객체는 예상되거나 일반적인 속성 값에서 크게 벗어나는 속성 값을 갖거나 아주 예외적인 값을 가져서 **예외 마이닝**(exception mining)이라고도 한다. 이 장에서는 대부분 **이상**(anomaly) 또는 **이상치**(outlier)라는 용어를 사용한다. 통계, 머신 러닝 및 데이터 마이닝을 포함하여 여러 영역에서 다양한 이상치 탐지 방법이 있다. 모두 비정상적인 데이터 개체가 비정상적이거나 어떤 식으로든 다른 개체와 일치하지 않는다는 아이디어를 포착하려고 시도한다.

정의상으로는 비정상적인 물체나 사건이 비교적 드물기는 하지만, 탐지 및 분석은 여러 응용 분야에 유용한 중요한 통찰력을 제공한다. 다음의 예는 이상이 중요한 응용 프로그램을 보여준다.

- **사기 탐지**(Fraud Detection) 신용 카드를 훔친 사람의 구매 행동은 종종 원래 소유자의 구매 행동과 다릅니다. 신용 카드 회사는 도난을 특징짓는 패턴을 구매하거나 일반적인 행동과의 변화를 알아냄으로써 도난을 감지하려고 한다. 보험청구 사기

감지 및 내부자 거래와 같은 많은 영역에서 유사한 접근 방식이 관련된다.

- **침입 탐지(Intrusion Detection)** 불행히도 컴퓨터 시스템과 컴퓨터 네트워크에 대한 공격은 흔한 일이다. 컴퓨터 및 네트워크를 비활성화하거나 압도하도록 설계된 공격과 같은 이러한 공격 중 일부는 명백하지만 정보를 비밀로 수집하도록 설계된 공격과 같은 다른 공격은 탐지하기가 어렵다. 이러한 침입 중 많은 부분은 비정상적인 동작에 대해 시스템과 네트워크를 모니터링해야만 탐지할 수 있다.
- **생태계 장애(Ecosystem Disturbances)** 지구 생태계는 자연적 또는 인위적인 이유로 지난 수십 년 동안 급속한 변화를 겪어 왔다. 여기에는 환경에 큰 영향을 미치는 열파, 가뭄 및 홍수와 같은 극단적인 사건에 대한 증가된 성향이 포함된다. 센서 기록 및 위성 이미지에서 이러한 극단적인 사건을 식별하는 것은 기원과 행동을 이해하고 지속 가능한 적응 정책을 고안하는 데 중요하다.
- **의학 및 공중 보건(Medicine and Public Health)** 특정 환자의 경우 비정상적인 MRI 스캔과 같은 비정상적인 증상이나 검사 결과는 잠재적인 건강 문제를 나타낼 수 있다. 그러나 특정 검사 결과가 비정상적인지 여부는 연령, 성별 및 유전자 구성과 같은 환자의 다른 많은 특성에 따라 달라질 수 있다. 또한, 결과를 비정상으로 분류하거나 비용을 발생시키지 않다. 상태가 진단되지 않고 치료되지 않은 상태에서 환자가 건강하고 환자에게 잠재적인 피해를 줄 경우 불필요한 추가 검사가 필요하다. H1N1-인플루엔자 또는 SARS와 같은 신종 질병의 발병을 탐지하여 일련의 환자에서 비정상적이고 놀라운 테스트 결과를 초래하는 것도 질병의 확산을 모니터링하고 예방 조치를 취하는 데 중요하다.
- **항공 안전** 항공기는 매우 복잡하고 역동적인 시스템이기 때문에 기계적, 환경적 또는 인적 요인으로 인해 사고가 발생하기 쉽다(종종 과감한 결과가 발생함). 이러한 이상 현상의 발생을 모니터링하기 위해 대부분의 상업용 항공기에는 제어 시스템, 항공 전자 및 추진 시스템 및 파일럿 동작 정보와 같은 다양한 비행 매개 변수를 측정하는 많은 센서가 장착되어 있다. 이러한 센서 기록에서 비정상적인 이벤트를 식별하면(예: 비정상적인 파일럿 동작 순서 또는 비정상적으로 작동하는 항공기 구성 요소) 항공기 사고를 예방하고 항공 안전을 촉진할 수 있다.

이상치 감지에 대한 최근 관심의 대부분은 이상이 초점이 되는 응용 프로그램에 의해 좌우되지만, 역사적으로 이상 감지(및 제거)는 사람의 실수로 인해 기록될 수 있는 잘못된 데이터 개체를 제거하기 위한 데이터 전처리 기술로 여겨져 왔으며, 측정 장치에 문제가 있거나 잡음이 있다. 이러한 예외는 흥미로운 정보를 제공하지 않고 일반 객체의 분석 만 왜곡한다. 이러한 잘못된 데이터 객체의 식별 및 제거는 이 장의 초점이 아니다. 대신, 그 자체로 흥미로운 변칙적인 물체를 감지하는 데 중점을 둔다.

9.1 이상치 탐지 문제의 특성

이상치 탐지 문제는 여러 설정에서 여러 응용 프로그램 도메인에 나타나기 때문에 본질적으로 매우 다양하다. 이러한 문제 특성의 다양성으로 인해 다양한 상황에서 유용한 다양한 이상치 탐지 방법이 생겼다. 이러한 방법을 논의하기 전에 다양한 유형의 이상치 탐지 방법에 동기를 부여하는 이상치 탐지 문제의 주요 특징을 설명하는 것이 유용하다.

9.1.1 변칙의 정의

이상 감지 문제의 중요한 특징은 이상이 정의되는 방식이다. 이상 현상은 완전히 이해되지 않는 드문 경우이므로 문제 요구 사항에 따라 다른 방식으로 정의할 수 있다. 그러나 다음과 같은 예외적인 수준의 정의에는 일반적으로 사용되는 대부분의 정의가 포함된다.

정의 9.1 **이상(anomaly)** 현상은 정상적인 사례에 대한 데이터 분포를 결정하지 않는 관측치이다. 즉, 대부분의 사례가 분포하지 않을 가능성이 높다.

다음 사항에 유의한다.

- 이 정의는 분포가 잘 알려진 통계적 분포로 표현하기 쉽다고 가정하지 않다. 실제로, 그렇게 하기의 어려움은 많은 변칙 탐지 접근법이 비 통계적 접근법을 사용하는 이유이다. 그럼에도 불구하고, 이러한 접근법은 일반적이지 않은 데이터 객체를 찾는 것을 목표로 한다.
- 개념적으로, 우리는 그러한 물체 또는 더 극단적인 것을 볼 확률에 따라 데이터 물

체의 순위를 지정할 수 있다. 확률이 낮을수록 물체가 이상일 가능성이 높다. 종종 확률의 역수는 순위 점수로 사용된다. 다시, 이것은 일부 경우에만 실용적이다. 이러한 접근 방식은 9.3절에서 논의된다.

- 이상 현상의 여러 가지 원인이 있을 수 있다. 소음, 물체가 다른 분포에서 비롯된 것(예: 오렌지와 혼합된 일부 자몽) 또는 물체가 분포에서 데이터가 드물게 발생하는 경우(예: 7피트 키가 큰 사람). 언급했듯이 노이즈로 인한 이상 현상에 관심이 없다.

9.1.2 데이터의 성격

입력 데이터의 특성은 적합한 이상치 탐지 기술의 선택을 결정하는 데 중요한 역할을 한다. 입력 데이터의 공통 특성 중 일부에는 속성의 수와 유형, 모든 데이터 인스턴스를 설명하는 데 사용되는 표현이 포함된다.

단변량(Univariate) 또는 다변량(Multivariate) 데이터에 단일 특성이 포함된 경우 개체의 이상 여부에 대한 문제는 해당 특성의 개체 값이 비정상인지 여부에 따라 다르다. 그러나 데이터 객체가 많은 속성을 사용하여 표시되는 경우 데이터 객체에는 일부 속성에 대한 예외 값이 있지만 다른 속성에는 일반 값이 있을 수 있다. 또한, 개체의 특성 값이 개별적으로 변칙적이지 않더라도 개체는 변칙적일 수 있다. 예를 들어, 키가 2피트(어린이)이거나 체중이 100파운드인 사람이 있는 것이 일반적이지만 키가 2파운드인 사람의 체중이 100파운드인 사람은 드물다. 다변량 설정에서 이상을 식별하는 것은 특히 데이터의 차원이 높은 경우에 어렵다.

레코드 데이터(Record Data) 또는 근접 행렬(Proximity Matrix) 데이터 세트를 나타내는 가장 일반적인 방법은 레코드 데이터 또는 그 변형(예: 데이터 매트릭스)을 사용하는 것이다. 여기서 모든 데이터 인스턴스는 동일한 속성 세트를 사용하여 설명된다. 그러나 이상 감지의 목적으로 다른 인스턴스와 비교하여 인스턴스가 얼마나 다른지 아는 것이 종종 충분하다. 따라서 일부 이상치 탐지 방법은 **근접 행렬**로 알려진 입력 데이터의 다른 표현과 함께 작동하며, 행렬의 모든 항목은 두 인스턴스 간의 쌍별 근접성(유사성 또는 비 유사성)을 나타낸다. 적절한 근접 측정값을 사용하여 데이터 매트릭스를 항상 근접 매트릭스로 변환할 수 있다. 또한 2.4.1절에 제시된 변환 중 하나를 사용하여 유사성 행렬을 거리 행렬로 쉽게 변환할 수 있다.

레이블의 가용성(Availability of Labels) 데이터 인스턴스의 레이블은 인스턴스가 정상인지 비정상인지를 나타낸다. 모든 데이터 인스턴스에 대한 레이블이 있는 학습 세트가 있는 경우 이상 감지 문제는 **감독** 학습(분류) 문제로 해석된다. 소위 레어 클래스 문제를 해결하는 분류 기법은 특히 관련이 있다. 왜냐하면 일반적인 객체에 대해서는 예외가 상대적으로 드물기 때문이다. 4.11절을 참조한다.

그러나 대부분의 실제 응용 프로그램에는 정상 및 비정상 클래스의 정확하고 대표적인 레이블이 있는 교육 세트가 없다. 예외 클래스의 레이블을 얻는 것은 희귀성 때문에 특히 까다롭다. 따라서 변칙적 분류의 특성이 종종 알려지지 않기 때문에 인간 전문가가 모든 유형의 변칙을 분류하는 것은 어렵다. 따라서 대부분의 이상 감지 문제는 본질적으로 감독되지 않다. 즉, 입력 데이터에 레이블이 없다. 이 장에 제시된 모든 이상치 탐지 방법은 감독되지 않은 설정에서 작동한다.

레이블이 없는 경우 입력 데이터 세트가 제공되면 정상 인스턴스와 이상을 구분하는 것이 어렵다. 그러나 이상 현상에는 일반적으로 기술을 통해 이상 현상을 발견할 수 있는 몇 가지 속성이 있다. 두 가지 주요 속성은 다음과 같다.

상대적으로 적은 수(Relatively Small in Number) 이례적인 경우가 드물기 때문에 대부분의 입력 데이터 세트에는 일반 인스턴스가 우세한다. 따라서 입력 데이터 세트는 대부분의 이상치 탐지 기술에서 정규 클래스의 불완전한 표현으로 자주 사용된다. 그러나 이러한 방법의 성능은 입력 데이터에 특이치가 존재하도록 강력해야 한다. 일부 이상치 탐지 방법은 입력 데이터에서 예상되는 특이치 수를 지정하는 메커니즘도 제공한다. 이러한 방법은 데이터에서 더 많은 수의 예외를 처리할 수 있다.

희소 분포(Sparsely Distributed) 분산은 일반 객체와 달리 종종 서로 관련이 없으므로 속성 영역에 희소하게 분포된다. 실제로, 대부분의 이상치 탐지 방법의 성공적인 작동은 단단히 군집화되지 않은 이상에 달려 있다. 그러나 일부 이상치 탐지 방법은 크기가 작거나 다른 경우와 거리가 먼 것으로 가정되는 군집 이상(9.5.1절 참조)을 찾기 위해 특별히 설계되었다.

9.1.3 이상치 탐지 사용 방법

일반적인 이상치 탐지 방법을 사용할 수 있는 방법에는 두 가지가 있다. 첫 번째 접근 방식에서는 정상 및 비정상 인스턴스가 모두 포함된 입력 데이터가 제공되며 이 입력 데이터에서 이상을 식별해야 한다. 이 장에 제시된 모든 이상치 탐지 방법은 이 설정에서 작동할 수 있다. 두 번째 방법에서는 예외로 식별해야 하는 테스트 인스턴스(한 번에 하나씩 나타남)가 제공된다. 대부분의 예외 탐지 방법(몇 가지 예외가 있음)은 입력 데이터 세트를 사용하여 새 테스트 인스턴스에 대한 출력을 제공할 수 있다. 예외 군집을 찾아서 예외를 찾는 경우(9.5.1절) 예외 중 하나이다.

9.2 이상치 탐지 방법의 특성

이상치 탐지 문제의 다양한 요구에 부응하기 위해 다양한 연구 분야의 개념을 사용하여 많은 기술이 탐구되었다. 이 섹션에서는 공통성과 차이를 이해하는 데 도움이 되는 이상 감지 방법의 공통 특성 중 일부에 대해 자세히 설명한다.

모델 기반(Model-based) vs. 모델 프리(Model-free)

이상 감지에 대한 많은 접근 방식은 입력 데이터를 사용하여 테스트 인스턴스가 비정상인지 여부를 식별하는 데 사용할 수 있는 모델을 빌드한다. 이상치 탐지를 위한 대부분의 **모델 기반** 기술은 정규 클래스의 모델을 구축하고 이 모델에 맞지 않는 이상을 식별한다. 예를 들어, 가우스 분포를 만들어 정규 클래스를 모델링한 다음 학습된 분포에 적합하지 않은 이상을 식별할 수 있다. 다른 유형의 모델 기반 기술은 정규 클래스와 변칙 클래스의 모델을 배우고 예외 클래스에 속할 가능성이 더 높은 경우 인스턴스를 예외로 식별한다. 이러한 접근 방식에는 기술적으로 두 클래스의 대표 레이블이 필요하지만, 예외 클래스의 특성에 대해 가정한다(예: 예외는 드물고 희박하게 분포되어 있으므로 감독되지 않은 환경에서도 작동할 수 있음).

변칙을 식별하는 것 외에도, 모델 기반 방법은 정규 클래스의 성격에 대한 정보를 제공하고 때로는 예외 클래스를 제공한다. 그러나 정규 클래스와 비정상 클래스의 속성에 대한 가정은 모든 문제에 해당되는 것은 아니다. 대조적으로, 모델이 없는 접근법은 정규 또는 비정상 클래스의 분포를 명시적으로 특성화하지 않다. 대신 입력 데이터에서 모델을 학습하지 않고 인스턴스를 이상으로 직접 식별한다. 예를 들어, 인스턴스가 근처의 다른 인스턴스와 상당히 다른 경우 예외로 식별될 수 있다. 모델이 없는 접근법은 종종 직관적이고 사용하기 쉽다.

글로벌(Global) 대 로컬(Local) 관점

예를 들어, 모든 일반 인스턴스에 대해 모델을 작성하고 이상 감지를 위해 이 글로벌 모델을 사용하거나 모든 데이터 인스턴스의 로컬 관점을 고려하여 글로벌 컨텍스트를 고려하여 인스턴스를 이상으로 식별할 수 있다. 구체적으로, 예외 주변 접근 방식은 해당 인접 지역 외부의 인스턴스를 수정하거나 제거할 경우 지정된 인스턴스의 출력이 변경되지 않는 경우 로컬이라고 한다. 세계적 관점과 국부적 관점 사이의 차이는 이상 감지 방법의 결과에 중대한 차이를 초래할 수 있는데, 그 이유는 물체가 모든 물체에 대해 비정상적으로 보일 수 있지만, 근처에 있는 물체에 대해서는 그렇지 않기 때문이다. 예를 들어, 키가 6피트 5인치인 사람은 일반 인구에 비해 비정상적으로 키가 크지만 프로 농구 선수는 그렇지 않다.

라벨(Label) 대 점수(Score)

이상치 감지에 대한 다양한 접근 방식은 다른 형식으로 출력을 생성한다. 가장 기본적인 출력 유형은 이진 **이상치 레이블**(anomaly label)이다. 개체는 예외 또는 일반 인스턴스로 식별된다. 그러나 레이블은 인스턴스가 비정상적인 정도에 대한 정보를 제공하지 않다. 일반적으로 감지된 일부 이상은 다른 이상보다 더 극단적인 반면 정상으로 표시된 일부 사례는 이상으로 식별되는 직전에 있을 수 있다. 따라서 많은 변칙 탐지 방법이 인스턴스가 변칙일 가능성이 얼마나 높은지를 나타내는 **이상치 점수**(anomaly score)를 생성한다. 이상치 점수는 쉽게 정렬하고 순위로 변환할 수 있으므로 분석가에게 최고 점수 이상만 제공할 수 있다. 대안으로 이진 변칙 라벨을 얻기 위해 커트라인 임계값이 변칙 점수에 적용될 수 있다. 올바른 임계값을 선택하는 작업은 종종 분석가의 판단에 따른다. 그러나 때때로 점수는 통계적 의미(9.3절 참조)와 같은 관련 의미를 가지므로 예외 분석이 더 쉽고 해석하기 쉽다.

다음 절에서는 6가지 유형의 이상치 탐지 방법에 대해 간략하게 설명한다. 각 유형에 대해 예시를 사용하여 기본 아이디어, 주요 기능 및 기본 가정을 설명한다. 모든 절의 끝에서, 우리는 이상치 탐지 문제의 다양한 측면을 처리할 때의 장단점에 대해서도 논의한다. 일반적인 관행을 따르기 위해 이 장의 나머지 부분에서 이상치와 이상형을 서로 바꿔 사용할 수 있다.

9.3 통계적 접근

통계 접근 방식은 정규 분포를 모델링하기 위해 확률 분포(예: 가우스 분포)를 사용한다. 이러한 분포의 주요 특징은 확률값을 모든 데이터 인스턴스에 연결하여 분포에서 인스턴스가 생성될 가능성을 나타내는 것이다. 그런 다음 예외는 정규 클래스의 확률 분포에서 생성되지 않는 인스턴스로 식별된다. 정규 클래스의 확률 분포를 나타내는 데 사용할 수 있는 모델에는 모수(parametric) 모델과 비모수(non-parametric) 모델의 두 가지 유형이 있다. 모수 모델은 데이터에서 모수를 추정해야 하는 잘 알려진 통계 분포 제품군을 사용하지만 비모수 모델은 더 유연하며 사용 가능한 데이터에서 직접 정규 클래스의 분포를 학습한다. 다음에서는 이상치 탐지를 위한 이러한 유형의 모델을 모두 설명한다.

9.3.1 모수 모델 사용

많은 유형의 데이터 세트를 설명하는 데 널리 사용되는 일부 공통 유형의 모수 모델에는 가우시안 분포, 포아송 분포 및 이항 분포가 있다. 예를 들어 가우스 분포는 데이터에서 평균 및 분산 매개 변수를 식별해야 한다. 모수 모델은 정규 클래스의 동작을 나타내는 데 특히 효과적이다. 특히 정규 클래스가 특정 분포를 따르는 것으로 알려져 있을 때 더욱 그렇다. 모수 모델에 의해 계산된 이상치 점수는 강력한 이론적 특성을 가지고 있으며, 이는 이상치 점수를 분석하고 통계적 유의성을 평가하는 데 사용할 수 있다. 다음에서는 단변량(univariate) 및 다변량(multivariate) 설정에서 정규 클래스를 모델링하기 위해 가우스 분포를 사용하는 방법에 대해 설명한다.

단변량 가우스 분포 사용

가우스(정규) 분포는 통계에서 가장 자주 사용되는 분포 중 하나이며 통계 이상치 탐지

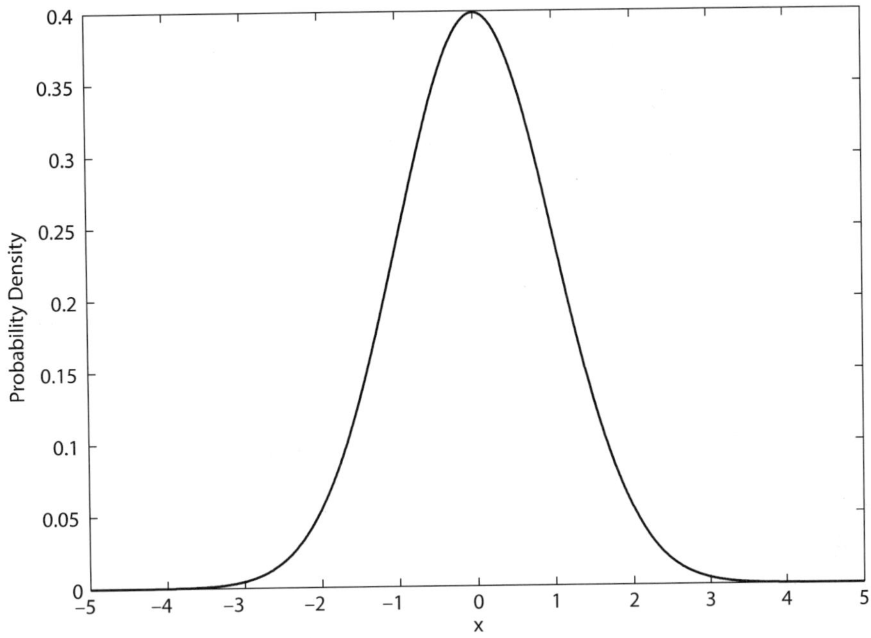

그림 9.1 평균이 0이고 표준편차가 1인 가우스 분포의 확률 밀도 함수

에 대한 간단한 접근 방식을 설명하는 데 사용된다. 가우스 분포는 각각 평균 및 표준편차인 μ 및 σ의 두 매개 변수를 가지며 표기법 $N(\mu, \sigma)$을 사용하여 표시된다. 가우스 분포 하에서 점 x의 확률 밀도 함수 $f(x)$는 다음과 같다.

$$f(x) = \frac{1}{\sqrt{2\pi\sigma^2}} e^{-\frac{(x-\mu)^2}{2\sigma^2}} \tag{9.1}$$

그림 9.1은 $N(0, 1)$의 확률 밀도 함수를 보여준다. x가 분포 중심에서 멀어 질수록 $p(x)$가 감소함을 알 수 있다. 따라서 원점에서 점 x의 거리를 이상 점수로 사용할 수 있다. 9.3.4절에서 나중에 볼 수 있듯이,이 거리 값은 x를 특이 값으로 호출할 때의 신뢰도를 평가하는 데 사용할 수 있는 확률 측면에서 해석된다. 관심 속성 x가 평균 μ와 표준편차 σ(즉, $N(\mu, \sigma)$)로 가우시안 분포를 따르는 경우 일반적인 접근 방식은 속성 x를 $N(0, 1)$ 분포를 갖는 새로운 속성 z로 변환하는 것이다. 이것은 z-점수라고 하는 $z = (x-\mu)/\sigma$를 사용하여 수행할 수 있다. z^2는 식 (9.1)에서 점 x의 확률 밀도와 직접 관련이 있다. 그 방정식은 다음과 같이 다시 쓸 수 있다.

$$p(x) = \frac{1}{\sqrt{2\pi\sigma^2}} e^{-z^2/2} \tag{9.2}$$

가우스 분포의 모수 μ 및 σ는 표본 평균 $\bar{x}$를 μ로, 표본 표준 편차 s_x를 σ로 사용하여 대부분 일반 사례의 학습 데이터에서 추정할 수 있다. 그러나 이상치가 이러한 모수의 추정치를 너무 많이 왜곡한다고 생각되면 이 양에 대한보다 강력한 추정치를 사용할 수 있다. 참고문헌을 참조한다.

다변량 가우스 분포 사용

둘 이상의 연속 속성으로 구성된 데이터 세트의 경우 다변량 가우스 분포를 사용하여 정규 클래스를 모델링할 수 있다. 다변량 가우스 분포 $N(\boldsymbol{\mu}, \Sigma)$은 두 개의 매개 변수, 즉 평균 벡터 $\boldsymbol{\mu}$와 공분산 행렬 Σ를 포함하며, 데이터에서 추정해야 한다. $N(\boldsymbol{\mu}, \Sigma)$으로 분포된 점 $\mathbf{x}$의 확률 밀도는 다음과 같다.

$$f(\mathbf{x}) = \frac{1}{(\sqrt{2\pi})^m |\Sigma|^{1/2}} e^{-\frac{(\mathbf{x}-\mu)\sum^{-1}(\mathbf{x}-\mu)}{2}} \tag{9.3}$$

여기서 p는 $\mathbf{x}$의 차원 수이고 $|\Sigma|$는 공분산 행렬 Σ의 결정자(determinant)를 나타낸다.

다변량 가우시안 분포의 경우에, 중심 μ으로부터 점($\mathbf{x}$)의 거리를 직접 실행 가능한 점수 이상으로 사용할 수 없다. 다변량 정규 분포는 속성간에 상관관계가 있는 경우 중심에 대해 대칭이 아니기 때문이다. 이를 설명하기 위해 그림 9.2는 (0, 0)의 평균은 이차원 다변량 가우시안 분포의 확률 밀도 및 공분산 행렬을 나타낸다.

$$\Sigma = \begin{pmatrix} 1.00 & 0.75 \\ 0.75 & 3.00 \end{pmatrix}$$

확률 밀도는 중심에서 다른 방향으로 바깥쪽으로 이동할 때 비대칭적으로 변한다. 이 사실을 고려하기 위해 데이터의 형태를 고려한 거리 측정이 필요하다. **마할라노비스 거리**는 그러한 거리 측정법 중 하나이다(식 (2.27) 참조). 점 $\mathbf{x}$와 데이터 $\bar{\mathbf{x}}$의 평균 사이의 마할라노비스 거리는 다음과 같다.

$$Mahalanobis(\mathbf{x}, \bar{\mathbf{x}}) = (\mathbf{x} - \bar{\mathbf{x}})\mathbf{S}^{-1}(\mathbf{x} - \bar{\mathbf{x}})^T \tag{9.4}$$

여기서 S는 데이터의 추정 된 공분산 행렬이다. $\overline{\mathbf{x}}$와 S가 각각 μ와 Σ의 추정치로 사용될 때, **x**와 $\overline{\mathbf{x}}$ 사이의 마할라노비스 거리는 식 (9.3)에서 $\overline{\mathbf{x}}$의 확률 밀도와 직접적으로 관련된다(연습문제 9를 참조한다).

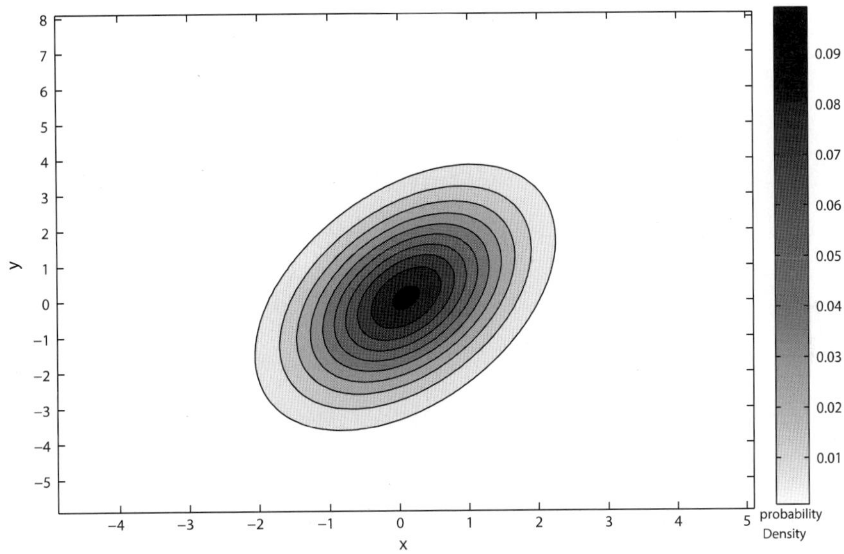

그림 9.2 그림 9.3의 점을 생성하는데 사용된 가우스 분포에 대한 점의 확률 밀도

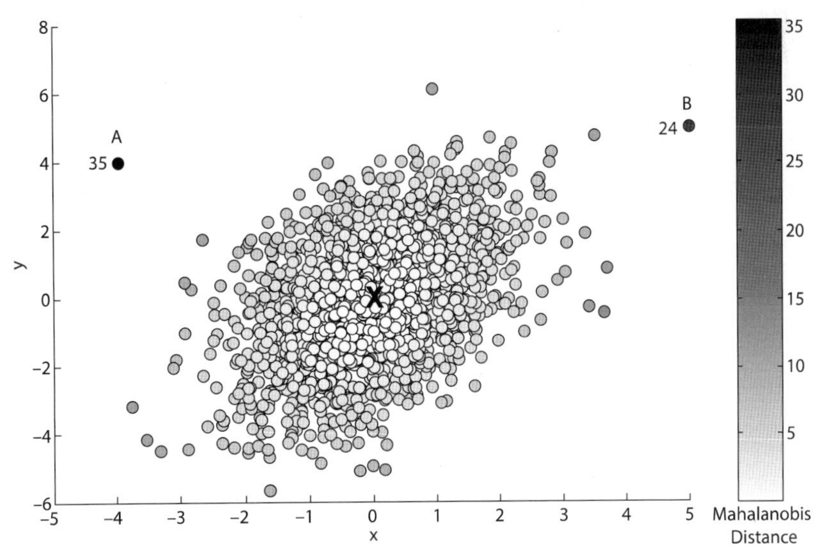

그림 9.3 마할라노비스 거리는 2002 포인트의 2차원적 세트의 중심으로부터의 포인트이다.

예제 9.1 **다변량 정규 분포의 이상치**

그림 9.3은 2차원 데이터 세트의 포인트에 대한 마할라노비스 거리(분포 평균으로부터)를 보여준다. 점 A(−4, 4) 및 B(5, 5)는 데이터 세트에 추가 된 이상치이며, 마할라노비스 거리는 그림에 표시되어 있다. 데이터 세트의 다른 2000포인트는 그림 9.2에 사용된 분포를 사용하여 무작위로 생성되었다.

A와 B는 모두 마할라노비스 거리가 크다. 그러나 A는 유클리드 거리로 측정할 때 중심((0, 0)에서 큰 검정 x)에 더 가까워도 마할라노비스 거리는 분포의 모양을 취하기 때문에 마할라노비스 거리 측면에서 B보다 먼 거리이다. 특히 점 B의 유클리드 거리는 $5\sqrt{2}$이고 마할라노비스 거리는 24이며, 점 A의 유클리드 거리는 $4\sqrt{2}$이고 마할라노비스 거리는 35이다. ■

위의 접근법은 정규 클래스가 단일 가우시안 분포에서 생성된다고 가정한다. 특히 평균과 차이가 다른 여러 유형의 정규 클래스가 있는 경우에는 항상 그런 것은 아니다. 이러한 경우, 가우스 혼합 모델(8.2.2절에서 설명)을 사용하여 정규 클래스를 나타낼 수 있다. 각 점에 대해 가우스 분포에 대한 점의 가장 작은 마할라노비스 거리가 계산되어 이상치 점수로 사용된다. 이 접근 방식은 이상치 탐지를 위한 군집화 기반 접근 방식과 관련이 있으며 9.5절에서 설명한다.

9.3.2 비모수 모델 사용

정규 클래스의 분포를 모델링하는 대안은 커널 함수(8.3.3절에서 설명)를 사용하는 커널 밀도 추정 기반 기술을 사용하여 가용 데이터로부터 정규 클래스의 밀도를 근사화하는 것이다. 이것은 정규 클래스의 비모수 확률 분포를 구성하여, 정규 인스턴스가 조밀하게 발생하는 영역이 높은 확률을 가지며, 그 반대도 마찬가지이다. 커널 기반 접근 방식은 데이터가 알려진 분포 계열과 일치한다고 가정하지 않고 데이터에서 순수하게 분포를 도출한다. 커널 밀도 접근 방식을 사용하여 정규 클래스에 대한 확률 밀도를 학습한 경우 인스턴스의 이상치 점수는 학습된 밀도에 대한 확률의 역수로 계산된다.

정규 클래스를 모델링하는 더 간단한 비모수 접근법은 정규 데이터의 히스토그램을 작성하는 것이다. 예를 들어, 데이터에 단일 연속 속성이 포함된 경우 2.3.6절에 설명된 동일한 너비 이산화 기술을 사용하여 속성의 다양한 범위에 대한 구간을 구성할 수 있다. 그런 다음 새 테스트 인스턴스가 히스토그램의 통(bin)에 있는지 확인할 수 있다. 어느 통에도 떨어지지 않으면 이상치로 식별할 수 있다. 그렇지 않으면 통의 높이(빈도)의 역수를 통의 이상치 점수로 사용할 수 있다. 이 접근 방식은 이상치 탐지를 위한 빈도 기반 또는 계산 기반 접근 방식으로 알려져 있다.

이상 감지를 위해 주파수 기반 접근 방식을 사용하는 핵심 단계는 히스토그램을 구성하는 데 사용되는 통의 크기를 선택하는 것이다. 통 크기가 작으면 많은 일반 인스턴스가 비정상으로 잘못 식별될 수 있는데 그 이유는 비어 있는 통이나 빈도가 작은 통으로 떨어질 수 있기 때문이다. 반면에 저장소 크기가 너무 크면 많은 비정상 인스턴스가 많이 채워진 저장소에 들어가 눈에 띄지 않을 수 있다. 따라서 올바른 통 크기를 선택하는 것은 어렵고 여러 크기 옵션을 시도하거나 전문가의 지식이 필요한 경우가 많다.

9.3.3 정규 및 비정상 클래스 모델링

지금까지 설명한 통계적 접근 방식은 정규 클래스의 분포만 모델링하고 예외 클래스는 모델링하지 않았다. 그들은 훈련 세트가 주로 정상적인 사례를 가지고 있다고 가정한다. 그러나 대부분의 실제 응용 프로그램에서 일반적으로 사용되는 훈련 데이터에 이상치가 있는 경우 정규 클래스에 해당하는 확률 분포 학습이 왜곡되어 이상 징후가 식별되지 않을 수 있다.

여기 이상치가 속성 공간에 균일하게 분포(그래서 군집화되지 않은 경우)된 훈련 세트에서 이상치의 상당한 비율(λ)을 견딜 수 있는 이상치 감지에 대한 통계적 접근법을 제시한다. 이 접근법은 혼합 모델링 기법을 사용하여 정규 및 비정상 클래스의 분포를 학습한다. 이 방법은 8.2.2절의 군집화와 관련하여 소개된 EM(Expectation-Maximization) 기반 기술과 유사하다.

이상치의 비율인 λ는 이전과 같다. 이 접근법의 기본 아이디어는 인스턴스가 이상 클래스 p_A가 균일한 확률 클래스 1에서 확률 $1-\lambda$로, 확률 분포가 $f_M(\theta)$인 정규 클래스에서 확률 λ로 생성된다고 가정하는 것이다. 여기서 θ는 분포의 모수를 나타낸다. 정상 및 비정상 클래스에 교육 인스턴스를 할당하는 방법은 다음과 같이 설명할 수 있다. 처음에는 모든 개체가 일반 클래스에 할당되고 예외 개체 집합이 비어 있다. EM 알고리즘을 반복할 때마다 객체가 일반 클래스에서 예외 클래스로 전송되어 전체 데이터의 가능성이 향상된다. 반복 t에서 M_t와 A_t를 각각 정규 객체와 변칙 객체로 설정한다. 데이터 세트 D의 가능성, $L_t(D)$ 및 로그 가능성, $\log L_t(D)$는 다음 방정식으로 주어진다.

$$L_t(D) = \prod_{\mathbf{x}_i \in D} P(\mathbf{x}_i) = \left((1-\lambda)^{|M_t|} \prod_{\mathbf{x}_i \in M_t} P_M(\mathbf{x}_i,\ \theta_t)\right)\left(\lambda^{|A_t|} \prod_{\mathbf{x}_i \in A_t} P_A(\mathbf{x}_i)\right) \tag{9.5}$$

$$\log L_t(D) = |M_t| \log(1-\lambda) + \sum_{\mathbf{x}_i \in M_t} \log P_M(\mathbf{x}_i,\ \theta_t) + |A_t| \log \lambda + \sum_{\mathbf{x}_i \in A_t} \log P_A(\mathbf{x}_i) \tag{9.6}$$

어디서 $|M_t|$ 그리고 $|A_t|$는 정상 클래스와 비정상 클래스의 객체 수이고, θ_t는 정규 클래스의 분포 매개변수를 나타내며 M_t를 사용하여 추정할 수 있다. 객체 $\mathbf{x}$를 M_t에서 A_t로 전송하면 데이터의 로그우도(log-likelihood) 임계 값 c보다 큼)가 크게 증가하면 $\mathbf{x}$는 이상치 집합 A_t에 할당된다. A_t 집합은 M_t 및 A_t를 사용하여 데이터의 최대 가능성을 달성할 때까지 계속 증가한다. 이 접근법은 알고리즘 9.1에 요약되어 있다.

알고리즘 9.1 Likelihood-based outlier detection

Initialization: A_t time $t=0$, let M_t contain all the objects, while A_t is empty.
for each object $\mathbf{x}$ that belongs to M_t **do**
  Move $\mathbf{x}$ from M_t to A_t to produce the new data sets A_{t+1} and M_{t+1}.
  Compute the new log-likelihood of D, $\log L_{t+1}(D)$
  Compute the difference, $\Delta = \log L_{t+1}(D) - \log L_t(D)$
  if $\Delta > c$, where c is some threshold **then**
    Classify $\mathbf{x}$ as an anomaly.
    Increment t by one and use M_{t+1} and A_{t+1} in the next iteration.
  end if
end for

정상 객체의 수는 예외 수에 비해 많기 때문에 객체가 이상 집합으로 이동될 때 정상 객체의 분포는 크게 변하지 않을 수 있다. 이 경우 일반 객체의 전체 가능성에 대한 각 일반 객체의 기여는 상대적으로 일정하게 유지된다. 더욱이 이상 집합으로 이동된 각 객체는 이상 가능성에 고정된 양을 기여한다. 따라서 객체가 이상 집합으로 이동될 때 데이터의 총 가능성의 전체적인 변화는 균일 분포(가중치 λ)하의 물체의 확률에서 분포하의 물체의 확률을 뺀 것과 대략 같다. 정규 데이터 객체(가중치 $1-\lambda$). 결과적으로 이상

집합은 정상 객체의 분포보다 균일한 분포에서 상당히 높은 확률을 갖는 객체로 구성되는 경향이 있다.

방금 논의한 상황에서 알고리즘 9.1에 설명된 접근 방식은 일반 객체를 이상치로 분포하여 확률이 낮은 객체를 분류하는 것과 거의 같다. 예를 들어, 그림 9.3의 점에 적용될 때 이 기법은 점 A와 B(및 평균에서 멀리 떨어진 다른 점)를 이상치로 분류한다. 그러나 이상치가 제거되거나 비정상적인 분포가보다 정교한 방식으로 모델링될 수 있기 때문에 정상 객체의 분포가 크게 변하면 이 방법으로 생성된 결과는 확률이 낮은 객체를 단순히 이상치로 분류한 결과와 다. 또한 이 방법은 예를 들어 $f_M(\theta)$에 대한 가우스 분포의 혼합을 사용하여 일반 객체의 분포가 다중 모달(multi-modal)일 때에도 작동할 수 있다. 또한 개념적으로 가우시안 이외의 분포에서 이 방법을 사용할 수 있어야 한다.

9.3.4 통계 유의성 평가

통계적 접근 방법은 예외로 탐지된 인스턴스에 대한 신뢰도를 할당하는 방법을 제공한다. 예를 들어 통계적 접근 방식으로 계산된 이상치 점수는 확률적 의미를 가지므로 통계적 보증을 통해 이러한 점수에 임계값을 적용할 수 있다. 또는 통계적 접근 방식에 의해 예외로 식별되는 인스턴스의 통계적 의미를 식별할 수 있는 통계검정(**불일치 테스트** (discordancy tests)라고도 함)을 정의할 수 있다. 이러한 불일치 테스트의 대부분은 고도로 전문화되어 있으며 이 문서의 범위를 벗어나는 수준의 통계 지식을 전제로 한다. 따라서 우리는 단변량 가우스 분포를 사용하는 간단한 예제로 기본 아이디어를 설명하고 추가 자료는 참고문헌을 참조한다.

그림 9.1에 나와 있는 가우스 분포 $N(0, 1)$을 고려한다. 9.3.1절에서 설명한 것처럼 대부분의 확률 밀도는 0을 중심으로 하며 분포의 꼬리에서 $N(0, 1)$에 속하는 객체(값)가 발생할 가능성은 거의 없다. 예를 들어, 물체가 ±3 표준편차 사이의 중심 영역을 넘어 놓일 확률은 0.0027이다. 보다 일반적으로 c가 상수이고 x가 물체의 속성 값인 경우, c가 증가함에 따라 $|x| \geq c$가 급격히 감소할 확률이 있다. $\alpha = prob(|x| \geq c)$라고 하자. 표 9.1은 분포가 $N(0, 1)$일 때 c에 대한 일부 표본 값과 α에 해당하는 값을 보여준다. 평균과의 표준편차가 4보다 큰 값은 1/10만 발생한다. 중심으로부터 점의 거리에 대한 이러한 해석은 다음 정의를 사용하여 객체가 이상치인지 여부를 평가하는 검정의 기초로 사용할 수 있다.

표 9.1 평균이 0이고 표준 편차가 1인 가우스 분포에 대한 표본 쌍 (c, α), $\alpha = prob(|x| \geq c)$.

c	α for $N(0, 1)$
1.00	0.3173
1.50	0.1336
2.00	0.0455
2.50	0.0124
3.00	0.0027
3.50	0.0005
4.00	0.0001

정의 9.2 **단일 $N(0, 1)$ 가우스 속성에 대한 이상치** 평균이 0이고 표준 편차가 1인 가우스 분포에서 속성 값 x를 갖는 객체는 다음이 성립한다.

$$|x| \geq c \tag{9.7}$$

여기서 c는 $P(|x| \geq c) = \alpha$가 되도록 선택된 상수이며, 여기서 P는 확률을 나타낸다.

이 정의를 사용하려면 α값을 지정해야 한다. 이상치(객체)가 다른 분포의 값을 나타내는 관점에서 α는 주어진 분포의 값을 이상치로 잘못 분류할 확률을 나타낸다. 이상치가 $N(0, 1)$ 분포의 희귀한 값이라는 관점에서 α는 희귀도(degree of rareness)를 의미한다.

더 일반적으로, 평균 μ 및 표준 편차 σ를 갖는 가우스 분포의 경우 먼저 x의 z 점수를 계산한 다음 위의 검정을 x에 적용할 수 있다. 실제로 이것은 많은 데이터수에서 μ 및 σ가 추정될 때 효과적이다. 이상치로 인한 모수 추정값의 왜곡을 고려한보다 정교한 통계 절차(Grubbs' test)는 연습문제 7에서 살펴본다. 여기에 제시된 이상치 탐지 방법은 통계적 유의성에 대한 데이터 개체를 테스트하는 것과 같으며 통계적으로 중요한 객체를 이상치로 분류한다. 이에 대해서는 10장에서 자세히 설명한다.

9.3.5 강점과 약점

이상치 탐지에 대한 통계적 접근 방식은 이론적 근거가 확실하며 표준 통계 기법을 기반으로 한다. 적용해야 할 데이터와 테스트 유형에 대한 충분한 지식이 있는 경우 이러한 접근 방식은 통계적으로 정당화 될 수 있으며 매우 효과적일 수 있다. 또한 이상치 점수와 관련된 신뢰 구간을 제공할 수 있으며, 이는 예를 들어 이상 점수의 임계값을 결정하는 등 테스트 사례에 대한 결정을 내리는 데 매우 유용할 수 있다.

그러나 잘못된 모델을 선택하면 일반 인스턴스를 이상치로 잘못 식별할 수 있다. 예를 들어, 데이터는 가우스 분포에서 비롯된 것으로 모델링될 수 있지만 실제로는 평균에서 멀리 떨어진 값을 가질 가능성이 높은 (가우시안 분포보다) 분포에서 비롯될 수 있다. 이러한 유형의 동작을 갖는 통계 분포는 실제로 일반적이며 **두꺼운 꼬리 분포**라고 한다. 또한 단일 속성에 대한 다양한 통계 이상치 테스트가 있지만 다변량 데이터에 사용할 수 있는 옵션이 훨씬 적으며 이러한 테스트는 고차원 데이터에 대해 성능이 저하될 수 있다.

9.4 근접성(proximity) 접근법

근접성 기반 방법은 다른 객체와 가장 먼 인스턴스로 이상을 식별한다. 이는 정상적인 인스턴스가 서로 관련되어 서로 가깝게 나타나는 반면, 예외는 다른 인스턴스와 다르기 때문에 다른 인스턴스와는 거리가 멀다는 가정에 의존한다. 다수의 근접성 기반 기술은 거리를 기반으로 하기 때문에 **거리 기반 이상치 탐지 기술**이라고도 한다.

근접성 기반 접근 방식은 모델이 없는 이상치 탐지 기술이다. 이상 점수를 계산하기 위한 정상 클래스의 명시적 모델을 구성하지 않기 때문이다. 모든 데이터 인스턴스의 로컬 관점을 사용하여 이상치 점수를 계산한다. 통계적 분포를 결정하는 것보다 데이터 세트에 대한 의미있는 근접 척도를 결정하는 것이 더 쉽기 때문에 통계적 접근법보다 더 일반적이다. 다음에서는 이상치 점수를 정의하기 위한 기본 근접 기반 접근 방식 중 일부를 제시한다. 기본적으로 이러한 기술은 데이터 인스턴스의 위치를 분석하는 방식이 다르다.

9.4.1 거리 기반 이상치 점수

데이터 인스턴스 $\mathbf{x}$의 근접성 기반 이상치 점수를 정의하는 가장 간단한 방법 중 하나는 k번째로 가장 가까운 이웃인 $dist(\mathbf{x}, k)$까지의 거리를 사용하는 것이다. 인스턴스 $\mathbf{x}$에 인스턴스에 가까운 다른 많은 인스턴스(일반 클래스의 특성)가 있는 경우 $dist(\mathbf{x}, k)$ 값이 낮다. 반면에, 비정상 인스턴스 $\mathbf{x}$는 k-인접 인스턴스와 거리가 멀어 $dist(\mathbf{x}, k)$의 값이 높다.

그림 9.4는 2차원 공간에서 k번째로 가장 가까운 이웃인 $dist(\mathbf{x}, k)$까지의 거리에 따라 음영 처리된 점 집합을 보여준다(여기서 $k=5$). C점은 다른 사례에서 멀리 떨어져 있기 때문에 높은 이상치 점수가 올바르게 지정되었다.

$dist(\mathbf{x}, k)$는 k값에 매우 민감할 수 있다. 예를 들어, 1이 너무 작은 경우, 서로 가까이 위치한 적은 수의 이상치가 낮은 이상 점수를 표시할 수 있다. 예를 들어, 그림 9.5는 일련의 법선 포인트와 서로 가까운 두 개의 이상치에 대해 $k=1$을 사용하는 이상 점수를 보여준다(음영은 이상 점수를 반영함). C와 인접 항목 모두 비정상 점수가 낮다. k가 너무 크면 k개보다 적은 수의 객체를 갖는 군집의 모든 객체가 이상치가 될 수 있다. 예를 들어, 그림 9.6은 크기가 5인 작은 군집과 크기가 30인 더 큰 군집을 가진 데이터 세트를 보여준다. $k=5$의 경우 소규모 군집에 있는 모든 점의 이상치 점수가 매우 높다. k의 선택에 보다 강력한 대안적인 거리 기반 이상 점수는 첫 번째 k-최근접 이웃까지의 평균 거리, 평균 $avg.dist(\mathbf{x}, k)$이다. 실제로, $avg.dist(\mathbf{x}, k)$는 신뢰할 수 있는 근접성 기반 이상 점수로 많은 응용 분야에서 널리 사용된다.

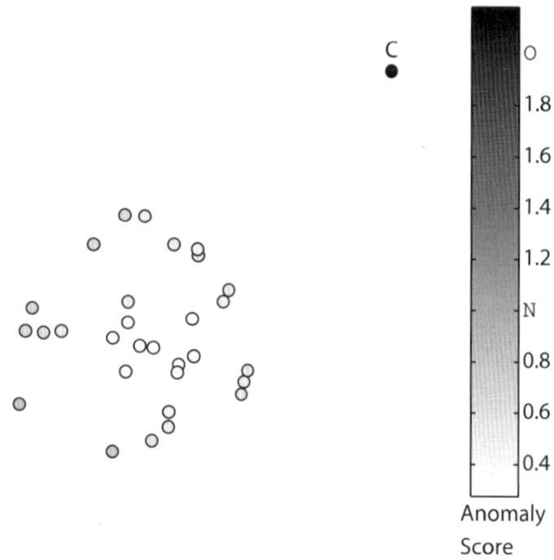

그림 9.4 Anomaly score based on the distance to fifth nearest neighbor

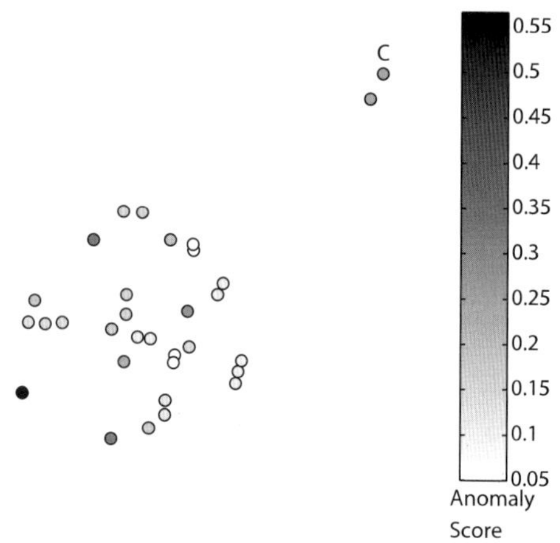

그림 9.5 Anomaly score based on the distance to the first nearest neighbor. Nearby outliers have low anomaly scores

9.4.2 밀도 기반 이상 점수

인스턴스 주변의 밀도는 $n/V(d)$로 정의할 수 있다. 여기서 n은 인스턴스로부터 지정된 거리 d 이내의 인스턴스 수이고 $V(d)$는 주변의 볼륨이다. $V(d)$는 주어진 d에 대해 일정하기 때문에, 인스턴스 주변의 밀도는 종종 고정 거리 d 내에서 인스턴스 수 n을 사용하여 표현된다. 이 정의는 7.4절의 DBSCAN 군집 알고리즘에서 사용되는 것과 유사하다. 밀도 기반 관점에서 예외는 밀도가 낮은 영역에 있는 경우이다. 따라서 예외는 일반적인 인스턴스보다 거리 d 내에 더 적은 수의 인스턴스를 갖는다.

거리 기반 측정에서 매개변수 k를 선택할 때의 장단점과 유사하게 밀도 기반 측정에서 매개 변수 d를 선택하는 것은 어렵다. d가 너무 작으면 많은 일반 인스턴스가 저밀도 값을 잘못 표시할 수 있다. d가 너무 크면 많은 예외가 일반 사례와 유사한 밀도를 가질 수 있다.

거리 기반 및 밀도 기반 근접도는 서로 매우 유사하다. 이를 실현하기 위해 k번째 가장 가까운 이웃까지의 거리가 $dist(\mathbf{x}, k)$에 의해 주어진 데이터 인스턴스 $\mathbf{x}$의 k-최근접 이웃을 고려한다. 이 접근법에서 $dist(\mathbf{x}, k)$는 모든 인스턴스에 대해 d의 다른 값을 사용하여 $\mathbf{x}$ 주위의 밀도를 측정한다. $dist(\mathbf{x}, k)$가 크면 $\mathbf{x}$ 주위의 밀도가 작고 그 반대도 마찬가지이다. 따라서 거리 기반 및 밀도 기반 이상 점수는 반비례 관계를 따른다. 이것

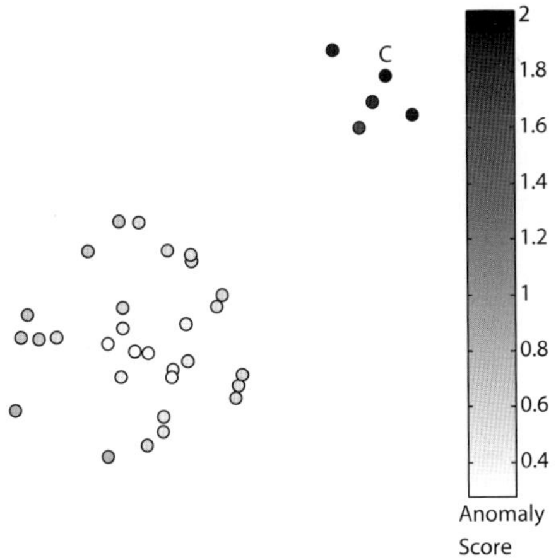

그림 9.6 Anomaly score based on distance to the fifth nearest neighbor. A small cluster becomes an outlier

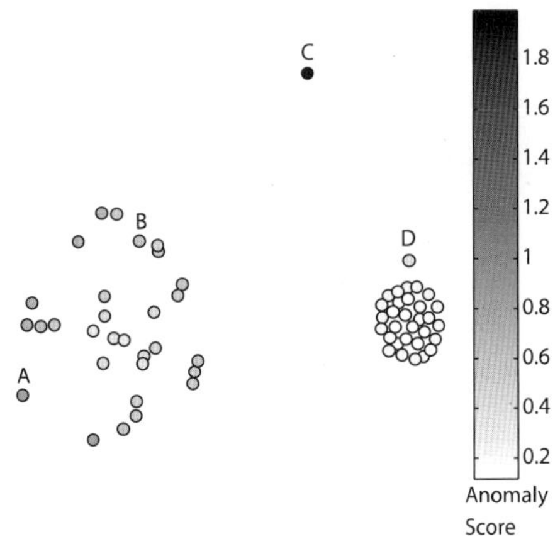

그림 9.7 Anomaly score based on the distance to the fifth nearest neighbor, when there are clusters of varying densities

은 $dist(\mathbf{x},\ k)$와 $avg.dist(\mathbf{x},\ k)$의 두 거리 측정에 기반한 다음 밀도 측정을 정의하는데 사용할 수 있다.

$$density(\mathbf{x},\ k) = 1/dist(\mathbf{x},\ k)$$
$$avg.density(\mathbf{x},\ k) = 1/avg.dist(\mathbf{x},\ k)$$

9.4.3 상대적 밀도 기반 이상치 점수

위의 근접성 기반 접근법은 예외 점수를 계산하기 위한 개별 인스턴스의 위치만 고려한다. 데이터에 다양한 밀도의 영역이 포함된 시나리오에서는 일반적인 지역성의 개념이 지역에 따라 변경되므로 이러한 방법으로 이상을 정확하게 식별할 수 없다.

이를 설명하기 위해 그림 9.7의 2차원 점 세트를 고려하자. 이 그림은 다소 느슨한 점 군집, 다른 조밀한 점군집, 그리고 두 점 C와 D가 있으며 이 두 군집과는 상당히 다르다. $k=5$일 때 $dist(\mathbf{x},\ k)$에 따라 포인트에 이상치 점수를 지정하면 포인트 C가 이상치로 올바르게 식별되지만 포인트 D에 대해서는 낮은 점수를 나타낸다. 실제로, D에 대한 점수는 느슨한 군집의 일부인 많은 점보다 훨씬 낮다. 이러한 데이터 세트에서 이상을 올바르게 식별하려면 이웃 인스턴스의 밀도와 관련된 밀도 개념이 필요하다. 예를 들어, 그림 9.7의 점 D는 점 A보다 절대 밀도가 높지만 밀도는 가장 가까운 이웃에 비해 낮다.

인스턴스의 상대 밀도를 정의하는 방법에는 여러 가지가 있다. 점 $\mathbf{x}$의 경우, 하나의 접근법은 다음과 같이 k-최근접 이웃의 평균 밀도, $\mathbf{y}_1$ 대 $\mathbf{y}_k$와 $\mathbf{x}$의 밀도의 비율을 계산하는 것이다.

$$relative\ \ density(\mathbf{x},\ k) = \frac{\sum_{i=1}^{k} density(\mathbf{y}_i,\ k)/k}{density(\mathbf{x},\ k)} \tag{9.8}$$

주변의 점의 평균 밀도가 점의 밀도보다 상당히 높을 때 점의 상대 밀도가 높다. 위의 방정식에서 밀도($\mathbf{x}$, k)를 평균 밀도($\mathbf{x}$, k)로 바꾸면 상대 밀도를 보다 강력하게 측정할 수 있다. 위의 접근 방식은 상대 밀도를 사용하여 이상을 탐지하기 위해 널리 사용되는 측정값인 LOF(Local Outlier Factor) 점수에 사용된 방법과 유사하다(참고문헌을 참조한다). 그러나 LOF는 다소 다른 밀도 정의를 사용하여보다 강력한 결과를 얻는다.

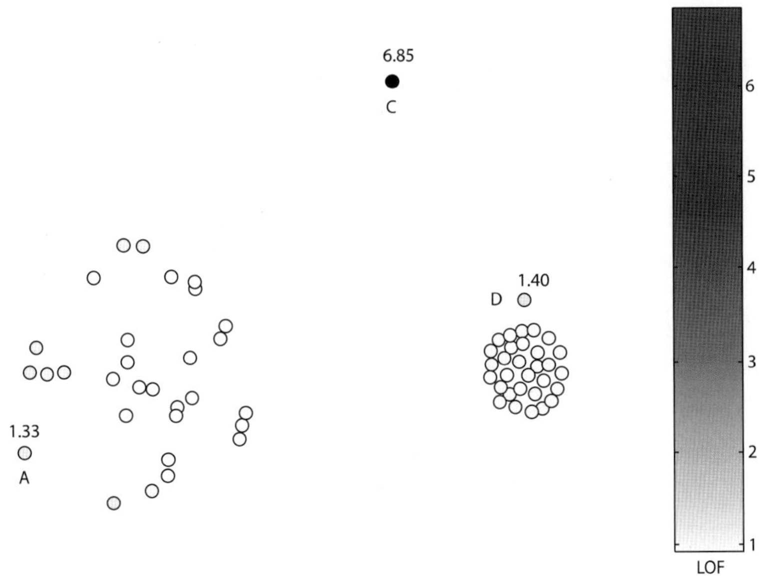

그림 9.8 2차원 점의 상대 밀도(LOF) 이상치 점수 그림 9.7

예제 9.2 **상대 밀도 이상 검출**

그림 9.8은 그림 9.7에서 이전에 사용한 예제 데이터 세트에 대한 상대 밀도 기반 이상치 탐지 방법의 성능을 보여준다. 모든 점의 이상치 점수는 식 (9.8)($k = 10$)을 사용하여 계산된다. 모든 점수의 음영은 점수를 나타낸다. 즉, 점수가 높은 점수는 더 어둡다. 예외 점수가 가장 큰 포인트 A, C 및 D에 레이블이 지정되어 있다. 각각, 이러한 점은 가장 극단인 예외, 압축된 점 집합과 관련하여 가장 극단인 점 그리고 느슨한 점 집합에서 가장 극단인 점이다. ■

9.4.4 강점과 약점

근접성 기반 접근 방식은 본질적으로 비모수적이므로 정상 및 비정상 클래스의 특정 형태의 분포로 제한되지 않는다. 인스턴스간에 합리적인 근접성 측정을 정의할 수 있는 광범위한 이상치 감지 문제에 광범위하게 적용할 수 있다. 데이터가 2차원 또는 3차원 산점도로 표시될 수 있을 때 근접성 이상치를 시각적으로 해석할 수 있기 때문에 매우 직관적이고 시각적으로 매력적이다.

그러나 근접성 기반 방법의 효과는 거리 측정의 선택에 크게 좌우된다. 고차원 공간에서 거리를 정의하는 것은 어려울 수 있다. 경우에 따라 차원 축소 기술을 사용하여 인스턴스를 더 낮은 차원의 특징 공간에 매핑할 수 있다. 그러면 근접성 기반 방법을 축소된 공간에 적용하여 이상치를 탐지할 수 있다. 모든 근접성 기반 방법에 공통적인 또 다른 과제는 높은 계산 복잡성이다. n개의 점이 주어지면 모든 점에 대한 이상치 점수를 계산하려면 모든 쌍별 거리를 고려해야 하므로 $O(n^2)$ 실행 시간이 발생한다. 큰 데이터 세트의 경우 특수 알고리즘을 사용하여 일부 경우(예: 저차원 데이터 세트의 경우) 성능을 향상시킬 수 있지만 이 방법은 너무 비싸다. 근접성 기반 방법에서 매개 변수(k 또는 d)의 올바른 값을 선택하는 것도 어렵고 종종 도메인 전문 지식이 필요하다.

9.5 군집화 기반 접근법

이상치 감지를 위한 군집화 기반 방법은 군집을 사용하여 정상 클래스를 나타낸다. 이는 일반 인스턴스가 서로 가깝게 나타나고 군집으로 그룹화될 수 있다는 가정에 의존한다. 그런 다음 이상 클래스는 정규 클래스의 군집화에 적합하지 않은 인스턴스로 식별되거나 일반 클래스의 군집와 멀리 떨어져있는 작은 군집에 나타납니다. 군집 기반 방법은 두 군집으로 분류 할 수 있다. 작은 군집을 예외로 간주하는 방법과 군집을 잘 맞추지 못하는 경우 점을 비정상으로 정의하는 방법은 일반적으로 군집 중심으로부터의 거리로 측정된다. 다음은 두 가지 유형의 군집화 기반 방법을 설명한다.

9.5.1 비정상 군집 찾기

이 방법은 데이터에 군집 이상 현상이 존재한다고 가정한다. 여기서 이상 현상은 작은 크기의 좁은 그룹에 나타난다. 군집화된 예외는 동일한 예외 클래스에서 예외가 생성될 때 나타난다. 예를 들어, 네트워크 공격은 여러 인스턴스에서 유사한 방식으로 나타나는 공통 공격자 때문에 발생할 수 있는 공통 패턴을 가질 수 있다.

이상치 군집은 일반적으로 크기가 작다. 이상치는 사실상 드물기 때문이다. 또한 이상 현상은 정상적인 패턴이나 행동을 따르지 않기 때문에 정규 클래스의 군집에서 멀리 떨어져 있을 것으로 예상된다. 따라서 비정상 군집을 감지하는 기본 방법은 크기가 너무 작거나 다른 군집과 너무 멀리 떨어져 있는 전체 데이터 및 플래그 군집을 군집화하는 것이다. 예를 들어 K-평균을 사용하여 전체 데이터를 군집화하기 위해 프로토 타입 기반 방법을 사용하는 경우 모든 군집은 프로토타입(예: 군집 중심)으로 표시할 수 있다. 그런 다음 모든 프로토타입을 포인트로 취급하고 나머지와 멀리 떨어진 군집을 직접 식별할 수 있다. 다른 예로, MIN, MAX 또는 Group Average와 같은 계층적 기법을 사용하는 경우(7.3절 참조) 예외는 작은 군집에 있거나 거의 모든 다른 포인트가 군집된 후에도 단일 인스턴스로 유지되는 경우로 종종 식별된다.

9.5.2 비정상 인스턴스 찾기

군집화 관점에서 예외를 설명하는 또 다른 방법은 일반 군집에서는 잘 설명할 수 없는 인스턴스이다. 따라서 이상치 탐지에 대한 기본 접근 방식은 모든 데이터(주로 일반 인스턴스로 구성)를 군집화한 다음 모든 인스턴스가 해당 군집에 속하는 정도를 평가하는 것이다. 예를 들어 K-평균 군집화를 사용하는 경우 인스턴스와 군집 중심 간의 거리는 군집에 얼마나 강한지를 나타낸다. 따라서 각각의 군집 중심에서 멀리 떨어진 인스턴스는 이상으로 식별될 수 있다. 이상 감지를 위한 군집화 기반 방법은 매우 직관적이고 사용하기 쉽지만, 다음에 설명하는 대로 사용하는 동안 명심해야 할 여러 가지 고려사항이 있다.

객체가 군집에 속하는 범위 평가

프로토타입 기반 군집의 경우 인스턴스가 군집에 속하는 정도를 평가하는 몇 가지 방법이 있다. 한 가지 방법은 군집 프로토타입에서 인스턴스의 거리를 측정하고 이를 인스턴스의 이상 점수로 간주하는 것이다. 그러나 군집의 밀도가 다른 경우 군집 내 다른 인스턴스의 거리와 관련하여 군집 프로토타입에서 인스턴스의 상대 거리를 측정하는 이상 점수를 구성할 수 있다. 가우스 분포 측면에서 군집을 정확하게 모델링할 수 있는 다른 가능성은 마할라노비스 거리를 사용하는 것이다.

목적 함수가 있는 군집화 기법의 경우 인스턴스가 전체 데이터에서 제거될 때 목표 함수의 개선을 반영하는 예외 점수를 인스턴스에 할당할 수 있다. 그러나 이러한 접근 방식은 종종 계산 집약적이다. 이러한 이유로, 이전 단락의 거리 기반 접근법이 일반적으로 선호된다.

예제 9.3 군집화 기반 예

이 예는 그림 9.7에 표시된 일련의 포인트를 기반으로 한다. 이 예제의 프로토 타입 기반 군집화는 K-평균 알고리즘을 사용하며 점의 이상 점수는 (1) 가장 가까운 중심으로부터의 거리와 (2) 점의 상대 거리에 의해 두 가지 방식으로 계산된다. 가장 가까운 중심, 여기서 상대 거리는 중심에서 점의 거리와 중심점에서 군집에 있는 모든 점의 중간 거리의 비율이다. 후자의 접근 방식은 콤팩트 군집과 느슨한 군집 간의 밀도 차이가 큰 경우에 사용된다. 결과적인 이상 점수는 그림 9.9 및 9.10에 표시된다.

이전과 같이 이 경우 거리 또는 상대 거리로 측정된 이상 점수는 음영으로 표시된다. 우리는 각 경우에 두 개의 군집을 사용한다. 원시 거리를 기반으로 하는 접근 방식은 군집의 확산 밀도에 문제가 있다(예: D는 이상치로 간주되지 않음). 상대 거리를 기반으로 하는 접근법의 경우 이전에 LOF(A, C 및 D)를 사용하여 특이점으로 식별된 점도 여기서 이상으로 표시된다. ■

초기 군집에 대한 이상치의 영향

군집 기반 체계는 종종 데이터에 이상치의 존재에 민감하다. 따라서 이상치(outliers)가 있으면 정규 및 비정상 인스턴스로 구성된 전체 데이터를 군집하여 이러한 군집이 발견되므로 정규 클래스에 해당하는 군집의 품질이 저하될 수 있다. 이 문제를 해결하기 위해 다음과 같은 접근 방식을 사용할 수 있다. 인스턴스가 군집되고 군집에서 가장 먼 지점인 이상치가 제거된 다음 인스턴스가 다시 군집된다. 이 방법은 K-평균 알고리즘을 반복할 때마다 사용된다. K-평균-알고리즘은 그러한 알고리즘의 예이다. 이 방법으로 최적의 결과를 얻을 수 있다고 보장할 수는 없지만 사용하기 쉽다.

보다 복잡한 접근법은 현재 어떤 군집에서도 잘 맞지 않는 인스턴스를 위한 특수 그룹을 갖는 것이다. 이 그룹은 잠재적인 이상치를 나타낸다. 군집화 프로세스가 진행되면 군집이 변경된다. 더 이상 군집에 강력하게 속하지 않는 인스턴스는 잠재적인 이상치 세트에 추가되는 반면, 현재 이상치 그룹에 있는 인스턴스는 이제 군집에 강력하게 속해 있는지 확인하여 잠재적인 이상치 세트에서 제거할 수 있다. 군집화가 끝날 때 세트에 남아있는 인스턴스는 이상치로 분류된다. 다시 말하지만 최적의 솔루션을 보장할 수 없으며, 이 방법이 이전에 설명한 것보다 더 효과적일 것이다.

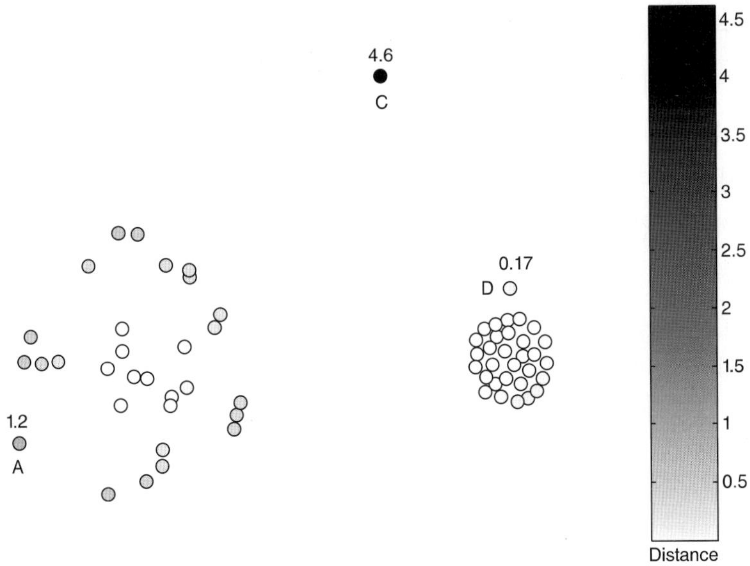

그림 9.9 최근접 중심점으로부터의 거리

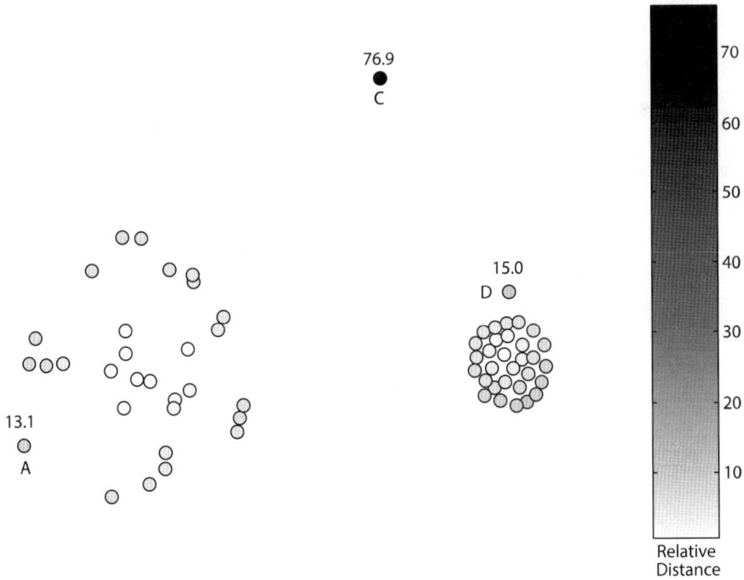

그림 9.10 최근접 중심점에서 점의 상대 거리

사용할 군집 수

K-평균과 같은 군집 기법은 군집 수를 자동으로 결정하지 않다. 객체가 비정상으로 간주되는지 여부는 군집 수에 따라 달라질 수 있으므로 이상 감지에 군집화 기반 방법을 사용할 때 문제가 된다. 예를 들어, 10개의 객체 그룹이 서로 비교적 가까울 수 있지만 몇 개의 큰 군집만 발견되는 경우 더 큰 군집의 일부로 포함될 수 있다. 이 경우 충분히 많은 수의 군집이 지정된 경우 군집을 형성했을지라도 10개의 점 각각은 이상으로 간주될 수 있다. 다른 문제들과 마찬가지로 이 문제에 대한 간단한 대답은 없다. 한 가지 전략은 다른 수의 군집에 대한 분석을 반복하는 것이다. 또 다른 방법은 많은 수의 작은 군집을 찾는 것이다. 아이디어는 (1) 작은 군집이 응집력이 있는 경향이 있고 (2) 많은 작은 군집이 있어도 물체가 이상이 있는 경우 실제 이상일 가능성이 있다는 것이다. 단점은 비정상 그룹이 작은 군집을 형성하여 탐지를 피할 수 있다는 것이다.

9.5.3 강점과 약점

군집화 기반 기술은 일반 인스턴스만으로 구성된 교육 데이터가 필요하지 않으므로 무감독 환경에서 작동할 수 있다. 비정상을 식별하는 것과 함께 학습된 정규 클래스의 군집은 정규 데이터의 특성을 이해하는 데 도움이 된다. K-평균과 같은 일부 군집화 기술은 선형 또는 거의 선형적인 시간 및 공간 복잡성을 가지므로 이러한 알고리즘에 기반한 이상치 탐지 기술이 매우 효율적일 수 있다. 그러나 군집화 기반 이상치 탐지 방법의 성능은 사용된 군집 수와 데이터에 이상치의 존재 여부에 크게 좌우된다. 7장과 8장에서 논의했듯이 각 군집화 알고리즘은 특정 유형의 데이터에만 적합하다. 따라서 데이터에서 군집 구조를 효과적으로 캡처하려면 군집화 알고리즘을 신중하게 선택해야 한다.

9.6 재구성 기반 접근법

재구성 기반 기술은 일반 클래스가 원래 속성 공간보다 낮은 차원의 공간에 있다고 가정한다. 다시 말해서, 예를 들어, 차원 축소 기술을 사용하여, 보다 낮은 차원의 표현을 사용하여 캡처 될 수 있는 정규 클래스의 분포에 패턴이 존재한다.

이를 설명하기 위해 모든 인스턴스가 p 연속 속성 x_1, …, x_p를 사용하여 표현되는 일반 인스턴스의 데이터 세트를 고려한다. 일반 클래스에 숨겨진 구조가 있는 경우 p보다 적은 파생 기능을 사용하여 이 데이터를 추정할 수 있다. 데이터 세트에서 유용한 기능을 얻는 일반적인 방법 중 하나는 2.3.3절에 설명된 대로 주성분 분석(PCA)을 사용하는 것이다. 원래 데이터에 PCA를 적용하여 p 주성분 $y_1, \ldots, y_p$를 얻는다. 여기서 모든 주성분은 원래 속성의 선형 조합이다. 각 주성분은 이전 주성분과 직교해야 한다는 제약 조건에 따라 원본 데이터의 최대 변동량을 포착한다. 따라서 캡처된 변동량은 각각의 연속적인 주성분에 대해 감소하므로, 상위 k 주성분 $y_1, \ldots, y_k$를 사용하여 원본 데이터를 근사화할 수 있다. 실제로 정규 클래스에 숨겨진 구조가 있는 경우 더 적은 수의 특징 $k < p$를 사용하여 근사치를 얻을 수 있다.

일단 더 작은 k개의 특징 집합을 도출하면 새로운 데이터 인스턴스 $\mathbf{x}$를 k차원 표현 $\mathbf{y}$에 투영할 수 있다. 또한, $\mathbf{y}$를 p 속성의 원래 공간으로 다시 투영하여 $\mathbf{x}$를 재구성할 수도 있다. 이 재구성을 $\hat{\mathbf{x}}$로, $\mathbf{x}$와 $\hat{\mathbf{x}}$ 사이의 제곱 유클리드 거리를 재구성 오류로 표시하겠다.

$$\text{Reconstruction Error}(\mathbf{x}) = \|\mathbf{x} - \hat{\mathbf{x}}\|^2$$

저 차원 특징은 정규 데이터의 대부분의 변동을 설명하기 위해 구체적으로 학습되므로 일반 인스턴스의 경우 재구성 오류가 낮을 것으로 예상할 수 있다. 그러나 비정상 인스턴스의 경우 일반 클래스의 숨겨진 구조를 따르지 않으므로 재구성 오류가 높다. 따라서 재구성 오류는 효과적인 이상치 탐지 점수로 사용될 수 있다.

이상치 탐지에 대한 재구성 기반 접근 방식을 설명하기 위해 그림 9.11에 원으로 표시된 일반 인스턴스의 2차원 데이터 세트를 고려한다. 검은 사각형은 예외적인 경우이다. 검은 실선은 이 데이터에서 배운 첫 번째 주성분을 보여 주며 이는 정상 사례의 최대 분산 방향에 해당한다.

우리는 대부분의 일반 인스턴스가 이 선의 중심에 있음을 알 수 있다. 이는 첫 번째 주요 구성 요소가 낮은 차원 표현을 사용하여 일반 클래스에 대한 근사치를 제공함을 나타낸다. 이 표현을 사용하여 모든 데이터 인스턴스 $\mathbf{x}$를 선의 한 점으로 투영할 수 있다. 이 투영($\hat{\mathbf{x}}$)은 단일 주성분을 사용하여 원래 인스턴스를 재구성하는 역할을 한다.

$\mathbf{x}$의 재구성 오류에 해당하는 $\mathbf{x}$와 $\hat{\mathbf{x}}$ 사이의 거리는 그림 9.11에서 점선으로 표시된다. 우리는 첫 번째 주요 구성 요소가 정규 클래스를 가장 잘 이해하는 법을 배웠으므로 일반 인스턴스의 재구성 오류의 가치는 매우 작다는 것을 알 수 있다. 그러나 비정상 인

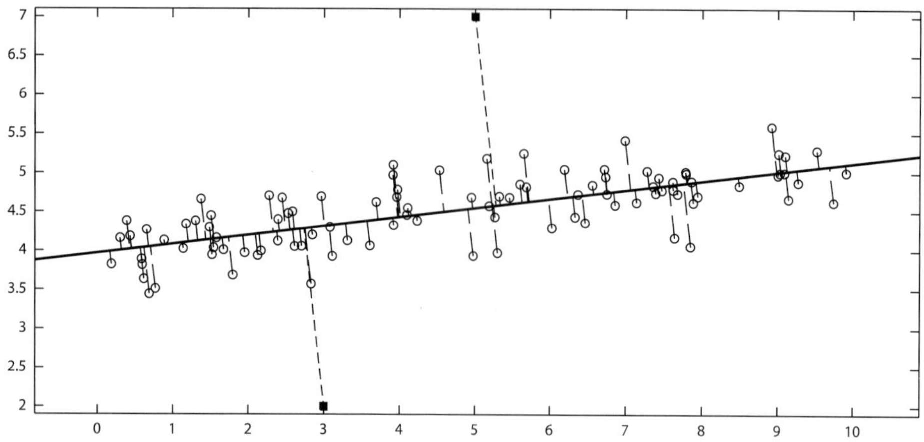

그림 9.11 단일 구성 요소(검은 실선)를 사용하여 2차원 데이터의 재구성

스턴스(정사각형으로 표시)의 재구성 오류는 정규 클래스의 구조를 준수하지 않기 때문에 높다.

PCA는 저차원 표현을 캡처하기 위한 간단한 접근 방법을 제공하지만 원래 속성의 선형 조합인 특징만 도출할 수 있다. 정규 클래스가 비선형 패턴을 나타내는 경우 PCA를 사용하여 캡처하기가 어렵다. 이러한 시나리오에서, **오토인코더**(autoencoder)로 알려진 인공 신경망의 사용은 비선형 차원 축소 및 재구성을 위한 하나의 가능한 접근법을 제공한다. 4.7절에 설명된 바와 같이, 오토 엔코더는 딥러닝의 맥락에서 광범위하게 사용되어 무감독 환경에서 훈련 데이터로부터 복잡한 특징을 도출한다.

오토인코더(자동 연결기 또는 미러링 네트워크라고도 함)는 입력 및 출력 뉴런의 수가 원래 속성의 수와 동일한 다층 신경망이다. 그림 9.12는 오토엔코더의 일반적인 아키텍처를 보여준다. 여기에는 **인코딩**과 **디코딩**의 두 가지 기본 단계가 포함된다. 인코딩 동안, 데이터 인스턴스 $\mathbf{x}$는 인코딩 계층에서 다수의 비선형 변환을 사용하여 저 차원 표현 $\mathbf{y}$로 변환된다. 뉴런의 수는 모든 인코딩 레이어에서 감소하여 원본 데이터에서 저 차원 표현을 학습한다. 학습된 표현 $\mathbf{y}$는 디코딩 계층을 사용하여 속성의 원래 공간으로 다시 매핑되어, $\mathbf{x}$로 표시되는 $\hat{\mathbf{x}}$의 재구성을 초래한다. $\mathbf{x}$와 $\hat{\mathbf{x}}$ 사이의 거리(재구성 오류)는 이상 점수의 척도로 사용된다.

주로 정상적인 인스턴스로 구성된 입력 데이터 세트에서 자동 인코더를 배우기 위해 4.7절의 인공 신경망과 관련하여 도입된 역전파 기법을 사용할 수 있다. 오토인코더 체

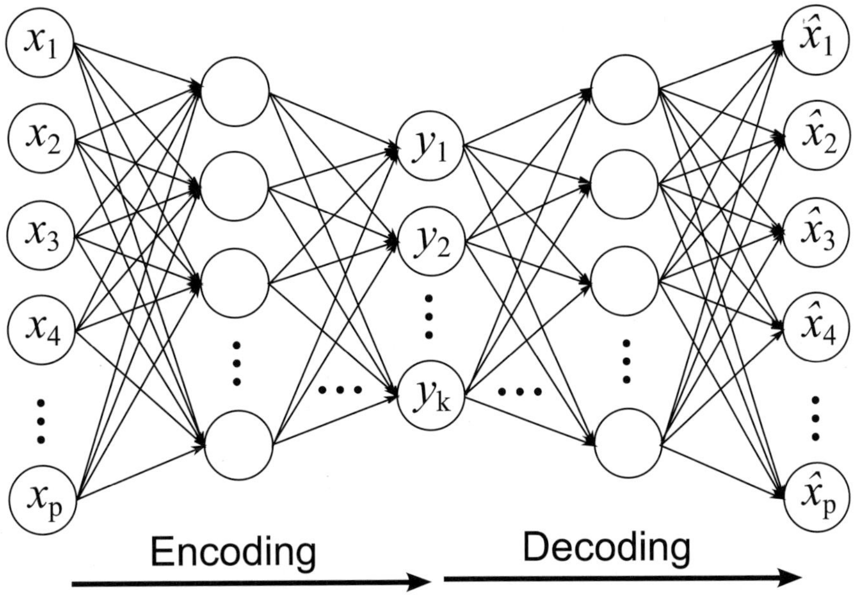

그림 9.12 오토인코더의 기본 아키텍처

계는 일반 클래스의 복잡한 비선형 표현을 학습하기 위한 강력한 접근 방식을 제공한다. 전술한 기본 오토인코더 방식의 다양한 변형이 또한 다양한 유형의 데이터 세트에서의 표현을 배우기 위해 탐구되었다. 예를 들어, **노이즈 제거 오토인코더**는 잡음이 존재하는 경우에도 훈련 데이터에서 비선형 표현을 강력하게 학습할 수 있다. 다양한 유형의 오토인코더에 대한 자세한 내용은 서지 정보를 참조한다.

9.6.1 강점과 약점

재구성 기반 기술은 일반 인스턴스 분포에 대한 많은 가정이 필요하지 않은 일반 클래스를 모델링하기 위한 일반적인 접근 방식을 제공한다. 그들은 광범위한 차원 축소 기법을 사용하여 정규 클래스의 다양한 표현을 배울 수 있다. 다른 속성과의 관계를 공유하지 않는 속성은 일반 클래스를 재구성하는 데 많이 사용되지 않으므로 인코딩 단계에서 무시 될 수 있으므로 관련없는 속성이 있는 경우에도 사용할 수 있다. 그러나 속성의 원래 공간에서 $\mathbf{x}$와 $\hat{\mathbf{x}}$ 사이의 거리를 측정하여 재구성 오류가 계산되므로 속성 수가 많은 경우 성능이 향상될 수 있다.

9.7 단일 분류(one-class classification)

단일 클래스 분류 접근 방식은 속성 공간에서 모든 일반 객체를 경계의 한쪽에 묶는 의사 결정 경계를 학습한다. 그림 9.13은 1클래스 설정에서 결정 경계의 예를 보여준다. 경계의 한쪽에 속하는 점(음영)은 일반 클래스에 속한다. 이것은 3장과 4장에서 소개된 이진 분류 접근법과 대조적으로 두 클래스에서 객체를 분리하는 경계를 학습한다.

1클래스 분류는 이상 감지에 대한 고유한 관점을 제시하는데, 정규 클래스의 분포를 배우는 대신에 일반 클래스의 경계를 모델링하는 데 중점을 둔다. 운영 관점에서 경계를 배우는 것은 실제로 정상 물체와 이상을 구별하는 데 필요한 것이다. Vladimir Vapnik의 말에 따르면, "[분류] 문제를 직접 해결하고 중간 단계로서 정규 클래스의 분포를 배우는 것과 같은 더 일반적인 문제를 절대 해결하지 않아야 한다."

이 절에서는 **단클래스 SVM(one-class SVM)**으로 알려진 SVM 기반 1클래스 접근 방식을 기반으로, 결정 클래스를 학습하기 위해 일반 클래스의 교육 인스턴스만 사용한다. 이것을 두 클래스의 훈련 인스턴스를 사용하는 일반 SVM과 비교하라(4.9절 참조). 여기에는 다음과 같이 커널과 새로운 "원점 트릭"이 사용된다(커널 방법에 대한 소개는 2.4.7절을 참조한다).

9.7.1 커널 사용

법선 클래스를 둘러싸는 비선형 경계를 배우기 위해 선형 초평면을 사용하여 법선 클래

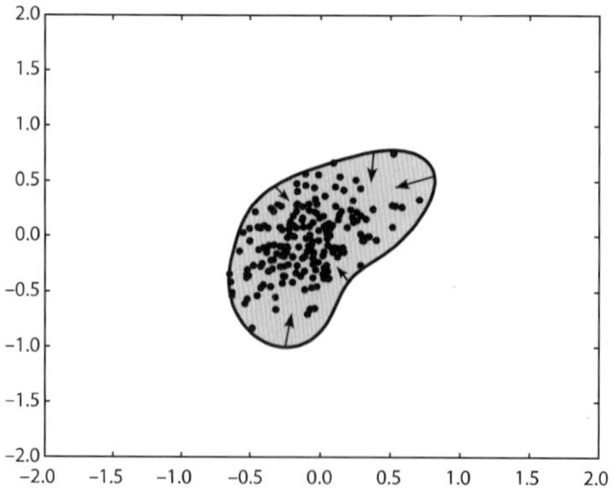

그림 9.13 1클래스 분류 문제의 결정 경계는 경계와 동일한 표준 인스턴스를 둘러싸려고 시도한다.

스를 분리할 수 있는 더 높은 차원의 공간으로 데이터를 변환한다. 이는 속성의 원래 공간에 있는 모든 데이터 인스턴스 $\mathbf{x}$를 변환된 고차원 공간의 점 $\phi(\mathbf{x})$에 매핑하는 함수 ϕ를 사용하여 수행할 수 있다(매핑 기능의 선택은 나중에 명확해진다). 변환된 공간에서 훈련 인스턴스는 다음과 같이 매개 변수($\mathbf{w}$, ρ)로 정의된 선형 초평면을 사용하여 분리될 수 있다.

$$\langle \mathbf{w}, \phi(\mathbf{x}) \rangle = \rho$$

여기서 $\langle \mathbf{x}, \mathbf{y} \rangle$는 벡터 $\mathbf{x}$와 $\mathbf{y}$ 사이의 내부곱을 나타낸다. 이상적으로는 모든 일반 인스턴스를 한쪽에 배치하는 선형 초평면이 필요하다. 따라서 우리는 $\langle \mathbf{w}, \phi(\mathbf{x}) \rangle > \rho \text{ if } \mathbf{x}$가 정규 클래스에 속하고 $\langle \mathbf{w}, \phi(\mathbf{x}) \rangle < \rho \text{ if } \mathbf{x}$가 예외 클래스에 속하도록 ($\mathbf{w}$, ρ)가 되기를 원한다.

$\{\mathbf{x}_1, \mathbf{x}_2, \dots \mathbf{x}_n\}$을 일반 클래스에 속하는 훈련 인스턴스 세트로 둔다. SVM에서 커널을 사용하는 것과 유사하게(4장 참조) $\mathbf{w}$를 $\phi(\mathbf{x}_i)$의 선형 조합으로 정의한다.

$$\mathbf{w} = \sum_{i=1}^{n} \alpha_i \phi(\mathbf{x}_i)$$

분리 초평면은 다음과 같이 α_i와 ρ를 사용하여 설명할 수 있다.

$$\sum_{i=1}^{n} \alpha_i \langle \phi(\mathbf{x}_i), \phi(\mathbf{x}) \rangle = \rho$$

위 방정식은 변형된 공간에서 $\phi(\mathbf{x})$의 내부 곱을 처리하여 초평면을 나타낸다. 이러한 내부 제품을 계산하기 위해 2.4.7절에 소개된 커널 함수 $\kappa(\mathbf{x}, \mathbf{y}) = \langle \phi(\mathbf{x}), \phi(\mathbf{y}) \rangle$를 사용할 수 있다. 커널 함수는 이진 분류 문제에서 비선형 경계를 학습하는 데 광범위하게 사용된다(예: 4장에 제시된 kernelSVM 사용). 단 클래스 설정에서 비선형 경계를 학습하는 것은 훈련 중 이상 클래스에 대한 정보가 없는 경우에 어렵다. 이러한 과제를 극복하기 위해 1클래스 SVM은 "원점 트릭"을 사용하여 분리 초평면을 학습한다. 이 초평면은 특정 유형의 커널 기능에 가장 적합하다. 이 방법은 다음과 같이 간단하게 설명할 수 있다.

9.7.2 원점 트릭(origin trick)

비선형 경계를 학습하는 데 일반적으로 사용되는 가우스 커널을 고려한다.

$$\kappa(\mathbf{x},\ \mathbf{y}) = \exp\left(-\frac{\|\mathbf{x}-\mathbf{y}\|^2}{2\sigma^2}\right)$$

여기서 $\|.\|$는 벡터의 길이를 나타내고 σ는 하이퍼파라미터이다. 가우스 커널을 사용하여 1클래스 설정에서 분리 초평면을 배우기 전에 가우시안 커널의 변형된 공간 $\phi(\mathbf{x})$이 무엇인지 먼저 이해하는 것이 좋다. 가우스 커널의 변형된 공간에는 다음과 같은 두 가지 중요한 속성이 있다. 이 속성은 단일 클래스 SVM의 핵심을 이해하는 데 유용하다.

1. **모든 점은 단위 반경의 하이퍼스피어(hypersphere)에 매핑된다.**

   이를 실현하기 위해 점 $\mathbf{x}$의 커널 함수 $\kappa(\mathbf{x},\ \mathbf{x})$를 고려한다. 이후 $\|\mathbf{x}-\mathbf{x}\|^2 = 0$

   $$\kappa(\mathbf{x},\ \mathbf{x}) = \langle \phi(\mathbf{x}),\ \phi(\mathbf{x}) \rangle = \|\phi(\mathbf{x})\|^2 = 1$$

   이것은 $\phi(\mathbf{x})$의 길이가 1과 같다는 것을 의미하며, 따라서 $\phi(\mathbf{x})$는 모든 $\mathbf{x}$에 대해 단위 반경의 하이퍼스피어에 존재한다.

2. **모든 점은 변환된 공간에서 동일한 직교자에 매핑된다.**

   두 점 $\mathbf{x}$와 $\mathbf{y}$에 대해 $\kappa(\mathbf{x},\ \mathbf{y}) = \langle \phi(\mathbf{x}),\ \phi(\mathbf{y}) \rangle \geq 0$이므로 $\phi(\mathbf{x})$와 $\phi(\mathbf{y})$ 사이의 각도는 항상 $\pi/2$보다 작다. 따라서 모든 점의 매핑은 변환된 공간에서 동일한 정사각형("사분면"의 고차원 유사체)에 있다.

설명을 위해 그림 9.14는 위의 두 가지 고려 사항을 사용하여 가우시안 커널의 변환된 공간을 개략적으로 시각화한 것이다. 검은 점은 변환된 공간에서 훈련 인스턴스의 매핑을 나타내며 단위 반경을 가진 원의 1/4호에 위치한다. 이 관점에서, 1클래스 SVM의 목적은 검은 점을 이상 인스턴스의 매핑으로부터 분리할 수 있는 선형 초평면을 배우는 것이다. 이 작업을 수행할 수 있는 가능한 많은 초평면이 있으며 그 중 두 개가 그림 9.14에 점선으로 표시되어 있다. 최고의 초평면(굵은 선으로 표시)을 선택하기 위해 SVM과 관련하여 4장에서 논의된 구조적 위험 최소화 원칙을 사용한다. 매개 변수$(\mathbf{w},\ \rho)$로 정의된 최적의 초평면에서 우리가 추구하는 세 가지 주요 요구 사항이 있다.

1. 초평면에는 큰 "여백" 또는 작은 값 $\|\mathbf{w}\|^2$가 있어야 한다. 큰 마진을 가지면 모델이 단순해지므로 과적합 현상에 덜 취약하다.

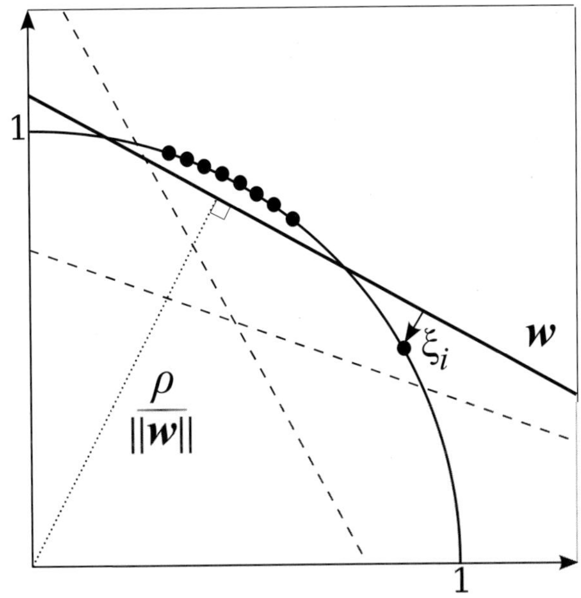

그림 9.14 변환된 공간에서 하나의 클래스 가상 머신 개념을 설명한다.

2. 초평면은 가능한한 원점에서 떨어져 있어야 한다. 이를 통해 초평면의 상단에 점을 정확하게 표시할 수 있다(일반 클래스에 해당). 그림 9.14에서 출발점으로부터 초평면의 거리는 본질적으로 $\frac{\rho}{\|\mathbf{w}\|}$. 따라서, ρ를 최대화하는 것은 원점으로부터 초평면의 거리를 최대화하는 것으로 해석된다.

3. "소프트 마진" SVM의 스타일에서 일부 훈련 인스턴스가 하이퍼플레인의 반대쪽에 있는 경우(이상 클래스에 해당) 하이퍼플레인에서 이러한 지점의 거리를 최소화해야 한다. 실제 문제에서 흔히 발생하는 이상치 탐지 알고리즘이 훈련 세트의 적은 수의 이상치에 견고해야 한다. 예외 훈련 인스턴스의 예는 그림 9.14에 1/4 반원에서 가장 낮은 검은점으로 표시된다. 훈련 인스턴스 $\mathbf{x}_i$가 (비정상 클래스에 해당하는) 초평면의 반대편에 있는 경우, 여유 변수 ξ_i로 측정된 초평면으로부터의 거리는 작게 유지해야 한다. $\mathbf{x}_i$가 일반 클래스에 해당하는 면에 있으면 $\xi_i = 0$이다.

위의 세 가지 요구 사항은 다음과 같이 공식적으로 설명할 수 있는 1클래스 SVM의 최적화 목표의 기초를 제공한다.

$$\min_{\mathbf{w},\ \rho,\ \xi} \frac{1}{2}\|\mathbf{w}\|^2 - \rho + \frac{1}{n\nu}\sum_{i=1}^{n}\xi_i \tag{9.9}$$

$$\text{subject to } \langle \mathbf{w},\ \phi(\mathbf{x}_i)\rangle \geq \rho - \xi_i,\ \xi_i \geq 0$$

여기서 n은 훈련 인스턴스의 수이고 $\nu \in (0,\ 1]$은 훈련 인스턴스를 동일한 면에 유지하는 데 있어서 모델 복잡성을 줄이는 것과 의사 결정 경계의 적용 범위를 개선하는 것 사이의 균형을 유지하는 하이퍼파라미터이다.

4장에서 소개된 이진 SVM의 최적화 목표와 위의 방정식의 유사성을 주목한다. 그러나 한 클래스 SVM의 주요 차이점은 제약 조건이 일반 클래스에 대해서만 정의되어 있고 예외 클래스에는 정의되지 않는다는 것이다. 하이퍼플레인은 한쪽에서 제약 조건(일반 클래스에 해당)에 의해 유지되지만 다른 쪽에서는 제한되지 않기 때문에 심각한 문제인 것처럼 보일 수 있다. 하지만 "원점 트릭"의 도움을 받아 1클래스 SVM은 원점으로 부터의 하이퍼플레인 거리를 최대화하여 이 문제를 해결한다. 이 관점에서 원점은 대리의 두번째 클래스 역할을 하며 학습된 초평면은 이진 SVM이 두 클래스를 분리하는 방식과 유사한 방식으로 정상 클래스와 두번째 클래스를 분리하려고 시도한다.

식 (9.9)는 선형 불평등 제약 조건을 갖는 2차 프로그래밍 문제(QPP)의 인스턴스이며, 이는 이진 SVM의 최적화 문제와 유사하다. 따라서 이진 SVM을 학습하기 위해 4장에서 논의한 최적화 절차는 식 (9.9)를 풀기 위해 직접 적용될 수 있다. 그런 다음 학습된 1클래스 SVM을 테스트 인스턴스에 적용하여 정상 클래스 또는 비정상 클래스에 속하는지 식별할 수 있다. 또한 테스트 인스턴스가 이상으로 식별되는 경우 초평면으로부터의 거리는 이상치 점수의 추정치로 볼 수 있다.

1클래스 SVM의 하이퍼파라미터 ν는 특별히 해석될 수 있다. 그것은 초평면을 배우는 동안 이상치로 용납될 수 있는 훈련 인스턴스의 일부에 대한 상한을 나타낸다. 이는 $n\nu$가 (비정상 클래스에 해당하는) 초평면의 다른 쪽에 배치할 수 있는 최대 훈련 인스턴스 수를 의미한다. ν값이 낮으면 훈련 세트에 이상치 수가 적다고 가정하고 ν값이 높으면 하이퍼플레인에 대한 학습이 훈련 중에 많은 수의 이상치에 견고하게 된다.

그림 9.15는 $\nu = 0.1$을 사용하는 200 크기의 훈련 세트의 학습된 결정 경계를 보여준다. 훈련 데이터는 $(0,\ 0)$을 중심으로 한 가우시안 분포에서 생성된 대부분의 일반 인스턴스로 구성되어 있음을 알 수 있다. 그러나 입력 데이터에는 정규 클래스의 분포를 따르지 않는 이상치도 있다. $\nu = 0.1$인 1클래스 SVM은 하이퍼플레인의 반대편에 최대 20

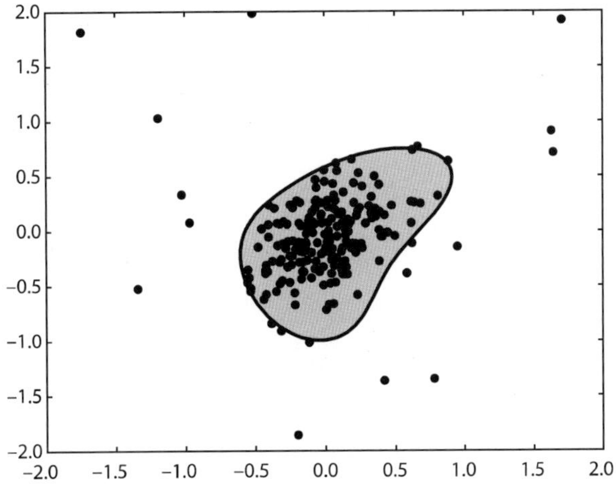

그림 9.15 $\nu=0.1$인 클래스 SVM의 결정 경계

개의 트레이닝 인스턴스를 배치할 수 있다(정상 클래스에 해당). 이로 인해 대부분의 일반 인스턴스를 강력하게 둘러싼 의사 결정 경계가 생긴다. 대신 $\nu = 0.05$를 사용하는 경우 훈련 세트에서 최대 10개의 이상치를 허용하는 범위만 갖게 되므로 그림 9.16(a)와 같은 결정 경계가 생긴다. 이 결정 경계가 필요한 것보다 훨씬 큰 영역을 일반 클래스에 할당한다는 것을 알 수 있다. 반면, $\nu = 0.2$를 사용하여 학습한 결정 경계는 그림 9.16(b)에 나와 있으며, 훈련 데이터에서 최대 40개 이상 값을 허용할 수 있기 때문에 훨씬

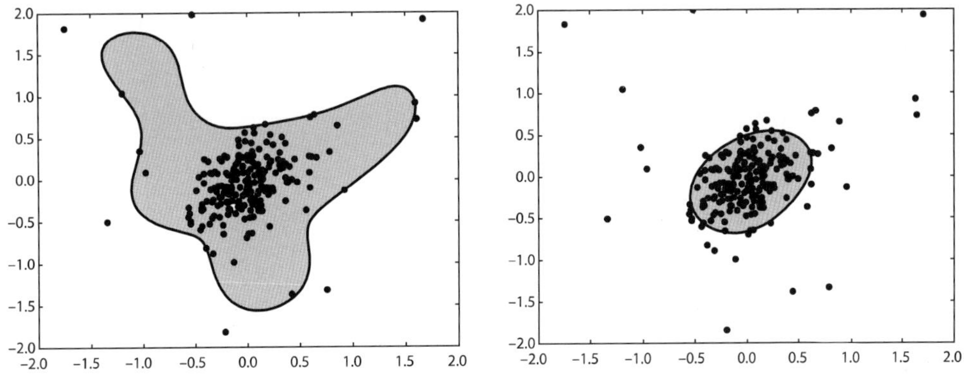

(a) $\nu=0.05$ (b) $\nu=0.2$

그림 9.16 ν의 값을 변화시키기 위한 하나의 클래스 VM의 결정 경계

더 간결해 보인다. 따라서 ν의 선택은 단일 클래스 SVM에서 의사 결정 경계를 학습하는데 결정적인 역할을 한다.

9.7.3 강점과 약점

1클래스 SVM은 강력한 이론적 토대를 가진 의사 결정 경계를 학습할 때 구조적 위험 최소화 원칙을 활용한다. 모델의 단순성과 법선 클래스의 분포를 둘러싸는 경계의 효과 사이에서 균형을 잡을 수 있다. 하이퍼파라미터 ν를 사용하여 훈련 데이터에서 이상치를 피할 수 있는 내장 메커니즘을 제공하며, 이는 실제 문제에서 흔히 발생한다. 그러나 그림 9.16에 도시된 바와 같이, ν의 선택은 학습된 결정 경계의 특성에 크게 영향을 미친다. 4장에서 논의한 하이퍼파라미터 선택 기법은 멀티 클래스 설정에서만 적용할 수 있기 때문에 ν의 올바른 값을 선택하는 것은 어렵다. 유효성 검증 오류율을 정의할 수 있다. 또한 가우스 커널을 사용하려면 속성 공간에서 비선형 결정 경계를 효과적으로 학습하기 위해 비교적 큰 훈련 크기가 필요하다. 또한 일반 SVM과 마찬가지로 1클래스 SVM은 계산 비용이 높다. 따라서 특히 훈련 세트가 큰 경우 훈련 비용이 많이 든다.

9.8 정보 이론적 접근

이러한 접근법은 정규 클래스가 코드라고도하는 간단한 표현을 사용하여 표현될 수 있다고 가정한다. 그러한 표현을 명시적으로 학습하는 대신, 정보 이론적 접근의 초점은 그것들을 인코딩하는데 필요한 정보의 양을 정량화하는 것이다. 정상 클래스가 일부 구조 또는 패턴을 표시하면 적은 수의 비트를 사용하여 인코딩할 것으로 예상할 수 있다. 그러면 이상치가 데이터에 불규칙성을 초래하는 인스턴스로 식별될 수 있으며, 이는 데이터 세트의 전체 정보 내용을 증가시킨다. 이것은 운영 환경에서 이상 허용 가능한 정의이다. 이상치는 보통 정상 클래스의 패턴이나 행동을 따르지 않기 때문에 종종 놀라움의 요소와 관련되기 때문이다.

데이터 세트의 정보 내용(복잡성이라고도 함)을 정량화하기 위한 다수의 접근법이 있다. 예를 들어, 데이터 세트에 범주형 변수가 포함된 경우 2.3.6절에 설명된 엔트로피 측정값을 사용하여 정보 내용을 평가할 수 있다. 다른 유형의 속성이 있는 데이터 세트의 경우 Kolmogorov 복잡도와 같은 다른 측정값을 사용할 수 있다. 직관적으로 Kolmogorov의 복잡성은 원본 데이터를 재생할 수 있는 가장 작은 컴퓨터 프로그램(사전 지정된 언어로 작성)의 크기에 따라 데이터 세트의 복잡성을 측정한다. 보다 실용적인 방법은 표준 압축 기술을 사용하여 데이터를 압축하고 결과 압축 파일의 크기를 원본 데이터의 정보 내용의 척도로 사용하는 것이다.

이상치 탐지를 위한 기본 정보 이론적 접근법은 다음과 같이 설명될 수 있다. 데이터 세트 D의 정보 내용을 $Info(D)$로 표시하자. D에서 데이터 인스턴스 x의 이상 점수 계산을 고려한다. D에서 x를 제거하면 나머지 데이터의 정보 내용을 $Info(D\backslash x)$로 측정할 수 있다. x가 실제로 비정상인 경우

$$Gain(x) = Info(D) - Info(D\backslash x)$$

의 높은 값을 나타낸다. 이는 이상치 현상이 놀라 울 것으로 예상되기 때문에 발생하므로 제거하면 정보 내용이 크게 감소해야 한다. 따라서 $Gain(x)$을 이상치 점수의 척도로 사용할 수 있다.

일반적으로 정보 내용의 감소는 단일 인스턴스가 아니라 인스턴스의 하위 집합(이상으로 간주 됨)을 제거하여 측정된다. 이는 정보 내용의 대부분의 측정이 단일 인스턴스의 제거에 민감하지 않기 때문이다. 예를 들어 압축된 데이터 파일의 크기는 단일 데이터 항목을 제거해도 크게 변하지 않다. 따라서 제거시 $Gain(X)$의 가장 큰 값을 나타내는 인스턴스 X의 가장 작은 서브 세트를 식별해야 한다. 선형 시간 복잡도를 가진 근사 방법도 제안되었지만 이는 기하급수적인 시간 복잡성을 요구하는 사소한 문제이다(참고문헌 참고).

예제 9.4

참가자 모음의 무게와 키에 대한 설문 조사 보고서를 통해, 키와 몸무게가 비정상적인 참가자를 식별하려고 한다. 무게와 키는 모두 `{low, medium, high}`의 세 가지 값을 갖는 범주형 변수로 표현할 수 있다. 표 9.2는 엔트로피가 2.08인 100명의 참가자의 체중 및 신장 정보에 대한 데이터를 보여준다. 우리는 정상 참가자의 키와 체중 분포에 패턴이 있음을 알 수 있다. 체중이 높은 대부분의 참가자는 키값이 높으며 그 반대도 마찬가지이다. 그러나 가중치는 높지만 높이는 낮은 5명의 참가자가 있다. 이는 매우 드문

표 9.2 100명의 참가자의 체중과 신장에 대한 조사 데이터

weight	height	Frequency
low	low	20
low	medium	15
medium	medium	40
high	high	20
high	low	5

일이다. 이 5개의 인스턴스를 제거함으로써 결과 데이터 세트의 엔트로피는 1.89가 되어 $2.08-1.89=0.19$의 이득을 얻다. ■

9.8.1 강점과 약점

정보 이론적 접근 방식은 감독되지 않은 환경에서 작동하는데, 이는 일반 전용 인스턴스에 대한 별도의 훈련 세트가 필요하지 않기 때문이다. 그것들은 일반 클래스의 구조에 대해 많은 가정을 하지 않으며 다양한 유형과 속성의 데이터 세트에 적용하기에 일반적이다. 그러나 정보 이론적 접근 방식의 성능은 데이터 세트의 정보 내용을 캡처하는 데 사용되는 측정의 선택에 크게 좌우된다. 적은 수의 인스턴스를 제거하는 데 민감하도록 측정값을 적절히 선택해야 한다. 압축 기술은 종종 작은 편차에 견고하기 때문에 문제가 많다. 이상이 많은 경우에만 유용합니다. 또한 정보 이론은 높은 계산 비용으로 인해 대량의 데이터 세트에 적용하는 데 비용이 많이 든다.

9.9 이상치 탐지 평가

이상 데이터와 정상 데이터를 구분하기 위해 클래스 레이블을 사용할 수 있는 경우 4.11절에서 논의한 분류 성능 측정값을 사용하여 이상 감지 체계의 효과를 평가할 수 있다.

비정상 클래스는 보통 일반 클래스보다 훨씬 작기 때문에 정확도보다 정확도, 리콜 및 오탐률과 같은 측정이 더 적합하다. 특히, 오경보율(false alarm rate)이라고도 하는 **오탐률(false positive rate)**은 너무 많은 오경보가 이상치 탐지 시스템을 쓸모없게 만들기

때문에 종종 이상치 탐지 체계의 실용성을 결정한다. 클래스 레이블을 사용할 수 없으면 평가가 어렵다. 모델 기반 접근법의 경우 이상 징후가 제거된 후 이상치 탐지의 효과는 모델의 장점의 개선과 관련하여 판단할 수 있다. 정보 이론적 접근 방식과 마찬가지로 정보 이득은 효과의 척도를 제공한다. 재구성 기반 접근법의 경우, 재구성 오류는 평가에 사용될 수 있는 측정값을 제공한다.

마지막 단락에 제시된 평가는 군집 분석에 대한 감독되지 않은 평가 조치와 유사하다. 여기서 측정값은 클래스 레이블이 없는 경우에도 SSE(제곱 오차 합계) 또는 실루엣 지수와 같은 척도(7.5절 참조)를 계산할 수 있다. 이러한 측정값은 데이터 세트에 있는 정보만 사용하므로 "내부" 측정 값이라고 한다. 마지막 단락에서 언급된 이상 평가 조치도 마찬가지이다. 즉, 내부 조치이다. 중요한 점은 군집화 알고리즘에 의해 생성된 군집 레이블이 외부에서 제공되는 클래스 레이블과 일치하지 않을 수 있는 것처럼 특정 응용 프로그램에서 관심있는 예외 항목이 예외 감지 알고리즘에서 예외로 레이블되는 항목이 아닐 수 있다는 것이다. 실제로 이는 시스템 사용자의 피드백을 기반으로 이상치 탐지 방법을 선택하고 조정한다는 의미이다.

이상치 탐지 결과를 평가하는 보다 일반적인 방법은 이상치 점수의 분포를 보는 것이다. 우리가 논의한 기술은 데이터의 상대적으로 작은 부분만이 이상으로 구성되어 있다고 가정한다. 따라서 대부분의 변칙 점수는 상대적으로 낮아야 하며, 점수의 작은 부분은 최고점에 도달해야 한다(이는 점수가 높을수록 인스턴스가 더 이상이 없음을 나타낸다). 따라서 히스토그램 또는 밀도 플롯을 통해 점수 분포를 살펴보면 사용 중인 접근 방식이 합리적인 방식으로 작동하는 점수를 생성하는지 여부를 평가할 수 있다. 우리는 예를 들어 설명한다.

예제 9.5 **이상치 점수의 분포**

그림 9.17 및 9.18은 두 군집의 이상치 점수를 보여준다. 둘 다 100점이 있지만 가장 왼쪽에 있는 군집은 밀도가 낮다. k번째 이웃까지의 평균 거리(평균 KNN 거리)를 사용하는 그림 9.17은 밀도가 낮은 군집의 포인트에 대해 더 높은 비정상 점수를 보여준다. 반대로 LOF를 예외 스코어링에 사용하는 그림 9.18은 두 군집 사이에서 유사한 스코어를 보여준다.

평균 KNN 거리와 LOF 점수의 히스토그램은 각각 그림 9.19와 9.20에 나와 있다.

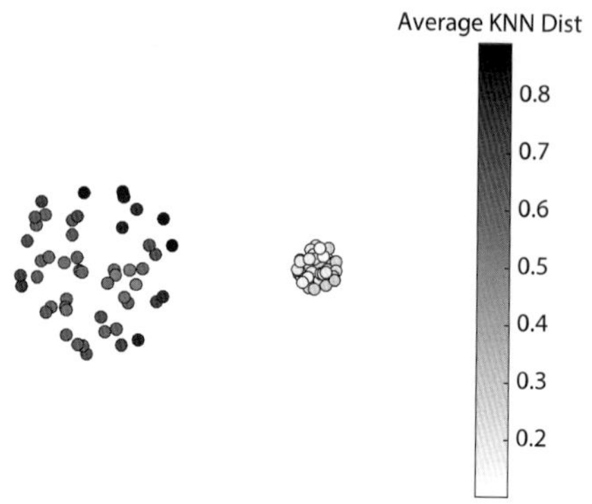

그림 9.17 평균 거리와 인접 이웃을 기준으로 한 이상치 점수

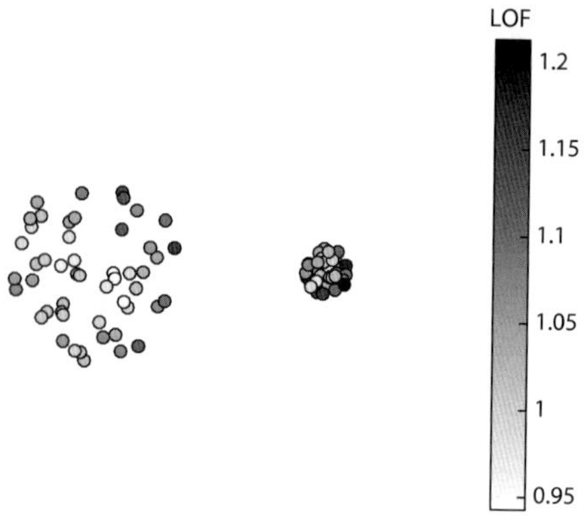

그림 9.18 5개의 근접 이웃을 사용하여 LOF를 기준으로 한 이상치 점수이다.

LOF 점수의 히스토그램은 유사한 비정상 점수를 가진 대부분의 포인트와 상당히 큰 값을 가진 일부 포인트를 보여준다. 평균 KNN 거리의 히스토그램은 이중모드(bimodal) 분포를 보여준다. 요점은 이 예에서 이상 점수의 분포가 LOF 점수의 분포와 유사해야 한다는 것이다. 분포에서 하나의 2차 정점이 오른쪽으로 이동함에 따라 하나 이상의 2차 정점이 있을 수 있지만,이 2차 정점은 평균 KNN 거리 접근 방식에서와 같이 비교적 적은 포인트만 포함해야 하며 포인트의 큰 일부는 포함하지 않아야 한다. ■

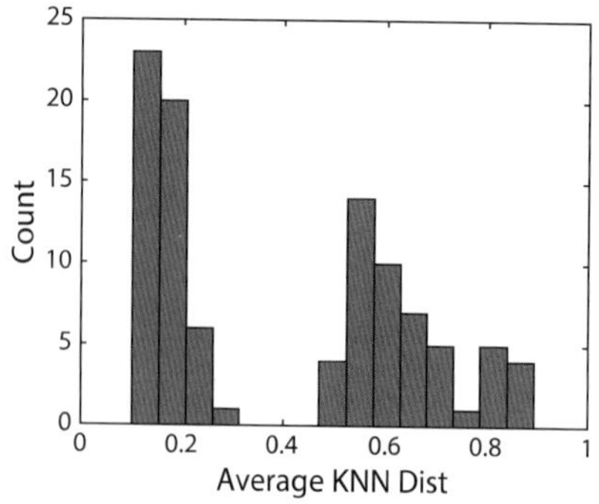

그림 9.19 5점 근접에 대한 평균 거리에 기초한 이상치 점수의 히스토그램

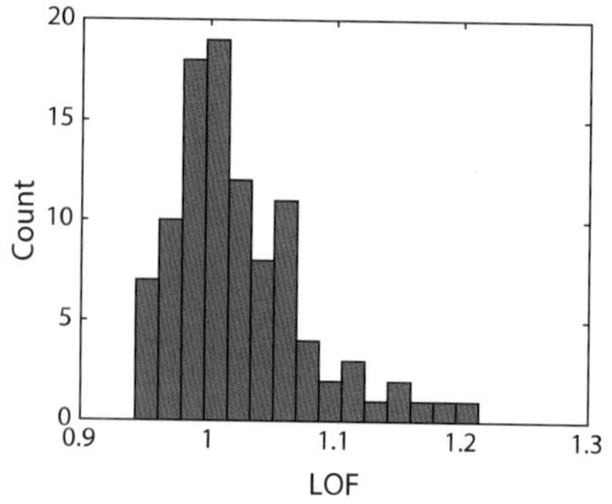

그림 9.20 최근접 이웃을 사용하여 LOF 이상치 점수의 히스토그램

9.10 참고문헌 설명

이상치 탐지는 특히 이상치 탐지라고 알려진 통계에서 오랜 역사를 가지고 있다. 이 주제에 관한 책은 Aggarwal[623], Barnett and Lewis[627], Hawkins[648], Rousseeuw and Leroy[683]의 책들이다. Beckman and Cook[629]의 기사는 통계학자들이 이상치 탐지의 주제를 보는 방법에 대한 일반적인 개요를 제공하고 1777년 Bernoulli의 논평으로 거슬러 올라간 주제의 역사를 제공한다. 관련 기사[630, 649]도 참조한다. 이상치 탐지에 대한 또 다른 일반적인 기사는 Barnett[626]의 것이다. 다변량 데이터에서 이상치를 구하는 기사에는 Davies and Gather[639], Gnanadesikan and Kettenring[646], Rocke and Woodruff[681], Rousseeuw and van Zomerenand[685] 및 Scott[690]이 있다. Rosner[682]는 동시에 여러 이상치를 찾는 것에 대한 토론을 제공한다.

Chandola et al.[633]과 Hodge와 Austin[651]은 Aggarwal[623]의 주제에 관한 최근의 책에서와 같이 이상치 탐지 방법에 대한 광범위한 적용 범위를 제공한다. Markou와 Singh[674, 675]는 각각 통계 및 신경망 기술을 다루는 새로운 탐지 기술에 대한 두 부분으로 된 리뷰를 제공한다. 피멘토(Pimento) 등[678]은 이 장에서 논의된 많은 방법들을 포함하여 신규성 검출 접근법에 대한 또 다른 검토이다.

일변량 사례에서 이상치 탐지에 대한 통계적 접근법은 첫 번째 단락의 책에서 잘 다룬다. Shyu et al.[692]는 주성분과 마할라노비스 거리에 기반한 접근 방식을 사용하여 다변량 데이터에 대한 이상 점수를 생성한다. 이상치 탐지를 위한 커널 밀도 접근의 예는 Schubert et al.[688]이다. 9.3.3절에서 논의된 혼합 모델 이상치 접근법은 Eskin에서 나온 것이다[641]. χ^2 측정에 기초한 접근법은 Ye와 Chen에 의해 제공된다[695]. 볼록 껍질의 깊이와 같은 기하학적 아이디어에 기반한 이상치 탐지는 Johnson et al.[654] Liu et al.[673] 및 Rousseeuw et al.[684]에 있다.

거리 기반 이상치의 개념과 이 정의가 이상치의 많은 통계적 정의를 포함할 수 있다는 사실은 Knorr et al.[663-665]에 있다. Ramaswamy et al.[680]은 각 물체에 k-최근접 이웃의 거리에 기초하여 특이점을 부여하는 효율적인 거리 기반 특이점 검출 절차를 제안한다. 효율성은 BIRCH의 첫 번째 단계(8.5.2절)를 사용하여 데이터를 분할함으로써 달성된다. Chaudhary et al.[634]는 이상치 탐지의 효율성을 높이기 위해 k-d 트리를 사용하고 Bay와 Schwabacher는 성능을 향상시키기 위해 무작위화와 가지치기를 사용한다.

상대 밀도 기반 접근법의 경우, 가장 잘 알려진 기술은 DBSCAN에서 나온 LOF(Local Outlier Factor)이다(Breunig et al.[631, 632]). 다른 지역을 고려한 이상치 탐지 알고리즘은 Papadimitriou 등의 LOCI이다[677]. 지역 접근법에 대한보다 최근의 견해는 Schubert et al.[689]. 근접성은 그래프로 볼 수 있다. Tang 등의 연결 기반 이상치(COF). [694]는 국부 이상치 검출에 대한 그래프 기반 접근법이다. 그래프 기반 접근법의 조사는 Akoglu et al.[625].

차원이 높으면 거리 및 밀도 기반 접근 방식에 심각한 문제가 발생한다. 고차원 공간에서의 이상치 제거에 대한 논의는 Aggarwal과 Yu[624]와 Dunagan과 Vempala[640]의 논문에서 찾을 수 있다. Zimek et al. 고차원 수치 데이터에 대한 이상치 탐지 접근법에 대한 조사를 제공한다[696].

군집화 및 이상치 감지는 오랜 관계가 있다. 7장과 8장에서는 BIRCH, CURE, DENCLUE, DBSCAN 및 SNN 밀도 기반 군집화와 같은 기술을 고려했다. 여기에는 예외 처리 기술이 포함된다. 이 관계를 더 논의하는 통계적 접근법은 Scott[690]과 Hardin and Rocke [647]의 논문에 설명되어 있다. 군집화와 이상치를 동시에 처리할 수 있는 K-평균 알고리즘은 Chawla와 Gionis에 의해 제안되었다[637].

재구성 기반 접근법에 대한 우리의 논의는 신경망 기반 접근법, 즉 오토인코더에 초점을 맞추었다. 보다 광범위하게 신경망 영역에서의 접근법에 대한 논의는 논문에서 Ghosh and Schwartzbard[645], Sykacek[693] 및 Hawkins et al.[650], 리플리케이터 네트워크에 대해 논의한다. 이상치 탐지를 위한 1클래스 SVM 접근 방식은 Schölkopf et al. Li 등에 의해 개선되었다[672]. 더 일반적으로 단일 분류 기술은 [662]에서 조사된다. 이상치 탐지에서 정보 측정의 사용은 Lee and Xiang[671]에 설명되어 있다.

이 장에서는 무감독 이상치 탐지에 중점을 두었다. 감독 이상치 탐지는 희귀 등급 분류 범주에 속한다. 희귀 클래스 탐지 작업에는 Joshi et al.[655-659]. 희귀 클래스 문제는 때때로 불균형 데이터 세트 문제라고도 한다. AAAI 워크숍(Japkowicz[653]), ICML 워크숍(Chawla et al.[635]) 및 SIGKDD Explorations(Chawla et al.[636])의 특별 이슈가 관련있다.

무감독 이상치 탐지 접근법의 평가는 9.9절에서 논의되었다. Aggarwal[623]의 책 8장 토론도 참조한다. 요약하면 평가 방법은 상당히 제한적이다. 감독 이상치 탐지의 경우, 현재 평가 방법에 대한 개요는 Schubert et al.[687].

이 장에서는 기본 이상치 탐지 체계에 중점을 두었다. 데이터의 공간적 또는 시간적 특성을 고려한 체계는 고려하지 않았다. Shekhar et al.[691]은 공간적 이상치의 문제에 대한 상세한 논의를 제공하고 공간적 이상치 검출에 대한 단일화된 접근법을 제시한다. 기후 데이터의 이상치 탐지에 대한 문제는 Kawale et al.[660].

시계열의 이상치 문제는 Fox에 의해 통계적으로 엄격한 방식으로 처음 고려되었다[643]. Muirhead[676]는 시계열에서 다른 유형의 이상치에 대한 설명을 제공한다. Abraham과 Chuang[622]은 시계열의 이상치에 대한 베이지안 접근 방식을 제안하는 반면 Chen과 Liu [638]는 시계열의 여러 가지 이상치 유형을 고려하고 이를 탐지하고 시계열 매개 변수의 적절한 추정치를 얻는 기술을 제안한다. Jagadish et al. 및 Keogh et al.[661]은 시계열 데이터베이스에서 변형되거나 놀라운 패턴을 찾기 위한 작업을 수행했다.

이상치 탐지를 위한 중요한 응용 분야는 침입 탐지이다. 침입 탐지에 대한 데이터 마이닝 적용에 대한 조사는 Lee and Stolfo[669]와 Lazarevic et al.[668]. 다른 논문에서 Lazarevic et al.[667]은 네트워크 침입과 관련된 이상치 탐지 루틴을 비교한다. Garcia et al.[644]는 네트워크 침입 탐지를 위한 이상치 탐지에 대한 최근 조사를 제공한다. 침입 탐지를 위해 데이터 마이닝 기술을 사용하기위한 프레임 워크는 Lee et al.[670]에 있다. 침입 탐지 영역에서의 군집화 기반 접근법에는 Eskin et al.[642], Lane and Brodley [666] 및 Portnoy et al.[679] 등이 있다.

참고문헌

[622] B. Abraham and A. Chuang. Outlier Detection and Time Series Modeling. *Technometrics*, 31(2):241-248, May 1989.

[623] C. C. Aggarwal. *Outlier Analysis*. Springer Science & Business Media, 2013.

[624] C. C. Aggarwal and P. S. Yu. Outlier Detection for High Dimensional Data. In *Proceedings of the 2001 ACM SIGMOD International Conference on Management of Data*, SIGMOD '01, pages 37-46, New York, NY, USA, 2001. ACM.

[625] L. Akoglu, H. Tong, and D. Koutra. Graph based anomaly detection and description: a survey. *Data Mining and Knowledge Discovery*, 29(3):626-688, 2015.

[626] V. Barnett. The Study of Outliers: Purpose and Model. *Applied Statistics*, 27(3): 242-250, 1978.

[627] V. Barnett and T. Lewis. *Outliers in Statistical Data*. Wiley Series in Probability and Statistics. John Wiley & Sons, 3rd edition, April 1994.

[628] S. D. Bay and M. Schwabacher. Mining distance-based outliers in near linear time with randomization and a simple pruning rule. In *Proc. of the 9th Intl. Conf. on Knowledge*

Discovery and Data Mining, pages 29-38. ACM Press, 2003.

[629] R. J. Beckman and R. D. Cook. 'Outlier..........s'. *Technometrics*, 25(2):119-149, May 1983.

[630] R. J. Beckman and R. D. Cook. ['Outlier..........s']: Response. *Technometrics*, 25(2): 161-163, May 1983.

[631] M. M. Breunig, H.-P. Kriegel, R. T. Ng, and J. Sander. OPTICS-OF: Identifying Local Outliers. In *Proceedings of the Third European Conference on Principles of Data Mining and Knowledge Discovery*, pages 262-270. Springer-Verlag, 1999.

[632] M. M. Breunig, H.-P. Kriegel, R. T. Ng, and J. Sander. LOF: Identifying density-based local outliers. In *Proc. of 2000 ACM-SIGMOD Intl. Conf. on Management of Data*, pages 93-104. ACM Press, 2000.

[633] V. Chandola, A. Banerjee, and V. Kumar. Anomaly detection: A survey. *ACM computing surveys(CSUR)*, 41(3):15, 2009.

[634] A. Chaudhary, A. S. Szalay, and A. W. Moore. Very fast outlier detection in large multi-dimensional data sets. In *Proc. ACM SIGMOD Workshop on Research Issues in Data Mining and Knowledge Discovery(DMKD)*, 2002.

[635] N. V. Chawla, N. Japkowicz, and A. Kolcz, editors. *Workshop on Learning from Imbalanced Data Sets II, 20th Intl. Conf. on Machine Learning*, 2000. AAAI Press.

[636] N. V. Chawla, N. Japkowicz, and A. Kolcz, editors. *SIGKDD Explorations Newsletter, Special issue on learning from imbalanced datasets*, volume 6(1), June 2004. ACM Press.

[637] S. Chawla and A. Gionis. k-means-: A Unified Approach to Clustering and Outlier Detection. In *SDM*, pages 189-197. SIAM, 2013.

[638] C. Chen and L.-M. Liu. Joint Estimation of Model Parameters and Outlier Effects in Time Series. *Journal of the American Statistical Association*, 88(421):284-297, March 1993.

[639] L. Davies and U. Gather. The Identification of Multiple Outliers. *Journal of the American Statistical Association*, 88(423):782-792, September 1993.

[640] J. Dunagan and S. Vempala. Optimal outlier removal in high-dimensional spaces. *Journal of Computer and System Sciences, Special Issue on STOC 2001*, 68(2):335-373, March 2004.

[641] E. Eskin. Anomaly Detection over Noisy Data using Learned Probability Distributions. In *Proc. of the 17th Intl. Conf. on Machine Learning*, pages 255-262, 2000.

[642] E. Eskin, A. Arnold, M. Prerau, L. Portnoy, and S. J. Stolfo. A geometric framework for unsupervised anomaly detection. In *Applications of Data Mining in Computer Security*, pages 78-100. Kluwer Academics, 2002.

[643] A. J. Fox. Outliers in Time Series. *Journal of the Royal Statistical Society. Series B (Methodological)*, 34(3):350-363, 1972.

[644] P. Garcia-Teodoro, J. Diaz-Verdejo, G. Maciá-Fernández, and E. Vázquez. Anomalybased

network intrusion detection: Techniques, systems and challenges. *computers & security*, 28(1):18-28, 2009.

[645] A. Ghosh and A. Schwartzbard. A Study in Using Neural Networks for Anomaly and Misuse Detection. In *8th USENIX Security Symposium*, August 1999.

[646] R. Gnanadesikan and J. R. Kettenring. Robust Estimates, Residuals, and Outlier Detection with Multiresponse Data. *Biometrics*, 28(1):81-124, March 1972.

[647] J. Hardin and D. M. Rocke. Outlier Detection in the Multiple Cluster Setting using the Minimum Covariance Determinant Estimator. *Computational Statistics and Data Analysis*, 44:625-638, 2004.

[648] D. M. Hawkins. *Identification of Outliers*. Monographs on Applied Probability and Statistics. Chapman & Hall, May 1980.

[649] D. M. Hawkins. '[Outlier..........s]': Discussion. *Technometrics*, 25(2):155-156, May 1983.

[650] S. Hawkins, H. He, G. J. Williams, and R. A. Baxter. Outlier Detection Using Replicator Neural Networks. In *DaWaK 2000: Proc. of the 4th Intnl. Conf. on Data Warehousing and Knowledge Discovery*, pages 170-180. Springer-Verlag, 2002.

[651] V. J. Hodge and J. Austin. A Survey of Outlier Detection Methodologies. *Artificial Intelligence Review*, 22:85-126, 2004.

[652] H. V. Jagadish, N. Koudas, and S. Muthukrishnan. Mining Deviants in a Time Series Database. In *Proc. of the 25th VLDB Conf.*, pages 102-113, 1999.

[653] N. Japkowicz, editor. *Workshop on Learning from Imbalanced Data Sets I, Seventeenth National Conference on Artificial Intelligence, Published as Technical Report WS-00-05*, 2000. AAAI Press.

[654] T. Johnson, I. Kwok, and R. T. Ng. Fast Computation of 2-Dimensional Depth Contours. In *KDD98*, pages 224–28, 1998.

[655] M. V. Joshi. On Evaluating Performance of Classifiers for Rare Classes. In *Proc. of the 2002 IEEE Intl. Conf. on Data Mining*, pages 641-644, 2002.

[656] M. V. Joshi, R. C. Agarwal, and V. Kumar. Mining needle in a haystack: Classifying rare classes via two-phase rule induction. In *Proc. of 2001 ACM-SIGMOD Intl. Conf. on Management of Data*, pages 91-102. ACM Press, 2001.

[657] M. V. Joshi, R. C. Agarwal, and V. Kumar. Predicting rare classes: can boosting make any weak learner strong? In *Proc. of 2002 ACM-SIGMOD Intl. Conf. on Management of Data*, pages 297-306. ACM Press, 2002.

[658] M. V. Joshi, R. C. Agarwal, and V. Kumar. Predicting Rare Classes: Comparing Two-Phase Rule Induction to Cost-Sensitive Boosting. In *Proc. of the 6th European Conf. of Principles and Practice of Knowledge Discovery in Databases*, pages 237-249. Springer-Verlag, 2002.

[659] M. V. Joshi, V. Kumar, and R. C. Agarwal. Evaluating Boosting Algorithms to Classify Rare Classes: Comparison and Improvements. In *Proc. of the 2001 IEEE Intl. Conf. on*

Data Mining, pages 257-264, 2001.

[660] J. Kawale, S. Chatterjee, A. Kumar, S. Liess, M. Steinbach, and V. Kumar. Anomaly construction in climate data: issues and challenges. In *NASA Conference on Intelligent Data Understanding CIDU*, 2011.

[661] E. Keogh, S. Lonardi, and B. Chiu. Finding Surprising Patterns in a Time Series Database in Linear Time and Space. In *Proc. of the 8th Intl. Conf. on Knowledge Discovery and Data Mining*, Edmonton, Alberta, Canada, July 2002.

[662] S. S. Khan and M. G. Madden. One-class classification: taxonomy of study and review of techniques. *The Knowledge Engineering Review*, 29(03):345-374, 2014.

[663] E. M. Knorr and R. T. Ng. A Unified Notion of Outliers: Properties and Computation. In *Proc. of the 3rd Intl. Conf. on Knowledge Discovery and Data Mining*, pages 219-222, 1997.

[664] E. M. Knorr and R. T. Ng. Algorithms for Mining Distance-Based Outliers in Large Datasets. In *Proc. of the 24th VLDB Conf.*, pages 392-403, August 1998.

[665] E. M. Knorr, R. T. Ng, and V. Tucakov. Distance-based outliers: algorithms and applications. *The VLDB Journal*, 8(3-4):237-253, 2000.

[666] T. Lane and C. E. Brodley. An Application of Machine Learning to Anomaly Detection. In *Proc. 20th NIST-NCSC National Information Systems Security Conf.*, pages 366-380, 1997.

[667] A. Lazarevic, L. Ertöz, V. Kumar, A. Ozgur, and J. Srivastava. A Comparative Study of Anomaly Detection Schemes in Network Intrusion Detection. In *Proc. of the 2003 SIAM Intl. Conf. on Data Mining*, 2003.

[668] A. Lazarevic, V. Kumar, and J. Srivastava. Intrusion Detection: A Survey. In *Managing Cyber Threats: Issues, Approaches and Challenges*, pages 19-80. Kluwer Academic Publisher, 2005.

[669] W. Lee and S. J. Stolfo. Data Mining Approaches for Intrusion Detection. In *7th USENIX Security Symposium*, pages 26-29, January 1998.

[670] W. Lee, S. J. Stolfo, and K. W. Mok. A Data Mining Framework for Building Intrusion Detection Models. In *IEEE Symposium on Security and Privacy*, pages 120-132, 1999.

[671] W. Lee and D. Xiang. Information-theoretic measures for anomaly detection. In *Proc. of the 2001 IEEE Symposium on Security and Privacy*, pages 130-143, May 2001.

[672] K.-L. Li, H.-K. Huang, S.-F. Tian, and W. Xu. Improving one-class SVM for anomaly detection. In *Machine Learning and Cybernetics, 2003 International Conference on*, volume 5, pages 3077-3081. IEEE, 2003.

[673] R. Y. Liu, J. M. Parelius, and K. Singh. Multivariate analysis by data depth: descriptive statistics, graphics and inference. *Annals of Statistics*, 27(3):783-858, 1999.

[674] M. Markou and S. Singh. Novelty detection: A review-part 1: Statistical approaches. *Signal Processing*, 83(12):2481-2497, 2003.

[675] M. Markou and S. Singh. Novelty detection: A review-part 2: Neural network based approaches. *Signal Processing*, 83(12):2499-2521, 2003.

[676] C. R. Muirhead. Distinguishing Outlier Types in Time Series. *Journal of the Royal Statistical Society. Series B (Methodological)*, 48(1):39-47, 1986.

[677] S. Papadimitriou, H. Kitagawa, P. B. Gibbons, and C. Faloutsos. Loci: Fast outlier detection using the local correlation integral. In *Data Engineering, 2003. Proceedings. 19th International Conference on*, pages 315-326. IEEE, 2003.

[678] M. A. Pimentel, D. A. Clifton, L. Clifton, and L. Tarassenko. A review of novelty detection. *Signal Processing*, 99:215-249, 2014.

[679] L. Portnoy, E. Eskin, and S. J. Stolfo. Intrusion detection with unlabeled data using clustering. In *In ACM Workshop on Data Mining Applied to Security*, 2001.

[680] S. Ramaswamy, R. Rastogi, and K. Shim. Efficient algorithms for mining outliers from large data sets. In *Proc. of 2000 ACM-SIGMOD Intl. Conf. on Management of Data*, pages 427-438. ACM Press, 2000.

[681] D. M. Rocke and D. L. Woodruff. Identification of Outliers in Multivariate Data. *Journal of the American Statistical Association*, 91(435):1047-1061, September 1996.

[682] B. Rosner. On the Detection of Many Outliers. *Technometrics*, 17(3):221-227, 1975.

[683] P. J. Rousseeuw and A. M. Leroy. *Robust Regression and Outlier Detection*. Wiley Series in Probability and Statistics. John Wiley & Sons, September 2003.

[684] P. J. Rousseeuw, I. Ruts, and J. W. Tukey. The Bagplot: A Bivariate Boxplot. *The American Statistician*, 53(4):382-387, November 1999.

[685] P. J. Rousseeuw and B. C. van Zomeren. Unmasking Multivariate Outliers and Leverage Points. *Journal of the American Statistical Association*, 85(411):633-639, September 1990.

[686] B. Schölkopf, R. C. Williamson, A. J. Smola, J. Shawe-Taylor, J. C. Platt, et al. Support Vector Method for Novelty Detection. In *NIPS*, volume 12, pages 582-588, 1999.

[687] E. Schubert, R. Wojdanowski, A. Zimek, and H.-P. Kriegel. On evaluation of outlier rankings and outlier scores. In *Proceedings of the 2012 SIAM International Conference on Data Mining*. SIAM, 2012.

[688] E. Schubert, A. Zimek, and H.-P. Kriegel. Generalized Outlier Detection with Flexible Kernel Density Estimates. In *SDM*, volume 14, pages 542-550. SIAM, 2014.

[689] E. Schubert, A. Zimek, and H.-P. Kriegel. Local outlier detection reconsidered: a generalized view on locality with applications to spatial, video, and network outlier detection. *Data Mining and Knowledge Discovery*, 28(1):190-237, 2014.

[690] D. W. Scott. Partial Mixture Estimation and Outlier Detection in Data and Regression. In M. Hubert, G. Pison, A. Struyf, and S. V. Aelst, editors, *Theory and Applications of Recent Robust Methods*, Statistics for Industry and Technology. Birkhauser, 2003.

[691] S. Shekhar, C.-T. Lu, and P. Zhang. A Unified Approach to Detecting Spatial Outliers. *GeoInformatica*, 7(2):139-166, June 2003.

[692] M.-L. Shyu, S.-C. Chen, K. Sarinnapakorn, and L. Chang. A Novel Anomaly Detection Scheme Based on Principal Component Classifier. In *Proc. of the 2003 IEEE Intl. Conf. on Data Mining*, pages 353-365, 2003.

[693] P. Sykacek. Equivalent error bars for neural network classifiers trained by bayesian inference. In *Proc. of the European Symposium on Artificial Neural Networks*, pages 121-126, 1997.

[694] J. Tang, Z. Chen, A. W.-c. Fu, and D. Cheung. A robust outlier detection scheme for large data sets. In *In 6th Pacific-Asia Conf. on Knowledge Discovery and Data Mining*. Citeseer, 2001.

[695] N. Ye and Q. Chen. Chi-square Statistical Profiling for Anomaly Detection. In *Proc. of the 2000 IEEE Workshop on Information Assurance and Security*, pages 187-193, June 2000.

[696] A. Zimek, E. Schubert, and H.-P. Kriegel. A survey on unsupervised outlier detection in high-dimensional numerical data. *Statistical Analysis and Data Mining*, 5(5):363-387, 2012.

9.11 연습문제

1. 9.2절에 제시된 이상치 탐지를 위한 다양한 기법을 비교하고 대조한다. 특히, 다양한 기법에 사용된 이상치의 정의가 동등하거나 상황에 맞을 수 있지만 그렇지 않은 상황을 식별한다. 다른 유형의 데이터를 고려해야 한다.

2. 다음과 같은 이상 현상 정의를 고려한다. 이상 현상은 데이터 모델 생성에 비정상적으로 영향을 미치는 개체이다.

   (a) 이 정의를 표준 모델 기반 예외의 정의와 비교한다.

   (b) 어떤 크기의 데이터 세트(소형, 중형 또는 대형)에 이 정의가 적합한가?

3. 이상치 탐지에 대한 한 가지 접근 방식에서 객체는 다차원 공간에서 점으로 표시되며 점은 연속된 층으로 그룹화된다. 여기서 각 층은 볼록 껍질과 같은 점 그룹 주위의 레이어를 나타낸다. 외피 중 하나에 있는 물체는 예외이다.

   (a) 9.2절의 이상치 중 어떤 정의가 이 정의와 가장 밀접한 관련이 있는가?

   (b) 이 이상치의 정의와 관련하여 두 가지 문제를 언급한다.

4. 연관 분석을 사용하여 다음과 같이 이상치를 찾을 수 있다. 최소 개수의 객체를 포함하는 강력한 연관 패턴을 찾는다. 이상치는 그러한 패턴에 속하지 않는 대상이다. 좀 더 구체적으로 하기 위해, 5.8절에서 논의된 하이퍼클리크(hyperclique) 연관 패턴이 그러한 접근법에 특히 적합하다는 점에 주목한다. 구체적으로, 사용자가 선택한 h-신뢰성 수준을 고려하면, 물체의 최대 하이퍼클리크 패턴이 발견된다. 크기가 3 이상인 최대 하이퍼클리크 패턴으로 나타나지 않는 모든 개체는 이상치로 분류된다.
   (a) 이 기술은 이 장에서 논의된 범주에 속하는가? 그렇다면 어느 것인가?
   (b) 이 접근법의 하나의 잠재된 강점과 하나의 잠재된 약점을 언급한다.

5. 이상치 객체 탐지를 향상시키기 위해 여러 이상치 탐지 기술을 결합하는 기술을 토론한다. 감독 사례와 무감독 사례를 모두 고려한다.

6. 군집화, 근접성 기반 및 밀도를 사용하는 모델 기반 접근 방식을 기반으로 이상치 탐지 접근 방식의 잠재적 시간 복잡성을 설명한다. 특정 기술에 대한 지식이 필요하지 않다. 오히려, 각 물체의 밀도를 계산하는 데 필요한 시간과 같은 각 접근법의 기본 계산 요구 사항에 중점을 둔다.

7. 알고리즘 9.2에 설명된 Grubbs의 테스트는 정의 9.2보다 이상치를 탐지하기 위한 통계적으로 더 복잡한 절차이다. 반복적이고 z-점수가 정규 분포를 가지고 있지 않다는 사실도 고려한다. 이 알고리즘은 현재 값 세트의 샘플 평균 및 표준 편차를 기반으로 각 값의 z-점수를 계산한다. z-점수가 가장 큰 값은 z-점수가 g_c보다 크면 무시되며, 유의 수준 α에서 이상치에 대한 검정의 임계값이다. 이 과정은 객체가 제거될 때까지 반복된다. 표본 평균, 표준 편차 및 g_c는 각 반복마다 업데이트된다.
   (a) $\frac{m-1}{\sqrt{m}}\sqrt{\frac{t_c^2}{m-2+t_c^2}}$ 값의 한계는 무엇인가? m이 무한정에 가까워지면 Grubbs의 테스트에 사용되는가? 유의 수준 0.05를 사용한다.
   (b) 이전 결과의 의미를 단어로 설명한다.

8. 수백 개의 관측치가 큰 데이터 세트인 환경에서 이상치에 대한 많은 통계 테스트가 개발되었다. 우리는 그러한 접근법의 한계를 탐구한다.
   (a) 1,000,000개의 값 집합의 경우, 평균에 대한 표준 편차가 3보다 큰 경우 값이 이상치라는 검정에 따라 이상치가있을 가능성이 얼마나 되는가?(정규 분포를 가정한다.)
   (b) 큰 데이터 세트를 처리할 때 이상치가 비정상적으로 낮은 개체라는 상태 접근 방식을 조정해야 합니까? 그렇다면 어떻게 하는가?

알고리즘 9.2 Grubbs' approach for outlier elimination

Input the values and α
{m is the number of values, α is a parameter, and t_c is a value chosen so that $\alpha = P(x \geq t_c)$ for a t distribution with $m-2$ degrees of freedom.}
repeat
  Compute the sample mean ($\bar{x}$) and standard deviation (s_x).
  Compute a value g_c so that $P(|z| \geq g_c) = \alpha$.
  (In terms of t_c and m, $g_c = \frac{m-1}{\sqrt{m}}\sqrt{\frac{t_c^2}{m-2+t_c^2}}$)
  Compute the z-score of each value, i.e., $z = (x-\bar{x})/s_x$.
  Let $g = \max|z|$, i.e., find the z-score of largest magnitude and call it g.
  if $g > g_c$ **then**
    Eliminate the value corresponding to g.
    m $\leftarrow m-1$
  end if
until No objects are eliminated.

9. 평균 μ 및 공분산 행렬 Σ를 갖는 다변량 정규 분포에 대한 점 $\mathbf{x}$의 확률 밀도는 식에 의해 주어진다.

$$f(\mathbf{x}) = \frac{1}{(\sqrt{2\pi})^m |\Sigma|^{1/2}} e^{-\frac{(\mathbf{x}-\mu)\Sigma^{-1}(\mathbf{x}-\mu)}{2}} \tag{9.10}$$

평균 μ 및 공분산 행렬 Σ의 추정값으로 각각 표본 평균 $\bar{\mathbf{x}}$ 및 공분산 행렬 S를 사용하여 $\log(f(\mathbf{x}))$가 데이터 포인트 $\mathbf{x}$와 표본 평균 $\bar{\mathbf{x}}$ + a 사이의 마할라노비스 거리에 $\mathbf{x}$에 의존하지 않는 상수를 더한 것과 같다는 것을 보여라.

10. 객체가 군집에 속하는 정도에 대한 다음 두 가지 측정을 비교한다. (1) 가장 가까운 군집의 중심으로부터 객체의 거리 및 (2) 7.5.2절에 설명 된 실루엣 계수.

11. 9.5절과 그림 9.10에 설명 된 이상치 탐지에 대한 (상대 거리) K–평균 체계를 고려한다.

(a) 그림 9.10에 표시된 컴팩트 군집의 하단에 있는 포인트는 컴팩트 군집의 상단에 있는 포인트보다 다소 높은 특이점을 나타낸다. 이유는 무엇인가?

(b) 군집의 수를 훨씬 더 크게 선택한다고 가정해 보자(예: 10). 제안된 기법이 그림의 맨 위에 있는 가장 극단적인 특이점을 찾는 데 여전히 효과적인가? 그 이유는 무엇인가?

(c) 상대 거리의 사용은 밀도의 차이에 따라 조정된다. 그러한 접근법이 잘못된 결론을 초래할 수 있는 예를 제시한다.

12. 정상 물체가 비정상으로 분류될 확률이 0.01이고 비정상 물체가 비정상으로 분류될 확률이 0.99라면, 물체의 99%가 정상인 경우 허위경보율과 탐지율은 얼마입니까? (아래 정의를 사용한다.)

$$감지율=\frac{탐지된\ 예외\ 수}{총\ 예외\ 수} \tag{9.11}$$

$$잘못된\ 경보\ 비율=\frac{잘못된\ 예외\ 수}{예외로\ 분류된\ 개체\ 수} \tag{9.12}$$

13. 종합적인 훈련 세트가 이용 가능할 때, 감독 이상치 탐지 기술은 일반적으로 탐지 및 허위 경보 비율과 같은 수단을 사용하여 성능이 평가될 때 무감독 이상치 탐지 기법보다 성능이 우수할 수 있다. 그러나 사기 탐지와 같은 일부 경우에는 항상 새로운 유형의 예외가 발생한다. 일반적으로 물체(트랜잭션)가 비정상인지 여부를 조사할 수 있기 때문에 탐지 및 잘못된 경보 비율에 따라 성능을 평가할 수 있다. 그러한 상황에서 감독 및 무감독 이상치 탐지의 상대적인 장점을 논의한다.

14. 선택된 문서들이 가능한 한 서로 다르지 않도록 훨씬 더 많은 다양한 문서 중에서 선택된 문서 그룹을 고려한다. 서로 관련성이 높지 않은 (연결된, 유사한) 문서가 예외적인 것으로 간주하면 선택한 모든 문서가 예외로 분류될 수 있다. 데이터 세트가 비정상적인 객체로만 구성될 수 있는가? 그렇지 않은 경우 용어를 남용하는 것인가?

15. 대부분의 포인트는 밀도가 낮은 영역에 있지만 몇 개의 포인트는 밀도가 높은 영역에 있다. 저밀도 영역의 한 점으로 이상을 정의하면 대부분의 점이 이상치로 분류된다. 이것이 이상에 대한 밀도 기반 정의의 적절한 사용인가, 아니면 어떤 방식으로 정의를 수정해야 하는가?

16. 구간 [0, 1]에 균일하게 분포된 점 집합을 고려한다. 이상치의 통계적 개념이 이 데이터에 대해 드물게 관측 된 값으로 의미가 있는가?

17. 분석가가 이상 감지 알고리즘을 데이터 세트에 적용하고 이상치 세트를 찾는다. 궁금한 점이 있으면 분석가는 이상치 감지 알고리즘을 이상치 세트에 적용한다.
    (a) 이 장에서 설명한 각 이상치 탐지 기술의 행동에 대해 논의한다(가능한 경우 실제 데이터 세트 및 알고리즘에 대해 시도한다).
    (b) 이상치 객체 세트에 적용할 때 이상치 감지 알고리즘의 동작은 무엇이라고 생각하는가?

CHAPTER 10

오탐 회피 (Avoiding False Discoveries)

이전 장에서는 분류, 연관 분석, 군집 분석 및 이상 탐지와 같은 데이터 마이닝의 네 가지 주요 영역에 대한 알고리즘, 개념 및 방법을 설명했다. 이 자료를 완전히 이해하면 실제 상황에서 데이터 분석을 시작하는 데 필요한 기초를 제공한다. 그러나 데이터 마이닝 절차의 성능을 평가할 때 몇 가지 중요한 문제를 신중하게 고려하지 않으면 생성된 결과가 의미가 없거나 재현 가능하지 않을 수 있다. 즉 결과는 잘못된 발견일 수 있다는 것이다. 이 문제의 광범위한 특성은 과학 분야에서 다수의 유명한 간행물에 의해, 또한 상업 및 정부에서 보고되었다. 따라서 신뢰할 수없는 데이터 마이닝 결과에 대한 일반적인 이유와 이러한 잘못된 발견(이하 오탐)을 피하는 방법을 이해하는 것이 중요하다.

데이터 마이닝 알고리즘을 데이터 세트에 적용하면 정식으로 군집, 패턴, 예측 모델 또는 예외 목록을 생성한다. 그러나 사용 가능한 모든 데이터 세트는 모든 인스턴스의 전체 모집단(분포)에서 한정된 표본일 뿐이며, 모집단 내의 인스턴스간에 종종 상당한 변동성이 있다. 따라서 특정 데이터 세트에서 발견된 패턴과 모델은 항상 모집단의 관심 있는 속성의 정확한 추정 또는 모델링이라는 진정한 본질을 포착하지 못할 수 있다. 때로는 동일한 알고리즘이 다른 데이터 샘플에 적용될 때 완전히 다르거나 일치하지 않는 결과를 생성하므로 검색된 결과가 의심스럽다(예: 재현할 수 없음).

유효한(신뢰할 수 있고 재현 가능한) 결과를 얻으려면 데이터에서 발견된 패턴 또는 관계가 무작위 확률의 결과(데이터 샘플의 자연 변동으로 인해 발생)가 아니고 오히려 중대한 의미를 나타내는 지 확인하는 것이 중요하다. 여기에는 나중에 설명할 통계 절차를 사용하는 경우가 종종 있다. 단일 결과의 중요성을 보장하는 것이 요구되는 반면, 패턴 마이닝 알고리즘으로 자주 발견되는 많은 항목 세트와 같이 동시에 평가해야 하는 결과가 여러 개 있을 경우 문제는 더욱 복잡해진다. 이 경우 많은 또는 대부분의 결과가 잘못된 발견을 나타낸다. 이에 대해서는 이 장에서 자세히 설명한다.

이 장의 목적은 몇 가지 선택된 주제를 다루는 것이다. 지식은 일반적인 데이터 분석 문제를 피하고 유효한 데이터 마이닝 결과를 생성하는 데 중요하다. 이 주제 중 일부는 이 책 앞부분의 특정 상황, 특히 이전 장의 평가 섹션에서 논의되었다. 우리는 이러한 논의를 바탕으로 대부분의 데이터 마이닝 영역에 적용할 수 있는 허위 발견을 피하기 위한 일부 표준 절차를 심도있게 살펴볼 것이다. 이러한 접근 방법 중 다수는 통계학자가 설계 실험을 위해 개발한 것으로, 가능한 외부 요인을 제어하는 것이 목표였다. 그러나 현재 이러한 접근 방식은 관측 데이터에 적용되는 경우가 많다(아마도 대부분). 이 장의 주요 목표는 이러한 모델을 일반적인 데이터 마이닝 작업에 적용하여 결과 모델과 패턴이 유효한지 확인하는 것이다.

10.1 예비: 통계 검정(Statistical Testing)

데이터 마이닝 문제에서 유효한 결과를 생성하는 방법에 대해 논의하기 전에 먼저 결과의 유효성에 대한 추론에 널리 사용되는 통계 검정의 기본 패러다임을 소개한다. 통계 검정은 실험 또는 데이터 분석 절차의 결과(결과)가 제공한다는 가설을 수용하거나 거부하기 위한 증거를 측정하는 일반적인 절차이다. 예를 들어, 질병에 대한 새로운 약물을 연구하는 실험의 결과를 고려할 때, 우리는 질병 치료에 약물의 측정 가능한 효과가 있다는 가설에 대한 증거를 검정할 수 있다. 다른 예로 검정 데이터 세트에서 분류기의 결과를 고려할 때 분류기가 임의 추측보다 성능이 더 우수하다는 가설의 증거를 검정할 수 있다. 다음에서는 통계 검정을 위한 다양한 프레임 워크를 설명한다.

10.1.1 유의도 검정(Significance Testing)

> 성공률이 높은 투자에 대해 수익성 있는 결정을 내릴 수 있는 주식 중개인을 고용한다고 가정 해보자. 지난 10개의 주식 중 7개에 대해 수익성 있는 결정을 내린 주식 중개인 앨리스를 알고 있다. 앨리스만큼 좋은 성적이 무작위 확률로 인한 것이 아니라는 가정하에 그녀에게 일자리를 제공하는 데 얼마나 자신감이 있는가?

위의 유형에 대한 질문은 기본 유의도 검정 도구를 사용하여 답변할 수 있다. 통계 검정의 일반적인 문제에서 원하는 현상, 패턴 또는 관계를 검증하기 위한 결과의 증거를 찾고 있다. 성공적인 주식 중개인을 고용하는 문제에 대해, 바람직한 현상은 앨리스가 실제로 주식 가격이 어떻게 변하는 지에 대한 지식을 가지고 있으며 이 지식을 사용하여 10개 중 7개의 올바른 결정을 내리는 것이다. 그러나 앨리스의 성과가 10가지 결정을 모두 무작위로 추측하여 얻은 것보다 나을 가능성도 있다. 유의도 검정의 주요 목표는 수익성 있는 주식 결정을 내리기 위한 앨리스의 성과가 나쁘지 않다는 기본 가설(또는 귀무가설이라고도 함)을 기각하기에 충분한 증거가 결과에 있는지 확인하는 것이다.

귀무가설(Null Hypothesis)

귀무가설(Null Hypothesis)은 원하는 패턴 또는 관심 현상은 사실이 아니며 관찰된 결과는 자연 변동(예: 무작위 확률)으로 설명할 수 있다. 널 가설은 달리 표시할 충분한 증거가 있을 때까지 참으로 가정된다. 일반적으로 H_0으로 표시된다. 비공식적으로, 데이터에서 얻은 결과가 귀무가설에 따르지 않을 경우, 이는 우리의 결과가 데이터의 자연 변동의 결과가 아니라는 증거를 제공한다.

예를 들어, 주식 중개인 문제의 귀무가설은 Alice가 무작위 추측을 수행하는 사람보다 의사 결정을 더 잘 수행하지 못한다는 것이다. 이 귀무가설을 기각하면 Alice의 성능이 무작위 추측보다 낫다고 믿을만한 충분한 근거가 있음을 의미한다. 보다 일반적으로, 귀무가설의 기각은 일반적으로 자연 변동성이 아닌 결과를 의미하므로 귀무가설의 기각에 관심이 있다.

귀무가설을 선언하는 것은 유의도 검정의 틀에서 첫 번째 단계이므로 후속 단계에서 의미있는 결과를 얻을 수 있도록 정확하고 완전한 방식으로 이를 명시해야 한다. 귀무가설을 놓치거나 느슨하게 진술하면 잘못된 결론을 도출할 수 있기 때문에 이것은 중요하다. 일반적인 접근 방식은 원하는 결과에 대한 진술로 시작하는 것이다. 예를 들어, 데이터에서 패턴은 변수간의 실제 관계를 포착하고 귀무가설을 해당 문장의 부정(반대)으로 간주한다.

검정 통계

유의도 검정을 수행하려면 먼저 귀무가설과 관련하여 관찰된 결과의 증거를 정량화할 수 있는 방법이 필요하다. 이는 일반적으로 가능한 모든 결과를 숫자 값으로 요약하는 **검정 통계량** R을 사용하여 달성된다. 보다 구체적으로, 검정 통계량을 사용하면 귀무가설 하에서 결과 확률을 계산할 수 있다. 예를 들어 주식 중개인 문제에서, R은 지난 10개의 결정에서 내려진 성공적인 (영리한) 결정의 수일 수 있다. 이런 식으로 검정 통계량은 10개의 서로 다른 결정으로 구성된 결과를 단일 숫자 값(예: 성공적인 결정의 횟수)으로 줄인다.

검정 통계량은 일반적으로 개수 또는 실제 수량이며 관측된 결과가 귀무가설 아래에서 "극단" 수준을 측정한다. 귀무가설의 선택과 검정 통계량의 설계 방식에 따라 귀무가설과 관련하여 "극단" 항목을 정의하는 다른 방법이 있을 수 있다. 예를 들어, 관측된 검정 통계량 R_{obs}가 특정값 R_H보다 크거나 같거나 특정값 R_L보다 작거나 같은 경우 또는 지정된 간격 $[R_L, R_H]$을 벗어나면 극단으로 간주 될 수 있다. 첫 번째 두 경우는 "단면 검정"(각각 오른쪽 꼬리 및 왼쪽 꼬리)이며, 마지막 경우는 "양면 검정"이다.

귀무분포(Null Distribution)

문제에 대한 적절한 검정 통계량을 결정한 후 유의성 검정의 다음 단계는 귀무가설 하에서 검정 통계량의 분포를 결정하는 것이다. 이것을 **귀무분포**라고 하며 공식적으로 다음과 같이 설명할 수 있다.

정의 10.1 **귀무분포** 검정 통계 R에서 귀무가설 H_0 하의 R 분포를 **귀무분포**(null distribution) $P(R|H_0)$라고 한다.

귀무분포는 여러 가지 방법으로 결정될 수 있다. 예를 들어, H_0 하에서 R의 거동에 대한 통계적 가정을 사용하여 널 분포의 정확한 통계 모델을 생성할 수 있다. 또한 H_0

에서 샘플을 생성하는 실험을 수행한 다음 이러한 샘플을 분석하여 귀무분포를 근사할 수 있다. 일반적으로 귀무분포를 결정하는 방법은 문제의 특정 특성에 따라 다르다. 우리는 10.2절의 데이터 마이닝 문제 맥락에서 귀무분포를 결정하기 위한 접근법을 논의할 것이다. 다음은 주식 중개인 문제에 대한 귀무분포의 예를 보여준다.

예제 10.1 주식 중개인 문제에 대한 귀무분포

검정 통계량 R이 마지막 $N=100$ 결정에서 주식 중개인의 성공 횟수인 주식 중개인 문제를 고려하시오. 주식 중개인이 무작위 추측보다 나쁘지 않다는 귀무가설 하에서 성공적인 결정을 내리는 확률은 $p=0.5$이다. 다른 날에 대한 결정이 서로 독립적이라고 가정하면, N 가정에서 N 결정의 총 성공 횟수인 R의 관측값을 얻을 확률은 이항 분포를 사용하여 모델링할 수 있다. 방정식:

$$P(R|H_0) = \binom{N}{R} \times p^R \times (1-p)^{N-R}$$

그림 10.1은 $N=100$에 대한 R의 함수로서 이 귀무분포의 도표를 보여준다. ■

귀무가설 하에서 검정 통계량 R_{obs}의 관측된 값을 얻을 가능성이 없는지 여부를 결정

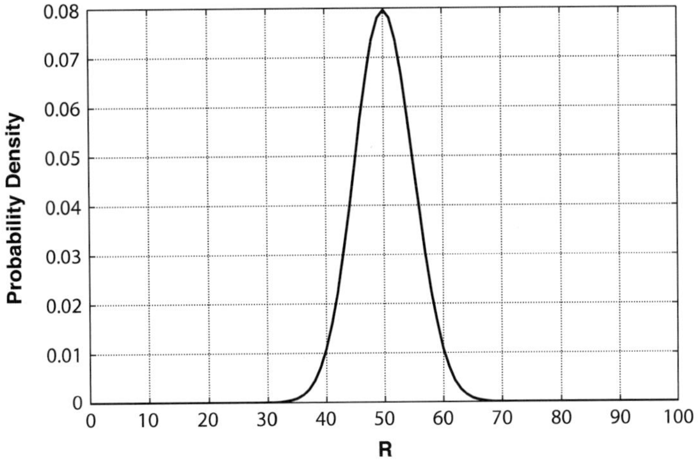

그림 10.1 $N=100$인 주식 중개인 문제에 대한 귀무분포

하기 위해 귀무분포를 사용할 수 있다. 특히, 귀무가설은 귀무가설 하에서 R_{obs} 또는 "더 심각한 것"을 얻을 확률을 계산하는 데 사용될 수 있다. 이 확률을 p-값이라고 하며 공식적으로 다음과 같이 정의할 수 있다.

정의 10.2 **p-값** 관측된 검정 통계량인 R_{obs}의 p-값은 널 분포에서 R_{obs} 또는 더 극단인 것을 얻을 확률이다. 귀무가설 H_0 하에서 검정 통계량 R에 대해 "더 극단"이 정의되는 방법에 따라 R_{obs}의 p-값은 다음과 같이 쓸 수 있다.

$$\text{p-value}(R_{obs}) = \begin{cases} P(R \geq R_{obs} | H_0), & \text{for right-tailed tests} \\ P(R \leq R_{obs} | H_0), & \text{for left-tailed tests} \\ P(R \geq |R_{obs}| \text{or ÿ} R \leq -|R_{obs}| | H_0), & \text{for two-sided tests} \end{cases}$$

p-값 계산에서 "가장 극단인 것"을 설명하는 이유는 특정 결과의 확률이 종종 0이거나 0에 가깝기 때문이다. 따라서 P-값은 검정 통계량에 대한 귀무분포의 종합 꼬리 확률을 캡처한다. 적어도 R_{obs}만큼 극단인 값. 주식 중개인 문제의 경우, 귀무가설 하에서 검정 통계량(성공한 결정 수)이 더 극단으로 간주되므로 귀무분포의 오른쪽 꼬리를 사용하여 p-값을 계산한다.

예제 10.2 P-값은 꼬리 확률이다.

사실을 설명하기 위해 p-값이 왼쪽 꼬리, 오른쪽 꼬리 또는 둘 다를 사용하여 계산될 수 있다는 점에서, 귀무분포에 평균 0 및 표준 편차 1, 즉 $N(0, 1)$의 가우스 분포가 있는 예를 고려하자. 그림 10.2는 왼쪽 꼬리, 오른쪽 꼬리 또는 양면 테스트의 p-값 0.05에 해당하는 검정 통계량 값을 보여준다(회색 영역을 참조하시오). p-값이 귀무분포의 꼬리

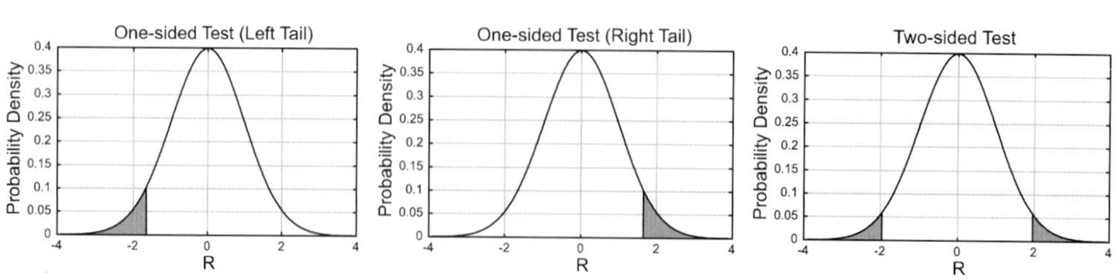

그림 10.2 왼쪽-꼬리, 오른쪽-꼬리 및 양면 테스트를 위해 음영 영역으로 p-값을 보여준다.

부분에 해당함을 알 수 있다. 양측 검정은 각 꼬리에서 0.025 확률을 가지지만, 단측 검정은 단일 꼬리에서 0.05 확률을 모두 갖는다. ■

통계적 유의도 평가

P-값은 귀무가설에 대한 결과에서 증거의 강도를 평가하는 데 필요한 도구를 제공한다. p-값이 낮으면 적어도 관측 된 결과만큼 극단적인 결과가 H_0에서 얻을 가능성이 적다는 것이 핵심 아이디어이다. 예를 들어 결과의 p-값이 0.01이면 귀무가설의 결과가 관측된 결과보다 극도로 극단인 결과는 1%에 불과하다.

p-값이 낮으면 귀무분포의 꼬리에서 확률이 더 작음을 나타낸다(단면 및 양면 테스트 모두). 이는 관측된 결과가 귀무가설에서 크게 벗어났다는 것을 믿기에 충분한 증거를 제공할 수 있으므로 가설 H_0를 기각할 수 있다. 공식적으로, 우리는 종종 p-값에 임계값(**중요도 수준**이라고 함)을 사용하고 이 임계값보다 낮은 관측된 p-값을 통계적으로 유의한 것으로 설명한다.

정의 10.3 **통계적으로 유의미한 결과** 사용자가 유의도 수준 α를 정의하면 p가 α보다 낮은 p-값을 갖는 경우 결과를 통계적으로 유의하다고 한다.

유의 수준에 대한 몇 가지 일반적인 선택은 0.05(5%) 및 0.01(1%)이다. 통계적으로 유의미한 결과의 p-값은 H_0이 참일 때 H_0을 잘못 기각할 확률을 나타낸다. 따라서 p-값이 낮으면 관측된 결과가 H_0와 일치하지 않을 가능성이 높아지므로 더 조사할 가치가 있다. 이는 종종 추가 데이터를 수집하거나 실험적 검증과 같은 비통계 검증을 수행하는 것을 의미 한다(참고문헌을 참조하시오.) 그러나 p-값이 낮더라도 p-값이 0이 아닌 경우에도 H_0이 참이고 우리는 드물게 발생할 수 있다.

여기서 p-값은 조건부 확률이라는 점을 명심해야 한다. 즉, H_0가 참이라는 가정하에 계산된다. 결과적으로 p-값은 H_0의 확률이 아니며, 검정 결과가 중요하지 않더라도 가능성이 높거나 적을 수 있다. 따라서 결과가 유의하지 않으면 귀무가설을 받아들이는 것이 적절하지 않다. 대신 귀무가설을 기각하지 못한다고 말하는 것이 좋다. 그러나 귀무가설이 대부분의 경우, 예를 들어 거의 보이지 않는 효과나 결과를 검정할 때 귀무가설을 받아들이는 것이 일반적이다(연습문제 6 참조).

10.1.2 가설 검정(Hypothesis Testing)

유의도 검정은 유명한 통계 학자 Fisher가 통계적 추론을 위한 실행 가능한 프레임 워크로 개발한 반면, 의도된 용도는 예를 들어 귀무가설을 다듬거나 미래 실험을 수정하기 위한 연구의 예비 단계에서 귀무가설에 대한 탐색적 분석으로 제한된다. 유의도 검정의 주요 한계 중 하나는 **대립가설** H_1을 명시적으로 지정하지 않는다는 것이다. 이 가정은 일반적으로 우리가 진술하고자 하는 진술, 즉 결과가 허위가 아니라는 것이다. 따라서 유의도 검정을 사용하여 귀무가설을 기각할 수 있지만 관찰 결과가 실제로 H_1을 지원하는지 여부를 결정하는 데 적합하지 않다.

통계학자 Neyman과 Pearson이 개발한 가설 검정의 프레임 워크는 귀무가설과 대립가설을 명시적으로 정의하여 통계 테스트에 대해보다 객관적이고 엄격한 접근 방식을 제공한다. 따라서 p-값을 계산하는 것, 즉 H_0이 참일 때 귀무가설을 허위로 기각할 확률과는 별도로 대립 가설이 참일 때 결과가 중요하지 않다고 거짓으로 말할 확률도 계산할 수 있다. 이것은 가설 검정이 관찰된 결과에 의해 제공된 증거에 대한보다 상세한 평가를 제공 할 수 있게 한다.

가설 검정에서는 먼저 귀무가설과 대립 가설(각각 H_0 및 H_1)을 정의하고 귀무가설 하의 결과 동작과 대립 가설 하의 결과 동작을 구별하는 데 도움이 되는 검정 통계량 R을 선택한다. 유의도 검정과 마찬가지로 귀무가설과 대립 가설이 정확하고 포괄적으로 정의되도록 주의를 기울여야 한다. 그런 다음 귀무가설 $P(R|H_0)$와 대립가설 $P(R|H_1)$ 하에서 검정 통계량 분포를 모델링한다. 귀무분포와 유사하게, 예를 들어 H_1의 성질에 대한 통계적 가정을 하거나 실험을 수행하고 H_1의 샘플을 분석함으로써 대립가설 하에서 R의 분포를 생성하는 많은 방법이 있을 수 있다. 다음 예에서는 주식 중개인 문제에서 $P(R|H_1)$을 모델링하는 간단한 방법을 구체적으로 설명한다.

예제 10.3 주식 중개인 문제에 대한 대안 가설

예제 10.1에서 무작위 추측의 귀무가설 하에서 주어진 날짜에 성공할 확률은 $p = 0.5$인 것으로 가정할 수 있다. 이 문제에 대한 많은 대안 가설이 있을 수 있는데, 이 모두는 성공 확률이 0.5보다 크다고 가정한다(예: $p > 0.5$). 따라서 주식 중개인이 무작위 추측보다 더 나은 상황을 나타낸다. 구체적으로 $p = 0.7$이라고 가정한다. 대립 가설 하에서

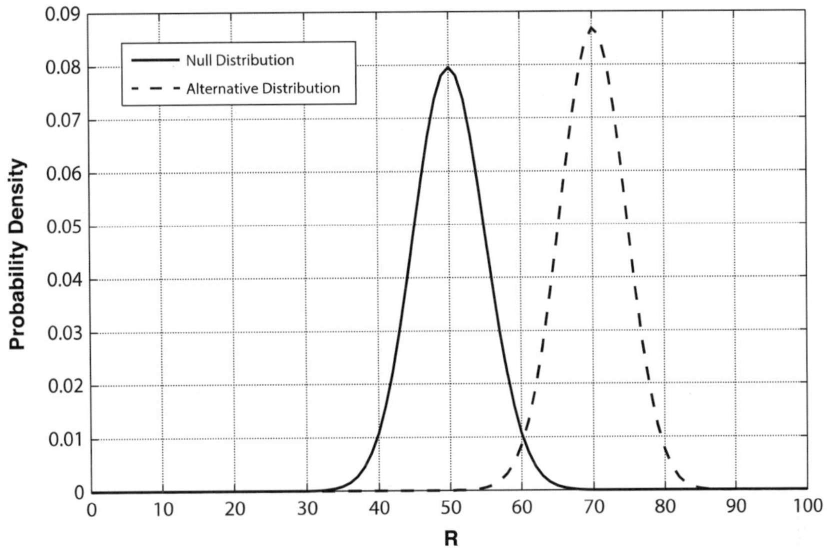

그림 10.3 $N=100$인 주식 중개인 문제에 대한 귀무 및 대안 분포

검정 통계량의 분포($N=100$ 결정의 성공 횟수)는 다음 이항 분포에 의해 주어진다.

$$P(R \mid H_1) = \binom{N}{R} \times p^R \times (1-p)^{N-R}$$

그림 10.3은 귀무분포(실선)에 대한 이 분포(점선)의 플롯을 보여준다. 대체 분포가 오른쪽으로 이동한 것을 볼 수 있다. 주식 중개인이 60개 이상의 성공을 거두면 이 결과는 H_0보다 H_1보다 높을 가능성이 높다. ■

중요한 지역(Critical Region)

귀무가설과 대립가설 하에서 검정 통계량의 분포를 고려할 때, 가설 검정의 프레임 워크는 관측된 결과로부터 계산된 검정 통계량에 의해 제공된 증거를 고려하여 귀무가설을 "기각"하거나 귀무가설을 "기각하지" 않아야 하는지 결정한다. 이 이진 결정은 일반적으로 H_0에서 너무 극단적인 검정 통계의 가능한 값 범위를 지정하여 이루어진다. 이 값을 **임계 영역**이라고 한다. 관측된 검정 통계량 R_{obs}가 이 영역에 속하면 귀무가설이 기각된다. 그렇지 않으면 귀무가설이 기각되지 않는다.

임계 영역은 귀무가설 하에서 발생할 확률이 임계값보다 작은 극단 결과의 모음에 해당한다. 임계 영역은 사용되는 통계 검정 유형에 따라 귀무분포의 왼쪽 꼬리, 오른쪽 꼬리 또는 왼쪽 꼬리와 오른쪽 꼬리 모두에 있을 수 있다. H_0에서 임계 영역의 확률을 **유의 수준** α라고 한다. 즉, H_0가 참인 경우 임계 영역에 속하는 결과에 대한 귀무가설을 허위로 기각할 가능성이 있다. 대부분의 응용에서 임계 영역을 정의하기 위해 사용자는 α(예: 0.05 또는 0.01)의 낮은 값을 지정한다.

검정 통계량이 임계 영역에 속하면 귀무가설을 기각하는 것은 검정 통계량의 p-값을 평가하고 p-값이 사전 지정된 임계값 α 아래로 떨어지면 귀무가설을 기각하는 것과 같다. 모든 결과는 서로 다른 p-값을 가지지만 가설 검정에서 유의 수준 α는 검정을 수행하기 전에 값이 결정되는 고정 상수이다.

유형 I 및 유형 II 오류

이 시점까지 가설 검정은 표면적으로는 유의성 검정과 유사하게 보일 수 있다. 그러나 귀무가설과 대립 가설을 모두 고려함으로써 가설 검정을 통해 아래 정의된 대로 유형 I 오류와 유형 II 오류의 두 가지 유형의 오류를 확인할 수 있다.

정의 10.4 **유형 I 오류** 유형 I 오류는 결과에 대한 귀무가설을 기각하는 잘못된 오류이다. 제1종 오류가 발생할 확률을 제1종 오류율 α라고 한다. 이는 H_0 하에서 임계 영역의 확률과 동일하다. 즉 α는 **유의도 수준**과 같다. 공식적으로

$$\alpha = P(R \in \text{Critical Region} \mid H_0)$$

정의 10.5 **유형 II 오류** 유형 II 오류는 대립 가설이 참일 때 결과를 중요하지 않은 것으로 부르는 잘못된 오류이다. 유형 II 오류가 발생할 확률을 유형 II 오류율(β)이라고 하며, 이는 H_1에서 임계 영역 외부의 테스트 통계값을 관찰할 확률과 같다.

$$\beta = P(R \notin \text{Critical Region} \mid H_1)$$

임계 영역 결정(α 지정)은 대립 가설 하에서 검정 통계량의 분포를 고려하여 특정 검정의 β 값을 자동으로 결정한다.

II형 오류율과 밀접한 관련이 있는 개념은 **검정력(power)**으로 이것은 H_1 하의 임계 영역, 즉 $1-\beta$의 확률이다. 검정력은 귀무가설을 올바르게 기각하는 데 검정이 얼마나

효과적인지를 나타내기 때문에 검정의 중요한 특성이다. 검정력이 낮으면 실제로 원하는 패턴이나 현상을 보여주는 많은 결과가 중요하지 않은 것으로 간주되어 누락될 수 있음을 의미한다. 결과적으로 테스트의 검정력이 낮으면 임계 영역을 벗어나는 결과를 무시하는 것이 적절하지 않을 수 있다. 검정력을 높이고 유형 II 오류를 줄이기 위해 중요 영역의 크기를 늘리면 유형 I 오류가 증가하고 그 반대도 마찬가지이다. 따라서 가설 검정의 핵심은 낮은 α값과 높은 검정력 값을 보장하는 것 사이의 균형이다.

귀무가설 및 대립가설 하에서 검정 통계량의 분포가 검정 통계량을 추정하는 데 사용된 표본 수에 의존하는 경우 표본 수를 늘리면 실제 귀무 및 대체 분포에 대한 가변 추정값을 얻는 데 도움이 된다. 이렇게 하면 유형 I 및 유형 II 오류가 발생할 가능성이 줄어든다. 예를 들어, 100개의 결정에 대해 주식 중개인을 평가하면 10개의 결정에 대한 주식 중개인을 평가하는 것보다 실제 성공률을 정확하게 추정할 수 있다. 높은 검정력 값을 가지면서 낮은 α값을 보장하는 데 필요한 최소 샘플 수는 종종 검정력 분석이라는 통계 절차에 의해 결정된다(자세한 내용은 참고문헌을 참조하시오).

예제 10.4 의료 결과 분류

혈액 검사의 가치를 환자가 특정 질환이 있는지 여부를 확인하기 위해 검사 통계량 R로 사용한다고 가정한다. 이 검정 통계량의 값은 질병이 없는 환자에 대해 평균 40 및 표준 편차 5를 갖는 가우스 분포를 갖는 것으로 알려져 있다. 질병이 있는 환자의 경우

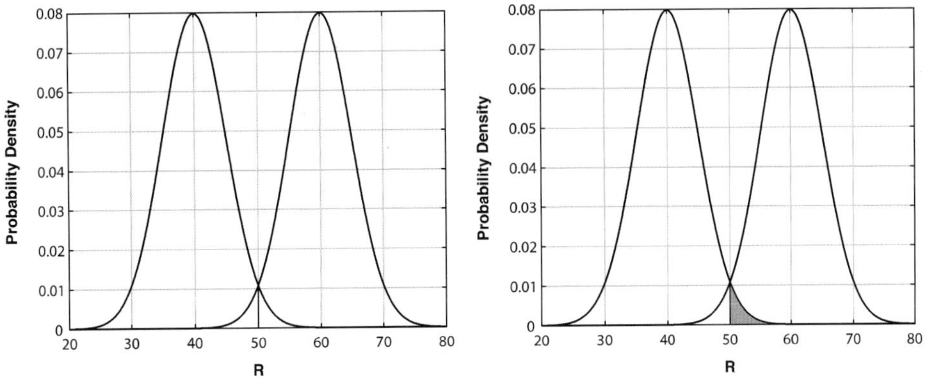

그림 10.4 Distribution of test statistic for the alternative hypothesis(rightmost density curve) and null hypothesis(leftmost density curve). Shaded region in right subfigure is α.

검정 통계량의 평균은 60이고 표준 편차는 5이다. 이러한 분포는 그림 10.4에 나와 있다. H_0는 환자에게 질병이 없다는 귀무가설이다. 즉, 그림 10.4의 하위 그림에 표시된 가장 왼쪽 분포에서 비롯된다. H_1은 환자가 질병을 앓고 있다는 대립가설이다. 즉, 그림 10.4의 하위 그림에서 가장 오른쪽 분포에서 나온다.

임계 레벨이 50 이상으로 선택되었다고 가정한다. 50의 레벨은 두 분포의 평균 사이에 정확히 절반이기 때문이다. 그림 10.4의 오른쪽 하위 그림에서 음영 영역으로 표시된 이 임계 영역 선택에 해당하는 유의 수준 α는 다음과 같이 계산할 수 있다.

$$
\begin{aligned}
\alpha &= P(R \geq 50 \mid H_0) \\
&= P(R \geq 50 \mid R),\ R \sim N(\mu = 40,\ \sigma = 5)) \\
&= \int_{50}^{\infty} \frac{1}{\sqrt{2\pi\sigma^2}} e^{-\frac{(R-\mu)^2}{2\sigma^2}} dR \\
&= \int_{50}^{\infty} \frac{1}{\sqrt{50\pi}} e^{-\frac{(R-40)^2}{50}} dR \\
&= 0.023
\end{aligned}
$$

이 임계 영역 선택에 대한 유형 II 오류율 β도 0.023과 같다(이는 귀무가설과 대립 가설이 평균을 제외하고 동일한 분포를 가지고 있기 때문에 관측된 값이 평균의 중간에 있기 때문이다). 그림 10.5의 왼쪽 하위 그림에서 음영 영역으로 표시된다. 그런 다음 검정력은 $1 - 0.023 = 0.977$과 같으며 그림 10.5의 오른쪽 하위 그림에 나와 있다.

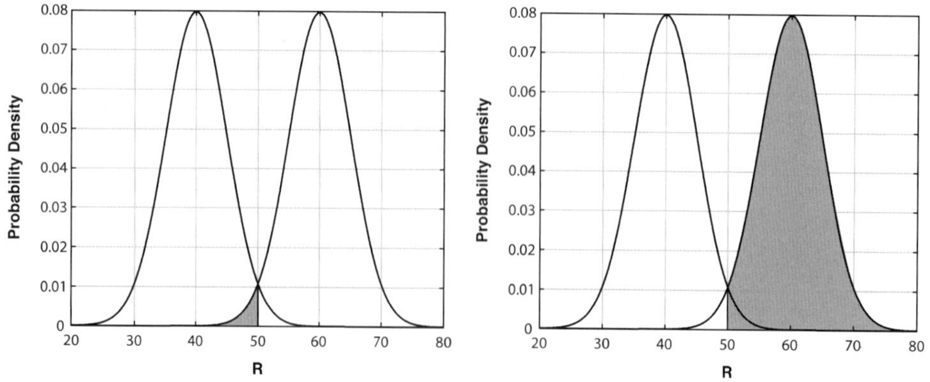

그림 10.5 왼쪽 그림의 음영 영역은 β이고 오른쪽 그림의 음영 영역은 힘이다.

α를 0.023 대신 0.05를 사용하면 임계 영역이 48.22 이상으로 약간 확장된다. α 값이 높을수록 검정력이 0.977에서 0.991로 증가한다. 반면 α를 0.01로 줄이면 검정력이 0.952로 줄어든다. ■

효과 크기(Effect Size)

효과 크기는 관찰된 결과가 도메인 관점에서 중요한지 여부를 고려하여 도메인을 고려한다. 예를 들어, 새로운 약물이 혈압을 낮추지만 1%만 감소한다고 가정하자. 이 차이는 충분히 큰 검정 그룹에서 통계적으로 유의하지만 효과 크기 1%의 의학적 중요성은 아마도 의약품 비용과 부작용의 가치가 없다. 따라서, 결과가 통계적으로 유의하지만 영역에서 실질적으로 중요하지 않은 경우가 종종 발생할 수 있기 때문에 효과 크기의 고려가 중요하다. 큰 데이터 세트의 경우 특히 그렇다.

정의 10.6 **효과 크기** 효과 크기는 평가 중인 효과 또는 특성의 크기를 측정하며 일반적으로 검정 통계량의 크기이다.

대부분의 문제에는 귀무가설과 대립 가설을 결정하는 데 도움이 되는 원하는 효과 크기가 있다. 주식 중개인 문제의 경우, 예제 10.3에 예시된 바와 같이, 원하는 효과 크기는 원하는 성공 확률 0.7이다. 예제 10.4에서 논의된 의학적 검정 문제의 경우, 효과 크기는 정상 환자와 질병을 가진 환자 사이의 컷오프를 정의하는 데 사용되는 임계값이다. 두 관찰집합의 평균을 비교할 때 효과 크기는 평균의 차, 즉 $\mu_A - \mu_B$ 또는 절대 차, $|\mu_A - u_B|$이다.

원하는 효과 크기는 임계 영역의 선택과 검정의 중요성 수준 및 검정력에 영향을 준다. 연습문제 4와 5는 이러한 개념 중 일부를 더 탐구한다.

10.1.3 다중 가설 검정

지금까지 논의된 통계 검정 프레임워크는 단일 결과, 즉 결과가 귀무가설에 속하는지 또는 대립 가설에 속하는 지에 대한 증거를 측정하도록 설계되었다. 그러나 많은 상황에서 평가해야 할 여러 결과가 생성된다. 예를 들어, 빈발 패턴 마이닝은 일반적으로 주어진 트랜잭션 데이터 세트에서 많은 빈번한 항목 세트를 생성하며, 모든 빈번한 항목 세트를 테스트하여 구성 항목간에 통계적으로 유의한 연관성이 있는지 판별해야 한다. **다중 가설 검정** 문제(다중 검정 문제 또는 다중 비교 문제라고도 함)는 여러 결과가 포함되고 모든 결과에 대해 통계 검정이 수행되는 경우에 통계 검정 문제를 해결한다.

가장 간단한 방법은 다른 결과와 독립적으로 각 결과에 대해 귀무가설 하에서 p-값을 계산하는 것이다. p-값이 결과에 대해 유의하면 해당 결과에 대해 귀무가설이 기각된다. 그러나 이 전략은 일반적으로 검정할 결과 수가 많은 경우 많은 잘못된 결과를 생성한다. 예를 들어, 단일 결과에 대해 5%의 확률만 발생하더라도 100에서 평균 5회 발생한다. 따라서 가설 검정에 대한 접근 방식을 수정해야 한다.

여러 검정을 수행할 때 우리는 결과 모음(결과 모음이라고도 함)에 판정된 총 오류수를 보고하려고 한다. 예를 들어 m개의 결과 모음이 있는 경우 유형 I 오류가 판정되거나 유형 II 오류가 m 검정에서 판정된 총 횟수를 계산할 수 있다. 모든 테스트에서 성능의 집계 정보는 표 10.1에 표시된 혼동 매트릭스로 요약할 수 있다. 이 표에서 실제로 귀무가설에 속하는 결과를 '부정적'이라고 하고 실제로 대립 가설에 속하는 결과를 '긍정적'이라고 한다. 이 표는 본질적으로 표 4.6과 동일하며 섹션의 분류 성능 평가와 관련하여 4.11.2절에 소개되었다.

패턴, 군집 등의 수집이 가짜인지 여부를 평가하기 위해 통계 검정을 사용하는 등의 다중 가설 검정을 수행하는 대부분의 실제 상황에서 표 10.1의 필수 항목은 거의 없다. (분류의 경우, 표는 신뢰할 수 있는 라벨을 사용할 수 있는 경우에 이용 가능하며, 이 경우 많은 관심 수량을 직접 추정할 수 있다. 10.3.2절을 참조하시오. 이들 또는 더 일반적으로 이러한 항목에서 파생된 수량을 추정한다. 이 섹션의 다음 단락에서는 이를 수행하기 위한 다양한 접근 방법에 대해 설명한다.

표 10.1 다중 가설 검정의 맥락에서 혼동 표

	Declared significant (+ prediction)	Declared not significant (− prediction)	Total
H_1 True (actual +)	True Positive(TP)	False Negative(FN) type II error	Positives(m_1)
H_0 True (actual −)	False Positive(FP) type I error	True Negative(TN)	Negatives(m_0)
	Positive Predictions(Ppred)	Negative Predictions(Npred)	m

변산원오차율(FWER)

결과들의 집합을 처리할 때 유용한 오류 메트릭은 FWER(family-wise error rate)이며, m개의 전체 결과 세트에서 단일 오탐지(유형 I 오류)조차도 관찰할 확률이다. 특히,

$$\text{FWER} = P(FP > 0)$$

FWER이 α와 같은 특정 임계값보다 낮으면 모든 결과 중에서 제1종 오류를 관찰할 확률이 α보다 작다.

따라서 FWER는 m 검정 중 일부 또는 전부에서 유형 I 오류를 관찰할 확률을 측정한다. FWER을 제어하는 것, 즉 FWER을 낮게 유지하는 것은 단일 테스트조차 잘못되어 (유형 I 오류가 발생하는 경우) 일련의 결과가 삭제되는 응용 프로그램에서 유용하다. 예를 들어, 예제 10.3에 설명된 주식 중개인을 선택하는 문제를 고려하시오. 이 경우 목표는 신청자 풀에서 시간의 70% 이상을 올바른 결정을 내리는 주식 중개인을 찾는 것이다. 단일 유형 I 오류조차도 잘못된 고용 결정으로 이어질 수 있다. 이러한 경우 FWER을 추정하면 각 결과에 대해 개별적으로 p-값을 계산하는 방법보다 전체 결과 집합의 성능을 더 잘 파악할 수 있다. 다음 예제는 주식 중개인 문제와 관련하여 이 개념을 보여준다.

예제 10.5 여러 개의 중개인 검정

$m = 50$ 후보 풀에서 성공적인 주식 중개인을 선택하는 문제를 고려하시오. 모든 주식 중개인에 대해 통계 검정을 수행하여 성능(마지막 N 결정에서 성공한 결정의 수)이 무작위 추측보다 나은지 확인한다. 이러한 모든 검정에 대해 유의도 수준 $\alpha = 0.05$를 사용하는 경우 개별 후보에서 제1종 오류가 발생할 확률은 0.05와 같다. 그러나 결과가 독립적이라고 가정하면 50가지 테스트, 즉 FWER에서 단일 유형 I 오류를 관찰할 확률은 다음과 같이 매우 높다.

$$\begin{aligned} \text{FWER} &= 1 - (1-\alpha)^m \qquad (10.1) \\ &= 1 - (1-0.05)^{50} = 0.923 \end{aligned}$$

단일 검정에서 오탐이 관찰되지 않을 확률은 상당히 높지만$(1-\alpha = 0.95)$ 모든 검정에서 오탐이 나타나지 않을 확률$(0.9550 = 0.077)$은 반복 곱셈의 비율로 감소한다. 따라서 제1종 오류율(α)이 낮더라도 m이 클 때 FWER은 상당히 높을 수 있다. ■

본페로니 절차(Bonferroni Procedure)

일련의 결과의 FWER이 허용 가능한 임계값인 α보다 낮도록 종종 여러 가지 절차가 개발되었으며, 이는 종종 0.05이다. FWER 제어 절차라고 하는 이러한 접근 방식은 기본적으로 모든 검정에 사용되는 p값 임계값을 조정하여 여러 검정이 있을 때 귀무가설을 잘못 기각할 가능성이 적다. 이 범주의 절차를 설명하기 위해 **Bonferroni 절차**인 가장 보수적인 접근 방식을 설명한다.

정의 10.7 **본페로니 절차** m 결과를 테스트해야 하는 경우 FWER이 α보다 작은 경우 본페로니 절차는 모든 검정의 유의 수준을 $\alpha^* = \alpha/m$으로 설정한다.

Bonferroni 절차의 직관은 다음과 같이 이해할 수 있다. 식 (10.1)에서 FWER의 공식을 관찰하며, 여기서 m개의 테스트는 서로 독립적인 것으로 가정한다. 식 (10.1)에서 감소된 유의 수준 α/m을 사용하고 이항 정리를 적용하면 FWER이 다음과 같이 α 아래에서 제어됨을 알 수 있다.

$$
\begin{aligned}
\text{FWER} &= 1 - \left(1 - \frac{\alpha}{m}\right)^m \\
&= 1 - \left(1 + m\left(-\frac{\alpha}{m}\right) + \binom{m}{2}\left(-\frac{\alpha}{m}\right)^2 + \cdots + \left(-\frac{\alpha}{m}\right)^m\right) \\
&= \alpha - \binom{m}{2}\left(-\frac{\alpha}{m}\right)^2 - \binom{m}{3}\left(-\frac{\alpha}{m}\right)^3 - \cdots - \left(-\frac{\alpha}{m}\right)^m \\
&\leq \alpha
\end{aligned}
$$

위의 논의는 검정이 독립적인 것으로 가정되었지만 본페로니 접근 방식은 검정(결과)이 상관인지 또는 독립적인지에 관계없이 m 테스트에서 $1-\alpha$ 확률로 유형 I 오류가 없음을 보장한다. 다음 예를 사용하여 FWER를 제어하기 위한 본페로니 절차의 중요성을 설명한다.

예제 10.6 본페로니 절차

예제 10.5에 기술된 다중 주식중개인 문제에서, 본 발명자들은 FWER의 제어에서 본페로니 절차의 효과를 분석하였다. 개별 주식 중개인에 대한 귀무분포는 $p = 0.5$이고 N

$= 100$인 이항 분포를 사용하여 모델링할 수 있다. 귀무분포에서 모의된 m개의 결과가 주어지면(결과가 독립적이라고 가정), 우리는 두 가지 경쟁 접근법의 성능을 비교한다. $\alpha^* = 0.05/m$의 유의 수준을 사용한다.

그림 10.6은 결과 수, m이 변화함에 따른 두 가지 접근 방식의 FWER을 보여준다 (10^6의 시뮬레이션을 사용했다). 본페로니 절차의 FWER은 항상 α로 제어되는 반면, 순진 접근 방식의 FWER은 빠르게 증가하여 70보다 큰 m에 대해 1에 가까운 값에 도달한다. 본페로니 절차는 m이 크고 FWER이 제어하려는 오차 측정치인 경우 고유한 접근 방식보다 선호된다. ■

본페로니 절차는 거의 항상 매우 보수적이다. 즉, 특히 결과 수가 많고 결과가 자주(예: 빈번한 패턴 마이닝) 서로 상관될 때 믿을 수 있는 불필요한 결과를 제거한다. 모든 m개의 결과가 서로 완벽하게 상관되는 (따라서 동일한) 극단적인 경우 본페로니 절차는 α의 유의 수준이 충분하더라도 여전히 유의 수준 α/m을 사용한다. 이 한계를 해결하기 위해, 상관된 결과를 다룰 때 본페로니보다 덜 보수적인 여러 가지 대체 FWER 제어 절차가 개발되었다(자세한 내용은 참고문헌을 참조하시오).

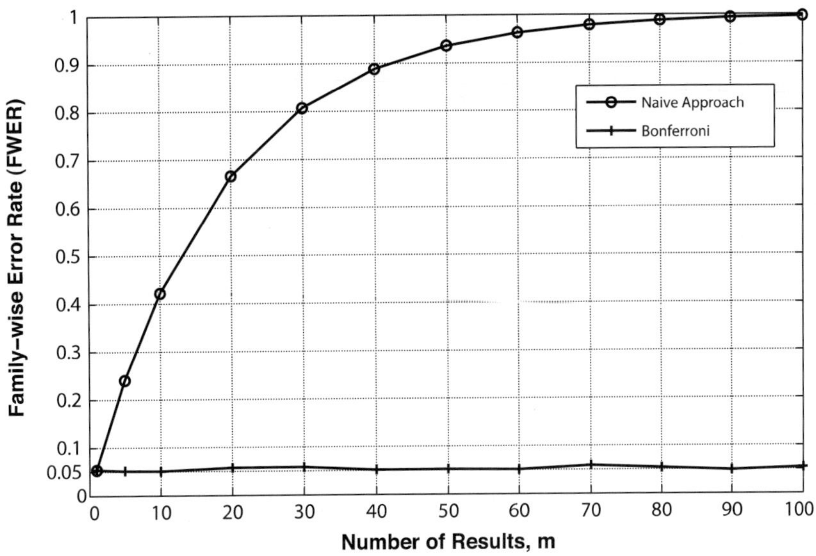

그림 10.6 결과 수의 함수로서 순진 접근 및 본 페로니 절차에 대한 FWER(family wise error rate) 곡선 m

오탐률(FDR: False Discovery Rate)

정의에 따르면, 모든 FWER 통제 절차는 오탐을 얻을 확률이 낮기 때문에 더 확실한 오탐을 얻기 위해 일부 오탐을 허용하는 경우 적절한 도구가 아니다. 예를 들어, 빈발 패턴 마이닝에서는 통계적으로 유의미한 연관성을 나타내는 빈발 항목 집합(실제 긍정)을 선택하고 나머지는 무시한다. 다른 예로서, 심각한 질병을 검사할 때, 그것이 약간의 오탐(false positive)을 생성하는 것을 의미하더라도 더 많은 실제 긍정(질병의 실제 사례를 탐지)을 얻는 것이 좋다. 두 경우 모두, 참 긍정을 탐지하기 위해 합리적인 힘을 얻을 수 있다면 몇 가지 오탐을 용인할 수 있다.

FDR(False Discovery Rate)은 오탐률(false positive)을 측정하기 위한 오류 척도를 제공한다. FDR을 계산하기 위해, 먼저 위양성의 수와 동일한 변수 Q를 정의하고, 결과의 총 개수로 나눈 FP는 Ppred 긍정적으로 예측하였다(표 10.1 참조).

$$Q = \frac{\mathrm{FP}}{Ppred} = \frac{\mathrm{FP}}{\mathrm{TP}+\mathrm{FP}}, \quad \text{if } Ppred > 0$$
$$= 0, \text{ if } Ppred = 0$$

분류에서와 같이 FP, 오탐수를 알면 Q는 4.11.2절에 정의된 바와 같이 본질적으로 오탐률이며, 이는 클래스 불균형 하에서 분류 성능을 평가하기 위한 조치를 도입했다. 따라서 Q는 정밀도와 밀접한 관련이 있다. 구체적으로, 정밀도$= 1 - \mathrm{FDR} = 1 - Q$. 그러나 통계 검정의 맥락에서, $Ppred = 0$일 때, 즉 결과가 양성으로 예측되지 않을 때, 정의에 의해 $Q = 0$이다. 그러나 데이터 마이닝에서 4.11.2절에 정의된 정밀도 및 FDR은 일반적으로 해당 상황에서 정의되지 않은 것으로 간주된다. FP를 모르는 경우, Q를 잘못된 발견 비율로 사용할 수 없다. 그럼에도 불구하고 평균 Q 값을 평균, 즉 Q의 예상 값을 계산하여 이를 잘못된 발견 비율로 사용하는 것이 여전히 가능하다. 공식적으로

$$\mathrm{FDR} = E(Q) \tag{10.2}$$

FDR은 특히 긍정이 치우친 경우 즉, 결과 수집에서 실제 포지티브 수 m_0은 실제 마이너스 수 m_1에 비해 매우 작은 경우 오탐률이 낮게 유지되는 데 유용한 지표이다.

Benjamini-Hochberg 절차

FDR을 제어하려는 통계 검정 절차를 FDR 제어 절차라고 한다. 이러한 절차는 일반적으

로보다 보수적인 FWER 제어 절차보다 더 높은 전력을 제공하면서 적은 수의 오탐(긍정 클래스가 상대적으로 드문 경우에도)을 보장할 수 있다. 널리 사용되는 FDR 제어 절차는 Benjamini-Hochberg(BH) 절차로, 결과를 p-값의 순서대로 증가시키고 모든 결과 R_i에 대해 다른 유의 수준 $\alpha(i)$를 사용한다.

BH 절차의 기본 개념은 주어진 결과 R_i보다 p-값이 낮은 중요한 결과가 많이 발견된 경우 R_i를 검정하는 동안 엄격하지 않고 α/m보다 완화된 유의 수준을 사용할 수 있다는 것이다. 알고리즘 10.1은 BH 절차의 요약을 제공한다. 이 알고리즘의 첫 번째 단계는 모든 결과에 대한 p-값을 계산하고 p-값의 순서대로 결과를 정렬하는 것이다(1~2단계). 따라서 p_i는 가장 작은 p-값에 해당한다. p_i에 대한 유의 수준 α_i는 다음 보정을 사용하여 계산된다(라인 3).

$$\alpha_i = i \times \frac{\alpha}{m}$$

가장 작은 p-값 p_1의 유의 수준은 α/m과 같으며 본페로니 절차에서 사용된 보정과 동일하다. 또한, 가장 큰 p-값 p_m에 대한 유의 수준은 α와 같다. 이는 단일 검정에 대한 유의 수준(다중 가설 검정을 고려하지 않음)이다. 이 두 p-값 사이에서 유의 수준은 α/m에서 α로 선형으로 증가한다. 따라서 BH 절차는 지나치게 보수적인 본페로니 절차와 지나치게 진보적인 접근 방식 사이의 균형을 이루는 것으로 간주될 수 있으며, 따라서 오탐을 너무 많이 생성하지 않으면서도 더 강력한 결과를 얻을 수 있다. p_k가 유의 수준 α_k(행 4)보다 낮도록 k를 가장 큰 지수로 둔다. 그런 다음 BH 절차는 첫 번째 k-값을 유의한 것으로 선언한다(4~5행). BH 절차를 사용하여 계산 된 FDR이 α보다 작다는 것을 알 수 있다.

알고리즘 10.1 Benjamini–Hochberg(BH) FDR algorithm

1: Compute p-values for the m results.
2: Order the p-values from smallest to largest (p_1 to p_m).
3: Compute the significance level for p_i as $\alpha_i = i \times \frac{\alpha}{m}$.
4: Let k be the largest index such that $p_k \le \alpha_k$.
5: Reject H_0 for all results corresponding to the first k p-values, p_i, $1 \le i \le k$.

$$\mathrm{FDR} \le \frac{m_0}{m}\alpha \le \alpha \tag{10.3}$$

특히 여기서 m_0은 실제 음수 결과 수이고 m은 총 결과 수이다(표 10.1 참조).

예제 10.7 BH 및 본페로니 절차

모든 m개의 주식 중개인이 널 분포에 속한다고 가정하는 대신, 대안적인 분포에 속하는 소수의 m_1 후보를 가질 수 있는 사례 10.6에서 논의된 주식 중개인 문제를 생각해 보자. 귀무분포는 성공적인 결정을 내릴 확률이 0.5인 이항 분포로 모델링할 수 있다. 대체 분포는 0.55 확률로 이항 분포로 모형화 할 수 있으며, 이는 임의 추측보다 약간 높은 성공 확률이다. 널 분포와 대체 분포 모두에 대해 $N = 100$ 결정을 고려한다.

우리는 많은 거짓 긍정을 유발하지 않으면서 실제 긍정의 많은 부분(실제로 추측하는 것보다 더 나은 주식 중개인)을 탐지하는 본페로니 및 BH 절차의 성능을 비교하는 데 관심이 있다. 각 시뮬레이션에서 m_1 중개인은 대체 분포에 속하는 반면 나머지는 귀무 분포에 속하는 m개의 주식 중개인에 대해 10^6개의 시뮬레이션을 실행했다. 우리는 $m_1 = m/3$를 선택하여 기울어진 양의 클래스의 효과를 보여주었다. 이는 다중 가설 검정의 대부분의 실제 적용에서 매우 일반적이다. 그림 10.7은 경쟁 시뮬레이션, 본페로니 절차 및 BH 절차의 세 가지 경쟁 절차에 대해 각 시뮬레이션 실행에서 주식 중개인 수(m)를 변경함에 따라 FDR과 예상 전력의 도표를 보여준다. 3가지 절차 각각에서 임계 값 α의 선택은 0.05로 선택되었다.

본페로니 절차와 BH 절차의 FDR이 m의 모든 값에 대해 0.05보다 작다는 것을 알 수 있지만, 본 방법의 FDR은 제어되지 않으며 0.1에 가깝다. 이는 순진한 접근 방식이 결과를 긍정적이라고 부르는 데 있어 상당히 완화되어 더 많은 오 탐지를 유발한다는 것을 보여준다. 그러나 많은 실제 긍정이 실제로 긍정으로 표시되어 있기 때문에 일반적으로 높은 전력을 보여준다. 반면 본페로니의 FDR은 0.05보다 훨씬 작으며 세 가지 접근 방식 중 가장 낮다. 본페로니 방식은보다 엄격한 오류 메트릭, 즉 FWER을 0.05보다 작게 제어하는 것을 목표로 하기 때문이다. 그러나 오탐(false positive)을 피하는 것이 목표이므로 실제 긍정을 유의하게 호출하는 데 보수적이므로 성능도 낮다.

BH 절차는 FDR이 항상 0.05보다 작지만 기대 성능이 상당히 높고 순진한 접근 방식과 비교할 수 있도록 보수적이며 편안한 상태를 유지한다. 따라서 본페로니 절차에 비해

FDR이 약간 증가하면 여러 가설 검정 문제에서 유형 I 오류를 최소화하고 유형 II 오류를 최소화하는 것보다 훨씬 높은 성능을 얻을 수 있다. 그러나 본페로니와 같은 FWER 절차와 BH와 같은 FDR 제어 절차는 서로 다른 두 가지 작업을 위한 것이므로 특정 상황에서 사용하기 위한 최상의 절차는 분석 목표에 따라 달라질 수 있다. ■

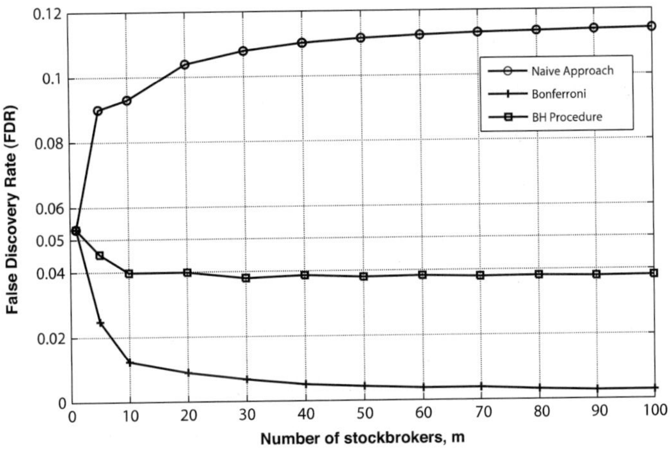

(a) False Discovery Rate as function of m

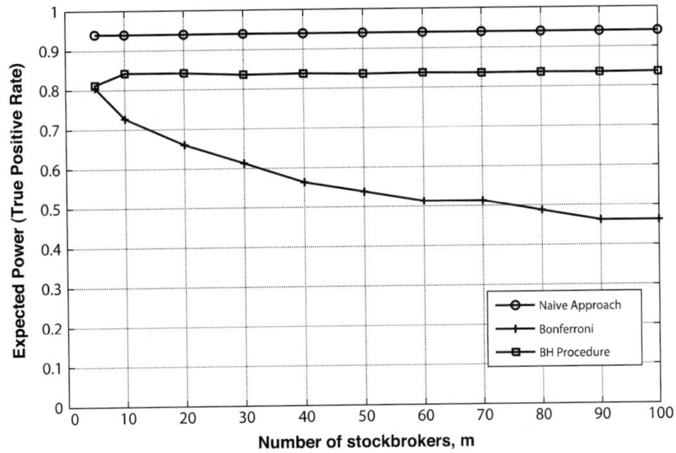

(b) Expected Power as function of m

그림 10.7 결과 수 m을 변경하고 $m_1 = m/3$ 결과를 양수로 설정하여 다중 비교 절차의 성능을 비교한다. 세 가지 절차 각각에 대해 $\alpha = 0.05$이다.

식 (10.3)은 BH 절차의 FDR이 $m_0/m \times \alpha$보다 작거나 같다고 말하는데, 이는 $m_0 = m$일 때, 즉 결과에 실제 양수가 없는 경우에만 α와 같다. 따라서 BH 절차는 일반적으로, 원하는 FDR α가 주어져야 하는 것보다 적은 수의 진 양성, 즉 더 낮은 성능을 보여준. BH 절차의 이러한 한계를 해결하기 위해, 긍정적인 FDR 제어 절차 및 로컬 FDR 제어 절차와 같은 FDR에 대한보다 엄격한 제어를 제공하기 위해 다수의 통계 검정 절차가 개발되었다. 이러한 기술은 일반적으로 BH 절차보다 우수한 성능을 보여 주지만 적은 수의 오탐을 보장한다(자세한 내용은 참고문헌을 참조하시오).

FDR 제어 절차의 일부 사용자는 가설(유의도) 검정 또는 전통적으로 $\alpha = 0.05$ 또는 $\alpha = 0.01$을 사용하는 FWER 제어 절차와 동일한 방식으로 α를 선택해야 한다고 가정한다. 그러나 FDR 제어 절차에서, α는 바람직한 오탐률이고 종종 0.05보다 큰 값, 예를 들어 0.20을 갖도록 선택된다. 그 이유는 많은 경우에 결과를 평가하는 사람이 더 많은 긍정을 얻기 위해 더 많은 오탐을 기꺼이 받아들이기 때문이다. 이것은 특히 사실이다. α가 0.05 또는 0.01과 같은 낮은 값으로 설정될 경우, 잠재적인 긍정적 결과가 적을 경우 이전 예제에서는 토론을 간단하게 유지하기 위해 세 가지 기법 모두에서 α를 동일하게 선택했다.

10.1.4 통계 검정의 함정

위에 제시된 통계 검정 방법은 결과의 증거를 측정하기 위한 효과적인 프레임워크를 제공한다. 그러나 다른 데이터 분석 기술과 마찬가지로 잘못 사용하면 잘못된 결과를 초래할 수 있다. 많은 오해는 p-값의 사용에 집중되어 있다. 특히 p-값에는 일반적으로 데이터 및 이러한 절차에서 지원할 수 있는 것 이상의 추가 의미가 할당된다. 다음에서, 우리는 유효한 결과를 산출하기 위해 피해야 하는 통계 검정의 일반적인 함정에 대해 논의한다. 이들 중 일부는 p-값과 적절한 역할을 설명하고 다른 일부는 일반적인 오해와 오용을 식별한다(자세한 내용은 참고문헌을 참조하시오).

1. **p-값은 귀무가설이 참일 확률이 아니다.** 같이 앞에서 정의 10.2에서 설명한 것처럼 p-값은 조건부이다. 검정 통계량의 특정 값을 관찰할 확률 R 또는 귀무가설 하에서 더 극단인 것. 따라서 우리는 p-값을 계산하기 위해 귀무가설이 참이라고 가정한다. p-값은 관측된 결과가 귀무가설과 얼마나 호환되는지 측정한다.

2. **일반적으로 다음과 같은 결과를 설명하는 여러 가설이 있을 수 있다.** 귀무가설 하에서 유의하거나 유의하지 않은 것으로 밝혀졌다. 중요하지 않은 것으로 선언된 결과, 즉 높은 p-값을 갖는 결과는 반드시 귀무분포에서 생성된 것은 아니다. 예를 들어, 평균이 0이고 표준 편차가 1인 가우시안 분포를 사용하여 귀무분포를 모델링하면 관측된 검정 통계량 $R_{obs} = 1.5$가 5% 수준에서 중요하지 않은 것으로 나타난다. 그러나 해당 사건의 확률이 낮지만(0이 아닌) 경우에도 결과는 대체 분포에서 나올 수 있다. 또한 귀무가설을 잘못 지정하면 동일한 분포가 다른 분포, 예를 들어 평균 1과 표준 편차 1을 갖는 가우스 분포에서 쉽게 나올 수 있다. 따라서 결과가 중요하지 않다고 선언하는 것이 귀무가설을 "수락"하는 것은 아닙니다. 마찬가지로, 많은 대립가설에 의해 중요한 결과가 설명될 수 있다. 따라서 귀무가설을 기각한다고 해서 반드시 우리가 대립 가설을 받아 들였다는 의미는 아니다. 이는 p-값 또는 보다 일반적으로 통계 검정 결과가 일반적으로 결정을 내리기에 충분하지 않은 이유 중 하나이다. 도메인 지식과 같은 통계 외부 요인도 적용해야 한다.

3. **낮은 p-값은 유용한 효과 크기(검정 통계의 크기)를 의미하지 않으며 그 반대도 마찬가지이다.** 효과 크기는 관심 영역에서 결과가 중요한 것으로 간주되는 검정 통계량의 크기이다. 따라서 효과 크기는 관찰된 결과가 도메인 관점에서 유의한지 여부를 고려하여 도메인 고려 사항을 가져온다. 예를 들어, 새로운 약물이 혈압을 낮추지만 1%만 감소한다고 가정한다. 이 차이는 통계적으로 유의할 수 있지만 효과 크기가 1%인 의학적 중요성은 아마도 의약품 비용과 부작용 가능성이 없다. 특히, 유의미한 p-값은 큰 효과 크기를 갖지 않을 수 있고 중요하지 않은 p-값은 효과 크기를 의미하지 않는다. p-값은 데이터 세트의 크기에 크게 의존하기 때문에 작은 효과 크기라도 통계적으로 유의미한 것으로 표시되므로 빅데이터 응용 프로그램의 작은 p-값은 점점 일반화되고 있다. 따라서 통계적으로 유의하지만 유용하지 않은 결과를 생성하지 않도록 효과 크기를 고려해야 한다. 특히 결과가 중요하다고 선언 되더라도 그 효과 크기가 도메인 지정 임계값보다 커야 실질적으로 중요하다.

예제 10.8 임의 데이터의 유의한 p-값

작은 효과크기에서도 상당히 낮은 p-값을 얻을 수 있다는 점을 설명하기 위해 우리는 평균 0과 표준 편차 1의 가우스 분포에서 생성된 10개의 랜덤 벡터의 쌍별 상관관계를 고려하자. 귀무가설은 두 벡터의 상관관계가 0이라는 것이다. 그림 10.8(a) 및 10.8(b)는 벡터의 길이 n은 증가하고, 임의의 벡터 쌍의 최대 절대 쌍별 상관은 0이 되는 경향이 있지만, p-값이 0.05 미만인 평균 쌍별 상관의 수는 약 2.25에서 일정하게 유지된다. 이

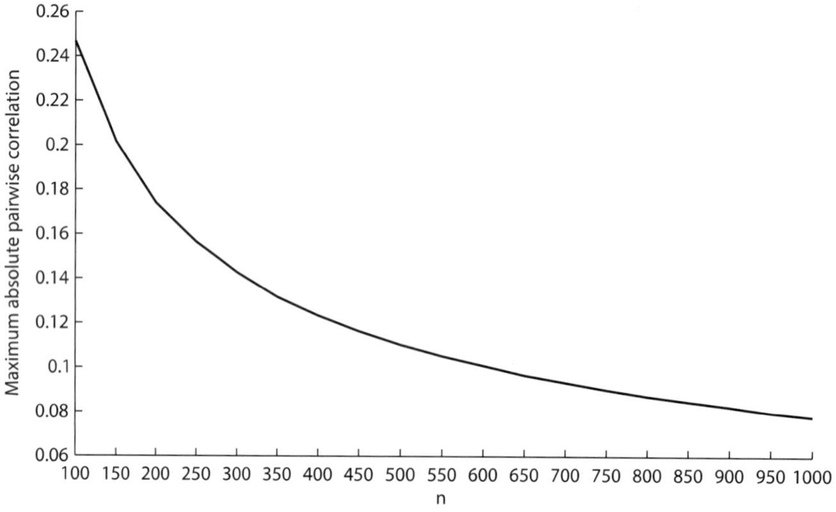

(a) Plot of maximum absolute pairwise correlation between 10 random vectors

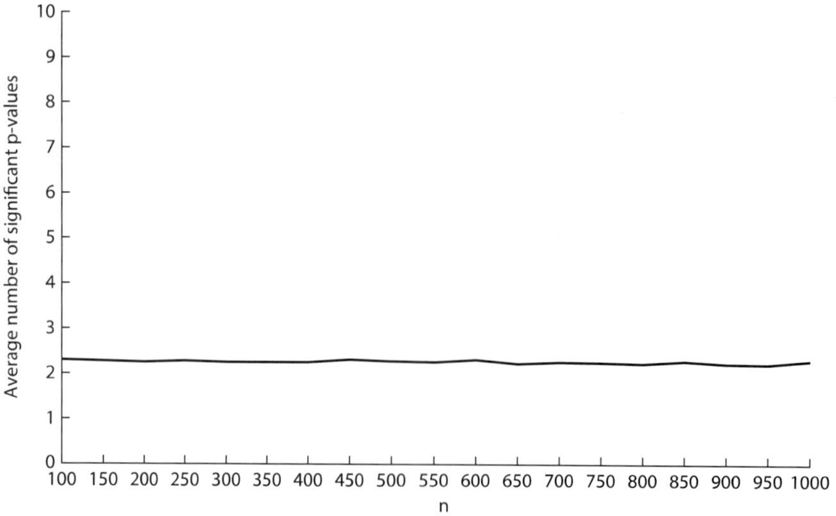

(b) Plot of average number of significant pairwise correlations

그림 10.8 10개의 랜덤 벡터 간의 상관에 대한 벡터 길이 n의 변화 효과를 시각화한다.

는 효과 크기(최대 절대 상관)가 상당히 낮지만 n이 클 때 유의한 쌍별 상관의 수가 감소하지 않음을 보여준다.

이 예는 또한 다중 검정의 중요성을 보여준다. 45쌍의 상관관계가 있으므로 평균적으로 그림 10.8(b)에 표시된 것처럼 5% 수준에서 0.05×45=2.25의 유의 한 상관관계가 있을 것으로 예상된다. ■

4. **통계적으로 유의미하다고 선언할 때까지 여러 가지 방법으로 결과를 분석하는 것은 좋지 않다.** 이로 인해 다중 가설 검정 문제가 발생하고 개별 결과의 p-값이 더 이상 귀무가설을 기각해야 하는지 여부에 대한 좋은 지침이 되지 않는다(이러한 접근법은 p-값 해킹으로 알려져 있다). 여기에는 p-값이 명시적으로 사용되지 않지만 조사자가 수용할 수 있는 모델이 발견될 때까지 데이터가 사전 처리되거나 조정되는 경우가 포함될 수 있다.

10.2 귀무 및 대체 분포 모델링

통계 검정을 수행하기 위한 기본 요구 사항은 검정 통계가 귀무가설 하에서 (때로는 대립 가설 하에서) 분포되는 방법을 알아야 한다. 통계 검정의 기존 문제에서는 데이터 수집을 위한 실험 설정을 설계하는 동안 이러한 고려 사항을 염두에 두고 귀무가설 및 대립 가설과 관련된 충분한 데이터 샘플을 갖다. 예를 들어, 새로운 약물의 효과를 검정하기 위해 질병을 치료할 때, 실험 데이터는 일반적으로 대조군이 아닌 한 그룹에 약물이 투여된다는 점을 제외하고는 모든 측면에서 가능한 한 유사한 두 그룹의 피험자로부터 수집된다. 두 그룹의 데이터 샘플은 대체 분포와 귀무분포를 각각 모델링하기 위한 정보를 제공한다. 실험에 대한 광범위한 작업이 있다. 실험을 수행하고 귀무가설 및 대립 가설과 관련된 데이터를 수집하여 추후 통계 검정에 사용할 수 있도록 지침을 제공한다. 그러나 많은 데이터 마이닝 문제에서 흔히 발생하는 사전 가설을 염두에 두고 데이터가 수집되는 관측 데이터를 처리할 때는 이러한 지침을 직접 적용할 수 없다.

따라서 관측 데이터와 함께 통계 검정을 사용할 때 중심 목표는 귀무가설 및 대립 가설 하에서 검정 통계의 분포를 모델링하는 방법을 제시하는 것이다. 경우에 따라 관측에 대한 통계적 가정을 통해 데이터를 계산할 수 있다(예: 데이터가 정규, 이항, 또는 초기하 분포). 예를 들어, 데이터 세트의 인스턴스는 평균 및 분산이 데이터 세트로부터 추정될 수 있는 단일 정규 분포에 의해 생성될 수 있다. 통계 모델이 사용되는 거의 모든 경우에 해당 모델의 매개 변수는 데이터에서 추정해야 한다. 따라서 통계 모델을 사용하여 계산된 확률은 일부 고유 오차를 가질 수 있으며, 이 분포의 크기는 선택한 분포가 데이터에 얼마나 잘 적합하고 모델의 모수를 얼마나 잘 추정할 수 있는지에 따라 다르다.

일부 시나리오에서는 알려진 통계 분포를 사용하여 데이터의 동작을 적절히 모델링하는 것이 어렵거나 불가능하다. 대안 방법은 먼저 귀무가설 또는 대안 가설 하에서 표본 데이터 세트를 생성한 다음 새 데이터 세트를 사용하여 검정 통계량 분포를 모델링하는 것이다. 대립 가설의 경우 새 데이터 세트는 현재 데이터 세트와 유사해야 하지만 데이터에 내재된 자연 변동성을 반영해야 한다. 귀무가설의 경우 이러한 데이터 세트는 가능한 유사해야 한다. 예를 들어 속성과 값 사이의 연결, 군집 구조 또는 속성 간의 연관과 같은 관심있는 구조나 패턴이 부족하다.

다음에서는 데이터 마이닝 문제에 대한 통계 검정의 맥락에서 귀무분포를 추정하기 위한 일반적인 절차를 설명한다. 불행히도 알려진 통계 분포를 사용하는 것 외에는 대체 분포를 생성하는 데 널리 사용되는 방법이 많지 않다. 이 절차는 10.3절에서 10.6절에 논의된 통계 테스트에 대한 특정 접근법의 빌딩 블록 역할을 한다. 귀무분포를 추정하는 데 사용되는 접근법의 정확한 세부 사항은 연구 중인 특정 유형의 문제와 고려되는 가설의 특성에 따라 다르다. 그러나 높은 수준에서 접근 방법에는 완전히 새로운 합성 데이터 세트 또는 무작위 레이블 생성이 포함된다. 또한 기존 인스턴스를 리샘플링하는 방법에 대해 설명한다. 이는 예측 모델의 정확도와 같은 다양한 데이터 마이닝 결과에 대한 신뢰 구간을 생성하는 데 유용할 수 있다.

10.2.1 합성 데이터 세트 생성

군집화 및 빈번한 패턴 마이닝과 같은 레이블이 없는 데이터와 관련된 분석의 경우, 널 분포를 추정하는 주요 방법은 속성 값의 순서를 무작위로 지정하거나 새 인스턴스를 생성하여 합성 데이터 세트를 생성하는 것이다. 결과 데이터 세트는 관심있는 패턴(예 : 군집 구조 또는 빈번한 패턴의 중요성을 평가할 필요가 없음)이 없다는 점을 제외하고는 모든 방식으로 원본 데이터 세트와 유사해야 한다.

예를 들어, 트랜잭션 데이터 세트의 항목이 임의의 우연에 의한 연관성을 넘어서 서로 관련되어 있는지 여부를 평가해야 하는 경우 이진화된 트랜잭션의 행과 열 내의 기존 항목 순서를 무작위화(순열)하여 가상 트랜잭션 데이터 세트를 생성할 수 있다. 결과 데이터 세트의 목표는 트랜잭션에서 항목이 발생하는 횟수(예: 항목 지지도) 및 모든 트랜잭션의 항목 수(예: 트랜잭션의 길이) 측면에서 통계적으로 독립된 항목들이 원래 데이터 세트와 유사한 특성을 가지도록 만드는 것이다. 이러한 합성 데이터 세트는 연관 패턴을 찾기 위해 처리될 수 있으며 이러한 결과는 귀무가설 하에서 관심있는 검정 통계의 분포, 예를 들어 품목 세트의 지지도 또는 신뢰도를 추정하는 데 사용될 수 있다. 자세한 내용은 10.4절을 참조하시오.

데이터 세트의 군집 구조가 우연히 예상보다 나은 평가해야 하는 경우 데이터 세트에 결합될 때 군집 구조가 없는 새 인스턴스를 생성해야 한다. 합성 데이터 세트를 군집하여 검정 통계의 귀무분포를 추정하는 데 사용할 수 있다. 군집 분석의 경우 관심 수량, 즉 테스트 통계는 일반적으로 SSE 또는 실루엣 계수와 같은 군집 양호도의 일부이다. 10.5절을 참조하시오.

속성을 랜덤화하는 과정은 단순해 보일 수 있지만, 합성 데이터 세트를 생성하려는 시도가 원래 데이터의 중요한 특성 또는 구조를 생략하여 실제 귀무분포에 대한 부적절한 근사치를 생성할 수 있으므로 이 방법을 실행하는 것은 매우 어려울 수 있다. 예를 들어 시계열 데이터가 주어지면 무작위 시계열의 연속 값이 서로 유사해야 한다. 시계열 데이터는 일반적으로 시간적인 자기상관(autocorelation)을 나타내기 때문이다. 또한 시계열 데이터가 연간주기(예: 기후 데이터)를 갖는 경우, 이러한 순환 패턴이 합성적으로 생성된 시계열에서도 보존되도록 해야 한다. 합성 데이터 세트를 생성하기 위한 특정 기술은 각각 10.4 및 10.5절에서 연관 분석 및 군집의 맥락에서보다 상세히 논의될 것이다.

10.2.2 클래스 레이블 무작위 화

모든 데이터 인스턴스에 주어진 클래스 레이블이 있는 경우 새 데이터를 생성하는 일반적인 방법은 클래스 레이블을 임의로 순열하는 것이다. 이 프로세스는 순열 테스트라고도 한다. 여기에는 레이블 할당을 제외하고 이전 데이터 세트와 동일한 새 데이터 세트를 생성하기 위해 데이터 객체간에 레이블을 임의로 셔플(순환)하는 것이 포함된다. 분류 모델은 이러한 각 데이터 세트에 구축되며 검정 통계(예: 분류 정확도)가 계산된다. 결과 값집합(각 순열마다 하나씩)을 사용하여 데이터 집합의 특성이 클래스 레이블과 관련이 없다는 귀무가설 하에서 통계 분포를 제공할 수 있다. 10.3.1절에서 설명하겠지만 이 접근법은 무작위 확률에 의해 검정 세트에서 학습된 분류기의 분류 성능을 달성할 가능성을 검정하는 데 사용될 수 있다. 레이블을 순열하는 것이 간단하지만 귀무분포의 모델이 열등할 수 있다(참고문헌부를 볼 것).

10.2.3 인스턴스 리샘플링(Resampling Instances)

이상적으로는 데이터 마이닝 알고리즘이 생성하는 모델 및 패턴의 유효성과 일반화 가능성을 평가할 수 있도록 기본 데이터 인스턴스 모집단의 여러 샘플을 원한다. 이러한 샘플을 시뮬레이트하는 한 가지 방법은 원본 데이터에서 인스턴스를 무작위로 샘플링하여 통계적 리샘플링이라고 하는 합성 데이터 인스턴스 모음을 만드는 것이다. 예를 들어, 새로운 데이터 세트를 생성하는 일반적인 방법은 부트스트랩 샘플링을 사용하는 것이다. 부트스트랩 샘플링은 결과 데이터 세트의 크기가 원래 세트와 동일한 크기로 대체되어 데이터 인스턴스가 임의로 선택된다. 분류를 위해 부트스트랩 샘플링의 대안은 k-폴드 교차 검증인데, 여기서 데이터 세트는 k번의 서브 세트로 체계적으로 분할된다. 10.3.1절에서 나중에 볼 수 있듯이, 이러한 통계적 리샘플링 접근법은 정확도, 정밀도 및 리콜과 같은 분류 성능 측정값의 분포를 계산하는 데 사용된다. 부트스트랩과 같은 리샘플링 접근 방식을 사용하여 빈번한 품목 세트의 지원 분포를 추정할 수도 있다. 또한 이러한 분포를 사용하여 이러한 측정값에 대한 신뢰 구간을 생성할 수 있다.

10.2.4 검정 통계량 분포 모델링

귀무가설 하에서 생성된 여러 데이터 세트 샘플이 주어지면 모든 샘플 세트에 대해 검정 통계량을 계산하여 검정 통계량의 귀무분포를 얻을 수 있다. 이 분포는 p-값과 같은 통계 검정 절차에 사용된 확률의 추정치를 제공하는 데 사용할 수 있다. 이를 달성하는 한 가지 방법은 귀무가설 하에서 생성된 데이터 세트의 검정 통계량 값에 통계 모델(예: 정규 분포 또는 이항 분포)을 맞추는 것이다. 또는 충분한 표본이 주어지면 p-값 계산에 비모수적 접근 방식을 사용할 수도 있다. 예를 들어, 귀무분포에서 생성된 검정 통계량이 관측된 결과의 검정 통계량을 초과하는 (또는 "극단적인" 값을 취하는) 분수의 수를 세고 이 분수를 결과의 p-값으로 사용할 수 있다.

10.3 분류를 위한 통계 테스트

통계 검정의 관점에서 볼 수 있는 분류에는 여러 가지 문제점이 있으므로 이 장에서 이전에 설명한 잘못된 발견을 피하는 기술의 이점을 활용할 수 있다. 다음에서는 이러한 문제 중 일부와 이를 해결하는 데 사용할 수 있는 통계 검정 방법에 대해 설명한다. 두 모델의 성능이 크게 다른지 비교하는 방법은 3.9.2절에 제공된다.

10.3.1 분류 성능 평가

검정 세트에 적용된 분류기가 정확도가 x%라고 가정한다. 분류기 결과의 유효성을 평가하려면 무작위 확률로, 즉 데이터 집합의 특성과 클래스 레이블 사이에 관계가 없는 경우 x% 정확도를 얻을 가능성이 어느 정도인지 이해하는 것이 중요하다. 또한 분류 분류의 특정 임계 값을 선택하여 효과적인 분류기를 식별하는 경우, 데이터에서 분류의 자연적 변동성으로 인해 임계값보다 낮은 정확도를 나타내는 우수한 분류기를 잘못 거부할 것으로 예상되는 횟수를 알고 싶을 것이다.

분류기 성능의 타당성에 대한 이러한 질문은 다음과 같이 가설 검정 관점에서 이 문제를 보고 해결한다. 훈련 세트에서 분류기를 학습하고 검정 세트에서 학습된 분류기를 평가하는 통계 테스트 설정을 고려하자. 이 검정에 대한 귀무가설은 분류기가 주어진 학습 세트에서 속성과 클래스 레이블 간의 일반화 관계를 학습할 수 없다는 것이다. 대안적인 가설은 분류기가 실제로 훈련 세트로부터 속성과 클래스 레이블 사이의 일반화 가능한 관계를 학습한다는 것이다. 관측된 결과가 귀무가설 또는 대립가설에 속하는지 여부를 평가하기 위해 검정 세트에 대한 분류기의 성능 측정값(예: 정밀도, 회상 또는 정확도)을 검정 통계량으로 사용할 수 있다.

무작위화(Randomization) 위의 방법을 사용하여 통계 검정을 수행하려면 설정에서 먼저 속성과 클래스 레이블간에 비 랜덤 관계가 없다는 귀무가설 하에서 새 샘플 데이터 세트를 생성해야 한다. 이것은 레이블의 모든 순열에 대해 속성과 클래스 레이블이 서로 관련이 없는 새로운 학습 세트를 생성하도록 학습 데이터의 클래스 레이블을 무작위로 순열함으로써 달성될 수 있다. 그런 다음 모든 샘플 학습 세트에서 분류기를 학습하고 테스트 통계에 대한 분포를 구하기 위해 학습 세트를 검정 세트에 적용할 수 있다(분류 성능). 예를 들어 정확도를 다음과 같이 사용하면 검정 통계에 따르면 원래 레이블을 사용하여 학습한 모델의 관측 정확도 값은 무작위로 치환된 레이블을 통해 학습한 모델에서 생성된 대부분 또는 모든 정확도보다 훨씬 높아야 한다. 그러나 분류기는 유의한 p-값을 가질 수 있지만 특히 데이터 세트가 큰 경우 무작위 분류기보다 약간 더 나은 정확도를 가질 수 있다. 따라서 p-값에 대한 정보와 함께 분류기의 효과 크기(분류 성능의 실제 값)를 고려해야 한다.

부트스트랩 및 교차 검증 분류와 같은 예측 모델과 관련된 다른 유형의 분석은 다양한 분류 성능 측정값의 분포를 모델링하는 것이다. 이러한 분포를 추정하는 한 가지 방법은 레이블이 지정된 데이터(원래 레이블 유지)에서 부트스트랩 샘플을 생성하여 새로운 교육 및 검정 세트를 만드는 것이다. 그런 다음 다수의 이러한 부트스트랩된 데이터 세트에서 학습 및 평가된 분류 모델의 성능을 사용하여 관심 측정에 대한 분포를 생성할 수 있다. 대체 분포를 생성하는 또 다른 방법은 무작위 교차 검증 절차(3.6.2절에서 논의)를 사용하여 라벨이 붙은 데이터를 무작위로 k-폴드로 분할하는 과정이 여러번 반복되는 것이다.

이러한 리샘플링 접근법은 또한 모든 가능한 인스턴스에 대해 훈련된 분류기의 실제 성능을 측정하기 위한 신뢰 구간을 추정하는 데 도움이 될 수 있다. 신뢰 구간은 추정된 매개 변수 값이 특정 비율의 비율로 떨어지도록 보장되는 매개변수 값의 간격이다. 신뢰 수준은 추정된 모수가 구간 내에 속하는 횟수의 백분율이다. 예를 들어 분류기의 정확도 분포를 고려하면 분포의 95%를 포함하는 값의 간격을 추정할 수 있다. 이는 95% 신뢰 수준에서 분류기의 실제 정확도의 신뢰 구간으로 사용된다. 결과에서 내재된 불확실성을 정량화하기 위해 종종 신뢰 구간이 모델 출력의 점 추정치와 함께 보고된다.

10.3.2 다중 가설 검정으로 이진 분류

이진 분류기의 일반화 성능을 추정하는 과정은 앞서 10.1.2에서 설명한 다중 가설 검정의 문제와 유사하다. 특히 모든 테스트 인스턴스는 귀무가설(음수 클래스) 또는 대체가설(양수 클래스)에 속한다. 모든 테스트 인스턴스에 분류 모델을 적용하여 각 인스턴스를 긍정적이거나 부정적인 클래스. 그런 다음 일련의 결과에 대한 분류 모델의 성능(테스트 세트에서 인스턴스를 분류한 결과)을 표 10.1에 제시된 친숙한 혼란 매트릭스로 요

표 10.2 통계 검정 개념과 분류기 평가 측정 간의 대응

Statistical Testing Concept	Classifier Evaluation Measure	Formula
Type I Error Rate, α	False Positive Rate	$\frac{FP}{FP+TN}$
Type II Error Rate, β	False Negative Rate	$\frac{FN}{TP+FN}$
Power, $1-\beta$	Recall	$\frac{TP}{TP+FN}$

약할 수 있다.

다중 가설 테스트의 기존 문제와 구별되는 이진 분류의 고유한 측면은 테스트 인스턴스에서 기본 정보 레이블을 사용할 수 있다는 것이다. 따라서 통계적 가정(예: 귀무가설 및 대립가설 하에서 검정 통계량의 분포)을 사용하여 추론하는 대신 4.11절에 제시된 것과 같은 경험적 방법을 사용하여 귀무가설 또는 대립 가설을 기각하기 위한 오차 추정치를 직접 계산할 수 있다. 표 10.2는 통계 검정에 사용된 오류 측정 항목과 분류 문제에 사용된 평가 측정 값 사이의 일치성을 보여준다.

이러한 오류 메트릭은 레이블이 지정된 데이터를 사용하여 쉽게 계산할 수 있지만 이러한 추정의 신뢰성은 항상 완벽하지는 않을 수 있는 테스트 레이블의 정확성에 따라 달라진다. 그러한 경우, 시험 라벨의 부정확성으로 인해 발생하는 평가 조치의 불확실성을 정량화하는 것이 중요하다(자세한 내용은 참고문헌을 참조하시오). 레이블이 없는 인스턴스에 대해 학습된 분류 모델인 경우 분류 출력의 불확실성을 정량화하기 위해 통계적 방법을 사용할 수 있다. 예를 들어 여러 분류 모델을 생성하기 위해 교육 세트를 부트스트랩 할 수 있다(10.3.1절에서 설명). 보이지 않는 인스턴스에 대한 출력 분포를 사용하여 해당 인스턴스에 대한 출력의 신뢰 구간을 추정할 수 있다.

상기 논의는 이진 출력을 생성하는 분류기의 품질을 평가하는 데 중점을 두었지만, 통계적 고려 사항은 분류 점수와 같은 실제 출력을 생성하는 분류기의 품질을 평가하는 데 사용될 수도 있다. 4.11.4절에서 논의된 바와 같이, 다양한 점수임계 값에 걸친 분류기의 성능은 일반적으로 수신기 작동 특성 곡선의 도움으로 분석된다. ROC 곡선을 생성하는 기본 방법은 점수값에 따라 예측을 정렬한 다음 가능한 모든 점수 임계값에 대해 실제 양수 비율과 위양성 비율을 도시하는 것이다. 이 접근법은 10.1.3절에 설명된 FDR

제어 절차와 유사하지만 FDR을 최대화하기 위해 분류기가 가장 적은 순위 인스턴스(최저 p-값을 갖는)를 양수로 표시한다. 그러나 사실 정보 레이블이 존재하는 경우 명시적인 통계 모델이나 가정을 사용하지 않고도 다양한 점수 임계값에 대한 분류 성능 측정값을 경험적으로 추정할 수 있다.

10.3.3 모델 선택에서의 다중 가설 검정

다중 가설 검정의 문제는 모델 선택 프로세스에서 중요한 역할을 한다. 더 복잡한 모델이 단순한 모델보다 성능이 더 우수하더라도 성능 차이는 통계적으로 유의하지 않을 수 있다. 특히 통계적 관점에서 볼 때 복잡도가 높은 모델은 주어진 분류 문제에 대해 학습 알고리즘에서 선택할 수 있는 더 많은 솔루션을 제공한다. 예를 들어, 더 많은 수의 속성을 가지면 의사 결정 트리 학습 알고리즘이 훈련 데이터에 가장 적합하도록 선택할 수 있는 더 큰 후보 분할 기준 세트를 제공한다. 그러나 훈련 크기가 작고 후보 모델 수가 많으면 가짜 모델을 선택할 가능성이 높아진다. 보다 일반적으로, 다중 가설 검정의 이 버전은 **선택적 추론**(selective inference)으로 알려져 있다. 이 문제는 예측 모델 작성과 같이 주어진 문제에 대한 가능한 솔루션 수가 많지만 솔루션의 효과를 강력하게 결정하기 위한 테스트 수는 매우 적은 상황에서 발생한다. 선택적 추론은 3.4절에서 설명 된 모델 과적합 문제를 야기할 수 있다.

다중 비교 절차는 모델 과적 합과 어떤 관련이 있는가? 많은 학습 알고리즘이 독립적인 대안 $\{\gamma_i\}$을 탐색 한 다음 주어진 기준 함수를 최대화하는 대안 $\gamma_{\max}$를 선택한다. 알고리즘은 훈련 오류를 개선하기 위해 현재 모델에 $\gamma_{\max}$를 추가한다. 더 이상의 개선이 관찰되지 않을 때까지 이 절차를 반복한다. 예를 들어, 의사 결정 트리를 확장하는 동안 훈련 데이터를 가장 잘 나눌 수 있는 속성을 결정하기 위해 여러 테스트가 수행된다. 중지 기준을 충족하지 않는 한 트리를 확장하기 위해 최상의 분할로 이어지는 속성이 선택된다.

속성 x에 내부 노드를 삽입한 후 T_0을 초기 결정 트리로, T_x를 새 트리로 설정하시오. 의사 결정 트리 분류기의 다음 중지 기준을 고려하시오. 관측된 이득 $\Delta(T_0, T_x)$이 사전 정의된 임계 값 α보다 큰 경우 x가 트리에 추가된다. 평가할 속성 테스트 조건이 하나 뿐인 경우 충분히 큰 α 값을 선택하여 불필요한 노드를 삽입하지 않아도 된다. 그러나 실제로는 사용 가능한 테스트 조건이 둘 이상 있으며 의사 결정 트리 알고리즘은 후보 세트 $\{x_1, x_2, ..., x_k\}$에서 최상의 분할 속성 $x_{\max}$를 선택해야 한다. 알고리즘이 의사 결정 트리의 확장 여부를 결정하기 위해 $\Delta(T_0, T_x) > \alpha$ 대신 $\Delta(T_0, T_{x_{\max}}) > \alpha$ 테스트를 적용하기 때문에 다중 비교 문제가 발생한다. 다중 주식 중개인 예제와 마찬가지로 대안 k의 수가 증가함에 따라 $\Delta(T_0, T_{x_{\max}}) > \alpha$를 찾을 가능성도 높아진다. 게인 함수 Δ 또는 임계값 α가 수정되지 않는 한 k를 설명하기 위해, 알고리즘은 예측력이 낮은 불필요 노드를 실수로 트리에 추가하여 모델 과적합 문제를 야기할 수 있다.

이 효과는 적은 수의 훈련 인스턴스가 있을 때 $\Delta(T_0, T_{x_{\max}})$의 분산이 더 높기 때문에 $x_{\max}$가 선택된 훈련 인스턴스의 수가 적을 때 더 두드러진다. 결과적으로 훈련 사례가 거의 없을 때 $\Delta(T_0, T_{x_{\max}}) > \alpha$를 찾을 확률이 증가한다. 의사 결정 트리가 더 깊어지면 노드에 포함되는 인스턴스 수가 줄어들고 트리에 불필요한 노드를 추가할 가능성이 높아지는 경우가 종종 발생한다.

10.4 연관 분석을 위한 통계 검정

연관 분석의 문제는 일반적으로 무감독 즉 결과를 평가하기 위해 근거 정보에 접근할 수 없기 때문에, 발견된 결과가 통계적으로 유의하고 가짜가 아닌지 확인하기 위해 강력한 통계 검정 방법을 사용해야 한다. 예를 들어 빈발 항목 집합을 발견할 때 항목 집합의 지원과 같은 평가 방법을 사용하여 유용도를 측정한다. 이러한 평가 측정의 불확실성은 리샘플링 방법을 사용하여 정량화할 수 있다(예: 트랜잭션을 부트스트래핑하고 결과 데이터 세트에서 항목 세트에 대한 지원 분포를 생성한다). 적절한 평가 측정이 제공되면 측정 항목에 대한 임계값을 지정하여 빈번한 항목 세트와 같은 흥미로운 패턴을 식별해야 한다. 관련 임계값의 선택은 일반적으로 도메인 고려 사항에 의해 안내되지만, 다음에서 논의되는 바와 같이 통계 절차의 도움을 받아 정보를 얻을 수도 있다. 이것을 단순화하려면 토론에서 거래 데이터 세트는 희소 이진 행렬로 표시되며 1은 항목의 존재를 나타내고 0은 부재를 나타낸다(2.1.2절 참조).

트랜잭션 데이터 세트가 주어지면 결과를 빈번한 k-항목집합 및 검정 통계는 항목집합 또는 5.7절에 설명된 기타 평가 수단을 지원하는 것이다. 이 결과에 대한 귀무가설은 항목 세트의 k 항목이 서로 관련이 없다는 것이다. 빈번한 항목집합이 제공되면 FWER

또는 FDR 제어 절차와 같은 여러 가설 검정 방법을 적용하여 관련성이 높은 항목으로 중요한 패턴을 식별할 수 있다. 그러나 연관 마이닝 알고리즘으로 찾은 항목 집합은 포함된 항목의 관점에서 겹친다. 따라서 연관 분석의 여러 결과는 서로 독립적인 것으로 가정한다. 이러한 이유로 본페로니 절차와 같은 접근 방식은 결과를 유의하게 호출하는 데 지나치게 보수적일 수 있으며, 이는 성능저하로 이어진다. 또한, 트랜잭션 데이터 세트는 다수의 가설 검정 절차를 적용할 때 고려되어야 하는 구조 또는 특성, 예를 들어 다수의 아이템을 포함하는 트랜잭션의 서브 세트를 가질 수 있다.

연관 분석과 관련된 문제에 대한 통계 검정 절차를 적용하기 전에 먼저 항목 간의 연관이 없다는 귀무가설 하에서 항목 세트의 검정 통계 분포를 추정해야 한다. 이는 통계 모델을 사용하거나 무작위 실험을 수행하여 수행할 수 있다. 이러한 범주의 접근 방식은 모두 다음에 설명되어 있다.

10.4.1 통계 모델 사용

항목이 서로 관련이 없다는 귀무가설 하에서 항목간 통계 독립 모델을 사용하여 항목 세트의 지원 수를 모델링할 수 있다. 두 개의 독립적인 항목을 포함하는 항목 집합의 경우 Fisher의 정확한 검정을 사용할 수 있다. 둘 이상의 항목을 포함하는 항목 집합의 경우 카이 제곱(χ^2) 검정와 같은 대체 독립 검정을 사용할 수 있다. 이 두 가지 접근 방식은 다음과 같다.

Fisher의 정확 검정 사용

A와 B가 서로 독립적으로 발생한다는 귀무가설 하에서 2항목 $\{A, B\}$의 지원 횟수를 모델링하는 문제를 고려하자. A와 B가 각각 N_A와 N_B 시간으로 나타나는 N개의 트랜잭션이 있는 데이터 세트가 제공된다. A와 B가 독립적이라고 가정하면, A와 B를 함께 관찰할 확률은 다음과 같이 주어질 것이다.

$$p_{AB} = p_A \times p_B = \frac{N_A}{N} \times \frac{N_B}{N}$$

여기서 p_A와 p_B는 A와 B를 개별적으로 관찰할 수 있는 확률로, 지지도에 의해 근사된다. A와 B를 함께 관찰하지 않을 확률은 $(1 - p_{AB})$와 같다. N 트랜잭션이 독립적이라고 가정하면 다음과 같이 이항 분포(10.1절에서 소개)를 사용하여 N_{AB} 모델링, A와 B가 함께 나타나는 횟수를 고려할 수 있다.

$$P(N_{AB}=k)=\binom{N}{k}(p_{AB})^k(1-p_{AB})^{N-k}$$

그러나 이항 분포는 N_{AB}가 개별 지원 카운트 A 및 B를 초과하더라도 양수 확률인 N_{AB}에 $\{A, B\}$의 지원 횟수를 할당하므로 $\{A, B\}$의 지원 횟수를 정확하게 모델링하지 않다. 보다 구체적으로, 이항 분포는 고정 확률(p_{AB})로 대체하여 샘플링될 때 이벤트(A와 B의 동시 발생)를 관찰할 확률을 나타낸다. 그러나 실제로 A와 B의 지원 횟수가 고정되어 있기 때문에 A와 B를 이미 여러 번 샘플링하면 $\{A, B\}$를 관찰할 확률이 줄어든다.

Fisher의 정확 검정(Fisher's Exact Test)은 한정된 크기의 한정된 모집단을 **무대체 샘플링(sampling without replacement)**을 수행하는 위의 상황을 처리하도록 설계되었다. 이 시험은 5.7절에서 사용된 것과 동일한 용어를 사용하여 쉽게 설명할 수 있으며, 이는 연관 패턴의 평가를 다루었다. 쉽게 참조할 수 있도록 해당 논의에 사용된 **분할표(contingeny table)**인 표 5.6을 다시 보여준다. 표 10.3을 참조하시오.

$\overline{A}\,(\overline{B})$ 표기법을 사용하여 $\overline{A}\,(\overline{B})$가 거래에 없음을 나타냅니다. 이 2×2 테이블의 각 항목 f_{ij}는 빈도수를 나타낸다. 예를 들어, f_{11}은 A와 B가 같은 트랜잭션에 함께 나타나는 횟수이고 f_{01}은 B를 포함하지만 A는 포함하지 않은 트랜잭션의 수이다. 행 합계 f_{1+}는 A에 대한 지지도수를 나타내고 열 합계 f_{+}는 1은 B의 지지도수를 나타낸다.

N인 경우, 트랜잭션 수 및 A의 지원 (f_{1+}) $B(f_{+1})$는 고정되어 있다. 즉, 일정하게 유지된 다음, f_{0+} 및 f_{+0}은 고정된다. 또한 항목 중 하나인 f_{11}, f_{10}, f_{01} 또는 f_{00}에 대한 값을 지정하면 테이블의 나머지 항목을 완전히 지정한다. 이 경우 Fisher의 정확한

표 10.3 변수 A 및 B에 대한 양방향 분할표

	B	$\overline{B}$	
A	f_{11}	f_{10}	f_{1+}
$\overline{A}$	f_{01}	f_{00}	f_{0+}
	f_{+1}	f_{+0}	N

검정은 특정 분할표의 확률을 정확하게 계산하기 위해 간단한 공식을 제공한다. 우리의 의도된 적용으로 인해, 우리는 2-항목 $\{A, B\}$에 대한 지지도수 N_{AB}로 공식을 표현한다. f_{11}은 관찰된 지지도수 $\{A, B\}$이다.

$$P(N_{AB} = f_{11}) = \frac{\binom{f_{1+}}{f_{11}}\binom{f_{0+}}{f_{+1} - f_{11}}}{\binom{N}{f_{+1}}} \tag{10.4}$$

예제 10.9 Fisher의 정확 검정

5.7.1절의 시작 부분에 설명된 차-커피 예제를 사용하여 Fisher의 정확 검정에 대한 응용을 살펴보자. 우리는 $\{Tea, Coffee\}$의 지지도수의 귀무분포를 모델링하는 데 관심이 있다. 5.7.1절에 설명된 바와 같이, 차와 커피의 동시 발생은 표 10.4에 표시된 분할표를 사용하여 요약할 수 있다. 우리는 $Coffee$의 지지도수가 800건이고 Tea의 지지도수는 총 1000건의 거래 중 200건임을 알 수 있다.

$\{Tea, Coffee\}$의 지지도수에 대한 귀무분포를 모델링하기 위해 Fisher의 정확 검정에 대한 식 (10.4)만 적용하면 된다. 이것은 다음을 산출하는 데 N_{AB}는 $\{Tea, Coffee\}$에 대한 지지도값이다.

$$P(N_{AB} = f_{11}) = \frac{\binom{200}{f_{11}}\binom{800}{800 - f_{11}}}{\binom{1000}{800}}$$

그림 10.9는 {차, 커피}에 대한 지지도수의 귀무분포 분포를 보여준다. 지지도수가

표 10.4 1000명 그룹의 음료 선호도

	$Coffee$	$\overline{Coffee}$	
Tea	150	50	200
$\overline{Tea}$	650	150	800
	800	200	1000

160일 때 가장 확률이 크다는 것을 알 수 있다.이 사실에 대한 직관적인 설명은 차와 커피가 독립적일 때 차와 커피를 함께 관찰할 확률은 개별 확률의 곱과 같다 즉, 0.8×0.2=0.16이다. 따라서 $\{Tea, Coffee\}$의 예상 지지도 수는 0.16×1000=160과 같다. 160보다 작은 지지도 수는 항목 간의 음의 연관성을 나타낸다. 따라서 지지도수 150의 p-값은 지지도 수 150 이하에 대한 귀무분포의 왼쪽 꼬리에서 확률을 합산함으로써 계산될 수 있다. 이렇게 하면 p-값이 0.032가 된다. 차와 커피가 독립적인 경우 평균 150개 이하의 지지도수가 100개 중 대략 3배 발생하기 때문에 이 결과는 결정적이지 않다. 그러나 낮은 p-값은 차와 커피가 음의 방식으로 연관되어 있음을 나타내는 경향이 있다. 즉, 차를 마시는 사람은 차를 마시지 않는 사람보다 커피를 마시는 확률이 낮다. 이것은 단지 예일 뿐이며 반드시 현실을 반영하는 것은 아니다. 또한 이 결과는 5.7.1절에 설명된 대로 유용도(리프트 측정)와 같은 대체 측정을 사용한 이전 분석과 일치한다. ■

위의 논의는 지지도 척도를 중심으로 했지만, 5.7절에 소개된 2-항목(유용도, 승률, 코사인 또는 모든 신뢰도)에 대한 다른 객관적인 지지도 측정치의 귀무분포를 모델링할 수도 있다. 이는 트랜잭션 수와 두 항목의 지지도수를 고려할 때 분할표의 모든 항목을 2-항목 세트의 지지도 측정값으로 고유하게 판별할 수 있기 때문이다. 보다 구체적으로, 그림 10.9에 표시된 확률은 2-항목 세트에 대한 특정 지지도 값에 해당하는 특정 분할표

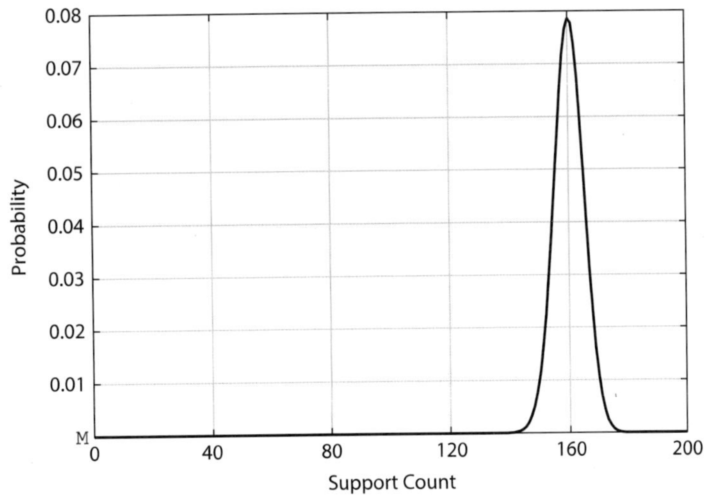

그림 10.9 차와 커피의 독립성을 고려한 지지도 수 확률도

의 확률이다. 이러한 각 표에 대해 (두 항목 중) 객관적인 유용도 측정값을 계산할 수 있으며 이 값은 고려중인 측정값의 귀무분포를 정의한다. 이 접근법은 또한 $A \rightarrow B$의 신뢰도와 같은 연관 규칙의 흥미도 측정을 평가하는 데 사용될 수 있다. 여기서 A와 B는 항목집합이다.

Fisher의 정확 검정을 사용하는 것은 초기하(hypergeometric) 분포를 사용하는 것과 같다.

카이-제곱 검정 사용

카이 제곱(χ^2) 테스트는 항목 세트의 여러 항목 간 통계적 독립성을 측정하기 위한 일반적이지만 근사적인 접근 방식을 제공한다. χ^2 검정의 기본 개념은 항목이 통계적으로 독립적이라고 가정할 때 표 10.4에 표시된 것과 같은 우발 상황 표의 모든 항목의 예상 값을 계산하는 것이다. 분할표에서 관측값과 기대값의 차이를 사용하여 항목 간의 연관성이 없다는 귀무가설 하에서 χ^2 분포를 따르는 검정 통계량을 계산할 수 있다.

공식적으로, i번째 행과 j번째 열의 항목이 $O_{i,j}(i, j \in \{0, 1\})$로 표시되는 2차원 분할표를 고려하자(우리는 전통적으로 χ^2 통계에 대한 논의에서 "관찰된" 값을 나타내는 데 사용되기 때문에 f_{ij} 대신 $O_{i,j}$ 표기법을 사용한다).

모든 항목의 합이 N인 경우 모든 항목의 예상 값을 다음과 같이 계산할 수 있다.

$$E_{ij} = N \times \left(\sum_i \frac{O_{i,j}}{N} \right) \times \left(\sum_j \frac{O_{i,j}}{N} \right) \tag{10.5}$$

이것은 독립 사건을 관찰할 수 있는 공동 확률이 개별 확률의 곱과 같다는 사실에서 비롯된다. 모든 항목이 통계적으로 독립적인 경우 $O_{i,j}$는 일반적으로 i 및 j의 모든 값에 대해 $E_{i,j}$에 가깝다. 따라서 $O_{i,j}$와 $E_{i,j}$의 차이를 사용하여 연관성이 없는 귀무가설에서 관측된 분할표의 편차를 측정할 수 있다. 특히 다음과 같은 검정 통계량을 계산할 수 있다.

$$R = \sum_i \sum_j \frac{(O_{i,j} - E_{i,j})^2}{E_{i,j}} \tag{10.6}$$

$R=0$는 $O_{i,j}$ 및 $E_{i,j}$가 i 및 j의 모든 값에 대해 동일한 경우에만 주의하시오. N이 클

때 R의 귀무분포는 1자유도(1 degree of freedom)로 χ^2 분포에 의해 근사될 수 있음을 알 수 있다. 따라서 χ^2 분포의 표준 구현을 사용하여 R의 관측 값의 p-값을 계산할 수 있다.

상기 논의는 2개의 항목을 포함하는 2차원 분할표의 분석에 집중되었지만, χ^2 검정은 2개 이상의 항목을 포함하는 다차원 분할표로 쉽게 확장될 수 있다. 예를 들어, k-항목 세트 $X=\{i_1, i_2, \ldots, i_k\}$, 우리는 $O_{i_1, i_2, \ldots, i_k}(i_1, i_2, \ldots, i_k \in \{0, 1\})$로 표시되는 관측된 항목으로 k차원 분할표를 구성할 수 있다. 그런 다음 분할표와 검정 통계량 R의 예상값을 다음과 같이 계산할 수 있다.

$$E_{i_1, i_2, \ldots, i_k} = N \times \prod_{j=1}^{k} \left(\sum_{i_j} \frac{O_{i_1, i_2, \ldots, i_k}}{N} \right) \tag{10.7}$$

$$R = \sum_{i_1} \sum_{i_2} \cdots \sum_{i_k} \frac{\left(O_{i_1, i_2, \ldots, i_k} - E_{i_1, i_2, \ldots, i_k}\right)^2}{E_{i_1, i_2, \ldots, i_k}} \tag{10.8}$$

항목 집합 X의 모든 k항목이 통계적으로 독립적이라는 귀무가설 하에서 R의 분포는 다시 χ^2 분포에 의해 근사될 수 있다. 그러나 자유도에 대한 일반 공식은 df =(행 수 -1)×(열 수-1)이다. 따라서 4×3 비 상표가 있으면 $df=(4-1)\times(3-1)=6$이다.

10.4.2 무작위화(randomization) 방법 사용

통계 모델을 사용하여 항목 세트의 귀무분포를 모델링하기 어려운 경우 대안 방법은 원래 데이터와 동일한 수의 항목 및 트랜잭션을 사용하여 항목간에 연관이 없음의 귀무가설에 따라 가상 트랜잭션 데이터 세트를 생성하는 것이다. 결과 데이터의 항목이 서로 관련이 없도록 원본 데이터의 행 또는 열을 임의로 치환한다. 10.2.1절에서 논의한 바와 같이, 평가하고자 하는 원하는 효과(항목 간의 연관)를 제외하고 결과 데이터 세트가 원래 데이터 세트와 유사하다는 속성을 무작위화하면서 보장해야 한다.

합성 데이터 세트에서 유지하려는 기본 구조는 원본 데이터의 모든 항목을 지원하는 것이다. 특히 모든 항목은 원래 데이터 세트에서와 같이 합성 데이터 세트에서 동일한 수의 트랜잭션에 나타나야 한다. 이 항목의 지원 구조를 유지하는 한 가지 방법은 다른 열과 독립적으로 원본 데이터 세트의 각 열에 있는 항목을 무작위로 치환하는 것이다.

이렇게 하면 항목이 합성으로 생성된 데이터 세트에서 동일한 지원을 가지지만 서로 독립적이다. 그러나 이는 보존하려는 원래 데이터의 다른 속성, 즉 모든 트랜잭션의 길이(트랜잭션의 항목 수)를 위반할 수 있다. 이 속성은 행을 무작위로 섞어서 보존할 수 있다. 즉, 행 합계가 유지된다. 그러나 이 방법의 단점은 결과 데이터 세트의 모든 항목 지원이 원래 데이터 세트의 항목 지원과 다를 수 있다는 것이다.

원본 데이터의 지원과 트랜잭션 길이를 모두 유지할 수 있는 무작위 방식은 **교환 무작위**(swap randomization) 방식이다. 기본 아이디어는 원래 데이터 세트에서 (행 k, 열 i) 및 (행 l, 열 j)와 같이 두 개의 다른 행과 열에서 한 쌍을 선택하는 것이다. 여기서 $k = l$ 및 $i = j$(그림 10.10의 왼쪽 표 참조). 이 두 항목은 이진 트랜잭션 매트릭스에서 값의 사각형의 대각선을 정의한다. 사각형의 반대편 모서리에 있는 항목, 즉 (행 k, 열 j) 및 (행 l, 열 i)이 0이면 그림 10.10에 표시된 것처럼 이 0을 1과 바꿀 수 있다. 이 교환을 수행하면 다른 항목과의 연결이 끊기는 동안 행 합계와 열 합계가 유지된다. 이 프로세스는 데이터 세트가 원래 데이터 세트와 크게 다를 수 있을 때까지 계속된다. 교환 횟수에 대한 적절한 임계값은 원래 데이터 세트의 크기와 특성에 따라 결정되어야 한다.

교환 무작위화는 언급된 다른 접근법보다 트랜잭션 데이터 세트의 특성을 보다 정확하게 유지하는 것으로 나타났다. 그러나 특히 더 큰 데이터 세트의 경우 계산 집약적이므로 응용 프로그램이 제한될 수 있다. 또한, 아이템 및 트랜잭션 길이의 지원 외에, 교환 무작위화가 보존할 수 없는 다른 유형의 구조가 트랜잭션 데이터에 존재할 수 있다. 예를 들어, 항목 사이에 알려진 상관관계가 있을 수 있다(도메인 고려 사항으로 인해).

	col i	…	col j
⋮	⋮	…	⋮
row k	1	…	0
⋮	⋮	…	⋮
row l	0	…	1
⋮	⋮	…	⋮

$\Rightarrow$

	col i	…	col j
⋮	⋮	…	⋮
row k	0	…	1
⋮	⋮	…	⋮
row l	1	…	0
⋮	⋮	…	⋮

그림 10.10 교환 무작위화에서의 교환 그림

우리는 다른 데이터 간의 상관관계를 깨뜨리면서 합성 데이터 세트를 유지하려고 한다. 좋은 예는 여러 대상(트랜잭션)에 걸쳐 게놈(항목)의 다양한 위치에서 유전자 변이의 존재 또는 부재를 기록하는 데이터 세트이다. 유전자 서열에 가까운 위치를 나타내는 항목은 높은 상관관계가 있는 것으로 알려져 있다. 무작위화하는 동안 각 열을 동일하게 처리하면 합성 데이터 세트에서 이러한 로컬 상관 구조가 손실될 수 있다. 이 경우에 필요한 것은 로컬 상관을 유지하면서 더 멀리 있는 영역의 상관을 끊는 것이다.

귀무가설과 관련된 합성 데이터 세트를 구성한 후, 우리는 합성 데이터 세트에서 지지도를 관찰함으로써 아이템 세트의 지지도에 대한 귀무분포를 생성할 수 있다. 이 절차는 통계적 고려 사항을 사용하여 지원 임계값을 결정하는 데 도움이 되므로 발견 된 빈번한 항목 세트가 통계적으로 중요하다.

10.5 군집 분석을 위한 통계 검정

군집화의 장점은 일반적으로 제곱 오차(SSE)와 같은 군집의 응집 또는 분리를 캡처하거나 엔트로피와 같은 외부 레이블을 사용하는 군집 유효성 측정을 통해 평가된다. 경우에 따라 측정값의 최소값과 최대값은 군집화의 장점을 검사하는 데 사용할 수 있는 직관적인 해석을 갖는다. 예를 들어 인스턴스의 실제 클래스 레이블이 제공되고 군집화가 클래스 구조를 반영하기를 원하면 순도 0은 나쁘고 순도 1은 좋다. 마찬가지로, SSE가 0인 것처럼 엔트로피 0이 양호하다. 그러나 많은 경우에 도메인 고려사항 없이 직접 해석하기 어려운 군집 유효성 측정의 중간 값이 제공된다.

통계 검정 절차는 발견된 군집의 중요성을 측정하는 유용한 방법을 제공한다. 특히 인스턴스간에 군집 구조가 없고 군집화 알고리즘이 데이터의 무작위 분할을 생성한다는 귀무가설을 고려할 수 있다. 이 방법은 군집 유효성 측정값을 검정 통계로 사용하는 것이다. 데이터에 군집 구조가 없다는 가정 하에 해당 검정 통계량의 분포는 귀무분포이다. 그런 다음 유효성 측정이 실제로 데이터에 대해 관찰된 결과는 중요하다. 다음에서는 두 가지 일반적인 경우를 고려한다. (1) 검정 통계는 SSE 또는 실루엣 계수와 같은 레이블이 없는 데이터에 대해 계산된 내부 군집 유효성 인덱스이거나 (2) 검정 통계는 외부 인덱스이다. 군집 레이블은 엔트로피 또는 순도와 같은 클래스 레이블과 비교된다. 이러한 군집 유효성 측정은 7.5절에 설명되어 있다.

10.5.1 내부 척도에 대한 귀무분포 생성

내부 척도는 데이터 자체를 참조해서만 군집의 우수성을 측정한다(7.5.2절 참조). 또한, 군집은 종종 목적 함수에 의해 구동되며, 이 경우 군집의 우수성 척도는 목적 함수에 의해 제공된다. 따라서 군집의 통계적 평가는 대부분 수행되지 않는다. 이러한 평가가 수행되지 않는 또 다른 이유는 귀무분포 생성에 어려움이 있기 때문이다. 특히, 군집 구조를 결정하는데 의미있는 귀무분포를 얻으려면 군집 구조가 없다는 점을 제외하고는 데이터와 유사한 전체 속성과 특성을 가진 데이터를 만들어야 한다. 그러나 데이터는 종종 시계열 데이터의 관측치 간의 종속성과 같은 복잡한 구조를 갖기 때문에 어려울 수 있다. 그럼에도 불구하고 어려움을 극복 할 수 있으면 통계 검정이 유용할 수 있다. 우리는 그 접근법을 설명하기 위한 간단한 예를 제시한다.

예제 10.10 SSE의 중요성

이 예는 K-평균과 SSE(Sum of Square Error)를 기반으로 한다. 그림 10.11(a)의 잘 분리된 군집이 무작위 데이터와 비교하여 어떻게 측정되는지를 가정해 보자. 우리는 3개의 군집 점과 2차원을 따라 동일한 범위의 값을 갖는 100개의 점으로 이루어진 무작위(균일 분포) 집합을 많이 생성하고 K-평균을 사용하여 각 데이터 집합에서 3개의 군집을

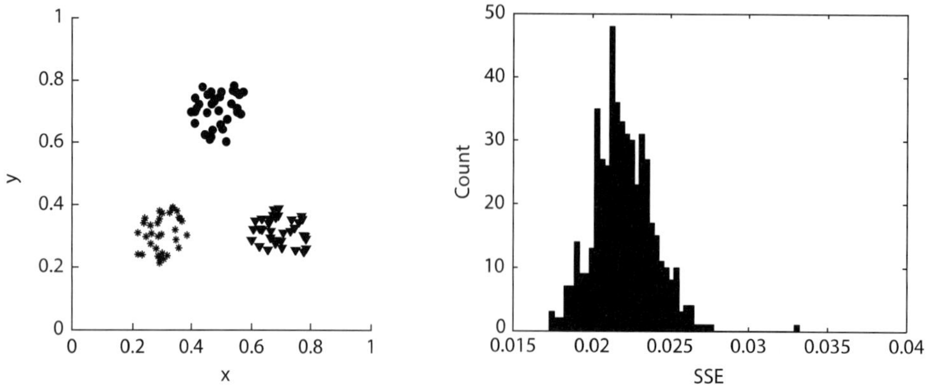

(a) 3개의 잘 분리된 군집

(b) 500개의 무작위 데이터 세트에 대한 SSE의 히스토그램

그림 10.11 무작위화를 사용하여 군집화의 p-값을 평가한다.

찾고 이 군집화에 대한 SSE 값의 분포를 누적한다. 이 SSE 값 분포를 사용하여 원래 군집에 대한 SSE 값의 확률을 추정할 수 있다.

그림 10.11(b)는 500개의 랜덤 런에서 나온 SSE의 히스토그램을 보여준다. 히스토그램에서 가장 낮은 SSE는 0.0173이다. 그림 10.11(a)의 세 군집의 경우 SSE는 0.0050이다. 따라서 우리는 그림 10.11(a)와 같은 군집화가 우연히 발생할 수 있는 확률이 1% 미만이라고 보수적으로 주장할 수 있다. ■

이전 예에서는 무작위화를 사용하여 내부 군집 유효성 측정의 통계적 유의성을 평가하는 것이 비교적 간단했다. 실제로는 도메인 평가가 더 중요하다. 예를 들어, 문서를 보고 군집이 적합한 지 판단하여 문서 군집화 체계를 평가할 수 있다. 보다 일반적으로, 도메인 전문가는 원하는 응용 프로그램에 적합한 지 군집을 평가한다. 그럼에도 불구하고 때때로 군집화의 통계적 평가가 필요하다. 기후 시계열의 예에 대한 참고자료는 참고문헌 설명부에 있다.

10.5.2 외부 척도를 위한 귀무분포 생성

외부 레이블을 평가에 사용하는 경우 엔트로피 또는 랜드(Rand) 통계와 같은 측정값을 사용하여 군집화를 평가한다(군집 레이블에 반영된 군집 구조가 클래스 레이블과 얼마나 밀접하게 일치하는지 평가하는 7.5.7절 참조). 이러한 측정값 중 일부는 다변량 초기하 분포를 기반으로 하는 조정된 랜드 인덱스와 같은 통계 분포를 사용하여 모델링할 수 있다. 측정값에 잘 알려진 분포가 있는 경우이 분포를 사용하여 p-값을 계산할 수 있다. 그러나 이 경우 무작위화를 사용하여 다음과 같이 귀무분포를 생성할 수 있다.

1. M개의 무작위 레이블 세트 L_1, ..., L_i, ..., L_M을 생성한다.

2. 무작위로 분류된 각 레이블에 대해 외부 척도의 값을 계산한다. m_i는 i번째 무작위 배정을 위해 얻은 외부 척도의 값이라고 하자. m_0을 원래 레이블 세트의 외부 척도 값으로 설정한다.

3. 외부 척도의 더 큰 값이 더 바람직하다고 가정하면, m_0의 p-값은 $m_i > m_0$인 m_i의 분수가 되도록 정의한다.

$$\text{p-value}(m_0) = \frac{|\{m_i : m_i > m_o\}|}{M} \tag{10.9}$$

군집화에 대한 무감독 평가의 경우와 마찬가지로 도메인의 중요성이 지배적 역할을 하는 경우가 많다. 예를 들어, 예 7.15에서와 같이 새 기사를 별개의 그룹으로 군집화하는 것을 고려하자. 여기서 기사는 엔터테인먼트, 재무, 외국, 메트로, 국가 및 스포츠 클래스에 속한다. 뉴스 기사의 클래스 수와 동일한 수의 군집이 있는 경우 이상적인 군집화에는 두 가지 특성이 있다. 첫째, 모든 군집에는 한 클래스의 문서만 포함된다. 즉 순수하다. 둘째, 모든 군집에는 특정 클래스의 모든 문서가 포함된다. 문서의 실제 군집화는 통계적으로 유의할 수 있지만 순도 및/또는 특정 문서 클래스의 모든 문서를 포함하는 면에서는 여전히 좋지 않다. 때때로, 우리가 다음에 설명하는 것처럼 그러한 상황은 여전히 관심이 있다.

10.5.3 농축(Enrichment)

레이블이 지정된 데이터와 관련된 일부의 경우, 군집을 평가하는 목표는 임의 군집화에서 예상되는 것보다 특정 클래스의 인스턴스가 더 많은 군집을 찾는 것이다. 군집에 특정 클래스의 인스턴스 수가 예상보다 많으면 해당 클래스가 농축되었다고 한다. 이 접근법은 일반적으로 유전자 발현 데이터와 같은 생물 정보학 데이터의 분석에 사용되지만 다른 많은 영역에도 적용할 수 있다. 또한 이 방법은 군집화로 생성된 그룹뿐만 아니라 모든 그룹 모음에 사용할 수 있다. 이 방법은 간단한 예를 통해 설명한다.

예제 10.11 소득 수준을 기준으로 도시의 이웃을 강화

특정 도시에는 10개의 별개의 이웃이 있으며, 이는 우리 문제의 군집에 해당한다고 가정하자. 전체적으로 도시에는 10,000명이 있다. 또한 3가지 소득 수준, 빈곤(30%), 중간(50%) 및 부유(20%)가 있다고 가정한다. 마지막으로, 이웃 중 하나에 1,000명의 거주자가 있고 그 중 23%가 부유한 범주에 속한다고 가정하시오. 문제는 이 동네에 우연히 예상했던 것보다 더 부유한 사람들이 있는지 여부이다. 이 예의 분할표는 표 10.5에 나와 있다. Fisher의 정확 검정을 사용하여 이 표를 분석할 수 있다(10.4.1절의 예제 10.9를 참조하시오).

표 10.5 1000명 그룹의 음료 선호도

	In Neighborhood	$\overline{\textit{In Neighborhood}}$	
Wealthy	230	1,770	2,000
$\overline{\textit{Wealthy}}$	770	7,230	8,000
	20,000	1,000	10,000

Fisher의 정확 검정을 사용하여 이 결과의 p-값이 0.0076임을 알 수 있다. 이는 1%의 유의 수준에서 임의 확률로 예상되는 것보다 이 지역에 더 많은 부자가 살고 있음을 나타내는 것으로 보인다. 그러나 몇 가지 사항을 고려해야 한다. 첫째, 우리는 모든 이웃을 대상으로 모든 그룹을 테스트하여 농축할 수 있다. 따라서 전체적으로 30개의 테스트가 수행되며 다중 비교를 위해 p-값을 조정해야 한다. 예를 들어 본페로니 절차를 사용하는 경우 유의성 임계값이 이제 0.01/30=0.0003이므로 0.0076은 중요한 결과가 아니다. 또한 이 분할표의 승산 비는 1.22이다. 따라서 차이가 큰 경우에도 차이의 실제 크기는 크지 않은 것처럼 보인다. 즉, 승산 비가 1이 아니다. 또한 표의 모든 항목에 10을 곱하면 크게 줄어든다. p-값($\approx 10^{-9}$)이지만 승산비는 동일하게 유지된다. 이러한 문제에도 불구하고 농축은 유용한 도구가 될 수 있으며 다양한 응용 분야에 유용한 결과를 가져왔다. ■

10.6 이상치 탐지를 위한 통계 검정

이상치 감지 알고리즘은 일반적으로 분류 레이블이 분류 레이블에 대해 훈련된 경우 클래스 레이블 또는 이상 점수 형식으로 출력을 생성한다. 통계적 고려 사항을 사용하여 다음에 설명된 대로 이 두 가지 유형의 출력 모두의 유효성을 보장할 수 있다.

감독 이상치 탐지

레이블이 있는 비정상 인스턴스에 액세스할 수 있는 경우 이상 감지 문제는 이진 분류 문제로 변환될 수 있다. 여기서 부정적인 클래스는 일반 데이터 인스턴스에 해당하고, 긍정적 클래스는 예외 인스턴스에 해당한다. 분류에 대한 10.3절에서 논의된 통계 검정 절차는 불균형 클래스를 위한 모델을 구축해야 하는 추가적인 과제가 있지만 감독 이상치 감지에서 잘못된 발견을 피하는 것과 직접적으로 관련이 있다(4.11절 참조). 특히 분류 오류가 있는지 확인해야 한다. 통계 검정 중에 사용되는 척도는 클래스 간 불균형에 민감하며 희귀 예외 클래스와 관련된 오류(가양성 및 가음성)를 충분히 강조한다. 유효한 분류 모델을 학습한 후 통계 방법을 사용하여 보이지 않는 인스턴스에서 모델 출력의 불확실성을 캡처할 수도 있다. 예를 들어, 부트스트래핑 기술과 같은 리샘플링 방식을 사용하여 트레이닝 세트에서 여러 분류 모델을 학습할 수 있으며 보이지 않는 인스턴스에서 생성된 레이블의 분포를 사용하여 인스턴스의 실제 클래스 레이블의 신뢰 구간을 추정할 수 있다.

무감독 이상치 탐지

대부분의 무감독 이상치 탐지 방법은 데이터 인스턴스에서 예외 등급을 생성하여 인스턴스가 정규 클래스와 얼마나 다른지 나타낸다. 그런 다음 비정상적인 점수에 대해 적절한 임계값을 결정하여 현저하게 비정상적인 사례를 식별하여 추가 조사가 필요한 사례를 파악하는 것이 중요하다. 임계값의 선택은 일반적으로 정상적인 행동에서 크게 벗어난 것으로 받아들여 질 수 있는 것에 대한 도메인 고려 사항에 따라 사용자가 지정한다. 이러한 결정은 통계 검정 방법의 도움으로 농축될 수도 있다.

특히 통계적 관점에서 볼 때 모든 사례는 결과이고 예외 점수는 검정 통계량으로 간주할 수 있다. 귀무가설은 인스턴스가 정규 클래스에 속하고 대안 가설은 인스턴스가 일반 클래스와 다른 점과 크게 다르므로 예외라는 것이다. 따라서 비정상 점수의 귀무분포를 고려할 때 모든 결과의 p-값을 계산하고 이 정보를 사용하여 통계적으로 유의 한 예외를 결정할 수 있다.

이상치 탐지에 대한 통계 검정을 수행하기 위한 주요 요구 사항은 정규 분포에 속하는 인스턴스에 대한 이상치 점수의 분포를 얻는 것이다. 이는 귀무분포이기 때문이다. 이상치 탐지 방법이 통계 기법을 기반으로 하는 경우(9.3절 참조) 정규 클래스의 분포를 추정하기 위한 통계 모델에 액세스할 수 있다. 다른 경우에는 무작위 배정 방법을 사용하여 인스턴스가 일반 클래스에만 속하는 합성 데이터 세트를 생성할 수 있다. 예를 들어, 이상이 없는 데이터 모델을 구성할 수 있는 경우 이 모델을 사용하여 여러 데이터 샘플을 생성할 수 있으며, 이 샘플을 사용하여 정상적인 인스턴스에 대한 이상치 점수의 분포를 생성할 수 있다. 불행히도, 군집화를 위한 합성 데이터를 생성하는 것과 마찬가지로, 보통 인스턴스만 포함한다는 점을 제외하고는 모든 측면에서 원본 데이터와 유사한 임의의 데이터 세트를 구성하는 쉬운 방법은 없다.

그러나 이상치 탐지가 유용해야 한다면 어느 시점에서 알고리즘의 성능을 평가하려면 도메인 전문가가 이상치 탐지 결과, 특히 최상위 순위 이상을 평가해야 한다. 알고리즘에 의해 생성된 이상이 전문가 평가와 일치하지 않는 경우 반드시 알고리즘이 제대로 작동하지 않음을 의미하지는 않는다. 대신 전문가와 알고리즘에서 사용하는 예외의 정의가 다르다는 것을 의미할 수도 있다. 예를 들어, 전문가는 데이터의 특정 측면을 관련이 없는 것으로 볼 수 있지만 알고리즘은 이를 중요한 것으로 취급할 수 있다. 이런 경우 통계 검정 절차를 개선하기 위해 데이터의 이러한 측면을 강조하지 않을 수 있다. 대안으로, 이상 현상은 본질적으로 놀라운 것으로 여겨지기 때문에 전문가가 익숙하지 않은 새로운 유형의 이상이 있을 수 있다.

기본율 오류(Base Rate Fallacy)

허위 경보 비율이 0.01%에 불과한 사기성 신용 카드 거래의 99.9%를 정확하게 감지할 수 있는 이상 감지 시스템을 고려하자. 거래가 시스템에 의해 이상 징후로 표시되면 실제로 사기 가능성은 얼마나 되는가? 일반적인 오해는 시스템의 높은 탐지율과 낮은 잘못된 경보율을 감안할 때 탐지된 예외의 대부분이 사기 거래라는 것이다. 그러나 데이터의 왜곡을 고려하지 않으면 이는 잘못된 결과일 수 있다. 이 문제는 **기본율 오류**(base rate fallacy) 또는 **기본율 무시**(base rate neglect)라고도 한다.

문제를 설명하기 위해 표 10.6에 표시된 분할표를 고려하자. d는 시스템의 탐지 속도(즉, 양의 비율)이고 f는 잘못된 경보 비율로 예를 들면 다음과 같다.

$$P(\text{Alarm}|\text{Fraud}) = d \text{ and } P(\text{Alarm}|\text{Not Fraud}) = f$$

표 10.6 탐지율 d와 오경보율 f를 가진 이상 탐지 시스템에 대한 분할표

	Alarm	No Alarm	
Fraud	$d\alpha N$	$(1-d)\alpha N$	αN
No Fraud	$f(1-\alpha)N$	$(1-f)(1-\alpha)N$	$(1-\alpha)N$
	$d\alpha N+f(1-\alpha)N$	$(1-d)\alpha N+(1-f)(1-\alpha)N$	N

우리의 목표는 시스템의 정밀도(precision), 즉 $P(\text{Fraud}|\text{Alarm})$를 계산하는 것이다. 정밀도가 높으면 대부분의 경보가 사기 거래에 의해 트리거된다. 표 10.6에 제공된 정보를 기반으로 시스템의 정밀도는 다음과 같이 계산할 수 있다.

$$\text{Precision} = \frac{d\alpha N}{d\alpha N + f(1-\alpha)N} = \frac{d\alpha}{f + (d-f)\alpha} \tag{10.10}$$

여기서 α는 데이터의 사기 거래 비율이다. $d = 0.999$이고 $f = 0.0001$이므로 시스템의 정밀도는

$$\text{Precision} = \frac{0.999\alpha}{0.0001 + 0.9989\alpha} \tag{10.11}$$

데이터가 왜곡되지 않은 경우(예: $\alpha = 0.5$인 경우) 정밀도는 0.9999로 매우 높으므로 플래그가 지정된 트랜잭션의 대부분이 사기임을 신뢰할 수 있다. 그러나 데이터가 치우친 경우(예: $\alpha = 2 \times 10^{-5}$(5만 건의 트랜잭션 중 하나))인 경우 정밀도는 0.167에 불과하므로 6개의 경보중 1개 정도만이 진정한 이상임을 의미한다.

앞의 예는 주어진 응용 분야에 적합한 이상치 탐지 시스템을 선택할 때 데이터의 **편향도(skewness)**를 고려해야 하는 중요성을 보여준다. 관심있는 사건이 5만 명 중 1명과 같이 거의 발생하지 않는 경우에도 99.9%의 탐지율과 0.01%의 잘못된 경보율을 가진 시스템조차도 시스템에 의해 표시되는 6가지 이상에 대해 5개의 실수를 범할 수 있다. 시스템의 정밀도는 데이터가 가지는 편향도 비율에 따라 크게 저하된다. 이 문제의 핵심은 감지 속도와 잘못된 경보 속도가 클래스 분포의 편향도에 민감하지 않은 척도라는 사실에 있다. 이는 클래스 불균형 문제에 대한 논의에서 4.11절에서 처음 언급된 문제이다. 여기서 교훈은 이상치 탐지 시스템을 평가할 때 시스템을 실제로 배치하기 전에 데이터의 편향도를 고려해야 한다는 것이다.

10.7 참고문헌 설명

최근 연구 결과의 타당성과 재현성에 관한 문헌이 점점 늘어나고 있다. 아마도 이 분야에서 가장 잘 알려진 연구는 Ioannidis[721]의 논문일 것이다. 이 논문은 대부분의 발표된 연구 결과가 틀렸다고 주장한다. Goodman and Greenland[717]와 Ioannidis rebuttal[716, 722]을 참조하시오. 그럼에도 불구하고 결과의 타당성과 재현성에 대한 관심은 계속 확대되었다. Simmons 등의 논문[742]는 심리학에서 거의 모든 효과가 현재의 실습에서 통계적으로 유의미한 것으로 제시될 수 있다고 언급했다. 이 논문은 또한 연구 관행 및 기사 검토에서 권장되는 변경해야 할 사항을 제안한다. Baker[697]의 Nature 설문 조사에 따르면 70% 이상의 연구원이 다른 연구결과를 재현하려고 시도했으나 실패했다고 한다. 50%가 자체 결과를 재현하지 못했다. 보다 긍정적인 점에서, Jager와 Leek [724]는 출판된 의학 연구를 보고 개선의 필요성을 확인했지만 "우리의 분석은 의학 문헌이 과학적 진보에 대한 믿을만한 기록으로 남아 있음을 시사한다"고 결론 지었다. Nate Silver[741]의 최근 저서에서는 야구, 정치 및 경제를 포함한 다양한 분야의 여러 가지 예측 실패에 대해 논의했다. 많은 다른 연구와 참고문헌이 여러 분야에서 인용될 수 있지만, 중요한 점은 공정한 증거로 뒷받침되는 광범위한 인식이 있으며 현재의 많은 데이터 분석이 신뢰할 수 없으며 상황을 개선하기 다양한 단계가 있을 수 있다는 것이다[699, 723, 729]. 이 장은 통계적 문제에 중점을 두었지만, 예를 들어, 이오아니디스(Ioannidis)가 그의 논문에서 주장한 많은 변화는 본질적으로 통계적이지 않다.

유의성 검정의 개념은 저명한 통계 학자 Ronald Fisher가 도입했다[710, 734]. 인식된 결점에 대한 응답으로 Neyman과 Pearson[735, 736]은 가설 검정을 도입했다. 두 가지 접근법은 종종 귀무가설 통계 테스트(NHST)로 알려진 접근법에 병합되어 왔으며[731], 이는 많은 문제의 원인이 되었다[712, 720]. p-값에 대한 여러 오해는 Goodman[715], Nuzzo[737] 및 Gelman[711]의 최근 논문에 요약되어 있다. 미국 통계 협회(American Statistical Association)는 최근 p-값에 대한 성명서를 발표했다[751]. Bayes 계수와 이전 확률로 예시된 베이지안 접근 방식을 설명하는 논문은 Kass and Raftery[727]와 Goodman and Sander[716]이다. 벤자민(Benjamin)과 다른 저명한 통계학자[699]의 최근 논문은 이러한 접근법을 사용하여 0.05 대신 0.005가 통계적 유의성에 대한 기본 p-값 임계값이어야 한다고 주장했다. 보다 일반적으로, p-값의 오해와 오용은 일부 사람들이 지적한 것처럼 유일한 문제는 아니다[730]. Fisher의 유의성 검정과 Neyman-Pearson 가설 검정 방법은 통계적으로 설계된 실험을 염두에 두고 설계되었지만 종종 관측 데이터에 적용되는 경우가 많다. 실제로 요즘 분석되는 대부분의 데이터는 관측 데이터이다.

허위 발견율에 대한 중요한 논문은 Benjamini와 Hochberg가 작성한 것이다[701]. 긍정적인 오발견 비율은 Storey[743-745]에 의해 제안되었다. Efron은 로컬 허위 발견 비율의 사용을 옹호했다[704-707]. Efron, Storey, Tibshirani 등의 작업은 마이크로 어레이 데이터를 분석하기 위한 소프트웨어 패키지에 적용되었다: SAM: 마이크로 어레이의 중요성 분석[707, 746, 750]. 보다 일반적으로, 대부분의 수학 및 통계 소프트웨어에는 FDR을 계산하기 위한 패키지가 있다. 특히 트리머[748, 749] 또는 잘 알려진 R 패키지인 Bioconductor에서 제공되는 q-값 루틴[698, 747]에 의한 R의 FDRtool을 참조하시오. 다중 가설 검정(여러 비교)에서 과거와 현재의 작업에 대한 최근 조사는 Benjamini[700]에 의해 제공된다.

10.2절에서 논의된 바와 같이, 리샘플링 접근법, 특히 랜덤화/순열부트스트랩/교차검증에 기반한 리샘플링 접근법은 널 분포 또는 평가 메트릭스 분포를 모델링하는 주요 방법으로, p-값, 오탐률 및 신뢰 구간과 같은 토론과 참고 부트스트랩과 교차 검증은 서지에 제공된다. 순열/무작위화에 관한 일반 자료에는 Edgington and Onghena[703], Good[714], Pesarin and Luigi[740], Collingridge[702], Ernst[709], 웰치[756]. 이러한 기술이 널리 사용되지만, Efron에 의해 일부 상세하게 논의된 것과 같은 제한이 있다[705]. 이 백서에서 Efron은 경험적 귀무분포를 추정하고 이를 사용하여 접근 방식보다 정확한 "로컬" 오탐률을 계산하는 베이지안 접근 방식을 설명한다. 무작위화 또는 이론적 접근 방식을 기반으로 귀무분포를 사용한다.

애플리케이션 별 섹션에서 살펴본 바와 같이, 데이터 분석의 다른 영역에서는 해당 문제에 맞는 접근 방식을 사용하는 경향이 있다. 10.3.1절에 설명된 클래스 레이블의 순열(랜덤 화)은 분류에서 간단하고 잘 알려진 기술이다. Ojala and Garigga[738]의 논문은 이러한 접근 방식을 보다 심도 있게 검토하고 주어진 데이터 세트에 대해 분류 성능에서 기능 간의 종속성이 중요한지 여부를 식별하는 데 도움이 되는 대체 무작위 접근 방식을 제시한다. Jensen and Cohen[726]의 논문은 모델 선택에서 다중 가설 검정에 대한 논의를 위한 관련 참고 자료이다. 대부분의 사용자는 결과를 평가하기 위해 군집화의 우수성에 의존하기 때문에 통계 검증의 측면에서 상대적으로 작업이 적다. 그러나 Jain and Dubes의 군집화 책[725] 4장과 Xiong과 Li의 군집화 유효성 측정에 대한 최근 조사 자료가 있다[757]. 교환 무작위화 접근법은 Gionis et al.[713]의 연관분석에서 소개되었다. 이 논문은 다른 영역에서 이 접근법의 기원을 추적하는 많은 참고문헌과 연관 패턴 평가를 위한 다른 논문에 대한 참고문헌을 가지고 있다. 이 작업은 Ojala et al.에 의해 실제 값 행렬로 확장되었다[739]. 통계적으로 건전한 연관 패턴 발견을 위한 또 다른 중요한 자원은 Webb[752-755]의 연구이다. Hämäläinen과 Webb는 KDD 2014, Statistically Sound Pattern Discovery에서 튜토리얼을 가르쳤다. Hämäläinen의 관련 출판물에는 [719] 및 [718]이 포함된다.

변동성을 줄이고 검정력을 높이기 위한 실험 설계는 통계의 핵심 구성 요소이다. 이 주제에 관한 많은 일반 서적, 예를 들어 Montgomery[732]가 있지만, 이 주제에 대한 훨씬 더 전문화된 치료법이 다양한 영역에서 이용 가능하다. 최근 A/B 테스트는 두 가지 대안(예: 두 개의 웹 페이지)을 비교하기 위한 회사의 일반적인 도구로 등장했다. Kohavi et al의 최근 논문 [728]은 A/B 테스팅 및 그 변형의 일부에 조사하고 실용적인 가이드를 제공한다.

10.1절과 10.2절에 제시된 많은 자료는 다양한 통계 서적과 기사에서 다루고 있으며, 그 중 다수는 이전에 언급되었다. 위에서 언급한 것처럼 이 두 가지 접근 방식이 항상 명확하게 구분되는 것은 아니지만 의미 및 가설 검정에 대한 추가 참조 자료는 소개 텍스트에서 찾을 수 있다. 이 접근 방식을 사용하면 조사관이 제1종 오류, 검정력 및 효과 크기에 대한 특정 목표 값을 달성하는 데 필요한 샘플수를 결정할 수 있으므로 가설 검정의 사용은 의학과 같은 여러 영역에서 널리 퍼져 있다. 예를 들어, Ellis[708] 및 Murphy et al.[733]를 보라.

참고문헌

[697] M. Baker. 1,500 scientists lift the lid on reproducibility. *Nature*, 533(7604):452-454, 2016.

[698] D. Bass, A. Dabney, and D. Robinson. qvalue: Q-value estimation for false discovery rate control. R package, 2012.

[699] D. J. Benjamin, J. Berger, M. Johannesson, B. A. Nosek, E.-J. Wagenmakers, R. Berk, K. Bollen, B. Brembs, L. Brown, C. Camerer, et al. Redefine statistical significance. *PsyArXiv*, 2017.

[700] Y. Benjamini. Simultaneous and selective inference: current successes and future challenges. *Biometrical Journal*, 52(6):708-721, 2010.

[701] Y. Benjamini and Y. Hochberg. Controlling the false discovery rate: a practical and powerful approach to multiple testing. *Journal of the royal statistical society. Series B (Methodological)*, pages 289-300, 1995.

[702] D. S. Collingridge. A primer on quantitized data analysis and permutation testing. *Journal of Mixed Methods Research*, 7(1):81-97, 2013.

[703] E. Edgington and P. Onghena. *Randomization tests*. CRC Press, 2007.

[704] B. Efron. *Local false discovery rates*. Division of Biostatistics, Stanford University, 2005.

[705] B. Efron. Large-scale simultaneous hypothesis testing. *Journal of the American Statistical*

Association, 2012.

[706] B. Efron et al. Microarrays, empirical Bayes and the two-groups model. *Statistical science*, 23(1):1-22, 2008.

[707] B. Efron, R. Tibshirani, J. D. Storey, and V. Tusher. Empirical Bayes analysis of a microarray experiment. *Journal of the American statistical association*, 96(456):1151-1160, 2001.

[708] P. D. Ellis. *The essential guide to effect sizes: Statistical power, meta-analysis, and the interpretation of research results*. Cambridge University Press, 2010.

[709] M. D. Ernst et al. Permutation methods: a basis for exact inference. *Statistical Science*, 19(4):676-685, 2004.

[710] R. A. Fisher. Statistical methods for research workers. In *Breakthroughs in Statistics*, pages 66-70. Springer, 1992 (originally, 1925).

[711] A. Gelman. Commentary: P values and statistical practice. *Epidemiology*, 24(1):69-72, 2013.

[712] G. Gigerenzer. Mindless statistics. *The Journal of Socio-Economics*, 33(5):587-606, 2004.

[713] A. Gionis, H. Mannila, T. Mielikäinen, and P. Tsaparas. Assessing data mining results via swap randomization. *ACM Transactions on Knowledge Discovery from Data(TKDD)*, 1(3):14, 2007.

[714] P. Good. *Permutation tests: a practical guide to resampling methods for testing hypotheses*. Springer Science & Business Media, 2013.

[715] S. Goodman. A dirty dozen: twelve p-value misconceptions. In *Seminars in hematology*, volume 45(13), pages 135-140. Elsevier, 2008.

[716] S. Goodman and S. Greenland. Assessing the Unreliability of the Medical Literature: A response to Why Most Published Research Findings are False. *bepress*, 2007.

[717] S. Goodman and S. Greenland. Why most published research findings are false: problems in the analysis. *PLoS Med*, 4(4):e168, 2007.

[718] W. Hämäläinen. *Efficient search for statistically significant dependency rules in binary data.* PhD Thesis, Department of Computer Science, University of Helsinki, 2010.

[719] W. Hämäläinen. Kingfisher: an efficient algorithm for searching for both positive and negative dependency rules with statistical significance measures. *Knowledge and information systems*, 32(2):383-414, 2012.

[720] R. Hubbard. Alphabet Soup: Blurring the Distinctions Between ps and α's in Psychological Research. *Theory & Psychology*, 14(3):295-327, 2004.

[721] J. P. Ioannidis. Why most published research findings are false. *PLoS Med*, 2(8):e124, 2005.

[722] J. P. Ioannidis. Why most published research findings are false: author's reply to Goodman and Greenland. *PLoS medicine*, 4(6):e215, 2007.

[723] J. P. Ioannidis. How to make more published research true. *PLoS medicine*, 11(10):

e1001747, 2014.

[724] L. R. Jager and J. T. Leek. An estimate of the science-wise false discovery rate and application to the top medical literature. *Biostatistics*, 15(1):1-12, 2013.

[725] A. K. Jain and R. C. Dubes. *Algorithms for Clustering Data*. Prentice Hall Advanced Reference Series. Prentice Hall, March 1988.

[726] D. Jensen and P. R. Cohen. Multiple Comparisons in Induction Algorithms. *Machine Learning*, 38(3):309-338, March 2000.

[727] R. E. Kass and A. E. Raftery. Bayes factors. *Journal of the american statistical association*, 90(430):773-795, 1995.

[728] R. Kohavi, A. Deng, B. Frasca, T. Walker, Y. Xu, and N. Pohlmann. Online controlled experiments at large scale. In *Proceedings of the 19th ACM SIGKDD international conference on Knowledge discovery and data mining*, pages 1168-1176. ACM, 2013.

[729] D. Lakens, F. G. Adolfi, C. Albers, F. Anvari, M. A. Apps, S. E. Argamon, M. A. van Assen, T. Baguley, R. Becker, S. D. Benning, et al. Justify Your Alpha: A Response to Redefine Statistical Significance. *PsyArXiv*, 2017.

[730] J. T. Leek and R. D. Peng. Statistics: P values are just the tip of the iceberg. *Nature*, 520(7549):612, 2015.

[731] E. F. Lindquist. *Statistical analysis in educational research*. Houghton Mifflin, 1940.

[732] D. C. Montgomery. *Design and analysis of experiments*. John Wiley & Sons, 2017.

[733] K. R. Murphy, B. Myors, and A. Wolach. *Statistical power analysis: A simple and general model for traditional and modern hypothesis tests*. Routledge, 2014.

[734] J. Neyman. RA Fisher(1890-1962): An Appreciation. *Science*, 156(3781):1456-1460, 1967.

[735] J. Neyman and E. S. Pearson. On the use and interpretation of certain test criteria for purposes of statistical inference: Part I. *Biometrika*, pages 175-240, 1928.

[736] J. Neyman and E. S. Pearson. On the use and interpretation of certain test criteria for purposes of statistical inference: Part II. *Biometrika*, pages 263-294, 1928.

[737] R. Nuzzo. Scientific method: Statistical errors. *Nature News*, Feb. 12 2014.

[738] M. Ojala and G. C. Garriga. Permutation tests for studying classifier performance. *Journal of Machine Learning Research*, 11(Jun):1833-1863, 2010.

[739] M. Ojala, N. Vuokko, A. Kallio, N. Haiminen, and H. Mannila. Randomization of real-valued matrices for assessing the significance of data mining results. In *Proceedings of the 2008 SIAM International Conference on Data Mining*, pages 494-505. SIAM, 2008.

[740] F. Pesarin and L. Salmaso. *Permutation tests for complex data: theory, applications and software*. John Wiley & Sons, 2010.

[741] N. Silver. *The signal and the noise: Why so many predictions fail-but some don't*. Penguin, 2012.

[742] J. P. Simmons, L. D. Nelson, and U. Simonsohn. False-positive psychology undisclosed flexibility in data collection and analysis allows presenting anything as significant.

Psychological science, page 0956797611417632, 2011.

[743] J. D. Storey. A direct approach to false discovery rates. *Journal of the Royal Statistical Society: Series B(Statistical Methodology)*, 64(3):479-498, 2002.

[744] J. D. Storey. The positive false discovery rate: a Bayesian interpretation and the q-value. *Annals of statistics*, pages 2013-2035, 2003.

[745] J. D. Storey, J. E. Taylor, and D. Siegmund. Strong control, conservative point estimation and simultaneous conservative consistency of false discovery rates: a unified approach. *Journal of the Royal Statistical Society: Series B (Statistical Methodology)*, 66(1):187-205, 2004.

[746] J. D. Storey and R. Tibshirani. SAM: thresholding and false discovery rates for detecting differential gene expression in DNA microarrays. In *The analysis of gene expression data*, pages 272-290. Springer, 2003.

[747] J. D. Storey, W. Xiao, J. T. Leek, R. G. Tompkins, and R. W. Davis. Significance analysis of time course microarray experiments. *Proceedings of the National Academy of Sciences of the United States of America*, 102(36):12837-12842, 2005.

[748] K. Strimmer. fdrtool: a versatile R package for estimating local and tail area-based false discovery rates. *Bioinformatics*, 24(12):1461-1462, 2008.

[749] K. Strimmer. A unified approach to false discovery rate estimation. *BMC bioinformatics*, 9(1):303, 2008.

[750] V. G. Tusher, R. Tibshirani, and G. Chu. Significance analysis of microarrays applied to the ionizing radiation response. *Proceedings of the National Academy of Sciences*, 98(9):5116-5121, 2001.

[751] R. L.Wasserstein and N. A. Lazar. The ASA's statement on p-values: context, process, and purpose. *The American Statistician*, 2016.

[752] G. I. Webb. Discovering significant patterns. *Machine Learning*, 68(1):1-33, 2007.

[753] G. I. Webb. Layered critical values: a powerful direct-adjustment approach to discovering significant patterns. *Machine Learning*, 71(2):307-323, 2008.

[754] G. I. Webb. Self-sufficient itemsets: An approach to screening potentially interesting associations between items. *ACM Transactions on Knowledge Discovery from Data(TKDD)*, 4(1):3, 2010.

[755] G. I. Webb and J. Vreeken. Efficient discovery of the most interesting associations. *ACM Transactions on Knowledge Discovery from Data (TKDD)*, 8(3):15, 2014.

[756] W. J. Welch. Construction of permutation tests. *Journal of the American Statistical Association*, 85(411):693-698, 1990.

[757] H. Xiong and Z. Li. Clustering Validation Measures. In C. C. Aggarwal and C. K. Reddy, editors, *Data Clustering: Algorithms and Applications*, pages 571-605. Chapman & Hall/CRC, 2013.

10.8 연습문제

1. 통계 검정은 수학적 증명 기술과 모순에 의한 증거와 유사한 방식으로 진행되며, 허위로 가정하고 모순을 도출함으로써 진술을 증명한다. 통계 검정과 모순에 의한 증거를 비교하고 대조하시오.

2. 다음 중 적합한 귀무가설은 무엇인가? 그렇지 않다면 이유를 설명하시오.
   (a) **두 그룹 비교.** 저염식이 요법을 실시하기 전과 후에 피험자 그룹의 평균 혈압을 비교하는 것을 고려하자. 이 경우, 귀무가설은 저염식이 혈압을 낮추는 것, 즉 피험자의 평균 혈압이 변경 전후에 동일하다는 것이다.
   (b) **분류.** +와 −로 분류된 두 개의 클래스가 있다고 가정한다. 여기서 우리는 긍정적인 클래스, 예를 들어 질병의 존재에 가장 관심이 있다. H_0는 개체의 클래스가 음수, 즉 환자에게 질병이 없다는 진술이다.
   (c) **연관성.** 분석 빈발 패턴의 경우 귀무가설은 항목이 독립적이므로 우리가 감지하는 패턴이 가짜라는 것이다.
   (d) **군집.** 귀무가설은 무작위로 발생할 수 있는 것 이상의 데이터에 군집 구조가 있다는 것이다.
   (e) **이상치 탐지.** 우리의 가정, H_0은 물체가 이상이 아니라고 가정한다.

3. 예제 10.9에 제시된 커피-차 예를 다시 한 번 고려한다. 다음 두 테이블은 각 항목이 10(왼쪽 테이블)으로 나뉘거나 10(오른쪽 테이블)으로 곱해진 것을 제외하고는 예제 10.9에 제시된 테이블과 동일하다.

표 10.7 100명(왼쪽)과 10,000명(오른쪽)의 그룹 중 음료 선호도

	$Coffee$	$\overline{Coffee}$	
Tea	15	5	20
$\overline{Tea}$	65	15	80
	80	20	100

	$Coffee$	$\overline{Coffee}$	
Tea	1500	500	2000
$\overline{Tea}$	6500	1500	8000
	8000	2000	10000

   (a) 각 테이블, 즉 15 및 1500에 대해 관찰된 지지도수의 p-값을 계산한다. 샘플 크기가 증가함에 따라 어떤 패턴이 관찰되는가?

(b) 이 문제에 제시된 2개의 분할표와 예제 10.9의 원래 표에 대한 승산비 및 유용도를 계산한다(이 두 측정값의 정의는 5.7.1절을 참조하시오). 어떤 패턴을 관찰하는가?

(c) 승산비와 유용도는 효과 크기의 척도이다. 이 두 효과 크기는 실제적인 관점에서 중요한가?

(d) 이 상황에서 p-값과 효과 크기 사이의 관계에 대해 무엇을 결론을 내리는가?

4. 새로운 약물의 효능을 결정하고자하는 실험에 적용된 효과 크기와 p-값의 다른 조합을 고려하시오.

   (i) 효과 크기가 작고 p-값이 작음

   (ii) 효과 크기가 작고 p-값이 크다

   (iii) 효과 크기가 크고 p-값이 작음

   (iv) 효과 크기가 크고 p-값이 크다

   효과 크기가 작거나 큰지 여부는 도메인에 따라 다르며 이 경우에는 의학적이다. 이 문제의 경우 작은 p-값은 0.001보다 작은 반면 큰 p-값은 0.05보다 큰 것을 고려하시오. 샘플 크기가 상대적으로 크다고 가정한다(예: 약물이 치료하기를 원하는 상태의 수천 명의 환자).

   (a) 어떤 조합이 관심이 있을 것인가?

   (b) 어떤 조합이 관심이 없을 것 같은가?

   (c) 표본 크기가 작으면 답이 바뀌는가?

5. Neyman-Pearson 가설 검정의 경우, α, 제1종 오류 확률과 거듭 제곱, 즉 $1-\beta$ 사이의 균형을 맞출 필요가 있다. 여기서 β는 제2종 오류 확률이다. 아래의 경우에 대해 α, β 및 검정력을 계산한다. 여기서 우리는 귀무 및 대체 분포와 그에 따른 임계 영역을 지정한다. 모든 분포는 특정 평균 u 및 표준 편차 σ, 즉 $N(\mu, \sigma)$를 갖는 가우스이다. T를 검정 통계량으로 둔다.

   (a) H_0: $N(0, 1)$, H_1: $N(3, 1)$, 임계 영역 : $T > 2$

   (b) H_0: $N(0, 1)$, H_1: $N(3, 1)$, 임계 영역 : $|T| > 2$

   (c) H_0: $N(-1, 1)$, H_1: $N(3, 1)$, 임계 영역 : $T > 1$

   (d) H_0: $N(-1, 1)$, H_1: $N(3, 1)$, 임계 영역 : $|T| > 1$

   (e) H_0: $N(-1, 0.5)$, H_1: $N(3, 0.5)$, 임계 영역 : $T > 1$

   (f) H_0: $N(-1, 0.5)$, H_1: $N(3, 0.5)$, 임계 영역 : $|T| > 1$

6. p-값은 귀무가설이 참인 경우 결과의 확률을 측정한다. 그러나 p-값을 계산하는 많은 사람들이 p-값을 계산 한 결과가 주어진 귀무가설의 확률로 사용했다. 이 문제에 대한 베이

지안 접근법은 식 (10.12)에 요약되어 있다.

$$\frac{P(H_1|x_{obs})}{P(H_0|x_{obs})}=\frac{f(H_1|x_{obs})}{f(H_0|x_{obs})}\times\frac{P(H_1)}{P(H_0)} \tag{10.12}$$

posterior odds of H_1 = Bayes Factor × prior odds of H_1

이 방법은 관측된 결과 x_{ob}이 주어지면 대립가설과 귀무가설(각각 H_1과 H_0)의 확률 비율을 계산한다. 차례로 이 수량은 베이즈 요인과 이전 확률의 두 가지 요인의 곱으로 표현된다. 선행 확률은 각 가설이 얼마나 신뢰할 수 있는지에 대한 사전 정보를 기반으로 한 H_1 확률과 H_0 확률의 비율이다. 일반적으로 이전 확률은 경험을 바탕으로 직접 추정된다. 예를 들어 실험실의 약물 테스트에서 대부분의 약물은 잠재적으로 치료 효과를 나타내지 않는 것으로 알려져 있다. 베이즈 계수는 H_1 및 H_0에서 관측된 결과 x_{ob}의 확률 또는 확률 밀도의 비율이다. 이 수량은 계산되며 귀무가설보다 대체 결과에서 관측된 결과가 얼마나 많거나 적은지 측정한다. 개념적으로, 높을수록 널에 대한 대안을 더 선호하는 경향이 있다. 베이즈 계수가 높을수록 H_1에 대한 데이터가 제공하는 증거가 강해진다. 보다 일반적으로, 이 접근법은 다른 가설에 대한 가설의 증거를 평가하기 위해 적용될 수 있다. 따라서 H_0의 역할은 식 (10.12)에서 역전될 수 있다.

(a) 베이즈 계수가 20으로 매우 강하지 만 이전 확률은 0.01이라고 가정한다. 대립가설 또는 귀무가설을 선호하는 경향이 있는가?

(b) 이전 확률이 0.25이고, 귀무분포가 밀도가 $f_0(x)=N(0, 2)$이고 가우스 분포가 대체 분포가 $f_1(x)=N(3, 1)$이라고 가정한다. 2, 2.5, 3, 3.5, 4, 4.5, 5의 x_{ob} 값에 대해 Bayes 계수와 H_1의 사후 확률을 계산한다. 두 수량 모두에서 보이는 패턴을 설명하시오.

7. 동전을 10번 뒤집어서 동전이 공정한 동전인지, 즉 P(앞면) = P(뒷면) = 0.5인지를 결정하는 문제를 고려하시오. 이항 정리와 기본 확률을 사용하여 다음 질문에 답하시오.

(a) 동전이 10번 뒤집히고 매번 앞면이 나온다. 10개의 앞면을 연속으로 획득할 확률은 얼마이며 코인이 공정한지 여부에 대해 어떻게 결론을 내리나?

(b) 10,000개의 동전이 한 번에 10번씩 뒤집히고 10개의 동전이 뒤집히면 모든 앞면이 나온다고 가정 해보자. 이 동전들이 공정하지 않다고 자신있게 말할 수 있는가?

(c) 개별적으로 또는 그룹으로 평가할 때 결과에 대해 무엇을 결론낼 수 있는가?

(d) 각 동전을 20번 뒤집은 다음 10,000개의 동전을 평가한다고 가정한다. 이제 모든 앞면을 보여주는 동전이 공평하지 않다고 자신있게 말할 수 있는가?

8. 알고리즘 10.1은 Benjamini와 Hochberg가 주장한 방법을 사용하여 오탐률을 계산하는 방법을 제공한다. 그 내용은 p-값의 순서와 유의 수준을 조정하여 p-값이 유의한지 여부를 평가하는 것에 관한 것이다. 이 방법을 해석하는 또 다른 방법은 p-값의 순서를 정하는 것이다. 가장 작은 것부터 가장 큰 것까지 그리고 조정 된 p-값을 계산하는 것이다. $p_i' = p_i * m/i$ 가장 작은 p-값 및 m은 p-값의 수이다. 통계적 유의성은 $p_i' \leq \alpha$인지에 따라 결정되며, 여기서 α는 원하는 오탐률이다.

   (a) 표 10.8의 p-값에 대한 조정된 p-값을 계산하시오. 조정된 p-값은 단조로울 수 없다. 이 경우 후속값보다 크도록 조정된 p-값은 후속값과 동일한 값을 갖도록 변경된다.

   (b) 원하는 FDR이 20%인 경우, 즉 $\alpha = 0.20$이면 어떤 p-값이 H_0를 기각되는가?

   (c) 본페로니 절차를 대신 사용한다고 가정한다. α가 0.01, 0.05 및 0.10의 다른 값에 대해 본페로니 절차가 p-값을 평가하는 데 사용하는 $\alpha^* = \alpha/10$라고 하고 수정된 p-값 임계값을 계산하시오. 그런 다음 p-값에 대해 각각의 α^* 값에 대해 H_0를 기각여부를 판단하시오(p-값이 임계값과 같으면 기각된다).

표 10.8 p-값의 정렬된 컬렉션

	1	2	3	4	5	6	7	8	9	10
original p-values	0.001	0.005	0.05	0.065	0.15	0.21	0.25	0.3	0.45	0.5

9. 양의 오탐률(pFDR, positive false discovery rate)은 10.1.3절에 정의된 오탐률과 유사하지만 진양 수는 0보다 크다고 가정한다. pFDR의 계산은 FDR과 유사하지만 m_0 값에 대한 가정, 귀무가설을 만족시키는 결과 수로 pFDR은 FDR보다 덜 보수적이지만 계산하기가 더 복잡하다.

   양의 오탐률은 p-값의 FDR 유사체의 정의를 허용한다. q-값은 주어진 가설이 수용되면 거짓이 될 것으로 예상되는 가설 비율이다. 구체적으로, p-값과 관련된 q-값은 더 가파른 p-값이 더 낮은 모든 가설 중에서 예상되는 오탐률이다. 따라서 다음과 관련된 q-값 p-값은 p-값이 기각 임계값으로 사용된 경우 발생하는 양의 오탐률이다.

   아래는 50개의 p-값, Benjamini-Hochberg 조정된 p-값 및 q-값을 보여준다.

   p-values

   0.0000 0.0000 0.0002 0.0004 0.0004 0.0010 0.0089 0.0089 0.0288 0.0479
   0.0755 0.0755 0.0755 0.1136 0.1631 0.2244 0.2964 0.3768 0.3768 0.3768

0.4623 0.4623 0.4623 0.5491 0.5491 0.6331 0.7107 0.7107 0.7107 0.7107
0.7107 0.8371 0.9201 0.9470 0.9470 0.9660 0.9660 0.9660 0.9790 0.9928
0.9928 0.9928 0.9928 0.9960 0.9960 0.9989 0.9989 0.9995 0.9999 1.0000

BH adjusted p-values

0.0000 0.0000 0.0033 0.0040 0.0040 0.0083 0.0556 0.0556 0.1600 0.2395
0.2904 0.2904 0.2904 0.4057 0.5437 0.7012 0.8718 0.9420 0.9420 0.9420
1.0000 1.0000 1.0000 1.0000 1.0000 1.0000 1.0000 1.0000 1.0000 1.0000
1.0000 1.0000 1.0000 1.0000 1.0000 1.0000 1.0000 1.0000 1.0000 1.0000
1.0000 1.0000 1.0000 1.0000 1.0000 1.0000 1.0000 1.0000 1.0000 1.0000

q-Values

0.0000 0.0000 0.0023 0.0033 0.0033 0.0068 0.0454 0.0454 0.1267 0.1861
0.2509 0.2509 0.2509 0.3351 0.4198 0.4989 0.5681 0.6257 0.6257 0.6257
0.6723 0.6723 0.6723 0.7090 0.7090 0.7375 0.7592 0.7592 0.7592 0.7592
0.7592 0.7879 0.8032 0.8078 0.8078 0.8108 0.8108 0.8108 0.8129 0.8150
0.8150 0.8150 0.8150 0.8155 0.8155 0.8159 0.8159 0.8160 0.8161 0.8161

(a) BH 조정된 p-값과 0.05, 0.10, 0.15, 0.20, 0.25 및 0.30의 임계값을 사용하여 얼마나 많은 p-값이 유의하다고 판단되는가?
(b) q-값 및 임계값으로 0.05, 0.10, 0.15, 0.20, 0.25 및 0.30를 사용할 때 유의미한 p-값은 몇 개인가?
(c) 두 세트의 결과를 비교하시오.

10. 지금까지 논의된 오탐률의 정의에 대한 대안은 로컬 오탐률이며, 이는 테스트 통계치의 관측값을 두 분포의 혼합으로 모델링한 것을 기반으로 한다. 분포와 일부 관측값(재미있는 것)는 대체 분포에서 비롯된다(자세한 내용은 8.2.2절을 참조하시오). Z가 테스트 통계량인 경우 Z의 밀도 $f(z)$는 다음과 같다.

$$f(z) = p_0 f_0(z) + p_1 f_1(z) \tag{10.13}$$

여기서 p_0은 인스턴스가 귀무분포에서 비롯된 확률이다. $f_0(z)$는 귀무가설 하의 p-값 분포이다. p_1은 인스턴스가 대체 분포에서 비롯된 확률이고 $f_1(z)$는 대립가설 하에서 p-값의 분포이다.

베이즈 정리를 사용하여 다음과 같이 z값에 대한 귀무가설 확률을 도출할 수 있다.

$$p(H_0|z) = f(H_0 \text{ and } z)/f(z) = p_0 f_0(z)/f(z) \tag{10.14}$$

수량 $p(H_0|z)$는 로컬 fdr로 정의하려는 수량이다. p_0은 종종 1에 가깝기 때문에 모두 소문자 fdr로 표시되는 로컬 오탐률은 다음과 같이 정의된다.

$$\mathrm{fdr}(\mathrm{z}) = \frac{f_0(z)}{f(z)} \tag{10.15}$$

이는 p-값을 기반으로 하는 표준 FDR에서와 같이 구간 추정치가 아닌 포인트 추정치이므로 테스트 통계값에 따라 달라진다. 국부 fdr은 널 분포에서 관측값와 널 분포 및 대체 분포 모두에서 얻은 관측값의 비율로 쉽게 해석할 수 있다. 또한 실제 확률로 직접 해석할 수 있다는 장점이 있다.

문제는 보통 경험적으로 추정되는 식10.15에 포함된 밀도를 추정하는 것이다. 우리는 가우시안 분포로 분포를 지정하는 다음과 같은 간단한 경우를 고려하자. 널 분포는 $f_0(z) = N(0, 1)$로, 대체 분포는 $f_0(z) = N(3, 1)$로 제공된다. $p_0 = 0.999$ 및 $p_1 = 0.001$.

(a) 다음 z값 2, 2.5, 3, 3.5, 4, 4.5, 5에 대해 $p(H_0|z)$를 계산하시오.

(b) z가 2, 2.5, 3, 3.5, 4, 4.5, 5의 값에 대해 로컬 fdr을 계산하시오.

(c) 이 두 세트의 값이 얼마나 가까운가?

11. 다음은 10.4.2절에 제시된 임의의 행과 열에서 1의 수를 동일하게 유지하면서 이진 행렬을 무작위화하는 두 가지 무작위 교체 방법이다. 각 방법을 조사하고 (i) 행과 열의 1수를 실제로 유지하는지 확인하고 (ii) 대체 방법이 가지는 문제를 찾아보라.

(a) 열과 행의 순서를 임의로 바꾸시오. 예가 그림 10.12에 나와 있다.

	i_1	i_2	i_3
t_1	1	1	0
t_2	1	0	1
t_3	1	1	1

	i_3	i_2	i_1
t_2	0	0	1
t_3	1	1	1
t_1	1	1	1

그림 10.12 행과 열의 순서를 무작위화하기 전후의 3×3 행렬. 가장 왼쪽 매트릭스는 원본이다.

(b) 그림 10.13은 이진 행렬을 랜덤화하는 또 다른 접근법을 보여준다. 이 방법은 이진 행렬을 행렬 표현으로 변환한 다음 열을 다양한 항목으로 임의로 재할당하고 데이터를 원래 이진 행렬 형식으로 다시 변환한다.

	i_1	i_2	i_3	i_4
t_1	1	1	0	0
t_2	0	1	0	1
t_3	1	1	1	0
t_4	0	0	1	1

row	*col*
1	1
1	2
2	2
2	4
3	1
3	2
3	3
4	3
4	4

row	*col*
1	4
1	2
2	2
2	1
3	1
3	2
3	3
4	3
4	1

	i_1	i_2	i_3	i_4
t_1	0	1	0	1
t_2	1	1	0	0
t_3	0	1	1	1
t_4	1	0	1	0

그림 10.13 항목을 무작위화하기 전후의 4×4 행렬. 오른쪽에서 왼쪽으로 표는 다음을 나타낸다. 원래 이진 데이터 행렬, 행열 형식의 행렬, *col* 열의 항목을 임의로 순열한 후의 행 열, 형식 및 무작위 행렬 표시에서 재구성된 행렬